"十二五"普通高等教育本科国家级规划教材

21世纪高等院校法学系列精品教材

物权法

(第四版)

崔建远 著

中国人民大学出版社

·北京·

作者简介

崔建远，河北省滦南县人。“长江学者”特聘教授，“凯原学者”，兼任中国民法学研究会副会长，全国人民代表大会常务委员会法制工作委员会聘任的立法专家，国家工商行政管理总局合同监管专家评审委员会成员。被评为第二届杰出中青年法学家，荣获教育部高等学校优秀青年教师奖，霍英东教育基金会青年教师奖，宝钢教育基金会优秀教师奖，清华大学教书育人奖，清华大学教学质量优秀奖，清华大学良师益友等荣誉。

代表性著作有：《合同责任研究》(1992 年)、《准物权研究》(2003 年)、《土地上的权利群研究》(2004 年)、《论争中的渔业权》(2006 年)、《合同法总论（上卷)》(2008 年)、《合同法总论（中卷)》(2012 年）和《物权：规范与学说》(上、下册）(2011 年)，以及《“四荒”拍卖与土地使用权》《无权处分辨》等论文。其中，《物权：规范与学说》(上、下册）入选“三个一百”原创图书出版工程，荣获第三届中国出版政府奖；《准物权研究》荣获司法部第二届法学教材与科研成果奖一等奖，首届中国法学优秀成果奖二等奖；《论争中的渔业权》荣获司法部第三届法学教材与科研成果奖一等奖，第六届吴玉章人文社会科学奖优秀奖；《物权法》(第二版）荣获清华大学优秀教材一等奖，第三届中国大学出版社图书奖一等奖；《合同法》(第二版）荣获清华大学优秀教材特等奖；《土地上的权利群论纲》和《论归责原则与侵权责任方式的关系》先后荣获教育部人文社会科学研究优秀成果奖三等奖；《侵权责任法应当与物权法相衔接》荣获北京市第十一届哲学社会科学优秀成果奖二等奖；《水权与民法理论及物权法典的制定》荣获第四届钱端升法学研究成果奖二等奖。主编的《合同法》(2000 年）荣获司法部第一届法学教材与法学科研成果奖一等奖。

内容简介

本教材依据中国物权法及相关法律的规定，阐释了物权及物权法的概念，介绍了物权法及物权法学的体系，分析了物权法的基本原则，描述了物权法的发展和中国物权法的制定，依次介绍和讨论了物权的类型、物权的客体、物权的效力、物权的变动、物权的保护、占有、所有权总论、建筑物区分所有权、相邻关系、共有、土地承包经营权、建设用地使用权、宅基地使用权、海域使用权、地役权及探矿权、采矿权、取水权、养殖权、捕捞权诸用益物权，以及抵押权、质权和留置权诸担保物权。

本教材的特色在于：贯彻了解释论，辅之以立法论；涵括修课学生必须掌握的知识，内容精干，难易适中；适宜渴望深造、开阔视野、反思既有规定及理论的法律人，有［辨析］［论争］［反思］等部分供给素材，启迪思维。

本教材适于法学本科生、研究生学习之用，也为法学理论工作者和实务工作者有益的参考资料。

第四版序

《中共中央、国务院关于完善产权保护制度依法保护产权的意见》于2016年11月公布，中共中央办公厅、国务院办公厅于2016年10月印发《关于完善农村土地所有权承包权经营权分置办法的意见》，《最高人民法院关于适用〈中华人民共和国物权法〉若干问题的解释(一)》(法释［2016］5号)、《不动产登记暂行条例》及《不动产登记暂行条例实施细则》陆续出台。审判和仲裁的实务也有明显的进展，学术研究硕果累累。所有这些，都出现于《物权法》(第三版) 付梓之后，但教科书的目的及功能要求应当适时地反映这些变化，吸收营养，完善自己。这在客观上逼迫《物权法》(第三版) 尽快修订。在中国人民大学出版社法律分社郭虹副社长的提议和不断催促之下，本书作者改变了待《中华人民共和国民法典》颁行后再做修订的计划，逐句逐段地审视《物权法》(第三版)，并予以调整，《物权法》(第四版) 终于定稿和出版。

《物权法》(第四版) 对《物权法》(第三版) 有增有删。例如，删除了第46页［引申］关于《中华人民共和国物权法》抛弃《中华人民共和国合同法》第133条后段有关“当事人另有约定的除外”的认识，为的是消除这段论述与第87页阐释之间的矛盾；删除了第119～126页的［论争］，不是对这些思想的抛弃，只是为了减少本教科书的字数，减轻学生的负担；删除第296～298页的［拓展］，一是考虑到在现有的法律框架下法定建设用地使用权出现的情形不多，再就是为了降低本教科书的厚度。当然，从总数上看是增多删少。此其一。《物权法》(第四版) 对《物权法》(第三版) 的修订“遍地开花”，这主要是因为程序规则及理论在物权法领域所占比重较大，且物权实体规则与物权程序规则交织得难解难分，鉴于《不动产登记暂行条例》及《不动产登记暂行条例实施细则》的实施，《土地登记办法》和《房屋登记办法》退出舞台，物权法的解释论不得不做调整。这也从一个侧面显现出解释论相对于立法论而言比较被动。此其二。我们这代及下一代的中国民法学者是幸运的，恰逢社会改革并逐步固化，喜遇《中华人民共和国合同法》《中华人民共和国物权法》《中华人民共和国侵权责任法》的制定，并身处其中，奉献自己的所思所想，为中国法治建设添砖加瓦。目前，我们正投身于中国民法典编纂的浩大工程之中，研讨、切磋、砥砺、上进。在这种背景下修订《物权法》(第三版) 不可避免地带有时代的烙印。本书作者尽管尽力完善物权法的解释论，但因学识和能力所限，《物权法》(第四版) 仍难免存在有待提高的空间，一如既往地期待并甄别、吸取批评意见。此其三。

是为序。

崔建远

2017年3月9日

第三版序

第三版《物权法》教科书对第二版《物权法》教科书的修订尽管多达百处，但在性质上仍属完善，而非伤筋动骨。

此次修订的动因主要有四：其一，第二版《物权法》教科书付梓之后，《国有土地上房屋征收与补偿条例》已经2011年1月19日国务院第141次常务会议通过，自2011年1月21日起实施；最高人民法院《关于审理买卖合同纠纷案件适用法律问题的解释》（法释［2012］8号）已于2012年3月31日由最高人民法院审判委员会第1545次会议通过，自2012年7月1日起施行。它们的有关规定及其体现出来的精神需要在《物权法》教科书中予以反映。其二，中国共产党第十八届中央委员会第三次全体会议通过的《中共中央关于全面深化改革若干重大问题的决定》，对于物权法的影响表现在不少方面：土地征收的范围会出现缩小的趋势；征收的程序将严密化和透明化；集体土地的建设用地使用权在土地市场上的地位开始提升，其出让、租赁、入股的自由度大大增强；土地承包经营权的抵押已被允许，土地承包经营权的让与性会明显提高；宅基地使用权的转让也被有条件地允许，以适应新形势的需要；等等。这要求我国有关法律、法规必须尽快修订，《物权法》教科书反映和贯彻这些精神乃义不容辞的责任。其三，这几年虽然已将主要精力移转到合同法领域，但对物权法的思考并未完全中断，并且有所收获。例如，在机动车物权变动模式方面，争议再起，有必要作出回应；指示交付下让与的返还请求权有无所有物返还请求权？能否发生善意取得？在无权处分的场合，买卖等合同的效力不受处分权欠缺的影响，究竟有何害处？发包方可否就未经竣工验收的建筑物成立占有？建筑物区分所有权可否表现出“负担”“不利益”？狩猎权的母权到底是什么权利？在权利抵押权、权利质权的场合，母权与子权如何确定，其依据何在？等等。对于这些问题，本书作者都经过深思，并有所心得。把它们表达出来，与大家分享，听取批评意见，是件好事。其四，读者和本书作者陆续发现了第二版《物权法》教科书存在一些错别字，以及表述上的不足。有错必纠，应当付诸行动。

所有这些，加上出版社的不断催促，使得这本第三版《物权法》教科书呈现在读者面前，也形成了这篇序言。

崔建远

于2013年12月7日

定稿于清华大学明理楼

修订二版序

历时两年半才定稿的《物权法》教科书，于 2009 年 7 月在中国人民大学出版社出版发行以来，受到了读者的厚爱。有些民法学教授、法官评价道：该教科书“体现了对物权法相当纯熟的把握和功力，特别是［引申］等部分加大了深度，具有开放性”。“它几乎解决了自己一直思考的许多问题。”

诚然，本书作者深知这些肯定是对自己的鼓励，更是对该教科书未来完善的期待。事实的确如此。在给清华大学法学院法 8 的本科生讲授物权法课程的过程中，同学们就已经发现了该教科书存有错别字、法条数字错误等硬伤，同时希望对某些法律规定及学术观点阐释得更加清晰和简要。这些意见十分宝贵，应当立即纠正错误，使得本教科书更上层楼。

有必要提及的，至少有如下的人和事。就地役权与在供役地上先成立的用益物权并存场合谁的效力优先的问题，戴孟勇博士认为《物权法》教科书第 385 页的解说宜再斟酌。该项意见十分中肯，此次修订时本书作者重新阐释了两者的效力冲突。戴孟勇博士在民法沙龙上报告《狩猎权的法律问题》时，批评本书作者关于狩猎权的客体为一定的狩猎场所的观点，主张狩猎权的客体为特定的狩猎场所和生活于其中的可狩猎野生动物。该项观点确有道理，亦被本书采纳。汤文平博士向本书作者建议，赃物的善意取得，作为收缴的例外，在价值评价上应当严于遗失物例外的善意取得，至少在构成要件上两者一致。此言非虚，本书采纳了他的意见。陈探、章丞亮、马进、汪铭瑞等同学指出，前述《物权法》教科书可能存在 129 处问题。其中大部属实，本书均予更正。还有，陈进同学也认为《物权法》教科书存在 27 处问题，有些与陈探等同学发现的相同，本书采纳了 25 处建议。姚明斌君提出了 15 处问题，其中 2 处与陈进同学提出的相同，被本书采纳了 12 处。就《物权法》第 245 条第 1 款后段规定的“因侵占或者妨害造成损害的，占有人有权请求损害赔偿”，是否属于占有人的物上请求权，刘卉博士问询本书作者，并指出《物权法》教科书第 166 页、第 174 页关于这个问题的行文布局和叙述容易使人觉得它属于物上请求权。此次修订明确了它不属于物上请求权，而是侵权损害赔偿请求权。对于诸位严肃、认真和负责的态度，深表感佩！

随着时间的推移，学界对物权法的研究在进一步深化，审判实务遇到并解决了相当棘手的难题，我自己也在不断地思索和积累，又有所得。所有这些，都促使本书作者修订《物权法》教科书。

中国人民大学出版社法律部的郭虹主任积极组织，责任编辑精心编辑和校对，杜宇峰女士热忱联络，均使此次修订工作顺利完成，特此致谢！

崔建远

于2010年11月12日

定稿于清华大学法学院明理楼

序

物权法教材应当准确、简明和体系化，并反映最新成果。所谓反映最新成果，包括反映最新的立法、司法解释，以及有分量的科研成果，淘汰过时的规则及其学说。所谓体系化，就是涵盖应有的内容，并将它们逻辑且有机地排列组合起来，以彰显观点和思路。所谓准确，是指依据文义、体系和规范目的等方法，解释法律规范，进一步解读司法解释，客观地介绍既有的学说，包括通说、有力说及某些少数说。所谓简明，就是言简意赅，剔除废话，在一定的意义上还含有深浅适度的意思。

之所以强调简明，是因为简明的物权法教材，往往脉络清晰，经纬分明，篇幅适中，避免臃肿。这有助于消除初学者的畏难情绪，避免如坠云雾，便于他们较快地进入法律关系的情境之中，从整体上把握物权法，领会具体制度及规范。

作为物权法教材，应当正面解释我国现行法，以便其适用。即使是不尽理想甚至存有明显瑕疵的制度及规定，也应尽量通过法解释学的方法消除不足，变成有积极价值的制度及规定。这既是法律作为行为规范和裁判规范特别是某些规范为强制性规范的本性所要求的，也是法律人在建设法治国家的进程中应当带头垂范地尊崇法律的历史使命所“强加”的。故批评乃至否定现行法规定的意见，最好不在教材中不加修饰地呈现给物权法理念及体系尚未定型的学生们，更不要说连篇累牍的阐述了。如此操作，也在客观上避免了臃肿及迂回曲折，从另一侧面达到了简明。待学生具有了物权法及其原理的一定基础，掌握了物权法原理的主干时，再向广度和深度拓展，阅读和分析专著、学术论文和案例评释，效果会更加理想。不然，基础知识、基本理论、细枝末节、深入探讨、争鸣论辩，不分轻重缓急，一下子都压给学生，他们会消化不良，顿生畏难情绪，效果适得其反。从这个意义上说，在入门阶段，学生掌握了本教材的常规叙述部分，就算达到了教学目的及要求。

但是，简明，意味着概括，舍却了某些属性，略去了若干论证环节，未能及于全部范围，放弃了应有的深度，有时难免意犹未尽，不易完整而清晰地展示出物权法的理论及其体系，也难以条理且自然地显露出法学方法。再者，主干毕竟是骨干，缺乏血肉的骨骼不是活生生的人，至少不是健全健康的人；同理，缺乏使骨干有机联络的物权法学说、思维进路、方法论，也不会成为应用自如的物权法学，要么被束之高阁，要么只是法律史学的素材。欲想使学生掌握有血有肉的物权法及其理论，进而深化认识，尽早地进入物权法理论的前沿，甚至于产生创新性的看法，显然多多益善。这样，“辨析”“提示”“背景”“比较”“拓展”“引申”“评论”“论争”“探讨”等内容就必不可少。

还有，尊崇物权法，树立物权法的权威，应当是崇尚适合社会生活要求而非束之高阁的物权法，崇尚丰满健全而非残缺不全的物权法，崇尚体系和谐而非杂乱无章的物权法，崇尚真善美而非丑陋不堪的物权法。而任何国家或地区的物权法都不会完美无缺，都不会时时处处均能符合社会发展的要求。假如让学生学习和掌握的物权法理论完全囿于现行法的规定，不使其知晓问题所在及其解决的方法，不使其学到更为完美的理论，不使其增进前瞻性的能力，怎么能够正确适用法律以达社会和谐，怎么能够不断地推动法律向前发展以满足社会生活的要求？就如同使医生总是面对完全健康的“患者”，怎么会提高医术，治愈真正的病人？有鉴于此，不但专著和学术论文有义务指出现行法的不足，提出解释和适用的方法、前瞻发展的趋势，教材也应适当地述及于此。如此，“评论”“论争”“探讨”的内容就有其必要。

如何在正面阐释现行法、贯彻简明、突出骨干及脉络清晰的前提下，使学生，尤其是有较高理解力的学生，有兴趣于物权法及其理论的高年级学生，以及从事物权法研究的学者，解决复杂而非典型案件的专家，对物权法了解得更为全面，理解得更为深入，把握得更为适当，进而较为理想地领悟法学方法，甚至进入物权法研究的前沿，是我们必须重视和解决的大事。解决的方案可有撰写专著、学术论文和案例评释等种种途径和方法，但它们都脱离了教材的品格和特色。

本书作者思来想去，觉得把物权法及其理论的基础知识、基本原理作为常规叙述的部分，要求学生必须掌握；对于理解基础知识、基本理论较为需要的思考路径及方法，对于扩展知识面、启发思维、体系化思考及有所前瞻所必需的恰当评析、深入探讨、争鸣论辩，也适当提及。为了不影响简明，保持脉络清晰，把它们放置于中括号“［ ］”内，标有“辨析”“提示”“比较”“拓展”“引申”“评论”“论争”“探讨”等字样，不强求学生在修课期间学习和掌握它们，不将之列入考试的范围。但它们的存在就已经明示给学生了：物权法及其理论博大精深，丰富多彩，绝非基础知识和基本理论所囊括无遗的；在学会了基础知识和基础理论的前提下，在力所能及的范围内，进一步学习乃至把握它们，才会使自己更上层楼；它们也是检索和查阅更为专门和深刻的作品的线索，学生会收到事半功倍的成效，在物权法领域较快地进步。

这种编写教材的思路及方式，至少在本书作者方面是个尝试，效果如何，有待实践的检验。

是为序。

崔建远

2009 年 3 月 4 日

定稿于清华大学法学院明理楼

凡 例

一、本《物权法》教科书中以“［ ］”标示的用楷体字阐述的内容，不强求本科生在修“物权法”课程时必须掌握，不作为课程结束时的考试内容。它们是为学有余力、欲深入钻研物权法及其理论的法律人准备的。

二、本《物权法》教科书的注释，未标有“参见”“参考”字样的，意指本教科书所用观点来自所引出处的作品，只是为了叙述简洁、一气呵成和上下文衔接得平滑，本教科书才未采用直接引用法。

出于尊重原作者及其观点的考虑，避免读者误将所引观点作为本《物权法》教科书作者的看法，尽管是间接引用，此类注释也不标示“参见”“参考”字样。与此有别，本教科书中有些注释标有“参见”“参考”字样，大多为本教科书在解释中国物权法等法律、法规及司法解释，但所用思考的路径及方法或所显现的观点，却来自境外专家学者解释域外法律的作品，为避免读者误认为这些境外作品是在解释中国法律、法规及司法解释，特意标示“参见”“参考”的字样。

在少数情况下，基于教科书简明的要求，本教科书就某个原则、规则、规定不便于长篇大论，只能点到为止，但他人的著述对此已有精妙之论，阅后必有收获。于此场合，“指引”显示出必要，本教科书的注释标有“参见”“参考”字样，旨在引导刨根问底、拓展视野、志向高远的读者去阅读这些著述。

三、本教科书的行文中加书名号的法律、法规及司法解释的名称，意指特定的法律、法规及司法解释。

例如，《中华人民共和国物权法》或《物权法》专指第十届全国人民代表大会第五次会议于 2007 年 3 月 16 日通过的《中华人民共和国物权法》。

与此不同，行文中出现的物权法、合同法、破产法等，未加书名号，则是泛指的。

例如，“物权法”泛指有关物权方面的法律、法规、规章及司法解释；“合同法”泛指有关合同方面的法律、法规、规章及司法解释；“破产法”泛指有关破产方面的法律、法规、规章及司法解释。

四、《宪法》——《中华人民共和国宪法》；

五、《立法法》——《中华人民共和国立法法》；

六、《民法通则》——《中华人民共和国民法通则》；

七、《民法总则》——《中华人民共和国民法总则》；

八、《物权法》——《中华人民共和国物权法》；

九、《土地管理法》——《中华人民共和国土地管理法》；

十、《城市房地产管理法》——《中华人民共和国城市房地产管理法》；
十一、《农村土地承包法》——《中华人民共和国农村土地承包法》；
十二、《海域使用管理法》——《中华人民共和国海域使用管理法》；
十三、《矿产资源法》——《中华人民共和国矿产资源法》；
十四、《民用航空法》——《中华人民共和国民用航空法》；
十五、《民用航空器权利登记条例》——《中华人民共和国民用航空器权利登记条例》；
十六、《船舶登记条例》——《中华人民共和国船舶登记条例》；
十七、《城镇国有土地使用权出让和转让暂行条例》——《中华人民共和国城镇国有土地使用权出让和转让暂行条例》；
十八、《合同法》——《中华人民共和国合同法》；
十九、《担保法》——《中华人民共和国担保法》；
二十、《公司法》——《中华人民共和国公司法》；
二十一、《证券法》——《中华人民共和国证券法》；
二十二、《合伙企业法》——《中华人民共和国合伙企业法》；
二十三、《破产法》——《中华人民共和国企业破产法》；
二十四、《海商法》——《中华人民共和国海商法》；
二十五、《继承法》——《中华人民共和国继承法》；
二十六、《票据法》——《中华人民共和国票据法》；
二十七、《民事诉讼法》——《中华人民共和国民事诉讼法》；
二十八、《水法》——《中华人民共和国水法》；
二十九、《环境保护法》——《中华人民共和国环境保护法》；
三十、《大气污染防治法》——《中华人民共和国大气污染防治法》；
三十一、《海洋污染防治法》——《中华人民共和国海洋污染防治法》；
三十二、《环境噪声污染防治法》——《中华人民共和国环境噪声污染防治法》；
三十三、《野生动物保护法》——《中华人民共和国野生动物保护法》；
三十四、《婚姻法》——《中华人民共和国婚姻法》；
三十五、《渔业法》——《中华人民共和国渔业法》；
三十六、《渔业法实施细则》——《中华人民共和国渔业法实施细则》；
三十七、《矿产资源法实施细则》——《中华人民共和国矿产资源法实施细则》；
三十八、《商标法》——《中华人民共和国商标法》；
三十九、《专利法》——《中华人民共和国专利法》；
四十、《著作权法》——《中华人民共和国著作权法》；
四十一、《行政许可法》——《中华人民共和国行政许可法》；
四十二、《刑事诉讼法》——《中华人民共和国刑事诉讼法》；
四十三、《招标投标法》——《中华人民共和国招标投标法》；
四十四、《拍卖法》——《中华人民共和国拍卖法》；
四十五、《国家赔偿法》——《中华人民共和国国家赔偿法》；
四十六、《村民委员会组织法》——《中华人民共和国村民委员会组织法》；
四十七、《侵权责任法》——《中华人民共和国侵权责任法》；

四十八、《水产资源繁殖保护条例》——《中华人民共和国水产资源繁殖保护条例》；

四十九、现行法——正在有效实施的中华人民共和国的法律、法规、规章以及司法解释的总称；

五十、《德国基本法》——《德意志联邦共和国基本法》；

五十一、《关于民法通则的意见》——最高人民法院《关于贯彻执行〈中华人民共和国民法通则〉若干问题的意见（试行）》；

五十二、《执行规定》——最高人民法院《关于人民法院执行工作若干问题的规定（试行）》；

五十三、《婚姻法解释（一）》——最高人民法院《关于适用〈中华人民共和国婚姻法〉若干问题的解释（一）》；

五十四、法释［1997］8号——最高人民法院《关于审理存单纠纷案件的若干规定》；

五十五、法释［1999］15号——最高人民法院《关于审理农业承包合同纠纷案件若干问题的规定（试行）》；

五十六、法释［1999］19号——最高人民法院《关于适用〈中华人民共和国合同法〉若干问题的解释（一）》；

五十七、法释［2000］32号——最高人民法院《关于审理票据纠纷案件若干问题的规定》；

五十八、法释［2001］12号——最高人民法院《关于审理涉及金融资产管理公司收购、管理、处置国有银行不良贷款形成的资产的案件适用法律若干问题的规定》；

五十九、法释［2000］44号——最高人民法院《关于适用〈中华人民共和国担保法〉若干问题的解释》；

六十、法释［2003］7号——最高人民法院《关于审理商品房买卖合同纠纷案件适用法律若干问题的解释》；

六十一、法释［2002］16号——最高人民法院《关于建设工程价款优先受偿权问题的批复》；

六十二、法释［2005］5号——最高人民法院《关于审理涉及国有土地使用权合同纠纷案件适用法律问题的解释》；

六十三、法释［2004］14号——最高人民法院《关于审理建设工程施工合同纠纷案件适用法律问题的解释》；

六十四、法释［2004］16号——最高人民法院《关于人民法院民事执行中拍卖、变卖财产的规定》；

六十五、法释［2005］6号——最高人民法院《关于审理涉及农村土地承包纠纷案件适用法律问题的解释》；

六十六、法释［2009］5号——最高人民法院《关于适用〈中华人民共和国合同法〉若干问题的解释（二）》；

六十七、法释［2009］7号——最高人民法院《关于审理建筑物区分所有权纠纷案件具体应用法律若干问题的解释》；

六十八、法释［2009］11号——最高人民法院《关于审理城镇房屋租赁合同纠纷案件具体应用法律若干问题的解释》；

六十九、法释［2010］9 号——最高人民法院《关于审理外商投资企业纠纷案件若干问题的规定（一）》；

七十、法释［2011］3 号——最高人民法院《关于适用〈中华人民共和国公司法〉若干问题的规定（三）》；

七十一、法释［2012］8 号——最高人民法院《关于审理买卖合同纠纷案例适用法律问题的解释》；

七十二、法释［2016］5 号——最高人民法院《关于适用〈中华人民共和国物权法〉若干问题的解释（一）》；

七十三、大判——日本大审院判决；

七十四、最判——日本最高裁判所判决；

七十五、大连判——日本大审院（连合部）判决；

七十六、大阪高判——日本大阪高等裁判所判决；

七十七、东京高判——日本东京高等裁判所判决；

七十八、民录——日本大审院民事判决录；

七十九、民集——日本大审院民事判决集、日本最高裁判所民事判决集。

目　录

细 目

第一章　绪　论

第一节　物权法的概念

一、物权法的界定

物权法，是调整人对物的支配关系的法律规范的总称。它有形式意义的和实质意义的两种。形式意义的物权法，是指物权法典而言，在中国，《物权法》为其表现。实质意义的物权法，泛指关于物权关系的一切法律规范，除《物权法》以外，还有《宪法》《民法通则》《土地管理法》《城市房地产管理法》《农村土地承包法》《海域使用管理法》《矿产资源法》《水法》《民用航空法》《担保法》《城镇国有土地使用权出让和转让暂行条例》，甚至于《合同法》等法律、法规、规章及司法解释中有关物权的规范。

二、物权法的性质

1. 物权法在总体上为私法

物权法旨在规范因物的归属和利用而产生的民事关系（《物权法》第2条第1款），民事关系即私人之间的关系，民法为私法，物权法不能例外。

不过，应当注意，物权法为私法，是就其大体而言的，因其与社会、经济有直接密切的关系，影响匪浅，需要国家机关及公权力的直接介入，于是也有许多公法的规定。例如，《物权法》第43条规定："国家对耕地实行特殊保护，严格限制农用地转为建设用地，控制建设用地总量。不得违反法律规定的权限和程序征收集体所有的土地。"当然，涉及物权的公法规范，更多地存在于行政法及其他公法之中。

2. 物权法为财产法

自罗马法以来，民法有财产法和身份法的分别。规范经济生活，保护财产秩序的法律，为财产法；规范伦理生活，以保障身份秩序的法律，为身份法。物权法以规范因物的归属和利用而产生的民事关系为内容，性质上属于财产法。

物权法只是财产法的一部分，因为债法、海商法、票据法、证券法、保险法等也属于财产法。债法是典型的关于财产流转的法律，重在动态的安全及其保护。物权法虽然着力于静态的关系（如所有权人的权利、用益权人的权限），也规范变化的动态关系（如物权的转让、变更等）。①

3. 物权法宜被归入强行法

物权具有排他性，涉及第三人和社会公共利益，所以物权法的规定多具强制性，不容当

① ［德］鲍尔、施蒂尔纳：《德国物权法》（上册），张双根译，11页，北京，法律出版社，2004。

事人以合意加以改变或排除。例如，《物权法》第 42 条规定："为了公共利益的需要，依照法律规定的权限和程序可以征收集体所有的土地和单位、个人的房屋及其他不动产"（第 1 款）。"征收集体所有的土地，应当依法足额支付土地补偿费、安置补助费、地上附着物和青苗的补偿费等费用，安排被征地农民的社会保障费用，保障被征地农民的生活，维护被征地农民的合法权益"（第 2 款）。"征收单位、个人的房屋及其他不动产，应当依法给予拆迁补偿，维护被征收人的合法权益；征收个人住宅的，还应当保障被征收人的居住条件"（第 3 款）。"任何单位和个人不得贪污、挪用、私分、截留、拖欠征收补偿费等费用"（第 4 款）。再如，《物权法》第 5 条规定："物权的种类和内容，由法律规定。"

为顾及当事人的私法自治，物权法也设有任意性规定。例如，《物权法》第 73 条中段规定："建筑区划内的绿地，属于业主共有，但属于城镇公共绿地或者明示属于个人的除外。"第 97 条规定："处分共有的不动产或者动产以及对共有的不动产或者动产作重大修缮的，应当经占份额三分之二以上的按份共有人或者全体共同共有人同意，但共有人之间另有约定的除外。"第 115 条规定："主物转让的，从物随主物转让，但当事人另有约定的除外。"第 116 条第 1 款规定："天然孳息，由所有权人取得；既有所有权人又有用益物权人的，由用益物权人取得。当事人另有约定的，按照约定。"

4. 物权法为实体法

物权法是实体法，而非程序法。如何实现对物权的保护，则由程序法，尤其是民事诉讼法来决定。

《物权法》也包含着某些程序性的或与程序有关的规定。例如，该法第 10 条关于不动产登记机构的设置及任务的规定，第 11 条关于当事人申请登记时必须提供有关文件的规定，第 12 条关于登记机构的职责的规定，第 13 条关于禁止登记机构的某些行为的规定等，均属于程序性的规范。

5. 物权法具有本土性

物权法受制于并反映着一个国家的基本经济制度，乃至基本政治制度，受历史传统、民族习惯和固有文化的影响颇深，因而其本土化特征特别明显。例如，相较于德国、日本的物权法和中国台湾地区的"物权法"，中国《物权法》上的国家所有权、集体所有权、土地承包经营权、宅基地使用权、建设用地使用权等制度，就具有鲜明的本土特色。

应当注意到，近现代民法强调和贯彻人格自由、所有权自由和合同自由等原则。其中，所有权自由落实到物权法领域，便形成了所有权绝对原则。同时，为了社会公共利益的需要，为了保护他人的合法权益，法律使所有权本身内在着一定的约束，出现了所有权的社会化。各个国家或地区的物权法莫不如此，显现出物权法的公共性。①

第二节　物权法的体系

一、《物权法》为物权法的"大本营"

实质意义的物权法，以《物权法》为"大本营"，其他法律乃至司法解释中有关物权的

---

① 陈华彬：《物权法原理》，31 页，北京，国家行政学院出版社，1998。

规范，不是作为特别规定，从而优先适用，就是作为补充，形成了较为完整的物权法体系。所以，适用物权法时必须全面审视这些物权规范。

[引申]

由于《民法通则》《土地管理法》《城市房地产管理法》《担保法》等法律与《物权法》同属一个位阶，由于它们均制定于过去，自其生效之日起，就开始与中国的社会生活“脱节”，而《物权法》则反映了现实的社会关系的需要，在《物权法》与它们相矛盾时，应当优先适用《物权法》的规定。《物权法》第 178 条明确规定：“担保法与本法的规定不一致的，适用本法。”例如，《担保法》第 49 条第 1 款规定：“抵押期间，抵押人转让已办理登记的抵押物的，应当通知抵押权人并告知受让人转让物已经抵押的情况；抵押人未通知抵押权人或者未告知受让人的，转让行为无效。”而《物权法》第 191 条第 2 款规定：“抵押期间，抵押人未经抵押权人同意，不得转让抵押财产，但受让人代为清偿债务消灭抵押权的除外。”两者不一致，应以《物权法》的该条规定为准。[①]

由于行政法规、司法解释、规章的位阶低于《物权法》，在行政法规、司法解释、规章的规定与《物权法》的规定发生冲突时，应当以《物权法》的规定为准。例如，《城镇国有土地使用权出让和转让暂行条例》第 40 条规定：“土地使用权期满，土地使用权及其地上建筑物、其他附着物所有权由国家无偿取得。土地使用者应当交还土地使用证，并依照规定办理注销登记。”而《物权法》第 149 条第 1 款规定：“住宅建设用地使用权期间届满的，自动续期。”两者不一致，应以《物权法》的该条规定为准。再如，法释［2000］44 号第 12 条第 2 款规定：“担保物权所担保的债权的诉讼时效结束后，担保权人在诉讼时效结束后的二年内行使担保物权的，人民法院应当予以支持。”而《物权法》第 202 条规定：“抵押权人应当在主债权诉讼时效期间行使抵押权；未行使的，人民法院不予保护。”在抵押权方面，两者抵触，应以《物权法》第 202 条的规定为准。其实，就整个担保物权而言，法释［2000］44 号第 12 条第 2 款的规定也不妥当。

《物权法》以前颁行的法律、行政法规、司法解释、规章就特定的事项有规定，《物权法》未再重申，大多为《物权法》不赞同其规定，一般来说，应当认定这些规定不再适用。例如，《担保法》第 35 条第 1 款规定：“抵押人所担保的债权不得超出其抵押物的价值。”《物权法》对此不再设定限制，应当认为《物权法》允许以价值额低于被担保债权数额的抵押物设定抵押权，也不再从抵押物的价值额方面限制重复抵押。

二、《物权法》的体系

《物权法》共设有五编以及附则。

第一编为总则，包括物权法的基本原则、物权的变动规则、物权的保护，三章。

第二编为所有权，包括所有权的一般规定、国家所有权和集体所有权及私人所有权、建筑物区分所有权、相邻关系、共有、所有权取得的特别规定，六章。

第三编为用益物权，包括用益物权的一般规定、土地承包经营权、建设用地使用权、宅基地使用权、地役权，五章。

---

① 从立法论的角度讲，《物权法》第 191 条第 2 款的规定不符合物权的追及效力和效益原则，并非先进。

第四编为担保物权，包括担保物权的一般规定、抵押权、质权、留置权，四章。

第五编为占有，共有五个条文。

附则，授权地方性法规暂时规定不动产统一登记的权限，以及《物权法》的生效日期。

三、债法与物权法的关联

债法与物权法作为财产法的两大主干，在规范功能和法律适用上具有密切关系，主要表现在以下方面：

1. 债权和物权在功能上的关联

债权和物权具有功能上的关系和互补的作用。(1) 物权的变动多以债权为其原因，如买卖合同加上交付使得汽车的所有权移转给买受人，土地承包合同的成立并生效产生了土地承包经营权等。(2)《物权法》采取了严格的物权法定主义，当事人不能依其意思创设法律未规定的物权，经常需要以债权来满足其社会生活的需要。[①] 例如，父母亲和儿子儿媳签订居住权合同，约定父母在儿子儿媳所有的 A 屋享有居住权，一直到去世为止。由于法律没有规定居住权为物权，该居住权只能表现为债权。

2. 债法规定有物权关系，物权法规定有债的关系

债的关系，有的被规定在物权法中。例如，《物权法》于其“物权的保护”一章规定了损害赔偿性质的恢复原状（第 36 条）、侵权损害的赔偿责任（第 37 条），于其“所有权”编规定了储蓄受法律保护（第 65 条第 1 款），于其“相邻关系”一章规定了基于相邻关系发生的损害赔偿（第 92 条），于其“共有”一章规定了因分割共有物给其他共有人造成损害时的赔偿责任（第 99 条），于“所有权取得的特别规定”一章规定了无权处分人的赔偿责任（第 106 条第 2 款），于其“占有”编规定了恶意占有人的损害赔偿责任（第 242 条、第 244 条），等等。

物权关系，也有的被规定在债法中。例如，《合同法》第 133 条规定：“标的物的所有权自标的物交付时起转移，但法律另有规定或者当事人另有约定的除外。”第 264 条规定：“定作人未向承揽人支付报酬或者材料费等价款的，承揽人对完成的工作成果享有留置权，但当事人另有约定的除外。”

3. 债法规定的类推适用

债法的某些规定可被类推适用到物权关系之中。[②] 物权法中也体现债法类型的法律关系，首要的为物权请求权。在此类法律关系中，只要没有特别规定或因物权关系的特性而受排斥，债法规定可以适用。[③] 具体到中国，《合同法》关于违约责任的规定（第 107 条以下），原则上可以类推适用到《物权法》规定的物权请求权关系（第 34 条、第 35 条）。假如将物权请求权界定为债权，则《合同法》关于违约责任的规定准用于其中，不成问题。但在包括本书在内的多数说把物权请求权作为物权效力的背景下，称《合同法》关于违约责任的规定（第 107 条以下），原则上可以类推适用到《物权法》规定的物权请求权关系，则需要说明。原来，此处所谓类推适用，是指在（具体的）物权请求权产生之后，无权占有人、不

---

① 参考王泽鉴：《民法物权·通则·所有权》（总第 1 册），增补版，7 页，台北，三民书局，2003。

② 同上书，8 页。

③ ［德］鲍尔、施蒂尔纳：《德国物权法》（上册），张双根译，84 页。

法妨害人等义务人对物权人行使物权请求权置之不理，拒不返还原物、拒绝排除妨害或任凭巨大的危险存在，给物权人造成损害，应成立损害赔偿责任，物权人可以援用《合同法》第107条以下的规定向义务人主张。

4. 债权和担保物权的相互为用

担保物权具有诱导债权产生的功能，最高额抵押权尤为明显（《物权法》第203条以下）。债权本身即作为担保物权的标的物（《物权法》第223条第2项、第7项等）。债权和担保物权的相互为用，对于促进社会经济的发展，催生新的交易形式，推动债法和物权法的发展，都具有重要的意义。[①]

四、余论：物权法学的体系

物权法学的体系，固然根基于物权法的体系，但两者并不完全等同。由于学者的哲学思想不同，视角有异，对物权的看法具有个性，物权法学的体系就不尽一致。本书作者构建的物权法学的体系，依次为绪论、物权通论、物权变动、物权保护、占有、所有权总论、建筑物区分所有权、相邻关系、共有、用益物权和担保物权。此处稍微详细地描述如下：

1. 绪论，包括物权法的概念、物权法的体系、物权法的基本原则、物权法的发展、中国物权法的制定。

2. 物权通论，包括物权的概念、物权的类型、物权的客体、物权的效力。

3. 物权变动，包括物权变动的概述、物权变动的模式、物权变动的公示与公信、不动产物权的变动、动产物权的变动。

4. 物权保护，包括物权保护的概念、权利推定、物权确认请求权、物权请求权。

5. 占有，包括占有的概念、占有的分类、占有状态的推定、占有的变更、占有的取得、占有的效力、占有的消灭。

6. 所有权总论，包括所有权的概念、地位与作用，所有权的内容，所有权的限制，所有权的种类。

7. 建筑物区分所有权，包括建筑物区分所有权的概述、专有权、共有权、共同管理权。

8. 相邻关系，包括相邻关系的概述、对不动产所有权限制、相邻关系的类型。

9. 共有，包括共有的概述、按份共有、共同共有。

10. 用益物权，包括用益物权总论、土地承包经营权、建设用地使用权、宅基地使用权、海域使用权、地役权、准物权。

11. 担保物权，包括担保物权总论、抵押权、质权、留置权。

第三节　物权法的基本原则

一、物权法基本原则的概述

物权法的基本原则，即物权法的基本准则，体现物权法的基本价值，是物权立法、执法、守法及研究物权法的总指导思想，是解释物权法的准则。它们产生的根据有异，所起的

---

① 参考王泽鉴：《民法物权·通则·所有权》（总第1册），增补版，9页。

作用不同，是否表现为法律规范有别，情形比较复杂。

有的基本原则是一国社会制度的必然要求。一个国家实行的是私有制还是公有制的不同，即物权法采取的社会政治原则的差异，会决定配置物权的类型和态样呈现出区别。有的基本原则是物权法的体系结构所要求的。物权法犹如一座宏伟壮丽的殿堂，其结构和态样预定以后，其支柱也就确定下来了，反之亦然。此处所谓"支柱"在物权法上表现为结构原则。物权的设置，系建造物权法这座殿堂的主要工作，不得违背物权法的结构原则，否则，"支柱"错位甚至缺失，墙壁扭曲，物权法这座殿堂轻者会丑陋，重者便将倒塌。

有的基本原则，是立法者所追求的价值目标，是立法者设置物权的类型及其相互排列的秩序标准，是物权运行的效果要求，并不表现为具体的法律制度及法律规范。效率原则与和谐原则属于此类。有的基本原则必须以法律制度及法律规范的形式出现，物权的公示原则乃至公信原则为其典型。

有的基本原则，是物权本身的要求被立法者所认识并予以确认的结果。物权的公示原则，物权的客体特定原则，为其代表。有的基本原则并非物权的本质要求在立法上的反映，而是立法者价值判断的结果。物权的公信原则属于此类。

有的基本原则，是基于物权必须秩序化的要求，并存于同一宗土地上的数个性质相容的物权在效力上需要区分出位阶，立法者基于一定的理由而设定的原则。物权的优先效力原则，为其表现。有的基本原则是要通过明确物权与其客体之间的关系，进而解决物权的公示和物权人支配客体的问题。一物一权主义，为一例证。

有的基本原则，主要是权利本位的体现，物权的客体特定主义，算作一例。有的基本原则是社会本位的反映，所有权的社会化，为其代表。

二、物权法上的意思自治

意思自治是民法（含商法，下同）的基本原则，体现于人格自由、合同自由、营业自由等，在物权法上也有其表现，如所有权自由、物权内容自由、物权的公示方式自由等。

1. 所有权自由

所谓所有权自由，是指所有权人对其所有物使用和处分的自由。当然，所有权自由不可能是毫无限制的，所有权本身应有一定的约束。这是社会公共利益的要求，对其他所有权人合法利益的尊重。①

2. 物权内容自由

物权法上的意思自治在物权内容方面有所体现。尽管《物权法》奉行物权法定主义（第5条），自然而然地限制了物权内容的形成自由，不过，也仍然保留了一定程度的自由形成空间。例如，关于土地承包经营权的存续期限，《物权法》仅规定了一个幅度（第126条），发包方和承包方可以在此幅度内自由约定具体的期限。关于土地承包经营权的对价（承包费），《物权法》根本未加限制。关于土地承包经营权的转让，《物权法》也给予了相当的自由空间（第128条、第133条）。再如，地役权的内容和存续期限，更是离不开当事人的约

① ［德］鲍尔、施蒂尔纳：《德国物权法》（上册），张双根译，3～4页；王泽鉴：《民法物权·通则·所有权》（总第1册），增补版，17页。

定（《物权法》第160条、第161条）。

3. 法定物权变动中的意思自治

《物权法》规定了直接基于法律规定而发生的物权变动，如被征收财产的物权自征收决定生效时归属于国家（第28条），遗产的所有权自继承开始转移给继承人（第29条）等，似乎没有当事人意思自治的空间。但不尽然，《物权法》第115条关于“主物转让的，从物随主物转让，但当事人另有约定的除外”的规定，第116条第1款关于“天然孳息，由所有权人取得；既有所有权人又有用益物权人的，由用益物权人取得。当事人另有约定的，按照约定”的规定，都体现了意思自治。

4. 物权的公示方式自由

对于物权的公示方式，《物权法》区分物权的类型和变动方式而采取了不尽相同的态度。对于建设用地使用权的设立和转让、建筑物所有权的转让、不动产抵押权的设立等，在公示方式上都贯彻了严格的法定主义，不允许当事人依其约定加以改变或排除。与此不同，对于土地承包经营权的设立、转包、互换和转让，在公示方式上，《农村土地承包法》允许当事人自由决定（第37条、第38条、第40条、第46条、第49条等），《物权法》予以固定（第127条、第128条、第129条、第133条）。对于宅基地使用权的设立，在公示方式方面，《物权法》不作强求，由当事人自由选择；未经登记的宅基地使用权的转让和消灭的，在公示方式方面，《物权法》同样不加强制（第155条规定的反面推论）。对于地役权的设立，对于没有登记的地役权的变更、转让、消灭，在公示方式上，《物权法》允许当事人自由选择（第158条、第169条规定的反面推论）。

5. 物权行使上的自由

基于意思自治原则，物权人原则上可以自由行使其物权，包括物权的转让和抛弃。当然，应当遵守法律，尊重社会公德，不得损害社会公共利益和他人的合法权益（《物权法》第7条）。

三、物权法的社会政治原则

正确配置物权需要完成许多工作，坚持物权法的社会政治原则为其中之一。所谓物权法的社会政治原则，是指物权制度的设计不违反宪法所确立的所有制的原则。宪法所确立的所有制比较概括抽象，需要物权法加以具体化，形成各种物权制度，再具体化为物权规范，才能落到实处，便于操作。在这个过程中，自然必须遵守物权法的社会政治原则。

一个国家的物权法及其法律秩序，因其是否或在何种程度上承认公有制或私有制而有不同。[①] 例如，《德国基本法》通过将所有权不区分其社会用途地赋予各个市民，承认私人所有制原则，反对以国家为所有者的集中调控，在土地关系法上亦然。学说认为这种做法有利于在利用土地的同时也能够保持个人自由，特别是在预期的广泛分散的所有权（自有房、自有住宅）中更好地保障个人的生活环境，增强自我负责的生活形态。另一方面，土地私有制也有忽视重要的公共和社会利益的危险。[②] 在这样的社会政治原则下，《德国民法典》对所有权的规定，不是基于所有制的思路，没有按照所有权主体的线索，分别规定国家所有权、

① 王泽鉴：《民法物权·通则·所有权》（总第1册），增补版，15页。

② ［德］曼弗雷德·沃尔夫：《物权法》，吴越、李大雪译，51、54、60页，北京，法律出版社，2002。

个人所有权等，而是略去主体的所有制性质，直接规定一般意义的所有权。除非特别指明，法律规范所定的所有权，既可以是自然人所享有的，也可以是法人所享有的，还可以是国家所拥有的。

与此不同，在中国，1999 年 3 月 15 日第九届全国人民代表大会第二次会议修正通过的《宪法》，坚持社会主义公有制（第 6 条等），规定矿藏、水流、森林、山岭、草原、荒地、滩涂等自然资源，都属于国家所有，即全民所有；由法律规定属于集体所有的森林和山岭、草原、荒地、滩涂除外（第 9 条第 1 款），城市的土地属于国家所有（第 10 条第 1 款），农村和城市郊区的土地，除由法律规定属于国家所有的以外，属于集体所有；宅基地和自留地、自留山，也属于集体所有（第 10 条第 2 款）。2004 年 3 月 14 日第十届全国人民代表大会第二次会议修正通过的《宪法》继续坚持了这些规定。由此决定，《物权法》在配置物权时，国家所有权及集体所有权必然处于非常重要的地位，占有相当的比重。例如，《物权法》开宗明义地强调维护国家的基本经济制度，维护社会主义市场经济秩序（第 1 条）；国家在社会主义初级阶段，坚持公有制为主、多种所有制经济共同发展的基本经济制度，巩固和发展公有制经济（第 3 条第 1 款、第 2 款）；矿藏、水流、海域属于国家所有（第 46 条），城市的土地属于国家所有，法律规定属于国家所有的农村和城市郊区的土地属于国家所有（第 47 条），森林、山岭、草原、荒地、滩涂等自然资源属于国家所有，但法律规定属于集体所有的除外（第 48 条），无线电频谱资源属于国家所有（第 50 条）；等等。

四、物权法的结构原则

物权法的结构原则，包括物权法定主义、一物一权主义、物权的优先效力、物权的公示原则乃至公信原则，至于物权行为独立性与无因性原则，《物权法》没有承认。这些结构原则，本书会在相应的章节加以介绍和说明，此处不赘。

五、物权法的效率原则

效率（efficiency），也有人称之为效益，是指在一种状态下总收益和总成本之间的关系[①]，换言之，从一个给定的投入量中获得最大的产出，即以最少的资源消耗取得同样多的效果，或以同样的资源消耗取得最大的效果。[②] 还有另外一种效率，即在不让另外一个人处境更糟的前提下，使得至少一个人的处境更好。这就是所谓的帕雷托效率。[③] 既然如此，效率显然是权利人追求的价值，在全社会实现效率当然更是理想。

《物权法》遵循了效率原则。例如，对于建设用地使用权抵押，《担保法》把抵押物登记作为抵押合同的生效要件（第 41 条），未办理抵押物登记，抵押合同未生效，抵押权不产生。因抵押合同未生效，抵押人无办理抵押登记的义务，债权人没有请求抵押人履行办理抵押物登记的权利，取得不了抵押权。对于债权人而言，这是不公正的，也是没有效率的。问题出在《担保法》在抵押权的成立要件的设计上，它把本应为抵押权的成立要件前移到抵押

---

① ［美］理查德·A·波斯纳：《法律的经济分析》（上），蒋兆康译，林毅夫校，18 页，北京，中国大百科全书出版社，1997。

② 张文显：《法学基本范畴研究》，273 页，北京，中国政法大学出版社，1993。

③ ［美］罗伯特·D·考特、托马斯·S·尤伦：《法和经济学》，3 版，施少华、姜建强等译，张军校，12 页，上海，上海财经大学出版社，2002。

合同的生效要件，结果不适当。《物权法》注意到了这个问题，不再把登记作为抵押合同的生效要件（第15条、第187条、第188条、第189条）。再如，传统的地上权，相对于所有权人利用其财产而言，可能是有效率的，在人少而资源较为丰富的当时尤其如此。然而时过境迁，在人口爆炸、过度城市化的今天，把空间作为物权的客体，承认建筑物区分所有权、区分建设用地使用权的客体，显然更加体现出物尽其用，更有效率。《物权法》反映了这种要求，设置了建筑物区分所有权（第70条以下）和区分建设用地使用权（第136条）。[①]

［引申］

应当承认，《物权法》在贯彻效率原则方面尚未尽如人意。例如，对于抵押物的转让，一方面允许抵押人自由转让抵押物，同时赋予抵押权的追及效力来保护抵押权人的利益，是最有效率的方案，但《物权法》却没有如此设计，而是规定抵押物的转让需要经过抵押权人的同意（第191条第2款）。[②]

六、物权法的和谐原则[③]

“比单纯的符合规律更高一级的是和谐。和谐是从质上见出的差异面的一种关系，而且是这些差异面的一种整体，它是事物本质中找到它的根据的。和谐关系已越出了符合规律的范围，正如符合规律虽包含整齐一律那一方面而同时却超出了一致和重复。但是同时这些质的差异面却不只是现为差异面及其对立和矛盾，而是现为协调一致的统一，这统一固然把凡是属于它的因素都表现出来，却把它们表现为一种本身一致的整体。各因素之中的这种协调一致就是和谐。”[④] 物权法兼有科学性和艺术性，无论从哪个角度讲，配置物权都必须遵循和谐原则。

和谐原则要求各类物权之间的协调一致。每种定限物权要么不并存于同一个标的物上，即使并存于同一标的物上，也基于一定的规则确定出效力顺序，使得每种定限物权的行使有序进行，同样呈现出和谐性。

和谐原则要求物权从产生、变更、消灭都有明确的界限和变动的要件，且各种变动之间都必须衔接配合得当。只有法律设置出适当的物权变动的模式及其相应的公示方法，才可以达到此类目的。

和谐原则要求物权人与义务人之间的关系清楚明确。物权的存在及其变动必须有相应的表彰形式，使义务人知晓物权的质与量，清楚自己如何作为或不作为，免受不测之损害。法律确立物权的公示原则及其相应的方法，就能起到这些作用。

［引申］

和谐与特定的情境密切相关，它在不同的情境中可能呈现着不同的表现形式。(1) 在自物权和他物权的情境中，是对立统一的和谐。(2) 在用益物权和担保物权并存于同一标的物的情境中，是各自追求标的物的不同价值。在担保物权不行使的情形下，两类物权并行不悖。在担保物权行使场合，如果用益物权设立在先，担保物权人只好忍受因此而生的不利益；如果担保物权设立在先，担保物权人有权请求法院除去用益物权。[⑤] (3) 在用益物权之

---

① 详细论述，见崔建远：《土地上的权利群研究》，163～169页，北京，法律出版社，2004。

② 同上书，169～170页。

③ 同上书，173～178页。

④ ［德］黑格尔：《美学》（第1卷），2版，朱光潜译，180页，北京，商务印书馆，1979。

⑤ 崔建远、孙佑海、王宛生：《中国房地产法研究》，192～193页，北京，中国法制出版社，1995。

间，通过排他性解决问题，即一个标的物上存在着一个用益物权，就不允许再存在另一个不相容的用益物权。但如果表面上是两种以上的用益物权并存于同一标的物上，实际上是各自的客体不同时，它们也可以各行其是。如土地承包经营权、取水权、矿业权有时可以并存于一宗土地之上。(4) 担保物权之间通过确定出顺序实现和谐。

呈现出上述类型十分正常，所谓一致性与不一致性相结合，差异闯进这种单纯的同一里来破坏它，于是就产生平衡对称。平衡对称是结合到同样性质的另一种形式，因这种结合，便有了一种新的，得到更多定性的，更复杂的一致性和统一性。整齐一律和平衡对称是一种外在的统一和秩序。[①] 符合规律与上述两种形式比较，已经站到较高一级。它虽然还不是主体的完整的统一和自由，但是已经是一种本质上的差异面的整体，在整体上现出统一和互相依存的关系。[②]

在黑格尔看来，对立的事物——如蓝、黄、青、红——只是整齐地并列在一起，还只是一种外在的统一，它们各自呈现为直接的对立面，只有它们中和之后才变成具体的同一。因其鲜明的差异和对立已经消除掉了，才出现和谐，显现出美。[③] 王明居教授认为，化合成他物固然是和谐，整齐地并列在一起，只要相得益彰，也未尝不是一种和谐。[④]

后一种和谐表现在物权法上，是各种物权整齐地并存于同一个标的物上，只要它们的效力范围衔接得适当，仍然是和谐的。

前一种和谐表现在物权法上，例如担保物权与债权结合，使得被担保债权由平等性的权利变为优先性的权利，可算一例。还有，在自己抵押权存在的情况下，是自己抵押权这种担保物权护卫着自物权，为自物权人的利益阻挡着另外类型的担保物权的实现，使自物权在万里长城般的防卫墙内按照自物权人的意志运转，从而实现自物权人的利益。在权利的存在状态上——所有权和自己抵押权并存于同一个标的物上——属于形式的和谐，在所有权人（自己抵押权人）的意志和利益的实现上又有着“化合的和谐”的味道。

担保物权一经依法或依法律行为附着在债权上，其优先性便传输给该被担保债权，使本来只有平等性的债权变成了具有优先效力的债权，在变价担保物和就该变价受偿两方面，该被担保债权具有了比存在于担保物上的所有权、用益物权、其他的担保物权更强的效力。这好像使被担保债权发生了化学反应，产生了质变（性质变化），使被担保债权“物权化”了。这种状态正是当事人各方所自愿选择的结果，符合立法者的立法计划及立法目的，在各种权利之间的衔接、配合方面是和谐的，在衡平各方利益上同样如此。

第四节　物权法的发展

一、物权法发展的概观

物权法，尽管不如债法那样活泼，也因与社会及经济的生活具有密切关系，随着社会及

---

① ［德］黑格尔：《美学》（第1卷），2版，朱光潜译，174页。

② 同上书，178页。

③ 同上书，181页。

④ 王明居：《通俗美学》，62～63页，合肥，安徽教育出版社，2001。

经济的发展而历经变迁。促进物权法变迁发展的因素，首推经济基础的变化要求，立法（如《物权法》的制定）、司法实务（如最高人民法院出台了一系列司法解释）、学说理论（如梁慧星教授主持的《中国物权法草案建议稿：条文、说明、理由与参考立法例》、王利明教授主持的《中国物权法草案建议稿及说明》）也在其中，并且不可或缺。就物权法发展变化的内容而言，有的是立法原则的修正，有的为体系的调整，有的源于理论的再构成，有的则出于法律解释与适用方法的反省。①

近代物权法高举所有权绝对原则，对私有财产绝对承认和尊重，采取物权法定主义、公示及公信原则、一物一权主义等结构原则，德国法系还凸现物权行为的独立性与无因性。现代法则适时修正，确立了所有权的社会化原则，有条件地软化物权法定主义，反思一物一权主义，德国法系将物权行为的无因性相对化，物权在一些领域开始价值化，担保物权机能得到强化，担保物权制度开始细化，物权与债权有所相对化，物权法与能源法及环境保护法等相互影响和衔接，物权法在一定意义上出现了国际化的趋势。②

二、所有权的社会化

所有权绝对和合同自由的承认和尊重，是以个人利己心的创造力和人类生而自由平等为前提的。但社会现实并非完全如此。个人的创造力固然是社会文明进步的原动力，但同时也伴随着一己私欲的膨胀。人类生来即有强弱，并非均属自由平等。在一定意义上说，所有权绝对和合同自由成了以强凌弱、以大欺小、少数有钱人积聚财富的法律工具，酿成了严重的社会问题。为了改变这种现象，植根于社会本位的所有权社会化的思潮应运而生，认为所有权本身即含有义务，所有权的行使，不单纯是谋取私人利益，必须兼顾社会利益。《德国民法典》率先吸收了这种思想，对所有权的行使加以消极的限制（第 905 条）。德国魏玛宪法更于第 153 条第 3 项明文规定所有权含有义务，其行使应顾及公共利益。此后，各国或地区的立法大多承认所有权的社会化。③ 在中国台湾，私法将禁止权利滥用原则和诚实信用原则适用于物权领域，公法对所有权设置了不少限制，与日俱增的环境保护法规尤其如此。④ 在中国大陆，《物权法》明确规定物权的取得和行使，应当尊重社会公德，不得损害公共利益和他人的合法权益（第 7 条）；为了公共利益的需要，依照法律规定的权限和程序可以征收集体所有的土地和单位、个人的房屋及其他不动产（第 42 条第 1 款）。《环境保护法》等法律、法规对所有权等物权的行使加以了诸多限制。

三、物权的价值化

所有权及其他物权的内容，原本是对标的物的现实支配，物权人使用、收益。鉴于所有权人并不总是甚至时常不是最佳的利用其物之人，将物的利用价值以利用权的形态归属于用益物权人甚至债权人，所有权人自其收取对价，各得其所，于个体于社会均有益处。物的交换价值，则以担保权（价值权）的形态归属于担保权人，所有权人自其取得信用，获得金钱

---

① 王泽鉴：《民法物权·通则·所有权》（总第 1 册），增补版，29～30 页。

② 谢在全：《民法物权论》（上册），修订 2 版，7～14 页，台北，三民书局，2003；梁慧星主编：《中国物权法研究》（上），4～7 页，北京，法律出版社，1998；陈华彬：《物权法原理》，32～36 页。

③ 谢在全：《民法物权论》（上册），修订 2 版，8～9 页。

④ 王泽鉴：《民法物权·通则·所有权》（总第 1 册），增补版，30 页。

融资，发展事业。所有这些都表现出物权人从对标的物的现实支配，演变成收取代价或获取金钱融资的价值利益，物权的价值化遂告形成。①

四、物权类型逐渐增加

自第二次世界大战结束以来，尤其是 20 世纪 60 年代以后，物权类型逐渐增加。建筑物区分所有权、区分地上权、区分地役权等空间权应实际需要而诞生，被学说分析和肯定，被立法所确认。动产抵押、财团抵押、企业抵押、让与担保被较为广泛地应用，随后被法律所承认，都具有积极的意义。②

五、物权法的国际化

物权法的固有法的属性本来最为突出，但随着国际贸易的发达，世界交通的便利，各种文明的密切交流，担保物权的国际化十分明显。美国法上的动产担保制度、英国法上的浮动抵押制度、英美法系的所有权保留、让与担保制度，都影响到了大陆法系的立法、司法。③

六、物权和债权的相对化

德国民法及其理论明确地区分了物权和债权，利大于弊。克服其弊，其中一条路径是物权和债权的关系在若干方面相对化。如同本章第二节“物权法的体系”所介绍的那样，某些债法规则类推适用到物权关系，担保物权和债权相互作用。此外，还有租赁权的物权化，某些物权不具有对抗善意第三人的效力，等等。④

第五节　中国物权法的制定

一、1949 年以前的中国物权立法

中国古代诸法合体，刑民不分，没有如今态样的物权法，但不乏所有权等物权的具体规定。在法制史上，中国传统法律向近代转型的开端为晚清的修律，近代物权法的制定起自清宣统三年（公元 1911 年）的第一次民律草案。该草案的第三编为物权编。该草案未及正式颁行，清朝即遭覆灭，中华民国宣告成立。其后不久，民法典的起草工作提上议事日程，史称民法典的第二次起草。民国十四年（公元 1925 年），民法典的第二次起草工作正式开始，不久即拟成第二次民律草案。但因受当时各种因素的影响，它亦未被颁行。民国十五年（公元 1926 年），民国政府通令各地暂行采用该草案的“总则编”和“债编”，物权编不在其中。民国十八年，即 1929 年，立法院起草委员会拟定了第三次民律草案物权编，同年 11 月 30 日公布，民国十九年（公元 1930 年）5 月 5 日施行。⑤

1949 年，中华人民共和国成立，宣布废除旧法统，包括物权编在内的中华民国民法在

① 谢在全：《民法物权论》（上册），修订 2 版，10～11 页。
② 陈华彬：《物权法原理》，33～34 页。
③ 谢在全：《民法物权论》（上册），修订 2 版，12 页；陈华彬：《物权法原理》，34～35 页。
④ 王泽鉴：《民法物权・通则・所有权》（总第 1 册），增补版，33 页。
⑤ 谢在全：《民法物权论》（上册），修订 2 版，4～7 页；陈华彬：《物权法原理》，37～40 页。

中国大陆不再有效，中华民国物权法仅仅在中国台湾地区施行。

二、1949 年至 1956 年的中国物权立法

1949 年至 1956 年，中国虽然没有颁行物权法典，但所有权及定限物权却存在于中央及地方立法中的民事法律文件、最高人民法院及司法部对一些物权问题所作的“批复”“解释”之中，并在人们的实际生活当中运用。1950 年 6 月中央人民政府颁行的《中华人民共和国土地改革法》，1950 年 12 月 22 日中央人民政府政务院通过的《中华人民共和国矿业暂行条例》，1950 年 11 月 10 日政务院通过的《城市郊区土地改革条例》，1951 年 2 月 4 日政务院发布的《关于没收战犯、汉奸、官僚资本及反革命分子财产的指示》，1953 年 11 月 5 日政务院通过的《中央人民政府政务院关于国家建设征用土地办法》，都是国家所有权的法律依据。[①] 1950 年 10 月 17 日东北人民政府颁行的《东北地区土地暂行条例》，明文肯定了地上权设定契约、典权设定契约和地役权设定契约的有效性（第 16 条等）。1951 年 4 月 21 日政务院通过的《政务院关于适当地处理林权明确管理保护责任的指示》规定，一切较大的森林收归国有，零块分散的山林，有的归私人所有（第 2 条、第 3 条、第 4 条）。1951 年 12 月 11 日政务院发布的《关于船舶抵押权效力问题的指示》规定，已经办理了抵押登记的船舶抵押权，有优先受偿的权利（第 1 条第 1 款），但与工资债权、税收债权发生效力冲突时，则应按照顾具体情况合理分配的原则，协商解决（第 1 条第 2 款）。就同一船舶订有二个以上的抵押权时，其受偿权利的先后，以抵押权人登记的先后为准（第 2 条）。1951 年 9 月 4 日，最高人民法院东北分院《关于抵押权问题的函复》指出，关于不动产抵押权的成立，在未经开办不动产登记前，依当地法令既不需要登记，又无应经登报声明或公示等类似的限制，若干当事人间已订有书面契约，并已由出押人将不动产权利证件交付受押人，其抵押权即已成立；在有请执时，经过实事求是的调查，如能确证其抵押关系存在并无虚构串饰的情事，应认为有对抗第三人的效力（第 1 条）。工厂机器应认可以设定抵押权（第 2 条前段）。[②]

三、1956 年至 1986 年的中国物权立法

1956 年，随着生产资料私有制的社会主义改造的完成，中国建立起了社会主义的生产资料公有制，农村的土地私有制已经不复存在，地上权、地役权等不动产物权也随之消失。加上这一时期全盘接受了苏联的民法理论，认为用益物权是资本主义私有制经济关系的特殊产物，不再适应于中国，担保物权可以放置于合同法当中。对此，中国当时的立法予以接受。1957 年以后，法律虚无主义盛行，物权制度在劫难逃。

四、1986 年至 2007 年的中国物权立法

随着改革开放，民法的重要性日益被人们所认识，对于合同法的需求最为迫切，于是有 1981 年 12 月 13 日通过的《中华人民共和国经济合同法》，但物权法的春天仍姗姗来迟，以

---

① 参见王利明：《国家所有权研究》，72 页，北京，中国人民大学出版社，1988；陈华彬：《物权法原理》，40～41 页。

② 资料来源：东北人民大学法律系民法教研室编：《中华人民共和国民法政策法令汇编》（第 3 辑），237～266 页，1955。

至于 1986 年 4 月 12 日通过的《中华人民共和国民法通则》，尚不敢使用物权的概念，而是采用了“财产所有权和与财产所有权有关的财产权”的表述，规定了国家所有权、集体所有权、国有企业的经营权、个人的财产所有权、农户的土地承包经营权、自然资源使用权等物权类型（第 71 条以下）。

这显然不能满足实际需要，制定一部完善的物权法的呼声越来越高，原因在于：（1）物权法是规范财产关系的民事基本法律，调整因物的归属和利用而产生的民事关系，包括明确国家、集体、私人和其他权利人的物权以及对物权的保护。（2）制定物权法是坚持社会主义基本经济制度的需要。（3）制定物权法是规范社会主义市场经济秩序的需要。（4）制定物权法是维护广大人民群众切身利益的需要。（5）制定物权法是实现 2010 年形成中国特色社会主义法律体系目标的需要。物权法是民法的重要组成部分，是在中国特色社会主义法律体系中起支架作用、不可或缺的重要法律。①

《中华人民共和国物权法》的起草工作始于 1993 年。全国人大常委会对制定物权法高度重视。2002 年 12 月，第九届全国人大常委会对民法草案的物权法编进行了初次审议。第十届全国人大常委会把制定物权法列入重要议程，在过去工作的基础上，花了很大精力，做了大量工作。为了把这部法律制定好，全国人大常委会坚持民主立法、科学立法。2005 年 7 月将物权法草案向社会全文公布，共收到人民群众提出的意见 1 万多件；并先后召开 100 多次座谈会和几次论证会，还到一些地方进行专题调研，充分听取部分全国人大代表、基层群众、专家学者、中央有关部门等各方面的意见。在征求意见过程中，各方面提出了许多意见和建议。全国人大常委会高度重视各方面的意见，对草案进行了六次审议，审议次数之多在中国立法史上是空前的。

制定物权法总的原则是：以邓小平理论和“三个代表”重要思想为指导，全面贯彻落实科学发展观，坚持正确的政治方向，从中国的国情和实际出发，全面准确地体现和坚持社会主义基本经济制度；依据宪法和法律规定，对国家、集体和私人的物权实行平等保护的原则，同时针对国有财产流失的情况，加强对国有财产的保护；全面准确地体现现阶段党在农村的基本政策，维护广大农民群众的利益；针对现实生活中迫切需要规范的问题，统筹协调各种利益关系，促进社会和谐。总之，制定物权法必须始终坚持正确的政治方向，坚持物权法的中国特色，坚持一切从实际出发。②

遵循以上原则，吸收各方面的合理意见和建议，经对草案反复研究修改，修改后的草案比最初的草案有了较大改动。第十届全国人大常委会第二十五次会议审议时，常委会组成人员对草案给予高度评价、充分肯定，认为草案体现了党的主张和人民意志的统一，凝聚了集体的智慧，已趋成熟。会议高票通过了将草案提请十届全国人大五次会议审议的决定。会后，全国人大常委会办公厅按照法定程序，于 2007 年 1 月 12 日将物权法草案发送全国人大代表，并有计划地组织代表研读、讨论草案，做好审议准备。根据有些代表在讨论中提出的意见，对草案又作了一些修改，形成了提请大会审议的物权法草案。草案共 5 编、19 章、247 条。③

2007 年 3 月 16 日，第十届全国人民代表大会第五次会议通过了《中华人民共和国物权法》。

---

① 王兆国：《关于〈中华人民共和国物权法（草案）〉的说明》，2007 年 3 月 8 日在第十届全国人民代表大会第五次会议上，载胡康生主编：《中华人民共和国物权法释义》，566～567 页，北京，法律出版社，2007。

②③ 同上书，567～568 页。

五、《物权法》的主要内容与基本框架

《物权法》坚持了维护社会主义基本经济制度（第1条、第3条、第4条等），平等保护国家、集体和私人的物权（第3条第3款、第4条等），详尽地规定了国家所有权（第45条至第54条等），明确了集体所有权（第58条至第63条等），肯定了私人所有权（第64条至第69条），规定了征收的条件和补偿（第42条、第121条、第132条）及征用（第44条）[①]，较为详细地规定了建筑物区分所有权（第70条至第83条）、相邻关系（第84条至第92条）、共有（第93条至第105条）、各种他物权（第117条以下）等。

《物权法》共有5编及附则，247个条文。其第一编为“总则”，包括第一章“基本原则”、第二章“物权的设立、变更、转让和消灭”、第三章“物权的保护”；第二编为“所有权”，包括第四章“一般规定”、第五章“国家所有权和集体所有权、私人所有权”、第六章“业主的建筑物区分所有权”、第七章“相邻关系”、第八章“共有”、第九章“所有权取得的特别规定”；第三编“用益物权”，包括第十章“一般规定”、第十一章“土地承包经营权”、第十二章“建设用地使用权”、第十三章“宅基地使用权”、第十四章“地役权”；第四编“担保物权”，包括第十五章“一般规定”、第十六章“抵押权”、第十七章“质权”、第十八章“留置权”；第五编“占有”，规定在第十九章；附则，共计两个条文。

---

① 王兆国：《关于〈中华人民共和国物权法（草案）〉的说明》，2007年3月8日在第十届全国人民代表大会第五次会议上，载胡康生主编：《中华人民共和国物权法释义》，568～574页，北京，法律出版社，2007。

第二章　物权通论

第一节　物权的概念

一、物权的界定

《物权法》规定，所谓物权，是指物权人依法对特定的物享有直接支配和排他的权利，包括所有权、用益物权和担保物权（第 2 条第 3 款）。其中的所有权，包括国家所有权（第 45 条以下）、集体所有权（第 58 条以下）和私人所有权（第 64 条以下）。其中的用益物权，不但包括土地承包经营权（第 124 条以下）、建设用地使用权（第 135 条以下）、宅基地使用权（第 152 条以下）和地役权（第 156 条以下），而且含有海域使用权（第 122 条）、探矿权、采矿权、取水权、养殖权、捕捞权（第 123 条）。其中的担保物权，包括抵押权（第 179 条以下）、质权（第 208 条以下）和留置权（第 230 条以下）。

上述所有权、土地承包经营权、建设用地使用权、宅基地使用权、地役权、质权、留置权等，都是以特定的物为客体的物权，具有优先效力、追及效力等，其设立无须行政许可，因此被称为典型物权。而探矿权、采矿权、取水权、养殖权、捕捞权等，与典型物权相比具有许多特殊性，如大多在设立上须经行政许可或特许，有些在客体方面具有不特定性，有的在追及效力方面具有特殊性，等等，且由特别法予以特殊调整。在德国、日本和中国台湾地区，民法典不规定它们，民法理论称之为准物权，而不径称为物权。

至于权利抵押权、权利质权，虽有学说认为它们属于准物权，但它们只在其客体是权利这点上具有特殊性，其他各方面都与典型物权相同，以至于许多人都把它们作为物权，忽略其准物权的属性。本书亦然。

在这种背景下，我们描述物权，要么沿袭德国民法的传统表达，同时指出准物权作为例外；要么推翻传统学说，重新抽象、概括物权的特征及效力。采取后一种思路，难免工程浩大，短期内难以完成。有鉴于此，本书作者仍然选择经济的路径，将所论物权基本上限于典型物权，若论述到准物权，则会特别说明。

法国法规定了一组优先权，日本民法称之为先取特权。中国法也承认了若干种优先权。[①] 有些优先权的效力及于债务人的全部财产，这也与所有权、用益物权等物权的效力仅仅及于特定物的属性不同。应当说，某些优先权在属性上模糊了物权和债权之间的界限。如果对优先权和典型物权作统一说明，一是困难较大，颇费笔墨，二是意义如何，值得怀疑。

---

① 例如，《中华人民共和国合同法》第 286 条规定的承包方对发包方享有的工程款债权属于优先权；《中华人民共和国企业破产法》第 113 条规定的职工对破产企业享有的工资债权，医疗、伤残补助、抚恤费用的债权，优先于普通破产债权。

正因如此，本书所论物权，除非特别说明，不包括优先权的类型。

［引申］

在广阔的视野下，物权的概念具有三个层次的意义。第一个层次，在民法内部，就物权自身而言，强调物权是物权人支配物的现象，表现为人与物的关系。上文所述的物权属于该层次的物权。揭示该层次物权的含义，能使我们易于识别出物权和债权的不同，归纳出物权的特征，找到发现物权内容的路径。第二个层次，从物权人对抗非物权人的角度看，物权是物权人与义务人之间的关系。其积极意义在于，设计及划分出物权的效力。第三个层次，在法理学、政治学等领域，强调物权意味着人与人之间的关系，从而为诸如物权具有阶级性等结论服务。

二、物权的性质

（一）物权是主体可直接支配标的物的权利

物权的本质在于，法律将特定物归属于某权利主体[①]，由其直接支配，享受其利益，并排除他人对此支配领域的侵害或干预。所谓直接支配，是指物权人可以按照自己的意思享受物的利益，无须他人的介入。例如，汽车的所有权人可依自己的意思驾驶、出租或设立抵押权，不需要他人的同意。与此不同，债权的实现则往往需要债务人的积极行为予以协助。

［评论］

人对于特定物所享有的权利，若被称为物权，需要具备人直接支配该物的事实。不过，这种事实关系是否上升为物权关系取决于立法政策。法律对于诸如借用、租赁等人直接支配特定物的事实并未按照物权关系设计，而是将借用人的使用权、承租人的租赁权规定为债权。其深层原因在于债权能够满足承租人、使用人的需要，为防止出租人出卖住房等可能损害承租人的生存权，特设买卖不破租赁的原则也就足够了；若为物权，则意味着借用人、承租人获取了超出甚至远远地超出了所付代价的利益，会阻碍出借人、出租人处分标的物，尤其在借用人、承租人利用借用权、租赁权融资的情况下，极有可能使出借人、出租人遭受重大的不利。

法律将物归属于某人支配，在于使其享受物的利益。物的利益可分为使用价值和交换价值。所有权的效力所及，系物的全部利益，包括占有、使用、收益和处分。所有权人不需要依赖他人的行为就能享受这些利益。用益物权的效力所及，系物的使用价值。用益物权人可以不经他人的同意就可以使用物并获得收益。严格地说，处分是对物的所有权的处分，而不是对这个物的处分[②]，用益物权人显然无权处分标的物，仅仅可以处分用益物权自身，因

---

① 目前德国民法的通说把物权作为归属权，或称物的财产归属权，并将之分为两种：归属权（即物直接归属权利人）与绝对的归属权（即对抗任何人的效力）。Scwab/Prutting，Sachenrecht，28. Aufl.，Munchen：Beck，1999，Rdhr. 14；M. Wolf，Sachenrecht，Munchen，1999，Rdhr. 1. 转引自蔡明诚：《论物权的概念与类型》，载《财产法学篇》（一），105 页，台北，学林文化事业有限公司，2002。

② ［德］冯·图尔：《德国民法总论》，第 1 卷第 18 章注释第 26 和第 2 卷第一部分，第 54 章注释第 36。转引自［德］卡尔·拉伦茨：《德国民法通论》（上册），王晓晔、邵建东、程建英、徐国建、谢怀栻译，谢怀栻校，403 页，北京，法律出版社，2003。

而，用益物权所具有的被抵押、转让的效力，不是处分标的物（所有权）的表现，即用益物权无处分标的物（所有权）的效力。担保物权的效力所及，系物的交换价值，在债务人不履行其债务时，债权人可依法将担保物变价，就该价金满足其债权。①

（二）物权原则上是排他性的权利

同一标的物上存在着某一物权时，便不允许互不两立的物权与其并存。同一不动产上若有两个以上的抵押权存在，则其顺位不同。而债权却可以在同一个标的物上成立数个。②

［提示］

法律也例外地承认了无排他性的物权，此类物权和债权几乎相同。③ 基于河岸权原则而设立的取水权，相互间没有排他性。入渔同一渔场的捕捞权，相互间亦无排他性。

由于物权的排他性对第三人的影响很大，出于保护善意第三人的需要，物权的存在乃至变动必须具有众人知晓的外部表征，即公示。《物权法》规定，动产物权的公示方法为占有，动产物权变动的公示方法为交付，不动产物权及其变动为登记（第 6 条）。由于债权主要反映相对人之间的关系，一般无必要公示，大多也无法公示。已经公示的物权具有对世性。未公示的物权，如船舶、航空器和机动车辆等物权的设立、变更、转让和消灭，未经登记，不得对抗善意第三人（《物权法》第 24 条）。

［探讨］

未经登记的物权虽然不得对抗善意第三人，但仍然不同于债权，兹举例说明如下：(1) 在甲将 A 物的所有权移转给乙，但乙对 A 物的所有权尚未公示的情况下，甲又将 A 物出卖与知情的丙，丙不能取得 A 物的所有权。不过，在甲虽将 A 物出卖给乙，但尚未移转所有权的情况下，甲又将 A 物出卖与知情的丙，则丙可以取得 A 物的所有权，尽管丙为恶意，乙也无权抗辩。当然，在日本民法上，善意取得要求占有标的物之人没有过失。④ 其原因就在于，前者场合，甲系出卖他人之物，丙是否取得 A 物的所有权必须按照善意取得规则予以确定；后者场合，甲系出卖自己之物，属于有权处分，丙取得 A 物的所有权与否，由甲和丙之间的买卖合同的效力和履行状况决定，不适用善意取得规则。(2) 在甲将 A 物的所有权移转给乙的情况下，尽管尚未公示，在甲进入破产程序时，A 物不属于破产财产。与此不同，如果 A 物只是甲所享有债权的标的物，则 A 物属于破产财产。再如，土地承包经营权、宅基地使用权、地役权不需要公示，如果因此把它们当成债权，在设立人破产或因其他原因而消灭的情况下，就会出现极为不公正的后果。因为，设立这些权利的主体破产，也就是债务人破产，于此场合，债权只能按比例获得清偿，甚至得不到清偿，最后归于消灭。设定这些权利的主体因其他原因而消灭，也就是债务人消灭，债权要随之消灭，于是，土地承包经营权、宅基地使用权、地役权等便化为乌有。可是，土地承包经营权、宅基地使用权、地役权若作为他物权，一经设立就具有独立性，只要其母权（如土地所有权）没有绝对消灭，只要这些他物权的存续期间没有届满，即使设立人破产或因其他原因而消灭，它们也照样存在。(3) 乙若对 A 物享有所有权，在第三人不法侵害该物的情况下，乙可以请求该第

① 王泽鉴：《民法物权·通则·所有权》（总第 1 册），增补版，38～39 页。

② ［日］我妻荣：《日本物权法》，有泉亨修订，李宜芬校订，9～10 页，台北，五南图书出版公司，1999。

③ 同上书，10 页。

④ ［日］田山辉明：《物权法》（增订本），陆庆胜译，齐乃宽、李康民审校，105～106 页，北京，法律出版社，2001。

三人承担侵权责任；若仅仅享有债权，因现行法尚未承认债权为侵权行为的标的，所以，乙无权请求该第三人承担侵权责任。

（三）物权的客体具有特定性

基于物权直接支配其标的物的需要，物权的客体必须是特定的（《物权法》第2条第3款），通常表现为特定物。对于仅仅确定种类和数量的物，债权虽然可以成立于其上，物权却不能。

权利抵押权、权利质权以权利为客体，这是由担保物权系价值权、不注重对标的物的物理形态的支配的性质所决定的，况且这没有破坏客体特定性的要求，只是标的物的形态是权利而非有体物。

取水权固然以不特定的水资源为客体，但它系一种准物权，不属于典型物权，所以，这不影响上述针对典型物权所抽象出来的性质。[①]

（四）物权人是特定的，义务人不特定

因债权以请求权为主要内容，属于相对权，故其当事人各方均为特定之人。因物权为直接支配权，不需要他人以积极行为予以协助，属于对世权，故物权人系特定之人，义务人则为不特定的人。

第二节 物权的类型

一、物权法定主义

（一）物权法定主义的界定

法律对待当事人设立物权的态度，就其可能性而言，可以采取放任主义，也可以奉行法定主义。1794年的普鲁士普通法选择了前者（第1部第2章第131条—第135条，第4章第16条—第19条，第9章、第10章）。[②] 与此相反，罗马法采取了后者。后世的日本、韩国等国家民法和中国台湾地区的“民法”予以因袭，并设明文规定了物权法定主义[③]，瑞士、奥地利、德国等民法虽无明文，但解释上均认为有物权法定主义的适用。[④] 英美法上亦有物权法定主义。[⑤] 中国《物权法》关于“物权的种类和内容，由法律规定”的规定（第5条），依其立法意图，承认了物权法定主义。

物权的种类和内容由法律规定，其反面意思就是物权不得由当事人自由创设。所谓不得自由创设，其含义有二：一是不得创设民法或其他法律所不承认的物权，例如在他人动产上设立土地承包经营权，学说上称为类型强制（Typenzwang）；二是不得创设与物权法定内容

---

① 详细论述，见崔建远：《准物权研究》，26页，北京，法律出版社，2003；崔建远：《土地上的权利群研究》，32～34页。

② 郑玉波：《民法物权》，修订12版，19页，注释1，台北，三民书局，1988；陈华彬：《物权法原理》，70～71页。

③ 《日本民法典》第175条；《大韩民国民法典》第185条；中国台湾地区“民法”第757条。

④ ［德］曼弗雷德·沃尔夫：《物权法》，吴越、李大雪译，14页；谢在全：《民法物权论》（上册），修订2版，57页。

⑤ Thomas W. Merill & Henery E. Smith，Optimal Standardization in the Law of Property：The Numerus Clausus Principle，110 Yale L. 1（2000）；William Swadling，Property：General Principle，in English Private Law，at 207 - 208（Peter Birks ed.，Vol. 1，2000）. 转引自谢在全：《民法物权论》（上册），修订2版，66页。

相异的内容，例如设立不移转占有的动产质权，学说上称为类型固定（Typenfixierung）。[①]

（二）采取物权法定主义的原因

物权法定主义受到青睐，是因为存在着如下理由：其一，物权的绝对性。物权具有极强的法律效力，可以对抗一般人，如果允许当事人自由创设，就可能侵害他人的合法权益，害及公共利益。其二，物尽其用的效益原则。物权与社会经济具有密切关系，任意创设，对所有权设置种种限制和负担，会影响物的利用，以法律明确规定物权的种类和内容，建立物权的类型体系，有助于发挥物尽其用的经济效益。其三，交易安全与便捷。物权具有对世的效力，物权的得丧变更，应力求透明。物权的种类和内容法定，便于公示，可确保交易安全与便捷。其四，整理旧物权，适应社会需要。德国继受罗马法，对物权的种类加以限制，与农地改革有关。[②] 中国《物权法》虽然承认若干没有对抗力或欠缺处分效力的物权（第 28 条、第 29 条、第 30 条、第 31 条等），但在总体上并未放弃物权的绝对性，奉行物权的公示原则、物尽其用的效率原则、保护交易安全和便捷，加上亦有整理物权类型的必要[③]，因此，自然应确认物权法定主义，而不是放任主义。

（三）物权法定主义中"法"的含义

大陆法系的民法学说认为，物权法定主义所言之"法"，系指立法机关通过的法律，命令不包括在内。"盖因物权有关人之权利义务者甚大，许以命令创设，殊不适宜"[④]。按照中国民法的通说，物权法定主义中的"法"，是指全国人民代表大会及其常务委员会颁布的法律，而不包括国务院制定的行政法规和发布的决定、命令，以及国务院各个部委发布的规章、地方人民代表大会及其常务委员会制定的地方性法规、地方政府颁布的地方性规章。[⑤]《物权法》第 5 条关于物权法定主义的规定，就其文义而言，显然采纳了民法通说的见解。

［思考］

不过，《立法法》规定，民事基本制度、基本经济制度由全国人民代表大会及其常务委员会通过立法规定（第 8 条第 7 项、第 8 项）。国务院根据宪法和法律，制定行政法规。行政法规可以规定的事项包括：为执行法律的规定需要制定行政法规的事项，《宪法》第 89 条规定的国务院行政管理职权的事项（第 56 条）。关于物权的种类和内容的法律规范属于民事基本制度，按照《立法法》的上述规定，应当由全国人民代表大会及其常务委员会制定，不

---

① 王泽鉴：《民法物权·通则·所有权》（总第 1 册），增补版，47 页；谢在全：《民法物权论》（上册），修订 2 版，60～61 页；［德］曼弗雷德·沃尔夫：《物权法》，吴越、李大雪译，14～15 页。

② 王泽鉴：《民法物权·通则·所有权》（总第 1 册），增补版，46 页；［德］曼弗雷德·沃尔夫：《物权法》，吴越、李大雪译，14 页；［日］我妻荣：《日本物权法》，有泉亨修订，李宜芬校订，22～23 页；［日］原岛重义等：《民法讲义·2·物权》，14～15 页，东京，有斐阁，1979。

③ 这里所谓整理物权类型，是在广义上使用的，既包括应当将宅基地使用权、国有土地使用权、集体土地使用权、桥涵用地使用权、矿地使用权等合并为建设用地使用权，也包括将"四荒"拍卖产生的土地使用权确认为物权，还包括物权法或其他特别法应当将建筑物区分所有权、区分建设用地使用权、区分矿业权等规定为物权。

④ 郑玉波：《民法物权》，修订 12 版，16 页。

⑤ 梁慧星主编：《中国物权法研究》（上），67 页；陈华彬：《物权法原理》，76～77 页；寇志新总编：《民法学》，311 页，西安，陕西人民出版社，1998；房绍坤、吴兆祥：《论物权法定原则》，载《法律科学》，1996（6），29～33 页。本书作者在很长的时期内赞同通说，参见崔建远：《我国物权法应选取的结构原则》，载《法制与社会发展》，1995（3）（总第 3 期），24～32 页。

宜降由行政法规、行政规章、地方性法规、自治条例、单行条例和规章创设；除非授权，不得由行政法规创设。这是因为，物权对一般第三人的利益影响极大，法律在设置物权的种类和内容时，必须缜密考虑，衡平各方主体的利益。因受立法者的视野范围、利益牵制、业务水平等因素的影响，相对而言，全国人民代表大会及其常务委员会制定的法律能够合理衡平各方主体的利益，周到地保护善意第三人的合法权益，而位阶较低的法律规范则易有疏漏。[①] 还有，通过全国人民代表大会及其常务委员会制定法律，必然遵循严格的程序，近年来又实行把重要的法律草案公布于众，交由全国人民讨论的做法，相对行政法规、地方性法规、部门规章、地方性规章制定的程序比较简易而言，颁行法律更为慎重，制度及规范更合理些。就此而言，民法通说具有合理性。

但必须注意，按照《立法法》第9条的规定，未排除全国人民代表大会及其常务委员会授权国务院制定有关民事制度方面的行政法规。如此，物权的种类和内容这些民事基本制度也可由全国人民代表大会及其常务委员会授权国务院通过行政法规规定。这给行政法规创设物权的效力，甚至物权的种类留下了空间。在今后的物权生长的实践中，全国人民代表大会及其常务委员会是否会授权国务院通过行政法规创设物权，其利弊得失如何，还需要观察和总结。在实践中，曾经出现过土地承包经营权、“四荒”土地使用权、地役权、居住权等权利类型，长期未被全国人民代表大会及其常务委员会制定的法律确认为物权，故不属于物权的类型，只具有债权的效力，对权利人的保护不力。如今，典权、居住权未被《物权法》等法律承认为物权，仍然面临着同样的问题。如果承认行政法规可以创设物权，因行政法规的立法程序相对简单，制定得较快，颁行得较为及时，对权利人的保护可能更为有力和及时。从这个意义上讲，适当扩大物权法定主义中“法”的范围，具有现实意义。

（四）违反物权法定主义的效果

违反物权法定主义而创设物权时，其法律效果宜区分情况而定。法律有特别规定时，从其规定。法律无特别规定时，如果当事人创设物权违反禁止性规范时，该权利不存在。

如果当事人创设的物权内容的一部分违反禁止性规范，而除去该部分后，其他部分不再违反法律的，仅仅违法部分无效。例如，约定将抵押物移转抵押权人占有，因该移转抵押物占有不符合《担保法》关于不移转占有的规定（第33条），仅仅该移转抵押物占有的约定无效，抵押权仍然因办理抵押登记而成立。

当事人约定成立“物权”，有时可发生债权效力。物权法定主义反对当事人任意创设物权，因而不允许当事人以法律行为创设民法或其他法律所不承认的物权。但是，民事主体在实际中却有设立“物权”的需要。对此需要，可由债权制度而获得满足。例如，承包经营权由承包合同设置，在《民法通则》实施之前，法律未将其作为物权加以规范时，按物权法定主义衡量，它虽不发生物权效力，却可以产生债的效力，即基于承包合同，承包人有权请求发包人交付承包物，有权占有、使用、收益承包物，以满足自己的需要。[②] 还有通过拍卖产生的“四荒”土地承包经营权，在2002年8月29日第九届全国人民代表大会常务委员会第二十九次会议通过的《农村土地承包法》颁行之前，法律未把它规定为物权，按物权法定主义衡量，它也不发生物权的效力，只能具有债权的效力，即基于拍卖合同，土地承包经营权

---

① 崔建远：《我国物权法应选取的结构原则》，载《法制与社会发展》，1995（3）（总第3期），25页。

② 同上文，26页。

人有权请求拍卖人向其移转“四荒”地的占有，然后使用、收益、抵押、转让，以实现自己的利益。[①] 再有，典权、居住权，基于合同而产生。迄今为止，不要说法律，就连地方性法规、部门规章和地方性规章对它们也没有规定。按照严格的物权法定主义衡量，典权、居住权亦不具有物权的效力，只能呈现债权的性质。[②]

［探讨］

应该看到，仅仅赋予债权效力以解决问题的方式具有不圆满性，作权宜之计尚可理解，长久如此则不能尽如人意。因为第一，债权毕竟只有相对性，而无对世的效力，在现行法尚未承认第三人侵害债权的背景下，仅承认居住权等为债权，难以有效地抵御第三人主张物权或第三人的不法侵害。[③] 例如，因现行法尚未规定居住权为物权，在作为居住权客体的房屋由第三人取得所有权并主张物权请求权的情况下，居住权这种债权确实对抗不了受让人的房屋所有权，居住权人只好放弃对该房屋的占有。第二，债权仅具有请求力、保持力、执行力、处分权能等，而无支配力。将长期居住权作为债权，仅仅着眼设立人与居住权人之间的相对关系，却忽视了房屋交由居住权人占有、使用、收益的事实，法律没有确认这种主体对标的物的支配关系，即实质上的物权关系。土地承包经营权曾较长时期处于这种功效减损的境地，尽管它是应社会经济发展的要求而生的，尤其是其中的因“四荒”拍卖而产生的土地使用权兼顾了社会公平与效率，代表着农业方面权利的目标模式，极富生命力；尽管它体现着权利人对土地地表的支配关系，具有物权之实，但严格的物权法定主义拒绝承认它们为物权，不赋予其物权效力，使权利人对土地地表的支配缺乏足够的法律上之力，难以最圆满有效地抵御第三人的不法侵害。对居住权等所具有的物权之实，法律视而不见或视而不管，违反事理，不能谓之为善法。只有当法律将具有物权之实，却以债权形式表现出来的居住权等，除去债权形式，还其物权的本来面目，使经济关系的本质要求与法律的最佳保护真正统一起来之时，才算较为圆满地解决了问题。《民法通则》赋予承包经营权物权效力（第 80 条第 2 款）后，《农村土地承包法》将“四荒”土地使用权确认为物权（第 44 条—第 50 条）以后，情况大为改观，即为明证。

为克服物权法定主义过于僵硬化，出现了物权法定无视说、习惯法包含说、习惯法有限承认说和物权法定缓和说。[④] 在日本，有相当的学者认为习惯法可以创设物权[⑤]，当依习惯法生成新的公示方法时，即使认可依习惯法生成的该种物权，也无须担心物权法的公示原则会被破坏。并且，这样还会克服物权法定主义无法适应经济交易关系的发展，无法满足现实生活对新种类物权的需要的弊端。[⑥] 更有学说总结道：仅使具有一定的物权效果即可符合社

① 崔建远：《“四荒”拍卖与土地使用权》，载《法学研究》，1995（6）（总第 101 期），32～33 页。

② 当然，《关于民法通则的意见》第 120 条很简陋地承认了典权。但因《物权法》未规定典权，立法计划也无该项制度的设计，所以，如何看待该司法解释的规定，值得研究。基于《物权法》制定在后且法律位阶高于司法解释，不宜认为现行法承认了典权。不过，若站在社会实际生活的需要层面，承认典权为物权却有价值。

③ 崔建远：《我国物权法应选取的结构原则》，载《法制与社会发展》，1995（3）（总第 3 期），26 页。

④ 谢在全：《民法物权论》（上册），修订 2 版，63～64 页。

⑤ ［日］末弘严太郎：《物权法》（上卷），41 页，1922；［日］石田文次郎：《物权法论》，22 页，1932；［日］柚木馨：《判例物权法总论》，高木多喜男增订，43 页，1972；［日］松坂佐一：《物权法》，12 页，1980；［日］铃木禄弥：《物权法讲义》，355 页，1982；［日］星野英一：《民法概论》（II），11 页以下，1980。转引自［日］我妻荣：《日本物权法》，有泉亨修订，李宜芬校订，24 页。

⑥ ［日］我妻荣：《日本物权法》，有泉亨修订，李宜芬校订，24 页。

会的需要的，得依个别具体情形，赋予若干物权效力，如共有物分管合同，对于知或可得知有该合同存在的应有部分受让人，共有人得执以对抗之；关于物权法的一定权利内容规定，得依该权利的性质和目的，于不逾越或抵触其权利的核心范围内，予以类推适用，或扩张或减缩该物权的内容，俾使新型态的权利亦得成为该物权的一种，而融入现行物权法体系；积极活用其他法律制度，俾获得与物权相同或相当的法律利益，如非典型担保的代理受领或备偿专用账户，利用委托、代理和抵销制度，达到债权担保的目的。[①] 有鉴于此，中国台湾地区于2009年修订"民法"，第757条规定："物权除依法律或习惯外，不得创设"，这已经承认了习惯可以创设某些物权。近年来的学说也主张："习惯法形成之物权若类型固定，明确合理，无违物权法定主义存在之旨趣，且公示之可能，社会上确有其实益及需要"，"而透过上述物权法定主义缓和之适用，又已逾解释之界限，将抵触物权之核心内容时，即有以习惯法之物权，加以承认之余地。"当铺业法未制定时，中国台湾地区承认实务上的当铺质，与德国实务上所承认的期待权、让与担保，均属实际例证。[②]

在中国大陆，自1949年10月1日新中国成立开始直至实行改革开放这一相当长的历史时期内，所制定的法律非常有限。在此期间，全国人民代表大会及其常务委员会制定的法律欠缺典权等规范，但是典权早已被习惯所承认，随之又被最高人民法院的司法解释所认可。于此场合，就不宜再固守物权法定主义所言之"法"非成文法不可的观念。其实，在一定条件下承认习惯创设物权，符合人们的认识规律，符合经济关系法律化的过程，没有必要僵化地固守严格的物权法定主义。

不过，这仍然难以消除从新类型"物权"产生到被物权法承认之间的时间差，意味着法律因其固有的滞后性而承担着一种"补遗"的作用，解决问题不圆满，反映出理论的贫困，亟待发展。

二、物权的种类

《物权法》已经确认了所有权、土地承包经营权、建设用地使用权、宅基地使用权、地役权、海域使用权、探矿权、采矿权、取水权、养殖权、捕捞权、抵押权、质权、留置权。《合同法》《破产法》等承认了若干种优先权。

取得权，虽然在现行法上未被单独命名，但在实际上存在。共有人的优先购买权（《物权法》第101条）为一例证。预告登记也具有取得权的作用。各种取得权之间虽有差异，但也有共性，即权利人在满足一定条件时，享有取得物上所有权（或其他某种权利，如建设用地使用权）的权利。[③]

三、物权的分类

上述物权依一定的标准划分，形成以下分类：

（一）所有权与定限物权

1. 区分标准

以对标的物的支配范围为划分标准，物权可分为所有权和定限物权。

---

① 谢在全：《民法物权论》（上），51～52页，台北，新学林出版股份有限公司，2010。

② 谢在全：《民法物权论》（上），52页。

③ 参见［德］鲍尔、施蒂尔纳：《德国物权法》（上册），张双根译，44～45页。

2. 界定

所有权，是指所有人依法对于标的物为全面支配的物权。所谓全面支配，是指支配标的物的使用价值和交换价值。所有权因此而被称为完全物权。不过，由于实务中所有权时常被定限物权所限制，所有权社会化强调对利用权的保护，利用权已经逐渐独立为永久的一面支配权，在这些情况下，所有权的弹力性难以恢复，所谓全面支配权，有些名实不符。[①]

定限物权，又称为限制物权或他物权，则仅为特定目的，对标的物为一定支配的物权。[②]所谓定限，一是指它的效力仅仅及于标的物的部分价值，二是指它系分享所有权中的部分权能而形成的物权，反过来对所有权呈现出限制。此类物权，除如所有人抵押权等特殊情况以外，通常都成立在他人的财产上，于是也叫作他物权。宅基地使用权、质权等属于此类。

3. 分类的法律意义

区分所有权和定限物权的法律意义在于：(1) 权利行使的范围不同。所有权对标的物为全面的支配，定限物权仅支配标的物的特定范围。(2) 所有权是定限物权产生的母权，系定限物权产生的根据或根据之一。(3) 定限物权天生地具有限制所有权的作用，其效力优先于所有权的效力。

(二) 用益物权与担保物权

1. 区分标准

定限物权，以其所支配的内容为标准，可分为用益物权和担保物权。

2. 界定

所谓用益物权，是指以支配标的物的使用价值为内容的物权，或者说是权利人对他人所有的物依法享有占有、使用和收益的物权（《物权法》第 117 条）。土地承包经营权、建设用地使用权、宅基地使用权、地役权、养殖权、捕捞权等属于此类。所谓担保物权，则系以支配标的物的交换价值为内容的物权。抵押权、质权、留置权，为其典型。

3. 分类的法律意义

区分用益物权和担保物权的法律意义在于：(1) 在用益物权的情况下，权利人可以按照标的物的性质使用标的物，并取得收益。在担保物权的情况下，物权人原则上不得使用标的物，仅就标的物的折价或变价使其债权优先获得清偿。(2) 除地役权、捕捞权、(许多) 取水权等用益物权以外，一个标的物上存在了一个用益物权，即不得再于其上设立其他的用益物权。与此不同，同一个标的物上可以并存着数个担保物权。(3) 同一个标的物上可以并存着担保物权和用益物权。

(三) 动产物权、不动产物权与权利物权

1. 区分标准

以标的物的种类为划分标准，物权可有动产物权、不动产物权和权利物权的分类。

2. 界定

所谓动产物权，是指以动产为标的物的物权。动产所有权、动产质权、动产抵押权和留置权属于此类。所谓不动产物权，是指以不动产为标的物的物权。不动产所有权、土地承包

---

① 谢在全：《民法物权论》（上册），修订 2 版，73 页。

② 定限物权一语，系日本学者松冈义正所创，最早源出于罗马法 jus in re aliena。转引自谢在全：《民法物权论》（上册），修订 2 版，76 页；陈华彬：《物权法原理》，78 页。

经营权、建设用地使用权、宅基地使用权、地役权等为其代表。所谓权利物权，是指以权利为标的物的物权，如权利抵押权、权利质权。

3. 分类的法律意义

按照《物权法》的规定，区分动产物权、不动产物权和权利物权的法律意义在于：(1) 物权变动的要件不同。动产物权基于法律行为的变动，多数以交付为生效要件（第 6 条后段、第 23 条等）；不动产物权基于法律行为的变动以登记为生效要件（第 6 条前段、第 9 条第 1 款、第 14 条等）；权利抵押权以登记为生效要件（第 187 条）；权利质权比较复杂，股权质权、基金份额质权、知识产权质权等以登记为生效要件（第 226 条第 1 款、第 227 条第 1 款），以汇票、支票、本票、债券、存款单、提单、仓单等为标的物的质权则以交付权利凭证为生效要件；没有权利凭证的，以办理出质登记为生效要件（第 224 条后段）。法释［2000］44 号则规定，以汇票、支票、本票出质，出质人与质权人没有背书记载“质押”字样，以票据出质对抗善意第三人的，人民法院不予支持（第 98 条）。以公司债券出质的，出质人与质权人没有背书记载“质押”字样，以债券出质对抗公司和第三人的，人民法院不予支持（第 99 条）。(2) 权利的公示方式有所不同。不动产物权以登记为公示方式，动产物权以占有或交付为公示方式（第 6 条后段等）。以船舶、航空器、机动车辆为标的物的动产物权，其变动以交付为生效要件（第 23 条），表明占有或交付为公示方法；同时，登记为对抗善意第三人的要件（第 24 条），意味着登记也是公示方式。权利物权及其变动的公示方式，有的是登记，有的是交付权利凭证，有的是背书。

（四）登记物权与不登记物权

1. 区分标准

以物权的变动是否须经登记为标准，存在登记物权和不登记物权的分类。

2. 界定

物权的变动无须登记即生效力的物权，叫作不登记物权。反之，则为登记物权。按照《物权法》的规定，登记物权的变动必须以登记为生效要件（第 9 条等）。不动产物权一般属于此类。

应当注意，按照《物权法》的规定，法定抵押权无须登记（第 182 条等）。因人民法院、仲裁委员会的法律文件或人民政府的征收决定等导致的不动产物权变动，自法律文书或人民政府的征收决定等生效时发生效力（第 28 条），因继承或受遗赠取得不动产物权的，自继承或受遗赠开始时发生效力（第 29 条），因合法建造、拆除房屋等事实行为设立或消灭不动产物权的，自事实行为成就时发生效力（第 30 条）。但是，处分这些不动产物权时，依照法律规定需要办理登记的，未经登记，不发生物权变动的效力（第 31 条）。

3. 分类的法律意义

这种分类的法律意义在于，登记在两种物权的变动中所起的作用不同。

（五）意定物权与法定物权

1. 区分标准

以物权的发生是否基于当事人的意思为标准，存在着意定物权和法定物权的分类。

2. 界定

在物权法定主义的架构下，意定物权，是指基于当事人的意思而成立的物权。除法定抵押权、留置权以外，民法上规定的物权都可以基于当事人的意思而发生。在法定物权的情况下，物权，不问当事人的意思如何，径由法律规定而发生。

3. 分类的法律意义

这种分类的法律意义在于，物权成立的要件和适用的法律不同。

（六）有期限物权与无期限物权

1. 区分标准

以物权的存续有无期限限制为标准，存在着有期限物权和无期限物权的分类。

2. 界定

有存续期限的物权，叫作有期限物权。存续期限无限制，且能永久存续的物权，称为无期限物权。定限物权大多为有期限物权，所有权为无期限物权。但是，在中国法上，存在于以出让方式取得的建设用地之上的房屋所有权，则是“有期限物权”。另一方面，宅基地使用权虽为定限物权，但却是无期限物权；行政划拨的建设用地使用权没有明确的终期，只要法定终止事由未出现，就持续存在。

3. 分类的法律意义

这种分类的法律意义在于，有期限物权的存续期限届满时，即当然归于消灭；而无期限物权则除抛弃、标的物灭失或其他原因外，永存不灭。

（七）主物权与从物权

1. 区分标准

以物权是否具有独立性为标准，存在着主物权和从物权的分类。

2. 界定

主物权，是指可以独立存在，无须从属于其他权利的物权。从物权，是指不具有独立性，必须从属于其他权利的物权。属于前者的，如所有权、建设用地使用权、宅基地使用权等。属于后者的，如担保物权、地役权。

3. 分类的法律意义

这种分类的法律意义在于，主物权可以独立存在，而从物权的命运原则上随从主权利的命运。

（八）既得权与期待权

1. 区分标准

以物权是否已经取得为标准，存在着既得权和期待权的分类。

2. 界定

既得权，在物权法领域，是指权利主体已经取得了并且能够实现的物权。所有权、建设用地使用权等均属此类。期待权包括物权性的期待权和债权性的期待权。前者是指取得物权的某些要件已经实现，而剩下的条件若实现即可取得物权的期待状态。就其消极方面而言，取得物权的过程尚未完成，所期待的物权尚未取得；自其积极方面来说，物权的取得已经进入完成的过程，当事人已经有所期待。其中所谓“某些要件已经实现”，是指权利主体已经确定，取得物权的部分要件已经具备，所期待的特定利益的内容或范围亦已确定。所说的“期待状态”，是指权利主体的法律地位，且含有特定的利益，在机能上独立，受法律保护。[①] 属于此类情况的，例如，在所有权保留买卖关系中，买受人的地位；建设用地使用权出让场合，受让人已经提出过户登记申请但尚未登入不动产登记簿时所处的地位；在房屋买卖关系中，买受人已经提出过户登记申请但尚未登入不动产登记簿时所处的地位。

3. 分类的法律意义

这种分类的法律意义在于，有助于人们认识并区分物权的生成过程，丰富物权的类型和体系及其理论，使立法者对每个阶段的法律状态配备相应的法律制度，运用不同的法律保护方法。

（九）完全物权与不完全物权

1. 区分标准

以物权的效力是否完全为标准，存在着完全物权和不完全物权的分类。

2. 界定

完全物权，是指法律效力齐备的物权。不完全物权，是指欠缺某些法律效力的物权。对此，可以建筑物的所有权为例加以说明。合法新建的建筑物，一经封顶，建设用地使用权人即取得其所有权。不过，在办理首次登记之前，该所有权欠缺处分的效力。只有办理完首次登记手续，该所有权才具有全部效力。登记之前的建筑物所有权属于不完全物权，登记完毕的建筑物所有权则为完全物权。

3. 分类的法律意义

这种分类不同于既得权与期待权的分类，因为期待权不是物权，只是物权的期待，而完全物权和不完全物权都是物权。

这种分类的法律意义在于，物权的效力不同，物权人能够实现的利益有别，法律对物权转让设置的限定条件也有差异。例如，因人民法院的判决书、仲裁机构的裁决书而取得的不动产物权，因继承而取得的不动产物权，因合法建造房屋而取得的所有权，在物权人尚未将此类不动产登记在自己名下时，均属不完全物权。物权人若将此类不动产出卖、赠与或互易，不发生物权移转的效力，只有先行把此类物权登记在自己名下，再协助受让人办理过户登记手续，才会发生不动产物权变动的效果（《物权法》第31条）。

（十）本权与占有

1. 区分标准

以有无物权的实质内容为标准，存在着本权和占有。

2. 界定

占有，是对标的物有一定支配力的一种事实。对占有而言，所有权、定限物权，甚至租赁权，都是本权。

3. 分类的法律意义

这种分类的法律意义在于，确定有无本权的存在，以确定其保护方法。

（十一）其他分类

需要指出，有学说还把物权区分为民法上的物权和特别法上的物权，民法物权和特许物

① ［德］鲍尔、施蒂尔纳：《德国物权法》（上册），张双根译，46～47页；申卫星：《期待权基本理论研究》，12～42页，北京，中国人民大学出版社，2006。

权，典型物权和准物权，私法物权和公法物权等。

第三节　物权的客体

一、一物一权主义

1. 一物一权主义的含义和存在理由

物权在于支配其物，享受其利益，为使法律关系明确，避免物权关系不适当的复杂化，便于公示，以保护交易安全，近现代民法采取一物一权主义，或称物权客体特定主义，即一个物上应以存在一个物权为原则。

2. 一物一权主义的内容

一个物上原则上只能存在一个所有权、用益物权，不得存在两个以上性质和内容不相容的所有权、用益物权。不过，数个地役权可以并存于同一宗土地之上。

单一物（如土地）为独立的物，可以成立一个所有权、用益物权。合成物（如房屋、汽车）在法律上亦为一个独立的物，可以成立一个所有权。①

集合物（如图书馆），由数个独立的物集合而成，基于典型物权便于公示，其标的物应当具有特定性和独立性的要求②，集合物上原则上不得成立一个物权，尤其是所有权，因为所有权只能存在于各个独立的物上（如每一本书，每台电脑等），但它可以成为财团抵押权的标的物。③

一个物的构成部分原则上不得竖立一个所有权，但日本民法认为，由于民法承认占有的时效取得（第 162 条），至少就取得时效来说，不得不承认一宗土地的一部分也可以成立物权。④ 不仅如此，依据时效以外的原则，如果当事人能以某种方法识别一宗土地的一部分的四至边界，那么，该部分上可成立物权。⑤

3. 一物一权主义与现实生活

一物一权主义自其诞生以后，不断面对现实生活所出现的现象，作出解释或修正。

其中，对于共有，解释为它仍然是一个物上仅仅存在一个所有权，只不过是所有权人在组成方面是二人以上罢了，未违背一物一权主义。

对于取水权、捕捞权等权利，则通过它们属于准物权、而一物一权主义适用于典型物权的思维方式，加以说明，维护一物一权主义。

对于建筑物区分所有权，依据一物一权主义的传统观念及判断标准，难以解释一栋大楼这“一物”上何以存在数个所有权。对此，可有两种处理办法，一是否定一物一权主义，二是继续维护一物一权主义，但须创设判断“一物”的标准。民法通说赞同后者，认为一栋大楼因横切和纵切而形成的空间为“一物”，并通过登记簿予以明确和公示，每个这样的空间

---

① 王泽鉴：《民法物权・通则・所有权》（总第 1 册），增补版，54 页。

② ［日］我妻荣：《日本物权法》，有泉亨修订，李宜芬校订，14 页。

③ 王泽鉴：《民法物权・通则・所有权》（总第 1 册），增补版，54 页；陈华彬：《物权法原理》，55 页。

④ 大连判 1922.10.10. 民 575 页。转引自［日］我妻荣：《日本物权法》，有泉亨修订，李宜芬校订，10 页。

⑤ 大连判 1924.10.7.［1923 年（贰拾）664 号］民 476 页。转引自［日］我妻荣：《日本物权法》，有泉亨修订，李宜芬校订，10 页。

上存在着一个新型的所有权——建筑物区分所有权。

对于以“地上”“地下”为客体的建设用地使用权，在维护一物一权主义的背景下，同样通过人为的区分和法技术的运作，将空间作为“一物”，并借登记簿记载和公示，使其成为建设用地使用权的客体（《物权法》第136条）。基于同样的道理，地役权也得以“地上”“地下”为客体，形成区分地役权。

对于建筑物的增建部分及其与物权的关系，有学说认为，建筑物独立性的判断标准，固然应以交易观念为准，而实务上对此则另以是否具有“独立之经济上目的”“独立为交易及使用之客体”“构造上及使用上之独立性”等作为判断标准；而对于顶楼增建部分，实务上则特别是以有无“独立之出入门户”作为具体的判断标准。[①]

二、物权客体的分类

（一）不动产与动产

1. 区分标准

不动产和动产的区分标准，在学说上尚不一致，有的以能否移动位置及移动位置是否导致物的使用价值丧失或造成严重损失为标准；有的采取排除法，先将土地及其定着物作为不动产，除此而外的为动产；本书采取新说，下文再述。

2. 界定

不动产，在德国民法上，就是土地[②]；在日本民法、中国台湾地区“民法”上，则指土地及其定着物；在中国大陆，《不动产登记暂行条例》第2条第2款规定：“本条例所称不动产，是指土地、海域以及房屋、林木等定着物。”本书作者认为，因现行法承认矿产资源、海域等为独立于土地的物，故不动产应当包括土地、矿藏、水流、海域（《物权法》第46条、第47条）、地上定着物。[③] 除此而外的有体物，叫作动产。

土地，在物理上虽然广阔无垠，但依法通过人为的区分，确定每宗土地的号数区域，按宗登记，构成一个单元，形成民法上的“一物”。土地因此而可以成为物权的客体。对此，《不动产登记暂行条例实施细则》第5条第2款明确规定：“设有房屋等建筑物、构筑物以及森林、林木定着物的，以土地、海域权属界线封闭的空间为不动产单元”。还要指出，在民法和相关法律上，土地的范围在变化。在法律发展史上，土地曾为上下无限之物，而时至今日，许多立法例都将土地的范围缩小。在中国法上，矿藏、水流、海域都是独立于土地的不动产（《物权法》第46条），埋藏于土地中的文物不属于土地（《物权法》第51条）。

定着物，是指固“定”，且附“着”于土地，具有独立于土地之外的经济价值的物。房屋、纪念碑，生长在土地上的树木、花草，尚未分离的果实等属于此类。[④]

---

① 林更盛：《物之独立性的判断标准》，载《台湾本土法学杂志》，第35期，2002年6月，156页。

② 《德国民法典》第873条、第925条。

③ 不动产应当包括矿藏、水资源、海域的观点，系王家福教授于2004年8月初在全国人大法制工作委员会组织的《中华人民共和国物权法草案（修改稿）》研讨会上首先提出来的，本书从之。

④ 王泽鉴：《民法物权·通则·所有权》（总第1册），增补版，55页。

［辨析］

对于林木，德国私法的理念是土地的出产物只要还与土地紧密附着在一起，就是土地的重要成分，如生长于秆上的谷物、树上的果实、未采伐的木材。[①] 但是德国的公法对此已有限制，《森林法》采取森林上成立着所有权的制度[②]，不再把森林看成土地的重要成分，即森林不适用附合规则。

在日本，《关于立木的法律》规定，生长在一宗土地或其一部分之上的树木集团，该所有人经依本法为所有权保存登记后，称为林木（第 1 条）。林木视为独立的不动产（第 2 条）。

在中国，《物权法》第 48 条将森林单独规定为属于国家所有或者集体所有，《不动产登记暂行条例》第 2 条第 2 款、第 5 条第 2 项、第 19 条第 1 款第 1 项以及《不动产登记暂行条例实施细则》第 2 条第 2 款、第 5 条第 2 款、第 16 条第 1 项、第 36 条、第 65 条第 1 款第 1 项的规定，也显示出把森林、林木作为独立于土地、土地承包经营权的不动产。就此看来，所谓林木是独立于、区别于土地的不动产的观点[③]，有其依据。

森林、林木不属于土地的重要成分，即不适用附合规则，在林地已经发包给林业职工或农民时，由土地承包经营权人、林权人享有育林、护林、依法采伐、出卖、抵押林木的权利，有利于调动土地承包经营权人、林权人经营林业的积极性，保护他们的权益，也反射地有利于森林、林木的繁茂、养护，有利于生态平衡。这符合农地、林地“三权分置”改革的方向，《中华人民共和国民法典 · 物权编》应予承继。

在中国现行法上，建筑物、构筑物系独立于土地的另一不动产。《不动产登记暂行条例实施细则》第 5 条第 2 款和第 3 款规定：“有房屋等建筑物、构筑物……的，以该房屋等建筑物、构筑物……与土地、海域权属界线封闭的空间为不动产单元。”“前款所称房屋，包括独立成幢、权属界线封闭的空间，以及区分套、层、间等可以独立使用、权属界线封闭的空间。”

供热（气、水、油）管道，若作为《物权法》第 142 条以及《不动产登记暂行条例》第 5 条第 2 项、第 19 条第 1 款第 1 项及《不动产登记暂行条例实施细则》第 2 条第 2 款、第 5 条第 2 款所言构筑物看待，那么，它便既不与土地附合，也不与建设用地使用权附合，还不与建筑物附合，而是以独立的不动产出现。如此断言的依据在于《物权法》和《城市房地产管理法》的文义、体系安排和立法计划。

贮水池是土地的组成部分，还是土地之外的独立定着物？虽然就工程技术言，贮水池并非绝对与土地不能分离，分离之后有可能仍为贮水池，但是如此恐怕花费过巨，并无经济上的意义。按照一般交易观念，贮水池无独立于土地之外的重要的经济/使用价值，应为土地的组成部分。[④]

养鱼池，如果是以水泥钢筋围筑而成的坚固物体，具有固定性、永久性，费资颇巨，在社会观念上承认它具有独立供人养鱼使用的经济效益，交易上可以承认它为其所附属土地之

---

① ［德］鲍尔、施蒂尔纳：《德国物权法》（上册），张双根译，25 页。

② 同上书，610 页。

③ 参见［日］我妻荣：《日本物权法》，有泉亨修订，李宜芬校订，14 页；陈华彬：《物权法原理》，62 页。

④ 林更盛：《物之独立性的判断标准》，载《台湾本土法学杂志》，第 35 期，2002 年 6 月，155 页。

外的独立定着物，就是独立于土地之外的不动产。[①]

日本、中国台湾地区等国家和地区的法律认为：除临时铺设的以外，继续附着于土地、达到一定经济上目的的铁道、地铁，系独立于土地的不动产。[②]

在建房屋是否为不动产？中国台湾地区"最高法院"于1986年度台上字第2027号判决认为："已足避风雨，可达经济上使用目的之建物，固属'民法'第六十六条第一项所指土地之定着物，但所为可达经济上使用之目的，系指该建物，得独立为交易及使用之客体而言。"就是说，已经能够避风雨、可以达到经济上使用目的的在建房屋，属于不动产。在中国大陆，能够避风雨、可以达到经济上使用目的的在建房屋，固然属于不动产；即便不能避风雨的在建房屋，也可以设立抵押权，且以登记为生效要件（《物权法》第180条第5项、第187条），在这个意义上，也与不动产相当，而不再如同中国台湾的判例那样作为动产。

动产，是指不动产以外的物。桌子、椅子、画、书、汽车、船舶、航空器等都是动产。至于货币、有价证券及外汇，被称为"特殊动产"，甚至作为不同于不动产、动产的物对待。它们应首先适用于特别法，特别法无规定时才适用民法关于动产的规定。

[讨论]

有观点认为，防空洞虽已具有固定性和继续性的性质，但在社会经济观念上则显然不具有独立性，因此不得独立作为不动产物权的客体。[③] 对此，不宜盲从。《物权法》第136条明确规定了以"地下"为客体的建设用地使用权，这为把防空洞作为一个独立的建筑物、赋予单独的所有权提供了法律前提。登记机关应建造者的请求将防空洞单独地登记为一个不动产，发给独立的所有权证，应予肯定。

休闲区内供住宿用的组合式小木屋，虽系独立之物，但其附着于土地，未达到非毁损其本质或变更其形体、不能移动其所在的程度，仅仅暂时供人使用性质的，就是动产而非不动产。[④] 也有学者认为此类小木屋已经成为土地的组成部分，不再是动产，亦非建筑物。

未建成的建筑物，如果无法认定为可独立供人使用，例如，仅仅装设木造模板铺设钢筋，然而尚未灌水泥，再如仅仅建好地基和墙壁，尚无屋顶，那么，因其尚无独立的经济效用，就不是定着物。此类材料的聚合，是按照既定的建筑计划，最终目的在于建筑成为独立的不动产，因此并非土地的重要成分，而应当认为是类似于材料的堆积，依中国台湾地区"民法"第67条的规定，应认为动产。[⑤] 当然，也有主张为土地的组成部分的意见，还有它是不动产的观点。对此，上文已述，不再赘言。

3. 分类的法律意义

区分不动产和动产的意义在于：(1) 形成的物权不同，两类物权的公示方式、物权变动所需要的要件不同。(2) 在一些立法例上，是否赋予物权公示以公信力不同。(3) 发生附合

---

① 参见中国台湾地区"最高法院"1987年台上字第2346号判决；林更盛：《物之独立性的判断标准》，载《台湾本土法学杂志》，第35期，2002年6月，155页。

② 《日本民法典》第269条之二，参见［日］我妻荣：《日本物权法》，有泉亨修订，李宜芬校订，12页。

③ 中国台湾地区"高等法院"1996年上字第1351号判决。

④ 中国台湾地区"司法院"（七九）厅民二字第461号。

⑤ 王泽鉴：《民法总则》，增订版，227页，台北，三民书局，2000；林更盛：《物之独立性的判断标准》，载《台湾本土法学杂志》，第35期，2002年6月，156页。

时确定所有权归属所应遵守的规则不同。(4) 诉讼的管辖规则不同。

（二）主物与从物

1. 区分标准

按照物之间的相互关系，物可被分为主物和从物。

2. 界定

并非主物的成分，时常辅助主物的效用，而与主物同属于一人的物，是从物。从物所从属的物，叫作主物。

构成从物的要件包括：(1) 它不是主物的成分；(2) 时常辅助主物发挥效用；(3) 从物与主物同属于一人；(4) 交易上无特别习惯。戏院和其座椅、台灯和灯罩、日式房屋和榻榻米等，都表现为主物和从物的关系。①

从物是否限于动产，瑞士和德国的民法持肯定见解，日本民法和中国台湾地区“民法”则采取否定观点。依据后者，设置于房屋之外的停车场、厕所，属于房屋这个主物的从物。②

3. 分类的法律意义

这种分类的意义在于，除非法律或当事人另有规定，对主物的处分，及于从物（《物权法》第 115 条）。这样有利于维护物的经济上利用价值，某物既然时常辅助另一个物发挥效用，若把此类二物分别归属于二人，势必减少其效用，对社会经济不利。③

（三）物的成分：重要成分与非重要成分

1. 区分标准

根据成分的分离是否导致其毁损或变更性质，可将成分区分为重要成分与非重要成分。

2. 界定

成分，是指物的构成部分。它可以分为重要成分和非重要成分。重要成分是指各个部分互相结合，非经毁损或变更其性质不能分离时，则其中每个部分都是重要成分。房屋的栋梁、土地的石墙等，都属于重要成分。重要成分以外的成分，为非重要成分。房屋的门窗、汽车的轮胎或发动机，均属此类。重要成分和非重要成分区分的标准，不在于某特定成分的重要与否，而在于它与物分离时是否毁损或变更性质。分离时不毁损也不变更其性质的，无论它多么重要，都是非重要成分。例如，从奥迪轿车上拆卸下来的发动机，显然较外壳上的黑漆重要，但它不是重要成分，而黑漆却是重要成分。

3. 分类的法律意义

这种分类的意义在于，重要成分不得独立作为物权的客体。这样有利于维护物的经济价值。至于非重要成分，则可以单独作为物权的客体，不必与合成物在法律上同一命运。例如，甲盗窃乙的轮胎并安装在自己的汽车上，乙仍然享有该轮胎的所有权，可以请求甲予以返还。④

尚需说明，物的成分，无论为重要成分抑或非重要成分，与物分离后仍归属于物的所有权人享有，除非法律另有规定。⑤

---

① 王泽鉴：《民法物权・通则・所有权》（总第 1 册），增补版，56 页。

② 陈华彬：《物权法原理》，66 页。

③ 王泽鉴：《民法物权・通则・所有权》（总第 1 册），增补版，56 页。

④ 同上书，58 页。

⑤ 同上书，59 页。

（四）原物与孳息

1. 区分标准

根据数物之间产生和所出的关系，可将物分为原物和孳息。

2. 界定

原物，是指产生孳息的物。它是否包括权利，立法例的态度不同。瑞士和日本等民法认为原物仅限于有体物，不含有权利。德国民法和中国台湾地区“民法”则主张，原物既可以是有体物，也可以是权利。

孳息，是指由原物所生的物或收益。它分为天然孳息和法定孳息。天然孳息，是指果实、动物的出产物及其他按照物的使用方法所收获的出产物。此处所谓出产物，不仅包括有机物的出产物，如果实、鸡蛋等，也包括无机物的出产物，如矿产品、砂石等。埋藏物，属于独立于埋藏该物之物而存在的物，不存在从中“出产”的问题，所以不属于天然孳息。

法定孳息，是指利息、租金及其他因法律关系所获得的收益。此处所谓法律关系，包括因法律行为而形成的法律关系，也包括基于法律的直接规定而产生的法律关系，如法定利息关系。[①]

3. 分类的法律意义

天然孳息在未与原物分离时，为原物的构成部分，不是独立物，因而就不得独立为物权的客体。天然孳息与原物分离时，罗马法采取“原物主义”，即已经分离的孳息归收取权利人享有。此处所谓权利人，包括原物所有人、承租人和善意占有人。德国、法国、瑞士、日本、泰国和中国台湾地区等国家或地区的法律沿袭了该项原则。[②] 中国《物权法》规定得较为周全：“天然孳息，由所有权人取得；既有所有权人又有用益物权人的，由用益物权人取得。当事人另有约定的，按照约定”（第 116 条第 1 款）。

法定孳息的归属，当事人有约定的，按照约定处理；没有约定或约定不明确的，按照交易习惯处理（《物权法》第 116 条第 2 款），一般由收取权利之人按照权利存续期间的日数而取得。

第四节　物权的效力

一、物权效力的概述

物权的本质，是直接支配一定的物，并享受其利益的排他性权利。因此，物权效力的本体，在于社会性地容忍以直接支配标的物来实现其各个物权的内容，而无须他人的协助。因而，物权从本质上被认可了以下效力：（1）在与物权客体所存在的诸权利之间的关系上，具有优先于其他诸权利的效力；（2）在其权利内容的实现过程中，具有直接追随客体排除他人干涉的效力。[③] 这就是“物权的二效力说”。

---

① 陈华彬：《物权法原理》，67 页。

② 同上书，68 页。

③ ［日］我妻荣：《日本物权法》，有泉亨修订，李宜芬校订，16～17 页。

此外，某些学说承认物权的追及效力，或叫追索权，即无论物权的客体辗转流入何人之手，物权人都可以追随该客体之所在，主张物权的效力。不过，有学者认为，物权具有这种效力是毫无疑问的，但它总是包含在优先的效力或物权请求权二者之中，因而没有必要再增加其他效力。[①] 这是严格贯彻“物权的二效力说”的体现。本书认为，如果把物权人和侵害人（即侵害物权或妨碍物权行使的人、危险物件的所有人或管理人）之间发生的物权效力仅仅视为一个整体，物权人锁定侵害人、对侵害人享有相应类型的物权请求权，均为物权效力的内容，这种观点就具有合理性，可资采纳。不过，如果把物权人和侵害人之间发生的物权效力看作一个由若干阶段组成的过程，物权请求权只涵盖物权人对侵害人享有各种类型的请求权这一层面，物权的追及效力承担着突破各种相对法律关系的障碍、锁定侵害人、对抗第三人对该物的合同债权等有关权利这个重任，其作用的发挥阶段处于物权请求权作用领域之前，也有同物权请求权重叠的现象，立法及其学说同时承认物权请求权和物权的追及效力，也无可厚非。何况物权请求权的内容较物权的追及效力丰富，例如，消除危险请求权（妨害防止请求权）不宜认为属于物权的追及效力的范畴。有些场合，使用物权的追及效力更为形象、贴切。例如，抵押物在未经抵押权人同意而转让的情况下，抵押权人追及至抵押物之所在，对抵押物的受让人主张抵押权，用追及效力描述强于以物的返还请求权、排除妨碍请求权等方式表达；使用停止侵害请求权就更加词不达意，甚至是错误的，因为抵押物的受让人可能享有所有权，正在合法占有抵押物。本书赞同物权请求权和物权的追及效力并用的架构。

在物权的优先效力之外，是否还需要承认物权的排他效力？如果我们细致地分层次地思考，把优先效力的含义界定为既存权利之间的效力位序，而不包括同一客体上存在一个权利就不再存有另一个权利的效力，可知在与物权客体所存在的诸权利之间的关系上，首先应是排他效力，其次，才是优先效力。[②] 并且，在同时承认物权的排他效力和优先效力的情况下，物权的优先效力的含义会有所变化，例如，所谓不相容物权之间的优先效力应该属于排他效力的范畴。

这种同时承认物权具有排他效力、优先效力、追及效力和物权请求权的学说，叫作“物权的四效力说”。

此外，还有“物权的三效力说”，其内部又有区别。一种观点认为，物权具有排他效力、优先效力、物权请求权。[③] 这与“物权的二效力说”和“物权的四效力说”在总体上一致，只是在具体效力的界定和范围方面有所区别，把物权的追及效力合并到物权请求权里。另一种观点主张，物权具有对物的支配力、对债权的优先力、对妨害的排除力。[④] 它与前述观点具有实质的不同，一是没有把物权的支配力看作高位阶的概念，二是削掉了一种物权优先于其他物权的效力，三是肢解了物权请求权制度。

需要注意，物权的优先效力系低于物权的绝对性、支配力位阶的概念，它是物权的绝对性、支配力的具体表现形式。就是说，按照“物权的四效力说”，物权的绝对性、支配力具

---

① ［日］我妻荣：《日本物权法》，有泉亨修订，李宜芬校订，17页。

② 王泽鉴：《民法物权·通则·所有权》（总第1册），增补版，50～53页。

③ 谢在全：《民法物权论》（上册），修订2版，44～52页。

④ 张俊浩主编：《民法学原理》，398～403页，北京，中国政法大学出版社，2002。

体表现为物权的排他效力、物权的优先效力、物权的追及效力、物权请求权；按照“物权的二效力说”，物权的绝对性、支配力具体表现为物权的优先效力、物权请求权。本书按照“物权的四效力说”讨论物权的效力。

［引申］

有学者指出，作为对物的直接支配，物权具有较之对人权（其实现依赖于债务人尤其是依赖于其支付能力）更强的效力。正如德莫隆伯所言：“物权产生于所有人，对人权则只能产生债权人。二者的差距是巨大的。为物权定位吧！当它昂首向前时，一切均对之让开通道：对于所直接指向的物，它具有独一无二的效力和绝对性，无须债务人的介入。”① 但是，必须指出，在公示为对抗要件主义下，未经公示的物权，其效力未必如此强大。

［探讨］

对二重买卖、定限物权与债权之间效力冲突等情况下确定物权的优越地位，有的学者以物权的绝对性、支配力等加以说明，通说以物权的优先效力予以解释，均无不可。本书认为，以物权的优先效力予以概括更为直接，还比较形象；以物权的绝对性、支配力予以解释，属于追根溯源，但比较远隔。这有点类似于民法基本原则和具体规范之于个案。这里的问题在于，倘若仅仅赞同以物权的绝对性、支配力等加以说明，而否定以物权的优先效力予以解释的通说，则值得商榷。因为推翻既有概括，须有充分理由；如果可以用既有的概括来说明一种现象，而用另一种概括也能说明同一种现象，那么，至少不得否认既有概括方式存在的合法性，有时倒应怀疑新概括存在的价值。对二重买卖、定限物权和债权之间效力冲突等情况下确定物权的优越地位，通说以物权的优先效力予以解释，已经成为事实，大多数人都在使用，只要它无错误，就可以继续使用。只要不能推翻物权的优先效力系物权的绝对性、支配力的具体表现，该通说就有存在的合法性。有的学者未否认物权的优先效力系物权的绝对性、支配力的具体表现，就没有理由仅仅允许以物权的绝对性、支配力来解释二重买卖等场合的物权的优越地位，而排斥通说。

物权的优先效力，系对民法现象的一种描述，可能是法律的直接规定，例如，《合同法》第286条规定的优先权；也可能是学说对一些法律现象的概括和总结，例如，在二重买卖场合，先取得动产占有或不动产登记的买受人优先于其他买受人取得标的物所有权；还可能是一种立法政策，立法者有意识地按照物权的优先效力进行立法设计，整个物权法关于物权的绝对性、物权的优先性和物权的取得规则相互之间的体系化设计，就是如此。

物权的优先效力，其含义有宽严之分。就其“宽”而言，物权的优先效力，不过是对于物权与物权、物权与其他类型的权利在申请取得、物权成立、物权效力等方面发生关系时，对谁予以优先考虑，排个顺序。处于前面顺序的物权，不论其后是否存在着物权或其他权利，都称它具有优先效力。例如，按照这种“宽”的含义，甲将某一特定的写字楼先借给乙使用，后又出卖给丙，丙请求除去该楼被借用的负担，那么，丙于办完过户登记手续时，取得该楼的所有权。由于乙的借用权是存在于他和甲的关系之中的，而非当然地存在于他和丙之间，所以，只要丙不承认该借用权继续存在于该楼之上，那么，在乙和丙之间出现丙的写

① Ch. Demolombe，《拿破仑法典》t. IX，1854，no. 4. 转引自尹田：《法国物权法》，41页，北京，法律出版社，1998。

字楼所有权排斥乙的借用权现象，在甲、乙和丙之间形成该写字楼所有权优先于借用权在该写字楼上得到实现。这种现象仍叫作物权优先于债权的效力。

按照“严”的标准界定，物权是否具有优先效力，则因采取“物权的二效力说”抑或“物权的四效力说”而有不同。按照“物权的四效力说”，物权的优先效力，有的属于物权具有排他效力，即在同一个标的物上存在着一个特定物权就不得再存在其他物权；但在考虑是赋予该物权以优越法律地位，承认其存在，还是给其他物权以优越地位，承认其他物权存在于该特定标的物这个意义上，仍然存在着优先效力的问题。本书把后一种意义的优先效力，依其所处环境分别叫作“申请的优先效力”“斟酌的优先效力”等。所谓申请的优先效力，取水权、渔业权、矿业权的申请场合常有其表现。

此类申请的优先性、斟酌的优先性，即物权本身的排他性，在“物权的二效力说”的视野里，仍属于物权的优先效力，因为“物权的二效力说”只承认物权的优先效力和物上请求权，没有物权排他效力的位置，所以，自然不可用排他效力解释在同一个标的物上设立了一个物权就不得再存在其他的不相容的物权这类现象。

至于物权与物权之间存在着先后顺序的现象，例如，同一标的物上并存着数个抵押权场合，先登记的抵押权的效力优先，这是真正意义上的物权的优先效力。

二、物权的排他效力

物权的排他效力，是指在同一标的物上，不得同时成立二个以上内容互不相容的物权。展开来说，按照《物权法》的规定，（1）在同一标的物上不得有二个所有权。某特定标的物上的所有权，被他人善意取得时，前一所有权消灭（第 108 条）。（2）用益物权，因其以特定物的占有、使用、收益为内容（第 117 条），在同一标的物上不得成立二个建设用地使用权、宅基地使用权、土地承包经营权、探矿权、采矿权、养殖权，但可以成立二个以上内容不同（如用水、通行）或内容相同但互不排斥（如不作为）的地役权。在同一宗土地的“上”“下”，可以成立不同范围的建设用地使用权（第 136 条）。（3）担保物权，因其以物的交换价值为内容，在同一标的物上可以设立数个抵押权（第 199 条）。（4）不同种类的物权可以同时并存，如所有权和定限物权，用益物权和担保物权。[①]

具体到准物权，原则上亦应具有上述物权效力，但因准物权具有特殊性，在物权效力方面也呈现出特色。学说认为，渔业权（养殖权、捕捞权）具有排他效力，即在同一水域不能同时存在两个或两个以上性质不相容的同种或异种的渔业权（养殖权、捕捞权）。[②] 探矿权、采矿权当然也有排他性。[③] 取水权大多没有排他的效力。某一特定水域原来存在着租赁权，当该水域成为养殖权、捕捞权的客体时，该租赁权终止。在严格的意义上，这是养殖权、捕捞权排他性的表现。

三、物权的优先效力

为了把物权的排他效力和优先效力区别开来，物权的优先效力，在本书中仅指并存于同

---

① 这部分的思路来自王泽鉴教授的观点。参见王泽鉴：《民法物权·通则·所有权》（总第 1 册），增补版，62～63 页。

② 欧庆贤、陈美宇：《渔业权制度》，载《中国水产》，第 487 期，1993 年 7 月，48 页。

③ 崔建远、晓坤：《矿业权基本问题探讨》，载《法学研究》，1998（4），89 页。

一标的物上的物权之间的效力位序，以及物权和债权都指向同一标的物时哪个权利的效力优先，而不包括同一标的物上存在一个物权就不再存有另一个权利的效力。如此，物权的优先效力表现在如下两个方面。

（一）物权对债权的优先效力

1. 所有权的优先性

所有权优先于债权多发生在一物多卖的场合。例如，甲先售 A 屋与乙，再售该屋与丙，并办理登记与丙。于此场合，按照《物权法》第 9 条和第 14 条等规定，丙取得 A 屋的所有权，乙不得以其债权产生在前而主张丙不能取得该屋的所有权。①

需要注意，在现行法上，所有权优先于债权规则存在着例外，主要表现在如下方面：(1)《合同法》第 229 条的规定，赋予了租赁权对抗租赁物所有权的效力，在对租赁物的占有、使用、部分收益的享有方面，租赁权具有优先于租赁物所有权的效力。(2)《担保法》第 48 条的规定，使租赁权具有对抗后于自己设立的抵押权的效力，也具有对抗因此类抵押权行使而取得的抵押物所有权的效力。(3) 法释［2003］7 号第 7 条第 1 款规定："拆迁人与被拆迁人按照所有权调换形式订立拆迁补偿安置协议，明确约定拆迁人以位置、用途特定的房屋对被拆迁人予以补偿安置，如果拆迁人将该补偿安置房屋另行出卖给第三人，被拆迁人请求优先取得补偿安置房屋的，应予支持。"对此规定可有两种解读。其一，该第三人尚未就该房屋办理过户登记手续，仅对拆迁人享有债权。于此场合，该条款就确立了这样的规则——被拆迁人请求拆迁人移转安置房屋所有权的债权优先于一般债权。其二，在该第三人已经就该房屋办理了过户登记手续的情况下，该条款就确立了如下规则——被拆迁人的债权优先于该第三人的房屋所有权。按照后一种理解，就出现了债权优先于所有权的现象。(4)《物权法》第 20 条第 1 款规定："当事人签订买卖房屋或者其他不动产物权的协议，为保障将来实现物权，按照约定可以向登记机构申请预告登记。预告登记后，未经预告登记的权利人同意，处分该不动产的，不发生物权效力。"对此规定可有两种解释。其一，预告登记一经办理完毕，第三人就不再可能取得该不动产的所有权，也不再可能就该不动产设立抵押权，即使第三人购买该不动产且业已办理了过户登记，或就该不动产设立抵押权且已经办理了抵押登记，也是如此。其二，预告登记后，第三人购买该不动产且业已办理了过户登记，取得了该不动产权利，或者就该不动产设立抵押权且已经办理了抵押登记，享有了抵押权。不过，受让不动产的债权优先于其后产生于该不动产上的所有权、抵押权。按照后一种解释，就出现了债权优先于所有权的现象。(5) 按照《海商法》的规定，船长、船员和其他在编人员依法及劳动合同产生的工资、其他劳动报酬、船员遣返费用和社会保险费用的给付请求权，在船舶营运中发生的人身伤亡的赔偿请求权，船舶吨税、引航费、港务费和其他港口规费的缴付请求权，海难救助的救助款项的给付请求权，船舶在营运中因侵权行为产生的财产赔偿请求权，就产生此类海事请求权就该船舶而主张时，优先于船舶所有权、船舶留置权、船舶抵押权受偿（第 21 条、第 22 条第 1 款、第 25 条第 1 款）。

2. 用益物权的优先性

此处所谓用益物权的优先性，是指用益物权与债权就同一标的物在效力上发生冲突时，

---

① 参见王泽鉴：《民法物权·通则·所有权》（总第 1 册），增补版，63 页。

用益物权的效力优先。例如，甲国土资源管理局先将A宗国有土地出借给乙，后把该宗土地的建设用地使用权出让与丙，并办理了登记手续。于此场合，出借合同关系随之终止，丙可以对乙主张物的返还请求权。

［探讨］

租赁物上设立了建设用地使用权等，在租赁合同及租赁权没有公示，建设用地使用权人取得用益物权时不知也不应知标的物上存在着租赁权，租赁权自然不得对抗建设用地使用权，贯彻物权优先于债权的原则，似乎容易理解。但在建设用地使用权人知晓标的物上存在着租赁权的情况下，是继续贯彻物权优先于债权的原则，还是租赁权继续存在，且能对抗这些用益物权人？一种观点采取绝对的物权优先于债权原则，主张于建设用地使用权设立之日，租赁权便不复存在。相反的意见则是依然贯彻买卖不破租赁的思想，建设用地使用权可以设立，但租赁权继续存在，且由承租人继续占有、使用、收益标的物，一直到租赁权消失，建设用地使用权人才有权占有、使用、收益标的物。本书作者赞同前者，其理由在于，物权优先债权是个一般原则，而买卖不破租赁是个例外，限于法律设有明文。《合同法》第229条的文义十分清楚，租赁物所有权于租赁期间发生变化的，不影响租赁合同的效力。它没有扩及用益物权于租赁期间发生变化的不影响租赁合同的效力。既然未设限制物权优先于债权的明文，就应认为未设例外，应当贯彻物权优先于债权的原则。所以，建设用地使用权设立之日，原存在于该宗建设用地上的租赁权应当归于消灭。

学说认为，某特定物虽已为债权给付的内容，如买卖、赠与、借用的标的物，但该物上如有定限物权存在，无论此类物权成立在债权发生之前或之后，定限物权均有优先于债权的效力。债权人不得对物权人请求交付或移转其物，亦不得请求除去该物上的定限物权。[①] 对此，我们一方面应当予以重视，另一方面，须注意到现行法所作的例外规定。如上文引用的《物权法》第20条第1款关于预告登记效力的规定。

3. 担保物权的优先性

担保物权的优先性，此处指特定的担保物权具有优先于特定债权的效力。它表现为如下两种类型：

（1）担保物权和债权都指向同一标的物，有的场合是担保物权的效力优先。例如，《物权法》第190条后段规定，抵押权设立后抵押财产出租的，该租赁关系不得对抗已登记的抵押权。

（2）担保物权担保的债权优先于普通债权、工资债权、税收债权而受清偿。其法律根据，首先是《破产法》的有关规定（第109条、第113条第1款），此外，《物权法》第170条、第195条、第208条、第219条、第230条，《担保法》第33条、第43条第2款、第49条、第53条、第54条、第63条、第68条、第70条、第77条、第82条、第87条，《城市房地产管理法》第47条、第51条等，都规定了担保物权担保的债权具有优先受偿的效力。但须注意，《海商法》关于工资债权优先于担保物权担保的债权的规定（第22条第1款第1项、第25条第1款），属于特别法的规定，应当优先适用。

［辨析］

通说认为，担保物权不论发生先后，应优先于债权而受清偿，除非法律另有规定。本书

---

① 谢在全：《民法物权论》（上册），修订2版，47页。

辨析道，物权具有支配力，而无受清偿的效力，担保物权也不例外。受清偿是债权的效力。在债权附有担保物权的场合，实际情形是，担保物权具有优先效力，担保物权担保某特定债权时，该优先效力传给被担保债权，该债权于是具有了优先性。此类同时具有给付受领权和优先效力的债权，自然能优先于普通债权、工资债权、税收债权而受清偿。

需要注意，担保物权的效力有时也会弱于债权的效力，主要表现在如下方面：(1)《物权法》第 189 条第 2 款规定，依照其第 181 条规定设立浮动抵押权的场合，抵押权人不得以该浮动抵押权对抗正常经营活动中已支付合理价款并取得抵押财产的买受人。(2)《物权法》第 190 条前段规定，订立抵押合同前抵押财产已出租的，原租赁关系不受该抵押权的影响。(3)《城市房地产管理法》第 51 条规定，设立房地产抵押权的土地使用权是以划拨方式取得的，依法拍卖该房地产后，应当从拍卖所得的价款中缴纳相当于应缴纳的土地使用权出让金的数额后，抵押权人方可优先受偿。(4) 在某特定工程设立了抵押权、承包方的工程款债权尚未实现的情况下，按照《合同法》第 286 条后段的规定，承包人的工程款债权优先于抵押权受偿。不仅如此，法释［2002］16 号更进一步规定，消费者交付购买商品房的全部或大部分款项后，承包人就该商品房享有的工程价款优先受偿权不得对抗买受人（第 2 条）。这明确了消费者请求开发商交付商品房并移转所有权的债权优先于承包方的工程价款优先受偿权。由于工程价款优先受偿权优先于抵押权，可以说消费者对开发商的债权优先于抵押权。(5)《物权法》第 20 条第 1 款规定，当事人签订买卖房屋或其他不动产物权的协议，为保障将来实现物权，按照约定可以向登记机构申请预告登记。预告登记后，未经预告登记的权利人同意，处分该不动产的，不发生物权效力。从该规定可知，预告登记的债权具有否定其后设立于债权标的物上的抵押权的效力。

（二）物权相互之间的效力

1. 概述

由于本书采取“物权的四效力说”，同时承认物权的排他效力和优先效力，不相容物权之间的效力，即同一标的物上不容许有数个同一内容的物权并存其上，先设立（有时尚需公示）的物权排斥后设立的物权，应属物权的排他效力，不是物权的优先效力。如此，所谓物权相互之间的优先效力，实际上指相容物权并存于同一标的物之上时，哪个物权的效力优先。对此，分五种情况说明如下。

2. 他物权的效力优先于所有权的效力

在所有权和他物权之间，他物权可以在一定范围内支配标的物，当然具有优先于所有权的效力。否则，他物权会徒有其名。例如，建设用地使用权人有权先于土地所有权人利用土地建造建筑物并保有其所有权，土地承包经营权人可以先于土地所有权人利用土地从事农林牧渔活动并获取果实的所有权。

3. 数个担保物权之间的优先效力

数个担保物权并存于同一标的物之上时，哪个担保物权的效力优先，需要区分情况而作判断。(1) 先设立并公示的担保物权优先于后设立（公示与否，在所不问）的担保物权。例如，甲公司把 A 楼抵押给工商银行，于 2005 年 1 月 1 日办理了抵押登记；后又抵押给中国银行，于 2005 年 12 月 1 日办理了抵押登记。按照《物权法》第 199 条第 1 项前段的规定，工商银行的抵押权优先于中国银行的抵押权。(2) 登记的担保物权优先于未经登记的担保物权。首先说明，以登记作为生效要件的担保物权，未经登记时担保物权没有设立，如以建设用地使用权设立抵押权、以建筑物设立抵押权、以基金份额或股权出质、以知识产权出质、以应收账款出质，不办理登记手续，抵押权、质权均不产生（见《物权法》第 187 条、第 226 条、第 227 条、第 228 条）。担保物权未设立，自然谈不上效力优先的问题。其次，按照《物权法》规定，船舶、航空器、机动车辆可以设立抵押权（第 180 条第 1 款第 5 项、第 6 项），抵押权自抵押合同生效时设立，抵押登记只是对抗要件（第 188 条）。设甲把 A 船抵押给乙，只签订了抵押合同，尚未登记；后又将 A 船抵押给丙，办理了抵押登记。按照《物权法》第 199 条第 2 项的规定，丙对 A 船的抵押权优先于乙的抵押权。再次，按照《物权法》规定，动产可以设立抵押权（第 180 条第 1 款第 4 项），也可以设立质权（第 208 条等），动产抵押权自抵押合同生效时设立，抵押登记只是对抗要件（第 188 条），质权自动产交付时设立（第 212 条）。如此，同一动产可能并存着动产抵押权和动产质权。在动产抵押权和动产质权并存于同一动产的场合，如果已经办理了抵押登记，则依《物权法》第 199 条第 2 项的规定，动产抵押权优先于动产质权；如果尚未办理抵押登记，则宜按照担保权成立的先后确定抵押权抑或质权优先，或者视为抵押权和质权的顺序相同，但须与《物权法》第 188 条后段关于“未经登记，不得对抗善意第三人”的规定相衔接。[①]（3）抵押权登记的顺序相同、抵押权未登记场合，依据《物权法》第 199 条第 1 项后段、第 3 项的规定，按照债权比例清偿。（4）同一动产上已设立抵押权或质权，该动产又被留置的，留置权人优先受偿（第 239 条）。

4. 用益物权与担保物权之间的优先效力

首先说明，在用益物权作为担保物权的标的物场合，用益物权人不得对抗担保物权的效力，无须多言。从严格的意义上讲，这不属于此处讨论的范畴。此处所论用益物权和担保物权的优先效力，是指同一标的物上并存着用益物权和担保物权，哪类物权的效力优先。通说认为，先设立并公示的物权优先于后设立的物权。例如，甲公司把 A 楼抵押给了中国银行，于 2005 年 8 月 8 日办理了抵押登记手续，于 2006 年 3 月 5 日同乙签订了以眺望为内容的地役权。该抵押权不因此而受影响。

5. 用益物权之间的优先效力

土地承包经营权、建设用地使用权、宅基地使用权相互间不会并存于同一标的物之上，不发生谁的效力优先的问题。但它们和地役权则可能发生效力冲突。按照《物权法》第 162 条的规定，已经存在地役权的土地上又设立土地承包经营权、宅基地使用权的场合，地役权具有优先于土地承包经营权、宅基地使用权的效力。

6. 准物权之间的优先效力

准物权的优先效力，应该指数个准物权同时并存于同一标的物（基本上是指特定水域），

---

① 有必要指出，“抵押权的顺序”“质权的顺序”与“未经登记，不得对抗善意第三人”之间既有联系又有区别。动产抵押权未经登记的场合，包括质权人在内的第三人援用《物权法》第 188 条的规定，不承认该动产抵押权的效力，则该动产抵押权的顺序在该动产之上的质权的顺序之后。此时，“抵押权的顺序”“质权的顺序”与“未经登记，不得对抗善意第三人”之间是统一的。与此不同，在动产抵押权未经登记但抵押权人行使该抵押权的情况下，包括质权人在内的第三人不援用《物权法》第 188 条的规定，不予否认该动产抵押权的效力，那么，该未经登记的动产抵押权与该动产之上的质权可以处于同一顺序，于担保物的价值额不足以清偿抵押权担保的债权与质权担保的债权时，可以类推适用《物权法》第 199 条第 1 项后段的规定，按照被担保债权的比例清偿。这有点类似于诉讼时效虽已完成但债务人不援用时效完成的抗辩，债权人可以实现其债权。

它们按照一定标准排列出位序，处于第一位序的准物权在效力上优先于后位序的准物权，第二位序的准物权在效力上优先于第三位序及其以后位序的准物权。例如，有时捕捞权与航运水权虽然可以并存于同一水域，但捕捞权优先受到保护。《渔业法实施细则》第 26 条规定，任何单位和个人，在鱼、虾、蟹、贝幼苗的重点产区直接引水、用水的，应当采取避开幼苗的密集期、密集区，或者设置网栅等保护措施。

四、物权的追及效力

物权的追及效力，是指物权设立后，其标的物不论辗转流入何人之手，物权人都有权追及物之所在而直接支配该物的效力。

物权的追及效力会因善意取得、时效取得、征收等制度适用于个案而被阻断。

［提示］

法释［2000］44 号第 67 条第 1 款前段规定，抵押权存续期间，抵押人转让抵押物未通知抵押权人的，如果抵押物已经登记，抵押权人仍可以行使抵押权。这承认了抵押权的追及效力。不过，《物权法》第 191 条规定，抵押期间，抵押人经抵押权人同意转让抵押财产的，应当将转让所得的价款向抵押权人提前清偿债务或提存。转让的价款超过债权数额的部分归抵押人所有，不足部分由债务人清偿（第 1 款）。抵押期间，抵押人未经抵押权人同意，不得转让抵押财产，但受让人代为清偿债务消灭抵押权的除外（第 2 款）。对此，严格的解释是，转让抵押物的合同不被抵押权人同意的，归于无效，在物权效力的层面上，就表现为否定了抵押权的追及效力。由于《物权法》制定于《担保法》及其司法解释之后，且其第 191 条的规定明显不同于《担保法》第 49 条及法释［2000］44 号第 67 条第 1 款前段的规定，由于《物权法》的位阶高于法释［2000］44 号，按照新法优先于旧法、下位阶规范不得抵触上位阶规范的原则，可以断言，《物权法》已经否定了抵押权的追及效力，只是否定得不合理罢了。鉴于严格的解释所产生的负面的后果较为明显，也有学者认为，《物权法》第 191 条第 2 款的规定，并非强制性的规定①；本书作者主张区分情况，尽量缩小转让抵押物的合同无效的范围。如此，在转让抵押物的合同不因抵押权人的反对而无效的场合，抵押权的追及效力还是存在的。

五、物权请求权

物权请求权将在本书第四章“物权保护”中予以阐释。

① 中国人民大学法学院教授王轶博士持此种观点。

第三章　物权变动

第一节　物权变动的概述

一、物权变动的概念

物权变动，是指物权设立、变更、转让和消灭的总称（《物权法》第9条等）。

所谓物权的设立，又叫物权的设定，是指物权因一定的法律事实从无到有，与特定主体相结合的现象。例如，开发商甲和国土资源管理部门乙签订了建设用地使用权出让合同，办理了登记，建设用地使用权即告设立（《物权法》第9条第1款、第138条、第139条）。再如，需役地人和供役地人签订地役权合同，合同生效时地役权设立（《物权法》第157条、第158条）。

物权的设立有些属于原始取得。所谓物权的原始取得，又称为物权的固有取得，或物权的绝对发生，是指非依据他人既存的权利而独立取得物权。例如，基于先占、添附等取得物权，属于此类。

物权的变更，在学说上有广义的和狭义的分类。广义的物权变更包括物权的主体变更、客体变更和内容变更。主体变更，是指物权移转和主体人数的变化。主体人数变化，有的是由少数变为多数，如单独所有变为共有，一人的遗产由数人共同继承；有的是由多数变为少数，如共有变为单独所有。客体变更，是指标的物在量上有所增减，如所有权的客体因附合而增加，抵押权的客体因部分毁损而减少。内容变更，是指物权的内容有所改变，如建设用地使用权存续期限的延长或缩短，土地承包费的调整，抵押权位序的升降，动产抵押权因登记而具有对抗第三人的效力。狭义的物权变更不含有主体变更，仅指客体变更和内容变更。[①]《物权法》把物权的变更和转让、消灭并列（第6条、第9条等），其所谓物权变更为狭义的，是指客体变更和内容变更。至于主体变更，属于物权移转的，叫作物权转让。

物权转让属于物权的继受取得。所谓物权的继受取得，又称为传来取得，或物权的相对发生，是指基于他人既存的权利而取得物权。它包括移转继受取得和创设继受取得。所谓移转继受取得，是就原物权人既有的物权，不变更其性质而予以取得的现象。基于买卖、赠与而受让标的物的所有权，或基于继承而取得被继承人的一切物权，均属此类。于此场合，取得人的物权与前主的物权，在分量上多为相同，也可能有所缩减（如前主转让其物权的一

---

① 王泽鉴：《民法物权·通则·所有权》（总第1册），增补版，71～72页；谢在全：《民法物权论》（上册），修订2版，80～81页。

部），但二权的性质并无不同。所谓创设继受取得，是就他人的权利创设新的物权而予以取得的现象。在他人的不动产所有权上设立定限物权为其例证。于此场合，取得人所取得的物权和前主的权利相比较，性质各异，如建设用地使用权不同于国家土地所有权、土地承包经营权不同于集体土地所有权、知识产权质权不同于知识产权，等等，但因取得人的权利乃系基于前主的权利而取得的，故亦不失为继受取得。①

物权的消灭，是指物权与其主体相分离的现象。这是就物权本身所做的界定，若就物权主体而言，即物权的丧失。物权的消灭分为绝对消灭和相对消灭。

物权的绝对消灭，是指物权本身不复存在的事实，物权脱离于任何人，对于任何人来说都不存在的现象。它又分两种情况：（1）物权因其标的物客观地不复存在而终局地归于消灭。例如，甲所有的书本已烧成灰烬，或甲所有的房屋被炸毁，书本所有权、房屋所有权归于消灭。（2）标的物虽未消灭，但物权本身终局地消灭，他人并未因此而取得权利。例如，甲将其A书抛弃，丧失了A书的所有权。乙占有A书并取得所有权。不过，乙对A书的所有权为一新所有权而非原所有权。②

［引申］

甲以其所有的A屋向乙银行设立了抵押权，其后A房倒塌。于此场合，甲丧失了对A屋的所有权，但对A屋倒塌变成的砖石瓦块、玻璃、木窗等仍然享有所有权。不过，甲的此类所有权已不是原所有权，而是另外的所有权。乙的抵押权不因A屋倒塌而消灭，按照《物权法》第174条的规定，继续存在于上述砖石瓦块、玻璃、木窗等之上；若A屋已经投保，抵押权还存在于保险金请求权上；若A屋系被丙炸毁，抵押权则存在于对丙的损害赔偿请求权上。

物权的相对消灭，是指物权仅与原权利主体分离，主观地失去存在，物权本身并未消灭，而改属于新权利主体的现象。例如，所有权人因其物出卖给他人而丧失其所有权。物权的相对消灭，从原物权人角度观察固为物权的丧失，但就新物权人而言则为物权的继受取得，就物权自身来说是物权主体的变更。

［提示与引申］

严格地说，物权的相对消灭只是物权主体的变更，物权仍然存续，所以它并非真正的物权的消灭。在中国，在相当长的历史时期，曾忽视甚至否认物权概念和体系，基本上不存在物权变动理论，主要关注所有权及其变动。理论区分所有权的相对消灭和绝对消灭。所有权的相对消灭，是指所有权转让的情形，当所有权由甲转让给乙时，该所有权相对于甲而言就是消灭。所有权的绝对消灭，是指所有权本身不复存在的事实，所有权脱离于任何人，对于任何人来说都不存在，就是所有权的绝对消灭。③ 另一种观点不承认物权的相对消灭，在物权的绝对消灭的意义上使用物权消灭的概念，认为物权的消灭就是物权本身失去其存在。物

---

① 参见［德］卡尔·拉伦茨：《德国民法通论》（上册），王晓晔、邵建东、程建英、徐国建、谢怀栻译，谢怀栻校，313～315页；刘得宽：《民法总则》，增订4版，158页，北京，中国政法大学出版社，2006；王泽鉴：《民法总则》，增订版，258页。

② 谢在全：《民法物权论》（上册），修订2版，80页。

③ 参见佟柔主编：《民法原理》（修订本），145页，北京，法律出版社，1986；金平主编：《民法学教程》，182页，呼和浩特，内蒙古大学出版社，1987。

权人将物权让与他人时，物权虽有移动，但并非物权的消灭。[①] 对第一种观点，不能认其为错误，特别是在忽视甚至否认物权概念和体系、基本上不存在物权变动理论、主要关注所有权及其变动的背景下，把所有权的消灭区分为相对消灭和绝对消灭，相对消灭也在描述着所有权的变动，有其价值。但时至今日，中国民法学说已经比较深入地讨论了物权变动制度及其理论，《物权法》设有物权变动的规定，而物权的变动系物权的设立、物权的变更、物权的移转和物权的消灭的总称，其中物权的相对消灭，就属于物权的移转。为了不使物权的移转、物权的消灭及物权的相对消灭几个概念发生混淆，采用物权移转这个概念描述物权由甲转让给乙的现象，更清晰、醒目、传神，所以，本书赞同不再把物权的移转（过去所谓物权的相对消灭）划归物权的消灭体系之中，而赞成上述第二种观点，即将物权消灭概念限定于物权本身失去其存在（绝对消灭）这个含义。实际上也是如此，若无特别指明，人们通常所说的物权消灭指的是物权的绝对消灭。

［辨析］

物权变动与物权行为之间的关系

物权变动在任何法制上、任何国度里都存在，可是在不同的学说体系和背景下，对物权变动的认识存在着分歧。在英美法系、法国法系，物权变动就是物权运动的现象，或为物权从无到有，或为物权从甲移转至乙，或为物权自身发生了变化，或为物权归于消灭，其中不含有意思表示乃至物权合意，没有所谓物权行为存在的余地。与此不同，德国法系通过人为的抽象，认为物权变动的现象含有多种因素，从结果的侧面总结是物权发生、变更、消灭，从行为的层面剖析，认为其中含有物权意思表示或物权合意，从动因的角度观察为物权行为。日本的民法学说对此看法不一，如今的通说采取法国法系的解释，少数说仍固守德国法系的理论。

《民法通则》《物权法》《合同法》等民事法律没有采纳物权行为理论[②]，只能把物权变动定性为一种物权运动的客观现象，而非物权行为。《物权法》第15条的规定，区分的是物权变动与其原因行为，而非物权行为与其原因行为。这样解释的重要根据就在于《物权法》没有采取物权行为理论。[③]

二、物权变动的原因

物权变动的原因，即引起物权变动的法律事实，包括民事法律行为（以下简称为法律行为）、事实行为和法律的直接规定。

引起物权变动的法律行为，在英美法系和法国法系，大多是买卖合同、赠与合同、互易合同等，在德国法系，一律为物权行为，而非买卖合同等债权行为。中国现行法未承认物权行为理论，引起物权变动的法律行为亦为买卖、赠与、互易等合同，以及遗嘱。需要注意，在许多场合，仅仅有法律行为本身还不能引起物权变动，按照《物权法》的规定，在动产物

---

① 参考［日］我妻荣：《日本物权法》，有泉亨修订，李宜芬校订，228页；［日］田山辉明：《物权法》（增订本），陆庆胜译，112页。

② 王胜明：《物权法制定过程中的几个重要问题》，载《法学杂志》，2006（1），37页；王胜明：《关于物权法若干问题的思考》，载中国法学会民法学研究会、中国人民大学法学院、广东省律师协会编：《中国物权法疑难问题研讨会论文集》，21页，2005。

③ 详细论述，见崔建远：《土地上的权利群研究》，60～143页。

权变动场合，需要法律行为生效加上动产的交付才会引起物权变动（第 23 条）；在建设用地使用权、房屋所有权变动场合，需要法律行为生效加上登记才会引起物权变动（第 9 条第 1 款、第 14 条等）；在土地承包经营权场合，其设立、转让需要法律行为生效（第 127 条第 1 款），登记仅为对抗善意第三人的要件（第 129 条）；在地役权场合，其设立、转让需要法律行为生效（第 158 条）。

事实行为引起物权变动，如无主物的先占、依法建造建筑物（《物权法》第 30 条）。

法律的直接规定，仅就《物权法》而言就不在少数，如征收（第 42 条第 1 款、第 28 条）、继承（第 29 条）、善意取得（第 106 条）、遗失物自发布招领公告之日起 6 个月内无人认领的归国家（第 113 条）、漂流物和发现埋藏物或隐藏物参照处理（第 114 条）、天然孳息与原物分离（第 116 条）等。

上述原因可被区分为法律行为和非法律行为两大类。这种分类的主要意义在于，引起物权变动的规范模式不同。

第二节　物权变动的模式

一、物权变动模式的概述

基于非法律行为而发生的物权变动，不以公示为生效要件。基于法律行为而发生的物权变动是否以公示为生效要件，不同的立法例采取了不同的模式，学说认为主要有债权意思主义、物权形式主义、债权形式主义和多元混合模式四种。它们直接影响着物权法的结构及物权法理论的态样，应当引起我们的注意。

二、债权意思主义

所谓债权意思主义，是指仅凭依当事人的意思而成立的买卖、赠与、互易、抵押等合同或单独行为生效，即发生物权变动的效力，无须另外作成物权行为。其主要的规范模式有二：(1) 买卖合同等生效时，买卖物（如甲屋或乙车）的所有权即行移转。英国法采纳了这种模式。(2) 买卖合同等生效时，买卖物（如甲屋或乙车）的所有权即行移转，但非经登记（不动产物权场合）或交付（动产场合）不得对抗善意第三人。法国民法和日本民法奉行的是这种模式。[①] 中国《物权法》上的土地承包经营权的变动（第 127 条）和地役权的变动（第 158 条）等，亦为债权意思主义的表现。

三、物权形式主义

所谓物权形式主义，是指物权变动效力的发生，需要物权意思表示甚至物权合意，并践行法定方式。就买卖标的物所有权的移转而言，除登记或交付外，尚需当事人就此标的物所有权的移转作成一个独立于买卖合同的意思合致，即物权行为。德国民法、中国台湾地区“民法”采纳了这种模式。标的物所有权的移转，除买卖等合同外，尚需一个独立的物权行

① ［日］鹰巢信孝：《物权变动论的法理的检讨》，福冈，九州大学出版会，1994。转引自王泽鉴：《民法物权·通则·所有权》（总第 1 册），增补版，73 页。

为，学说上称为分离原则（Trennungsprinzip），或曰物权行为的独立性。买卖等合同不成立、无效或被撤销时，物权行为的效力是否受其原因行为（买卖合同等）的影响，为物权行为有因、无因的问题。其受影响的，为物权行为有因性；其不受影响的，为物权行为无因性。德国民法、中国台湾地区“民法”奉行的是后者。[①]

四、债权形式主义

所谓债权形式主义，是指物权变动效力的发生，不仅需要依当事人的意思而成立的买卖、赠与、互易、抵押等合同或单独行为生效，而且需要登记（不动产物权场合）或交付（动产物权场合），但无须另外作成物权行为。《物权法》关于建筑物（含构筑物、附属设施）所有权的移转、建设用地使用权的变动（第 9 条第 1 款、第 14 条、第 139 条），关于不动产抵押权、在建工程抵押权的设立（第 187 条），关于动产质权的设立（第 212 条），关于权利质权的设立（第 224 条、第 226 条第 1 款、第 227 条第 1 款、第 228 条第 1 款），均奉行了这种模式。

五、多元混合模式

《物权法》在物权变动上采取了多元混合模式，即区分不同情况而分别采取相应的物权变动模式。

（一）公示为生效要件主义

1. 交付为成立要件主义或曰交付为生效要件主义（第 23 条）。在此需要说明，《物权法》第 24 条关于船舶、航空器和机动车辆等作为标的物的物权变动场合将登记作为对抗第三人的要件的规定，不是对《物权法》第 23 条规定的交付为动产物权变动的生效要件主义的否定，而是就效力强弱和范围方面的补充，即此类物权变动仍以交付为生效要件，而非以登记作为生效要件。换句话说，转让人向受让人交付了船舶、航空器或机动车辆，即使没有登记，物权也发生了变动，只是不能对抗善意第三人；反过来说，转让人没有交付船舶、航空器或机动车辆，即使办理了登记，受让人也未取得其物权。对此，本章第五节“动产物权的变动”“二、基于法律行为而生的动产物权变动”中还会有五个方面的进一步阐释。

2. 登记成立要件主义，或曰登记生效要件主义，即不动产物权的设立、变更、转让和消灭，应当登记；未经登记，不发生物权效力（第 9 条第 1 款）；物权变动发生效力的时间为记载于不动产登记簿之时（第 14 条）。但存在着如下例外：(1)《物权法》第 29 条规定，受遗赠开始时，遗产的不动产物权移转给受遗赠人，即使尚未办理变更登记，也是如此。(2)《物权法》第 182 条规定，建筑物与其占用范围内的建设用地使用权一并抵押，即使当事人没有如此约定，亦未办理变更登记，未抵押的财产也视为一并抵押。(3) 不动产抵押权随其担保债权的转让而转让，即使尚未办理变更登记，也是如此。不然，就会形成债权已由受让人取得，而抵押权却遗留在转让人之手的局面，而这是违反现行法上的抵押权必须从属于被担保债权的规则及理论的。不过，未经变更登记，不得对抗善意第三人。此类抵押权能

① 王泽鉴：《民法物权·通则·所有权》（总第 1 册），增补版，72～73 页。

够对抗转让人，在将债权及抵押权转让的事实通知给债务人、抵押人时，也能对抗他（它）们。(4) 土地承包经营权、地役权的设立无须登记，已如上述，不再重复。

(二) 登记为对抗要件主义

《物权法》关于船舶、航空器、机动车等物权的变动（第24条），关于土地承包经营权的变动（第129条），关于地役权的变动（第158条），关于以生产设备、原材料、半成品、产品、交通运输工具、正在建造的船舶、航空器设立抵押权（第188条），关于浮动抵押权的设立（第189条），都采取了登记对抗要件主义。

［引申和讨论］

关于登记对抗要件主义，中国物权法理论着墨不多，日本民法学说则关注久矣，百家争鸣，兹简介如下，或许有所启迪。

(1) 所谓登记为对抗要件，是就以大体有效的物权变动为前提，获得物权或免除了物权负担之人主张那样的变动的情形而言的。因而，如甲将A房出售给乙并已经登记，如果买卖A房的合同无效，甲不仅可以请求其登记的注销，而且，即使在A房又转卖与丙并已经登记了，甲也可以对丙主张自己对A房享有所有权。由于并不问甲的所有权取得，它不属于未经登记不能对抗第三人的问题。与此有别，假如甲和乙之间的A房买卖合同被撤销，因该合同被撤销前是有效的，乙在这个阶段对A房已经取得了所有权，现在是甲依其撤销的意思表示使A房的所有权回复于自己。就此种变动需要具备对抗要件。假如乙从甲处受让的A房被丙非法占据，乙以取得了A房的所有权为由请求丙撤离A房，则为对抗问题。[①]

(2) 未经登记，不得对抗第三人，其理论构成，大致有三种。第一种观点认为，未经登记的物权变动，第三人可以否认它。例如，甲将A房出卖给乙，没有办理移转登记手续，甲又将A房出售与丙，丙可以甲乙之间转让A房尚未登记为理由，否认甲乙之间A房转让行为的效力。如此，会使该物权变动失去效力，A房的所有权复归于甲，丙即可受让A房的所有权。[②] 该说不适宜说明下述情形：丙不否认甲乙之间发生了物权变动的特别的意思表示，或者丙不知甲乙之间发生了物权变动。[③] 第二种观点主张，未登记期间，物权变动在对第三人的关系上不产生效力[④]，或认为只不过发生债权性后果。[⑤] 该说想以债权侵害说明对侵权行为人的关系。不过，由于未登记的物权变动并不妨碍第三人承认其有效，在对第三人的关系上，认为此类物权变动全然无效，是不妥当的。第三种观点认为，只要没有登记，物权变动便不产生完全的效力。也就是说，权利的归属——未必于物权，债权亦然——本来应是排他性的（一个权利不能同时归属于甲乙二人），但只要适用公示原则而采用了对抗要件制度，便不产生完全具有排他性的权利变动，让与人也就不成为完全无权利人。这就是我妻

① ［日］我妻荣：《日本物权法》，有泉亨修订，李宜芬校订，136～137页。

② ［日］末弘严太郎：《物权法》（上卷），154页；［日］石田文次郎：《物权法论》，108页；［日］柚木馨：《判例物权法总论》，高木多喜男增订，20页。转引自［日］我妻荣：《日本物权法》，有泉亨修订，李宜芬校订，138页。

③ ［日］我妻荣：《日本物权法》，有泉亨修订，李宜芬校订，138页。

④ ［日］川名兼四朗：《物权法要论》，14页，1920。转引自［日］我妻荣：《日本物权法》，有泉亨修订，李宜芬校订，138页。

⑤ ［日］近藤英吉：《物权法论》，36页，1934；［日］山中：《权利变动》，载《名大法政》，第1卷第3号，288页；［日］川岛武宜：《民法・I・总论、物权》，66页，1960。转引自［日］我妻荣：《日本物权法》，有泉亨修订，李宜芬校订，138页。

荣教授倡导的“不完全说”[①]。

（3）登记的效力，只是对第三人主张的要件，并不妨碍第三人承认未办理登记的物权变动的效力。若丁进一步从乙的受让人丙处受让，丝毫不受妨碍。[②]

（4）未经登记，不得对抗第三人的范围。

1）这里的第三人，无疑是指除物权变动的当事人以外的人。但是否泛指除此之外的所有的人，是否加以限制，尚有疑问。学说最初主张不应设任何限制。这是无限制说。[③] 限制说则认为，所谓对抗，是于彼此利害相反时才发生的事项，处于这种关系中的人，只限于就主张登记欠缺有正当利益的第三人，对于并无这种利益的第三人，无登记亦可对抗。[④] 其浅显的理由是，假如连对受让土地的不法占据者都因无登记而不能要求其返还或退去的话，就太不合理了。[⑤] 我妻荣教授曾持无限制说，后转变为限制说，认为其标准是：“对于就该不动产处于有效交易关系之第三人来说，无登记就不得对抗；但对其他第三人来说无登记亦可对抗。”[⑥] 在此大标准之下，还需要尽可能地拿出不同类型情形的准则。

2）不得对抗的第三人，包括如下几类：就同一不动产最终拥有互不相容权利的人，善意或恶意，在所不问；对处于特定不动产物权人地位之人拥有合同上权利义务之人，善意或恶意，在所不问。[⑦]

3）无登记也可对抗的第三人。

所谓物权变动无登记也可对抗的第三人，是指即使其物权变动没有登记，唯此物权变动已经产生也是不容否定的情形下的第三人。没有登记的实体上的权利人，争夺已经登记的第三人权利的情形很多，而在与更广范围内的第三人之间的关系上能否对抗，则是一个问题。举其主要例子如下：A. 以不公正的手段妨碍真实权利人获得登记的人，或者负有协助登记义务而不履行的人，以及主张欠缺登记这仅仅是借口，实际上明显违背诚实信用的人，均属无登记的真实权利人能够对抗的人。B. 虽然从外形上看好像拥有与主张拥有物权的人不相容的权利，而实体上却没有任何真实权利的人，一般被称为实质上无权利之人。无登记的真实权利人能够对抗他。C. 侵权行为人，是指侵害不动产的人，而且不具有交易当事人的身份。他也属于无登记的真实权利人能够对抗的人。[⑧]

值得一提的是，中国法已经开始界定对抗要件主义下的第三人的范围。例如，法释［2016］5号第5条规定：“转让人转移船舶、航空器和机动车等所有权，受让人已经支付对价并取得占有，虽未经登记，但转让人的债权人主张其为物权法第二十四条所称的‘善意第三人’的，不予支持，法律另有规定的除外。”

有必要声明，在本书作者看来，法释［2016］5号第6条所谓“转让人的债权人”，涵

① ［日］我妻荣：《日本物权法》，有泉亨修订，李宜芬校订，138页。

② ［日］我妻荣：《日本物权法》，有泉亨修订，李宜芬校订，142页。

③ ［日］鸠山秀夫：《论关于不动产物权之得丧变更之公信主义与公示主义》，载《民法研究》第2卷；大联判1908.12.15［1908年〈拾贰〉269号］民1276页。转引自［日］我妻荣：《日本物权法》，有泉亨修订，李宜芬校订，142页。

④ 参照［日］我妻荣，巡历Ⅰ〈第12回〉。转引自［日］我妻荣：《日本物权法》，有泉亨修订，李宜芬校订，143页。

⑤ ［日］末弘严太郎：《物权法》，165页。转引自［日］我妻荣：《日本物权法》，有泉亨修订，李宜芬校订，143页。

⑥ ［日］我妻荣：《日本物权法》，有泉亨修订，李宜芬校订，143页。

⑦ 同上书，143～150页。

⑧ 同上书，150～160页。

盖过宽，应予限缩：总的讲，转让人有权处分的场合，取得占有的受让人即使尚未办理过户登记手续，也能对抗转让人的债权人，只有该债权人也是船舶、航空器或机动车的买受人或互易人或赠与等少数情况下才可能发生对抗与否的问题（下文具体分析）。在转让人有权处分的领域产生对抗与否的分歧、争执，大多发生在强制执行的过程中。在转让人无权处分的场合，取得船舶、航空器或机动车占有的受让人能否对抗转让人的债权人，可能会凸现出来。具体分析如下：A. 如果转让人的债权人是因另外的标的物或服务而发生的债的关系，那么，该债权人不得否定受让人对特殊动产的所有权，换言之，受让人可以对抗该债权人。于此场合，法释［2016］5号第6条的规定正确。B. 如果转让人的债权人是侵权之债的债权人，那么，该债权人不得否定受让人对特殊动产的所有权，换言之，受让人可以对抗该债权人。于此场合，法释［2016］5号第6条的规定正确。C. 如果转让人的债权人享有的债权系基于承租或借用船舶、航空器或机动车合同而形成的请求所有权人交付租赁物或借用物的债权，那么，该债权人不得否定受让人对特殊动产的所有权，换言之，受让人可以对抗该债权人。于此场合，法释［2016］5号第6条的规定正确。D. 如果转让人的债权人本来是船舶、航空器或机动车的所有权人，由于种种原因，船舶、航空器或机动车被转让人无权占有，他基于不当得利制度享有请求转让人返还不当得利（利益表现为占有船舶、航空器或机动车）的债权，于此场合，受让人对抗不了此处的债权人（所有权人）。法释［2016］5号第6条的规定若适用此类情形，则不正确。E. 如果转让人的债权人也是船舶、航空器或机动车的买受人，且不知转让人一物二卖，那么，他有权不承认受让人的所有权，即受让人对抗不了该债权人。法释［2016］5号第6条的规定若适用此类情形，也是不正确的。

有必要强调指出的是，基于法律行为而发生的物权变动，在中国物权法上没有采取物权形式主义的模式，没有承认物权行为理论。其理由如下：(1) 包括《物权法》在内的中国现行法没有关于物权行为制度的立法计划和立法目的，所有的物权制度均未按照物权行为制度设计。物权行为论者不赞同该项观点，其重要的理由是，连法工委在草拟和研讨《民法通则》草案、《合同法》草案、《物权法》草案时发表的意见都不代表立法者的立法目的，更不要说法工委的工作人员和专家学者在此类活动中提出的观点了。对此观点的反驳，非三言两语所能说清，本书作者曾在《从解释论看物权行为与中国民法》一文中详细讨论过，此处不赘。(2)《物权法》对基于遗赠的物权移转、土地承包经营权的设立和转让、地役权的设立、动产抵押权的设立、动产浮动抵押权的设立等，没有采纳物权形式主义，而是采纳了意思主义（第29条、第127条第1款、第129条、第158条、第180条第4项和第6项、第181条、第188条、第189条第1款)。该意思主义应为债权意思主义，而非物权意思主义。因为在德国民法和中国台湾地区的"民法"及其理论上，仅有物权意思表示或物权合意不能引发物权变动；倘若承认能够导致物权变动，则该物权的绝对性会受到动摇，不能对抗善意第三人，与其标榜的物权和债权明确区分的理念相冲突，也自毁了所谓物权行为建立的根据之一就在于物权和债权的明确区分这个根基。借鉴这种思想，可得出中国《物权法》的上述规定奉行的意思主义不应是物权意思主义，而应为债权意思主义的结论。(3) 联系《民法通则》第61条第1款的规定，《合同法》第58条关于合同无效后果的规定、第97条关于合同解除后果的规定、第79条至第83条关于债权让与的规定等，进行体系化解释，得出中国现行法没有采纳物权行为制度的结论，理由是充分的。(4) 假如按照某些学者所主张的那样，《物权法》第15条关于物权变动与其原因行为相区分的规定、第106条关于善意取得的规定、第 139 条关于建设用地使用权设立的规定等，以及《合同法》第 51 条的规定等，确立了物权行为制度，同时强调债权和物权明确区分的理念，就很难想象《物权法》和《合同法》的制度，有一半承认了物权行为，如《物权法》第 15 条等规定；另一半没有确立物权行为制度，如《物权法》第 127 条第 1 款、第 158 条等。①

第三节　物权变动的公示与公信

一、公示原则

一般来说，物权具有绝对排他的效力，其变动必须具有足以由外部可以辨认的表征，才可能透明其法律关系，减少交易成本，避免第三人遭受侵害，保护交易安全。这种可由外部辨认的表征，就是物权变动的公示方法。② 法律要求物权的存在及变动必须伴有这种表征的原则，即公示原则。

按照《物权法》的规定，动产物权的变动以交付为其公示方法（第 6 条等）。不动产物权的变动以登记为其公示方法。基于法律行为的动产物权变动，以交付为生效要件，除非法律另有规定（第 23 条等）。基于法律行为的不动产物权变动，以登记为生效要件，除非法律另有规定（第 6 条、第 9 条、第 14 条等）。

所谓法律另有规定，如《物权法》规定，土地承包经营权人将土地承包经营权互换、转让，当事人要求登记的，应当向县级以上地方人民政府申请土地承包经营权变更登记；未经登记，不得对抗善意第三人（第 129 条）。地役权自地役权合同生效时设立。当事人要求登记的，可以向登记机构申请地役权登记；未经登记，不得对抗善意第三人（第 158 条）。已经登记的宅基地使用权转让或消灭的，应当及时办理变更登记或注销登记（第 155 条）。其反面推论是，没有办理登记的宅基地使用权转让或消灭的，不以登记为生效要件。

［提示］

要求以有形的交付（现实占有的移转）为表征，早在古代法上就已经存在了。不过，占有毕竟有别于登记，缺乏动产物权存在或变动的永久公示力。而且，近代广泛活跃的商品交易已不必以有形的交付作为移转所有权的必要条件，所以才逐渐承认一种不移动商品的存在场所，即可交付的简易交付方法（如指示交付、占有改定），结果导致以占有为动产物权的表征越来越不充分。因此，近代法才就动产物权——断绝了单以占有为手段来贯彻公示原则的观念——想透过下述两种不同途径完善其公示的法制。其一，由于交易上存在其所在特定等特殊情事，对透过发行证券或记载于账簿，即可确认其同一性的动产，则以证券或账簿的

---

① 详细理由及其论述，见梁慧星：《如何理解合同法第 51 条》，载《人民法院报》，2000－01－08；王利明：《物权法研究》，182 页，北京，中国人民大学出版社，2002；崔建远：《无权处分辨》，载《法学研究》，2003（3），3～24 页；崔建远：《准物权研究》，119～155 页；崔建远：《从解释论看物权行为与中国民法》，载《比较法研究》，2004（2），60～76 页；崔建远：《从立法论看物权行为与中国民法》，载《政治与法律》，2004（2），43～50 页；崔建远：《土地上的权利群研究》，72～141 页；王胜明：《物权法制定过程中的几个重要问题》，载《法学杂志》，2006（1），37 页；王胜明：《关于物权法若干问题的思考》，载中国法学会民法学研究会、中国人民大学法学院、广东省律师协会编：《中国物权法疑难问题研讨会论文集》，21 页，2005。

② 王泽鉴：《民法物权・通则・所有权》（总第 1 册），增补版，92 页。

记载作为表征方法。其二，对于无法构想出类似上述表征方法的动产，并不执着于必须贯彻公示的原则，而仅止于透过公信原则来保护交易安全。①

二、公信原则

物权变动既以登记、交付为公示方法，即使此类表征与真实的权利不符，对于信赖物权表征而为交易之人，法律仍然承认其具有与真实物权状态相同的法律效果，以为保护。② 该项原则即为公信原则，这种法律效力就是公信力。《物权法》第 16 条第 1 款关于“不动产登记簿是物权归属和内容的根据”的规定，承认了权利正确性推定原则，结合《物权法》第 106 条等条款的规定解释，也可以说它承认了不动产物权登记的公信原则、公信力。③

[辨析]

1. 需要说明，关于公信原则是或可以是由法律设置明文予以申明，还是学说总结法律关于无权处分效果而形成的结论，存在着分歧。这也涉及《物权法》第 16 条第 1 款是否规定了公信原则的解释准确与否。经查，《德国民法典》第 892 条以下，《瑞士民法典》第 973 条以下，中国台湾地区“土地法”第 43 条，都是关于公信原则的明文。④

2. 有学者认为，《物权法》没有承认公信力，其理由恐怕是《物权法》没有规定权利正确性推定原则，换句话说，《物权法》第 16 条第 1 款并非权利正确性推定的规定。⑤

诚然，依《物权法》第 16 条第 1 款的文字表述，确实难见“视为”“推定”的意思，但若僵硬地遵循汉语语文的规则解释该条款，就此得出《物权法》尚未承认公信力的结论，就使得《物权法》第 106 条明确规定的善意取得制度失去存在的逻辑前提、技术前提。因为按照通说，善意取得制度必须以公示具有公信力为技术前提、逻辑前提。有鉴于此，不如宽松地解释《物权法》第 16 条第 1 款的意义，即所谓“不动产登记簿是物权归属和内容的根据”，固然是指不动产登记簿记载的权利状态符合真实的权利义务关系的场合，该记载当然是物权归属和内容的根据，任何人都无权无视，任何人均不得否认，否则，得承担法律责任；同时也包含这样的意思：不动产登记簿记载的权利状态不符合真实的权利义务关系时，只要没有举证推翻该项记载，没有注销该项记载，没有记载正确性的异议，对于信赖该项记载的善意相对人而言，“不动产登记簿关于权利状态的记载”，同样“是物权归属和内容的根据”。换句话说，把《物权法》第 16 条第 1 款的规定，解释为包含着权利正确性推定的意思。

如此解释，固然是为了正确地适用《物权法》，以妥当地解决无权处分问题，不得已而为之，但也不像表面看来的那样“不讲理”。这从历史解释中可以看出来。

作为中国物权立法重要参考资料的物权法草案建议稿，有梁慧星教授主持的《中国物权法草案建议稿：条文、说明、理由与参考立法例》和王利明教授主持的《中国物权法草案建

① [日] 我妻荣：《日本物权法》，有泉亨修订，李宜芬校订，39 页。

② 参见谢在全：《民法物权论》（上册），修订 2 版，85 页。

③ 全国人大常委会法制工作委员会民法室编：《中华人民共和国物权法条文说明、立法理由及相关规定》，24～25 页，北京，北京大学出版社，2007；胡康生主编：《中华人民共和国物权法释义》，53～54 页；黄松有主编：《〈中华人民共和国物权法〉条文理解与适用》，93 页，北京，人民法院出版社，2007。

④ 参见 [日] 我妻荣：《日本物权法》，有泉亨修订，李宜芬校订，41～42 页。

⑤ 王利明、尹飞、程啸：《中国物权法教程》，444 页，注 1，北京，人民法院出版社，2007。

议稿及说明》等。梁慧星教授主持的《中国物权法草案建议稿：条文、说明、理由与参考立法例》第 28 条规定："在不动产登记簿上记载某人享有某项物权时，推定该人享有该项权利。"其条名和说明中都明确承认该条是关于权利正确性推定的规定，并将该条与《德国民法典》第 891 条、中国台湾地区"土地法"第 43 条相提并论。第 29 条规定："以不动产登记簿为根据取得的不动产物权，不受任何人追夺。但取得人于取得权利时知悉权利瑕疵或者登记有异议抗辩的除外。"其条名和说明中都明确该条系关于善意保护的规定，并将该条与《德国民法典》第 892 条第 1 项前段的规定、《瑞士民法典》第 973 条和第 974 条的规定相互对照。① 王利明教授主持的《中国物权法草案建议稿及说明》第 26 条规定："在不动产登记簿上记载的权利人，依法享有该项物权"（第 1 款）。"权利人处分该项物权，受法律保护。但受让人明知权利人不应当取得该项权利，而仍然与之从事交易的，不在此限"（第 2 款）。"信赖登记所记载的权利而与权利人进行交易的人，推定其善意"（第 3 款）。其条名为登记的效力，其说明认为登记具有公信力，信赖该登记的善意受让人应当受到法律保护。用今天多数学者的语言描述就是，该第 26 条规定了登记的公信力和善意取得。第 27 条规定："登记记载的权利人推定其为真正的权利人，其他人推定为不享有该项权利的人。"其条名为物权的推定，其说明认为该条规定了权利正确性推定。②

《德国民法典》第 891 条就是关于权利正确性推定的规定，与《德国民法典》第 892 条和第 893 条关于善意取得效力的规定，源于同一思想，只是在构成要件上存在着差异。第 891 条作为举证负担规范，也就是恰在真实法律关系无法查明时，该规范才发挥作用：受土地登记簿内容的支持者，不负举证责任；第 892 条和第 893 条作为实体法上的权利表象要件，其规范出发点，为不正确的，也就是与真实法律关系不相符的土地登记簿。在土地交易中，信赖土地登记簿的内容者，其信赖受法律保护，他获得在土地登记簿状态与真实法律关系不相吻合时，应能取得的权利地位。故而也可以说：权利表象取代权利本身。③ 中国台湾地区"土地法"第 43 条就是关于公信力的规定。④

上述物权法草案建议稿对中国物权法草案产生了影响，只不过考虑到人民大众的接受能力，吸取地方人大、中央有关部门、单位和专家关于应将物权法草案第 9 条、第 23 条、第 27 条、第 111 条规定的物权变动的生效或对抗效力、物权公示的权利正确性推定的效力、物权公示的善意保护效力，予以整合、修改的意见⑤，后几稿物权法草案以至《物权法》在行文上有所变化。例如，2002 年 1 月 28 日的《中华人民共和国物权法（征求意见稿）》第 12 条第 1 款规定："不动产登记簿记载的事项，是权利人及其物权内容的根据。"2002 年 1 月 17 日的《中华人民共和国民法（草案）》第 12 条第 1 款、2004 年 8 月 3 日的《中华人民共和国物权法（草案）》（修改稿）第 13 条第 1 款完全复述了上述规定。2004 年 10 月 15 日

---

① 梁慧星主编：《中国物权法草案建议稿：条文、说明、理由与参考立法例》，9、154～156 页，北京，社会科学文献出版社，2000。

② 王利明主编：《中国物权法草案建议稿及说明》，8、184～185 页，北京，中国法制出版社，2001。

③ ［德］鲍尔、施蒂尔纳：《德国物权法》（上册），张双根译，489 页。

④ 王泽鉴：《民法物权·通则·所有权》（总第 1 册），增补版，93 页。

⑤ 《地方人大、中央有关部门、单位和专家对〈中华人民共和国物权法（草案）〉（社会公开征求意见稿）的意见》，载全国人民代表大会常务委员会法制工作委员会民法室编著：《物权法立法背景与观点全集》，138 页，北京，法律出版社，2007。

的《中华人民共和国物权法（草案）》（委员长会议审议稿）第17条第1款规定："不动产登记簿记载的事项，是物权归属和内容的根据。"2005年7月8日的《中华人民共和国物权法（草案）》（全国人大常委会办公厅公布的社会公开征求意见稿）第16条第1款、2006年6月6日的《中华人民共和国物权法（草案）》（修改稿）第16条第1款，完全复述了2004年10月15日草案第17条第1款的规定。2006年10月20日的《中华人民共和国物权法（草案）》（第六次审议稿）第16条第1款规定："不动产登记簿，是物权归属和内容的根据。"2006年12月15日的《中华人民共和国物权法（草案）》（第七次审议稿）第15条第1款只是去掉了逗号，内容未变："不动产登记簿是物权归属和内容的根据。"2007年3月5日的《中华人民共和国物权法（草案）》（第八次审议稿）第16条第1款复述了第七次审议稿的表述。第十届全国人民代表大会第五次会议于2007年3月16日通过的《中华人民共和国物权法》第16条第1款将第八次审议稿第16条第1款的规定正式法律化了。全国人民代表大会常务委员会法制工作委员会民法室编著的《物权法及其相关规定对照手册》[①]，认为中国《物权法》第16条第1款的规定，与《德国民法典》第891条、第892条，与《瑞士民法典》第973条第1项［对于善意的第三人］关于"出于善意而信赖不动产登记簿的登记，因而取得所有权或其他权利的人，均受保护"的规定，与中国台湾地区"土地法"第43条关于"依本法所为之登记，有绝对效力"的规定，属于相关规定。换个角度说，中国《物权法》第16条第1款的规定，是参考、借鉴了这些境外立法例的相关规定而制定的。全国人民代表大会常务委员会法制工作委员会民法室编的《中华人民共和国物权法条文说明、立法理由及相关规定》也是这样认定的，并于其"说明"部分明确将《物权法》第16条第1款的规定作为权利正确性推定看待，在其"立法理由"部分认为它规定了公信力。[②] 时任全国人民代表大会常务委员会法制工作委员会主任的胡康生主编的《中华人民共和国物权法释义》对《物权法》第16条第1款规定的解释，与上述文献所持观点一脉相承。[③]

考察至此，可以说中国《物权法》第16条第1款就是关于权利正确性推定、公信力的规定，只是法律条文的表述没有按照境外立法例的规程行文。

公信原则赋予物权的公示以绝对的效力，保护信赖物权公示的善意相对人，在公示所彰显的物权关系与真实的物权关系不一致的情况下，固定了前一种关系，对真实的物权人则通过不当得利返还或侵权赔偿等方式予以救济。不然，若注重保护真实的物权人，交易相对人势必投入相当的人力物力审查公示的物权关系是否就是真实的物权关系，以免因公示的物权人对标的物没有处分权而不能取得物权，从而遭受损失。鉴于实行审查非常麻烦，有时甚至无法进行，为了交易安全，及满足效率原则的要求，有必要确立公信原则。

［引申］

公信原则是迟于公示原则而发展起来的制度，首先完善于动产物权。罗马法就动产贯彻的是"任何人都不得给予他人大于自己所有的权利"，致使公信原则无从产生。日耳曼法实

---

① 全国人民代表大会常务委员会法制工作委员会民法室编著：《物权法及其相关规定对照手册》，25～27页，北京，法律出版社，2007。

② 全国人大常委会法制工作委员会民法室编：《中华人民共和国物权法条文说明、立法理由及相关规定》，16～17页。

③ 胡康生主编：《中华人民共和国物权法释义》，53～54页。

行的原则是“当所有人将占有任意给予他人时，只可对该他人要求返还”。即使对于被盗物或遗失物来说，虽然可以无限追及并要求返还，但当信赖相对人已经占有其物时（如寄存时），则只能对该相对人要求返还（不能向由相对人获得受让之人提出请求）。法国固有法实行的也是“动产不得追及”原则。这两种原则所承认的结果几乎是一样的。由于近代法已将谋求动产的交易安全作为一个理想，才放弃了罗马法的原则，而发展德国和法国的固有法的原则，即，信赖占有并以取得动产物权为目的进行交易的人，即使在占有人无实质性权利的情况下，也可取得该物权，从而确立了动产物权交易中的公信原则。当动产物权的变动以证券为表象时，强而有力的公信原则更进一步得到了承认。①

公示不动产物权及其变动的登记被赋予公信力，首先始于抵押权的取得，其次才波及不动产所有权及其他不动产物权，最后完善于德国民法（第 892 条以下），并被瑞士民法所承继（第 973 条以下）。法国和日本的民法在不动产变动领域尚未承认公信原则。②

需要注意，公信原则所具有的保护交易安全（动的安全）的长处，是以牺牲本来的真实权利人的利益（静的安全）作为代价的。一部善法应当努力使动的安全和静的安全达到最佳的调和状态。为了合理地降低公信原则的负面影响，确实需要实行公示原则。否则，静的安全就会因公信原则而受到极大威胁。换言之，在不动产登记簿的记载大体上尚未正确反映出真实的权利关系的情形，若对此种不动产登记簿的记载赋予公信力，真实权利人的利益就会受到不当损害，作为法律制度总体的均衡就会被打破，形成困难的局面。正是基于此种情事，对登记赋予公信力的德国和瑞士的法制，才花费心血整备不动产登记簿，对登记手续采取极其慎重的态度。③

公信原则不适用于登记名义人与真实权利人之间、占有人与真实权利人之间的关系，他们之间的关系仍然按照实事求是的原则处理，即对于真实权利人而言，不认为登记名义人或占有人享有物权。登记的公信力在不动产物权变动的直接当事人之间也不得主张，假如登记原因无效或可撤销，在第三人未取得不动产权利前，真实权利人对于登记名义人仍可主张其权利。公信原则适用于登记名义人、占有人与第三人之间的交易关系。④ 至于处于交易关系之外的第三人，是否有权援用公信原则对登记名义人、占有人主张对特定标的物的权利，对抗真实的物权人，十分复杂，需要根据具体情况加以确定。例如，善意的交易相对人去世，其继承人有权援用公信原则对抗真实的物权人。一般第三人毁损了登记在甲名下的房屋，难以对抗该房屋的真正所有权人请求其承担侵权责任的主张。

第四节　不动产物权的变动

一、不动产物权变动概述

不动产物权变动，有的是基于法律行为发生的，有的则基于法律行为以外的原因而引

---

① ［日］我妻荣：《日本物权法》，有泉亨修订，李宜芬校订，41 页。

② 同上书，41～42 页。

③ ［日］我妻荣：《日本物权法》，有泉亨修订，李宜芬校订，42～43 页；［德］鲍尔、施蒂尔纳：《德国物权法》（上册），张双根译，276 页。

④ 参见谢在全：《民法物权论》（上册），修订 2 版，141～143 页。

起。于是有所谓基于法律行为而生的物权变动、非基于法律行为而生的物权变动之分。

在德国民法、中国台湾地区“民法”上，基于法律行为而生的不动产物权变动，需要具备物权行为和登记两大要件，登记是不动产物权变动的生效要件。与此不同，在中国大陆，由于现行法未采纳物权行为理论，引起物权变动的法律行为，不是物权行为，而是买卖、赠与、互易等法律行为；由于现行法禁止国家土地所有权转让、禁止集体土地所有权依民事程序流转，不存在物权法上的土地所有权变动的问题；由于现行法对不动产物权变动采取了多元的混合模式，登记是建设用地使用权、房屋所有权、不动产抵押权等变动的生效要件，却不是土地承包经营权、宅基地使用权、地役权、浮动抵押权等设立的生效要件，只是对抗第三人的要件。

二、基于法律行为而生的不动产物权变动

（一）概述

基于法律行为而生的不动产物权变动，需要买卖等法律行为有效。买卖等法律行为有效的问题属于合同法的范畴，此处不赘。鉴于不动产登记较为复杂，许多人对此较为陌生，下文对它予以较为系统的介绍，尽管有的登记类型不属于不动产物权变动的生效要件的范畴。

（二）登记

1. 登记的概念

所谓登记，是将一定的事项记载于登记簿的现象。所谓不动产登记，是指不动产登记机构依法将不动产权利归属和其他法定事项记载于不动产登记簿的行为（《不动产登记暂行条例》第 2 条第 2 款）。此处所谓事项，在《物权法》上，包括不动产物权的变动（第 9 条等），财团抵押权的设立（第 180 条第 2 款等），浮动抵押权的设立（第 181 条、第 189 条），以船舶、航空器和机动车等为客体的物权的变动（第 24 条、第 188 条）。其中的土地登记，按照国土资源部第 5 次部务会议于 2007 年 11 月 28 日审议通过的《土地登记办法》第 2 条第 1 款的规定，是指将国有土地使用权、集体土地所有权、集体土地使用权和土地抵押权、地役权以及依照法律法规规定需要登记的其他土地权利记载于土地登记簿公示的行为。房屋登记，依据建设部第 147 次常务会议于 2008 年 1 月 22 日讨论通过的《房屋登记办法》第 2 条的规定，是指房屋登记机构依法将房屋权利和其他应当记载的事项在房屋登记簿上予以记载的行为。

2. 登记部门

登记部门因被登记的标的不同而有所差别。按照《物权法》的规定，不动产登记，由不动产所在地的登记机构办理。国家对不动产实行统一登记制度。统一登记的范围、登记机构和登记办法，由法律、行政法规规定（第 10 条）。《不动产登记暂行条例》规定：国务院国土资源主管部门负责指导、监督全国不动产登记工作（第 6 条第 1 款）。县级以上地方人民政府应当确定一个部门为本行政区域的不动产登记机构，负责不动产登记工作，并接受上级人民政府不动产登记主管部门的指导、监督（第 6 条第 2 款）。不动产登记由不动产所在地的县级人民政府不动产登记机构办理；直辖市、设区的市人民政府可以确定本级不动产登记机构统一办理所属各区的不动产登记（第 7 条第 1 款）。跨县级行政区域的不动产登记，由所跨县级行政区域的不动产登记机构分别办理。不能分别办理的，由所跨县级行政区域的不

动产登记机构协商办理；协商不成的，由共同的上一级人民政府不动产登记主管部门指定办理（第7条第2款）。国务院确定的重点国有林区的森林、林木和林地，国务院批准项目用海、用岛，中央国家机关使用的国有土地等不动产登记，由国务院国土资源主管部门会同有关部门规定（第7条第3款）。国务院确定的重点国有林区的森林、林木和林地，由国土资源部受理并会同有关部门办理，依法向权利人核发不动产权属证书（《不动产登记暂行条例实施细则》第4条第1款）。国务院批准的项目用海、用岛的登记，由国土资源部受理，依法向权利人核发不动产权属证书（《不动产登记暂行条例实施细则》第4条第2款）。

3. 登记程序

对于不动产登记，《物权法》及《不动产登记暂行条例》规定了如下程序：

当事人或其代理人应当到不动产登记机构办公场所申请不动产登记。当然，不动产登记机构将申请登记事项记载于不动产登记簿前，申请人可以撤回登记申请（第15条）。申请人应当提交下列材料，并对申请材料的真实性负责：（1）登记申请书；（2）申请人、代理人身份证明材料、授权委托书；（3）相关的不动产权属来源证明材料、登记原因证明文件、不动产权属证书；（4）不动产界址、空间界限、面积等材料；（5）与他人利害关系的说明材料；（6）法律、行政法规以及本条例实施细则规定的其他材料（第16条第1款）。不动产登记机构应当在办公场所和门户网站公开申请登记所需材料目录和示范文本等信息（第16条第2款）。

因买卖、设定抵押权等申请不动产登记的，应当由当事人双方共同申请。但属于下列情形之一的，可以由当事人单方申请：（1）尚未登记的不动产首次申请登记的；（2）继承、接受遗赠取得不动产权利的；（3）人民法院、仲裁委员会生效的法律文书或人民政府生效的决定等设立、变更、转让、消灭不动产权利的；（4）权利人姓名、名称或自然状况发生变化，申请变更登记的；（5）不动产灭失或权利人放弃不动产权利，申请注销登记的；（6）申请更正登记或异议登记的；（7）法律、行政法规规定可以由当事人单方申请的其他情形（第14条）。

不动产登记机构收到不动产登记申请材料，应当分别按照下列情况办理：（1）属于登记职责范围，申请材料齐全、符合法定形式，或者申请人按照要求提交全部补正申请材料的，应当受理并书面告知申请人；（2）申请材料存在可以当场更正的错误的，应当告知申请人当场更正，申请人当场更正后，应当受理并书面告知申请人；（3）申请材料不齐全或不符合法定形式的，应当当场书面告知申请人不予受理并一次性告知需要补正的全部内容；（4）申请登记的不动产不属于本机构登记范围的，应当当场书面告知申请人不予受理并告知申请人向有登记权的机构申请（第17条第1款）。不动产登记机构未当场书面告知申请人不予受理的，视为受理（第17条第2款）。

不动产登记机构受理不动产登记申请的，应当按照下列要求进行查验：（1）不动产界址、空间界限、面积等材料与申请登记的不动产状况是否一致；（2）有关证明材料、文件与申请登记的内容是否一致；（3）登记申请是否违反法律、行政法规规定（第18条）。属于下列情形之一的，不动产登记机构可以对申请登记的不动产进行实地查看：（1）房屋等建筑物、构筑物所有权首次登记；（2）在建建筑物抵押权登记；（3）因不动产灭失导致的注销登记；（4）不动产登记机构认为需要实地查看的其他情形（第18条第1款）。对可能存在权属争议，或者可能涉及他人利害关系的登记申请，不动产登记机构可以向申请人、利害关系人或有关单位进行调查（第 18 条第 2 款）。不动产登记机构进行实地查看或调查时，申请人、被调查人应当予以配合（第 18 条第 3 款）。

不动产登记机构应当自受理登记申请之日起 30 个工作日内办结不动产登记手续，法律另有规定的除外（第 20 条）。登记事项自记载于不动产登记簿时完成登记（第 21 条第 1 款）。不动产登记机构完成登记，应当依法向申请人核发不动产权属证书或登记证明（第 21 条第 2 款）。

登记申请有下列情形之一的，不动产登记机构应当不予登记，并书面告知申请人：(1) 违反法律、行政法规规定的；(2) 存在尚未解决的权属争议的；(3) 申请登记的不动产权利超过规定期限的；(4) 法律、行政法规规定不予登记的其他情形（第 22 条）。

登记机构不得有下列行为：(1) 要求对不动产进行评估；(2) 以年检等名义进行重复登记；(3) 超出登记职责范围的其他行为（《物权法》第 13 条）。

4. 登记的种类

专就不动产登记而言，登记种类包括总登记、首次登记、移转登记、变更登记、更正登记、异议登记、预告登记、注销登记、消灭登记。下文将分别介绍。

5. 登记收费

不动产登记费按件收取，不得按照不动产的面积、体积或价款的比例收取。具体收费标准由国务院有关部门会同价格主管部门规定（《物权法》第 22 条）。

6. 总登记

总登记，是指对特定行政管辖区域内的所有的不动产所进行的全部登记。它包括土地总登记和建筑物所有权的第一次登记。其中，土地总登记，是指在一定时间内对辖区内全部土地或者特定区域内土地进行的全面登记（《土地登记办法》第 21 条）。其根本目的在于，建立完整清晰的不动产产籍产权制度，通过登记实现对不动产的行政管理，健全适合市场需求的公示及公信的制度，以维护交易安全。

7. 首次登记

所谓不动产首次登记，是指不动产权利第一次登记（《不动产登记暂行条例实施细则》第 24 条第 1 款）。《物权法》规定的出让建设用地使用权（第 139 条）、设立地役权（第 158 条）、设立宅基地使用权等场合的登记，合法新建房屋连同所在地的建设用地使用权的不动产权利的登记（第 30 条、第 31 条），属于首次登记。

市、县人民政府可以根据情况对本行政区域内未登记的不动产，组织开展集体土地所有权、宅基地使用权、集体建设用地使用权、土地承包经营权的首次登记（《不动产登记暂行条例实施细则》第 25 条第 1 款）。据此办理首次登记所需的权属来源、调查等登记材料，由人民政府有关部门组织获取（《不动产登记暂行条例实施细则》第 25 条第 2 款）。

不动产权利首次登记具有重要意义，未办理不动产首次登记的，不得办理不动产其他类型登记，除非法律、行政法规另有规定（《不动产登记暂行条例实施细则》第 24 条第 2 款）。

首次登记和总登记虽然有时重合，但不是同一个概念。因为总登记可以是在特定时期整理以前不完善的不动产的登记，这样的总登记显然不是首次登记。[①] 但二者也有共同之处，不动产总登记和首次登记都是不动产登记的基础和开端，为其后进行的一系列登记的起始

---

① 崔建远、孙佑海、王宛生：《中国房地产法研究》，245 页。

点，都属于对不动产权利的静态登记。

8. 移转登记

所谓移转登记，俗称过户登记，是指不动产物权从转让人移转到受让人时所办理的登记。因基于法律行为的不动产物权变动以移转登记为生效要件，不办理移转登记，不动产物权就不发生变动，故它属于设权登记。《不动产登记暂行条例实施细则》第 27 条规定：因下列情形导致不动产权利转移的，当事人可以向不动产登记机构申请转移登记：(1) 买卖、互换、赠与不动产的；(2) 以不动产作价出资（入股）的；(3) 法人或者其他组织因合并、分立等原因致使不动产权利发生转移的；(4) 不动产分割、合并导致权利发生转移的；(5) 继承、受遗赠导致权利发生转移的；(6) 共有人增加或者减少以及共有不动产份额变化的；(7) 因人民法院、仲裁委员会的生效法律文书导致不动产权利发生转移的；(8) 因主债权转移引起不动产抵押权转移的；(9) 因需役地不动产权利转移引起地役权转移的；(10) 法律、行政法规规定的其他不动产权利转移情形。

9. 变更登记

学说对变更登记的界定存在着分歧。狭义说认为，不动产变更登记，是指不动产物权的分割、合并、设立和增减时所为的登记。所谓不动产物权的分割，是指作为不动产分为数宗（栋）的情形，包括一人所有的一宗土地或一栋房屋被分为数宗或数栋，或者数人共有的一宗土地或一栋房屋被分割为数宗或数栋等情形。所谓不动产权利的合并，是指属于同一权利人的或分属于不同权利人的两宗（栋）或两宗（栋）以上的不动产合并为一宗（栋）的情形。所谓不动产他项权利的设立，是指在不动产总登记后，在不动产上设立土地承包经营权、建设用地使用权、宅基地使用权、地役权、抵押权等权利的情形。所谓不动产权利的增减，是指不动产面积的增加或减少，如因涨滩或流失而导致的土地面积的增减，因增建或拆毁而发生的建筑物面积的增减等。①

在广义说看来，不动产变更登记，包括狭义说所指的范围，加上不动产权利的移转登记。不动产权利移转登记，是在不动产权利的主体发生变更时，对不动产权利从原权利人处转移至受让人之手的现象所为的登记。依据最广义说，不动产变更登记涵盖总登记以外的不动产登记，不但包括广义说所指的范围，而且包括更名登记、更址登记、不动产用途变更登记、更正登记和注销登记。所谓更名登记，是指权利人的姓名或名称发生变更时所为的登记。所谓更址登记，是指不动产权利人的住址变更时所为的登记。所谓不动产用途变更登记，是指不动产的使用用途发生改变时所为的登记。②

《不动产登记暂行条例实施细则》采纳了狭义的变更登记概念，因其第 27 条单独规定了不动产权利的移转登记，其第 26 条规定的不动产变更登记不包含不动产权利的移转登记。《不动产登记暂行条例实施细则》第 26 条是这样规定的：有下列情形之一的，不动产权利人可以向不动产登记机构申请变更登记：(1) 权利人的姓名、名称、身份证明类型或者身份证明号码发生变更的；(2) 不动产的坐落、界址、用途、面积等状况变更的；(3) 不动产权利期限、来源等状况发生变化的；(4) 同一权利人分割或者合并不动产的；(5) 抵押担保的范

---

① 崔建远、孙佑海、王宛生：《中国房地产法研究》，246 页；李昊、常鹏翱、叶金强、高润恒：《不动产登记程序的制度建构》，328～332 页，北京，北京大学出版社，2005；李鸿毅：《土地法论》，228～231 页，台湾，自版，1999。

② 崔建远、孙佑海、王宛生：《中国房地产法研究》，246～247 页。

围、主债权数额、债务履行期限、抵押权顺位发生变化的；（6）最高额抵押担保的债权范围、最高债权额、债权确定期间等发生变化的；（7）地役权的利用目的、方法等发生变化的；（8）共有性质发生变更的；（9）法律、行政法规规定的其他不涉及不动产权利转移的变更情形。

不动产变更登记具有重要的意义。不动产进行总登记后，因社会经济生活的需要，不动产权利发生移转、分割、合并、增减，在所难免。为了公示这些变化，确保交易安全，不动产登记部门需要从个别的角度对这些变化予以详细记载，使之与实质上的权属状态保持一致，保证不动产登记簿的正确性和公信力。[①]

10. 更正登记

所谓更正登记，是指对不正确的不动产登记进行更正的登记。当事人有证据证明不动产登记簿的记载与真实权利状态不符、其为该不动产物权的真实权利人，请求确认其享有物权的，应予支持（法释［2016］5 号第 2 条）。通过对登记簿上不正确登记的纠正，使登记所昭示的权利状态符合真实的权利状态，进而避免真实的权利人因登记公信力受到损害。这是更正登记制度的目的所在。

更正登记的请求权，简称为更正请求权，其请求权人，为真实的权利人及其利害关系人（《物权法》第 19 条第 1 款前段）。这里的利害关系人，包括真实权利人的债权人、继承人、配偶等。在这方面，《不动产登记暂行条例实施细则》规定，权利人、利害关系人认为不动产登记簿记载的事项有错误，可以申请更正登记（第 79 条第 1 款）。权利人申请更正登记的，应当提交下列材料：（1）不动产权属证书；（2）证实登记确有错误的材料；（3）其他必要材料（第 79 条第 2 款）。利害关系人申请更正登记的，应当提交利害关系材料、证实不动产登记簿记载错误的材料以及其他必要材料（第 79 条第 3 款）。不动产权利人或者利害关系人申请更正登记，不动产登记机构认为不动产登记簿记载确有错误的，应当予以更正；但在错误登记之后已经办理了涉及不动产权利处分的登记、预告登记和查封登记的除外（第 80 条第 1 款）。不动产权属证书或者不动产登记证明填制错误以及不动产登记机构在办理更正登记中，需要更正不动产权属证书或者不动产登记证明内容的，应当书面通知权利人换发，并把换发不动产权属证书或者不动产登记证明的事项记载于登记簿（第 80 条第 2 款）。不动产登记簿记载无误的，不动产登记机构不予更正，并书面通知申请人（第 80 条第 3 款）。

如果真实的权利人及其利害关系人没有申请更正登记，登记部门发现不动产登记簿的记载有错误的，可依职权径直为更正登记。[②]《不动产登记暂行条例实施细则》第 81 条规定，不动产登记机构发现不动产登记簿记载的事项错误，应当通知当事人在 30 个工作日内办理更正登记。当事人逾期不办理的，不动产登记机构应当在公告 15 个工作日后，依法予以更正；但在错误登记之后已经办理了涉及不动产权利处分的登记、预告登记和查封登记的除外。

更正登记的前提是，不动产登记簿所记载的权利关系与真实的权利关系不一致，且源自登

---

① 崔建远、孙佑海、王宛生：《中国房地产法研究》，246 页；李昊、常鹏翱、叶金强、高润恒：《不动产登记程序的制度建构》，325 页。

② 胡康生主编：《中华人民共和国物权法释义》，58 页；李昊、常鹏翱、叶金强、高润恒：《不动产登记程序的制度建构》，390～391 页。

记簿记载的事项错误（《物权法》第 19 条第 1 款前段）。这里的错误包括记载的事项有遗漏。

仅有更正登记的申请，登记机关尚不得直接对不动产登记簿的记载进行更正，只有不动产登记簿记载的权利人书面同意更正或有证据证明登记确有错误时，登记机构才有义务予以更正（《物权法》第 19 条第 1 款）。不过，在登记机关依职权径直为更正登记时则不受登记簿记载的权利人是否同意的限制。

11. 异议登记

所谓异议登记，是指在不动产登记簿记载的事项有错误的情况下，把真实的权利人及其利害关系人对不动产登记簿记载的权利所提出的异议记入登记簿，使登记簿记载的权利失去正确性推定的效力，第三人也不得主张依据登记的公信力受到保护。

按照《物权法》第 19 条第 2 款、《不动产登记暂行条例实施细则》第 81 条的规定，利害关系人认为不动产登记簿记载的事项错误，权利人不同意更正的，利害关系人可以申请异议登记。利害关系人申请异议登记的，应当提交下列材料：(1) 证实对登记的不动产权利有利害关系的材料；(2) 证实不动产登记簿记载的事项错误的材料；(3) 其他必要材料。《不动产登记暂行条例实施细则》还规定，不动产登记机构受理异议登记申请的，应当将异议事项记载于不动产登记簿，并向申请人出具异议登记证明（第 83 条第 1 款）。

异议登记期间，不动产登记簿上记载的权利人以及第三人因处分权利申请登记的，不动产登记机构应当书面告知申请人该权利已经存在异议登记的有关事项。申请人申请继续办理的，应当予以办理，但申请人应当提供知悉异议登记存在并自担风险的书面承诺（《不动产登记暂行条例实施细则》第 84 条）。

由此可见，异议登记虽然可以对真实的权利人提供保护，但这种保护应当是临时性的，因为它同时也给不动产交易造成了一种不稳定的状态。为使因异议登记所带来的不稳定状态早日恢复正常，法律必须对异议登记的有效期间作出限制。于是，《物权法》第 19 条第 2 款规定，登记机构予以异议登记的，申请人在异议登记之日起 15 日内不起诉的，异议登记失效。《不动产登记暂行条例实施细则》规定，异议登记申请人应当在异议登记之日起 15 日内，提交人民法院受理通知书、仲裁委员会受理通知书等提起诉讼、申请仲裁的材料；逾期不提交的，异议登记失效（第 83 条第 2 款）。异议登记失效后，申请人就同一事项以同一理由再次申请异议登记的，不动产登记机构不予受理（第 83 条第 3 款）。

之所以作此限制，是因为申请人在异议登记之日起 15 日内不起诉，表明他不积极行使其权利，法律没有特别加以保护的必要，也避免进一步影响登记簿记载的权利人的利益和正常的交易秩序。[①] 尽管如此，异议登记因《物权法》第 19 条第 2 款规定的事由失效后，当事人提起民事诉讼，请求确认物权归属的，应当依法受理。异议登记失效不影响人民法院对案件的实体审理（法释〔2016〕5 号第 3 条）。

异议登记不当（异议登记不成立），造成权利人损害的，权利人可以向申请人请求损害赔偿（《物权法》第 19 条第 2 款）。

［探讨］

就《物权法》第 19 条第 2 款前段关于“不动产登记簿记载的权利人不同意更正的，利

---

① 胡康生主编：《中华人民共和国物权法释义》，60 页。

害关系人可以申请异议登记”的文义观察，容易得出更正登记是异议登记的前置程序的结论，但如此解释弊多利少，如有时无法满足利害关系人径直申请异议登记的要求，有时迂回曲折，增加成本，等等，不如将《物权法》第19条第2款的规定理解为仅仅是列举了异议登记启动的一种情况，而非涵盖了全部的先决条件。全面总结利害关系人的申请与更正登记和异议登记之间的关系，应当有如下类型：(1) 利害关系人径直申请异议登记，无须更正登记，如利害关系人的认识错误，登记的权利状态与真实的权利关系相符；(2) 利害关系人申请更正登记，无须异议登记，如登记名义人书面同意利害关系人关于更正登记的申请，登记机构办理完毕更正登记；(3) 利害关系人径直申请异议登记，异议成立，需要办理更正登记；(4) 利害关系人申请更正登记，不动产登记簿记载的权利人不同意更正的，利害关系人可以申请异议登记；异议成立，办理更正登记。

12. 预告登记

预告登记，是指为保全旨在使物权于未来发生变动的债权所为的登记，以及个别情况下保全尚未本登记的物权所为的预备登记。

预告登记所保全的，大多数为引起物权变动的债权，少数情况下有物权。兹示例如下：(1) 买受人甲和出卖人开发商乙签订了A商品房预售合同，甲请求开发商乙移转A商品房的占有和所有权的债权（《物权法》第20条第1款、《不动产登记暂行条例实施细则》第85条第1款第1、2项）。(2) 开发商甲和国土资源管理部门乙签订了A宗建设用地使用权出让合同，甲请求国土资源管理部门乙移转A宗建设用地使用权的债权（《物权法》第20条第1款）。(3) 房屋买卖、互易、赠与等引发所有权转让场合，受让人请求转让人移转房屋所有权的债权（《不动产登记暂行条例实施细则》第85条第1款第1、2项）。(4) 以预购商品房设立抵押权的场合，债权人固然可以径直请求办理抵押登记，一般说来，其法律效果也最为理想，但若因种种原因不便或不易或不宜办理抵押登记的，允许债权人请求办理预告登记，不失为一种较好的选择。于是，以预购商品房设立抵押权的场合，《不动产登记暂行条例实施细则》允许当事人申请办理预告登记（第85条第1款第3项）。(5) 以房屋设立抵押权的场合，债权人请求抵押人办理抵押登记的债权（《不动产登记暂行条例实施细则》《房屋登记办法》第85条第1款第3项）。在具备办理抵押登记的情况下，债权人固然可以径直请求办理抵押登记，法律效果也最为理想。但如果尚不具备办理抵押登记的条件，允许债权人请求办理预告登记，显然是最佳的方案。(6) 土地承包经营权、地役权等物权设立的场合，设立合同附有停止条件或始期，设立合同生效，土地承包经营权等物权尚不能即时产生。在这种情况下，允许当事人申请办理预告登记，应为上策（《物权法》第20条第1款、类推适用《房屋登记办法》第67条第4项）。(7) 土地承包经营权、地役权等物权设立的场合，即使设立合同生效即产生了物权，但由于办理本登记的条件尚不具备等原因，物权人愿意办理预告登记，法律没有必要予以反对，况且依据《物权法》第20条第1款关于“其他不动产物权的协议”的文义进行解释，也不能排除此类预告登记。

如果上述债权或物权自始即不存在，则即使已为登记，预告登记也不成立。如果上述权利嗣后消灭，则预告登记也随之消灭。在这两种情况中，不动产登记簿为不正确。[①]《物权法》第20条第2款规定，预告登记后债权消灭的，预告登记失效。此处所谓债权消灭，包

① ［德］鲍尔、施蒂尔纳：《德国物权法》(上册)，张双根译，426页，北京，法律出版社，2004。

括买卖不动产物权的协议被认定无效、被撤销、被解除，或者预告登记的权利人放弃债权诸种情形（法释［2016］5号第5条）。

预告登记的意义巨大，为债权向物权的转化提供了顺畅的通道，也为强化某些效力不够强大的物权的效力提供了一种途径，是本登记得以展开的准备阶段。

［引申］

预告登记重在保全债权，反过来，它也要依附于债权而存在，如同抵押权与被担保债权的相互关系一样。这告诉我们，适当的债权是预告登记存续的前提条件。此处所谓“适当的债权”，必须是能够引发具有登记能力的不动产物权变动的债权，如不动产所有权移转请求权、设立抵押权的请求权、变更不动产物权内容的请求权等。[①]

有权申请办理预告登记的人，即预告登记权利人，是上述法律关系中的权利人。例如，买受人甲和出卖人开发商乙签订了A商品房预售合同，甲是预告登记权利人。再如，开发商甲和国土资源管理部门签订了A宗建设用地使用权出让合同，甲为预告登记权利人。

《不动产登记暂行条例实施细则》规定，申请预购商品房的预告登记，应当提交下列材料：（1）已备案的商品房预售合同；（2）当事人关于预告登记的约定；（3）其他必要材料（第86条第1款）。预售人和预购人订立商品房买卖合同后，预售人未按照约定与预购人申请预告登记，预购人可以单方申请预告登记（第86条第2款）。预购人单方申请预购商品房预告登记，预售人与预购人在商品房预售合同中对预告登记附有条件和期限的，预购人应当提交相应材料（第86条第3款）。申请预告登记的商品房已经办理在建建筑物抵押权首次登记的，当事人应当一并申请在建建筑物抵押权注销登记，并提交不动产权属转移材料、不动产登记证明。不动产登记机构应当先办理在建建筑物抵押权注销登记，再办理预告登记（第86条第4款）。申请不动产转移预告登记的，当事人应当提交下列材料：（1）不动产转让合同；（2）转让方的不动产权属证书；（3）当事人关于预告登记的约定；（4）其他必要材料（第87条）。抵押不动产，申请预告登记的，当事人应当提交下列材料：（1）抵押合同与主债权合同；（2）不动产权属证书；（3）当事人关于预告登记的约定；（4）其他必要材料（第88条）。

《不动产登记暂行条例实施细则》规定，预告登记未到期，有下列情形之一的，当事人可以持不动产登记证明、债权消灭或权利人放弃预告登记的材料，以及法律、行政法规规定的其他必要材料申请注销预告登记：（1）预告登记的权利人放弃预告登记的；（2）债权消灭的；（3）法律、行政法规规定的其他情形（第89条）。

［探讨］

若就《物权法》第20条第1款的规定作反面推论，商品房买卖、建设用地使用权转让等合同未约定预告登记的事项，登记机关可以拒绝债权人关于办理预告登记的申请。但如此解释，在开发商、国土资源行政管理部门拒绝在合同中约定预告登记的事项场合，买受人、受让人就无法利用预告登记制度使自己免遭损害。有鉴于此，为了更好地保护买受人、受让人的合法权益，本书作者提出如下救济路径：（1）有关部门在审查商品房预售、销售、建设用地使用权出让等合同时，发现欠缺允许买受人、受让人请求预告登记的条款的，有权也有

① 李昊、常鹏翱、叶金强、高润恒：《不动产登记程序的制度建构》，431页。

义务加以补充；(2) 在商品房预售等合同为格式合同且载有限制预告登记的条款场合，当事人可以援用《合同法》第40条后段的规定，主张限制请求预告登记的条款无效；(3) 在商品房预售等合同欠缺预告登记的约定场合，当事人就有无预告登记的请求权发生纠纷时，主审法官有权认定合同存在着漏洞，将预告登记的条款补充入合同当中。

预告登记的效力在于：(1) 债权一经预告登记就具有否定其后于债权标的物上成立的物权的效力，未经预告登记的权利人同意，出卖人或转让人处分该不动产的，不发生物权效力(《物权法》第20条第1款)，准确地说，是不发生物权变动的效力。例如，买受人甲就其请求开发商乙移转A商品房所有权的债权办理了预告登记之后，开发商乙把A商品房出卖与丙或抵押与丁银行，即使办理了过户登记手续或抵押登记手续[1]，也不发生A商品房所有权的转移，A商品房抵押权亦不设立。(2) 物权一经预告登记就强化了自身的法律效力，能够对抗第三人。第三人很难以不知也不应知某特定标的物上存在着物权为由予以抗辩。

对《物权法》第20条第1款作反面推论，可以得出结论：在出卖人或转让人处分已经预告登记的债权的标的物场合，预告登记的权利人同意的，发生物权变动的效力。

[探讨]

就文义看，《物权法》第20条第1款的规定，只是言及出卖人、转让人或抵押人处分该不动产并“不发生物权效力”，没有明确商品房买卖合同、转让合同或抵押合同等合同无效。鉴于《物权法》已经将物权变动与其原因行为(买卖等合同)加以区分，两者的有效要件有所不同(第15条等)，我们应当采取商品房买卖、建设用地使用权转让、抵押合同等合同不因未经预告登记的权利人同意而无效的态度，只要商品房买卖、建设用地使用权转让、抵押等合同不存在《合同法》第52条和第53条规定的无效原因，不存在第47条、第48条和第51条规定的效力待定的原因，或虽然存在着第54条规定的可撤销的原因，但撤销权人不予撤销，此类合同就应当有效，不受预告登记的权利人是否同意其后发生的物权设立或转让的影响。当然，此类合同会因预告登记的权利人不同意其后发生的物权设立或转让而成为不能履行，出卖人、转让人或抵押人向买受人、受让人或抵押权人承担违约责任。

不同的思路则是，买卖合同、转让合同或抵押合同的效力属于相对无效的范畴，已经办理预告登记的权利人认可出卖人、转让人或抵押人的处分行为的，买卖合同、转让合同或抵押合同有效；反之，则无效。[2]

本书作者认为，这不失为一种路径，只是欠缺现行法上的依据。在解决某个民法问题或处理某件民法案件，可有两种以上的方案时，有的方案具有现行法上的依据，有的方案欠缺现行法上的依据，宜采取拥有现行法依据的方案。

预告登记后，未经预告登记的权利人同意，转移不动产所有权，或者设定建设用地使用权、地役权、抵押权等其他物权的，应当依照《物权法》第20条第1款的规定，认定其不发生物权变动的效力(法释〔2016〕5号第4条)。

---

① 按照我国现行的抵押登记规则，就某不动产办理了预告后，登记部门不应再为他人办理所有权、建设用地使用权、抵押权的本登记。但不排除预告登记没有记载于不动产登记簿之上的可能，以及个别工作人员违法地为他人办理本登记的情况。

② 中国人民大学法学院教授王轶博士于2007年11月3日在由中国人民大学法学院、中国国际经济贸易仲裁委员会联合举办的“第二期仲裁员高级研修班”的讲座中持此观点。

预告登记具有限制出卖人或转让人继续处分所保全债权的标的物的效力，已如上述。在预告登记之后，出卖人或转让人将保全债权的标的物出租与他人，能否对抗租赁权？连所有权、抵押权、建设用地使用权都能对抗，举重以明轻，租赁权也能对抗。

在预告登记和本登记均已办理且日期不同的情况下，物权变动的时间点以何者为准？有观点认为，预告登记保全的债权因履行而转化为物权时，该物权的顺位依据登记时间予以确定，而不依其产生时在登记簿中记载的时间为准。[①] 本书作者主张，由于《物权法》第 20 条未就此点明确规定，第 14 条却明定“不动产物权的设立、变更、转让和消灭，依照法律规定应当登记的，自记载于不动产登记簿时发生效力”，未设但书，我们应当采取物权变动的时间点以本登记为准的立场。就是说，在《物权法》上，预告登记不具有顺位效力。

预告登记对其保全的债权具有依附性，随着债权状态的改变而变动。当债权转让或消灭时，预告登记随之转让或消灭。债权消灭或自能够进行不动产登记之日起 3 个月内未申请登记的，预告登记失效（《物权法》第 20 条第 2 款）。

［辨析］

预告登记和异议登记在功能和制度设计上存在着很多的不同：（1）预告登记在于保全引发不动产物权得丧、变更、消灭的债权，而异议登记在于保全登记订正请求权；（2）二者的效力有所不同，预告登记后所为的登记若与之抵触则归于无效，而异议登记则在有理由时其后的登记才归于无效，反之则属有效；（3）预告登记本身有公信力，第三人得善意受让，而异议登记无公信力可言，无法善意取得。但由于二者同出一源，故而也存在着较多的相同点：（1）二者均属于预备登记，均具暂时性；（2）二者均属保全登记，目的都在于确保登记权利人的权利得以实现，并均具有阻止登记公信力的作用；（3）二者均属限制登记，都是通过对登记名义人处分权之限制而达到保全登记权利人权利的目的。[②]

13. 注销登记

所谓注销登记，又称涂销登记，是指在不动产他项权利因抛弃、混同、存续期间届满、债务清偿、法院判决等原因而消灭时，不动产登记部门基于登记名义人的申请注销不动产权利所为的登记。

关于土地权利的注销登记，《不动产登记暂行条例实施细则》第 28 条规定：有下列情形之一的，当事人可以申请办理注销登记：（1）不动产灭失的；（2）权利人放弃不动产权利的；（3）不动产被依法没收、征收或收回的；（4）人民法院、仲裁委员会的生效法律文书导致不动产权利消灭的；（5）法律、行政法规规定的其他情形（第 1 款）。不动产上已经设立抵押权、地役权或已经办理预告登记，所有权人、使用权人因放弃权利申请注销登记的，申请人应当提供抵押权人、地役权人、预告登记权利人同意的书面材料（第 2 款）。

14. 消灭登记

所谓消灭登记，又称灭失登记，是指不动产灭失，其所有权及他项权利归于消灭所为的登记。《物权法》第 9 条等规定的物权消灭时所办理的登记，若单指物权的标的物灭失导致

---

① 李昊、常鹏翱、叶金强、高润恒：《不动产登记程序的制度建构》，432 页。

② 参见卢佳香：《预告登记之研究》，台湾辅仁大学硕士论文（1995），212～214 页；张龙文：《民法物权实务研究》，170～171 页，台北，汉林出版社，1977；李昊、常鹏翱、叶金强、高润恒：《不动产登记程序的制度建构》，430 页。

的物权绝对消灭场合所为的登记，即为此处所说的消灭登记。需要注意，《不动产登记暂行条例》及《不动产登记暂行条例实施细则》无消灭登记的类型，本属于消灭登记的情形被纳入注销登记之中。

［辨析］

注销登记和消灭登记的效力都是消灭既存的登记事项，有着相同的地方，但二者的分工不同。注销登记主要是指登记权利消灭的情形，而此时的登记标的物并未消灭，因而其上的所有权不会消灭，而只能是不动产他项权利消灭，属绝对消灭的情形（相对消灭属变更登记的范畴），但当事人可以于其后再为同种类权利的登记。消灭登记则是指登记标的物消灭的情形，此时不仅登记的权利消灭，登记的标的物也消灭，属于登记权利绝对消灭的情形，此后将永久禁止所有权及他项权利的登记。[①]

三、非基于法律行为而生的不动产物权变动

（一）不动产物权的取得

1. 概述

《物权法》第 28 条至第 30 条规定了非基于法律行为而生的不动产物权变动，明确了因人民法院、仲裁委员会的法律文书、人民政府的征收决定、继承、合法建造房屋等法律事实而引发的不动产物权变动，不待登记即发生法律效力。法释 5 号［2016］第 8 条规定："依照物权法第二十八条至第三十条规定享有物权，但尚未完成动产交付或者不动产登记的物权人，根据物权法第三十四条至第三十七条的规定，请求保护其物权的，应予支持。"

需要注意，这些情形只是《物权法》的示例，除此而外，尚有添附等原因而生的不动产物权变动的情况，仍然适用《物权法》的上述相关规定，不以登记为生效要件。

这些类型的不动产物权变动，不经登记即发生效力，可以克服登记生效要件主义过于严苛的弱点。因为非基于法律行为而生的不动产物权变动，若仍然贯彻须经登记才发生效力，不仅与社会实际不符，而且将难以有效地保护此类物权人。何况此类物权变动，或有法律依据，如继承；或有国家机关的公权力的介入，如征收。于此场合，不动产物权的变动业已发生，存在的状态也十分明确，没有违反物权公示的要求，其后再为登记，也无碍交易安全。当然，对此类原因事实是否存在有疑义时，不动产物权的取得人负有举证责任。[②]

公示毕竟是原则，现行法对此是尽力贯彻的，《不动产登记暂行条例》规定，继承、接受遗赠取得不动产权利的，因人民法院、仲裁机构生效的法律文书或因人民政府生效的决定等设立、变更、转让、消灭不动产权利的当事人单方可以申请登记（第 14 条第 2 款第 2、3 项）。《不动产登记暂行条例实施细则》规定："因继承、受遗赠取得不动产，当事人申请登记的，应当提交死亡证明材料、遗嘱或者全部法定继承人关于不动产分配的协议以及与被继承人的亲属关系材料等，也可以提交经公证的材料或者生效的法律文书"（第 14 条）。登记的类型为转移登记（第 27 条第 5、7 项）。特别是《物权法》第 31 条关于"依照本法第二十八条至第三十条规定享有不动产物权的，处分该物权时，依照法律规定需要办理登记的，未

---

① 李昊、常鹏翱、叶金强、高润恒：《不动产登记程序的制度建构》，370～371 页。

② 参考谢在全：《民法物权论》（上册），修订 2 版，126 页。

经登记，不发生物权效力”的规定，迫使不动产物权的取得人必须先行登记，而后才可以处分不动产，回归公示原则。①

［探讨］

《物权法》第 31 条规定的“未经登记，不发生物权效力”中的登记，学说认为在性质上属于“宣示登记”，不同于“设权登记”。换句话说，此项登记并未创设物权的效力，不过在于宣示已经发生的物权变动而已。②

这里的不发生物权效力，准确地说，是不发生物权变动的效力，例如，甲继承了 A 楼，在尚未办理宣示登记的情况下，把 A 楼出卖与乙，登记机关不会给乙办理 A 楼的过户登记，乙不能取得 A 楼的所有权。只有先办理了宣示登记，登记机关才会给乙办理 A 楼的过户登记，乙才能取得 A 楼的所有权。再如，甲依法建造 A 楼，建成时即取得所有权。但在尚未办理宣示登记的情况下，甲把 A 楼出卖与乙，登记机关不会给乙办理 A 楼的过户登记，乙不能取得 A 楼的所有权。只有先办理宣示登记，才会有过户登记，乙才会取得 A 楼的所有权。

在这里，疑问最大的是，在尚未办理宣示登记的情况下，甲和乙签订了 A 楼的买卖合同，或赠与合同，或互易合同，此类合同是否有效。本书认为，甲尚未办理宣示登记，不构成《合同法》第 52 条和第 53 条规定的无效原因，不宜因此而认定 A 楼的买卖合同（或赠与合同或互易合同）无效。

还需说明的是，在《物权法》上，善意取得是直接基于法律规定，而非基于法律行为，也在这部分讨论。

2. 因人民法院、仲裁委员会的法律文书生效导致的不动产物权变动

《物权法》第 28 条规定，因人民法院、仲裁委员会的法律文书导致物权设立、变更、转让或者消灭的，自法律文书生效时发生效力。

这里的法律文书，有学说认为，是指依其宣告就足以发生物权变动的效果的判决书、裁决书、调解书等。例如，离婚诉讼中确定当事人一方享有某项不动产的判决、分割不动产的判决、使原所有权人回复所有权的判决，属于这里的法律文书。③ 法释［2016］5 号第 7 条规定：“人民法院、仲裁委员会在分割共有不动产或者动产等案件中作出并依法生效的改变原有物权关系的判决书、裁决书、调解书，以及人民法院在执行程序中作出的拍卖成交裁定书、以物抵债裁定书，应当认定为物权法第二十八条所称导致物权设立、变更、转让或者消灭的人民法院、仲裁委员会的法律文书。”④

鉴于上述类型的判决书、裁决书、调解书所针对的只是具体的当事人，而非一般人，其公示方法采取的是当庭宣判或送达当事人，以送达当事人为生效的条件，对当事人以外的第三人来说公示力和公信力较弱，《物权法》特别规定，物权取得人处分不动产时，不经登记不发生物权效力，除非法律不要求登记（第 31 条）。

---

① 这种思路，见谢在全：《民法物权论》（上册），修订 2 版，126 页。

② 参考王泽鉴：《民法物权·通则·所有权》（总第 1 册），增补版，114 页。

③ 胡康生主编：《中华人民共和国物权法释义》，78～79 页。

④ 《物权法》第 28 条及法释［2016］5 号第 7 条关于此处所谓法律文书的规定及理念，均有检讨的余地。详细阐释，见崔建远：《限缩有理，滋蔓无据——法释［2016］5 号第 7 条的得与失》，载《甘肃社会科学》，2017（1）。

[辨析]

(1)《物权法》第28条规定的法律文书，仅仅包括形成判决、形成裁决，如关于共有物分割的判决，至于下列各种判决、裁决、调解书则不包含在内：1）命被告履行不动产登记的判决，性质上为给付判决，原告于取得该确定判决后，尚须持该判决书向不动产登记部门申请办理变更登记。登记完毕，原告才取得该项不动产的产权。2）相邻不动产物权人之间对其界限发生争执，起诉到法院，请求确认不动产的界限或设置界标。主审法院据此所为的判决，不是创设物权的判决。3）确认某建筑物为其所有或请求确定一定界限内的建设用地使用权归其享有的诉讼，属于确认不动产权属之诉，主审法院据此所为的判决为确认判决，并非《物权法》第28条所指的法律文书。4）按照民事诉讼法或仲裁法就某不动产变动事项所作成的和解或调解，尚无与形成判决、裁决同一的形成力，需要当事人持和解书或调解书到登记部门办理变更登记，否则，不发生物权变动的效力。[①]

之所以如此，第一，物权具有排他性、对世效力，对第三人的利益影响很大，从保护交易安全入手，物权应当尽量公示，或者说物权以公示为原则，仅有极少数情况例外。从这个意义上说，对《物权法》第28条所言的法律文书应当进行限缩解释，将给付判决排除在外，就是合理限缩解释的一种表现。第二，从比较法的层面看，《物权法》第28条的规定，系借鉴中国台湾地区“民法”第759条的结果，而中国台湾地区“民法”第759条所称的法院判决，不包括给付判决。第三，给付判决所认定的给付基本上是基于法律行为而形成的，关于以物抵债判决所基于的以物抵债属于法律行为。而基于法律行为而引起的物权变动，需要公示。鉴于《物权法》第28条的规定不适用于基于法律行为而引起的物权变动，我们解释《物权法》第28条所言法律文书，应当认为它限于形成判决，不包括给付判决。

(2) 一种意见认为，上述设权或确权的判决书、裁决书、调解书本身，具有与登记、交付等公示方法相同的法律效力，因而依据此类法律文书而进行的物权变动，无须再进行一般的物权公示而直接发生效力。[②] 本书认为，在物权变动的双方当事人之间，称设权、确权或变动物权的判决书、裁决书、调解书本身具有与登记、交付等公示方法相同的法律效力，问题不大，但就物权取得人与第三人之间的关系而言，则不尽如此。例如，某主审法院应甲和乙的请求将其共有的A楼及其相应的建设用地使用权作价分割，由乙取得产权，判决准许。该判决书于2005年2月7日送达，依据《物权法》第28条的规定，A楼的所有权及基地的建设用地使用权于2005年2月7日全部归乙享有。在A楼及其相应的建设用地使用权一直没有办理过户手续、登记机关没有收到该判决书的情况下，甲于2006年1月20日向丙出示房地产产权证书、乙放弃优先购买权的声明（伪造得常人无法辨别真伪），将其原就A楼及其相应的建设用地使用权所享有的份额转让与丙，价格合理，并于2007年5月25日办理了过户手续。待乙知晓此情主张A楼及其相应的建设用地使用权的权属时，丙援引《物权法》第106条第1款的规定，对抗乙的主张，认为自己已经善意取得了A楼的所有权及基地的建设用地使用权。丙的主张应当得到支持。如果乙就A楼及其相应的建设用地使用权及时地办理了变更登记，丙就无权主张善意取得A楼及其相应的建设用地使用权。可见，设权、确权的判决书、裁决书、调解书本身与登记、交付的公示方法相比，在法律效力方面存在着不同。

---

① 参见谢在全：《民法物权论》（上册），修订2版，128～129页。

② 胡康生主编：《中华人民共和国物权法释义》，79页。

这个案例也告诉我们，因人民法院、仲裁委员会的法律文书导致物权设立、变更、转让或者消灭的场合，人民法院、仲裁委员会应当把引起不动产物权变动的法律文书的副本抄送有关登记机关一份，以免无权处分的情况发生。如果人民法院、仲裁委员会没有抄送，物权取得人最好把法律文书的复印件送交有关登记机关，以免自己的合法权益遭受不必要的损失。

（3）法释［2004］16号第29条规定："动产拍卖成交或者抵债后，其所有权自该动产交付时起转移给买受人或者承受人"（第1款）。"不动产、有登记的特定动产或者其他财产权拍卖成交或者抵债后，该不动产、特定动产的所有权、其他财产权自拍卖成交或者抵债裁定送达买受人或者承受人时起转移"（第2款）。此处所谓拍卖或抵债，是指在民事执行中的拍卖或抵债，是以民事裁定的方式以物抵债或启动拍卖程序。以民事裁定的方式以物抵债，该物若为动产，其所有权自该动产交付时起转移给买受人或者承受人，符合《物权法》第23条的规定，应予赞同；该物若为不动产，其所有权自抵债裁定送达买受人或者承受人时起转移，不符合《物权法》第9条第1款、第14条、第16条第1款等规定，却与《物权法》第28条规定的文义相一致，赞同还是反对，破费思量。若持肯定的态度，符合《物权法》第28条规定的文义，加速了不动产物权变动的进程，法释［2004］16号至今未被废止，而是继续有效，但不符合物权变动应尽可能地以公示为原则的理念，是将《物权法》第28条规定所谓法律文书限缩为形成判决（裁定）的反动，因为以物抵债的民事裁定不属于形成裁定，而属于给付裁定。本书作者认为，法释［2004］16号第29条的规定应予修正。

3. 因人民政府的征收决定等行政命令导致的不动产物权变动

《物权法》第28条规定，因人民政府征收决定等导致物权设立、变更、转让或消灭的，自征收决定等生效时发生效力。

所谓征收，是指国家依照法律规定的权限和程序强制地将集体所有或私人所有的财产征归国有的制度。它属于行政法律关系，而非民事法律关系。但它导致被征收人丧失被征收财产的所有权及有关物权，国家取得被征收财产的所有权。在现行法上，征收有两种类型：其一，为了公共利益的需要，国家依照法律规定的权限和程序实施的征收。这是传统意义上的，必须是为了公共利益的需要，必须依照法律规定的程序，必须对被征收人予以足额补偿。对于征收，被征收人负有容忍义务，必须服从征收的决定；对于因征收而遭受的损失，被征收人享有请求足额补偿的权利（《物权法》第42条第1款、第2款、第121条、第132条）。其二，并非为了公共利益，把集体所有的土地作为建设用地，兴办国有企业、私营企业、中外合资经营企业、中外合作经营企业、外商独资企业、股份制企业、联营企业等，以及建造商品房等经营性质的建筑物，按照《土地管理法》《城市房地产管理法》等法律、行政法规的规定，必须先将集体所有的土地征收为国有，国土资源管理部门再把建设用地使用权出让给开发商等用地单位。于此场合，被征收人并无容忍义务，有权拒绝征收。

［注意］

《广东省集体建设用地使用权流转管理办法》规定，集体建设用地上的建筑物及其他附着物转让、出租和抵押时，其占用范围内的集体土地使用权随之转让、出租和抵押（第6条后段）。兴办各类工商企业，包括国有、集体、私营企业、个体工商户、外资投资企业［包括中外合资、中外合作、外商独资企业、“三来一补”（来料加工、来样加工、来件加工、补偿贸易）企业]、股份制企业、联营企业，可以使用集体建设用地（第8条第1项）。以集体建设用地使用权作价入股（出资），与他人合作、联营等形式共同兴办企业的，视同集体建设用地使用权出让（第12条第1款后段）。这些规定或多或少地突破了《土地管理法》等法律、行政法规的限制。

征收集体所有的土地，消灭的权利首先是集体土地所有权。该宗土地已经发包给农户的，还消灭土地承包经营权。该宗承包地上兴建有水利设施等合法建筑物的，同时消灭建筑物的所有权。该宗土地已经成为宅基地的，还消灭宅基地使用权。该宗宅基地上已经建造了住房的，也消灭住房所有权。

在土地归国家所有的区域，征收的对象只是建筑物，不再包括土地，所消灭的权利自然是建筑物所有权，至于建筑物所在地的建设用地使用权，国家收回就是了。

国家通过征收取得的权利并不与之一一对应，只取得土地所有权及建筑物所有权，不取得土地承包经营权、宅基地使用权。

[注意]

征收补偿，包括集体土地所有权、土地承包经营权、住房等建筑物所有权灭失的补偿，以及青苗损失的补偿。至于宅基地使用权，因系无偿取得，无须补偿（《物权法》第42条第2款、第121条、第132条）。

征收以外的行政命令，有的也能导致物权变动。例如，党政机关与其举办的公司脱钩时，依据行政命令，特定的办公楼及建设用地使用权归特定的主体拥有。

道理相同，《物权法》第28条关于因人民政府的征收决定导致物权消灭的，自人民政府的征收决定生效时发生效力的规定，只是为了在特殊情况下加速物权变动的进程，并不否定物权公示的大原则、大方向，并不抵触物权宜尽可能地公示这种理念。因此，《不动产登记暂行条例实施细则》规定：因人民政府的征收导致不动产权利消灭的，当事人可以申请办理注销登记（第28条第1款第3项）。

4. 因继承而生的不动产物权变动

《继承法》第2条规定：“继承从被继承人死亡时开始。”《物权法》第29条规定，因继承取得物权的，自继承开始时发生效力。所以，被继承人死亡之时，遗产的物权即移转给继承人，遗产为不动产场合，即使尚未办理变更登记手续，也是如此。

[提示]

《继承法》第25条第2款规定：“受遗赠人应当在知道受遗赠后两个月内，作出接受或者放弃受遗赠的表示。到期没有表示的，视为放弃受遗赠。”《物权法》第29条规定，因受遗赠取得物权的，自受遗赠开始时发生效力。所以，受遗赠人自其知道受遗赠的两个月内表示接受遗赠时取得遗产的物权，于此期间没有表示接受遗赠的，或逾此期间才表示接受遗赠的，都不能取得遗产的物权。

需要说明的是，受遗赠取得物权，应属于基于法律行为的物权变动。

5. 因合法建造房屋等事实行为而取得所有权

《物权法》第30条规定，因合法建造、拆除房屋等事实行为设立或者消灭物权的，自事实行为成就时发生效力。

合法建造房屋为事实行为，而非法律行为，所以，因合法建造房屋而取得房屋的所有权系原始取得，不同于因法律行为而取得物权，不以登记为要件，只要建造建筑物的事实行为成就，建造人即取得房屋的所有权。

这里所说的事实行为成就，指的是房屋建成之时。[①] 在实务操作中，建筑物封顶视为建成。

这里所谓的合法，范围较为广泛，包括：（1）建造人依法取得基地的建设用地使用权（如商品房开发经营场合），或宅基地使用权（农户建造住房场合），或集体土地使用权（如兴办乡镇企业场合），或集体土地所有权（如村委会建造办公楼场合）；（2）建造人依法取得建设用地规划许可证、建设工程规划许可证、开工许可证、建设用地批准通知书等。

根据《物权法》第 30 条规定的反面推论，违法建筑物不得归建造人所有。这与中国台湾地区的规定及其理论不同。[②]

［探讨］

在这里，需要探讨的有，甲擅自用 A 宗行政划拨地和乙合作建造 A 酒店，违反了有关部门关于划拨地用途和划拨地不得用于商业经营项目的规定。在这种背景下，建成的 A 酒店可否根据《物权法》第 30 条的规定确定所有权？否定说认为，《物权法》第 30 条规定的是合法建造的房屋自事实行为成就时产生所有权，甲违反划拨地的用途和划拨地不得用于商业经营的规定，显然违法，所以不得根据《物权法》第 30 条的规定确定 A 酒店的所有权。本书认为，甲享有 A 宗地的建设用地使用权，便阻止了建成的 A 酒店归国家所有。在这种背景下，假如不适用《物权法》第 30 条的规定确定 A 酒店的所有权，A 酒店就会成为无主物。无主物在利用、对抗侵权行为、流转等许多方面都显现出弱点，这种方案显然不是合适的选择。莫不如把《物权法》第 30 条关于“合法建造”的合法限缩解释，不包括甲违反划拨地的用途和划拨地不得用于商业经营的规定，使得 A 酒店产生所有权，效果更佳。

更有观点认为，违法建筑物也由建设用地使用权人或宅基地使用权人取得建筑物所有权。至于建造建筑物违反了公法的规定，发生公法上的效果，如责令拆毁、罚款等，就足够了，不宜自始就不发生所有权产生的效果。

确定合法建筑物所有权的归属，关键的依据是基地的权属，而非出资人。在集体土地上建成的住房，其所有权归属于宅基地使用权人。在集体土地上建成的乡镇企业的厂房，其所有权归属于集体土地使用权人。在国有土地上建成的建筑物，其所有权归属于建设用地使用权人（《物权法》第 142 条正文及其类推适用）。在出租的国有土地上建造的建筑物，其所有权归属于承租人（《物权法》第 142 条后段、《规范国有土地租赁若干意见》第 4 条）。

［提示］

在不享有上述土地权属的情况下，在他人的土地上投资建造建筑物，最好的前景是，按照合同的约定适当地履行义务获得与投资额相当的房屋所有权；最坏的结果是，非但不能获得房屋所有权，反而构成了侵权行为，承担侵权责任；通常的处理方式是，投资人请求土地

---

① 胡康生主编：《中华人民共和国物权法释义》，82 页。

② 参考王泽鉴：《民法物权·通则·所有权》（总第 1 册），增补版，117～118 页。

权利人返还不当得利，但得不到房屋所有权。

6. 不动产物权的善意取得

（1）概述

所谓善意取得，是指转让人和受让人之间以移转或成立物权为目的实施法律行为，转让人若已把作为标的物交付给受让人（动产场合）或登记在受让人的名下（不动产场合），即使欠缺处分权（即处分特定物的具体权能，下同），受让人若于受让时处于善意，也依然取得标的物的物权的现象。

在一些立法例上，善意取得仅仅适用于动产物权，不动产的无权处分由登记的公信力制度解决。中国的既有理论也如此主张。[①]《物权法》改弦易辙，将善意取得制度统一适用于动产物权和不动产物权的取得上（第 106 条第 1 款），值得肯定。[②]

［论争］

关于善意取得制度是否适用于不动产场合，素有争论。通说认为，动产物权适用于善意取得制度，登记的公信力解决不动产物权的无权处分问题。这种理论首先面临的诘问是，在占有和登记均有公信力的法制下，对于受让人于无权处分场合取得标的物的物权问题，登记的公信力足以解决问题，而占有的公信力为什么不能？对此，通说往往这样回答：动产物权的公示方法为占有，而占有所昭示的物权关系与真实的物权关系不一致的情形较为常见，仅仅凭借对占有的信赖即使受让人取得动产物权，过于轻率，过分地牺牲了真实物权人的利益，因而，在无权处分场合，需要增加和细化取得动产物权的要件，适当减少受让人取得动产物权的机会，扩大保护真实物权人的范围。这正是善意取得制度的用武之地。与此有别，不动产物权的公示方法为登记，而登记所昭示的物权关系与真实的物权关系很少脱节，即使个别情况下登记名义人与真实物权人不一致，不动产物权登记的公信力也足以解决善意第三人的保护问题，无须附加其他条件即可由受让人取得不动产物权，换言之，没有善意取得制度的立锥之地。

其实，在中国，不动产登记名义人与真实物权人不一致的情况不在少数，主要发生原因有如下几种：(1) 登记机关的错误或疏漏。例如，误将甲所有的某不动产登记在乙的名下，或误把 A 楼登记为 B 楼。(2) 不动产登记簿外的法律变动。例如，甲死亡，由乙办理了继承登记，但真正的继承人为丙。(3) 不动产物权变动的原因行为被确认为无效或被撤销，或未被追认，不动产物权失去其变动的根据。例如，抵押合同违反了法律、行政法规的强制性规定。(4) 根据法律规定取得不动产物权，但至今仍未办理过户登记。例如，某主审法院应甲和乙的请求将其共有的 A 楼及其相应的建设用地使用权作价分割，由甲取得产权，判决准许。不过，该判决书送达后至今，仍未办理 A 楼及其相应的建设用地使用权的变更登记手续。[③] (5) 夫妻共有或家庭共有等场合，不动产登记簿记载的物权人只有部分成员，欠缺

① 参见孙宪忠：《再谈物权行为理论》，载孙宪忠：《论物权法》，200～201 页，北京，法律出版社，2001；王利明：《物权法研究》，276 页；中国政法大学物权立法课题组：《关于〈民法草案·物权法编〉制定若干问题的意见》，载《政法论坛》，2003 (1)；梁慧星：《物权法草案（第二次审议稿）若干条文的解释与批判》，载易继明主编：《私法》（第 5 辑·第 1 卷），5～11 页，北京，北京大学出版社，2005。

② 当然，站在立法论的立场上，《物权法》将动产物权的善意取得和不动产物权的善意取得均适用同一的构成要件（第 106 条第 1 款），似有斟酌的余地。

③ 参考王泽鉴：《民法物权·通则·所有权》（总第 1 册），增补版，122 页。

其他共有人的信息。(6) 出于规避法律或其他考虑，将自己购买的房屋等登记在他人名下，并无赠与的效果意思。

面对如此情形，受让人仅仅凭借自己没有过失地信赖了不动产登记簿的记载，就取得不动产物权，对真实物权人恐怕过于苛刻。对交易相对人再增加些要求，例如，必须是有偿的交易行为且价格合理，不动产已被变更登记或被交易相对人占有等，才能公平合理地平衡交易相对人和真实物权人之间的利益关系。而这些条件难以被公信力制度所容纳，却正是善意取得制度的题中应有之义。就此，德国物权法大家鲍尔和施蒂尔纳教授的下述阐释非常有助益：《德国民法典》第 891 条是关于权利正确性推定的规定，与《德国民法典》第 892 条和第 893 条关于善意取得效力的规定，虽源于同一思想，但在其构成要件和效力上，又有差异：第 891 条作为举证负担规范，也就是恰在真实法律关系无法查明时，该规范才发挥作用：受土地登记簿内容的支持者，不负举证责任；第 892 条和第 893 条作为实体法上的权利表象要件，其规范出发点，为不正确的，也就是与真实法律关系不相符的土地登记簿。在土地交易中，信赖土地登记簿的内容者，其信赖受法律保护，他获得在土地登记簿状态与真实法律关系不相吻合时，应能取得的权利地位。故而也可以说：权利表象取代权利本身。①

善意取得制度统一适用于动产物权和不动产物权，便于说明公示的公信力制度和善意取得制度之间的相互关系。公示的公信力是善意取得制度得以建立和存在的逻辑前提及技术前提，善意取得制度则是公信力的必然结果，是公信力落实的具体体现之一。没有公信力制度，受让人取得无权处分之物的物权就缺乏正当性；没有善意取得制度，仅凭公信力制度，受让人取得无权处分之物的物权有过滥之嫌，对真实物权人有过苛之弊，有失权衡。善意取得制度细化的受让人取得无权处分之物的要件，排除了某些情况下受让人取得物权的可能，较好地平衡了各方当事人的利益关系，不可或缺。

受让人取得无权处分之物的物权，是否承受该物上的既有负担？公信力制度对此语焉不详，按照逻辑推演，似乎是肯定的结论。这对受让人来说有时不尽公平合理。而善意取得制度，至少按照通说，区分情况而做决定，较为适当。这也是善意取得制度统一适用于动产物权和不动产物权的理由之一。

可能因为如此，德国民法理论开始承认不动产物权的善意取得②，中国台湾地区的学说亦有这样的动向。③

由此可见，《物权法》承认不动产物权的善意取得（第 106 条第 1 款），在方向上值得赞同。

（2）构成要件

《物权法》第 106 条第 1 款规定了善意取得的要件，分析其意思，可知不动产物权善意取得的要件计有四项：受让人基于交易行为取得不动产物权，受让人受让不动产时是善意的，受让人受让不动产物权所应（已）支付的价格合理，转让的不动产已经登记，不需要登

---

① ［德］鲍尔、施蒂尔纳：《德国物权法》（上册），张双根译，489 页。

② ［德］鲍尔、施蒂尔纳：《德国物权法》（上册），张双根译，64、488 页以下；［德］鲍尔、施蒂尔纳：《德国物权法》（下册），申卫星、王洪亮译，94 页以下，北京，法律出版社，2006。

③ 王泽鉴：《民法物权·通则·所有权》（总第 1 册），增补版，122 页以下。

记的已经交付给受让人。转让合同有效则不在其中。[①]

1）受让人基于交易行为取得不动产物权

善意取得制度在于保护交易安全，受保护的限于交易引发的不动产物权变动，任何非交易性质的取得，以及任何不包含对权利的处分而仅仅导致债法权利产生的变动过程，均不适用善意取得制度。[②] 例如，受让房屋所有权、建设用地使用权或设立不动产抵押权等。直接依据法律规定（如继承、征收等）而取得不动产物权，不包括在内。还有，现行法禁止国家土地所有权转让、禁止集体土地所有权依民事程序流转，不存在国家土地所有权、集体土地所有权的交易，所以，无发生善意取得的余地。

［论争］

关于交易行为（转让合同）是否必须有效，存在着较为激烈的争论。《中华人民共和国民法（草案）》（2002 年 12 月 17 日）第 99 条第 1 款第 4 项和第 5 项规定，法律不禁止或限制转让、转让合同不属于无效或被撤销，均为善意取得的构成要件。《中华人民共和国物权法（征求意见稿）》（2002 年 1 月 28 日）于第 101 条第 1 款第 4 项和第 5 项、《中华人民共和国物权法（草案）》（2004 年 8 月 3 日）于第 104 条第 1 款第 4 项和第 5 项都重申了上述规定。2004 年 10 月 15 日的《中华人民共和国物权法（草案）》第 106 条第 1 款规定善意取得以转让合同有效为要件（第 4 项），删除了“法律不禁止或者限制转让”这个要件。2005 年 7 月 11 日的《中华人民共和国物权法（草案）》（第 111 条第 1 款第 4 项）、2006 年 6 月 6 日的《中华人民共和国物权法（草案）》（第 110 条第 1 款第 4 项）亦然。只是到了 2006 年 10 月 20 日的《中华人民共和国物权法（草案）》（六次审议稿）才删除了转让合同有效这个要件（第 105 条第 1 款），2006 年 12 月 15 日的《中华人民共和国物权法（草案）》（七次审议稿）予以承继（第 105 条第 1 款），最后于 2007 年 3 月 16 日被第十届全国人民代表大会第五次会议通过的《中华人民共和国物权法》确定（第 106 条第 1 款）。

尽管如此，有学者依然坚持转让合同有效为善意取得的要件之一。[③] 法释［2016］5 号第 21 条规定，转让合同因违反《合同法》第 52 条规定被认定无效的，以及转让合同因受让人存在欺诈、胁迫或者乘人之危等法定事由被撤销的，转让人主张根据《物权法》第 106 条的规定取得所有权的，人民法院不予支持。这似乎是采纳了转让合同有效说。对此，本书作者则持有异议，从以下几个方面予以阐明。

A. 不可忽视中德两国民法在无权处分构造上的差别

德国民法区分物权行为和债权行为，物权行为作为处分行为，唯有处分人具有处分权限，才能生效；与此相反，债权行为作为负担行为，任何人都可以从事，不以具有处分权限为必要。[④] 如此，在无权处分的情况下，债权行为的法律效力不受处分权有无的影响，一般都会有效，只有物权行为因欠缺处分权限而处于效力待定的状态。若交易相对人为善意，

---

① 本书作者不赞同将转让合同有效作为善意取得的要件，其详细论述，见崔建远：《出卖他人之物合同的效力设计》，载《河北法学》，第 24 卷，2006（3），7～9 页；崔建远：《不动产物权的善意取得》，载《中国法律评论》，第 1 卷第 1 期，65～77 页，北京，法律出版社，2007。

② 参见［德］鲍尔、施蒂尔纳：《德国物权法》（上册），张双根译，494 页。

③ 王利明、尹飞、程啸：《中国物权法教程》，150 页。

④ ［德］迪特尔·梅迪库斯：《德国民法总论》，邵建东译，169 页，北京，法律出版社，2000；王泽鉴：《民法总则》，增订版，284～285 页。

“依关于善意保护之规定，善意人亦得由非权利人取得。善意在一定程度上代替了处分权”[①]。或者说善意补正了处分权的欠缺[②]，使受让人取得物权。至于善意补正处分权，是否使物权行为例外地有效，虽有肯定说[③]，但本书作者认为仍须探讨。

与此有别，中国《合同法》第51条将处分权限作为影响买卖合同等法律行为效力的要件，出卖人、赠与人、互易人对于标的物具有处分权限，买卖合同等法律行为有效；否则，效力待定。[④] 这里的买卖合同等法律行为在德国民法上被称为债权行为。至此可知德国民法和中国《合同法》在无权处分构造上的不同：欠缺处分权，在德国民法上买卖合同等仍然有效，在中国《合同法》上效力待定。何况，即使在德国民法上，也不刻意追求债权行为的有效，至少有学说如此认识，于是有动产的善意取得不必以原因行为（债权行为）的有效为要件之论。[⑤] 德国民法承认买卖合同等债权行为有效，并非因为善意取得制度的本质要求，只是奉行物权行为和债权行为二分架构的必然结果。

在此，需要指出，德国民法的通说主张善意取得为继受取得。如此，物权行为非有效不可。至于债权行为，则依据债法规则处理，不违反法律行为有效要件的，有效，不受处分人欠缺处分权的影响；具备无效原因的，则无效。债权行为有效时，善意受让人终局地保有标的物的物权；债权行为无效时，受让人负有不当得利返还的义务，难以终局地保有标的物的物权。与此有别，中国现行法的多数说对善意取得采取原始取得说，认为善意的受让人系基于法律的直接规定取得标的物的物权，而非基于法律行为。如此，转让合同有效与否，不影响善意取得的成立，但可能在导致受让人能否终局地保有标的物的物权方面出现差别：在转让合同有效时，受让人可终局地保有标的物的物权；在转让合同无效时，转让人可能行使物的返还请求权（于给付物所有权复归于转让人的场合），或受让人承担不当得利返还的义务，应转让人的请求而将该物权作为不当得利返还给受害人，于是，受让人无法终局地保有标的物的物权。不过，按照本书作者借助于《民法通则》第92条关于“没有合法根据”的规定对不当得利制度的改造，引入差额说，不是将该物权作为不当得利，而是将该物权与受让人支付的价款之间的差额作为不当得利，也能使受让人终局地保有标的物的物权。

还有，《合同法》第47条规定，限制行为能力人签订合同，其效力待定，除非该合同为纯获利益或与其年龄、智力、精神健康状况相适应。该法第48条规定，无权代理的合同效力待定。如果限制行为能力人擅自出卖其父母之物，受让人对此不知情，也无重大过失，本书作者认为应当善意取得。行为人超越代理权限出卖被代理人之物，亦然。

对此，存在着反对意见，认为在有权处分情况下，只要权利人不予追认，合同归于无

---

① ［德］维尔纳·弗鲁沫：《民法总则2：法律行为》，4版，142页，柏林等，1992。转引自田士永：《物权行为理论研究》，263页，北京，中国政法大学出版社，2002。

② 史尚宽：《物权法论》，506页，台北，荣泰印书馆股份有限公司，1979；王轶：《物权变动论》，259页，北京，中国人民大学出版社，2001。

③ 王轶：《物权变动论》，259页。

④ 梁慧星：《如何理解合同法第51条》，载《人民法院报》，2000-01-08；崔建远：《无权处分辨》，载《法学研究》，2003（1），3～24页。

⑤ 王泽鉴：《债法原理·不当得利》（总第2册），146页，台北，三民书局，1999；王泽鉴：《民法物权·用益物权·占有》（总第2册），258～259页，北京，中国政法大学出版社，2001；王轶：《物权变动论》，256～258页。

效，受让人无法取得标的物的物权；在无权处分场合，受让人反倒善意取得，有失权衡。[①] 对于这种意见，本书作者回应如下：(1) 在此不应混淆善意取得的成立、善意取得的物权保有与不当得利的返还。善意取得且转让行为有效的，善意的受让人取得物权能够继续保有；转让合同无效场合，善意的受让人取得标的物的物权，没有合法根据，可发生不当得利返还的效果，从终局的结果看，善意取得人仍然不能保有标的物的物权。如此，就不会出现上述所谓有失权衡的现象。(2) 限制行为能力人擅自出卖其监护人之物、无权代理人超越权限出卖被代理人之物，是否属于有权处分，不无疑问。只有在该监护人、被代理人对该物仅仅享有名义上的（或曰外观上的）物权，并无真实的物权的情况下，限制行为能力人擅自出卖该物、无权代理人超越权限出卖该物，才会发生善意取得。例如，登记在甲名下的 A 房其实属于乙所有，丙无权代理出卖该房与丁，且约定的房价合理，该房又过户在了丁的名下，此时由丁善意取得该房。(3) 在隐名代理场合发生的无权代理，被代理人不追认无权代理行为，由无权代理人承担法律后果，拒绝善意受让人取得标的物所有权，显然不当；在无权代理人拥有交易的标的物场合，更应适用善意取得制度。(4) 限制行为能力人擅自出卖其监护人之物，其监护人不予追认，受让人不但在限制行为能力人欠缺处分权方面是善意的，在不知转让人为限制行为能力人方面也是无过错的，使之善意取得交易标的物，才较好地平衡了各方的利益关系。因为于此场合，限制行为能力人的监护人具有过错。虽然存在着无行为能力人和限制行为能力人的保护优先于交易安全的原则，无行为能力人处分其财产时，合同无效；限制行为能力人处分其财产时，合同的效力待定，皆不因相对人善意而使合同有效。[②] 本书作者认为，该原则是否延伸至无行为能力人和限制行为能力人擅自处分其监护人的财产，不无疑问，在监护人具有过错的情况下尤其如此。(5) 在德国民法上，善意取得成立，而作为物权行为的原因行为无效或被撤销时，善意（取得人）不因过失而承担《德国民法典》第 823 条上的侵权责任，否则，会使《德国民法典》第 892 条第 1 项前段（公信力、善意取得）的规范目的落空，而是由不当得利法予以救济：在善意受让人有偿取得场合，依《德国民法典》第 816 条第 1 项前段关于“无权利人就某一标的而做出对权利人有效力的处分的，无权利人有义务向权利人返还因该项处分而取得的利益”的规定，善意取得人向出让人以金钱（请求权）来返还不当得利；在善意取得人无偿取得场合，则依据《德国民法典》第 816 条第 1 项后段关于“处分系无偿地为之的，基于该项处分而直接取得法律上利益的人负有同样的义务”的规定，权利人对善意取得人享有回复转让的请求权，即原物的返还。[③] 借鉴这种思想，在中国现行法上，应当形成以下规则：有偿交易中发生善意取得的，交易行为被确认为无效、被撤销或不被追认时，善意取得人若付清了全部价款，则终局地取得标的物的所有权；支付了部分价款的，因合同项下的另外部分的付款义务不复存在，善意取得人应当返还不当得利，该不当得利的利益，不是原物，而是原物价值额与部分价款的差额，故善意取得人返还的不当得利是该差额。当然，存在着相反的意见，认为于此场合的不当得利返还不宜采取差额说，于是，原物可回归于真正的权利人之手。尚未支付价款的，因合同项下的付款义务不复存在，善意取得人应当返还不当得利，该不当得利的利益，宜为标的物原

---

① 在 2008 年 4 月 13 日下午举行的民法沙龙研讨会上，有学者持有这种疑问。

② 王泽鉴：《民法总则》，增订版，339 页以下。

③ ［德］鲍尔、施蒂尔纳：《德国物权法》（上册），张双根译，499 页。

物。不然，对真正权利人过苛。[①]

在这种背景下，中国的数件物权法草案都把转让合同有效作为善意取得的要件之一，似乎只看到了德国民法的外表而未洞察其内在的构造及逻辑。由于德国民法在善意取得场合并不刻意追求债权行为有效，在外表上也不尽一致。特别需要指出的是，置已经生效实施的《合同法》第 47 条、第 48 条、第 51 条、第 52 条第 1 项、第 54 条、第 403 条的规定于不顾，另起炉灶，会人为地酿成规范矛盾：同一项出卖他人之物的交易，既符合《合同法》第 47 条、第 48 条、第 51 条、第 52 条第 1 项、第 54 条或第 403 条的规定，构成买卖等合同可撤销、效力待定或无效；又符合《物权法》关于善意取得构成要件的规定，致使买卖等合同有效，表现出不同的法律后果，容易诱使人们对法律的权威性产生怀疑。

由于《合同法》和《物权法》是同位阶的法律，难以运用特别法优先于普通法的规则化解这种规范矛盾，采用新法优先于旧法的规则虽然可以达到避免形成碰撞漏洞的结果，但将该规则应用于此处，理由不够充分、有力，又缺乏美感。

B. 路径依赖：法律的直接规定抑或法律行为有效

诚然，倘若转让合同有效作为善意取得的要件符合实质正义的要求，即使缺乏美感，有违形式逻辑，也无可厚非。真实情形到底如何呢？

在善意取得的问题上，受让人取得物权的正当根据，究竟是到特殊的立法政策和法律的直接规定层面寻找，还是到有效的法律行为方面寻觅？把转让合同有效作为善意取得的要件之一，选择了后者。这样一来，引出了方方面面的问题。

a. 与法律行为理论不符

德国民法典立法理由书写道："就常规言，意思表示与法律行为为同义之表达方式。使用意思表示者，乃侧重于意思表达之本身过程，或者乃由于某项意思表示仅是某项法律行为事实构成之组成部分而已。"[②] 尽管后来的德国学者认识到意思表示仅仅是法律行为中某种更为基本的要素，它并不等同于法律行为，而具体的法律行为还可能包括其他事实要素，但是在理论上，学者们从来不怀疑：法律行为之本质乃意思表示。[③] 以至于在今天仍有相当多的著名的德国学者采取"私人的、旨在引起某种法律效果的意思表示"的界定。这也自然，私法自治是各个主体根据其意志自主形成法律关系的原则[④]，法律行为作为私法自治的工具必然反映这种本质要求。由于意思表示由效果意思和表示行为构成[⑤]，有学者主张由目的意思、效果意思和表示行为构成[⑥]，有学者认为由效果意思、表示意思和表示行为构成[⑦]，有学者将其整合为内在意思和外在表示[⑧]，德国传统民法学说则细分为目的意思、效果意思、

---

① 参见崔建远：《无权处分辨》，载《法学研究》，2003（1），21～24 页。

② 《立法理由书》（第 1 卷），125 页，载穆格丹（Mugdan）编：《德国民法典资料总汇》（第 1 卷），421 页。转引自［德］迪特尔·梅迪库斯：《德国民法总论》，邵建东译，190 页。

③ 刘清波：《民法概论》，79 页，台北，开明书店，1967。转引自董安生：《民事法律行为》，95～96 页，北京，中国人民大学出版社，1994。

④ ［德］迪特尔·梅迪库斯：《德国民法总论》，邵建东译，142 页。

⑤ 佟柔主编：《民法原理》（修订本），95 页；陈国柱主编：《民法学》，2 版，73 页，长春，吉林大学出版社，1987；李由义主编：《民法学》，117 页，北京，北京大学出版社，1988；寇志新总编：《民法学》，210～211 页。

⑥ 董安生：《民事法律行为》，224～234 页。

⑦ 梁慧星：《民法总则》，2 版，169 页，北京，法律出版社，2004。

⑧ 王利明：《民法总则研究》，538～539 页，北京，中国人民大学出版社，2003。

表示意识、行为意思和表示行为。[①] 十分明显，无论采取何种学说，交易相对人的善意都不属于意思表示的因素，也不是法律行为的构成要素。

交易相对人的善意是不是法律行为有效要件的构成要素呢？梅迪库斯教授指出，任何一个法律制度都只能在其政治制度的框架内提供通过法律行为实施的私法自治。私法上的法律行为也不得逾越这一框架的范围，一系列的限制是必要的或合目的的。其中涉及法律行为的内容合法、道德评价、从事法律行为的人得具备某种合理地形成其意思的能力（行为能力）、不存在意思瑕疵等。[②] 所有这些，都属于我们所说的法律行为的有效要件的范畴。同样显而易见，其中不包含交易相对人的善意。

b. 与中国现行法规定的法律行为的有效要件及其学说不符

关于法律行为的有效要件，《民法通则》规定有三项，一是行为人具有相应的行为能力，二是意思表示真实，三是不违反法律或社会公共利益（第 55 条），没有提及交易相对人的善意。民法通说对此持赞同态度，至多增加了形式方面的考虑。[③]

在中国现行法上，交易相对人的欺诈、重大误解、善意或恶意等主观状态，不是法律行为的构成部分，亦非决定法律行为有效的积极要件，只是立法者在利益衡量的基础上，采取了特殊的立法政策，把这些主观状态作为可能影响法律行为效力的消极因素。所谓交易相对人的主观状态可能影响法律行为效力的消极因素，有的是法律行为无效的原因；有的是法律行为可以变更或撤销的原因；有的是交易相对人坚持或否认法律行为效力的法定依据，有的是表意人不得否认法律行为效力的因素；有的是表意人对法律行为所生后果是否承受的条件，有的是真正的权利人能否保有其权利的条件。兹举例说明如下：一是交易相对人的欺诈作为可能影响法律行为效力的消极因素，《民法通则》是令因欺诈而实施的民事行为无效（第 58 条第 1 款第 3 项）。这有失权衡，于是《合同法》将其修正为作为可变更或撤销的原因（第 54 条第 2 款）。二是交易相对人的重大误解作为可能影响法律行为效力的消极因素，《民法通则》（第 59 条第 1 款第 1 项）和《合同法》（第 54 条第 1 款第 1 项）赋予了重大误解人变更或撤销法律行为的权利。三是交易相对人的善意、恶意被归入交易安全的范畴，外在于并且后于法律行为及其有效要件，限制着法律行为的效力。在法律行为符合积极的有效要件的情况下，善意或恶意不会导致法律行为有效抑或无效，只有在法律行为欠缺积极的有效要件的情况下，善意或恶意才可能影响法律行为的效力。它在现行法上的地位和功能比较复杂，需要类型化。第一种类型是作为坚持或否认法律行为效力的法定依据，交易相对人为

---

① ［德］科勒：《德国民法典·总则》，德文版，125～126 页，慕尼黑出版公司，1986。转引自董安生：《民事法律行为》，224 页。

② ［德］迪特尔·梅迪库斯：《德国民法总论》，邵建东译，368～370 页。

③ 参见陈国柱主编：《民法学》，79～81 页；金平主编：《民法学教程》，108～110 页；李由义主编：《民法学》，120～121 页，北京，北京大学出版社，1988；王利明、郭明瑞、方流芳：《民法新论》（上册），374～380 页，北京，中国政法大学出版社，1988；佟柔主编：《中国民法学·民法总则》，216～250 页，北京，中国人民公安大学出版社，1990；董安生：《民事法律行为》，198～218 页；郭明瑞、房绍坤、唐广良：《民商法原理（一）　民商法总论·人身权法》，257～259 页，北京，中国人民大学出版社，1999；魏振瀛主编：《民法》，152～154 页，北京，北京大学出版社、高等教育出版社，2000；王利明：《民法总则研究》，565～573 页，北京，中国人民大学出版社，2003；李显东：《民法教程》，122～125 页，北京，中国人民公安大学出版社，2003；梁慧星：《民法总则》，2 版，166～168 页；崔建远主编：《合同法》，3 版，70～72 页，北京，法律出版社，2003；韩世远：《合同法总论》，176～178 页，北京，法律出版社，2004；郑云瑞：《民法总论》，224～225 页，北京，北京大学出版社，2004。

善意时可以否认法律行为的效力，为恶意时则不得否认法律行为的效力。例如，按照《民法通则》第 66 条第 1 款后段的规定，本人知道他人以本人的名义实施民事行为而不作否认表示的，视为同意。就是说，本人为恶意时不得以无权代理行为作为抗辩，不得拒绝承受无权代理行为所产生的法律效果。第二种类型是交易相对人的善意、恶意作为表意人对法律行为所生后果是否承受的条件。例如，按照《合同法》第 50 条规定，法人或其他组织的法定代表人、负责人实施了越权行为，交易相对人为善意时，该越权行为有效；交易相对人为恶意时，至少在多数情况下该越权行为无效。再如，按照《合同法》第 49 条规定，交易相对人对于无代理权的事实为善意时，被代理人无权否认代理行为的法律效力。

转让合同有效作为善意取得的要件之一，意味着承认了善意补正了法律行为有效要件的欠缺，善意成为了法律行为的有效要件之一。这与中国现行法规定的法律行为的有效要件及其学说，与将交易相对人的欺诈、重大误解、善意等主观状态作为可能影响法律行为的消极原因的制度设计，均不相符。[①]

c. 与既有的物权取得原因的体系不符

如果把转让合同有效作为善意取得的要件之一，且认为善意补正转让合同的效力，受让人取得标的物的所有权在性质上属于继受取得，那么，在体系上把善意取得归入基于法律行为的继受取得之中，更符合逻辑。可是，无论是既有理论还是《物权法》，均未如此认识和设计。

既有的物权取得原因的理论，都未将善意取得作为基于法律行为而取得物权的类型看待，而是把善意取得作为独立于法律行为的物权取得的种类。[②]《物权法》亦然，于其第九章“所有权取得的特别规定”中把善意取得作为所有权取得的特别情形之一（第 106 条）。这告诉我们，把转让合同有效作为善意取得的要件之一，与既有的物权取得原因的体系不符。

d. 时间、逻辑和权限方面的障碍

在德国民法及其理论上，物权行为因欠缺处分权限而效力待定，由善意替代处分权限；在中国《合同法》上，买卖等合同因出卖人欠缺处分权而效力待定，由善意补正该瑕疵。即使采取善意补正法律行为（德国民法上的物权行为，中国《合同法》上的买卖等合同）效力的学说，也存在着从效力待定到确定地有效的补正过程，绝不可以说法律行为自始具有完全的法律效力，至少在逻辑上是这样。数件中国物权法草案将转让合同有效作为善意取得的要件之一，意味着要求转让合同一开始就是有效的，而不是依赖善意的补正才变成有效的。这不是对真实的德国民法及其理论的借鉴，而是重新设计了法律行为的有效要件。本书作者认为，在善意取得这样的具体制度中重新设计法律行为的有效要件，颇有些越权的味道，不尽妥当。[③]

C. 利益衡量：何种受让人才应受到优惠保护

赞同善意取得以转让合同有效为前提的专家、学者，认为这样可以使受让人向无权处分

---

① 崔建远：《出卖他人之物合同的效力设计》，载《河北法学》，2006（3），8 页。

② 王利明、郭明瑞、吴汉东：《民法新论》（下册），59～77 页，北京，中国政法大学出版社，1988；寇志新总编：《民法学》，333～334、531～536 页；梁慧星、陈华彬：《物权法》，4 版，55～57、203～210 页，北京，法律出版社，2003；王利明：《物权法论》（修订本），187～220 页，北京，中国政法大学出版社，2003。

③ 崔建远：《出卖他人之物合同的效力设计》，载《河北法学》，2006（3），8～9 页。

人主张违约责任，于其有利。对此，本书作者持有异议。不错，违约责任确实较缔约过失责任为重，但应当用得恰当。受让人若为善意，只要愿意，一定能够取得标的物的所有权，此时不存在损失，无权向无权处分人主张赔偿责任。于此场合，设置违约责任还是缔约过失责任，有什么关系呢？受让人若为恶意，真正的权利人追认或者无权处分人取得了处分权，转让合同有效，受让人据此合同而取得标的物的所有权，无损失可言，违约责任、缔约过失责任还是派不上用场；在无权处分人没有取得处分权、真正的权利人又不予追认的情况下，转让合同归于无效，受让人不能取得标的物所有权。于此场合，受让人向无权处分人主张缔约过失责任，可能不如追究违约责任有利。这是应当的，对于恶意之人为什么要特别保护呢?！就是说，从利益衡量的角度考虑，也无必要规定善意取得以转让合同有效为要件。[①]

当然，在转让人尚未交付作为动产的标的物或尚未办理不动产的移转登记场合，善意的受让人仍不能善意取得的情况下，转让合同有效模式确实能够使受让人向转让人追究违约责任，较出卖他人之物合同因真正的权利人不予追认时无效更有利于受让人。仅就这点来说，转让合同有效的模式具有优越性。即使如此，也要注意以下五点：第一，这种有利于善意受让人，并非物权领域的利益，仅为债权领域的利益，即善意受让人能够基于有效的转让合同向无权处分人主张违约金或损害赔偿。第二，我们应当将这种对善意受让人的有利，放置于整个善意取得制度甚至相关制度的大背景下进行利益衡量，全面考虑善意取得制度的方方面面，不难发现转让合同有效模式的缺点过多，优越性过少，权衡利弊，还是不宜将转让合同有效作为善意取得的要件。第三，受让人善意却不能取得标的物的所有权，属于善意取得没有达成，于此场合，相对于善意取得制度而言，转让合同有效作为善意取得的构成要件已经失去本身的意义，换句话说，它不是作为善意取得的构成要件而呈现出价值，只是作为无权处分人违约与否的判断标准而发挥着作用，可这已经不属于善意取得制度的范围了，而是归入法律行为制度的内容了。既然如此，将转让合同有效作为善意取得的构成要件就是画蛇添足，莫不如还转让合同的本来面目和作用，在善意取得的构成要件中不涉及转让合同的效力问题。[②] 第四，这种仅仅为了追究无权处分人的违约责任而将转让合同有效作为善意取得的构成要件，会造成整个民法体系的不和谐，难以合理解释如下法律制度及规定：(a)《民法通则》第 58 条第 1 款第 5 项关于违反法律或社会公共利益的民事行为无效的规定，《合同法》第 52 条第 4 项关于损害社会公共利益的合同无效的规定。就是说，无权处分违反公序良俗原则，转让合同归于无效，但受让人受让标的物的物权符合《物权法》第 106 条第 1 款规定的善意取得的要件。于此场合，坚持善意取得以转让合同有效为要件的观点会陷于尴尬的境地。(b)《民法通则》第 61 条第 1 款关于民事行为无效、被撤销后的返还财产的规定，《合同法》第 58 条关于“合同无效或者被撤销后，因该合同取得的财产，应当予以返还；不能返还或者没有必要返还的，应当折价补偿”的规定。对此稍加解释就是，无权处分场合，转让合同符合《合同法》第 52 条或第 54 条规定的原因，但物权变动符合《物权法》第 106 条第 1 款规定的善意取得的要件，《合同法》第 58 条本有适用的余地，可是按照转让合同有

---

① 崔建远：《出卖他人之物合同的效力设计》，载《河北法学》，2006 (3)，9 页。

② 时任烟台大学校长的郭明瑞教授在与本书作者的讨论中，主张转让合同有效或无效不作为善意取得的构成要件。特此说明。

效说，则出现了冲突。(c)《合同法》第 51 条关于无权处分的规定。(d)《合同法》第 79 条至第 83 条关于债权让与的规定。这里的问题主要是，债权让与违反了当事人禁止让与的约定，按照《合同法》第 79 条第 2 项的规定，债权让与合同无效。但另一方面，受让人对此为善意，按照一种学说，债权有外部表征即有公示方法时，也发生善意取得。如此，转让合同有效说便无法自圆其说。(e)《合同法》第 54 条第 1 款第 1 项、第 58 条关于重大误解及其法律后果的规定。对此稍加解释就是，无权处分人不知其无处分权，受让人亦不知晓。按照《合同法》第 54 条、第 55 条的规定，该合同可被撤销，无权处分人实际上也行使了撤销权。另一方面，受让人可基于《物权法》第 106 条第 1 款善意取得标的物。于此场合，采取转让合同有效说，十分被动。[①] 第五，如果非得使善意的受让人能够请求转让人对无权处分承担履行利益的损害赔偿而非缔约过失责任制度中固有的信赖利益的损害赔偿不可的话，也可以通过改造缔约过失责任制度的途径达到目的。例如，法释［2010］9 号第 6 条第 2 款关于“转让方和外商投资企业拒不根据人民法院生效判决确定的期限履行报批义务，受让方另行起诉，请求解除合同并赔偿损失的，人民法院应予支持。赔偿损失的范围可以包括股权的差价损失、股权收益及其他合理损失”的规定，就是在缔约过失责任中承认了履行利益的损害赔偿。在善意取得制度及原因行为方面也完全可以如此设计。

D. 驳“物权法规定转让合同有效系为了解决转让合同存在着欺诈、胁迫等可撤销的原因问题”说

有专家认为，中国物权法草案把转让合同有效作为善意取得的构成要件，系为了解决转让合同存在着欺诈、胁迫等可撤销的原因问题。[②] 法释［2016］5 号采纳此说（第 21 条第 2 项）。本书作者认为，这是一个似是而非的问题，故持反对意见。其理由如下：在欺诈、胁迫、乘人之危而订立合同场合，如果它们未发生在无权处分场合，则此类合同的效力与善意取得制度不发生关联，无须在此讨论；如果它们发生在无权处分场合，则有如下结论：假如欺诈、胁迫、乘人之危等系无权处分人所为，那么，善意受让人只要不行使撤销权，转让合同就继续有效，无权处分人不可能因此而阻断善意取得；倘若欺诈、胁迫、乘人之危等系受让人所为，则他为恶意[③]，当然不构成善意取得。所以，在善意取得问题上，没有必要牵扯转让合同有效无效的问题，而应将之放归债法领域。这在下文继续讨论。[④]

---

① 详细论述，见崔建远：《土地上的权利群研究》，77～87 页。

② 这是在研讨我国物权法草案时出现的意见。

③ 诚然，作为善意取得构成要件的善意，是指受让人不知转让人欠缺处分权，且无重大过失。其所谓恶意，就是受让人明知或有重大过失地不知转让人欠缺处分权。受让人为欺诈、胁迫或乘人之危时的恶意，如果不属于此种类型，而是其他的种类，如将质量较差的标的物吹嘘为质量上乘的，胁迫转让人必须将标的物卖给自己等，虽然不能说因欠缺善意取得的构成要件而阻止受让人取得标的物的所有权，但可以从法律不保护恶意之人、惩恶扬善的侧面寻觅阻止受让人取得标的物所有权的理由。

④ 有必要指出，有学者认为，转让合同可撤销、效力待定场合，只要此类转让合同因被撤销、不予追认而归于消灭了，也不存在善意取得。不然，就会出现如下不太合理的结果：有权处分场合，转让合同被撤销、不予追认时，受让人无法取得标的物；无权处分场合，转让合同被撤销、不予追认时，善意受让人仍能取得标的物的物权。对此，本书作者认为，从《物权法》规定的公信力（第 16 条第 1 款）、善意取得的构成要件（第 106 条）观察，尚未将善意取得制度的适用范围排除于转让合同被撤销、不予追认等领域。此其一。即使因转让合同被撤销、不予追认出现利益失衡，也可以借助于不当得利返还等制度加以矫正，但不影响善意取得制度的适用。这里所存在的是若干制度的衔接和配合问题，而非缩小善意取得制度的适用范围问题。此其二。

E. 析转让合同无效不得发生善意取得说及“转让合同因违反法律或行政法规的强制性规定，或违反公序良俗而被宣告无效，则根本无法发生善意取得的法律效果”说

赞同转让合同有效为善意取得要件的理由还有，转让合同因违反法律或行政法规的强制性规定，或违反公序良俗而被宣告无效，则根本无法发生善意取得的法律效果。[①] 法释[2016] 5 号第 21 条第 1 项关于转让合同因违反《合同法》第 52 条的规定被认定无效的，受让人主张根据《物权法》第 106 条的规定取得所有权的，不予支持的规定，系对这种观点及理由的采纳。对此，本书作者分析如下：

a. 在物权变动的问题上，理清善意取得与转让合同之间的关系，尤其是在不同阶段时的法律状态，对于认识此处所论十分重要。兹分几个阶段解析如下：a）在基于法律行为的物权变动领域，从未成立过诸如买卖、互易等转让合同，肯定不会发生标的物的物权变动。b）在一般情况下，成立了买卖、互易等转让合同，没有履行买卖、互易等法律行为项下的债务，即动产尚未交付、不动产物权没有办理过户登记，也不会发生标的物的物权变动。c）只有履行完毕债务，即动产已经交付、办理完毕不动产物权的过户登记，才会发生标的物的物权变动。债务的适当履行，也就是债权的实现。d）在买卖、互易等法律行为的存续期间与债权的存续期间相同时，可以说买卖、互易等转让合同是标的物发生物权变动的原因/根据，也可以说买卖、互易等转让合同项下的债务及其履行，或曰债权及其实现，是标的物发生物权变动的原因/根据。在买卖、互易等转让合同约定了较短的存续期间，尤其是该等转让合同已经消失的场合，称债务及其履行或曰债权及其实现，是标的物发生物权变动的原因/根据，更加显而易见。由此可见，债务及其履行/债权及其实现在标的物发生物权变动中所处的重要地位及功能。e）标的物的物权变动与买卖、互易等转让合同之间的关系，在有权处分的情况下是这样，在无权处分且符合《物权法》第 106 条第 1 款规定的条件场合，也是如此。有权处分与无权处分之于物权变动，其中的差异及其解决方案，在德国法系不是着眼于买卖、互易等转让合同的效力，而是聚焦于受让人的善意抑或恶意，在中国《物权法》上除此而外还增加了交易有偿且价格合理这一点。(f) 诚然，面对这样的结论，反对者会质问：这不是在忽视甚至抛弃买卖、互易等转让合同的效力与功能了吗？或者换个角度质问：买卖、互易等转让合同的效力还有什么用呢？本书作者对此的回应是，买卖、互易等转让合同的效力在受让人取得标的物的物权之后能否继续保有它方面起着至关重要的作用：受让人取得标的物的物权之后，买卖、互易等转让合同被确认为无效或被撤销，则受让人取得物权所依据的债权不复存在，也就是取得物权的原因消失，继续保有物权的根据没有了，动产物权场合丧失动产物权，不动产物权场合将要注销不动产物权的登记。有权处分的场合是这样，无权处分的情况下也是如此，换句话说，善意取得与有权处分发生物权二者在这个阶段还是没有差异。一句话，受让人取得标的物的物权之后，转让合同不发生无效或被撤销情形的，受让人能够继续保有物权，转让合同被确认为无效或被撤销的，受让人取得的物权不能继续保有，得而复失。这个结论同样适合于有权处分发生物权变动的场合和无权处分发生善意取得的场合。再换个说法，善意取得与物权保有系属两项法律制度，善意取得是物权设立的法律事实，管的是“入口”；物权保有属于物权存续而非得而复失的范畴，是“入口”之后能在物权的大本营里“驻扎”得住的现象。可以这么说，转让合同有效，善意取得的法律

① 王利明、尹飞、程啸：《中国物权法教程》，150 页。

效果（取得物权）能够有权源地保持下去；转让合同无效，善意取得的效果（取得物权）得而复失，受让人取得的物权又回归真实的物权人。于是本书作者不禁要问：在有权处分发生物权变动的领域，人们不要求以转让合同有效为要件，为什么在无权处分发生善意取得的领域却要求以转让合同有效为要件之一呢？这样差别对待的合理性到底在哪里呢？本书作者呼吁：法律人不应把物权变动与物权保有相混淆，同理，不应将善意取得与物权保有相混淆。转让合同有效抑或无效，是取得的物权能否继续保有的问题，不是物权能否及是否变动了的问题，不是善意取得能否构成的问题。

b. 即使"转让合同因违反法律或行政法规的强制性规定，或违反公序良俗而被宣告无效，则根本无法发生善意取得的法律效果"的观点成立，也难以强劲地支持善意取得必须以转让合同有效为要件的意见，因为无权处分人系限制行为能力人、无权代理人场合，转让合同是效力待定的，而非有效的，但照样可以善意取得。

c. 合同违反公序良俗，受让人有重大过失或故意时，不符合善意取得的构成要件。就是说，转让合同违反公序良俗而无效有时不可能发生善意取得，并非证成转让合同有效为善意取得要件的理由，因为于此场合不成立善意取得乃因缺乏善意这个构成要件，而非欠缺合同有效这个要件。例如，甲男已婚，与妻子乙女共有一房产 A，但房产登记簿上仅登记有甲男一个人的名字。而甲男有婚外情，但丙女（非妻子，婚外情对象）被甲男欺骗，一直认为甲男单身，完全不知道甲男已婚。甲男为了维持婚外情，讨丙女欢心，遂将 A 房产转让并登记至丙女名下，而且该转让乃有偿转让，价格亦合理（转让动机可以是看好房产价格大涨，让丙女享受房屋涨价后之利益，故没有作成赠与）。在此情况下，甲男有偿转让房产与丙女的合同自严格来看似应构成违反公序良俗（由甲男的目的观之）。但丙女由于完全不知道甲男乃为维持婚外情而为房产转让，似应为善意且以合理价格受让了该房产，并登记至丙女名下。甲男未经妻子乙同意擅自处分房产，构成无权处分。故在转让合同违反公序良俗情况下，似仍应有善意取得之适用。①

d. 转让合同违反法律或行政法规的强制性规定场合，并非一律禁止善意取得：若违法者为受让人，不论是不知转让人欠缺处分权，且无重大过失，还是除此而外的故意违法或重大过失地违法，均应阻止他取得标的物的所有权；在受让人同时知晓或因重大过失而不知让与人无处分权时，不适用善意取得制度；若违法者为让与人，受让人为善意，同时具备善意取得的其他要件时，本书作者认为仍应适用善意取得制度。例如，转让合同符合《合同法》第 52 条第 1 项规定的原因，至少某些情况下应当允许善意取得。例如，甲将丙所有但登记在自己名下的 A 房卖与乙，强迫乙同意直接将 A 屋从自己名下过户给乙，威胁说："若乙把此事告知税务机关，就打断乙的双腿。"于此场合，乙不知 A 房为丙的，对此也无重大过失的，则应当善意取得。

至于合同无效，依据《合同法》第 58 条的规定，善意取得人负有返还给付物的义务，是合同无效后果的表现，但不是否定善意取得本身的根据。所以，转让合同违反法律、行政法规的强制性规定而无效不可能发生善意取得，同样不是证成转让合同有效为善意取得要件的理由。

---

① 此处修订的观点及例证乃清华大学法学院法 81 班章丞亮同学的意见。特此致谢！

2）受让人在受让不动产物权时为善意

这里的善意，含义如何，存在着不知情说和不知情且无重大过失说的分歧。[①] 鉴于前者意味着要求真正权利人必须举证受让人明知不动产登记簿的记载与真实的物权关系不符，即要求举证受让人的内心状态，使真正权利人处于极为不利的境地，过于苛刻，有失权衡，本书作者赞同后者，将善意界定为，受让人无重大过失地不知不动产登记簿记载的物权关系与真实的物权关系不一致。如此界定的理由还有，《物权法》第106条规定的善意取得统一适用于动产物权和不动产物权场合，在构成要件上，未如《德国民法典》那样规定动产物权的善意取得要求受让人不知情或无重大过失地不知情（第932条第2项），不动产物权的善意取得仅要求受让人不知情（第892条、第893条）。这样，为将中国《物权法》第106条第1款规定的善意统一解释为不知情且无重大过失提供了空间。

如今，法释［2016］5号采纳了这种观点：《物权法》第106条第1款第1项所称的"受让人受让该不动产……时"，是指依法完成不动产物权转移登记……之时。"受让人受让不动产……时，不知道转让人无处分权，且无重大过失的，应当认定受让人为善意"（第15条第1款）。

首先说明，法释［2016］5号第15条第1款对于善意的界定，不同于不当得利制度中的善意，因为后者场合的善意是指受益人不知情，至于该不知情是发生在重大过失情况下还是一般过失甚至确实没有过失，均在所不问[②]；也不同于债权人撤销权制度所要求的善意，在那里，债务人的恶意、善意的判断，只要求债务人不知，其不知是否出于过失，在所不问。[③]

其次明确，法释［2016］5号第15条第1款将善意界定为"不知道转让人无处分权，且无重大过失"，与《德国民法典》第892条、第893条确定的善意不同。《德国民法典》区分不动产物权与动产物权的领域而赋予善意不同的含义，在不动产物权善意取得制度中，依据《德国民法典》第892条、第893条的规定，取得人仅在明知土地登记簿之不正确时，为非善意。取得人重大过失地不知此情的，不妨碍《德国民法典》第892条、第893条规定的适用。与此有别，在动产物权善意取得制度中，按照《德国民法典》第932条第2款的规定，取得人知道或因重大过失而不知该动产不属于让与人的，非为善意。法律上如此区别处理的理由，乃立法者认为土地登记簿相比较与占有，能提供更为坚实的信赖基础。[④] "善意之成立，不以取得人事实上确已查阅土地登记簿为前提。只要土地登记簿之登记状态，对其权利为支持时，即可成立其善意（联邦最高法院民事判例集），第104卷，139、143页）。"[⑤]

在这里，本书作者更赞同法释［2016］5号第15条第1款关于善意的界定，它暗含着受让人负有查阅不动产登记簿的义务，不查阅便签订买卖合同，在让与人非为不动产登记簿

---

① 德国民法及其学说、中国台湾地区学者坚持不知情说，参见《德国民法典》第892条、第893条；［德］鲍尔、施蒂尔纳：《德国物权法》（上册），张双根译，500～502页；王泽鉴：《民法物权·通则·所有权》（总第1册），增补版，125页。

② 参见［日］山本敬三：《民法讲义Ⅰ·总则》，解亘译，108页，北京，北京大学出版社，2004；王泽鉴：《债法原理·不当得利》（总第2册），201页，台北，三民书局，1999。

③ 参见［日］山本敬三：《民法讲义Ⅰ·总则》，108页；王泽鉴：《债法原理·不当得利》（总第2册），201页。

④ ［德］鲍尔、施蒂尔纳：《德国物权法》（上册），张双根译，500页；［德］鲍尔、施蒂尔纳：《德国物权法》（下册），申卫星、王洪亮译，396页。

⑤ ［德］鲍尔、施蒂尔纳：《德国物权法》（上册），张双根译，502页。

记载的权利人的情况下，受让人具有重大过失，算不上不动产善意取得构成要件中的善意。《民法典·物权编》对此应予吸收。

本书作者不赞同照抄照搬《德国民法典》第892条、第893条的规定，原因在于，因为在德国受让人无须查阅不动产登记簿，就被推断为善意，所以，在让与人根本就不是土地登记簿记载的权利人，或者土地登记簿记载得错误百出的场合，受让人不查阅土地登记簿，又无其他证据证明受让人明知土地登记簿的记载，还要推定受让人为善意，这实在令人费解。试问：不加于受让人查阅土地登记簿的义务，受让人不是睡眠就是游玩，照样认定其为善意，这符合情理吗？什么情况下受让人才是明知土地登记簿的记载与让人与人不一致呢？此其一。受让人无须查阅土地登记簿就被推定为善意，这对受让人的要求过于低下了。合同法对于法人作为当事人的合同文本，要求于其上加盖法人公章或法人的合同专用章，或者法定代表人在合同文本上亲笔签字或加盖其私章。如果合同文本上既无法人之章又无法定代表人的签章，则法人有权拒绝承受该合同项下的权利义务。在原理相同或相似的领域，物权法应与合同法有大体相当的要求。此其二。

其实，连德国专家、学者都在反思《德国民法典》第892条、第893条的规定：这种差别处理有无其内在合理性，颇值怀疑。① “真实权利人之地位，还因两点而变得更糟：其一，对产生登记簿不正确之事实，取得人虽明知，但并不因此而使其为非善意；就取得人非善意之构造，还要求取得人须自该事实而推导出登记簿之不正确。② 其二，取得人之善意，先已被法律所推定——这可能由民法典第892条第1款之规定得出——；也就是说，因民法典第892条之取得而受损害者（真实权利人），须举证证明取得人已明知土地登记簿之不正确。由于该明知为内心之事实，且从经验上看，即使法官依民诉法第445条、第448条对取得人进行当事人讯问，也常常无法查明该内心之事实之是否存在，故而，对该事实之举证，就显得尤为困难。”③ 有鉴于此，在存在重大过失的极端情形中，司法判例就试图借助《德国民法典》第226条关于权利滥用之禁止、第826条关于违反善良风俗的故意侵害的规定，施与救济。④

再次，需再反思，尽管不动产登记簿记载的权利状态与真实的权利状态不一致的情形也有一些⑤，但两种状态相吻合的比例终究高于占有所公示的权利状态与真实的权利状态之间的关系，诸如借用、租赁、仓储、让与担保等场合，占有均未反映真实的动产所有权状态。如此，如果说在不动产物权变动的场合，受让人经查阅不动产登记簿得知让与人就是记载的物权人，从而与之交易，即使登记簿记载得错误，也就不构成重大过失，属于善意，那么，受让人仅仅凭借让与人占有买卖物这个状态，不做其他有关方面的尽职调查，诸如查阅借用、租赁、仓储等合同，就排除其重大过失，这是轻率的，难获赞同的。再者，法释

---

① ［德］鲍尔、施蒂尔纳：《德国物权法》（上册），张双根译，500页。

② 《帝国最高法院民事判例集》，第117卷，180、187页；巴伐利亚州最高法院，《新法学周刊——司法判例报告，民法》，1989，907、909页及其引证；哈姆州高等法院，《新法学周刊——司法判例报告，民法》，1993，1295、1298页。转引自［德］鲍尔、施蒂尔纳：《德国物权法》（上册），张双根译，500～501页。

③ ［德］鲍尔、施蒂尔纳：《德国物权法》（上册），张双根译，500～501页。

④ 《帝国最高法院民事判例集》，第117卷，180、189页；巴伐利亚州最高法院，《新法学周刊——司法判例报告，民法》，1989，907、900页。转引自［德］鲍尔、施蒂尔纳：《德国物权法》（上册），张双根译，500页。

⑤ 较为详细的列举，请见崔建远：《物权：规范与学说》（上册），203页，北京，清华大学出版社，2011。

［2016］5号第17条规定："受让人受让动产时，交易的对象、场所或者时机等不符合交易习惯的，应当认定受让人具有重大过失。"这也表明受让人受让动产物权时有无重大过失的判断因素较为丰富，相对而言，受让人受让不动产物权时有无重大过失的判断因素较为单纯。因此，法释［2016］5号第15条第1款采取统一的重大过失的判断标准，值得商榷。本书作者认为，在动产物权变动的场合，受让人是否存在重大过失的判断因素应多于不动产物权变动的场合。在这点上，《民法典·物权编》不宜采纳法释［2016］5号第15条第1款对重大过失的判断采取同一标准的路径及方法。

最后，法释［2016］5号第16条第1款列举下列五种情形均为不动产受让人知道转让人无处分权：（1）登记簿上存在有效的异议登记；（2）预告登记有效期内，未经预告登记的权利人同意；（3）登记簿上已经记载司法机关或者行政机关依法裁定、决定查封或者以其他形式限制不动产权利的有关事项；（4）受让人知道登记簿上记载的权利主体错误；（5）受让人知道他人已经依法享有不动产物权。法释［2016］5号第16条第2款系兜底条款："真实权利人有证据证明不动产受让人应当知道转让人无处分权的，应当认定受让人具有重大过失。"这种列举加兜底条款的模式，既有明示，便于操作，又防止挂一漏万，应予赞同。对此，《民法典·物权编》应予确立。

此处所谓证据，例如，甲与其妻乙采取夫妻财产共有制，但其A房登记在甲的名下，丙为直接办理A房登记的工作人员。现在甲与丙签订A房的买卖合同，未出示其妻乙的授权。于此场合，丙为应当知道转让人甲无处分权，至少构成重大过失。这也值得《民法典·物权编》重视。

恶意取得不动产物权的，不在保护之列。基于不动产登记的公信力，应推定信赖不动产登记簿记载的受让人为善意。法释［2016］5号第15条第2款关于"真实权利人主张受让人不构成善意的，应当承担举证证明责任"的规定，将举证受让人恶意的责任分配给了真实权利人，使《物权法》第106条第1款设计的善意取得制度倾斜于真实权利人的天平，往相对平衡的角度矫正了一些，值得肯定。这在比较法的层面也有支持的例证：《德国民法典》及其学说也是由真实物权人举证受让人恶意的。①

［引申与辨析］

实际上，判断受让不动产物权者是否善意，需要结合个案情况，才不会出问题。例如，甲和乙系夫妻，于其夫妻关系存续期间，购买了A楼。但因登记机关的操作惯例，不动产登记簿的所有权人一栏只有甲的姓名，共有人一栏也未记载有乙。现甲将A楼出售与丙。丙和甲乙素不相识，查询不动产登记簿，难以发现乙系A楼的共有人。于此场合，确定丙为善意，当无疑义，除非乙举出相反的证据。

不过，如果稍微变换条件，结果则不相同。假设丙和甲乙系同事关系，丙明知甲乙采取的是夫妻财产共有制，A楼为其夫妻关系存续期间所购。现甲把A楼出售与丙，并办理了过户登记手续。乙得知此情，否认该买卖合同关系，主张A楼的所有权。于此场合，丙至少是重大过失地不知A楼为甲乙所共有，因而应为恶意。

---

① ［德］鲍尔、施蒂尔纳：《德国物权法》（上册），张双根译，500～501页；［德］鲍尔、施蒂尔纳：《德国物权法》（下册），申卫星、王洪亮译，396页。

判断善意的时间点，有申请登记时、登记完毕时等不同的意见。[①] 鉴于此处所要求的善意必须是受让人于受让不动产物权时不知无权处分的事实且无重大过失，鉴于受让不动产物权直至办理完毕变更登记才算受让不动产物权，此处所谓善意，则只能是受让人自交易开始至变更登记完毕时整个阶段一直处于不知无权处分的事实且无重大过失的状态。否则，在该阶段的任何一个时间点受让人了解了无权处分的事实，或虽未了解但有重大过失的，就都构成恶意。换个表述方法就是，受让人在不动产登记簿尚未记载不动产物权的状况时，就决定与声称为物权人的转让人进行交易，显然盲动，在该转让人确实无处分权的场合，应当认定受让人具有重大过失。只有在不动产登记簿已经记载了不动产物权的状况，受让人据此与登记的物权人交易，才可说是善意的。有鉴于此，加上《物权法》第 14 条规定，不动产物权变动自记载于不动产登记簿时发生效力，把判断受让人是否为善意的时间点确定在记载于登记簿时，根据更充分些。法释［2016］5 号采纳了此种见解，于第 18 条明确："物权法第一百零六条第一款第一项所称的'受让人受让该不动产或者动产时'，是指依法完成不动产物权转移登记或者动产交付之时。"

3）受让人受让不动产物权所应（已）支付的价格合理

与德国民法在善意取得方面不强调交易行为有偿无偿的模式不同，中国《物权法》不仅要求交易行为有偿，而且强调价格合理（第 106 条第 1 款第 2 项），具有特色，不可不察。

［探讨］

对于价格是否合理的判断，究竟是依据主观标准还是遵从客观标准，是亟待解决的问题。所谓主观标准，是指以当事人主观上认可的价格为准，至于客观上价格是否与标的物的价值大体相当，在所不问。所谓客观标准，是指按照社会观念，认为价格与标的物的价值大体相当的，即认定为价格合理。本来，合同法以给付与对待给付之间的主观等值性为原则，客观等值性为例外。[②] 但在善意取得制度中，就交易价格是否合理也贯彻主观判断标准，会给无权处分人和受让人恶意地将过低的价格谎称为合理的价格提供机会，对抗真实的物权人否认无权处分的主张，有失公平正义。若采取客观判断标准，则会避免此类情况。

这个结论的合理性具有深层的原因。在合同当事人之间，就两项给付间的关系强调主观等值性，是理性原则和合同正义原则的体现。在善意取得制度中，交易价格是否合理及其判断，更多的是关乎真实的物权人能否成功地否认无权处分，而保有其权利。既然两者存在着如此巨大的差别，不同的事物不同处理就有较为充分的理由。

［引申］

价格合理中的价格，是指约定的价格，还是指已经支付的价格（价款）？还是两者均可？《物权法》第 106 条第 1 款第 2 项及法释［2016］5 号第 19 条在这方面的文义均不明确。《北京市高级人民法院关于审理房屋买卖合同纠纷案件适用法律若干问题的指导意见（试行）》（京高法发［2010］458 号）第 19 条第 2 款明确规定："'以合理的价格转让'是指买卖双方

---

① 王泽鉴：《民法物权·通则·所有权》（总第 1 册），增补版，125 页。

② ［德］卡尔·拉伦茨：《德国民法通论》（上册），王晓晔、邵建东、程建英、徐国建、谢怀栻译，谢怀栻校，60～64 页；［德］迪特尔·梅迪库斯：《德国民法总论》，邵建东译，657 页；王泽鉴：《民法债编总论·基本理论·债之发生》（总第 1 册），8 版，70～71 页，台北，三民书局，1993。

之间存在以合理价格转让房屋的交易行为，且买受人已实际全部或部分支付了房屋价款。”

本书作者则认为，已付合理价款固然为此处所谓合理价格，即便尚未支付，但只要约定的价格合理，同样是此处所谓合理价格，理由如下：（1）就《物权法》第106条第1款的文义来看，它用的是“价格”而未用“价款”，按照通常的习惯称谓，当事人已经支付的标的物的对价（钱款），不叫“价格”，而称“价款”；合同约定的买受人等应当支付的标的物的对价，称作价格，可能是买受人等业已支付的，也可能是尚未支付的。依据《现代汉语词典》的解释，价款是买卖货物时收付的款项，价格为商品价值的货币表现[①]，表明价格具有中性，不以是否支付为界定的标准。由此可以得出结论，作为构成善意取得要件之一的价格合理，既指受让人已经向转让人付清了合理的价款，也包括受让人尚未实际付款，但合同约定了合理的价格。（2）善意取得制度的设立以物权（变动和存续的）公示具有公信力为前提，如果法律没有赋予物权（变动和存续的）公示以公信的效力，就不应该有善意取得制度。而物权（变动和存续的）公示制度和公信制度内在地不含有价款及其支付这个元素，只在于能使信赖具有公信力的物权（变动和存续的）公示的交易相对人能够取得标的物的物权。如此，善意取得制度天然地不要求价款支付这样的成立要件，甚至于不要求价款这样的成立要件。既然如此，某些解释法律之人却主观地认定《物权法》第106条第1款第2项关于善意取得要求“以合理的价格转让”这个成立要件，是指受让人业已付清价款，就显然脱离了物权（变动和存续的）公示制度与公信制度的要义，而这是不符合法教义学的规则的。所以，纯从逻辑的层面考虑和推演，善意取得的成立是不需要合理的价格这个要件的，更不要说价款已经支付这个离谱的要素了。（3）诚然，立法者不完全囿于形式逻辑，适当地偏离些形式逻辑的要求，在成立要件上，或在法律效果方面，人为地附加些其他要件/要素，只要是出于利益衡平的需要，实现公平正义的需要，社会公共利益的要求，也是可以的，甚至是必要的。《物权法》冲破物权（变动和存续的）公示制度与公信制度的藩篱，于第106条第1款强调善意取得以有偿交易为必要，即为明证。这样的设计既避免了那种将善意取得制度适用于无偿交易的领域、同时配有不当得利返还制度以矫正出现的不当结果这种烦琐复杂、迂回曲折的不足，又在深层还衡平了真正的物权人与交易相对人之间的利益关系，达到了实质正义，值得肯定。但是，什么事情做过了头儿，效果就适得其反。将《物权法》第106条第1款第2项关于“以合理的价格转让”解释为价款已经支付，就属于“做过了头儿”。如此断言的理由之一在于，善意取得制度之所以得以确立，之所以据此“剥夺”真正物权人的物权，牺牲其有关利益，正在于使善意的交易相对人放心，只要存在着并信赖了具有公信力的物权（变动和存续的）公示，即可放心地与公示表征的物权之人实施交易，肯定会取得交易标的物的物权。至于价款付清与否，完全交由债法管辖，不在善意取得制度的视野里。这样的制度设计，应当是衡平了各方的利益关系，结果是适当的。假如我们反对这样设计，增加已经付清价款方可成立善意取得，那么，就不可避免地出现不适当的后果，至少在下述情况下必定是失衡的：A. 转让人无理拒收价款，致使受让人没有付清价款；B. 合同约定先交货后付款，受让人依约行事；C. 以付清价款为条件，意味着交易行为（物权变动的原因行为）全部履行完毕，债的关系基本上功成身退，只剩下物权关系设立并存续了，这在利益衡平上对受让人过于苛刻；D. ……如果不强求价款必须支付，而将《物权法》第

① 中国社会科学院语言研究所词典编辑室编：《现代汉语词典》，6版，625页，北京，商务印书馆，2012。

106 条第 1 款第 2 项的规定解释为约定了合理的价格，至于是否实际支付了价款，则在所不问，就完全避免了上述失衡。(4) 上文“(3)”的分析和结论符合等价有偿原则（《民法通则》第 4 条）的本质要求。《物权法》第 106 条第 1 款第 2 项要求善意取得“以合理的价格转让”，系等价有偿原则的体现和落实。鉴于民法主要重视形式平等、形式正义，仅仅在个别之处才考虑实质平等，关心实质正义，应当说，等价有偿的衡量标准和时点重在法律行为成立之时，至于履行的结果是否体现了等价有偿，那是履行制度及救济制度所关注和解决的问题。价款实际支付，就属于履行的结果。如果没有付清价款，则属于债权人援用《合同法》第 107 条请求继续履行或违约损害赔偿的范畴。而这些均属债法的领域，若在物权法领域的善意取得制度中刻意强调本属债法的规则，似乎有些“劲儿”使得不是地方，有些“错位”。(5) 从比较法的方面看，境外的立法例及其学说都承认无偿法律行为场合也发生善意取得，这本来是符合物权（变动和存续的）公示制度和公信制度的内在要求的。中国现行法确立自己的立法政策，不受逻辑的羁绊，限缩善意取得制度的适用范围——仅限于有偿法律行为的场合，这已经够严格的了，若还要进一步压缩到业已付清价款的交易领域才成立善意取得，委实矫枉过正，有失权衡。

［论争］

有学者不赞同这种解释，而认为价款原则上必须实际支付，如果仅仅只是达成了协议，不能认为已经符合善意取得的构成要件。因为一方面，如果没有支付价款，原权利人可以以没有完成交易为由否认善意取得的成立，这就很有可能引发很多纠纷；另一方面，这也可以为善意的判断提供明确的标准。假如没有支付合理价款，导致很多实质上无偿、形式上有偿的转让将为法律所保护，这就有违善意取得制度的宗旨。① 对此，本书作者分析如下：

(1) 原权利人以没有完成交易为由否认善意取得成立的理由，是站不住脚的，因为交易是指转让合同，在德国民法上还包括物权行为，支付价款仅仅是合同义务的履行，而非交易行为本身。

(2) 引发纠纷说不是切中要害的理由，即使受让人付清了全部价款，原权利人也可能向受让人追讨，从而引发纠纷。事实上，纵观各个立法例及其运作，不乏法律制度设计得合理但实务中纠纷较多的实例。

(3) 不支付价款有违善意取得制度的宗旨说，也难获赞同。其道理在于，善意取得制度的宗旨是什么，需要厘清。德国法系上的善意取得制度不要求交易行为有偿，无偿交易场合的善意取得，不存在着支付价款的问题。中国《物权法》上的善意取得制度，尽管强调有偿且等价的交易作为要件（第 106 条第 1 款第 2 项），它即使构成了善意取得制度的“宗旨”，也只是其中之一。善意取得制度的功能在于解决转让人无处分权而受让人善意时的所有权变动问题，并不解决受让人取得财产的结果公平与否的问题。② 为了稳妥，可将该表述稍做修正，善意取得制度旨在解决无权处分场合受让人善意时的物权变动问题，不刻意考虑受让人取得物权是否公平。至于受让人因此而取得利益有违公正的问题，交由不当得利等制度矫正。

需要指出，建设用地使用权、不动产抵押权等他物权的善意取得，是参照《物权法》第

---

① 王利明、尹飞、程啸：《中国物权法教程》，148 页。

② 田士永：《物权立法应当缓行：评〈物权法草案〉第 9 章》，载《中外法学》，2006 (1)，77～85 页。

106 条第 1 款的规定（《物权法》第 106 条第 3 款），因而不宜机械地要求不动产抵押权发生善意取得时，也要求抵押权人必须支付合理的价格。

4）不动产物权已经登记在受让人名下，或不动产已经交付给受让人

《物权法》第 106 条第 1 款第 3 项规定："转让的不动产或者动产依照法律规定应当登记的已经登记，不需要登记的已经交付给受让人。"对于该项善意取得的条件，可有两种解释：第一种解释是，对于不动产物权的存在与变动，无论法律是否把登记作为物权变动的生效要件，均可成立善意取得。只不过在法律要求不动产物权的变动必须登记的场合，不动产物权的善意取得以办理了变更登记为要件；法律不要求不动产物权的存在与变动以登记为生效要件的场合，不动产物权的善意取得以不动产已经交付为要件。① 第二种解释是，不动产物权的善意取得一律以办理了变更登记为要件，法律未要求不动产物权的存在与变动以登记为生效要件的，受让人就无权处分的不动产为交易时难谓善意，故不得发生善意取得的效果。正所谓善意取得必须依据一个外部标记，而这个标记在动产物权中是占有，在不动产物权中就是土地登记簿的登记状态。② 至于《物权法》第 106 条第 1 款第 3 项所谓"不需要登记的已经交付给受让人"，是仅就动产物权的善意取得而言的。

日本民法就不动产物权的变动没有采用公信原则，因之不承认不动产物权的善意取得。③ 例如，就甲所有的 A 不动产，丙伪造文书进行移转登记，进而又将 A 不动产让与给丁并进行移转登记。此时，丁虽然表面上呈现拥有 A 不动产所有权的外观，但由于登记没有公信力，丁即使是信赖丙的登记而买受了 A 不动产，在 A 不动产上也不取得任何权利。④ 在日本，由于登记簿本身相当不完全，构成不实登记的可能性非常大（对建筑物尤甚）。若非在确实实行公示原则的基础上采用公信原则，静的安全就会因公信原则而受到极大威胁。换言之，在登记簿的记载大体上尚未正确反映出真实的权利关系的情况下，若对此种登记簿的记载赋予公信力的话，真实权利人的利益就会受到不当损害，作为制度总体的均衡就会被打破，形成困难的局面。⑤

遵循这种思路，土地承包经营权、宅基地使用权、地役权，以及按照《物权法》第 28 条、第 29 条的规定发生的不动产物权变动，均不要求登记，于是登记就不具有公信力，也就不宜适用善意取得制度。换言之，仅仅移转占有，没有办理变更登记手续的场合，不发生善意取得的效力。其法理依据在于，在仅仅承认不动产登记具有对抗效力、未赋予不动产登记以公信力的背景下，不承认不动产物权的善意取得，有其道理，因为此类不动产登记并非不动产物权变动的生效要件，登记所表征的不动产权属状态不一定是真实的不动产物权关系，不动产物权变动之后，怠于或客观上无法及时予以变更登记（过户登记）的情形的确存在，A 不动产物权虽然登记在甲名下，但已经移转给了乙，即属此类。在这种情况下，作为理性人的交易相对人不可完全信赖不动产登记，应当适当存疑登记是否客观地反映了真实的不动产物权关系，因而负有一定的注意义务。交易相对人不履行该项注意义务，盲目地相信登记，不宜认定为善意。所以，在不动产登记仅仅具有对抗效力的法制下，不承认善意取

---

① 王利明、尹飞、程啸：《中国物权法教程》，150 页。

② ［德］鲍尔、施蒂尔纳：《德国物权法》（上册），张双根译，64 页。

③ ［日］我妻荣：《日本物权法》，有泉亨修订，李宜芬校订，194～195 页。

④ 同上书，153 页。

⑤ 同上书，43 页。

得，在法理上说得通。如此，第二种解释有其根据。

特别需要指出的有二：第一，《农村土地承包法》第 49 条规定："通过招标、拍卖、公开协商等方式承包农村土地，经依法登记取得土地承包经营权证或者林权证等证书的，其土地承包经营权可以依法采取转让、出租、入股、抵押或者其他方式流转。"这告诉我们，此类土地承包经营权转让，转让前已办理了登记，转让后，受让人取得土地承包经营权亦须办理变更登记，否则，不发生转让的效力。据此推论，他人擅自转让此类土地承包经营权，受让人仅仅凭对承包地的占有尚不得主张善意取得，只有办理了变更登记，才可主张善意取得了土地承包经营权。

第二，《物权法》第 31 条规定："依照本法第二十八条至第三十条规定享有不动产物权的，处分该物权时，依照法律规定需要办理登记的，未经登记，不发生物权效力。"物权人向第三人转让基于《物权法》第 28 条至第 30 条的规定取得的尚未办理变更登记的不动产物权的，该第三人不能取得该不动产物权。就此推论，非不动产物权人向第三人转让此类不动产物权，更不会发生物权变动的效力。就是说，在这些领域，不会发生善意取得的情形，第二种解释符合法理。

［探讨］

但是，上述结论仍不足以证明第一种解释全无道理。例一，甲和建设用地使用权人乙就通行于 A 宗建设用地而签订了地役权合同，甲于该地役权合同生效时取得地役权，可一直没有办理登记手续。实际上，甲并未行使该项地役权，而是丙一直在以地役权人的名义通行于该宗建设用地之上，乙对此听之任之。后来，乙和丁就该建设用地使用权签订转让合同，丙以地役权人的身份同意将存在于该宗建设用地上的地役权转让给丁。建设用地使用权的转让和地役权的转让采用同一合同文本的形式，乙、丙、丁分别在转让人和受让人处签字。丁随即在该宗建设用地上行使地役权。当甲发现此情而否认丁的地役权时，丁能否基于善意取得而对抗甲呢？从利益衡平的角度看，承认善意的丁取得地役权似乎更具有合理性。至于这种取得究竟是叫作善意取得还是其他特别的制度，需要继续研究。

例二，甲村把良田 B 发包给乙农户，乙自土地承包合同生效时取得土地承包经营权，一直没有办理登记。实际上，丙一直以土地承包经营权人的名义在该宗承包地上耕种，甲村村委会不但默认，而且在丙把该土地承包经营权转让给丁时，同意该转让行为。事后，乙提出异议，不承认丁的土地承包经营权，善意的丁则主张取得该土地承包经营权。从利益衡平的角度观察，似乎更应支持丁的主张。至于这种取得究竟是叫作善意取得还是其他特别的制度，需要继续研究。

由此看来，在登记仅为对抗效力的法制下，是否例外地承认若干"善意取得"，以及如何命名，颇费思量。

（3）法律效力

1）受让人取得不动产物权。该取得并非基于让与人既存的权利，故该不动产上的原有权利消灭，除非受让人在受让时知道或应当知道这些权利（准用《物权法》第 108 条）。这里所谓原有权利，包括以不动产为标的物的抵押权、借用权等权利。在继受取得的情况下，这些权利随着不动产物权的移转而移转。只有原始取得场合，这些权利才不会移转至受让人之手。可知，《物权法》对善意取得采取的是原始取得说。不过，又有所变化，即受让人在受让不动产物权时知道或应当知道该不动产上存在着这些权利的，它们继续存在于该不动产之上。

2）受让人取得不动产物权，系因法律基于保护交易安全的需要，受让人终局地保有所取得的不动产物权。但受让人于其尚未付清价款时，应就该价值形态的利益，负返还不当得利的义务。

［引申］

为达使受让人终局地保有善意取得的物权的目的，德国法系民法学说认为，受让人取得所有权对原所有权人而言系有法律上的原因，自无不当得利可言，原所有权人无从依不当得利的规定请求返还所受的利益。唯让与人系无偿让与场合，为顾及原所有权人的利益，应使受让人负返还利益为宜。法院应当依衡平的不当得利最高指导原则，创设例外规定，使原所有权人得依不当得利的规定请求受让人返还所受利益。[①] 本书作者认为，中国《民法通则》关于不当得利构成的规定，未使用“无法律上的原因”的传统表述，而是采用了“没有合法根据”，这为便利地解决善意取得场合的利益返还提供了法律基础。就是说，善意受让人取得标的物所有权，其法律依据在于善意取得，取得标的物所有权具有合法根据，但若无对价而取得，或尚未支付对价或尚未支付全部对价而取得，就此享有的利益——价值形态的利益——没有合法根据，依然构成不当得利，应予返还。[②]

3）原物权人既已丧失了物权，对于让与人可就如下权利择一行使：A. 在双方当事人之间，如原有债的关系（如租赁关系、保管关系等）存在时，可请求让与人（债务人）承担违约责任。B. 让与人（债务人）无权处分物权，构成侵权责任。原物权人可请求侵权损害赔偿。C. 让与人（债务人）取得的对受让人的对价（如价款或其请求权），原物权人可基于不当得利制度请求返还。

4）让与人嗣后又取得让与标的物的所有权时，无论是否由于让与人的恶意安排，或是让与人的偶然复得，例如巧合地购买了标的物，或是让与人和受让人之间让与标的物的关系不复存在，让与人再取回占有，解释上均认为让与人不能取得物权，原物权人的物权因而复活，该标的物上的负担也一并复活。[③]

［拓展］

因善意信赖不动产登记而取得不动产物权的，取得如同该不动产登记若为正确时同样的权利。兹举例说明如下：

（1）甲冒名将乙所有的A楼登记在了自己的名下，然后把它抵押给了丙银行，并办理了抵押登记手续。丙就A楼享有抵押权，能够对抗乙（积极信赖保护）。[④]

（2）甲在乙承包的A地已经享有的地役权误被涂销，乙将A地的承包经营权转让与丙，

---

① 梅仲协：《民法要义》，135页，台北，自版，1963；孙森焱：《民法债编总论》，135～136页，北京，法律出版社，2006；王泽鉴：《债法原理·不当得利》（总第2册），修订版，142页，台北，三民书局，1999；谢在全：《民法物权论》（上册），修订2版，456页。

② 崔建远：《无权处分辨》，载《法学研究》，2003（1），21～24页。

③ 谢在全：《民法物权论》（上册），修订2版，457页。

④ 王泽鉴：《民法物权·通则·所有权》（总第1册），增补版，126页。

丙取得A地的承包经营权，没有地役权的负担（消极信赖保护）。[①]

（3）甲冒名登记为A楼的所有权人，后以该楼为银行乙设立抵押权。该抵押权因债务适当履行而归于消灭，但未办理注销抵押登记。其后，甲把A楼出卖与丙，丙因信赖登记、付清了合理的价款并办理了过户登记而取得A楼的所有权。银行乙不得以丙明知A楼有抵押登记而主张抵押继续存在，因为善意受让制度旨在保护第三人的利益，事实上不存在的权利没有保护的必要。所以，丙可以请求注销乙的抵押登记。[②]

（4）某对夫妻实行共同财产制，夫以妻为登记名义的A楼，善意第三人也可因信赖登记、付清合理价款且办理了过户登记手续而取得A楼的所有权。

（5）甲于其建设用地使用权设立抵押权与乙，误被注销，甲就同一建设用地使用权再次设立抵押权与善意之丙，丙取得第一顺位的抵押权。[③]

（二）不动产物权的消灭

1. 概述

非基于法律行为而生不动产物权的消灭，其事由主要包括混同、标的物灭失、约定的存续期间届满、法定期间经过、依法撤销等。

2. 混同

（1）混同的概念

所谓混同，是指两个并无并存必要的法律地位同归于一人的法律事实。它本有债的混同和物权的混同之分，此处仅介绍不动产物权的混同，即两个并无并存必要的不动产物权同归一人的法律事实。

［引申］

物权混同的实质

物权的混同，在外形上虽属权利的混同，但实质上仍不失为权利和义务的混同。例如，就所有权和定限物权而言，所有权人对定限物权人本负有容忍其行使定限物权的义务，而定限物权成为另一权利的标的物时，在未混同前，定限物权人对于该另一权利的主体亦负容忍其行使权利的义务。可见，物权混同在实质上与权利和义务的混同无异。所以，物权混同时，原则上是其中的小权利消灭，不仅是小权利被大权利所吸收，而且义务也应当被权利吸收，从而消灭。因为权利和义务同归一人，义务人无须向自己履行义务。[④]

（2）不动产所有权与其他物权混同

同一不动产的所有权及其他物权同归于一人时，其他物权因混同而归于消灭。例如，甲将其所有的A栋楼抵押给乙银行，其后乙银行买下A栋楼，A栋楼的所有权和抵押权同归于乙银行，该抵押权消灭。在《物权法》尚未承认所有人抵押的情况下尤其如此。

需要注意，其他物权的存续对所有权人或第三人有法律上的利益时，则不消灭。例如，如果中国法承认了所有人抵押，下述结论就更为适当：甲以其A栋楼为乙设立抵押权后，又将该楼抵押给丙，丙为第二顺序的抵押权人。其后，甲为乙的继承人，则甲于乙的第一顺

① 参见王泽鉴：《民法物权·通则·所有权》（总第1册），增补版，126页。

② 同上书，126页。

③ 参见上书，126页。

④ 谢在全：《民法物权论》（上册），修订2版，161页。

序抵押权存续上有法律上的利益，故不因混同而使其消灭。

（3）不动产所有权以外的不动产物权与以该物权为标的物的权利混同

不动产所有权以外的不动产物权，与以该物权为标的物的权利，归属于同一人时，其权利因混同而消灭。例如，甲以其建设用地使用权为乙银行设立抵押权，其后乙银行因购买该基地上的大厦而取得该建设用地使用权，则该建设用地使用权和以该权为抵押物的抵押权归属于乙银行，该抵押权因混同而消灭。

需要注意，以其他权利为标的物的权利，其存续于权利人或第三人有法律上利益时，则不消灭。例如，甲向乙银行借款 3 000 万元，以其 A 建设用地使用权设立抵押权。乙以该有抵押权担保的 3 000 万元债权为丙银行设立债权质权。如果其后乙银行受让了 A 建设用地使用权，发生了“不动产所有权以外的不动产物权，与以该物权为标的物的权利，归属于同一人”的事实，但因丙银行对抵押权的存续有法律上的利益，乙银行的抵押权不因混同而消灭。[①]

3. 约定的存续期间届满

当事人已经约定了用益物权的存续期间，该期间届满，用益物权归于消灭。

4. 因法定原因而被撤销

不动产物权因法定原因被撤销时归于消灭。例如，依据《城市房地产管理法》（2007 年修正）第 26 条的规定，用地者满两年未开发建设用地的，国土资源行政主管机关可无偿收回建设用地使用权。

5. 主权利消灭

不动产抵押权因债权的消灭而消灭。

6. 不动产灭失

不动产灭失，如建筑物被拆除，不动产物权消灭。于此场合，应当办理注销登记。

第五节　动产物权的变动

一、动产物权的变动概述

《物权法》第 23 条规定，动产物权的设立和转让，自交付时发生效力，但法律另有规定的除外。在理论上，认为此处所谓动产物权的设立和转让自交付时发生效力，指的是基于法律行为而生的动产物权变动以交付为生效要件。所谓法律另有规定的除外，有两层意思：一是指非基于法律行为而生的动产物权变动不以交付为生效要件，二是指某些基于法律行为而生的动产物权变动，如海上运输的指示单证，是以记名背书或空白背书为生效要件的（《海商法》第 79 条第 2 项），而不以交付为生效要件。还有，动产抵押权、浮动抵押权的设立也不需要交付抵押物（《物权法》第 181 条、第 188 条、第 189 条）。

［引申］

诚然，本书作者注意到，《物权法》未再沿袭《合同法》第 133 条后段关于“当事人另有约定的除外”的债权意思主义的思想，仅仅保留了“法律另有规定的除外”的但书，明文

---

① 参见王泽鉴：《民法物权·通则·所有权》（总第 1 册），增补版，121 页。

规定动产物权的变动以交付为生效要件（第23条），动产质权以交付质物为生效要件（第212条），只有动产抵押权、浮动抵押权除外（第180条第1款第4项和第6项、第181条、第188条、第189条第1款）。这是否意味着《合同法》第133条关于“当事人另有约定的除外”的但书不再有效？换个表述就是，在特定物买卖场合，当事人双方没有遵循《物权法》第23条等规定实施交易，而是约定该买卖物的所有权自买卖合同生效时移转。该项约定能否发生法律效力？回答这个问题，离不开确定《物权法》第23条、第5条等有关规定是否为强制性规定，以及物权法定主义是否含有物权公示的内容。

本书作者认为，《物权法》第23条等关于“动产物权的设立和转让，自交付时发生效力”的规定，并非强制性规定。其理由如下：

首先，《物权法》之所以没有复制《合同法》第133条后段关于“当事人另有约定的除外”的但书，重在维护《物权法》第9条第1款、第14条关于不动产所有权甚至不动产他物权的移转须以登记为生效要件的强制性规定，以及第16条第1款关于公信力的强制性规定，防止当事人通过约定建筑物、构筑物及其附属设施的所有权自买卖、互易、赠与等合同生效时转移，来规避《物权法》的上述规定，并无坚决否认特定动产的所有权可以自买卖、互易、赠与等合同生效时移转之意。

其次，也是更为重要的是，虽然物权及其变动的公示关乎众人的利益，但因善意取得等制度的存在，当事人双方约定特定物买卖的所有权移转时间点，也不会损及善意的交易相对人的合法权益，所以，不把《物权法》第23条等关于动产物权变动的公示要求划入强制性规定的范围，并非强词夺理。

最后，联系现行法关于基于法律行为的动产物权变动的下述规定，在整体上把握，《物权法》第23条等关于“动产物权的设立和转让，自交付时发生效力”的规定并非强制性规定的结论，就更加显现出道理：(1)《合同法》第134条允许买卖物的所有权保留，变更了《物权法》第23条的规定；(2)《物权法》第29条关于因遗赠取得物权时自遗赠开始时发生效力的规定，显然没有遵循《物权法》第23条的规定；(3)《物权法》第26条承认了指示交付、第27条承认了占有改定，都变通了典型的交付形态。我们可以将之理解为在实质上修正了交付为动产物权变动的生效要件的模式。此外，《物权法》第127条第1款关于土地承包经营权的设立不以公示为生效要件的规定、第158条前段关于地役权的设立不以公示为生效要件的规定，也在一定意义上加强了前述结论的可信度。

既然动产物权变动在公示方面的要求可由当事人通过约定加以改变，就表明此类法律规定并非强制性规定。而法律关于物权法定主义的规定被认为是强制性规定，为了避免法律及其理论内容存在矛盾，不宜认定《物权法》第5条的规定包含公示强制的内容。由此可见，德国民法理论将物权法定主义限于类型强制和类型固定，确有道理。

总之，当事人双方若约定特定物的所有权自买卖合同生效时移转，法律就不宜否定。当事人双方若无此约定，就要完全按照《物权法》第23条等规定确定动产物权变动的时间点。其道理在于，相对于《合同法》第133条关于“当事人另有约定的除外”的但书，《物权法》第23条及第212条等规定更为理想，因为按照动产的占有或交付确定动产物权的状态，更加符合物权及其变动的公示原则及其规范意旨；尽量使真实的物权关系与外观所表征的物权关系相一致，也与公信原则的创设前提之一相契合；在法律部门的分工方面，物权变动应由《物权法》而非《合同法》予以规范，在物权变动方面，《物权法》为“特别法”；再就是

《物权法》相对于《合同法》为新法。

二、基于法律行为而生的动产物权变动

（一）动产物权的设立与转让

基于法律行为而生的动产物权变动，其构成要件包括法律行为和交付。其中的法律行为，在德国法系指的是物权行为，在中国现行法上指的是买卖、赠与、互易等法律行为，而非物权行为。其中的交付，较为复杂，兹详细介绍如下：

1. 交付的概念

交付，即移转占有，包括现实交付、观念交付，以及仓单等证券的交付或背书。观念交付包括简易交付、占有改定和指示交付诸形态。随着交易形态的丰富，观念的变化，以及科学技术的发展，交付的形态继续在演变过程中，实务中出现了一些新的现象，如债务人依约将一笔钱打入由四家共管的账户，是否为交付，都值得注意和研讨。

2. 现实交付

现实交付，系指对动产的事实管领力的移转，使受让人取得直接占有（《物权法》第 23 条等）。取得直接占有，必须基于出卖人的意思，买受人自行占有不构成交付。在市场经济条件下，动产的交付时常假他人之手进行，主要有三种情形：（1）经由占有辅助人为交付。例如甲售一车给乙，由甲的司机将该车交付给乙的司机。（2）经由占有媒介关系为交付。例如甲将一匹马寄存于乙处，出售给丙，约定由甲将该马交给驯马人丁，代为训练。乙依甲的指示将该马交付给丁时，在丁与丙之间成立占有媒介关系，丁为直接占有人，丙为间接占有人。（3）经由被指令人为交付。例如甲售 A 画给乙，乙转售给丙，乙请甲径直将该画交付于丙，甲同意并照办。于此场合，不能认为丙直接从甲处取得 A 画的所有权，因为丙可能不知道甲与乙之间的合同关系的性质和类型，即使为买卖合同，甲也可能保留 A 画的所有权。衡量当事人之间的利益状态，应认为移转所有权的让与合意在甲与乙、乙与丙之间分别成立。至于甲将 A 画交付给丙，应认为同时完成甲对乙的交付和乙对丙的交付。为解释这种合同关系，德国学说提出了被指令人的概念，即：关于甲与乙之间的让与所有权，指令丙为交付受领人；关于乙与丙之间的让与，也指令丙为交付受领人。因而，在甲将 A 画交付给丙时，在一个“法律的瞬间时点”由乙取得所有权，再移转于丙。换言之，丙取得 A 画所有权，并非直接来自甲，而是经由乙。①

3. 简易交付

简易交付，是指受让人已经占有动产，买卖等合同生效时移转动产所有权（《物权法》第 25 条）。之所以允许这种无形的交付，是因其交易便捷和符合效益原则。至于受让人占有动产的原因，是租赁、寄存还是借用或拾得遗失物，均在所不问。

4. 指示交付

指示交付，又称返还请求权让与，是指在动产由第三人依法占有的情况下，转让人将其对该第三人的返还请求权让与受让人，以代替现实交付（《物权法》第 26 条）。学说称之为让与返还请求权，或返还请求权代位。所让与的对第三人的返还请求权，兼指债权的返还请

---

① 王泽鉴：《民法物权·通则·所有权》（总第 1 册），增补版，134～136 页。

求权和物权的返还请求权。这是为了解决标的物仍由第三人占有时的问题，法律特别设计的规则。例如，甲出租A车与乙，后甲与丙又订立该车的买卖合同，甲可以将其对乙的返还A车的请求权让与丙，以代交付，使丙取得对A车的所有权。指示交付可有三种情况：(1) 转让人系间接占有人（如出租人、出借人、寄托人）时，可将他基于占有媒介关系（租赁、借用、寄存）所生债权返还请求权让与受让人，以代交付。这种返还请求权的让与同时为间接占有的移转。应注意的是，这种情形并非所有物返还请求权的让与，而是受让人因取得动产所有权，发生所有物返还请求权。(2) 转让人既非间接占有人，亦无其他可让与的返还请求权，仅有所有物返还请求权。例如遗失A表并不知在何人之手。于此场合，通常认为转让人得让与其所有物返还请求权，以代交付。其理由有二：一是所让与的返还请求权不以对特定第三人为限；二是对于第三人的返还请求权包括所有物返还请求权。(3) 动产所有权证券化时，其所有权的移转必须交付该证券，以代该动产之交付。[①]

［反思］

《物权法》第26条将指示交付限定于"动产由第三人依法占有"的场合，作茧自缚，使一些本应通过指示交付来解决动产物权变动的问题却无法如愿，只得先由转让人从占有动产的第三人之处收回，再交给受让人，徒增周折和成本。如果删除"依法占有"的限定，就会使局面改观，使如下的问题可通过指示交付得到解决：转让人非间接占有人时，可让与其基于侵权行为或不当得利而生的返还请求权。这种返还请求权的让与，与占有的移转无关。于此场合，所让与的也不是所有物返还请求权，而是受让人因取得所有权，而得主张所有物返还请求权。

《物权法》第26条将指示交付限定于"动产由第三人依法占有"的不足之二表现在：第三人对标的物的占有原有本权，但其后本权不复存在，导致第三人无权占有标的物，例如，第三人作为借用人占有借用物，其后借用合同终止，变为无权占有。在这些情况下，物权人将此类标的物出卖与他人，因不符合《物权法》第26条关于指示交付必须发生在"动产由第三人依法占有"的场合的要求，故只得先由转让人从占有动产的第三人之处收回，再交给受让人，徒增周折和成本。如果删除"依法占有"的限定，允许采取指示交付的方式，就会使局面改观。

《物权法》第26条将指示交付限定于"动产由第三人依法占有"的不足之三表现在：无法使受让人于让与合同生效不久就可取得标的物的直接占有，因为此时第三人对该标的物仍处于有权占有的状态。

为弥补《物权法》第26条规定的不足，在解释论上，应尽最大限度地限缩其中所言"法"的范围，将若干第三人无权占有的情形视为"依法"，而不作为"违法"对待。在这方面，最高人民法院制定物权法的司法解释时大有作为。站在立法论的立场上，未来修改《物权法》时，应将《物权法》第26条中的"依法"二字删除。

［探讨］

让与的返还请求权若为债权的返还请求权，则按照《合同法》第80条第1款的规定，

① 王泽鉴：《民法物权·通则·所有权》（总第1册），增补版，137～139页；谢在全：《民法物权论》（上册），修订2版，152页。

需要通知债务人，否则，让与对债务人不发生效力。不过，这只是合同法上的效力表现。实际上，受让人与债务人之间的关系，还有物权法层面的表现，即受让人取得标的物所有权或其他物权之后，他可以向债务人主张标的物的所有权或其他物权，以此来对抗债务人。让与的若为物权的返还请求权，是否需要通知第三人（占有动产之人），法律未作规定，则宜类推适用《合同法》第 80 条第 1 款的规定。[①]

［论争］

有学说不赞同指示交付下让与的返还请求权为所有物返还请求权，而主张所让与的只能是债权的返还请求权，大概有四点理由。对这四点理由本书作者均持有异议，兹分析、评论如下：

其理由之一：物权与物权请求权不可分离，所有物返还请求权并非独立的请求权，它只是为了实现所有权的圆满状态而发生的，不能与所有权分离而转让。[②] 转让人移转所有权于受让人，也就导致转让人强制性地失去了所有物返还请求权，受让人随着取得所有权也就得到了该返还请求权。[③] 因此，所有物返还请求权只是所有权的附属品[④]，基于所有物而生的请求权移转不是所有权移转的前提，而是所有权移转的结果。为此，所有人如果不放弃所有权，就不能同时转让基于所有权所生的请求权。[⑤] 所以，要通过转让所有物返还请求权，来实现移转所有权的目的，无疑是倒果为因，混淆目的和手段的关系。转让人转让所有权的动产究竟是处于间接占有之下，还是已经失去占有，原则上都不能通过让与所有物返还请求权的方式，这一请求权的让与只是所有权移转的结果而已。

本书作者评论：这样认识不能说无理，但有些机械。所有权与其请求权结为一体，所有权移转，所有物返还请求权也随之移转；作为物权效力的所有物返还请求权移转了，物权本体也得移转。如同转让抵押权时被担保债权也随之让与一样。此其一。所有权与其请求权结为一体，正好表明转让任何一个实质上都是全部转让。这类似于房地权属虽为两个，但转让时一体移转。之所以不径称移转标的物所有权，而谓之曰转让所有物返还请求权，是为了体现形式主义的物权变动，而非意思主义的物权变动，凑足“交付”这个要件，使物权变动有个原因。转让所有物返还请求权是“交付”的变形。在这里，说穿了，指示交付制度的设置，纯粹是为了满足动产物权变动以交付为生效要件这个原则，为了形式的统一，为了前后一致。否则，完全可以采取意思主义的物权变动，径直称转让人和受让人达成了移转转让物的合意，就发生了转让物所有权的移转。因为于此场合实行意思主义的物权变动，不会害及交易安全及占有媒介人：从保护交易相对人（第三人）的角度观察，转让物此时被占有媒介人实际控制，交易相对人作为一个理性人，不得盲目相信转让人享有转让物的所有权，需要

---

① 参考谢在全：《民法物权论》（上册），修订 2 版，153 页。

② 王利明：《物权法研究》（上册），210 页，北京，中国人民大学出版社，2007；崔建远：《物权法》，87 页，北京，中国人民大学出版社，2011；申卫星：《物权法》，126 页，北京，中国人民大学出版社，2008；朱岩、高圣平、陈鑫：《中国物权法评注》，170 页，北京，北京大学出版社，2007。

③ Hans Josef Wieling，Sachenrecht，2. Auflage. Berlinund Herdelberg 2006，S. 322.

④ Felicitas Einsele-Wili，Die Vindikationszession，Zürich1975，S. 52.

⑤ Staudinger/Wiegand. 2004. § 931 Rn. 11；Karl H. Neumayer，Die sogenannte Vindikationszession（§ 931 BGB）im dogmatischen Spannungsfeld zwischen Übereignung und procuratio in rem，in Festschrift für Heinrich Lange zum 70. Geburtstag，25. März 1970，Hrsg von Kurt Kuchinke，München 1970，S. 308.

请求转让人举证证明他对转让物享有所有权等处分权，甚至更进一步地调查、核实，然后再做交易。通过这个过程，保障交易相对人不会遭受不测之损害。就是说，交易安全方面不会出现问题。从占有媒介人角度考虑，也不会出现问题，因为他明知转让物非他所有，谁有权请求返还，他应当清楚，因为物权法及合同法规定了所有权人的返还请求权及其实现条件和程序，合同法设计了第三人请求移转占有的要件和程序。此其二。至于“果”与“因”、“目的”与“手段”的界定及其关系，未必如此。从所有权本体与其请求权之间的关系来看，它们就是一个整体的组成部分。既然是一个整体的组成部分，就是部分与部分之间的关系，这样，就可能不好说谁是“因”，谁是“果”，谁是“目的”，谁是“手段”。如同心脏与肺叶均为人体的组成部分一样，不好说谁是“因”，谁是“果”，谁是“目的”，谁是“手段”。退一步说，即使按照“果”与“因”、“目的”与“手段”的思路思考，也要看基点放在哪里。如果从没有物权请求权就不会有真正的物权这个角度观察，所有物返还请求权倒是“因”，动产所有权却是“果”。如果从所有权人必须拥有所有物返还请求权，以便能够请求无权占有人返还动产的角度看，“目的”就是所有物返还请求权。为达此目的，需要拥有所有权。这样一来，所有权反倒成了“手段”。在奉行所有物返还请求权适用消灭时效制度的背景下，在个案中，某所有物返还请求权已经罹于时效，而所有权人特别想拥有所有物返还请求权，于此场合，所有物返还请求权为“目的”，动产所有权却为“手段”，至为明显。此其三。

其理由之二：处于间接占有地位的所有人并不享有对其占有媒介人的所有物返还请求权。[①] 按照主流学说，物权请求权只是在所有权的圆满状态受到妨害时才发生。[②] 也就是说，当他人无权占有所有物时，所有权的圆满状态便会受到妨害。占有媒介关系的当事人若就占有发生争议，应该诉诸他们的债法约定，行使占有媒介关系所生的返还请求权。[③] 当事人存有占有媒介关系的情况下，通常并不发生所有物返还请求权。

本书作者评论：其实，于此场合也不发生债权的返还请求权。既然所有物返还请求权和债权的返还请求权均未发生，都是以后才发生的事情，那么，以“当事人存有占有媒介关系的情况下，通常并不发生所有物返还请求权”这样的路径，来证明指示交付下让与的不会是所有物返还请求权，没有逻辑的力量。此其一。

其二，对于“当事人存有占有媒介关系的情况下，通常并不发生所有物返还请求权”，却承认让与的可以是所有物返还请求权，可有若干解决之道。第一种是区分抽象意义上的物权请求权和具体意义上的物权请求权，有无妨害物权的具体行为的发生，或妨害物权的危险是否真实地存在，这种抽象的物权请求权都会存在。第二种是仍然遵从物权请求权于物权受到侵害或妨碍时发生，但适用《物权法》第 26 条的规定时，所有物返还请求权是未来发生的。

---

① Karl H. Neumayer, Die sogenannte Vindikationszession（§ 931 BGB）im dogmatischen Spannungsfeld zwischen Übereignung und procuratio in rem, in: Festschrift für Heinrich Lange zum 70. Geburtstag, 25. März 1970, Hrsg. von Kurt Kuchinke, München 1970, S. 310.

② 梁慧星主编：《中国物权法研究》（上），侯利宏执笔，109 页，北京，法律出版社，1998；王利明：《物权法研究》（上册），223 页，北京，中国人民大学出版社，2007；朱岩、高圣平、陈鑫：《中国物权法评注》，172 页。

③ 由此，所有人若在诉讼中向占有媒介人主张所有物返还请求权，相对人（占有媒介人）只须提起权利自始并未发生的抗辩（Einwendung），而非提起如同时履行抗辩权那样延时性抗辩权（Einrede）。即使相对人未提抗辩，法官如在调查时发现当事人之间存有占有媒介关系，也应依职权认定所有物返还请求权不成立。

其三，诚然，论者为了证成其观点，提出了这样的理由："倘若所有权的取得依赖于将来请求权的发生，而这一请求权的发生又有很大的不确定性，此时即使出让人转让这一请求权，受让人也没有得到现实存在的请求权，而是只享有了一个法律地位远弱于请求权的可能性，这样的解释路径显然无法满足指示交付的构成要件。因此，只要这一请求权让与无法发生即刻的所有权移转，就不能满足受让人在指示交付中的利益。"

本书作者认为，这种论证路径也欠缺说服力。须知，在直接占有人基于保管、借用等合同占有标的物、且合同继续存在时，转让人、受让人于此时并不享有原物返还请求权，所谓债权的返还原物请求权也是未来发生的。看来，以未来发生的、有不确定性为由否定转让的是所有物返还请求权，理由并不充分。

其理由之三：单纯让与所有物返还请求权，未能使转让人丧失对转让物干预的事实可能性，受让人也没有获得转让物的间接占有。当转让物由占有媒介人占有时，转让人通过转让基于占有媒介关系的原物返还请求权，使得受让人获得间接占有，由此才发生观念交付下的指示交付。因为指示交付的要害并非让与返还请求权，而是使得受让人取得转让物的间接占有，转让人丧失对物干预的可能性。在此体现了与交付原则（《物权法》第 23 条）相同的思想：受让人必须基于转让人的意思获得全部的占有。两者不同之处在于，《物权法》第 23 条必须移转全部的直接占有，而《物权法》第 26 条则要求间接占有的全部移转。由此可见，通过转让所有物返还请求权的方式来移转所有权，并不符合转让人在观念交付中至少取得间接占有的要求。

本书作者评论：(1) 所谓"单纯让与所有物返还请求权，未能使转让人丧失对转让物干预的事实可能性"，这不符合指示交付制度的意旨，因为指示交付制度设计的目的及效果，就是发生这样的效力：所有物返还请求权一经移转给受让人，转让人就丧失了转让物所有权，同时，受让人就取得了转让物所有权。既然转让人已经丧失了转让物所有权，他还有什么权利对转让物进行合法的干预呢？(2) 所谓"单纯让与所有物返还请求权……受让人也没有获得转让物的间接占有"，也只是一家之言，是这一家的逻辑。其实，只要我们将"取得所有物返还请求权"作为受让人取得间接占有的原因，受让人基于所有物返还请求权而享有对动产的间接占有，就完全解决了受让人对转让物取得间接占有的问题。这并非强词夺理，因为受让人拥有债权的返还请求权时，对于转让物构成间接占有；享有所有物返还请求权时，对于转让物也构成间接占有。实际上，受让人取得所有物返还请求权与取得间接占有可以视为同时，从而满足了论者关于"指示交付的要害并非让与返还请求权，而是使得受让人取得转让物的间接占有，转让人丧失对物干预的可能性"的逻辑。(3) 所谓"受让人必须基于转让人的意思获得全部的占有"，在让与的是所有物返还请求权的场合，也不成问题。因为受让人的确是基于转让人的意思在受让转让物。至于此处所谓"全部的占有"，其确切意思尚需明确，从论者的上下文来看，应当是指间接占有，而非直接占有和间接占有。如果这样认定是正确的，则受让人已经间接占有了转让物，满足了指示交付的要求。

其理由之四："在指示交付的善意取得中，转让人将因不享有所有物返还请求权而无法完成善意取得。"

本书作者评论：该项理由若针对指示交付下所转让的请求权在任何场合都可以是所有物返还请求权之说，能够成立，但若针对所转让的可以是所有物返还请求权，也可以是债权的返还请求权之说，则欠缺说服力。因为按照后一学说，则并不强求所转让的永远是所有物返还请求权，而是区分情况而定：存在所有物返还请求权时，所转让的可以是所有物返还请求权；不存在所有物返还请求权时，所转让的则是债权的返还请求权。它不让所有物返还请求权包打天下。在指示交付的善意取得中，所转让的是债权的返还请求权，而非所有物返还请求权，就破解了论者所出难题，符合了逻辑。此其一。

其二，完全贯彻动产善意取得制度的本质要求，转让人对于转让物要占有，受让人对转让物也得占有，才会发生转让物的善意取得。既然论者所说的案型中转让人对于转让物没有占有，受让人也无法基于买卖等合同取得对转让物的占有，则指示交付场合不发生善意取得的后果。由于受让人明知转让人对转让物没有占有，没有理由推定转让人对于转让物享有所有权等处分权，为了自身的利益，他应当请求转让人举证证明对转让物享有所有权，双方按照有权处分的模式进行交易，否则，受让人就有重大过失，于是不符合善意取得的构成要件，不发生善意取得的结果。既然如此，论者称"不直接占有转让物的出让人如适用指示交付，他将因不享有所有物返还请求权而无法满足指示交付的构成要件，以致这一观念交付方式实际上被排除于善意取得之外，不利于交易安全的保护"，就不成立。

5. 占有改定

占有改定，是指出卖人继续占有动产，出卖人与买受人订立合同，使买受人取得对动产的间接占有，并取得动产所有权（《物权法》第 27 条）。允许这种交付的原因，也在于简化动产所有权的移转。例如，甲出卖 A 钢琴给乙，如果甲尚需使用该钢琴参加比赛，那么可以与乙订立合同（移转 A 钢琴的所有权、借用 A 钢琴或租赁 A 钢琴），由乙取得间接占有，以替代现实交付，进而完成 A 钢琴所有权的移转。于此场合，出卖人对钢琴是直接占有还是间接占有，在所不问。[①]

6. 仓单、提单等证券的交付或背书

动产物权业已证券化为仓单、提单等证券的，此类证券的交付或背书代替了动产的交付，从而发生动产物权的变动（参见《海商法》第 79 条等）。

交付不仅为动产所有权移转的生效要件，而且应是绝大多数的动产物权变动的生效要件。例如，按照《物权法》的规定，交付质物是动产质权的设立要件（第 212 条），交付权利凭证是以不记名仓单等为标的物的质权设立的要件（第 224 条）。提单的交付等同于货物的交付，实现货物所有权的移转。提单的转让不仅转让单证本身，同时转让提单所代表的权利。[②]

7. 钱款进入共管账户

实务中经常出现当事人一方依约将款项打入几家共管的账户的现象。如果共管者没有打款者，则认定该笔款项进入几家共管账户构成交付，理由较为充分。假如共管者中包括打款者，该笔款项进入几家共管账户，还构成交付吗？看法不一。否定论者认为，既然打款者也是共管者之一，就表明该笔款项仍未脱离打款者的管控，也就不好说移转了占有，因而算不上交付。肯定论者则反对这样固守形式逻辑的思维方式，主张须顺应交易形式的发展和需要，兼顾方方面面，聚焦实质，适当忽略枝节。尽管把打款者作为共管者之一，这与古典的现实交付的表现形态有点差异，致使债权人无法自由地利用该笔资金，但毕竟也隔绝了打款

---

① 谢在全：《民法物权论》（上册），修订 2 版，137 页。

② 司玉琢主编：《海商法专题研究》，68、94 页，大连，大连海事大学出版社，2002。

者与该笔资金的直接利用关系，具有保护债权人权益的一面，一俟条件具备便完全管控、自由利用该笔资金；同时这也大大降低了打款者遭遇不测的风险，符合其心理状态；为共管账户内的资金在附加有关因素后成为保证金、债权质权的标的物等法律手段提供前提和可能。

8. 监管合同及其实际履行

在灌装油、钢材、水泥等动产上设立质权，采取古典的现实交付的方式满足动产质权的设立对于交付的需要，可能会增大成本，不符合债权人的业务运营的实际，或者违拗债权人的心态。而采取债权人、出质人与第三人签订监管动产质权标的物的协议并实际履行的方式，由该第三人监控该标的物，标志着该标的物已经完成了交付，就兼顾了债权人和债务人的利益，也满足了动产质权设立的要件，值得肯定。

在实务运作中，有的是仅仅签订监管协议并实际履行，从而构成交付并进而设立动产质权；有的则复杂些，如先由第三人与出质人签订该动产的租赁合同并实际履行，实现该动产的移转占有；再由该第三人与债权人甚至加上出质人签订监管该动产的合同并实际履行，从而构成交付并进而设立动产质权。

需要指出的是，仅仅签订监管合同或者签订租赁等合同与监管合同组合，并无实际履行的事实，标的物并未移转占有，没有满足动产质权的设立要件，不应认定动产质权已经设立。

应当指出，交付本非完全的公示方法，再加上有观念交付的存在，更使其无法完全公示物权状况的缺点加深，故法律就某些动产的物权变动的公示，兼采登记的方法或将动产证券化，把交付作为动产物权变动的生效要件，将登记作为对抗（善意）第三人的要件。[①]《物权法》第 24 条关于“船舶、航空器和机动车等物权的设立、变更、转让和消灭，未经登记，不得对抗善意第三人”的规定，显然采取了这种模式。

将《物权法》第 24 条的规定解释为“把交付作为船舶、航空器和机动车等动产物权变动的生效要件，将登记作为对抗（善意）第三人的要件”，而非合同生效时发生物权变动；同时承认生产设备、原材料、半成品、产品、正在建造的建筑物、船舶、航空器、交通运输工具设立抵押权时，抵押权自合同生效时设立，登记为对抗善意第三人的要件，有如下理由支持：(1) 文义解释：该条没有正面规定船舶、航空器和机动车等动产物权变动的要件，既没有说自变动合同生效时发生物权变动，也没有说自登记完毕时发生物权变动，属于不完全法条，需要结合有关条文加以解释，于是有 (2) 体系解释和目的解释：该条处于《物权法》第二章“物权的设立、变更、转让和消灭”的第二节“动产交付”之下。该章共有三节，其中，第一节“不动产登记”，贯彻基于法律行为而发生的不动产物权变动以登记为生效要件的精神（《物权法》第 9 条第 1 款等），只承认法律另有规定不以登记为生效要件的例外（《物权法》第 9 条第 1 款但书、第 9 条第 2 款、第 127 条、第 129 条、第 158 条等）；第二节“动产交付”，贯彻基于法律行为而发生的动产物权变动以交付为生效要件的原则（《物权法》第 23 条正文、第 212 条），同样只承认法律另有规定不以交付为生效要件的例外（《物权法》第 23 条但书）；第三节“其他规定”，贯彻非基于法律行为而发生的物权变动不以公示为生效要件的理念，只有遗赠导致的物权变动属于基于法律行为而发生的物权变动，也不要求公示作为物权变动的生效要件（《物权法》第 28～30 条）。现在的问题是，法律对船舶、

① 谢在全：《民法物权论》（上册），修订 2 版，150 页。

航空器和机动车的物权变动是否例外地规定了不以交付为生效要件。查《海商法》没有正面规定船舶所有权变动、船舶抵押权设立的生效要件，只是明确地将登记作为对抗要件（第9条、第13条第1款）；《民用航空法》同样未正面规定民用航空器所有权变动、民用航空器抵押权设立的生效要件，只是明确地将登记作为对抗要件（第14条第1款、第16条）；《机动车登记规定》也没有正面规定机动车物权变动的生效要件。既然法律对于船舶、航空器和机动车的物权变动未作另外规定，就应当按照动产物权变动的原则（《物权法》第23条）解释《物权法》第24条的规定，只有在设立抵押权时例外。（3）《物权法》第24条的规定原则上总揽船舶、航空器和机动车的所有权产生、转让、设立质权、设立抵押权、消灭等类型的物权变动，且未设例外。而《物权法》第212条明确规定："质权自出质人交付质押财产时设立。"在这种情况下，只有将《物权法》第24条的规定解释为其贯彻的是"把交付作为船舶、航空器和机动车等动产物权变动的生效要件，将登记作为对抗（善意）第三人的要件"模式，才能自圆其说。当然，设立抵押权时例外。假如将其解释为登记为船舶、航空器和机动车等动产物权变动的生效要件，则会造成《物权法》第24条和第212条之间的矛盾。（4）与"（3）"的道理类似的还有，《物权法》第188条规定，以交通运输工具设立抵押权的，抵押权自抵押合同生效时设立，未经登记，不得对抗善意第三人。这表明以船舶、航空器和机动车设立抵押权，仍然不以登记为生效要件。（5）在理论上，通说坚持中国的物权变动采取债权形式主义，《物权法》第二章等规定予以落实，只有土地承包经营权和地役权的设立采取了债权意思主义（第127条第1款、第158条），至于船舶、航空器和机动车的物权变动则未见有明确的条文采取债权意思主义。就此而言，也应当认为《物权法》对船舶、航空器和机动车的物权变动采取了以交付为生效要件的模式，而非合同生效时发生物权变动，只有在设立抵押权时例外。（6）假如将登记作为船舶、航空器、机动车诸物权的变动的生效要件，则会产生负面的结果。其道理如下：《物权法》第24条明文规定登记为这些物权变动的对抗要件，而作为对抗要件的登记，难以时时、事事地表征着真实的物权关系，换句话说，登记所昭示的物权关系与真实的物权关系有时不一致。因此，假如把登记作为船舶、航空器、机动车诸物权变动的生效要件，就可能误将已经变动的船舶、航空器、机动车的物权关系当作尚未变动的物权关系，或者误将尚未变动的物权关系作为已经变动的物权关系看待。属于前者的例证有若干，例如，甲已经将作为买卖物的船舶现实地交付给了买受人乙，但尚未办理过户登记手续，若依据登记为船舶物权变动的生效要件说，则会仍然认为该船舶归甲所有，即使第三人明知该船舶所有权已经移转给乙的事实，乙也无权对抗该第三人。这显然违背了《物权法》第24条规定的规范意旨。属于后者的例证同样存在，例如，甲已经将作为买卖物的船舶现实地交付给了买受人乙，随后又将该船舶登记在第二个买受人丙的名下。于此场合，丙本来没有取得该船舶的所有权，但按照登记为船舶物权变动的生效要件说，则得出丙已经取得该船舶所有权的结论。这显然是不符合客观实际的，不适当地侵害了乙的合法权益。避免此类弊端的有效办法，就是坚持这样的观点：交付为船舶、航空器、机动车诸物权的变动的生效要件，登记仅为对抗善意第三人的要件。法释［2012］8号第10条第1项、法释［2016］5号第6条及第20条已经承认了这种观点。

［论争］

最高人民法院于2012年5月出台了法释［2012］8号，于第10条规定："出卖人就同一船舶、航空器、机动车等特殊动产订立多重买卖合同，在买卖合同均有效的情况下，买受人均要求实际履行合同的，应当按照以下情形分别处理：（一）先行受领交付的买受人请求出卖人履行办理所有权转移登记手续等合同义务的，人民法院应予支持；（二）均未受领交付，先行办理所有权转移登记手续的买受人请求出卖人履行交付标的物等合同义务的，人民法院应予支持；（三）均未受领交付，也未办理所有权转移登记手续，依法成立在先合同的买受人请求出卖人履行交付标的物和办理所有权转移登记手续等合同义务的，人民法院应予支持；（四）出卖人将标的物交付给买受人之一，又为其他买受人办理所有权转移登记，已受领交付的买受人请求将标的物所有权登记在自己名下的，人民法院应予支持。”对此，有些专家、学者提出批评意见，理由是机动车办理过户登记的，按照相关的行政法规，要交验车辆，所以一般会先取得交付，这就意味着法释［2012］8 号第 10 条关于交付与登记冲突时以交付为准的规定，是不正确的。[①] 对此，本书作者回应如下：首先，在方法论上，只有举证证明交付为机动车物权的变动的生效要件会发生极不适当的后果时，才有一定的说服力，才有必要修正法释［2012］8 号第 10 条的规定；否则，应当坚持该条规定。因为该条规定符合《物权法》第 24 条等规定的文义、体系、目的。其次，交验车辆再予登记的事实，也颠覆不了法释［2012］8 号第 10 条的规定。其道理在于，如果交付、登记这两者一致，无论是坚持以交付为机动车物权的变动的生效要件的方案，还是采取登记为机动车物权的变动的生效要件的方案，都不会出现不适当的结果。如此，只有坚持前者才是可取的态度，因为前者符合《物权法》第 24 条等规定的文义、体系、目的。再次，如果交付、登记这两者不一致，且属于出卖人基于机动车买卖合同而将该机动车交付给第一买受人，却将该车登记在第二买受人的名下，则表明登记机关违反了操作规程，至少属于登记错误，甚或是出卖人与第二买受人恶意串通，损害第一买受人的合法权益，或是出卖人或买受人与登记工作人员之间合谋，予以恶意登记。在这种情况下，改采以登记为机动车的物权变动的生效要件，意味着默认了登记机关的违规操作，保护了恶意之人，颠倒了是非；坚持以交付为机动车物权的变动的生效要件，才会避免这些缺点。最后，从第二买受人的角度看，出卖人与第二买受人签订机动车买卖合同，属于无权处分，第二买受人要善意取得，很难，因为按照《物权法》第 24 条的规定，登记只是对抗要件，不是物权变动的生效要件，在不符合《物权法》第 23 条的规定的情况下，难谓其无重大过失。

在这里，存在着疑问和争论：面对法释［2012］8 号第 10 条第 1 项和第 4 项关于交付是机动车物权变动的生效要件，登记是对抗善意第三人的要件的解释，登记到底具有什么样的价值/意义？本书作者的回应是，登记在机动车等特殊动产场合仍然具有价值/意义，主要表现在以下几个方面：(1) 从行政管理的角度讲，对特殊动产设置登记制度，便于管理，便于掌握信息，便于处理问题，便于众人查询。(2) 一般地说，登记较之占有能更为准确/真实地反映物权关系，对于特殊动产设置登记制度，能降低物权关系在外观与真实方面的不一致情况。(3) 由于交付/登记均为特殊动产物权的公示方法，判断特殊动产物权的真实状态，不得单纯地信赖交付（占有），而应同时关注交付（占有）和登记。在交付（占有）和登记一致的情况下自无问题，在两者不一致的场合，就应当进一步核实，确定哪一种公示反映真实的物权关系。这对于判断买受人是否为善意特别重要。

---

① 这是有些专家、学者于中国民法学研究会 2013 年 9 月 29—30 日在西南政法大学召开的年会上提出来的观点。

如果以上认识是正确的，那么，便有如下结论：

登记名义人享有机动车的所有权，占有人却主张该机动车归自己享有，于此场合如何认定机动车的所有权归属？对此，区分若干情况加以分析，从中观察将交付作为机动车所有权移转的生效要件是否不当。

（1）登记名义人甲享有机动车的所有权，但将之出卖并交付与乙，于此场合，甲负有协助办理过户登记手续的义务，占有人乙诉请该机动车归自己所有，属于给付之诉，应当得到支持。

（2）登记名义人甲享有机动车的所有权，但将之出借或出租与乙，于此场合，乙若主张该机动车的所有权，欠缺原因行为，自然不应获得支持。但这不是否定交付为机动车所有权移转的生效要件、支持登记为机动车所有权移转的生效要件的理由，因为借车合同（使用借贷合同）和租赁合同均非引发物权变动的法律行为。

（3）登记名义人甲享有机动车的所有权，乙拾到该车，不予归还，反倒主张该车归自己享有。于此场合，按照《物权法》第107条的规定，该车肯定归甲所有，乙负返还原物的义务；乙拒不返还，符合《民法通则》第117条第1款的规定，构成侵权，按照《侵权责任法》第15条的规定，乙应负返还财产的责任。但这同样不是否定交付为机动车所有权移转的生效要件、支持登记为机动车所有权移转的生效要件的理由，因为乙拾到机动车的事实行为不是引发物权变动的原因，这里不存在基于法律行为而发生物权变动的现象，也就不涉及交付抑或登记作为物权变动的生效要件的问题。

（4）登记名义人甲享有机动车的所有权，乙偷盗该车，不予归还，反倒主张该车归自己享有。于此场合，更应将该车确权与甲。这同样不是否定交付为机动车所有权移转的生效要件、支持登记为机动车所有权移转的生效要件的理由，因为乙偷盗该车的事实行为完全不属于基于法律行为而发生物权变动的范畴，也就不涉及交付抑或登记作为物权变动的生效要件的问题。

（5）登记名义人甲享有机动车的所有权，不知谁将该车放置于乙的庭院之内，乙据此主张该车的所有权。这与上文"（3）"的情形类似，结论应当一样，不再赘述。

（6）机动车所有权人甲将该机动车出卖与乙，并办理了过户登记手续。其后，甲不当地取回该车，又将之出卖并交付给丙，构成无权处分。由于丙负有注意义务，在占有、登记均为机动车权属的公示方法的模式下，不得单纯地凭借占有的事实来推定机动车所有权的归属，而应既看该车的占有事实又须查询该车的登记信息，综合情况，全面分析，而后判断。于此场合，不宜认定丙为善意，从而不成立善意取得。就是说，在这种情况下，以交付作为机动车所有权移转的生效要件，也不会导致不当的后果。

［探讨］

《物权法》第24条与第23条的规定，在个案中的适用，宜区分情况而作回答：（1）甲将其A船卖与乙，且已交付并办理了过户登记手续，后又卖与丙，无法交付和登记。于此场合，乙取得A船的所有权，并能对抗包括丙在内的一切人，应无疑问。甲和丙之间构成出卖他人之物的关系，按照《合同法》第51条的规定，乙有权不予追认甲和丙之间的买卖A船的合同，该合同因而消灭，丙不能请求甲履行合同，将A船交付并过户，只能依据《合同法》第58条的规定，请求甲承担缔约过失责任。不过，按照法释［2009］5号第15

条关于“出卖人就同一标的物订立多重买卖合同，合同均不具有合同法第五十二条规定的无效情形，买受人因不能按照合同约定取得标的物所有权，请求追究出卖人违约责任的，人民法院应予支持”的规定，买卖A船的合同有效，但不影响A船所有权的归属，只是因甲无法将A船交付并登记给丙，成立违约责任。(2) 甲将其A船卖与乙，尚未交付和登记，又将该船卖与丙，同样没有交付和登记。于此场合，两个买卖A船的合同都有效，按照债权平等和债务人任意履行的原则，谁先请求甲履行合同，甲也满足此项请求，则该买受人取得A船的所有权；当然，虽然后请求甲履行合同，但甲先满足该项请求，后请求者同样取得该船的所有权。需要说明，司法实务中，有些判决没有遵循债权平等和债务人任意履行的原则，在有证据证明后一签订合同者明知一物多卖时，就不支持他（它）取得买卖物。对此，本书作者持折中的立场，如果有证据证明一物多卖符合《合同法》第52条第2项关于恶意串通损害第三人合法权益的规定的，可确认合同无效，恶意的买受人不得取得买卖物，否则，还是应当坚持债权平等和债务人任意履行的原则。(3) 甲将其A船卖与乙，尚未交付和登记，后又卖与丙，已经交付且办理了过户登记手续。于此场合，丙应当取得该船的所有权，并可对抗包括乙在内的所有的人。乙没有取得该船的所有权。(4) 甲将其A船卖与乙，已经交付，但未办理过户登记手续，后又卖与丙，没有交付和登记。于此场合，乙取得该船的所有权，但不能对抗包括丙在内的善意第三人。丙没有取得该船的所有权。(5) 甲将其A船卖与乙，且已交付，但未办理过户登记手续；后又卖与丙，没有交付但办理了过户登记。于此场合，乙取得了A船的所有权，但因尚未办理过户登记，不能对抗善意第三人；丙若不知甲已经将A船卖与乙的事实且无重大过失时，则构成善意，乙也不能对抗丙。不过，丙和甲之间没有交付A船的行为，按照《物权法》第23条的规定，丙并未取得A船的所有权。如何解开此扣？本书作者认为，应当准用《物权法》第19条第1款的规定，乙有权凭A船买卖合同和基于合法占有该船的事实，请求登记部门更正登记。丙若书面同意更正，问题迎刃而解，若不同意，因证据确凿，登记部门也应予以更正。更正后，乙及时办理登记，对抗他人。同时，甲也有义务和权利请求登记部门注销登记，因丙的A船所有权不符合事实。(6) 甲将其A船卖与乙，尚未交付，但已办理过户登记手续；后又卖与丙，已经交付但尚未办理过户登记手续。于此场合，丙取得了A船的所有权，但因尚未办理过户登记手续，不能对抗善意第三人；乙若不知甲已经将A船卖与丙的事实且无重大过失，则构成善意，丙也不能对抗乙。不过，乙和甲之间没有交付A船的行为，按照《物权法》第23条的规定，乙并未取得A船的所有权。在这种情况下，仍应准用《物权法》第19条第1款的规定，丙有权凭A船买卖合同和基于合法占有该船的事实，请求登记部门更正登记。乙若书面同意更正，登记部门就注销乙的登记，将A船的所有权登记在丙的名下；乙若不同意，则因证据确凿，登记部门也应予以更正。更正后，丙及时办理登记，对抗他人。同时，甲也有义务和权利请求登记部门注销登记，因乙的A船所有权不符合事实。(7) 甲将其A船卖与乙，交付采取了占有改定的方式，也办理了过户登记手续。此后，甲又与丙签订了A船的买卖合同，并将A船现实交付与丙。于此场合，谁取得A船的所有权？首先，乙取得了A船的所有权应无疑问。甲与丙之间的买卖关系为出卖他人之物的合同关系，按照《合同法》第51条的规定，乙若追认甲和丙之间的买卖合同，则该合同有效，丙可取得A船的所有权，乙丧失A船的所有权；乙若不追认甲和丙之间的买卖合同，则该合同归于消灭，丙是否取得A船，取决于如下因素：丙为善意时，买卖价格又合理，则基于《物权法》第106

条第1款的规定取得A船的所有权；丙为恶意时，或虽为善意但买卖价格不合理的，则不能取得A船的所有权。需要指出，法释〔2009〕5号第15条和法释〔2012〕8号第3条的规定，虽然修正了《合同法》第51条的规定，甲和丙之间的买卖合同有效，不受乙追认与否的左右，也不受丙善意恶意的影响，但A船所有权的归属不因此而受影响。特别需要指出的是，最高人民法院于2012年6月出台的法释〔2012〕7号，于第10条规定："出卖人就同一船舶、航空器、机动车等特殊动产订立多重买卖合同，在买卖合同均有效的情况下，买受人均要求实际履行合同的，应当按照以下情形分别处理：（一）先行受领交付的买受人请求出卖人履行办理所有权转移登记手续等合同义务的，人民法院应予支持；（二）均未受领交付，先行办理所有权转移登记手续的买受人请求出卖人履行交付标的物等合同义务的，人民法院应予支持；（三）均未受领交付，也未办理所有权转移登记手续，依法成立在先合同的买受人请求出卖人履行交付标的物和办理所有权转移登记手续等合同义务的，人民法院应予支持；（四）出卖人将标的物交付给买受人之一，又为其他买受人办理所有权转移登记，已受领交付的买受人请求将标的物所有权登记在自己名下的，人民法院应予支持。"最高人民法院于2015年12月通过的法释〔2016〕5号第6条规定："转让人转移船舶、航空器和机动车等所有权，受让人已经支付对价并取得占有，虽未经登记，但转让人的债权人主张其为物权法第二十四条所称的'善意第三人'的，不予支持，法律另有规定的除外。"尽管笔者不赞同其中"均未受领交付，也未办理所有权转移登记手续，依法成立在先合同的买受人请求出卖人履行交付标的物和办理所有权转移登记手续等合同义务的，人民法院应予支持"的规定，但它毕竟已经发生了法律效力，在审判实务中恐怕会得到遵循。

（二）动产物权的抛弃

动产所有权的抛弃，属于无相对人的单独行为，其构成需要有抛弃的意思表示和脱离对该动产的占有。脱离对动产的占有，是物权变动需要公示的要求。

动产质权、留置权的抛弃，属于有相对人的单独行为，其构成需要向因抛弃而直接受其利益之人（出质人、留置物所有权人）为抛弃的意思表示和交付质物或留置物。交付质物、留置物也是物权变动需要公示的要求。

三、非基于法律行为而生的动产物权变动

（一）概述

非基于法律行为而生的动产物权变动，其原因包括人民法院的判决、仲裁委员会的裁决、行政机关的征收、继承、混同、善意取得、先占、添附、标的物灭失等。人民法院的判决、仲裁委员会的裁决、行政机关的征收、继承在不动产物权的变动中已经介绍过，此处不赘。动产物权的消灭，以下仅介绍混同、标的物灭失和主权利消灭三种情况。

（二）动产物权的取得

1. 动产物权的善意取得

（1）概述

动产物权的善意取得，是指转让人转让他人的动产，受让人于取得该动产的占有时为善意，则取得该动产的所有权的现象。就其构成而言，它和不动产物权善意取得本应有些差别，但由于《物权法》在同一个条文里一并规定了两者的构成要件（第106条第1款），在

某种程度上模糊了这些差异。对此，需要注意。

（2）构成要件

1）受让人基于交易行为取得动产物权

这里所谓的交易行为，除了标的物限于动产外，其他方面相同于不动产物权的善意取得中的构成，不再赘述。

需要考察和探讨的是，作为善意取得标的物的动产，是有条件限制的。从近代以来，在善意取得适用的范围上，是区分“占有委托物”和“占有脱离物”的。所谓占有委托物，是指基于租赁、保管、借用等合同关系，由承租人、保管人、借用人等实际占有的属于出租人、委托人、出借人等人所有的动产。出租人等人丧失对这些动产的占有，是基于自己的意思。而占有脱离物则是非基于真正权利人的意思而被他人占有的，包括赃物、遗失物、遗忘物、误取物等。占有委托物原则上发生善意取得，而占有脱离物则有条件地发生。[①] 对此，我们应当有条件地参考，对于在拍卖场所拍定占有脱离物，在信托商店购买某物品，等等，承认善意取得。

作为善意取得标的物的动产，占有委托物首当其冲，还有某些无记名有价证券，仓单、提单所表彰的货物等。[②] 票据权利的转让固然依据《票据法》的规定处理，但就其依背书转让而言，在连续背书的过程中也会发生无权处分，故有善意取得制度的适用。记名有价证券需要依背书转让的场合，同样存在着善意取得的现象。股权可否善意取得，学说存有分歧，各有所据，需要继续探讨。

遗失物、漂流物、埋藏物、隐藏物在许多立法例上亦为善意取得的对象，但按照《物权法》的规定，它们原则上不适用善意取得制度，只是原所有权人自其知道或应当知道受让人有偿受让遗失物、漂流物、埋藏物、隐藏物时起，逾 2 年未请求返还的，受让人有权拒绝返还（第 107 条、第 114 条）。对此，可理解为发生了善意取得的效果。

对于赃物，《物权法》立法时的考虑是，对被盗、被抢的财物，所有权人主要通过司法机关依照刑法、刑事诉讼法、治安管理处罚法等有关法律的规定追缴后退回。在追赃过程中，如何保护善意受让人的权益，维护交易安全和社会经济秩序，可以通过进一步完善有关法律规定解决，《物权法》对此可以不作规定。[③] 最高人民法院、最高人民检察院、公安部和国家工商行政管理局联合发布的《关于依法查处盗窃、抢劫机动车案件的规定》第 12 条规定，对明知是赃车而购买的，应将车辆无偿追缴；对违反国家规定购买车辆，经查证是赃车的，公安机关可以根据《刑事诉讼法》第 110 条、第 114 条规定进行追缴和扣押。对不明知是赃车而购买的，结案后予以退还买主。在学说上，有观点主张，赃物若为通过公开市场购买的，或通过严格的拍卖程序获得的，受让人支付了合理的对价，且已经实际占有，则应当善意取得该赃物的所有权。[④] 这符合交易安全的要求，原则上值得赞同，但鉴于《物权法》等现行法在总体上坚持遗失物、漂流物、埋藏物、隐藏物归其所有权人享有，所有权人不明时归国家的原则，考虑到《物权法》对遗失物仅仅在第三人善意受让该遗失物，遗失物

---

① 梁慧星、陈华彬：《物权法》，4 版，208 页，北京，法律出版社，2007。

② 参见谢在全：《民法物权论》（上册），修订 2 版，450～451 页。

③ 胡康生主编：《中华人民共和国物权法释义》，244 页。

④ 王利明、尹飞、程啸：《中国物权法教程》，144～145 页。

所有权人自其知道或应当知道该事实时起满2年未请求返还的场合，才例外地承认该第三人取得该遗失物的所有权（第107条中段），在价值评价方面，赃物的善意取得不得较遗失物的善意取得更为宽松，因而，本书作者赞同对赃物例外情况下的善意取得同样适用《物权法》第107条中段的规定。[①]

至于债权，不属于动产，不是动产善意取得的客体，至为明显。[②] 但可否为其他权利的善意取得的对象？在欠缺公示方式的债权场合，不得适用善意取得制度，为通说。对于已经公示的债权，如票据所表彰的债权，股票所表彰的股权[③]，大额可转让存单等，可适用善意取得制度。[④]

2）受让人在受让动产物权时为善意

受让人在受让动产物权时为善意，是善意取得的必要条件。此处所谓善意，依据法释［2016］5号第15条的规定，是指“受让人受让……动产时，不知道转让人无处分权，且无重大过失”的状态（第1款）。就是说，在《物权法》上，善意在不动产物权的善意取得和动产物权的善意取得中具有相同的意义。

在此强调，因为《物权法》第23条、第24条将船舶、航空器、机动车的物权变动模式设计成交付为生效要件、登记为对抗要件，所以，在判断交易相对人善意与否时，需要综合考虑交易相对人对于交付和登记的关注度。换句话说，交易相对人单凭信赖交付而忽视登记就与转让人从事船舶或航空器或机动车的交易，不宜被认定为构成善意；只有对交付和登记均予关注才可认定为善意。例如，甲将其汽车出卖与乙，办理了登记而未交付，接着将该车出卖与丙，交付了但未登记。于此场合，丙不核实登记便信赖甲对该车的占有，并推定其享有所有权，就是具有重大过失的，不构成善意。

此处所谓“受让人受让该……动产时”，按照法释［2016］5号第18条的规定，“是指……动产交付之时”（第1款）。“当事人以物权法第二十五条规定的方式交付动产的，转让动产法律行为生效时为动产交付之时；当事人以物权法第二十六条规定的方式交付动产的，转让人与受让人之间有关转让返还原物请求权的协议生效时为动产交付之时”（第2款）。“法律对……动产物权的设立另有规定的，应当按照法律规定的时间认定权利人是否为善意”（第3款）。

所谓《物权法》第25条规定的方式，即简易交付，于此场合，动产已在买受人等受让人之手，故法律行为生效时物权移转，将法律行为生效之时确定为“受让”之时，确有道理。

所谓《物权法》第26条规定的方式，即指示交付，于此场合，动产在第三人之手，故转让人与受让人之间有关转让返还原物请求权的协议生效时发生物权变动，将转让人与受让人之间有关转让返还原物请求权的协议生效之时确定为“受让”之时，能够成立。

所谓“法律对……动产物权的设立另有规定的，应当按照法律规定的时间认定权利人是

---

① 赃物的善意取得在构成要件上不得较遗失物的善意取得为宽，这是汤文平博士于2010年2月17日向本书作者提出的建议，特此致谢！

② 谢在全：《民法物权论》（上册），修订2版，451页。

③ 当然，准确地说，股权不是债权。

④ 谢在全：《民法物权论》（上册），修订2版，451页；黄松有主编：《〈中华人民共和国物权法〉条文理解与适用》，330页。

否为善意”，例如，按照《物权法》第230条关于“债务人不履行到期债务，债权人可以留置已经合法占有的债务人的动产，并有权就该动产优先受偿”的规定，留置权的成立不是自债权人占有债务人的动产时，而是债务人不履行到期债务时，由此决定，留置权的善意取得场合确定善意的时间点，不是看债权人占有第三人的动产时知情与否或有无重大过失的不知，而是看债务人不履行到期债务时债权人不知占有的是第三人的动产，并且对于不知也无重大过失。

在举证责任的分配方面，“真实权利人主张受让人不构成善意的，应当承担举证证明责任”（第2款）。不过，“受让人受让动产时，交易的对象、场所或者时机等不符合交易习惯的，应当认定受让人具有重大过失”（法释［2016］5号第17条），无须真实权利人举证证明。例如，在机场、车站以极为低廉的价格出售手机、笔记本电脑、名表等，买受人贪图便宜而购买，应当认定其有重大过失。而在拍卖场所拍定拍卖物、在信托商店购买物品，即使价格便宜，也不宜认定其有重大过失。

3）受让人受让动产物权所应（已）支付的价格合理

以合理的价格，是《物权法》所要求的动产善意取得的另一要件。其意义与本书关于不动产物权的善意取得中的阐释相同，此处不赘。

需要指出的是，质权善意取得场合，按照《物权法》第106条第3款的规定，是参照《物权法》第106条第1款的规定，故不宜强调价格及其合理这个要件。

4）动产已经被受让人占有

动产所有权的移转以交付为生效要件，除非法律另有规定（《物权法》第23条）。动产未交付，动产所有权便未移转，受让人自然没有取得动产的所有权。正所谓善意取得必须依据一个外部标记，而这个标记在动产物权中就是占有。[①]“转让人将物权法第二十四条规定的船舶、航空器和机动车等交付给受让人的，应当认定符合物权法第一百零六条第一款第三项规定的善意取得的条件”（法释［2016］5号第20条）。

交付，若表现为现实交付、简易交付，让与人已经丧失了对动产的占有，且占有的变动能够从外部识别，发生善意取得，容易理解。但交付表现为占有改定时，由于占有改定表现为受让人取得间接占有，让与人仍然继续占有着动产，是否使受让人善意取得动产所有权，则不无疑问。《德国民法典》第933条明文规定，以占有改定方式让与动产的，必须是非所有权人的让与人已经把该动产交付给受让人时，受让人才取得该动产所有权。[②]《物权法》对此未设明文，有学说主张，善意取得制度涉及真正权利人（原权利人）和权利取得人（受让人）间的利益衡量，受让人既然是以占有改定受让占有，让与人仍继续占有标的物，此与真正权利人系信赖让与人而使之占有动产完全相同，实难谓受让人的利益有较诸原所有权人的利益更应受保护的理由，何况真正权利如所有权的保护，乃民法甚至宪法的优先价值秩序，所以，占有改定场合，不应发生善意取得[③]，除非让与人已将动产交付给了受让人。这说理透彻，值得我们借鉴。

---

① ［德］鲍尔、施蒂尔纳：《德国物权法》（上册），张双根译，64页。

② ［德］托马斯·吕福纳：《间接占有与善意取得》，张双根、王洪亮译，载张双根、田士永、王洪亮主编：《中德私法研究》（第2卷），48页，北京，法律出版社，2007；谢在全：《民法物权论》（上册），修订2版，451页。

③ 谢在全：《民法物权论》（上册），修订2版，454页。

在指示交付的场合，由于转让人对于标的物欠缺占有，受让人虽然与转让人就该标的物的买卖、赠与等交易签订了合同，但也没有取得占有，若严格贯彻善意取得的意旨，也不发生善意取得。对此，上文“二、基于法律行为而生的动产物权变动”中已经讨论过，不再赘言。

［反思］

站在立法论的立场上，《物权法》将动产物权的善意取得和不动产物权的善意取得统一规定在同一个条文，极易模糊两者的差异，似有斟酌的余地。未来修法或制定新法时，宜分别规定，且明晰地规定两者在构成要件及举证责任方面的不同。

（3）法律效力

1）受让人取得动产的所有权，并且是原始取得，但有所变形，即受让人在受让动产时知道或应当知道动产上存在着抵押权等负担的，这些负担继续存在于该动产之上（《物权法》第 108 条）。

2）受让人取得动产物权，系因法律基于保护交易安全的需要，受让人终局地保有所取得的动产物权。但受让人于其尚未付清价款时，应就该价值形态的利益，负返还不当得利的义务。当然，存在着相反的意见，认为于此场合的不当得利返还不宜采取差额说，于是，动产可回归原物权人之手。

3）原物权人既已丧失了物权，可视具体情况而请求让与人承担违约责任（限于他们之间存在租赁、保管、借用等关系场合），或侵权损害赔偿，或不当得利返还（在让与人取得对受让人的对价场合）。

4）让与人嗣后又取得让与标的物的所有权时，无论是否由于让与人的恶意安排，或是让与人的偶然复得，如巧合地购买了标的物，或是让与人和受让人之间让与标的物的关系不复存在，让与人再取回占有，解释上均认为让与人不能取得物权，原物权人的物权因而复活，该标的物上的负担也一并复活。①

2. 拾得遗失物

（1）概述

拾得遗失物，在有些立法例上，拾得人可以在一定时间后获得该物上的所有权，属于基于法律规定的原始取得。② 但在《物权法》上，拾得人不能取得遗失物的所有权，应当将之返还权利人（第 109 条前段）；遗失物自发布招领公告之日起 6 个月内无人认领的，归国家所有（第 113 条）；不过，在第三人善意受让该遗失物，遗失物所有权人自其知道或应当知道该事实时起满 2 年未请求返还的场合，该第三人取得该遗失物（第 107 条中段）。

（2）构成要件

1）必须为遗失物。所谓遗失物，是指非基于占有人的意思而丧失占有，现在无人占有且非为无主物的动产。据此可知，遗失物的构成，必须具备如下要件：A. 必须是占有人丧失占有。是否丧失占有，应依社会观念及客观情况决定。控制力一时不能实现，不属于丧失占有。例如，占有之物偶然落于他人土地上，不属于遗失物。在公共场所忘置的物品，则因该场所为公众所出入，占有人对该物的事实上的支配力已经丧失，属于遗失物。B. 占有人

① 谢在全：《民法物权论》（上册），修订 2 版，457 页。

② ［德］鲍尔、施蒂尔纳：《德国物权法》（下册），申卫星、王洪亮译，513 页以下。

丧失占有必须非基于占有人的意思。占有人同时为所有权人的场合，则其占有的丧失系由于自己的意思的，成为所有权的抛弃，该物品属于无主物，而非遗失物。C. 必须现在无人占有。动产虽然不是因占有人的意思而脱离占有，但如该动产现在有人占有的，仍不属于遗失物。D. 必须是动产，且为有主物。因为不动产在性质上不可能遗失，无主物适用先占规则，而非遗失物规则。遗失物是否限制流通物或禁止流通物，在所不问，因为遗失物返还并不涉及流通问题，但这不妨碍有关机关依照法律、行政法规的规定采取相应措施。例如，对于遗失违禁物品采取相应措施。[①]

2）必须有拾得行为。拾得遗失物，是指发现他人遗失物而占有的事实行为。如果只是发现而不占有，不构成拾得。所谓发现，是指认识到物之所在。而占有系对标的物的事实上的支配力。如此，发现后指示其雇员或其他占有辅助人为占有的，固属拾得；执勤警察查获遗失物的场合，应将警察所属的公安局认定为拾得人。还有，拾得遗失物是一种事实行为，未成年人也可以拾得。判断拾得的标准，是对遗失物进行了占有，而不是发现了遗失物。[②]

（3）法律效力

1）拾得人的义务

拾得人占有遗失物后，据为己有，则构成侵权行为，由侵权行为法调整；若拟将之返还给遗失人，则与遗失人之间产生无因管理关系，其中，拾得人负有告知、保管以及返还等义务（《物权法》第109条、第110条、第111条）。

在无因管理关系中，拾得人负有将拾得遗失物的事实通知遗失人的义务。至于通知方式，可以是口头的，也可以是书面的。只要发出通知，拾得人即履行了其义务。通知必须及时。通知费用、送交费用由遗失人承担。

如果拾得人不愿意进行通知或通知不能的（如不知道遗失人是谁），拾得人可以将拾得物交给公安等有关部门（《物权法》第109条）。

有关部门收到遗失物，知道权利人的，应当及时通知其领取；不知道的，应当及时发布招领公告。

应当自拾得遗失物之日起20日内通知所有权人、遗失人等权利人领取，或送交公安等有关部门（《物权法》第110条）。公安等有关部门不履行通知和招领义务或履行不及时的，应当承担相应的责任。

拾得人在将遗失物送交有关部门前，应当妥善保管遗失物，其义务基础为无因管理。有关部门在遗失物被领取前，也负有保管义务，但该保管义务是公法行为还是私法行为，在法律上并不明确。根据《物权法》第111条后段的规定，因故意或重大过失致使遗失物毁损、灭失的，应当承担民事责任。在这里，承担责任的主体包括拾得人和有关部门。拾得人和有关部门对于遗失物毁损、灭失承担的民事责任，主要是损害赔偿。

2）权利人支付费用的义务

A. 权利人向拾得人或有关部门支付保管遗失物等支出的必要费用

权利人领取遗失物时，应当向拾得人或有关部门支付保管遗失物等支出的必要费用（《物权法》第112条第1款）。权利人支付必要费用的义务与拾得人返还遗失物义务，构成

① 谢在全：《民法物权论》（上册），修订2版，476～478页。

② 同上书，479页。

同时履行关系，拾得人在权利人未支付必要费用时，可以援用《合同法》第 66 条的规定，主张同时履行抗辩权，暂时拒绝返还遗失物。

B. 权利人向受让人支付相应费用

遗失物通过转让被他人占有的，权利人自知道或应当知道受让人之日起 2 年内向受让人请求返还原物，但受让人通过拍卖或向具有经营资格的经营者购得该遗失物的，权利人请求返还原物时应当支付受让人所付的费用（《物权法》第 107 条中段）。

3）拾得人的报酬请求权

《物权法》并未规定拾得酬金，但权利人悬赏寻找遗失物的，领取遗失物时应当按照承诺向拾得人支付报酬（《物权法》第 112 条第 2 款）。拾得人基于悬赏广告的报酬给付请求权不因将遗失物送交有关部门而受影响。

需要注意，拾得人侵占遗失物的，无权请求保管遗失物等支出的费用，也无权请求权利人按照悬赏广告支付报酬（《物权法》第 112 条第 3 款）。所谓拾得人侵占遗失物，是指拾得人在返还请求权人提出返还请求后无正当理由拒绝返还遗失物，或对遗失物无权处分的情形。

4）遗失物归国家所有

遗失物自发布招领公告之日起 6 个月内无人认领的，归国家所有（《物权法》第 113 条）。

5）遗失物由第三人善意取得

该遗失物通过转让被他人占有的，权利人自知道或应当知道受让人之日起满 2 年未向受让人请求返还原物的，受让人有权拒绝返还遗失物（《物权法》第 107 条中段），取得该物的所有权。

需要注意，受让人取得遗失物的所有权不同于典型的善意取得，主要表现在：受让人取得遗失物的所有权，不但必须具备《物权法》第 106 条第 1 款规定的三项构成要件，而且需要遗失物所有权人自知道或应当知道受让人之日起满 2 年未向受让人请求返还原物。

［探讨］

《物权法》第 107 条中段规定，遗失物所有权人有权自知道或应当知道受让人之日起 2 年内向受让人请求返还原物。该原物返还请求权属于物权请求权，因为它符合《物权法》第 34 条规定的构成，及第 107 条前段规定的文义。

此处的 2 年期间为一不变期间，无中止、中断和延长的余地，故非诉讼时效期间。由于遗失物所有人请求受让人返还原物的权利为物权请求权，而非形成权，该 2 年期间亦非除斥期间。由于学说把《合同法》第 158 条规定的异议期间、《担保法》第 25 条和第 26 条规定的保证期间解释为权利失效期间①，不妨对《物权法》第 107 条规定的 2 年期间作同样的理解。

3. 拾得漂流物

漂流物，是指漂流在水面而占有人丧失其占有的遗失物。拾得属于遗失物的漂流物，《民法通则》第 79 条第 2 款将拾得遗失物、漂流物和失散的饲养动物并列规定，所以，对于漂流物应当适用关于遗失物的有关规定。单从立法技术方面审视，《物权法》第 114 条规定

---

① 崔建远主编：《合同法》，4 版，182～183、384～385 页，北京，法律出版社，2007。

拾得漂流物参照拾得遗失物的有关规定，不尽妥当。

4. 发现埋藏物、隐藏物

埋藏物、隐藏物，是一个长期处于隐藏状态的物，其所有权人是谁并不明确。如果所有权人明确，则不能适用埋藏物规则（参照《关于民法通则的意见》第 93 条）。埋藏物不同于无主物，并不以所有权人抛弃为前提；埋藏物也不同于遗失物，不一定是无人占有的。

所谓发现，是指认识埋藏物、隐藏物之所在。发现埋藏物重在于发现而不在于取得其占有。发现，为事实行为，未成年人也可以为发现行为。

在德国法上，发现人与埋藏着埋藏物之物的所有权人各取得一半的所有权，其基本考量是对“发现”予以奖励。[①]

根据中国《民法通则》第 79 条第 1 款的规定，所有人不明的埋藏物、隐藏物，归国家所有。接受单位应当对上交的单位或个人，给予表扬或物质奖励。《物权法》第 114 条规定，发现埋藏物或隐藏物的，参照拾得遗失物的有关规定。文物保护法等法律另有规定的，依照其规定。简要地说，就是应将所发现并占有的埋藏物或隐藏物返还给所有权人，所有人不明的，交由国家有关机关发布招领公告，自公告之日起 6 个月内无人认领的，由国家取得所有权（《物权法》第 113 条）。

根据《文物保护法》第 5 条第 1 款规定，中华人民共和国境内地下、内水和领海中遗存的一切文物，属于国家所有。第 6 条规定了文物属于集体和私人的情况。法律规定文物属于国家所有的情况下，就没有适用埋藏物规则之余地。

5. 孳息的所有权取得

天然孳息，由所有权人取得；既有所有权人又有用益物权人的，由用益物权人取得。当事人另有约定的，依其约定（《物权法》第 116 条第 1 款）。

法定孳息，当事人有约定的，依其约定；无约定或约定不明确的，按照交易习惯确定（《物权法》第 116 条第 2 款）。

6. 动产的添附

（1）添附概述

添附是附合、混合和加工的总称。所谓附合，是指分别归属于两个或两个以上主体的物密切结合在一起，在社会交易上已认为形成了新物，虽能辨别原物，但无法分离或分离后会大大降低新物的价值。所谓混合，是指不同所有人的动产互相混合，不能识别或识别需要的费用过大的情况。所谓加工，是指对他人所有之物进行加工改造，使之成为新物。

（2）附合

1）动产与不动产附合

动产与不动产附合，简称为不动产附合，是指动产与他人的不动产相结合，成为其重要成分，而发生动产所有权变动的法律事实。

其构成要件为：A. 必须是动产与不动产附合，即附合的，必须为动产，被附合的，为不动产。至于附合的原因，系出于当事人的行为，或第三人的行为，或系由于自然力，均非所问。在附合的原因系人的行为场合，也不关注善意恶意的因素。若人的行为构成侵权，由侵权人向动产所有权人承担侵权损害赔偿责任，不影响附合的构成及发生的法律效果。

---

① ［德］鲍尔、施蒂尔纳：《德国物权法》（下册），申卫星、王洪亮译，519 页。

B. 必须是动产成为不动产的重要成分。所谓重要成分，是指两物结合后，非经毁损或变更其物的性质，不能分离的成分。所谓毁损，不仅系对附合物而言，分离如足以造成附合的动产或被附合的不动产毁损的，也属于毁损。两物的结合，必须不是暂时性的，而是继续性的。C. 动产与其附合的不动产必须分属于不同的主体，因为若同属于一人，附合物的所有权早已确定地归属于该人，无须借助附合规则确定所有权的归属。[①] 至于是否需要“不具有使用不动产的权利”的要件，存在着不同意见。[②]

值得讨论的是上述构成要件是否需要微调？国有的泥沙与国有的堤岸、海岸、滩涂相结合形成涨滩时，显然是结合之前的动产与不动产同属于一个所有权人。单就这点而言，依传统的不动产附合构成要件衡量，此类涨滩不应适用附合规则。可是，于此类涨滩场合，原来的泥沙所有权已经不复存在，堤岸所有权或海岸所有权或滩涂所有权已经发生了变更，换言之，动产所有权消失了，不动产所有权变更了，遵循法律关系的设立、变更或终止必得由法律事实引起的通说，于此场合的法律事实是什么？遵循法律事实的分类理论检索，不动产附合似乎处于首选位置，理由如下：A. 不动产附合规则调整的生活事实是动产（附合物）与不动产结合在一起，形成一个不动产，原来的动产（附合物）成为不动产的重要成分，失去独立之物的性质。涨滩场合国有的泥沙与国有的堤岸、海岸、滩涂相结合，泥沙成为堤岸、海岸、滩涂的重要成分。从物理的层面观察，这与不动产附合规则调整的生活事实一模一样。在这个层面的逻辑结论应是不动产附合规则理所应当地适用于此类涨滩。B. 为什么传统的不动产附合规则理论却反其道而行之呢？原来不动产附合规则建立的初衷是，法律彻底贯彻一物一权主义，在本由数人分别享有所有权的动产、不动产附合时，使附合物所有权单一化而归由一人取得，达到维护添附物经济价值的目的，避免纷争，有利于社会秩序。[③] 换句话说，不动产附合规则不是为解决动产和不动产同属一人但二物结合为一物时确定所有权的问题而出现的，是专为处理动产和不动产分属不同之人但二物结合为一个不动产时确定所有权归属的问题而设计的，故其构成要件中未认可动产和不动产同属一人。但是，自然界，社会上，有些事物有异变，有些制度有辐射作用，在满足一定条件时，可以“顺手牵羊”，附带解决相关问题。笔者认为，不动产附合规则可以延伸至国有的泥沙与国有的堤岸、海岸、滩涂结合为一个不动产的领域，就是这样的道理。C. 传统的不动产附合规则强调附合物与不动产分属于不同的所有权人的理由，即“动产与其附合的不动产必须分属于不同的主体，因为若同属于一人，附合物的所有权早已确定地归属于该人，无需借助附合规则确定所有权的归属”[④]，忽略了附合物所有权消灭、不动产所有权变更这类法律关系的变更、终止必然有、必须有法律事实，而于此场合相对贴切的法律事实就是“附合”，规制“附合”这类法律事实的法律制度正是不动产附合规则。不动产附合，就是附合物与被附合的不动产结合在一起，形成一个新的不动产。附合物与被附合物归属的不同没有改变这个客观现象。D. 假如不求助于不动产附合规则，另觅其他法律事实及其法律规则，在笔者的知识储备里未见到比附合更贴切的。既然如此，莫不如修正不动产附合规则，承认不动产附合构成要件

---

① 谢在全：《民法物权论》（上册），修订2版，510～511页。

② 同上书，520～522页。

③ 谢在全：《民法物权论》（上册），449页。

④ 谢在全：《民法物权论》（上册），454页。

存在例外，在涨滩场合不强求附合物泥沙与被附合物堤岸、海岸、滩涂分属于不同的所有权人。

动产与不动产附合的法律效力表现为：A. 当事人有约定的，依其约定；没有约定又协商不成，能够拆除的，可以责令拆除（《关于民法通则的意见》第86条前段）；不能拆除的，不动产所有权人取得动产的所有权，且为原始取得。附合行为人纵然是无权处分，被附合物的所有权人即使为恶意，也不改变所有权变动的这项规则，只是发生侵权责任或不当得利返还义务。B. 动产所有权因之消灭。该动产上的其他权利亦然。不动产经此附合后，物权遂发生确定的终局的效力，即使日后该物再被分为两个物，也不发生权利回复的问题。C. 丧失动产权利而遭受损害的主体，可根据实际情况而依侵权损害赔偿（《关于民法通则的意见》第86条后段）或不当得利返还的规定，请求救济。D. 抵押物因附合使其所有权归第三人所有的，抵押权的效力及于抵押人因此而可以获得的补偿金；原抵押物所有人取得了该附合物所有权的，抵押权的效力及于附合物；第三人与原抵押物所有人共同取得附合物的所有权的，抵押权的效力及于抵押人对共有物享有的份额（法释［2000］44号第62条）。

［反思］

《关于民法通则的意见》第86条所谓“附属物”“能够拆除的”等措辞给人的印象是动产与不动产尚未结合成一个物，或动产与动产还在各自独立。这与附合的本质属性不符。此其一。《关于民法通则的意见》第86条的路径尚有矫正的空间，如“折价归财产所有人”容易使人认为失去独立之物地位的动产价值几何，而非不动产、动产因添附而增值多少。其实，添附场合发生的不当得利返还范围，不以被添附的动产的原来价值作为确定标准。此其二。《关于民法通则的意见》第87条关于“有附属物的财产，附属物随财产所有权的转移而转移。但当事人另有约定又不违法的，按约定处理”的规定中所谓“附属物随财产所有权的转移而转移”，表述也不专业：(1) 添附场合已无“附属物”了。(2)“随财产所有权的转移而转移”中的“财产”不知所指何物，若是不动产添附场合中的不动产，则其所有权没有转移。(3) 添附场合失去独立地位的动产，其所有权不是原封不动地转移给不动产的所有权人或形成的新物的所有权人，而是所有权消失，不动产所有权发生变更，新物新产生一个所有权，也可以说原动产所有权发生变更。此其三。

［辨析］

某《房屋租赁合同》第9.1条规定：“租赁期间内，承租人以建设、装修、安装、购置、更换等各种形式投资形成的装修、设备、设施、不动产及其他附属物、附着物等各种形式的资产的所有权属于承租人。”第9.3条规定：“上述租赁期间内所有权归承租人的新增资产，因合同提前终止或合同期满后承租人不再续约，承租人撤场时，除可移动的独立设备、设施以及货物和货架外，其他须以不可重新安装的破坏性拆除方式体现的资产，其所有权自动归属出租人，承租人不得拆除。”其中包括动产被附合在不动产的情形，且为当事人约定了附合物的归属。按照《关于民法通则的意见》第86条前段的规定，一方面应当承认该约定的法律效力，同时也应注意到，动产被附合于不动产场合，动产的所有权因被不动产的所有权吸收而不复独立存在，承租人已经丧失了这些动产的所有权。所以，该约定称“租赁期间内，承租人以建设、装修、安装、购置、更换等各种形式投资形成的装修、设备、设施、不动产及其他附属物、附着物等各种形式的资产的所有权属于承租人”，其中涉及已被附合到房屋上的动产仍归属于承租人的约定，显然背离了添附规则和物的重要成分的理论。如果约定这部分资产属于出租人和承租人共有，则顺理成章。

2）动产与动产附合

动产与动产的附合，是指不同所有权人的两个以上的动产，相互结合，非经毁损不能分离或分离需要的费用过高，而发生动产所有权变动的法律事实。

其构成要件为：A. 必须是动产与动产附合。其附合，可能是出于人为，也可能由于天然力。若为人为，可能是恶意所为，也可能是善意所为。B. 两个或两个以上的动产必须分属于不同的主体。C. 必须是非经毁损不能分离或分离需要的费用过高。[①]

动产与动产附合的法律效力表现为：A. 动产与动产附合形成的物，叫作合成物。对此，当事人有约定的，依其约定（《关于民法通则的意见》第 86 条前段）。没有约定又协商不成的，原则上由各个动产的所有权人共有该合成物。其应有部分（份额），按照动产附合时的价值比例加以确定。需要注意，这里存在着例外。其一，动产与他人的动产附合，如果出于该动产所有权人的恶意，即所谓恶意的附合，该恶意之人不得取得合成物的所有权或共有权。[②] 这体现了诚实信用原则，值得重视。其二，如果附合的动产，其中的动产被视为主物的，则该主物的所有权人取得合成物的单独所有权，而非共有。[③] 所谓可视为主物，并非果真存在着主从关系，只是依据一般交易观念，如动产的价值、效用或其性质等因素，认定某动产可视为主物。[④] B. 主物所有权人取得合成物的所有权时，该主物的原所有权并未消失，该主物上既存的第三人的权利不仅继续存在，而且其效力扩及全部合成物上。C. 从物的所有权因附合而归于消灭，该从物上存在的第三人的权利归于消灭。不过，该第三人的权利为担保物权时，该担保物权可代位存在于从物所有权人的赔偿金请求权上。D. 动产所有权人共有合成物时，各个所有权人的原所有权归于消灭，各个动产上既存的权利原则上也归于消灭。但是，各个动产所有权人对于合成物享有应有部分（份额），该应有部分在经济上应视为原动产所有权的代替物，如果既存的权利为担保物权，该担保物权应代位存在于合成物的应有部分上。[⑤] E. 丧失动产所有权而遭受损害的主体，可根据实际情况而依侵权损害赔偿（《关于民法通则的意见》第 86 条后段）或不当得利返还的规定，请求救济。

3）混合

所谓混合，是指分属不同主体的两个以上的动产，互相结合，不能识别或识别所需费用过高，而发生所有权变动的法律事实。

其构成要件为：A. 必须是动产与动产混合。混合的情形，有固体和固体的混合，有液体和液体的混合，有气体和气体的混合。B. 两个或两个以上的动产分属于不同的主体。C. 必须是不能识别或识别所需费用过高。

其法律效力表现为：A. 各个动产所有权人，按其动产混合时的价值，共有混合物。如果混合的动产有可视为主物的，该主物所有权人取得混合物的所有权。但在恶意混合场合，

---

① 谢在全：《民法物权论》（上册），修订 2 版，514 页。

② 同上书，515 页。

③ ［德］鲍尔、施蒂尔纳：《德国物权法》（下册），申卫星、王洪亮译，445 页以下；谢在全：《民法物权论》（上册），修订 2 版，515 页。

④ 谢在全：《民法物权论》（上册），修订 2 版，515 页。

⑤ 同上书，515～516 页。

恶意的动产所有权人不得取得混合物的所有权或共有权。B. 丧失动产所有权的主体，可基于不当得利或侵权损害赔偿请求救济。C. 抵押物因混合使其所有权归第三人所有的，抵押权的效力及于抵押人因此而可以获得的补偿金；原抵押物所有人取得了该混合物所有权的，抵押权的效力及于混合物；第三人与原抵押物所有人共同取得混合物的所有权的，抵押权的效力及于抵押人对共有物享有的份额（法释［2000］44号第62条）。

4）加工

所谓加工，是指利用他人的动产制造新物。其构成要件包括：A. 加工标的物限于动产。对于不动产施以工作，不适用民法关于加工的规则，而依无因管理或不当得利的规定处理。有问题的是，对数个动产予以加工，制造出的新物为不动产的，如何解决。例如，利用他人的建筑材料建造成新楼，是否适用加工的规则？有学者采取肯定的见解，值得重视。但需要注意，在出资合建房屋的情况下，当事人有约定且合法有效时，建筑物所有权的归属依其约定；若约定无效，适用《物权法》第30条和第142条的规定解决。B. 加工的材料必须为他人所有。C. 必须有加工行为。加工行为系事实行为。加工通常皆出于人为，该加工人为善意或恶意，一般不予考虑，但是，恶意加工的结果，不仅没有增加动产的价值，反倒减少其价值或失去其原有效用的，应无适用加工规则的余地，反倒应当承担侵权责任。① D. 加工规则的适用，是否需要具备加工后形成新物这个要件，前后有所变化。罗马法要求加工物必须制成新物，因为如果没有形成新物，原有的动产（材料）没有变化，其所有权不应发生变动，仍然归属于原所有权人。是否为新物的判断，应按照社会的交易观念确定，通常指在加工后产出的物与原有的动产（材料）各为一物，或其名称或其经济机能已经不同。法国、德国、瑞士的民法均予承继，日本和中国台湾地区的通说也如此解释。值得注意的是，近来有力说认为，加工规则的适用，不以加工后形成新物为必要，只要加工产生的价值显著超过材料的价格时，加工人即可取得该物的所有权。这是因为，近代加工规定的首要立法意旨，已非如罗马法仅仅在于解决动产所有权的变动问题，而是重在鼓励经济价值的创造。由此决定，确定加工人能否取得加工物所有权的标准，不在于加工物是否成为新物，而在于加工物的价值是否已经显著增加。②

还须指出，在高唱合同自由的时代，加工物归属于谁，应由当事人自由决定。如此，根据劳动合同、雇佣合同、委托合同、承揽合同等所为的加工，其成果的归属应依当事人的约定，排除加工规则的适用。③

加工的法律效力表现为：A. 加工物归材料的所有权人享有，但如果加工物所增加的价值明显高于材料价值的，加工物归加工人所有。不过，恶意加工人不能取得加工物的所有权。B. 加工物所有权如属加工人取得，则加工人乃是依据法律规定而取得，而非基于他人既存的权利，故属原始取得。于此场合，材料所有权人的权利消灭，该材料上的其他权利也

---

① 谢在全：《民法物权论》（上册），修订2版，530页。

② ［日］我妻荣：《日本物权法》，有泉亨修订，李宜芬校订，287～288页；［日］舟桥纯一：《物权法》，371页，东京，有斐阁，1979；［日］川岛武宜编辑：《注释民法》（7），五十岚清执笔，295页，东京，有斐阁，1984；［日］星野英一：《民法概论Ⅱ·物权·担保物权》，130页，东京，良书普及会，1994；［日］广中俊雄：《物权法》，2版，414页，东京，青林书院，1989；苏永钦：《论动产加工的物权及债权效果》，载苏永钦：《民法经济法论文集》（第1册），205页，自版，1988；谢在全：《民法物权论》（上册），修订2版，531页。

③ 参见［日］我妻荣：《日本物权法》，有泉亨修订，李宜芬校订，281～282页。

随之消灭。但是，法释［2000］44 号规定，抵押物因加工使其所有权归第三人所有的，抵押权的效力及于抵押人因此而可以获得的补偿金；原抵押物所有人取得了该加工物所有权的，抵押权的效力及于加工物；第三人与原抵押物所有人共同取得加工物的所有权的，抵押权的效力及于抵押人对共有物享有的份额（第 62 条）。

7. 先占

所谓先占，是指以所有的意思，占有无主的动产，而取得所有权的现象。其法律性质为事实行为。

［论争］

其实，关于先占的法律性质，素有争论。(1) 法律行为说。该说认为，以所有的意思占有无主物，该所有的意思即为取得所有权的效果意思，故先占为法律行为。(2) 准法律行为说。该说认为，先占乃以意思为要素的准法律行为中的非表现行为，因为先占并非实现私法自治的制度，而是法律对于一定的意思行为，承认其具有取得所有权效果的制度。[①] (3) 事实行为说。该说认为，法文所谓"以所有的意思"，并非效果意思，不过指事实上对物有完全支配管领的意思，而基于此种占有无主动产的事实，法律遂赋予其取得所有权的效果。故先占为事实行为。现今多采第三说。

先占的构成要件为：(1) 必须以所有的意思而占有（自主占有）。所谓以所有的意思，是指有将占有的动产归于自己控制的意识，换句话说，乃事实上欲与所有权人立于同一支配地位的意思，所以，先占对于作为无主物的动产，只需要有占有事实行为的能力即可，虽然要求具有意识能力，但不强求具备完全行为能力。(2) 必须为无主物。所谓无主物，是指现在不属于任何人所有的物。至于该物是否曾经属于他人，则非所问，所以，经所有权人抛弃之物，仍属无主物。对于抛弃物，一般需要物的原所有权人有抛弃该物的意思表示，同时，该物应处于无人占有状态。由于现行法规定，水流、海域、城市土地、森林、山岭、草原、荒地、滩涂等自然资源属于国家所有（《物权法》第 46 条以下），法律规定属于国家所有的野生动植物资源，属于国家所有（《物权法》第 49 条），无线电频谱资源属于国家所有（《物权法》第 50 条），农村的土地等属于集体组织所有（《物权法》第 58 条），生长在土地上的植物为土地的成分，生活于中国水域的水生动植物为水域的组成部分，均有所有权人，无主物实在不多。不过，抛弃物为无主物，且并不鲜见。(3) 必须为动产。按照现行法，土地属于国家所有或集体所有，地上建筑物、构筑物及其附属设施归建设用地使用权人所有，或归宅基地使用权人所有，或归集体土地使用权人所有（《物权法》第 142 条前段）及其准用，均非无主物，不得因所谓先占而取得所有权。

先占的法律效力表现为，占有人以所有的意思占有（自主占有）无主之物时，取得该物的所有权。先占取得，不是基于他人既存的权利而取得，故属于原始取得。

现行法尚未规定先占，但拾得抛弃物的现象却较为常见，需要承认先占制度。

（三）动产物权的消灭

1. 混同

所谓动产物权的混同，是指两个并无并存必要的动产物权同归一人的法律事实。动产物

---

① 参见［日］我妻荣：《日本物权法》，有泉亨修订，李宜芬校订，276 页。

权的混同，有以下类型，以及相应的效力：

（1）动产所有权与定限物权的混同

所有权与定限动产物权混同时，原则上定限动产物权归于消灭。例如，甲就其所有的古玩为乙设立动产质权，其后因乙购买该古玩而取得其所有权时，所有权和动产质权同归一人，动产质权因混同而归于消灭。不过，定限物权的存续，对于所有权人或第三人而言存在着法律上的利益时则不消灭。

（2）定限动产物权与以该定限动产物权为标的物的权利混同

定限动产物权与以该定限动产物权为标的物的权利混同，以该定限动产物权为标的物的物权原则上归于消灭。例如，甲以其在乙所有的古董上的动产抵押权（随同债权）为丙设立权利质权，其后丙因继承而取得该动产抵押权时，则该动产抵押权（定限物权）与以之为标的物的权利质权，同归一人，其权利质权消灭。[①]

2. 标的物灭失

标的物灭失，物权失去附丽，失去价值，失去意义，得归于消灭。但是，担保物权中的抵押权和质权，因担保物灭失而得受赔偿金时，该赔偿金因为担保物之代替物，其效力得及于该代替物，故此时担保物权并不消灭。

3. 主权利消灭

动产质权、动产抵押权和留置权均以被担保债权的存在为自己存续的前提，被担保债权消灭，它们也随之消灭。

---

① 王泽鉴：《民法物权·通则·所有权》（总第1册），增补版，143页。

第四章　物权保护

第一节　物权保护概述

物权保护，包括私法上的保护和公法上的保护。

公法对物权的保护方式，首先是宪法上的所有权保障制度。鉴于 1982 年《宪法》以及历次修正案都只规定了可以征用土地却未规定予以合理补偿，未规定对公民的私有财产实行征收或征用时给予合理补偿，未凸现私有财产不可侵犯，实务中发生了相当的征收土地补偿不合理或不到位的情况，出现了违法侵害公民的私有财产权的案件，使农民丧失了生活来源及谋生手段，影响了社会稳定，第十届全国人民代表大会第二次会议于 2004 年 3 月 14 日通过了《中华人民共和国宪法修正案》，修正后的《宪法》规定："国家为了公共利益的需要，可以依照法律规定对土地实行征收或者征用并给予补偿"（第 10 条第 3 款）。"公民的合法的私有财产不受侵犯"（第 13 条第 1 款）。"国家依照法律规定保护公民的私有财产权和继承权"（第 13 条第 2 款）。"国家为了公共利益的需要，可以依照法律规定对公民的私有财产实行征收或者征用并给予补偿"（第 13 条第 3 款）。所有这些，都是公法对物权保护的宪法制度，并成为公法和私法保护物权的最高效力的法律基础。

由于《土地管理法》《城市房地产管理法》等明确要求进行房地产开发建设不得以集体所有的土地为建设用地，必须以国有土地为建设用地，将集体所有的土地征收为国有，然后再将建设用地使用权出让给房地产开发建设之人，就成为一个较为普遍的现象；由于房屋拆迁在目前成为备受关注的社会问题，作为一个独立于征收的制度存在着诸多不顺，而应作为征收制度的一个环节，以理顺各项关系；由于征收补偿问题尚有完善的空间，《物权法》特设第 42 条、第 121 条和第 132 条，加强了对集体土地所有权人、土地承包经营权人、建设用地使用权人和房屋所有权人的合法权益的保护，完善了征收制度。

公法对物权的保护，还包括刑法保护和行政法保护。刑法保护是通过刑事诉讼程序，用刑事制裁的方法，惩罚犯罪，追回财产，威慑和教育他人不要侵害所有权及其他物权，从而保护所有权及其他物权。行政法的保护是通过行政诉讼程序，用行政措施的方法，同侵害所有权及其他物权的不法行为作斗争，从而保护所有权及其他物权。[①]

实体法上的物权保护，若无完整的诉讼程序上的权利保护制度与之相配套，则犹如无刃之剑。对于物权的刑法保护适用刑事诉讼程序，行政法的保护适用行政诉讼程序，现行法未设宪法法院及其相应的程序。

---

① 佟柔主编：《民法原理》（修订本），146 页；陈国柱主编：《民法学》，2 版，141 页；李由义主编：《民法学》，184 页；王利明：《物权法论》（修订本），96 页。

私法对物权的保护，可分为物权法上的救济和债法上的救济。前者指物权确认请求权和物上请求权，物上请求权又包括物权的请求权和占有人的物上请求权。后者包括侵权行为法上的损害赔偿请求权和不当得利返还请求权。[①]

关于债法上的救济方式，在现行法上，首推侵权责任的方式。例如，《物权法》规定："造成不动产或者动产毁损的，权利人可以请求修理、重作、更换或者恢复原状"（第 36 条）。"侵害物权，造成权利人损害的，权利人可以请求损害赔偿"（第 37 条前段）。通说认为，这些责任方式均属侵权损害赔偿责任。

[辨析与论争]

(1) 在中国，停止侵害、排除妨碍、消除危险、返还财产，究竟是侵权责任的方式，还是归属于物权请求权的范畴，存在着严重的分歧。一种观点认为，《民法通则》第 117 条第 1 款规定的返还财产，第 117 条第 2 款规定的恢复原状，第 134 条第 1 款规定的停止侵害、排除妨碍、消除危险、返还财产、恢复原状、赔偿损失、消除影响、恢复名誉、赔礼道歉等民事责任的方式，都属于侵权责任的方式。民法应当单纯地以侵权责任保护物权，而排斥物权请求权的模式。[②] 本书作者则主张，把返还原物（返还财产）、停止侵害、排除妨碍、消除危险纳入物权请求权的范畴，建构物的返还请求权、排除妨害请求权（妨害除去请求权）、消除危险请求权（妨害防止请求权），另外再设置侵权损害赔偿制度，以及不当得利返还制度，共同作为物权的保护制度。[③] 《侵权责任法》虽然将停止侵害、排除妨碍、消除危险、返还财产规定为侵权责任的方式（第 15 条），但不意味着该项思考没有价值，在解释论的层面上需要探讨归责原则与这些责任方式之间的匹配关系，该项工作将在本书的下文进行；在立法论的层面上仍有反思的必要，该项工作非本书的任务，本书作者将另撰专文，加以研究。

(2)《物权法》第 36 条和第 37 条规定的损害赔偿请求权，究竟是侵权行为法上的救济方式，还是物权法上的保护方法，甚或是物权请求权，亦有不同的看法。有主张为物权请求权的[④]，有赞同为所有物返还请求权的、从请求权（次请求权）的[⑤]，但多数说坚持为侵权损害赔偿请求权。不同的观点直接影响到法律后果，更涉及理论构成乃至不同法律制度的分野，需要深入研究。

在现行法上，债法的救济方式还有不当得利返还请求权（《民法通则》第 92 条）。

关于物权法上的救济，《物权法》专设"物权的保护"一章，规定了物权确认请求权

---

① 王泽鉴：《民法物权·通则·所有权》（总第 1 册），增补版，67 页；王利明：《物权法论》（修订本），96～97 页。

② 详细阐述，见魏振瀛：《论民法典中的民事责任体系——我国民法典应建立新的民事责任体系》，载《中外法学》，2001 (3)，353～362 页；魏振瀛：《论请求权的性质与体系——未来我国民法典中的请求权》，载《中外法学》，2003 (4)，385～410 页；《关于民法典中民事责任新体系的思考》，北京大学民法研究中心 2004 年"私权的勃兴"民法学术研讨会论文，见 http://www.civillaw.com.cn/Article/default.asp?id=15328；王轶：《物权保护制度的立法选择》，在民法沙龙上所作的报告，2006 年 6 月 10 日。

③ 详细论述，见崔建远：《土地上的权利群研究》，401～433 页；崔建远：《论物权救济模式的选择及其依据》，载《清华大学学报》（哲学社会科学版），2007 (3)，111～116 页。

④ 梁慧星主编：《中国物权法草案建议稿：条文、说明、理由与参考立法例》，210 页。

⑤ 王洪亮：《论所有权人与占有人关系——论所有物返还请求权及其从请求权》，载王洪亮、张双根、田士永主编：《中德私法研究》（第 1 卷），69～89 页。

（第 33 条）、物权请求权（第 34 条、第 35 条）。

债法的救济方式，由债法教科书叙述，此处不赘。以下专就物权法的保护方式加以介绍和讨论。

第二节 权利推定

对物权进行保护，以证明物权的存在为前提条件。但这种证明在个案中往往非常困难，于是法律对此设有减轻的措施，即在动产的占有和不动产登记簿的登记上，附着以某种权利的推定。

一、为动产占有人的利益而为的权利推定

1. 享受推定利益的占有人

为动产占有人的利益，推定占有动产之人为该动产的所有权人。这就是所有权推定。《物权法》对此虽然未设明文，但其第 106 条规定的善意取得、第 245 条第 1 款规定的占有请求权等，都折射出它已经承认了这种所有权推定。

有学说认为，为动产占有人的利益而为的权利推定，扩及于质权，但绝不能扩及于因行使一项债权而对物实施占有之人。由此可得出结论：权利推定仅为那些以自主占有人或质权占有人身份，对物实施占有的占有人的利益而作出。他主占有人不能为自己而主张所有权推定，否则，会产生本质上的矛盾。[①] 这是正确的，中国法及其理论亦应如此。

存在占有媒介关系时，所有权推定仅仅对作为自主占有人的间接占有人作出。在多层次占有的情况下，所有权推定仅为最高层次的间接占有人作出。[②]

2. 推定的限制

为动产占有人的利益而为的权利推定，在适用范围上受有限制。例如，盗窃、侵夺、抢劫或遗失等场合，动产非基于物权人的意思而脱离其占有，不得推定占有人就盗赃物或遗失物等享有所有权。不过，金钱或无记名证券非基于占有人的意思而脱离其占有时，可推定占有金钱或无记名证券之人拥有所有权。[③]

3. 前占有人

为动产的前占有人的利益，推定其随着取得占有也取得动产物权，且该权利存续至今。这种推定的效果，多在为现占有人的利益的权利推定被推翻时，才显现出来。不过，在现占有人为他主占有，对其不能为所有权推定的情况下，这种推定也会立即显现。但须注意，他主占有人若为占有媒介人，则推定间接占有人为所有权人。[④]

二、与不动产登记簿相联系的权利推定

《物权法》第 16 条第 1 款关于“不动产登记簿是物权归属和内容的根据”的规定，承认

---

① ［德］鲍尔、施蒂尔纳：《德国物权法》（上册），张双根译，177 页。

② 同上书，177 页。

③ 同上书，177～178 页。

④ 同上书，178 页。

了权利正确性推定。[①]

就已经登记在不动产登记簿上的权利是否存在有疑问或争议时，据此权利推定，即可认定已经登记在不动产登记簿上的权利存在。在某权利在不动产登记簿上的记载已被注销的情况下，据此权利推定，可以认定该权利已不存在。

该项权利正确性推定适用于土地所有权、建设用地使用权、宅基地使用权、土地承包经营权、房屋所有权、抵押权、质权等物权，不适用于已登记的或已被注销的处分权限制，也不适用于不动产登记簿中所包含的事实性陈述事项。但须注意，如果某一权利根本就没有登记，则不得因此而推定该项权利不存在。[②]

该项权利推定为可推翻的推定。在积极推定（权利存在的推定）的情况下，为推翻该项推定，必须证明已经登记的权利在事实上不存在，而且必须证明该项权利除了在不动产登记簿中被宣示外，也不能以其他方式获得其成立。[③]

第三节　物权确认请求权

一、物权确认请求权的定性与定位

《物权法》第 33 条规定："因物权的归属、内容发生争议的，利害关系人可以请求确认权利。"其中，在物权的内容发生争议的情况下，利害关系人请求确认的权利，包括请求确认物权的边界、物权的顺序、物权得对抗人的范围等。在财团抵押权、浮动抵押权等场合，确认物权的内容，还包括于抵押权行使之际确认抵押物的范围。分析这些内容，可知有的属于妨害排除请求权，有的属于物的返还请求权。就是说，请求确认物权内容的权利，应当属于物权请求权的范畴。其内容将在下文"物权请求权"中讨论，此处不赘。

与此不同，在物权的归属发生争议的情况下，利害关系人请求确认的权利，叫作物权确认请求权，或称确认物权的请求权。其性质和地位如何，一直存在着不同的认识。有学者认为物权确认请求权属于物上请求权[④]，有的学者主张物权确认请求权属于物权请求权[⑤]，有的学者则主张，物权确认请求权虽然是保护物权的方法，但不属于物权请求权的范畴。[⑥]

本书赞同后一观点，理由有三：(1) 从物权请求权系基于物权而生的权利这点思考，物权的必定存在应当是物权请求权产生的前提，没有物权便没有物权请求权。物权确认请求权发生于物权是否存在或物权归属于谁有疑问的场合，不好断言物权一定存在。没有物权的人也享有物权确认请求权，这与物权请求权乃物权效力的表现明显不同。(2) 物权请求权的行使，既可以采取自力救济的方式，更可以甚至必须依赖公权力。而物权确认请求权的行使，

---

① 胡康生主编：《中华人民共和国物权法释义》，53 页。

② 参考［德］鲍尔、施蒂尔纳：《德国物权法》（上册），张双根译，180～181 页。

③ 同上书，181 页。

④ 郭明瑞、唐广良、房绍坤：《民商法原理（二）·物权法·知识产权法》，60 页，北京，中国人民大学出版社，1999。

⑤ 王利明主编：《中国物权法草案建议稿及说明》，206～210 页；梁慧星：《物权法草案（第二次审议稿）若干条文的解释与批判》，载易继明主编：《私法》（第 5 辑·第 1 卷），20 页。

⑥ 崔建远：《土地上的权利群研究》，376 页。

必须求助于公权力。如果是通过诉讼的方式行使，《物权法》规定的物权确认请求权与《民事诉讼法》设置的确认之诉，就呼应配合，相得益彰。（3）物权请求权的行使，发生使物权恢复到圆满状态的结果，确定地产生实体法上的效果。物权确认请求权的行使则不然，不要说行使者没有物权时不产生实体法上的效力，就是真实的物权人行使物权确认请求权，仅仅凭借此权是无法使物权恢复到圆满状态的，必须再借助于物权请求权，甚至于必须同时依据《物权法》第19条、第28条、第29条、第30条、第142条等条款，才会产生实体法上的效果。换句话说，物权确认请求权只是一条通道，在对物权的归属有争议的场合，欠缺它，行使者即使果真享有物权，也难以使其物权恢复到圆满状态；只有沿着它前进，再结合有关权利或制度，才会使物权恢复到圆满状态。从这个意义上说，物权确认请求权不是基于物权本身而产生，而是基于程序制度而享有，它属于程序上的权利。① 就此看来，也不宜把物权确认请求权归属于物权请求权。

物权确认请求权是物权保护请求权的一种。② 在物权确认请求权的行使者就是物权人的情况下，物权确认请求权的行使确实保护了物权，因而《物权法》把它作为物权的保护方法，是可取的。

［辨析与讨论］

梁慧星教授等学者认为，物权确认请求权不是诉讼法上的权利，而是实体法上的权利。③ 本书作者认为，《物权法》主要为实体法的规范，但也有若干程序法的规定。其第33条即属程序法的范畴，它规定的物权确认请求权属于程序上的权利。

二、权利人和确认人

按照《物权法》第33条的规定，物权确认请求权的主体为与物权有利害关系的人。这里的利害关系人，包括物权人本人，物权人的监护人及其他近亲属，委托代理人，指定代理人。在合建房屋合同不成立、被确认无效或被撤销的情况下，主张对建成的房屋享有所有权的出资人，属于《物权法》第33条所指的利害关系人。在亲朋好友出资，帮助宅基地使用权人建造住房，主张对建成的住房拥有所有权的情况下，这些亲朋好友也属于《物权法》第33条所指的利害关系人。在登记错误的情况下，登记名义人和真实的物权人都是《物权法》第33条所指的利害关系人。

有权确认物权的归属的人，包括行政机关、人民法院和仲裁机构。之所以如此，是因为普通民事主体既不拥有行政裁决权，也不拥有司法裁判权或仲裁裁决权，无权对物权的归属作出权威性判定，私力的救济和判断终不能从根本上解决争议。④

三、物权确认请求权的内容

物权确认请求权的内容，是请求确认物权的归属。所谓确认物权的归属，就是确认物权

---

① 梁慧星教授认为，物权确认请求权是一种诉权（参见梁慧星：《物权法草案（第二次审议稿）若干条文的解释与批判》，载《民商法学》，2005（8），13页）。季秀平博士认为，物权确认请求权具有裁判请求权的属性（参见季秀平：《物权之民法保护制度研究》，115页，北京，中国法制出版社，2006）。

② 胡康生主编：《中华人民共和国物权法释义》，85页。

③ 梁慧星主编：《中国物权法草案建议稿：条文、说明、理由与参考立法例》，207页。

④ 黄松有主编：《〈中华人民共和国物权法〉条文理解与适用》，135～136页。

的权利主体，即确认对特定的物权享有直接支配和排他权利的权利人，如所有权人、用益物权人、担保物权人。[①] 至于请求确认物权的内容，则非属物权确认请求权的内容，而属于物权请求权的范畴。

四、物权确认请求权与诉讼时效

物权确认请求权不应适用诉讼时效制度[②]，因其不是实体法上的权利。

第四节 物权请求权

一、物权请求权的概念

物权请求权，即物权所具有的请求权，是指物权人于其物权受到侵害或有被侵害的危险时，基于物权而请求侵害人为一定行为或不为一定行为，使物权恢复到原有状态或侵害危险产生之前的状态的权利。它包括物的返还请求权、排除妨害请求权（或曰妨害除去请求权，含停止侵害请求权，下同）、消除危险请求权（或曰妨害防止请求权）。它们具有如下法律性质：

1. 物权请求权是物权所具有的请求权。

物权请求权是物权所具有的请求权，没有物权就不会有物权请求权，或是占有自力救济权，或是占有保护请求权，或是债法上的请求权。

物权请求权应被承认的根本理由在于，物权为对标的物的直接的支配权，即享有物权的人欲实现物权的内容，无须他人行为的存在。但当物权内容的实现，因属他人支配的范围内而受到妨碍时，虽是享有物权的人，也不允许以侵害他人的支配来实现其物权的内容，因此，物权必须具有对处于支配该妨碍情由地位的人请求除去其妨害的力量。否则，物权就会有名无实。[③] 这种法律赋予的力量，就是物权请求权。

［引申与探讨］

就物上请求权和物权请求权两个概念之间的关系，学说上存在着分歧。含义相同说认为，物上请求权就是物权请求权。[④] 对此，有的学者直截了当地断言，有的学者则通过对物上请求权的界定表达出这个观点，有的学者则兼而有之。不同概念说则认为，物上请求权系物权请求权的上位概念，不但包括物权请求权，还含有基于占有而产生的请求权。[⑤]

本书作者认为，日本学者把物上请求权等同于物权请求权，可能与日本民法把占有当作物权有关。由于占有系一种物权，基于占有而产生的请求权自然为基于物权而产生的请求

---

① 黄松有主编：《〈中华人民共和国物权法〉条文理解与适用》，136 页。

② 梁慧星主编：《中国物权法草案建议稿：条文、说明、理由与参考立法例》，211 页；王利明主编：《中国物权法草案建议稿及说明》，208 页。

③ ［日］我妻荣：《日本物权法》，有泉亨修订，李宜芬校订，20 页。

④ 史尚宽：《物权法论》，10 页；郑玉波：《民法物权》，修订 12 版，24 页；寇志新总编：《民法学》，314～315 页；梁慧星主编：《中国物权法研究》（上），89 页；陈华彬：《物权法原理》，97 页；魏振瀛主编：《民法》，208 页。

⑤ ［德］曼弗雷德・沃尔夫：《物权法》，吴越、李大雪译，143 页；王泽鉴：《民法物权・通则・所有权》（总第 1 册），增补版，65 页；谢在全：《民法物权论》（上册），修订 2 版，48 页；王利明：《物权法论》（修订本），96 页。

权，即属于物权的请求权，属于物上请求权。这样，物上请求权和物权请求权的外延完全相同，其实，其内涵也一致。郑玉波教授等曾经留学日本，可能受日本民法学的影响，把物上请求权和物权请求权视为同一个概念。

与此不同，德国民法把占有作为一种事实，不看作一种物权，若把物权请求权只作为基于物权产生的请求权，则显然不会包括基于占有而生的请求权，即不包含占有人的物上请求权。如果把物上请求权作为统辖物权请求权和基于占有而生的请求权，则物上请求权便成为物权请求权的上位概念。中国民法同样把占有作为一种事实，而非一种物权，因而，从逻辑严谨的要求着眼，区别物上请求权和物权请求权，把它们作为两个不同的概念使用，更为适当。当然，在行文上，称物的返还请求权、妨害除去请求权、妨害防止请求权为物上请求权，也无错误。只要不把占有人的物上请求权称为物权请求权即符合逻辑。

2. 物权请求权是物权的消极权能。

物权请求权属于物权的消极权能。物权，既含有积极权能，也包括消极权能，温德沙伊德甚至将对物权的内容仅仅理解为对他人的禁止，仅仅理解为某种消极的东西。[①] 这种思想至今都在影响着不少学者，例如克尼佩尔教授指出："完全的所有权自由的社会意义不在于所有权人的积极能力，而在于其'消极'一面，即禁令，排除所有其他'法律主体'对于所有权客体的侵犯是该权利的本质时刻。"[②]

这种禁令，排除他人对物权的妨害或妨害之虞的法律之力，首先来自法律的概括规定，如《物权法》第 34 条和第 35 条的规定，形成了法律规范层面上的物权请求权。有无妨害物权的具体行为的发生，或妨害物权的危险是否真实地存在，这种抽象的物权请求权都会存在。这是不能实际行使的，不能诉求的。其次，当妨害物权的具体行为发生，或妨害物权的危险现实地存在，符合了《物权法》第 34 条或第 35 条规定的构成要件时，具体的物的返还请求权、排除妨害请求权或消除危险请求权就会成立。物权人可以实际地行使它们，更可以通过诉讼的方式行使。这是具体意义上的物权请求权，也就是人们所说的物权请求权。

［引申与探讨］

区分抽象意义上的物权请求权和具体意义上的物权请求权，具有意义：(1) 可以用来说明它们各自同物权本体的关系有别。抽象意义上的物权请求权完全蕴藏于物权本体，并非一种独立存在的有形权利，我们只能把它作为物权的有机组成部分看待，不得视为债权、准债权或者一种独立的请求权，等等。具体意义上的物权请求权则具有相对的独立性。(2) 抽象意义上的物权请求权为具体意义上的物权请求权的源泉，没有前者就不会有后者的不断滋生。(3) 抽象意义上的物权请求权不同具体的侵害行为相联系，不适用诉讼时效。具体意义上的物权请求权一经产生，就存在着是否适用诉讼时效（消灭时效）、在多大程度上准用债法的规范等问题。[③] 对此，拉伦茨教授举例说明如下：如果所有人 E 的所有物被偷，后来发

---

① Bernhard Windscheid, Lehrbuch des Pandektenrechts, Erster Band, Literarische Anstalt, Frankfurt a. M., 1990. achte Arflage, S. 140, 141 Anm. 3. 转引自金可可：《温德沙伊德论债权与物权的区分》，载王洪亮、张双根、田士永主编：《中德私法研究》（第 1 卷），165 页。

② ［德］罗尔夫·克尼佩尔：《法律与历史——论〈德国民法典〉的形成与变迁》，朱岩译，杜景林、卢谌校，251 页，北京，法律出版社，2003。

③ 崔建远：《准物权研究》，162～163 页。

现这个物 30 年来一直由 X 占有，由于 X 不是善意占有人，那么，X 就不能根据取得时效来取得这个物的所有权，但同时，由于《德国民法典》第 195 条所规定的消灭时效期间已过，E 对 X 的返还请求权也随之消灭。X 可以以时效抗辩权反对 E 的请求权，并使 E 的请求权不能实现。但是依据《德国民法典》第 985 条，由于所有权人的返还请求权是针对当时的占有人的，所以，针对 X 的返还请求权在 X 因某种理由失去占有的同时也就消失了，从而针对新的占有人取得占有时，发生一个新的返还请求权。如果 Y 取得了这个物的占有，而他又不是 X 的权利继承人，那么，他不能以原来的返还请求权已过时效或以前的时效期间已经届满等理由，来对抗 E 在 Y 取得占有时发生的新的返还请求权。[①]

3. 物权请求权与物权密不可分。

物权请求权既为物权的消极权能，物权的作用，物权的内容，也就是物权的效力。由此决定，物权请求权与物权密不可分。假如物权请求权可以脱离物权本体而消失或归属于他人，那么，当他人无权占有标的物，妨害物权的行使，或有妨害物权的危险时，物权人因无物权请求权可以行使，其物权就会有名无实。

物权请求权因其与物权密不可分，原则上不应适用诉讼时效制度，以免造成它与物权本体相分离，使物权失去防御系统的保护。[②]

由此决定，把物权请求权定性和定位在债权[③]，即不适当。

［引申与探讨］

物权请求权在因特定的侵害行为或妨害行为而产生时，确实是特定主体之间的关系，且以请求相对人为一定行为或不为一定行为为内容。所有这些，都显现出物权请求权具有债权的属性。即使如此，也不宜将其定性为债权，理由如下：(1) 物权请求权存在着抽象的物权请求权与具体的物权请求权，前者在特定的侵害行为或妨害行为出现之前即已存在，除非物权本体消失。显然，抽象的物权请求权的义务主体是不特定的任何人，不符合债权的特征。(2) 这种观点人为地肢解物权本体，因为物权本来是由积极权能与消极权能构成的一个完整的民事权利。其中的消极权能就是物权请求权，把它们作为债权处理，因债权与物权乃并立的两类民事权利，物权本体中不能含有债权，于是只有将物权请求权从物权中分离出去，只剩下积极权能，使之残疾。假如残疾更有利于物权人乃至社会秩序，也可以忍痛割爱，不追求自身的完美，牺牲形式逻辑，但事实恰恰相反。“所有权法的‘积极’作用，即把一种全面对物的支配赋予所有人，必然就有与此相对应的‘消极’作用，即排除一切他人对此物的任何干涉。”[④]“完全的所有权自由的社会意义不在于所有权人的积极能力，而在于其‘消极’一面，即禁令，排除所有其他‘法律主体’对于所有权客体的侵犯是该权利的本质时刻。”[⑤] (3) 债权，除保证债权等为数不多的债权具有从属性，有些不具有让与性之外，大多都是独立的权利，可以不依附于其他权利而存在，而单独让与，并且如今有强化债权自由让与的发展趋势。与此不同，物权请求权“自”物权中产生，并与物权紧密联系在一起，就

① ［德］卡尔·拉伦茨：《德国民法通论》（上册），王晓晔、邵建东、程建英、徐建国、谢怀栻译，谢怀栻校，327 页。

② 参考［日］田山辉明：《物权法》（增订本），陆庆胜译，齐乃宽、李康民审校，18 页。

③ 资料来源：［日］田山辉明：《物权法》（增订本），陆庆胜译，齐乃宽、李康民审校，18 页；谢在全：《民法物权论》（上册），修订 2 版，50～51 页。

④ ［德］卡尔·拉伦茨：《德国民法通论》（上册），王晓晔、邵建东、程建英、徐国建、谢怀栻译，谢怀栻校，257 页。

⑤ ［德］罗尔夫·克尼佩尔：《法律与历史——论〈德国民法典〉的形成与变迁》，朱岩译，杜景林、卢谌校，252 页。

是说，比如所有物返还请求权是不能脱离所有权而单独予以转让的。[①] 不能将所有权的两个方面——积极作用和消极作用——割裂开来，而必须结合起来看。[②]（4）法律适用方面的考虑。若将物权请求权定性为债权，就得适用债法的规则，除非特别排除并有令人信服的理由。而如适用债法规则会带来一系列的麻烦，必须设置不少的例外，如不得单独转让、不适用或大部不适用诉讼时效制度等。显然有自寻烦恼之虞，无形中增添许多工作量。

4. 物权请求权的类型和内容，表现为物的返还请求权、排除妨害请求权、消除危险请求权。

5. 物权请求权的效力，优先于普通债权的请求权的效力。

二、物权请求权存在的必要性

在中国物权立法的过程中，对于物权救济模式的选择，存在着争论。一种意见坚持《民法通则》第 134 条等确立的模式，以侵权责任取代物权请求权[③]；更有创设物权请求权制度的主张[④]；第三种方案是，一方面继续维护《民法通则》第 134 条等确立的模式，即侵权责任方式包括停止侵害、排除妨碍、消除危险、返还财产、恢复原状、赔偿损失，另一方面增设物权请求权制度，承认物权请求权和侵权责任的请求权竞合的观点。[⑤]

本书作者之所以不赞同第三种方案，理由不在于竞合模式损害了绝对权制度，而在于把停止侵害、排除妨碍、消除危险、返还财产作为侵权责任的方式，导致了侵权行为法内部的矛盾。依赖绝对权的请求权自身完全能够救济绝对权遭受侵害或妨碍，当绝对权人行使其绝对权的请求权后仍然存有损害时，通过绝对权的请求权和侵权损害赔偿的共同作用，会使权利人得到完全的救济，并且法律体系内部契合无间。这就决定了采用竞合模式但会使侵权行为法内部产生矛盾这条路径的不可取。此其一。其二，竞合模式的最大优点在于，可供请求权人选择于其有利的请求权，而在物权救济场合，将停止侵害、排除妨碍、消除危险、返还财产等作为侵权责任的方式，并承认这种模式的侵权责任请求权与物权请求权竞合，实际结果是，物权请求权全面优越于这种模式的侵权责任请求权，无论在哪个环节，这种模式的侵权责任请求权都没有物权请求权更有利于物权人。[⑥]

---

① ［德］鲍尔、施蒂尔纳：《德国物权法》（上册），张双根译，13 页。

② ［德］卡尔·拉伦茨：《德国民法通论》（上册），王晓晔、邵建东、程建英、徐国建、谢怀栻译，谢怀栻校，257 页。

③ 魏振瀛：《论债与责任的融合与分离——兼论民法典体系之革新》，载《中国法学》，1998（1），17～29 页；魏振瀛：《论民法典中的民事责任体系——我国民法典应建立新的民事责任体系》，载《中外法学》，2001（3），353～362 页；魏振瀛：《论请求权的性质与体系——未来我国民法典中的请求权》，载《中外法学》，2003（4），385～410 页；魏振瀛：《关于民法典中民事责任新体系的思考》，北京大学民法研究中心 2004 年“私权的勃兴”民法学术研讨会论文，见 http://www.civillaw.com.cn/Article/default.asp?id=15328。

④ 崔建远：《绝对权请求权或侵权责任方式》，载《法学》，2002（11），40～43 页；崔建远：《债法总则与中国民法典的制定》，载《清华大学学报》（哲学社会科学版），2003（4），67～76 页；崔建远：《土地上的权利群研究》，401～433 页；崔建远：《物权救济模式的选择及其依据》，载《吉林大学社会科学学报》，2005（1），116～129 页；崔建远：《论物权救济模式的选择及其依据》，载《清华大学学报》（哲学社会科学版），2007（3），111～116 页。

⑤ 2002 年 12 月 23 日提交全国人民代表大会常务委员会（以下简称全国人大常委会）进行第一次审议的《中华人民共和国民法（草案）》采纳了这种方案；梁慧星教授在全国人大常委会法制工作委员会组织的《中华人民共和国民法（草案）》研讨会上也持此观点。

⑥ 见崔建远：《论物权救济模式的选择及其依据》，载《清华大学学报》（哲学社会科学版），2007（3），112～115 页；崔建远：《绝对权请求权或侵权责任方式》，载《法学》，2002（11），40～43 页。

在此需要指出，上述意见并不否认物权请求权和侵权损害赔偿请求权的竞合，换言之，侵权责任的方式宜为损害赔偿。

本书作者之所以不赞同第一种意见，关键在于，单就物权救济而言，物权请求权制度肯定优越于完全否认物权请求权制度背景下的侵权责任制度。

三、物的返还请求权

（一）概念与构成

物的返还请求权，是指物权人对于无权占有标的物之人，得请求返还该物的权利（《物权法》第34条）。它旨在使物权人获得对标的物的占有。其构成要件如下：

1. 请求权的主体必须是物权人，虽然不是物权人，但依法律规定得行使物的返还请求权的人，如破产管理人、遗嘱执行人、失踪人的财产代管人、国有财产的管理人（国资委等），也可行使物的返还请求权。

在共有物被他人无权占有的情况下，若为按份共有，各个共有人有权就共有物的全部行使物的返还请求权，但回复共有物原状的请求，只在为共有人的全体利益的情况下才可实施；若为共同共有，共有人中的一人或数人行使所有物返还请求权时，无须征得其他共有人的同意，可径直主张；基于他物权请求物的返还请求权，得经其他共有人的同意。①

2. 相对人必须是无权占有人。

（1）无权占有的概念

物权人请求返还标的物，必须是占有人为无权占有。所谓无权占有，是指无正当权源而占有他人之物的状态。至于无权占有的发生原因如何，期间长短，占有人善意或恶意，有无过失，均在所不问。②

（2）无权占有人

无权占有人，包括直接占有人、间接占有人。占有辅助人系受他人指示而占有，非属占有人，不得为请求的对象。例如，甲有A画被乙盗走，乙将之出卖给丙，丙把它寄存于丁处，丁交给其雇员戊保管。在这种情况下，甲行使物的返还请求权的相对人为丙（间接占有人）、丁（直接占有人）。乙不是现在的占有人，戊为丁的占有辅助人，他们二位均不是物的返还请求权行使的对象。③

无权占有人为法人场合，例如，甲的A停车场被乙公司的董事长丙擅自占用，其中，丙系法人机关，对停车场的事实支配归属于乙公司，故乙公司为占有人。于此场合，丙也不是辅助占有人。④

（3）无权占有与占有本权

占有人对占有拥有正当权源的，为有权占有，物权人不得对其行使物的返还请求权。有权占有，可以是基于物权（如建设用地使用权、宅基地使用权、土地承包经营权等）而占有他人之物；也可以是基于债权而占有，如承租人基于租赁合同关系而占有租赁物，借用人基

---

① 王泽鉴：《民法物权·通则·所有权》（总第1册），增补版，167页。

② 同上书，169页。

③ 同上书，168页。

④ 同上书，167页。

于借用合同关系而占有借用物等，均属此类。[①]

（二）举证责任

请求人向相对人主张物的返还请求权，应举证证明自己是物权人，占有人属于无权占有人。在登记物权场合，请求人只要举证自己为登记名义人即可，因为不动产登记簿的记载具有物权的推定力（《物权法》第16条第1款、第106条等）。占有人若对抗请求人，得举证证明请求人欠缺物权。[②]

占有人对请求人享有物权无争议，仅以有权占有为对抗的，得举证证明自己对物的占有存在着正当权源；请求人不负证明占有人无权占有的举证责任。[③]

（三）法律效果

1. 占有物的返还：无权占有人有义务返还占有物，物权人有权请求返还。所谓返还占有物，是指将物复归于物权人在事实上的支配。无权占有他人土地建造建筑物、构筑物及其附属设施的，应拆房还地。[④]

2. 费用负担：返还的费用原则上应由无权占有人负担，但在无权占有的形成，不可归责于双方当事人场合，例如，狂风吹落树枝于邻居的地上，化学污染物被窃贼放置于甲的土地上等，完全由无权占有人负担，有失权衡，在现行法尚无明文的背景下，不妨依据公平原则处理，双方合理负担。

［引申］

（1）对直接占有人、间接占有人为物的返还请求权

甲出借一屋与乙，乙未经甲同意将该屋借给丙使用，丙对甲构成无权占有。在甲和乙的借用合同终止前，甲只能请求丙（直接占有人）将该屋返还给乙（间接占有人）。如果乙不愿或不能受领时，甲可请求丙把该屋返还给自己。[⑤]

甲有一车，被乙盗窃，乙随即将该车出借给丙。乙为间接占有人，丙为直接占有人，对甲均构成无权占有。在这种情况下，甲有权请求丙返还该车，也有权请求乙将其对丙的返还请求权转让给自己。直接占有人和间接占有人均为占有人，应负共同返还义务。

（2）金钱的返还

无权占有的标的物为金钱时，应返还原物，而非偿还价值额。金钱存入银行或其他事由，难以辨别时，适用混合的规定。金钱已经被使用的，只能依据不当得利返还请求权请求返还。[⑥]

（四）物的返还请求权的让与性

物的返还请求权为物权效力之一，不得脱离物权而单独让与。

［引申］

（1）实际上，就物的返还请求权可否单独转让，尚有争论，通说采取否定的见解，认为

---

① 王泽鉴：《民法物权・通则・所有权》（总第1册），增补版，169页。

② 同上书，176～177页。

③④ 同上书，177页。

⑤ 同上书，167页。

⑥ 同上书，178页。

若可单独转让物的返还请求权，会使得物权丧失返还请求权，失去保护，失去其占有和利用的基本功能。

（2）物的返还请求权在结构上与债的请求权相同，可以类推适用《合同法》关于履行的规定。具体些说，A. 关于不能履行的规定：在占有物因灭失、毁损或其他事由致使不能返还时，可类推适用《合同法》第 94 条第 1 项或第 4 项的规定，不再返还原物。B. 关于逾期履行的规定：物的返还请求权，可视情况而决定是否类推适用《合同法》第 107 条等规定。C. 关于不完全履行的规定：物的返还请求权，可视情况而决定是否类推适用《合同法》第 107 条等规定。

（五）物的返还请求权与诉讼时效

物的返还请求权是否适用诉讼时效制度？《民法总则》第 196 条第 2 项区分类型而不同对待：不动产物权和登记的动产物权的权利人请求返还财产的，不适用诉讼时效的规定。

四、排除妨害请求权

（一）概念与构成

排除妨害请求权，按照《物权法》第 35 条的规定，是指物权人于其物权的支配状态被占有以外的方法妨害时，请求妨害物权之人除去该妨害的权利。它包含着《民法通则》第 134 条第 1 款第 1 项规定的停止侵害请求权。它旨在排除已经存在的妨害，使物权恢复至应有的状态。其构成要件如下：

1. 对于物权有妨害

所谓妨害，是指以占有以外的方法，客观上不法阻碍或侵害物权的支配状态。之所以强调不包括以占有的方法妨害物权的支配状态，是因为以占有的方法妨害物权的支配可能性，由物的返还请求权解决。因此，构成排除妨害请求权所需要的妨害，是物权人仍然占有标的物情况下他人不法阻碍或侵害物权的支配状态的情形。

此处的妨害，主要有六类情形：（1）对物的实体的侵害，如无权占据他人的房屋；（2）可量物的侵入，如丢弃废物于他人庭院；（3）无权使用他人之物，如在他人外墙上擅自悬挂广告牌；（4）妨碍物权的行使，如将自己的汽车停放于他人的停车位；（5）否认他人对特定物的物权，即使经过确认之诉，裁判该否认于法无据，仍然否认；（6）不动产登记的错误、遗漏或不实。①

需要注意，妨害和无权占有有时会重合，因而排除妨害请求权与物的返还请求权有时发生竞合。

需要注意妨害与损害的区别：请求排除妨害，不要求举证行为人有过错，而请求损害赔偿，大多需要行为人有过错，因而，区分妨害和损害较为重要。例如，甲在山坡上建造房屋，水土保持不良，建材砂土落入乙在其农地上修建的小水库，水淹农场，房屋倒塌，蔬菜腐烂。其中，砂土淹没水库，属于对物权的妨害。水淹农场、房屋倒塌和蔬菜腐烂，属于给物权造成的损害。前者适用排除妨害请求权制度，后者由侵权行为法解决。②

---

① 王泽鉴：《民法物权·通则·所有权》（总第 1 册），增补版，181 页。

② 同上书，181～182 页。

2. 妨害具有不法性

妨害须为不法，物权人才可以请求排除。物权人有容忍义务的，无妨害排除请求权。至于妨害人对其妨害有无过错，则在所不问。①

容忍义务包括私法上的和公法上的。私法上的容忍义务，可产生于物权人的单方面的同意、一项债权性的允许或合同，如存在着租赁合同；也可以产生于用益物权，如物权人对地役权人通行于其不动产，负有容忍义务；还可以直接基于法律的规定而生，主要情形体现为相邻关系上的容忍义务：来自邻地干涉而生的对物权的妨害，若该干涉是轻微的或为当地通行的，则物权人对该妨害不得提起排除妨害之诉。② 公法上的容忍义务，可产生于公法的规定，也可以产生于具体的行政行为。③

3. 请求权的当事人

请求权的主体为物权人。请求权的相对人，为任何妨害物权的人，包括行为妨害人、状态妨害人。所谓行为妨害人，是指依自己行为对他人的物权为妨害之人，如停车于他人的停车库，放置广告牌于他人的屋顶。妨害人有无过失，在所不问。所谓状态妨害人，是指持有或经营某种妨害他人物权的物或设施之人。例如，甲于其房屋后院植树，被强风吹落于邻居院里，甲为妨害人。④ 状态妨害人对妨害的"状态"在某种程度上须负责任（Verantwortlichkeit）；但此处所谓负责任，并不必然地包含有过错谴责成分。⑤

妨害人可能是数人，例如，甲出租 KTV 给乙经营，乙违反规定，通宵营业且嘈杂万分，妨害了邻居的安宁。在这种情况下，乙为妨害人。甲有权终止租赁合同，排除妨害，为状态妨害人。数妨害人各负除去妨害的义务，物权人有权对其中一人主张排除妨害请求权，也有权对数人主张此权。⑥

（二）法律效果

物权人有权请求妨害人除去妨害，如拆除违法建筑物，清理丢弃的垃圾。值得注意的是，注销登记也属于排除妨害。

排除妨害请求权行使场合，物权人只能请求除去妨害的因素，至于能否恢复原状，则不宜强求。

（三）排除妨害请求权的让与性

排除妨害请求权，不得脱离物权单独让与。

（四）排除妨害请求权与诉讼时效

排除妨害请求权不宜适用诉讼时效制度，否则，与现代社会伦理相悖，因为怎么能因时间的经过，就任凭行为人妨害着物权及其行使，而无权令其停止?! 听任不法的行为或状态妨害着物权及其行使，无法做到物尽其用，显然不符合效率原则。再说，侵害行为正在进行中，属于一个侵权行为尚未结束，侵权损害赔偿请求权因量的因素尚未确定而未完全成立，

---

① ［德］鲍尔、施蒂尔纳：《德国物权法》（上册），张双根译，227 页。

② ［德］鲍尔、施蒂尔纳：《德国物权法》（上册），张双根译，230～231 页；王泽鉴：《民法物权·通则·所有权》（总第 1 册），增补版，183 页。

③ ［德］鲍尔、施蒂尔纳：《德国物权法》（上册），张双根译，231～232 页。

④ 王泽鉴：《民法物权·通则·所有权》（总第 1 册），增补版，183 页。

⑤ ［德］鲍尔、施蒂尔纳：《德国物权法》（上册），张双根译，227 页。

⑥ 同上书，183～184 页。

相应的，损害赔偿债务亦尚未完全形成，作为管辖债权（债务）的诉讼时效制度不得立即发挥作用，在这里表现为诉讼时效期间不开始起算；该侵权行为停止时，针对排除妨害的诉讼时效的起算又失去其意义。故《民法总则》第196条第1项规定，排除妨害请求权不适用诉讼时效制度。不过，如果时过境迁，妨害物权的现象已经秩序化，再请求排除妨害会损害公共利益，可以运用权利失效等制度解决。

五、消除危险请求权

（一）概念与构成

消除危险请求权，在大陆法系的学说上，又称妨害防止请求权，或妨害预防请求权，或物权保全请求权，按照《物权法》第35条的规定，是指对极有可能妨害物权的危险，或者说对妨害物权之虞，物权人请求有关责任者予以消除的权利。它旨在阻却将来发生的妨害。其构成要件如下：

1. 存在着妨害物权的支配状态的危险

妨害物权的支配状态的危险，学说称作有不法妨害之虞。所谓不法妨害之虞，需要在个案中结合具体情况，依社会的一般观念决定。

2. 请求权的主体

消除危险请求权的请求权人，为物权人；请求的相对人，是就可能发生的妨害（危险），具有将之除去的支配力者。

3. 危险具有不法性

妨害物权的支配状态的危险，须具有不法性；反之，则不得主张消除危险请求权。

（二）法律效果

就可能发生的妨害（危险）具有将之除去的支配力者，负有消除危险的义务，物权人有权请求其消除。由此发生的费用，由具有除去支配力者负担。

（三）消除危险请求权的让与性

消除危险请求权不得单独让与，其道理如同排除妨害请求权不得单独让与。

（四）消除危险请求权与诉讼时效

消除危险请求权不适用诉讼时效制度（《民法总则》第196条第1项），其道理如同排除妨害请求权不宜适用诉讼时效制度中的阐释。

［引申］

1. 侵害物权所产生的损害赔偿请求权与物权请求权、债权请求权之间的关系

《物权法》第37条规定了侵害物权所产生的损害赔偿请求权。它与物权请求权、债权请求权之间的关系如何，存在着不同的理解。多数意见认为它属于侵权的损害赔偿请求权，适用侵权行为法的规则。与此见解不同，有学者在其中国物权法草案中设计物权保护制度时，有一条文："第六十条［损害赔偿请求权］在第五十八、五十九条的情形，物权人受有损害时可以继续向侵害人请求损害赔偿。"对该条的说明为：侵害物权所产生的"损害赔偿在物权保护中的应用，目的还是为了达到恢复物权的完满状态，是在物权人的物权利益受到侵害而依据上述的物权保护方式无法完全达成保护的目的时，而以金钱补偿为手段，使其整体的利益能够得到公平的补偿。因此，本条规定的损害赔偿请求权，是物权保护的一种法律手

段，性质上属于物权请求权。物权人依据本条向侵害人请求损害赔偿，只须符合第58条或者第59条的要件，及本条规定的‘受有损害’要件，即应成立损害赔偿责任。此与侵权行为责任的构成要件是有区别的”[①]。据此理解《物权法》第37条的规定，可得出它规定的是物权请求权，而非侵权的损害赔偿请求权。对此，本书作者分析如下：

上述学者的意见，是借鉴《德国民法典》设计的“所有权人—占有人关系”规则（第990条、第989条、第992条等）及其学说，稍加改造而形成的。而德国民法上的“所有权人—占有人关系”规则仅适用于无权占有领域，在《德国民法典》第990条以下规定中，区分了善意占有人与非善意占有人；而占有之分为善意或非善意，永远只能就无权占有而言；就有权占有人，既不能称其为善意，也不能称其为非善意。[②] 与此不同，中国《物权法》第37条关于侵害物权所生损害赔偿的规定，至少从文义上看，包括无权占有人和有权占有人对物权的侵害所生的损害赔偿责任。[③] 这从该条处于《物权法》总则的地位，适用于各种物权在各种情况下的保护，即可看出。

假如不同意上述解释，就只能得出这样的结论：有权占有人侵害物权的损害赔偿，在《物权法》中就欠缺相应的规定，只好到《民法通则》和《侵权责任法》中去寻觅请求权基础。《民法通则》有第106条第2款、第117条的规定可用作追究侵权行为人的损害赔偿责任，《侵权责任法》则有第6条、第7条等规定。而这样解释酿成了割裂适用法律的局面：对无权占有场合的侵害物权适用《物权法》分则中第242条、第244条的规定，对有权占有场合的侵害物权适用《民法通则》第106条第2款、第117条的规定，《侵权责任法》第6条或第7条等规定。这种解释无疑在宣告《物权法》关于侵害物权所生损害赔偿的设计存在着立法技术上的缺陷。这在事实上冤枉了《物权法》。这种解释也有违文义解释和目的解释的规则，因为《物权法》第37条的规定并无仅仅适用于无权占有场合侵害物权的文义和立法目的。

所以，还得承认《物权法》第37条的规定一体适用于无权占有人和有权占有人侵害物权所产生的损害赔偿责任的场合。如此，由于物的返还请求权只能成立于无权占有的场合，把《物权法》第37条规定的损害赔偿请求权作为物权请求权，就难以说得通。此其一。

尽管《物权法》第37条的规定，没有出现过错的字样，与《民法通则》第106条第2款和《侵权责任法》第6条第1款明确要求过错有所不同，乃因《物权法》第37条的规定既适用于侵害物权的行为系一般侵权行为领域，也适用于侵害物权的行为系特殊侵权行为的场合。例如，甲饲养的动物撕破乙的西装场合，甲对乙的损害赔偿，不要求甲有过错。与此不同，甲亲自将乙的西装撕成碎片场合，赔偿乙的损失，则必须具有过错。《民法通则》第117条未使用过错的字样也有这种用意。就是说，以《物权法》第37条没有使用过错的字样为由，将它规定的损害赔偿请求权排除在侵权损害赔偿请求权之外，理由不足。由于物权请求权不以过错为成立要件，而该损害赔偿请求权的成立有时需要过错这个主观要件，将之作为物权请求权，显然不适当。此其二。

《物权法》第37条规定的侵害物权所生损害赔偿的请求权，被物权人行使，无法使被侵

---

① 梁慧星主编：《中国物权法草案建议稿：条文、说明、理由与参考立法例》，210页。

② ［德］鲍尔、施蒂尔纳：《德国物权法》（上册），张双根译，196～197页。

③ 胡康生主编：《中华人民共和国物权法释义》，513、519页。

害的物权回复如初，只能使物权人因其物权被侵害所遭受的损失得到填补。这与物权请求权可使被侵害的物权回复到圆满状态在目的及功能方面是不同的，仅与侵权损害赔偿的目的及功能一致。就是说，《物权法》第 37 条规定的侵害物权所产生的损害赔偿请求权，不是物权请求权，而是侵权损害赔偿请求权。此其三。

既然《物权法》第 37 条规定的损害赔偿请求权，有时发生在有权占有场合，有时需要过错的构成要件，无法使受侵害的物权本体回复到圆满状态，就可以肯定地说，它不会是物权请求权。由于它符合侵权损害赔偿请求权的全部要求，我们只能把它作为侵权损害赔偿请求权。

诚然，《物权法》第 37 条规定的侵害物权所生损害赔偿的请求权，毕竟包括无权占有产生的损害赔偿请求权。而对无权占有产生的损害赔偿请求权，《物权法》于第 242 条、第 244 条作了特别规定。所以，欲全面而准确地把握《物权法》第 37 条的规定，不可不联系该法第 242 条、第 244 条的规定进行解读。

第 242 条规定的责任构成，其客观要件包括无权占有人实施了侵权行为、物权人遭受了损失、两者之间有因果关系，其主观要件为无权占有人必须具有恶意，善意的占有人即使侵害了所占有的不动产、动产，也不承担损害赔偿责任。无权占有人的恶意，从另一层面观察就是故意和重大过失。这告诉我们，《物权法》第 242 条规定的损害赔偿，只有在无权占有人具有故意或重大过失的情况下，遭受损害的物权人才有权向无权占有人请求损害赔偿；在无权占有人就其侵害物权仅具有一般过失或没有过失的情况下，不成立损害赔偿责任。它属于《物权法》第 37 条规定的侵权损害赔偿的范围。

这与有权占有、占有以外场合物权遭受侵害所产生的损害赔偿在构成要件方面不同。有权占有、占有以外场合，行为人侵害物权，大多属于一般侵权行为，构成损害赔偿的客观要件包括侵权行为、损害事实和因果关系，与无权占有场合的客观要件没有差异；但主观要件却不同，即除了故意、重大过失，还有一般过失。有权占有、占有以外场合，物权遭受侵害，若因国家机关或其工作人员履行职责的行为所致，或因高度危险作业所致，或因饲养的动物所致等，构成损害赔偿的客观要件相同，但不需要过错这个主观要件。

至于责任的方式，《物权法》第 242 条与《物权法》第 37 条的相同，即均为侵权损害赔偿。在损害赔偿的范围方面，符合《物权法》第 242 条规定的，该规定优先于《物权法》第 37 条而适用；符合《民法通则》第 106 条第 2 款与《侵权责任法》第 6 条规定的，贯彻完全赔偿原则；符合《民法通则》第 106 条第 3 款及有关特殊侵权的具体规定的，与《侵权责任法》第 7 条及具体的特殊侵权的规定的，为限制赔偿。

无权占有场合，物权遭受无权占有人的侵害，有时要适用《物权法》第 244 条关于“占有的不动产或者动产毁损、灭失，该不动产或者动产的权利人请求赔偿的，占有人应当将因毁损、灭失取得的保险金、赔偿金或者补偿金等返还给权利人；权利人的损害未得到足够弥补的，恶意占有人还应当赔偿损失”的规定。

分析该项规定，可发现在赔偿责任的客观要件方面，它增加了善意占有人就受害物权而取得保险金、赔偿金或补偿金这个消极要件；由此决定了，《物权法》第 244 条的适用范围较第 242 条的广泛，即善意占有人仍须于其受益的范围内承担损害赔偿责任；在主观要件是否包括占有人的过错这个方面，不易决断，需要做如下分析：

与《物权法》第 244 条相当的《日本民法典》第 191 条，以及中国台湾地区“民法”第 953 条都明确规定，占有人就占有物灭失或毁损承担赔偿责任，需要可归责于占有人的事由。其学说也如此解释。[①] 与此不同，中国大陆有学说认为，善意占有人的责任既然限定在其所受利益，则造成毁损、灭失的原因可以不必追究，无论是否可归责于占有人，只要其对占有物的毁损、灭失受有利益，就应在所受利益的范围内对权利人（回复请求人）承担责任。[②] 这有其合理性。本书作者认为，在中国《物权法》尚未完全沿袭德国法“所有权人—占有人关系”规则的背景下，尽管《物权法》第 244 条的规定优先于《物权法》第 37 条、《民法通则》第 106 条第 2 款和第 117 条及《侵权责任法》第 6 条等规定而适用，但总的讲，它规定的损害赔偿责任仍属于侵权损害赔偿责任，并非物权请求权，不宜一律无需占有人的过错，也不宜一律必需占有人的过错。该损害赔偿责任大多属于一般侵权损害赔偿，需要过错这个主观要件；在国家机关或其工作人员履行职责时致无权占有的物及其物权以损害、高度危险作业致无权占有的物及其物权以损害、饲养的动物致无权占有的物及其物权以损害等场合，产生特殊侵权的损害赔偿，无须过错这个主观要件。

总之，《物权法》第 242 条和第 244 条的存在且有效，使得无权占有人侵害物权所产生的损害赔偿，在构成要件、赔偿范围方面，不同于有权占有、占有以外场合产生的损害赔偿，进而，不同于人格权（实际上还有某些身份权）、知识产权遭受侵害所产生的赔偿责任。

《物权法》第 37 条规定的损害赔偿，在构成要件方面，若个案符合《物权法》第 244 条的规定，首先适用该规定；若符合《民法通则》第 106 条第 2 款与《侵权责任法》第 6 条的规定，则适用该规定；若符合《民法通则》第 106 条第 3 款及有关特殊侵权的规定，与《侵权责任法》第 7 条及具体的特殊侵权的规定，则适用它们。在赔偿范围方面，需要根据个案和《民法通则》第 106 条第 2 款或第 3 款等规定，依据《侵权责任法》第 6 条或第 7 条的规定、《物权法》的其他规定才能最后确定。所谓《物权法》的其他规定，包括第 244 条。

既然如此，把《物权法》第 242 条、第 244 条规定的损害赔偿责任，作为该法第 37 条的特别规定，其实也是《民法通则》第 106 条第 2 款、第 117 条与《侵权责任法》第 6 条的特别规定，就能妥当地解决问题。

断言《物权法》第 244 条规定的侵权损害赔偿责任，有时完全相同于《民法通则》第 106 条第 2 款、第 117 条与《侵权责任法》第 6 条等规定的一般的侵权损害赔偿责任，还可从比较法的角度加以说明。德国民法及其通说认为，在他主占有人臆想其享有占有权，但实际上超越了臆想的占有权的界限，有过错地使占有物毁损的情况下，应适用侵权行为法的规则。故意以违背善良风俗的方法侵害他人的规则（《德国民法典》第 826 条），适用于所有人类型的无权占有人的情况，即适用侵权损害赔偿规则处理无权占有人毁损占有物的赔偿案件。[③] 借鉴此说，解释中国《物权法》第 244 条的规定，可知该条规定的损害赔偿责任至少在若干情况下属于一般的侵权损害赔偿责任。

至于《物权法》第 37 条可否作为请求权基础，有观点认为，该条主要起宣示和指引的

① ［日］我妻荣：《日本物权法》，有泉亨修订，李宜芬校订，454 页；［日］田山辉明：《物权法》（增订本），陆庆胜译，齐乃宽、李康民审校，136 页；史尚宽：《物权法论》，526 页；郑玉波：《民法物权》，修订 12 版，402 页；谢在全：《民法物权论》（下册），修订 2 版，623～624 页，台北，三民书局，2003；王泽鉴：《民法物权·用益物权·占有》（总第 2 册），326 页。

② 胡康生主编：《中华人民共和国物权法释义》，518 页。

③ ［德］鲍尔、施蒂尔纳：《德国物权法》（上册），张双根译，204 页；王洪亮：《论所有权人与占有人关系——论所有物返还请求权及其从请求权》，载王洪亮、张双根、田士永主编：《中德私法研究》（第 1 卷），79～80 页。

作用，表明物权遭受侵害的要产生损害赔偿请求权，沟通《民法通则》第106条第2款或第3款和侵害物权所生损害赔偿请求权的具体规定。① 因而它不是完全法条，不能单独作为请求权基础，需要与其他条文一起作为请求权基础。② 这有其道理，值得重视。其原因在于，在《国家赔偿法》(2012年) 第3、4条等条款具体列举了行政赔偿的类型与构成，《侵权责任法》第69～76条类型地规定了高度危险责任，第78～83条清晰地规定了饲养动物损害责任的背景下，在侵害物权属于国家机关及其工作人员履行职务时损害了物权、高度危险作业损害了物权、饲养的动物损害了物权等情况下确定侵权责任，完全可以依据《国家赔偿法》或《侵权责任法》的具体规定。

需要回答的问题还有，《物权法》第37条、第242条和第244条规定的无权占有场合侵害物权所产生的损害赔偿请求权，是物权请求权的从请求权吗?

有学者采取德国民法关于"所有权人—占有人关系"规则的模式解释中国《物权法》第37条、第242条和第244条的规定，认为在无权的自主占有人、无权的他主占有人不法损坏物权客体的情况下，这种类型的损害赔偿请求权为附属于物权请求权的从请求权，不再单独地适用侵权责任的规定。对此，本书作者回应如下：

必须注意，德国民法及其学说承认存在着例外，如善意的无权他主占有人，在超越其——假想的——占有权界限时，也可适用《德国民法典》第823条关于侵权损害赔偿的规定。③ 在创设"所有权人—占有人关系"规则的德国尚且承认无权占有场合侵害无权所生损害赔偿有些属于一般的侵权损害赔偿，把中国《物权法》第37条、第242条和第244条规定的损害赔偿请求权一律作为物权请求权的从请求权，显然缺乏充分的理由。

更为关键的是，把《物权法》第37条、第242条和第244条规定的损害赔偿请求权一律作为物权请求权的从请求权，且一律不要求过错这个构成要件，即从请求权说，是不适当的，还表现在如下方面：其一，它不符合《物权法》第242条、第244条关于因无权占有人善意、恶意的不同而承受不同后果的设计思路，此处所谓恶意，从另一个层面观察就是故意、重大过失，表明这两条的规定考虑了侵权人（无权占有人）的主观状态。其二，从请求权且不要求过错的观点，不符合这样的事实：无权占有人侵害其占有的物权常常属于一般侵权行为，而一般侵权行为以过错为构成要件。其三，从请求权说增大了《物权法》第37条、第242条和第244条规定的损害赔偿请求权是否适用诉讼时效制度的困惑度，因为物权请求权大多不适用诉讼时效制度，按照主权利和从权利相互关系的规则及理论，很容易得出《物权法》第37条、第242条和第244条规定的损害赔偿请求权也随之不适用诉讼时效制度的结论。可是，该结论是不适当的，因为该损害赔偿请求权宜适用诉讼时效制度。其四，基于主权利和从权利相互关系的规则及理论，采用从请求权说，容易得出物权及其请求权转让，《物权法》第37条、第242条和第244条规定的损害赔偿请求权也随之转让的结论。可是，这种模式僵硬，不利于物权人（受侵害人）审时度势地决定哪种财产权流转，哪种财产权不

---

① 在"2008年第六届东吴大学法学院主持的海峡两岸民法典暨吕光院长百岁冥诞纪念研讨会"上，东吴大学法学院的黄阳寿教授评论本书作者所做报告时，阐发了这种观点，谨表谢意！

② 黄阳寿教授在评论本书作者的报告时一并发表了这种观点。在2008年11月中国人民大学民商事法律科学研究中心举办的侵权行为法前沿系列讲座上，中国人民大学法学院的王轶教授在评论本书作者关于《制定侵权责任法应当注意与物权法的衔接》的报告时，阐发了这种观点。谨表谢意！

③ ［德］鲍尔、施蒂尔纳：《德国物权法》（上册），张双根译，204页。

转让，人为地限制了物权人（受侵害人）单独地将该损害赔偿请求权转让或单独地转让物权及其请求权的自由度，在一定程度上降低了物权人（受侵害人）保有的财产权的价值。这也反映出从请求权说的不足。其五，从请求权说不利于物权人之点还表现在：物权人将受侵害的物权质押（动产场合）或抵押（动产、不动产场合）给他人的场合，物权请求权作为物权的从权利，应为质权或抵押权的效力所及，除非另有规定或约定；同理，《物权法》第 37 条、第 242 条和第 244 条规定的损害赔偿请求权作为物权请求权的从权利，亦为质权或抵押权的效力所及，除非另有规定或约定。显然，这限制了物权人处分该损害赔偿请求权的权利，不利于物权人依实际情况而将该损害赔偿请求权自己实现或转让与他人，以获取最佳的经济效益。

还有，无权占有场合适用"所有权人—占有人关系"规则，有权占有场合适用侵权行为法规则，这种分裂地适用法律的思路，在中国现行法的规定下，难以发现有何积极价值；德国民法的"所有权人—占有人关系"规则，是仅仅适用于无权的自主占有人，还是也适用于无权的他主占有人，存在着疑问，在中国现行法上就更加疑惑不解；中国现行法亦未像《德国民法典》那样设计"所有权人—占有人关系"规则，民法人对该规则及其理论是陌生的；侵害物权所生损害赔偿请求权何时作为附属于物权请求权的从请求权，适用"所有权人—占有人关系"的规则，何时作为独立的侵权损害赔偿请求权，适用侵权行为法的规定，较为复杂，不宜把握，很少有立法例及其理论沿袭；按照侵权行为法处理个案，尚未发现或想象到有何不妥。

有鉴于此，本书作者坚持通说，把《物权法》第 37 条、第 242 条和第 244 条规定的损害赔偿请求权解释为侵权的损害赔偿请求权，属于侵权行为法的范畴；而不一律将之作为物权请求权的从请求权。

就该损害赔偿请求权与诉讼时效之间的关系而言，它适用诉讼时效制度。

2. 恢复原状请求权与物权请求权、债权请求权之间的关系

《物权法》第 36 条规定的"修理、重作、更换"本属于合同法上的救济方式，不属于物权的保护方式，《物权法》把它们作为物权保护方式规定并不适当，此处不讨论它。

《物权法》第 36 条规定的"恢复原状"，与《民法通则》第 134 条第 1 款第 5 项及《侵权责任法》第 15 条第 1 款第 5 项规定的恢复原状同义，是指在物权人的有体物被他人不法损坏的情况下，请求侵害人将该物修复如初。这里的恢复原状为损害赔偿的一种表现形式，属于侵权责任的一种方式。一旦该损害赔偿构成，受害人就有权请求责任人予以赔偿，责任人就有义务满足受害人的该项请求，从而在双方之间形成债权债务关系。在这个层面上观察，此类损害赔偿关系属于债的范畴。债权一般适用诉讼时效制度。

既然恢复原状请求权属于损害赔偿请求权的范畴，那么，它与《物权法》第 37 条规定的损害赔偿请求权应当同样对待，即不宜按照德国民法"所有权人—占有人之间关系"规则及其学说处理，而应将之作为独立的侵权损害赔偿请求权对待。如此，它应当适用诉讼时效制度。

3. 不当得利返还请求权、恢复原状请求权与物权请求权、债权请求权的关系

《物权法》第 37 条规定的"也可以请求承担其他民事责任"，所要解决的，是无权占有人向物权人返还就占有物所获取的收益问题，如果一定寻觅《德国民法典》的对应规定，可有《德国民法典》第 988 条、第 993 条、第 990 条、第 987 条等规定，较为复杂，有的适用

这些特别规定，有的适用不当得利返还的一般规定。鉴于不当得利返还问题，在中国现行法上仅仅有《民法通则》第 92 条和《民法总则》第 122 条，《物权法》在“物权的保护”标题下未设明文，只在“占有”一编设置了两个条文（第 243 条、第 244 条），且无构成要件，加上在总体上不采纳德国民法的“所有权人—占有人关系”规则及其理论，本书作者主张把《物权法》第 37 条规定的“也可以请求承担其他民事责任”，解释为不当得利返还问题。

不当得利返还请求权作为债权，且与物权请求权各为独立的制度，就应当适用诉讼时效制度。

第五章　占　有

第一节　占有概述

一、占有的概念

占有，是指对于物可以支配并排除他人干涉的法律之力。对此，可从以下方面把握：

1. 占有系以物为标的物。

所谓物，包括不动产和动产（《物权法》第 242 条）。对于无须占有其物而可行使权利的财产权，仅能成为准占有的标的物，不是这里所说的占有，而是准占有。例如，抵押权人对于作为抵押物的建设用地使用权，构成准占有。

占有概念虽然统一适用于不动产和动产，但在不动产和动产场合存在着差异：（1）在占有的成立方面，对动产占有的认定标准通常较对不动产占有的认定标准要严格些，因为不动产不易移动或隐藏。深山的别墅，即使被闲置两年，其占有也不受影响。不过，把照相机遗忘在风景区，经过一段时间，却可被认定为丧失占有，成为遗失物。（2）在占有的效力方面，如占有的权利推定和权利移转，在不动产场合已经由登记制度取而代之。（3）在占有的保护方面，方法有所不同。不动产被侵占后，占有人可以即时排除加害而回复占有。动产被侵夺后，占有人可以就地或者追踪向加害人索回。①

占有，还可以存在于物的成分之上。不论重要成分抑或非重要成分，只要在事实上可以被人直接支配，都可以成为占有的客体。这种对物的部分实施占有，称为部分占有（《德国民法典》第 865 条）。例如，占有宅基地的一角作为停车场，承租三居室的一间，都形成部分占有。至于图书馆等集合物，应就各个物成立占有，而非笼统地“占有”图书馆。② 这符合实际，中国法及其理论应予借鉴。

2. 占有系对标的物可以支配并排除他人干涉的法律之力。

所谓对标的物可以支配并排除他人干涉的法律之力，表现为人对物有实际上的接触，或者物理上的控制。但不限于此，在社会进步和科学发达的今天，对标的物的支配日趋抽象化，占有已由直接的实力支配逐渐扩大至观念的支配。如果依社会一般观念，足以确定某物已在某人实力或观念支配下的客观事实，就可以认定具有了该人支配该物并排除他人干涉的法律之力，成立占有。可见，有无对标的物可以支配并排除他人干涉的法律之力，不宜一概

---

① 王泽鉴：《民法物权·用益物权·占有》（总第 2 册），162 页。

② 谢在全：《民法物权论》（下册），510 页；王泽鉴：《民法物权·用益物权·占有》（总第 2 册），162 页。

而论，应当依据个案予以判断，下列规则可供参考。[①]

（1）从空间关系方面考察。所谓空间关系，是指人和物在场合上须有一定的结合关系，足以认定该物处于某人在事实上可以支配并排除他人干涉的势力范围。居住于房屋，耕作于田间，身着西装，固然成立占有；土地承包经营权人把农具放置于承包地，建筑公司将砂石堆放在料场，亦属占有。还有，对房屋的占有，同时意味着对基地的占有。乘客把钱包遗忘在车站，离去后数小时发觉，因车站人潮涌动，按照社会观念，可被认定为丧失占有，钱包成为遗失物。反之，将汽车停放于路旁，赴他市旅游 5 日，仍不失去占有。

（2）从时间关系方面考察。所谓时间关系，是指人和物在时间上须有相当的继续性，足以认定该物处于某人在事实上可以支配并排除他人干涉的势力范围。假如人对物仅仅具有短暂性的控制，则不成立占有。例如，在餐馆使用餐具，在火车上向邻座旅客借阅报纸，在公园坐卧长椅，在图书馆取阅杂志，均不构成占有。还有，旅客就其住宿客房可成立直接占有，反之，亲友被招待在家中客房过夜，对该客房则不成立占有。[②]

（3）从法律和秩序方面考察。人和物虽无时间或空间上的关系，由于占有已由直接的实力支配逐渐扩大至观念的支配，人对于物的支配已无须亲自为之，于是，基于法律和秩序的要求应当成立占有的，应予肯定。停车于路旁，出游数日，时空远隔，仍然成立占有，其源在于一般社会秩序和对他人财产的尊重。[③]

3. 占有为事实，但它不同于落叶飘零等单纯的事实，在民法上有一定的效力，如得为侵权行为的客体、不当得利返还中的利益、与本权结合后具有权利的性质。[④]

二、占有意思

占有，除人对于物可以直接支配并排除他人干涉（体素）之外，是否尚需以“占有意思”（心素）为要件，存在着主观说、客观说和纯粹客观说的分歧。主观说认为，占有的成立须兼具体素和心素，即人在事实上对物有直接支配并排除他人干涉的法律之力，以及具有占有意思。至于占有意思的含义如何，看法也不相同，有的主张必须是为所有人的意思，有的认为必须有支配的意思，也有的坚持必须是人为自己意思而占有。客观说则认为，占有系人对于物有事实上的直接支配并排除他人干涉的法律之力，无须特别的意思，只要对物有事实上控制的意思即可。并且，此种意思是人对于物在事实上控制的组成部分，而非独立的要素。纯粹客观说主张，占有纯粹是客观地对物在事实控制，不以占有意思为必要。[⑤]

占有的意思不必针对个别的特定物，只需要人具有一般占有意思即可。[⑥] 例如，甲于其门外设置信箱，意在取得邮递员投入其中的信件，他是否实际知晓信件已经投入其中，在所不问。[⑦]

---

① 谢在全：《民法物权论》（下册），修订 2 版，510～511 页。

② 王泽鉴：《民法物权·用益物权·占有》（总第 2 册），155 页；谢在全：《民法物权论》（下册），修订 2 版，511 页。

③ 王泽鉴：《民法物权·用益物权·占有》（总第 2 册），155～156 页；谢在全：《民法物权论》（下册），修订 2 版，513 页。

④ 谢在全：《民法物权论》（下册），修订 2 版，514 页。

⑤ 王泽鉴：《民法物权·用益物权·占有》（总第 2 册），158～159 页。

⑥ Schwab/Prüting，Sachenrecht，S. 22. 转引自王泽鉴：《民法物权·用益物权·占有》（总第 2 册），160 页。

⑦ Wieling，Sachenrecht，I. S. 135. 转引自王泽鉴：《民法物权·用益物权·占有》（总第 2 册），160 页。

取得占有后，维持占有也需要有占有意思。占有意思体现于人对于物的支配状态，体素为心素的表现。甲睡卧于公园的长椅之时，小鸟落在长椅的靠背上，甲因欠缺占有小鸟的意思，不能取得对该鸟的占有。甲醒后把该鸟捕捉住，并将之放于鸟笼，然后继续酣睡，对该鸟的占有不因此而受影响。[①]

占有的意思仅为一种自然的意思，而非法律行为的意思，故占有人有无行为能力无关紧要。[②]

三、占有的本质

占有的本质，即占有是权利还是事实，素有争论，立法例也不一致。《日本民法典》明定占有为权利，称为占有权（第 180 条）。《瑞士民法典》则明定占有为对于物的事实上之力（第 919 条）。中国台湾地区的判例学说基于中国台湾地区“民法”第 940 条的规定，一向肯定占有为事实，而非权利。[③] 在德国，虽然有主张占有为权利的，但通说认为占有属于事实。[④] 中国《物权法》将占有单列一编，与所有权、用益物权和担保物权各编并列，显然未把它作为物权，应为事实。

把占有作为事实更为妥当，因为物权的本质在于排他性和支配性，占有虽有排他性，却无权益归属的支配性。[⑤] 无权占有人有义务把占有物及其孳息返还给真正的权利人（《物权法》第 243 条前段）。在占有人无权处分占有物，受让人善意取得占有物的所有权场合，占有人应依不当得利制度将取得的利益返还给真正的权利人。单纯的占有虽然可以作为“给付不当得利”的客体，但必须与本权结合才具有权利归属的内容，占有人才有权主张“侵害的不当得利”[⑥]。

［辨析］

1. 占有与权利的区别

占有作为事实，不同于权利，表现在如下几点：

（1）凡是具有权利能力的人，均为权利主体，却不一定成为占有的主体；（2）物的成分，原则上不得成为权利的标的物，却可以作为占有的客体；（3）权利有主权利和从权利之分，占有则无主占有和从占有之别；（4）权利有禁止转让或继承的情形，占有则无此情形；（5）权利无直接和间接之分，占有却有直接占有和间接占有之别；（6）有些权利可作为担保权的标的物，如应收账款、知识产权、股权等可以设立质权，建设用地使用权可以设立抵押权，但占有不会作为担保权的标的物；（7）权利和权利有时会发生混同，占有和占有则无此现象，因为占有之上不可能再设立占有；（8）即使是独立之物，有的也不得成为权利的标的物，却都能成为占有的客体；（9）权利的继受人，不得仅就其取得权利后的有利事实而为主张，但占有则不受此类限制；（10）数人共有一物时，一个共有人若遇有其他共有人侵害其

---

① 王泽鉴：《民法物权 · 用益物权 · 占有》（总第 2 册），161 页。

② 谢在全：《民法物权论》（下册），修订 2 版，513 页；王泽鉴：《民法物权 · 用益物权 · 占有》（总第 2 册），161 页。

③ 郑玉波：《民法物权》，修订 12 版，367 页；王泽鉴：《民法物权 · 用益物权 · 占有》（总第 2 册），169 页。

④ Schwab/Prütting，Sachenrecht，S. 19；Westermann/Gursky，Sachenrecht S. 76. 转引自王泽鉴：《民法物权 · 用益物权 · 占有》（总第 2 册），169 页。

⑤ Westermann/Gursky，Sachenrecht，I. S. 80. 转引自王泽鉴：《民法物权 · 用益物权 · 占有》（总第 2 册），170 页。

⑥ 王泽鉴：《民法物权 · 用益物权 · 占有》（总第 2 册），170 页。

权利时，可以对该侵害人主张物权请求权；但数人共同占有一物时，各占有人就其占有物使用的范围，不得互相请求占有的保护。[①]

2. 占有的认定

2005年4月11日，甲公司与乙公司签订《商品房买卖协议》，约定甲公司将A房出卖与乙公司。乙公司依约向甲公司支付了90%的购房款，但甲公司未将A房交付给乙公司。2005年9月10日，甲公司与梁某签订《商品房买卖合同》，约定将上述A房出卖与梁某。2005年9月10日，甲公司与梁某签订《借款结算书》，约定甲公司的法定代表人陈某曾向梁某借款5 236 700元人民币，该笔款抵销梁某的首笔购房款，余下的购房款4 023 630元人民币待A房过户登记在梁某名下后的1个月内付清。梁某依约履行了付款义务。2006年4月28日，甲公司与梁某签订了《商品房交接证明书》。A房所在大楼于2007年1月18日通过了竣工验收。其后，梁某与丙公司签订了《A房租赁合同》，丙公司已经占有了A房。

G省高级人民法院（2008）G高法民终字第129号《民事判决书》认定甲公司与梁某之间的房屋买卖合同有效，认定了甲公司与梁某于2006年4月28日签订的《商品房交接证明书》，但对梁某已经占有了涉案房屋的事实和主张则不予认定，理由是“不符合法律关于建筑物未经验收不得交付使用的规定。而且梁某也未提供证据证明其已经占有、使用涉案房屋”。

本书作者认为，G省高级人民法院（2008）G高法民终字第129号《民事判决书》“对梁某已占有、使用涉案房屋的事实不予认定”，是错误的。理由如下：（1）民法理论认为，占有，是指对于标的物直接支配并排除他人干涉的法律上之力，或者说是对标的物在事实上有管领力。在系争案件中，梁某对涉案房屋在事实上控制了，完全符合占有的要求。所以，梁某占有了涉案房屋。梁某已将涉案房屋出租给了案外人，这是使用的一种表现形式。所以，梁某也使用了涉案房屋。（2）法律关于建筑物未经验收不得交付使用的规定，属于建筑法等行政法律、法规的规范，其规范意旨在于保障建设工程的质量，强化承包人、出卖人等当事人的责任。此类规定不属于物权法律规范，也不属于合同法等民法规范。当事人违反此类规定，可以产生行政罚款等行政法律责任，也可以产生民法上“视为建筑物质量合格，不得追究对方的民事责任”等后果，但不发生否定占有的法律效力。例如，法释［2004］14号第13条规定：“建设工程未经竣工验收，发包人擅自使用后，又以使用部分质量不符合约定为由主张权利的，不予支持；但是承包人应当在建设工程的合理使用寿命内对地基基础工程和主体结构质量承担民事责任。”这明确了建设工程未经竣工验收、发包人擅自使用的法律后果。其中，没有否定发包人对该建设工程已经占有的意思。在商品房买卖合同场合，出卖人将未经验收的商品房交付给买受人占有、使用，也应当比照法释［2004］14号第13条的规定处理。（3）之所以说出卖人将未经验收的房屋交付给买受人，不能否定买受人对此类房屋的占有，是因为占有包括合法占有和不法占有，占有的成立要件中不包括过错、违法等因素。过错、违法等因素只是影响到占有的分类，不影响占有的成立。连小偷对其盗窃之物的控制都属于占有；抢夺犯对其抢夺财物的控制都构成占有，买受人对出卖人交付的买卖物在实际上控制，还不构成占有吗！

① 谢在全：《民法物权论》（下册），修订2版，515～516页。

四、占有的主体

占有的主体，即占有人，包括自然人和法人。法人之所以可以作为占有人，是因为法人可以利用其机关控制占有物。

占有作为法律事实，仅仅需要自然的占有意思，不是法律行为，因而占有人不必具有行为能力，即使是无行为能力人或限制行为能力人，只要有事实上的支配能力，也可以成为占有人。不过，占有以自然的占有意思为心素，所以占有人必须对占有物有事实上控制的意识能力。如果占有人没有此种意识能力，就不会为自己原始或创设取得占有。至于占有的移转，因需受法律规定的支配，占有人具有权利能力即可，有无意识能力，在所不问。[①]

五、占有与持有

持有是刑法上的概念，与民法上的占有相比，相同点在于，两者均指占有人对于物具有支配并排除他人干涉的法律之力，有重叠之处，如受寄人对于寄存物品既为民法上的占有，亦为刑法上的持有。但两者更有不同点，持有重在占有人对于物的实力支配，具体表现为以下几个方面：（1）占有可依抽象状态而为间接占有，持有却无间接占有。（2）占有人在占有物上行使的权利，推定其适法有此权利，并推定其善意占有（《物权法》第 242 条的解释[②]）；持有则无类似的推定。（3）占有可以移转，并且可以观念上的交付进行；持有则否。（4）因盗窃、抢夺、抢劫、欺诈、恐吓而控制他人之物，构成占有，却不成立持有。（5）绝对的违禁物，如海洛因等，可为持有之物，但不得为占有的标的物。[③]

六、占有的功能

占有的功能，包括保护占有的功能、表彰本权的功能和取得本权的功能。法律赋予占有的三种功能乃基于一种基本认识，即占有的背后通常存在着某种特定权利，尤其是所有权。保护占有，实际上就是在保护此种权利。[④]

1. 保护占有的功能

保护占有的功能，是指具有对物的事实支配，以实现其维护社会秩序与和平的社会作用。[⑤]《物权法》第 245 条第 1 款规定的物上请求权为其主要的表现。在占有的保护功能，我们看到了一项重要的基本原则，即任何人不能以私力改变占有的现状。[⑥]

2. 表彰本权的功能

表彰本权的功能，是指本权通常经由占有才得以实现，占有其物者往往拥有本权。因为外观的状态与实际的情形，一般而言，都八九不离十。基于这种盖然性，占有既具有事实支配标的物的外观，自应具有本权。于是，法律承认占有具有权利推定的效力，使本权的保护

---

① 谢在全：《民法物权论》（下册），修订 2 版，514 页。

② 胡康生主编：《中华人民共和国物权法释义》，514 页。

③ 谢在全：《民法物权论》（下册），修订 2 版，515 页；王泽鉴：《民法物权・用益物权・占有》（总第 2 册），166～168 页。

④ 王泽鉴：《民法物权・用益物权・占有》（总第 2 册），173 页。

⑤ 谢在全：《民法物权论》（下册），修订 2 版，519 页。

⑥ 王泽鉴：《民法物权・用益物权・占有》（总第 2 册），173 页。

趋于简易，以保护静的安全；并且，以占有为动产的公示方法，还进而承认占有的公信力，建立善意取得制度，以保护交易安全。[①]

3. 取得本权的功能

取得本权的功能，是指在一定条件下，民法将事实支配的占有升格为法律保护的本权，而赋予占有优先取得全部或一部本权的效力的社会作用。因为占有既有表彰本权的功能，常常与本权相结合，则事实的支配自应被认为是实现本权内容的一种态样，而应被赋予一定的效力。在有些情况下，传统民法将占有全面提升为本权。取得时效、先占、遗失物的取得、埋藏物的发现，为其例证。在另外一些场合，民法把占有提升为取得部分本权，仅仅将占有在一定范围内与本权作相同的处理。善意占有人的孳息收取权、损害赔偿责任的减轻、费用偿还请求权，为其代表。[②]《物权法》免除了善意占有人的赔偿责任（第 242 条）、赋予了善意占有人的必要费用偿还请求权（第 243 条），表明已经把占有提升为取得部分本权，但尚未规定取得时效、先占，亦未规定遗失物及埋藏物由拾得人或发现人取得。

第二节　占有的分类

一、有权占有与无权占有

1. 区分标准

以占有是否具有法律上的原因为标准，占有可区分为有权占有和无权占有。

这里的法律上的原因，也叫法律上的根据，学说称之为权源或本权。所谓本权，即得为占有的权利，是指基于一定法律上的原因而享有占有的权利。[③] 本权，可以是物权，如建设用地使用权；也可以是债权，如租赁权；还可以是因其他法律关系而产生的权利，如财产代管人对于被宣告失踪人的财产的代管权（《民法通则》第 21 条），监护人对于被监护人的财产的管理权（《民法通则》第 18 条）。

2. 界定

有权占有，也叫正权源占有，是指有法律上的原因的占有。所有权人、建设用地使用权人、动产质权人、留置权人、承租人、借用人对标的物的占有，系分别基于所有权、建设用地使用权、动产质权、留置权、租赁权、借用权，具有占有的权源，均为有权占有。《物权法》第 241 条规定："基于合同关系等产生的占有，有关不动产或者动产的使用、收益、违约责任等，按照合同约定；合同没有约定或者约定不明确的，依照有关法律规定。"其中涉及的占有，属于有权占有。

无权占有，亦称无权源占有，是指无法律上的原因的占有。例如，盗贼对于盗赃物的占有，拾得人对于遗失物的占有，承租人于租赁合同终止后对租赁物的占有，借用人于借用合同终止后对借用物的占有，买受人在买卖合同无效、被撤销场合对于买卖物的占有等，均属无权占有。

---

① 谢在全：《民法物权论》（下册），修订 2 版，520 页。

② 同上书，520 页。

③ 同上书，529 页。

3. 分类的法律意义

（1）受法律保护的程度不同。有权占有因具有权源，受到法律的强力保护，本权人请求其返还占有物时，占有人有权拒绝（《物权法》第241条等）。反之，在无权占有场合，占有人不得拒绝本权人请求返还占有物（《物权法》第109条及第108条、第243条等）。（2）有权占有因具有权源，没有区分有瑕疵占有和无瑕疵占有的必要。无权占有因无权源的存在，在有权源之人请求返还占有物的场合，占有人无权拒绝，负有返还的义务；并且，因无权源，有被区分为瑕疵占有和无瑕疵占有而异其法律效果的必要。（3）非因侵权行为而取得占有，乃留置权成立的消极要件之一。如果将此要件扩充解释为也包括无权占有，则无权占有人即无主张留置权的余地。[①]

二、善意占有与恶意占有

1. 区分标准

以占有人是否误信为有占有权源为标准，占有可分为善意占有和恶意占有。

［注意］

善意占有和恶意占有是对无权占有的再分类。在有权占有场合，没有区分善意占有和恶意占有的必要。

2. 界定

对于占有特定的物误信为有正当权源且无怀疑的，成立善意占有。对于占有特定的物明知无正当权源，或虽然怀疑无正当权源却仍然占有的，构成恶意占有。

［提示］

善意和恶意如何认定，素有争论。通常，善意、恶意的区分仅仅以不知或知之为充分的条件。占有人究竟是善意还是恶意，为主观意思问题，很难从外观加以证明，因而许多立法例推定占有为善意，以保护占有人，从而除非有反证证明某占有人为恶意，或本权诉讼败诉，占有通常都被推定为善意占有。[②]

3. 分类的法律意义

（1）动产善意取得，以善意受让人占有为要件（《物权法》第106条第1款）。（2）占有人对于回复请求权人的权利义务，因善意占有和恶意占有而有不同。《物权法》规定，不动产或动产被占有人占有的，权利人可以请求返还原物及其孳息，但应当支付善意占有人因维护该不动产或动产支出的必要费用（第243条）。（3）占有人是否承担损害赔偿责任不同。《物权法》第242条规定，占有人因使用占有的不动产或动产，致使该不动产或动产受到损害的，恶意占有人应当承担赔偿责任。该规定的反面推论，就是善意占有人不承担损害赔偿责任。当然，该项结论是以占有物没有保险金、赔偿金或补偿金等代替物的情形为前提的。（4）在占有物已有保险金、赔偿金或补偿金等代替物的情况下，善意占有人仅在取得此类代替物的范围内对权利人承担损害赔偿责任。《物权法》第244条前段将之表述为，占有的不动产或动产毁损、灭失，该不动产或动产的权利人请求赔偿的，占有人应当将因毁损、灭失

---

① 谢在全：《民法物权论》（下册），修订2版，520页；王泽鉴：《民法物权·用益物权·占有》（总第2册），177页。

② 谢在全：《民法物权论》（下册），修订2版，520页。

取得的保险金、赔偿金或补偿金等返还给权利人。与此不同，按照《物权法》第244条后段的规定，恶意占有人须就权利人的全部损失承担损害赔偿责任，即恶意占有人将保险金、赔偿金或补偿金等代替物返还给权利人，仍不能弥补权利人的损失时，仍须就该不足部分负责赔偿。

三、自主占有与他主占有

1. 区分标准

以占有人是否具有所有的意思为标准，占有可分为自主占有和他主占有。

2. 界定

对于物以所有的意思而占有者，为自主占有。所谓所有的意思，无须是基于法律行为而取得所有权的意思，凡是事实上对于物具有与所有权人为同样支配并排斥他人的意思的，均属所有的意思。换句话说，占有人对其占有的物具有所有的意思，就足够了，至于是否为真正的所有权人，误信为所有权人，甚至明知自己不是所有权人，均在所不问。从而，盗窃者对于盗赃物的占有，侵占人对于侵占物的占有，均属自主占有。

他主占有，是指对于物不以所有的意思而为占有的现象。凡是基于占有媒介关系而占有他人之物的，如承租人、受寄人、借用人、建设用地使用权人、质权人、留置权人等占有相应法律关系的标的物的，均非以所有的意思而占有，因而都属于他主占有。[①]

[引申和讨论]

在所有权保留场合买受人对买卖物的占有状态，德国实务界认为在出卖人和买受人之间成立占有媒介关系，以买受人为直接占有、他主占有，出卖人为间接占有、自主占有。但学说上则多认为不成立占有媒介关系，应以买受人为直接占有人，且为自主占有。[②]

3. 分类的法律意义

取得时效、先占都必须以自主占有为构成要件。《物权法》虽然尚未规定取得时效和先占，但不排除编纂《中华人民共和国民法典》时，一并规定取得时效和诉讼时效；法律并未否认就他人丢弃物基于先占取得所有权的实务。所以，区别自主占有和他主占有在中国物权法上仍然具有意义。

四、直接占有与间接占有

1. 区分标准

以占有人是否直接占有其物为标准，占有可分为直接占有和间接占有。

2. 界定

直接占有，是指对于物有事实上的支配并排除他人干涉的法律之力。

间接占有，是指自己不直接占有其物，只是基于一定的法律关系对于直接占有该物之人，有返还请求权，因而对于该物有间接的支配力。

---

① 谢在全：《民法物权论》（下册），修订2版，522页；王泽鉴：《民法物权·用益物权·占有》（总第2册），181页。

② Raiser, Dingliche Anwartschaften, 1961, S. 71. 转引自王泽鉴：《民法物权·用益物权·占有》（总第2册），181页。

［引申］

占有的固有概念强调人对于物在事实上的控制，但完全囿于这种观念，有时无法满足社会生活的实际需要，于是法律有条件地扩大或限制了占有的概念。所谓占有概念的扩大，主要是法律承认了间接占有。例如，承租人直接占有租赁物后，出租人对于租赁物构成间接占有。之所以如此，是因为可使间接占有人受到占有制度的保护。法律扩大占有概念，可以发挥如下作用：(1) 使得民法关于占有的规定原则上也可适用于间接占有，在取得时效和占有保护请求权领域尤其明显；(2) 使得动产的交付可以采取占有改定的方式，便利了物的交易。[①]

间接占有的构成，需要具备占有媒介关系、他主占有的意思、间接占有人对直接占有人拥有占有物返还请求权三项要件。对此，详述如下：

间接占有的成立，必须基于一定的法律关系而对他人之物为占有。该一定的法律关系，学说上称为占有媒介关系。它可以表现为合同关系，如质押、租赁、保管、承揽、运输等合同关系；也可以表现为基于法律直接规定而产生的关系，如监护人管理被监护人的特有财产的关系，无因管理关系；还可以表现为公权力行使所产生的关系，如查封动产的受托保管关系。其中的质权人、承租人、保管人、承揽人、承运人、监护人、无因管理人等为直接占有人。直接占有人又称为占有媒介人。出质人、出租人、寄存人、定作人、托运人、被监护人、本人等为间接占有人。

占有媒介关系，是就其外观判断的，于是，即使成立此类法律关系的合同未生效、无效、终止，间接占有不因此而受影响。例如，甲出租A房给乙，租赁合同不成立或无效时，纵使当事人明知其事，只要直接占有人（承租人）有为他人（出租人）占有的意思，仍然成立间接占有。[②]

在占有媒介关系上，直接占有其物的人必须具有为他人占有的意思，即他主占有的意思。直接占有人对于物为占有，必须来自他人（间接占有人），并于该占有媒介关系消灭后，负返还占有物的义务。这是间接占有被肯定的理由。直接占有人一旦改变他主占有的意思，变为自主占有，间接占有即归消失。[③]

直接占有人取得占有，通常表现为从间接占有人处移转占有，也不尽然。例如，占有改定所成立的间接占有，直接占有人对买卖物取得的占有，就不是来自间接占有人的移转占有。[④]

间接占有的成立，还需要间接占有人对直接占有人拥有占有物返还请求权。该项返还请求权不限于基于占有媒介关系所生的请求权，所有物返还请求权或不当得利返还请求权也包括在内。[⑤]

［注意］

虽有返还请求权，但若缺乏相类似的法律关系，仍不成立间接占有。例如，所有权人对

---

① 王泽鉴：《民法物权·用益物权·占有》（总第2册），164、184页。

② 同上书，185页。

③ 同上书，186页。

④ 谢在全：《民法物权论》（下册），修订2版，534页。

⑤ 参见史尚宽：《物权法论》，486页；王泽鉴：《民法物权·用益物权·占有》（总第2册），186页。

盗窃某物的盗贼，虽有所有物返还请求权，但却不可说该所有权人对该盗贼为间接占有。

间接占有存在着多层（重叠的间接占有）的情形，学说称为占有阶层或占有建筑。例如，甲出租A车给乙，乙将该车转租于丙时，丙为该车的直接占有人（他主占有），乙为第一阶层的间接占有人（他主占有），甲为第二阶层的间接占有人（自主占有），至于直接占有人丙是否知悉较高阶层间接占有的存在，在所不问。这种多阶层的间接占有，推定最高阶层的间接占有人，有基于所有的意思的自主占有。[①]

3. 分类的法律意义

（1）直接占有和间接占有是相互对立且依赖的概念，间接占有固然不能独立存在，但没有间接占有，直接占有的概念也失去意义。（2）民法规定间接占有的主要目的，在于使间接占有原则上适用于占有的规定。如使间接占有也作为取得时效的成立要件，使间接占有人拥有物上请求权，等等。（3）间接占有概念的承认，使得占有趋于观念化。这在占有人的物上请求权领域，具有扩大维持社会秩序范围的意义；在以占有为动产物权变动的公示方法方面，使观念交付（如占有改定）成为可能，因而促成交易的便捷。[②]

五、自己占有与辅助占有

1. 区分标准

以占有人是否亲自占有为标准，占有可分为自己占有和辅助占有。

2. 界定

自己占有，是指占有人对于其物亲自为事实上的支配并排除他人干涉的法律之力。

辅助占有，又称占有辅助，是指占有人对于其物系基于特定的从属关系，受他人指示而为事实上的支配并排除他人干涉的法律之力。

［引申］

直接占有的特征是占有人对物为事实上的支配。假如只是从字面上来理解占有的这项基本特征，则任何一个处于他人企业、商店或家政中——也就是处于从属性地位——的人，由于对交由其使用的物可以行使事实上的支配，从而也就成为占有人。如此，一方面，他就应当有权针对任何人（甚至针对其“主人”）行使占有保护的权利，有权将占有转让给第三人；另一方面，本来是针对“主人”的请求权，也应当针对他而提起。这种思考方式，显然与通常的生活观念不相吻合。法律为了防止该事实上的控制人对该物主张占有及其效力，以更好地保护物的权利人、占有人，并不承认实际控制人的占有及其效力，仅仅把他作为占有辅助人来对待；相反，仅是那些享有指示权而处于商计地位的人，才被视为占有人。这属于占有概念的限缩。[③]

在辅助占有中，所谓特定的从属关系，也叫命令服从关系，是指雇佣合同关系、劳动合同关系或基于其他受他人的指示而为占有的类似关系。所谓他人，又称“主人”，是指处于

---

① 王泽鉴：《民法物权·用益物权·占有》（总第2册），186～187页。

② 谢在全：《民法物权论》（下册），修订2版，535页；王泽鉴：《民法物权·用益物权·占有》（总第2册），188～189页。

③ ［德］鲍尔、施蒂尔纳：《德国物权法》（上册），张双根译，133～134页；王泽鉴：《民法物权·用益物权·占有》（总第2册），164～165页。

上级地位而享有指示权的人。受他人指示而为事实上占有的人，叫作占有辅助人，他是占有人的占有机关。[①] 所谓受他人指示，是指接受和服从他人的命令。居于社会的从属支配关系，均属此列。从属关系的产生，是基于合同还是依据法律，是基于私法抑或公法，其存续时间的长短，外部可否认识，皆所不问。占有辅助人是否拥有为"主人"占有的意思，亦不重要。[②]

占有辅助制度，古虽有之，但在现代分工的工商业更具有重要意义。工人对其使用的工具，售货员对其柜台的商品，银行经理对其经手的金钱，电脑操作员对其办公桌，都处于占有辅助关系。[③]

［引申］

（1）判断构成辅助占有所需要的特定的从属关系，应着眼于作出指示的他人与受指示的人之间的内部关系。例如，父母管理未成年子女的特有财产，成立直接占有和间接占有关系。父母将特有的财产交由未成年子女保管时，则成立占有辅助关系。[④] 父母和子女同住一处别墅，就该别墅而言，子女固然为父母的辅助占有人，但如女儿已经出嫁，虽然继续与父母同住在该别墅，在从内部关系不能举证证明她系受父母的指示而使用该别墅时，她仍不是占有辅助人。再者，在没有实行夫妻分别财产制的背景下，夫妻同住房屋内的家具，应属夫妻共有，不应认为辅助占有。但就婚前属配偶一方所有的家具而言，另一方对该家具的占有可构成辅助占有。[⑤]

（2）与占有机关应予严格区别的是，法人经由其机关而为占有。例如，甲公司的董事长乙以公司名义购买了一辆奔驰，作为自己的专车，丙为驾驶员。在该法律关系中，甲公司为占有人，其占有由董事长乙（机关）行使，丙系受乙的指示而驾驶该车，为占有辅助人。[⑥]

（3）代理适用于法律行为，而不适用于占有。例如，甲雇乙捕鱼，捕鱼系事实行为，不能代理，但可成立占有辅助关系，乙为占有辅助人，甲对乙所捕获之鱼取得占有。当然，从中可以看出，辅助占有具有代理的功能。但应当注意，同一人可以兼具占有辅助人和代理人的地位。例如，甲让乙以甲的名义向丙购买渔具，并受领丙的给付。于此场合，乙为甲的代理人，与丙签订渔具买卖合同；乙受领丙交付的渔具，具有事实上的支配并排除他人干涉的法律之力，构成辅助占有；甲据此辅助占有关系取得对渔具的占有。[⑦]

3. 分类的法律意义

（1）占有辅助人虽然在事实上控制某物，但不因此而取得占有，系以"主人"为占有人。占有辅助人既然不是占有人，自然就不享有或负担基于占有而产生的权利义务，如不享有占有保护请求权、不能针对占有人行使自力防御权、无占有转让的权限、不会被推定为所

---

① 谢在全：《民法物权论》（下册），修订2版，536页；王泽鉴：《民法物权·用益物权·占有》（总第2册），190页。

② ［德］鲍尔、施蒂尔纳：《德国物权法》（上册），张双根译，135页；王泽鉴：《民法物权·用益物权·占有》（总第2册），192页。

③ 王泽鉴：《民法物权·用益物权·占有》（总第2册），190～191页。

④ ［德］鲍尔、施蒂尔纳：《德国物权法》（上册），张双根译，135～136页；王泽鉴：《民法物权·用益物权·占有》（总第2册），192页。

⑤ 谢在全：《民法物权论》（下册），修订2版，536页。

⑥ ［德］鲍尔、施蒂尔纳：《德国物权法》（上册），张双根译，136页；王泽鉴：《民法物权·用益物权·占有》（总第2册），190页。

⑦ 王泽鉴：《民法物权·用益物权·占有》（总第2册），191～192页。

有权人。“主人”享有占有所产生的权利，承担占有所产生的义务。例如，甲公司的收款员乙掉落支票，该支票的遗失人为甲公司，而非收款员乙（占有辅助人），有权申请公示催告的，是甲公司，而非收款员乙。①

（2）占有辅助关系终止时，“主人”自己未取得对物的事实上的支配力时，即丧失其占有。例如，雇主解雇驾驶员而未使其交还汽车，即丧失了对该车的占有。受雇人侵占所控制的物品时，纵然雇佣合同继续存在，雇主的占有仍归消灭。例如，餐厅清洁员发现座椅下的钻石耳环，没有交给雇主，而是擅自交付于他人，雇主的占有亦告丧失。自己占有场合不发生这样的问题。②

（3）占有辅助人对第三人的侵害，有权行使自力救济的权利，但应服从“主人”的指示。自己占有不存在此类问题。

（4）“主人”侵占他人之物，交由占有辅助人保管，物的权利人无权对占有辅助人主张物的返还请求权，只能向“主人”主张。③

六、单独占有与共同占有

1. 区分标准

以占有人的人数为区别标准，占有可分为单独占有和共同占有。

2. 界定

单独占有，是指一人对于物所为的占有。

共同占有，是指数人共同占有一物的现象。它分为重叠共同占有和统一共同占有。

重叠共同占有，又称通常共同占有，或单纯共同占有，或分别共同占有，是指各个共同占有人在不妨害其他共同占有人的情况下，可以单独支配其物的占有。例如，数人承租A屋，每位承租人都可以单独使用庭院、浴室、卫生间或客厅，属于重叠共同占有。统一共同占有，又叫公同占有，或公同共同占有，是指全体共同占有人对于占有物仅有一个支配并排除他人干涉的法律之力的占有。例如，甲乙二人将有价证券寄存于丙银行的保险箱，约定丙银行应向甲乙共同返还该有价证券。甲乙和丙银行双方对于保险箱持有不同的钥匙，甲乙或者银行都无法单独打开该保险箱，必须一起使用才能奏效。就该保险箱而言，甲乙和银行双方成立公同共同占有，但就保险箱内的有价证券而言，应认为甲乙单独占有。④

［注意］

（1）部分占有（对物的一部所为的占有），也属于单独占有。例如，承租A地的部分作为停车场，承租A楼的外墙悬挂广告牌。部分占有人可以将其占有转让给他人。⑤

---

① ［德］鲍尔、施蒂尔纳：《德国物权法》（上册），张双根译，136～137页；王泽鉴：《民法物权·用益物权·占有》（总第2册），191、193～194页。

② 王泽鉴：《民法物权·用益物权·占有》（总第2册），191、194页。

③ 同上书，195页。

④ Schwab/Prütting, Sachenrecht, S. 40. 转引自［德］鲍尔、施蒂尔纳：《德国物权法》（上册），张双根译，141页；王泽鉴：《民法物权·用益物权·占有》（总第2册），198～199页；谢在全：《民法物权论》（下册），修订2版，537～538页。

⑤ 王泽鉴：《民法物权·用益物权·占有》（总第2册），196～197页。

（2）共有人对于共有物的占有不是当然地成立共同占有。例如，甲乙共有两间房屋，约定每人分管一间时，分别成立单独占有。如果约定每人都有权使用全部房间时，则属共同占有。共有人中的一人受全体委托而保管共有物时，成立单独占有。[①]

3. 分类的法律意义

（1）有无内部关系和外部关系存在着不同。单独占有不存在着内部关系，而共同占有则存在着内部关系和外部关系。

在内部关系方面，各共同占有人就其占有物的使用范围，不得互相请求占有保护。例如，甲乙共有A地使用权，设有一个网球场，甲认为乙的使用期间超过了约定范围时，甲不得对乙主张自力防御权或请求占有物的返还，因为占有的使用范围与本权有关，应依本权决定，提起本权之诉。至于在完全剥夺其他共同占有人占有的情况下，如前例中的乙占用整个球场，根本不允许甲使用，甲有权主张占有保护。[②] 单独占有不存在这样的问题。

侵权损害赔偿请求权或不当得利返还请求权，只要符合构成要件，在共同占有人之间可以成立。[③] 但有反对意见。[④]

（2）在对外关系方面也有不同。单独占有场合，对于第三人的权利义务均由占有人承受，相对简单。但在共同占有的场合，稍微复杂些。

每位共同占有人有权单独请求占有保护。但在占有被侵夺时，则只能请求对全体共同占有人的占有回复或占有物的返还。[⑤]

每位共同占有人都有权转让其占有地位（其共同占有）。如果转让其单独占有，必须由全体共同占有人作为一方共同为之。例如，甲乙共有A车，出卖与丙，甲乙一起共同转让共同占有，才能使丙取得对A车的单独占有。如果甲将其应有部分出售与丙，甲应使丙取得对A车的共同占有，如交付汽车的钥匙。[⑥]

在共同占有中，占有的推定效力，是按份共有的所有权推定。[⑦]

七、其他分类

在某些立法例及学说上，占有还可被区分为和平占有与强暴占有、公然占有与隐秘占有、继续占有与不继续占有。区别它们，在取得时效的构成要件方面具有意义。无瑕疵占有与有瑕疵占有也是占有的分类之一，其区别的法律意义，主要在于取得时效、善意取得的构成要件方面。

---

① 王泽鉴：《民法物权·用益物权·占有》（总第2册），198～199页。

② 同上书，199页。

③ ［德］鲍尔、施蒂尔纳：《德国物权法》（上册），张双根译，145页；王泽鉴：《民法物权·用益物权·占有》（总第2册），199页。

④ Müller，Sachenrecht，Rd Nr. 263. 转引自王泽鉴：《民法物权·用益物权·占有》（总第2册），199页。

⑤ ［德］鲍尔、施蒂尔纳：《德国物权法》（上册），张双根译，145页；王泽鉴：《民法物权·用益物权·占有》（总第2册），200页。

⑥ ［德］鲍尔、施蒂尔纳：《德国物权法》（上册），张双根译，145～146页；王泽鉴：《民法物权·用益物权·占有》（总第2册），200页。

⑦ ［德］鲍尔、施蒂尔纳：《德国物权法》（上册），张双根译，146页。

第三节 占有状态的推定

一、占有状态推定概述

占有状态各有不同，效力各异，按照民事诉讼法的一般原则，主张某种事实存在，必须负举证责任。可是，占有事实的举证，确实不易，如果使占有人就各种占有事实的存在均负举证责任，则法律关于占有可以脱离本权而受独立保护，以维护社会秩序平和的目的，就难以实现。有鉴于此，各个国家或地区的立法例都承认占有状态的推定，学说称为占有事实的推定，以区别于占有的权利推定。[①] 自主占有的推定、善意占有的推定等，其主要内容包含如下几项：

占有状态的推定，使占有人就其主张的占有事实，毋庸举证，而其相对人欲攻击占有人的主张时，必须负举证责任，有助于实现占有制度的规范功能，并与善意取得、时效取得、先占、占有人的权利、占有人的责任、占有人的费用偿还请求权等密切相关，十分重要。[②]

二、自主占有的推定

占有人就占有物究为自主占有抑或他主占有的事实不明时，推定为自主占有。不过，按照占有权源的性质判断，占有人欠缺所有的意思时，不得有此推定。[③] 例如，承租人对于租赁物的占有，借用人对于借用物的占有，保管人对于保管物的占有，建设用地使用权人对于建设用地的占有，宅基地使用权人对于宅基地的占有，依据本权的性质，都清楚地表明，占有人欠缺所有的意思，因而不得将这些占有推定为自主占有，只能认定为他主占有。

三、善意占有的推定

占有人是否以善意而为占有，因属其内心情事，难以举证，因而，在究为善意占有或恶意占有的事实不明时，推定为善意占有。[④]

四、和平占有、公然占有的推定

和平占有、公然占有，均属占有的常态，在和平占有抑或强暴占有的事实不明时，推定为和平占有；在公然占有抑或隐秘占有的事实不明时，推定为公然占有。

五、继续占有的推定

主张继续占有时，只需要证明前后两端有占有的事实就足够了，无须证明从头至尾都无间断地占有。正所谓“经证明两端者，得推定中间”“今昔为占有者，常为占有者”[⑤]。

---

① 王泽鉴：《民法物权・用益物权・占有》（总第2册），204页；谢在全：《民法物权论》（下册），修订2版，538页。

② 王泽鉴：《民法物权・用益物权・占有》（总第2册），204页。

③ 谢在全：《民法物权论》（下册），修订2版，539页。

④ 陈华彬：《物权法原理》，799页。

⑤ 谢在全：《民法物权论》（下册），修订2版，539页；陈华彬：《物权法原理》，799页。

六、无过失占有的推定

占有人的善意占有，有无过失，事实不明时，如何认定，意见不一。日本的早期判例及学说均认为，在法律对此未设规定的情况下，占有人对其善意占有的无过失必须承担举证责任。[①] 但时至今日，通说认为，无过失为常态，有过失为变态，其无过失为消极事实，依据民事诉讼法的一般举证责任的分配原则，占有人应无须就此常态和消极事实负举证责任。[②] 日本学者更认为，上述所谓无过失，乃无过失的善意，亦即完全的善意，倘若认为就无过失应负举证责任，就等于必须就完全的善意负证明之责，这与《日本民法典》第 186 条关于推定善意的规定发生了矛盾。因而，在善意已经受到推定的范围内，无过失应被解释为也受到推定。[③] 今日通说更有说服力，中国物权法及其理论应予借鉴。

第四节　占有的变更

一、占有的变更概述

占有的变更，又叫占有的转变，或占有状态的变更，或占有名义的变更，是指在占有存续中，占有的状态发生变更的现象。

占有因其状态不同，可有各种类型，于其存续期间，各类占有状态可以发生变更。例如，承租人于租赁期间届满拒不返还租赁物时，由有权占有变为无权占有。实际上，占有状态变更的情形较多，需要一一介绍。

二、他主占有变为自主占有

他主占有变为自主占有，必须符合如下条件：

1. 他主占有人应对使其占有之人表示以所有的意思而占有

在诸如租赁等合同关系中，占有人对于占有物的占有原本没有所有的意思，构成他主占有。若欲将他主占有变为自主占有，占有人必须向出租人等“使其占有之人”表示，自己以所有的意思而占有。自此时起，他主占有变为自主占有。可见，他主占有变为自主占有，既需要占有人有变更的意思，又要求将该内心意思表示于外。该项表示不以明示的为限，默示的也发生占有变更的效果。还有，该项意思表示不以“使其占有之人”承诺为必要。如果“使其占有之人”是数人，占有人应向全体为变更意思的表示。[④]

---

① 日本大判明 41、9，1 民录 14、876。大判大 8、10、13，民录 25、1863。大判大 10、12、9，民录 27、2154。转引自谢在全：《民法物权论》（下册），修订 2 版，539 页。

② 姚瑞光：《民法物权论》，405 页，自版，1990；周武荣：《时效制度存在之理由及其对取得时效要件及其效力形成之影响》，政治大学法律学研究所硕士学位论文（1996 年），116 页。转引自谢在全：《民法物权论》（下册），修订 2 版，539 页。

③ ［日］舟桥纯一：《物权法》，298 页；［日］原岛重义等：《民法讲义 · 2 · 物权》，164 页，东京，有斐阁，1982。转引自谢在全：《民法物权论》（下册），修订 2 版，539 页。

④ 谢在全：《民法物权论》（下册），修订 2 版，546 页；王泽鉴：《民法物权 · 用益物权 · 占有》（总第 2 册），208 页。

[提示]

尽管有主张占有变更的表示属于意思表示的[①]，但因占有为事实而非权利，并且，“所有的意思”在占有场合并非取得所有权的意思表示，所以，这里的“表示”以事实上的表示为已足，不以意思表示的规格为必要。[②]

2. 他主占有因新事实变为以所有的意思而占有

此处所谓新事实，是指以使他主占有人取得所有权为目的的事实。至于此项事实在法律上，是否足以发生取得所有权的效果，则在所不问。买卖、赠与或互易等法律行为属于此处所谓新事实，但继承则相反。[③]

三、自主占有变为他主占有

自主占有变为他主占有，有其表现，如在占有改定的情况下，出卖人继续占有买卖物，不再是以所有的意思占有，而是他主占有。

四、善意占有变为恶意占有

善意占有人于其后知其占有没有正当权源却继续占有的，自其知晓时起，善意占有开始变为恶意占有。于此场合，主张这种变更之人须负举证责任。

五、直接占有变为间接占有

自占有媒介关系成立、承租人等直接控制标的物时起，原占有人即变为间接占有人，直接控制标的物之人为直接占有人。

六、公然占有变为隐秘占有

公然占有变为隐秘占有的情形不在少数，占有人将原本停放于庭院的盗窃汽车藏匿于仓库，把其拾到的手表放置于保险柜等，均为其表现。

七、隐秘占有变为公然占有

占有人将其非法购买的古玩从其保险柜取出，陈列于拍卖所，属于隐秘占有变为公然占有的例证。

八、继续占有变为不继续占有

质物、留置物被他人擅自取走数月，质权人基于物的返还请求权追回该质物，留置权人基于占有物返还请求权追回该留置物，都属于继续占有变为不继续占有。如果自追回后一直占有质物或留置物，则此后的占有又构成继续占有。

---

① 李肇伟：《民法物权》，549页，自版，1979；倪江表：《民法物权论》，416页；曹杰：《中国民法物权论》，356页；张企泰：《民法物权论》，158页；黄右昌：《民法物权诠解》，449页。转引自谢在全：《民法物权论》（下册），修订2版，546～547页。

② 谢在全：《民法物权论》（下册），修订2版，547页。

③ 谢在全：《民法物权论》（下册），修订2版，547～548页；王泽鉴：《民法物权·用益物权·占有》（总第2册），209页。

第五节　占有的取得

一、直接占有的取得

1. 直接占有的原始取得

直接占有的原始取得，是指不基于他人的占有而为新占有的取得。所谓新占有的取得，是指取得对于物的事实上的支配并排除他人干涉的法律之力。其标的物包括动产和不动产。其取得占有的事实，可以是合法行为，如基于捕捞许可证而捕鱼，对于涨滩的控制；也可以是不法行为，如盗窃他人的钱包并为占有。再者，直接占有的取得，必须具有占有的自然意思。①

2. 直接占有的继受取得

直接占有的继受取得，是指基于既存的占有而取得直接占有。它分为占有的移转取得和占有的概括承受。前者系依当事人的行为而取得，又称为占有的让与。后者乃依法定事实而取得占有。

（1）占有的移转

所谓占有的移转，是指占有人基于法律行为将其占有物交付他人，该他人因而取得占有的现象。其构成要件包括：1）须有移转占有的意思表示；2）须有占有物的交付，可表现为现实交付、简易交付、占有改定或指示交付等形态。

（2）占有的概括承受

占有的概括承受主要表现为占有的继承。

《继承法》尚无明文规定占有属于遗产（第 3 条）。假如机械适用《继承法》而否认占有为继承的对象，假如认为占有人一旦死亡，其占有的意思即不存在，同时也断绝了他与物的控制关系，占有应当归于消灭，而不得继承，显然不足以保护继承人。有鉴于此，宜承认占有可以继承的观点。②

因继承而取得占有，在被继承人死亡时当然取得继承标的物的占有，也就是不以继承人知晓继承事实的发生为必要，亦无须事实上已经控制其物或有交付行为，更无须为继承的意思表示。正所谓继承的占有为一种“对物无事实上管领力的占有” （Besitz ohne Sachherrschaft）。③

二、间接占有的取得④

间接占有的取得，是指基于他人既存的占有而取得的占有。它属于继受取得，分为创设继受取得和移转继受取得。

---

① 谢在全：《民法物权论》（下册），修订 2 版，555 页；王泽鉴：《民法物权·用益物权·占有》（总第 2 册），215～216 页。

② 参考王泽鉴：《民法物权·用益物权·占有》（总第 2 册），221 页。

③ 谢在全：《民法物权论》（下册），修订 2 版，558 页；王泽鉴：《民法物权·用益物权·占有》（总第 2 册），221 页。

④ 这部分内容主要来自王泽鉴：《民法物权·用益物权·占有》（总第 2 册），224～225 页；谢在全：《民法物权论》（下册），修订 2 版，556～560 页。

（一）间接占有的创设取得

间接占有的创设取得，又叫间接占有的设立取得，是指基于他人的占有而创设间接占有的现象。其发生的事由有三：

1. 直接占有人为自己创设间接占有。例如，所有权人出租其物于他人时，是把直接占有让与他人，为自己创设了间接占有。所有权人将其物出借于他人，或交由他人保管，或出质于他人，也创设了间接占有。

2. 直接占有人为他人创设间接占有。例如，出卖人出售 A 物，并向买受人借用该物，依占有改定使自己成为直接占有人，买受人成为间接占有人。

3. 非占有人为自己取得直接占有，同时为他人创设间接占有。例如，以监护人的资格受领 A 物的交付时，监护人自己成为直接占有人，被监护人成为间接占有人。

（二）间接占有的移转取得

间接占有的移转取得，是指将其间接占有移转给他人的现象。

1. 间接占有的让与

间接占有人可依据指示交付将其间接占有让与他人。例如，出租人甲（间接占有人）将其租赁物所有权转让给乙时，可将其对承租人丙（直接占有人）的返还请求权让与乙，使乙继受取得间接占有。该项返还请求权的让与，无须通知直接占有人丙。

2. 间接占有的继承

间接占有系一种占有，可以成为继承的客体。

三、占有继受取得的效力[①]

占有的继受取得人固因继受取得的原因发生而取得对标的物的占有，但因占有在本质上并非权利，只是事实，继受取得人所取得的占有与前占有人的占有之间，有什么关联？属于占有的合并、占有的分离的问题。

（一）占有的合并

占有的合并，是指继承或受让人可以将其占有与前占有人的占有合并而为主张的现象。对此，需要说明的，主要有以下五点：

1. 法律允许占有的合并，旨在保护占有人，实现占有继续功能，以享有取得时效的利益。

2. 有权主张占有合并的，仅限于占有的继受取得人。占有的原始取得人非基于他人的占有而取得占有，与他人的占有不发生任何关联，自然不会有合并主张的余地。

3. 所谓前占有人的占有，不限于直接占有人的占有，只需要前占有人的占有系继受取得且前后连续，就可以辗转合并所有前手的占有而为主张。例如，占有由甲转让与乙，乙转让与丙，丙转让与丁，丁可以合并甲、乙、丙或合并乙、丙的占有而为主张。

4. 选择占有合并而为主张之后，仍然可以变更。例如，原主张合并占有，其后则主张占有的分离，应予允许。其原因在于，此项选择与意思表示有间，不过是就较为有利的效果

① 这部分内容来自王泽鉴：《民法物权·用益物权·占有》（总第 2 册），228～230 页；谢在全：《民法物权论》（下册），修订 2 版，559～561 页。

而为主张而已。

5. 合并前占有人的占有而为主张者，应当承继其瑕疵。其原因在于，占有的继受人既然已经主张占有的合并，就应当依一般继受取得的原则，按占有的原有状态加以继受。因而，前占有人的占有，如有隐秘占有、强暴占有等瑕疵，均应一律承继。

同时，为了救济承受人，赋予承受人撤回权。承受人主张占有的合并后，发现前占有人的占有具有瑕疵，为避免遭受不利益，可予撤回。

（二）占有的分离

占有的分离，是指占有的继受人可以将其占有与前占有人的占有分离，而仅就自己的占有而为主张。其道理在于，占有的继受人合并前占有人的占有而为主张时，需要继受其瑕疵，因而合并未必有利。何况继受人已经取得标的物的占有，对该物已有事实上的支配力，也可成立新占有。因此，法律允许占有的继受人可将自己的占有与前手的占有分离而为主张。例如，前占有人以所有的意思，恶意占有他人尚未登记的房屋已达 7 年，其后将其占有移转与继受人。继受人不知该未登记的房屋属于他人所有，而以善意且无过失地继续占有，又经过 10 年，他可以仅仅主张自己的占有，请求登记为该房屋的所有权人。

占有人如仅就自己的占有而为主张，自然无须继受前占有的瑕疵。因而，前占有人如因其瑕疵而需要承担损害赔偿责任时，现占有人并不当然负赔偿义务。

还有，在占有分离而为主张时，通常自己与前手的占有状态势必发生了变更。例如，上述例证中的前占有人为恶意占有，继受人自己的占有则为善意占有，占有状态发生了变更。

第六节 占有的效力

占有的效力是占有制度的核心问题。民法对占有赋予了各种效力，如善意取得、权利推定、占有物的使用收益、占有物毁损灭失的赔偿责任等，需要一一介绍与讨论。

一、占有权利的推定

1. 占有权利推定的概念①

占有权利的推定，是指占有人于占有物上行使的权利，推定其适法有此权利。例如，甲以行使所有权的意思占有某小提琴，推定甲有该小提琴的所有权。乙主张该小提琴归其所有时，必须举证推翻。

占有权利的推定必须以占有某物为要件。占有人于占有物上行使的权利，凡是以占有标的物为内容的，均在推定的范围之内。无论是物权（如所有权、动产质权），还是债权（如租赁权、借用权），均在所不问。占有辅助人为其“主人”控制某物而行使权利时，推定该“主人”适法有此权利。

此项占有权利的推定，不限于直接占有，间接占有也包括在内。

2. 占有权利推定的根据

《物权法》对此虽然没有设置专门的条文，也应承认该项推定，主要理由如下：（1）由

① 这部分内容来自王泽鉴：《民法物权·用益物权·占有》（总第 2 册），234 页；谢在全：《民法物权论》（下册），修订 2 版，566～567 页。

于占有某物通常多基于本权，具有权利存在的盖然性，尤其在法律对动产物权的移转采取交付主义（第 23 条前段）的背景下，占有权利的推定具有保护占有背后权利的功能。（2）占有权利的推定可以避免占有人就权利存在举证的困难，使排除本权的妨害趋于容易，维护物的秩序。我们所穿衣服，所戴手表，所驾汽车，所用钢笔，倘若不推定为我们所有，则他人任意争执，诉讼不断，危及社会秩序。（3）占有的权利既受推定，产生公信力，使善意信赖占有而为交易者，可受保护，有益于交易安全。（4）起到了这些作用，结果自然是节省资源，达到物尽其用，符合效益原则。①（5）《物权法》就不动产登记承认了权利推定（第 16 条第 1 款），对动产物权的移转采取了交付主义（第 23 条前段），设置了善意取得制度（第 106 条），从体系化的角度看，可认为《物权法》不否认占有权利的推定。

3. 占有权利推定的效力

（1）受权利推定之后，占有人就自己具有占有权利，可不负举证之责。因而，有权以此推定对抗他人就该占有物权利的争执。只有该争执人提出反证，证明自己具有占有的权源，而占有人却没有时，占有人为推翻该反证才负举证责任。还有，占有人就占有权利的推定，不仅仅在于防御，亦可作为向第三人主张权利的依据。例如，占有未登记房屋的所有权人，在该房屋的使用收益被他人妨害时，对该妨害之人有权行使排除妨害请求权，因为按照占有权利推定，占有该房屋之人被推定为所有权人。

（2）权利推定的效力，不仅占有人可以援用，第三人也有权援用。例如，债权人对于债务人占有的动产，可以援用债务人即为该动产的所有权人的推定的效力，申请法院将该动产查封。再如，甲占有的动产被乙故意损坏，乙向甲负责赔偿，无论甲是否为该动产的所有权人，都发生清偿的效果。

（3）直接占有人可以援用关于间接占有人的权利推定。例如，甲出租 A 车给乙，丙向乙主张该车为其所有，请求返还时，乙（直接占有人）可以援用推定甲为该车的所有权人而拒绝丙的请求。

（4）占有权利的推定，不仅适用于对占有人有利益的场合，也可适用于对占有人不利益的场合。例如，承租人占有的某动产被放置于所租房屋之内时，可推定为承租人所有。在承租人擅自拒付租金的情况下，出租人有权留置该动产。

（5）占有权利的推定，不仅适用于现占有人，而且适用于过去的占有人。这在占有的合并、时效取得、侵权损害赔偿等方面具有意义。例如，甲占有的小提琴被乙毁损后，甲出售并交付于丙。于此场合，甲虽非现占有人，也可援用其过去占有期间为所有权人的推定，向乙请求侵权损害赔偿。

（6）占有权利的推定乃法律上的权利推定，并非推定法律效果的要件事实，而是直接推定法律效果或权利状态。于是，欲推翻这种推定，非证明取得权利的原因事实不存在不可。可是，一般而言，这种证明并非易事，导致对真实权利人过于苛刻。为了调和，有必要采取若干限制。

[引申]

在境外的法制及学说上，其限制表现在如下方面：

---

① 参考王泽鉴：《民法物权·用益物权·占有》（总第 2 册），234 页；谢在全：《民法物权论》（下册），修订 2 版，566～567 页。

其一，减轻欲推翻权利推定者的证明责任。欲推翻占有权利推定，本来需要提出相反的证明，并足以使法院达到确信该相反证明的程度，方可奏效。但在如今，此项反证只需要依据所有证据调查的结果和全部辩论意旨，足以产生推翻推定的心证，即为充分；或者反证若能证明有某种与受推定的权利状态完全不相容的权利状态存在时，就足以推翻该项推定。

其二，占有权利推定在人的方面受到限制。占有人的占有属于移转取得的，对于为移转的前占有人，不得主张权利推定。例如，甲将A物出租与乙，并且已经交付与乙了。甲乙间就租赁权的存在有所争执时，主张拥有租赁权的乙，不得以权利推定对抗甲。还有，从所有权人处取得权利的占有人，就该权利与所有权人有所争执时，也不得以权利推定对抗所有权人。其原因在于，占有权利推定的效力是以占有的权利盖然性为基础的，基于占有的表彰本权的功能而产生的，以避免占有人对本权举证的困难，实现以占有为表彰作为交易安全保护的制度。据此制度的目的及功能，上述两例不具有适用外观法理的理由。

其三，占有权利推定在物的方面受到限制。已经登记的不动产不得适用占有权利的推定，因为物权法就不动产以登记为物权的表征，以登记为不动产物权推定的方法，不动产如经登记，其所有权便经登记而明确，所有权人自然可以登记为反证而推翻占有人的所有权推定。

需要注意，《物权法》对于土地承包经营权、宅基地使用权、地役权没有强求登记公示，对于新建的建筑物的所有权不以登记为成立要件，占有权利的推定尚有适用的余地。

其四，占有权利推定在内容方面受到限制。占有人就占有物申请办理所有权或其他权利的登记时，不得依据占有权利的推定，不得以占有作为他拥有权利的证明。其原因在于，占有权利推定，是基于占有的本权表彰功能而产生出来的，并无使占有人取得权利的作用。换句话说，占有权利推定制度的目的及功能，在于免除占有人关于本权或占有取得原因的举证责任，并非使占有人因而取得本权或其他权利。该项推定仅仅具有消极的效力，占有人不得利用此种推定，作为其行使权利的积极证明。

最后，需要指出，占有权利一旦被推定，法院应依职权适用之。

二、动产物权的善意取得

动产物权的善意取得已在本书第三章“物权变动”中叙述，此处不赘。

三、占有回复关系

（一）占有回复关系概述

占有人无正当权源占有权利人之物，该权利人有权请求占有人返还该占有物（《物权法》第243条、第34条）。返还占有物时，对于占有物的孳息或其他使用收益、占有人为维持占有物所支出的必要费用、占有物毁损、灭失的责任等问题，如何解决？《物权法》第241条规定：“基于合同关系等产生的占有，有关不动产或者动产的使用、收益、违约责任等，按照合同约定；合同没有约定或者约定不明确的，依照有关法律规定。”在无此类依据时，或者按照有关法律规定处理会有失权衡，需要另行设计新的规则。《物权法》第242条至第244条即为此而设，形成了孳息返还规则、善意占有人所负必要费用的偿还规则、占有物毁损灭失的赔偿规则，作为侵权损害赔偿规则、不当得利返还规则的特别规则，在德国和中国台湾地区，学说称之为“所有权人—占有人关系”，也叫作占有人与回复请求人间的权利义务，简称为占有回复关系。其中的权利叫作占有回复关系请求权。但须注意，中国《物权法》第 242 条至第 244 条的规定，仅仅相当于德国民法和中国台湾地区“民法”上“所有权人—占有人关系”规则的某些碎片，是否完全沿用德国民法学说的解释，需再斟酌。

占有回复请求人，不仅指所有权人，也包括其他具有回复关系请求权的人，如建设用地使用权人、遗失人等拥有占有权源的占有人。

占有回复请求人的相对人是无权占有人，因为《物权法》第 242 条至第 244 条是区分善意占有人和恶意占有人的不同而分别规定的，而善意占有人和恶意占有人系无权占有下的分类。[①]

占有人与回复请求人之间的权利义务，性质上属于一种法定债的关系，占有回复关系请求权性质上为债权性质的请求权。除《物权法》第 243 条等特别规定外，原则上应适用债法的有关规定，例如，债权让与（《合同法》第 79 条以下），违约责任（《合同法》第 107 条以下）等；也不绝对排除侵权损害赔偿规则（《民法通则》第 106 条第 2 款、《物权法》第 37 条）、不当得利规则（《民法通则》第 92 条）、无因管理规则（《民法通则》第 93 条）的适用。

在德国民法、中国台湾地区“民法”上，占有回复关系请求权虽然有时从属于物权请求权、物上请求权或法律规定的其他主请求权，于此场合学说称之为附随请求权或次要请求权。但其本身系独立的债的请求权，可以脱离物权请求权等主请求权而单独处分。所有权让与时，此类已经发生的从请求权，并不随同移转。[②]

本来，占有物的孳息返还、占有物毁损灭失的责任等问题，民法上已有不当得利返还、无因管理、侵权行为或合同解除等制度，可供适用。不过，若绝对地无条件地适用这些制度解决上述问题，有时会出现不适当的结果。有鉴于此，日本、瑞士、德国等国家和中国台湾地区的立法例，斟酌损益，另设规定，旨在优惠善意占有人。中国《物权法》亦然。如此，便出现了《物权法》第 242 条至第 244 条规定的占有回复关系规则，该规则与不当得利制度、无因管理制度、侵权行为制度、合同解除制度之间的相互关系问题：占有回复关系规则是排除性的特别规定，优先适用，还是与不当得利返还请求权等发生竞合关系？近代有力说认为，占有回复关系请求权与不当得利返还等请求权是否有竞合关系，不宜纯从形式而论，一概地予以否认或肯定均不适当，而应斟酌立法目的，个别决定。[③]

[引申]

1. 占有物的孳息返还请求权与不当得利返还请求权

无权占有人占有他人之物没有正当权源，占有该物所产生的孳息亦无合法根据，按照《民法通则》第 92 条的规定，构成不当得利。权利人有权基于不当得利制度请求占有人返还占有物所产生的孳息。无论是从文义，还是从立法目的及立法计划，都看不出《物权法》第 243 条关于占有人返还孳息的规定，排除了《民法通则》第 92 条关于不当得利返还规定的适用。因而，占有物的孳息返还请求权与不当得利返还请求权为竞合关系。

与此不同，由于中国台湾地区“民法”第 952 条关于“善意占有人，依推定其为适法所

① 参考谢在全：《民法物权论》（下册），修订 2 版，611 页。

② 王泽鉴：《民法物权・用益物权・占有》（总第 2 册），316 页；谢在全：《民法物权论》（下册），修订 2 版，611 页。

③ 王泽鉴：《民法物权・用益物权・占有》（总第 2 册），316 页；谢在全：《民法物权论》（下册），修订 2 版，611 页。

有之权利，得为占有物之使用及收益”的规定，即为善意占有人享有占有物使用收益的法律上原因，不构成不当得利。就是说，该条的规定排除了不当得利返还请求权。但是，由于中国台湾地区“民法”第958条规定恶意占有人负有返还占有物所生孳息的义务，占有物的孳息返还请求权与不当得利返还请求权为竞合关系。

2. 占有物的孳息返还请求权与管理事务中所收孳息的返还请求权

无权占有，有时不构成无因管理，如占有人欠缺管理意思场合即如此；有时成立无因管理。在后者场合，管理人有义务向本人返还于其管理事务过程中所收取的孳息。考察《物权法》第243条关于占有人返还孳息的文义和规范意旨，可知，在无权占有不构成无因管理时，《物权法》第243条自然排除了《民法通则》第93条关于无因管理规定的适用；在无权占有符合无因管理的构成要件时，则相反。因而，占有物的孳息返还请求权与管理事务中所收孳息的返还请求权，有时为排斥关系，有时为竞合关系。

3. 必要费用偿付请求权与不当得利返还请求权

按照《物权法》第243条的规定，善意占有人有权请求权利人偿付维护占有物所支出的必要费用。就该规定作反面推论，恶意占有人无权请求必要费用的偿付。即使考察个案，有的符合不当得利的构成，也不得以此为由，主张不当得利的返还。由此可知，《物权法》第243条关于必要费用的规定为特别规定，排除了恶意占有人援用《民法通则》第92条关于不当得利的规定，请求占有物的物权人返还必要费用的不当得利。只有如此解释，《物权法》第243条关于必要费用规定的立法目的才不会落空。与此不同，在善意占有人为维护占有物而支出了必要费用的情况下，遇到占有物的物权人请求善意占有人返还占有物（行使物的返还请求权）或返还不当得利（主张不当得利返还请求权）时，善意占有人有权将必要费用额予以扣除（有时属于抵销）。

4. 《物权法》第242条规定的损害赔偿请求权与一般的侵权损害赔偿请求权

《物权法》第242条规定，对于因使用占有物而造成的损失，恶意占有人应当承担赔偿责任，其反面推论是善意占有人不承担赔偿责任。仅就善意占有人而言，即使依据《民法通则》第106条第2款、第117条等规定，善意占有人的行为已经引起了侵权损害赔偿责任，但按照《物权法》第242条的规定，也不应如此处理。这表明，《物权法》第242条的规定排除了权利人对善意占有人的侵权损害赔偿请求权。换言之，该规定优先于《物权法》第37条、《侵权责任法》第6条等规定、《民法通则》第106条第2款、第117条等规定的适用。至于恶意占有人，只要其使用占有物导致了损害，就应当承担侵权损害赔偿责任，《物权法》第242条对此设置了明文，《侵权责任法》第6条等规定、《民法通则》第106条第2款、第117条等规定也可以作为请求权基础。就是说，《物权法》第242条的规定不排斥权利人对恶意占有人的侵权损害赔偿请求权。

（二）孳息的返还

占有人，不论是善意占有人还是恶意占有人，占有占有物期间所产生的孳息，应当返还给权利人（《物权法》第243条）。

其中所谓孳息，包括天然孳息和法定孳息。天然孳息，是指果实、动物的出产物，及其他按照物的用法所收获的出产物。法定孳息，是指利息、租金，及其他因法律关系所取得的收益。

［比较与评论］

占有人是否向权利人返还孳息，立法例存在着差别。《瑞士民法典》（第938条第1项）、《日本民法典》（第189条第1项）、《意大利民法典》（第1148条）和中国台湾地区“民法”（第952条）都规定，善意占有人不负返还收益（孳息）的义务。与此不同，中国《物权法》规定，占有人就其占有不论善意恶意，一律向权利人返还孳息（第243条前段）。之所以如此，是因为考虑到境外立法例关于善意占有人保留孳息的规定，是同必要费用相关的。例如《瑞士民法典》《日本民法典》和中国台湾地区“民法”都规定，如果保留孳息，则善意占有人不得向权利人请求返还他为维护占有物而支出的必要费用。这同中国《物权法》的规定的确有区别，但两种处理方式的法律后果相差不大。原物和孳息返还给权利人，但为维护占有物而支出的必要费用可以请求权利人返还的法律结果，与孳息保留但必要费用不得求偿的法律后果，区别实际不大。同时，还应注意到，《物权法》第243条的规定与《民法通则》关于无因管理而产生的法律结果（第93条）是一致的。何况保留孳息的规定并非各国或地区的通例。《德国民法典》第994条规定，所有权人的偿还义务依关于无因管理的规定确定之。①

上述意见存在着若干疑问。(1) 孳息是占有物所产生的利益，必要费用则为占有人维护占有物所支出的费用，两者的数额不一致不在少数。所以称“两种处理方式的法律后果相差不大。原物和孳息返还给权利人，但为维护占有物而支出的必要费用可以请求权利人返还的法律结果，与孳息保留但必要费用不得求偿的法律后果，区别实际不大”，显然武断。(2) 占有人之于占有物的行为，与无因管理之间的关系较为复杂：其一，在占有人有为权利人（本人）谋利益的意思（管理意思）时，才构成无因管理。即使如此，必要费用的返还和孳息的返还也是分开的，而非合并的，尽管主张抵销时可能不再相互返还。其二，在占有人欠缺管理意思时，如占有人以所有的意思占有特定之物，或占有人故意悖逆占有物的性能而利用等，不构成无因管理，所以笼统地称《物权法》第243条的规定与《民法通则》第93条的规定一致，不符合事实。

（三）必要费用的偿付

《物权法》采取了占有人负有返还孳息的义务、善意占有人享有必要费用偿付请求权的模式（第243条）。

所谓必要费用，是指维护占有物所不可或缺的费用。所谓维护，包括保存、管理和必要的维修或修缮。它分为通常必要费用和特别必要费用。所谓通常必要费用，是指因保存或管理占有物通常所需要的费用，如维护费、修缮费、饲养费、税捐、区分建筑物的管理费、汽车定期保养费等。支出的费用是否必要，以支出时的情事，依据客观标准认定。所谓特别必要费用，或称临时必要费用，如房屋遭地震损坏、汽车被洪水淹没等而支出的重大修缮费用。②

必要费用的偿付请求权，其成立不以权利人的过错为要件，与占有人有无过错也无关系。

---

① 胡康生主编：《中华人民共和国物权法释义》，516页。

② 王泽鉴：《民法物权·用益物权·占有》（总第2册），328页。

（四）占有物的使用

《物权法》第242条规定，占有人可以使用占有物。其中的占有人究为有权占有人抑或无权占有人？应当解释为无权占有人。因为有权占有人使用占有物有其法律依据，或是合同的约定，或是法律的规定，无须在此重复，故可断言，该条是关于无权占有人使用占有物的规定。再者，《物权法》第243条后段关于善意占有人有权向权利人请求偿付维护占有物的必要费用的规定，对该结论也有所佐证，至少允许占有人为了保存、管理甚至修缮而使用占有物。

无权占有分为善意占有和恶意占有，有的立法例及其理论认为，恶意占有人对于占有物没有使用的权利①，但《物权法》第242条则允许恶意占有人使用占有物。

（五）占有物毁损、灭失的赔偿责任

关于占有物毁损、灭失的赔偿责任，《物权法》第242条和第244条都予以了规范，只是侧重点不同，处理规则也有差异。

首先，《物权法》第242条的规定仅仅适用于无权占有人使用占有物所导致的损害场合，而第244条的规定适用的领域较为广泛，涵盖了无权占有人占有他人之物的整个期间和空间，也不问损失是否因使用占有物所致。有观点甚至认为，《物权法》第244条的规定也适用有权占有人（如质权人、留置权人等）毁损、灭失占有物的场合。② 本书作者持有异议，因为该条区分了善意占有和恶意占有，而有权占有场合无此分类。

［比较］

在日本，有学说认为，这里的占有人不包括有权占有人，而是没有本权的占有人。③ 在中国台湾地区，学说认为，此处所谓占有人，限于自主占有的善意占有人，连他主占有人都不在其中。④

其次，《物权法》第242条的规定免除了善意占有人的损害赔偿责任，而第244条却规定了善意占有人的有限的赔偿责任（或曰定限的赔偿责任）：（1）善意占有人的赔偿责任，将以因占有物毁损、灭失取得的保险金、赔偿金或补偿金等返还给权利人，采取的是不当得利返还的原则。⑤（2）恶意占有人在将因占有物毁损、灭失取得的保险金、赔偿金或补偿金等返还给权利人后，权利人的损害未得到足够补偿的，还应当再赔偿这部分损害，采取的是侵权损害赔偿原则。

［引申与讨论］

与中国《物权法》第244条相当的，是《日本民法典》第191条后段、中国台湾地区“民法”第953条。这些立法例涉及的毁损、灭失及其含义，学说持有如下见解：所谓毁损，是指占有物部分受损，如地毯被污染，汽车被剐蹭，或占有人不使用占有物或滥用占有物，

---

① 王泽鉴：《民法物权·用益物权·占有》（总第2册），321页。

② 胡康生主编：《中华人民共和国物权法释义》，519页。

③ ［日］我妻荣：《日本物权法》，有泉亨修订，李宜芬校订，454页；［日］田山辉明：《物权法》（增订本），陆庆胜译，齐乃宽、李康民审校，134～136页。

④ 史尚宽：《物权法论》，526～527页；郑玉波：《民法物权》，修订12版，402页；谢在全：《民法物权论》（下册），修订2版，623～624页；王泽鉴：《民法物权·用益物权·占有》（总第2册），323页。

⑤ 参考王泽鉴：《民法物权·用益物权·占有》（总第2册），324页。

致使其价值降低。灭失，包括物理上的灭失和法律上的灭失。所谓物理上的灭失，又叫绝对的灭失，是指占有物全部毁灭，如房屋被大火焚毁，影碟被炉火烧化，或占有物因添附而丧失所有权。所谓法律上的灭失，又称相对的灭失，包括一切不能回复的情形。①

关于占有人将占有物转让与第三人，第三人因善意而取得所有权的情形；或不知占有物所在，从社会的观点或经济的观点看难以再发现的，是否属于法律上的灭失，境外学说存在着分歧。肯定说认为，（1）从规范意旨观察，既然是自主占有的善意占有人因误信而为占有，对回复请求人应负何种责任没有预期，因而减轻其赔偿责任，以免失之过苛，则在法律上的灭失（相对灭失），同属不能返还占有物的情况下，实在没有加重占有人责任的必要。②所以，物理上的灭失和法律上的灭失，二者在法律价值判断上应作相同的处理。（2）这样解释的实际意义在于，可使回复请求人有权请求无权处分人（无权占有人）返还所得的对价。例如，占有人将占有物转让与第三人，该第三人因善意受让取得该物的所有权时，回复请求人可以请求占有人退还出卖占有物所得的价款；但其赔偿数额不得超过实际受到的损失。如占有物的价值为 1 万元，出售价为 1.5 万元时，回复请求人只能请求 1 万元。在这种无权处分的情况下，也可以成立不当得利，与占有物毁损、灭失的损害赔偿请求权发生竞合。至于善意占有人将占有物赠与善意第三人，未获得利益，自然无须承担赔偿责任。③

在中国大陆，有学说赞同上述观点④，本书亦然。

再次，《物权法》第 242 条规定占有人的赔偿责任实际上以过错为成立要件。其理由在于，该条只要求恶意占有人承担损害赔偿责任，对善意占有人不课以赔偿责任，显然是以过错为成立要件的，尽管恶意和过错并非同一层面的范畴，但恶意者必有过错，则为事实。

最后，《物权法》第 244 条规定的占有人的赔偿责任，是否以占有人具有过错为成立要件，则不如此简单。与《物权法》第 244 条相当的《日本民法典》第 191 条，以及中国台湾地区“民法”第 953 条都明确规定，占有人就占有物灭失或毁损承担赔偿责任，需要可归责于占有人的事由。其学说也如此解释。⑤ 与此不同，中国大陆有学说则认为，善意占有人的责任既然限定在以其所受利益为限，则造成毁损、灭失的原因可以不必追究，无论是否可归责于占有人，只要其对占有物的毁损、灭失受有利益，就应在所受利益的范围内对权利人（回复请求人）承担责任。⑥ 本书作者认为，在中国《物权法》尚未完全沿袭德国法“所有权人—占有人关系”规则的背景下，尽管《物权法》第 244 条的规定优先于《物权法》第 37 条、《民法通则》第 106 条第 2 款和第 117 条的规定而适用，但总的讲，它规定的损害赔偿责任仍属于侵权损害赔偿责任，并非物权请求权。该损害赔偿责任大多属于一般侵权损害赔偿，需要过错这个主观要件；在国家机关或其工作人员履行职责时致物权以损害、高度危

① 谢在全：《民法物权论》（下册），修订 2 版，623 页；王泽鉴：《民法物权・用益物权・占有》（总第 2 册），324～325 页；［日］我妻荣：《日本物权法》，有泉亨修订，李宜芬校订，454 页；［日］田山辉明：《物权法》（增订本），陆庆胜译，齐乃宽、李康民审校，135～136 页。

② 谢在全：《民法物权论》（下册），修订 2 版，623 页。

③ 王泽鉴：《民法物权・用益物权・占有》（总第 2 册），324～325 页。

④ 胡康生主编：《中华人民共和国物权法释义》，517～518 页。

⑤ ［日］我妻荣：《日本物权法》，有泉亨修订，李宜芬校订，454 页；［日］田山辉明：《物权法》（增订本），陆庆胜译，齐乃宽、李康民审校，136 页；史尚宽：《物权法论》，526 页；郑玉波：《民法物权》，修订 12 版，402 页；谢在全：《民法物权论》（下册），修订 2 版，623～624 页；王泽鉴：《民法物权・用益物权・占有》（总第 2 册），326 页。

⑥ 胡康生主编：《中华人民共和国物权法释义》，518 页。

险作业致物权以损害、饲养的动物致物权以损害等场合属于特殊侵权损害赔偿，无须过错这个主观要件。

［探讨］

德国民法及其通说认为，在他主占有人臆想其享有占有权，但实际上超越了臆想的占有权的界限，有过错地使占有物毁损的情况下，应适用侵权行为法的规则。在其占有权来自第三人、该第三人相对于所有权人亦为无权占有的情况下，也是如此。[①] 借鉴此说，解释中国《物权法》第 244 条的规定，因该条规定了占有的不动产、动产毁损、灭失场合的损害赔偿，故可认为此种损害赔偿大多属于一般的侵权损害赔偿。在德国，故意以违背善良风俗的方法侵害他人的规则（《德国民法典》第 826 条），适用于所有人类型的无权占有人的情况[②]，即适用侵权损害赔偿规则处理无权占有人毁损占有物的赔偿案件。借鉴此说，解释中国《物权法》第 244 条的规定，可知该条规定的损害赔偿责任在无权占有人故意以违背善良风俗的方法损害占有物场合属于一般的侵权损害赔偿责任。

四、占有的保护

（一）占有保护概述

占有制度的重要功能之一是对于物在事实上支配，无论有无支配的本权，都认为适法而一律予以保护。因而，这种对物的事实支配——占有——在受到侵害或侵害的危险时，法律自应赋予占有人具有排除侵害或预防侵害的保护手段，以维护物的秩序和社会平和。这种保护手段，按照《物权法》第 245 条第 1 款的前段和中段规定，有占有物返还请求权、占有妨害排除请求权和占有妨害防止请求权三种物上请求权。由于该条款没有强求必须通过诉讼方式行使物上请求权，应当解释为允许占有人直接向相对人行使，即它也承认了占有人拥有自力救济权。

这样解释还有更深层的根据。按照现代法制的要求，为了确保社会和平秩序，私力救济原则上为法律所禁止。但遵循公权力救济程序不能及时有效地保护占有的情况下，若机械地命令占有人静观其占有被他人侵害，而不允许采取保护手段，不仅不合常情，而且使正当利益受损，也破坏了社会秩序。何况占有为一种事实，占有人未必拥有本权，于其支配事实被侵害而发生变更之后，假如只允许凭借公权力予以回复，会因难以证明原有占有地位致使丧失保护，本权上的救济手段更无从谈起。有鉴于此，莫不如在新占有事实尚未确立之际，直接赋予占有人排除妨害的救济权，更符合占有制度的旨趣。[③]

占有人的自力救济权和物上请求权，各有其存在的理由和发挥作用的空间。原来，占有系对物的事实支配，其确定存在与否，完全凭这种事实支配能否维系来决定。这种事实支配被破坏，对于该事实支配的人而言，固然是占有被侵害，但对于侵害人来说，则为另一事实支配的酝酿。因此，从旧支配事实的侵害到新支配事实的确定，通常都经过旧支配事实的干

---

① 王洪亮：《论所有权人与占有人关系——论所有物返还请求权及其从请求权》，载王洪亮、张双根、田士永主编：《中德私法研究》（第 1 卷），79～80 页。

② 王洪亮：《论所有权人与占有人关系——论所有物返还请求权及其从请求权》，载王洪亮、张双根、田士永主编：《中德私法研究》（第 1 卷），80 页。

③ 谢在全：《民法物权论》（下册），修订 2 版，641～642 页。

扰期、旧支配事实的衰弱期（支配事实的暂定期）和新事实支配的确定期三个阶段。在旧支配事实的干扰期，因该事实支配正受干扰中，民法为维护原有的社会秩序，特赋予该占有人以自力救济权，以积极排除妨害，立即回复原有的事实支配。经过了这个阶段，原有的事实支配进入衰弱期。反之，新事实支配（即侵害人的占有）则进入逐渐稳定期，于是法律不允许以自力救济手段回复其占有，以免害及社会秩序的和平。但是，原有的事实支配毕竟尚未消灭，有其存在的价值，法律为加以保护，乃赋予占有人以物上请求权，仅许其依赖公权力的手段回复其占有。此项事实支配的衰弱期经过，旧支配事实已告消灭，新支配事实则归于确定，又形成另一社会秩序，法律对此再加保护。[①]

占有受侵害时，除上述保护方法以外，尚有不当得利返还请求权和侵权损害赔偿请求权。这些保护方法有时可以并用。

（二）占有人的自力救济权

占有人的自力救济权，包括占有人的自力防御权和自力取回权。

1. 占有人的自力防御权

占有人的自力防御权，又叫占有人的己力防御权，或占有防御权，或占有抗拒权，是指占有人对于侵占或妨害其占有的行为可以自己之力加以防御的权利。对此，应把握如下几点：

（1）行使自力防御权的主体为直接占有人或其辅助占有人

因为法律认可占有人的自力防御权，在于确保现有的事实支配，所以只有直接占有人才应享有此项权利，间接占有人则不得享有。由于占有辅助人正是现实控制占有物的人，法律为了体现自力防御权实施上具有急迫性的本质，特别允许占有辅助人也可行使该权。[②]

侵占或妨害占有之人，对于原占有人——其占有受侵占或妨害之人——没有自力防御权。其原因在于，新占有事实尚未确定，对原占有人而言尚未取得占有。再者，假如允许侵占或妨害之人行使该权，就会循环侵夺，纷扰不已，与占有制度维护社会和平秩序的宗旨大相径庭。[③]

（2）行使自力防御权必须针对侵占或妨害占有的行为

所谓侵占，又称侵夺，是指违反占有人的意思，以积极的不法行为将占有物的全部或一部归自己控制的现象。其结果将成为新占有代替旧占有。例如，抢夺他人的首饰，盗窃他人的玉器，霸占他人的房屋，对他人的土地擅自设置围障等。所谓将占有物的全部或一部侵夺，如使单独占有变为共同占有，全部占有变为一部占有。侵占之人可以为自己创设占有，也可以使第三人取得占有。占有辅助人擅自丢弃其控制的物品，也属于对占有的侵占。[④]

所谓妨害占有，是指以侵占以外的方式使占有人不能实现其事实支配的现象。其结果将成为新占有和旧占有并存，而使旧占有趋于衰弱的状态。例如，把垃圾丢弃在他人的土地上，释放天然气、臭气、烟气、热气等侵入邻地。[⑤]

---

① 谢在全：《民法物权论》（下册），修订2版，640页。

② 谢在全：《民法物权论》（下册），修订2版，642页；刘得宽：《民法诸问题与新展望》，314页，台北，三民书局，1980。

③ 谢在全：《民法物权论》（下册），修订2版，642页。

④ 王泽鉴：《民法物权·用益物权·占有》（总第2册），342页。

⑤ 王泽鉴：《民法物权·用益物权·占有》（总第2册），342页；谢在全：《民法物权论》（下册），修订2版，643页。

占有的侵占或妨害，必须是现实存在的，已经过去的，则占有人不再享有自力防御权。

占有的侵占或妨害，来自间接占有人时，直接占有人可以行使自力防御权。例如，出质人不法夺回其出质的动产时，质权人可以行使此项权利。

占有的侵占或妨害是一种流动的状态，乃量的问题，而非质的问题，有时不易判断。例如，把汽车停放在他人车库的入口处，究竟是侵占还是妨害占有，不无疑问，但认定为妨害占有较为妥当。在他人的墙壁上擅自悬挂广告牌，究为侵占或妨害占有，也有争论，但理解为侵占更为合理。[①]

占有的侵占或妨害，包括作为、负有作为义务而不作为，不以过错为要件，是否具有行为能力，在所不问。

（3）违反占有人的意思

占有的侵占或妨害，必须是违反了占有人的意思，若经过了占有人的同意，则不再属于禁止的行为。占有人为此项同意，无须具有行为能力，只要有自然的意思能力即可。此项同意，限于直接占有人的同意，间接占有人的同意不包括在内。占有辅助人的同意，非经占有人的授权，不发生效力。占有人的同意必须在侵占或妨害占有时存在，事先表示的同意，可以随时撤销。还有，移转占有起初是基于占有人的意思，后来反于占有人的意思，不构成侵占。[②]

（4）侵占或妨害占有必须具有违法性

只要不存在阻却违法的事由，侵占或妨害占有就具有违法性。阻却违法的事由，如正当防卫、自助行为、相邻关系上的容忍义务或法院的强制执行等。需要注意，债权或物权尚不足以作为侵夺或妨害占有的依据。例如，甲向乙购买A犬，不得违反乙的意思擅自牵走它；甲出租A屋给乙，租期届满，甲不能违反乙的意思强行使其搬家。[③]

（5）可以自己之力加以防御

在符合上述情形时，占有人或占有辅助人不必等待公权力的救济，在客观上的必要限度内，可以自己之力抵抗，或者排除侵占或妨害，侵占或妨害之人无权抗拒。例如，对抢夺其占有物之人，可以为必要的反抗；对于出租人无故进入出租的房屋，承租人可以将出租人逐出；对于向自己庭院倾倒垃圾者，可以制止。有多种措施可供采取时，应选择对加害人影响最小的措施。占有人误认侵占或妨害的存在，或其防御超越了必要范围时，其防御行为具有不法性，成立损害赔偿责任。[④]

［辨析］

对于自力防御权与正当防卫权的关系，看法不一。有人认为自力防御权是正当防卫权的具体体现。[⑤] 有人主张，就侵夺，径直适用正当防卫制度即可，无须另行规定；就妨害的防御而言，则属于正当防卫的特别规定。[⑥] 由于正当防卫本质上为一种自力救济，目的在于保

---

① ［德］鲍尔、施蒂尔纳：《德国物权法》（上册），张双根译，156页；王泽鉴：《民法物权·用益物权·占有》（总第2册），342页。

② 王泽鉴：《民法物权·用益物权·占有》（总第2册），343页。

③ 同上书，344页。

④ 同上书，348页。

⑤ 刘得宽：《民法诸问题与新展望》，313页。

⑥ 史尚宽：《物权法论》，533页；曹杰：《中国民法物权论》，349页；黄右昌：《民法物权诠解》，472页。

护一般的权利，而占有人的自力防御权在于维护已经安定的事实支配力，就此而言，把自力防御权视为正当防卫权的具体或特别的规定，应不为过。①

2. 自力取回权②

自力取回权，又叫自力夺回权，或自力追夺权，或径称为取回权，是指占有物被侵占场合，占有人自侵占人处径直取回占有物的现象。如果说自力防御权属于消极的权能，那么自力取回权则为积极的权能，属于一种自助行为。其行使，必须注意以下几点：

（1）自力取回权必须由直接占有人或辅助占有人行使

（2）行使自力取回权必须针对侵夺行为

因侵夺行为使占有人丧失占有，占有人才有行使取回权以回复占有的必要，侵占以外的妨害占有的行为，没有导致占有人丧失占有，行使自力防御权就足够了，没有行使自力取回权的余地。

（3）行使自力取回权有时间上的限制

法律赋予占有人自力救济权，是为了维护占有人原有的事实支配力。如果这种支配力因新的事实支配力的介入而衰弱，并且已经达到了可能成立新占有的状态时，法律就没有必要再赋予占有人以自力救济权。因此，取回权的行使必须有时间的限制。至于超过限制时间的救济，可以让位于物上请求权，若仍行使取回权，反倒具有违法性，成立侵权责任。

在不动产被侵占的情况下，取回权的行使必须即时。所谓即时，指排除加害人而取回不动产所需要的最短期间。它应就个案依据客观标准加以决定，受害人何时知晓，有无过错，均在所不问。计算取回期间时，应考虑必要的预备行为，且不排除先与侵占人为短暂的谈判。

在动产被侵占的情况下，占有人可以就地或追踪向侵占人取回占有物。所谓就地，是指侵夺时占有人事实上支配能及的空间范围。所谓追踪，是指侵占人虽已离开占有人事实上支配能及的空间范围，但仍在占有人追蹑跟踪之中。

占有人行使占有物的自力取回权，侵占人无权抗拒。

［辨析］

占有人的自力取回权与遗失物寻查取回权之间的关系，通说认为二者不同，后者为物品或动物偶然进入他人地内，而非由该地的权利人的侵夺行为导致的，所以按照社会常理，允许动产占有人入内取回，而不与侵占或妨害相提并论。倘若地权人有进一步侵占或妨害占有的情况，即产生自力取回权。

（三）占有人的物上请求权

1. 概述

占有人的物上请求权，又叫占有保护请求权，或占有物上请求权，或占有人的请求权，或基于占有而生的请求权，指的是下述权利：占有的不动产或动产被侵占的，占有人请求返还原物的权利，即占有物返还请求权；对妨害占有的行为，占有人请求排除妨害或消除危险的权利，前者叫作占有妨害排除请求权，后者称为占有妨害防止请求权（《物权法》第245条第1款前段和中段）。

---

① 谢在全：《民法物权论》（下册），修订2版，643页。

② 这部分内容来自谢在全：《民法物权论》（下册），修订2版，644～645页；王泽鉴：《民法物权·用益物权·占有》（总第2册），349～352页。

［辨析］

占有人的物上请求权与物权人的物权请求权，虽然都属于物上请求权，形式结构也相似，但内容不同：（1）占有人的物上请求权旨在保护占有，以占有人为请求权的主体；而物权人的物权请求权旨在保护物权，以物权人为请求权的主体。（2）占有物返还请求权以占有被侵夺为成立要件，物权人的物权请求权以他人的无权占有为成立要件。（3）占有人返还原物的请求权，自侵占发生之日起1年内未行使的，该请求权消灭（《物权法》第245条第2款）；物权人的物权请求权在时间上的限制，另有规则。总之，二者的目的和效力不同，各自独立，互不相妨，可以发生竞合关系，可以合并行使，也可以先后行使。[①]

2. 占有物返还请求权

占有物返还请求权，又叫回复占有请求权，是指占有人于其占有物被侵占时，可以请求返还其占有物的权利（《物权法》第245条第1款前段）。对此项权利，需要把握以下几点：

（1）请求权的主体必须是占有被侵夺前的占有人

占有物返还请求权必须由占有人行使，非占有人，纵使对于占有物有合法权源，也不得行使此项权利。至于是直接占有人还是间接占有人，自主占有人抑或他主占有人，占有是有权占有还是无权占有，恶意占有抑或善意占有，占有是否具有瑕疵，均在所不问。

（2）占有被侵占

占有被侵占，是指违反占有人的意思，以积极的不法行为，将占有物的全部或一部归自己控制，排除占有人的事实支配的现象。侵占人对此有无过错，在所不问。

［引申与扩展］

间接占有是否受到侵占，以直接占有人加以决定。例如，甲将其汽车出租给乙，被丙盗走。丙的行为侵占了甲的间接占有和乙的直接占有。假如乙把该汽车转租、转借或出卖与丙，丙没有侵占甲的占有。

间接占有人侵占直接占有人的占有物，如甲将其货车出租给乙，在租赁期间，甲擅自把该车开回自己家，构成占有物的侵占。

（3）请求权的相对人是现在的占有人

请求权的相对人是侵夺占有之人，是现在的占有人；如果现在没有占有占有物，则不属于此处的相对人。

［引申与扩展］

侵占占有之人，将占有物出租或寄存于他人之处，由直接占有人变为间接占有人时，其作为侵占人的地位，继续存在。因而，占有人仍然有权请求其返还占有物，或请求让与其对直接占有人的返还请求权。

侵占人的概括继承人也是占有物返还请求权的相对人。特定继受人是否为相对人，则见解不同。第一说认为应以恶意的特定继受人为限，善意特定继受人不在其中。[②] 第二说主张，特定继受人基于动产的善意取得而占有标的物，而占有物系盗窃物或遗失物的，在尚未

---

① 参考王泽鉴：《民法物权·用益物权·占有》（总第2册），353～354页。

② 郑玉波：《民法物权》，修订12版，409页；史尚宽：《物权法论》，535页；梅仲协：《民法要义》，459页；倪江表：《民法物权论》，437页；黄右昌：《民法物权诠解》，475页；王泽鉴：《民法物权·用益物权·占有》（总第2册），346页。

超过 2 年期间时，既然可以请求回复其物，那么原占有人不问其有无本权，均可对之行使占有物返还请求权。[①] 第三说认为，善意的特定继受人在善意取得动产的情况下，其占有受法律保护，占有人不得对之行使占有物返还请求权。该说顾及了善意取得制度，较为合理。[②]

（4）请求权的内容为请求返还被侵占的占有物

（5）占有物返还请求权的行使期间

《物权法》第 245 条第 2 款规定，占有人返还原物的请求权，自侵占发生之日起 1 年内未行使的，该请求权消灭。关于该期间的法律性质，有诉讼时效说和除斥期间说的争论。[③] 中国学者有赞同后者的，理由在于，诉讼时效可因事由而中断或中止，而且自受害人知道或应当知道侵害时开始起算，如果按照诉讼时效来规定，此项期间可能远比 1 年要长，将使权利处于长期不稳定的状态。并且，通常情况下，占有物返还请求权因除斥期间经过而未行使的，占有人对占有物若享有物权的，可以基于物权主张物的返还请求权。有鉴于此，没有必要对占有物返还请求权的行使赋予更长的期间。[④] 本书作者更倾向于权利失效期间，因为其对象为请求权，而非形成权。

3. 占有妨害排除请求权[⑤]

占有妨害排除请求权，是指占有人于其占有被妨害的情况下，可以请求排除该妨害的权利（《物权法》第 245 条第 1 款中段）。对此项权利，需要把握以下几点：

（1）请求权的主体必须为占有人

请求权的主体必须为占有人。这与占有物返还请求权的情况相同，不再赘言。

（2）必须是占有被妨害

占有被妨害，是指以侵占以外的方法妨碍占有人支配其物。于此场合，占有人没有丧失占有，妨害人亦未取得占有，不过是对现实占有状态的妨害。这与占有物被侵占不同，因为占有物被侵占场合，占有人已经丧失，而侵占人已经取得占有。

占有被妨害的情况多发生在不动产的场合，例如：1）丢弃垃圾、废土于他人的庭院或空地。2）擅自在邻地架设管线，排放废水。3）停车不当，阻挡他人使用其停车库或停车位。4）散发煤气、臭气、烟尘、热气等到邻地，超过了社会生活能够容忍的限度。5）树木被强风吹倒于他人的门前。

（3）请求权的相对人必须是妨害占有的人

妨害占有的人，是指因其行为妨害占有的状态，即行为妨害人，或者因其意思容许妨害占有状态存在的人，即状态妨害人。前者如丢弃垃圾于他人的庭院，后者如树被强风吹倒于邻地，尚未清除。

妨害占有的瑕疵，亦应由概括承继人或特定承继人承担，而为请求的对象。至于占有辅助人，则非属请求权的相对人。

---

① 刘鸿渐：《物权法论》，3737 页。转引自谢在全：《民法物权论》（下册），修订 2 版，652 页。

② 姚瑞光：《民法物权论》，423 页，自版，1990；李肇伟：《民法物权》，566 页；曹杰：《中国民法物权论》，351 页；谢在全：《民法物权论》（下册），修订 2 版，652 页。

③ 参考王泽鉴：《民法物权·用益物权·占有》（总第 2 册），361～362 页。

④ 胡康生主编：《中华人民共和国物权法释义》，522 页。

⑤ 这部分内容参考了王泽鉴：《民法物权·用益物权·占有》，358～360 页；谢在全：《民法物权论》（下册），修订 2 版，653～656 页。

（4）请求的内容

占有妨害排除请求权的内容在于请求排除占有的妨害，即停止妨害行为。

排除占有妨害的费用，应由妨害人负担。受害人以自己的费用排除妨害的，可以基于不当得利或无因管理的规定，请求妨害人偿付该项费用。受害人对于妨害的发生或扩大有过错的，应当减轻妨害人应负担的费用数额。《物权法》没有就排除占有妨害的费用负担设立明文，但可以把该项费用作为“因侵占或者妨害造成损害”的组成部分，占有人可以根据《物权法》第 245 条第 1 款后段关于“因侵占或者妨害造成损害的，占有人有权请求损害赔偿”的规定，请求侵占或者妨害占有之人予以赔偿。

在诉讼上，占有妨害排除请求权应以给付之诉的方式主张。法院的判决应当宣告排除妨害的必要措施。

4. 占有妨害防止请求权

占有妨害防止请求权，又叫占有危险消除请求权，是指占有人于其占有存在着被妨害的危险的，可以请求防止其妨害（消除妨害的危险）的权利（《物权法》第 245 条第 1 款中段）。对此项权利，应当注意以下几点：

（1）请求权的主体必须是占有人

请求权的主体必须为占有人。这与占有物返还请求权、占有妨害排除请求权的情况相同，不再赘言。

（2）占有必须存在着被妨害的危险

占有存在着被妨害的危险，德国、日本和中国台湾地区等立法例及其学说称作占有存在着被妨害之虞。是否存在着被妨害的危险，并非由占有人的主观意思决定，而是依据社会的一般观念，就占有发生的盖然性，客观地加以判断。只要有发生妨害占有的危险即可，不以一度发生妨害而有再度发生的危险性为必要。过去曾几度发生妨害行为的，倘若没有相反情事，通常可认为将来有妨害占有的危险。

占有存在着被妨害的危险，常见的情形有：1）山坡地上的高楼遭地震的破坏而倾斜，有明显的倒塌的危险。2）挖掘隧道导致地陷，危及邻近大楼。3）兴建房屋的设计图显示，建筑物将侵占领地。

（3）请求权的相对人必须是造成妨害占有的危险状态的人

占有妨害防止请求权的相对人，必须造成该项危险状态。

（4）请求权的内容为请求防止妨害占有的危险，消除该项危险状态

消除该项危险状态的费用由造成妨害占有的危险状态的人负担。占有人以自己的费用消除该项危险的，有权请求造成妨害占有的危险状态的人偿还。《物权法》没有就该项费用的负担设立明文，但可以把该项费用作为“因侵占或者妨害造成损害”的组成部分，占有人依据《物权法》第 245 条第 1 款后段关于“因侵占或者妨害造成损害的，占有人有权请求损害赔偿”的规定，请求造成妨害占有的危险状态的人予以偿付。

该项不作为请求权属于实体法上的权利，在诉讼上以给付之诉主张。

（四）侵占或妨害占有所致损害的赔偿请求权

占有物被侵占，占有被妨害，占有人因此受到损害时，占有人可以基于《物权法》第 245 条第 1 款后段关于“因侵占或者妨害造成损害的，占有人有权请求损害赔偿”的规定，请求侵占或妨害占有之人予以赔偿。其法律性质为侵权损害赔偿责任，而非物上请求权。其

赔偿范围，包括：（1）占有人未能使用占有物而丧失的收益；（2）占有人就占有物而支出的必要费用，本可向回复请求人（权利人）请求偿还，却因占有物被他人毁损、灭失而不能求偿；（3）占有人因占有物被他人侵占或妨害而毁损、灭失后，向回复请求人（权利人）承担损害赔偿责任。[①]

第七节　占有的消灭

一、直接占有的消灭

直接占有的消灭，由如下原因引起：

1. 丧失对于物的事实上的控制力

事实上控制力的丧失，是指占有人对于物不再具有事实上支配并排除他人干涉的法律之力。其情形主要有：（1）由于占有人的意思而丧失其控制力。例如，把动产交付于买受人，配偶一方因分居而离开同居的房屋，抛弃占有物等。使占有丧失的意思，不是法律行为上的意思表示，而是自然意思，不以占有人具有行为能力为必要。（2）非由于占有人的意思而丧失其控制力，如物被盗或遗失。[②]

但需注意，事实上的支配力一时不能实行，并不导致占有的丧失。例如，家禽走失，可预期其归来；占有的土地被洪水淹没数日；因山崩桥断，一时不能取回放置于彼岸的物品；等等，并不导致占有的丧失。[③]

2. 占有物的灭失

占有物的灭失，如占有物的毁灭、消耗或添附等，显然是占有消灭的原因。

二、间接占有的消灭[④]

间接占有的要件，失去其一时，间接占有即告消灭。其主要情形如下：

1. 直接占有人丧失占有

直接占有人丧失占有，间接占有无所附属，应归消灭。占有的丧失是否基于直接占有人的意思，在所不问。在基于直接占有人的意思而丧失占有的场合，间接占有人同意与否，亦非所问。

2. 直接占有人表示不承认间接占有

直接占有人对间接占有人表示不承认其间接占有的地位，亦为间接占有消灭的原因。例如，甲把签字笔出借与乙，乙对该签字笔的占有为他主占有，设乙对甲表示该签字笔原本属于自己，则自乙作出该意思表示时起，甲的间接占有归于消灭。

3. 返还请求权消灭

间接占有系基于一定的法律关系而成立，对事实上占有其物之人有返还请求权。此项返还请求权一旦因时间经过、解除条件成就等而不复存在时，间接占有即归消灭。

---

① 胡康生主编：《中华人民共和国物权法释义》，521页。

② 王泽鉴：《民法物权·用益物权·占有》（总第2册），223页。

③ 同上书，223～224页。

④ 这部分的内容来自王泽鉴：《民法物权·用益物权·占有》（总第2册），226～227页。

第六章　所有权总论

第一节　所有权的概念、地位与作用

一、所有权的界定

所有权是所有权人对其不动产或动产，依法享有占有、使用、收益和处分的权利（《民法通则》第 71 条，《物权法》第 39 条）。

［拓展］

上述界定的是民法上的所有权概念。其实，由于哲学、经济学、宪法学等也研究所有权，出现了有别于民法的所有权概念，如经济学上的财产权（property right）概念、宪法上的所有权概念等。宪法上的所有权，是指应能受宪法对所有权所提供的保障的所有财产利益，其客体也不仅仅是物，无形财产权、在不可把握的客体上所成立的著作权、集合物、财团以及企业等，它们均受宪法保护。所有权在宪法及其学说上，是所有权应作为什么样的地位而受到保护，而国家又是在何种程度上享有对这种地位的内容，予以规定和限制的权限。[①]

民事主体创作产生的作品、从事科研而发明的技术以及商标等，也被赋予法律上之力，受到法律的保障，但在部门法分工明确的现代法律体系中，这些权利不被归入所有权之类，而是被设计为著作权（版权）、专利权、商标权等知识产权。它们与所有权相似，起着所有权能起的作用，还发挥着所有权所不能发挥的功能。有鉴于此，在知识产权法领域，所有权只存在于作品、专利技术等客体的载体上，如印刷着文字的书本、雕刻有人物造型的石版等，作品、专利技术等客体上存在的权利就只是著作权、专利权等知识产权，没有必要说还存在着所有权。称作品、专利技术等客体上同时竖立着知识产权和所有权，非但没有积极的价值，反而会导致混乱。

还要明确，所有权并非占有、使用、收益和处分四项权能的算术和，而是内涵丰富、效力全面、衍生力强的基本权利。这不仅表现在所有权还拥有所有物返还请求权、排除妨害请求权和消除危险请求权（妨害防止请求权）这些消极权能，而且表现在近现代法上的所有权蕴含着义务，更表现在占有等四项权能均被他人分享的场合，所有权依然存续，仍旧是所有权人支配所有物的体现，而非所有权的消灭。在这个意义上，学说将所有权界定为所有权人一般地、概括地支配其所有物并排除他人干涉的权利，更准确地揭示了所有权的本质属性。

① ［德］鲍尔、施蒂尔纳：《德国物权法》（上册），张双根译，513 页以下。

从另一个方向看，在特定的情况下，某具体的所有权未必总能呈现出所有权人占有、使用、收益和处分其物的状态。例如，集体土地所有权，在实际上欠缺按照民法程序和方法所进行的流转，只有依照征收制度被归为国有这样一种法律上的处分形式。

二、所有权的性质

1. 整体性

所有权系对物为一般的概括支配的权利，所有权人对其所有物可以占有、使用、收益和处分，并排除他人的干涉，使所有权较其他物权在内容上更为全面。不仅如此，所有权不是权能在量上的总和，而是一个整体的权利。因其整体性，所有权在内容或时间上不得加以分割。在所有物上设立用益物权或担保物权，不是让与所有权的一部，而是创设一个新的、独立的物权。①

2. 弹力性

占有、使用、收益乃至处分诸项所有权的权能，可以因法律的规定或当事人的约定被非所有权人分享，形成他物权。所有权因其标的物上设有用益物权或担保物权而受限制，但此类限制一旦除去，所有权即回复其完全的、圆满的状态。

所有权的弹力性在国家所有权中更为常见。国家所有权在许多情况下，其权能依法律规定而与所有权相分割，依情况而由国家机关、国家举办的事业单位分享（《物权法》第 53 条、第 54 条）。

［引申］

虽然准确的表述是所有权在内容或时间上不得加以分割，但为了方便和形象，人们时常把他人分享所有权的权能而形成他物权的现象，从所有权自身发生形变的角度描述，叫作所有权与其权能的分离。② 本书有时也如此行文。

在所有权与其权能分离形成用益物权的情况下，被他人所分享的权能仅仅包括占有、使用和收益三项，不含有处分。换言之，用益物权欠缺处分标的物的效力，只拥有处分用益物权自身的效力。在所有权与其权能分离形成担保物权的情况下，自担保物权行使之时起，处分权从所有权中分离出去，归担保物权人享有，担保物权人可以处分担保物。不仅如此，在抵押权场合，自抵押权设立时起，抵押人对抵押物的处分权即受到限制（《物权法》第 191 条第 2 款）。

3. 永久性

所有权以永久存续为本质，当事人不得依合同预订其存续期间。这与建设用地使用权、土地承包经营权、抵押权等可以约定存续期间不同。不过，所有权的移转可以附加解除条件或终期，在解除条件成就或终期届满时发生所有权人的变更。但这不是对所有权的永续性的否定。③

---

① 王泽鉴：《民法物权・通则・所有权》（总第 1 册），增补版，152 页；谢在全：《民法物权论》（上册），修订 2 版，180 页。

② 关于所有权的弹力性、所有权与其权能分离之间的关系，以及它们与所有权乃他物权的母权之间的关系，详见崔建远：《论争中的渔业权》，227～237 页，北京，北京大学出版社，2006。

③ 崔建远：《论争中的渔业权》，152 页。

需要注意，现行法设计的以出让方式取得的建设用地使用权是有期限的，地上房屋的所有权也随之表现出有期性（《物权法》第138条、第142条、第148条、第149条），与一般所有权不同。

4. 社会性

所有权受到私法、公法的诸多限制，承载着义务，以维护社会公共利益。在所有权中，自由与限制相伴，统为其内容。[①] 例如，《物权法》规定，业主行使权利不得危及建筑物的安全，不得损害其他业主的合法权益（第71条后段）；业主不得以放弃权利不履行义务（第72条第1款后段）；业主不得违反法律、法规以及管理规约，将住宅改变为经营性用房（第77条前段）。

三、所有权的地位与作用

1. 所有权是物权制度的“基石”

所有权不但其自身即为物权制度的构成部分，而且因其权能分离而形成用益物权和担保物权，从而构成物权制度的“大厦”。在这个意义上，可以说没有所有权就没有物权。由此可见所有权的基石地位。

2. 所有权是社会生活的法律前提

动产、不动产的所有权是生产和生活的法律前提。没有所有权，不得消费生活必需品、原材料，难以保障持久且稳定地利用生产资料，也就谈不上健康发展的社会生活。

3. 所有权制度是社会秩序的基础

社会秩序的核心之一是法律秩序，法律秩序的基础是财产法律制度的定型化。土地、房屋、水流、矿藏、森林及企业等财产的所有权一经确定，一个社会的基本结构即告形成。由此彰显了所有权制度是社会秩序的基础。

4. 所有权是人格独立与伦理发展的重要前提

个人的自我实现及人格发展，必须有其可以支配的财产。无所有权便无人格。个人只有拥有财产才会经济自主，生存获得基本保障，这有助于人格的形成。废除私有财产会使个人沦为奴隶。私有财产通常由劳动获得，因此具有伦理性。所有权制度固然使人自私，但也会唤醒所有权人对家庭、后代的关怀，对社会的回馈，具有伦理价值。[②]

5. 所有权是维护社会公共利益的法律手段

所有权受法律限制，附有义务，目的在于维护社会公共利益。例如，所有权人及使用权人可以自由支配其物，但须受相邻关系的限制，受环境保护法律的约束。就中国前段情况来看，建设用地使用权市场化以后，地价、房价日益攀升，居民取得建设用地使用权和房屋所有权更加困难，长此以往会影响社会安定，难以建成和谐社会。有鉴于此，政府颁布若干政策，试图限制房价增长过快的趋势：对房地产开发商的建设用地使用权加以约束，要求楼盘封顶后方可出售、所建房屋中必须有相当数量的90平方米以下的户型等；政府还在计划征

---

① 郑玉波：《民法物权》，修订12版，52～53页；谢在全：《民法物权论》（上册），修订2版，174～176页；王泽鉴：《民法物权·通则·所有权》（总第1册），增补版，153页。

② 王泽鉴：《民法物权·通则·所有权》（总第1册），增补版，155页；梁慧星、陈华彬：《物权法》，4版，115～116页，北京，法律出版社，2007。

收房地产保有税，力图通过这些措施满足不同阶层的居民对住房的不同需求，减少矛盾，构建和谐社会。

第二节　所有权的内容

一、所有权的积极权能

1. 占有

占有，是指对物的事实支配状态。本书第五章“占有”中对此已有详细说明，此处不赘。

2. 使用

使用，是指按照物的性能，不毁损其物或变更其性质地加以利用，以满足其生产或生活上的需要。这是使用的典型形态。除此之外，所有权人对其所有物的利用即使未能完全依其性能，一般也应视为使用，除非其行为违反了公序良俗。

3. 收益

收益，是指收取物的孳息，包括天然孳息（如果树结的果实、母畜生的幼畜等）和法定孳息（租金、利息等）。

［论争］

有学者将收益扩展到运用原物进行生产活动所产生的利润等。[①] 如此，孳息只是收益的一部分。另有学者则认为，如果将收益概念扩展到利润等情况，会导致使用与收益难以分开，不如将二者合而为一，统称其为“用益”(Nutzungen)，包括孳息（Früchte）和使用利益（Gebrauchsvorteile）。[②] 德国法上，用益还被区分为正常用益与过度用益，在实体法上，过度用益并不是经济上用益，而是对物的实体进行侵害的结果。所有权以外的第三人，即使是基于合同取得用益权利的第三人也不得过度用益。在存有过度用益情况下，得将其返还给所有权人。[③]

4. 处分

处分，是指决定物在法律上或事实上的命运。决定物在法律上的命运，叫作法律上的处分，是指处分所有物（也是所有权）及所有权的某些权能。例如，出售所有物、出租所有物、抛弃所有权，以及在所有物上设立抵押权、质权等负担等。决定物在事实上的命运，称为事实上的处分，是指在事实上改变所有物的性状。例如，把作为所有物的食物吃掉、把作为所有物的煤炭焚烧掉等。

为法律上的处分，处分人应有处分权，所有权是拥有处分权的一种法律根据。

占有、使用、收益和处分是所有权在正常状态下的内容及表现，所有权人依据自己之力，无须借助他人的行为即可进行，被称作所有权的积极权能。

---

① 马俊驹、余延满：《民法原论》，2版，327页，北京，法律出版社，2005。

② ［德］鲍尔、施蒂尔纳：《德国物权法》（上册），张双根译，31页以下。

③ 崔建远、申卫星、王洪亮、程啸：《物权法》，王洪亮执笔，103页，北京，清华大学出版社，2008。

二、所有权的消极权能

所有权的消极权能为排除他人干涉的法律之力。所谓干涉，是指对所有物的不法直接侵夺，对所有权的不法干扰或妨害等情况。对他人的干涉，所有权人可以基于所有权视情况而分别行使所有物返还请求权，或排除妨害请求权，或消除危险请求权（妨害防止请求权）。

［引申］

从实质上观察所有权的内容，可以看出它包括两方面的权能，一是对标的物管理的权能，二是从标的物收益的权能。所谓对标的物管理的权能，是指决定如何维持和改善标的物，以及用何种方法进行收益和如何处分等权能。所谓从标的物收益的权能，是指以接受标的物产生的现实利益作为自己的得利的权能。这两种权能在单独所有权场合也许未被人们明显地意识到，但在共有场合却表现得十分明显。[①]

第三节　所有权的限制

所有权本身应内在着一定的约束，是一种蕴含着义务的权利。这种约束的产生，即基于对以国家形式所组成的社会公众需求的考虑，也源于对其他所有权人合法利益的尊重。[②] 就是说，所有权存在着限制，包括私法上的和公法上的限制。

一、私法上的限制

私法规范对所有权的限制，其一表现在以私法规范限制所有权的行使，其二表现在通过相邻关系限制相邻另一方行使其所有权的绝对自由，也通过地役权制度达到目的。这里只介绍前者，后两者另设第八章“相邻关系”、第十五章“地役权”两章专门讨论。[③]

1. 禁止权利滥用原则

所谓禁止权利滥用原则，是指民事主体行使民事权利，不得超越正当的范围，不得损害他人的合法权益，否则，即承担民事责任的原则。所有权的行使亦应受禁止权利滥用原则的限制。《民法总则》第 132 条承认了这项原则。

［难点与争点］

对于权利滥用的判断标准，观点不一。(1) 故意损害他人，如为遮挡邻居的采光而建高墙。法国早期的判例与理论，及法国法系的比利时、荷兰的法官持有这个标准。墨西哥、埃及、叙利亚和利比亚的民法典采纳了这个标准。黎巴嫩、委内瑞拉和葡萄牙的法律采取了灵活的标准，但其中包括这个标准。其不足表现在，故意的有无不易举证，遗漏了重大过失场合的权利滥用。(2) 缺乏正当利益，如在自己土地上打了一眼无利于自己的水井，目的在于减少邻居水井中的水源。法国第二阶段的判例及理论，德国、瑞士等国的判例及理论持有这种标准。其不足表现在，与故意损害的标准很难区别，举证目的困难。(3) 选择有害的方式

---

① ［日］我妻荣：《日本物权法》，有泉亨修订，李宜芬校订，290 页。

② ［德］鲍尔、施蒂尔纳：《德国物权法》（上册），张双根译，3～4 页。

③ 梁慧星、陈华彬：《物权法》，4 版，131 页。

行使权利，如不顾邻居关于“用薄材砌墙，镶嵌毛玻璃，既遮挡灰尘，又使光线透过阴暗之处”的要求，固执地砌起一堵共用的墙，其方式损害了邻居的利益。法国、瑞士、德国等国的某些法官、学者坚持这种观点。其不足表现在，损害应达到何种程度，主观状态如何，均不确定。(4) 损害大于获利，如无意地将一小段墙砌在了邻居的土地上，23年后，邻居起诉恢复原状，而非损害赔偿。埃及、利比亚、叙利亚的法律坚持此说。其不足表现在，获益和损害的比例多大，以及主观状态如何，均不好把握。(5) 不顾权利存在的目的，如船主拒绝邻居使用其船舶，而不管邻人妻子病情严重。苏联、黎巴嫩、委内瑞拉、葡萄牙的法律采纳这种标准。其不足表现在，该标准含混不清，社会目的、经济目的难以实现，容易形成任意裁判。(6) 违反侵权行为法的一般原则。法国法院目前采取这种标准。其不足表现在，权利滥用原则与侵权行为法如何分工？界限模糊；过失场合构成侵权责任，也构成权利滥用？值得怀疑。①

这告诉我们，确立权利滥用的判断标准，区分权利滥用的类型，细化权利滥用的法律后果，是我们面临的艰巨而又必须完成的任务。

2. 诚实信用原则

《民法通则》第4条规定，民事活动应当遵循诚实信用原则。该项原则是民法的基本原则，其统治领域不仅限于债法，而且涉及物权法，所有权的行使亦应遵循它。例如，甲租赁乙的房屋，租期届满后继续居住，系因甲妻即将生产婴儿。在这种背景下，乙要求甲搬出房屋，乙行使所有权，有违诚实信用原则，不应得到支持。

3. 权利失效期间

权利失效期间限制所有权的行使，表现在他人不法侵害了所有权的场合，该所有权人在相当期间内不行使其物权请求权，依特别情事足以使该不法侵害者相信该所有权人不再行使其物权请求权的，则基于诚实信用原则不允许其再为主张物权请求权。不过，该所有权人可以主张损害赔偿请求权。

4. 自卫行为、自助行为

《民法通则》关于正当防卫、紧急避险的规定（第128条、第129条），学说承认的自助行为，也限制了所有权的行使。

5. 建筑物区分所有中的特殊限制

《物权法》规定，业主行使权利不得危及建筑物的安全，不得损害其他业主的合法权益（第71条后段）；业主不得以放弃权利不履行义务（第72条第1款后段）；业主不得违反法律、法规以及管理规约，将住宅改变为经营性用房（第77条前段）。所有这些，都限制了建筑物区分所有权的行使。

6. 设立他物权

所有物上设立了他物权，所有权的行使显然受到了限制。

7. 成立债权限制标的物的所有权

租赁、借用等合同生效，租赁物、借用物的占有、使用和收益都受到了限制。租赁物的处分也受到优先购买权等因素的制约。

---

① Torts Liability for Ones Act, International Encyclopedia of Comparative Law, pp. 105－119. 王利明译，载中国人民大学法律系编：《外国民法论文选》（第2辑），433～450页，1985。

8. 预告登记

按照《物权法》第 20 条第 1 款的规定，已经办理预告登记的债权，能够否定开发商将商品房所有权移转给他人。这显然限制了开发商对商品房所有权的行使。

二、公法上的限制

公法上对所有权的限制，多出于保护公共利益，种类繁多，范围甚广。诸如《土地管理法》中的耕地保护规则，《大气污染防治法》等环境法规中的环境保护规则，《野生动物保护法》中的动物保护规则，文物法律法规中的文物保护规则等，都限制了所有权的行使。征收、征用也属于公法行为，它们更是限制了所有权。

第四节　所有权的种类

根据所有权主体的所有制性质不同，所有权被分为国家所有权、集体所有权及私人所有权；根据所有权主体的法律形式不同，又可以分为法人所有权和个人所有权。虽然这两组所有权的种类所依据的区别标准不同，但出于方便的考虑，对它们的介绍都放在本节之中。

一、国家所有权

（一）国家所有权的概念

国家所有权在本质上是社会主义全民所有制在法律上的表现，是国家对国有财产的占有、使用、收益和处分的权利。它包括国家土地所有权、海域所有权、矿产资源所有权、水资源所有权，以及建筑物、构筑物及其附属设施的所有权等，还有各种动产的所有权。它具有如下特征：

1. 主体的特殊性

国家所有权的主体为国家，而非其他任何人。国家虽然同时是主权的享有者、政权的承担者和财产的所有人，但在以所有权人的身份为民事活动时，主权享有者、政权承担者的身份隐而不露。由于国家所有权是全民所有制的法律表现，国家是代表全体人民行使所有权的，它本身没有特殊的利益，国家所有权的享有及行使所获得的利益，最终是为了满足广大人民的物质和文化生活的需要。国家在行使国家所有权的过程中，也应当充分反映全体人民的意志和利益。[①] 国有财产由国务院代表国家行使所有权；法律另有规定的除外（《物权法》第 45 条第 2 款）。

2. 客体的广泛性

《宪法》及《民法通则》等法律将国家所有的财产规定得十分广泛，《物权法》予以承继并更加具体和明确。《物权法》规定，矿藏、水流、海域属于国家所有（第 46 条）。城市的土地，属于国家所有。法律规定属于国家所有的农村和城市郊区的土地，属于国家所有（第 47 条）。森林、山岭、草原、荒地、滩涂等自然资源，属于国家所有，但法律规定属于集体所有的除外（第 48 条）。法律规定属于国家所有的野生动植物资源，属于国家所有（第 49

---

① 王利明、尹飞、程啸：《中国物权法教程》，172 页。

条)。无线电频谱资源属于国家所有(第 50 条)。法律规定属于国家所有的文物,属于国家所有(第 51 条)。国防资产属于国家所有。铁路、公路、电力设施、电信设施和油气管道等基础设施,依照法律规定为国家所有的,属于国家所有(第 52 条)。可见,国家所有权的客体非常广泛。

3. 某些客体的专属性

矿藏、水流、海域、城市的土地、某些文物、某些野生动植物、无线电频谱等财产专属于国家,任何单位和个人不能取得其所有权(《物权法》第 41 条等)。

当事人取得专属于国家的财产的合同,根据《合同法》第 52 条第 5 项,因为违反法律的禁止性规定而无效,不能发生取得国家专属财产权的效果。对于专属于国家的财产,不适用《物权法》关于善意取得的规定。

4. 取得方式的多样性

国家可以凭借其公权力通过征收、国有化、没收等方式强制性地将普通民事主体的财产收归国有;依其行政权强制性地征收税金而取得所有权。当然,国家采取这些方式取得所有权时必须严格依照法定条件遵循法定程序,以保障公民、法人等主体的合法权益,维护正常的社会秩序。此外,《物权法》规定,遗失物自发布招领公告之日起 6 个月内无人认领的,归国家所有(第 113 条);拾得漂流物、发现埋藏物或者隐藏物的,参照拾得遗失物的规定,除非文物保护法等法律另有规定(第 114 条)。还有,《继承法》规定,公民死亡后,无人继承又无人受领遗赠的财产归国家所有,除非死者生前是集体组织的成员(第 32 条)。这些都表明,国家所有权在取得方式上具有特殊性。①

5. 行使方式的多层性

国家作为非常抽象的实体,大多无法直接占有、使用其财产,得交由国家机关、国家举办的事业单位代行所有权(《物权法》第 53 条、第 54 条),国家保留部分处分权,如特定情况下的收回权、优先购买权等。至于国家出资的企业,由国务院、地方人民政府依照法律、行政法规的规定分别代表国家履行出资人的职责,享有出资人的权益(《物权法》第 55 条),国家所有权已经转化成股权。

6. 法律保护的优越性

国家所有权受到侵害或妨碍,不但有物权请求权、不当得利返还请求权、侵权损害赔偿请求权等这些普通民事主体能够行使的保护方式,而且拥有普通民事主体所没有的保护手段,如无偿收回建设用地使用权、不适用诉讼时效制度等。例如,《城市房地产管理法》第 26 条中段规定,土地使用权人满 2 年未动工开发建设用地的,可以无偿收回土地使用权。再如,最高人民法院《关于民法通则的意见》第 170 条规定:"未授权给公民、法人经营、管理的国家财产受到侵害的,不受诉讼时效期间的限制。"

(二)国家所有权的效力

国家所有权具有占有、使用、收益和处分的积极权能,也有物权请求权的消极权能。

二、集体所有权

(一)集体所有权的概念

集体所有权,是指集体组织及其全体成员对集体财产享有的占有、使用、收益和处分的

---

① 参见王利明、尹飞、程啸:《中国物权法教程》,173 页。

权利（《民法通则》第74条，《物权法》第59条、第61条）。它具有如下特点：

1. 所有权人的复合结构

集体所有权的主体，首先包括一些集体组织。这里的集体组织，是指劳动群众集体，包括农村劳动群众集体和城镇劳动群众集体（《民法通则》第74条，《物权法》第61条）。但应注意到，城镇劳动群众集体企业逐渐被改制为有限责任公司、股份公司等法人形式，以及合伙企业形式。这些组织所享有的所有权已经不是集体所有权了。

集体所有权的主体还包括集体组织的全体成员（《物权法》第59条第1款）。集体成员，应该根据集体成立时的原始成员进行判断。原始成员死亡的，其相应的成员资格应该由其继承人继承。户口是判断成员的重要但非唯一证据。在村这种农村集体组织中，集体组织成员所生的未成年人当然成为集体组织成员，无须继承集体成员的资格。

集体组织与其全体成员同为集体财产的所有权人，出现了集体所有权主体的复合结构。

［讨论］

《宪法》及《民法通则》把集体所有权的主体限定在集体组织，《物权法》对此在承继的基础上又有所发展，其第59条第1款明确了集体组织成员亦为集体所有权的主体，目的在于解决集体所有权的主体虚化，某些地区的集体所有的财产被少数村干部作为谋取私利的工具，全体成员却难以真正行使对集体财产的权利，本应取得的利益被限制乃至被剥夺等问题。可见，立法本意是正面的、积极的。

不过，仅就法律技术而言，集体组织毕竟不同于集体组织成员，二者是各自不同的民事主体。集体组织作为所有权的主体，该所有权的主体是单一的，该所有权为单一的所有权，即单独所有权或曰个体所有权。集体组织成员作为所有权的主体，该所有权的主体是复数的，该所有权为共有权，而非单独所有权。在通说将集体所有权作为单独所有权看待的背景下，称集体组织和全体集体组织成员一起作为集体所有权的主体，在逻辑上存在着障碍。

2. 客体的范围受到限制

相对于国家所有权的客体的广泛性，集体所有权的客体在范围上明显地受到了限制。按照《物权法》第58条的规定，集体所有的不动产和动产包括法律规定属于集体所有的土地和森林、山岭、草原、荒地、滩涂；集体所有的建筑物、生产设施、农田水利设施；集体所有的教育、科学、文化、卫生、体育等设施，以及集体所有的其他不动产和动产。所谓由法律规定属于集体所有的情形，如根据《土地管理法》第8条第2款规定，农村和城市郊区的土地，除由法律规定属于国家所有的以外，属于集体所有；宅基地和自留山、自留地，也属于集体所有。

3. 所有权运行的民主性

集体所有权的运行，必须充分反映集体组织成员的共同意志，实现集体组织成员的权益。集体组织成员的权益主要是通过成员权来体现的。成员权分为自益权和共益权，集体成员通过自益权实现其收益，通过共益权来行使集体所有权。[①]

4. 特殊的保护手段

对于集体所有权的法律保护，自然离不开物权请求权、侵权损害赔偿请求权、不当得利

---

① 黄松有主编：《〈中华人民共和国物权法〉条文理解与适用》，197页以下。

返还请求权等方式，此外还有集体成员的撤销权。《物权法》第 63 条第 2 款规定，集体经济组织、村民委员会或其负责人作出的决定侵害集体成员合法权益的，受侵害的集体成员可以请求人民法院予以撤销。

［引申与讨论］

集体经济组织、村民委员会或其负责人作出的侵害集体成员合法权益的决定，是指违反法律、法规及集体组织章程的处分集体财产的行为。[①] 它首先应为行政行为，也不排除向其他民事主体作出的要约或承诺，甚至是单方允诺。行政行为可能直接构成侵权行为，也可能导致侵权行为的发生。

这里所说的决定，应当是有关集体所有权及其行使的决定。此处所言的集体成员的合法权益，不是集体成员作为一个独立于集体组织的民事主体的个人的权益，而是作为集体组织成员在集体组织中所应享有的合法权益。

在“决定”为要约或承诺或单方允诺的情况下，或者“决定”引发了与交易相对人间的法律行为的场合，如集体经济组织、村民委员会或其负责人同意某房地产开发公司利用集体土地从事房地产开发的条件，或将集体土地出租给第三人，存在着保护善意第三人的问题，不得损害交易安全。于此场合，宜参照《合同法》第 74 条、第 75 条关于债权人撤销权的规定处理。

（二）集体所有权的行使

集体所有权的行使，具有代表行使、民主决策和设立他物权的色彩。

1. 代表行使机制

对于土地和森林、山岭、草原、荒地、滩涂等自然资源的集体所有权，《物权法》第 60 条特别规定了代表行使机制：属于村[②]农民集体所有的，由村集体经济组织或村民委员会代表集体行使所有权；分别属于村内两个以上农民集体所有的，由村内各集体经济组织或村民小组[③]代表集体行使所有权；属于乡镇农民集体所有的，由乡镇集体经济组织代表集体行使所有权。从长远来看，应对集体所有的土地进行初始登记，以确定所有权。[④]

2. 民主决策机制

集体所有权的行使必须反映集体成员的共同意志，充分发扬民主。对此，《物权法》第

---

① 黄松有主编：《〈中华人民共和国物权法〉条文理解与适用》，206 页。

② 这里的“村”是指设立村民委员会的村，而不是指自然村。参见胡康生主编：《中华人民共和国农村土地承包法释义》，34～35 页，北京，法律出版社，2002。

③ 村民小组是指行政村内由村民组成的组织，它是村民自治共同体的一种组织形式，相当于原生产队的层次。参见胡康生主编：《中华人民共和国农村土地承包法释义》，35 页。

④ 国土资源部 2001 年 11 月 9 日颁发的《关于依法加快集体土地所有权登记发证工作的通知》（国土资发〔2001〕359 号）规定：（1）凡是土地家庭联产承包中未打破村民小组（原生产队）界线，不论是以村的名义还是以组的名义与农户签订承包合同，属于村民小组农民集体所有。有条件的地区，“集体土地所有证”直接发放到村民小组农民集体，除此之外还可以采取“组由村管”的方式，将“集体土地所有证”发放到村，由村委会代管，但土地证书所有者一栏仍填写村内各村民小组农民集体的名称，并注明土地所有权分别由村内各村民小组农民集体所有，待条件成熟时，可将“集体土地所有证”换发到组。对于已经打破了村民小组农民集体土地界线的地区，应本着尊重历史，承认现实的原则，对这部分土地承认现状，明确由村农民集体所有。（2）能够证明土地已经属于乡（镇）农民集体所有的，土地所有权应依法确认给乡（镇）农民集体。没有乡（镇）农民集体经济组织的，乡（镇）集体土地所有权由乡（镇）政府代管。（3）不能证明属于乡（镇）农民集体所有或村民小组农民集体所有的集体土地，应依法确认给村农民集体所有。

59 条第 2 款规定，下列事项应当依照法定程序经本集体成员决定：（1）土地承包方案以及将土地发包给本集体以外的单位或个人承包；（2）个别土地承包经营权人之间承包地的调整；（3）土地补偿费等费用的使用、分配方法；（4）集体出资的企业所有权变动等事项；（5）法律规定的其他事项。

这里说的法定程序，具体规定在《村民委员会组织法》《土地管理法》《农村土地承包法》等法律中。例如，《农村土地承包法》规定，土地承包应当按照以下程序进行：（1）本集体经济组织成员的村民会议选举产生承包工作小组；（2）承包工作小组依照法律、法规的规定拟订并公布承包方案；（3）依法召开本集体经济组织成员的村民会议，讨论通过承包方案；（4）公开组织实施承包方案；（5）签订承包合同（第 19 条）。承包期内，因自然灾害严重毁损承包地等特殊情形对个别农户之间承包的耕地和草地需要适当调整的，必须经本集体经济组织成员的村民会议 3/2 以上成员或 3/2 以上村民代表的同意，并报乡（镇）人民政府和县级人民政府农业等行政主管部门批准。承包合同中约定不得调整的，依其约定（第 27 条第 2 款）。发包方将农村土地发包给本集体经济组织以外的单位或个人承包，应当事先经本集体经济组织成员的村民会议 3/2 以上成员或 3/2 以上村民代表的同意，并报乡（镇）人民政府批准（第 48 条第 1 款）。

根据《物权法》第 62 条的规定，集体经济组织或村民委员会、村民小组应当依照法律、行政法规、章程、村规民约向本集体成员公布集体财产的状况。例如，《村民委员会组织法》规定，村民委员会实行村务公开制度，应当及时公布相关事项，涉及财务的事项至少每 6 个月公布一次。村民委员会应当保障公布内容的真实性，并接受村民的查询（第 22 条第 3 款）。集体经济组织或村民委员会、村民小组不公布或公布不真实的，集体成员可以通过行政诉讼或民事诉讼的方式主张权利（第 22 条第 4 款）。

3. 设立他物权的途径

集体所有权，归根结底应当服务于全体集体组织成员。为了减少乃至避免个别村干部利用集体所有权谋取私利，为了集体组织成员切实地就集体所有权而享受到利益，由集体组织成员（准确地说是农户）分享集体土地所有权中的占有、使用、收益的权能，取得宅基地使用权、土地承包经营权。这是集体所有权行使的一种表现，并且因他物权的效力优先于所有权而使集体组织成员（准确地说是农户）直接享受到集体土地所有权所产生的利益。

（三）集体所有权的效力

集体所有权具有占有、使用、收益和处分的积极权能，也有物权请求权的消极权能。

为了社会公共利益的需要，国家依照法律规定的权限和程序可以征收集体所有的不动产（《物权法》第 42 条）；因抢险、救灾等紧急需要，依照法律规定的权限和程序可以征用集体所有的不动产或动产（第 44 条），集体组织无法依其所有权予以对抗。但另一方面，在国家机关不能证明其征收系为了社会公共利益的需要，不能证明其征用系因抢险、救灾等紧急需要的情况下，集体组织可以依其所有权对抗征收、征用。这也是集体所有权的效力的表现。

三、私人所有权

（一）私人所有权的概念

1. 私人所有权的界定

《物权法》规定了私人所有权（第 64 条以下），其含义如何，需要界定。

首先，《物权法》规定的私人所有权，不同于私所有权。因为私所有权是相对于公所有权而言的，它不仅包括自然人的单独所有权，也包括企业法人所有权，还包括国家机关从事民事活动时呈现的法人所有权。

其次，《物权法》在私人所有权制度中使用的“私人”（第64条以下），宜被理解为自然人、个体工商户、个人独资企业、合伙、中外合资经营企业、中外合作经营企业、股份有限公司、有限责任公司，以及学校、医院、寺庙等主体。私人财产应当包括自然人、个体工商户、个人独资企业、合伙、中外合资经营企业、中外合作经营企业、股份有限公司、有限责任公司所拥有的财产，以及学校、医院、寺庙等主体所拥有的财产。但由于中外合资经营企业、股份有限公司、有限责任公司、学校、医院等均为法人，其财产权为法人所有权，系独立于自然人的单独所有权、国家所有权、集体所有权的一种所有权类型，而《物权法》第68条专门规定了法人所有权，与第64条以下规定的私人所有权并列，故可说私人所有权不包括中外合资经营企业、股份有限公司、有限责任公司的法人所有权。由于个体工商户、个人独资企业、合伙、不具备法人资格的中外合作经营企业的财产权形式为共有权，不是单独的所有权，最终落实为自然人的单独所有权。在这个层面上，《物权法》第64条以下规定的私人所有权只能是自然人的单独所有权。不过，问题还有另一面，当私人所有权作为与国家所有权、集体所有权相并列的概念而使用时，法人所有权也应属于私人所有权。

［论争与评论］

实际上，《物权法》第64条以下规定的私人所有权中的“私人”及“私人所有权”，其内涵和外延如何，其说不一。第一种观点将这里的私人等同于公民。① 第二种观点认为，这里的私人应被限缩解释为自然人。② 第三种观点主张，这里的私人是对国家、集体相对应的物权主体，不但包括我国的公民，也包括在我国合法取得财产的外国人和无国籍人。不仅包括自然人，还包括个人独资企业、个人合伙等非公有制企业。③ 第四种观点强调，私人所有权的主体主要是自然人，但不限于自然人。私人所有权指称的范围更广，包括个体工商户、合伙、各类企业法人、三资企业中投资者的权益等。④ 对此，本书分析和评论如下。

第一种观点人为地缩小了私人的范围，不符合一定数量的外国人、无国籍人已经在我国合法购置房屋并享有所有权，我国法律对此予以保护的实际；也有违《物权法》力图保护自然人、个体工商户、个人独资企业、合伙企业、中外合资经营企业、中外合作经营企业等非公有制企业的合法财产权的立法本意，难被赞同。

第二种观点在将私人所有权限缩为自然人的单独所有权这点上，值得赞同，但毅然决然地把个体工商户、个人独资企业、个人合伙、中外合资经营企业、中外合作经营企业等非公有制企业排除在私人的范围之外，在暂不考虑所有权的类型的前提下，有些狭小了，不符合《物权法》的立法本意。故本书只能部分地吸收其合理成分。

第三种观点注意到了现行法上的民事主体的多样性，若不联系所有权的种类，仅仅从所有制的层面观察民事主体的类型，将自然人、个人独资企业、个人合伙等非公有制企业作为

---

① 见黄松有主编：《〈中华人民共和国物权法〉条文理解与适用》，209～214页。

② 崔建远、申卫星、王洪亮、程啸：《物权法》，王洪亮执笔，114页。

③ 全国人大常委会法制工作委员会民法室编：《中华人民共和国物权法条文说明、立法理由及相关规定》，99页；胡康生主编：《中华人民共和国物权法释义》，153页。

④ 王利明、尹飞、程啸：《中国物权法教程》，199页。

私的主体，值得赞同。（不仅如此，本书作者还认为，个体工商户、学校、医院、寺庙等也是私的主体。）但是，如果结合所有权来理解私人，即界定私人所有权时，就不宜断言私人所有权包括自然人的单独所有权、个体工商户的单独所有权、个人独资企业的单独所有权、个人合伙的单独所有权。其道理在于，共有权不是所有权的一种独立类型，仅仅是所有权人为复数而已，而个体工商户、个人独资企业、个人合伙的财产权形式仍然是共有权（个体工商户场合是家庭成员的共有权，个人独资企业场合是作为出资人的自然人的共有权，个人合伙场合是合伙人的共有权），最终落实为自然人的单独所有权。就是说，私人所有权就是自然人的单独所有权，不应含有个人独资企业的单独所有权、个人合伙的单独所有权。不过，私人与国家、集体相对称使用时，则应包括个体工商户、个人独资企业、法人、非法人型的学校和医院及寺庙等。

第四种观点认为，私人所有权的范围不限于自然人，还包括私人对企业出资的财产所享有的权利。这混淆了所有权和股权，因为私人出资到有限责任公司、股份有限公司中的财产已经变成了法人所有权的客体，不再是个人所有权的标的，私人只是享有股权。此其一。第四种观点主张，私人所有权包括个体工商户、合伙中投资者的权益，混淆了单独所有权和共有权，因为个体工商户经营管理的财产归家庭成员共有，合伙财产归全体合伙人共有。此其二。鉴于本书作者赞同所有权、共有权、股权为不同的概念和制度的通说，本书无法赞同第四种观点。

2. 私人所有权的客体

根据《物权法》第 64 条的规定，私人所有权的客体不仅包括生活资料，如生活用品、住房等，还包括生产资料，如生产工具、原材料等。

［讨论］

《物权法》在私人所有权的标题下，规定了私人合法的储蓄、投资及其收益受法律保护（第 65 条），是否意味着储蓄、投资及其收益成为了所有权的客体？按照通说，私人储蓄形成债权，私人投资产生股权，投资收益为股权的效力表现，都不属于所有权的范畴。本书作者赞同通说。

（二）私人所有权的效力

私人所有权具有占有、使用、收益和处分的积极权能，也有物权请求权的消极权能。

为了社会公共利益的需要，国家依照法律规定的权限和程序可以征收私人的不动产（《物权法》第 42 条）；因抢险、救灾等紧急需要，依照法律规定的权限和程序可以征用私人的不动产或动产（《物权法》第 44 条），私人无法依其所有权予以对抗。但另一方面，在国家机关不能证明其征收系为了社会公共利益的需要，不能证明其征用系因抢险、救灾等紧急需要的情况下，私人可以依其所有权对抗征收、征用。这也是私人所有权的效力的表现。

四、法人所有权

界定法人所有权，可有两条思路。遵循《物权法》界定所有权的思路，法人所有权是指法人对其财产享有占有、使用、收益和处分的权利；按照学说界定所有权的思路，法人所有权为法人对其财产全面支配并排除他人干涉的权利。至于出资人将其财产出资到法人的权利，不再表现为所有权，而是转化成了股权，《物权法》称之为出资者的权益（第 55 条等）。

鉴于后者更准确地解释了法人所有权的本质属性，本书更愿意采纳这种界定路径。

据此可知，《物权法》承认了法人所有权，体现在第 68 条第 1 款关于“企业法人对其不动产和动产依照法律、行政法规以及章程享有占有、使用、收益和处分的权利”的规定，与第 67 条关于“国家、集体和私人依法可以出资设立有限责任公司、股份有限公司或者其他企业。国家、集体和私人所有的不动产或者动产，投到企业的，由出资人按照约定或者出资比例享有资产收益、重大决策以及选择经营管理者等权利并履行义务”的规定，以及第 55 条关于“国家出资的企业，由国务院、地方人民政府依照法律、行政法规规定分别代表国家履行出资人职责，享有出资人权益”的规定之中。[①]

［论争与辨析］

1. 国家机关是否享有法人所有权

《物权法》第 53 条规定：“国家机关对其直接支配的不动产和动产，享有占有、使用以及依照法律和国务院的有关规定处分的权利。”若依照所有权为占有、使用、收益和处分标的物的权利这种界定，可以说该规定承认了国家机关对其支配的财产享有所有权。不过，依据《物权法》的立法本意，国家机关所直接支配的财产仍归国家所有，《物权法》第 53 条只不过规定了国家所有权的行使方式，国家机关依法代国家行使国家所有权。[②] 再者，按照《物权法》规定的所有权类型的体系，其第 53 条处于有关国家所有权的规范之中。[③] 国家机关依其性质和权限而执行公务，无赢利的功能，所需经费由财政拨款解决；其占有、使用国有财产，只是为了完成国家赋予其使命的需要，而非商业经营；法律、法规和政策也再三强调党政机关不得经商办企业，即使在占有、使用或处分国有财产的过程中确有收益，也归国家享有，所谓“收支两条线”为其表现之一，所以，《物权法》没有授予其收益的权能。

2. 国家举办的事业单位是否享有法人所有权

《物权法》第 54 条规定：“国家举办的事业单位对其直接支配的不动产和动产，享有占有、使用以及依照法律和国务院的有关规定收益、处分的权利。”若依照所有权为占有、使用、收益和处分标的物的权利这种界定，可以说该规定承认了国家举办的事业单位对其支配的财产享有所有权。不过，依据《物权法》的立法本意，国家举办的事业单位所直接支配的财产仍归国家所有，《物权法》第 54 条只不过规定了国家所有权的行使方式，国家举办的事业单位依法代国家行使国家所有权。[④] 再者，按照《物权法》规定的所有权类型的体系，其第 54 条处于有关国家所有权的规范之中。[⑤] 但应注意，事业单位，如许多房屋登记机构、测绘机构、培训单位，在占有、使用国有财产的过程中可能获得了利益，完全归属于国家，未必效果最佳，在事业单位和国家之间合理分配，可能更利于调动事业单位的积极性。就此看来，《物权法》第 54 条关于事业单位依照法律和国务院的有关规定享有收益权、处分权的规定，确有道理。

---

① 参见全国人民代表大会常务委员会法制工作委员会民法室编著：《物权法立法背景与观点全集》，59 页。

② 参见全国人民代表大会常务委员会法制工作委员会民法室编著：《物权法立法背景与观点全集》，59 页。

③ 持国家所有权的观点的文献包括胡康生主编：《中华人民共和国物权法释义》，126 页；黄松有主编：《〈中华人民共和国物权法〉条文理解与适用》，184～186 页；王利明、尹飞、程啸：《中国物权法教程》，182 页。

④ 参见全国人民代表大会常务委员会法制工作委员会民法室编著：《物权法立法背景与观点全集》，59 页。

⑤ 持国家所有权的观点的文献包括胡康生主编：《中华人民共和国物权法释义》，127～129 页；黄松有主编：《〈中华人民共和国物权法〉条文理解与适用》，186～188 页；王利明、尹飞、程啸：《中国物权法教程》，182～183 页。

3. 国家出资的企业是否享有法人所有权

《物权法》第 55 条规定："国家出资的企业，由国务院、地方人民政府依照法律、行政法规规定分别代表国家履行出资人职责，享有出资人权益。"第 67 条规定："国家、集体和私人依法可以出资设立有限责任公司、股份有限公司或者其他企业。国家、集体和私人所有的不动产或者动产，投到企业的，由出资人按照约定或者出资比例享有资产收益、重大决策以及选择经营管理者等权利并履行义务。"其中，所谓出资人的权益，主要体现为资产收益、参与重大决策和选择管理者等权利（《公司法》第 4 条）。由于该条明确区分了所有权与股权，清晰地规定了国务院、地方人民政府依照法律、行政法规规定分别代表国家履行出资人职责，享有出资人权益，可以肯定地说国家出资的企业享有法人所有权。

4. 社会团体是否享有法人所有权

《物权法》第 69 条规定："社会团体依法所有的不动产和动产，受法律保护。"学说认为，它承认了社会团体所有权，包括人民群众团体的法人所有权、社会公益团体的法人所有权、文艺团体的法人所有权、学术研究团体的法人所有权、宗教团体的法人所有权、基金会的法人所有权等具体类型。①

① 参见王利明、尹飞、程啸：《中国物权法教程》，204～207 页。

第七章　建筑物区分所有权

第一节　建筑物区分所有权的概述

一、建筑物区分所有权的界定

建筑物区分所有权，《物权法》称之为业主的建筑物区分所有权，是指业主对建筑物内的住宅、经营性用房等专有部分享有所有权，对共有部分享有共有权和共同管理权的复合所有权（《物权法》第70条）。

［学说及其论争］

建筑物区分所有权的称谓，在不同的立法例及其理论上并不相同。法国1938年《有关区分各阶层不动产共有之法律》将之称作区分各阶层不动产的共有，1965年《住宅分层所有权法》改称住宅分层所有权。意大利和英国的法律使用公寓所有权的名称。在美国，有的叫作单位所有权，有的称为水平财产权，更多的叫法是公寓所有权。不过，美国联邦住宅局制定的《公寓所有权标准示范法》及多数州的法律都采用公寓所有权的命名。瑞士则叫楼层所有权或分层建筑物所有权。日本和中国台湾地区的法律及其学说使用建筑物区分所有权的概念。①

关于建筑物区分所有权的概念，本有一元论、二元论和三元论的分歧。一元论又分为专有权说和共有权说。按照一元论的专有权说，建筑物区分所有权，是在区分所有的建筑物的专有部分上成立的所有权。② 一元论的共有权说以集团性、共同性为立论基础，将建筑物整体视为全体区分所有权人的共有。究其实质，是将区分所有权作为一种共有所有权予以理解和把握。③ 二元论则认为，建筑物区分所有权，是由专有部分所有权和共用部分所有权相互结合而形成的权利。④ 与之不同，在三元论看来，建筑物区分所有权，是包括专有部分所有

---

① 陈华彬：《建筑物区分所有权研究》，79～80页，北京，法律出版社，2007；梁慧星、陈华彬：《物权法》，4版，163页。

② ［日］小沼进一：《建筑物区分所有之法理》，261～262页，京都，法律文化社，1992；［日］我妻荣：《新订物权法》，有泉亨修订，524～526页，东京，岩波书店，1983；［日］玉田弘毅：《公寓的法律纷争》，3页，东京，有斐阁，1984；史尚宽：《物权法论》，109页；刘得宽：《民法诸问题与新展望》，27页；谢在全：《民法物权论》（上册），修订2版，369、373页；崔建远、孙佑海、王宛生：《中国房地产法研究》，174页。

③ 参见［日］小沼进一：《建筑物区分所有之法理》，263页；［日］加藤一郎等：《区分所有建筑物的管理与法律》，日本区分所有建筑物管理问题研究会编，19页，1981；［日］星野英一：《区分所有建筑物的管理与立法的课题》，不动产研究会NBL，38页，1980。转引自陈华彬：《建筑物区分所有权研究》，85页。

④ ［德］鲍尔、施蒂尔纳：《德国物权法》（上册），张双根译，636页以下；郑玉波：《民法物权》，修订12版，76～77页；黄越钦：《住宅分层所有权之比较法研究》，载郑玉波主编：《民法物权论文选辑》（上），43页，台北，五南图书出版公司，1984；王泽鉴：《民法物权·通则·所有权》（总第1册），增补版，253页以下；陈甦：《论建筑物区分所有权》，载《法学研究》，1990（5），43～48页。

权、共有部分持分权和成员权的三位一体的复合性权利。[①] 或者说，建筑物区分所有权，是由专有权、共有权和共同管理权组成的权利。[②] 建筑物区分所有权乃专有权、共有权和共同管理权组成的权利之说，符合《物权法》第 70 条的规定，本书从之。

这里所说的建筑物，包括住宅和经营性用房。所谓住宅，是指以居住为目的及用途，供家庭居住使用的房屋。所谓经营性用房，是指以经营为目的及用途，供商业使用的房屋。

所谓区分，有的是纵的区分，如分栋纵切；有的是横的区分，如分层横切；更多的是纵切和横切的混合，如一栋 19 层的公寓大厦被区分为 115 套房间。

所谓专有部分，是指具有构造上（物理上）和使用上的独立性，并能成为建筑物区分所有权客体的部分。[③] 所谓共有部分，有些立法例及其理论称作共用部分，是指专有部分以外的归业主共同所有的部分，包括楼梯、电梯、走廊、水塔、消防设备等。所谓共同管理，是指业主对于区分所有建筑物的共有部分和由此产生的共同事务所从事的管理。业主对专有部分享有专有权，对共有部分享有共有权及共同管理权。这三种权利共同构成建筑物区分所有权。

所谓业主，在《物权法》上就是建筑物区分所有权人，按照《物业管理条例》（国务院令第 666 号）第 6 条第 1 款规定，是指房屋所有权人，即专有部分的所有权人，并不包括房屋承租人、占有人等。不过需要指出，在预售商品房的情况下，往往是在房屋交付给购房人很长时间后才办理房屋所有权及相应的建设用地使用权的变更登记手续。为了保护这些购房人的合法权益，不妨将这些购房人视为业主。对此，法释〔2009〕7 号已经予以认可，于第 1 条第 2 款规定："基于与建设单位之间的商品房买卖民事法律行为，已经合法占有建筑物专有部分，但尚未依法办理所有权登记的人，可以认定为物权法第六章所称的业主。"还有，形成判决或裁决生效，导致建筑物区分所有权移转的，该所有权人亦为业主，尽管尚未办理变更登记。因继承或受遗赠取得建筑物区分所有权的，亦然。

［辨析］

业主和住户的称谓所指有所不同，前者专指建筑物区分所有权人，后者包括建筑物区分所有权人、承租人及其他经业主同意而对专有部分享有使用权的人。[④]

二、建筑物区分所有权的性质

1. 权利构成的复合性

建筑物区分所有权由专有权、共有权和共同管理权组成，表现出复合性。而一般所有权具有单一性，即它仅仅是权利人对于所有物占有、使用、收益和处分的权利，没有共有权和共同管理权。[⑤]

---

① ［德］J. Bärmann：《德国住宅所有权法》，戴东雄译，载《法学论丛》，第 13 卷第 1 期，166 页；［日］丸山英气：《现代不动产法论》，109～110 页，大阪，清文社，1989；戴东雄：《论建筑物区分所有权之理论基础》（Ⅰ），载《法学论丛》，第 114 期；陈华彬：《建筑物区分所有权研究》，114 页。

② 胡康生主编：《中华人民共和国物权法释义》，167～168 页；黄松有主编：《〈中华人民共和国物权法〉条文理解与适用》，224 页；王利明、尹飞、程啸：《中国物权法教程》，210 页。

③ 王泽鉴：《民法物权·通则·所有权》（总第 1 册），增补版，255 页；陈华彬：《建筑物区分所有权研究》，120～125 页。

④ 王泽鉴：《民法物权·通则·所有权》（总第 1 册），增补版，265 页。

⑤ 王泽鉴：《民法物权·通则·所有权》（总第 1 册），增补版，115 页；陈华彬：《建筑物区分所有权研究》，120～125 页。

2. 权利客体的特定性与观念性

建筑物区分所有权的客体，包括专有部分，也包括共有部分。其中，专有部分具有特定性，而共有部分相对于全体业主而言是特定的，对于特定的业主来说则大多是以价值额的形式表现出来的，换言之，共有部分作为特定建筑物区分所有权的客体，在许多场合只具有观念性。例如，对于屋顶、电梯、绿地等共有部分，某个特定的业主无权声称对其特定部分享有占有、使用的权利。

3. 专有权的主导性

在建筑物区分所有的场合，业主的共有权包括建设用地使用权、建筑物承重结构部分以及公共设施的共有权，单就经济价值而言，共有部分的经济价值更大。于是，德国法将共同所有权（相当于中国《物权法》上的共有权）置于支配地位，而特别所有权（相当于中国《物权法》上的专有权）则仅仅为共同所有权的“附属物”，特别所有权和共同所有权的共有份是不可分离的，在共同所有权上成立的权利，也及于特别所有权，对特别所有权的废止，不影响共同所有权的存续。与德国法不同，从中国《物权法》第 72 条第 2 款关于“业主转让建筑物内的住宅、经营性用房，其对共有部分享有的共有和共同管理的权利一并转让”的规定观察，业主的专有权处于主导地位，共有权和共同管理权则从属于专有权。其表现之一是，如果建筑物所有权人甲将其区分所有的建筑物 A 出卖与建筑规划小区之外的乙，尽管 A 建筑物伴有电梯、走廊、屋顶平台、绿地等共同部分，其他建筑物区分所有权人对这些共有部分也享有共有权，但他们仍无权援用《物权法》第 101 条关于按份共有人对份额（应有部分）享有优先购买权的规定，请求甲必须将 A 建筑物卖与自己，也无权就甲把 A 建筑物卖与乙而请求甲承担损害赔偿责任。

[学说及其论争]

在德国，有少数学者认为特别所有权（专有权）为“主物，而共有份为该主物的重要成分”[①]。在中国，有学者从三个方面论证了专有权的主导性：(1) 区分所有权人取得专有权，即意味着取得了共用部分持分权（共有所有权）及社员权。反之，区分所有权人丧失了专有所有权，亦即意味着丧失了共用部分持分权与成员权。(2) 一般而言，区分所有权人专有所有权的大小，将决定其共用部分持分权及成员权（如表决权）的大小。(3) 在区分所有权成立登记上，只登记专有所有权，而共用部分持分权及成员权则不单独登记。

4. 权利存续与处分的整体性

建筑物区分所有权的三要素原则上结为一体，在转让、抵押、继承等场合，应将它们视为一体，不宜保留其一或其二而转让、抵押其他权利。[②] 就其质而言，专有权、共有权和共同管理权均为建筑物区分所有权的构成部分，缺少任何一项因素都会严重伤及建筑物区分所有权，尤其是专有部分更是建筑物区分所有权须臾不可离开的因素，共同管理权和楼梯、电梯、走廊等部分的共有权若缺失，就会伤及建筑物区分所有权的筋骨，甚至导致其功效的丧失。在这个意义上说，建筑物区分所有权具有整体性。不过，某些共有部分，如作为共有部分的停车位、停车库、会所等，可以脱离建筑物区分所有权单独转让，只要不损害业主的权益，法律就没有必要禁止。

---

① [德] 鲍尔、施蒂尔纳：《德国物权法》（上册），张双根译，637 页。

② 陈华彬：《建筑物区分所有权研究》，115 页。

5. 人法的因素浓厚

建筑物区分所有权关系并非单纯的财产关系，其中管理关系占相当的比重，共同管理权占据突出的位置，因而人法的因素十分浓厚。这是一般所有权所不具备的。

三、建筑物区分所有权制度的必要性与必然性

当今世界，城市人口急剧增长，住房及经营性用房的需求日益增大，然而土地的资源有限。中国尤其如此。为了有效率地利用土地，解决住宅及经营性用房紧张的问题，建筑高层建筑物势所必然。为了解决用房人的资金有限，用房有限，开发的商品房易于销售，物尽其用等问题，也为了吸引小资本投入商品房市场，建筑物区分所有权制度不失为较为理想的选择。

数个建筑物区分所有权人共同生活在同一栋大厦乃至建筑区划内，专有权和共有权交织在一起，相邻关系呈现立体化、有体和无体相结合、以共有部分为媒介、法律和规约共同调整的特色[①]，业主间的相互关系复杂，个体和集体的理念交相辉映，需要专门的建筑物区分所有权制度统一规范。

因此，《物权法》专设“业主的建筑物区分所有权”一章，共 14 个条文是完全必要的。

第二节　专有权

一、专有权的概念

专有权，全称为专有部分的所有权，还可称为专有所有权，德国法叫作特别所有权，是指区分所有权人对于建筑物内的住宅、经营性用房等专有部分所享有的占有、使用、收益和处分的权利（《物权法》第 71 条前段）。

就专有权的性质，理论上意见不一，通说认为是一种空间所有权[②]，一种不动产所有权。[③]

二、专有权的客体

专有权的客体是建筑物内的住宅、经营性用房等的专有部分。在这方面，法释［2009］7 号第 2 条规定：“建筑区划内符合下列条件的房屋，以及车位、摊位等特定空间，应当认定为物权法第六章所称的专有部分：（一）具有构造上的独立性，能够明确区分；（二）具有利用上的独立性，可以排他使用；（三）能够登记成为特定业主所有权的客体。”（第 1 款）“规划上专属于特定房屋，且建设单位销售时已经根据规划列入该特定房屋买卖合同中的露台等，应当认定为物权法第六章所称专有部分的组成部分”（第 2 款）。对此，分析如下：

---

① 崔建远、孙佑海、王宛生：《中国房地产法研究》，183～184 页。

② ［德］J. Bärmann：《德国住宅所有权法》，戴东雄译，载《法学论丛》，第 13 卷第 1 期，166 页；黄越钦：《住宅分层所有权的比较法研究》，载郑玉波主编：《民法物权论文选辑》（上），440 页；梁慧星、陈华彬：《物权法》，4 版，167 页；黄松有主编：《〈中华人民共和国物权法〉条文理解与适用》，226 页。

③ 王泽鉴：《民法物权·通则·所有权》（总第 1 册），增补版，257 页。

1. 必须具备构造上的独立性

所谓构造上的独立性，又叫物理上的独立性，是指建筑物经过区分而形成的特定部分，系以墙壁、楼板等建筑构造物与建筑物的其他部分相隔离，达到适合作为物的支配的程度，客观上足以明确区划其范围。[①]

［引申］

建筑物经过区分而形成的特定部分是否具备构造上的独立性，涉及两项判断标准。其一，建筑物经过区分而形成的特定部分必须有明确的外部范围，亦即该项特定部分与建筑物的其他部分，在外观上存在着可资明确区别的境界标志或区分点。学说称之为“区分的明确性”。这是物权客体的独立性和一物一权主义所要求的。其二，该特定部分必须有与建筑物的其他部分或外界隔离的构造物存在，从而具备可供人们利用的机能。构造物在通常情况下表现为屋顶、墙壁、地板、门窗等。学说称之为“遮断性”。该遮断性的需求因客体用途的不同而在严密程度上表现出差异。在住宅场合，要求具有屋顶、墙壁、地板等具有相当固定性的区隔构造物，以达与外界四周完全区隔或遮断的结果。在开放式店铺场合，以卷帘式百叶窗为区隔即符合遮断性的要求。在室内停车场，有梁柱和铁管等为区隔，便足够了。

建筑物在构造上的独立性可能因未来建筑技术的发展、社会生活的演变而有宽严的不同，但基于建筑物所有权和土地所有权或其他建筑物所有权的支配范围必须有一定的界限，仍然是成为专有部分的必要条件。[②]

2. 必须具备利用上的独立性

所谓利用上的独立性，又称功能上的独立性，是指建筑物经过区分而形成的特定部分，必须可作为一建筑物单独使用，如同一般的建筑物，具有独立的经济效用，能够满足社会经济生活目的。[③]

通常，专有部分是否具有独立满足社会经济生活目的的功能，应依下述标准判断：一是单独使用，二是独立的经济效用。所谓单独使用，是指建筑物的专有部分无须其他部分的辅助即可独立使用。所谓独立的经济效用，是指一栋建筑物的专有部分必须具有与一般建筑物同样的独立经济效用。[④] 专有部分是否能单独使用，有无独立的经济效用，应就其有无明确性、间隔性、通行直接性，以及存否专用设备和共用设备等因素加以判断。[⑤] 如果建筑物的部分具有明确性、间隔性、通行直接性，存在着专用设备，而无贮水槽、给水箱、加压设备及配电室等共用设备，则应认定它为专有部分。之所以强调不得存在共用设备，是因为存在共用设备的空间若作为专有部分，必须委托专有部分的所有权人支配它们，势必有害于区分所有的建筑物的共同利益。[⑥] 所谓通行直接性，是指有独立门户与公共走廊或公共楼梯等公共设施相通，可单独使用。如果没有独立门户，则无通行直接性。

---

① 谢在全：《民法物权论》（上册），修订 2 版，373 页。

② 同上书，375 页。

③ 谢在全：《民法物权论》（上册），修订 2 版，376 页；王泽鉴：《民法物权·通则·所有权》（总第 1 册），增补版，256 页；梁慧星、陈华彬：《物权法》，4 版，167～168 页。

④ 梁慧星、陈华彬：《物权法》，4 版，168 页。

⑤ ［日］丸山英气：《区分所有权法》，21 页以下，东京，大成出版社，1998。转引自王泽鉴：《民法物权·通则·所有权》（总第 1 册），增补版，256 页。

⑥ 谢在全：《民法物权论》（上册），修订 2 版，376～377 页。

3. 能够登记成为特定业主所有权的客体

一栋建筑物的特定部分即使已经具备专有部分的前述要件，但也只是观念和抽象的专有部分，并不必然成立建筑物区分所有权。只有在业主将该专有部分作为区分所有权客体现实化、具体化，表现于外部的情况下，才可成为专有部分。其道理在于，一人拥有一栋高楼而不区分为数个特定部分，无意使之表现为建筑物区分所有的形态，固不发生建筑物区分所有权的问题；就是数人拥有一栋高楼而不区分为数个特定部分，以共有方式享有一个楼宇所有权，纵使每个所有权人各自分管一层，也不成立建筑物区分所有权。可见一栋高楼的全部不可能成为区分所有权的客体。①

这样现实化、具体化、表现于外部的部分能够登记为一个不动产，可以成为建筑物区分所有权的客体。

法释［2009］7号第2条第2款规定："规划上专属于特定房屋，且建设单位销售时已经根据规划列入该特定房屋买卖合同中的露台等，应当认定为物权法第六章所称专有部分的组成部分。"

学者把第三个要件叫作形式上的独立性要件，将前两项要件称作实质上的独立性要件。

《房屋登记办法》第10条第1款规定，房屋基本单元是指有固定界限、可以独立使用并且有明确、唯一的编号（幢号、室号等）的房屋或者特定空间。

［辨析］

在传统民法理论看来，一栋建筑物为一个物，存在一个所有权，而专有所有权以建筑物的特定部分为所有权的客体，不符合物权的客体应为独立物，违反了一物一权主义。如此，专有权乃至建筑物区分所有权都不得存在。可是，这不能满足社会生活的需要。为了协调法律原则与社会需要间的相互关系，如今的学说认为，在区分建筑物的情况下，专有部分就是一个独立之物，专有权以专有部分为客体，仍然符合一物一权主义。

三、专有部分的范围

就专有部分的范围，在理论上有不同观点，大致有四说。其一，中心说，又叫壁心说，认为专有部分的范围达到墙壁、柱、地板、天花板等境界部分厚度的中心。② 其二，空间说，亦称全部属于共用部分说，认为专有部分的范围仅限于由墙壁（共同墙壁）、地板、天花板所围成的空间部分，而界限点上的分隔部分，如墙壁、地板、天花板等则为全体或部分区分所有权人共有。③ 其三，最后粉刷表层说，认为专有部分包括墙壁、柱等境界部分表层所粉刷的部分，亦即境界与其他境界的本体属于共用部分，但境界壁上最后粉刷的表层则属于专有部分。④ 其四，壁心和最后粉刷表层说，又称中央部分属于共用部分，表面属于专有

---

① 谢在全：《民法物权论》（上册），修订2版，377页。

② ［日］山田幸二：《专有部分的一部分：共用部分墙壁的疑义》，载［日］玉田弘毅、森泉章、半田正夫合编：《建筑物区分所有权法》（资料），105～106页；［日］河村贡：《建筑物区分所有权》，载《大厦》，第342号，53页。转引自陈华彬：《建筑物区分所有权研究》，130页。

③ ［日］右近健男：《区分所有与管理》，载《法律时报》，第43卷第10号，33页；［日］舟桥纯一：《物权法》，348页。转引自陈华彬：《建筑物区分所有权研究》，131页。

④ ［日］玉田弘毅：《建筑物区分所有权法逐条研究》(3)，载《判例时报》，第342号，53页。转引自陈华彬：《建筑物区分所有权研究》，132页。

部分说，认为专有部分的范围应分内部关系和外部关系而论。在区分所有权人相互间，尤其是有关建筑物的维持、管理关系上，专有部分仅包含至壁、柱、地板、天花板等境界部分表层所粉刷的部分；但在外部关系上，尤其是对第三人关系上，专有部分则包含至壁、柱、地板、天花板等境界部分厚度的中心线。[①] 壁心和最后粉刷表层说能据以澄清区分所有权人相互间以及区分所有权人与第三人间的权益，符合社会的现实情形与未来的发展需要，可资赞同。[②]

专有部分面积，按照法释［2009］7号第8条的规定，可以按照下列方法认定：(1) 专有部分面积，按照不动产登记簿记载的面积计算；尚未进行物权登记的，暂按测绘机构的实测面积计算；尚未进行实测的，暂按房屋买卖合同记载的面积计算。(2) 建筑物总面积，按照前项的统计总和计算。

在德国法上，建筑物区分所有权自身是一项真正的所有权，专有部分、共有部分所有权等只是该所有权的“成分”，所以，业主占有、使用与处分的都是建筑物区分所有权，而并非仅仅是专有部分。[③] 中国《物权法》第71条将专有权规定为一项独立的物权，而且在第72条第2款规定，业主转让建筑物内的住宅、经营性用房，其对建筑物共有部分享有的共有和共同管理的权利一并转让。在这里，建筑物区分所有权并没有被认为是集共有权、专有权以及管理权于一身的整体性权利，而是将三者分立，并且以专有权为核心。在理论上，将建筑物区分所有权理解为专有部分所有权，与《物权法》第70条的规定并不相同。我们倾向于将建筑物区分所有权作广义的理解，即按照《物权法》第70条的规定理解。

四、专有部分的使用、修缮、管理、维护

专有部分的使用、修缮、管理、维护事关业主的利益，需要明确。关于专有部分的使用，《物权法》设有限制性规定：“业主不得违反法律、法规以及管理规约，将住宅改变为经营性用房。业主将住宅改变为经营性用房的，除遵守法律、法规以及管理规约外，应当经有利害关系的业主同意”（第77条）。法释［2009］7号对此解释道：业主将住宅改变为经营性用房，未按照《物权法》第77条的规定经有利害关系的业主同意，有利害关系的业主请求排除妨害、消除危险、恢复原状或赔偿损失的，人民法院应予支持（第10条第2款）。将住宅改变为经营性用房的业主以多数有利害关系的业主同意其行为进行抗辩的，人民法院不予支持（第10条第2款）。业主将住宅改变为经营性用房，本栋建筑物内的其他业主，应当认定为《物权法》第77条所称“有利害关系的业主”。建筑区划内，本栋建筑物之外的业主，主张与自己有利害关系的，应证明其房屋价值、生活质量受到或可能受到不利影响（第11条）。关于专有部分的修缮，《物业管理条例》（国务院令第666号）也设有限制性规定：业主需要装饰装修房屋的，应当事先告知物业服务企业（第52条第1款）。维修专有部分的共同墙壁、天花板、地板或其内的管线，费用由该共同墙壁、天花板和地板上下的业主共同负担。但维修费用系因某特定业主的原因所致的，由该业主负担。[④]

---

① ［日］川岛一郎：《关于建筑物的区分所有等法律的解说》（上），载《法曹时报》，第14卷第6号；［日］丸山英气：《区分所有权理论及其发展》，载《法学家》，第476号。转引自陈华彬：《建筑物区分所有权研究》，1133～1134页。

② 陈华彬：《建筑物区分所有权研究》，134页；梁慧星、陈华彬：《物权法》，4版，169页。

③ ［德］鲍尔、施蒂尔纳：《德国物权法》（上册），张双根译，637页以下。

④ 参见王泽鉴：《民法物权·通则·所有权》（总第1册），增补版，258～259页。

第三节　共有权

一、共有权的概念

共有权，此处特指区分建筑物的共有部分的所有权，又叫共有部分的持分权，是指业主依照法律的规定或管理规约及业主大会的决定，对建筑物内住房或经营性用房的专有部分以外的共用部分所享有的占有、使用、收益和处分的权利（《物权法》第 72 条第 1 款前段）。

所谓共有持分，又称共同所有配分率（tantieme decopropriété）或共同所有千分率（milliemede copropriété），是指业主对共有部分的潜在的应有份额；从权利的角度观察，为共有持分权。[1]

[辨析]

严格地说，共有部分和共用部分两个概念本来有所区别。前者指明了业主对于建筑物的某些部分或建设用地使用权的所有关系，重在物权关系的本质；而后者则重在建筑物的某些成分或建设用地系供业主共同使用的属性，就其字面含义而言，不一定是业主对此项共同部分拥有所有权，可能享有租赁权或借用权等。例如，归某业主拥有的 A 专有部分，通过约定归全体业主使用，因而成为共用部分，但不宜称之为共有部分。不过，在我国建筑物区分所有权的法律关系及其理论中，人们略去了二者的上述差别，将之作为同一概念使用。本书在多数情况下也是如此，但在业主约定某专有部分为全体业主的共用部分的场合，则宜区分共有部分和共用部分两个概念。

这种共有权同一般共有权相比，存在着如下差异：(1) 从主体上看，权利人的身份具有复合性。他同时是共有权人、专有权人和建筑物区分所有权人管理团体的一个成员。而一般共有权人的身份是单一的，只是共有权人。(2) 从客体上看，此类共有权的客体范围十分广泛，不仅包括法定共有部分，也包括约定共有部分。而一般共有权的客体通常限于一项财产。(3) 从内容上看，这种共有权包含的权利义务较为丰富，主要包括：1) 全体业主对建筑物的整体所共同承受的权利义务；2) 对建筑物某一部分所共同承受的权利义务；3) 因一部分业主在一部共用部分上设立专用使用权而产生的权利义务；4) 因对建筑物的基地的利用而发生的房地权属关系。而在一般共有权场合，共有权人的权利义务相对简单，仅指各共有人因共有财产而发生的权利义务。(4) 从种类看，此类共有权可依不同标准而作出不同分类，如法定共有权和约定共有权、全体共有权和部分共有权、对建筑物的共有权和对附属建筑物的共有权等。而一般共有权在《物权法》上只有按份共有和共同共有。(5) 从权利变动上看，这种共有权的变动决定于专有权的变动。而一般共有权的变动没有主从关系。此外，这种共有权随着专有权的转让而转让时，其他共有权人没有优先购买权。而在一般共有权场合，其他共有权人往往有优先购买权。[2] (6) 从权利的行使方式看，这种共有权的行使要遵循法律和管理规约，常常采用持有份的方式。(7) 在所有权关系中，权利的存续意味着依所有权人的意思就所有物取得利益，但在建筑物区分所有权关系中，共有权在若干方面却表现

---

① 陈华彬：《建筑物区分所有权研究》，176 页。

② 梁慧星、陈华彬：《物权法》，4 版，169～170 页。

出“负担”“不利益”：1）在依建筑面积计算房价的情况下，业主（买受人）须就共有部分及共有权向房屋出卖人支付相应的房款；2）业主须就共有部分的维修分摊维修费用；3）业主须就共有部分承担相应的物业费；4）在依建筑面积计算房价的场合，业主（买受人）须就共有部分承担相应的契税；5）在征收物业税的体制下，业主须就共有部分承担相应的税金。

二、共有部分的构成与法律性质

（一）共有部分的构成

共有部分包括四种情形：一是法律、行政法规规定的共有部分；二是建筑物的基础、承重结构、外墙、屋顶等基本结构部分，通道、楼梯、大堂等公共通行部分，消防、公共照明等附属设施、设备，避难层、设备层或者设备间等结构部分；三是其他不属于业主专有部分，也不属于市政公用部分或其他权利人所有的场所及设施等（法释［2009］7号第3条第1款）；四是建筑区划内的土地，依法由业主共同享有建设用地使用权，除非属于业主专有的整栋建筑物的规划占地或城镇公共道路、绿地占地（法释［2009］7号第3条第2款）。

［拓展］

关于共有部分的第二种情形，包括自来水、电力、天然气（煤气）、管线设备等，若为专供专有部分使用的分支部分，除去该部分不致影响区分所有的建筑物的使用的，则仍属专有部分。即使该管线是在区分所有的建筑物之外与主管线相接，也是如此；它们若存在于专有部分之内，更属当然。

关于共有部分的第三种情形，在中国台湾地区，“公寓大厦管理条例”及其理论使用共用部分的概念，表述为“区分所有人约定供共同使用的专有部分与其附属物”。认为此部分为区分所有建筑物的专有部分，具有独立性可作为区分所有权的客体，然经区分所有人的约定，供共同使用，而作为共用部分。例如，区分所有人约定作为集会室、管理室或停车库使用的专有部分，就是如此。[①] 但在中国《物权法》及其理论上，使用“共有部分”的概念，不得把停车库等专有部分出租或出借给全体业主使用的部分叫作“共有部分”，但可以称为“共用部分”。

（二）共有部分的法律性质

1. 共有部分的从属性

共有部分在法律上为附随于专有部分而存在的附属物或从物，具有一定的从属性。例如，随着专有部分的转让而转让。当然，这种从属性是以建筑区划内的绿地、停车位、停车库、锅炉房等已经归业主共有为前提而言的，如果依照法律和商品房预售合同等法律文件规定，绿地、停车库等不归业主共有，则不存在此处的从属性，在被单独地登记为独立的不动产时，可以单独抵押、转让，我们不得以从属性为由否定此类抵押、转让。

2. 共有部分的不可分割性

所谓共有部分的不可分割，首先是指为专有部分所必需的共有部分与专有部分不可分

① 王利明、尹飞、程啸：《中国物权法教程》，217页。

割，如走廊等与专有部分不可分割；其次是指共有部分本身只能与专有部分一起抵押、转让，不得将共有部分的某些成分单独抵押、转让等。至于某些共有部分，如地下室、防空洞等，并非专有部分不可须臾离开的成分，可以在被单独登记为一个独立之物等条件下脱离专有部分及其他共有部分而转让给他人。

正因共有部分与专有部分不可分割，或者说共有部分附随于专有部分，使得建筑物区分所有权里的共有不同于按份共有和共同共有，属于一种特殊的共有形态[①]，有时依照按份共有处理，例如，对建筑物及其附属设施的费用分摊、收益分配等事项无约定或约定不明时，按照业主专有部分占建筑物总面积的比例确定（《物权法》第80条）；有时则适用共同共有的规则，例如，建筑区划内的绿地属于业主共有（《物权法》第73条前段）。

［提示］

建筑物区分所有权中的共有部分，其法律性质如何，存在着总有说、共同共有说、按份共有说的分歧。[②]

3. 共有部分的客体较为广泛

共有部分涉及范围甚广，主要有建设用地使用权、外墙、承重结构等，不易一一列举。《物权法》专门就建筑区划内的道路、绿地、车库等争议较大的问题设置了明文（第73条）。

共有部分可以是同一建筑物的共有部分，例如，同一单元的业主对本单元楼梯的共有；也可以是同一建筑区划的共有部分，例如，业主对建筑区划内规划绿地的共有。同一建筑区划可能包含数栋独立建筑物。

三、共有部分的分类

（一）法定共有部分与约定共有部分

依照法律的规定，业主共同拥有建筑区划内的建筑物的某些部分乃至整栋建筑物、建设用地使用权等的场合，此类建筑物的某些部分乃至整栋建筑物、建设用地使用权不得作为专有部分使用，也不得约定为专有部分，属于法定共有部分。与此有别，业主和开发商就建筑区划内的停车位、停车库、地下室等，约定属于业主共有的场合，此类停车位等为约定共有部分。

［探讨与论辩］

有观点认为，法定共用部分，亦称性质上、构造上的共用部分。对其判断，应从该部分的内部构造及其在整体建筑物中所占的位置着眼。[③] 不同意见则主张，法定共用部分的判断不单纯以构造为基准，也必须从利用上予以综合判断。[④] 本书作者认为，法律规定法定共有部分时所考虑的因素方方面面，需要全面审视。有的是基于构造上有无独立性，如建筑物的共同出入口、支柱、共同墙壁、天花板、地板等，在构造上并无独立性，不得或不宜成为专

---

① 王利明、尹飞、程啸：《中国物权法教程》，216页。

② 详细介绍及评论，见陈华彬：《建筑物区分所有权研究》，162～171页。

③ ［日］玉田弘毅：《关于建筑物区分所有的共用部分的种类、形态及其法性质》，载《不动产研究》，第7卷第1号。转引自陈华彬：《建筑物区分所有权研究》，155页。

④ ［日］丸山英气：《区分所有权的理论及其发展》，载《法学家》，第476号。转引自陈华彬：《建筑物区分所有权研究》，155页。

有部分，应当作为共有部分。有的虽然具有独立性，但因其为区分所有的建筑物发挥正常功能所不可或缺的设施，如我国东北地区为建筑区划内供热的锅炉房，不宜成为专有部分，应当作为共有部分。有的虽然具有独立性，设计为某业主的专有部分未尝不可，但为了保障建筑区划内全体业主的生活品质，首先推定它们为共有部分，但允许有关当事人依约定改变。绿地等即属这种情况。有的是为了避免建筑物成为无权占有，失去存在的正当根据（权源），为了减少纠纷，简化法律关系，法律不允许它成为专有部分，只能作为共有部分。建设用地使用权即属此类。

值得提出的是，区分所有的建筑物的专有部分可被约定为供业主共同使用，约定共有部分因此类约定而产生。例如，将区分所有的建筑物的专有部分约定作为传达室、会客室等。此处所谓约定，是指按照管理规约或业主大会的决议。因此，这种约定共有部分又叫规约共有部分。[①]

区分法定共有部分与约定共有部分，具有如下法律意义：(1) 意思自治原则发挥作用的空间有所差别。法定共有部分主要依法律规定予以调整。(2) 在有关当事人就建筑物及其附属设施的特定部分约定为共有部分或专有部分时，可基于这种分类及其标准判断此类约定是否有效。例如，有关当事人约定电梯、走廊为专有部分，就不会依其约定发生法律效力，因为电梯、走廊是法定共有部分，当事人不得依约定加以改变。

（二）全体共有部分与一部共有部分

建筑物或其特定部分、绿地、建设用地使用权等属于建筑区划内的全体业主共有，这些共有部分即为全体共有部分。锅炉房、建设用地使用权、绿地等一般都属于全体共有部分。某层的配电室、保洁工具存放室、走廊等，仅仅供一部分业主使用，一般定为一部共有部分，除非法律另有规定或业主和开发商另有约定。究为全体共有部分或一部共有部分，应依实际使用和所有的情况加以确定。有疑义时，宜解释为全体共有部分。[②]

区分全体共有部分与一部共有部分，其法律意义在于，共有部分所需费用的负担和产生收益的分配规则有所不同，在法律就此未作规定、当事人就此未加约定的情况下，一部共有部分所需费用由该部分的共有权人负担，所产生的收益由该部分的共有权人分享；而全体共有部分所需费用则由全体共有权人分担，所生收益由全体共有权人分享。

四、共有部分的具体考察

确定外墙、屋顶平台、停车位、停车库、地下室等，是属于共有部分还是专有部分，抑或单独所有权的客体，需要综合考虑以下因素：(1) 它是否或能够被单独登记为一个独立之物。如果尚未被单独登记为一个独立之物，则应为共有部分；反之，可以成为专有部分或单独所有权的客体。不过，锅炉房等建筑物登记与否均不影响成为共有部分。(2) 建筑物区分所有权的本质属性。我们确定外墙等部分的性质和所属，不得违背建筑物区分所有权的本质属性。(3) 法律、行政法规的强制性规定。如果法律、行政法规的强制性规定就此作了专门规定，该规定应为我们确定其性质和所属的依据。当然，此类强制性规定不应违反前述原理。(4) 有关当事人的约定。如果有关当事人在不违反前述 (1) (2) (3) 的前提下，就此

---

① 王泽鉴：《民法物权·通则·所有权》（总第1册），增补版，260页。

② 同上书，260～261页。

作了约定，应依其约定。

（一）外墙

外墙可用于悬挂广告等，产生可观的利益，归属于谁，引人注目。方案可能有三：其一，归业主共有；其二，归特定业主专有；其三，归开发商所有。

本书作者认为，外墙不得归属于开发商，只能由业主享有。其理由在于，外墙不具有独立的物理构造，不具有独立的经济价值，一句话，不是独立之物，因而不得被登记为独立的不动产，不得独立交易。如此，外墙在法律上也只能与区分所有建筑物结合在一起，归属于建筑物区分所有权人，即业主。开发商不得单独取得外墙的所有权，不过，作为业主的一分子，可以取得建筑物区分所有权，包括以相应比例的外墙的共有权。

有观点主张，数人区分一建筑物而各有一部，除该建筑物及附属物的共同部分被推定为各共有人的共有之外，建筑物的外墙属于区分所有权人的专有部分。① 反对意见则认为，建筑物的结构为建筑物的存在要素，不能区分由各共有人专有而各有一部，建筑物的外墙自应由各共有人共有，外墙的使用应依当地习惯及使用方法以为决定。② 本书赞同后一种意见，理由有二：(1) 外墙不符合专有部分的界定。专有部分是以地板、天花板、界墙的中心线向里围成的空间，而外墙处于该中心线以外。(2) 设计为专有部分也难做到时时事事都物尽其用，会因悬挂的广告牌巨大，作为某特定业主专有部分的外墙容纳不下，需要利用其他特定业主所专有的外墙，却遭拒绝，丧失良机。如果采取共有部分的法律设计，业主委员会则很容易处理此类问题。总之，外墙作为共有部分，符合共有部分的界定、建筑物区分所有权的属性和效率原则，最为适当。

需要指出，尽管外墙作为共有部分最为适当，但若通过规约或业主大会约定某部分外墙作为专用部分，由某业主取得专用权，应依其约定。③ 法释［2009］7 号原则上将外墙作为共有部分，但在法律、行政法规规定外墙为专有部分的，依其规定（第 3 条第 1 款第 1 项）。

还要指出，外墙虽然原则上为共有部分，但若业主基于对住宅、经营性用房等专有部分特定使用功能的合理需要，无偿利用与其专有部分相对应的外墙面的，不应认定为侵权，除非违反了法律、法规、管理规约，损害他人的合法权益（法释［2009］7 号第 4 条）。

（二）区分所有建筑物的屋顶平台

1. 区分所有建筑物的屋顶平台未被登记为一项不动产场合的归属

区分所有建筑物的屋顶平台，一般都未被单独登记为一项独立的不动产，没有单独的所有权证，因而不得单独作为一项财产，留给开发商自己，或作为买卖物出售与他人，只能公摊到区分所有建筑物的面积之中，归业主共有（法释［2009］7 号第 3 条第 1 款第 1 项）。即使开发商留有部分区分所有的建筑物，它也只能以业主的身份，对屋顶平台享有共有权，而非单独的所有权。

屋顶平台归业主共有，原因有二：(1) 商品房预售合同或销售合同明文约定屋顶平台归

---

① 中国台湾地区台北地方法院 1980 年度法律座谈会上提出的甲说，中国台湾地区“高等法院”的审查意见，“司法院”第一庭的研究意见。转引自王泽鉴：《民法物权・通则・所有权》（总第 1 册），增补版，271、272 页。

② 中国台湾地区台北地方法院 1980 年度法律座谈会上提出的乙说；中国台湾地区“公寓大厦管理条例”第 8 条第 1 项及其解释；王泽鉴：《民法物权・通则・所有权》（总第 1 册），增补版，272 页。

③ 参见王泽鉴：《民法物权・通则・所有权》（总第 1 册），增补版，264 页。

业主共有。(2) 商品房预售合同或销售合同没有约定屋顶平台的归属，依据建筑物区分所有权的原理，屋顶平台事关业主的切身利益和实际使用的需要，应当推定屋顶平台归业主共有。

在屋顶平台归业主共有的情况下，全体业主或业主委员会有权将屋顶出租，收取租金；但不得单独出卖，因为它不是一个独立之物。还有，业主若基于对住宅、经营性用房等专有部分特定使用功能的合理需要，无偿利用屋顶的，不应认定为侵权，除非违反了法律、法规、管理规约，损害他人的合法权益（法释［2009］7号第4条）。

2. 区分所有建筑物的屋顶平台已被登记为一项不动产场合的归属

在屋顶平台被单独地登记为一项不动产的情况下，屋顶平台相当于一个区分所有的建筑物，其上竖立着一个单独的所有权。它可以依据商品房预售合同或销售合同归某特定的业主享有，也可以依据商品房预售合同或销售合同的约定归全体业主共有，还可被保留在开发商之手，或出卖给业主之外的第三人。

不过，应当注意，屋顶平台归属于某特定业主或开发商或第三人，若导致其他业主的建筑物区分所有权难以发挥应有的作用，业主遭受严重的损害时，这些业主或业主委员会有权主张上述约定无效。

屋顶平台于其被单独地登记为一项不动产的情况下，可以作为借用物、租赁物，还可以于其上设立地役权。

在屋顶平台归属于某特定的业主或开发商或第三人的情况下，其他业主可以基于相邻关系规则利用屋顶，对抗屋顶平台所有权人利用屋顶平台损害其他业主合法权益的主张。

（三）停车位、停车库

1. 确定停车位、停车库的归属应考虑的因素

停车库在外观上表现为建筑物，而停车位则无此外形，尽管如此，也应将其视为建筑物。

停车位、停车库归属于业主，还是开发商，抑或第三人，取决于若干因素，如已被登记为一项独立的不动产、开发商与交易的相对人关于停车位或停车库的约定、法律法规的强制性规定等。其中，前提性的条件是，停车位、停车库是否已被登记为一项独立的不动产，其上是否存在着一项独立的所有权。它若尚未被登记为一项独立的不动产，则只能作为区分所有建筑物的组成部分，不得成为单独的买卖对象；在已被公摊于区分所有建筑物的面积之中时，归业主享有；在尚未被公摊于区分所有的建筑物的面积之中时，则归属于尚未出售的区分所有建筑物的面积之中，由开发商享有。停车位、停车库已被登记为一项独立的不动产时，其上存在着一项独立于建筑物区分所有权的停车位、停车库的所有权，可以单独买卖，其归属依开发商与其交易的相对人之间的约定（《物权法》第74条第2款），当然，该约定不得违反法律、行政法规的强制性规定（《合同法》第52条第5项、《物权法》第74条第3款）。

2. 停车位、停车库的使用规则

停车位、停车库的归属及使用，被规定在《物权法》第74条中。该条第1款的规定着眼于停车库、停车位的使用权，至少有四个问题需要澄清。

其一，所谓规划用于停放汽车的车位、车库，其中的规划是指业主的计划，还是开发商的规划，抑或是规划设计机构的规划？

此处所谓规划，不是业主关于停车位、停车库的计划，其理由是，假如以业主的计划，

就难免出现业主要求获得的停车位、停车库等于或多于开发商建造的全部停车库、停车位的现象，使开发商处分停车位、停车库的自由度和盈利额降低，打击开发商建造停车位、停车库的积极性。这样，在开发商因趋利避害而少建停车位、停车库时，反过来会满足不了业主对停车位、停车库的需求。

此处所谓规划，也不是开发商建造停车位、停车库的规划，其道理在于，假如是指开发商建造停车位、停车库的计划，开发商于其感觉建造停车位、停车库薄利或亏损时，便会少造，这会不利于业主。

此处所谓规划，应当是指建筑区划内的规划机构所作出的规划设计文件关于建筑区划内停车位、停车库的规划，如500户业主的建筑区划内应当至少建造500个停车位、停车库，或600个停车位、停车库等。这是因为，规划机构是行政主管部门或其委托授权的机构，负责社会公共事务及行政管理，不属于开发商和业主而处于中立的地位，所作建筑区划内停车位、停车库的建造数量，应当是较为客观和公正的。

其二，所谓应当首先满足业主的需要，其判断标准是什么？是业主的主观要求及客观需要，还是开发商的建造计划？答案是否定的，其道理如上文“其一”中所述。最为理想的判断标准是，建筑区划内的规划机构所作出的规划设计文件关于建筑区划内停车位、停车库的配备比例，如1∶1或1∶0.5等。这是因为，规划机构是行政主管部门或其委托授权的机构，负责社会公共事务及行政管理，不属于开发商和业主而处于中立的地位，所作建筑区划内停车位、停车库的建造数量及配备给业主的比例，应当是较为客观和公正的。对此，法释［2009］7号第5条第2款已经明确，配置比例是指规划确定的建筑区划内规划用于停放汽车的车位、车库与房屋套数的比例。

其三，满足业主的需要的含义如何？满足业主的需要，只要按照规划设计文件规定的建筑区划内停车位、停车库的配备比例将它们交由业主即可，至于是出售给业主还是出租给业主，均在所不问。法释［2009］7号第5条第1款已经明确：“建设单位按照配置比例将车位、车库，以出售、附赠或者出租等方式处分给业主的，应当认定其行为符合物权法第七十四条第一款有关‘应当首先满足业主的需要’的规定。”

其四，开发商违反《物权法》第74条第1款的规定，提供给业主的停车位、停车库，没有满足业主的需要，应当如何处理？这取决于该条款的性质和作用。该条款若属于任意性规定，则对于开发商的违反行为不会作无效处理；若属于强制性规定，则开发商的违反行为应当无效（《合同法》第52条第5项）。

本书作者认为，《物权法》第74条第1款的规定属于强制性规定，其理由在于，该条款不仅使用了“应当”的字样，更重要的是该条款是调整公共利益的。之所以称之为调整公共利益的条款，是因为它所指建筑区划内的停车位、停车库首先满足业主的需要，不是满足某特一特定的业主的需要，而是满足全建筑区划内的所有业主对停车位、停车库的需要。既然是全建筑区划内的业主对停车位、停车库的需要，就属于全建筑区划内的利益，而建筑区划内利益不同于一家一户的业主的利益，建筑区划内利益表现为建筑区划内的文化、建筑区划内的治安、建筑区划内的形象，一句话，建筑区划内的利益属于公共利益。既然《物权法》第74条第1款的规定调整的是公共利益，其性质属于强制性规定，开发商违反它而将建筑区划内的停车位、停车库出卖或出租给业主以外的人，而在与业主签订的商品房预售合同或销售合同中，没有将停车位、停车库赠与、出卖或出租给业主的约定，与规划设计文件关于建筑区划内停车位、停车库的配备比例相抵触，也就违反了《物权法》第 74 条第 1 款，因而应归无效，业主有权主张开发商与其签订的商品房预售合同或销售合同中的停车位、停车库条款无效。

3. 停车位、停车库的归属根据

(1) 停车位、停车库依法定归属于业主共有

《物权法》第 74 条第 3 款规定："占用业主共有的道路或者其他场地用于停放汽车的车位，属于业主共有。"法释 [2009] 7 号第 6 条解释道："建筑区划内在规划用于停放汽车的车位之外，占用业主共有道路或者其他场地增设的车位，应当认定为物权法第七十四条第三款所称的车位。"它们属于强制性规定，不得违反，否则，约定无效。之所以认定该条款为强制性规定，是因为它是调整公共利益的规定，其道理如同上文对《物权法》第 74 条第 1 款规定的分析，不再赘言。

(2) 停车位、停车库依约定归属于业主

《物权法》第 74 条第 2 款规定："建筑区划内，规划用于停放汽车的车位、车库的归属，由当事人通过出售、附赠或者出租等方式约定。"对此规定，阐释如下：

1) 该条款是关于停车位、停车库归属的规定，不同于第 74 条第 1 款关于使用的规定。

2) 该条款规定建筑区划内的停车位、停车库可依出售、附赠的方式确定其归属，值得赞同，但规定可依出租方式确定停车位、停车库的归属，则是错误的，因为出租只能决定停车位、停车库的使用权归属于谁，不能决定所有权的归属。所以，《物权法》第 74 条第 2 款规定由出租合同决定停车位、停车库，是错误的。

3) 其中规定的由出售等方式确定停车位、停车库的归属"等方式"包括互易的方式，如开发商与建筑区划内业主或其他相对人签订合同，开发商以其停车位置换相对人的汽车，待该停车位过户与该相对人时，该停车位的所有权即归属于该相对人。

4) 开发商与业主或其他相对人签订买卖、赠与、互易停车位或停车库的合同，或者在商品房预售合同或商品房销售合同或互易合同中附有停车位、停车库归属的款项，一般都会有效，但仍有两种场合是无效的。第一种情形是，该约定违反了《物权法》第 74 条第 3 款关于"占用业主共有的道路或者其他场地用于停放汽车的车位，属于业主共有"的规定，而该规定属于强制性规定，违反它，依据《合同法》第 52 条第 5 项的规定，应当无效。第二种情形是，该约定与测绘机构出具的关于区分所有的建筑物的面积的文件相抵触。由于该文件是行政主管机关授权的机构通过实地勘查测量而形成的，具有权威性；由于该文件已经载明停车位或停车库属于区分所有的建筑物的组成部分，业主对此拥有所有权，那么，开发商和业主签订商品房预售合同或销售合同，约定停车位或停车库归开发商所有，就侵害了业主的所有权，业主有权主张此类约定无效。

(四) 地下室

1. 地下室未被登记为一项不动产场合的归属

地下室未被单独地登记为一项不动产的场合，只能被公摊到区分所有建筑物的面积之中，由业主共有。开发商保留部分区分所有的建筑物场合，作为业主对地下室享有共有权，不得享有单独的所有权，否则，就是对业主的合法权益的侵害。

2. 地下室已被登记为一项不动产场合的归属

地下室已被单独地登记为一项不动产时，相当于一套区分所有的建筑物，其上竖立着一

个建筑物区分所有权。它可以按照商品房预售合同或销售合同的约定归某特定的业主享有，也可以依约归全体业主共有，还可被保留在开发商之手，或出卖与第三人。

不过，应当注意，地下室归属于某特定业主或开发商或第三人，若导致其他业主的建筑物区分所有权难以发挥应有的作用，业主遭受严重的损害时，这些业主或业主委员会有权主张上述约定无效。

在地下室归属于某特定业主或开发商或第三人的情况下，其他业主有权基于相邻关系规则利用地下室，对抗地下室的所有权人侵害自己合法权益的主张。

地下室于其被单独地登记为一项不动产的情况下，可以作为借用物、租赁物，还可以于其上设立地役权。

地下室可能被区隔了若干停车位、停车库，用于停放车辆。于此场合，确定地下室的归属及利用，还要结合停车位、停车库的归属及利用的规则。

（五）防空洞

防空洞归属于谁，同样取决于它是否被单独登记为一项不动产，如果它尚未被单独登记，则只能作为区分所有建筑物的组成部分，不宜认定其归国家所有，除非国家拥有防空洞所在地的建设用地使用权；如果已被单独登记了，就存在着一个独立的所有权，发生了防空洞归属于谁的问题。

多数说认为，防空洞用于国防，不论由谁出资建造，均应归属于国家。但本书作者认为，用于国防，固然重要，必须绝对保障其功能，不过，这并非防空洞非归国家所有不可的理由。只要防空洞优先并必须保障为国防所需要，防空洞归私人所有也未尝不可。回想国家将私人之物征用，用于防洪抗灾、战争等之用，不是取得了预期的效果吗？有鉴于此，对于防空洞的归属，不妨仍然贯彻建筑物所有权与建设用地使用权相一致（《物权法》第 142 条正文）及谁出资谁享有所有权的原则，国家出资建造的防空洞归国家所有，开发商出资建造的归开发商所有，但必须优先并保障国防之用。

防空洞可能被区隔了若干停车位、停车库，用于停放车辆。于此场合，确定防空洞的利用，还要结合停车位、停车库的利用规则。

（六）绿地

绿地归属于谁，取决于诸多因素。例如，绿地属于城镇公共绿地的，不得归属于开发商、某特定的业主、全体业主（《物权法》第 73 条中段但书）。除此而外，绿地可以归全体业主共有，也可以归特定的业主单独所有，还可以被保留在开发商之手。究竟如何，需要具体分析如下。

绿地尚未被单独登记为一项不动产时，只能被公摊到区分所有建筑物的面积之中，由业主共有。开发商保留部分区分所有的建筑物场合，作为业主对绿地享有共有权，不得享有单独的所有权，否则，就是对业主的合法权益的侵害。因而，《物权法》第 73 条中段规定，建筑区划内的绿地，属于业主共有。

绿地已被单独地登记为一项不动产时，可以按照临时规约或商品房预售合同或销售合同的约定归某特定的业主享有，也可以依临时规约归全体业主共有，还可被保留在开发商之手。对此，《物权法》第 73 条中段但书规定，绿地被明示归属于个人的，由该个人所有。此处所谓个人，包括业主和开发商。

应当注意的是，商品房预售合同或销售合同的约定欠缺公示方式，其他预购人或买受人难以知晓，加上合同相对性的限制，通过商品房预售合同或销售合同约定某特定区块的绿地归属于某业主，并非理想的途径，而经公示的临时规约则较为理想。

还有，应当注意，绿地归属于某特定业主或开发商，若被不适当地利用，导致其他业主的生活品质严重降低时，这些业主或业主委员会有权制止。

在绿地归属于某特定业主或开发商的情况下，其他业主有权基于相邻关系规则利用绿地。

绿地于其被单独地登记为一项不动产的情况下，可于其上设立消极地役权。

（七）锅炉房

为建筑区划内的区分所有建筑物正常发挥服务功能的锅炉房，不同于地下室、停车位、停车库等非经登记不会成为独立的不动产，它本身即为一项独立的不动产，即使尚未办理初始登记，也成立建筑物所有权，且首先归开发商享有（《物权法》第 30 条、第 142 条正文），只是欠缺处分的效力（《物权法》第 31 条）。至于其后是否转归业主共有，或卖与特定业主，或出售给第三人，取决于当事人间的约定，除非其约定违反了法律、行政法规的强制性规定。

在这样的背景下，锅炉房可以作为从物，而区分所有建筑物为主物，两者依据主从物的关系规则处理；锅炉房也可以被公摊到区分所有建筑物的面积之中，作为区分所有建筑物的组成部分。

在后者场合，锅炉房归全体业主共有，不得单独归开发商所有，也不得单独归某特定业主或第三人所有。这也为保障区分所有建筑物充分发挥效能所需要。

在前者场合，开发商可以继续保有锅炉房的所有权，也可以将其转让给特定业主或第三人，只是必须先行办理初始登记，然后签订出卖合同或互易合同或赠与合同，再办理变更登记（过户登记）。在此必须强调，锅炉房的所有权人负有不妨碍锅炉房为区分所有建筑物服务的义务。

（八）会所

与锅炉房一经封顶即成立所有权相同，会所于其建成之时即由开发商取得所有权（《物权法》第 30 条、第 142 条正文），只是尚未登记时欠缺处分的效力（《物权法》第 31 条）。

建筑区划内的会所可以因开发商和业主签订买卖合同，将会所的所有权转归业主共有。这一般不会违反法律、行政法规的强制性规定，应受保护。在会所与业主的日常生活、重要活动极为密切，如系业主委员会的办公场所、业主康体及医病之处、业主娱乐之所等，将之归为业主共有，较为理想。

应当看到，业主共有的模式在许多情况下不宜倡导，因为业主共有同时意味着业主负担相应的费用，加上业主一般都不擅长管理，只好把会所委托由物业服务公司或其他专业人士管理，成本增加，甚至填补经营亏损，不堪重负。会所若与业主的生活关系不大，主要是商业性的住宿、餐饮、娱乐等场所，或完全由物业服务公司使用的情况下，不宜归业主共有。

会所已经办理初始登记时，开发商自己保有其所有权，或将之出卖与第三人，应是可取的选择。

（九）幼儿园、小学校

幼儿园、小学校都是自其封顶时产生所有权，由开发商取得（《物权法》第 30 条、第

142 条正文），只是尚未登记时欠缺处分的效力（《物权法》第 31 条）。

有无必要令开发商将建筑区划内的幼儿园、小学校的所有权转让与业主，形成业主共有的格局？从费用的负担、管理的难度、事务的繁杂等方面考虑，业主共有的制度并不利于业主，莫不如重在保障幼儿园、小学校的功能正常发挥，公平合理地接收儿童的入托、入学，赋予业主子女优先权，至于幼儿园、小学校的所有权归属于谁，则在所不问。

总结上述可知，建筑区划内的地下室、防空洞、会所、幼儿园、小学校归属于谁，应当区分情况而定，一律归业主共有未必允当。所以，对《物权法》第 73 条后段关于“建筑区划内的其他公共场所、公用设施和物业服务用房，属于业主共有”的规定，须作目的性限缩的解释，承认例外。

五、共有权的内容

（一）共有权人的权利

共有权的内容包含共有权人的权利和义务。共有权人的权利主要有以下四项：

1. 共有部分的使用权

使用，包括共同使用和轮流使用。作为共用设施的电梯、走廊等，依其性质可以共同使用。作为共用设施的电话、洗衣机等，因其使用具有排他性，仅可轮流使用。[①]

为了维修物业或公共利益，业主有权临时占用、挖掘道路、场地，但应当征得业主委员会和物业服务企业的同意［《物业管理条例》（国务院令第 666 号）第 50 条第 2 款］。

业主有权利用物业共用部位、共用设施设备进行经营，应当在征得相关业主、业主大会、物业服务企业的同意后，按照规定办理有关手续［《物业管理条例》（国务院令第 666 号）第 54 条前段］。

业主基于对住宅、经营性用房等专有部分特定使用功能的合理需要，无偿利用屋顶以及与其专有部分相对应的外墙面等共有部分的，不应认定为侵权。但违反法律、法规、管理规约，损害他人合法权益的除外（法释［2009］7 号第 4 条）。

2. 共有部分的收益权

共有权人可依规约或其共有持分权取得共有部分所生的利益（《物权法》第 80 条）。例如，外墙因悬挂他人的广告牌而取得的租金，屋顶因竖立他人的接收卫星信号的设施而取得的租金，共有的会所因他人占用而取得的租金，等等，共有权人均有权分享。

收益的分配规则，有约定的，按照约定；没有约定或者约定不明确的，按照业主专有部分占建筑物总面积的比例确定（《物权法》第 80 条）。所谓建筑总面积，是指建筑物专有部分面积之和。

3. 共有部分的保存、修缮、改良的权利

业主有权修缮共有部分，但应当事先告知物业服务企业［《物业管理条例》（国务院令第 666 号）第 52 条第 1 款］。

业主有权依法改变公共建筑和共用设施的用途，但应当在依法办理有关手续后告知物业服务企业［《物业管理条例》（国务院令第 666 号）第 54 条第 2 款前段］。

---

① 梁慧星、陈华彬：《物权法》，4 版，171 页。

4. 物权请求权

业主对于共有部分享有物的返还请求权、排除妨害请求权、消除危险请求权（《物权法》第 83 条第 2 款中段）。

建设单位或其他行为人擅自占用、处分业主共有部分、改变其使用功能或者进行经营性活动，权利人请求排除妨害、恢复原状、确认处分行为无效或者赔偿损失的，人民法院应予支持（法释［2009］7 号第 14 条第 1 款）。属于前述所称擅自进行经营性活动的情形，权利人请求行为人将扣除合理成本之后的收益用于补充专项维修资金或业主共同决定的其他用途的，人民法院应予支持。行为人对成本的支出及其合理性承担举证责任（法释［2009］7 号第 14 条第 2 款）。

业主或其他行为人违反法律、法规、国家相关强制性标准、管理规约，或违反业主大会、业主委员会依法作出的决定，实施下列行为的，可以认定为《物权法》第 83 条第 2 款所称的其他"损害他人合法权益的行为"：（1）损害房屋承重结构，损害或违章使用电力、燃气、消防设施，在建筑物内放置危险、放射性物品等危及建筑物安全或妨碍建筑物正常使用；（2）违反规定破坏、改变建筑物外墙面的形状、颜色等损害建筑物外观；（3）违反规定进行房屋装饰装修；（4）违章加建、改建，侵占、挖掘公共通道、道路、场地或其他共有部分（法释［2009］7 号第 15 条）。于此场合，业主有权行使物权请求权及损害赔偿请求权。

（二）共有权人的义务

1. 按照共有部分的本来用途使用共有部分

所谓本来用途，又称固有用途，是指按照共有部分的种类、位置、构造、性质或依管理规约规定的共有部分的目的或用途使用共有部分。对此，《物业管理条例》（国务院令第 666 号）规定，物业管理区域内按照规划建设的公共建筑和共用设施，不得改变用途（第 6 条第 2 项、第 49 条第 1 款）。业主依法确需改变公共建筑和共用设施用途的，应当在依法办理有关手续后告知物业服务企业（第 49 条第 2 款前段）。

当然，对某些非按其本来用途使用共有部分，但无损于建筑物的保存和不违背业主的共同利益的，则应允许。例如，为求走廊的美观，允许在墙壁上悬挂字画或镜架。[①]

2. 分担共同费用和负担

对于建筑物共有部分及其附属设施的保存、修缮乃至改良，业主应当按照国家有关规定交纳专项维修资金［《物业管理条例》（国务院令第 666 号）第 7 条第 4 项、第 53 条第 1 款］。专项维修资金属于业主所有，专项用于物业保修期满后物业共用部位、共用设施设备的维修和更新、改造，不得挪作他用［《物业管理条例》（国务院令第 666 号）第 53 条第 2 款］。

建筑物共有部分及其附属设施的费用分摊等事项，有约定的，按照约定；没有约定或者约定不明确的，按照业主专有部分占建筑物总面积的比例确定（《物权法》第 80 条）。所谓约定，可以表现为管理规约，也可以表现为业主大会的决定。所谓建筑物总面积，可能是指一栋区分所有的建筑物的面积之和，也可能是指整个建筑区划内的全部建筑物的面积之和。究竟何指，需要根据保存、修缮乃至改良的对象及其与业主的利益关系来确定。如果保存、修缮的对象为 A 楼的电梯，则建筑物总面积为 A 楼的面积总和。如果保存、修缮乃至改良

---

① 梁慧星、陈华彬：《物权法》，4 版，171 页。

的对象为建筑区划内的入口、为全部区分所有的房间供热的锅炉房等，则建筑物总面积为建筑区划内的全部建筑物的面积总和。对此，法释［2009］7号第8条第2项规定："建筑物总面积，按照前项的统计总和计算。"

所谓业主专有部分占建筑物总面积的比例，属于一种算定共有持分的基准。所谓共有持分，是指业主对共有部分的潜在的应有份额（应有部分）。[①]

［引申］

实际上，关于共有持分的算定基准，有关立法例及其理论并不统一。(1) 法国1965年制定并实施至今的《住宅分层所有权法》第5条规定，共有持分按照"与建筑物的使用无关系的享益部分的性质、表面积及位置所形成的诸价值"算定。所谓享益部分的性质，是指该享益部分的物质状态和物理构造。所谓表面积，包括基地面积、专有面积和实质面积。所谓享益部分的位置，是指从享益部分所能瞭望到的视野、享益部分的明亮程度、日照及闲静状态等。《住宅分层所有权法》规定的此项关于共有持分的算定基准的基本依据是专有部分的相对价值。[②] (2) 美国1962年的《公寓大厦所有权创设示范法》（The Federal Housing Administration's Model Statute for the Creation of Apartment Ownership，1962）第6条A规定，以专有部分与整个财产价值的比率为依据算定共有持分。但在加利福尼亚州，持分比例被推定为每一区分单位相等。[③] 学者则主张应以各别区分所有权人的专有部分与整个财产价值的比例决定其持分比例。[④] (3) 日本《建筑物区分所有权法》第14条规定，各共有人的份额，依其所有的专有部分面积与整个区分所有建筑物专有部分的总面积的比例确定。(4)《瑞士民法典》第712条之五第1项和第712条之八第3项规定，各共有人的持分比例，应以不动产价值或建筑权价额的百分数或千分数表示。但个别区分所有权人对某些共同部分、公用设备未有受益或受益甚微时，分摊上述费用时应予适当照顾。[⑤] (5) 新加坡在实践中采取以下方法确定持分比例的大小：专有部分地板总面积100平方米以下的，持分为3.0；101平方米—200平方米的，持分为4.0；201平方米—300平方米的，持分为5.0；301平方米以上的，持分为6.0。[⑥] (6) 中国台湾地区的学说推定为均等。[⑦]

共有持分与按份共有中的份额（应有部分）有所不同：(1) 份额（应有部分）可以独立转让、抵押、抛弃，甚至还产生优先购买权；共有持分则不得如此，若建筑物所有权人将其建筑物、构筑物及其附属设施出卖与他人，其他建筑物区分所有权人对此无权主张优先购买权。(2) 份额（应有部分）是财产份额，而共有持分的意义窄于此，不是全部的财产份额，仅仅是业主的专有部分在建筑物总面积中的比例。(3) 份额（应有部分）是并且首先是确定

---

① 王利明、尹飞、程啸：《中国物权法教程》，218～220页；陈华彬：《建筑物区分所有权研究》，176～178页。

② ［日］小沼进一：《建筑物区分所有之法理》，186～188页。转引自陈华彬：《建筑物区分所有权研究》，176～177页。

③ Cal. Civ Code § 1353. 转引自陈华彬：《建筑物区分所有权研究》，177页。

④ Edward M. Rose, Condominium in California-The verge of an Era, 36 Southern California Law Review, 364 (1963). 转引自陈华彬：《建筑物区分所有权研究》，177页。

⑤ 陈华彬：《建筑物区分所有权研究》，177～178页。

⑥ ［日］稻本洋之助（监修）：《公寓管理之考察》，38～39页，大阪，清文社，1993。转引自陈华彬：《建筑物区分所有权研究》，178页。

⑦ 戴东雄：《论建筑物区分所有权之理论基础Ⅰ》，载《法学丛刊》，第114期。转引自陈华彬：《建筑物区分所有权研究》，178页。

和衡量按份共有人的权利义务的基本依据，而共有持分只有在没有约定或约定不明时才发挥如下作用：1）确定业主享有建设用地使用权的比例；2）业主按照共有持分行使管理权；3）业主依据共有持分分担费用和负担；4）业主依据共有持分获得收益。[①]

3. 征得同意的义务

因维修物业或公共利益，业主确需临时占用、挖掘道路、场地的，应当征得业主委员会和物业服务企业的同意；物业服务企业确需临时占用、挖掘道路、场地的，应当征得业主委员会的同意［《物业管理条例》（国务院令第666号）第50条第2款］。

利用物业共用部位、共用设施设备进行经营的，应当在征得相关业主、业主大会、物业服务企业的同意后，按照规定办理有关手续。［《物业管理条例》（国务院令第666号）第54条前段］。

4. 告知义务

业主需要装饰装修房屋的，应当事先告知物业服务企业［《物业管理条例》（国务院令第666号）第52条第1款］。

5. 协助义务

物业存在安全隐患，危及公共利益及他人合法权益时，责任人应当及时维修养护，有关业主应当给予配合［《物业管理条例》（国务院令第666号）第55条第1款］。

6. 恢复原状的义务

业主应当将临时占用、挖掘的道路、场地，在约定期限内恢复原状［《物业管理条例》（国务院令第666号）第50条第3款］。

第四节　共同管理权

一、共同管理权的概念

共同管理权，是指业主对于共有部分和共同事务从事管理的权利。它具有如下法律性质：

1. 共同管理权是基于业主间的共同关系而生的权利

建筑物区分所有权的成立，以一栋建筑物为基础。在该栋建筑物上，各业主的专有部分通过共同墙壁、地板和天花板等共有部分相互连接，使彼此的用役面如火柴盒一般，紧密地堆砌在一起。各业主为了使用专有部分必须利用共有部分；各业主在行使专有权时不得妨碍其他业主对其专有部分的使用和违反全体业主的共同利益。这种建筑物的构造、权属及其行使的不可分离关系，使业主间形成事实上的共同体关系。为了维持该共同体关系的存续和发展，尤其为了管理相互间的共同事务及共有部分的使用、收益，每个业主不得不享有共同管理权。[②]

2. 共同管理权是独立于专有权和共有权以外的权利

专有权和共有权中虽也含有必须遵守管理规约等内容，但这不过是为了全体业主的利益所加以的限制，无法囊括表决权、参与订立规约权、选举和解除管理人之权、请求召集业主大会或代表大会之权等内容。而表决权等权利又是建筑物区分所有权不可或缺的组成内容，

① 王利明、尹飞、程啸：《中国物权法教程》，219～220页。

② 梁慧星、陈华彬：《物权法》，4版，172页。

为了维持建筑物区分所有权的完整性，使之发挥出全部功效，将表决权等归入共同管理权无疑是必要的，也是可能的。由此也可看出，共同管理权是专有权和共有权以外的权利。[①]

3. 共同管理权是专属于业主的权利

共同管理权虽然是管理共有部分和共同事务的权利，但离开专有部分则肯定大异其趣，乃至不复存在，而专有权为业主所独享，因而说共同管理权是专属于业主的权利。

4. 共同管理权是与区分所有的建筑物相始终的权利

由于共同管理权是基于业主间的共同关系而生的权利，业主间的共同关系是基于专有权和共有权之间的相互关联而生的，只要区分所有的建筑物存在，业主间的共同关系即会存续，原则上不得终止。可见，共同管理权是与区分所有的建筑物相始终的权利。[②]

二、共同管理权的内容

1. 制定和修改业主大会议事规则的权利（《物权法》第76条第1款第1项）

业主大会议事规则是业主大会组织、运作的规程，是对业主大会的宗旨、组织体制、议事方式、表决程序、业主委员会的组成、成员任期及权利义务等内容进行记载的业主自律性文件［《物业管理条例》（国务院令第666号）第18条］。业主大会通过业主大会议事规则建立大会的正常秩序，保证大会内业主集体意志和行为的统一。[③] 就是说，议事规则是业主大会筹备、召开、正常进行和圆满结束的必备要素。制定和修改业主大会的议事规则，需要全体业主共同决定（《物权法》第76条第1款第1项）。

制定和修改业主大会议事规则，应当经专有部分占建筑物总面积过半数的业主且占总人数过半数的业主同意（《物权法》第76条第2款后段）。

2. 制定和修改建筑物及其附属设施的管理规约的权利（《物权法》第76条第1款第2项）

所谓管理规约，是指业主大会依照法定程序通过的对业主具有拘束力的关于共同事务及共有财产的管理的具体规则。[④] 它是全体业主之间的共同行为，是业主自我管理、自我约束、自我规范的规则约定。[⑤] 它关系重大，需要全体业主共同制定和修改（《物权法》第76条第1款第2项）。

［拓展］

管理规约，简称规约，或曰住户规约、管理协约、区分所有规约、管理组织规约等。其性质如何，众说纷纭，主要有以下观点：管理规约是区分所有权人之间的合同；是比两方当事人的合同发展形态更社会化的合同；是集团性的协约，与一般合同有异，具有合伙的性质；是类似于劳动法上的劳动协约；是具有规定性的规则；是规范区分所有权人相互关系的规则，具有自治法的性质；是关于区分所有权人相互间权利义务关系的基本规定，属于自治法规或自治规则。[⑥]

---

① 梁慧星、陈华彬：《物权法》，4版，172～173页。

② 同上书，173页。

③ 胡康生主编：《中华人民共和国物权法释义》，177页。

④ 王利明、尹飞、程啸：《中国物权法教程》，234页。

⑤ 胡康生主编：《中华人民共和国物权法释义》，177页。

⑥ 温丰文：《论区分所有建筑物之管理》，载《法学丛刊》，第147期，33～34页；陈华彬：《建筑物区分所有权研究》，260页。

管理规约的设定、变更和废止，可以基于业主大会的决议，也可以由开发商预先制定格式化的管理规约，在预售或出售商品房时，分别与具体业主达成同意该管理规约的合意。[①]后一种途径产生的管理规约，《物业管理条例》（国务院令第 666 号）称之为临时管理规约，规定建设单位应当在销售物业之前，制定临时管理规约，对有关物业的使用、维护、管理，业主的共同利益，业主应当履行的义务，违反临时管理规约应当承担的责任等事项依法作出约定（第 22 条第 1 款）。建设单位应当在物业销售前将临时管理规约向物业买受人明示，并予以说明（第 23 条第 1 款）。物业买受人在与建设单位签订物业买卖合同时，应当对遵守临时管理规约予以书面承诺（第 23 条第 2 款）。

本书认为，基于业主大会决议的路径符合管理规约的本质属性，能够保障业主的合法权益，值得提倡。而临时管理规约，难免形成开发商的意志强加于业主的局面，损害业主的合法权益。为了避免全体业主的合法权益受到损害，《物业管理条例》（国务院令第 666 号）特别规定，建设单位制定的临时管理规约，不得侵害物业买受人的合法权益（第 22 条第 2 款）。

管理规约包括哪些事项（内容），依管理规约的本质和意思自治原则，应由全体业主通过业主大会确定。但管理规约应当尊重社会公德，不得违反法律、法规或损害社会公共利益[《物业管理条例》（国务院令第 666 号）第 17 条第 2 款]，不得悖于建筑物区分所有权的本质。[②]

［拓展］

借鉴各国和地区的经验，可知管理规约的事项常因区分所有的建筑物的规模、用途，以及业主的生活水准和需要的不同而有差别。据此，管理规约至少包括如下事项：(1) 有关业主之间基础法律关系的事项。例如，共有部分的持分（份额）比例，一部共有部分和全体共有部分的比例，各专有部分与建设用地使用权间的比例，建筑物一部灭失场合各业主的权利义务等。(2) 有关业主之间的共同事务的事项。例如，管理团体的组织机构、人数、权限及运作方式，管理人的选任、任期、解任和职务权限，集会的运作方式（如召集业主大会或业主委员会的通知、表决权的比例、法定人数的变更等），管理费用的数额及缴纳方式（如缴费日期、迟延利息及存放等）。(3) 有关调整业主之间的利害关系的事项，主要包括：1) 专有部分的使用限制。专有部分虽为专有权的客体，业主可基于自己的意志占有、使用、收益和处分，但为了建筑物整体的保存管理，为了维持业主之间的共同体秩序，专有权的行使必须受有一定的限制。例如，依据管理规约的规定，重量物、易燃物、危险物、不洁物、散发恶臭物等不得带入建筑区划内或不得擅自设置的，业主必须遵守。依据管理规约的规定，对其他业主构成妨碍或危害的动物不得饲养的，业主同意必须遵守。“业主不得违反法律、法规以及管理规约，将住宅改变为经营性用房”（《物权法》第 77 条前段）。2) 共有部分及附属设施的使用方法。例如，在基地内的一楼住宅，某特定业主接续一定部分作为自己的专用庭院，或将基地的一部分作为停车位，等等，都必须基于业主和开发商之间的商品房预售合同或销售合同或专门的合同，或者管理规约的规定或业主大会的决定，否则，其他业主、业

---

① 陈华彬：《建筑物区分所有权研究》，262 页。

② 同上书，265～266 页。

主委员会有权请求该业主恢复原状乃至赔偿损失。（4）有关对违反者的处置事项。[①]《物权法》对此虽有规定（如第77条、第83条第2款等），但难免挂一漏万，管理规约可以根据特定规划区的具体情况详细规定。

管理规约系业主团体的最高自治规则，全体业主应当予以遵守（《物权法》第83条第1款及第77条前段），业主大会及业主委员会的决定、管理人的行为等都不得与之抵触，否则，无效。[②]

［引申］[③]

管理规约的生效时间，依管理规约的规定；若无规定，应解释为自管理规约制定之日起生效。

管理规约的效力能够拘束全体业主及其继受人。继受人包括移转继受人和设定继受人。移转继受人包括建筑物区分所有权的受让人、受遗赠人、业主的继承人等。设定继受人包括区分所有的建筑物的承租人、借用人。这些人不属于管理规约制定、变更、废止中所指称的当事人，故他们仅受有关使用事项的拘束。

管理规约应由管理人保管，无管理人时由管理规约或业主大会或业主委员会的决定所指定的人保管。保管管理规约的人，对于利害关系人请求阅览管理规约的，无正当理由不得拒绝。

制定和修改建筑物及其附属设施的管理规约，应当经专有部分占建筑物总面积过半数的业主且占总人数过半数的业主同意（《物权法》第76条第2款后段）。业主人数，按照专有部分的数量计算，一个专有部分按一人计算。但建设单位尚未出售和虽已出售但尚未交付的部分，以及同一买受人拥有一个以上专有部分的，按一人计算；总人数，按照前项的统计总和计算（法释［2009］7号第9条）。

3. 选举业主委员会或更换业主委员会的成员的权利（《物权法》第76条第1款第3项）

业主委员会是业主大会的执行机关，按照管理规约及业主大会的决定，代表全体业主对内决定建筑区划内的日常事务，对外代理业主从事必要的活动。业主委员会及其成员履行职责的行为直接关系到全体业主的切身利益。为了使其真正代表全体业主的利益，表达业主的意志，业主委员会应当向业主大会负责并接受业主大会的监督，其成立必须由业主大会经过民主程序选举产生，其成员的更换也有必要由全体业主共同决定。[④]

选举业主委员会或更换业主委员会的成员，应当经专有部分占建筑物总面积过半数的业主且占总人数过半数的业主同意（《物权法》第76条第2款后段）。

4. 选聘和解聘物业服务企业或其他管理人的权利（《物权法》第76条第1款第4项）

物业服务企业或其他管理人是全体业主的受托人，基于全体业主的委托授权，按照物业服务合同的约定，对房屋及配套的设施设备和相关场地进行维修、养护、管理，维护物业管理区域内的环境卫生和相关秩序的活动［《物业管理条例》（国务院令第666号）第2条］。国家提倡业主通过公开、公平、公正的市场竞争机制选择物业服务企业［《物业管理条例》（国务院令第666号）第3条］。

---

① 陈华彬：《建筑物区分所有权研究》，270～271页。

② 同上书，271页。

③ 其内容来自陈华彬：《建筑物区分所有权研究》，271～272页。

④ 王利明、尹飞、程啸：《中国物权法教程》，234页。

物业服务企业或其他管理人应当勤勉谨慎地管理共有部分和共同事务，力求结果有利于全体业主。若管理违法，违反管理规约及业主大会或业主委员会的决定，违反物业服务合同的约定，不符合共有部分和共同事务的本质要求，全体业主有权通过法定程序解聘物业服务企业或其他管理人。特别是在业主、业主大会选聘物业服务企业之前，建设单位选聘物业服务企业［《物业管理条例》（国务院令第666号）第21条］的背景下，物业服务企业的管理行为可能更容易侵害业主的合法权益，《物权法》（第76条第1款第4项）及《物业管理条例》（国务院令第666号，第11条第4项）赋予全体业主共同解聘物业服务企业的权利，尤为必要。

选聘和解聘物业服务企业或其他管理人，应当经专有部分占建筑物总面积过半数的业主且占总人数过半数的业主同意（《物权法》第76条第2款后段）。

5. 筹集和使用建筑物及其附属设施的维修资金的权利义务（《物权法》第76条第1款第5项）

维修资金，在建筑物区分所有权制度中属于主要事项，法律给予了特别关注。《物业管理条例》（国务院令第666号）规定：住宅物业、住宅小区内的非住宅物业或与单幢住宅楼结构相连的非住宅物业的业主，应当按照国家有关规定交纳专项维修资金（第53条第1款）；专项维修资金属于业主所有，专项用于物业保修期满后物业共用部位、共用设施设备的维修和更新、改造，不得挪作他用（第53条第2款）。《物权法》规定，建筑物及其附属设施的维修资金，属于业主共有。经业主共同决定，可以用于电梯、水箱等共有部分的维修。维修资金的筹集、使用情况应当公布（第79条）。考虑到维修资金事关全体业主的共同利益，得管好用好，《物业管理条例》（国务院令第666号）规定，专项维修资金收取、使用、管理的办法由国务院建设行政主管部门会同国务院财政部门制定（第53条第3款）。利用物业共用部位、共用设施设备进行经营的，业主所得收益应当主要用于补充专项维修资金，也可以按照业主大会的决定使用（第54条）。《物权法》规定，建筑物及其附属设施的费用分摊、收益分配等事项，有约定的，按照约定；没有约定或约定不明确的，按照业主专有部分占建筑物总面积的比例确定（第80条）。

这告诉我们，筹集和使用维修资金的具体途径和方法仍然需要全体业主共同决定。不仅如此，《物权法》考虑到维修资金事关全体业主的共同利益，特别规定，维修资金的筹集和使用事项，应当经专有部分占建筑物总面积2/3以上的业主且占总人数2/3以上的业主同意。决定前款其他事项，应当经专有部分占建筑物总面积过半数的业主且占总人数过半数的业主同意（第76条第2款）。此处所说的业主人数和总人数，按照法释［2009］7号第9条的规定，可以按照下列方法认定：(1) 业主人数，按照专有部分的数量计算，一个专有部分按一人计算。但建设单位尚未出售和虽已出售但尚未交付的部分，以及同一买受人拥有一个以上专有部分的，按一人计算；(2) 总人数，按照前项的统计总和计算。

［引申与讨论］

一部共有部分的费用分摊和收益分配，《物权法》没有规定其规则，学说将一部共有部分推定为相关业主共有，应由相关业主分摊费用、分享收益。① 本书作者认为，首先按照管

① 黄松有主编：《〈中华人民共和国物权法〉条文理解与适用》，260页。

理规约或业主大会决定等法律文件的约定处理，没有约定时才依据此项理论确定。但在一部共有部分的理论与《物权法》第 80 条关于按照专有部分占建筑物总面积的比例确定不一致时，如何确定，需要探讨。

在规模较大的建筑区划内一栋楼房的共有部分产生的收益，是归该栋楼房的业主共有，还是归整个建筑区划内的业主共有？一种意见认为，建筑区划内的建设用地使用权是归整个建筑区划内的全体业主共有的，各个建筑物与绿地、道路等各种设施是不可分割的，业主的区分所有权不是仅仅限于对其所在的建筑物的权利，还一定包括建筑区划内的建设用地使用权等财产权利。从这个角度看，建筑区划内各个楼房的共有部分及其附属设施及建筑区划内的共有部分，均应属于全体业主共有。因而，建筑区划内一栋楼房的共有部分产生的收益，应当由建筑区划内的全体业主共享，产生的费用由全体业主分摊。[①] 本书作者感到，这种观点与一部共有部分的理论不尽一致，需要反思。其实，建筑区划内的建设用地使用权实质上已被公摊到建筑区分所有权中的共有部分了，在许多情况下形成了一部共有部分的状态。有鉴于此，本书作者仍然坚持，对于建筑区划内一栋楼房的费用和收益的分配，应当首先按照管理规约或业主大会决定等法律文件的约定处理，没有约定时适用《物权法》第 80 条关于按照专有部分占建筑物总面积的比例确定的规定。

6. 改建、重建建筑物及其附属设施（《物权法》第 76 条第 1 款第 6 项）

改建建筑物及其附属设施，是指对建筑物进行局部的改造。重建则指先将建筑物及其附属设施全部拆除，再予重新建造。它们都涉及建筑物及其附属设施的重大变化，需动用维修资金，可能还要重新筹集款项，同时可能改变建筑区划内建筑物的原有规划及格局，非同小可，必须经全体业主依法定程序共同决定。《物权法》要求应当经专有部分占建筑物总面积 2/3 上的业主且占总人数 2/3 以上的业主同意。决定前款其他事项，应当经专有部分占建筑物总面积过半数的业主且占总人数过半数的业主同意（第 76 条第 2 款）。

7. 有关共有和共同管理权的其他重大事项（《物权法》第 76 条第 1 款第 7 项）

所谓有关共有和共同管理权的其他重大事项，按照法释［2009］7 号第 7 条的规定，改变共有部分的用途、利用共有部分从事经营性活动、处分共有部分，以及业主大会依法决定或管理规约依法确定应由业主共同决定的事项，应当认定为《物权法》第 76 条第 1 款第 7 项规定的有关共有和共同管理权利的“其他重大事项”。举例来说，共有停车位、停车库的使用，建筑区划内增建建筑物，将建筑物的屋顶出租给发射台等，直接关系到业主的切身而重大的利益，可能有必要经过业主大会讨论决定[②]，并且应当经专有部分占建筑物总面积过半数的业主且占总人数过半数的业主同意（《物权法》第 76 条第 2 款后段）。

三、共同管理权的落实途径（Ⅰ）——组织保障：业主大会及业主委员会

共同管理权的落实，需要全体业主组织起来，形成共同体。《物权法》及《物业管理条例》（国务院令第 666 号）设置了业主大会及业主委员会的组织结构和形式。当然，如果只有一个业主，或业主人数较少且经全体业主一致同意，决定不成立业主大会的，由业主共同履行业主大会、业主委员会职责［《物业管理条例》（国务院令第 666 号）第 10 条后段］。

---

① 黄松有主编：《〈中华人民共和国物权法〉条文理解与适用》，260 页。

② 同上书，235 页。

（一）业主大会

1. 业主大会的界定和性质

业主大会由全体业主组成［《物业管理条例》（国务院令第 666 号）第 8 条第 1 款］，是管理建筑区划内建筑物及其附属设施的共有部分和共同事务的自治组织，代表和维护物业管理区域内全体业主在物业管理活动中的合法权益［《物业管理条例》（国务院令第 666 号）第 8 条第 2 款］。它具有如下法律性质：

（1）业主大会是个自治组织

业主大会是全体业主作为成员的所有权人联合体，不是国家机关，也不是事业单位，更不是赢利性的机构，所以不得被居民委员会所替代，也不等同于企业法人。[①]

（2）业主大会是个独立的社会组织

业主大会，在法国、新加坡等立法例上为一法人，在德国等立法例上则不具有法人人格。[②] 中国《物权法》及《物业管理条例》（国务院令第 666 号）对业主大会均未赋予法人人格，但这不妨碍它是一个独立的社会组织。其原因在于，业主大会不是全体业主汇集在一起参加某个会议，也不是业主之间的松散联合。它有自己的章程，有自己的执行机关——业主委员会，可以按照章程和议事规则形成自己的决定，可以自己的名义开立账户，以自己的名义享有权利和承担义务。在对外关系上，它可以自己的名义与物业服务企业签订物业服务合同，也可以授权业主委员会从事这些行为。[③]

［探讨］

业主大会是否具有民事主体资格，尚有争论。一种观点认为，《物权法》承认了业主大会为民事主体，但未承认其独立的诉讼主体资格，即业主大会不得作为原告、被告参加诉讼。这是因为依法成立业主大会的目的在于便于管理业主的共同事务和共有财产，而非从事经营性活动，加之它无独立的财产，无法独立承担民事责任。[④] 本书作者不但赞同业主大会为一独立的民事主体的观点，而且主张可以原告和被告的身份参加诉讼，至于它无独立财产的问题，可由全体业主的共有财产解决有关义务和责任的承受问题，不能因此影响其诉讼主体资格。何况实务中已有相当的业主委员会作为原告参加诉讼的实例。最高人民法院［2002］民立他字第 46 号规定，对房地产开发单位未向业主委员会移交住宅规划图等资料、未提供配套公用设施、公用设施专项费、公用部位维护费及物业管理用房、商业用房的，可以自己的名义提起诉讼。[⑤] 业主大会可作为独立的民事主体及诉讼主体的道理，如同合伙企业、农村承包经营户虽无独立财产却仍为独立的民事主体和诉讼主体一样。[⑥]

（3）业主大会是管理全体业主的共有财产和共同事务的自治组织

业主大会的职能较为专一，只是管理全体业主的共有财产和共同事务，不得作出与物业管理无关的决定，不得从事与物业管理无关的活动。其法律根据是《物权法》第 75 条、第

---

① 黄松有主编：《〈中华人民共和国物权法〉条文理解与适用》，236 页。

② 详见陈华彬：《建筑物区分所有权研究》，273～281 页。

③ 王利明、尹飞、程啸：《中国物权法教程》，237～238 页。

④ 同上书，237 页。

⑤ 最高人民法院《关于金湖新村业主委员会是否具备民事诉讼主体资格请示一案的复函》［2002］民立他字第 46 号。

⑥ 合伙企业、农村承包经营户、个体工商户等无独立财产、不独立承担民事责任的社会组织仍应为独立的民事主体，其详细论证见崔建远：《市场秩序与法制完善》，载《时代论评》，1989（1），22～25 页。

76 条等规定，以及《物业管理条例》（国务院令第 666 号）第 8 条、第 9 条、第 10 条、第 11 条、第 19 条等规定。

［引申］

业主大会或业主委员会作出了与物业管理无关的决定，或从事了与物业管理无关的活动场合，属于违反强制性规定的情形，按照《合同法》第 52 条第 5 项的规定，自始就不具有法律效力，对业主不具有约束力。①

2. 业主大会的形成

业主大会是业主的自治组织，其成立应由业主自行筹备，自主组建。但是，一个建筑区划内，业主来自五湖四海，互不相识，入住的时间又有先后，有的相差几年，使得全体业主成立业主大会相对困难。而业主大会的成立关系着业主如何行使其权利，关系到广大业主的切身利益，关系到建筑区划内的安定团结，甚至关系到社会的稳定。有鉴于此，《物权法》特别规定，全体业主设立业主大会，地方人民政府有关部门应当对此给予指导和协助（第 75 条)。《物业管理条例》（国务院令第 666 号）规定，一个物业管理区域成立一个业主大会。物业管理区域的划分应当考虑物业的共用设施设备、建筑物规模、社区建设等因素（第 9 条)。同一个物业管理区域内的业主，应当在物业所在地的区、县人民政府房地产行政主管部门或街道办事处、乡镇人民政府的指导下成立业主大会，并选举产生业主委员会（第 10 条前段)。地方人民政府有关部门应当向准备成立业主大会的业主提供相关的法律、法规及规章，提供政府部门制定的业主大会议事规则、管理规约等示范文本，协调业主之间的不同意见，为业主大会成立前的相关活动提供必要的活动场所，积极主动地参加业主大会的成立大会等。②

3. 业主大会的职权

业主大会是个决议机构，就一些涉及全体业主的共有部分和共同事务的重大事项进行决议，也可以通过管理规约或章程的形式加以确定。《物权法》第 76 条第 1 款规定全体业主的权利，因这些权利的行使要通过业主大会的形式和程序，所以可以说它们同时是业主大会的职权。

4. 各业主相对于业主大会的权利义务

业主，作为一个整体享有权利承担义务，《物权法》第 76 条第 1 款对此作了明确规定，已如上述；作为一个一个的个体，即各业主，还享有另外的权利，承担另外的义务。具体说来，各业主在对建筑区划内的共有部分和共同事务的管理活动中，享有下列权利：提议召开业主大会会议，并就物业管理的有关事项提出建议；提出制定和修改管理规约、业主大会议事规则的建议；参加业主大会会议，行使投票权；选举业主委员会成员，并享有被选举权；对物业共用部位、共用设施设备和相关场地使用情况享有知情权和监督权；监督物业共用部位、共用设施设备专项维修资金的管理和使用；法律、法规规定的其他权利［《物业管理条例》（国务院令第 666 号）第 6 条］。业主大会的决定侵害业主合法权益的，受侵害的业主可以请求人民法院予以撤销。同时，各业主须承担下列义务：遵守管理规约、业主大会议事规则；遵守物业管理区域内物业共用部位和共用设施设备的使用、公共秩序和环境卫生的维护

---

① 黄松有主编：《〈中华人民共和国物权法〉条文理解与适用》，253 页。

② 胡康生主编：《中华人民共和国物权法释义》，176 页。

等方面的规章制度；执行业主大会的决定和业主大会授权业主委员会作出的决定；按照国家有关规定交纳专项维修资金；按时缴纳物业服务费用；法律、法规规定的其他义务［《物业管理条例》（国务院令第 666 号）第 7 条］。

5. 业主大会会议

业主大会会议分为定期会议和临时会议［《物业管理条例》（国务院令第 666 号）第 13 条第 1 款］。业主大会定期会议应当按照业主大会议事规则的规定召开。经 20%以上的业主提议，业主委员会应当组织召开业主大会临时会议［《物业管理条例》（国务院令第 666 号）第 13 条第 2 款］。业主大会会议可以采用集体讨论的形式，也可以采用书面征求意见的形式［《物业管理条例》（国务院令第 666 号）第 12 条第 1 款前段］。召开业主大会会议，应当于会议召开 15 日以前通知全体业主［《物业管理条例》（国务院令第 666 号）第 14 条第 1 款］。业主可以委托代理人参加业主大会会议［《物业管理条例》（国务院令第 666 号）第 12 条第 2 款］。住宅小区的业主大会会议，应当同时告知相关的居民委员会［《物业管理条例》（国务院令第 666 号）第 14 条第 2 款］。业主委员会应当做好业主大会会议记录［《物业管理条例》（国务院令第 666 号）第 14 条第 3 款］。

6. 业主大会的决定及其效力

建筑区划内的建筑物及其附属设施和全体业主的共同事务的管理，凡是重大的、一般性的，要纳入管理规约之中。管理规约未作规定的，如临时性的、突发的事件确实关系到整个建筑区划内全体业主的切身利益，需要全体业主步调一致地行动的，业主大会或业主委员会就此作出决定就显得十分必要。

住宅小区的业主大会、业主委员会作出的决定，应当告知相关的居民委员会，并认真听取居民委员会的建议［《物业管理条例》（国务院令第 666 号）第 20 条第 3 款］。

业主大会的决定对业主具有约束力（《物权法》第 78 条）。当然，它必须是业主大会依据法定程序作出的，必须是符合法律、法规及规章的，必须是不违背社会公德，不损害社会公共利益、国家利益和他人的合法权益的。[①] 例如，形成决定的会议应当有物业管理区域内专有部分占建筑物总面积过半数的业主且占总人数过半数的业主参加［《物业管理条例》（国务院令第 666 号）第 12 条第 1 款］。再如，业主大会决定筹集和使用专项维修资金、改建或重建建筑物及其附属设施的事项时，应当经专有部分占建筑物总面积 2/3 以上的业主且占总人数 2/3 以上的业主同意；决定其他事项，应当经专有部分占建筑物总面积过半数的业主且占总人数过半数的业主同意［《物业管理条例》（国务院令第 666 号）第 12 条第 3 款］。业主大会的决定若不符合上述要求，对业主就没有约束力。并且，《物业管理条例》（国务院令第 666 号）第 19 条第 2 款规定，业主大会作出的决定违反法律、法规的，物业所在地的区、县人民政府房地产行政主管部门或街道办事处、乡镇人民政府，应当责令限期改正或撤销其决定，并通告全体业主。

这种撤销是行政法上的措施，权利人是有关行政机关。除此而外，《物权法》还有条件地赋予了业主撤销权（第 78 条第 2 款），《物业管理条例》（国务院令第 666 号）予以贯彻（第 12 条第 5 款）。

业主的撤销权必须符合下列条件才能成立：（1）业主大会的决定违法，如没有按照法定

① 胡康生主编：《中华人民共和国物权法释义》，181 页。

程序作出决定；(2) 业主大会的决定侵害了业主合法权益，如决定将明示归属于某特定业主的绿地作为全体业主共有的停车位。此类撤销权属于受侵害的业主，未受侵害的业主不在其中。[①] 此类撤销权的行使要通过诉讼的方式，即受侵害的业主请求人民法院予以撤销业主大会的决定（《物权法》第78条第2款）。

［引申］

业主大会或业主委员会的决定，不仅约束业主，而且约束建筑物区分所有权的买受人、互易人和受赠人，业主死亡后的继承人及受遗赠人，区分所有的建筑物的承租人、借用人。[②]

［讨论］

关于此处撤销权行使的问题，存在着不同意见。一种观点认为，所应适用的法律，有《民法通则》《民事诉讼法》等法律的规定。例如，除法律另有规定的以外，受侵害的业主应当在知道或应当知道权益被侵害之日起2年内向有管辖权的人民法院提出撤销的请求，要有明确的诉讼请求和事实及理由。[③] 另一种观点主张，《民法通则》有关可撤销的民事行为原理以及《关于民法通则的意见》规定的可撤销的民事行为，自行为成立时起超过1年当事人才请求撤销的不受法律保护等规定，从总的方面看，是可以适用于《物权法》中有关类似情形的。包括《合同法》第75条规定的撤销权自债权人知道或应当知道撤销事由之日起1年内行使等内容，也可以在审判实践中参照适用。如何确定业主知道或应当知道其合法权益被侵害，一般情况下，以业主大会或业主委员会的决定公布、公示或传达等业主稍加注意就能得知作为标准。需要注意的是，《物权法》本条规定的业主享有撤销权行使期限，已被理解为是一个不变期间，不是诉讼时效，即不存在中止、中断、延长等情况。[④] 对此，法释［2009］7号已经表态："业主以业主大会或者业主委员会作出的决定侵害其合法权益或者违反了法律规定的程序为由，依据物权法第七十八条第二款的规定请求人民法院撤销该决定的，应当在知道或者应当知道业主大会或者业主委员会作出决定之日起一年内行使"（第12条）。

但是，在本书作者看来，《物权法》第78条第2款规定的业主的撤销权，其客体不是一般的民事行为甚至是非民事行为，当事人双方亦非法律地位完全平等的主体，撤销所涉及的利益不限于当事人双方的，还牵涉全体业主的，因而其法律适用只能是类推、参照《民法通则》《合同法》等有关规定。此其一。《关于民法通则的意见》第73条第2款关于"可变更或者可撤销的民事行为，自行为成立时起超过一年当事人才请求变更或者撤销的，人民法院不予保护"的规定，对受侵害的业主过于苛刻，不宜参照。此其二。鉴于《合同法》第55条等条文规定的除斥期间多为1年，《物权法》第78条第2款规定的撤销权予以准用，理由相对充分。故不宜采纳这种意见：受侵害的业主应当在知道或应当知道权益被侵害之日起2年内向有管辖权的人民法院提出撤销的请求。此其三。

---

① 王利明、尹飞、程啸：《中国物权法教程》，240～241页。

② 参见黄松有主编：《〈中华人民共和国物权法〉条文理解与适用》，253页。

③ 胡康生主编：《中华人民共和国物权法释义》，182页；黄松有主编：《〈中华人民共和国物权法〉条文理解与适用》，253页。

④ 黄松有主编：《〈中华人民共和国物权法〉条文理解与适用》，253～254页。

（二）业主委员会

1. 业主委员会的概念

业主委员会是业主大会的事务执行机构，受业主大会的委托来管理全体业主的共有财产和共同事务。对此，可从以下几方面把握：

（1）业主委员会是业主大会的事务执行机构

业主委员会基于业主大会的授权，具体执行业主大会通过的管理规约和决定，不得独立于业主大会而存在和活动，表明它是业主大会的事务执行机构。①

（2）业主委员会必须由业主大会经过民主程序选举产生

业主委员会由业主大会经过一定的民主程序选举产生［《物业管理条例》（国务院令第666号）第6条第5项、第10条前段、第16条］。业主委员会委员应当由热心公益事业、责任心强、具有一定组织能力的业主担任［《物业管理条例》（国务院令第666号）第16条第2款］。业主委员会主任、副主任在业主委员会成员中推选产生［《物业管理条例》（国务院令第666号）第16条第3款］。业主委员会应当自选举产生之日起30日内，向物业所在地的区、县人民政府房地产行政主管部门和街道办事处、乡镇人民政府备案［《物业管理条例》（国务院令第666号）第16条第1款］。

（3）业主委员会是业主大会的常设机构

在业主大会闭会期间，业主委员会具体执行业主大会通过的管理规约和决定，表明它是业主大会的常设机构。②

（4）业主委员会的职责最终来源于合法的全体业主的意志

从形式上看，业主委员会基于业主大会的授权具体执行业主大会通过的管理规约和决定，业主委员会的职权源自业主大会的授权。由于业主大会的授权是全体业主按照法定程序表达出来的意志，且被法律认可，所以，从终极的意义上探究，业主委员会的职责最终来源于合法的全体业主的意志。

2. 业主委员会的职责

《物业管理条例》（国务院令第666号）第15条规定："业主委员会执行业主大会的决定事项，履行下列职责：（一）召集业主大会会议，报告物业管理的实施情况；（二）代表业主与业主大会选聘的物业服务企业签订物业服务合同；（三）及时了解业主、物业使用人的意见和建议，监督和协助物业服务企业履行物业服务合同；（四）监督管理规约的实施；（五）业主大会赋予的其他职责。"

3. 业主委员会的决定及其效力

就管理规约所定事项以外的事项作出决定，有时是以业主大会的名义，有时则是以业主委员会的名义。其效力及相关问题的处理如同业主大会的决定效力及相关问题的处理，上文已述，此处不赘。

4. 业主委员会的诉讼地位

业主委员会符合《民事诉讼法》第48条所规定的"其他组织"的条件，对房地产开发单位未向业主委员会移交住宅规划图等资料、未提供配套公用设施、公用设施专项费、公用

① 王利明、尹飞、程啸：《中国物权法教程》，238～239页。

② 同上书，238页。

部位维护费及物业管理用房、商业用房的，可以自己的名义提起诉讼（［2002］民立他字第46号[①]）。所以，业主委员会的原告主体资格被法律确认了，但法律上并未承认其被告主体资格。

四、共同管理权的落实途径（Ⅱ）——委托制度的保障：物业服务企业或其他管理人

对于建筑区划内的建筑物及其附属设施和共同事务，业主可以自行管理，也可以委托物业服务企业或其他管理人管理（《物权法》第81条第1款）。采取后一种模式，便出现了共同管理权的某些方面由物业服务企业或其他管理人的行为来落实的情形。

［拓展］

1. 物业服务企业或其他管理人

物业服务企业，是指符合法律规定，依法及物业服务合同向业主提供物业服务的企业法人。它必须具有从事物业管理活动的资质［《物业管理条例》（国务院令第666号）第32条］。中国对物业服务企业实行资质管理，有关部门对符合不同条件的企业授予不同的资质等级。不同资质等级的物业服务企业只能据其资质水平承接不同的物业管理项目。例如，《物业管理企业资质管理办法》第8条规定，一级资质物业服务企业可以承接各种物业管理项目。二级资质物业服务企业可以承接30万平方米以下的住宅项目和8万平方米以下的非住宅项目的物业管理业务。三级资质物业服务企业可以承接20万平方米以下的住宅项目和5万平方米以下的非住宅项目的物业管理业务。[②]

所谓其他管理人，是指物业服务企业以外的从事物业服务管理的自然人，不得是企业，否则，就规避了我国现行法关于物业服务企业必须具有资质的要求。

所谓物业管理，是指业主通过选聘物业服务企业，由业主和物业服务企业按照物业服务合同约定，对房屋及配套的设施设备和相关场地进行维修、养护、管理，维护物业管理区域内的环境卫生和相关秩序的活动（第2条）。

一个物业管理区域由一个物业服务企业实施物业管理［《物业管理条例》（国务院令第666号）第33条］。

2. 物业服务合同

业主委员会应当与业主大会选聘的物业服务企业订立书面的物业服务合同。物业服务合同应当对物业管理事项、服务质量、服务费用、双方的权利义务、专项维修资金的管理与使用、物业管理用房、合同期限、违约责任等内容进行约定［《物业管理条例》（国务院令第666号）第34条］。物业服务企业承接物业时，应当与业主委员会办理物业验收手续。业主委员会应当向物业服务企业移交下列资料：(1) 竣工总平面图，单体建筑、结构、设备竣工图，配套设施、地下管网工程竣工图等竣工验收资料；(2) 设施设备的安装、使用和维护保养等技术资料；(3) 物业质量保修文件和物业使用说明文件；(4) 物业管理所必需的其他资料。［《物业管理条例》（国务院令第666号）第36条］。物业服务企业应当在前期物业服务合同终止时将上述资料移交给业主委员会［《物业管理条例》（国务院令第666号）第29条］。

---

① 最高人民法院《关于金湖新村业主委员会是否具备民事诉讼主体资格请示一案的复函》。

② 胡康生主编：《中华人民共和国物权法释义》，186～187页。

3. 业主大会或业主委员会的权利

在物业服务合同关系中，业主大会或业主委员会享有如下权利：

(1) 自主聘任权

业主大会有权自主选聘物业服务企业或其他管理人［《物权法》第 76 条第 1 款第 4 项，《物业管理条例》(国务院令第 666 号) 第 11 条第 4 项］，业主委员会也有权代表业主与业主大会选聘的物业服务企业签订物业服务合同［《物业管理条例》(国务院令第 666 号) 第 15 条第 2 项］。

(2) 认可权

在业主、业主大会选聘物业服务企业之前，建设单位选聘物业服务企业的，应当签订书面的前期物业服务合同［《物业管理条例》(国务院令第 666 号) 第 15 条第 2 项］。业主大会成立之后，如果没有正当理由，业主大会及业主委员会应当认可该前期物业服务合同，承认物业服务企业或其他管理人就物业服务所产生的权利义务。若有正当理由，如开发商在与业主签订商品房预售合同或销售合同时，没有将业已选聘了物业服务企业或其他管理人的事实告知买受人，或物业服务企业不称职等，业主大会及业主委员会有权解聘该物业服务企业。

(3) 自主解聘权、更换权

业主大会有权自主解聘、更换物业服务企业或其他管理人［《物权法》第 76 条第 1 款第 4 项、第 81 条第 2 款，《物业管理条例》(国务院令第 666 号) 第 11 条第 4 项］，业主委员会也有权代表业主与业主大会解聘物业服务企业［《物业管理条例》(国务院令第 666 号) 第 15 条第5 项］。

(4) 监督权

业主委员会有权监督物业服务企业或其他管理人履行物业服务合同［《物业管理条例》(国务院令第 666 号) 第 15 条第 3 项］。

(5) 受领权

在物业服务合同终止时，物业服务企业或其他管理人应当向业主委员会移交原来由其管理的物业及下述资料：1) 竣工总平面图，单体建筑、结构、设备竣工图，配套设施、地下管网工程竣工图等竣工验收资料；2) 设施设备的安装、使用和维护保养等技术资料；3) 物业质量保修文件和物业使用说明文件；4) 物业管理所必需的其他资料［《物业管理条例》(国务院令第 666 号) 第 29 条］。业主委员会有权受领。

(6) 救济权

在物业服务企业或其他管理人违约或侵权的情况下，业主委员会有权视具体情况而主张物权请求权或基于占有而生的请求权，或侵权损害赔偿请求权，或请求物业服务企业或其他管理人承担违约责任。

4. 各业主的权利

业主不但可以通过业主大会的途径，或由业主委员会代为主张的形式，向物业服务企业或其他管理人主张有关权利，而且有权以自己的名义向物业服务企业或其他管理人行使其权利。按照《物业管理条例》(国务院令第 666 号) 第 6 条规定，业主在物业管理活动中，享有下列权利：(1) 按照物业服务合同的约定，接受物业服务企业提供的服务；(2) 提议召开业主大会会议，并就物业管理的有关事项提出建议；(3) 提出制定和修改管理规约、业主大会议事规则的建议；（4）参加业主大会会议，行使投票权；（5）选举业主委员会成员，并享有被选举权；（6）监督业主委员会的工作；（7）监督物业服务企业履行物业服务合同；（8）对物业共用部位、共用设施设备和相关场地使用情况享有知情权和监督权；（9）监督物业共用部位、共用设施设备专项维修资金的管理和使用；（10）法律、法规规定的其他权利。

第八章　相邻关系

第一节　相邻关系概述

一、相邻关系的概念

所谓相邻关系，又称不动产相邻关系，是指相邻不动产的权利人之间，因行使不动产权利而需要相邻各方给以便利和接受限制，法律为调和此种冲突以谋求相邻各方之间的共同利益而直接规定的权利义务关系。对此，可从以下方面把握：

1. 相邻关系源于不动产的毗邻关系及其法律调整。此处的不动产，包括土地，也包括建筑物及其附属设施。动产及其权利不在相邻关系规则调整的范围之内。所谓毗邻，是指地理位置相邻，包括数个不动产之间相互连接（直接毗邻），及数个不动产之间的相互邻近（间接毗邻）。间接毗邻的情形，以不动产占有、使用方面存在着影响为限。毗邻关系的实质是，相邻一方的不动产权利在行使时需要扩张至相邻他方的不动产之上，相邻一方的不动产物权的支配力与相邻他方的不动产物权的排他力发生了相互冲突[1]，为了物尽其用，取得理想的效益，法律特别规定，相邻他方应当容忍相邻一方不动产权利在行使方面的扩张，甚至需要提供便利。为了“人类共同生活以及组织化群体之需要”而对不动产权利予以限制。[2]

2. 相邻关系的主体是相邻不动产的权利人，包括土地所有权人、建筑物的所有权人、建设用地使用权人、宅基地使用权人、土地承包经营权人，但不包括租赁权人和借用权人。

［论争］

相邻关系制度最初是以不动产所有权的行使与限制为原型设计的，随着社会生活的复杂化，不动产上竖立的权利类型逐渐增多，提出了不动产上存在的物权性使用权（如地上权等）和债权性利用权（如租赁权等）是否适用相邻关系规则的问题。对此，判例学说最初多采取否定的立场，如今则持肯定的态度，连债权性利用权与不动产物权之间的关系也适用相邻关系规则。[3] 例如，德国相邻关系法调整的，不仅仅为数个土地所有权人之间的关系，还包括土地所有权人与土地占有人（如使用人、承租人），以及土地占有人彼此间的相邻关系（《德国民法典》第 862 条；联邦最高法院，《联邦最高法院裁判汇编》，《德国民法典》第 906 条，1 号）。[4] 由于我国现行法不允许国家土地所有权流转，禁止集体土地所有权按照民

---

① 史尚宽：《物权法论》，79 页。

② 参见［德］鲍尔、施蒂尔纳：《德国物权法》（上册），张双根译，516 页。

③ 见梁慧星、陈华彬：《物权法》，4 版，186 页。

④ ［德］鲍尔、施蒂尔纳：《德国物权法》（上册），张双根译，537 页。

法的方式转让，实际流转并发挥巨大的经济效益的是（出让的）建设用地使用权及土地承包经营权，实务中需要扩张相邻一方的不动产的权利，往往是建设用地使用权、土地承包经营权、宅基地使用权及建筑物所有权等，若把相邻关系规则适用的权利范围仅仅限制于土地所有权领域，显然不符合实际生活的需要。有鉴于此，我国必须突破传统的见解，将相邻关系规则适用的权利范围扩张至建设用地使用权、土地承包经营权、宅基地使用权等物权性使用权，以及建筑物所有权。至于能否延伸到债权性利用权，可有三种方案：第一种是相邻关系直接扩张至债权性利用权；第二种是承租人等债权人以不动产占有人的身份出现，相邻关系规则适用于相邻不动产的占有人之间的关系；第三种是允许承租人、借用人等债权人代为行使出租人、出借人等债务人的相邻权。第二种方案为德国等民法所采纳，可以借鉴。第三种方案也有考虑的价值。第一种方案存在法理上的障碍，即债权并非以特定的相邻不动产为其客体的，而是以给付为标的，不属于不动产权利，使之适用于相邻关系规则，不符合相邻关系的概念要求。此其一。债权为相对权，若允许其效力延伸至相邻他方及其不动产，便突破了债权的相对性原则。如果法律如此设计，需要坚强有力的理由才能服人。既然利用承租人等债权人可以代为行使出租人等债务人的相邻权的思路，也能解决问题，且法理障碍较小，我们就没有必要选择法理障碍很大的方案。此其二。

3. 相邻关系的客体是行使不动产权利所引起的与相邻方有关的利益。不动产权利人在享有并行使其权利时，既要实现自己的利益，又须为相邻他方行使不动产权利提供便利，因而相邻关系指向的对象并非不动产本身，而是行使不动产权利所引起的与相邻方有关的利益。这种利益可能是经济利益，如将肥料通过袋地运入自己承包的农田；也可能是非经济利益，如相邻他方只容忍低于法定限度的噪声、空气污染等。

4. 相邻关系的内容是，相邻一方行使不动产权利时要求相邻他方容忍甚至提供必要的便利，相邻他方负有容忍甚至提供便利的义务。所谓必要便利，是指相邻一方非从相邻他方获得这种便利，就不能正常行使其不动产权利。相邻一方于其可以正常行使其权利时还要求相邻他方进一步提供便利，以达锦上添花的效果，就不再是权利的行使，而是权利的滥用，相邻他方有权拒绝。

相邻一方行使其不动产权利时要求相邻他方容忍甚至提供必要便利的权利，叫作相邻权。它是不是一种物权，对此存在着争论。有观点认为："相邻权属于物权范畴，是由物权派生的权利"[①]。"相邻权属于不动产物权。它是用益物权的一种，是依法律规定直接发生的。"[②] 而反对的意见则认为，在《物权法》上，相邻权不是一种独立的用益物权，而只是对不动产所有权的限制和延伸，是所有权的内容。在《物权法》的结构安排上，相邻关系是置于第二编"所有权"之中的，从体系解释的角度来看，立法者是将其作为所有权的内容加以规定的。《物权法》没有采取将相邻关系和地役权合一的观点，而将相邻关系和地役权分别作出规定，因而《物权法》没有承认相邻权是一种独立的他物权。[③] 本书作者赞同后一种观点。的确，相邻关系主要表现在相邻一方有权请求相邻他方容忍其行使不动产物权，在性质上属于相邻他方不动产所有权及其他物权所受的法律上限制，而不是强调相邻一方对相邻

① 寇志新总编：《民法学》，381 页。

② 张俊浩主编：《民法学原理》，476 页。

③ 王利明、尹飞、程啸：《中国物权法教程》，247 页。

他方的不动产的支配。相邻权和容忍义务都是不动产物权的效力的体现。可见相邻权不符合物权的本质属性，不是独立的物权。因而，相邻权无物的返还请求权、排除妨害请求权和消除危险请求权等物权的效力。

5. 相邻关系基于法律的直接规定而存在，只能根据不动产相邻的事实进行判断，不能以法律行为发生变动，不登记也能对抗第三人。

相邻关系的这个特点也把相邻关系与地役权区别开来，二者间的具体差异将在本书第十五章“地役权”中讨论。

二、建筑物区分所有权制度中的相邻关系的特色

相邻关系在建筑物区分所有权制度中显现出特色，主要表现在以下方面：

1. 立体式的相邻关系。“直接支持二层之专有部分者为一层之专有部分；直接支持三层之专有部分者为二层之专有部分而非基地地盘，二层以上之专有部分与基地地盘并无直接的支持关系，而仅有间接的关系，因此，第二层的区分所有者之对于第一层之专有部分，第三层的区分所有者之对于第二层之专有部分，必须具备所由支持之权利（right of support）。它们之间可以想象为立体式的相邻关系。”① 这种立体式的相邻关系，既表现为业主享有并行使相应的建设用地使用权时产生的相互关系，又表现为业主享有并行使专有权时限制其他建筑物区分所有权时的相互关系，还表现在各业主在享有并行使共有权时的相互关系。

2. 有体和无体相结合的相邻关系。建筑物区分所有权制度中的相邻关系，包含有相邻通行关系、相邻环保关系、相邻安全关系、互不影响正常休息等，其中有的为有体关系，有的为无体关系，同时并存。

3. 以共有部分为媒介的相邻关系。普通相邻关系均为单独所有权或他物权在行使时产生的外部关系，而建筑物区分所有权制度中的相邻关系则是专有权媒介共有部分而产生的相邻关系，以及共有权享有并行使时产生的相邻关系。

4. 法律和管理规约共同规制的相邻关系。普通相邻关系完全由法律直接规定，不存在当事人之间的约定。当事人约定可产生地役权，但不发生相邻关系。而建筑物区分所有权制度中的相邻关系既基于法律的直接规定，又受制于业主大会形成的管理规约。“如此，有人解之为相邻关系之延长。”②

第二节 对不动产所有权限制的根据

基于共同生活的思想，所有权的自由受到限制，而限制的根据因相邻关系的内容不同而有所差别。在有的情况下，所有权人不具有值得保护的利益，如土地所有权人有容忍地下矿产勘探、开采的义务；在有的情况下，干涉所有权之人的利益更值得保护，比如在用水、排水以及必要通行的情况下，就是如此；而在不可量物的问题上，不仅有欠缺自有利益的思想，而且有所有权人平均主义的思想，即干涉的方式与范围，同等地涉及某一地区全部所有

① 刘得宽：《民法诸问题与新展望》，33 页。

② 同上书，28 页。

权人的土地所有权。[①]

在中国，土地上的权利为一组权利群，呈现着多层次的结构：(1) 最为基础的是国家的自然资源所有权，包括国家土地所有权、海域所有权、矿产资源所有权、水资源所有权等；同时并存着集体土地所有权。(2) 以国家土地所有权为基础派生出来的用益物权，包括建设用地使用权、新疆建设兵团等地少数的土地承包经营权以及地役权。(3) 以集体土地所有权为基础派生出来的用益物权，包括土地承包经营权、宅基地使用权、建设用地使用权以及地役权。(4) 以矿产资源所有权为基础派生出来的探矿权、采矿权。(5) 以水资源所有权为基础派生出来的取水权、航运水权、水利水权等。(6) 以海域所有权为基础派生出来的海域使用权。

土地上还竖立着建筑物、构筑物及其附属设施，相应地存有建筑物、构筑物及其附属设施的所有权。以此类所有权为基础派生出地役权等他物权。

在上述各种权利的运行中，存在着对土地所有权、房屋所有权的限制，以及各他物权相互之间的限制。所有权人对这些他物权的行使负有容忍义务，但他物权人的行为危及不动产所有权的安全或造成不动产所有权损害的，可成立物权请求权及损害赔偿请求权。同样，有的他物权人对另外的他物权的行使也负有容忍义务，另外的他物权人的行为危及某他物权的安全或造成损害的，也可成立物权请求权及损害赔偿请求权。

为了妥善解决因上述各种不动产权利的运行而产生的冲突，《民法通则》（第 83 条）及《物权法》（第 84 条）总结了被证明是成功的经验，规定不动产的相邻权利人应当按照有利生产、方便生活、团结互助、公平合理的原则，正确处理相邻关系。

第三节　相邻关系的类型

一、用水、排水的相邻关系

1. 概述

在相邻关系领域，由于《物权法》将相邻用水和相邻排水并列规定（第 86 条），相邻用水关系和相邻排水关系便分别为两种亚类型的相邻关系。

2. 相邻用水关系

所谓相邻用水关系，是指相邻权利人（相邻用水人）依法引取定量之水、存蓄定量之水场合，需要利用相邻他方的不动产时，相邻他方负有容忍义务甚至提供必要便利而形成的相邻关系。

《民法通则》及《物权法》对相邻用水的规则着墨不多，遵循《物权法》第 85 条关于“法律、法规没有规定的，可以按照当地习惯”的规定，借鉴成功的经验及适当的理论，归纳总结如下规则：(1) 相邻用水人利用自然流水时，应当尊重自然形成的流向，从高到低、由近及远地用水。相邻各方均不得擅自堵截或独占自然流水，也不得擅自改变水的自然流向，害及相邻他方的用水。否则，受损害的相邻一方有权请求相邻用水人排除妨害，乃至承担损害赔偿责任。(2) 水流两岸的土地所有权或使用权（如土地承包经营权、建设用地使用权）分属不同的主体时，相邻用水人不得变更水的流向，不得拓宽水流的宽度。如果水流两

① 参见［德］鲍尔、施蒂尔纳：《德国物权法》（上册），张双根译，524 页以下。

岸的土地所有权或使用权同归一人时，用水人则依法可以变更水的流向或宽度，但应给下游留出自然水路。当然，在这方面存在着地方习惯的，应当从该习惯。[①]（3）相邻用水人抽取地下水不得害及相邻他方的合法权益。例如，相邻用水人抽取地下水不得导致相邻他方的土地塌陷、建筑物倒塌。再如，相邻用水人抽取暗河之水，不得不当减少相邻他方利用暗河的水。（4）相邻用水人依法存蓄一定量的水时，不得害及相邻他方的合法权益。例如，水库或水塔应当符合法律、法规及规章关于水利设施的安全标准，以免这些设施时刻威胁相邻他方的人身、财产的安全。否则，受损害的相邻一方有权请求相邻用水人排除妨害或消除危险，乃至承担损害赔偿责任；也可首先请求行政主管部门加以解决。（5）相邻用水人需要利用相邻他方的输水设施时，相邻他方应予允许。但相邻用水人应按其受益程度负担该设施的设置和保存的费用。（6）相邻用水人对其引水、蓄水等设施破溃、阻塞致使相邻他方的不动产遭受损害，或有破溃、阻塞的巨大危险时，应以自己的费用进行必要的修缮、疏通和预防；在相邻他方仍有损失时，相邻用水人还要承担损害赔偿责任。当然，当地对此存在着不同的习惯时，从习惯。[②]

［辨析与引申］

在传统民法上，用水相邻关系，既包含相邻用水人引取定量之水或贮存定量之水时，需要利用相邻他方的不动产的场合，相邻他方负有容忍义务，提供相应的便利这样的内容；也包括相邻用水人就引取定量之水、贮存定量之水本身享有权利的题中应有之义；还包含相邻各方合理分配使用定量之水的延伸意义。其原因在于，定量之水尚未与土地分离而成为独立的物权客体，而是属于土地的组成部分，作为土地所有权的客体（客体的成分）出现的。如此，相邻用水人同时为土地所有权人时，其土地所有权当中自然含有占有、使用、收益、处分定量之水的权利，用水的权利及其衍生的有关问题，就是土地所有权及其行使的问题，其中包括相邻关系的内容。即使现代民法将相邻关系规则的适用范围扩张至整个不动产权利领域，也没有改变用水相邻关系的这种基本属性。[③]

但随着水资源愈来愈成为短缺的自然资源，继续墨守水为所处土地的成分或为无主物的成规，已无力解决实际生活用水的矛盾，法律开始明确水资源的归属及利用水的权利，以定分止争，水资源所有权和水权的制度应运而生。《水法》明确规定了水资源国家所有权（第3条）和取水权（第48条），《物权法》对此再次确认（第46条、第123条）。在这种背景下，不动产权利人用水，仅仅以其不动产权利为依据已不再合法，只有首先获得取水权才名正言顺。并且，不动产权利人取水的权利本身、合理分享自然流水的权利本身不复是相邻权的范畴，而是取水权的题中应有之义；主体的身份准确地说应为取水权人，只不过于此场合不动产权利人和取水权人合而为一罢了。就是说，真正属于相邻关系内容的，已经明显减少了。[④] 由此看来，《物权法》第86条第2款前段关于“对自然流水的利用，应当在不动产的相邻权利人之间合理分配”的规定，显然是把取水权的内容错位到相邻关系制度中来了。从立法论的角度讲，修法时应当将之删除。

---

① 胡康生主编：《中华人民共和国物权法释义》，199页。

② 同上书，200页。

③ 崔建远：《准物权研究》，301～302页。

④ 同上书，301页。

3. 相邻排水关系

所谓相邻排水关系，是指相邻不动产权利人（相邻排水人）排水，需要利用相邻他方的不动产时，相邻他方负有容忍义务甚至提供必要便利而形成的相邻关系。

《民法通则》及《物权法》对相邻排水的规则有所规定，但仍嫌不够，遵循《物权法》第85条关于“法律、法规没有规定的，可以按照当地习惯”的规定，借鉴成功的经验及适当的理论，归纳总结如下规则：

（1）相邻排水人正当地排水，必须利用相邻他方的不动产时，相邻他方必须允许。对自然流水的排放，应当尊重自然流向（《物权法》第86条第2款后段）。

自然流水的排放包括自然排放和人工排放。所谓自然排放，是指自然流水按照自然规律由高地向低地排放。如此，低地段的不动产权利人有承水的义务。在水流丰沛时，低地段的不动产权利人不得擅自筑坝设阻，以减缓水流的下泻速度甚至使水流倒灌，影响高地段的相邻排水人的排水。

所谓人工排放，是指自然流水借助人工设施排放水流。按照许多立法例及其学说，相邻排水人为人工排水，原则上无使用邻地的权利，也不得设置屋檐或其他构筑物，使其不动产上的雨水直接注于相邻他方的不动产上。雨水虽为自然水，但非自然流动，而系由人工导引的，低地或建筑物、构筑物及其附属设施的权利人自无承水义务。但在特定情况下，法律不妨允许其利用邻地排水之权利。[①] 高地段的相邻排水人为使其浸水之地干涸，或排泄家庭用水、农业用水、工业用水至公共排水通道，需要利用相邻他方的低洼地段时，相邻他方负有容忍义务。同时，相邻排水人应当选择于低洼地段损害最小的处所和方法为之，并承担损害赔偿责任。

（2）相邻排水人需要利用相邻他方的排水设施时，相邻他方应予允许。但相邻排水人应按其受益程度负担该设施的设置和保存的费用。

（3）水流因事变在低洼地段阻塞时，高地段的不动产权利人为保障其正当地排水，有权以自己的费用在低洼地段建造疏通流水的必要工事。但须负责赔偿由此给低洼地段的不动产权利人造成的损害。当然，对费用的承担另有习惯的，从其习惯。

（4）相邻排水人不得向邻地排放法律、法规明文禁止排放的污水。

（5）相邻排水人对其排水设施破溃、阻塞致使相邻他方的不动产遭受损害，或有破溃、阻塞的巨大危险时，应以自己的费用进行必要的修缮和预防；相邻他方仍有损失的，相邻排水人还要承担损害赔偿责任。当然，当地对此存在着不同的习惯时，从习惯。

［探讨］

在排污权已经成为独立的权利的背景下，相邻排水关系原来包括的排污权的内容应被分离出来，归入排污权制度之中。

二、相邻通行关系

1. 概述

所谓相邻通行关系，是指在相邻权利人因通行而必须利用相邻他方的不动产的情况下，

---

① 具体规则，比较谢在全：《民法物权论》（上册），修订2版，308页。

该相邻他方应当容忍其通行的权利义务关系（《物权法》第87条）。

需要指出，该界定与《物权法》第87条关于相邻通行关系的规定在措辞上不完全一致，有必要予以说明。《物权法》第87条的原文如下："不动产权利人对相邻权利人因通行等必须利用其土地的，应当提供必要的便利。"由于该条使用了"通行等"的措辞，这里的"通行"就必须作广义解释，它应包括人、牲畜、机动车等设备的通行，也包括地下污水通道等设施的通行。只有这样理解，才符合社会生活的实际，也避免了该条表述的瑕疵。此其一。《物权法》第87条使用的是"必须利用其土地的"的表述，而未使用"利用其不动产的"的行文。可这一表述满足不了社会实际生活的需要，有违《物权法》关于相邻通行关系的立法计划和立法目的。有鉴于此，有必要对"土地"一词作扩大解释，将之解释为"不动产"，包括房屋等建筑物。[①]

2. 相邻通行关系的构成要件

通行关系的构成，除须具备一般相邻关系的要件以外，尚需具备如下构成要件：

(1) 须不动产与公共交通网络无适宜的联络

《物权法》第87条虽无此项构成要件，但就相邻通行关系的规范目的而言，相邻通行权利人的不动产应当与公共交通网络并无适宜的联络时，方可请求相邻他方容忍其通行。所谓"无适宜的联络"，包括两种情况，其一为袋地情况，即某不动产四周全部不能通往公共道路；其二为准袋地情况，某不动产虽然与公共道路相通，但据此通行过于危险、不便利或需要过高的费用，如通行需要爬越高崖等情况。

对于历史上形成的通道、桥梁、渡口、道路、堤坝等，任何人不得堵塞、设置障碍，妨碍他人正常通行。此时，无须"无适宜的联络"的要件。

(2) 须确有从相邻不动产通行的必要

《物权法》第87条特别强调"必须利用其土地"，意指相邻不动产通行权利人确有从相邻他方的不动产通行的必要。至于判断是否有通行的必要，需要根据不动产的位置、地势、面积、形状、用途等进行判断。[②]

(3) 与公共交通无适宜的联络非因相邻不动产通行权利人任意行为所致

所谓与公共交通无适宜的联络非因相邻不动产通行权利人任意行为所致，例如，相邻不动产通行权利人的物品偶然失落于或其动物偶然进入相邻他方的不动产等。于此场合，相邻他方应当允许物品、动物的所有权人或管理人进入该不动产取回。与此不同，如果相邻不动产与公共交通无适宜的联络系因其权利人任意行为所致的，如抛弃既有的地役权或破坏原有桥梁等，则他不再享有相邻通行权。

3. 法律效果

相邻不动产通行权利人必须通行于相邻他方的不动产时，相邻他方应当提供必要的便利，即在满足通行所必需的条件方面提供便利。在他人不动产上通行，应当选择造成损失最小的线路，对于造成的损失，应当予以赔偿。

---

① 崔建远、申卫星、王洪亮、程啸：《物权法》，王洪亮执笔，133页。

② 谢在全：《民法物权论》（上册），修订2版，318页。

三、因建造、修缮建筑物以及铺设管线所形成的相邻关系

1. 概述

《物权法》第 88 条规定："不动产权利人因建造、修缮建筑物以及铺设电线、电缆、水管、暖气和燃气管线等必须利用相邻土地、建筑物的，该土地、建筑物的权利人应当提供必要的便利。"它规定了两类相邻关系，一是因建造、修缮建筑物而临时使用相邻他方的不动产所形成的相邻关系；二是铺设电线、电缆、水管、暖气和燃气管线等必须利用相邻土地、建筑物而形成的相邻关系。该条的立法根据在于干涉人（不动产权利人）的利益居于优势地位。

2. 因建造、修缮建筑物而临时使用相邻他方的不动产所形成的相邻关系

不动产权利人因建造、修缮建筑物而临时且必须使用相邻他方的不动产的，相邻他方应当提供必要的便利，由此形成一种相邻关系。例如，甲的四合院背山面湖，西侧与丙的四合院相连，在这三面均无法放置建筑材料和涂料，只有东侧的乙的宅基地闲置着。在这种情况下，甲为修缮其四合院而堆放建筑材料和涂料，必须暂时利用乙的部分宅基地，乙应当允许，提供必要的便利。当然，甲必须选择对乙造成损害最少的方法，施工完毕后应及时清理现场，恢复原状，在乙存在损失的情况下，甲还要承担损害赔偿责任。

认定此种类型的相邻关系，关键是正确理解"必须利用相邻土地、建筑物"的含义。本书赞同这样的解释：所谓必须利用相邻土地、建筑物，是指除使用相邻土地或建筑物以外，便无以完成其建造或修缮建筑物之工作而言，若只是为了减少工作的时间或费用，则不能认为是有使用的必要。①

3. 不动产权利人铺设电线、电缆、水管、暖气和燃气管线等必须利用相邻土地、建筑物而形成的相邻关系

不动产权利人铺设电线、电缆、水管、暖气和燃气管线等必须利用相邻土地、建筑物的，相邻他方应当提供必要的便利。由此形成一种相邻关系。例如，甲天然气公司为了向 A 建筑区划内的 18 栋区分所有的建筑物输送天然气，必须通过乙的建设用地的地下，乙应当提供必要的便利。在这里，关键是如何理解此处的"必须利用相邻土地、建筑物的"。本书赞同这样的解释：所谓必须利用相邻土地、建筑物，是指非经过他人的土地、建筑物不能安设管线，或虽能安设但所需费用过高。在铺设管线时，管线可以安设于土地之上或地下，但不得安于地表，而且须选择损害最少之方法为之。②

值得注意的是，德国等国家的立法禁止通过管道将煤气、蒸汽等导入邻地（《德国民法典》第 906 条第 3 款）。

四、通风、采光和日照的相邻关系

1. 概述

《物权法》第 89 条规定："建造建筑物，不得违反国家有关工程建设标准，妨碍相邻建筑物的通风、采光和日照。"之所以规定通风、采光和日照的相邻关系，是因为建筑物的通

① 参见谢在全：《民法物权论》（上册），修订 2 版，333 页。

② 同上书，315 页。

风、采光和日照为人们保持其生活品质的必要因素，且由于城市土地价值的提升，导致建筑物之间的距离较以往缩小，高层建筑日益增多，使得建筑物之间通风、采光和日照的纠纷呈上升的趋势，迫切需要在《民法通则》有关规定的基础上，进一步规定这方面的规则，《物权法》承担了这项任务（第 89 条）。

［思考］

建筑物的通风、采光和日照，是否属于不动产所有权的内容？如果否，则建筑物的通风、采光和日照不属于相邻关系的组成部分；如果是，才可以使不动产所有权人负担容忍义务，形成相邻关系。

2. 通风、采光和日照的相邻关系的内容

（1）不动产权利人建造建筑物时，不得妨碍相邻建筑物的通风、采光和日照

在法律手续齐全的前提下，不动产权利人有权于其建设用地或宅基地上建造建筑物；同时，也有义务遵守相关的工程建设标准，不妨碍相邻建筑物的通风、采光和日照。

建造建筑物妨碍了相邻建筑物的通风、采光和日照，相邻他方有权请求停止侵害，有损失时还可请求损害赔偿。

在这里，需要讨论的问题是，假如建造建筑物较为严重地妨碍了相邻建筑物的通风、采光和日照，相邻他方有无权利请求建筑物的权利人拆除该建筑物？有学者认为，如果该建筑物的建造明显违反国家的工程建设标准，严重妨碍了相邻建筑物的通风、采光和日照，相邻他方有权请求拆除；如果没有违反工程建设标准，但却是影响了相邻建筑物的通风、采光和日照，相邻他方无权请求拆除，但有权请求损害赔偿。[①] 这种意见值得重视。

（2）不动产权利人建造建筑物时，不得违反国家有关工程建设标准

国家有关工程建设标准，《物权法》并未作具体规定。这是因为我国地域辽阔，各地经济发展很不平衡，加之以某个社会发展阶段，对建设工程标准的要求也应有所不同，工程建设标准是动态的，《物权法》不宜全国划一地规定僵化的具体标准。[②] 较为灵活的办法是由建设部规定规章，既能发挥规范和指导作用，又便于适时修订。这方面的法律文件有，建设部于 2012 年 12 月颁布的《建筑采光设计标准》，于 2002 年 3 月 11 日发布、2016 年 6 月 28 日修订的《城市居住区规划设计规范》，于 2002 年 8 月 30 日专门就房屋建筑发布《工程建设标准强制性条文》，其后又予补充，现有 2013 年版的《工程建设标准强制性条文》，等等。这些法律文件对住宅的日照、天然通风、自然采光等问题都有明确要求，例如，旧区改造住宅日照标准按照大寒日的日照不低于 1 小时执行。

［讨论］

关于国家有关工程建设标准在认定建造建筑物是否妨碍了相邻建筑物的通风、采光和日照中的地位和作用，意见不一。甲说认为，判断建造建筑物是否构成了妨碍相邻建筑物的通风、采光和日照，必须要考虑是否违反了国家有关工程建设标准。只有违反了，才能认定建造建筑物妨碍了相邻建筑物的通风、采光和日照；如果没有违反，则不可认定建造建筑物妨碍了相邻建筑物的通风、采光和日照。乙说主张，判断建造建筑物是否妨碍了相邻建筑物的

---

① 王利明、尹飞、程啸：《中国物权法教程》，251 页。

② 胡康生主编：《中华人民共和国物权法释义》，205 页。

通风、采光和日照，不应仅以违反国家有关工程建设标准为根据。例如，在没有纳入规划的空地上建造房屋，也会发生妨碍相邻建筑物的通风、采光和日照的问题。更何况，在广大农村虽然尚未完全按照国家有关工程建设标准来建设，一旦发生了通风、采光和日照的纠纷，也应当按照相邻关系处理。[①] 乙说符合实际，值得重视。

［思考］

国家规定的建筑物间隔、住宅设计标准等只是公法规范，在相邻不动产权利人违反的情况下，行政机关得对其进行行政处罚，如果行政机关不处罚，相邻不动产权利人得通过行政诉讼督促行政机关处罚。[②]

建造建筑物违反了国家有关工程建设标准，妨碍了相邻建筑物的通风、采光和日照，相邻他方有权请求停止侵害、恢复原状，已经遭受损失的，还有权请求相邻建造建筑物者承担损害赔偿责任。

五、不可量物侵入的相邻关系

1. 概述

在相邻关系中，大量发生的是相互排放不可量物，基于不动产权利人之间的相互平均思想，法律规定了不可量物侵入的处理规则。与不可量物相对的是可量物，所谓可量物，主要是指固体物，如折断的树干、碎石块等。不动产权利人对于可量物不承担容忍义务。而不可量物主要是大气污染物、水污染物、固体废物以及施放噪声、光、磁波辐射等。

对不可量物的侵入，法律并非整齐划一地绝对禁止，而是区分情况，关键看它是否违反了国家规定（《物权法》第 90 条）。如此，国家调整不可量物的法律便处于重要的位置。这方面的法律，在我国主要有《环境保护法》《大气污染防治法》《环境噪声污染防治法》及《广播电视设施保护条例》等，各地方人大及其常务委员会、地方人民政府也制定了许多相应的实施办法。

2. 法律后果

对不可量物的侵入，不可量物的酿造者或控制者应否承担法律责任，首先看是否违反了国家规定，若违反了，则产生法律责任；反之，则不成立法律责任。法律责任的方式有停止侵害、排除妨害、消除危险以及损害赔偿。

应当指出，对于不可量物侵入的法律责任的构成，虽然《物权法》仅限于违反国家规定（第 90 条），但因我国对某些特定类型的不可量物的侵入尚无规定，此类不可量物的侵入在客观上已经造成巨大的损害，远远超出了一个理性人可忍受的程度，于此场合，若囿于《物权法》第 90 条的规定，不允许受害的相邻他方请求不可量物的酿造者或控制者承担相应的法律责任，显然极不适当。合适的解决方案是，承认《物权法》第 90 条规定的适用范围过宽，不符合立法目的，应限缩其适用领域，增加例外，即对国家尚无规定的不可量物侵入，应根据具体情况加以确定。关键看不可量物侵入造成损害是否异常和过度，若异常和过度，不可量物的酿造者或控制者就应承担相应的法律责任；反之，不可量物侵入被控制在合理的

---

① 王利明、尹飞、程啸：《中国物权法教程》，251～252 页。

② 参见［德］鲍尔、施蒂尔纳：《德国物权法》（上册），张双根译，562 页以下。

限度内，处于理性人的容忍程度之中，则不成立法律责任。[①]

六、相邻不动产损害之避免

《物权法》第 91 条对危险性设施以及危险性挖掘行为进行了规范，即不动产权利人挖掘土地、建造建筑物、铺设管线以及安装设备等，不得危及相邻不动产的正常使用和安全。其规范的立足点在于不动产权利人的权利，并且以预防性的消除危险和排除妨害为主要手段。

该规则与物权请求权中的消除危险（《物权法》第 35 条）是相呼应的，但对其预防措施的采取，不以现实危险性为必要，因为相邻不动产权利人有预防的义务，也不问被干涉的相邻不动产权利人是否另有避免损害的方法，在发生损害的情况下，不论被干涉的相邻不动产权利人是否曾请求防免，都有损害赔偿责任发生。[②]

不动产权利人因用水、排水、通行、铺设管线等利用相邻不动产的，应当尽量避免对相邻的不动产权利人造成损害（《物权法》第 92 条前段）。所谓“尽量避免对相邻不动产权利人造成损害”，是指在利用相邻不动产的过程中，一般是在用水、排水、通行、铺设管线、施工等情况下，如果能不造成损害的，应当采取不造成损害的方式，如果损害难以避免，则应当采取造成损害较小的方式。在理解上，如果在利用相邻不动产时，未“尽量避免对相邻不动产权利人造成损害”的，被干涉之相邻不动产权利人得拒绝承担容忍义务。

在利用相邻不动产中造成损害的，如果超出相邻不动产权利人应当容忍的限度，受损害的不动产权利人可以请求相邻不动产权利人赔偿损失（《物权法》第 92 条后段）。这里的利用相邻不动产指的主要是用水、排水、通行、铺设管线等情况。但在施工、不可量物排放、挖掘等情况下，也有损害赔偿的问题。

在相邻关系中，还有一种所谓的支付使用费关系，如在管线铺设的情况下，比如支付使用土地对价方可铺设。[③] 该支付使用费关系所成立的还是一种法定债之关系，并不能因此成立租赁或地役法律关系。

在相邻关系中，就邻地利用，相邻不动产权利人事先有约定的，应从其约定。

---

① 参见陈华彬：《对我国物权立法的若干新思考》，载《金陵法律评论》，2005 年春季卷，16 页；王利明、尹飞、程啸：《中国物权法教程》，252～253 页。

② 谢在全：《民法物权论》（上册），修订 2 版，298 页以下；［德］鲍尔、施蒂尔纳：《德国物权法》（上册），张双根译，557 页以下。

③ 谢在全：《民法物权论》（上册），修订 2 版，315 页。

第九章　共　有

第一节　共有概述

一、共有的概念

共有，是指两个或两个以上的民事主体对同一不动产或动产共同享有所有权的法律状态（《物权法》第93条前段）。如果是两个或两个以上的民事主体共同享有建设用地使用权、地役权等权利，则为准共有。

其中，同一不动产或动产，在《民法通则》上叫作共有财产（第78条第1款等），学说多称之为共有物。两个或两个以上的民事主体，简称为共有人。共有人对共有物享有的所有权，即为共有权。

［引申］

就所有权人与所有物之间的对应关系而言，民法上的所有权分为两类，一为单独所有权，一为共有。

所谓单独所有权，是指所有权的主体为一人的法律状态。它是对个人独立自主人格的肯定，使所有权不受部落、家族以及其他团体的束缚，所有权人可以在法律允许的范围内自由占有、使用、收益和处分其物，从事交易，发挥货畅其流、物尽其用的经济效能。故民法以单独所有权为原则。①

有理论认为，所有权可从质和量上被分割。当所有权的部分权能与所有权分离而由非所有权人享有时，为所有权"质"的分割，如日耳曼法上的"上级所有权"（Obereigentum）和"下级所有权"（Untereigentum），以及在所有权上设立抵押权、地役权等，均属于所有权"质"的分割。与此有别，当同一财产由两人或两个以上的复数人共同享有时，则为所有权"量"的分割，表现为共有。② 所谓所有权被"分割"，可能不如说将所有权整体性内容的一部分具体化并作出让与，形成他物权③，更为准确。就所有权的发展进程来看，所有权经历了从"共同所有权"较为普遍到重"单独所有权"的演变④，但共同所有权（共有权）仍有其存在的价值。

共有具有以下几项法律性质：

---

① 王泽鉴：《民法物权·通则·所有权》（总第1册），增补版，326页。

② 梁慧星、陈华彬：《物权法》，4版，235页。

③ ［日］我妻荣：《日本物权法》，有泉亨修订，李宜芬校订，240页。

④ 梁慧星、陈华彬：《物权法》，4版，235页。

1. 共有的主体是两个或两个以上的民事主体。这些民事主体可以是自然人、法人或其他权利人。

2. 共有的客体为一项特定的同一项财产。所谓同一项财产，不一定是一个单一物，可以是一个集合物，还可以是合成物。共有的客体也可以是权利，如建设用地使用权、土地承包经营权、抵押权、债权、知识产权、股权等。由于数人对权利的共有与对有体物的共有既有共性，又有差异，学说称之为准共有，即准用物权法关于共有的规定（《物权法》第105条）。

3. 各个共有人对同一项财产享有权利、承担义务，或是按一定份额确定，或是依平等原则确定。在多数情况下，共有权的行使和义务的分担需要体现全体共有人的意志，由全体共有人决定。

4. 共有物上的所有权只有一个，只是所有权人为复数，仍然符合一物一权原则。共有不是一种独立的所有权形式，只是同种或不同种类的所有权的联合。所谓同种所有权的联合，如个人和个人的共有，集体和集体的共有。所谓不同种类的所有权的联合，如国家和集体的共有，集体和个人的共有，国家、集体和个人的共有。①

5. 共有不同于公有。公有权在现行法上包括国家所有权和集体所有权（《物权法》第45～63条）。首先，国家所有权是全民所有制在法律上的表现，其主体是单一的，就是国家。每位中华人民共和国公民作为一分子享有权利，是极为抽象的，没有民法的表现形式，也不适用民事诉讼程序解决争执。可见它不同于共有。其次，集体所有权是劳动群众集体所有制在法律上的表现，集体所有权的主体，在《宪法》（第10条第2款）及《民法通则》（第74条）上为集体经济组织，是单一的；在《物权法》上具有复合性，集体经济组织固然是集体所有权人（《物权法》第61条），但全体集体组织成员也是主体之一（《物权法》第59条）。集体所有权不适用共有的法律规范，由专门的法律规范调整。就是说，集体所有权不是共有权。

[引申]

从一定的层面观察，所有权的内容可被分为对标的物管理的权能和从标的物收益的权能。这在共有场合表现得十分明显。因为即使在共同共有的场合，虽然收益权能一般也分属于各个共有人，但由于管理权能或多或少地需要全体共有人的协作，收益权能和管理权能在形式上是分离的。当然，这种共同共有管理中，全体共有人的协作可以有强弱不同的种种形态：或需要全体共有人的同意，或按人数或份额取多数决，或根据共有人中一部分人的意思来决定。但是，无论哪种情形，都是共有人之间的团体规则起着决定作用。换言之，在共有中，共有人之间一般都或多或少地存在着团体的结合关系，此种结合关系决定着共有物的管理权能。因此，根据共有人之间结合关系的强弱，对各个共有人管理权能的团体约束力的强弱也不同。而且，在共有的形态中，是个人色彩强烈，还是团体色彩强烈，主要根据对共有物管理的团体约束力的强弱来决定。当然，即使对共有关系中收益权能的实现，团体约束力也并非全然不起作用。收益的比例、方法、时间等均依管理权能决定，所以，在这种限度下受约束。不过，在依管理权能各自所分离的范围内，可以说各个共有人的收益权能仍然作为

① 梁慧星、陈华彬：《物权法》，4版，236页。

个人的收益权能，分属于各个共有人。[①]

二、共有的类型

按照《物权法》规定，共有包括按份共有和共同共有（第93条后段）。但实际上，有些共有既有按份共有的属性，也有共同共有的色彩，例如，合伙，各合伙人出资形成的共有为按份共有，盈利的分配和风险的承担也时常以份额为基准。就此看来，合伙具有按份共有的性质。不过，在事务管理等方面，各个合伙人具有共同的平等的权利，又体现出共同共有的色彩，不妨称其为混合共有。再加上准共有，可以说我国现行法上的共有共计四类。本章主要介绍和阐释共同共有、按份共有及准共有。共同共有和按份共有存在着如下区别：

1. 成立的原因不同。共同共有的成立，以共有人之间存在着共同关系为前提；而按份共有却无须如此。

2. 权利享有和义务承担上的不同。在按份共有关系中，共有人依其应有份额（应有部分）享有权利和承担义务（《物权法》第94条）；而共同共有人的权利及于共有物的全部而不局限于某一部分，各个共有人对共有物不分份额地共同享有权利和承担义务（《物权法》第95条）。

3. 分割的限制上不同。在共同关系存续期间，共同共有人不得请求分割共有物，除非共有基础丧失或有重大理由确需分割共有物（《物权法》第99条后段）；而在按份共有场合，共有人可以随时请求分割共有物，但共有人约定不得分割共有物，以维持共有关系的，应依其约定，共有人若有重大理由需要分割的，可以请求分割（《物权法》第99条前段）。需要注意，在建筑物区分所有权中的按份共有场合，诸如绿地、屋顶、外墙、电梯、走廊等按份共有，业主不得任意请求分割。

4. 对共有物管理的不同。在按份共有场合，除非法律另有规定或合同另有约定，对共有物的简易修缮和保存行为，共有人可以单独实施；一般的改良行为则在获得共有人过半数或应有部分合计过半数的共有人的同意，才可为之；对于改建区分所有的建筑物及其附属设施，《物权法》规定应当经过专有部分占建筑物总面积2/3以上的业主且占总人数2/3以上的业主同意（第76条第2款）；对共有的不动产或动产作重大修缮的，应当经占份额2/3以上的按份共有人或全体共有人的同意（第97条）。在共同共有场合，对共有物的管理应得到全体共有人的同意，除非法律另有规定或当事人另有约定。

5. 对共有物的处分不同。在按份共有场合，各个共有人得自由处分其份额（应有部分），除非法律另有规定或当事人另有约定；而在共同共有场合，则无份额（应有部分）的处分可言。

6. 存续期间的不同。共同共有的存续取决于共同关系的存在，婚姻关系、家庭关系等共同关系较为稳定，共同共有的存续期间也较长；而按份共有关系，就其本质而言，具有暂时性。[②]

既然按份共有和共同共有存在着较大的差异，关系着共有人的权利义务，应予特别注意。共有人对共有物没有约定为按份共有或共同共有，或者约定不明确的，除共有人具有家

---

① ［日］我妻荣：《日本物权法》，有泉亨修订，李宜芬校订，290～291页。

② 梁慧星、陈华彬：《物权法》，4版，239页。

庭关系等外，视为按份共有。这是《物权法》第103条的明文规定，具有区分情况而推定共有类型的思想。它与《关于民法通则的意见》第88条关于“对于共有财产，部分共有人主张按份共有，部分共有人主张共同共有，如果不能证明财产是按份共有的，应当认定为共同共有”的规定不尽一致。由于《物权法》第103条的规定是上位阶规范，《关于民法通则的意见》第88条的规定为下位阶规范，应以《物权法》第103条的规定为准。实际上，《物权法》第103条的规定也更具合理性，因为共有人对按份共有抑或共同共有尚无约定或约定不明，可能发生在无共同关系场合。于此场合，如果遵循《关于民法通则的意见》第88条的规定，因无约定或约定不明而推定为共同共有，显然违背了共同共有必以共同关系为基础的本质属性。此其一。即使存在着共同关系，现代发展趋势也有条件地承认按份共有，夫妻分别财产制、某些立法例关于合伙人出资的财产为按份共有、建筑物区分所有权制度中的相当类型的共有等，均为其表现。既然如此，动辄推定为共同共有有些僵硬，未完全跟随发展潮流。此其二。对于家庭关系、夫妻关系等作为基础关系的共有，在无约定或约定不明时，推定为共同共有；而对不存在共同关系作为基础关系的共有，在无约定或约定不明时，推定为按份共有，使共有制度与实际生活需要相匹配，值得赞同。此其三。共同共有制度对于各个共有人的限制较多，不利于共有法律关系的简化，除非必要，不宜推定为共同共有。

［拓展］

在法律史及境外的民法上，存在着总有（Gesamteigentum，Propriété collective）、共有［Miteigentum（nachBruchteilen），Copropriété］和合有（总的共有）（Eigentum zurgesamten Hand）。总有，是多数人的结合，但尚未形成法律人格的共同体，以团体组成员的资格而所有的状态。日耳曼法村落共同体的所有形态为其典型。在村落共同体是村民不失“个性”地位，作为“一个整体”而结合起来的团体，即所谓实在的综合人（Genossenschaft）。村落共同体的所有，直接反映了这种团体结合关系，管理权能全部归属于村落本身，由规律村落共同生活的社会规范来调整，只剩下收益权能分属于各村落住民（Genosse）。因此，总有中各共同所有权人的权利，是单纯的收益权，不具有近代法中所有权的内容。而且，部落对收益权能的统制也非常强，各村落住民取得村落住民的资格后，方能取得收益权能；丧失其资格时，则自然也丧失收益权能。至于村落住民资格取得和丧失的要件，当然由规律村落共同生活的规范来决定。所以，村落住民的收益权能并不具有脱离村落住民资格而独立存在的财产权的性质。总之，在总有的情形，所有权所包含的管理权能和收益权能，是完全相分离的，各共同所有人并不具有共有中的持分（份额）权。[①] 中国现行法中没有这种共有形态。

共有，又称分别共有，为罗马法共同所有的形态。共同所有的成员依然保留对标的物的管理权能和收益权能。当然，对标的物本身的管理，有时也以复数决的方式决定。有应有部分存在，各个共有人可将之自由处分，还可请求分割共有物。[②] 可见，它相当于我国现行法上的按份共有。

---

① ［日］我妻荣：《日本物权法》，有泉亨修订，李宜芬校订，291～292页；谢在全：《民法物权论》（上册），修订2版，542页。

② ［日］我妻荣：《日本物权法》，有泉亨修订，李宜芬校订，292页；谢在全：《民法物权论》（上册），修订2版，543页。

合有（总的共有），亦称公同共有，是数人基于共同关系，而共同享有一物的所有权的状态。德国民法上的合伙财产、共同继承财产和夫妻共有财产，均属此类。其特征有：(1) 它介于上述总有和共有之间，更接近于共有。(2) 共有人有管理权能（包括处分权能），但应受公同关系所成立的共同目的的拘束，故原则上应经共有人的全体同意。(3) 共有人有收益权能，亦应受公同关系的规律。(4) 各个共有人虽有应有部分，但应受共同目的的拘束，故无自由处分可言。有学者称之为潜在的应有部分。在公同关系终止前，不得请求分割共有物。[①] 它相当于我国现行法上的共同共有。

第二节　按份共有

一、按份共有及份额概述

按份共有，又称分别共有，是指两个或两个以上的共有人，按照各自的份额，对共有财产享有权利，承担义务的共有关系（《物权法》第 94 条）。

与共同共有相比，按份共有最显著的特征在于，各按份共有人对于共有物享有一定的份额。所谓份额，又称"应有部分"，日本民法称作持分，是各个共有人对共有物所得行使权利的比例[②]，是对共有物的所有权在量上应享有的部分。[③] 它是抽象的，是分数上的量的划分，而不局限于共有物的某特定部分，抽象地存在于共有物的任何微小的部分上。它是各按份共有人对于共有财产在分量上应享有的部分。[④]

［拓展］

关于份额（应有部分）的性质，存在着不同的认识。(1) 实在的部分说：共有物确有实在的部分存在，各个共有人在其实在的部分上各享有一个所有权。(2) 理想的分割说：各个共有人在其标的物上为理想的部分的分割，各自享有一个所有权。(3) 内容分属说：所有权的各种作用可分别由共有人享有。(4) 计算的部分说：所有权有金钱计算的价格，共有人按其价格比例共有所有权。(5) 权利范围说：因一物由数人共享所有权，故为避免行使权利的冲突，不得不确立一定的范围，以使各共有人在其范围内享有权利。该范围，即各个共有人的应有部分。权利范围说现为通说。[⑤]

份额（应有部分）的分量虽不如所有权的大，但其内容、性质和效力与所有权无异，只是各按份共有人行使权利受该份额的限制而已。各按份共有人可以处分其应有部分，也可以在其应有部分设立负担（如设立抵押权），其应有部分受法律保护。[⑥] 某按份共有人转让其应有部分时，其他共有人在同等条件下享有优先购买权（《物权法》第 101 条）。

份额（应有部分）可以是等份的，也可以是不等份的。例如，甲乙丙三人按份共有一辆

---

① 谢在全：《民法物权论》（上册），修订 2 版，543～544 页。

② 同上书，546 页。

③ 梁慧星、陈华彬：《物权法》，4 版，243 页。

④ 谢在全：《民法物权论》（上册），修订 2 版，546 页；王泽鉴：《民法物权·通则·所有权》（总第 1 册），增补版，331 页。

⑤ 郑玉波：《民法物权》，修订 12 版，121 页。

⑥ 同上书，547 页。

价值15万元的轿车，可以是每位共有人享有5万元的份额（应有部分），也可以是甲享有8万元的份额（应有部分），乙享有3万元的份额（应有部分），丙享有4万元的份额（应有部分）。

份额（应有部分）的多少，通常依共有发生的原因确定，即（1）基于当事人的意思而发生的按份共有，份额（应有部分）依其意思确定。（2）基于法律的直接规定而成立的按份共有，份额（应有部分）依法律规定确定。[①] 例如，《物权法》第104条前段规定，按份共有人没有对共有的不动产或动产享有的份额予以约定，或约定不明确的，按照出资额确定。（3）如果不能按照上述方法确定份额（应有部分），《物权法》第104条后段规定，视为等额享有份额。

两个或两个以上的民事主体共有一项不动产或准不动产的，不动产登记簿上不应仅仅记载一名共有人，而应记载全体共有人，并由登记机构发给不动产权属的共有证书。实务中，相当多的房屋所有权证、建设用地使用权证仅仅记载一名共有人，容易损害其他共有人的合法权益，第三人善意取得共有房屋所有权场合即为一例，应予纠正。

二、按份共有的内部关系

按份共有的内部关系，是指各个共有人行使共有物的权利，与其他共有人之间的权利义务关系，通常包括各个共有人对共有物的使用和收益、对共有物的处分（含在共有物上设立负担）、对共有物的管理、对共有物费用的负担。

1. 对共有物的使用、收益

各个共有人按其应有部分（份额）对共有物的全部，而非特定部分，有使用、收益之权。但需注意，该用益权虽然覆盖共有物的全部，但因共有的缘故，其行使则必须按应有部分（份额）为之。所谓按应有部分（份额）为之，是指各个共有人行使用益权必须受应有部分（份额）的限制，亦即行使用益权不得影响其他共有人按其应有部分（份额）所可以行使的用益权。若未按应有部分（份额）使用时，其他共有人可视具体情况而主张有关权利，如所有物返还请求权、排除妨害请求权、不当得利返还请求权、侵权损害赔偿请求权。[②]

2. 对共有物的管理

（1）概述

数人共有一物，如何对共有物管理，是按份共有的核心问题。广义的管理包括对共有物的处分、保存、改良、使用、收益等。[③] 使用、收益在上文已经讨论过，应被排除。处分，《物权法》将其与管理并列，专门规定（第97条），亦应除去。这有其道理，原因在于，保存和改良原则上均系为共有人的共同利益而为，与处分常常损害共有人的权益不同。于是，此处所谓管理是狭义的，包括保存行为、改良行为和利用行为。[④]《物权法》第96条规定的对共有物的管理，即指此义。

共有人就共有物的管理有约定的，据此约定管理共有物（《物权法》第96条前段）；没

---

① 谢在全：《民法物权论》（上册），修订2版，547页；王泽鉴：《民法物权·通则·所有权》（总第1册），增补版，332页。

② 谢在全：《民法物权论》（上册），修订2版，550～551页；王泽鉴：《民法物权·通则·所有权》（总第1册），增补版，340～342页。

③ 王泽鉴：《民法物权·通则·所有权》（总第1册），增补版，353页。

④ 参见谢在全：《民法物权论》（上册），修订2版，584页。

有约定或约定不明确的，各个共有人都有管理的权利和义务（《物权法》第 96 条后段）。

此处所谓共有人关于共有物管理的约定，是指全体共有人之间就共有物的使用、收益或管理方法等事项而订立的协议。它包括全体共有人订立的分管协议。

所谓分管协议，又叫分管契约，是指全体共有人之间约定各自分别占有共有物的特定部分而实施管理的协议。[①] 分管契约的成立应由共有人全体以协议订立，明示或默示都可以，不以采取书面为必要，其内容为分别占有共有物的特定部分而为管理。它所约定占有共有物的特定部分，不以按应有部分（份额）换算的为限，较应有部分换算为多或少，均无不可。部分共有人未占有共有物，甚至将部分共有物交给第三人使用、收益，也被允许。再者，管理的态样不限于共有物的使用、收益，将自己分管的部分出租给他人，也在管理所允许的范围。[②] 中国大陆的现行法尚未规定分管合同，可以借鉴中国台湾地区的规则。

［引申］

分管契约乃物权关系上关于共有物管理的约定，性质上属于债权契约。其对内效力为，共有人有权依分管内容就共有物的分管部分取得管理权能，可以实施分管契约范围内的管理行为等。在对外效力方面，分管契约仅具有债权的效力，本无对抗第三人的效力，何况法律既然没有规定应有部分的受让人应当受分管契约的拘束，那么，在理论上，分管契约并不当然随着应有部分的转让而移转于受让人。也就是说，应有部分的受让人并不受前手所订立的分管契约的约束，除非当事人另有约定。[③] 但在实务中，为了避免共有人在订立分管协议后，任意将应有部分转让给他人，导致对原有分管状态和效力的破坏，有失公平，于是有判例认为各个共有人和其他共有人订立分管契约后，转让应有部分与第三人的，分管契约对于受让人仍继续存在。[④] 这是因为分管契约系共有人之间关于共有物管理的约定，与各个共有人的应有部分确有不宜分离的关系，若分管契约不得对应有部分的受让人主张，而仅能向让与人请求债务不履行的损害赔偿，亦无济于分管契约解体，显然不当。[⑤] 但是，中国台湾地区“司法院”释字第 349 号解释认为，上述判例就维持法律秩序的安定性而言固有其必要，惟应有部分的受让人若不知悉有分管协议，也不可得知的情形，受让人仍受让与人所定分管契约的拘束，有使善意第三人受不测损害之虞，与“宪法”保护人民财产权的意旨有违，上述判例在此范围内，嗣后不再援用。[⑥]

（2）保存行为

共有物的保存行为，是指以防止共有物的灭失、毁损或其权利丧失、受到限制等为目

---

① 谢在全：《民法物权论》（上册），修订 2 版，588 页；王泽鉴：《民法物权・通则・所有权》（总第 1 册），增补版，355 页；蔡明诚：《共有物分管契约与物上请求权问题》，载《台湾本土法学杂志》，第 12 期，79 页；中国台湾地区“最高法院”1996 年台上字第 53 号民事判决，载《“最高法院”民事裁判书汇编》，第 23 期，413 页；中国台湾地区“最高法院”1997 年台上字第 1382 号判决，载《“最高法院”民事裁判书汇编》，第 28 期，419 页。

② 中国台湾地区“最高法院”1992 年台上字第 505 号判决；中国台湾地区“司法院”释字第 349 号；谢在全：《民法物权论》（上册），修订 2 版，589 页；王泽鉴：《民法物权・通则・所有权》（总第 1 册），增补版，355 页。

③ 姚瑞光：《民法物权论》，130 页，自版，1990。转引自谢在全：《民法物权论》（上册），修订 2 版，591 页。

④ 中国台湾地区“最高法院”1959 年台上字第 1065 号民事判例。转引自谢在全：《民法物权论》（上册），修订 2 版，591 页。

⑤ ［日］山田诚一：《共有者的法律关系》（一），载《法学协会杂志》，第 101 卷第 12 期，1871 页；［日］舟桥纯一：《物权法》，378 页；谢在全：《民法物权论》（上册），修订 2 版，591 页。

⑥ 转引自谢在全：《民法物权论》（上册），修订 2 版，591～592 页。

的，维持其现状的行为。共有物的简易修缮即属于保存行为。例如，暴雨来袭之际共有房屋的屋顶破损急需修补，此时某一共有人对之加以修缮的行为就属于保存行为。它所需费用往往比较少，对于全体共有人有利无害，且多属较为急迫的行为，因此共有人可无须经过其他共有人的同意而实施（《物权法》第 96 条）。

(3) 改良行为

共有物的改良行为，是指不变更共有物的性质，而增加其效用或价值的行为。例如，在准共有场合，开垦共同承包的荒地使之成为良田。对共有物的重大修缮即属于改良行为。

对于共有物的重大修缮，《物权法》第 97 条规定，共有人之间有约定的，依其约定；若无约定，应当经占份额 2/3 以上的按份共有人的同意。这是因为，对共有物进行重大修缮，需要支出大笔费用，且时常并非相当急迫，因此该费用在没有得到按份共有人的同意前，令其分摊显然是不公正的。

(4) 利用行为

共有物的利用行为，是指以满足共有人共同需要为目的，不变更共有物的性质，决定其使用、收益的方法的行为。例如，决定将共有房屋出租或出借于他人，即属对共有物的利用。

对共有物的利用，共有人有约定的，依其约定；无约定的，应当由全体共有人共同管理；不能共同管理时，分割共有物，消灭共有关系。

［辨析］

此所谓“利用行为”，与上文所述“对共有物的使用、收益”，有何区别？本书赞同这样的意见：所谓对共有物的使用、收益，是指共有人对其份额（应有部分）的利用，是实际的利用；而此处的利用行为则是指共有人决定共有物的利用方法的行为，是一种决策行为。后者是前者的前提。此其一。在决定共有物的利用方法时，若共有人之间既无约定也达不成一致意见的，可类推适用《物权法》第 97 条关于“处分共有的不动产或者动产以及对共有的不动产或者动产作重大修缮的，应当经占份额三分之二以上的按份共有人或者全体共同共有人同意，但共有人之间另有约定的除外”的规定。这是因为，如果仅仅由于各个共有人就共有物的利用方法达不成一致意见就分割共有物，一则未必符合共有人的意志（例如房屋共有人都想维持共有关系，但是就该房屋应分割出租还是整体出租达不成一致意见），二则容易导致共有关系过于脆弱。[①] 此其二。

3. 对份额（应有部分）的处分

此处所谓处分，仅指法律上的处分，而不包括事实上的处分，因为按份共有人的份额（应有部分）是抽象的而非指共有物的某特定部分，加上倘若允许共有人对共有物随意进行事实上的处分，必然涉及共有物本身，可能损害其他共有人的合法权益。[②] 还有，此处所谓处分，包括份额（应有部分）的分出、转让、抵押、出租、抛弃等形式。

(1) 份额（应有部分）的分出

《民法通则》第 78 条第 3 款规定，按份共有物的每个共有人有权要求将自己的份额分

---

① 这是中国政法大学副教授戴孟勇博士的意见，特此致谢！

② 谢在全：《民法物权论》（上册），修订 2 版，554 页；王泽鉴：《民法物权・通则・所有权》2003 年版（总第 1 册），增补版，333 页；王利明：《物权法论》，修订版，311 页。

出。所谓份额（应有部分）的分出，是指按份共有人退出共有关系，将其份额分割出去。对此，《物权法》规定：1）共有人约定不得分割共有的不动产或动产，以维持共有关系的，应依其约定，除非存在重大理由需要分割共有物（第 99 条前段）。所谓重大理由，是指分割共有物对于共有人具有重要的法律上和生活上的利益，若不分割共有物会严重损害某一或某些共有人的利益。① 例如，甲和乙各出资 120 万元购买了一套房屋，双方约定 5 年之内不得分割该共有物，以便等待住房升值。但是，两年后甲的妻子患重病急需钱治病，即属重大理由，此时甲有权请求分割该住房。但如果甲为了购买奔驰车请求分割该住房，则不属于有重大理由。② 2）共有人没有约定不得分割共有物或约定不明确的，按份共有人可以随时请求分割共有物（第 99 条中段）。3）因分割共有物而对其他共有人造成损害的，请求分割的共有人应当对此承担赔偿责任（第 99 条后段）。

［反思］

有必要指出，既然按照《物权法》第 99 条中段的规定，按份共有人在没有约定或约定不明时有权随时请求分割共有物，其他共有人负有容忍分割的义务，那么不宜称行使此种权利会给其他共有人造成损害。不然，动辄令请求分割共有物者承担损害赔偿责任，意味着阻碍甚至禁止其行使分割共有物的权利。有鉴于此，对《物权法》第 99 条后段的适用范围应予限缩，即按份共有人只有以悖于善良风俗的方式行使分割共有物的权利而损害其他共有人时，才对由此造成的损害承担赔偿责任。也就是说，不能仅仅以存在分割共有物的行为和其他共有人有损害这两项要件而令请求分割的共有人承担责任。③

共有人请求分割共有物的权利，不是请求其他共有人同意分割共有物的权利，而是某个或某些共有人请求分割属于自己的份额（应有部分）的权利，性质上为形成权，并非请求权，不适用诉讼时效制度。④ 当然，也有反对说。⑤

关于共有物的分割方式，按照《物权法》第 100 条第 1 款的规定，首先由当事人协商确定。如果当事人就此达不成协议，共有物可以分割且不会因此减损其价值的，应当对实物予以分割；难以分割或因分割会减损其价值的，应当将共有物折价、拍卖或变卖，就其价款予以分割。

（2）份额（应有部分）的转让

按份共有人有权要求将自己的份额（应有部分）转让（《物权法》第 101 条前段、《民法通则》第 78 条第 3 款前段）。份额的转让，是指按份共有人依法将其在共有物中的份额（应有部分）让与他人的现象。按份共有人转让其份额（应有部分），且共有物为动产的，必须交付其份额（应有部分），使受让人与其他共有人共同占有该动产。

由于共有人的份额是抽象的，除非按份共有人之间基于分管契约，作为让与人的共有人

① 王利明、尹飞、程啸：《中国物权法教程》，274 页。

② 参见黄松有主编：《〈中华人民共和国物权法〉条文理解与适用》，309 页。

③ 北京大学法学院教授钱明星博士、清华大学法学院教授程啸博士坚持此种观点。

④ 中华民国最高法院 1940 年上字第 1529 号；王泽鉴：《民法物权·通则·所有权》（总第 1 册），增补版，363 页；谢在全：《民法物权论》（上册），修订 2 版，616～617 页。

⑤ 黄松有主编：《〈中华人民共和国物权法〉条文理解与适用》，307 页；陈荣传：《共有物分割请求权是否为形成权?》，载苏永钦主编：《民法物权争议问题研究》，217 页，自版，1998；［日］林良平：《物权法》，124 页，东京，青林书院，1986。

已经占有共有物的特定部分，否则，受让人不能请求交付共有物的特定部分。

按份共有人转让其份额（应有部分），且共有物为不动产的，应当办理变更登记，否则，不发生份额（应有部分）让与的效力。

（3）份额（应有部分）的抵押

虽然就共有物的份额（应有部分）可否设立抵押权存在着争论，但通说持肯定态度。[①] 在中国大陆，《物权法》第 101 条前段明确允许按份共有人转让其份额，举重以明轻，按份共有人以份额（应有部分）设立抵押权亦应被允许。何况法释［2000］44 号第 54 条第 1 款设有明文："按份共有人以其共有财产中享有的份额设定抵押的，抵押有效。"

（4）份额的出租

份额（应有部分）的出租，是指按份共有人将其依份额（应有部分）对共有物所享有的使用权和收益权，出租给他人的现象。份额（应有部分）本身具有一定的财产价值，按份共有人将之出租，不违反法律的禁止性规定，也不违反公序良俗，应予准许，可适用《合同法》有关租赁合同的规定。

（5）份额（应有部分）的抛弃

按份共有人抛弃其份额（应有部分），为其行使权利的表现，自应准许。有疑问的是，被抛弃的应有部分（份额）归属于何人。一种观点认为，应有部分（份额）与所有权同视而具有弹力性，此应有部分（份额）消灭，彼应有部分（份额）所存在的限制当然解除，乃随之扩张。所以，应有部分（份额）的抛弃不得视为无主物而适用先占规则，也不得将之归入国库，必须依比例归属于其他共有人。[②] 另一种观点认为，所有权的弹力性旨在说明所有权因其他负担（用益物权和担保物权）的消灭，因而回复原有圆满状态。应有部分（份额）属于对共有物所有权的比例，既非他物权对于应有部分（份额）所加的限制，亦非应有部分（份额）相互间的限制，按份共有人抛弃其应有部分（份额），其他共有人的应有部分（份额）不发生回复原来圆满状态的问题。退一步说，即使依所有权的弹力性的法理解决，也不过仅能回复受限制的应有部分（份额）原来的圆满状态而已，仍不能说明经抛弃的应有部分（份额）应当归于其他共有人的原因。[③] 共有人有继承人时，由其继承；无人继承时，若为动产，其他共有人可基于先占或取得时效而取得应有部分（份额）；若为不动产，则归属于国库。[④] 第二种观点的理由更为充分，值得赞同，只是现行法尚未承认取得时效制度，亦无继承份额（应有部分）的明文，可适用《继承法》第 32 条关于"无人继承又无人受遗赠的遗产，归国家所有；死者生前是集体所有制组织成员的，归所在集体所有制组织所有"的规定。

（6）其他共有人对份额（应有部分）的优先购买权

《民法通则》第 78 条第 3 款后段及《物权法》第 101 条后段的规定，按份共有人在转让

---

① 王泽鉴：《民法物权・通则・所有权》（总第 1 册），增补版，334 页；谢在全：《民法物权论》（上册），修订 2 版，557 页。

② 郑玉波：《民法物权》，修订 12 版，120 页；李光夏：《民法物权新论》，120 页；曹杰：《中国民法物权论》，100 页。

③ 姚瑞光：《民法物权论》，122 页，自版，1990；钱国成：《民法判决研究》，71 页；王泽鉴：《民法物权・通则・所有权》（总第 1 册），增补版，336 页；谢在全：《民法物权论》（上册），修订 2 版，559 页；康复明：《所有权之弹力性原理与应有部分之增减》，载《法律评论》，第 42 卷，14 页。

④ 王泽鉴：《民法物权・通则・所有权》（总第 1 册），增补版，336 页；谢在全：《民法物权论》（上册），修订 2 版，559～560 页。

其份额（应有部分）时，其他共有人在同等条件下，有优先购买的权利。这种优先购买权，在法国、德国、瑞士的民法上叫作先买权，中国台湾地区的立法称之为优先承买权或优先承受权。

优先购买权，为附有条件的形成权，即优先购买权人得依一方的意思表示，形成以义务人出卖与第三人同样条件为内容的合同，无须义务人的承诺。只是该项形成权附有停止条件，必须待义务人出卖标的物于第三人时，才可以行使。[①] 它是一种附条件的权利，一种技术性的、手段性的权利，并附从于基础法律关系的权利。[②] 共有人就份额（应有部分）所享有的优先购买权，就是一种附停止条件的权利，一种技术性、手段性的权利，附从于共有关系。

［拓展］

实际上，关于优先购买权的性质，学说存有分歧。一为订立买卖合同的请求权说。该说认为，优先购买权为订立买卖合同的请求权，是权利人得请求出卖人与自己订立买卖合同的权利，应其请求，出卖人有承诺的义务。[③] 依该说，优先购买权人所作以同等条件购买的意思表示只是要约，如出卖人拒绝承诺，则合同自不成立。此时，优先购买权人如何获得保护，不无疑问。[④] 二为债权的效力说。该说认为，优先承买权在性质上为请求权，仅具有债权的效力，如果买卖当事人之间已经办理了应有部分的移转登记，共有人即不得请求涂销该项登记。优先承买权的优先次序应在其他具有物权效力的优先购买权之后。[⑤] 该说的主要问题在于没有就是否承认优先购买权为形成权作出表态，特别是在应当阻止恶意受让人取得份额（应有部分）的依据方面，显得无能为力。这从下文关于其他共有人的优先购买权遭受侵害所导致的法律后果的研讨中可以清楚地看出来。三为物权取得权说。该说认为，优先购买权具有排他的效力，故为物权，但优先购买权既非用益物权，又非担保物权，而是属于形成权的物权取得权。[⑥] 该说一方面认为优先购买权为形成权，同时又承认它为物权，显然存在着冲突。[⑦] 更为要害的是，优先购买权不符合物权为支配权的根本属性，其自身对权利人而言也不具有实质性利益。仅仅凭借优先购买权的行使，往往不能取得物权，只有在动产为交付、不动产为登记之后，才能发生物权变动的结果。四为具有物权性质的债权期待权说。该说认为，如果第三人的条件比其他共有人的条件为优，其他共有人的优先购买权就没有了。如果共有人不转让其份额，其他共有人的该项权利也仅仅是期待的。由于其他共有人不能直接支配拟转让的份额，不符合物权的支配性特点，故优先购买权不是物权，而为债权。但由于债权具有平等性，而优先购买权却使权利人有权优先签订买卖合同，故其应为物权化的债

---

① 王泽鉴：《民法学说与判例研究》（第1册），5版，519～520页，台北，三民书局，1980；杨立新主编：《疑难民事纠纷私法对策》（第2集），333页以下，长春，吉林人民出版社，1997；戴孟勇：《先买权：理论与立法》，载郭道晖主编：《岳麓法学评论》（第1卷），48页，长沙，湖南大学出版社，2000。

② 戴孟勇：《先买权：理论与立法》，载郭道晖主编：《岳麓法学评论》（第1卷），48页。

③ 焦祖涵：《土地法释论》，586页以下，台北，三民书局，1973。

④ 戴孟勇：《先买权：理论与立法》，载郭道晖主编：《岳麓法学评论》（第1卷），48页。

⑤ 中国台湾地区“最高法院”1977年台上字第1530号判决；中国台湾地区“最高法院”1979年台上字第3141号判决；中国台湾地区“最高法院”1976年台上字第853号判决；谢在全：《民法物权论》（上册），修订2版，556页。

⑥ 史尚宽：《物权法论》，14～15页；孙宪忠：《德国当代物权法》，169页，北京，法律出版社，1997。

⑦ 戴孟勇：《先买权：理论与立法》，载郭道晖主编：《岳麓法学评论》（第1卷），48页。

权，且为期待权。[①] 该说的不足如同前两种学说，为本书所不采。五为附有条件的形成权说，已如上述。

按份共有人的优先购买权制度，仅仅适用于按份共有人向共有人之外的人转让其份额（应有部分）的场合。对此，法释［2016］5号已经明确："按份共有人向共有人之外的人转让其份额，其他按份共有人根据法律、司法解释规定，请求按照同等条件购买该共有份额的，应予支持"（第12条第1款）。"按份共有人之间转让共有份额，其他按份共有人主张根据物权法第一百零一条规定优先购买的，不予支持，但按份共有人之间另有约定的除外"（第13条）。其道理在于，法律确立按份共有人就份额（应有部分）享有优先购买权的目的，是为了减少共有人的人数，防止因外人的介入而使共有人内部关系复杂化，从而简化甚至消除共有物的共同使用关系，实现对共有物利用上的效率。[②] 如此，当某一共有人向另一共有人转让其份额（应有部分）时，是在减少共有人的人数和简化共有物的使用关系，不影响其他共有人的权益，故无必要赋予他们优先购买权。

按份共有人的优先购买权制度在适用范围上受有限制，还有其表现。例如，共有份额的权利主体因继承、遗赠等原因发生变化时，其他按份共有人主张优先购买的，不予支持，但按份共有人之间另有约定的除外（法释［2016］5号第9条）。[③]

按份共有人的优先购买权制度，也不适用于建筑物区分所有权领域。这主要是因为建筑物区分所有权场合的共有部分从属于专有部分；还因为某些共有部分不是按份共有，至少不是典型的按份共有；再就是相对于《物权法》第93条以下关于普通共有关系的规范来说，《物权法》第70条以下关于建筑物区分所有权的规范为特别法，应当优先适用。

优先购买权以同等条件为其行使条件。所谓同等条件，法释［2016］5号第10条规定："物权法第一百零一条所称的"同等条件"，应当综合共有份额的转让价格、价款履行方式及期限等因素确定。"在本书作者看来，此处所谓同等条件，首先是指价款条件相同，即优先购买权人支付的价款应当等同于第三人在买卖合同（转让合同）中允诺支付的价款。其次，关于价款支付的方式，也应等同于第三人允诺的方式。如果第三人允诺一次付清，优先购买权人不得主张分期付款。[④] 再次，受让人的信用状况及是否提供担保，属于构成同等条件不可忽视的因素。最后，付款地点有时也构成同等条件的因素。当然，价格条件处于核心地位。

为使其他共有人行使优先购买权，转让份额（应有部分）的按份共有人应当通知其他共有人，将其与第三人所订转让合同的全部条件告知其他共有人。转让人违反该项义务时，应承受不利的法律后果。

为防止优先购买权的持续存在，导致交易关系动荡，阻碍共有人转让其份额（应有部分），对该权利的存续期间也要作出限制。对此，法释［2016］号规定："优先购买权的行使期间，按份共有人之间有约定的，按照约定处理；没有约定或者约定不明的，按照下列情形确定：（一）转让人向其他按份共有人发出的包含同等条件内容的通知中载明行使期间的，

---

① 黄松有主编：《〈中华人民共和国物权法〉条文理解与适用》，316页。

② 谢在全：《民法物权论》（上册），修订2版，556页；戴孟勇：《先买权：理论与立法》，载郭道晖主编：《岳麓法学评论》（第1卷），47页。

③ 对该规定较为详细的解读，请见崔建远：《实体法与程序法相辅相成》，载《现代法学》，2016（6）。

④ 戴孟勇：《先买权：理论与立法》，载郭道晖主编：《岳麓法学评论》（第1卷），52页。

以该期间为准；（二）通知中未载明行使期间，或者载明的期间短于通知送达之日起十五日的，为十五日；（三）转让人未通知的，为其他按份共有人知道或者应当知道最终确定的同等条件之日起十五日；（四）转让人未通知，且无法确定其他按份共有人知道或者应当知道最终确定的同等条件的，为共有份额权属转移之日起六个月”（第 11 条）。其他按份共有人未在上述期间内主张优先购买，或者虽主张优先购买，但提出减少转让价款、增加转让人负担等实质性变更要求的，人民法院不予支持（法释［2016］号第 12 条第 2 款第 1 项）。

按份共有人不通知其他共有人，就其份额（应有部分）的转让与非共有人（受让人）签订转让合同，从而侵害了其他共有人的优先购买权，其法律效果如何，法释［2016］5 号第 12 条第 2 款第 2 项规定，其他按份共有人以其优先购买权受到侵害为由，仅请求撤销共有份额转让合同或者认定该合同无效的，人民法院不予支持。对此，本书作者在赞同的前提下，再发表如下意见：由于《物权法》已经区分了物权变动和发生物权变动的原因行为（第 15 条），注重交易安全（第 16 条等），故应当得出如下结论：1）其他共有人行使优先购买权的，转让人负有强制缔约的义务，转让人和行使优先购买权的其他共有人之间形成转让该份额（应有部分）的合同，与转让人和作为非共有人的受让人之间签订的该份额（应有部分）转让合同并存。2）在共有物为动产的情况下，受让人不知也不应当知道转让人侵害了其他共有人的优先购买权，且已经占有了份额（应有部分）的，宜类推适用《物权法》第 106 条第 1 款关于善意取得的规定，受让人终局地取得该份额（应有部分）。此时份额（应有部分）转让合同也有效。3）在共有物为不动产的情况下，受让人不知也不应当知道转让人侵害了其他共有人的优先购买权，且已经办理了份额（应有部分）的变更登记（过户登记）的，宜类推适用《物权法》第 106 条第 1 款关于善意取得的规定，受让人终局地取得该份额（应有部分）。此时份额（应有部分）转让合同也有效。4）在共有物为动产，且未被受让人占有的情况下；或在共有物为不动产，且未办理变更登记手续的情况下，受让人为善意，但其他共有人主张优先购买权，否认受让人取得份额（应有部分）的，此时可有两种解决路径：其一，因其他共有人主张优先购买权，转让人负有强制缔约义务，所以，在转让人和主张优先购买权的其他共有人之间立即成立该份额（应有部分）的转让合同。转让人和作为非共有人的受让人之间业已成立的转让合同依然有效。于此场合，究竟谁能取得该份额（应有部分），实际上取决于转让人向谁清偿。其二，在其他共有人主张优先购买权时，转让人和该（或这些）共有人之间立即成立该份额（应有部分）的转让合同。至于转让人和作为非共有人的受让人业已成立的该份额（应有部分）转让合同的效力问题，可有若干解决的方案：一是如果不能举证证明转让人和受让人之间存在着恶意串通，视转让人和作为非共有人的受让人之间的转让合同为法律上的不能履行，从而转让人必须向主张优先购买权的共有人转让份额（应有部分）。二是比照《合同法》第 51 条的规定处理，即作为转让人的共有人在处分其份额（应有部分）上受有限制，其他共有人主张优先购买权时，转让人即无将其份额（应有部分）转让给非共有人的处分权，只要主张优先购买权的共有人不同意转让人如此处分其份额（应有部分），该份额（应有部分）转让合同便归于无效。第一种路径有利于作为非共有人的善意的受让人，在转让人愿意向他清偿时，他能取得该份额（应有部分）；主张优先购买权的共有人未必能够实际取得该份额（应有部分），只能获得损害赔偿（可提起违约损害赔偿之诉，也可以提起侵权损害赔偿之诉）。第二种路径有利于主张优先购买权的共有人，只要其他共有人援用《合同法》第 51 条的规定，不追认该份额（应有部分）的转让，则转让人和作为非共有人的受让人之间的转让合同就归于无效，或该转让合同因法律上的不能履行而归于消灭（解除合同模式或嗣后无效模式），作为非共有人的受让人即丧失了取得该份额（应有部分）的法律依据。如何抉择，取决于立法政策。考虑到共有注重“人和”的特性，第二种思路具有优越性。5）受让人明知或有重大过失地不知转让人侵害了其他共有人的优先购买权场合，其他共有人主张优先购买权的，应比照《合同法》第51条的规定，使份额（应有部分）转让合同归于无效，受让人不能取得份额（应有部分）。此时转让人和受让人之间各自就其过失承担相应的损害赔偿责任。

（7）优先购买权的竞存

1）共有人的优先购买权的竞存

在共有人转让其份额（应有部分），两个或两个以上的其他共有人均主张优先购买权，且协商不成的，法释［2016］5号第14条规定，请求按照转让时各自份额比例行使优先购买权的，人民法院应予支持。这样，可维持各个共有人对共有物的比例关系不变，较为公平。①

2）共有人的优先购买权与承租人优先购买权的竞存

《合同法》第230条规定：“出租人出卖租赁房屋的，应当在出卖之前的合理期限内通知承租人，承租人享有以同等条件优先购买的权利。”这承认了承租人的优先购买权。按照法释［2009］11号的规定，房屋买卖合同，出租人与抵押权人协议折价、变卖租赁房屋偿还债务诸场合，承租人均可行使优先购买权（第22条）。但具有下列情形之一，承租人主张优先购买房屋的，人民法院则不予支持：一是房屋共有人行使优先购买权的；二是出租人将房屋出卖给近亲属，包括配偶、父母、子女、兄弟姐妹、祖父母、外祖父母、孙子女、外孙子女的；三是出租人履行通知义务后，承租人在15日内未明确表示购买的；四是第三人善意购买租赁房屋并已经办理登记手续的（第24条）。

［反思］

承租人主张优先购买权，未必是请求确认出租人和第三人之间的房屋买卖合同无效，可能是请求出租人承担违约责任。若为后者，人民法院应予支持。所以，法释［2009］11号第24条第4项规定的“第三人善意购买租赁房屋并已经办理登记手续的”场合，对于“承租人主张优先购买房屋的，人民法院则不予支持”，应作限缩解释：人民法院仅仅不支持关于确认出租人与善意第三人签订的租赁房屋买卖无效的请求。

关于承租人优先购买权行使的效果，法释［2009］11号第21条明文规定：“出租人出卖租赁房屋未在合理期限内通知承租人或者存在其他侵害承租人优先购买权情形，承租人请求出租人承担赔偿责任的，人民法院应予支持。但请求确认出租人与第三人签订的房屋买卖合同无效的，人民法院不予支持。”

共有物出租与丁之后，按份共有人甲转让其份额（应有部分），其他按份共有人乙、丙当然享有优先购买权，承租人丁是否也享有优先购买权？应当区分情况而定。1）在共有物整体不转让、仅转让份额（应有部分）的情况下，承租人无权行使优先购买权。其道理在于，就《合同法》第230条及《关于民法通则的意见》第118条规定文义看，承租人的优先

① 参见《法国民法典》第815—14条第4款；戴孟勇：《先买权：理论与立法》，载郭道晖主编：《岳麓法学评论》（第1卷），58页。

购买权所针对的，是共有物整体，而非其份额（应有部分）。也就是说，承租人的优先购买权尚不具备行使的条件。此其一。承租人的利益在于继续利用租赁物，不因出租人的变更而受影响。在共有物整体不转让、仅转让份额（应有部分）的情况下，承租人的这种利益完好无损。倘若赋予其行使优先购买权的权利，反倒是使其获得了额外的保护。此其二。在共有物整体不转让、仅转让份额（应有部分）的情况下，使其他共有人有权行使优先购买权，恰恰体现了这项制度的立法目的。此其三。2）在共有物实行补偿分割、共有物整体转归某共有人的情况下，其他共有人有权行使优先购买权，承租人也有权行使优先购买权，两权发生冲突时，何者优先？应当贯彻前者优先的规则。其道理在于，承租人通过买卖不破租赁的原则获得了足够的保护，无须使其优先购买权优越于共有人的优先购买权。此其一。从立法目的上看，共有人的优先购买权的规范意旨在于，为了简化共有关系，尽量消灭共有状态。假如确立承租人的优先购买权优越于共有人的优先购买权，势必违反立法目的。此其二。

4. 共有物的处分

对共有物的处分，有的立法例（如中国台湾地区“民法”第 819 条）规定需要全体共有人的同意。但在实践中经常会出现全体共有人就共有物的处分无法达成一致的情形，结果影响了共有物的处分，不尽符合效率原则。有鉴于此，《物权法》放宽了按份共有人对共有物处分的限制，于第 97 条规定，处分共有物，只要经过占份额 2/3 以上的按份共有人的同意即可，除非当事人对此另有约定或法律另有规定。之所以要求“占份额 2/3 以上的”按份共有人同意，是因为在按份共有中，共有人是按照其份额就共有财产享有权利或承担义务的，所以既然采取多数决原则，就应当经过占份额 2/3 以上的共有人而非共有人的 2/3 以上同意。

某个或几个按份共有人未经其他共有人的同意而擅自处分共有财产，构成无权处分。该合同经过其他共有人追认或处分人事后取得处分权而有效，否则，无效。不过，按照法释[2009] 5 号第 15 条的规定，合同的效力不受其他共有人追认与否的影响。需要注意的是，无论合同有效抑或无效，都不影响买受人在符合《物权法》第 106 条第 1 款的规定时，善意取得共有物。

占份额 2/3 以上的共有人同意出卖共有物，实际上是出卖各个共有人份额（应有部分）的总和。从另一个视角观察，只要不同意出卖共有物的按份共有人愿意保留对共有物的所有权，就意味着他们愿意购买同意出卖共有物的按份共有人的份额（应有部分）。于此场合，同意出卖共有物的按份共有人应负有强制缔约义务，将其份额（应有部分）出卖给不同意出卖共有物的按份共有人；换言之，不同意出卖共有物的共有人，对同意出卖的共有人所持份额（应有部分）的出卖，应当享有优先购买权。此种对共有物的优先购买权，在性质、同等条件、通知义务等各方面，应当相同于按份共有人对份额（应有部分）的优先购买权。[①]

[论争]

对此，有相反的意见：(1) 从解释论的角度来说，似不宜认为不同意出卖共有物的共有人对同意出卖共有物的共有人所持份额（应有部分）享有优先购买权，因为优先购买权只能来源于法律的直接规定或当事人的约定，而《物权法》并无此类规定，当事人通常也没有此

① 参见谢在全：《民法物权论》（上册），修订 2 版，574 页；王泽鉴：《民法物权・通则・所有权》（总第 1 册），增补版，352 页。

类约定。(2) 从理论上来说，占份额 2/3 以上的共有人同意出卖共有物时，仅仅是就共有物的处分问题作出了一个基本决策，未必确定具体的出卖价格，通常也没有与买受人订立合同，甚至根本不知道会卖给谁（例如，在实务中，很可能是在共有人同意出卖共有物之后，才开始去寻找买受人或进一步商量出卖的价格、方式等内容）。在这种情况下，即便（从立法论的角度）承认不同意出卖的共有人对同意出卖者的份额（应有部分）享有优先购买权，也会因无法确定交易的“同等条件”而难以行使优先购买权。(3) 从逻辑上来说，占份额 2/3 以上的共有人所同意的乃是出售整个共有物，而非出售自己的份额（应有部分)。于此情形，若为保护不同意出售者的利益，在立法上赋予其优先购买整个共有物的权利（然后再将价金依份额分配给全体共有人)，在逻辑上可以说得通；但若在立法上赋予其优先购买其他同意出售者的份额（应有部分）的权利，在逻辑上就难以自圆其说，因为其他赞同出售者并未表示要出售自己的份额（应有部分)，而仅仅表示同意出售整个共有物。①

5. 共有物的费用分摊

共有物的费用，包括共有物的管理费用和其他负担。所谓共有物的管理费用，包括因共有物的保存、改良和利用所产生的费用。所谓其他负担，包括各种税款、保险费以及因共有物致人以损害所支付的赔偿金。这些费用及负担，在各个按份共有人之间如何分摊?《物权法》第 98 条规定，共有人之间有约定的，依其约定；没有约定或约定不明确的，由各个共有人按其份额分摊。

6. 因共有物所生的债权债务及其承受

因共有物产生的债权，在各个共有人之间（内部关系)，按份共有人按照份额享有；因共有物产生的债务，按份共有人按照份额承担。当然，共有人另有约定的，依其约定（《物权法》第 102 条中段)。

三、按份共有的外部关系

按份共有的外部关系，是指各个按份共有人就共有物对外与第三人发生的权利义务关系。

（一）各个按份共有人对第三人的权利

1. 对第三人行使物权请求权

各个按份共有人对于第三人，可以就共有物的全部单独行使所有权的请求权。所谓单独行使所有权的请求权，包括所有物返还请求权、排除妨害请求权和消除危险请求权（《物权法》第 34 条、第 35 条)。各个按份共有人行使这些权利时，不以其份额（应有部分）为限，可就共有物的全部加以行使。至于其他共有人的意思如何，均非所问。

需要注意，共有物在法律上归属于全体共有人，而非单独地归属于某个按份共有人，因此，某一按份共有人单独行使所有物返还请求权，必须是为了全体共有人的利益，即应当请求占有人向全体共有人返还共有物，而不得请求仅向自己返还。

2. 对第三人行使物权确认请求权

第三人主张共有物归其所有的场合，因共有物归谁所有需要裁判机关经审理方能确定，

① 这是中国政法大学副教授戴孟勇博士的观点，特此致谢！

所以，各个按份共有人不得单独行使物权确认请求权，只得以全体共有人的名义主张。[①]

3. 对第三人行使债权请求权

因共有物产生的对于第三人的债权，无论各个共有人之间约定是按份享有还是连带享有，在对第三人的关系方面，各个按份共有人享有连带债权。除非法律另有规定或第三人知道共有人不具有连带债权关系（《物权法》第 102 条前段）。按照共有债权（且为连带债权）的行使规则，各个按份共有人可以单独提起债权请求权的诉讼。

（二）各个按份共有人对第三人的义务

因共有物所产生的对第三人的义务，如委托第三人保管共有物所产生的保管费债务，委托第三人修缮共有物所产生的报酬债务，等等，无论债务可分与否，在对该第三人的关系方面，各个按份共有人均连带承担，除非法律另有规定或第三人知道共有人不具有连带债务关系《物权法》（第 102 条前段）。

第三节　共同共有

一、共同共有的概念

共同共有，是指数人基于法律的规定或合同的约定而形成某一共同关系，他们基于该共同关系而对共有物共同享有所有权的现象（《物权法》第 95 条）。

较之按份共有，共同共有最大的特色在于，它以共有人之间存在着共同关系为产生和存续的前提，共有人对共有物所享有的权利和所承担的义务不取决于份额，而具有平等性。

二、共同共有的类型

（一）基于夫妻关系而产生的共同共有

基于夫妻关系而产生的共同共有，是指于夫妻双方对其婚姻关系存续期间所取得的财产，未约定归各自所有或部分归各自所有、部分属于共同所有的，或者虽有此种约定但不甚明确的，便形成共同共有。夫妻双方于其婚姻关系存续期间取得的财产，可以是工资、奖金，也可以是生产、经营活动所取得的收益，还可以是基于知识产权所取得的收益，或是因继承或赠与所得的财产（《婚姻法》第 17 条、第 19 条）。但是，遗嘱或赠与合同中确定只归夫或妻一方取得的财产，以及《婚姻法》第 18 条规定的情形，即一方的婚前财产，一方因身体受到伤害获得的医疗费、残疾人生活补助费等费用，遗嘱或赠与合同中确定只归夫或妻一方的财产，一方专用的生活用品，其他应当归一方的财产，属于个人的财产，而非共同共有的财产（《婚姻法》第 18 条至第 19 条）。

（二）基于家庭共同生活关系而产生的共同共有

基于家庭共同生活关系而产生的共同共有，即家庭共有财产，是指家庭成员在家庭共同生活关系存续期间共同创造、共同所得，用于维持家庭成员共同生产、生活的财产。家庭共有财产不同于家庭财产，后者除包括前者之外还包括家庭成员的个人财产。

---

① 谢在全：《民法物权论》（上册），修订 2 版，610～612 页。

这里所谓的家庭，可能是仅由夫妻与其子女组成的小家庭，也可能是由祖父母、外祖父母、子女、孙子女等组成的大家庭。究竟何指，需要根据具体情况加以判断。

一项或几项财产是否属于家庭共同共有的财产，需要根据财产的来源、用途等因素予以确定。如果是家庭成员共同劳动所得且用于维护整个家庭的生产或生活的财产，就属于家庭共有财产。否则，不能认定为家庭共有财产。

（三）基于继承关系而产生的共同共有

被继承人死亡后，遗产分割前，全体继承人对于该遗产享有共同共有权。

（四）关于建筑物区分所有权关系中的共有属性

建筑物区分所有权中的共有部分，相当类型的都是按份共有（《物权法》第 80 条等），但某些不公摊到区分所有的建筑物面积当中的共有部分，例如，建筑规划区内的道路、他人赞助的露天健身器材等，某些建筑规划区内的幼儿园、小学校，作为共同共有更符合客观实际。如此，也出现了新类型的共同共有。

（五）关于合伙财产的共有属性

关于合伙人对于合伙财产究竟是按份共有还是共同共有，理论上有不同的看法。一种观点认为，合伙财产属于按份共有，理由在于：首先，共同共有是不能划分份额的，而在合伙财产中，实际上是按照投资比例划分份额的；其次，按份共有是按照自己的份额享有共有财产的收益，而合伙人对收益的分配也主要是按照投资比例确定的。另一种观点认为，合伙关系存在期间，合伙人对于合伙财产为共同共有。因为合伙财产符合共同共有的特征。首先是共同管理，个人不得处分；其次是在共有关系解除之前，不得请求分割共有财产。无论是合伙企业还是没有成立合伙企业的合伙，合伙人对于合伙财产都应当是共同共有关系，否则既抹杀了合伙企业财产的独立性，也不利于合伙关系的维持。[①] 这种观点较为符合《合伙企业法》第 20 条、第 21 条的下述规定：合伙企业存续期间，合伙人的出资、以合伙企业名义取得的收益和依法取得的其他财产，均为合伙企业的财产。合伙人在合伙企业清算前，除非法律另有规定，否则不得请求分割合伙企业的财产。

第一种观点描述的是合伙人出资形成合伙财产的性质、状态，第二种观点描述的是合伙运营所获收益的性质、状态，以及各个合伙人管理合伙财产的权利状态，均有所据，但不够全面，不如综合起来，把合伙财产看作混合的共有，较为符合实际。

三、共同共有的内部关系

（一）各个共有人的权利及于共有物的全部

在共同关系存续期间，各个共有人对共有物共同享有所有权（《物权法》第 95 条），其权利及于共有物的全部，而不局限于共有物的特定部分。

这一点既说明共同共有人在共同共有关系中并不像按份共有那样存在所谓的份额（应有部分），也足以表明共同共有是多个人共同享有一项所有权的实质。

立法例及其理论通常都确认各个共同共有人对于共有物享有平等的权利，但是实践中共

① 全国人大常委会法制工作委员会民法室编著：《物权法（草案）参考》，261 页，北京，中国民主法制出版社，2005。

同共有人如何对共有物进行具体的管理，通常看当事人的约定。如果当事人没有约定或约定不明，那么各个共同共有人都有管理的权利和义务（《物权法》第96条）。例如，《婚姻法解释（一）》第17条明确规定，《婚姻法》第17条关于“夫或妻对夫妻共同所有的财产，有平等的处理权”的规定，应被理解为：（1）夫或妻在处理夫妻共同财产上的权利是平等的。因日常生活需要而处理夫妻共同财产的，任何一方均有权决定。（2）夫或妻非因日常生活需要对夫妻共同财产做重要处理决定，夫妻双方应当平等协商，取得一致意见。

（二）在共同共有的基础丧失之前，或未出现重大理由时，共同共有人不得请求分割共有物

《物权法》第99条前段规定：“共有人约定不得分割共有的不动产或者动产，以维持共有关系的，应当按照约定……没有约定或者约定不明确的……共同共有人在共有的基础丧失或者有重大理由需要分割时可以请求分割。”可见，对共同共有物，原则上不得分割。这是因为，共同共有是基于一定的共同关系而产生的，共有物也是以维持这种共同关系的存在为目的的。在共同关系仍然存在之时，如果允许共同共有人可以随时请求分割共有物，势必会破坏这种共同关系的存续。

所谓共同共有的基础丧失，如夫妻财产的共同共有场合，婚姻关系被解除；再如，合伙财产场合，合伙被解散。所谓重大理由，例如，在婚姻关系存续期间，夫妻双方约定由原来的夫妻共同财产制，改变为夫妻分别财产制。[①]

还有，《合伙企业法》第21条第1款规定：“合伙人在合伙企业清算前，不得请求分割合伙企业的财产；但是，本法另有规定的除外。”这个“本法另有规定的除外”，指的是依法退伙等情形，如《合伙企业法》第48条第1款的规定。这也表明了共同共有物原则上不得分割的精神。

（三）对共有物的处分和重大修缮，以得到全体共有人的同意为原则

由于共同共有人对共有物享有平等的权利，在共同共有关系存续期间，对共有物的处分以及重大修缮应当得到全体共有人的同意，除非共有人另有约定（《物权法》第97条）。

当然，如果是对共有物进行保存或简单的修缮，则无须经过全体共同共有人的同意。还有，夫妻为了日常生活的需要而处分价值额不大的共有物时，无须征得另一方的同意（《婚姻法解释（一）》第17条第1款），但处分房地产等价值额很高的共有物时，必须有配偶另一方的书面授权。

（四）共有人侵害共有物时，其他共有人享有救济权

某个或某些共有人擅自侵占共有物，其他共有人有权行使所有物返还请求权（《物权法》第34条）。某个或某些共有人不法妨害共有物所有权的运作，其他共有人有权请求排除妨害（《物权法》第35条）。某个或某些共有人有不法妨害共有物之虞的，其他共有人有权请求消除危险（《物权法》第35条）。

某个或某些共有人未经全体共同共有人的同意而擅自处分共有物，构成无权处分，其他共有人有权否认，买卖等合同因否认而归于无效（《合同法》第51条、法释［2000］44号第54条第2款）。不过，按照法释［2009］5号第15条的规定，转让合同的效力不因其他共有人追认与否而受影响。

---

① 胡康生主编：《中华人民共和国物权法释义》，227页。

四、共同共有的外部关系

（一）共同共有人的物权请求权

当第三人侵害共有物时，任何一个共同共有人都有权行使基于所有权产生的请求权，在行使所有物返还请求权场合，对共有物占有的回复应归于全体共有人。由于此种物权请求权的行使旨在保护全体共同共有人的利益，无须征得全体共有人的同意。

（二）共同共有人的连带债权、连带债务

因共有物而使共同共有人与第三人产生的债权，各个共同共有人享有连带债权（《物权法》第 102 条）。例如，第三人不法侵害共有物，各个共同共有人均有权请求该侵权行为人承担全部赔偿责任。共同共有人对因共有物所产生的各类债务，承担连带责任（《物权法》第 102 条）。例如，因修缮共有物而产生的费用、因共有物致人损害而产生的赔偿责任等，均由全体共同共有人连带承担。

五、共同共有的消灭

共同共有消灭的原因，适用一般所有权消灭的原因，此外，还有独特的消灭原因。

1. 共同共有的基础法律关系消灭

共同共有的基础法律关系消灭，共同共有失去存续的基础，应当归于消灭。例如，夫妻关系因离婚而归于消灭，该共同共有不复存在。再如，合伙关系因合伙解散而归于终止，该共同共有随之消灭。

2. 共有物被转让、被征收

共有物转让与他人，或被征收，共同共有权因失去标的物而归于消灭。不过，共有物转让所换取的对价，成立新的共同共有权，除非当事人有相反的约定。

3. 共有物灭失

共有物灭失，共同共有权因丧失标的物而归于消灭。但在共有物已被保险、且因保险事故而灭失的情况下，共有人获取的保险金上成立新的共同共有权，除非当事人有相反的约定。

六、共同共有物的分割

依据《物权法》第 100 条第 1 款的规定，共有人可以协商确定共有物的分割方式。达不成协议，共有物可以分割并且不会因分割减损价值的，应当对实物予以分割；难以分割或因分割会减损价值的，应当对折价或拍卖、变卖取得的价款予以分割。此外，依据该条第 2 款的规定，共有人分割所得的不动产或者动产有瑕疵的，其他共有人应当分担损失。

第四节 准共有

所谓准共有，是指两个或两个以上的主体按份共有或共同共有所有权以外的财产权的现象。例如，三个法人按份共有 A 宗国有土地的建设用地使用权，两家银行共同享有 A 房地产的一个抵押权。《物权法》第 105 条关于“两个以上单位、个人共同享有用益物权、担保物权的，参照本章规定”的规定，承认了准共有。

准共有具有以下法律性质[①]：

1. 准共有的标的物是所有权之外的财产权，包括建设用地使用权、海域使用权、地役权、采矿权、取水权、抵押权、质权、专利权、著作权以及债权等。人格权、身份权等非财产权不得作为准共有的标的物。占有不是一种权利，不会形成准共有，而是成为共同占有，由另外的法律制度解决。

2. 准共有关系准用法律关于共有的有关规定。究竟是准用法律关于共同共有的规定，还是准用法律关于按份共有的规定，应当视其共有关系究竟属于按份共有关系还是共同共有关系而定。对于家庭关系、夫妻关系、继承关系等作为基础关系的共有，一般准用共同共有的规定。对于没有共同关系作为基础关系的共有，准用按份共有的规定。

3. 准共有准用按份共有或共同共有的规定，仍然以该财产权的法律没有特别规定的为限。如果其法律有特别规定的，则应首先适用该特别规定。在共有地役权时，应注意地役权的不可分性的特质。

① 参见谢在全：《民法物权论》（中册），修订2版，44～46页，台北，三民书局，2003；王泽鉴：《民法物权·通则·所有权》（总第1册），增补版，395～400页；梁慧星、陈华彬：《物权法》，4版，252页；胡康生主编：《中华人民共和国物权法释义》，236页。

第十章　用益物权总论

第一节　用益物权的概念

一、用益物权的界定

所谓用益物权，是指以支配标的物的使用价值为内容的物权，或者说是权利人对他人所有的物依法享有占有、使用和收益的定限物权（《物权法》第117条）。土地承包经营权、建设用地使用权、宅基地使用权、地役权、探矿权、采矿权、养殖权、捕捞权等属于此类。用益物权不是一种物权的概念，而是一组物权的集合的称谓。这也影响到它的法律性质。

二、用益物权的性质

1. 用益物权人的规格因具体类型的用益物权而表现出差异

从权利主体方面看，用益物权人的规格因具体类型的用益物权而表现出差异。例如，以家庭承包方式设立的土地承包经营权，其主体限于本集体经济组织成员组成的农户。通过招标、拍卖、公开协商等方式设立的“四荒”土地承包经营权，其主体则无身份限制。出让的建设用地使用权，其主体的限制很少；可行政划拨的建设用地使用权，其主体则无自然人、私营企业、个体工商户、中外合资经营企业、中外合作经营企业等。宅基地使用权的主体，在现行法上限于农村村民，实际上为农户。地役权的主体则没有上述限制，只要是两项不动产权利相互之间基于合同有扩张权利行使效力的，有容忍该项扩张的，其不动产权利人就可以是地役权的主体。甚至是一项不动产权利基于地役权合同将要容忍他人架设线路或铺设管道等，该项不动产权利人和享受便利之人均可为地役权的主体。探矿权和采矿权的主体均有严格的限制，非一般人所得充任。捕捞权的主体限于渔民或渔业公司，养殖权的主体为渔民、渔业公司或其他土地承包经营户。

2. 用益物权的标的物应为不动产，《物权法》也承认有动产

从标的物方面看，《物权法》规定，用益物权的标的物有不动产和动产（第117条）。因为《物权法》采取严格的物权法定主义（第5条），《物权法》及其他法律规定的用益物权，只含有土地承包经营权、建设用地使用权、宅基地使用权、地役权、海域使用权、探矿权、采矿权、取水权、养殖权、捕捞权，而这些用益物权的标的物均为不动产，所以，在现行法上，用益物权的标的物只有不动产，尚无动产。

［讨论］

《物权法》第117条规定不动产、动产均可为用益物权的客体。对此，可有两个角度的

观察。其一，《物权法》采取严格的物权法定主义（第5条），只有它和其他法律所规定的物权才具有物权效力，而这些法律规定的用益物权都是以不动产为标的物的，没有以动产作为客体的类型。就此看来，《物权法》第117条规定动产为用益物权的标的物，自相矛盾，有欠周全。其二，这样解释虽然符合事实，但显然消极。本着应尽可能地避免使法律条文形同虚设、最大限度地使法律规定发挥积极效果的法解释的精神，可从积极的角度对待它，前瞻性地审视它。就是说，《物权法》和其他法律规定的物权不敷使用，难以满足社会实际生活对物权种类及效力的需求，如《物权法》对居住权、典权不赋予物权的效力，致使居住权人的正当权益缺乏最强有力的法律保护，导致农户融资渠道狭窄，有的根本融不到资。有鉴于此，当社会生活中涌现出某个或某些以动产为客体的以用益为内容的权利需要具有物权的效力时，若被社会实践反复证实只有承认其为物权才是最佳的方案，且为越来越多的人所认识，已经形成习惯，应当认可它（们）为物权。认可的法律依据之一，就是《物权法》第117条规定的动产可为用益物权的客体。

3. 用益物权的内容包含占有、使用、收益

从权利内容方面看，用益物权以占有、使用标的物并保有收益为内容。至于处分，不允许针对标的物，只能处分用益物权自身。用益物权的概念已经彰显出其使用和收益的内容。这是它不同于所有权及担保物权的重要之处。

4. 用益物权派生于所有权

从权利设立方面看，用益物权系分享了标的物所有权中的占有、使用、收益的权能而形成的物权。标的物所有权为用益物权产生的“母权”，用益物权为“子权”。没有标的物所有权，就不会有用益物权。①

［探讨］

需要探讨的是，建设用地使用权人以其建设用地作为供役地，土地承包经营权人以其承包地作为供役地，宅基地使用权人以其宅基地作为供役地，与他人协商一致设立地役权的场合，此类地役权还是分享不动产所有权中的占有、使用和收益的权能而形成的他物权吗？对此，可有两种思路：其一，即使是建设用地使用权人以其建设用地作为供役地，土地承包经营权人以其承包地作为供役地，宅基地使用权人以其宅基地作为供役地，地役权所分享的权能，依然是土地所有权中的占有、使用、收益诸项权能。建设用地使用权人、土地承包经营权人、宅基地使用权人之所以能使供役地所有权的权能由需役地人分享，是因为它们在其权利设立时法律已经将处分权直接授予他（它）们了。建设用地使用权人、土地承包经营权人、宅基地使用权人正是借由这种法律的授权，将建设用地、承包地的土地所有权中的部分权能分离给地役权人；地役权人正是借由这种法律的授权，合乎双方当事人的意思且合法地分享了建设用地、承包地的土地所有权中的部分权能，从而形成了地役权。这种法律授权说有其应用的市场。例如，认定银行系统各分行、支行及分理处办理存贷款等业务时享有代理权，大多不是由于银行总行出具了授权书，实际上也往往没有这种授权书，而是推定法律已经将代理权授予了各分行、支行及分理处。再如，在高度中央集权的计划经济时代，国营企业/国有企业在对外购进原材料、销售产品时之所以有权处分国有财产，也不是由于国务院

① 关于用益物权和担保物权派生于不动产所有权的原理及其详细阐述，见崔建远：《论争中的渔业权》，229～237页；崔建远：《论他物权的母权》，载《河南省政法管理干部学院学报》，2006（1），10～23页。

等部门出具了授权书，实际上也没有此类授权书，而是推定法律已经将代理权授予了各国营企业/国有企业。从母权—子权的结构方面观察和命名，土地所有权是地役权的母权，地役权为土地所有权的子权。其二，在建设用地、承包地或宅基地作为供役地的场合，将建设用地使用权、土地承包经营权、宅基地使用权视为民法上的“物”，其上存在着“所有权”，因建设用地使用权、土地承包经营权、宅基地使用权含有占有、使用和收益的权能，该“所有权”自然含有这些权能，地役权系分享其中的权能而形成。这种思路可能有助于大财产权及其理论的建构。本书赞同第一种思路。

5. 用益物权为他物权

从权利所归属的体系方面看，用益物权是权利人直接支配标的物的权利，具有绝对性、排他性、优先性，故为物权。用益物权的标的物为他人所有的不动产，在地役权场合可能是他人使用的不动产，故为他物权。

6. 用益物权的存续期限较为复杂

从权利的存续期间方面看，情况较为复杂。出让的建设用地使用权都有明确的存续期间，不过，住宅建设用地使用权的存续期间届满时自动续期。行政划拨的建设用地使用权没有明确的终期。宅基地使用权具有永久性。通过招标、拍卖、公开协商等方式设立的“四荒”土地承包经营权具有明确的存续期间，以家庭承包方式设立的土地承包经营权的存续期间届满，发包人负有强制缔约义务。

第二节 用益物权的分类

在现行法上，用益物权包括土地承包经营权、建设用地使用权、宅基地使用权、海域使用权、地役权、取水权、探矿权、采矿权、养殖权和捕捞权。将它们按照一定标准分类，可有不同的类型。诸如意定用益物权与法定用益物权、登记用益物权与不登记用益物权、有期限用益物权与无期限用益物权等，符合本书第二章“物权通论”第二节“物权的类型”中的基本原理，此处不赘。

一、典型用益物权与准物权

土地承包经营权、建设用地使用权、宅基地使用权、海域使用权、地役权均为典型用益物权，而取水权、探矿权、采矿权、养殖权和捕捞权为准物权。对此，本书将在第十六章“准物权”中详细讨论。

二、有偿用益物权与无偿用益物权

1. 区分标准

以用益物权的取得是否需要对价为区分标准，用益物权可分为有偿用益物权和无偿用益物权。

2. 界定

有偿用益物权，是指取得用益物权必须支付对价的用益物权。出让的建设用地使用权、“四荒”土地承包经营权为其代表。无偿用益物权，是指无须支付对价即可取得的用益物权。

宅基地使用权、行政划拨的建设用地使用权为其代表。地役权是否有偿，取决于当事人的约定。

3. 分类的法律意义

区分有偿用益物权与无偿用益物权的法律意义在于，法律对它们调整的规则有所差异。例如，对有偿用益物权，法律一般允许转让、抵押；而对无偿用益物权，法律一般不允许转让、抵押。[①] 不过，地役权即使为无偿的，法律也允许其转让、抵押。

三、无从属性用益物权与有从属性用益物权

1. 区分标准

以用益物权是否具有从属性为区分标准，用益物权可分为无从属性用益物权与有从属性用益物权。

2. 界定

无从属性用益物权，即用益物权没有从属性。应当说，用益物权一般都无从属性，是完全独立的定限物权。有从属性用益物权，即用益物权具有从属性。学说认为，地役权具有从属性。

3. 分类的法律意义

区分无从属性用益物权和有从属性用益物权的法律意义在于，有从属性用益物权，即地役权，其设立以需役地的存在为前提，地役权不得单独转让、抵押。而无从属性用益物权没有这些限制。

四、让与性用益物权与限制让与用益物权

1. 区分标准

以用益物权的让与性是否受限制为区分标准，用益物权可分为让与性用益物权和限制让与用益物权。

2. 界定

让与性用益物权，是指权利人可依法自由处分的用益物权。出让的建设用地使用权为其代表。限制让与用益物权，是指法律限制或禁止让与的用益物权。宅基地使用权为其典型。当然，所谓自由让与、限制让与是相对而言的。宅基地使用权虽属限制让与的用益物权，但也可随着地上住宅的转让而移转。出让的建设用地使用权虽为让与性用益物权，但未达到开发程度的，法律也不允许其转让。

3. 分类的法律意义

区分让与性用益物权和限制让与用益物权的法律意义在于：(1) 两者的转让条件及其法律后果不同。(2)“自由流通型用益物权侧重的是资源利用的效率，以提高资源的经济效益；而限制流通型用益物权侧重的是社会保障，以实现社会的公平。当然，这两种用益物权都包含有效率、公平的价值观念，只不过各有所侧重而已。”[②]

---

① 房绍坤：《用益物权基本问题研究》，21 页，北京，北京大学出版社，2006。

② 房绍坤：《用益物权基本问题研究》，23～24 页。

第三节　用益物权与相关权利

一、用益物权与所有权

在同一标的物上并存着所有权和用益物权，该用益物权系分享该所有权中的占有、使用和收益的权能而形成的权利，为子权；该所有权为母权。所有权将其占有、使用、收益的基因遗传给用益物权。

用益物权尽管派生于所有权，但为实现其目的及功能，它们的法律效力必须在一定范围内抑制着所有权的效力。否则，用益物权就会形同虚设。应当指出，所谓用益物权的效力抑制着所有权的效力，是相对而言的，系以每种用益物权的特定目的及功能为边界。超出这个边界，便构成权利的滥用，可能属于侵害所有权，产生侵权责任。此时，当然是以所有权的效力为准。还有，因某些用益物权欠缺若干物权请求权，例如，养殖权和捕捞权对于水生动物没有物的返还请求权，矿业权对于矿产品欠缺物的返还请求权，地役权和留置权同样没有物的返还请求权，所有权所拥有的物权请求权可被用来保护用益物权，使之保持理想的效力、运行状态的功能。例如，在他人不法侵占供役地，致使地役权人无法行使其地役权情况下，供役地的所有权人可以行使物的返还请求权，收复失地，使地役权人可以正常行使地役权。这也是所有权和用益物权相得益彰的一个表现。最后，在用益物权的存续期限届满时，所有权的效力恢复如初，具有“收复失地”的效力及功能。[①]

二、用益物权与担保物权

用益物权和担保物权均为定限物权，限制着所有权的效力，自己的效力也受到限制，包括受所有权效力的限制。至于二者相互之间，存在着某些用益物权是担保物权的标的物，如出让的建设用地使用权、“四荒”土地承包经营权都可作为抵押权的客体。除这些共同点之外，它们更具有如下差异：

1. 权利内容不同，所关注标的物的价值不同。用益物权以占有、使用和收益为内容，关注着标的物的使用价值。担保物权旨在取得标的物的交换价值，是一种价值权。由此决定着担保物权拥有物上代位性，而用益物权没有；同一标的物上可以并存着数个担保物权（只是需要确定担保物权的效力顺序），而不得并存着数个不相容的用益物权。

2. 权利客体的法律属性有别。（1）用益物权的客体，在现实生活中为不动产及某些不动产权利。担保物权的客体则可以是不动产，也可以是动产；可以是不动产权利，也可以是债券、股权等权利。(2) 用益物权旨在支配标的物的使用价值，不重视标的物的让与性，故标的物是否为限制流通物或禁止流通物，可以不问。例如，国有土地为禁止流通物，不妨在其上设立建设用地使用权。与此不同，担保物权旨在支配标的物的交换价值，故其标的物必须具有让与性。[②]

3. 权利实现的时间不同。权利人取得用益物权的当时即可实现其权利——占有、使用

---

① 崔建远：《土地上的权利群研究》，316～317页。

② 王利明、尹飞、程啸：《中国物权法教程》，290页。

和收益。可见，用益物权的取得与权利的实现同时发生，二者并无时间的间隔。权利人取得担保物权不能当即实现其权利，须待债权已届清偿期而未获清偿时，才可行使变价权，使其债权获得清偿。可见，担保物权的权利取得与权利实现之间存在着时间间隔。[①]

4. 权利的存续期间及确定方式有所不同。在现行法上，用益物权的存续期间及确定方式不尽一致。例如，宅基地使用权具有永久性，行政划拨的建设用地使用权没有明确的终期，土地承包经营权具有明确的存续期间。担保物权是有期物权，其存续期间的确定方式，在通常情况下由被担保债权及其救济权的存续期间决定，即被担保债权及其救济权的存续期限就是担保物权的存续期间。当事人直接约定担保物权存续期间的不多。

［反思］

法释［2000］44号第12条第1款规定，当事人约定的或登记部门要求登记的担保期间，对担保物权的存续不具有法律约束力。有学者对此表示赞同。[②] 对此，本书作者持有不同意见。因为担保人存在着风险，为了把担保风险降到最低，担保人有权采取必要的措施，包括约定担保物权的存续期间。担保人之所以愿意为主债务人的债务清偿提供担保，动机和目的固然较多，但其中包含着这样的情况：担保人经过调查研究得出结论，在某特定的时间段（如债务履行期）债务人有较强的清偿能力，自己于此期间提供担保并不会实际履行担保债务；但若逾此期间，主债务人的财产状况就会恶化，很可能无力清偿，自己恐怕要实际履行担保债务。面对此情此景，担保人和主债权人约定担保物权存续期间相同于主债权的诉讼时效期间，有何可非难之处呢？当然，约定担保物权的存续期间不得与担保物权的目的和性质相抵触。例如，主债权的清偿期为2007年1月26日至2008年2月26日，担保人和主债权人约定的担保物权存续至2007年2月26日。这意味着担保物权实现的条件尚未成就便归于消灭，违反了担保物权的目的和性质，此类约定应为无效。不过，如果当事人约定担保物权存续至2009年2月26日，就不应认定该约定无效。

［辨析］

一种观点认为，《物权法》第202条关于“抵押权人应当在主债权诉讼时效期间行使抵押权；未行使的，人民法院不予保护”的规定，说明担保物权的存续期间无须当事人约定和登记，即便当事人约定了或登记了，也是无效的。担保物权的存续期间为主债权的诉讼时效期间。主债权的诉讼时效期间因中止、中断的事由发生而变得可能不确定，担保物权的存续期间也因此不确定。法律未对诉讼时效的中止、中断的次数加以限制，因此很难说对担保物权的存续期间的上限有规定。[③]

在本书作者看来，这种理解有误。(1)《物权法》第202条系专就抵押权作的规定，并非当然地适用于其他担保物权。法律人不作阐释就直接地将其适用范围扩张至所有的担保物权，不合法解释学的规则。盲目扩张适用范围，留置权和质权领域可能会有不公平的结果。[④] (2) 更为重要的是，《物权法》第202条系为修正《担保法》第52条关于“抵押权与其担保的债权同时存在，债权消灭的，抵押权也消灭”的规定，第74条关于“质权与其担

---

① 梁慧星、陈华彬：《物权法》，4版，256页。

②③ 王利明、尹飞、程啸：《中国物权法教程》，290页。

④ 胡康生主编：《中华人民共和国物权法释义》，440～441页。

保的债权同时存在，债权消灭的，质权也消灭”的规定，第 88 条第 1 项关于债权消灭的留置权也消灭的规定，以及法释［2000］44 号第 12 条第 2 款关于“担保物权所担保的债权的诉讼时效结束后，担保权人在诉讼时效结束后的二年内行使担保物权的，人民法院应当予以支持”的规定而特意设置的。而法释［2000］44 号第 12 条第 2 款的本意是认为担保物权的存续期间为被担保主债权的诉讼时效期间再加上 2 年。[①] 这违反了担保物权与被担保债权之间主从权利关系的原理，剥夺了抵押人援用主债务人对债权人的抗辩权的权利，也忽视了担保人于诉讼时效期间届满后的第 3 年及其以后的期间仍自愿、主动地清偿债务的情况。《物权法》没有采纳法释［2000］44 号第 12 条第 2 款的思路和观点，而是采取了这样的意见：“过了主债权诉讼时效期间后，抵押权人丧失的是抵押权受人民法院保护的权利即胜诉权，而抵押权本身并没有消灭，如果抵押人自愿履行担保义务的，抵押权人仍可行使抵押权。”[②] 总的结论是，担保物权的存续期间应为被担保债权及其救济权的存续期间，被担保债权或其救济权存在，担保物权就存续；被担保债权及其救济权均已消灭，担保物权就消失。

5. 权利是否有主从性不同。在现行法上，用益物权原则上为独立的物权，只有地役权除外；担保物权均为从物权，因被担保债权的存在而存续（时间方面不一定先有债权，后产生担保物权），随着被担保债权的消灭而消失。

6. 权利消灭的原因有异。标的物灭失，用益物权因无法达到目的而归于消灭，而担保物权则不一定，只要存在着标的物的代位物，担保物权就继续存在于该代位物之上。

第四节　用益物权的效力冲突及其协调

一、土地承包经营权与有关权利之间的效力冲突及其协调[③]

（一）土地承包经营权与建设用地使用权之间的效力冲突及其协调

土地承包经营权和建设用地使用权不会并存于同一宗土地的地表，这二者相互排斥。不过，建设用地使用权以地下、地上为客体时，与土地承包经营权可发生相邻关系或地役权关系。

（二）土地承包经营权与矿业权之间的效力冲突及其协调

在现行法上，土地承包经营权与矿业权的客体存在于土地的不同部位，二权有并存的可能。在二权的客体未呈上下排列结构的情况下，二权或为物权之间的一般关系，或为相邻关系，或为地役权关系，不存在谁的效力优先的问题。在二权的客体呈上下排列结构，建设用地使用权不取代土地承包经营权的情况下，同样如此。

如果勘查、开采作业需要占用农户承包的土地，那么，只有矿业权人依法取得该宗土地的建设用地使用权，方能从事勘查、开采作业。在一般情况下，矿业权与土地承包经营权并无高下优劣之分，矿业权人并不享有必定终止土地承包经营权，代之以建设用地使用权的特

---

① 李国光、奚晓明、金剑锋、曹士兵：《最高人民法院关于适用〈中华人民共和国担保法〉若干问题的解释理解与适用》，88～89 页，长春，吉林人民出版社，2000。

② 胡康生主编：《中华人民共和国物权法释义》，441 页。

③ 参见崔建远：《土地上的权利群研究》，322～325 页。

权。于此场合，需要矿业权人和土地承包经营权人洽商，达成终止土地承包经营权的协议，并报发包方备案（《农村土地承包法》第37条第1款），由矿业权人向土地承包经营权人支付约定的赔偿金；而后，国家将该宗土地征为国有，国土资源管理部门和矿业权人签订建设用地使用权出让合同，矿业权人交付建设用地使用权出让金（矿地使用费），国土资源管理部门予以登记，发给矿业权人建设用地使用权证，矿业权人自此取得建设用地使用权。一旦土地承包经营权人不同意终止土地承包经营权，矿业权人便不能取得建设用地使用权。所以，那种绝对的"矿地使用优先权"说，即"矿业生产经营者所必需占用的土地的位置，具有先定性"[①] 的观点，值得商榷。

当然，如果矿业权的运作，取得特定的矿产品，事关国计民生、国家战略利益，勘查、开采矿产资源的作业必须占用农户承包的土地，那么，应该适用"矿地使用优先权"理论，土地承包经营权必须终止，再经过征归国有、出让、登记发证等手续，由矿业权人取得建设用地使用权。

（三）土地承包经营权与渔业权之间的效力冲突及其协调

土地承包经营权的适用范围非常广泛，包括农户使用特定水域从事养殖并获得利益的权利类型。[②]《土地管理法》关于"农用地是指直接用于农业生产的土地，包括耕地、林地、草地、农田水利用地、养殖水面等"（第4条第3款前段）的规定，关于"农民集体所有的土地由本集体经济组织的成员承包经营，从事种植业、林业、畜牧业、渔业生产……农民的土地承包经营权受法律保护"（第14条第1款前段）的规定，为其法律根据。这就出现了它与渔业权的关系问题。由于按照《渔业法》的规定，养殖必须取得养殖许可证，必须由县级以上人民政府核发（第11条），而按照《民法通则》的规定，土地承包经营权的产生无须行政许可，而是基于承包合同（第81条第3款），《农村土地承包法》继承了这一精神，因此可以说，对于农户承包集体所有的或国家所有由集体使用的水面从事养殖的权利，在无须该农户申请养殖许可的情况下，认定为土地承包经营权；在该农户取得养殖许可证的情况下，渔业权产生。如果该农户首先基于农业承包合同取得土地承包经营权，其内容系养殖水生动植物，而后又取得养殖许可证，土地承包经营权和渔业权是并存还是排斥？从《渔业法》第11条后段关于"集体所有的或者全民所有由农业集体经济组织使用的水域、滩涂，可以由个人或者集体承包，从事养殖生产"的规定看，不宜认定为养殖权排斥承包经营权，而应该解释为二权并存。如此解释的根据还在于：（1）二权的母权不同。养殖权自水资源所有权或曰水域所有权中派生，土地承包经营权的母权是土地所有权。（2）赋予二权的主体不同。养殖权由渔业行政主管部门授予，土地承包经营权来自发包方和承包方签订的承包合同（《农村土地承包法》第22条），县级以上人民政府对承包经营权进行登记、发土地承包经营权证或林权证，只起确认权利的作用（《农村土地承包法》第23条第1款）或使权利具有对抗效力（《农村土地承包法》第38条）。在某些养殖权业已存在的情况下，排斥承包经营权在同一水域产生。例如，《渔业法》规定，重要的苗种基地和养殖场所不得围垦（第34条）。

（四）土地承包经营权与取水权之间的效力冲突及其协调

取水权与土地承包经营权系分立的二权，它们发生联系，主要表现在以下三个方面：

---

① 江平主编：《中国矿业权法律制度研究》，129页，北京，中国政法大学出版社，1991。

② 崔建远：《"四荒"拍卖与土地使用权》，载《法学研究》，1995（6），29页。

1. 土地承包经营权系某些取水权取得的根据。按照河岸权原则，河岸的地权人对与河岸毗连的水流享有取水权。按照《水法》第48条的规定及其解释，河岸的土地承包经营权人为家庭生活和零星散养、圈养畜禽饮用等少量取水的，无须取水许可就可以享有取水权。土地承包经营权人属于地权人，他基于对河岸的土地承包经营权便当然地获得上述类型的取水权。于此场合，土地承包经营权就是某些取水权取得的根据。

2. 即使承包地远离河岸，土地承包经营权人为家庭生活和零星散养、圈养畜禽饮用等从地下少量取水，也无须经过水资源行政主管部门的审批，即可打井取水，当然享有取水权（《水法》第48条）。

3. 无论承包地是否为河岸地，土地承包经营权人大量的农业用水等，依据《水法》第48条的规定及其解释，都需要通过申请用水许可的方式取得取水权。当然，实务中落实得不尽理想。

（五）土地承包经营权与狩猎权之间的效力冲突及其协调

狩猎权在一般情况下不涉及土地承包经营权，如果狩猎权人需要进入土地承包经营权人所承包的区域，行使狩猎权，需要获得土地承包经营权人的同意；否则，构成侵权。当然，如果承包合同已经规定承包地属于狩猎场所，土地承包经营权人有义务容忍狩猎权人在此处狩猎，那么，只要狩猎权的行使方式合理，就不以侵权行为论，而是按相邻关系的规则处理。

二、建设用地使用权与有关权利之间的效力冲突及其协调①

（一）建设用地使用权与土地承包经营权之间的效力冲突及其协调

1. 在现行法上，建设用地使用权与土地承包经营权的目的及功能不同，决定了其客体不会重合，它们能同时存在。在其并存期间，仅仅发生相邻关系，或地役权关系，或一般的物权关系，不产生其他效力冲突。

2. 如果需要在承包地进行房地产开发建设，就必须依法先终止土地承包经营权，将该承包地征收，变成国有土地，然后再出让给用地者，产生建设用地使用权。

3. 如果需要在承包地进行采矿，就必须依法先终止土地承包经营权，将该承包地征收，变成国有土地，然后再出让给用地者，产生建设用地使用权。

4. 如果需要将承包地变成铁路或公路，也必须依法先终止土地承包经营权，将该承包地征收，变成国有土地，然后再出让给用地者，产生建设用地使用权。

（二）建设用地使用权与矿业权之间的效力冲突及其协调

1. 在矿区或工作区和建设用地使用权的客体未呈上下排列结构的情况下，矿业权和建设用地使用权之间的关系，或是物权之间的一般关系，或是相邻关系，或是地役权关系，不存在谁的效力优先的问题。在二权的客体呈上下排列结构，建设用地使用权不取代矿地使用权（建设用地使用权的一种形式）的情况下，同样如此。建设用地使用权人基于房地产开发建设的需要，可以改变基地的形状，新建或改建房屋。更有甚者，即使因施工而挖掘出矿产品，只要不是以勘探、开采矿产资源为目的，就仍系行使建设用地使用权，而非侵害矿业

① 参见崔建远：《土地上的权利群研究》，317～321页。

权。当然，这种行为的合法性有一定的边界，即不得破坏矿产资源，不得严重损害矿业权人的合法权益。另一方面，矿业权的行使也应该选择不损害或少损害建设用地使用权的方式，例如，不得因勘探、开采矿产资源而使土地地表断裂乃至塌陷，使房屋倒塌。

2. 矿业权先成立并有效期间，如果建设用地使用权在矿区或工作区上产生会损害矿业权和矿地使用权，那么，建设用地使用权不得成立。于此场合，贯彻不相容物权之间先成立者排斥后设立者的规则。

3. 建设用地使用权先成立，矿业权后产生，矿区或工作区须占用存在建设用地使用权的地表时，应该如何协调它们之间的效力冲突？在一般情况下，由当事人双方协商解决。经协商同意，终止原建设用地使用权，改设用于探矿或采矿的建设用地使用权，矿业权人赔偿原建设用地使用权人的损失。在港口、机场、国防工程设施圈定的区域，重要工业区、大型水利工程设施、城镇市政工程设施附近一定距离以内的区域，铁路、重要公路两侧一定距离以内的区域，重要河流、堤坝两侧一定距离以内的区域等（《矿产资源法》第 20 条），矿业权不得取代原建设用地使用权，除非国务院授权有关主管部门同意。除上述区域外，如果国计民生、国家战略利益决定，矿业权必须产生，矿区或工作区必须占用存在建设用地使用权的地表，那么，原建设用地使用权必须终止，用于探矿或采矿的建设用地使用权取而代之，效力优先。[①]

（三）建设用地使用权与取水权

一般来说，建设用地使用权与取水权系两立的关系，两者分别产生，既可以归同一个主体享有，也可以分属于不同的主体。在后者场合，可能发生相邻关系、地役权的问题。但细细琢磨，此二权之间的关系呈现着几种类型。

1. 建设用地使用权人当然享有取水权，无须水资源行政主管部门的审批。这发生在国有土地系河岸地（包括湖边地，下同），建设用地使用权人为家庭生活和零星散养、圈养畜禽饮用等少量取水的情况下（《水法》第 48 条）。

2. 国有土地远离河岸，建设用地使用权人为家庭生活和零星散养、圈养畜禽饮用等从地下少量取水，有时无须经过水资源行政主管部门的审批，即可打井取水，当然享有取水权（《水法》第 48 条）；但有的也必须经过有关行政主管部门的审批，才可以打井。

3. 无论国有土地是否为河岸地，建设用地使用权人的工业用水、农业用水等，都需要通过申请取水许可的方式取得取水权。

三、宅基地使用权与有关权利之间的效力冲突及其协调[②]

（一）宅基地使用权与建设用地使用权之间的效力冲突及其协调

在现行法上，宅基地使用权以集体所有的土地为客体，建设用地使用权基本上以国有土地为标的物，所以，二权难以发生冲突。不过，由于《物权法》第 136 条规定了以地下、地上为客体的建设用地使用权，可能发生地表上存在着宅基地使用权、地下或地上存在着建设用地使用权的情况。于此场合，二权适用相邻关系或地役权的规则，不存在谁优先于谁的问题。

---

① 崔建远、晓坤：《矿业权基本问题探讨》，载《法学研究》，1998（7），87 页。

② 参见崔建远：《土地上的权利群研究》，320～321 页。

（二）宅基地使用权与土地承包经营权之间的效力冲突及其协调

二权均以地表为客体，不会重叠于同一宗土地上，故不会发生谁优先于谁的问题，而是一般物权之间的关系，或是相邻关系或是地役权关系。

（三）宅基地使用权与取水权之间的效力冲突及其协调

取水权与宅基地使用权系一对相容物权，无相互排斥的属性，因而它们可以归同一主体享有。并且，由于这二权均为人们日常生活的重要法律手段，在宅基地使用权人的用水非基于水合同债权的情况下，同一主体必然拥有这二权。在上述情况下，二权不发生冲突。但在二权分属于不同的主体享有的前提下，取水权人引水、排水需要通过宅基地时，按相邻关系规则处理，有时由双方签订地役权合同加以解决。由宅基地使用权的特殊性所决定，相邻关系规则大多不允许引水、排水的渠道通过宅基地。

（四）宅基地使用权与矿业权之间的效力冲突及其协调

矿业权与宅基地使用权之间的关系，由矿业权的特殊性质和法律对其主体的特殊要求所决定，此二权基本上不会归同一个主体享有；同时，因为它们在目的、客体方面不同，所以，只要矿业权人勘查、开采作业不影响宅基地使用权人的正常生活，不损害住宅或不妨碍建造住宅，矿业权与宅基地使用权就可以呈上下排列结构并存。在这种情况下，宅基地使用权人为建造住宅，可以改变宅基地的形状，即使因施工打井而挖掘出矿产品，也不以侵害矿业权论。如果行使矿业权非占用宅基地或损害住宅不可的话，须经有关部门批准，方可以终止宅基地使用权，由国土资源行政主管部门将土地使用权出让给矿业权人。在宅基地属于集体所有的情况下，终止宅基地使用权后，先将宅基地征为国有，然后把建设用地使用权出让给矿业权人。①

四、海域使用权与相关物权之间的效力冲突及其协调②

海域使用权、渔业权、某些土地承包经营权都以特定海域为客体，且都以占有、使用、收益为内容，因而，它们若并存于同一海域，难免要发生效力冲突。有冲突就须协调，本书作者就此提出以下建议：

（一）海域使用权与渔业权之间的效力协调

依据《海域使用管理法》第22条的规定，海域使用权有时先于渔民的养殖权产生，虽然该条的文义本身不含有哪个权利优先的意思，但因二权均具有排他性，依据物权的排他效力的原理，先产生的物权优先，严格地说是后设立者不得存在。如果养殖权先设立，得出养殖权优先的结论，值得肯定。如果海域使用权先设立，便得出海域使用权优先于养殖权的结论，严格地说，于此场合养殖权不得产生。养殖权不得产生的结论，一是不符合《海域使用管理法》第22条规定的文义和精神，二是违反《渔业法》关于养殖特许的制度要求，三是未与国际惯例接轨。解决这个问题，在解释论的架构下，有如下方案可供选择：第一，就使用特定海域从事养殖而言，《渔业法》为特别法，《海域使用管理法》系普通法，依据特别法优先于普通法的规则，优先适用《渔业法》，确保渔民的养殖权。如此，不论是坚持养殖权

① 崔建远、晓坤：《矿业权基本问题探讨》，载《法学研究》，1998（7），88页。

② 参见崔建远：《土地上的权利群研究》，322～344页。

的排他性，不许海域使用权产生，还是暂时忽略排他性，赋予养殖权优先效力，都能达到目的。第二，按照民法解释学的规则，当适用某一具体规范解决个案会出现不适当的结果时，法官应当放弃该规范的适用，而改为以民法的基本原则判案。[①] 对于《海域使用管理法》第22条的规定也可如此适用，为了优惠地保护渔民的合法权益，有利于发展渔业，当适用该条的规定处理个案会剥夺养殖权的优先效力时，就不再适用它，而基于公平正义的理念而确认养殖权优先。第三，套用专用渔业权——入渔权的法律架构，赋予海域使用权以专用渔业权的地位和功能，使捕捞许可证产生入渔权的效力。渔民要想取得捕捞许可证（相当于获得入渔权），得向拥有海域使用权（相当于专用渔业权）的农村集体经济组织或村民委员会（相当于渔业合作社或渔会）提出申请，经批准方能如愿以偿。

第二个方案的实施，既需要主审法官拥有民法解释学的修养，熟知解释和适用法律的规则，更要求法官具有大无畏的精神，勇于承担责任，不怕受到批评、取消奖金和其他压力。在目前，我们不敢保证每个主审法官都能做到这一点。

第三个方案的实施面临着更大的困难，一是它缺乏立法目的和立法计划的支撑，无论是《海域使用管理法》还是《渔业法》，均无此类目的与计划；二是入渔权乃至整个渔业权制度尚付阙如，海域使用权制度与专用渔业权制度也相去甚远，一句话，连专用渔业权——入渔权的法律架构的雏形都不具备；三是捕捞许可证的审批机关，在现行法上根本不是农村集体经济组织或村民委员会，而是渔业资源行政主管部门。

相对而言，第一个方案容易实施，且还有以下理由的支持：渔业权的主体有资格上的限制，换言之，渔业权的主体必须具有渔民的身份。在将渔业权赋予特定的主体时，应当尊重历史习惯和满足就业需要，养殖权的授予应当考虑就近和方便的原则，捕捞权的授予应当考虑渔民世代以捕鱼为生的实际，将渔业权授予渔民。而依据《海域使用管理法》的规定及其解释，海域使用权的主体身份不限于渔民（第3条、第16条等），海域使用权的取得方式相对较多，除申请—审批—登记—发证的方式以外，还有招标的方式和拍卖的方式（第19条、第20条）。招标方式增加了海域管理部门的自由裁量的机会，存在着不让历史上在特定海域从事渔业活动的渔民中标的可能。拍卖方式是价高者得，因渔民的经济实力一般来说较弱，更有可能失去祖祖辈辈利用的海域，丧失生活来源。如此说来，若赋予海域使用权优先于渔业权的效力，会使渔民失业，酿成严重的社会问题。[②]

倘若渔民非取得海域使用权和渔业权不可，那么，为了不加重渔民的负担，应当只收取一种权利代价（权利使用金）。渔民取得了养殖证或捕捞许可证，缴纳了渔业资源增值保护费，就不要再强制其取得海域使用权，支付海域使用金；渔民取得了海域使用权，支付了海域使用金，就不要再强制其领取养殖证和捕捞许可证。

在渔民首先取得海域使用权的情况下，因为海域使用权本身不包含渔民利用海域进行经营的目的及功能，究竟是利用特定海域从事养殖，还是进行捕捞活动，抑或是其他，海域使

---

① 史尚宽：《债法总论》，319页，台北，荣泰印书馆股份有限公司，1978；谢怀栻：《〈中华人民共和国合同法立法方案〉之说明》，载梁慧星：《民法解释学》，311～312，北京，中国政法大学出版社，1995。

② 因实际上实行海域使用权优先的做法，所以产生了不容忽视的社会问题。参见《中国海洋报》，2002-02-26，2002-04-09，2002-05-10；《内参选编》，2002（41）；中央电视台《焦点访谈》，2003-04-16；《加快渔业现代化建设为全面建设小康社会作出新的贡献——农业部渔业局局长杨坚在全国农业工作会议渔业专业会上的讲话》，载《中国渔业年鉴》（2003年），281页，北京，中国农业出版社，2003；等等。

用权自身无法反映出来，相应的主管部门也无进行此类管理的职能，所以，客观上需要渔民再申领养殖证，取得养殖权；或申领捕捞许可证，取得捕捞权。道理很简单，只有养殖证、捕捞许可证才会清楚地标明渔民所享有的权利性质，所从事的经营项目及活动范围。

（二）海域使用权与土地承包经营权之间的效力协调

分析《海域使用管理法》第 22 条后段关于“将海域使用权确定给该农村集体经济组织或者村民委员会，由本集体经济组织的成员承包”的规定，似乎在说海域使用权系土地承包经营权的标的物，前者受后者的支配。但依据《农村土地承包法》的规定，土地承包经营权的标的物是土地（准确地说是地表）而非权利（第 3 条、第 5 条、第 12 条等），从土地承包经营权的运作机理来讲，也应如此。所以，这种情况下的土地承包经营权仍然是以特定的海域而非海域使用权作为客体，在暂时不考虑排他性的前提下，海域使用权与土地承包经营权并存于同一海域。

在这里，至少有两个问题需要探讨。其一，这二权是否归属于同一主体？其二，二权在法律效力上的关系如何？

先讨论“其一”。从《海域使用管理法》第 22 条后段关于“将海域使用权确定给该农村集体经济组织或者村民委员会”规定的文义看，海域使用权由农村集体经济组织或村民委员会取得，至少是首先由它们享有。由于该农村集体经济组织的成员（以下简称为渔民）承包的是海域而非海域使用权，所以，《海域使用管理法》第 22 条后段关于“由本集体经济组织的成员承包”的规定，仅仅表明渔民取得土地承包经营权，并无也要取得海域使用权之意。就是说，海域使用权归农村集体经济组织或村民委员会享有，土地承包经营权由渔民取得。

不过，将《海域使用管理法》第 22 条后段的规定，解释为渔民既要取得土地承包经营权，亦须取得海域使用权，也说得通。究竟如何？站在立法论的立场，本书作者赞同通过取消海域使用权的方案来消除这个疑问，在解释论的层面，本书作者倾向于二权异其主体的解释。

现在探讨“其二”。如果采取渔民一并享有海域使用权与土地承包经营权的解释，并且暂时忽略物权的排他性，那么，因二权的主体同一，故谁的效力强弱主要是个理论问题，在实务上显得无关紧要。由于本书作者采取二权异其主体的解释，哪个权利的效力强，便成为一个重要的问题。从周到保护渔民的合法权益出发，土地承包经营权的效力必须强于海域使用权，以免有关行政部门动辄剥夺渔民在特定海域养殖或捕捞的权益。

（三）海域使用权与建设用地使用权之间的效力协调

一般来说，海域使用权与建设用地使用权冲突的机会不多，不过，依据《海域使用管理法》的规定，海域使用权若以建设工程用海为目的，在填海项目竣工并形成了土地的情况下，海域使用权人应当自竣工之日起 3 个月内，凭海域使用权证书，向县级以上人民政府土地行政主管部门提出土地登记申请，由县级以上人民政府登记造册，换发建设用地使用权证书，确认土地使用权（第 32 条）。该条规定至少含有这样的意思：其一，海域使用权以特定海域为客体，而建设用地使用权则以特定的地表为客体，填海项目竣工形成了土地，海域使用权因其客体不复存在而归于消灭，建设用地使用权因拥有客体且经过法定程序而产生。其二，物权的目的居于非常关键的地位，填海形成土地后，目的是要进行房地产开发建设，这正是建设用地使用权的目的所在，海域使用权无此目的，自然无所事事，只好消失。

（四）海域使用权与矿业权之间的效力协调

依据《海域使用管理法》的规定，在海域从事矿业需要取得海域使用权（第 25 条第 4 项），按照《矿产资源法》的规定，还需要取得矿业权（第 16 条第 1 款第 4 项）。如此，矿业权人必须分别取得海域使用权和矿业权，才符合法律的规定。虽然这违反物权的排他性原理，但在法律修订或废除之前，还得为了适用而予以解释，只好暂时忽略排他性，承认二权归属于同一主体。在内部，因二权由同一人享有，其效力的强弱便无关紧要，但如果都要由矿业权人支付代价的话，则加重其负担，本书作者赞同只收取一种权利金的方案；在外部，为了对抗行政主管部门的不当干预，又考虑到权利人的目的所在，应当赋予矿业权优先的效力。

五、地役权与用益权之间的效力冲突及其协调[①]

（一）地役权之间的效力冲突及其协调

地役权对供役地不具有排他的独占性，地役权Ⅰ设立后，供役地所有权人或使用权人只在地役权Ⅰ行使的必要范围内，负有容忍或消极不作为的义务，在不妨碍地役权Ⅰ行使的范围内，供役地所有权人的用益权能仍然继续存在。如此，供役地设立诸如通行地役权等积极地役权后，可以在不妨碍它的范围内，再设立相同的或其他积极地役权Ⅱ，例如采光地役权，或其他用益物权。[②]

（二）地役权与其他用益权之间的效力冲突及其协调

在地役权和其他物权共同存在的情况下，各权利的享有或行使，应当依优先原则予以确定。[③]

1. 地役权的行使与供役地所有权人的利用相冲突时，换言之，地役权与供役地所有权在行使过程中发生冲突时，原则上应当依双方当事人原来约定的内容所确认的规则加以协调，如果无此约定，则应当依定限物权优先于所有权的原则，确认地役权人有优先使用权。这就是所谓地役权人利用优先原则。

2. 地役权行使与供役地先成立的用益权并存时，如果用益权属于物权，则应当依物权发生先后的次序，确定其优先使用顺序。如果用益权属于债权时，除该权为租赁权外，依物权优先于债权的原则，地役权人的使用顺序较债权为优先。不过，地役权系经供役地上先存在用益物权人之同意而设立者，后成立的地役权则优先于先成立的用益物权，原因在于用益物权因该物权人同意设立地役权而受限制。[④]

3. 地役权与其后的地役权或其他物权并存时，应当适用物权优先效力的原则，成立在先的地役权应当优先于成立在后的地役权或物权。在后的物权人行使权利不得妨碍在先地役权人的使用。存在疑问的是，如果成立在后的物权系经地役权人的同意而设立者，按同意者须自我设限的原则，后成立的物权应当具有优先效力。[⑤]

---

① 崔建远：《土地上的权利群研究》，331～332 页。

② 谢在全：《民法物权论》（中册），修订 2 版，205 页。

③ 同上书，205 页。

④ 同上书，223 页。

⑤ 同上书，223～224 页。

（三）地役权与矿业权

矿业权人未选择给矿区或工作区周围的土地的权利人造成损失最小的路线和方式通行、架设管线、施工等，矿业权人又未同矿区或工作区周围的土地的权利人签订地役权合同，那么，这些行为并非是在行使相邻权，而是侵权，矿业权人应承担损害赔偿责任；只有矿业权人同矿区或工作区周围的土地的权利人签订了地役权合同，取得了地役权，方有权按高于相邻关系规则所允许的标准通行、架设管线等。在矿区或工作区和供役地不毗邻的情况下，矿业权人只有同供役地的权利人签订合同，取得地役权，方有权通行、架设管线等。当然，也有学说认为，在这种情况下可以产生相邻权。[①]

（四）地役权与取水权

在取水权人所有或使用的用水地与供水地相邻场合，取水权人未选择给邻地的权利人造成损失最小的路线和方式埋设输水管或修筑输水渠，那么，取水权人就不享有相邻权，在取水权人未同邻地的权利人签订地役权合同的情况下，便构成侵权；只有取水权人同邻地的权利人签订了地役权合同，取得了地役权，方有权埋设输水管或修筑输水渠。在用水地和供水地不相邻的情况下，取水权人只有同供水地的权利人签订合同，取得地役权，方有权埋设输水管或修筑输水渠。[②] 同样，按照有的学说，在这种情况下可以产生相邻权。[③]

（五）地役权与狩猎权

狩猎权只在极个别情况下才需要地役权。狩猎权人未选择给猎场周围的土地的权利人造成损失最小的路线和方式狩猎，狩猎权人和这些土地的权利人又未签订地役权合同，那么，该行为并非狩猎权的行使，而是侵权。只有狩猎权人和这些土地的权利人签订了地役权合同，取得地役权，其行为才合法。

---

① ［德］曼弗雷德·沃尔夫：《物权法》，吴越、李大雪译，171页。

② 崔建远：《取水权与民法理论及物权法典的制定》，载《法学研究》，2002（5），55页。

③ ［德］曼弗雷德·沃尔夫：《物权法》，吴越、李大雪译，171页。

第十一章　土地承包经营权

第一节　土地承包经营权概述

一、土地承包经营权的界定

土地承包经营权，是指农户等承包人对其承包经营的耕地、林地、草地等农村土地依法享有占有、使用和收益的权利，从事种植业、林业、牧业等农业生产活动，保有收获物的所有权的用益物权（《物权法》第 125 条）。其中，占主导地位的是，以家庭承包经营为基础产生的土地承包经营权，下文径称为土地承包经营权。不宜采取家庭承包方式的荒山、荒沟、荒丘、荒滩等农村土地（以下简称为“四荒”），大多采取招标、拍卖、公开协商的方式成立土地承包经营权，下文简称为“四荒”土地承包经营权（《农村土地承包法》第 3 条第 2 款）。

［拓展］

林权，有广义的和狭义的区分。狭义的林权，应为土地承包经营权在林地承包方面的表现，为林地承包经营权，属于土地承包经营权的一种类型（《物权法》第 125 条以下，《农村土地承包法》第 20 条，《中共中央国务院关于全面推进集体林权制度改革的意见》第 3 条第 8 项）。广义的林权，则包括林地的所有权和林地的使用权（《林木和林地权属登记管理办法》第 3 条）。此处所谓林地的使用权，当指林地的承包经营权。

本书作者认为，从界定清晰、使用便利、易于区分可否流转等层面讲，狭义的林权（即林地承包经营权）的概念，更为可取。

所谓农村土地，指农民集体所有和国家所有依法由农民集体使用的耕地、林地、草地，以及其他依法用于农业的土地（《农村土地承包法》第 2 条）。所谓“四荒”土地，属于“未利用地”，承包、租赁或拍卖使用权的“四荒”地必须是农村集体经济组织所有的、未利用的土地。自留山、责任山是林地的组成部分，不在“四荒”之列。耕地、林地、草原以及国有未利用土地不得作为农村“四荒”［国务院办公厅《关于进一步做好治理开发农村“四荒”资源工作的通知》（国办发［1999］102 号）第 1 条第 1 项、第 4 项］。

二、土地承包经营权的性质

1. 权利主体因土地承包经营权的类型不同而异其规格

从主体上看，以家庭承包方式设立的土地承包经营权，其主体具有身份性，必须是本集体经济组织成员所组成的农户，至少在土地承包经营权设立之时是这样的（《农村土地承包法》第 3 条、第 5 条、第 15 条、第 26 条第 3 款、第 30 条）；“四荒”土地承包经营权的主体则无身份限制，不但“四荒”土地所在的集体经济组织的成员可做承包人，其他集体经济组织的成员也可以，即使是城镇的企事业单位、社会团体及其他组织或个人，只要有治理开发能力的，也可以成为承包人（《农村土地承包法》第44条以下，国务院办公厅《关于治理开发农村“四荒”资源进一步加强水土保持工作的通知》第3条第2项）。

2. 权利客体为土地的地表

从客体方面看，承包地绝大多数为集体所有的土地，少数情况下是国家所有由农民集体使用的土地（《物权法》第124条第2款，《农村土地承包法》第2条）。耕地、“四荒”土地、草原、水面均可成为土地承包经营权的客体。由土地承包经营权的目的及功能决定，建筑物、构筑物及其附属设施不会成为土地承包经营权的客体，城市国有土地基本上用作建设用地，只有极个别的宗地用于农业方面，并呈逐渐萎缩的趋势。

土地承包经营权因其目的及功能的缘故，其客体限于承包地的地表，不包含地上、地下，即土地承包经营权不是空间权。这是它与建设用地使用权的不同之处。

3. 权利的目的及功能是在承包地上从事农林牧渔生产经营活动，并保有收获物的所有权

从权利的目的及功能方面看，土地承包经营权的目的是，承包人对承包经营的耕地、林地、草地等享有占有、使用和收益的权利，从事种植业、林业、牧业等农业生产活动，保有收获物的所有权。这不同于建设用地使用权的目的及功能，是在他人土地上建造建筑物、构筑物及其附属设施并保有所有权。

利用承包地从事养殖的权利也属于土地承包经营权，其目的及功能是承包人利用承包水域从事养殖经营活动，保有水生动植物所有权。

[引申]

由土地承包经营权的目的及功能所决定，承包人无权在承包地上兴建住宅、厂房、加油站、商品房等建筑物、构筑物及其附属设施，不得将承包地出租或转让给他人用于举办中外合资经营企业、中外合作经营企业、股份公司、有限责任公司等项目，也不得利用承包地作为豪华的墓地。按照现行法的规定，在承包地上建造上述建筑物、构筑物及其附属设施，举办中外合资经营企业等项目的，均属非法，承包人违约，建造者、举办者不会取得建筑物、构筑物及其附属设施的所有权，发包人均有权责令其拆除。

可事实上，有些地区的相当数量的承包人的确将承包地用作了上述用途。对此，我们应当依法处理，坚持上述原则及规则。但同时应当看到，有些地区的处理方法富有弹性，其法律后果亦应相应变化。(1) 如果将已经建造住宅的承包地经依法批准变性为宅基地的，此类住宅就不再属于违法建筑，不应再作拆除的处理，而应由农户取得住宅的所有权。(2) 如果把用于兴建乡镇企业的承包地经依法批准变性为集体所有的建设用地，此类项目即为合法，厂房等建筑物、构筑物及其附属设施不应作拆除的处理，而应由乡镇企业取得所有权。(3) 如果用于举办中外合资经营企业等项目的承包地经依法征收为国有，再由国土资源管理部门出让建设用地使用权给投资者或中外合资企业等主体，那么，此类项目即为合法，由投资者或中外合资企业等主体取得建筑物、构筑物及其附属设施的所有权。(4) 如果用作商品房建设的承包地被征收为国有，再由国土资源管理部门出让建设用地使用权给商品房的开发商，则此类商品房即为合法建筑，开发商取得所有权；或者，按照社会主义新农村建设规

划，此类承包地经依法批准变性为集体所有的建设用地，建造者或买受人取得此类商品房的“小产权”，此类商品房亦为合法建筑，法律应予保护。

4. 土地承包经营权派生于土地所有权

从权利所生之源角度看，土地承包经营权是承包人分享了集体土地所有权或国家土地所有权中的占有、使用、收益诸项权能而形成的他物权。其母权是集体土地所有权，少数情况下是国家土地所有权。

5. 土地承包经营权为用益物权

从权利的归属体系角度看，土地承包经营权以占有、使用、收益为内容，承包人对其承包地拥有支配力、排他力，属于物权，且为用益物权。

［论争］

鉴于经常闻知这样的诘问：土地承包经营权的设立不以登记为生效要件，承包合同生效，土地承包经营权就产生，它还是物权吗？它与债权还有区别吗？在这里有必要予以回答。本书作者认为，土地承包经营权的设定不以登记为生效要件，的确是模糊了物权与债权之间的界限，程度不同地影响着交易的顺畅进行，但是，未经登记的土地承包经营权虽然不得对抗善意第三人，但仍然不同于债权，兹举例说明如下：（1）如果因其尚未登记而把它当成债权，在发包人因合并等原因而不复存在的情况下，就会出现承包人难以保有土地承包经营权的后果。因为发包人不复存在就是债务人消灭，债权要随之消灭。可是，土地承包经营权若为他物权，一经设立就具有独立性，只要其母权——集体土地所有权——没有绝对消灭，只要土地承包经营权的存续期间没有届满，即使发包人不复存在，它也照样存在。（2）土地承包经营权若作为债权，在第三人不法侵害承包地及其经营权的情况下，由于我国现行法尚未普遍承认债权为侵权行为的标的，承包人无权请求该第三人承担侵权责任。反之，土地承包经营权即使尚未登记也是物权，在第三人侵害它时，承包人就有权请求该第三人承担侵权责任。（3）土地承包经营权若因其尚未登记而作为债权，在债务人宣告破产的情况下，承包人就此利益只能与其他债权人平等地按比例地受偿，而作为物权，则享有优先的权利。由此看来，还是赞同《物权法》和《农村土地承包法》将土地承包经营权归入物权的态度更好。

6. 土地承包经营权为有期物权

从权利的存续期间看，土地承包经营权是有期物权，耕地的承包期为30年。草地的承包期为30年至50年。林地的承包期为30年至70年，经国务院林业行政主管部门批准可以延长［《物权法》第126条第1款，《农村土地承包法》第20条，《中共中央国务院关于全面推进集体林权制度改革的意见》（2008年6月8日）第3条第8项］。承包期届满，由土地承包经营权人按照国家有关规定继续承包（《物权法》第126条第2款）。“四荒”土地承包经营权的存续期间，在实务上大多由承包合同约定，起初有的约定为100年。国务院办公厅于1996年6月1日发出《关于治理开发农村“四荒”资源进一步加强水土保持工作的通知》（国办发［1996］23号），对承包期间予以限制，明确规定“承包、租赁、拍卖‘四荒’使用权，最长不超过50年”（第3条第6项）。国务院办公厅于1999年12月21日发布的《关于进一步做好治理开发农村“四荒”资源工作的通知》（国办发［1999］102号）再次重申（第2条第3项）。

从形式上看，土地承包经营权都有明确的存续期限，但由政策决定，期满时要么续期，要么重新发包给农业承包经营农户承包地。就农业承包经营户和承包地之间必须对应配置而言，土地承包经营权发挥着与无期物权相当的作用。

7. 土地承包经营权以有偿性为原则

土地承包经营权基本上为有对价的物权，但不排除依法经本集体经济组织成员的村民会议 2/3 以上成员或 2/3 以上村民代表的决议免交承包金。

按照法释［1999］15 号第 37 条规定，承包金是指承包方依据承包合同的约定向发包方交纳的款项、实物或应当履行的劳务。

三、土地承包经营权的精神实质

通过家庭承包方式设立的土地承包经营权，是实行家庭联产承包责任制的产物，是集体经济组织成员作为集体土地所有人中的一分子所应获得的一项财产，是他们就业所必需的，是他们获得生活来源的法律保障。正因如此，土地承包经营权是基于土地按人或按劳动力均有（口粮田使用权是按人均有，责任田承包经营权是按劳动力或按人均有）的原则而产生的。每家农村承包经营户均享有与其人口或劳动力相应的土地承包经营权。这种社区成员与社区土地对应配置的模式与当时农户的生产能力相吻合。在当时的条件下，农户取得土地承包经营权至关重要，取得该权后也充分发挥出了应有的效能。新一轮土地承包制度下的土地承包经营权，虽然其存续期间延长了 30 年，《农村土地承包法》和《物权法》更是区分承包地的类型而分别规定了较长时期的土地承包经营权，如草地的承包期为 30 年至 50 年，林地的承包期为 30 年至 70 年，因“增人不增地，减人不减地”而修正了土地均有原则（有些地区尚未修正后者），可以经发包人同意而被转包、转让、互换、入股等，同第一轮土地承包制度下的土地承包经营权相比有所发展变化，但仍无根本性的改变，并未突破社区成员与社区土地之间对应配置的现状（当然，在现有背景下也不应突破）。①

[拓展]

通过家庭承包方式设立土地承包经营权场合，承包地的面积按人均有或按劳动力均有。这里的人，仍然在本集体经济组织从事农林牧渔生产经营活动的成员固然在内，就是农户的某些成员到外地打工也依然如此，连升学读书的学生，只要尚未毕业找到工作，其承包地的份额也不被收回。有些地区，甚至给已经就业的毕业生继续保留着承包地的份额。

与此不同，“四荒”拍卖、招标是一种开放的市场行为，“四荒”土地承包经营权原则上是基于价高者得或条件理想者得的游戏规则而归招标人或买受人享有。它不是土地按人或劳动力均有原则的产物，不存在社区成员与社区土地之间对应配置的分配问题。正因为投标人、竞买人通过公开、平等的竞买，支付出最高价或报出令招标人满意的条件而取得“四荒”土地承包经营权，其客体少则十几亩，多则几十亩，乃至几万亩，容易产生规模效益，因此可以说，“四荒”土地承包经营权是由市场按效益最大化原则配置的。同时，“四荒”土地承包经营权在不改变土地用途的前提下转让、出租、抵押、入股、互换等，真正进入了土地市场，容易导致“四荒”土地向经营能手集中，发挥出最佳效益。② 国务院办公厅《关于

① 崔建远：《“四荒”拍卖与土地使用权》，载《法学研究》，1995（6），29 页。

② 崔建远：《“四荒”拍卖与土地使用权》，载《法学研究》，1995（6），30 页。

治理开发农村“四荒”资源进一步加强水土保持工作的通知》（国办发［1996］23 号）指出：“实践证明，治理开发‘四荒’资源，对于进一步解放农村的生产力，控制水土流失、提高土壤肥力和土地的产出率，对于保护、改善和优化生态环境，加快农民脱贫致富、壮大农村集体经济等，都有着重要的意义。”它代表了农业用地权利的发展方向。

［引申］

随着社会的发展，改革的深化，我们若做到了变按福利分配原则配置土地承包经营权为由市场按效益最大化原则配置农业用地权利，变唯有社区成员方能充任耕地的承包经营权人为社区内外的成员均可成为农业用地的权利人，变唯有发包人同意方能转让土地承包经营权为只要转让方和受让方协商一致并不改变土地用途即可转让农业用地权利，变偏低的承包金为数额合理的地租，变社区成员通过分得承包地而获取福利和体现所有人一分子的身份为社区成员从农村集体经济组织分得一定地租来获取福利和体现所有人一分子的身份，变承包地经营系社区成员唯一的或主要的就业途径为普通或次要的途径，现今以家庭承包方式设立土地承包经营权的模式就得变革，向类似“四荒”土地承包经营权的模式发展。当然，权利的名称不宜叫“四荒”土地承包经营权，或承包经营权，可以称为农育权。①

鉴于《物权法》和《农村土地承包法》设计的土地承包经营权被抵押、自由转让所带来的风险过大，但同时权利人又有以土地承包经营权设立担保达到融资目的之现实且巨大的需求，其实也有金融机构扩张其金融业务的经济人渴望，习近平总书记于 2013 年 7 月明确提出，深化农村改革，完善农村基本经营制度，要好好研究农村土地所有权、承包权、经营权三者之间的关系。2016 年 4 月 25 日，习近平总书记在小岗村农村改革座谈会上强调，新形势下深化农村改革，主线仍是处理好农民和土地的关系。这为中国农村土地产权制度改革指明了方向。中国共产党第十八届五中全会明确提出，完善土地所有权承包权经营权分置办法，依法推进土地经营权有序流转。在这种大背景下，中共中央办公厅、国务院办公厅于 2016 年 10 月印发了《关于完善农村土地所有权承包权经营权分置办法的意见》。②

四、农村土地承包的原则

国家依法保护农村土地承包关系的长期稳定。农村土地承包后，土地的所有权性质不变。承包地不得买卖（《农村土地承包法》第 4 条）。

［辨析］

这里所谓保护农村土地承包关系长期稳定，应当是由农户长期在集体所有或国家所有但由集体使用的土地上从事农林牧渔的经营活动，不得剥夺农民的这种权利，不得退回农业高级社、人民公社的体制，而非一直故步自封在承包人限于本集体经济组织的成员、土地承包经营权是农民唯一的就业手段、福利保障、承包地按人均有的状态。正确的方针政策是，努力向兼顾公平与效率的农用土地权利的方向前进。

农村土地承包应当坚持公开、公平、公正的原则，正确处理国家、集体、个人三者的利

① 崔建远：《“四荒”拍卖与土地使用权》，载《法学研究》，1995（6），30～34 页。

② 韩长赋、张红宇：《农村土地〈“三权分置”意见〉政策解读》，http://www.scio.gov.cn/34473/34515/Document/1515220/1515220.htm。2016 年 11 月 23 日最后访问。关于“三权分置”的民法分析，见崔建远：《民法分则物权编立法研究》，载《中国法学》，2017（2）。

益关系（《农村土地承包法》第7条）。

土地承包应当遵循以下原则：(1) 按照规定统一组织承包时，本集体经济组织成员依法平等地行使承包土地的权利，也可以自愿放弃承包土地的权利；(2) 民主协商，公平合理；(3) 承包方案应当依法经本集体经济组织成员的村民会议2/3以上成员或2/3以上村民代表的同意；(4) 承包程序合法（《农村土地承包法》第18条）。

农村土地承包，妇女与男子享有平等的权利。承包中应当保护妇女的合法权益，任何组织和个人不得剥夺、侵害妇女应当享有的土地承包经营权（《农村土地承包法》第6条）。

国家保护集体土地所有者的合法权益，保护承包方的土地承包经营权，任何组织和个人不得侵犯（《农村土地承包法》第9条）。

第二节　土地承包经营权的取得

一、概述

土地承包经营权的取得，分为原始取得和继受取得。所谓土地承包经营权的原始取得，是指非基于他人既有的权利而独立取得土地承包经营权的现象。在严格坚持善意取得必须以公示的公信力为前提的理论下，由于现行法不要求土地承包经营权的设立以登记为生效要件，土地承包经营权转让时的登记只是对抗要件，通说认为，土地承包经营权不会发生善意取得的结果。现行法尚无依据法律的直接规定而取得土地承包经营权的规定。

所谓土地承包经营权的继受取得，又称土地承包经营权的传来取得，是指基于权利人既有的权利，而取得土地承包经营权的现象。继受取得土地承包经营权又分移转继受取得土地承包经营权和创设继受取得土地承包经营权。

所谓创设继受取得土地承包经营权，是将集体土地所有权的部分权能分离和独立出来，形成土地承包经营权这种新权利的现象。在《物权法》和《农村土地承包法》上，土地承包经营权的创设继受取得包括两种情形，一是采取家庭承包方式，集体经济组织与其成员之间签订农业承包合同设立土地承包经营权，二是通过招标、拍卖、公开协商等方式，集体经济组织与承包人协商一致创设“四荒”土地承包经营权。

所谓移转继受取得土地承包经营权，是就承包人既有的土地承包经营权，不变更其性质而继受取得该权的现象。例如，基于转让、互易而继受取得土地承包经营权，基于将土地承包经营权出资而由公司继受取得等，均属此类。通过转让取得土地承包经营权，最为常见，将在本章第三节“土地承包经营权的效力”中讨论。

[拓展]

分析《继承法》第4条关于“个人承包应得的个人收益，依照本法规定继承。个人承包，依照法律允许由继承人继续承包的，按照承包合同办理”的规定，及《农村土地承包法》第31条关于“承包人应得的承包收益，依照继承法的规定继承。林地承包的承包人死亡，其继承人可以在承包期内继续承包”的规定，土地承包经营权不是继承的标的物。尽管如此，继承人可有在承包期内继续承包的权利（《农村土地承包法》第31条第2款）。

二、通过家庭承包方式设立土地承包经营权

1. 界定

通过家庭承包方式设立土地承包经营权，是指集体经济组织的成员以农户的名义，与集体经济组织签订承包合同，创设土地承包经营权。

2. 程序

《农村土地承包法》第 19 条规定，土地承包应当按照以下程序进行：(1) 本集体经济组织成员的村民会议选举产生承包工作小组；(2) 承包工作小组依照法律、法规的规定拟订并公布承包方案；(3) 依法召开本集体经济组织成员的村民会议，讨论通过承包方案；(4) 公开组织实施承包方案；(5) 签订承包合同。

3. 承包合同

承包合同，有人叫作农业承包合同，《物权法》称之为土地承包经营权合同（第 127 条第 1 款），其主体包括发包人和承包人。

发包人，《农村土地承包法》称作发包方。在农村土地依法属于村农民集体所有的情况下，发包人是集体经济组织或村民委员会；已经分别属于村内两个以上农村集体经济组织的农民集体所有的，发包人是村内各该农村集体经济组织或村民小组（《农村土地承包法》第 12 条第 1 款）。在国家所有依法由农民集体使用的农村土地发包的情况下，发包人可以是该土地的农村集体经济组织，也可以是村民委员会，还可以是村民小组（《农村土地承包法》第 12 条第 2 款）。

承包人，《农村土地承包法》称作承包方，将其范围限定为农村集体经济组织的成员，以农户的名义出现（第 5 条、第 15 条）。妇女和男子均为平等的一分子，在农村土地承包方面享有同等的权利（《农村土地承包法》第 6 条）。

承包人享有依法承包本集体经济组织发包的农村土地，任何组织和个人不得剥夺和非法限制农村集体经济组织成员承包土地的权利（《农村土地承包法》第 5 条），表明发包人负有强制缔约的义务。

承包合同应当采用书面形式，一般包括以下条款：(1) 发包方、承包方的名称，发包方负责人和承包方代表的姓名、住所；(2) 承包土地的名称、坐落、面积、质量等级；(3) 承包期限和起止日期；(4) 承包土地的用途；(5) 发包方和承包方的权利和义务；(6) 违约责任（《农村土地承包法》第 21 条）。

承包合同自成立之日起生效（《农村土地承包法》第 22 条前段）。

4. 土地承包经营权的设立

土地承包经营权自承包合同生效时设立（《物权法》第 127 条第 1 款，《农村土地承包法》第 22 条后段）。登记尽管不是土地承包经营权设立的生效要件，但在土地承包经营权的确认、对抗他人方面仍然具有不可忽视的价值。《物权法》的有关规定表明了这一点，《不动产登记暂行条例实施细则》更是对此详加规定："承包农民集体所有的耕地、林地、草地、水域、滩涂以及荒山、荒沟、荒丘、荒滩等农用地，或者国家所有依法由农民集体使用的农用地从事种植业、林业、畜牧业、渔业等农业生产的，可以申请土地承包经营权登记；地上有森林、林木的，应当在申请土地承包经营权登记时一并申请登记"（第 47 条）。"依法以承包方式在土地上从事种植业或者养殖业生产活动的，可以申请土地承包经营权的首次登记"

（第48条第1款）。"以家庭承包方式取得的土地承包经营权的首次登记，由发包方持土地承包经营合同等材料申请"（第48条第2款）。

登记完成后，县级以上地方人民政府应当向土地承包经营权人发放土地承包经营权证、林权证、草原使用权证，并登记造册，确认土地承包经营权（《物权法》第127条第2款，《农村土地承包法》第23条第1款）。

［论争］

通过以上介绍可知，中国现行法设置的模式是，通过承包合同而无须登记来直接设立土地承包经营权。对此，有学说表示赞同，认为这符合中国的实际。由此设立的权利虽然未经登记，也应当具有对抗第三人的效力。其理由在于，农村目前仍然属于熟人社会，在承包合同签订之后，即便没有登记，第三人也知悉该土地并非自己的，从而不会对其施加侵害。因此，公示的权利保护功能无从发挥。而在土地没有登记的情况下，第三人也不可能受让该权利或对之享有抵押权，因此，根本不可能存在标的物上有多个权利，从而哪项权利更为优先的问题，自然也不存在权利瑕疵而影响交易安全的情况。[①]

这种观点值得商榷。本书作者认为，土地承包经营权的设立，事关农户或其他取得该权利之人的重大利益，尤其关系到农民的生存问题，为确保其利益不受侵犯，为了善意第三人免受不测的损害，对于土地承包经营权的设立应当采取登记成立要件主义，即土地承包经营权非经登记不得成立，以避免采取登记对抗主义甚至登记可有可无的模式而可能给农户带来的损害。[②] 这样，也可减少基于法律行为的物权变动模式的类型。

本书作者认为，土地承包经营权无须登记公示的意见带有片面性。其一，土地承包经营权的信息应当准确和具有权威性。土地承包经营权登记公示制度最能达此目的。《农村土地承包法》对于土地承包经营权的初始产生不强行要求登记，土地承包经营权人大多不申请登记。在这些情况下，土地承包经营权的信息只有靠发包方的记载及知情人的记忆提供和证实，可靠性没有保障。因为人的记忆容易出错，发包人的记载相对而言容易毁损乃至遗失。其二，我们知道，土地承包经营权至少分为两种，其中，基于拍卖、招标产生的土地承包经营权，其主体可能是来自他乡的"陌生人"，不强制实行登记公示制度，或者仅仅实行登记对抗要件主义，众多的土地承包经营权未登记于土地档案里。他人欲了解土地承包经营权是否存在、存续期限多长、农地面积及其四至如何等情形，或是无从下手，或是知情者不予配合，或同意提供信息但索要较高的费用，再就是该信息的准确性如何保证，其权威性如何确认？所有这些，都可能损害受让人的利益，进而阻碍土地承包经营权的流转。其三，不实行登记公示制度，土地承包经营权紧密地与承包合同联系在一起，发包人利用各种优势使土地承包经营权人同意解除合同，致使土地承包经营权也随之终止。在土地承包经营权人不能举证发包人欺诈、胁迫、乘人之危而迫使自己违心同意解除合同的情况下，就会遭受损失，土地承包经营权的物权性变得模糊。如果采取登记公示制度，土地承包经营权的登记不注销，土地承包经营权就不消灭，即使承包合同已被解除，也是如此。这对阻止发包方擅自撕毁承包合同，保护土地承包经营权人的合法权益，具有积极的不可替代的作用。其四，对于家庭

① 王利明、尹飞、程啸：《中国物权法教程》，303～304页。

② 耿林、戴孟勇、崔建远等：《关于〈中华人民共和国物权法（征求意见稿）〉第126条的修改意见》，载清华大学法学院《关于〈中华人民共和国物权法（征求意见稿）〉的修改意见》（2003年3月20日）。

承包制，中央确立原则上稳定的政策。依据《物权法》和《农村土地承包法》，土地承包经营权的成立、转让等都不以登记为生效要件，发包方擅自撕毁承包合同，频繁调整承包地，土地管理部门也不知晓，使中央政策的贯彻没有监督，缺乏制度保障。如果将土地承包经营权登记作为土地承包经营权变动的生效要件，对于违法的随意调整不予承认，对既有的土地承包经营权不予变更登记，就能起到监督、保障的作用。[①]

所谓“我国农村目前仍然属于熟人社会，在承包合同签订之后，即便没有登记，第三人也知悉该土地并非自己的，从而不会对其施加侵害。因此，公示的权利保护功能无从发挥。而在土地没有登记的情况下，第三人也不可能受让该权利或对之享有抵押权，因此，根本不可能存在标的物上有多个权利、从而哪项权利更为优先的问题，自然也不存在权利瑕疵而影响交易安全的情况”，亦有片面性。在实务中，存在着善意之人受让土地承包经营权的情况。例如，甲村把良田B发包给乙农户，乙自土地承包合同生效时取得土地承包经营权，一直没有办理登记。实际上，丙一直以土地承包经营权人的名义在该宗承包地上耕种，甲村村委会不但默认，而且在丙把该土地承包经营权转让给丁时，同意该转让行为。事后，乙提出异议，不承认丁的土地承包经营权，丁则主张不知情，应当保有土地承包经营权。[②]

值得注意的是，《不动产登记暂行条例实施细则》设置四个条文规定集体所有权的登记（第29—32条），除关于登记的总则以外，还专门设置三个条文规定集体建设用地使用权的登记（第44—46条），设置七个条文规定土地承包经营权的登记（第47—53条）。尤其是第49条规定土地承包经营权的变更登记、第50条规定土地承包经营权的转移登记、第51条规定土地承包经营权注销登记时使用的术语是“应当”，表明了变更登记是项义务。当然，该细则只是部门规章，效力位阶低于《物权法》和《农村土地承包法》。解决这个问题的最佳方案是，编纂《民法典·物权编》时将登记作为土地承包权、土地经营权和地役权的变动的生效要件。

不容忽视的是，农村目前正如火如荼地开展农村土地权属的登记，这为将登记作为土地承包权、土地经营权的变动的生效要件奠定了基础，提供了前提。

三、通过招标、拍卖、公开协商等方式设立“四荒”土地承包经营权

1. 概述

对于不宜采取家庭承包方式的“四荒”土地，《物权法》第133条和《农村土地承包法》第44条以下规定，可以通过招标、拍卖、公开协商等方式，设立土地承包经营权。与通过家庭承包方式设立土地承包经营权相比，它具有以下特色：（1）承包地仅限于不宜采取家庭承包方式的“四荒”；（2）承包人不限于本集体经济组织的成员，企业法人、私人企业、个体工商户、国家机关工作人员或其他自然人等均可承包“四荒”土地；（3）“四荒”土地承包经营权的设立采取招标、拍卖、公开协商等透明、竞争的方式，较一对一地洽商弊端较少；（4）“四荒”土地承包经营权可较为自由地转让、转包、抵押、互换、出租、入股等流

① 崔建远：《土地上的权利群研究》，214～215页。

② 崔建远：《不动产物权的善意取得》，载《中国法律评论》（第1卷），77页，北京，法律出版社，2007。

转，更有效率。[①]

需要指出，通过招标、拍卖、公开协商等方式，设立“四荒”土地承包经营权，有消极条件的限制。国务院办公厅《关于治理开发农村“四荒”资源进一步加强水土保持工作的通知》（国办发［1996］23 号）第 4 条第 1 项规定，承包、租赁、股份合作、拍卖“四荒”使用权等，要划清国家与集体所有“四荒”的权属界限，权属不明确、存在争议的，在问题没有得到解决前，不得进行承包、租赁、股份合作或拍卖。严禁把国有土地变为集体所有。严禁将国有林地当作“四荒”拍卖。国务院办公厅于 1999 年 12 月 21 日发布的《关于进一步做好治理开发农村“四荒”资源工作的通知》（国办发［1999］102 号）对此再次重申（第 1 条第 2 款）。

2. 设立方式

“四荒”土地承包经营权设立的方式，可以是招标、拍卖、公开协商等方式，也可以将土地承包经营权折股分给本集体经济组织成员后，再实行承包经营或股份合作经营（《农村土地承包法》第 46 条）。

国务院办公厅《关于治理开发农村“四荒”资源进一步加强水土保持工作的通知》（国办发［1996］23 号）规定：“哪种方式有利于调动群众的积极性，有利于保持水土，有利于发展壮大集体经济，就采取哪种方式，切忌‘一刀切’”（第 2 条第 4 项）。

招标、拍卖、公开协商等方式只是签订承包合同的方式，并未否定“四荒”土地承包经营权的设立依赖承包合同。所以，国务院办公厅《关于治理开发农村“四荒”资源进一步加强水土保持工作的通知》（国办发［1996］23 号）强调：“承包和租赁治理开发‘四荒’，农村集体经济组织要与承包、承租者签订合同，经乡（镇）人民政府审核，报县级人民政府批准。合同要明确承包方与发包方、承租方与出租方的权利与义务。拍卖使用权的，要标定拍卖底价，实行公开竞价，拍卖后买卖双方要签订拍卖协议，办理交款手续，由县级人民政府依法核发或更换土地使用权证书。”《农村土地承包法》将其法律化：“以其他方式承包农村土地的，应当签订承包合同。当事人的权利和义务、承包期限等，由双方协商确定。以招标、拍卖方式承包的，承包费通过公开竞标、竞价确定；以公开协商等方式承包的，承包费由双方议定”（第 45 条）。

3. 集体经济组织成员的优先承包权

尽管“四荒”土地承包经营权的设立采取公开透明的竞争方式，但对“四荒”土地所在集体经济组织成员的利益需要较为优惠的保护，应尽可能将“四荒”土地发包给他们，《农村土地承包法》特设第 47 条，规定“以其他方式承包农村土地，在同等条件下，本集体经济组织成员享有优先承包权”。按照法释［2005］6 号规定，该优先权的享有和行使附有条件，即流转价款、流转期限等主要内容相同。在符合这些条件下，本集体经济组织成员主张优先权的，人民法院应予支持。但下列情形除外：（1）在书面公示的合理期限内未提出优先权主张的。（2）未经书面公示，在本集体经济组织以外的人开始使用承包地两个月内未提出优先权主张的（第 11 条）。（3）在发包方将农村土地发包给本集体经济组织以外的单位或个人，已经法律规定的民主议定程序通过，并由乡（镇）人民政府批准后主张优先承包权的（第 19 条）。

---

① 崔建远：《“四荒”拍卖与土地使用权》，载《法学研究》，1995（6），32～33 页。

4. 严格限制集体经济组织成员以外的人承包“四荒”土地

同样出于较为优惠地保护集体经济组织成员的利益、应尽可能将“四荒”土地发包给他们的考虑，《农村土地承包法》又设第 48 条，规定“发包方将农村土地发包给本集体经济组织以外的单位或者个人承包，应当事先经本集体经济组织成员的村民会议三分之二以上成员或者三分之二以上村民代表的同意，并报乡（镇）人民政府批准。由本集体经济组织以外的单位或者个人承包的，应当对承包方的资信情况和经营能力进行审查后，再签订承包合同”。

［思考］

现行法奉行“集体经济组织成员的优先承包权”“严格限制集体经济组织成员以外的人承包‘四荒’土地”的立法政策，仍然是基于土地承包经营权是农民唯一的或主要的就业手段、生活保障、福利体现、社会稳定的法律基础之一的背景。如果随着社会的发展，土地承包经营权不再是农民唯一的或主要的就业手段、生活保障及福利体现，立法政策就应该调整。

5. “四荒”土地承包经营权的登记及其效力

分析《物权法》第 127 条第 1 款关于“土地承包经营权自土地承包经营权合同生效时设立”的规定，第 129 条关于“土地承包经营权人将土地承包经营权互换、转让，当事人要求登记的，应当向县级以上地方人民政府申请土地承包经营权变更登记；未经登记，不得对抗善意第三人”的规定，《农村土地承包法》第 49 条关于“通过招标、拍卖、公开协商等方式承包农村土地，经依法登记取得土地承包经营权证或者林权证等证书的，其土地承包经营权可以依法采取转让、出租、入股、抵押或者其他方式流转”的规定，以及《不动产登记暂行条例实施细则》第 48 条第 3 款关于“以招标、拍卖、公开协商等方式承包农村土地的，由承包方持土地承包经营合同申请土地承包经营权首次登记”的规定，可知登记并非“四荒”土地承包经营权设立的生效要件。从《物权法》第 129 条的规定看，在土地承包经营权互换、转让的情况下，登记是受让人取得土地承包经营权（含“四荒”土地承包经营权）对抗善意第三人的要件。从《农村土地承包法》第 49 条的规定看，登记是“四荒”土地承包经营权转让、出租、入股、抵押或其他方式流转的法律前提，不登记不发生“四荒”土地承包经营权移转的法律效力。法释［2005］6 号第 21 条就是如此解释的：“承包方未依法登记取得土地承包经营权证等证书，即以转让、出租、入股、抵押等方式流转土地承包经营权，发包方请求确认该流转无效的，应予支持。但非因承包方原因未登记取得土地承包经营权证等证书的除外。”看来，《物权法》和《农村土地承包法》的思路和精神尚未吻合。本书作者认为，从解释论出发，实务中可以将它们同时适用于同一个案件之中。站在立法论的立场，未来修改法律或制定民法典时应当统一规定。

第三节　土地承包经营权的效力

一、土地承包经营权人的权利

1. 占有、使用承包地的权利

土地承包经营权人占有承包地，是其从事农林牧渔经营活动的前提。使用承包地，或表现为耕种承包地，或表现为在承包地上植树造林，或表现为在承包地种草、放牧，或表现为在承包水域养殖水生动植物。

但应注意，法律禁止占用基本农田发展林果业和挖塘养鱼（《土地管理法》第36条第3款）。

2. 享有收获物所有权的权利

土地承包经营权的目的及功能之一是，土地承包经营权人从事上述农林牧渔经营活动的收获物，归属于自己，而不归发包人，也不归国家或他人。所以，土地承包经营权人保有收获物的所有权为其重要权利，或者说是核心权利。

对此，国务院办公厅《关于治理开发农村“四荒”资源进一步加强水土保持工作的通知》特别予以明确：“实行谁治理、谁管护、谁受益的政策。在经过治理开发的‘四荒’地上种植的林果木、牧草及其产品等归治理者所有，新增土地的所有权归集体，在协议规定期限内，治理者拥有使用权，享受国家有关优惠政策。”如今，不限于“四荒”上的林木，《中共中央国务院关于全面推进集体林权制度改革的意见》明确规定：“在坚持集体林地所有权不变的前提下，依法将林地承包经营权和林木所有权，通过家庭承包方式落实到本集体经济组织的农户，确立农民作为林地承包经营权人的主体地位”（第3条第8项）。

3. 自主经营的权利

土地承包经营权人自主经营，根据农业生产经营规律和自己的意愿安排生产经营活动。对此，国务院办公厅《关于治理开发农村“四荒”资源进一步加强水土保持工作的通知》（国办发［1996］23号）明确指出：“治理者对‘四荒’享有治理开发自主权。国家依法保护治理开发‘四荒’的成果和治理者的合法权益。在符合国家有关法律、法规、政策、水土保持总体规划和治理开发协议的前提下，允许并鼓励治理者在保持水土和培育资源的基础上，宜农则农，宜林则林，宜果则果，宜牧则牧，宜渔则渔，根据实际情况开发利用‘四荒’。”对此，《农村土地承包法》于第14条第2项、第16条第1项从不同的方向两次强调。《中共中央国务院关于全面推进集体林权制度改革的意见》规定：“实行商品林、公益林分类经营管理。依法把立地条件好、采伐和经营利用不会对生态平衡和生物多样性造成危害区域的森林和林木，划定为商品林；把生态区位重要或生态脆弱区域的森林和林木，划定为公益林。对商品林，农民可依法自主决定经营方向和经营模式，生产的木材自主销售。对公益林，在不破坏生态功能的前提下，可依法合理利用林地资源，开发林下种养业，利用森林景观发展森林旅游业等”（第3条第10项）。

4. 从发包人处依法获取生产、技术、信息等服务的权利

承包人从事农林牧渔经营活动所必需的生产、技术、信息，发包人若有能力提供这方面的服务，则依照《农村土地承包法》第14条第3项的规定，承包人有权获得。

5. 依法流转土地承包经营权的权利

（1）概述

土地承包经营权作为他物权，无处分承包地的效力，但承包人有处分土地承包经营权自身的权利。对此，《农村土地承包法》规定：“通过家庭承包取得的土地承包经营权可以依法采取转包、出租、互换、转让或者其他方式流转”（第32条）。林地承包经营权人可依法对拥有的林地承包经营权和林木所有权进行转包、出租、转让、入股、抵押或作为合资、合作的条件，对其承包的林地、林木可依法开发利用（《中共中央国务院关于全面推进集体林权

制度改革的意见》第3条第11项)。《物权法》同样如此(第128条)。土地承包经营权流转的主体是承包方。承包方有权依法自主决定土地承包经营权是否流转和流转的方式(《农村土地承包法》第34条)。

值得指出并应予重视的是，中国共产党第十八届中央委员会第三次全体会议于2013年11月12日通过的《中共中央关于全面深化改革若干重大问题的决定》，赋予了土地承包经营权更为自由的让与性，于第20条第1款后段规定："稳定农村土地承包关系并保持长久不变，在坚持和完善最严格的耕地保护制度前提下，赋予农民对承包地占有、使用、收益、流转及承包经营权抵押、担保权能，允许农民以承包经营权入股发展农业产业化经营。鼓励承包经营权在公开市场上向专业大户、家庭农场、农民合作社、农业企业流转，发展多种形式规模经营。"

土地承包经营权流转应当遵循以下原则：1）平等协商、自愿、有偿，任何组织和个人不得强迫或者阻碍承包方进行土地承包经营权流转；2）不得改变土地所有权的性质和土地的农业用途；3）流转的期限不得超过承包期的剩余期限；4）受让方须有农业经营能力；5）在同等条件下，本集体经济组织成员享有优先权(《农村土地承包法》第33条)。

土地承包经营权采取转包、出租、互换、转让或其他方式流转，当事人双方应当签订书面合同。采取转让方式流转的，应当经发包方同意；采取转包、出租、互换或其他方式流转的，应当报发包方备案(《农村土地承包法》第37条第1款)。

［引申］

应注意，没有备案，主要发生行政法上的后果，不应影响转包、出租、互换等合同的效力。对此，法释［2005］6号第14条规定："承包方依法采取转包、出租、互换或者其他方式流转土地承包经营权，发包方仅以该土地承包经营权流转合同未报其备案为由，请求确认合同无效的，不予支持。"

土地承包经营权流转合同一般包括以下条款：1）双方当事人的姓名、住所；2）流转土地的名称、坐落、面积、质量等级；3）流转的期限和起止日期；4）流转土地的用途；5）双方当事人的权利和义务；6）流转价款及支付方式；7）违约责任(《农村土地承包法》第37条第2款)。

［拓展］

当事人对转包、出租地流转期限没有约定或者约定不明的，参照《合同法》第232条关于"当事人对租赁期限没有约定或者约定不明确，依照本法第六十一条的规定仍不能确定的，视为不定期租赁。当事人可随时解除合同，但出租人解除合同应当在合理期限之前通知承租人"的规定处理。除当事人另有约定或者属于林地承包经营外，承包地交回的时间应当在农作物收获期结束后或下一耕种期开始前(法释［2005］6号第17条)。

土地承包经营权采取互换、转让方式流转，当事人要求登记的，应当向县级以上地方人民政府申请登记。未经登记，不得对抗善意第三人(《农村土地承包法》第38条)。《不动产登记暂行条例实施细则》予以细化(第50条)。

土地承包经营权流转的转包费、租金、转让费等，应当由当事人双方协商确定。流转的收益归承包方所有，任何组织和个人不得擅自截留、扣缴(《农村土地承包法》第36条)。发包方或其他组织、个人擅自截留、扣缴承包收益或土地承包经营权流转收益，承包方请求返还的，应予支持。发包方或其他组织、个人主张抵销的，不予支持（法释［2005］6号第18条）。因承包方不收取流转价款或向对方支付费用的约定产生纠纷，当事人协商变更无法达成一致，且继续履行又显失公平的，人民法院可以根据发生变更的客观情况，按照公平原则处理（法释［2005］6号第16条）。

（2）转包

转包，是指土地承包经营权人（转包人）和受包人（次承包人）签订转包合同，自己继续保有土地承包经营权，只是将其承包地的全部或部分以一定条件转交受包人（次承包人）经营，受包人（次承包人）向转包人支付或不支付转包金的现象（《农村土地承包法》第39条第1款）。于此场合，受包人（次承包人）并未受让土地承包经营权，不向发包人履行交付承包金等项义务；只是取得了利用承包地从事农林牧渔经营并获取收获物的资格。法释［1999］15号第17条规定："承包方经发包方同意，将承包经营的标的物全部或者部分转包给第三人的，承包方与发包方之间仍应按照原承包合同的约定行使权利和承担义务。承包方与转包后的承包方之间按转包合同的约定行使权利和承担义务。"受包人（次承包人）限于本集体经济组织的成员。

［拓展］

转包对于解决农民进城打工而撂荒承包地的问题，是个较好的法律方式。但需要规定进城打工的承包人负有强制缔约义务，以解决宁肯撂荒也不将承包地转包给其他农户的问题。

（3）出租

土地承包经营权的出租，是土地承包经营权人（出租人）和承租人签订租赁合同，土地承包经营权继续由出租人享有，承租人不受让土地承包经营权（《农村土地承包法》第39条第1款），只是取得在承包地从事农林牧渔经营并获取农获物（农业收获物）的资格，向出租人支付租金的现象。承租人可以是本集体经济组织的成员，也可以是本集体经济组织以外的自然人、法人或其他组织。

［反思］

由于转包和出租两种场合都是土地承包经营权不发生移转，都是第三人（受包人或承租人）取得利用承包地从事农林牧渔经营活动的资格，都是第三人（受包人或承租人）向土地承包经营权人支付一定对价（限于有偿转包场合），可见，两者具有质的统一性，现行法把"转包"与出租作为并列的相互独立的两种法律形式，乃人为地割裂一项法律制度，至少在客观上要求法律人分别适用"转包"的法律规范和出租的法律规范，而实际上现行法又欠缺较为详细的"转包"规范，造成"准用"或类推适用的现象。

（4）互换

互换，《合同法》称之为互易，按照《农村土地承包法》第40条规定，是承包方之间为方便耕种或各自需要，可以对属于同一集体经济组织的土地的土地承包经营权进行互换。可见，此处的互换有较为严格的限定：1）从主体方面看，互换人须是承包人，须为同一集体经济组织的成员；2）就承包地而言，须为属于同一集体经济组织的两宗以上的土地；3）从互换的标的物方面看，必须属于同一集体经济组织的土地上竖立的土地承包经营权。

互换与转让的区别在于：1）通常意义上的转让，其受让人可以是本集体经济组织内的成员，也可以是本集体经济组织以外的人；土地承包经营权的互换，在现行法上，互换人须为同一集体经济组织的成员。2）通常意义上的转让，其对价通常表现为货币；土地承包经营权的互换，其对价表现为另一土地承包经营权。其实，从学理的层面考虑，这些差异可看作上位概念和下位概念之间的区别。如果是这样，则可将互换看作转让的特例。[①]

互换场合，按照《不动产登记暂行条例实施细则》第 50 条第 1 款第 1 项的规定，当事人双方应当持互换协议等材料，申请土地承包经营权的转移登记。于此场合，两个土地承包经营权相向移转，按照德国民法思维，存在着两个物权行为，在法国和中国的法制上，因未确立物权行为制度，表现为事实行为。

（5）入股

入股，是指将土地承包经营权作价，出资到股份合作制企业乃至股份公司之中，成为企业的财产的现象。承包人因其土地承包经营权入股而在股份合作制企业乃至股份公司之中享有股权，表现为被选举权、选举权、股息红利分配权等。对此，《中共中央关于全面深化改革若干重大问题的决定》予以进一步肯定和倡导（第 20、21 条）。

入股，土地承包经营权移转至企业名下，按照德国民法思维，存在着两个物权行为，在法国和中国的法制上，因未确立物权行为制度，表现为事实行为。

（6）转让

转让，是转让人（承包人）和受让人签订转让合同，将土地承包经营权移转给受让人，受让人向转让人支付对价的现象。于此场合，原承包方与发包方在该土地上的承包关系即行终止（《农村土地承包法》第 41 条后段）。对此，《中共中央关于全面深化改革若干重大问题的决定》予以进一步肯定和倡导（第 20 条）。

转让场合，当事人双方应当持转让合同等材料，申请土地承包经营权的转移登记（《不动产登记暂行条例实施细则》第 50 条第 1 款第 2 项）。以家庭承包方式取得的土地承包经营权，采取转让方式流转的，还应当提供发包方同意的材料（《不动产登记暂行条例实施细则》第 50 条第 2 款）。

转让合同生效并履行是（物权变动的）法律事实，土地承包经营权移转至受让人名下是结果（物权变动）。按照德国民法思维，存在着两个物权行为，在法国和中国的法制上，因未确立物权行为制度，表现为事实行为。

中国现行法对通过招标、拍卖、公开协商等方式设立的“四荒”土地承包经营权的转让，未设诸如发包人同意之类的限制（《物权法》第 133 条，《农村土地承包法》第 49 条）。但对通过家庭承包方式设立的土地承包经营权的转让，却设定了相对严格的限制条件。承包方有稳定的非农职业或有稳定的收入来源的，经发包方同意，可以将全部或部分土地承包经营权转让给其他从事农业生产经营的农户，由该农户同发包方确立新的承包关系，原承包方与发包方在该土地上的承包关系即行终止（《农村土地承包法》第 41 条）。

［引申］

转让和转包是性质差异很大的两项制度。民法通常所说的转让，系指权利主体的变更，权利由原权利人处移转到受让人之手，在土地承包经营权制度中，应指土地承包经营权由原承包人之手移转到受让人之处，原承包人退出承包合同关系，受让人取而代之，成为承包合

---

① 崔建远：《土地上的权利群研究》，216 页。

同的当事人，享有土地承包经营权。而转包场合，土地承包经营权继续由转包人（承包人）享有，受包人（次承包人）并未受让土地承包经营权，只是取得了利用承包地从事农林牧渔经营并获取农获物的资格。换言之，转让，发生了物权变动；转包，没有发生物权变动。此其一。在现行法上，土地承包经营权转让场合，受让人可以是本集体经济组织外部的人；而转包土地承包经营权，受包人（次承包人）必须限于本集体经济组织的成员。此其二。

就本质而言，转让与买卖、互换、赠与具有密切的联系。如果把转让作为物权变动的结果，在土地承包经营权转让场合，就是土地承包经营权移转至受让人名下的现象，那么买卖、互换、赠与等合同都是转让的法律事实。如果把转让作为转让合同的简称，那么它就是引起物权变动的法律事实，在土地承包经营权转让场合，转让合同是使土地承包经营权移转至受让人名下的法律事实。在这个层面上，转让（合同）与买卖、互换、赠与等合同就是并列的各自独立的关系，具体到土地承包经营权转让、买卖、互换、赠与场合，它们都是引起土地承包经营权移转至受让人之处的法律事实。

（7）抵押

在现行法上，土地承包经营权的抵押仅仅限于"四荒"土地承包经营权，通过家庭承包方式设立的土地承包经营权不得设立抵押权［《物权法》第128条、第133条，《农村土地承包法》第32条、第37条、第49条，国务院办公厅《关于治理开发农村"四荒"资源进一步加强水土保持工作的通知》（国办发［1996］23号）第3条第6项］。法释［2005］6号第15条规定，承包方以其（家庭承包方式设立的）土地承包经营权进行抵押的，应当认定无效。对因此造成的损失，当事人有过错的，应当承担相应的民事责任。

值得注意的是，《中共中央关于全面深化改革若干重大问题的决定》已经放弃了上述理念，明确规定，土地承包经营权可以抵押（第20条）。这就需要对有关法律、法规以及司法解释的相关规定进行修正。

［论争］

实际上，关于通过家庭承包方式设立的土地承包经营权可否抵押的问题，一直存在着激烈的争论。否定说担心，如果允许土地承包经营权抵押，一是抵押权可能在实际上难以实现，使抵押人遭受经济损失；二是承包人因抵押权的实行而丧失生活来源，增加财政负担，酿成社会问题；三是农地可能因抵押权的实行而改变用途，危及国家的粮食安全。若不允许改变土地用途，金融机构和其他民事主体究竟能有多大的积极性？允许抵押并不能解决农民贷款难的问题。[①]

肯定说则认为，其一，土地承包经营权人需要资金购买种子、化肥、农药等生产资料，以正常地从事农林牧渔经营；有时急需钱款治疗重病或者办理其他要事；等等。而土地承包经营权人在现行法上的融资方式非常有限，如果允许他们以其土地承包经营权甚至宅基地使用权设定抵押权，融到资金，治愈疾病以从事农林牧渔经营，或购置全生产资料，从事农林牧渔经营，并取得收获物，满足各方面的需要，包括偿还贷款本息，不是共赢吗?! 如果不允许他们以土地承包经营权甚至宅基地使用权设定抵押权，许多人就会融不到急需的资金，

---

① 《吴邦国委员长听取有关方面对物权法草案的修改意见》，《中央有关部门的负责同志和专家对物权法草案几个重大问题的意见》，载全国人民代表大会常务委员会法制工作委员会民法室编著：《物权法立法背景与观点全集》，85～87、129页。

无法正常从事农林牧渔经营，各方面的目的都会落空。[①] 其二，财产及其权利具有让与性，才会保有乃至增加财产权的价值。土地承包经营权作为财产权，也应当尽可能地体现出让与性，才会使承包人借助土地承包经营权更好地实现其利益。迄今为止的实务运作已经清楚地显示出，集体土地所有权几乎不具有让与性，土地承包经营权的让与性也有限，农村集体组织及农民的财产增值较低；而一旦国家先是将集体所有的土地征为国有，然后将土地使用权出让给开发商，开发商就会财源滚滚来，政府也收取了可观的出让金。何以如此？建设用地使用权具有较为充分的让与性，系重要原因之一。其三，土地承包经营权人是理性人，会趋利避害，选择适当的行为，而不会明知以土地承包经营权抵押将丧失生活来源，仍故意跳入火坑。其四，至于土地承包经营权抵押可能无法实现，那是抵押权人的商业风险问题，在市场经济的条件下，这应当由他自己审时度势，自我决定，无须立法者如同父母担心孩子摔跤般地多虑。其五，若聚焦在物权变动方面，土地承包经营权的转让是土地承包经营权彻底地、立即地移转至受让人之处，土地承包经营权抵押则不一定发生土地承包经营权的移转，在一个正常运行的经济环境里，大多不发生移转。现行法既然已经有条件地承认了土地承包经营权的转让，举重以明轻，更应承认土地承包经营权的抵押，才更合逻辑。本书作者原来持完全肯定说。

孙佑海博士看到了否定说的缺陷严重，也注意到了肯定说的不足——对于承包人丧失土地承包经营权，导致加重财政负担、社会负担，甚至酿成严重的社会问题，尚无令人满意的解决方案。于是，他修正肯定说，主张在土地承包经营权抵押制度中，引入保险机制，规定由保险公司代替土地承包经营权人向抵押权人还本付息的条件，最大限度地减少承包人丧失土地承包经营权的可能。“三权分置”之后土地经营权抵押应无疑问，现行法在这方面亟待修订。

6. 将承包地作为供役地设立地役权的权利

土地承包经营权人有权将承包地作为供役地为他人设立地役权（《物权法》第 162 条、第 167 条），至于土地承包经营权人把承包地作为需役地为自己设立地役权，同时有利于自己和土地所有权人，更应被准许（《物权法》第 166 条等）。

7. 承包地被依法征收时获得足额补偿的权利

为了公共利益的需要，国家征收集体所有的土地，该集体所有土地上存在的土地承包经营权随其母权——集体土地所有权——的消灭而不复存在，征收机关不但须足额补偿集体土地所有权人，而且必须足额补偿土地承包经营权人（《物权法》第 132 条、第 121 条、第 42 条，《农村土地承包法》第 16 条第 2 项）。从权利的角度描述，就是土地承包经营权人享有足额补偿的请求权。

8. 对提高土地生产能力的投入，享有补偿的权利

在承包经营期间，土地承包经营权人若在承包地上依法兴建了农田水利设施等构筑物，或将“四荒”治理成了良田，或因多施有机肥料使承包地更加肥沃等，从而提高了土地的生产能力，土地承包经营权依法流转时，（原）承包人有权请求受让人给予相应补偿（《农村土地承包法》第 43 条，法释［2005］6 号第 17 条第 2 款）。

---

① 《吴邦国委员长听取有关方面对物权法草案的修改意见》，《中央有关部门的负责同志和专家对物权法草案几个重大问题的意见》，载全国人民代表大会常务委员会法制工作委员会民法室编著：《物权法立法背景与观点全集》，84～87 页。

［引申］

在承包人对其承包地积极投入而提高土地生产能力的前提下，土地承包经营权没有流转，而是终止，于此场合，承包人应有权请求发包人给予相应补偿。其道理在于，承包人因此而付出了费用，发包人就此获得了利益，按照公平正义的理念，发包人不宜无偿地获得此类利益。此其一。这样有利于承包人对承包地积极投入，提高土地生产能力，减少乃至杜绝掠夺性经营、破坏土壤肥力等短期行为。此其二。其法律依据，可类推适用《农村土地承包法》第43条，法释［2005］6号第17条第2款的规定。

9. 对抗发包人非法行为的权利

发包人若违法地干涉承包人依法从事正常的生产经营活动、擅自调整承包地、擅自终止承包合同、擅自收回承包地、强迫土地承包经营权流转、将承包地收回抵顶欠款等，承包人均有权对抗（《农村土地承包法》第14条第2项、第26条第1款、第27条第1款、第35条、第54条，法释［2005］6号第1项）。

承包期内，妇女结婚，在新居住地未取得承包地的，女性承包人有权对抗发包方收回原承包地的行为；妇女离婚或丧偶，仍在原居住地生活或不在原居住地生活但在新居住地未取得承包地的，女性承包人有权对抗发包方收回原承包地的行为（《农村土地承包法》第30条）。

［思考］

《农村土地承包法》奉行土地承包经营权基本稳定的原则，承包期内，发包方不得单方面解除承包合同，不得假借少数服从多数强迫承包方放弃或变更土地承包经营权，不得以划分“口粮田”和“责任田”等为由收回承包地搞招标承包，不得将承包地收回抵顶欠款（第35条）。承包期内，妇女结婚，在新居住地未取得承包地的，发包方不得收回其原承包地；妇女离婚或者丧偶，仍在原居住地生活或者不在原居住地生活但在新居住地未取得承包地的，发包方不得收回其原承包地（第30条）。对此精神，本书作者表示同意，但问题是，违反了“不得”的后果如何，是承包合同消灭、土地承包经营权终止，发包方承担违约责任，还是承包合同和土地承包经营权都继续有效，发包方承担违约责任？易生歧义。不如直接表述为：“没有正当事由，发包方撕毁承包合同，或者假借少数服从多数强迫承包方放弃或者变更土地承包经营权，或者以划分‘口粮田’和‘责任田’等为由收回承包地搞招标承包，或者将承包地收回抵顶欠款的，不发生承包合同终止的效果，土地承包经营权继续有效。”①

10. 依法请求延长土地承包经营权存续期限的权利

法释［2005］6号第7条规定，承包合同约定或土地承包经营权证等证书记载的承包期限短于农村土地承包法规定的期限，承包方请求延长的，人民法院应予支持。

11. 依法解除承包合同、终止土地承包经营权的权利

在承包合同中约定的终止或解除合同的条件已经成就；发包人不履行承包合同约定的义务，致使承包合同无法继续履行的等情况下，承包人有权终止（含解除）承包合同（法释［1999］15号第24条）。

---

① 崔建远：《土地上的权利群研究》，217页。

12. 自愿交回承包地的权利

承包期内，承包方可以自愿将承包地交回发包方。承包方自愿交回承包地的，应当提前半年以书面形式通知发包方。承包方在承包期内交回承包地的，在承包期内不得再要求承包土地（《农村土地承包法》第 29 条）。

13. 请求依法办理土地承包经营权登记的权利

在土地承包经营权设立时，现行法不强求土地承包经营权登记，在土地承包经营权转让、互换等方式流转的情况下，现行法规定不登记不得对抗善意第三人（《农村土地承包法》第 38 条）。法释［2005］6 号甚至规定，承包方未依法登记取得土地承包经营权证等证书，即以转让、出租、入股、抵押等方式流转土地承包经营权，发包方请求确认该流转无效的，应予支持。但非因承包方原因未登记取得土地承包经营权证等证书的除外（第 21 条）。

二、土地承包经营权人的义务

1. 支付承包金的义务

如果承包合同约定承包人负有向发包人支付承包金的义务，则承包人必须履行。

2. 维持土地的农业用途、不得用于非农建设的义务

承包方应维持土地的农业用途，不得将承包地用于非农建设（《农村土地承包法》第 17 条第 2 项规定，法释［2005］6 号第 8 条）。这首先是由土地承包经营权制度的目的及功能所决定的，也是中国耕地有限、必须确保国家粮食安全的需要。

3. 依法保护和合理利用土地、不得给土地造成永久性损害的义务

承包人应依法保护和合理利用土地，不得给土地造成永久性损害（《农村土地承包法》第 17 条第 2 项，法释［2005］6 号第 8 条）。

承包人不得在 25 度以上的陡坡上开荒种植农作物，不准破坏植被、道路和农田水利、水土保持工程设施。不得进行掠夺式开发，不得将“四荒”改作非农用途，以免造成新的水土流失，违者要按有关规定予以处罚。对违约逾期不治理开发的，农村集体经济组织应无偿收回［国务院办公厅《关于治理开发农村“四荒”资源进一步加强水土保持工作的通知》（国办发［1996］23 号）第 3 条第 5 项］。

《土地管理法》规定，禁止占用耕地建窑、建坟或擅自在耕地上建房、挖砂、采石、采矿、取土等（第 36 条第 2 款），禁止占用基本农田发展林果业和挖塘养鱼（第 36 条第 3 款）。

承包方违法将承包地用于非农建设的，由县级以上地方人民政府有关行政主管部门依法予以处罚。承包方给承包地造成永久性损害的，发包方有权制止，并有权要求承包方赔偿由此造成的损失（《农村土地承包法》第 60 条）。

4. 不得弃耕抛荒的义务

《土地管理法》规定，禁止任何单位和个人闲置、荒芜耕地。已经办理审批手续的非农业建设占用耕地，1 年内不用而又可以耕种并收获的，应当由原耕种该幅耕地的集体或个人恢复耕种，也可以由用地单位组织耕种；1 年以上未动工建设的，应当按照省、自治区、直辖市的规定缴纳闲置费；连续 2 年未使用的，经原批准机关批准，由县级以上人民政府无偿收回用地单位的土地使用权；该幅土地原为农民集体所有的，应当交由原农村集体经济组织恢复耕种（第 37 条第 1 款）。

承包经营耕地的单位或个人连续 2 年弃耕抛荒的，原发包单位应当终止承包合同，收回

发包的耕地（第 37 条第 3 款）。

5. 依法交回承包地的义务

承包期内，承包方全家迁入设区的市，转为非农业户口的，应当将承包的耕地和草地交回发包方。承包方不交回的，发包方可以收回承包的耕地和草地（《农村土地承包法》第 26 条第 3 款）。

6. 备案义务

土地承包经营权采取转包、出租、互换、转让或其他方式流转，当事人双方应当签订书面合同。采取转让方式流转的，应当经发包方同意；采取转包、出租、互换或其他方式流转的，应当报发包方备案（《农村土地承包法》第 37 条第 1 款）。

7. 容忍义务

发包人依法调整承包地、收回承包地、解除承包合同等场合，承包人负有容忍义务。国家依法征收集体所有的土地，承包人对该土地上存在的土地承包经营权消灭负有容忍义务。

第四节　土地承包经营权的消灭

一、土地承包经营权消灭的事由

1. 土地承包经营权的存续期间届满

土地承包经营权的存续期间届满，只要未再续期，土地承包经营权消灭。土地承包经营权业已登记的，应当注销登记。

应当注意，按照优惠农民的政策，在以家庭承包方式设立的土地承包经营权场合，承包人请求续期的，发包人负有必须同意的义务，除非出现了法律、法规规定土地承包经营权必须消灭的期限。至于通过招标、拍卖、公开协商等方式设立的“四荒”土地承包经营权场合，承包人请求续期，发包人并无强制缔约的义务。

2. 土地承包经营权人自愿交回承包地

承包期内，承包方可以自愿将承包地交回发包方。承包方自愿交回承包地的，应当提前半年以书面形式通知发包方（《农村土地承包法》第 29 条前段）。土地承包经营权业已登记的，应当注销登记。

3. 承包地灭失

承包地灭失，土地承包经营权因失去客体而归于消灭。土地承包经营权业已登记的，应当注销登记。

4. 承包地调整

承包地调整，原土地承包经营权消灭。土地承包经营权业已登记的，应当注销登记。

依据《农村土地承包法》的规定，承包期内，因自然灾害严重毁损承包地等特殊情形对个别农户之间承包的耕地和草地需要适当调整的，必须经本集体经济组织成员的村民会议 2/3 以上成员或 2/3 以上村民代表的同意，并报乡（镇）人民政府和县级人民政府农业等行政主管部门批准。承包合同中约定不得调整的，按照其约定（第 27 条）。

5. 收回承包地

在现行法上，发包人收回承包地的事由不一，所依归的法律制度不同，需要区别。

（1）承包人对承包地连续2年弃耕抛荒的，原发包单位应当终止承包合同，收回发包的耕地（《土地管理法》第37条第3款）。土地承包经营权于承包地被收回时消灭。土地承包经营权业已登记的，应当注销登记。

［思考］

此处所谓收回承包地，在理论上为土地承包经营权的撤销。撤销事由，从立法论的立场出发，还应包括“承包人累计五年拒交承包金”“承包人擅自改变土地用途，经连续三次警告仍不改正”。

（2）承包期内，承包方全家迁入设区的市，转为非农业户口，承包方不交回承包的耕地和草地的，发包方可以收回承包的耕地和草地（《农村土地承包法》第26条第3款）。于收回场合，土地承包经营权消灭。土地承包经营权业已登记的，应当注销登记。

6. 承包地被征收

承包地被征收，被征收的土地所有权消灭。土地承包经营权因其母权不复存在而归于消灭。

7. 承包人死亡，无继承人继续承包

现行法虽然未承认土地承包经营权为继承的财产，但规定承包人的继承人可继续承包。于继续承包场合，土地承包经营权继续存在，也可理解为原土地承包经营权消灭同时产生了新土地承包经营权。

在承包人死亡，无继承人继续承包的情况下，土地承包经营权因无主体而归于消灭。

最后，必须指出，在土地承包经营权无登记的情况下，具备上述事由之一的，土地承包经营权即归于消灭，无论在承包人和发包人之间，还是在与第三人之间的关系上，一律如此。但在土地承包经营权已经登记的情况下，土地承包经营权的消灭，尚需办理土地承包经营权的注销登记（《物权法》第169条、第16条等，《土地登记办法》第50条、第51条）。若未办理注销登记，在承包人和发包人之间，承包人虽无权主张土地承包经营权，但在与第三人之间的关系上，只有待办理注销登记后，发包人等才可主张土地承包经营权消灭的法律效果。

二、土地承包经营权消灭的程序性要求

《不动产登记暂行条例实施细则》第51条规定：“已经登记的土地承包经营权发生下列情形之一的，承包方应当持不动产权属证书、证实灭失的材料等，申请注销登记：（一）承包经营的土地灭失的；（二）承包经营的土地被依法转为建设用地的；（三）承包经营权人丧失承包经营资格或者放弃承包经营权的；（四）法律、行政法规规定的其他情形。”

三、土地承包经营权消灭的法律后果

土地承包经营权消灭，承包人有权取回自己在承包地上兴建的农田水利等设施、农作物、林木等；也可以留给发包人，但有权请求作价补偿。承包人对其在承包地上投入而提高土地生产能力的，有权请求相应的补偿。

第十二章　建设用地使用权

第一节　建设用地使用权概述

一、建设用地使用权的界定

建设用地使用权，是指为建造建筑物、构筑物及其附属设施，并保有其所有权，而在国家或集体所有的土地及其上下进行占有、使用和收益的用益物权（《物权法》第135条、第136条、第151条等）。

所谓建筑物，是指可以供人们在其中进行生产、生活的居住用房、生产用房、办公用房等设施。构筑物则是具有居住、生产经营功能的建筑物之外的人工建造物，主要包括道路、桥梁、隧道、堤坝、水渠、水池、水塔等设施，人工养殖设施，以及地窖、地下管网等人工构筑物。附属设施主要指附属于建筑物、构筑物并辅助其发挥功效的设施，如电线杆、电缆、变压器等电力、广播、通讯设施，以及雕塑、纪念碑等均属此类。[①]

所谓地表，是指经依法批准的地面及其以上一定高度和地下一定深度的空间。所谓地上，是指经依法批准的距地表一定高度的空间范围。所谓地下，是指经依法批准的距地表一定深度的空间范围。可见，与其说它们具有物理的意义，莫如说是技术的和法律的概念。

[称谓的演变]

对以房地产开发建设并取得建筑物所有权为目的的土地权利，我国现行法有时直接称之为土地使用权（《土地管理法》第13条、第56条、第60条、第63条、第81条等，《城市房地产管理法》第8条等），有时叫作国有土地使用权（《土地管理法》第58条、第80条，《城市房地产管理法》第2条等），有时取名为建设用地使用权（《土地管理法》第11条第2款）。

土地使用权的称谓本身过于概括和内容含混，反映不出来个案中的权利是物权还是债权，因为通过租赁、借用等合同都可以取得债权性质的土地使用权；即使单指物权，它也区分不清是以房地产开发建设并取得建筑物所有权为目的的建设用地使用权，还是以从事农林牧渔经营并取得收益为目的的土地承包经营权，抑或是以通行、排水、引水、设置管线等为目的的地役权。

在禁止集体土地所有权或使用权作为建造商业用房，只允许以国有土地使用权作为商业用房的权源的背景下，《城市房地产管理法》等法律、法规采用了国有土地使用权的概念。

---

① 梁慧星、陈华彬：《物权法》，4版，29页；胡康生主编：《中华人民共和国物权法释义》，306页；王利明、尹飞、程啸：《中国物权法教程》，320～321页。

时至草拟物权法的时期，现实生活中已经出现了在集体土地上兴办中外合资经营企业、中外合作经营企业、外商独资企业、股份企业等项目的现象。在这种背景下，继续用国有土地使用权作为建筑物所有权的权源显然涵盖不了集体土地使用权作为建筑物的正当根据的情形，而建设用地使用权则可解决这个问题，《物权法》采纳了这个概念。如此，不考虑建设用地处于农村还是城市，也不论它是归国家所有还是归集体所有，只要竖立其上的权利系以建造并保有建筑物的所有权为目的，就称之为建设用地使用权。

［反思］

《物权法》以建设用地使用权的名称取代国有土地使用权的概念（第135—151条），实际上也不尽如人意，因为在某些情况下，如工程已经竣工，建筑物被验收合格甚至都被登记于不动产登记簿之中，把权利人对基地的权利还叫建设用地使用权，不再贴切。此其一。从名称上难以区分出农户以建造生活用房并享有住房所有权为目的权利（宅基地使用权）和发展商以房地产开发建设并取得建筑物所有权为目的的权利，因为从目的及功能方面审视宅基地使用权，它也是建设用地使用权。此其二。

二、建设用地使用权的类型

按照不同的分类标准，建设用地使用权可分为不同的类型。

（一）行政划拨的建设用地使用权与出让的建设用地使用权

按照取得建设用地使用权是否基于行政命令及是否缴纳建设用地使用权出让金，可有行政划拨的建设用地使用权与出让的建设用地使用权的分类。

所谓出让的建设用地使用权，是指用地者通过招标、拍卖、协议等公开方式，有偿取得工业、商业、旅游、娱乐和商品住宅等经营性用地的使用权（《物权法》第137条第1款、第2款等）。招标、拍卖、挂牌等公开竞价的方式具有公开、公平和公正的特点，能够充分体现标的物的市场价值，是市场经济中较为活跃的交易方式。中国土地资源的稀缺性，决定了采取公开竞价方式，能够最大程度地体现土地的市场价值。从保护土地资源和国家土地收益的大局来看，采取公开竞价方式不仅是必要的，而且其适用范围还应当不断扩大。①

所谓行政划拨的建设用地使用权，是指用地者基于行政命令无偿取得的建设用地使用权（《物权法》第137条第1款、第3款等）。它具有如下法律性质：

1. 行政划拨的建设用地使用权的客体限于国有土地

行政划拨本质上是国家以其行政命令将某宗建设用地使用权授予建设单位（用地者）。单就行政命令及其法律效果而言，该建设用地使用权可以是用地者分享国家土地所有权中的占有、使用、收益的权能而形成的他物权，也可以是用地者分享集体土地所有权中的占有、使用、收益的权能而形成的他物权。但若将公平合理的因素考虑进来，则只有用地者分享国家土地所有权中的占有、使用、收益的权能才最具正当性。再联系国家同时兼有国有土地的所有权人和国家管理人的双重身份设计，该结论更易证成。如果拟行政划拨的建设用地属于集体所有的土地，则必须先行征收，将集体所有的土地变为国有土地，同时给予集体经济组织足额补偿，若该宗地已经发包与农户，还要给该农户（土地承包经营权人）足额的补偿，

---

① 胡康生主编：《中华人民共和国物权法释义》，312页。

若该宗地上已经依法建造了建筑物、构筑物及其附属设施，还要给该所有权人足额的补偿（《物权法》第42条、第121条、第132条），然后，国土资源管理部门再将建设用地使用权划拨给用地者。

2. 行政划拨的土地用途受到严格限制

从总的方面讲，行政划拨的用地必须是国家利益和社会公共利益所需要的。按照《城市房地产管理法》第24条及国土资源部于2001年10月22日发布的《划拨用地目录》的规定，下列建设用地若确属必需的，可以由县级以上人民政府依法批准划拨建设用地使用权：(1) 国家机关用地和军事用地。此处所谓国家机关用地，包括党政机关和人民团体的用地。(2) 城市基础设施用地。它包括城市供水、供热、供气的设施用地，环境卫生设施用地，公共交通设施以及道路、广场、绿地等的用地。(3) 公益事业用地。它包括非营利性邮政设施、教育设施、体育设施、公共文化设施、医疗卫生设施、公益性科研机构的用地。(4) 国家重点扶持的能源、交通、水利等项目的用地，包括石油天然气设施、煤炭设施、电力设施、水利设施的用地，铁路、公路、水路等交通设施的用地，以及民用机场的用地。(5) 法律、行政法规规定的其他用地，主要包括监狱、戒毒所、看守所、治安拘留所、收容教育所的用地。[①]

由于国家机关用地和军事用地等现象会长期存在，完全取消行政划拨的建设用地使用权并不现实。但这不表明某特定主体所需用地属于上述行政划拨用地的范围即当然地取得行政划拨的建设用地使用权。以行政划拨方式授予建设用地使用权应当是"确属必需的"[②]。但须注意，对以营利为目的的非国家重点扶持的能源、交通、水利等基础设施的用地项目，应当采取有偿出让的方式设立建设用地使用权。[③]

3. 行政划拨的建设用地使用权的取得须基于行政命令

这里的行政划拨是县级以上人民政府根据用地者的用地申请而依法许可其使用国有土地的行政行为。

4. 行政划拨的建设用地使用权的取得无须对价

行政划拨建设用地使用权制度的目的之一，在于扶持具有国家利益或社会公共利益的项目，并非为取得土地利用的对价而让渡建设用地使用权，因而，行政划拨建设用地使用权的设立是无偿的。至于拟行政划拨的土地本为集体所有的土地，依法进行征收而需要足额支付土地补偿费、安置补助费、地上附着物和青苗的补偿费、拆迁补偿等费用（《物权法》第42条第2款、第3款），属于征收法律关系的内容，而非建设用地使用权划拨（转让）的权利义务关系，在法理上应由征收部门向被征收人支付，有些场合也确实是如此操作的。不过，由于政府难以全部承受众多的此类负担，实务中大多由建设单位（用地者）支付这些费用。[④] 即使如此，这些费用也不是取得划拨建设用地使用权的对价。

5. 行政划拨的建设用地使用权在法律效力上受到诸多限制

用地者取得行政划拨的建设用地使用权时没有支付对价，国家政策仅限于若干土地用途

---

① 王利明、尹飞、程啸：《中国物权法教程》，328～329页；胡康生主编：《中华人民共和国物权法释义》，311页。

② 胡康生主编：《中华人民共和国物权法释义》，311页。

③ 崔建远、孙佑海、王宛生：《中国房地产法研究》，44～47页；王利明、尹飞、程啸：《中国物权法教程》，328页。

④ 《城市房地产管理法》第23条第1款规定，用地者缴纳补偿、安置等费用。

才予批准，具有倾斜和照顾的性质，因而，行政划拨的建设用地使用权原则上不得转让、出租、抵押。不过，（1）在经过有批准权的人民政府审批，依照国家有关规定缴纳建设用地使用权出让金的前提下，由受让方和国土资源管理部门办理出让手续（也有不办理出让手续的情况），行政划拨的建设用地使用权发生了转让（《城市房地产管理法》第40条）。在实际操作上，时常将国土资源管理部门和受让人签订建设用地使用权出让合同的行为，视为有批准权的人民政府的批准。（2）以行政划拨的建设用地使用权设立抵押，在依法拍卖该建设用地使用权后，从拍卖所得的价款中缴纳相当于应缴纳的建设用地使用权出让金的款额，法律承认该抵押权的效力（参见《城市房地产管理法》第51条）。为了简化程序，国土资源管理部门依法办理了抵押登记手续，视为具有审批权限的国土资源管理部门予以了批准，不必另行办理行政划拨的建设用地使用权抵押的审批手续（参见国土资源部于2004年1月15日发布的《关于国有划拨土地使用权抵押登记有关问题的通知》），人民法院不得以划拨建设用地使用权抵押未经批准而认定抵押无效（参见最高人民法院于2004年3月23日发布的《关于转发国土资源部〈关于国有划拨土地使用权抵押登记有关问题的通知〉的通知》）。

6. 行政划拨的建设用地使用权无确定的终期

出让的建设用地使用权都具有明确的存续期限，70年、50年、40年不等（《城镇国有土地使用权出让和转让暂行条例》第12条）。与此不同，以行政划拨的方式取得的建设用地使用权，除法律、行政法规另有规定外，没有存续期限的限制（《城市房地产管理法》第23条第2款）。只要没有国家收回建设用地的法定事由（如城市建设发展的需要和城市规划的要求等），或自己抛弃建设用地使用权，用地者即可持续地享有建设用地使用权。就此看来，行政划拨的建设用地使用权具有无期性。

［辨析］

关于行政划拨的建设用地使用权是否具有永久性，学说的看法不同。一种观点认为，法律没有规定行政划拨的建设用地使用权的存续期限，只是意味着此种权利的存续期限是不确定的，而非意味着这种权利和所有权一样具有永久性。根据相关法规的规定，无偿取得划拨土地使用权者，因迁移、解散、撤销、破产或其他原因而停止使用土地的，市、县人民政府应当无偿收回其划拨土地使用权；以及市、县人民政府根据城市建设发展需要和城市规划的要求，可以无偿收回划拨土地使用权。[①] 本书作者认为，这种观点若在阐明划拨的建设用地使用权在存续期间方面与所有权有所差异，可资赞同，因为所有权并非于一定期间后自然消灭的权利，不依消灭时效（诉讼时效）而消灭[②]，而行政划拨的建设用地使用权的消灭，有的是于一定期间后自然消灭，有的则否；但若否定建设用地使用权的永久性，说服力尚嫌不足。因为所谓永久性，乃当事人不得预定其存续期间之义，但并非永远不消灭之义，而是指所有权不得如地上权、典权等预定一定存续期间，使于期间届满当然归于消灭。至于所有权得因标的物灭失，得因他人基于取得时效取得而消灭，固不待言。[③] 行政划拨的建设用地使

① 王利明、尹飞、程啸：《中国物权法教程》，330页。

② ［日］我妻荣：《日本物权法》，有泉亨修订，李宜芬校订，241页。

③ ［日］我妻荣：《日本物权法》，有泉亨修订，李宜芬校订，241页；郑玉波：《民法物权》，修订12版，54页；王泽鉴：《民法物权·通则·所有权》（总第1册），增补版，153页；谢在全：《民法物权论》（上册），修订2版，181页；魏振瀛主编：《民法》，3版，234页，北京，北京大学出版社、高等教育出版社，2007；王利明：《物权法研究》（上卷），修订版，396页，北京，中国人民大学出版社，2007。

用权的存续期间，也不允许当事人预定，符合永久性的要求。

（二）国有土地上的建设用地使用权与集体土地上的建设用地使用权

按照建设用地使用权存在于土地所有权的种类和性质的不同，可有国有土地上的建设用地使用权与集体土地上的建设用地使用权的分类。

所谓国有土地上的建设用地使用权，是指用地者分享国家土地所有权中的占有、使用、收益的权能而形成的建设用地使用权。本章所论建设用地使用权基本上为此类权利。

所谓集体土地上的建设用地使用权，是指用地者与集体经济组织协商取得的存在于集体所有土地上的建设用地使用权。按照《土地管理法》等现行法的规定，集体组织可在集体所有的土地上建造办公用房，以集体土地所有权为正当根据；乡镇企业可以集体土地使用权作为其建筑物的权源；农户可以集体土地使用权（宅基地使用权）作为建造住宅的正当根据，原则上禁止在集体土地上建设工业、商业、旅游、娱乐和商品住宅等经营性项目。不过，考虑到社会发展的前景，集体土地使用权可作某些特殊的经营性项目的正当根据，《物权法》特设第 151 条，预留了改革发展的空间。《中共中央关于全面深化改革若干重大问题的决定》迈出了更大的前进步伐，明确宣布："建立城乡统一的建设用地市场。在符合规划和用途管制前提下，允许农村集体经营性建设用地出让、租赁、入股，实行与国有土地同等入市、同权同价……完善土地租赁、转让、抵押二级市场"（第 11 条）。接下来需要做的是，尽快修订有关法律、法规，设置集体土地上的建设用地使用权出让、租赁、入股的条件和程序，规定相应的法律效果。

［探讨］

在实务中，有些地区允许以集体所有的土地兴办国有、集体、私营的企业，兴办中外合资、中外合作、外商独资的企业，兴办股份制企业和联营企业，兴办"三来一补"企业，用于个体工商户经营的场所。更有甚者，有些地区经有关部门批准，在集体所有的土地上兴建商品房。对此现实问题如何处理，亟待研究解决。广东省人民政府率先提出对策，于 2005 年 10 月 1 日开始实施《广东省集体建设用地使用权流转管理办法》，其中第 8 条规定："下列建设项目可以使用集体建设用地：1. 兴办各类工商企业，包括国有、集体、私营企业，个体工商户，外资投资企业（包括中外合资、中外合作、外商独资企业、'三来一补'企业），股份制企业，联营企业等；2. 兴办公共设施和公益事业；3. 兴建农村村民住宅。"该办法同时也作了限制性规定："通过出让、转让和出租方式取得的集体建设用地不得用于商品房地产开发建设和住宅建设"（第 5 条）。本书作者认为，广东省有条件地允许集体所有的土地兴办各类企业的做法，符合客观实际的需要，有利于降低投资者的成本，增加集体经济组织及农户的收入，减少腐败，值得肯定；同时认为，经过有关土地资源管理部门的批准，在社会主义新农村建设的整体规划内，利用集体所有的"四荒"地建设适当的商品房，也应肯定。

（三）以地表为客体的建设用地使用权与以地上或地下为客体的建设用地使用权

按照建设用地使用权的客体所处土地上下部位的不同，可有以地表为客体的建设用地使用权与以地上或地下为客体的建设用地使用权（《物权法》第 136 条）。

物权法上的土地概念采取一种纯形式的地表界定[①]，因此建设用地使用权以地表为客体

① ［德］鲍尔、施蒂尔纳：《德国物权法》（上册），张双根译，284 页。

应为常态，除非特别说明，建设用地使用权一语，应为以地表为客体的建设用地使用权。所谓以地上为客体的建设用地使用权，是指以距地面一定高度的空间为客体的建设用地使用权，简称为空间权，又叫区分建设用地使用权，或分层建设用地使用权。某些空中走廊的权源就是这种建设用地使用权。所谓以地下为客体的建设用地使用权，是指以距地面一定深度的空间为客体的建设用地使用权，也简称为空间权，又叫区分建设用地使用权，或分层建设用地使用权。许多地下商城、地铁的权源就是此类建设用地使用权。

［拓展］

在现代社会，人口已越来越集中于大都市，形成都市密集化。这种都市密集化，必然伴随着地铁、上下自来水、排水沟及地下停车场等诸多都市设施的建设进程，进一步说，促进了空间、电线、单轨铁路、两楼房间的通道、特殊的防公害的烟囱、电视塔等都市设施的建设完善。这样，土地的立体利用已经从地表脱离，被横向地、水平地切割为地下或空中的断层，并使其具有了固有的价值（有交换价值）。在这种水平断层的空间，近代法确立的土地所有权等种类的权利制度还能够适用吗？[①]

在近代民法中，土地所有法的体系，与其说是以都市区域，不如说是以农业区域为中心构成，所以不能把对土地的立体使用之评价放在土地所有权概念的构成中心的位置上。一直以来，都把垂直于地表上下的古典的土地所有权的法制称为土地法（Bodenrecht），相反，把进行了横向切割的水平的土地所有权称为空间法（Raumrecht）。土地法因其所指“土地”是以地表为中心的垂直于其上下的部分，故可以称之为垂直的不动产法；相反，空间法则由于将“空间”从地表分离出来，在一定的空间上水平地存在，所以也可以称之为水平的不动产法。[②] 这种空间法在美国是以普通法为基础并根据判例创设出来的，其核心为空间权（air rights）制度。[③] 空间权，表现在所有权方面，有建筑物区分所有权；表现在租赁权方面，即有空间租赁权；表现在役权方面，可有空间役权；表现在地上权方面，就是区分地上权。[④] 中国《物权法》第136条规定的以地下、地上为客体的建设用地使用权，可称之为区分建设用地使用权，相当于大陆法系所谓的区分地上权。

（四）意定建设用地使用权与法定建设用地使用权

以建设用地使用权是否依据法律的直接规定当然设立为标准，可有意定建设用地使用权与法定建设用地使用权的分类。

所谓意定建设用地使用权，是指用地者与有关当事人合意设立的建设用地使用权。本章对此将详细讨论。

所谓法定建设用地使用权，是指为使建筑物、构筑物及其附属设施具有地权这个正当根据，在具备一定条件时，依据法律的直接规定而当然成立的建设用地使用权。在法律规定未

---

① ［日］筱塚昭次：《空中权、地中权的法理——围绕土地的新利用形态》，载《法学家·临时增刊·土地问题——实态·理论·政策》第476号，122页，东京，有斐阁，1971。

② ［日］筱塚昭次：《空中权、地中权的法理——围绕土地的新利用形态》，载《法学家·临时增刊·土地问题——实态·理论·政策》第476号，122～123页。

③ 参见［日］高田寿史：《空中权与城市开发——从美国的实例所看到的问题及我见》，载《不动产研究》，第25卷1号，35页。

④ ［日］筱塚昭次：《空中权、地中权的法理——围绕土地的新利用形态》，载《法学家·临时增刊·土地问题——实态·理论·政策》第476号，123～128页。

尽周详的背景下，个别情况下依法理和利益衡平的需要而应当承认的建设用地使用权，也可划入法定建设用地使用权之列。它大体可有如下类型：

1. 于抵押权设立当时应当设立，至实际必要时使其成立，以保持建筑物、构筑物及其附属设施为目的的建设用地使用权。它发生在行使抵押权，拍卖或变卖抵押物，导致建设用地使用权和地上建筑物、构筑物及其附属设施异其主体时，视为已有法定建设用地使用权的设立，作为建筑物、构筑物及其附属设施存在的正当权源。

［辨析］

《物权法》第 182 条规定："以建筑物抵押的，该建筑物占用范围内的建设用地使用权一并抵押。以建设用地使用权抵押的，该土地上的建筑物一并抵押。"（第 1 款）"抵押人未依照前款规定一并抵押的，未抵押的财产视为一并抵押。"（第 2 款）这使得房地产抵押权的标的物几乎全部囊括建筑物和该建筑物占用范围内的建设用地使用权，纵使当事人约定仅以建筑物为标的物设立抵押权，或仅以建设用地使用权为标的物设立抵押权，也是枉然。只有在以建设用地使用权抵押时尚无建筑物等极个别的场合，房地产抵押权的标的物才不包括建筑物。这样，第一种类型的法定建设用地使用权产生的机会大为降低。

尽管如此，第一种类型的法定建设用地使用权仍有生存的空间。例如，《物权法》第 142 条后段的"但书"认可了建筑物、构筑物及其附属设施与其所占用基地的建设用地使用权异其主体的例外，实务中也确实存在着若干房地权属异其主体的例外情形。在这些情况下，当事人约定以建筑物、构筑物及其附属设施设立抵押权，因建设用地使用权另属他人，则难以按照《物权法》第 182 条的规定，使该抵押权的效力当然及于该建设用地使用权。于是，可能出现因该抵押权的行使而受让建筑物、构筑物及其附属设施者却不能受让建设用地使用权的情况。但这又违反建筑物、构筑物及其附属设施必须以地权为其正当根据的规则及理论。解决这一问题的方案至少可有两个，一个是承认法定租赁权，一个是承认法定建设用地使用权。

2. 土地或建设用地使用权和建筑物、构筑物及其附属设施同属于一人，而仅以建筑物、构筑物及其附属设施典当，典当行取得建筑物、构筑物及其附属设施的所有权，致使建筑物、构筑物及其附属设施和土地或建设用地使用权异其主体的，应当承认典当行（建筑物、构筑物及其附属设施所有权人）就所占用的基地享有法定建设用地使用权，以使该建筑物、构筑物及其附属设施所有权具有地权的正当根据。

［知识］

当铺业，古已有之。人们将其动产（当物）交给当铺，获得一定数额的借款，于约定期间内回赎该物的，向当铺给付利息即可终止双方的关系；于约定期间届满没有回赎的，便成死当，当物由当铺自由处置。[①] 需要注意，2005 年 4 月 1 日起施行的《典当管理办法》将当和典统一调整，将典当界定为："当户将其动产、财产权利作为当物质押或者将其房地产作为当物抵押给典当行，交付一定比例费用，取得当金，并在约定期限内支付当金利息、偿还当金、赎回当物的行为"（第 3 条第 1 款）。

按照《典当管理办法》第 25 条第 3 项的规定，典当行可以经营房地产（外省、自治区、直辖市的房地产或者未取得商品房预售许可证的在建工程除外）抵押典当业务。由于《典当

① 江平、王家福主编：《民商法学大辞书》，132～133 页，南京，南京大学出版社，1998。

管理办法》就房地产的典当没有如同《物权法》第182条那样强行要求房屋与其所占用范围的建设用地使用权一并典当，可以出现典当物仅仅是房屋而不包括房屋占用范围的建设用地使用权的情况。于此场合，若当户没有依约赎回，典当行便取得该房屋所有权，致使房地权属异其主体，违反房屋所有权必须以地权为其正当权源的规则。解决这个问题的方案之一是，承认法定建设用地使用权的情况。

［延伸］

在实务中，存在着某些建筑物、构筑物及其附属设施的所有权人不享有相应的建设用地使用权的情形，如某些事业单位、国家机关利用行政划拨的建设用地为其职工建造了房屋，只给购房职工办理了《房屋所有权证》，未将该房屋所在地的建设用地使用权移转给购房职工。于此场合，倘若仍然按照法定建设用地使用权的思路设计并处理，会有违不将该建设用地使用权移转给购房职工的初衷，莫不如采取另外的模式，更为合理。这些模式至少有两种：其一，此类事业单位、国家机关不再保留行政划拨的建设用地使用权，直接将房屋所有权和相应的建设用地使用权一并移转给购房职工，以贯彻房地权属的确定与变动原则上一体的基本理念及制度原则。同时，为了保护这些事业单位、国家机关的合法权益，防止国有资产流失，适当限制这些购房职工（房屋所有权人）处分其房屋；并且，一旦转让其房屋，则令其补交地价款。其二，此类事业单位、国家机关依然保留行政划拨的建设用地使用权，但赋予购房职工（房屋所有权人）对其房屋所在地的建设用地享有法定租赁权，以满足建筑物所有权以地权为正当根据的原则。

三、建设用地使用权的性质

1. 权利主体因建设用地使用权的类型不同而异其规格

从权利主体方面看，不同类型的建设用地使用权的主体的身份不同。例如，行政划拨的建设用地使用权的主体，限于国家机关、有关人民团体、军事部门、有关事业单位、某些公司，不会是自然人、股份公司、中外合资经营企业、中外合作经营企业、外商独资企业等。再如，集体土地上的建设用地使用权的主体，主要为乡镇企业，不可能是农民、国家机关、军事部门等。

2. 建设用地使用权的客体原则上为国有土地，少数情况下为集体所有的土地

从权利客体的所有制性质方面看，建设用地使用权的客体原则上为国有土地（《物权法》第135条等），在兴办乡镇企业、建设乡（镇）村公共设施和公益事业等情况下，经依法批准，可以是集体所有的土地（《土地管理法》第43条）。从发展趋势看，集体所有的土地作为建设用地的领域会有所扩大（见《物权法》第151条）。

3. 权利客体的部位可以是地表、地下、地上

从权利客体的立体部位看，建设用地使用权的客体可以是某宗地的地表，也可以是某宗地的地上（空间），还可以是某宗地的地下（空间）（《物权法》第136条）。以地上空间、地下空间为客体的建设用地使用权，叫作区分建设用地使用权，或分层建设用地使用权，或径称为空间权。

4. 权利的目的及功能为建造建筑物、构筑物及其附属设施，并保有其所有权

从权利的目的及作用方面看，建设用地使用权旨在使权利人有权在国有的（少数情况下

为集体所有的）某宗地上建造建筑物、构筑物及其附属设施，并保有其所有权。一个人若欠缺某宗地的建设用地使用权，却在该宗地上建造建筑物、构筑物及其附属设施，其行为违法，对于所建建筑物、构筑物及其附属设施没有所有权（《物权法》第30条、第142条正文）。

就建造和保有之间的关系而言，建造建筑物、构筑物及其附属设施为初步目的，也可以说只是手段，保有建筑物、构筑物及其附属设施的所有权才是最终目的，更有价值。此其一。在受让建设用地使用权时，基地上已有建筑物、构筑物及其附属设施，或购买地上建筑物、构筑物及其附属设施的场合，按照《物权法》第146条、第142条正文的规定，受让人一并取得建设用地使用权和地上建筑物、构筑物及其附属设施，“土地上现存的建筑物能够满足建设用地使用权人的需要，故而其无须另行建造。权利内容仅为保有”[①]。此其二。

5. 建设用地使用权派生于土地所有权

从权利所出之源看，建设用地使用权系分享国家的（少数情况下为集体所有的）土地所有权中占有、使用、收益的权能而形成的他物权。土地所有权为母权，建设用地使用权为子权。

6. 建设用地使用权为用益物权

从权利的归属体系看，建设用地使用权为用益物权。建设用地使用权具有排他性、优先效力、物权请求权等效力，属于物权。它以占有、使用、收益为内容，属于用益物权。

四、建设用地使用权与有关权利的辨析

1. 建设用地使用权与地上权

德国等立法例上存在着地上权制度。所谓地上权，是指以在——受负担——土地的地面上或地面下，拥有建筑物为内容的可转让并可继承的权利。[②] 或者说，地上权是指以在他人的土地上保有建筑物或其他工作物或竹木为目的，而使用其土地的权利。[③] 可见，就目的及功能而言，它与中国现行法上的建设用地使用权相同或相当。诚然，二权之间也有些许差异：(1) 地上权存在于他人所有（绝大多数情况下为私有）的土地之上，而中国现行法上的建设用地使用权基本上存在于国有土地之上，仅在少数情况下存在于集体所有的土地之上。(2) 地上权的目的及功能并未区分建筑物的用途，不论是建造农户的住宅，还是建造市民的住房，抑或建造写字楼，等等，只要是利用他人所有的土地，就统统由地上权制度解决。与此有别，《物权法》等法律区分在他人土地上建造农户住宅和其他建筑物、构筑物及其附属设施的不同情形，由建设用地使用权和宅基地使用权两项制度分工负责。由此看来，如果一定作类比，那么，从权利目的及功能的角度观察，可以说建设用地使用权和宅基地使用权合起来相当于地上权。(3) 地上权的设立，绝大多数是基于当事人的约定加上登记，少数情况下直接基于法律的规定；而建设用地使用权的设立，在中国现行法上存在着基于出让合同加上登记、行政划拨加上登记两种方式，中国法应当尽快承认基于法律的直接规定的设立方式。(4) 地上权具有让与性，而行政划拨的建设用地使用权在让与性方面受到严格的限制，

① 王利明、尹飞、程啸：《中国物权法教程》，319页。

② 德国《地上权条例》第1条第1款；［德］鲍尔、施蒂尔纳：《德国物权法》（上册），张双根译，648页。

③ 谢在全：《民法物权论》（中册），修订2版，53页。

只有出让的建设用地使用权才可较为自由地让与。

2. 建设用地使用权与土地租赁权

建设用地使用权是不动产物权，而土地租赁权（含建设用地使用权的租赁权，下同）从基本性质方面观察为债权，二权具有本质的不同。但因土地租赁权也有在他人土地上建造并保有建筑物、构筑物及其附属设施所有权的目的及功能，加上租赁权已经物权化，它们之间也有可比性。具体说来，两者的差异如下：（1）建设用地使用权的取得以登记为生效要件（《物权法》第139条、第9条第1款、第14条等）。土地租赁权的成立不以登记为成立要件和生效要件。（2）行政划拨的建设用地使用权没有明确的终期，出让的建设用地使用权的存续期限有70年、50年、40年不等（《城镇国有土地使用权出让和转让暂行条例》第12条），土地租赁权的存续期限不得长于20年（《合同法》第214条）。（3）行政划拨的建设用地使用权没有对价，土地租赁权必然伴随着租金。（4）行政划拨的建设用地使用权原则上不得转让，转让需要满足许多条件；出让的建设用地使用权具有充分的让与性。其中的转让包括抵押。土地租赁权原则上不得转让，不得抵押，转租须经出租人同意。（5）建设用地使用权人无权请求土地所有权人修缮土地，承租人有权请求出租人修缮租赁物。（6）建设用地使用权和土地租赁权在终止事由方面也存在着差异。

3. 建设用地使用权与地役权

建设用地使用权和地役权的相似点在于，二权均有建造构筑物及其附属设施并保有其所有权的目的及功能。但两者毕竟是差异明显的两种不动产物权：（1）建造并保有建筑物、构筑物及其附属设施的所有权，为建设用地使用权的根本目的及功能。地役权没有单纯地建造建筑物并保有其所有权的目的及功能，只有为了架设管线、修建输水渠等目的而需要辅助地建造构筑物及其附属设施并保有其所有权的目的及功能。一旦建造并保有建筑物、构筑物及其附属设施的所有权成为权利的唯一目的及功能，那么该权应为建设用地使用权（或宅基地使用权），而不应为地役权。（2）建设用地使用权的设立，有的基于法律的直接规定，有的通过当事人的约定。地役权一律通过当事人间的约定设立。（3）建设用地使用权是个独立的不动产物权，地役权具有附随性。（4）由此决定，建设用地使用权可以单独转让，地役权不得单独转让。（5）行政划拨的建设用地使用权没有对价，地役权以有对价为常态。

4. 建设用地使用权与土地承包经营权

建设用地使用权和土地承包经营权之间的区别比较明显：（1）建设用地使用权的目的及功能是在国有的（少数情况下为集体所有的）土地上建造建筑物、构筑物及其附属设施，并保有其所有权；土地承包经营权的目的及功能是在集体所有的（少数情况下为国有的）土地上从事农林牧渔经营活动，并取得农获物的所有权。（2）建设用地使用权的主体多种多样，且区分情况而设定限制。以家庭承包经营为基础的土地承包经营权，其主体限于承包地所在地的集体经济组织的成员；以“四荒”为客体的土地承包经营权的主体则无限制。（3）建设用地使用权的客体原则上为国有土地，少数情况下为集体所有的土地。土地承包经营权的客体基本上为集体所有的土地，仅在新疆建设兵团、黑龙江建设兵团等少数地区是国有土地。（4）建设用地使用权的设立以登记为生效要件（《物权法》第139条），土地承包经营权自土地承包经营权合同生效时设立（《物权法》第127条第1款）。（5）取得出让的建设用地使用权需要支付使用权出让金，取得行政划拨的建设用地使用权无须支付出让金。取得土地承包经营权均需支付承包费。（6）两种权利在流转的限制方面也有区别。

第二节 建设用地使用权的取得

一、建设用地使用权取得概述

建设用地使用权的取得分为原始取得和继受取得。所谓建设用地使用权的原始取得，是指不以他人既有的权利为依据而独立取得建设用地使用权的现象。善意取得建设用地使用权（《物权法》第 106 条第 3 款）、依据法律的直接规定而取得建设用地使用权（法定建设用地使用权），均属此类。

所谓建设用地使用权的继受取得，又称建设用地使用权的传来取得，是指基于原权利人的权利，而取得建设用地使用权的现象。继受取得建设用地使用权又分移转继受取得建设用地使用权和创设继受取得建设用地使用权。

所谓创设继受取得建设用地使用权，是将土地所有权的部分权能分离和独立出来，形成建设用地使用权这种新权利的现象。它又表现为两种基本形态，一是出让设立建设用地使用权，即由用地者和国土资源管理部门签订出让合同，并办理完毕移转登记，取得（出让的）建设用地使用权；二是行政划拨设立，即国土资源管理部门将某宗国有土地的建设用地使用权授予用地者。本节专门讨论建设用地使用权的设立。

所谓移转继受取得建设用地使用权，是就承包人既有的建设用地使用权，不变更其性质而继受取得该权的现象。例如，基于转让、互易、赠与而继受取得建设用地使用权，基于将建设用地使用权出资而由公司继受取得，自然人为权利人时可基于遗赠而继受取得或基于继承而继受取得，均属此类。继受取得以转让取得建设用地使用权为常态，将在本章第三节“建设用地使用权的效力”中讨论。

二、行政划拨建设用地使用权的取得

行政划拨建设用地使用权的取得，必须基于行政命令，其大致的程序是：(1) 先列入国家固定资产投资计划，或准许建设的国家建设项目，经过批准，建设单位（用地者）方可申请建设用地。(2) 用地者提出申请。建设单位（用地者）必须持国务院行政主管部门或县级以上地方人民政府按照国家基本建设程序批准的设计任务书，或对用地数量、用地选址方案已经明确规定的其他批准文件，向县级以上人民政府土地资源管理部门提出用地申请。(3) 审批划拨。经县级以上人民政府根据法定的批地权限，对建设单位（用地者）提出的用地申请进行审查，对法律手续齐备的，以行政命令的方式确定具体使用的建设用地，由国土资源管理部门把用地划拨给建设单位。[①] (4) 权属登记。建设单位（用地者）接到批准用地文件之后，可持该文件申请建设用地使用权的登记。申请国有建设用地使用权首次登记，应当提交下列材料：(1) 土地权属来源材料，包括国有建设用地划拨决定书、授权经营批准文件；(2) 权籍调查表、宗地图以及宗地界址点坐标；(3) 土地出让价款、土地租金、相关税费等缴纳凭证；(4) 其他必要材料（《不动产登记暂行条例实施细则》第 34 条第 1、2 款）。申请在地上或者地下单独设立国有建设用地使用权登记的，也照此办理（《不动产登记暂行条例

① 王利明、尹飞、程啸：《中国物权法教程》，327 页。

实施细则》第34条第3款）。一经登记完毕，用地人即取得建设用地使用权。

行政划拨的建设用地使用权的取得，有些特殊情况。例如，法释［2005］5号第13条规定，土地使用权人与受让方订立合同转让划拨土地使用权，起诉前经有批准权的人民政府决定不办理土地使用权出让手续，并将该划拨土地使用权直接划拨给受让方使用的，土地使用权人与受让方订立的合同可以按照补偿性质的合同处理。

三、出让的建设用地使用权的取得

出让的建设用地使用权的设立，按照现行法的规定，必须通过用地者和国土资源管理部门签订建设用地使用权出让合同（以下简称为出让合同），再办理建设用地使用权移转登记（变更登记），才能发生法律效力（《城市房地产管理法》第15条，《物权法》第138条、第139条，《土地登记办法》第39条）。

（一）建设用地使用权出让合同

1. 建设用地使用权出让合同的概念

建设用地使用权出让合同，是指市县级人民政府的土地资源行政主管部门代表国家与用地者约定，国家以土地所有权人的身份将建设用地使用权在一定年限内让与用地者，用地者向国家支付建设用地使用权出让金的合同。

关于出让合同的性质，有行政合同说①和民商事合同说②的争论，本书赞同后者，主要理由如下：(1) 出让合同中虽有行政因素，如出让人可依法对受让人警告、罚款乃至收回建设用地使用权，但所占比重较小；而民商事法律关系占据主要地位，如双方遵循平等、自愿和有偿的原则签订合同，出让金为建设用地使用权的对价，交易目的乃移转建设用地使用权。遇此情境，应以主要部分的性质确定合同的性质。当然，对于行政因素也不得忽视，适用行政法的有关规定。③ (2) 确定某合同的性质和归属，不单纯是个逻辑问题、学术问题，而且涉及法律适用。倘若把出让合同定性和定位在行政合同，则必然适用行政法的规定解决纠纷。而行政法上的救济措施至今欠缺恢复原状、排除妨害、消除危险等请求权。(3) 违约救济方式是违约责任的方式，而非国家赔偿的方式。就此看来，将出让合同定为行政合同也不妥当。

2. 出让合同的主体

出让合同的主体分为出让人和受让人。其中的出让人，按《城市房地产管理法》第8条规定，实质上是以土地所有权人身份出现的国家，但按该法第12条规定，由市、县人民政府有计划、有步骤地进行，按该法第15条第2款规定，由市、县人民政府土地资源管理部门具体办理。依据法理，在签订出让合同的问题上，市、县人民政府为国家的代表，与国家

---

① 详细论述，见南路明、肖志岳：《中华人民共和国地产法律制度》，33页，北京，中国法制出版社，1991；周岩、金心：《土地转让中的法律问题》，110～112页，北京，中国政法大学出版社，1990；应松年：《行政合同不可忽视》，载《法制日报》，1997-06-09，1版。

② 详细论述，见王家福、黄明川：《土地法的理论与实践》，220～221页，北京，人民日报出版社，1991；崔建远、孙佑海、王宛生：《中国房地产法研究》，21页；王利明：《物权法研究》，426页；崔建远：《准物权研究》，53～60页；王利明、尹飞、程啸：《中国物权法教程》，341～346页；黄松有主编：《〈中华人民共和国物权法〉条文理解与适用》，419页。

③ 崔建远：《准物权研究》，53～60页。

具有同一人格。国土资源管理部门为合同的经办人，亦即出让人的代理人。不过，在实务中，为了简便，人们直接把国土资源管理部门叫作出让人，也未引起误解。

受让人，即用地者，或建设用地使用人。对其范围、资质，国家的法律、法规尚无具体要求，某些地方法规、规章倒有规定。例如，《深圳经济特区土地使用权出让条例》（2011年修正）第5条规定："中华人民共和国境内外的企业、组织和个人，均可依照本条例的规定取得土地使用权，但法律、法规另有规定的除外。"《上海市土地使用权出让办法》（2008年修正）第5条规定："境内外的自然人、法人和其他组织，除法律另有规定外，均可以按本办法的规定，在本市以出让方式取得土地使用权，并进行土地开发、利用和经营。"本书作者认为，受让人须有权利能力，应有开发建设的能力。

3. 合同内容

当事人依程序订立合同，意思表示一致，便形成合同条款，构成了作为法律行为意义上的合同的内容。合同条款固定了当事人各方的权利义务，成为了法律关系意义上的合同的内容。作为出让人和受让人之间权利义务的意义上的合同内容，将在本章第三节"建设用地使用权的效力"中讨论，此处介绍的合同内容限于合同条款。

按照《物权法》第138条第2款规定，出让合同一般包括下列条款：

（1）当事人的名称和住所

当事人是合同权利和合同义务的承受者，没有当事人，合同权利义务就失去存在的意义，因此，订立出让合同必须有当事人这一必备条款。当事人由其名称或姓名及住所加以特定化、固定化，所以，具体的出让合同条款的草拟必须写清当事人的名称或姓名和住所。

（2）土地界址、面积等

土地界址和面积能使建设用地使用权的客体特定化，出让合同写清它们乃物权客体特定性的当然要求。为了准确界定建设用地的基本数据，出让合同一般会附"出让宗地界址图"，标明建设用地的位置、四至范围等。该附件须经双方当事人确认。

（3）建筑物、构筑物及其附属设施占用的空间

这里所谓建筑物、构筑物及其附属设施占用的空间，有两方面的含义：其一，在以地表为标的物的建设用地使用权场合，空间是指建筑物、构筑物及其附属设施的高度及所占用的基地，以及正常使用所必需的空间范围。① 其二，因为《物权法》第136条设计了以地下为客体的建设用地使用权和以地上为客体的建设用地使用权，即所谓空间权，或曰区分建设用地使用权，或曰分层建设用地使用权，所以《物权法》第138条规定的空间，指每一种建设用地使用权具体占用的空间范围，即出让合同须标明每一宗建设用地占用的面积和四至范围，建筑物、构筑物及其附属设施的高度和深度，从而确定用地者行使建设用地使用权的界限。②

（4）土地用途

土地用途可分为工业、商业、娱乐、住宅等用途。国家对建设用地实行用途管制，不同用途的建设用地的使用期限是不同的。土地用途也影响着建设用地使用权出让金的数额，与城市的发展规划也有关。③ 正因如此重要，所以土地用途须经有关人民政府批准，出让合同

---

① 黄松有主编：《〈中华人民共和国物权法〉条文理解与适用》，420页。

② 胡康生主编：《中华人民共和国物权法释义》，316页。

③ 崔建远、孙佑海、王宛生：《中国房地产法研究》，27页。

约定的土地用途必须与此相符。假如要改变，应当征得出让人的同意，并经土地行政主管部门和城市规划行政主管部门的批准，重新签订或更改原有的出让合同，调整建设用地使用权出让金，并办理相应的登记。

（5）使用期限

出让的建设用地使用权均有期限，按照《城镇国有土地使用权出让和转让暂行条例》第12条规定，建设用地使用权出让最高年限按下列用途确定：1）居住用地70年；2）工业用地50年；3）教育、科技、文化、卫生、体育用地50年；4）商业、旅游、娱乐用地40年；5）综合或其他用地50年。此类期限自出让人向受让人实际交付宗地之日起算，原行政划拨的建设用地使用权补办出让手续的，出让年限自合同签订之日起算。[①]

（6）出让金等费用及其支付方式

出让金系建设用地使用权的对价，其数额直接关系着双方当事人的利益分配，体现着国家的土地政策，因此它为出让合同的主要条款。支付方式往往决定着出让金的实现，所以出让合同对此最好也应明确规定。此外，支付期限和币种也往往决定着出让金的实现，事关当事人之间的利益分配，亦应如此处理。[②] 在出让合同没有规定的情况下，按照有关规定处理，即出让金的支付期限为出让合同签订后60日内全部付清，否则，出让方有权解除合同。

（7）解决争议的方法

解决争议的方法，含有解决争议运用什么程序、适用何种法律、选择哪家检验或鉴定的机构等内容。当事人双方在出让合同中约定的仲裁条款、选择诉讼法院的条款、选择检验或鉴定机构的条款、协商解决争议的条款等，均属解决争议的方法的条款。

4．合同形式

按照《物权法》第138条第1款规定，采取招标、拍卖、协议等出让方式设立建设用地使用权的，当事人应当采取书面形式订立建设用地使用权出让合同。

（二）建设用地使用权的登记

出让合同生效，并非建设用地使用权取得的充分条件，只有办理完毕建设用地使用权登记手续，受让人才能取得建设用地使用权。《物权法》第139条规定："设立建设用地使用权的，应当向登记机构申请建设用地使用权登记。建设用地使用权自登记时设立。登记机构应当向建设用地使用权人发放建设用地使用权证书。"《不动产登记暂行条例实施细则》贯彻了这种精神，于第34条规定，申请国有建设用地使用权首次登记，应当提交下列材料：(1) 土地权属来源材料，包括国有建设用地使用权出让合同或国有建设用地使用权作价出资（入股）、授权经营批准文件；(2) 权籍调查表、宗地图以及宗地界址点坐标；(3) 土地出让价款、土地租金、相关税费等缴纳凭证；(4) 其他必要材料（第1、2款）。申请在地上或地下单独设立国有建设用地使用权登记的，也照此办理（第3款）。

在过去，至少有的理论和实务把登记作为出让合同或转让合同的生效要件，《物权法》已经改弦易辙，特于第15条规定："当事人之间订立有关设立、变更、转让和消灭不动产物权的合同，除法律另有规定或者合同另有约定外，自合同成立时生效；未办理物权登记的，不影响合同效力。"由此可知建设用地使用权登记仅是建设用地使用权取得的生效要件（或

① 胡康生主编：《中华人民共和国物权法释义》，316页。

② 崔建远、孙佑海、王宛生：《中国房地产法研究》，27页。

曰成立要件)，是物权变动的要件，而不是出让合同的生效要件。这样既能区别开物权变动与(出让或转让)合同，又能在出让人、转让人不履行登记义务时，受让人可基于合同及违约请求法院强制出让人、转让人办理登记手续，从而取得建设用地使用权。[①]

［探讨］

出让合同无效、被撤销或被解除对建设用地使用权的影响

德国法系实行物权行为的独立性和无因性，地上权已经登记完毕的场合，即使设定地上权的债权合同无效或被撤销，地上权也不受其影响。中国现行法没有采取物权行为的独立性和无因性，建设用地使用权的设立直接受出让合同的影响。这就产生一个问题，出让合同无效、被撤销或被解除，建设用地使用权设立的效果是否随之化为乌有？若一律作肯定的回答，会害及交易安全，对受让人不利。为了解决这个问题，应当区分情况，确立如下三项规则及理论：其一，出让合同合法有效，出让人却违法地将之解除，不发生解除的效果，业已登记完毕的建设用地使用权不因此而受影响。其二，在建设用地使用权业已登记完毕的情况下，只要未注销登记，受让人就仍然享有建设用地使用权，即使出让合同已被确认为无效、被撤销或被解除，也是如此。其三，出让合同被依法确认为无效或被撤销，或被出让人依法解除，若尚未办理建设用地使用权登记，受让人不能取得建设用地使用权，若业已办理了登记手续，则需要办理注销登记手续，只有这样才能使建设用地使用权不复存在。

四、建设用地使用权的出让方式

按照《物权法》规定，建设用地使用权的出让方式包括招标、拍卖、协议等方式(第137条第2款、第138条)。国土资源部发布的《招标拍卖挂牌出让国有建设用地使用权规定》(2007年修订)不但对此予以具体化，而且增加了挂牌的方式。

第三节　建设用地使用权的效力

一、建设用地使用权人的权利

1. 占有、使用建设用地的权利

建设用地使用权的目的及功能之一是，在国有或集体所有的土地上建造建筑物、构筑物及其附属设施，故权利人对该宗建设用地必须享有占有、使用的权利，才能达到权利目的，发挥权利功能。土地所有权人对此负有容忍义务。

占有、使用建设用地的范围，在基于行政划拨而取得建设用地使用权场合，以行政主管部门批准和不动产登记簿的记载为准加以确定；在基于出让合同而取得建设用地使用权的场合，按照约定和不动产登记簿的记载加以确定；在继受他人的建设用地使用权的场合，依然如此确定。

尤其在同一宗建设用地上立体化地并存着以地表为客体的建设用地使用权、以地上为客体的建设用地使用权和以地下为客体的建设用地使用权的情况下，更应严格按照批准和登记

---

① 崔建远：《土地上的权利群论纲》，载《中国法学》，1998(2)，16～17页。

的建设用地范围确定占有、使用的边界。

2. 保有建筑物、构筑物及其附属设施所有权的权利

建设用地使用权的目的及功能之二是，权利人对其建造于建设用地上的建筑物、构筑物及其附属设施保有所有权。《物权法》第 142 条正文关于“建设用地使用权人建造的建筑物、构筑物及其附属设施的所有权属于建设用地使用权人”的规定，就是对该权利目的及功能的确认。从另一角度阐释就是，建设用地使用权是建设用地上建筑物、构筑物及其附属设施的所有权的正当权源。

［引申］

建筑物所有权不可能凭空孤立存在，必须以地权作为自己的正当根据，否则构成无权占有。[①] 其道理在于，自罗马法以来，法律奉行土地吸收地上物的原则，尚未收割的农作物、生长于土地上的树木、竖立于土地上的建筑物都属于土地的成分，甚至于落在土地上的小鸟都要如此认定。这固然周到地保护了土地所有权人的利益，但也阻碍了人们投资于他人的土地且保有建筑物所有权的热情和行为。衡平地协调土地所有权人和投资于土地的非所有权人之间的利益，让土地所有权人仅仅取得非所有权人利用土地的对价，使非所有权人保有建造在他人土地上的建筑物的所有权，法律创设了地上权制度，只要非所有权人在他人的土地上取得地上权，建筑物便不被土地所吸收，而是与地上权相结合，成为地上权人的所有物。

中国法借鉴了这种思想及路径，但没有采用地上权的称谓，而是使用了宅基地使用权、集体土地使用权、国有土地使用权、建设用地使用权等概念。其中，宅基地使用权作为农户在集体所有的土地上建造住房并保有住房所有权的正当根据，集体土地使用权作为乡镇企业建造建筑物并保有所有权的正当根据，在广东省也能作为中外合资经营企业、中外合作经营企业、外商独资企业等建造建筑物并保有所有权的正当根据，国有土地使用权作为在国有土地上建造建筑物并保有所有权的正当根据。

《物权法》放弃了国有土地使用权的称谓，改称建设用地使用权，其目的及功能没有变化，其第 142 条正文的规定就是明证。该条正文对于澄清土地权利与建筑物、构筑物及其附属设施的物权之间关系的理念、形成适当的房地产权属理论、正确裁判房地产案件，都具有不可或缺的重要作用。但也须注意，它也有提升的空间，即房地权属的确定与变动原则上一体，不限于建设用地使用权人建造建筑物的场合，非建设用地使用权人在建设用地上建造建筑物，在基于合作建房合同（约定建造一方仅仅取得使用建筑物的债权）、出于为建设用地使用权人谋利益的目的等情况下，建筑物的所有权也归属于建设用地使用权人。不动产抵押权的行使结果，建筑物的所有权同样归属于建设用地使用权人。如此看来，《物权法》第 142 条正文的涵盖范围过窄，应予扩展其适用范围，合理的条文正文应是：“建筑物、构筑物及其附属设施的所有权属其所在地的建设用地使用权人。”

理解《物权法》第 142 条正文的规定，疑问之一是，非建设用地使用权人在建设用地上建造建筑物，所有权归属于谁？根据上文所述，建设用地使用权是阻挡建筑物属于土地（在现行法上，准确的表述是“建设用地使用权是阻挡建筑物所有权归土地所有权人享有”）、使建筑物与建设用地使用权相结合的法律制度，因而，即使是他人出资建造的建筑物，该建筑

---

① 王泽鉴：《民法物权·通则·所有权》（总第 1 册），增补版，250～251 页。

物所有权也归属于建设用地使用权人，而不归出资者，除非建设用地使用权人补办手续，国土资源管理部门将建设用地使用权变更为双方共有。[1]

出资者若不能拥有出资建造的建筑物，所能采取的救济途径大概有如下几种：(1) 可以基于《民法通则》第92条的规定，请求建设用地使用权人返还不当得利。于此场合，需要出资者举证建设用地使用权人获得了多少利益，在个案中，举证困难，尤其损失大于利益时，出资者会遭受损失，更不要说在房价日益飙升背景下的情形了。(2) 在构成无因管理的情况下，出资者也可以基于无因管理请求本人（取得建筑物所有权者）偿还其建造建筑物所支出的费用。其数额与基于不当得利制度所得返还相差不会太大。(3) 出资者基于合同而合作建房的场合，合同无效或被撤销时，出资者可以基于《合同法》第58条的规定请求取得建筑物所有权的一方予以赔偿。这对出资者也不太有利。

需要注意，《物权法》第142条尚有一但书——“但有相反证据证明的除外”。本书作者认为，该但书所指情形应为土地租赁权可以作为建筑物、构筑物及其附属设施的所有权的正当根据。其理由有二：(1) 国土资源部于1999年8月1日发布了《规范国有土地租赁若干意见》，其中第4条规定：“国有土地租赁可以根据具体情况实行短期租赁和长期租赁。对短期使用或用于修建临时建筑物的土地，应实行短期租赁，短期租赁年限一般不超过5年；对需要进行地上建筑物、构筑物建设后长期使用的土地，应实行长期租赁，具体租赁期限由租赁合同约定，但最长租赁期限不得超过法律规定的同类用途土地出让最高年期。”这就明确承认了建筑物、构筑物及其附属设施的所有权得以国有土地租赁权为其正当根据。当然，本书作者注意到，《规范国有土地租赁若干意见》第1条第3款也规定：“对原有建设用地，法律规定可以划拨使用的仍维持划拨，不实行有偿使用，也不实行租赁。对因发生土地转让、场地出租、企业改制和改变土地用途后依法应当有偿使用的，可以实行租赁。对于新增建设用地，重点仍应是推行和完善国有土地出让，租赁只作为出让方式的补充。对于经营性房地产开发用地，无论是利用原有建设用地，还是利用新增建设用地，都必须实行出让，不实行租赁。”这清楚地表明国有土地租赁权不得作为商品房所有权的正当根据。就是说，作为解释论，把国有土地租赁权作为建筑物、构筑物及其附属设施的所有权的正当根据，列为《物权法》第142条但书的内容，只能是非经营性房屋所有权以国有土地租赁权为正当根据。(2) 日本等国家或地区，以土地租赁权作为建筑物、构筑物及其附属设施的所有权的权源的情形不在少数，其中一个重要原因是租金相对于地上权的代价而言较低。代价低却能够保有建筑物、构筑物及其附属设施的所有权，何乐而不为呢?! 这应当引起我们的重视。[2]

[延伸]

若将视野扩及整个物权法，会发现作为构筑物及其附属设施所有权的正当根据，甚至于作为建筑物及其附属设施所有权的正权源，确实不限于建设用地使用权，还有集体土地所有权、宅基地使用权、土地承包经营权和地役权。集体组织建造办公场所直接以集体土地所有权为正权源，农户建造住宅系以宅基地使用权为正当根据，承包人在承包地上建造必要水利设施则以土地承包经营权为正权源，地役权人为达到需役地主要目的而建造构筑物及其附属设施，其所有权则以地役权为正当根据。无论是土地承包经营权，还是地役权，都具有“实

① 详细论述，见崔建远：《确定建筑物所有权的依据》，载《甘肃政法学院学报》，2007 (6)，10页。

② 崔建远：《确定建筑物所有权的依据》，载《甘肃政法学院学报》，2007 (6)，10页。

施必要的附随行为、设置并保有必要的设施”的效力。

［辨析与论争］

其实，对于《物权法》第142条后段关于“但有相反证据证明的除外”的规定，在理解上并不一致。仅就表面现象而言，该但书可包括以下几种情形：（1）上文所述的基于土地（使用权）租赁权，享有建筑物所有权。（2）建设用地使用权人尚未履行将该建设用地使用权变更登记（过户登记）的约定义务，无权以《物权法》第142条正文的规定为依据主张享有建筑物所有权，而应当继续履行协助变更登记（过户登记）的义务，以实现“地随房走”。属于此类情况的，如买卖、互易、赠与等法律行为已经生效且实际履行，建筑物所有权的变更登记业已完成，但因房地权属分别由不同的登记机构办理登记的体制等原因，导致建设用地使用权尚未完成变更登记。（3）“在现在的城市房地产建设中，一部分市政公共设施，是通过开发商和有关部门约定，由开发商在房地产项目中配套建设，但是所有权归国家。这部分设施，其性质属于市政公用，其归属就应当按照有充分证据证明的事先约定来确定，而不是当然地归建设用地使用权人。后续通过房地产交易成为建设用地使用权人的权利人也应当尊重这种权属划分。”[①]（4）建设用地使用权人尚未履行将该建设用地使用权变更登记（过户登记）的法定义务，无权以《物权法》第142条正文的规定为依据主张享有建筑物所有权，而应当继续履行协助变更登记（过户登记）的义务，以实现“地随房走”。属于此类情况的，例如，由于历史的原因，各个机关、国有企事业单位利用行政划拨的国有土地建造了住房，出租与本单位的职工。在公房改制过程中，单位依法及政策将职工承租的公房出卖与职工，仅仅按照成本价（或者标准价）向购房职工收取了房价款（《国务院关于深化城镇住房制度改革的决定》第2条、第15条，《已购公有住房和经济适用住房上市出售管理暂行办法》第3条），国土资源管理部门没有收取土地使用权出让金。在实务中，有些地区按照《国务院关于深化城镇住房制度改革的决定》《已购公有住房和经济适用住房上市出售管理暂行办法》的规定出售公有住房，购房职工同时取得房屋所有权和基地的土地使用权；另有些地区则有所不同，购房职工只能领取房屋所有权证，不能获得房屋基地的使用权，拿不到国有土地使用权证（建设用地使用权证）。

本书作者认为，古今中外的立法、实务和理论都表明，法律应当尽可能地贯彻房地权属一体的思想，在中国也就是尽量适用《物权法》第142条正文。如此，《物权法》第142条但书所指，涉及的房地权属分别归属于不同的主体，且建筑物所有权不由建设用地使用权人享有，虽属例外，却为唯有如此方为最合理，因而也属于终局的状态，而非不合理的状态、过渡性的状态。如果这种界定是正确的，那么，第一种情形应为《物权法》第142条但书的题中应有之义，不再赘言。而上述第（2）、（3）、（4）三种情形都不宜作为《物权法》第142条但书所包含的内容。对此，详细分析如下：

首先，分析第（2）种情形。于此场合，建设用地使用权的登记名义人有义务协助建筑物所有权人请求登记机构办理建设用地使用权的变更登记，无权以其为建设用地使用权的登记名义人而主张自己拥有该地上建筑物所有权，否则，就是将义务当作权利来运用，违反了债法的规则，也破坏了债法和物权法之间的相互衔接。

① 全国人大常委会法制工作委员会民法室编：《中华人民共和国物权法条文说明、立法理由及相关规定》，142页。

其次，分析第（3）种情形。1）建筑物所有权以地权为其正当根据，乃古今中外的立法例及其理论所共认，是衡平土地所有权人和土地利用人之间利益关系的最佳模式，没有充分的理由不宜轻易放弃，何况《物权法》已经贯彻了这种理念，设置了相应的法律制度，如建设用地使用权、宅基地使用权等。2）设置例外，得有充分的必要性和正当性，否则，任其存在会破坏整体及其和谐要求，在法律制度领域就是破坏法制的统一。若将第（3）种情形作为《物权法》第 142 条但书所包含的情形（例外），则缺乏必要性和正当性，不宜存在。这种情形完全可以而且能够按照建筑物所有权以地权为其正当根据的思路加以解决，这从下文的分析中可以明了。由开发商在房地产项目开发中配套建设的市政公共设施，可以甚至必须归国家所有。其处理方式可有若干类型：其一，在建设用地使用权出让金合理并已被国土资源管理部门收取的情况下，市政出资由开发商负责建设市政公共设施，但不减少开发商所应支付的建设用地使用权出让金的数额，国家取得这些设施的所有权，但无相应的建设用地使用权；其二，市政出资由开发商负责建设市政公共设施，就该设施的基地部分，减少开发商所应支付的建设用地使用权出让金的数额，国家取得这些设施的所有权，同时享有相应的建设用地使用权；其三，开发商支付全部的建设用地使用权出让金，承担建造市政公共设施的费用，国家无偿取得这些设施的所有权，同时享有相应的建设用地使用权；其四，开发商支付全部的建设用地使用权出让金，承担建造市政公共设施的费用，国家无偿取得这些设施的所有权，但不享有相应的建设用地使用权；其五，开发商取得行政划拨的建设用地使用权，承担建造市政公共设施的费用，国家无偿取得这些设施的所有权，但不享有相应的建设用地使用权。最后的一种类型是实务中较为常见的现象。分析比较上述五种类型，第一种处理类型存在着两个缺点，一是不符合建筑物所有权必须以地权为正当根据的原理，二是国家变相地占用了开发商的部分建设用地使用权，有违公正。第三种类型虽然符合建筑物所有权以地权为正当根据的原理，但国家侵占了开发商的合法利益，不可取。第四种和第五种类型既不符合建筑物所有权以地权为正当根据的原理，又不是恰当的利益分配，同样不可取。第二种类型符合房地权属间的规则，妥当地处理了各方的利益关系，最为可取。由此可知，第（3）种情形应不在《物权法》第 142 条但书的范围之内。[①]

最后，分析第（4）种情形亦不宜作为《物权法》第 142 条但书所包含的内容。由于各个机关、国有企事业单位的职工取得的工资及奖金远远低于给国家和社会所做的贡献，在公房改制过程中，购买公房时有福利的因素，不但房价款低于市场价格，而且免交了土地使用权出让金。这是应当的。同时，限制职工的房屋所有权的某些效力，也是合理的。但是，限制购房职工的权利，并不意味着必须剥夺购房职工的建设用地使用权，并不意味着必须破坏建筑物所有权以地权为正当根据的基础性原则。我们完全可以选择一条代价较低且公平合理的模式平衡各方的利益关系。在本书作者看来，最佳的模式应当是，职工依法及政策购买单位的公房时，同时取得房屋的所有权及其基地的建设用地使用权，尽管不支付建设用地使用权出让金；但若把该房屋出卖或互易与他人，则应当分区情况，按照《国务院关于深化城镇住房制度改革的决定》中关于“职工以成本价购买的住房，产权归个人所有，一般住用 5 年后可以依法进入市场，在补交土地使用权出让金或所含土地收益和按规定交纳有关税费后，收入归个人所有”（第 21 条第 2 款）的规定处理；或按照该规定中关于“职工以标准价购买

① 崔建远：《确定建筑物所有权的依据》，载《甘肃政法学院学报》，2007（6），11 页。

的住房，拥有部分产权，即占有权、使用权、有限的收益权和处分权，可以继承。产权比例按售房当年标准价占成本价的比重确定。职工以标准价购买的住房，一般住用5年后可以依法进入市场，在同等条件下，原售房单位有优先购买、租用权，原售房单位已撤销的，当地人民政府房产管理部门有优先购买、租用权。售、租房收入在补交土地使用权出让金或所含土地收益和按规定交纳有关税费后，单位和个人按各自的产权比例进行分配”（第21条第3款）的规定处理。更应注意的是，应当按照该规定关于“职工购买住房，都要由房产管理部门办理住房过户和产权移转登记手续，同时办理相应的土地使用权变更登记手续，并领取统一制定的产权证书”的规定处理。十分明显，国务院的行政法规是强调房屋所有权以土地使用权（建设用地使用权）为正当根据的，而非承认房屋所有权脱离建设用地使用权等地权而凭空存续的。

至于有专家认为，在房屋买卖中，买受人拿到了所购房屋的钥匙，即使尚未办理变更登记（过户登记）手续，也已经取得了房屋所有权，只是不能以该所有权对抗善意第三人，本书作者则回应如下：在商品房市场上购买商品房，属于基于法律行为的不动产物权的变动，在我国现行法上几乎占了不动产物权变动的半壁江山，假如不适用《物权法》第6条规定的不动产物权变动的公示原则，不遵循该法第9条第1款、第16条等关于不动产物权变动以登记为生效要件的规定，《物权法》采取的公示原则和公信原则、不动产物权的变动模式将名不副实，“原则”反倒成了例外。此其一。其二，这违反了《物权法》的立法计划和立法目的。其三，这不符合物权法的原理。

3. 不动产相邻权

相邻关系规则旨在协调不动产权利人之间因不动产权利行使所产生的权益冲突，建设用地使用权为不动产权利之一，则相邻关系规则应当适用于建设用地使用权人之间、建设用地使用权人与土地所有权人之间、建设用地使用权人与相邻建筑物所有权人之间、建设用地使用权人与承租人等占有人之间的相邻关系。

4. 设立地役权的权利

建设用地使用权人有权将建设用地作为供役地为他人设立地役权（《物权法》第167条），至于建设用地使用权人把建设用地作为需役地为自己设立地役权，同时有利于自己和土地所有权人，更应被准许（《物权法》第156条）。

5. 出租、出借建设用地使用权的权利

租赁权、借用权为债权，原则上仅仅约束特定人，承租人、借用人欲将租赁物或借用物出租或出借与他人，得经出租人或出借人的同意。与此有别，建设用地使用权作为一项物权，具有对世效力，包括对建设用地所有权人的强大效力，建设用地使用权人将其建设用地出租、出借与他人的，现行法尚无关于必须经建设用地所有权人同意的规定。①

［拓展］

1. 租赁登记与租赁登记备案及其作用

《城镇国有土地使用权出让和转让暂行条例》第31条规定：“土地使用权和地上建筑物、其他附着物出租，出租人应当依照规定办理登记。”而《城市房地产管理法》未规定建设用

① 崔建远：《确定建筑物所有权的依据》，载《甘肃政法学院学报》，2007（6），11～12页。

地使用权出租，只规定了房屋出租，且不要求登记，向房产管理部门登记备案即可（第54条）。《合同法》对租赁亦未要求登记。本书作者认为，登记备案仅仅是行政及治安等管理的需要，在决定租赁合同的效力上，应以《合同法》的规定为准。

2. 行政租赁及其效力

在实务中，出现了市、县政府以行政命令的方式，强制农村集体经济组织将农地出租与政府或政府指定的公司，用于高速公路、楼堂馆所、广场、绿地等的建设。这违反了《土地管理法》《城市房地产管理法》等现行法关于不得利用集体所有的土地进行此类建设的规定，其合同基本上是政府以其行政命令强迫农村集体经济组织签订的，违反了《合同法》第52条第1项和第5项等规定，应属无效。

对于此类案件是属于行政纠纷还是民事纠纷，存在着不同意见。本书作者认为，政府以行政命令强制农村集体经济组织出租集体所有的土地，属于行政案件；土地租赁合同则属于民商事合同。处理此类案件，既适用行政法又适用民商法。之所以不赞同全部用行政法处理，是因为租赁合同符合民商法律关系的特征，民商法有恢复原状、排除妨害、消除危险、返还原物等救济手段，而我国的行政法至今欠缺这些救济措施。在某些案件中，只有准予农村集体经济组织关于恢复原状、排除妨害、消除危险、返还原物的请求，才能完满地保护农村集体经济组织及农户的合法权益，落实国家的耕地政策。

6. 转让、互换、出资、赠与建设用地使用权的权利

(1) 法律及法理依据

与所有权具有处分所有物的效力不同，建设用地使用权作为他物权没有处分建设用地的效力，但有处分权利本身的效力，权利人可以转让建设用地使用权。对此，《物权法》第143条规定，建设用地使用权人有权将建设用地使用权转让、互换、出资、赠与，但法律另有规定的除外。

(2) 界定

建设用地使用权转让，是指转让人和受让人签订转让合同，将其建设用地使用权移转给受让人，受让人支付相应对价的现象。转让合同生效并履行加上移转登记（变更登记）是（物权变动的）法律事实，建设用地使用权由转让人之手移转至受让人之处是结果（物权变动），按照德国民法思维，这就是物权行为，在法国和中国大陆的法制上，因未确立物权行为制度而表现为事实行为。

建设用地使用权互换，是指用地人将其建设用地使用权与相对人的建设用地使用权相互交换，各自取得对方的建设用地使用权。实质上是两个建设用地使用权的相向转让。互换合同生效并履行加上移转登记是（物权变动的）法律事实，建设用地使用权更换主体是结果（物权变动），按照德国民法思维，这里有两个物权行为，在法国和中国大陆的法制上，因未确立物权行为制度而表现为事实行为。

建设用地使用权出资，是指将建设用地使用权作价，投入到企业法人、私人企业、个体工商户或合伙之中，归法人享有或成为个体工商户、合伙等主体的共有财产。出资行为加上移转登记（简易合伙等场合不办移转登记）是（物权变动的）法律事实，建设用地使用权移转至法人名下或成为合伙财产等是结果（物权变动）。

建设用地使用权赠与，是指用地人将其建设用地使用权无偿地移转给受赠人的现象。赠与合同生效并履行加上移转登记是（物权变动的）法律事实，建设用地使用权移转至受赠人

名下是结果（物权变动），按照德国民法思维，这就是物权行为，在法国和中国大陆的法制上，因未确立物权行为制度而表现为事实行为。

（3）书面流转合同

建设用地使用权转让、互换、出资或赠与的，应当签订书面合同（《物权法》第144条），向登记机构申请变更登记（《物权法》第145条），自记载于不动产登记簿时，建设用地使用权移转给受让人（含受赠人等）（《物权法》第9条第1款、第14条）。建设用地的使用期限由当事人约定，但不得超过建设用地使用权的剩余期限（《物权法》第144条后段）。

（4）房地权属一并移转

建设用地使用权转让、互换、出资或赠与的，附着于该土地上的建筑物、构筑物及其附属设施一并处分。这不但是《物权法》第146条的明文规定，俗称“房随地走”，也是《物权法》第142条正文的具体运用。同理，地上建筑物、构筑物及其附属设施转让，其基地的建设用地使用权也一并转让，俗称“地随房走”，亦为《物权法》第142条正文的具体体现。

应当注意，房地权属的实际移转以办理完毕移转登记（变更登记）为条件。在房地权属分别由不同的登记机构办理登记的体制下，倘若房屋所有权与其所在地的建设用地使用权的变更登记在时间上不一致，宜按先办理登记的时间作为房地产权属变动的时间。

［拓展与讨论］

（1）分割转让

建设用地使用权和地上建筑物、构筑物及其附属设施分割转让的，应当经市、县人民政府土地资源管理部门和房产管理部门批准，并依照规定办理过户登记（移转登记，或曰变更登记）（参见《城镇国有土地使用权出让和转让暂行条例》第25条第2款）。

（2）关于市、县人民政府的优先购买权

建设用地使用权转让的价格，应属当事人之间的事情，由其自由约定，法律应予认可。不过，需要注意《城镇国有土地使用权出让和转让暂行条例》第26条关于“土地使用权转让价格明显低于市场价格的，市、县人民政府有优先购买权。土地使用权转让的市场价格不合理上涨时，市、县人民政府可以采取必要的措施”的规定。国务院于2001年5月30日发布《关于加强国有土地资产管理的通知》，将该优先购买权的行使条件确定为“申报土地转让价格比标定地价低20%以上的，市、县人民政府可以行使优先购买权”。法释［2005］5号第3条规定：“经市、县人民政府批准同意以协议方式出让的土地使用权，土地使用权出让金低于订立合同时当地政府按照国家规定确定的最低价的，应当认定土地使用权出让合同约定的价格条款无效。当事人请求按照订立合同时的市场评估价格交纳土地使用权出让金的，应予支持；受让方不同意按照市场评估价格补足，请求解除合同的，应予支持。因此造成的损失，由当事人按照过错承担责任。”有学者对该项优先购买权制度提出了批评，认为应予取消市、县人民政府的优先购买权。①

（3）关于转让时对投资开发的要求

《城市房地产管理法》第39条规定：“以出让方式取得土地使用权的，转让房地产时，

---

① 见王利明、尹飞、程啸：《中国物权法教程》，362～363页。

应当符合下列条件：（一）按照出让合同约定已经支付全部土地使用权出让金，并取得土地使用权证书；（二）按照出让合同约定进行投资开发，属于房屋建设工程的，完成开发投资总额的百分之二十五以上，属于成片开发土地的，形成工业用地或者其他建设用地条件。转让房地产时房屋已经建成的，还应当持有房屋所有权证书。”《城镇国有土地使用权出让和转让暂行条例》第19条第2款也规定了类似的内容。建设用地使用权人和受让人违反上述规定，签订转让合同，以往的判决和学说都认为该合同无效，不发生建设用地使用权移转的效果。随着对此类问题研究的深入，人们开始转变观念，有些司法解释和学说区分情形，而作不同的处理。[①] 例如，最高人民法院《关于审理房地产管理法施行前房地产开发经营案件若干问题的解答》规定：“以出让方式取得土地使用权的土地使用者虽已取得土地使用证，但未按土地使用权出让合同约定的期限和条件对土地进行投资开发利用，与他人签订土地使用权转让合同的，一般应当认定合同无效；如土地使用者已投入一定资金，但尚未达到出让合同约定的期限和条件，与他人签订土地使用权转让合同，没有其他违法行为的，经有关主管部门认可，同意其转让的，可认定合同有效，责令当事人向有关主管部门补办土地使用权转让登记手续”（第8条）。“享有土地使用权的土地使用者未按照项目建设的要求对土地进行开发建设，也未办理审批手续和土地使用权转让手续，转让建设项目的，一般应当认定项目转让和土地使用权转让的合同无效；如符合土地使用权转让条件的，可认定项目转让合同有效，责令当事人补办土地使用权转让登记手续”（第9条）。如今，有学说主张：“随着我国土地市场的建立和逐步完善，应当放开上述限制，允许建设用地使用权自由转让。”[②]

（4）关于转让行政划拨的建设用地使用权

对于行政划拨的建设用地使用权的转让，我国现行法限制得非常严格。例如，《城市房地产管理法》第40条规定：“以划拨方式取得土地使用权的，转让房地产时，应当按照国务院规定，报有批准权的人民政府审批。有批准权的人民政府准予转让的，应当由受让方办理土地使用权出让手续，并依照国家有关规定缴纳土地使用权出让金。以划拨方式取得土地使用权的，转让房地产报批时，有批准权的人民政府按照国务院规定决定可以不办理土地使用权出让手续的，转让方应当按照国务院规定将转让房地产所获收益中的土地收益上缴国家或者作其他处理。”法释［2005］5号第11条规定：“土地使用权人未经有批准权的人民政府批准，与受让方订立合同转让划拨土地使用权的，应当认定合同无效。但起诉前经有批准权的人民政府批准办理土地使用权出让手续的，应当认定合同有效。”第12条规定：“土地使用权人与受让方订立合同转让划拨土地使用权，起诉前经有批准权的人民政府同意转让，并由受让方办理土地使用权出让手续的，土地使用权人与受让方订立的合同可以按照补偿性质的合同处理。”第16条规定：“土地使用权人未经有批准权的人民政府批准，以划拨土地使用权作为投资与他人订立合同合作开发房地产的，应当认定合同无效。但起诉前已经办理批准手续的，应当认定合同有效。”本书认为，用地者取得行政划拨的建设用地使用权时没有支付对价，国家政策仅限于若干土地用途才予批准，具有倾斜和照顾的性质，因而严格限制

---

① 参见崔建远主编：《合同法》，4版，103～105页；崔建远：《合同法总论》（上卷），284～286页，北京，中国人民大学出版社，2008。

② 王利明、尹飞、程啸：《中国物权法教程》，364页。

转让具有合理性。

（5）转让合同无效、被撤销或被解除对建设用地使用权的影响

在现行法没有采取物权行为独立性和无因性原则的背景下，为了保护交易安全，维护合法取得的建设用地使用权，应当确立如下规则及理论：其一，转让合同合法有效，出让人却违法地将之废除，不发生转让合同无效、被撤销或被解除的效果，受让人取得的建设用地使用权不因此而受影响。其二，在建设用地使用权业已登记完毕的情况下，只要未注销登记，受让人就仍然享有建设用地使用权，即使转让合同被违法地撤销或解除，也是如此。其三，在转让合同被依法认定为无效，或者被出让人依法撤销或解除的情况下，建设用地使用权若尚未办理移转登记（变更登记）手续，自然不发生移转的效力；若办理了移转登记手续，则需要先行注销登记，再将建设用地使用权重新登记在转让人名下。

7. 以建设用地使用权设立抵押权的权利

设立抵押权，不一定变卖或拍卖抵押物，只有待抵押权行使时才涉及抵押物的处分。根据举重明轻的解释规则，权利人既然有转让建设用地使用权的权利，更应有权将其建设用地使用权抵押与他人。对此，《物权法》第 143 条已经明确。

8. 物权请求权

建设用地使用权作为一种物权，依据《物权法》第 34 条、第 35 条和第 36 条的规定，具有物权请求权的效力。

9. 抛弃的权利

建设用地使用权作为一项权利、一种利益，权利人应有权将其抛弃。不过，抛弃不得违反法律、行政法规的强制性规定，不得违反禁止权利滥用、公序良俗和诚实信用等原则。

二、建设用地使用权人的义务

1. 支付出让金的义务

行政划拨的建设用地使用权场合，权利人无须缴纳出让金。出让的建设用地使用权场合，受让人必须依约缴纳出让金。

2. 合理使用土地的义务

建设用地使用权人应当按照法律规定或合同约定，依土地用途，合理开发、经营建设用地。若有违反，出让人有权予以纠正。

3. 返还建设用地的义务

《城市房地产管理法》第 22 条第 2 款规定："土地使用权出让合同约定的使用年限届满，土地使用者未申请续期或者虽申请续期但依照前款规定未获批准的，土地使用权由国家无偿收回。"这表明，建设用地使用权终止，建设用地使用权人有义务返还建设用地。出让人此项请求权的法律性质，可以是债权，即合同终止时标的物返还请求权（债权），也可以是物的返还请求权。

4. 容忍出让人提前收回建设用地的义务

《城镇国有土地使用权出让和转让暂行条例》第 17 条第 2 款规定："未按合同规定的期限和条件开发、利用土地的，市、县人民政府土地管理部门应当予以纠正，并根据情节可以给予警告、罚款直至无偿收回土地使用权的处罚。"遇此无偿收回的处罚，建设用地使用权人负有容忍义务。

第四节　建设用地使用权的消灭

一、建设用地使用权消灭的事由

1. 抛弃

建设用地使用权人抛弃建设用地使用权，只要不违反法律、行政法规的强制性规定，不违反禁止权利滥用、公序良俗和诚实信用等原则，即发生建设用地使用权消灭的效果。当然，需要办理注销登记（《物权法》第 150 条、《不动产登记暂行条例实施细则》第 28 条第 1 款第 2 项）。若未办理注销登记，对第三人不得主张建设用地使用权消灭。

2. 建设用地使用权的撤销

建设用地使用权的撤销，是指出让人在建设用地使用权人实施了若干违法行为的情况下，依法行使撤销权，将建设用地使用权废止的现象。它是单独行为，出让人撤销建设用地使用权的意思表示到达建设用地使用权人处，即发生撤销的法律效果，建设用地使用权人同意与否，在所不问。按照《不动产登记暂行条例实施细则》第 28 条第 1 款第 3 项规定，于此场合应当办理注销登记。

《物权法》没有规定建设用地使用权的撤销，构成法律漏洞。从立法论的立场出发，本书作者建议未来的立法应当设置这样的条文："建设用地使用权人有下列情形之一的，国家或者集体经济组织有权撤销建设用地使用权并收回土地：（一）建设用地使用权人积欠租金累计达两年以上的；（二）建设用地使用权人擅自改变土地用途，经警告仍不改正的；（三）连续两年以上不开发利用的。"

3. 约定建设用地使用权消灭的事由发生

当事人双方约定了建设用地使用权消灭的事由，只要不违反法律、行政法规的强制性规定，不违反公序良俗、诚实信用等原则，应当承认其效力。事由发生，建设用地使用权消灭，于办理完毕注销登记时发生对内对外的法律效力（《物权法》第 150 条、《不动产登记暂行条例实施细则》第 28 条第 1 款第 2 项）。若未办理注销登记，对第三人不得主张建设用地使用权消灭。

4. 因公共利益的需要而提前收回

按照《物权法》第 148 条前段的规定，因公共利益的需要，可以提前收回国有的建设用地，建设用地使用权因而消灭，于办理完毕注销登记时发生对内对外的法律效力（《物权法》第 150 条、《不动产登记暂行条例实施细则》第 28 条第 1 款第 3 项）。若未办理注销登记，对第三人不得主张建设用地使用权消灭。

于此场合，出让人应当依照《物权法》第 42 条的规定对该宗建设用地上的房屋及其他不动产给予补偿，并退还相应的出让金（《物权法》第 148 条后段）。

5. 因建设用地使用权人与开发商等协商一致而消灭

开发商等开发建设，需要取得用地者的建设用地，有的采取转让建设用地使用权的方式，有的则采取如下方式：先由开发商和用地者协商一致，再由行政主管部门征收地上建筑物、构筑物及其附属设施，收回建设用地使用权，最后由国土资源行政主管部门出让建设用地使用权给开发商。在前一种方式下，建设用地使用权相对消灭，其登记类型为变更登记

（《物权法》第 9 条第 1 款、第 14 条等）。在后一种方式下，建设用地使用权发生绝对消灭，于办理完毕注销登记时发生对内对外的法律效力（《物权法》第 150 条）。若未办理注销登记，对第三人不得主张建设用地使用权消灭。

6. 建设用地使用权期满未续期

按照《物权法》第 149 条第 1 款规定，住宅建设用地使用权期间届满的，自动续期。这不会发生建设用地使用权因存续期满而消灭的结果。

［引申］

1. 住宅建设用地使用权存续期间届满的，自动续期，是否适用于外国人和无国籍人？《物权法》第 149 条第 1 款的规范意旨无歧视外国人和无国籍人之意，只要外国人、无国籍人在中国境内购买了住宅，就享受该条款所带来的权益。

2. 自动续期是否再收取出让金？按照《物权法》第 149 条第 1 款的立法倾向性意见，不再收取。①

3. 自动续期后的建设用地使用权有无明确的期间？回答是应当具有明确的存续期间，并且应为建设用地使用权的原存续期间。至于建设用地使用权在实际上长短不一，按照原存续期间确定续期后的建设用地使用权的存续期间，是否有失公正的问题，本书作者认为，由于住宅建设用地使用权是自动续期，且不再收取出让金，在客观上各个建设用地使用权人的利益鲜有差异。

4. 建设用地使用权期间届满前地上建筑物、构筑物及其附属设施倒塌，且一直未复建，待建设用地使用权期间届满时，是否自动续期？回答是不再自动续期。其道理在于，建设用地使用权的目的及功能在于阻断土地所有权吸收地上物的法律效力，使用地者保有其建造的建筑物、构筑物及其附属设施的所有权。既然建筑物、构筑物及其附属设施已经不复存在，无须为用地者保有这些物的所有权，建设用地使用权已经完成了历史使命，便应“功成身退”“寿终正寝”了。

建设用地使用权人为了自己的利益，应当在建设用地使用权期间届满前，通过加固等方法防止建筑物、构筑物及其附属设施倒塌，若已经倒塌，应当及时重建。

《物权法》对非住宅建设用地使用权期间届满采取了不同的处理方案，于第 149 条第 2 款规定，非住宅建设用地使用权期间届满后，不自动续期，其续期问题依照法律规定办理。

应当注意此处存在着强制缔约义务，即建设用地使用权的存续期间届满，建设用地使用权人需要继续使用该宗建设用地的，应在期间届满前 1 年申请续期，该宗土地的所有权人应当同意，但因社会公共利益需要收回该宗土地的除外。②

［引申与讨论］

1. 续期的申请人。在独栋建筑物归属于一个民事主体所有的情况下，申请人为该所有

---

① 《全国人大法律委员会关于〈中华人民共和国物权法（草案）〉修改情况的汇报》（2006 年 10 月 27 日十届全国人大常委会第二十四次会议），载全国人民代表大会常务委员会法制工作委员会民法室编著：《物权法立法背景与观点全集》，65 页。

② 《全国人大法律委员会关于〈中华人民共和国物权法（草案）〉修改情况的汇报》（2005 年 10 月 19 日十届全国人大常委会第十八次会议），载全国人民代表大会常务委员会法制工作委员会民法室编著：《物权法立法背景与观点全集》，38 页。

权人，没有疑问。在建筑物区分所有权场合，申请人是某业主个人还是业主委员会？应当是业主委员会，因为建设用地使用权既是某特定建筑物区分所有权的权源，也是整栋区分所有的建筑物权属的正当根据，仅仅由单个的业主申请建设用地使用权的续期，不能解决全部问题。特别是在各业主的意见不一致时，以单个业主的意见为准，更不妥当，而按照管理规约或业主大会决定，申请或不申请建设用地使用权的续期，方为上策。

2. 单个业主或业主委员会申请建设用地使用权续期，出让人是否负有强制缔约义务？鉴于只有出让人必须承诺才能保护建设用地使用权人的合法权益，应当确立出让人的强制缔约义务，基于公共利益需要必须收回建设用地使用权的除外（参见《物权法》第 148 条）。

7. 建设用地灭失

建设用地灭失，建设用地使用权失去标的物，目的落空，没有继续存在的余地，归于消灭。于此场合，仍须办理注销登记（《物权法》第 150 条），原土地权利人应当持原土地权利证书及相关证明材料，申请办理（《不动产登记暂行条例实施细则》第 28 条第 1 款第 1 项）。

若未办理注销登记，对于交易的相对人而言，仍不得以建设用地使用权不复存在予以抗辩。

二、建设用地使用权消灭的法律后果

建设用地使用权消灭，出让人应当及时办理注销登记，用地者应予协助，甚至首先申请注销登记。登记机构收回建设用地使用权证书（《物权法》第 150 条、《不动产登记暂行条例实施细则》第 23 条）。同时，发生如下法律效果：

1. 用地者返还建设用地，可以取回地上建筑物、构筑物及其附属设施，恢复土地的原状。

2. 用地者也可以不取回地上建筑物、构筑物及其附属设施，而是以市场价格将之出售给出让人（《物权法》第 148 条及其比照适用）。

在这里需要分析《城镇国有土地使用权出让和转让暂行条例》第 40 条关于土地使用权（建设用地使用权）终止时，国家无偿收回地上建筑物及其他附属设施的规定。

该规定在一定意义上说具有一定道理，即，建设用地使用权的存续期限若长，则出让金应当相应增加，依据现行法而收取的出让金却没有这么高，因而，从保护国家利益不受损害的角度观察，建设用地使用权的存续期限不宜过长。不过，该规定的不合理之处更多：（1）依据现行法，除非农村集体组织在其土地上建造房屋和农户在其宅基地上建造住房，建筑物所有权人不可能拥有其基地的土地所有权，其建设用地使用权的存续期限最长不过 70 年，由此决定了，建设用地使用权人即使愿意支付高代价而取得建筑物的所有权，也是枉然。就是说，《城镇国有土地使用权出让和转让暂行条例》等法律、法规一方面阻止了建设用地使用权人取得建筑物的永久所有权，同时令建设用地使用权人承受其建筑物、构筑物及其附属设施被无偿收回的苦果，显失公平。（2）建设用地使用权存续期满，国家无偿收回建筑物、构筑物及其附属设施，表面上获得了利益，其实是得了芝麻而丢了西瓜。因为事实是，中国法设置建设用地使用权出让和转让制度的一个重要目的，是吸引资金来进行房地产开发建设，甚至进一步带动加工制造业、医药、高技术等产业的发展，以补我们资金不足、技术欠发达之缺。但无偿收回建筑物、构筑物及其附属设施的规定，致使建设用地使用权在后期难以转让出去，权利人在后期不再投资建设，使建设用地使用权制度促进房地产开发建设的目的部分落空。[①]

有鉴于此，应当废止《城镇国有土地使用权出让和转让暂行条例》第 40 条的规定，于是《物权法》第 149 条第 1 款规定，住宅建设用地使用权期间届满的，自动续期，意味着确认住宅不得由国家无偿收回；该条第 2 款规定：“非住宅建设用地使用权期间届满后的续期，依照法律规定办理。该土地上的房屋及其他不动产的归属，有约定的，按照约定；没有约定或者约定不明确的，依照法律、行政法规的规定办理。”就其立法本意，同样是不赞同国家无偿收回非住宅[②]，联系该法第 148 条理解，更能得出这个结论。

需要讨论的还有，国家不再无偿收回，在建设用地使用权人也不取回地上建筑物、构筑物及其附属设施，而是要约土地所有权人以市场价格购买的情况下，土地所有权人是否必须承诺？为了保护用地者的合法权益，免得土地所有权人变相地无偿取得地上建筑物、构筑物及其附属设施，土地所有权人应当负有强制缔约义务，除非法律另有规定或合同另有约定。

3. 索回建设用地使用权剩余年限的出让金、请求足额补偿金。

因公共利益需要提前收回建设用地使用权的，用地者有权根据《物权法》第 42 条的规定，请求征收人对地上建筑物、构筑物及其附属设施予以足额补偿，并有权索回建设用地使用权剩余年限的出让金（《物权法》第 148 条）。

① 崔建远：《土地上的权利群研究》，212～213 页。

② 全国人民代表大会常务委员会法制工作委员会民法室编著：《物权法立法背景与观点全集》，163～167 页。

第十三章　宅基地使用权

第一节　宅基地使用权概述

一、宅基地使用权的概念

宅基地使用权，是指农村村民（实际应为农户）依法在集体所有的土地上建造住宅及其附属设施，并保有其所有权的用益物权（《物权法》第 152 条）。它具有如下法律性质：

1. 宅基地使用权的主体具有身份性

从权利主体方面看，宅基地使用权的主体具有身份性，至少在宅基地使用权设立时限于本集体经济组织的成员，实务运作上是以户为单位设立，且按一户取得一处宅基地的原则配置，宅基地的面积不得超过省、自治区、直辖市规定的标准（《土地管理法》第 62 条第 1 款）。

[演变]

关于宅基地使用权的主体，中国立法及其理论有其演变过程。在相当长的历史时期，宅基地使用权分为农村宅基地使用权和城镇宅基地使用权两种。后者的主体是新中国成立以后由于历史原因形成的城镇私房所有者及经批准在城镇建房的城镇居民。在 1982 年《宪法》规定城市土地归国家所有之后，城镇私有房屋所在的宅基地所有权转化为国家所有权，为使私有房屋的所有权人继续保有私房的所有权，就必须使其享有宅基地的使用权。该宅基地使用权后被更名为国有土地使用权，《物权法》生效后则应称作建设用地使用权。就是说，如今的宅基地使用权在城镇国有土地上不复存在，相应的，称之为宅基地使用权的主体也不再有这样的城镇居民。

农村宅基地使用权的主体，在相当长的历史时期，原则上为本集体经济组织成员，少数情况下为城镇非农业户口居民。对有关这方面的立法，简要考察如下：

国务院于 1982 年 2 月 13 日发布的《村镇建房用地管理条例》规定，农村人民公社、生产大队、生产队的土地，分别归公社、大队、生产队集体所有。社员对宅基地、自留地、自留山、饲料地和承包的土地，只有按照规定用途使用的使用权，没有所有权（第 4 条）。在村镇内，个人建房和社队企业、事业单位建设用地，都应按照本条件的规定，办理申请、审查、批准的手续。任何机关、企业、事业单位和个人不准擅自占地建房、进行建设或越权批准占用土地（第 5 条第 1 款）。农村社员，回乡落户的离休、退休、退职职工和军人，回乡定居的华侨，建房需要宅基地的，应向所在生产队申请，经社员大会讨论通过，生产大队审核同意，报公社管理委员会批准；确实需要占用耕地、园地的，必须报经县级人民政府批准。批准后，由批准机关发给宅基地使用证明（第14条）。集镇内非农业户建房需要用地的，应提出申请，由管理集镇的机构与有关生产队协商，参照第14条的规定办理（第18条）。应予注意，该条例已被1986年6月25日通过的《土地管理法》废止（第57条）。

1986年6月25日通过的《土地管理法》第38条规定，农村居民建住宅，应当使用原有的宅基地和村内空闲地。使用耕地的，经乡级人民政府审核后，报县级人民政府批准；使用原有的宅基地、村内空闲地和其他土地的，由乡级人民政府批准（第1款）。农村居民建住宅使用土地，不得超过省、自治区、直辖市规定的标准（第2款）。该法第41条规定，城镇非农业户口居民建住宅需要使用集体所有的土地的，必须经县级人民政府批准，其用地面积不能超过省、自治区、直辖市规定的标准，并参照国家建设用土地的标准支付补偿费和安置补助费。

1988年12月29日修正通过的《土地管理法》继续保留了1986年《土地管理法》第38条和第41条的规定，维持了农村宅基地使用权人原则上为农村集体经济组织成员，个别情况下为城镇居民的格局。

国务院于1993年6月29日发布《村庄和集镇规划建设管理条例》（国务院第116号令），贯彻了上述原则，于第18条规定，农村村民在村庄、集镇规划区内建住宅的，应当先向村集体经济组织或村民委员会提出建房申请，经村民会议讨论通过后，按照下列审批程序办理：（1）需要使用耕地的，经乡级人民政府审核、县级人民政府建设行政主管部门审查同意并出具选址意见书后，方可依照《土地管理法》向县级人民政府土地管理部门申请用地，经县级人民政府批准后，由县级人民政府土地管理部门划拨土地；（2）使用原有宅基地、村内空闲地和其他土地的，由乡级人民政府根据村庄、集镇规划和土地利用规划批准（第1款）。城镇非农业户口居民在村庄、集镇规划区内需要使用集体所有的土地建住宅的，应当经其所在单位或居民委员会同意后，依照前款第1项规定的审批程序办理（第2款）。回原籍村庄、集镇落户的职工、退伍军人和离休、退休干部以及回乡定居的华侨、港澳台同胞，在村庄、集镇规划区内需要使用集体所有的土地建住宅的，依照本条第1款第1项规定的审批程序办理（第3款）。

1998年8月29日修订通过的《土地管理法》删除了1986年的《土地管理法》第41条和1988年修正的《土地管理法》第41条的规定，未再重申城镇居民为宅基地使用权人的精神，而是规定农村村民住宅建设（第59条）时，农村村民一户只能拥有一处住宅，其宅基地的面积不得超过省、自治区、直辖市规定的标准（第62条第1款）。2004年8月28日修正通过的《土地管理法》承继了这个原则（第59条、第62条第1款）。

由于《村庄和集镇规划建设管理条例》的效力位阶低于《土地管理法》的，可认为该条例关于城镇居民可为宅基地使用权人的规定也不再有效。

至此可以说，宅基地使用权只存在于集体所有的土地上，其主体限于本集体经济组织的成员，以户为单位配置。

［讨论］

现行法对宅基地使用权人的表述为农村村民或本集体经济组织成员，实务上的宅基地使用权登记，权利人一栏记载的也是村民个人，不是农户。民法通说也认为宅基地使用权人为个人（内部存在着公民说、农村村民说、本集体经济组织成员说、本集体经济组织成员说和城镇居民说的差异)。①

不过，本书作者持有不同看法，认为将宅基地使用权人界定为农户更符合实际。其理由如下：(1) 制定在后的《物权法》没有明确宅基地使用权人究竟是农村村民还是农户，《土地管理法》及《村庄和集镇规划建设管理条例》的相关条文在措辞上未尽统一，有的使用农村村民、农村居民的术语，有的称用户或农户拥有一处住宅。这为将宅基地使用权的主体认定为农户提供了空间。(2) 现行法的规定及实务运作都不是按每位村民配置一处宅基地，而是以村民所形成的户为单位配置一处宅基地。村民个体的人数仅仅影响着宅基地的面积，不决定宅基地的块数。这是将户作为宅基地使用权主体的较为有利的根据。(3) 迄今为止，我们见到的法律及其理论，都是把一户占用的宅基地叫作一处宅基地，是一个物，其使用权是一项权利，而非若干块宅基地及其权利的集合。假如把宅基地使用权的主体界定为村民，那么，在三位村民组成一户的情况下，就是该户所占用的宅基地在法律上为三个物，存在着三项宅基地使用权，每位村民各拥有一项宅基地使用权。可是，这不符合农村的客观事实，也未见法律及法律人把一户占用的宅基地看成三个物，存在着三项宅基地使用权。(4) 假如把村民个人作为宅基地使用权的主体，在三位村民组成一户的情况下，一户占用的宅基地上就存在着三项宅基地使用权，根据房地权属的主体相一致的原则（《物权法》第 142 条正文等），一处宅基地上竖立的住宅及其附属设施就得有三项所有权，即使是只有一栋住宅也得如此。这显然不符合客观事实。人们的观念和实务的处理，都把一处宅基地上竖立的一栋住宅作为一项所有权的客体看待。(5) 假如把村民个人作为宅基地使用权的主体，在三位村民组成一户的情况下，一户占用的宅基地上就存在着三项宅基地使用权。如此，在其中的一位或两位村民死亡时，在现行法及其理论不承认宅基地及其使用权可以继承的背景下，则该死亡村民所享有的宅基地就得归还该集体经济组织。退一步说，即使承认宅基地及其使用权可以继承，则由另外一位或两位村民加以继承。可我们至今未见如此处理的实例，实际情况是，即使一户的成员中有的死亡，该户所占用的宅基地仍然维持原状。看来，合乎逻辑的解释应是，一户占用的宅基地为一处地（一宗地），为一个物，只存在着一项宅基地使用权。它对应着一个主体。这个主体是农户，而非村民个人。(6) 这个结论的正确性还得到如下理由的支持：假如把宅基地使用权的主体看成村民个人，在一户由三位村民组成的情况下，一位村民因结婚而分家另过、依法申请一处新的宅基地的情况下，就应当将其在原宅基地的面积减少，由本集体经济组织收回减少的部分。可事实上没有如此处理，他及其配偶取得新的宅基地及其使用权，原宅基地仍保持旧有的面积。还有，农村村民因升学、工作等原因变为城镇居民等场合，该户所占用的宅基地仍保持不变。这些现象，只有承认一处宅基地及其使用权归一户农户享有而非三位村民共有，才能解释得通。

可否将村民个人作为宅基地使用权的主体解释为只有户主享有宅基地使用权？如此解释仍能贯彻一处宅基地为一个物，其上只存在一项宅基地使用权。对此，本书作者仍不赞同。因为若将户主作为宅基地使用权的单一主体，会遇到难以解释的现象。(1) 户主去世，宅基

---

① 王利明、郭明瑞、吴汉东：《民法新论》（下册），243 页以下；马俊驹、余延满：《民法原论》，2 版，377 页以下；王利明主编：《民法》，2 版，276 页以下，北京，中国人民大学出版社，2006；魏振瀛主编：《民法》，3 版，273 页以下；梁慧星、陈华彬：《物权法》，4 版，280 页以下；王利明、尹飞、程啸：《中国物权法教程》，379 页以下；胡康生主编：《中华人民共和国物权法释义》，336～337 页；黄松有主编：《〈中华人民共和国物权法〉条文理解与适用》，456 页；高圣平：《物权法：原理·规则·案例》，114～115 页，北京，清华大学出版社，2007。

地使用权应随着主体的消亡而消失。若令其继续存在，恐怕只有继承一条路可走。但现行继承法及其理论以及继承实务，均不承认宅基地使用权可以继承。事实是，户主去世，只要作为家庭成员的其他村民存在，宅基地使用权就继续存在。若将户作为宅基地使用权的主体，就能轻而易举地解释这种现象，即户主死亡，或作为村民的其他家庭成员死亡，只要还有作为村民的家庭成员生存着，就表明"户"还存在，宅基地使用权因有主体而存续。(2) 若将户主作为宅基地使用权的单一主体，有些倒退到古罗马家父制的味道，不合现代伦理。

总而言之，不如按照客观实际的情形，将宅基地使用权人界定为农户。当然，只有法律的相关规定及时修正后，上述结论才更无懈可击。

2. 宅基地使用权的客体为集体所有的土地

从权利客体方面看，宅基地使用权的客体限于集体所有的土地，且限于宅基地，而非耕地，亦非乡镇企业等建设用地（《物权法》第152条，《土地管理法》第8条第2款）。

3. 宅基地使用权的目的及功能

从权利的目的及功能方面看，宅基地使用权的目的及功能在于，农户在其宅基地上建造住宅及其附属设施，并保有其所有权。

此处所谓的住宅，即农村村民的生活居住用房。此处所谓的附属设施，是指辅助住宅发挥效能的与村民生活相关的建筑物、构筑物等设施，包括储粮房、储草房、厕所、猪圈、牛棚、羊棚、沼气池、车库等。

4. 宅基地使用权派生于集体土地所有权

从权利所出之源的角度看，宅基地使用权系分享了集体土地所有权中的占有、使用和收益的权能而形成的他物权。

5. 宅基地使用权为用益物权

从权利所归属的体系看，宅基地使用权以占有、使用、收益为内容，具有排他性，故为物权，且为用益物权。

6. 宅基地使用权为无对价物权

从权利取得的对价方面看，按照现行法及政策的要求，农村村民无偿取得宅基地使用权，集体经济组织及其他任何部门都不得收取宅基地有偿使用费、宅基地超占费。

［论争］

在中国物权法草案的讨论过程中，有意见主张宅基地使用权应当有偿取得，理由是现在农村已经存在宅基地分配不均、批少占多等问题，无偿取得宅基地，既无法满足农民群众改善居住条件的需要，也影响了集体经济组织的收益。修正意见认为，完全实施有偿使用制度，多数农民难以承受，建议对保障基本居住的宅基地部分，继续采用无偿取得制度，而对超过基本居住范围的部分实行有偿使用制度。对超标夺占的宅基地，可以采取累进制计算使用费。[①]

7. 宅基地使用权为无期物权

从权利的存续期限方面看，宅基地使用权是无期限物权，具有永久性。它在一定意义上起着土地所有权的作用，不同于典型的用益物权。

① 胡康生主编：《中华人民共和国物权法释义》，338页。

二、宅基地使用权与建设用地使用权

按照现行法，宅基地使用权和建设用地使用权是相互独立的两项土地权利，其相同点或相似之处在于，它们的目的及功能都是利用他人土地建造建筑物、构筑物及其附属设施并保有所有权，不同点表现在如下几方面：

1. 在权利的设立方面，宅基地使用权的设立完全采取行政审批的程序；而建设用地使用权的设立则分两种情形，其中出让的建设用地使用权要通过市场化的方式设立。

2. 在权利主体方面，现行法上的宅基地使用权要求本集体经济组织成员作为主体（实际上应为农户），排斥其他人，具有浓厚的身份色彩；而出让的建设用地使用权在主体上没有身份的色彩，行政划拨的建设用地使用权在主体方面也相对宽泛。

3. 在权利客体的所有制性质方面，现行法上的宅基地使用权存在于集体所有的土地之上；而建设用地使用权原则上存在于国有土地之上。

4. 在权利目的及功能的具体内容方面，两项权利也有些许差异：宅基地使用权的目的及功能只能是农户建造住宅及其附属设施，不得建造写字楼、厂房、商品化住宅等建筑物、构筑物及其附属设施；而建设用地上却可建各种功能的建筑物、构筑物及其附属设施。

5. 在流转方面，现行法只默认宅基地使用权随着地上房屋的移转而转让，禁止单独转让、抵押宅基地使用权；而出让的建设用地使用权具有较为自由的让与性，行政划拨的建设用地使用权在经过县级以上人民政府批准、补交出让金、签订出让合同后亦可转让。

6. 在存续期限方面，宅基地使用权是无期限的，可以说具有永久性；而出让的建设用地使用权必有存续期限，行政划拨的建设用地使用权只是没有明确的终期。

[探讨]

站在立法论的立场，本书作者倾向于改革宅基地使用权制度，放宽权利让与的自由度，将宅基地使用权和建设用地使用权合并为一种权利类型，称谓也随之变为地上权。不过，在地上权内部，存在着亚地上权类型，用于农户建造住宅及其附属设施的地上权与其他用途的地上权之间仍存在差异。对此，应予注意。[①]

第二节　宅基地使用权的取得

一、概述

宅基地使用权的取得同样分为原始取得和继受取得。原始取得宅基地使用权，例如，通过中央政策和法律的直接规定，将农民拥有的宅基地所有权转变为宅基地使用权。

在中华人民共和国成立之前，农民的住宅及其附属设施基本上都建造在自己所有的土地之上。共产党领导的土地改革运动承认这种状况，农民对其房屋及其宅基地同时享有所有权。

中华人民共和国成立之后，自 1949 年 10 月开始搞农村合作化运动，发展到 1956 年年

① 详细论述，见崔建远：《土地上的权利群研究》，206～208 页。

底，参加初级社的农户占总农户的 96.3%，参加高级社的达到农户总数的 87.8%，基本上实现了完全的社会主义改造，完成了由农民个体所有制到社会主义集体所有制的转变。[①] 这样，农民的宅基地所有权转变为集体土地所有权，农户对其宅基地开始享有使用权。在这方面，中国共产党第八届中央委员会第十次全体会议于 1962 年 9 月 27 日通过的《农村人民公社工作条例（修正草案）》规定，生产队范围内的土地，都归生产队所有。生产队所有的土地，包括社员的自留地（社员自主经营、获取农获物的耕地）、自留山（社员自主经营、取得林木等的所有权的山）、宅基地等，一律不准出租和买卖（第 21 条第 1 款）。社员的房屋，永远归社员所有（第 45 条第 1 款）。1982 年《宪法》规定，宅基地和自留地、自留山，也属于集体所有（第 10 条）。这意味着社员对于宅基地只享有使用权。[②] 这样，农民对其宅基地的所有权已经转变为宅基地使用权。这是直接基于中央政策和法律规定而取得的，因而属于原始取得。

继受取得宅基地使用权，创设继受取得为其常态，表现为宅基地使用权的设立。至于移转继受取得宅基地使用权，则不多见。其原因在于，在现行法上，宅基地使用权不得转让及抵押，宅基地使用权人通过出卖房屋而导致宅基地使用权移转的，不得再获得宅基地使用权。加上宅基地使用权不存在继承问题，这就使得宅基地使用权在客观上鲜见移转继受取得，只有在宅基地上的住宅及其附属设施被出卖、赠与、继承的情况下，宅基地使用权才随之移转，出现移转继受取得的实例。

二、宅基地使用权的设立

按照现行法和政策，农村村民在村庄、集镇规划区内建住宅，取得宅基地使用权，应当先向村集体经济组织或村民委员会提出建房申请，提出设立宅基地使用权的申请（国务院《村庄和集镇规划建设管理条例》第 18 条前段）。实际操作中，是户主以其名义撰写申请书。

农村村民，包括既有的村民，也包括新加入的村民。新加入的村民，如回乡落户的离休、退休、退职的干部职工，复原退伍的军人，回乡定居的华侨、港澳台同胞等。

申请人所在的集体经济组织对宅基地使用权申请予以审查，看其是否符合准予宅基地使用权的条件。这些条件包括：（1）申请人必须为本集体经济组织成员。（2）申请人及其所在农户存在着合理的住宅需求。例如，申请人已经分家另过，其新家庭四口人需要独立的住宅一处。（3）不存在法律、法规、规章禁止的事由。例如，申请人曾经拥有过宅基地，但为获取钱款而将其住宅卖与他人，依据《土地管理法》第 62 条第 4 款的规定，该申请人无权再获得宅基地。[③] 再如，申请宅基地的位置和面积等不违反我国现行法的规定。

按照国务院《村庄和集镇规划建设管理条例》第 18 条的规定，对符合条件的，经村民会议讨论通过后，按照下列审批程序办理：（1）需要使用耕地的，经乡级人民政府审核、县级人民政府建设行政主管部门审查同意并出具选址意见书后，方可依照《土地管理法》向县级人民政府土地管理部门申请用地，经县级人民政府批准后，由县级人民政府土地管理部门

---

① 见 http：//news. xinhuanet. com/ziliao/2003－01/20/content＿697957. htm。

② 最高人民法院《关于解放前劳动人民之间宅基地租赁契约是否承认和保护问题的批复》（1985 年 11 月 12 日）；最高人民法院《关于公民对宅基地只有使用权没有所有权的批复》（1986 年 11 月 14 日），载张世进等主编：《中华人民共和国法律规范性解释集成》，544、545 页，长春，吉林人民出版社，1990。

③ 王利明、尹飞、程啸：《中国物权法教程》，384 页。

划拨土地（第1款第1项）。（2）使用原有宅基地、村内空闲地和其他土地的，由乡级人民政府根据村庄、集镇规划和土地利用规划批准（第1款第2项）。回原籍村庄、集镇落户的职工、退伍军人和离休、退休干部以及回乡定居的华侨、港澳台同胞，在村庄、集镇规划区内需要使用集体所有的土地建住宅的，依照本条第1款第（1）项规定的审批程序办理（第3款）。

需要指出的是，将宅基地分配给本集体经济组织的成员，应是作为宅基地的所有权人行使其土地所有权的表现之一，该集体经济组织应为宅基地使用权的设立人，乡（镇）、县两级人民政府并非宅基地所有权人，不应是宅基地使用权的设立人，其审核、批准应限于对宅基地申请是否符合国务院《村庄和集镇规划建设管理条例》第18条规定的条件和程序，目的在于监督集体经济组织合理利用土地，避免随意将农用地转为建设用地，防止不用荒地而用耕地建造住宅。因此，此种审核、批准应当只是一种核准，只要宅基地申请不违反法律、法规、规章的强制性规定，就不应驳回。审批机关不得越权干预集体经济组织对宅基地申请的审核，也不得对集体经济组织没有通过的宅基地进行审批。①

宅基地使用权的设立虽然不以登记为要件，但因登记有其固有的优点，权利人可能要求办理登记。对此，《不动产登记暂行条例实施细则》规定，依法取得宅基地使用权，可以单独申请宅基地使用权登记（第40条第1款）。依法利用宅基地建造住房及其附属设施的，可以申请宅基地使用权及房屋所有权登记（第40条第2款）。申请宅基地使用权及房屋所有权首次登记的，应当根据不同情况，提交下列材料：（1）申请人身份证和户口簿；（2）不动产权属证书或者有批准权的人民政府批准用地的文件等权属来源材料；（3）房屋符合规划或者建设的相关材料；（4）权籍调查表、宗地图、房屋平面图以及宗地界址点坐标等有关不动产界址、面积等材料；（5）其他必要材料（第41条）。

三、宅基地使用权取得的时间点

现行法未把登记作为宅基地使用权的生效要件，登记与否，不影响宅基地使用权的设立。宅基地使用权自县级或乡级人民政府批准时设立。但这不妨碍宅基地使用权人申请登记部门予以登记，也不排除某些地区主动地只收取工本费为农村村民办理了宅基地使用权登记。由于现行法更未赋予宅基地使用权登记公信的效力，这种宅基地使用权的登记只能具有对抗第三人的效力。

第三节　宅基地使用权的效力

一、宅基地使用权人的权利

1. 占有、使用宅基地的权利

占有、使用宅基地，表现为利用宅基地建造住宅及其附属设施，为宅基地使用权人的当然权利（《物权法》第152条）。

---

① 王利明、尹飞、程啸：《中国物权法教程》，385页；高圣平：《物权法：原理·规则·案例》，117页。

［引申］

由宅基地使用权制度的目的及功能决定，宅基地不得用于兴建企业或公司的厂房，不得用于投资到公司，不得用于较大规模的养殖业的基地。不过，农户已经在宅基地上建造了住宅的情况下，利用宅基地的空余部分从事些简单的工副业（如打制锄头、磨制豆腐、圈养若干只牛羊等），应予允许。有学者概括为权利人可利用宅基地及地上房屋从事小规模、家庭式、无污染、不扰民的生产经营活动。[①] 当然，衍生出来的环境污染、相邻关系等问题，分别按照相应的制度解决。

2. 极为有限的处分权

现行法禁止宅基地使用权单独转让、抵押、继承或出租（《土地管理法》第 63 条前段，《担保法》第 37 条第 2 项），只承认宅基地上的房屋出卖、赠与、继承时宅基地使用权随之移转，且因房屋出卖、赠与而移转宅基地使用权时，或出租住房的，不再分配给宅基地使用权（《土地管理法》第 62 条第 3 款）。

值得注意的是，《中共中央关于全面深化改革若干重大问题的决定》第 21 条中段规定："保障农户宅基地用益物权，改革完善农村宅基地制度，选择若干试点，慎重稳妥推进农民住房财产权抵押、担保、转让，探索农民增加财产性收入渠道。"这为宅基地使用权的抵押和转让提供了政策性基础，我们应当尽快修改现行法的有关规定，设置宅基地使用权抵押和转让的条件和程序，使宅基地使用权的抵押和转让有法可依，有章可循。

［讨论］

（1）关于宅基地使用权人的限制

在《土地管理法》修正和物权法草拟和研讨的过程中，曾有意设置若干例外，承认本集体经济组织外的某些人可以申请设立宅基地使用权。例如，1）甲村的农户到乙村承包土地，从事农林牧渔的生产经营活动，期限较长，应当准予该农户在乙村取得宅基地使用权的申请。2）城镇居民到农村承包"四荒"土地，从事农林牧渔的生产经营活动，期限较长，应当准予该城镇居民在该村取得宅基地使用权的申请。这些均为符合客观实际的合理意见，遗憾的是没有变成法律。实务中，不妨试点探索。

（2）关于宅基地使用权的单独转让

在《土地管理法》修正、物权法草拟和研讨的过程中，曾有意设置若干例外。例如，1）在宅基地使用权人举家到城镇打工，而城镇居民举家到该村承包"四荒"土地，期限较长时，可以允许将宅基地使用权在他们之间转让。2）甲村的农户到乙村承包"四荒"土地，乙村的农户到甲村承包"四荒"土地，期限较长，宜允许宅基地使用权在他们之间互换。这些均为符合客观实际的合理意见，遗憾的是没有变成法律。实务中，不妨试点探索。

至于宅基地使用权的普遍性的转让，为极少数说，其理由主要有：1）宅基地使用权是用益物权，特别是宅基地上房屋属于农民所有，应当允许农民转让或抵押它们；不然，就限制了资源的利用，宅基地使用权就成为"死产"，不利于真正保护农民利益。[②] 2）目前，不

---

① 王卫国、王广华主编：《中国土地权利的法制建设》，145 页，北京，中国政法大学出版社，2002。

② 韩世远：《宅基地的立法问题——兼析物权法草案第十三章"宅基地使用权"》，载《政治与法律》，2005（5），33～35 页；沐兰琼：《农村宅基地使用权之法律研究》，载《广西政法管理干部学院学报》，2006（1），33 页。另见全国人民代表大会常务委员会法制工作委员会民法室编著：《物权法立法背景与观点全集》，82～83、165 页。

少农村存在着部分宅基地和房屋闲置的现象，为了物尽其用，也应允许使用权转让。[①] 3）随着城市化的发展，很多农民进入城市，也有不少城镇居民下乡购房，已经出现宅基地使用权向外流转的情况，特别是在城市附近或比较发达的地区尤其如此。莫不如面对现实，允许转让，解决问题。[②]

《物权法》对此未予采纳，原因是法律委员会经同国务院法制办、国土资源部、农业部等部门反复研究，一致认为：目前，农村社会保障体系尚未全面建立，土地承包经营权和宅基地使用权是农民安身立命之本，从全国范围看，放开土地承包经营权抵押和宅基地使用权转让的条件尚不成熟。因此，物权法草案仅规定通过招标、拍卖、公开协商等方式设立的“四荒”土地承包经营权，可以转让、抵押等，是适当的，与《宪法》《农村土地承包法》《土地管理法》等法律的规定也是一致的。[③]

（3）关于宅基地使用权的抵押

在物权立法的过程中，有意见主张物权法应当允许宅基地使用权抵押，理由在于：1）农民发展生产缺少资金，允许宅基地使用权抵押，可缓解农民贷款难的状况。为了防范因此而出现的风险，可以有条件地适当放开。[④] 2）目前，不少农村存在着部分宅基地和房屋闲置的现象，为了物尽其用，也应允许使用权抵押。[⑤]

但上述意见未被《物权法》采纳，原因是中国地少人多，必须实行最严格的土地管理制度。目前，农村社会保障体系尚未全面建立，宅基地使用权是农民基本生活保障和安身立命之本。从全国范围看，放开宅基地使用权转让和抵押的条件尚不成熟。特别是农民一户只有一处宅基地，这点与城镇居民是不同的。农民一旦失去住房及其宅基地，将会丧失基本生存条件，影响社会稳定。为了维护现行法律和现阶段国家有关农村土地政策，也为今后修改有关法律或调整有关政策留有余地，《物权法》的规定应当与《土地管理法》等法律的规定保持一致。[⑥]

（4）关于城镇居民继承宅基地上的住宅及其附属设施

极端的观点认为，既然宅基地使用权人在现行法上限于农村村民（实际上为农户），不得为城镇居民，那么，作为宅基地使用权人一分子的村民去世时，其宅基地上的住宅只能归仍具有村民身份的继承人继承，作为城镇居民的继承人不得继承住宅，以免出现城镇居民因继承住宅而成为宅基地使用权人一分子的情况。本书作者认为，这是纯粹形式逻辑推演的结论，没有看到现行法关于宅基地使用权人仅限于农村村民的局限性，违反了《继承法》的原则及规则，不足取。

3. 在宅基地上种植竹木、瓜果、蔬菜的权利

在不影响甚至为美化住宅建造和使用的前提下，宅基地使用权人有权在宅基地上种植竹

---

① 转引自黄松有主编：《〈中华人民共和国物权法〉条文理解与适用》，460 页。

② 转引自胡康生主编：《中华人民共和国物权法释义》，338 页。

③ 《全国人大法律委员会关于〈中华人民共和国物权法（草案）〉修改情况的汇报》（2006 年 10 月 27 日），载全国人民代表大会常务委员会法制工作委员会民法室编著：《物权法立法背景与观点全集》，64 页。

④ 转引自黄松有主编：《〈中华人民共和国物权法〉条文理解与适用》，460 页；胡康生主编：《中华人民共和国物权法释义》，339 页；全国人民代表大会常务委员会法制工作委员会民法室编著：《物权法立法背景与观点全集》，85 页。

⑤ 转引自黄松有主编：《〈中华人民共和国物权法〉条文理解与适用》，460 页。

⑥ 胡康生主编：《中华人民共和国物权法释义》，339～340 页。

木、瓜果、蔬菜。

［引申］

土地承包经营权、建设用地使用权的场合，权利人在一定期间内（如2年）未按权利目的及功能使用标的物，会受到一定的制裁，甚至被收回标的物，终止权利。宅基地使用权人未在宅基地上建造住宅及其附属设施，而是利用宅基地种植农作物或植树，或从事养殖活动，或从事加工作业，是否也会如此处理？一种意见认为，应当放开宅基地的用途限制，宅基地使用权不限于居住之用，不应以违反用途限制为由收回宅基地。[①] 本书作者认为，对这种意见只有被附加若干限制条件之后，方可赞同。首先，在宅基地使用权人只拥有一处宅基地、且自己能够解决生活居住问题的前提下，宅基地使用权人在一定时期内从事这些活动，即使该期间相对长些，尚可容忍。可解释为宅基地使用权的建造住宅的效力附加了始期。倘若永远如此，就彻底违背了宅基地使用权的目的及功能，使权利蜕变为土地承包经营权或建设用地使用权等，不应被允许。其次，假如宅基地使用权人拥有几处宅基地，一处或两处宅基地上建造住宅及其附属设施，解决了生活居住问题，在其他处宅基地上从事农林牧渔经营活动或加工作业，且达一定期间了，不应被允许。因为这不但违背宅基地使用权的目的及功能，而且违反了法律、法规关于一户一宅的原则，还造成了社会不公。最后，这里还涉及村镇规划和相邻关系问题。如果不利用宅基地建造住宅及其附属设施，而是挪作他用，则严重违反了村镇建设规划，破坏了相邻关系规则，相邻他方强烈反对，本集体经济组织也有权纠正。

4. 以宅基地及地上住宅作为供役地设立地役权的权利

宅基地使用权人有权将宅基地及地上住宅作为供役地为他人设立地役权。至于土地承包经营权人把承包地作为需役地为自己设立地役权，同时有利于自己和土地所有权人，更应被准许（《物权法》第162条）。

二、宅基地使用权人的义务

1. 不得擅自变更用途的义务

由宅基地使用权的目的及功能决定，在宅基地上建造住宅及其附属设施，既是权利，也是义务。当然，如同上文所述，该项义务在把握上不宜僵化。

2. 不得越界建造住宅及其附属设施

严格按照批准的面积利用宅基地，为宅基地使用权人的必要义务（《土地管理法》第62条第1款）。宅基地的面积超过当地政府规定标准的，可在土地登记卡和土地证书内注明超过标准面积的数量。以后分户建房或现有房屋拆迁、改建、翻建或政府依法实施规划重新建设时，按当地政府规定的面积标准重新确定使用权，其超过部分退还集体（国家土地管理局于1995年3月11日发布的《确定土地所有权和使用权的若干规定》第51条）。

3. 不得非法转让、抵押、出租宅基地使用权

现行法禁止宅基地使用权转让、抵押、出租。农村村民出卖、出租住房后，再申请宅基地的，不予批准（《土地管理法》第62条第4款）。

---

① 王卫国、王广华主编：《中国土地权利的法制建设》，145页；王利明、尹飞、程啸：《中国物权法教程》，395页。

第四节 宅基地使用权的消灭

一、宅基地使用权消灭的事由

1. 宅基地因自然原因而消失

宅基地因自然原因而消失，使宅基地使用权失去标的物而失去目的、意义，应当归于消灭（《物权法》第 154 条前段）。

2. 宅基地被征收

宅基地因公共利益的需要而被征收导致宅基地使用权消灭；或因商业利益的需要而转化为建设用地，也要通过征收的方式消灭宅基地及其权利。于此场合，宅基地使用权失去标的物而失去目的、意义，应当归于消灭。

3. 不按批准的用途使用宅基地，宅基地使用权被依法收回

不按批准的用途使用宅基地，如在宅基地上兴办企业、建造商品房等，与宅基地使用权的目的及功能背道而驰，严重违法，本集体经济组织可依法收回宅基地。于此场合，宅基地使用权消灭。

4. 长期闲置宅基地

适时利用宅基地建造住宅及其附属设施，既是物尽其用的表现，也是农民安身立命的需要。宅基地使用权人有意长期闲置宅基地，可比照《确定土地所有权和使用权的若干规定》第 52 条关于"空闲或房屋坍塌、拆除两年以上未恢复使用的宅基地，不确定土地使用权。已经确定使用权的，由集体报经县级人民政府批准，注销其土地登记，土地由集体收回"的规定处理，本集体经济组织将宅基地收回。

5. 宅基地使用权人不复存在

占有宅基地的农户因家庭成员全部死亡或因举家迁移城镇等原因而不复存在，宅基地使用权因无主体而归于消灭。

最后，必须指出，宅基地使用权绝对消灭，原无登记的，在内外关系上均可主张宅基地使用权业已消灭；原已登记的，应当及时办理注销登记（《物权法》第 155 条、《不动产登记暂行条例实施细则》第 28 条第 1 款）。若未办理注销登记，对于宅基地的所有权人和登记机关，不得主张宅基地使用权；但对于交易相对人则不得以宅基地使用权业已消灭予以对抗。宅基地使用权相对消灭（如因出卖宅基地上的房屋而导致宅基地使用权移转的），原已登记的，应当及时办理变更登记（移转登记或曰过户登记）（《物权法》第 155 条、《不动产登记暂行条例实施细则》第 27 条）。若未办理变更登记，受让人对转让人可以主张自己享有宅基地使用权，但对于第三人无权以宅基地使用权人的身份抗辩。

二、宅基地使用权消灭的法律后果

1. 宅基地使用权绝对消灭的，地上住宅及其附属设施的所有权转归宅基地所有权人享有。

2. 宅基地使用权因自然灾害等原因而绝对消灭场合，失去宅基地的村民有权重新获得宅基地使用权（《物权法》第 154 条后段）。

第十四章　海域使用权

第一节　海域使用权的概念

所谓海域使用权，是指民事主体基于县级以上人民政府海洋行政主管部门的批准和颁发的海域使用权证书，依法在一定期限内使用一定海域的权利。它具有如下法律性质：

1. 权利主体因海域使用权的类型不同而异其规格

从权利主体方面看，按照《海域使用管理法》的用语，海域使用权的主体包括单位和个人（第3条第2款、第16条、第33条）。

［辨析］

应当说，在物权法的视野里，单位、个人的用语不规范。此处所谓“个人”，当指自然人无疑，可是，所谓“单位”在海域使用权主体的层面究竟指向谁，则不清楚。依据现行民法及其民事主体理论，团体可以成为民事主体的只有两类，一是法人，二是合伙企业。具体到海域使用权的主体，属于“单位”类型的，也应当限于法人和合伙企业。

结合具体类型的海域使用权观察，会发现不同的海域使用权对权利主体的要求不同。例如，养殖海域使用权的主体限于渔民或渔业合作组织，探矿和采矿的用海权的主体必须具有相应的资质，公益事业用海权（含海底电缆用海权、海底管线用海权等）、港口和修造船厂等建设工程用海权的主体亦然。

2. 海域使用权的客体为海域

从权利客体角度看，海域使用权的客体为海域。依据《海域使用管理法》的规定，所谓海域，是指中华人民共和国内水、领海的水面、水体、海床和底土（第2条第1款）。所谓内水，是指中华人民共和国领海基线向陆地一侧至海岸线的海域（第2条第2款）。

3. 海域使用权为用益物权

从权利的归属体系方面看，海域使用权是物权，且为用益物权。将海域使用权定位在物权，有以下理由支持：

(1) 确立海域使用权制度的《海域使用管理法》，是全国人民代表大会常务委员会通过的法律。这符合物权法定主义所要求的“法”的位阶，为把海域使用权定位于物权提供了前提。

(2) 按照《海域使用管理法》的规定，海域使用权实行登记制度（第6条第1款），由国务院批准用海的，由国务院海洋行政主管部门登记造册；地方人民政府批准用海的，由地方人民政府登记造册（第19条）。国家建立海域使用统计制度，定期发布海域使用统计资料，依法登记的海域使用权受法律保护（《海域使用管理法》第6条）。这表明海域使用权有其完善的公示制度，为他人了解海域使用权的存在及其内容提供了制度保障，符合物权对于公示的要求。

(3)《海域使用管理法》规定，海域使用权人依法使用海域并获得收益的权利受法律保护，任何单位和个人不得侵犯（第23条第1款）。这表明海域使用权含有占有、使用、收益各项权能，显现出海域使用权具有支配力，而非请求力。这符合物权的质的规定性，而同债权的特点相异。

(4)《海域使用管理法》规定，海域使用权人对不妨害其使用海域的非排他性用海活动，不得阻挠（第23条第2款）。阻挠、妨害海域使用权人依法使用海域的，海域使用权人可以请求海洋行政主管部门排除妨害，也可以依法向人民法院提起诉讼（第44条）。这表明海域使用权具有排他性，而排他性是物权性质的表现。

[引申]

认定海域使用权具有排他性的根据在于，假如海域使用权为债权，对妨害其行使的不法用海行为，要么因债权的相对性和无排他效力致使海域使用权人无权请求侵权人停止侵害、排除妨害；要么海域使用权人有权请求侵权人承担侵权责任[①]，不会因该不法行为有无排他性而有差异。就是说，《海域使用管理法》第23条第2款和第44条的规定画蛇添足。只有海域使用权为物权时，区分他人的用海是否具有排他性才有其道理，《海域使用管理法》第23条第2款和第44条的规定才合乎法理。其道理如下：如果他人用海系排他的，表明该他人在同一海域拥有另一个物权，那么，这违反了物权的一物一权主义，损害了海域使用权的排他效力，应被禁止。如果他人用海系非排他的，那么，在他人用海并非行使权利的情况下，海域使用权人自然有权制止；在他人用海系行使权利的情况下，该权利若非物权，海域使用权人同样有权制止；在他人用海系行使物权的情况下，则只有该物权与海域使用权同为相容的物权时，该物权的存在才未否定海域使用权的排他效力，二权才可以并存。[②]

[论争]

同时，我们应当看到，依据物权法原理，不相容的物权不得并存于同一个客体之上。海域使用权、矿业权、渔业权、土地承包经营权、建设用地使用权都是以占有、使用、收益为内容的权利，相对于同一个客体，它们应当属于不相容的物权，是不应当并存于同一海域的。可是，在现行法上，它们恰恰可以并存于同一海域，违反了物权的排他性，在实务上酿成了社会问题。

反驳者或许会说，并非所有的物权都具有排他性，在同一宗土地上不但可以设置内容不同的地役权，而且可以设置若干内容相同的地役权，没有显现出排他性。对海域使用权不可以比照地役权处理吗？本书作者认为，内容相同的地役权若不同时行使，它们相安无事，似乎看不出排他性，但若同时行使，则仍然存在着效力冲突问题，需要确定每个地役权的优先顺序。在这一点上，也可以说地役权具有排他性。

海域使用权和渔业权、矿业权、土地承包经营权、建设用地使用权之间的关系，可否比照若干内容相同的地役权之间的关系处理？本书作者认为，在绝大多数情况下不行，因为海

① 通说认为，我国侵权责任法尚未承认债权为侵权行为的标的，只有在开户行故意帮助债务人逃避还债而划走账上资金的情况下，司法解释才承认开户行向债权人承担赔偿责任。开户行承担责任的基础是侵害了债权人的债权。

② 崔建远：《海域使用权制度及其反思》，载《政法论坛》，2004（6），62页。

域使用权依其特性本应永远具有排他性，一定会同矿业权、土地承包经营权、建设用地使用权、养殖权相排斥。严格地按照物权法原理处理，如果矿业权、土地承包经营权、建设用地使用权、养殖权首先设立，海域使用权就不得存在；如果海域使用权首先设立，矿业权、土地承包经营权、建设用地使用权、养殖权本不应产生。但实际情况则不如此简单，因从事养殖必须经过渔业行政主管机关的特许，所以养殖权仍须产生；矿业权与之类似，也须产生；依据《海域使用管理法》的规定，建设用地使用权要取代海域使用权（第 32 条），土地承包经营权则以海域为客体（第 22 条）。[①]

至于海域使用权与捕捞权之间的关系，有点类似于几个内容相同的地役权之间的关系，在捕捞权不行使时，海域使用权与捕捞权并存于同一渔场问题不大，但在捕捞权实际行使时，二权依然相冲突，需要抑制海域使用权的效力，使捕捞权的效力强于海域使用权。

一句话，只要不否认渔业权、矿业权、水权（含排污权）、土地承包经营权、建设用地使用权的正当性，海域使用权的存在便没有积极的意义，只有负面的影响。

（5）债权因其为手段性权利，含有死亡的基因[②]，一旦物权或与物权价值相当的权利产生，它便因其目的达到而寿终正寝，故其存续期限一般较短，且大多不由法律直接规定。[③] 而物权由其目的及功能决定，其存续期限一般较长。依据《海域使用管理法》的规定，海域使用权的最高期限，分别为 15 年、20 年、25 年、30 年、40 年不等，显然较长。如此之长的存续期限，再加上上述各种性质综合判断，应当把海域使用权定位在物权，而非债权。

将海域使用权定位在用益物权，是因为它没有担保债权实现的目的及功能，却含有使用、收益的内容。

4. 海域使用权为典型物权

从典型物权与准物权间的类比关系看，海域使用权为典型物权。海域使用权以特定的海域为客体，与养殖权、捕捞权接近，而养殖权、捕捞权属于准物权，因此，容易将海域使用权定位为准物权。但本书作者认为，海域使用权属于典型物权，而非准物权。其道理在于，海域使用权以特定的海域为客体，具有排他效力（《海域使用管理法》第 23 条、第 44 条）、优先效力（《海域使用管理法》第 22 条及其解释）、追及效力和物权请求权，不具有复合性，完全符合典型物权的特征，而不符合准物权的特征。

［反思］

虽然笼而统之地可以说海域使用权以特定的海域为客体，具有排他效力、优先效力、追及效力和物权请求权，符合典型物权的特征；但是，一旦海域使用权具体化为养殖用海权（养殖权）、探矿用海权（探矿权）、采矿用海权（采矿权）等权利时，典型物权的属性便弱化，准物权的色彩就彰显。这也表明设立海域使用权制度违反法律制度设置及运行的规律。

① 崔建远：《海域使用权制度及其反思》，载《政法论坛》，2004（6），60～61 页。

② ［德］Radbruch，Rechtsphilosophie，1963，S. 243. 转引自王泽鉴：《民法债编总论·基本理论·债之发生》（总第 1 册），8 版，52 页。

③ 在个别情况下，法律也直接规定债权的存续期限，如《中华人民共和国合同法》第 214 条第 1 款规定，租赁期限不得超过 20 年。超过 20 年的，超过部分无效。

5. 海域使用权为集合性物权

从权利是否具有单一性的角度看，海域使用权为集合性的物权。海域使用权并非单一的物权，而是一系列权利的总称。按照《海域使用管理法》的规定，养殖权（养殖用海权）、拆船用海权、旅游用海权、娱乐用海权、矿业权（探矿用海权、采矿用海权）、公益事业用海权（含海底电缆用海权、海底管线用海权等）、港口和修造船厂等建设工程用海权，均属海域使用权的范畴。这表明海域使用权是权利束，是集合性的权利。

［反思］

一部善法确立的用益物权，都应有其特定的目的及功能。例如，建设用地使用权的目的及功能在于，使用权人在国家所有的土地上进行房地产开发建设，建筑物的所有权不被土地所有权吸收，而是归属于建设用地使用权人；土地承包经营权的目的及功能在于，承包人在集体所有或国家所有的土地上进行农林牧渔经营，其收获不归土地所有权人享有，而是属于承包人；采矿权的目的及功能在于，权利人在特定的矿区采掘矿产资源并取得矿产品；养殖权的目的及功能在于，权利人利用特定水域从事养殖业，并享有该水域里的水生动植物的所有权，阻止水域所有权人享有此权；捕捞权的目的及功能在于，权利人在特定渔场捕捞作业，取得渔获物的所有权，使海域所有权不追及至该物之上。

海域使用权的目的及功能何在？如果承认法律设置的渔业权、矿业权、水权、土地承包经营权、建设用地使用权正当合理，那么，海域使用权只有单纯地占有、使用海域，而无其他目的及功能。因为如果目的及功能是捕捞水生动物，那么捕捞权非常合适；如果目的及功能是养殖水生动植物，那么养殖权十分胜任，某些土地承包经营权也有此目的及功能；如果是探矿或采矿，那是矿业权的目的及功能；如果是用于航行，那是航运水权的目的及功能；如果是用于流放竹木，那是流放水权的目的及功能；如果是利用水道排放污水，那是排污权的目的及功能。如此，海域使用权存在的实质正当性就存在疑问：其一，设置海域使用权难道只是为了收取费用？其二，人为地造成了海域使用权和渔业权、矿业权、水权（含排污权）、土地承包经营权、建设用地使用权之间的竞合，效力冲突，徒增成本。

或许有人会说，以海域使用权取代渔业权、矿业权、土地承包经营权等物权，不就使海域使用权有用武之地了吗?！本书作者认为，就渔业权、矿业权、土地承包经营权等物权来说，一是概念本身就能反映出权利的目的及功能；二是养殖证、捕捞许可证、矿业权、土地承包经营权等物权形成在先，相应的法律也早已颁行；何况《物权法》已经规定了养殖权、捕捞权（第123条），而非养殖证、捕捞许可证；三是与国际惯例接轨；四是海洋行政主管部门尚无相应的管理权限，也不精通相应的业务，所以，没有理由以海域使用权取代它们。尤其是其中的土地承包经营权，既是中国改革重大成果的结晶，又有法律依据，农民和管理者对它情有独钟，更没有理由被海域使用权所置换。[①]

总之，海域使用权本身没有独立的目的与功能，既有的权利，如渔业权、矿业权、水权（含排污权）、土地承包经营权、建设用地使用权等各自拥有其目的及功能，完全能够满足权利人的需要，这在客观上排斥了海域使用权的存在价值。只要不否认渔业权、矿业权、水权

① 崔建远：《海域使用权制度及其反思》，载《政法论坛》，2004（6），61页。

（含排污权）、土地承包经营权、建设用地使用权存在的正当性，海域使用权的存在就不仅是无用的，而且是有害的。

赞同海域使用权而否定渔业权等准物权的论者，为证成其观点提出了各种理由，其中之一是，为改变“多龙管海”、用海无序的局面，由一个部门统一协调才会秩序井然。对此，本书作者认为，如果从财产权的角度寻求一个部门统一协调用海的根据，单凭国家对海域享有所有权就足够了，完全没有必要降至海域使用权的他物权的层面；如果从行政权力的层面寻觅一个统一部门统一协调用海的权限依据，那么国务院一个授权就足以解决问题，用不着通过设置财产权的迂回曲折的路径。

赞同海域使用权而否定渔业权等准物权的理由之二是，海域属于国家的自然资源，国家对海域享有所有权，渔民等用海人使用海域，必须支付权利金。不设置海域使用权，如何收取海域使用金？本书作者认为，其一，如果国家收取权利金是必要且正当的话，完全可以基于探矿人取得了探矿权、采矿权人取得了采矿权、渔民取得了养殖证、捕捞许可证的事实，来收取权利金，没有必要新创一个海域使用权来作为收取权利金的对价。其二，对于渔民而言，收取权利金是否必要且适宜？本书作者认为，向渔民收取这些权利金，的确增加了负担，这与中央逐年减轻、最终取消农业税的改革方向是逆向的，尤其是海域使用权的取得通过拍卖的方式，海域使用权被出价高者取得，祖祖辈辈在沿海以捕鱼、养鱼为生的渔民却因财力有限而失去谋生和就业的手段，会酿成严重的社会问题。[①]

赞同海域使用权而否定渔业权等准物权的理由之三是，海域是蓝色的国土，陆地上存在着土地使用权，海域使用权相当于陆地上的土地使用权，所以，创设海域使用权是非常科学的。

本书作者认为，如果此处所谓土地使用权是广义上的，则它是指建设用地使用权、宅基地使用权、土地承包经营权等用益物权。如此，开发商取得一种土地使用权（现行法上的建设用地使用权），就有权在基地上建造房屋，此外无须再取得其他物权，作为建造并保有房屋的依据；农民取得一种土地使用权（现行法上的宅基地使用权），便可以在基地上建造住房，此外无须再取得其他物权，作为建造并保有住房的权源；农民取得一种土地使用权（现行法上的土地承包经营权），便可以从事农林牧渔，此外无须再取得其他物权，作为从事农林牧渔并保有收益的根据。把它类比到海上，便是只要用海人取得海域使用权就足够了，无须再取得探矿权、采矿权、养殖证、捕捞许可证等。[②]

如果此处所谓土地使用权是狭义的，则它专指建设用地使用权，于是，开发商取得建设用地使用权就完全可以在基地上建造商品房等，此外无须再取得另外一种物权作为建造房屋等的根据。而事实相反，渔民既必须取得海域使用权，又需要取得养殖证或捕捞许可证；探矿人既必须取得海域使用权，又需要取得探矿权；采矿权人既必须取得海域使用权，又需要取得捕捞权，非常不经济。海域所有权—海域使用权—探矿权/采矿权/养殖证/捕捞许可证……三层结构，类比到陆地，就相当于在土地所有权与建设用地使用权/土地承包经营权/探矿权/采矿权……中间再创设一种物权。这种结构适用于陆地上，似乎无人赞同，在海上为什么就赞同呢?![③]

---

① 崔建远：《海域使用权制度及其反思》，载《政法论坛》，2004（6），63页。

② 崔建远：《海域使用权制度及其反思》，载《政法论坛》，2004（6），63～64页。

③ 崔建远：《海域使用权制度及其反思》，载《政法论坛》，2004（6），64页。

第二节　海域使用权的取得

一、海域使用权取得的概述

海域使用权的取得，分为原始取得和继受取得。原始取得，是指不基于他人既有的权利而独立取得海域使用权。善意取得海域使用权（《物权法》第 106 条第 3 款）为其例证。现行法尚无依据法律的直接规定而取得海域使用权的原始取得制度。继受取得，又称海域使用权的传来取得，是指基于海域使用权人既有的权利，不变更其性质，而取得海域使用权。其中，设立海域使用权（《海域使用管理法》第 16～20 条），属于创设继受取得海域使用权的情况。本节仅讨论海域使用权的设立。基于转让、互易而取得海域使用权，以及基于将海域使用权出资而由公司取得等，属于移转继受取得海域使用权。在海域使用权人为自然人的情况下，存在着通过继承、遗赠而移转继受取得海域使用权的可能。移转继受取得将在本章第三节“海域使用权的效力”中介绍。

二、海域使用权设立的程序

依据《海域使用管理法》的规定，海域使用权的取得方式有以下三种：

1. 申请—审批—登记—发证的方式

这种方式的程序及内容如下：单位和个人向县级以上人民政府海洋行政主管部门提交海域使用申请书、海域使用论证材料、相关的资信证明材料和法律、法规规定的其他书面材料，申请取得海域使用权（第 16 条）。县级以上人民政府海洋行政主管部门依据海洋功能区划，对该申请进行审核，并依据《海域使用管理法》和省、自治区、直辖市人民政府的规定，经征求同级有关部门的意见后，报有批准权的人民政府批准（第 17 条）。填海 50 公顷以上的项目用海、围海 100 公顷以上的项目用海、不改变海域自然属性的用海 700 公顷以上的项目用海、国家重大建设项目用海、国务院规定的其他项目用海，其海域使用权的申请须经国务院审批。其他项目的海域使用权的申请，由国务院授权省、自治区、直辖市人民政府规定（第 18 条）。海域使用申请经依法批准后，由国务院批准用海的，由国务院海洋行政主管部门登记造册，向海域使用申请人颁发海域使用权证书；地方人民政府批准用海的，由地方人民政府登记造册，向海域使用申请人颁发海域使用权证书。海域使用申请人自领取海域使用权证书之日起，取得海域使用权（第 19 条）。

2. 招标的方式

这种方式由海洋行政主管部门制订招标方案，征求同级有关部门的意见，报经有审批权的人民政府批准后，按照招投标程序进行，向中标人颁发海域使用权证书。中标人自领取海域使用权证书之日起，取得海域使用权（第 20 条）。

3. 拍卖的方式

这种方式由海洋行政主管部门制订拍卖方案，征求同级有关部门的意见，报经有审批权的人民政府批准后，按照拍卖程序进行，向买受人颁发海域使用权证书。买受人自领取海域使用权证书之日起，取得海域使用权（第 20 条）。

［提示］

《海域使用管理法》第 19 条关于“海域使用申请人自领取海域使用权证书之日起，取得海域使用权”的规定，及第 20 条第 2 款后段关于“中标人或者买受人自领取海域使用权证书之日起，取得海域使用权”的规定，不同于《物权法》第 14 条关于“不动产物权的设立、变更、转让和消灭，依照法律规定应当登记的，自记载于不动产登记簿时发生效力”的规定。对此冲突，可有两种解决规则，一是新法优先于旧法，二是特别法优先于普通法。若依前者，则应根据《物权法》第 14 条的规定，海域使用权自记载于海洋行政主管部门设置的海域使用登记簿时设立；若按后者，则根据《海域使用管理法》第 19 条的规定，海域使用申请人自领取海域使用权证书之日起，取得海域使用权。如何抉择，颇费思量。本书作者认为，宜选择利多弊少的规定，而《海域使用管理法》第 19 条、第 20 条的规定，弊多利少。第一，《海域使用管理法》第 19 条、第 20 条的规定与公示和公信的原则未尽吻合。登记物权的公示方式是登记，证书所起的公示作用极为有限。公信是对公示赋予绝对的效力，登记物权场合是赋予登记以公信的效力。由此可见，以登记时发生海域使用权设立的效力，才更符合公示原则和公信原则的精神。第二，与此相关，《物权法》第 17 条明确规定：“不动产权属证书是权利人享有该不动产物权的证明。不动产权属证书记载的事项，应当与不动产登记簿一致；记载不一致的，除有证据证明不动产登记簿确有错误外，以不动产登记簿为准。”在这种背景下，仍然固守《海域使用管理法》第 19 条、第 20 条规定的自领取海域使用权证书之日取得海域使用权，显然不合时宜。第三，甲用海者申请某特定海域的使用权在先，甚至于中标、拍定、签约在先，而领取海域使用权证书滞后，于此中间阶段，某特定的海洋行政主管部门若将该海域又审批或签约给第三人乙。于此场合，甲乙均为债权人，如何确定该海域使用权的归属？无论确定给予谁，都难觅更有正当性的理由。再换个例子，丙强占或污染该海域，在现行法尚未确立债权侵害的一般规则的背景下，甲作为债权人无法基于侵权行为法请求丙承担责任，唯一的途径是基于《物权法》规定的占有制度，向丙主张物上请求权。第四，登记部门能否及时地发放海域使用权证书，受工作人员是否勤勉尽职等诸多不确定因素的左右，不如记载于海域使用登记簿明确（实际上以收到用海申请、中标、拍定等为准更为理想），实际上有时会不利于最早申请用海者。

三、海域使用权的母权

海域使用权的取得，离不开将占有、使用、收益诸权能分离给它的母权。从海域使用权的母权看，《海域使用管理法》规定海域属于国家所有，单位和个人使用海域，必须依法取得海域使用权（第 3 条），因此，海域使用权系分享国家海域所有权中的占有、使用、收益的权能而形成的权利，换言之，国家的海域所有权系海域使用权的母权。

四、海域使用权设立的登记

在海域使用权的设立方面，《不动产登记暂行条例实施细则》规定，依法取得海域使用权，可以单独申请海域使用权登记（第 54 条）。申请海域使用权首次登记的，应当提交下列材料：（1）项目用海批准文件或者海域使用权出让合同；（2）宗海图以及界址点坐标；（3）海域使用金缴纳或者减免凭证；（4）其他必要材料（第 55 条）。

第三节　海域使用权的效力

一、概述

由于海域使用权是一束权利，聚集着养殖权（养殖用海权）、拆船用海权、旅游用海权、娱乐用海权、矿业权（探矿用海权、采矿用海权）、公益事业用海权（如海底电缆用海权、海底管道用海权等）、港口建设工程用海权、修造船厂用海权（《海域使用管理法》第25条）。所谓海域使用权的效力，具体体现在各个具体的海域使用权之中，本书有关章节关于建设用地使用权的效力、养殖权的效力、探矿权的效力、采矿权的效力的叙述，就是对海域使用权中某些亚类型用海权效力的说明。所以，了解海域使用权的效力，尚需阅读本书的其他有关章节。

二、海域使用权人的权利

1. 占有特定海域的权利

养殖权（养殖用海权）、拆船用海权、旅游用海权、娱乐用海权、矿业权（探矿用海权、采矿用海权）、公益事业用海权（如海底电缆用海权、海底管道用海权等）、港口建设工程用海权、修造船厂用海权均需占有特定的海域，只不过旅游用海权和娱乐用海权场合占有比较短暂罢了。

2. 使用特定海域的权利

海域使用权人依法使用特定的海域，是海域使用权的主要内容，只不过海域使用权的亚类型不同，使用海域的表现形式可能有所区别罢了。例如，养殖权（养殖用海权）的使用表现为权利人立体化地利用特定的海域，而海底电缆用海权则仅仅利用海底的个别部位；采矿用海权比较长期地使用特定的海域，而旅游用海权仅仅是一时地利用特定的海域。

3. 收益权

海域使用权人对其使用特定海域所产生的收益享有权利。如养殖权（养殖用海权）人利用特定海域从事养鱼的经营活动，对所养之鱼享有所有权。采矿权（采矿用海权）人对从其矿区内采掘的矿物享有所有权。《海域使用管理法》第23条规定，海域使用权人依法使用海域并获得收益的权利受法律保护，任何单位和个人不得侵犯。

4. 转让权

海域使用权作为他物权，没有转让特定海域的效力，但用海者有将海域使用权自身转让的权利。《海域使用管理法》第27条规定："因企业合并、分立或者与他人合资、合作经营，变更海域使用权人的，需经原批准用海的人民政府批准。海域使用权可以依法转让。海域使用权转让的具体办法，由国务院规定。海域使用权可以依法继承。"不过，应当注意，海域使用权中的许多亚类型涉及国家安全、社会公共利益，不得随意转让。于此场合，申请人可以申请海域使用权转移登记（《不动产登记暂行条例实施细则》第57条第1项）。

5. 请求续期权

海域使用权是有期物权，《海域使用管理法》第25条规定："海域使用权最高期限，按照下列用途确定：（一）养殖用海十五年；（二）拆船用海二十年；（三）旅游、娱乐用海二十五年；（四）盐业、矿业用海三十年；（五）公益事业用海四十年；（六）港口、修造船厂等建设工程用海五十年。”

用海者若欲续期，按照《海域使用管理法》第26条的规定，海域使用权期限届满，海域使用权人需要继续使用海域的，应当至迟于期限届满前2个月向原批准用海的人民政府申请续期（第1款）。除根据公共利益或国家安全需要收回海域使用权的外，原批准用海的人民政府应当批准续期（第2款）。于此场合，申请人应当持不动产权属证书、海域使用权变更的文件等材料，申请海域使用权变更登记（《不动产登记暂行条例实施细则》第56条第4项）。

6. 请求改变海域用途的权利

按照《海域使用管理法》第28条后段规定，如果确需改变海域用途，应当在符合海洋功能区划的前提下，海域使用权人报原批准用海的人民政府批准。于此场合，申请人应当持不动产权属证书、海域使用权变更的文件等材料，申请海域使用权变更登记（《不动产登记暂行条例实施细则》第56条第6项）。

7. 取回所有物的权利

海域使用权人对其设置于特定海域的物品，有权取回，在海域使用权终止时尤其如此。[①]

8. 请求补偿的权利

《海域使用管理法》第30条规定，因公共利益或国家安全的需要，原批准用海的人民政府可以依法收回海域使用权。依照前款规定在海域使用权期满前提前收回海域使用权的，对海域使用权人应当给予相应的补偿。

9. 物权请求权

海域使用权人享有排除妨害、消除危险、返还海域诸物权请求权（《海域使用管理法》第3条、第23条等，《物权法》第34条、第35条、第36条）。

三、海域使用权人的义务

1. 缴纳海域使用金

《海域使用管理法》规定，国家实行海域有偿使用制度（第33条第1款）。单位和个人使用海域，应当按照国务院的规定缴纳海域使用金。海域使用金应当按照国务院的规定上缴财政（第33条第2款）。对渔民使用海域从事养殖活动收取海域使用金的具体实施步骤和办法，由国务院另行规定（第33条第3款）。根据不同的用海性质或情形，海域使用金可以按照规定一次缴纳或按年度逐年缴纳（第34条）。但要注意，下列用海，免缴海域使用金：（1）军事用海；（2）公务船舶专用码头用海；（3）非经营性的航道、锚地等交通基础设施用海；（4）教学、科研、防灾减灾、海难搜救打捞等非经营性公益事业用海（第35条）。下列用海，按照国务院财政部门和国务院海洋行政主管部门的规定，经有批准权的人民政府财政部门和海洋行政主管部门审查批准，可以减缴或免缴海域使用金：（1）公用设施用海；（2）国家重大建设项目用海；（3）养殖用海（第36条）。

2. 合理用海

首先，海域使用权人必须按照海洋功能区划使用特定的海域（《海域使用管理法》第4

① 尹田主编：《中国海域物权制度研究》，56页，北京，中国法制出版社，2004。

条、第 15 条)。其次，海域使用权人须依法保护和合理使用海域，对不妨害其依法使用海域的非排他性用海活动，不得阻挠(《海域使用管理法》第 23 条第 2 款)。再次，海域使用权人应当尽量减少乃至杜绝污染海洋环境，在海域使用权终止后，原海域使用权人应当拆除可能造成海洋环境污染或影响其他用海项目的用海设施和构筑物(《海域使用管理法》第 29 条第 2 款)。最后，海域使用权人不得擅自改变经批准的海域用途；确需改变的，应当在符合海洋功能区划的前提下，报原批准用海的人民政府批准(《海域使用管理法》第 28 条)。

3. 不得擅自从事海洋基础测绘

《海域使用管理法》第 24 条规定，海域使用权人在使用海域期间，未经依法批准，不得从事海洋基础测绘(第 1 款)。

4. 不得擅自改变海域用途

海域使用权人不得擅自改变经批准的海域用途，除非原批准用海的人民政府已经批准(《海域使用管理法》第 28 条)。

5. 报告义务

海域使用权人发现所使用海域的自然资源和自然条件发生重大变化时，应当及时报告海洋行政主管部门(《海域使用管理法》第 24 条第 2 款)。

6. 接受监督

海域使用权人对海洋行政主管部门的监督检查应当予以配合，不得拒绝、妨碍监督检查人员依法执行公务(《海域使用管理法》第 40 条第 2 款)。

第四节　海域使用权的消灭

一、海域使用权消灭的事由

1. 海域使用权期间届满

海域使用权期间届满，只要海域使用权人没有申请续期，或虽然申请续期了，但未获批准，海域使用权消灭(《海域使用管理法》第 29 条第 1 款)。于此场合，应当办理注销登记，《不动产登记暂行条例实施细则》第 59 条第 1 款规定，申请海域使用权注销登记的，申请人应当提交下列材料：(1) 原不动产权属证书；(2) 海域使用权消灭的材料；(3) 其他必要材料。

2. 提前收回

因公共利益或者国家安全的需要，原批准用海的人民政府可以依法收回海域使用权(《海域使用管理法》第 30 条第 1 款)。于此场合，按照《不动产登记暂行条例实施细则》第 28 条第 1 款第 3 项的规定，应当办理注销登记；依据第 59 条第 1 款的规定，申请人应当提交下列材料：(1) 原不动产权属证书；(2) 海域使用权消灭的材料；(3) 其他必要材料。

3. 抛弃

海域使用权人抛弃海域使用权，海域使用权消灭，除非抛弃违反法律、行政法规的强制性规定，或违反禁止权利滥用、公序良俗或诚实信用等原则。于此场合，按照《不动产登记暂行条例实施细则》第 28 条第 1 款第 2 项的规定，应当办理注销登记；依据第 59 条第 1 款的规定，申请人应当提交下列材料：(1) 原不动产权属证书；(2) 海域使用权消灭的材料；

（3）其他必要材料。

4. 海域变成陆地

因人工填海或自然原因导致海域变成了陆地的，海域使用权因标的物不复存在而归于消灭（参见《海域使用管理法》第 32 条）。

最后，必须指出，海域使用权绝对消灭的，应当注销登记。对此，《不动产登记暂行条例实施细则》第 59 条第 2 款规定："因围填海造地等导致海域灭失的，申请人应当在围填海造地等工程竣工后，依照本实施细则规定申请国有土地使用权登记，并办理海域使用权注销登记。"若未办理注销登记，则在用海人和海域所有权人及登记机关之间，无权主张海域使用权仍然存在，但在对第三人方面，不得以海域使用权业已消灭予以对抗。

二、海域使用权消灭的法律效果

1. 拆除用海设施和构筑物，恢复原状

海域使用权消灭，海域使用权人拆除用海设施和构筑物，既是权利，也是义务（《海域使用管理法》第 29 条、第 47 条）。

2. 获取合理补偿

因公共利益或国家安全的需要，原批准用海的人民政府依法收回海域使用权的，对海域使用权人应当给予相应的补偿（《海域使用管理法》第 30 条）。

第十五章　地役权

第一节　地役权概述

一、地役权的概念

地役权，是指按照合同约定，利用他人的不动产，以提高自己的不动产的效益所享有的用益物权（《物权法》第156条第1款）。此处所谓他人的不动产，是供役地；所谓自己的不动产，为需役地（《物权法》第156条第2款）。供役地的权利人，为供役人；需役地的权利人，是需役人，或曰地役权人。地役权具有如下法律性质：

1. 地役权系存在于他人不动产上的物权

根据《物权法》第156条的规定，只能在他人不动产上设立地役权，而不能在自己的不动产上设立地役权，因为土地权利人可以在其土地上依法为各种形态的使用，通常情况下没有设立地役权的必要。

［探讨］

法律设置地役权制度，不在于调节不动产的所有，而在于调节不动产的利用，且法律条文所谓“他人土地”或“自己土地”没有严格限制以土地所有权人的为限，故通说认为虽属同一人所有的二宗土地，其中一宗被他人所使用，如为该他人设立了典权或土地承包经营权，只要一宗土地有供另外一宗土地便宜之用的必要，仍可设立地役权。[①] 这符合实际需求，值得重视。站在立法论的立场上，未来制定民法典或修正《物权法》时，在一定情况下，应当允许在自己的不动产上设立地役权。

可以设立地役权的客体只能是不动产，包括土地、建筑物、构筑物及其附属物。该不动产既可以是他人所有的不动产，也可以是他人享有他物权的不动产，如建设用地使用权人占有的建设用地、土地承包经营权人占有的承包地、宅基地使用权人占有的宅基地等。一般来讲，在他人享有地役权的不动产上，不得与该地役权人再协商设立地役权。

地役权的客体，可以是一宗土地，或一宗土地及地上建筑物、构筑物及其附属设施；也可以是一宗土地的特定部分。[②]

地役权的客体为土地时，不限于地表，也可以是地下空间或地上空间，后者即所谓区分

---

① 谢在全：《民法物权论》（中册），修订2版，184页。

② 参见谢在全：《民法物权论》（中册），修订2版，183页；［德］鲍尔、施蒂尔纳：《德国物权法》（上册），张双根译，714页。

地役权，属于空间权的一种。[①]

［辨析］

一种意见认为，建设用地使用权人、宅基地使用权人、土地承包经营权人可以允许他人在自己权利上设立地役权，从而使自己的权利成为供役地。[②] 本书作者对此持有异议，因为建设用地使用权、宅基地使用权和土地承包经营权均为法律上之力，属于抽象的东西，而地役权则以供役地的物质使用为目的[③]，对供役地为具体性的直接利用，或在供役地上通行，或在供役地上铺设管线，或在供役地上排水，等等，这些显然是在建设用地、宅基地、承包地等不动产本身上，而非权利上。至于建设用地使用权人等何以有权在他人所有的土地上为需役地人设立地役权，可以解释为土地所有权人已经向建设用地使用权人等用益物权人授予了设立地役权的权利。

2. 利用他人不动产的目的是为了自己不动产的效益

地役权的目的在于为了自己不动产的效益，境外学说往往称作为自己土地便宜之用，以增进自己土地的价值。所谓便宜，系便利、利益之义[④]，或曰方便利益或便利相宜。此种便宜不限于经济上或有财产价值的方便利益，具有精神上或感情上的利益也包括在内。前者如以他人土地供自己土地通行之用而设立通行地役权，后者如为需役地的美观舒适而设立眺望地役权。还有，此项便宜，无须从客观上的情形斟酌，纵使客观上并非便宜且无必要，只要当事人愿意设立，法律没有限制的必要，除非它违反了法律、行政法规的强制性规定，或违背了公序良俗原则。最后，设立地役权，大多是为了提供需役地现在的效益。[⑤]《物权法》使用的术语是“效益”而非“便宜”，但可按前述“便宜”的意义理解此处的“效益”[⑥]。

至于《物权法》第156条所规定“效益”的内容，可由当事人自行约定，但不得违反法律、行政法规的强制性规定，不得违背公序良俗原则。

3. 地役权是为了需役地而存在的物权

地役权之目的在于为了需役地的效益，所以，一定要存在需役地和供役地这一对关系。这是地役权不同于土地承包经营权、建设用地使用权、宅基地使用权、海域使用权之处，也是地役权从属性产生的原因。

［拓展］

有一种情形是，为了特定人的利益而设立权利，如甲没有需役地，只是在乙的A地欣赏美景5天。甲所享有的权利，是以乙的土地供自己个人利用为内容，而非以需役地的利益为目的，属于人役权，不是地役权。[⑦] 地役权和人役权的区别在于，地役权的享有人，为一

---

① 参见［日］筱塚昭次：《空中权、地中权的法理——围绕土地的新利用形态》，载《法学家·临时增刊·土地问题》第476号，127～128页；崔建远：《土地上的权利群研究》，234～238页；梁慧星主编：《中国物权法研究》（下），759页，北京，法律出版社，1998；王利明、尹飞、程啸：《中国物权法教程》，400页。

② 王利明、尹飞、程啸：《中国物权法教程》，401页。

③ ［日］我妻荣：《日本物权法》，380页。

④ ［日］三潴信三：《物权法提要》（上、下卷），孙芳译，韦浩点校，130页，北京，中国政法大学出版社，2005。

⑤ 谢在全：《民法物权论》（中册），修订2版，184页；［德］鲍尔、施蒂尔纳：《德国物权法》（上册），张双根译，714页。

⑥ 胡康生主编：《中华人民共和国物权法释义》，344页；王利明、尹飞、程啸：《中国物权法教程》，403页。

⑦ 谢在全：《民法物权论》（中册），修订2版，185页；王泽鉴：《民法物权·用益物权·占有》（总第2册），73页。

宗土地的每个所有权人或土地使用权人，或者建筑物、构筑物及其附属设施的所有权人；而（限制的）人役权只能由某一特定的人享有，且不得让与和继承。[①] 中国民法尚未规定人役权，在当事人约定此类权利时，虽不具有物权的效力，却可发生债的效力。

在实务中，供役地和需役地时常彼此相邻，不过，由于地役权的目的在于发挥自己不动产的效益，需役地和供役地相距较远亦无关系。例如，川气东送（四川省达州产的天然气输送至上海市）项目若采取地役权模式利用沿途土地，则四川省达州市的天然气矿区及沿途湖北省的某些土地，距离上海市可说是万水千山。这是地役权不同于相邻关系之处。

地役权既可以直接地为了需役地的效益，排水地役权属于此类；也可间接地为了需役地的效益，眺望地役权为其例证。

4. 地役权的内容原则上为不动产权利人的不作为义务

地役权的内容，重要的一方面，是供役人承担的义务。此类义务原则上表现为供役人容忍地役权人的积极行为（通行、引水等），不对供役地进行一定的使用（不建造妨碍其他建筑物的权利人眺望、日照的建筑物等）。地役权不得以供役人的作为为内容，即如法谚所云：于作为不成立役权（servitus in faciendo consistere nequit）![②] 之所以如此，主要是对早期劳役与徭役制度的历史性警觉[③]；物权乃直接支配客体的权利，不能以他人的行为作为标的。[④] 不过，也有学者主张，由于地役权的本质是调节两项不动产的使用，为其使用，就难免需要设置与修缮某些设备。在这种情况下，由供役人承担类似必要设备的设置与修缮的附带行为的义务，作为地役权的内容，是可以成立的。[⑤] 上述意见，确有道理，值得中国物权法及其理论重视。

[引申]

如果使供役人负担某些以作为为内容的附随义务，可依合同约定或依法律规定而达到目的。例如，依一项地役权，水厂可以在邻地上围井并引水，则就其所必要的设施，水厂自己负有维持义务。

而从需役人角度而言，地役权的内容可以是积极的行为，即需役人使用供役地的作为，如通行、排水等。

5. 地役权的主体为不动产的所有权人或使用权人

在《物权法》上，地役权人和供役地人，可以是不动产的所有权人（第162条），如集体土地所有权人或建筑物、构筑物及其附属设施的所有权人；也可以是不动产的使用权人，如土地承包经营权人（第162条）、建设用地使用权人（第167条等）、宅基地使用权人（第

---

① ［德］鲍尔、施蒂尔纳：《德国物权法》（上册），张双根译，709页。

② 清华大学法学院法81班章丞亮同学来函指出：servitus in faciendo consistere nequit 直译为英文是 service on action does not exist（servitus＝service，in＝of，on，faciendo＝do，原型为 facere，consistere＝consist，exist，nequit 为语法词，＝does not），再直译为中文是“不存在作为义务”。故此句话本身不含有“役权”之意。经查，在［意］彼得罗·彭梵得著、黄风译的《罗马法教科书》（2005年修订版，中国政法大学出版社）第190页中有此拉丁文，而译者将其译为“役权不得表现为要求作为”。特此致谢！

③ ［德］鲍尔、施蒂尔纳：《德国物权法》（上册），张双根译，720～721页。

④ 参见［日］我妻荣：《日本物权法》，有泉亨修订，李宜芬校订，377页；［日］田山辉明：《物权法》，陆庆胜译，齐乃宽、李康民审校，207页。

⑤ ［日］我妻荣：《日本物权法》，有泉亨修订，李宜芬校订，377页；［日］田山辉明：《物权法》，陆庆胜译，齐乃宽、李康民审校，207页。

162 条）。[1]

6. 地役权具有从属性

地役权本质上为独立的物权，但系为提高需役地的便宜而成立，与需役地相结合，因而提高其效益的物权，故从属于需役地，具有从属性。换句话说，地役权的存续以需役地的存在为前提，与需役地的所有权或其他不动产物权同其命运，与抵押权、质权或留置权从属于主债权而存在的情形相仿。[2] 所谓同其命运，是指地役权为需役地权利之从，不得由需役地分离而转让，或成为其他权利的标的物。根据《物权法》的相关规定，借鉴学说，具体分析如下：

（1）地役权不得由需役地分离而转让，包含三种情形：

1）需役地的所有权人不得自己保留需役地的所有权，而将地役权单独转让给他人；同理，需役地的用益物权人不得自己保留需役地的用益物权，而将地役权单独转让给他人。《物权法》第 164 条规定："地役权不得单独转让。土地承包经营权、建设用地使用权等转让的，地役权一并转让，但合同另有约定的除外。"地役权人违反该条关于"地役权不得单独转让"的规定，地役权的转让无效，受让人不能取得地役权，地役权仍为需役地而存在。地役权人违反该条关于"土地承包经营权、建设用地使用权等转让的，地役权一并转让"的规定，以合同特约"地役权不随同土地承包经营权、建设用地使用权等权利的转让而转让"的，在地役权系土地所有权人以其土地作为需役地而设立的情况下，因土地所有权没有移转，需役地仍然存在，土地所有权人保留其地役权的约定没有违反地役权从属于需役地的性质，故该约定应当有效；但是，如果地役权系土地承包经营权人、建设用地使用权人或宅基地使用权人为其承包地、建设用地或宅基地的便宜而设立的场合，土地承包经营权、建设用地使用权或宅基地使用权转让，当事人以合同特约地役权不随之转让，则违反了地役权从属于需役地的固有性质，应当归于无效。可见，《物权法》第 164 条规定的"但合同另有约定的除外"，文义涵盖过宽，应当限缩其适用范围。

［引申］

A. 地役权的从属性是否为地役权的固有属性？这直接涉及地役权的从属性可否被当事人以约定排除或限制，以及当事人关于限制或排除从属性的约定，是否具有法律效力。部分有效，还是全部无效。

物权的法律性质，有些是物权固有的，如物权人支配标的物的属性，即为此类；另一些性质则是因立法政策而被立法者所"强加的"，如抵押权的不可分性。地役权的从属性属于何者？

我们应当将从属性作为地役权的固有属性，其理由如下：其一，从概念入手：地役权乃为需役地的便宜/效益而存在的权利。由此决定，地役权不得与需役地分离而单独存在，换言之，地役权为需役地的从物权。[3] 其二，从构成着眼：地役权的发生恒以存在着两个土地为前提，否则，地役权无以成立。[4]《德国民法典》将地役权视为需役地的构成部分（第 96

---

① 胡康生主编：《中华人民共和国物权法释义》，346 页；王利明、尹飞、程啸：《中国物权法教程》，401 页。

② 谢在全：《民法物权论》（中册），修订 2 版，200 页；王泽鉴：《民法物权 · 用益物权 · 占有》（总第 2 册），81 页。

③ ［日］三潴信三：《物权法提要》（上、下卷），孙芳译，韦浩点校，131 页。

④ 陈华彬：《物权法原理》，539 页。

条),《瑞士民法典》也是如此看待的(第65条、第731条)。[①] 成分,属于物的构成部分,脱离该物便无所谓成分;地役权作为需役地的成分,自然无法脱离需役地而单独存在。其三,从历史审视:地役权滥觞于罗马法,《法学阶梯》1.2.3.3规定:地役权等役权“之所以被称为对不动产的役权,乃因为没有不动产它们就不可能设立。事实上,任何人,除非他有不动产,都不能获得对都市或乡村不动产的役权;任何人,除非他拥有不动产,也不会对都市或乡村不动产役权承担义务”[②]。由此可见地役权离不开需役地。其四,从本质揭示:甲说认为,地役权为需役地所有权的延长。乙说主张地役权系增加需役地价格的状态。这是罗马法以来的通说。[③] 丙说则谓,地役权的主体为需役地,地役权为属于需役地的权利。[④] 这些学说十分明显地反映出没有需役地便无地役权的现象和道理。尽管现代法制已经不再坚持如此看待地役权本质的视角,但地役权与需役地所有权之间具有密切关系的思想依然如故。[⑤] 地役权最本质的特征在于与土地的不可分离性。[⑥] 其五,就地役权与相关权利的关联方面观察,没有需役地,奴役供役地而成立的权利,要么是人役权,要么是债权,不会是地役权。由于《物权法》设计的物权类型有限且采取严格的物权法定主义,人役权也不是物权,而是债权。

综合上述,应当承认从属性是地役权固有属性的结论。

B.《物权法》第164条关于地役权从属性的规定,是否为强制性规定?

从属性作为地役权的固有属性,就不得将之从地役权中剥离,否则,轻者,地役权成为残疾之物,重者,地役权不复为地役权。如此,结论自然是:《物权法》第164条关于地役权从属性的规定,应为强制性规定,而非任意性规定。

但疑问在于,《物权法》第164条后段设有“但合同另有约定的除外”,不是承认当事人可以约定排除地役权的从属性吗?!

本书作者注意到我妻荣教授的如下观点:《日本民法典》第281条第1项前段关于“地役权,为作为需役地的所有权的从属而与之共同移转,或者作为在需役地上存在的其他权利的标的”的规定,承认了地役权的从属性。其中含有地役权对需役地所有权的伴随性,即:a. 当需役地所有权进行移转,或成为其他权利(如抵押权)的标的时,则地役权也与其一起移转,或成为需役地上存在的其他权利的标的。但是,按照《日本民法典》第281条第1项后段的但书,这种伴随性可因地役权的设立行为而受到排斥。b. 当理解为所有权以外的使用权,地役权亦能成立时,不言而喻,应理解为亦伴随这种使用权。[⑦] 这似乎在告诉我们,地役权的从属性的范围要广于伴随性,尽管伴随性可因地役权的设立行为有特别约定而受到排斥,但并不意味着伴随性以外的从属性也当然如此。再就是,当事人排斥伴随性的特

---

① [日]三潴信三:《物权法提要》(上、下卷),孙芳译,韦浩点校,132页。

② [古罗马]优士丁尼:《法学阶梯》,徐国栋译,阿贝特鲁奇、纪蔚民校,2版,140~141页,北京,中国政法大学出版社,2005。

③ Windscheld, Pandekten. I § 209; Dernburg, PandektenI. § 288. 转引自[日]三潴信三:《物权法提要》(上、下卷),孙芳译,韦浩点校,129页。

④ Bocking, Pandekten. I § 36. 转引自[日]三潴信三:《物权法提要》(上、下卷),孙芳译,韦浩点校,129页。

⑤ 转引自[日]三潴信三:《物权法提要》(上、下卷),孙芳译,韦浩点校,129页。

⑥ 费安玲:《罗马私法学》,220页,北京,中国政法大学出版社,2009。

⑦ [日]我妻荣:《日本物权法》,有泉亨修订,李宜芬校订,379页。

别约定，非经登记，不得以之对抗第三人（《登记法》第113条）。[1] 这表明法律对当事人以特约排除伴随性的有效性是有节制的。

《物权法》没有理由反对此类节制。明确这一点，有助于解决这样的问题：《物权法》第164条第二句后段所谓的“但合同另有约定的除外”，是整个第164条的但书，还是仅仅为第164条后段“土地承包经营权、建设用地使用权等转让的，地役权一并转让”的但书？本书作者认为，假如将“但合同另有约定的除外”作为整个条文的但书，则在合同约定仅仅转让需役地的权属，而使地役权人保有地役权，和合同约定将地役权与需役地权属分别转让给不同的主体等情况下，就违反了地役权必须以需役地的存在为前提的本质属性，地役权因而具有消灭的原因。如果将“但合同另有约定的除外”仅仅作为“土地承包经营权、建设用地使用权等转让的，地役权一并转让”的但书，就不会发生上述问题。此其一。

其二，从语法的角度看，将“但合同另有约定的除外”仅仅作为“土地承包经营权、建设用地使用权等转让的，地役权一并转让”的但书，有其根据。具体地说，《物权法》第164条分为两句，第一句为“地役权不得单独转让”，第二句为“土地承包经营权、建设用地使用权等转让的，地役权一并转让，但合同另有约定的除外”。两句中间有“。”相隔，但书处于第二句之中。如此，将“但合同另有约定的除外”的但书作为第二句“土地承包经营权、建设用地使用权等转让的，地役权一并转让”的例外，而非作为整个第164条（包括第一句“地役权不得单独转让”）的例外，就可以成立。较为详细些说，只有在“土地承包经营权、建设用地使用权等转让的”场合，当事人才可以约定地役权不随之转让，在建筑物、土地所有权转让的场合，当事人不得约定地役权继续保留在地役权人之手。

当然，“但合同另有约定的除外”的但书究竟是作为第二句的例外，抑或是整个第164条（包括第一句“地役权不得单独转让”）的例外，在解释时不得随心所欲，不得全凭解释者的主观好恶，而是取决于从属性是地役权的固有属性，还是立法政策所加于的属性。若是前者，则必须尽可能地坚持从属性，于是但书仅仅作为第二句的例外，最为恰当；若为后者，结论就没有这么简单，如果没有其他的理由，将“但合同另有约定的除外”的但书仅仅作为第164条第二句“土地承包经营权、建设用地使用权等转让的，地役权一并转让”的例外，可以；作为整个第164条的例外，也无可非议。由于本书通过上文的论证，认定从属性是地役权的固有属性，我们应当尽量否定当事人关于排斥从属性的约定，在《物权法》第164条已经设置但书的背景下，在解释上应当将“但合同另有约定的除外”这一但书作为第164条第二句“土地承包经营权、建设用地使用权等转让的，地役权一并转让”的例外，而不宜作为整个第164条的但书。

一旦当事人有此类约定，例如，当事人约定，需役地所有权移转时，地役权不随之移转，是说地役权仍被保留在原需役地所有权人之手，还是说该地役权具有消灭的原因？

由于从属性系为地役权所固有的性质，应当得出这样的结论：在需役地及其权属转让的场合，而约定地役权仍保留于地役权人之手，需役地权属的转让固属有效，但地役权失去存在的根基，产生了消灭的原因。[2]

需要注意，在中国，国家土地所有权不得转让，集体土地所有权不得按照民事的实体法

---

① ［日］三潴信三：《物权法提要》（上、下卷），孙芳译，韦浩点校，132页。

② 谢在全：《民法物权论》（中册），修订2版，200～201页。

和程序法转让，宅基地使用权只能随着住宅的转让而转让，所以，不会存在依民法程序转让土地所有权而自己保留地役权的情形，也不可能存在依民法程序转让土地所有权和地役权的情形，因而，所谓“需役地的所有权人不得自己保留需役地的所有权，而单独转让地役权给他人”的规则，得将土地所有权排除，宅基地使用权也基本上被排除在外，仅仅适用于建筑物所有权转让的场合。

2）需役地的所有权人不得仅将需役地的所有权转让给他人，自己保留地役权。否则，地役权因违反从属性而归于消灭。[①] 对《物权法》第 164 条关于“地役权不得单独转让”的规定，作反面推论，应当得出相同的结论。

需要注意，该项规则也必须排除土地所有权的适用，宅基地使用权也基本上被排除在外。

此处应予讨论的是，如果当事人之间系特别约定仅仅转让作为需役地的建筑物、构筑物及其附属设施的所有权，地役权不随同转让，如何处理。有观点认为，需役地所有权的转让固属有效，但地役权宜解为违反其从属性，因而具有消灭的原因，否则如非有上述特别约定，则宜解为地役权随同转让。[②] 本书作者赞同此论，因为特别约定需役地所有权转让，自己保留地役权，在需役地所有权果真转让他人的情况下，则该地役权失去需役地，失去存在的价值，确无存续的必要，应当归于消灭。

在需役地为承包地或建设用地，土地承包经营权或建设用地使用权转让他人的情况下，若当事人之间特别约定土地承包经营权或建设用地使用权转让，自己保留地役权，亦应认为地役权具备消灭的原因。其道理如同上述。

3）需役地的所有权人不得将需役地的所有权与地役权分别转让给不同的人。例如，当事人之间特别约定，把需役地所有权转让给甲，将地役权转让给乙。有观点认为，当事人之间的真实意思，显然在于不将地役权随同需役地而为转让，故甲只能取得需役地所有权，却无从取得地役权；而地役权的转让若违反从属性，归于无效，乙不能取得地役权。在这种情况下，地役权因无需役地存在而具有消灭的原因。[③] 对《物权法》第 164 条关于“地役权不得单独转让”的规定，作反面推论，也能得出相同的结论。

需要注意，该项规则也必须排除土地所有权的适用，宅基地使用权也基本上被排除在外。

（2）地役权不得由需役地分离而为其他权利的标的物。这在《物权法》上有具体规定，即第 165 条的“地役权不得单独抵押。土地承包经营权、建设用地使用权等抵押的，在实现抵押权时，地役权一并转让”。

（3）需役地的所有权消灭，地役权因无法取得需役地的便宜而归于消失。

（4）在土地承包经营权人、建设用地使用权人或宅基地使用权人以其承包地、建设用地或宅基地作为需役地而设立地役权的场合，按照《物权法》第 161 条的规定，当事人约定的地役权的期限不得超过土地承包经营权、建设用地使用权等用益物权的剩余期限。因为土地承包经营权、建设用地使用权等用益物权的存续期限届满，用益物权归于消灭，承包地、建

---

① 谢在全：《民法物权论》（中册），修订 2 版，200 页；王泽鉴：《民法物权·用益物权·占有》（总第 2 册），81 页。

② 谢在全：《民法物权论》（中册），修订 2 版，200～201 页。

③ 谢在全：《民法物权论》（中册），修订 2 版，201 页；王泽鉴：《民法物权·用益物权·占有》（总第 2 册），81 页。

设用地或宅基地不再是需役地，地役权因无需役地而归于消灭。这也体现出地役权的从属性。可见，约定地役权的存续期限超过土地承包经营权等用益物权的剩余期限没有意义，不会有积极的法律价值。

应当指出，《物权法》第161条规定，不应适用于土地所有权人以其土地作为需役地而设立地役权，以及以建筑物、构筑物及其附属设施作为需役地而设立地役权的场合。因为于此场合土地承包经营权等用益物权因存续期限届满而消灭时，需役地依然存在，不动产所有权人和供役人约定的地役权存续期限长于土地承包经营权等用益物权的存续期限，也不妨碍地役权的目的及效能。

7. 地役权具有不可分性

地役权的不可分性，是指地役权的发生、消灭或享有应为全部，不得分割为部分或仅为一部分而存在。它旨在确保地役权的设立目的，使之得为需役地的全部而利用供役地的全部。[①]《物权法》对此虽然未加全面规定，但从合理设计地役权制度的要求出发，应予承认。

［引申］

（1）地役权的不可分性，从需役地角度看，毋宁说是地役权从属性的另一延伸。因为地役权既然从属于需役地而存在，自系从属于全部而非特定的某部分。[②]

（2）中国不存在土地共有，地役权的不可分性仅发生于需役地、供役地的使用权为共有的场合。此言非虚。不过应看到，由于《物权法》上的供役地和需役地均可为建筑物、构筑物及其附属设施，建筑物等共有的现象并不鲜见，地役权的不可分性在这些场合也发挥着作用。[③]

（1）发生的不可分性

需役地为共有的场合，各共有人不得仅就自己的应有部分取得地役权，必须就整个不动产设立地役权。因为地役权是为需役地的全部的便宜而取得的，是存在于供役地上的不可分的负担，自不可能为需役地的应有部分而存在，亦非为特定人而存在，共有人中的一人取得地役权，系基于需役地而取得，非为其个人。[④]《物权法》对此虽无明文，但从合理设计地役权制度的要求出发，应予承认。

以共有的不动产作为供役地设立地役权，即使是共有人中的一人设立的，各共有人也就全部共有的不动产承受地役权的负担，而非按其应有部分负担一部分。其道理在于，地役权是对供役地具体性的直接利用，不可能存在于抽象的“物”上，而应有部分系所有权享有的一定比例，是抽象的，故地役权只能设立于供役地的整体上，不会设立于应有部分。[⑤]

［引申］

有专家学者认为，在中国台湾地区，地役权取得上的不可分性，既是源于地役权的特

---

① 王泽鉴：《民法物权·用益物权·占有》（总第2册），82页；谢在全：《民法物权论》（中册），修订2版，201～202页。

② 谢在全：《民法物权论》（中册），修订2版，202页。

③ 王利明、尹飞、程啸：《中国物权法教程》，406页。

④ 姚瑞光：《民法物权论》，184页，台北，海宇文化事业有限公司，1995；谢在全：《民法物权论》（中册），修订2版，202页；梁慧星、陈华彬：《物权法》，4版，291页。

⑤ 姚瑞光：《民法物权论》，185页；谢在全：《民法物权论》（中册），修订2版，203页；梁慧星、陈华彬：《物权法》，4版，291页。

质，又是由应有部分的性质决定的，即，对于按照应有部分协议分管的特定部分的土地，共有人的分管权限不包括以其作为供役地设立地役权。

（2）消灭的不可分性

需役地为共有的场合，各共有人不得按其应有部分而消灭业已存在的地役权的一部分。假如一个共有人按其应有部分为消灭地役权一部分的行为（如抛弃），该行为不发生物权变动的效力。就共有人中一人发生的混同，地役权也不消灭。因为地役权是为需役地而存在的。《物权法》对此虽无明文，但从合理设计地役权制度的要求出发，应予承认。

供役地为共有的场合，各共有人也不得按其应有部分除去地役权的负担。因为供役地的负担存在于供役地，而非仅仅存在于供役地的共有人的应有部分之上。

（3）享有或负担上的不可分性

需役地或供役地无论是地役权设立前为共有，还是地役权设立后为共有，地役权归需役地的共有人共同享有，由供役地的共有人共同负担；而非归需役地的共有人分别享有，亦非由供役地的共有人分别负担。[①]

需役地被分割的，其地役权为各部分的利益继续存在。例如，甲乙共享土地承包经营权的需役地，就丙的供役地设立排水地役权。其后，需役地的土地承包经营权被分割为两项独立的权利，甲乙各享有一项，排水地役权仍为该两宗承包地及其经营权的利益而存在，即，甲乙均可继续为其承包地及其经营权的便宜而享有前述排水地役权。如果甲将其土地承包经营权转让给了丁，乙继续保有其土地承包经营权，则乙和丁有权为其承包地及其经营权的便宜而享有该排水地役权。但是，如果地役权的行使，依其性质只关乎需役地的一部分的，地役权仅就该部分继续存在。例如，甲乙共有的需役地，在丙的供役地设立丙不得在 30 米内建造建筑物的采光地役权。其后，需役地被分割成两宗土地，其中甲独享的一宗已经距离供役地 30 米之外，无须前述地役权的存在了。于是，该采光地役权仅为靠近供役地的部分需役地而存在。于此场合，丙有权请求甲注销其地役权的登记。需役地部分转让的，结论同上。[②]

《物权法》关于“需役地以及需役地上的土地承包经营权、建设用地使用权部分转让时，转让部分涉及地役权的，受让人同时享有地役权”的规定（第 166 条），承认了地役权在享有上的不可分性。为使该条规定的适用更加合理，不妨将所谓“转让部分涉及地役权的”解释为含有“如果地役权的行使，依其性质只关乎需役地的一部分的，地役权仅就该部分继续存在”之义。

供役地被分割的，地役权就其各部分继续存在。例如，甲乙共享建设用地使用权的供役地，存在着为丙的需役地设立的通行地役权。其后，该供役地被分割为二宗建设用地，甲乙各享有一项建设用地使用权，前述地役权继续存在于甲乙各享有的建设用地之上。甲将其建设用地使用权转让给丁，结论亦然。但是，地役权的行使，依其性质只关于供役地的一部分的，地役权仅对该部分继续存在。例如，通行地役权所开辟的道路仅仅通过甲利用的建设用地的，则地役权仅仅继续存在于甲利用的建设用地上，乙利用的建设用地已无负担通行地役

---

① 谢在全：《民法物权论》（中册），修订 2 版，203 页。

② 参见谢在全：《民法物权论》（中册），修订 2 版，204 页；王泽鉴：《民法物权・用益物权・占有》（总第 2 册），83 页；梁慧星、陈华彬：《物权法》，4 版，291 页；王利明、尹飞、程啸：《中国物权法教程》，407 页。

权的必要，应构成部分消灭地役权的原因。因而，乙有权请求丙注销存续于自己建设用地上的地役权的登记。[①]

《物权法》关于“供役地以及供役地上的土地承包经营权、建设用地使用权部分转让时，转让部分涉及地役权的，地役权对受让人具有约束力”的规定（第 167 条），已经承认了地役权在负担上的不可分性。为使该条规定的适用更加合理，不妨将所谓“转让部分涉及地役权的”解释为含有“如果地役权的行使，依其性质只关乎供役地的一部分的，地役权仅对该部分继续存在”之义。

8. 地役权对供役地不具有独占性

地役权对供役地不具有独占性，在消极地役权场合表现得最为明显，即使是对积极地役权也同样适应。因为地役权设立后，供役地的所有权人或使用权人仅在地役权行使的必要范围内，负有容忍或消极不作为的义务，在不妨碍地役权人行使其权利的范围内，供役地的所有权人或使用权人的用益权能仍可继续存在。[②]

二、地役权与相邻关系

分析《物权法》的有关规定，地役权和相邻关系具有相同点，如两者都调节不动产的利用，均限制着一方主体的不动产所有权及使用权，都可以有通行、排水、用水、管线设置、采光等类型，等等。同时，二权也具有如下不同点：

1. 地役权是基于当事人的约定设立的（《物权法》第 156 条以下），相邻关系基于法律的直接规定而存在（《物权法》第 85 条以下）。所以，对于地役权，规定了以登记作为公示方式，且具有对抗善意第三人的效力（《物权法》第 158 条）；而对于相邻关系，则无登记的必要，因为作为所有权的限制，相邻关系已经成为了所有权及有关不动产物权的内容，只要所有权公示即可。在地役权移转上，也需要通过合同方式；而在相邻关系上，基于相邻关系而产生的权利（如通行权等）的移转，并不需要通过合同方式，而是通过法律规定。

2. 地役权的目的在于提高需役地的效益；而相邻关系的目的在于调和相邻土地之间的利益，对相邻土地所有权及有关使用权进行限制，让土地所有权人及有关使用权人负担容忍的义务（《物权法》第 159 条）。

3. 在相邻关系情况下，要求不动产之间必须是相邻的；而在地役权情况下，则无此要求。

4. 地役权虽然具有从属性，却是一种独立的物权；而相邻权则不是独立的物权，只是一方的不动产所有权或其他不动产物权内容的扩张，对相邻他方的不动产所有权及有关使用权的限制。

5. 地役权的取得可以是有偿的，也可以是无偿的，究竟如何，取决于当事人双方的约定；而相邻关系则不存在有偿问题。

6. 相邻关系与地役权之间如何分工和衔接？相邻关系“乃法律上当然而生之最小限度的利用之调节，仍未出所有权之范围，而地役权乃超越此最小限度外之一种更宽泛的调节，

---

① 参见谢在全：《民法物权论》（中册），修订 2 版，204 页；王泽鉴：《民法物权・用益物权・占有》（总第 2 册），83 页；梁慧星、陈华彬：《物权法》，4 版，291 页；王利明、尹飞、程啸：《中国物权法教程》，407 页。

② 谢在全：《民法物权论》（中册），修订 2 版，205 页。

亦即依当事人之约定，而存于所有权之外一种从属性的物权，对于相邻关系之规定，常具有弥补其不足之功能”[①]。相邻关系与地役权在表现形式上可以是相同的，如法律规定了相邻通行关系，当事人可以约定通行地役权；法律规定了相邻排水关系，当事人可以约定排水地役权；法律规定了相邻采光关系，当事人可以约定采光地役权；等等。但是，相邻关系与地役权在使权利人享有的利益的多寡上存在着不同，权利人行使权利给义务人造成的损害的程度不同。地役权使权利人享有的利益更多，给义务人造成的损害较大。[②] 如果说相邻关系制度相当于吃饱，地役权制度则相当于吃好。

相邻关系的类型是法定的，毕竟有限；而地役权则与此有别，当事人为满足其需要可设立形形色色的类型，只要不违反法律、行政法规的强制性规定，不违背公序良俗原则。

三、地役权与建设用地使用权

解决架设管线而需要长期利用他人土地的问题，在现行法上，不允许采用土地租赁权、土地承包经营权等制度，可借助于相邻关系、地役权和建设用地使用权制度。

相邻关系制度有两方面的局限性，一是两项不动产必须相邻，二是必须选择对相邻他方造成损失最小的路线和方法。对于诸如川气东送等远隔千山万水的项目用地，或超出了相邻关系制度所允许范围和程度的用地，相邻关系就爱莫能助，只剩下地役权和建设用地使用权两项制度可供选用。

就外表看来，地役权和建设用地使用权都有在他人土地上建造设施并保有所有权的目的及功能。利用他人土地架设高压电线杆，或修建输油泵站，乃至修筑输水渠等，地役权和建设用地使用权均堪担当此任。其实，认真体会两项权利的目的及功能，会发现差异。建设用地使用权的唯一的至少是主要的目的及功能，就在于利用他人土地建造建筑物、构筑物及其附属设施并保有所有权；而地役权的目的及功能多种多样，即使出现利用他人土地建造构筑物及其附属设施的情形，也只是辅助的或次要的目的及功能，主要目的及功能在此之外。例如，某大型发电站将电输往某电网，架设高压电线杆需要利用沿途土地，输送电力是主要目的，利用他人土地架设电线杆是次要目的，只是为了输送电力不得不采取的手段。再如，川气东送项目，将四川省达州所产天然气输送至上海市是主要目的，利用沿途土地铺设输气管道是次要目的，是为了输送天然气而必须采取的手段。这些场合利用土地的权利正符合地役权的特质，若一定固执地运用建设用地使用权模式，虽然不是绝对不可以，但有些大材小用。此其一。

如果固执地采用建设用地使用权以解决利用沿途土地的正当根据，就必须征收集体所有的土地，足额补偿因集体土地所有权、土地承包经营权或宅基地使用权、农田水利等设施所有权、住宅及其附属设施所有权、青苗和树木等所有权灭失，而给集体经济组织、土地承包经营权人或宅基地使用权人、住宅所有权人或有关设施的所有权人造成的损失，成本十分高昂。而采用地役权制度，由于无须改变沿途不动产的权属，自然无须动用征收措施，也不存在足额补偿的问题，只需要按照电线杆、管道等占地的情形支付一些地租即可，成本低得很多。此其二。

---

① 郑玉波：《民法物权》，修订12版，182～183页。

② 参见崔建远：《土地上的权利群研究》，225页。

采取建设用地使用权作为利用沿途不动产的正当根据，沿途耕地不再属于集体经济组织，耕地上的土地承包经营权消灭。可是，川气东送等工程项目的权利人——建设用地使用权人——并不长于耕种农地，依其职能只好闲置耕地，但这显然不符合中国保护耕地、不许耕地荒芜的政策。解决这个问题，还要借助于土地租赁、土地借用等制度。这些制度是否符合现行法的规定，尚有疑问。运用地役权则不存在此类麻烦，原因就在于供役地的权属依旧不变，农业承包经营户有权也有义务继续从事农林牧渔的生产经营活动。此其三。

［探讨］

诸如南水北调等工程项目的建设，对沿途土地的利用若采取地役权模式，会产生这样的疑问：需役人是只要取得地役权就能满足兴建输水渠及相关设施的全部条件，还是取得地役权以解决利用地基的权源问题，再取得建设用地使用权以使输水渠及相关设施的所有权归业主享有？对于需役人而言，前者的“单权源”方案显然最有效率，后者的“双权源”方案则增加不小的负担。我们应当尽可能选择“单权源”方案。当然，在需役人和地基的土地所有权人或使用权人之间的关系中，假如输水渠及相关设施的建造并保有是业主的唯一或主要目的，那么，需役人不取得建设用地使用权就是在规避法律；如果需役人利用地基而输水是主要目的，建造输水渠及相关设施仅仅是“为达到地役权之目的或实现其权利内容，所需之必要附随行为”[①]，那么，需役人取得地役权就附带解决了输水渠及相关设施的所有权归属问题，无须再取得建设用地使用权。[②]

第二节　地役权制度的历史沿革

在罗马法上，与地役权相对应的是人役权，二权合称为役权。地役权是为了某特定土地的利益而利用他人土地的权利，用来在相邻关系中满足土地方面的需要，并且是从正面确定的使用权。人役权是为了某一特定人的利益而利用他人土地的权利，为了保障特定人享受优惠，一般把完全享用某物作为生活依据，而该物的所有权并未转让给他们。役权真正原始的类型表现为地役权，在古典法中它被称作 iura praediorum 或 sevitutes，使用后一词无须再加定语；在新法中它也经常被称为 servitutes（役权）。只是在共和国的最后年代才出现了人役权，通过优士丁尼被列入役权的一般范畴之中，他大概喜欢把所有的“他物权”都归入役权的范畴；这在当时当然是较合逻辑的。在罗马法上，人役权包括了用益权这一类型，用益权是对他人土地所享有的全面的用益，原所有权人不再拥有任何意义上的用益可能性。典型的人役权还有居住权。[③]

德国法基本继承了上述用益物权制度，但将用益权独立出来，这样，用益权、地役权、人役权三足鼎立。[④] 而人役权中的居住权制度又被特别法定化，在《住宅所有权法》（相当于建筑物区分所有权法）中，又产生了特别居住权，即长期居住权（在住宅情况下）和长期

---

① 谢在全：《民法物权论》（中册），修订2版，224页。

② 参见崔建远：《土地上的权利群研究》，228页。

③ ［意］彼德罗·彭梵得：《罗马法教科书》，黄风译，251页以下，北京，中国政法大学出版社，1992。

④ ［德］鲍尔、施蒂尔纳：《德国物权法》（上册），张双根译，695页以下。

使用权（在非住宅情况下）。[①]

德国等法律上的不动产概念大多以土地涵盖地上物，后者为土地的成分而非独立不动产。故所谓地役权（servitudes，Grunddienstbarkeit），解释上当然涵盖了土地（包括房屋）之间，为便宜之用而设的役权，即使法律进一步区分土地和房屋役权（Feld－od. Gebaudeservitut），或称乡村和城市役权，也只是在功能上加以区隔，其实标的都是同一笔土地。[②]

法国、瑞士、德国等国家在继承传统的地役权制度的基础上还有所发展，出现了营业竞争限制的地役权（wettbewerbs-beschrankende Dienstbarkeit），有人称之为地役权的第二春。例如，土地所有权人甲和土地所有权人乙约定，乙不在其土地上从事某种营业，不贩卖某种商品，不将该地出租与他人经营某种营业，或不贩卖某种商品。[③]

日本、韩国、中国台湾地区继受了大陆法系的地役权制度。日本民法、中国台湾地区“民法”采取房地分离的模式，土地所有权不及于其上的工作物，从而所谓地役权，文义上既仅提土地，能不能涵盖单纯房屋之间为便宜之用的情形，即不能无疑。[④] 在实务上，中国台湾地区“最高法院”曾有判决明确否认土地上的建筑物可设定役权：“所谓地役权，乃以他人土地供自己土地便宜使用之权利，如以他人之建筑物供自己土地便宜之用者，自不在地役权范围以内（‘外国’立法例又当别论）。”[⑤] 必须注意，中国台湾地区的“民法物权编”已被修正，变地役权为不动产役权，其规定适用于土地和地上建筑物（第 851 条以下）。

值得注意的还有，大陆法系承认有空间役权。在空间或空间之上成立的役权，特别是基于空间而成立的役权，就是空间役权。比如，对高压电线通过的空间（高压电线自身占有、支配存在的现实空间）来说，在其电线周围限制或禁止工作物的建造时，就是空间役权。空间役权，不仅只在横向的关系上成立，也可以在纵向的关系上成立。比如，对地铁企业来说，在其轨道用地的地表上，建造了重量很大的工作物，由于重量加大以至于轨道隧道有塌陷的危险，拥有限制或禁止建造一定重量的工作物的权利就是必要的；或相反，对地表上的权利者来说，不断发出轰鸣或震动的声音以及难以对地表加以利用时，则有必要拥有对其予以阻止的权利。另外，即使没有达到那种程度，在区分所有的建筑物之上层或下层的居住者、所有者相互间，应该相互保证不妨害对方各自的空间利用权，所以，在纵向的关系中要特别注意空间役权的产生。[⑥]

日本、韩国、中国台湾地区在继受大陆法系民法的过程中，以所谓的文化差异为由，没有继受上述人役权制度。不过，在法律和实务的运作上，不乏人役权色彩的权利出现。典权，就对他人的不动产得为广泛使用、收益而言，颇具人役权中用益权的性质。用益权遗赠也有人役权的属性。再如，中国台湾地区“森林法”第 20 条规定的森林所有人使用他人土

---

① ［德］鲍尔、施蒂尔纳：《德国物权法》（上册），张双根译，655 页以下。

② 苏永钦：《走入新世纪的私法自治》，256 页，北京，中国政法大学出版社，2002。

③ 王泽鉴：《民法物权·用益物权·占有》（总第 2 册），77 页。

④ 苏永钦：《走入新世纪的私法自治》，256～257 页。

⑤ 中国台湾地区“最高法院”1972 年台上字第 3108 号判决。

⑥ ［日］筱塚昭次：《空中权、地中权的法理——围绕土地的新利用形态》，载《法学家·临时增刊·土地问题——实态·理论·政策》第 476 号，127 页。

地或水流工作物之权，亦难谓非人役权。[①]

中国大陆《物权法》设置了地役权（第 156～169 条），为中华人民共和国建立以来首次以立法形式出现，填补了空白，值得肯定。并且需役地和供役地均包含土地及地上建筑物。

《物权法》尚未明文规定空间地役权，或者说区分地役权。但学说多持赞同态度[②]，本书亦然。

关于人役权制度，《物权法》同样尚付阙如。在物权法的立法过程中，对于是否引入居住权制度有广泛的争论[③]，若干稿的物权法草案曾有居住权的设计，但最终《物权法》没有规定居住权制度。

值得提及的还有，《物权法》采取了严格的物权法定主义（第 5 条），规定的物权类型又极为有限，难以满足实际生活的多方需要。地役权以其内容变化多端，具有多样性著称，在不违反公序良俗原则的前提下，有充分约定的空间，不动产权利人若能善加利用，自然能锦上添花，满足相当部分的需要。由此可在一定程度上软化严格的物权法定主义的僵硬。

第三节　地役权的分类

一、地役权的种类

地役权的应用前景非常可观，可有如下类型：（1）以供役地供使用的，如通行、取水、排水的地役权；（2）以供役地供收益的，如得于供役地伐木或取得其他材料，作为需役地建筑的山林地役权，得自供役地采取石灰石、瓷土等原料，以供需役地需用的取得土地构成部分的地役权（在中国大陆，得先取得采矿权，然后有地役权制度的适用）；（3）为调整相邻关系而设立的，如设立需役地屋檐的雨水得直注相邻供役地的地役权，需役地竹木的枝根得逾越相邻供役地的地役权，相邻一方依其意志而选定通行路线和方法的通行地役权；（4）禁止或限制供役地为某种使用的，如禁止供役地建筑高楼或在一定范围内栽种高大植物，以免妨碍需役地的视线或采光的眺望或采光的地役权；禁止供役地开设可能污染生态环境的工厂，供役地不得为他种式样建筑的地役权；（5）为禁止营业竞争而设立的，如需役地所有权人或使用权人为避免供役地与其营业竞争，禁止供役地经营相同的营业的地役权。可见，地役权的内容变化多端，具有多样性，在不违反公序良俗原则的范围内，有充分约定的空间，不动产权利人若善加利用，颇能增加其不动产的价值。[④]

---

① 谢在全：《民法物权论》（中册），修订 2 版，189 页。

② 陈华彬：《物权法原理》，286～301 页；梁慧星、陈华彬：《物权法》，2 版，150～156 页；梁慧星主编：《中国物权法草案建议稿：条文、说明、理由与参考立法例》，454～456、558 页；王利明主编：《中国物权法草案建议稿及说明》，87～88 页；王利明：《物权法研究》，477～492 页；崔建远：《我国民法的漏洞及其补充》，载《吉林大学社会科学学报》，1995（1），1～8 页；崔建远：《土地上的权利群研究》，237 页。

③ 钱明星：《关于我国物权法中设置居住权的几个问题》，载《中国法学》，2001（5），13 页以下；崔建远：《土地上的权利群研究》，237 页；申卫星：《视野拓展与功能转换：我国设立居住权制度必要性的多重视角》，载《中国法学》，2005（5），77 页以下；薛军：《地役权与居住权问题》，载《中外法学》，2006（1），96 页以下。

④ 谢在全：《民法物权论》（中册），修订 2 版，188～189 页。

二、地役权的分类

将上述地役权按照一定的区分标准予以分类，可有如下分类：

（一）意定地役权与法定地役权

1. 区分标准

以地役权的设立是基于当事人的约定还是法律的直接规定，地役权可分为意定地役权和法定地役权。

2. 界定及产生背景

法定地役权，在不同的立法例及其理论上含义不尽一致。普通法上的法定地役权，相当于中国《物权法》上的相邻关系。《物权法》分设相邻关系和地役权，前者基于法律的直接规定当然存在，后者基于当事人的约定而设立。

但完全拘泥于当事人的约定，未必十分切合实际生活的需要。如川气东送等工程若采取地役权模式解决利用沿途土地的权利，就面临着土地权利人不同意签订地役权合同的危险。欲突破沿途土地权利人拒绝签订地役权合同的障碍，保障地役权肯定设立，以满足国民经济发展和保障国家战略安全，可有两条路径，一是规定强制缔约制度，二是设置法定地役权制度。

3. 分类的法律意义

区分意定地役权和法定地役权的法律意义在于，地役权的成立要件不同，在中国有必要承认法定地役权或强制缔约而生的地役权，以满足国计民生必需项目的用地需求。

（二）积极地役权与消极地役权

1. 区分标准

以地役权是否以积极的作为为内容，或以供役人所负义务为标准，地役权可分为积极地役权和消极地役权。

2. 界定

积极地役权，又称作为地役权，也叫容忍地役权，表现为地役权人可以在供役地上为一定作为，供役人负有容忍该行为的义务。通行地役权、排水地役权等为其例证。

消极地役权，又叫不作为地役权，表现为供役人在供役地上不得为一定行为，而非单纯的容忍义务。采光地役权、眺望地役权、禁止噪声及污染地役权等属于此类。

3. 分类的法律意义

区分积极地役权和消极地役权的法律意义在于，显现地役权内容的表现形式不同，法律调整的方式有异。

（三）继续地役权与非继续地役权

1. 区分标准

以地役权行使或内容实现的时间是否有继续性为标准，地役权可分为继续地役权和非继续地役权。

2. 界定

继续地役权，是指权利内容的实现不必每次有地役权人的行为，而在时间上能继续无间的地役权。筑有道路的通行地役权、铺设输水管的取水地役权及其他消极地役权均属此类。

非继续地役权，是指权利内容的实现，每次均以有地役权人的行为为必要的地役权。这种地役权大概没有固定设施，尚未修建道路的通行地役权、无取水设施的取水地役权等为其例证。

3. 分类的法律意义

继续地役权与非继续地役权分类的法律意义在于，地役权能否因取得时效而取得。

（四）表见地役权与非表见地役权

1. 区分标准

以地役权的存在是否表现于外部为标准，地役权可分为表见地役权和非表见地役权。

2. 界定

表见地役权，是指地役权的存在和行使，有人们从外部能够认知的客观事实的地役权。通行地役权、地表取水地役权、地表排水地役权等均属此类。

非表见地役权，是指地役权的存在无外形事实作为表现，人们不能从外部认知它的地役权。埋设管线地役权、眺望地役权、采光地役权等为其例证。

3. 分类的法律意义

区分表见地役权和非表见地役权的法律意义在于，非表见地役权不得因时效而取得。

第四节　地役权的取得

一、概述

地役权的取得分为原始取得和继受取得。所谓地役权的原始取得，是指不基于他人既有的权利而独立取得地役权的现象。它包括善意取得地役权（《物权法》第 106 条第 3 款）、依据法律的直接规定而取得地役权（法定地役权）。《物权法》未承认基于时效而取得地役权。

所谓地役权的继受取得，又称地役权的传来取得，是指基于原权利人的权利而取得地役权的现象。通过地役权合同而设立地役权，属于创设继受取得地役权。本节主要介绍它。基于转让、互易、赠与而继受取得，以及将地役权出资而由公司继受取得，属于移转继受取得地役权。自然人为权利人时基于遗赠而继受取得或基于继承而继受取得，同样属于移转继受取得地役权。继受取得以转让取得地役权为常态，将在本章第五节“地役权的效力”中讨论。

二、通过地役权合同设立地役权

（一）当事人

地役权合同的当事人，包括需役人和供役人。前者又被称为地役权人，是有权设立有利于自己不动产的权利人；后者是有权为他人不动产的效益而设立地役权的人。

1. 供役人

在中国，土地和建筑物、构筑物及其附属设施是各自独立的两个物。房屋所有权人有权以其建筑物、构筑物及其附属设施为他人不动产的效益而设立地役权。房屋的承租人不得为他人不动产的效益设立地役权。土地所有权人可以其土地为需役人设立地役权。但土地上已设立土地承包经营权、建设用地使用权、宅基地使用权等权利的，未经用益物权人同意，土地所有权人不得设立地役权（《物权法》第163条）。也就是说，在土地上存在上述土地承包经营权等用益物权的情况下，土地所有权人为他人不动产的效益而设立地役权，需要经过土地承包经营权人等用益物权人的同意。因为此时，土地所有权人设立的地役权直接影响了土地承包经营权等用益物权的行使。

如果土地所有权人未经过用益物权人的同意设立地役权的，地役权合同违反了《物权法》第163条的强制性规定，应当归于无效，地役权并不成立。在业已办理完毕地役权登记的情况下，应当注销该项登记（《物权法》第169条）。

[探讨]

在业已办理完毕地役权登记，善意第三人以合理的费用受让，而且办理完毕变更登记手续的情况下，该第三人能否依据《物权法》第106条第3款的规定善意取得该地役权？严格按照善意取得以公示的公信力为理论和逻辑前提的观点，因《物权法》不强求地役权必须公示，且未赋予地役权登记的公信力（《物权法》第158条），故地役权不存在善意取得问题。若宽松地理解善意取得制度的基础，务实地解决善意受让人以合理费用受让地役权的问题，可能会有相反的结论。对此，需要继续探讨。还可以另辟蹊径，在善意取得制度之外，承认善意第三人取得地役权。

土地承包经营权人、建设用地使用权人、宅基地使用权人，对承包地、建设用地或宅基地虽无所有权，但有权以承包地、建设用地或宅基地为他人不动产的效益设立地役权（《物权法》第164条、第167条等）。但是，地役权人不得在该不动产上为其他不动产设立地役权。

2. 需役人

对于需役人，法律上没有严格限制，在理论上，不动产的所有权人或使用权人，包括房屋承租人、土地承租人等都可以成为需役人。

（二）地役权合同

地役权的物权要素内容是法定的，如“为了需役地的效益”；但在很多方面，当事人是可以自由约定的。也就是说，地役权法律关系同时涉及债权与物权两方面。

根据《物权法》第157条的规定，设立地役权，当事人应当采取书面形式订立地役权合同。地役权合同一般包括下列条款：（1）当事人的姓名或名称和住所。这是地役权与其相对应的义务归属的当然要求。如上所述，不动产的所有权人、土地承包经营权人、建设用地使用权人、宅基地使用权人等均可作为当事人。（2）供役地和需役地的位置。这是物权客体特定化的必然要求，是确定权利义务的重要基准。（3）利用目的和方法。此处所谓利用目的，指设立地役权是为了通行、排水，还是为了采光、眺望等。此处所谓方法，是指“如何使用地役权，比如设立了排水地役权后，是用挖排水渠的方法，还是铺设排水管道的方法”①。（4）利用期限。利用期限，是地役权的存续期间。地役权合同对此应予明确。如果没有约定或约定不明，地役权人可随时解除地役权合同。根据《物权法》第161条的规定，地役权的期限不得超过土地承包经营权、建设用地使用权等用益物权的剩余期限。这里的土地承包经

① 胡康生主编：《中华人民共和国物权法释义》，346页。

营权、建设用地使用权等用益物权人应当是供役地的用益物权人。但是，如果土地所有权人在用益物权人同意的情况下设立地役权时，则不受该条款的限制。还有，如果土地所有权人在设立用益物权之前已经设立了地役权，之后再设立用益物权的，也不应适用该条款的规定。（5）费用及其支付方式。地役权可以是有偿的，也可以是无偿的，取决于当事人的约定。如果是有偿的，当事人在合同中应明确约定费用的数额，以及支付的方法——是分期支付，还是一次付清等。当事人若未约定费用的，则推定为地役权的取得是无偿的。（6）解决争议的方法。这指争议的解决途径和方式，如和解、调解、仲裁或诉讼等。当然，当事人还可以自行约定其他条款。

（三）地役权的登记

地役权是一种物权，一般应有公示要件，但考虑到我国实际情况，《物权法》采取了登记为对抗要件的模式，于第158条规定，地役权自地役权合同生效时设立。当事人要求登记的，可以向登记机构申请地役权登记；未经登记，不得对抗善意第三人。《不动产登记暂行条例实施细则》对此予以细化："按照约定设定地役权，当事人可以持需役地和供役地的不动产权属证书、地役权合同以及其他必要文件，申请地役权首次登记"（第60条）。"地役权登记，不动产登记机构应当将登记事项分别记载于需役地和供役地登记簿"（第64条第1款）。"供役地、需役地分属不同不动产登记机构管辖的，当事人应当向供役地所在地的不动产登记机构申请地役权登记。供役地所在地不动产登记机构完成登记后，应当将相关事项通知需役地所在地不动产登记机构，并由其记载于需役地登记簿"（第64条第2款）。

所谓对抗，是于彼此利害相反时才发生的事项，处于这种关系中的人，只限于就主张地役权登记欠缺有正当利益的第三人，对于并无这种利益的第三人，无登记亦可对抗。此处的第三人，是指除地役权设立、转让、消灭的当事人以外的人，但应有限制：不得对抗的第三人，包括就同一不动产最终拥有互不相容权利的人，包括有关合同权利（如租赁权）的人，善意或恶意，在所不问。①

地役权未为登记，也可对抗的第三人，或者说不得否认地役权效力的人，包括以下几类：（1）以不公正的手段妨碍地役权人获得登记的人，或负有协助登记义务而不履行的人，以及主张欠缺登记这一理由明显违背诚实信用的人，均属无登记的地役权人能够对抗的人。（2）虽然从外形上看好像拥有与主张拥有地役权的人不相容的权利，而实体上却没有任何真实权利的人，一般被称为实质上无权利之人。无登记的地役权人能够对抗他。（3）侵权行为人，是指侵害不动产的人，而且不具有交易当事人的身份。他也属于无登记的真实权利人能够对抗的人。②

［反思］

一种意见认为，诸如为了粉刷外墙、整修栏栅等而需要设立地役权的情形，若采取登记为生效要件主义，就把本来简单的事项复杂化，办理登记手续远比粉刷外墙等事项麻烦，不如采取登记为对抗要件主义，既不损害善意第三人的合法权益，地役权的产生也快捷。《物权法》采纳了这种意见（第158条）。

---

① 参见［日］我妻荣：《日本物权法》，有泉亨修订，李宜芬校订，142、147页。

② 同上书，150～160页。

本书作者认为，这需要反思。第一，地役权只是解决问题中可供选择的一种途径，不排斥当事人选择债权的方式，甚至友情等非法律的路径。对于粉刷外墙、整修栏栅等事项的处理，需役地人若嫌登记麻烦，完全可以通过与供役地的权利人订立借用或租赁等合同，从而享有债权的方式，达到目的。因此，以登记烦琐为由反对登记为地役权生效要件的模式，有因噎废食之嫌。第二，把登记作为地役权的对抗要件，使得现行法上的物权变动模式过于多样化，即使是基于法律行为的物权变动模式也不统一。鉴于多样化不利于人们对法律的理解和掌握，除非不得已，应当以统一化为目标。既然《物权法》总的精神是基于法律行为的不动产物权变动以登记为生效要件，那么，《物权法》分则应当只在具备充分理由时才设置例外。第三，不要低估登记为地役权设立的生效要件对于减少纠纷、有利于交易安全等方面的积极作用。①

第五节　地役权的效力

一、地役权人的权利与义务

1. 对供役地使用的权利。

以使用供役地为内容的地役权被设立后，地役权人即有权使用供役地，但必须按照合同约定的利用目的和方法使用，尽量减少对供役地权利人物权的限制（《物权法》第160条）。例如，供役地权利人经营旅店，地役权人享有通行地役权，如果将通路改至旅店另一侧，可减少对其房客的侵扰，且不影响地役权人的通行，则供役地权利人可以请求改道。

如果地役权人超出约定范围或限度使用供役地时，供役地权利人可以行使物权请求权，在发生损害时，还可以请求损害赔偿。

在设立地役权后，供役地的范围可否根据需役地的需要而当然增减？如设立取水地役权时，有10人需要用水，待2年后，增至12人用水，是否当然允许？学说分歧较大，一种意见认为，对地役权的范围，当事人间有详细的约定时，自应以约定时的登记范围为准，不得因当事人一方的需求而当然加以改变。如果没有详细约定，则地役权既然是为需役地的便宜而存在的，在需求自然增加时，地役权的范围可以随之增大。② 其思路值得我们重视。地役权的范围已被登记的情况下，依其登记，是确定物权效力的最重要的依据。在这样的前提下，《不动产登记暂行条例实施细则》规定："经依法登记的地役权发生下列情形之一的，当事人应当持地役权合同、不动产登记证明和证实变更的材料等必要材料，申请地役权变更登记"（第61条第1款第3项）。"供役地分割转让办理登记，转让部分涉及地役权的，应当由受让人与地役权人一并申请地役权变更登记"（第61条第2款）。不过，鉴于《物权法》不强求地役权登记，在尚未办理地役权登记的情况下，应依地役权合同的约定；无约定时，按照公平原则，根据具体情况加以确定。有的需要供役地权利人同意，有的需要增加费用。

2. 实施必要的附随行为、设置并保有必要设施的权利。

地役权人因行使或维持其权利，有权为必要的附随行为，也可以设置一些设备。所谓必

① 崔建远：《土地上的权利群研究》，225～226页。

② 谢在全：《民法物权论》（中册），修订2版，222页。

要的附随行为，不是指行使地役权的行为，如取水地役权场合不是指取水行为，而是指为达到地役权目的或实现其权利内容所必需的附随行为，如取水地役权场合为达取水目的而通行于供役地的行为，或铺设引水管道的行为。

上述附随行为不仅表现为单纯的行为，如通行于供役地，而且包括设置必要的构筑物及其附属设施的行为，如为取水而在供役地上铺设引水管道。地役权人对此类设施保有所有权。[①]

在地役权人设置并保有必要设施的情况下，按照《不动产登记暂行条例实施细则》第61条第1款第3项、第4项的规定，办理地役权变更登记。

3. 地役权人享有优先权。

地役权人使用供役地，不具独占性，不仅可与供役地权利人共同使用供役地，而且因供役地上可设立多个地役权而发生数个地役权人均使用同一宗供役地的情况。各个人的使用相互不冲突时固无问题，发生冲突时应按以下规则解决：

（1）地役权人和供役地权利人在使用供役地上发生冲突时，原则上应依双方当事人的约定处理；若无约定，则应贯彻地役权的效力优先于供役地权利的效力的原则。此之所谓地役权人使用优先原则。[②]

（2）地役权与在供役地上先设立的用益物权并存时，谁的效力优先，十分复杂，需要做类型化的工作。1）供役人为供役地的所有权人时，先设立并且业已登记的用益物权的效力优先于地役权的效力。2）供役人为供役地的所有权人时，先设立的用益物权尚未登记，谁的效力优先？《物权法》第163条关于“土地上已设立土地承包经营权、建设用地使用权、宅基地使用权等权利的，未经用益物权人同意，土地所有权人不得设立地役权”的规定，主要是约束土地所有权人和用益物权人的，只在地役权人知晓或重大过失地不知供役地上已经存在用益物权的情况下，该规定及其他有关规定才对地役权人发挥作用。具体些说，A. 土地所有权人经过用益物权人同意为他人设立地役权，用益物权人须容忍地役权人使用供役地。B. 土地所有权人在未经用益物权人同意的情况下，为他人设立地役权，该他人为恶意的，用益物权的效力优先于地役权的效力。C. 土地所有权人在未经用益物权人同意的情况下，为他人设立地役权，该他人为善意的，用益物权人得容忍地役权人使用供役地。3）用益物权人作为供役人，以其承包地、建设用地或宅基地为他人设立地役权，地役权的效力优先于用益物权的效力。

（3）地役权先设立，用益物权后产生，地役权的效力优先于用益物权的效力（《物权法》第162条）。

（4）数个地役权并存于同一宗供役地的场合，先设立且已登记的地役权的效力优先；先设立却无登记的地役权，不能对抗后设立但已登记的地役权。至于先设立却无登记的地役权与后设立亦未登记的地役权之间的效力关系，较为复杂，试析如下：1）有证据证明，设立在后的地役权的权利人明知或因其重大过失地不知该宗供役地上已经存在着地役权的，设立在先的地役权在效力上优先于后设立亦未登记的地役权。2）有证据证明，设立在后的地役权的权利人无重大过失地不知该宗供役地上已经存在着地役权，而设立在先的地役权的权利

① 谢在全：《民法物权论》（中册），修订2版，224页。

② 同上书，223页。

人明知或因其重大过失地不知该宗供役地上又存在了地役权的，设立在后的地役权在效力上优先于设立在先但未登记的地役权。3）有证据证明，有的地役权长时间地不行使，以至于其他地役权的权利人无法知晓其存在，符合权利失效的构成时，则该地役权人不得对抗其他地役权的权利人。4）既有的证据表明，每个地役权人均无重大过失地不知其他地役权存在，则各个地役权都无对抗其他地役权的效力。在这种背景下，如果地役权行使过程中发生效力冲突，只能协商解决某个地役权的效力优先问题；若协商不成，应当按照诚实信用原则，合理协调每个地役权行使的时间和空间。

4. 物权请求权。

在地役权受到妨害或侵害时，地役权人可以基于本权行使妨害防止请求权以及妨害排除请求权，如他人的建筑物有倒塌的危险，并阻碍其通行的道路，地役权人即可行使妨害防止请求权，请求其为必要的预防措施，但地役权人无所有物返还请求权。

在德国法上，还赋予地役权人基于占有的防御请求权（《德国民法典》第1029条），此时，地役权人享有的是一种权利占有，准用基于占有的请求权规则。

5. 转让地役权的权利。

地役权人有权转让地役权，包括买卖、互易、赠与地役权以及将地役权出资入股等形式。按照《物权法》的规定，转让地役权时不得违反地役权的从属性、不可分性等要求（第164条、第165条），本章第一节“地役权概述”对此已有详细的分析，此处不赘。

已经登记的地役权转让的，应当及时办理变更（转移）登记（《物权法》第169条）。已经登记的地役权因土地承包经营权、建设用地使用权转让发生转移的，当事人应当持不动产登记证明、地役权转移合同等必要材料，申请地役权转移登记（《不动产登记暂行条例实施细则》第62条第1款）。否则，其转让不得对抗善意第三人。申请需役地转移登记的，或者需役地分割转让，转让部分涉及已登记的地役权的，当事人应当一并申请地役权转移登记，但当事人另有约定的除外。当事人拒绝一并申请地役权转移登记的，应当出具书面材料。不动产登记机构办理转移登记时，应当同时办理地役权注销登记（《不动产登记暂行条例实施细则》第62条第2款）。

6. 以地役权设立抵押权的权利。

地役权人有权将地役权抵押给他人，只是不得单独抵押（《物权法》第165条）。因为地役权被单独抵押的，在实现抵押权时，地役权人与需役地权利人就不是同一个人了，最终导致地役权与需役地（权利）的分离。为了贯彻地役权人和需役地权利人为同一个人的精神，《物权法》规定，土地承包经营权、建设用地使用权等抵押的，在实现抵押权时，地役权一并转让（第165条）。如此规定的另一个原因在于，需役地上的土地承包经营权、建设用地使用权被抵押的，土地承包经营权人、建设用地使用权人的地役权原则上也被抵押。

以地役权设立抵押权时，按照《不动产登记暂行条例实施细则》第61条第1款第4项的规定，办理地役权变更登记。

7. 费用支付义务及减少请求权。

在地役权有偿设立的情况下，地役权人负有向供役地权利人支付费用的义务。费用的数额及支付方法，有约定时依其约定，无约定时依公平原则，根据具体情况加以确定。

在原本无偿设立地役权，但其后供役地权利人的负担增加，且为当初无法预料的，地役权人继续无偿使用供役地，显失公平的，供役地权利人可请求法院酌定费用。相反，原本有偿设立地役权，其后显示费用过高，地役权人可请求法院酌情减少费用。[①]

8. 地役权人对其建造的必要设施，负有维持修理的义务。因此支出之费用，应自行负担。

9. 地役权人负有尽量减少对供役地权利人物权的限制的义务（《物权法》第160条）。

二、供役地权利人的权利与义务

1. 不作为义务

以不作为义务为地役权内容时，供役地权利人当然负担不作为的义务。

2. 容忍义务

对于以使用为内容的地役权，供役地权利人应当按照合同约定，允许地役权人利用其土地，不得妨害地役权人行使权利（《物权法》第159条）。如果地役权人超出了权利范围，供役地权利人就不再负有容忍义务，且有权要求其停止超越范围的行为。

3. 附随义务

地役权不得以供役地权利人的积极作为为内容，但供役地权利人得在某些情况下负担某些附随义务，如在供役地上为地役权人设立通行地役权时，供役地权利人有交通安全保障义务，但可以通过约定由地役权人承担。

4. 维持修理设施费用的分担义务

供役地权利人使用地役权人建造的设施，应按其受益的程度分担维持修理设施的费用，除非当事人之间另有约定。[②]

5. 设施的使用权

供役地权利人有时得与地役权人共同使用供役地，若地役权人已经在供役地上建造了必要设施，则供役地权利人在不妨碍地役权行使的前提下应有权使用此类设施，以免供役地权利人重复建造之烦。[③]

6. 供役地使用场所与方法的变更请求权

在地役权的行使限于供役地一部分的情况下，供役地权利人认为该部分的使用对其有特殊不便利的情况下，可以请求将地役权的行使，迁移至其他适于地役权人利益的场所，迁移费用由供役地权利人承担。[④] 于此场合，《不动产登记暂行条例实施细则》第61条第1款第4项的规定，办理地役权变更登记。

7. 合同解除权

根据《物权法》第168条第1项的规定，地役权人违反法律规定或者合同约定，滥用地役权的，供役地权利人有权解除地役权合同。这包括两种情况：其一，地役权人行使地役权时，虽然不违反合同，但违反法律规定，造成滥用地役权的，供役地权利人也有权解除地役权合同。例如，地役权人排废水超过国家规定的标准，造成江河污染的。其二，地役权人行使地役权时，违反合同，造成滥用地役权的，供役地权利人也有权解除地役权合同，至于是

---

① 参见谢在全：《民法物权论》（中册），修订2版，228页。

② 谢在全：《民法物权论》（中册），修订2版，232页。

③ 同上书，231页

④ 同上书，232页。

否为法律、行政法规的另外的强制性规定，在所不问。

根据《物权法》第168条第2项的规定，在有偿利用供役地的情况下，约定的付款期间届满后，在合理期限内经供役地权利人两次催告，地役权人仍未支付费用的，供役地权利人有权解除地役权合同。就该规定的文义，可作如下解释：

如果该地役权合同规定有明确的付款期限，该期限届满时，无须供役地权利人催告，地役权人就陷入了履行迟延。如果地役权合同没有规定明确的付款期限，根据《合同法》第62条第4项的规定，供役地权利人首先向地役权人催告，确定合理的宽限期。该宽限期届满时，地役权人仍不付款，方陷入履行迟延。

在确定履行迟延后，供役地权利人还要"在合理期限内经两次催告"。这里的"合理期限内"，是指约定的付款期间届满后才开始起算的期限，而且是包含供役地权利人两次催告所用时间在内的合理期限，不是指供役地权利人第一次催告处于合理的期间内，而第二次催告的时间点已经超出了合理期限，换言之，两次催告均在合理期限内。还有，合理与否的判断，既不是看该期间是否符合供役地权利人单方面的利益需要，也不是看该期间是否符合地役权人单方面的利益需要，而是以一个理性人的合法权益所需要的期限为准。

在两次催告后，地役权人仍未给付费用的，供役地权利人方可行使解除权。

[探讨]

值得讨论的是，在地役权合同没有规定明确的付款期限，供役地权利人首先向地役权人催告，确定合理的宽限期。该宽限期届满时，地役权人仍未付款，构成恶意迟延，仍给他两次催告的优惠，有些怂恿，也不符合效率原则，莫不如仍然遵循《合同法》第94条第3项的规定处理，即宽限期届满仍未付款的，供役地权利人即有权解除地役权合同。

第六节　地役权的消灭

一、地役权消灭的事由

1. 地役权设定合同消灭

现行法不承认物权行为无因性理论，地役权合同因无效、被撤销或被解除等原因归于消灭时，地役权若未登记的，径直消灭；若已经登记，在地役权人和供役地权利人之间，需役人虽无权主张地役权，但在与第三人之间的关系上，只有待办理注销登记后，才可主张地役权消灭（《物权法》第169条、第16条等）。由此看来，《物权法》第168条规定地役权合同解除时地役权消灭，不够严谨。

如果供役地权利人恶意解除地役权合同以达废除地役权的不法目的，不发生解除的效果，地役权不因此归于消灭。此其一。地役权业已登记的场合，登记机关应予严格审查地役权合同解除是否合法，若不法，不予办理地役权的注销登记，地役权不消灭。此其二。

2. 地役权期限届满

在当事人约定地役权期限的情况下，期限届满而又未再续期的，地役权合同之效力自然消灭，地役权也随之消灭。如果没有约定，也要进行推定。需要注意的是，如果在需役地或供役地上存在用益物权的，则地役权不得超过该权利的剩余期限。

3. 当事人约定的事由发生

当事人约定了地役权消灭的事由，且不违反法律、行政法规的强制性规定，不违背公序良俗原则的，事由发生，地役权归于消灭。①

4. 征收

征收供役地，消灭供役地上的权利，包括地役权。征收需役地，由地役权的从属性决定，国家取得地役权，除非地役权对于国家而言没有必要。②

5. 抛弃

地役权是一种物权，地役权得通过意思表示抛弃之。地役权人抛弃地役权的，地役权从其被抛弃之时起消灭。

6. 混同

一般理论认为，供役地和需役地应当属于不同的所有权人，但在中国，由于土地一般是国家所有或集体所有，所以，供役地和需役地所有权人一致的情况是比较常见的，从提高土地利用效率角度出发，应当允许所有权人为其土地设立地役权。③ 相应地，在供役地和需役地事后为一人所有时，也不应当适用混同理论。但在供役地和需役地的用益物权人还是同一个人的情况下，则可以适用混同理论。

值得思考的是，在建筑物的情况下，在供役地和需役地事后为一人所有时，是否承认混同理论？从提高建筑物利用效率角度出发，应作否定回答。但供役地和需役地的用益物权人还是同一个人的情况下，则可以适用混同理论。

7. 地役权无存续的必要

在供役地或需役地灭失的情况下，或供役地并非发生灭失，但事实上供役地已无法再向需役地提供便利的情况下（如供役地水源已经枯竭），地役权都无存续的必要。此时，可以根据供役地权利人申请，请求法院宣告地役权消灭。④

最后，必须指出，在地役权无登记的情况下，具备上述事由之一的，地役权即归于消灭，无论在需役人和供役地权利人之间，还是在与第三人之间的关系上，一律如此。但在地役权已经登记的情况下，地役权的消灭，尚需办理地役权的注销登记。（《不动产登记暂行条例实施细则》第 63 条）。

若未办理注销登记，在需役人和供役地权利人之间，需役人虽无权主张地役权，但在与第三人之间的关系上，只有待办理注销登记后，供役地权利人等才可主张地役权消灭的法律效果（《物权法》第 169 条、第 16 条等）。

二、地役权消灭的法律后果

需役人占有供役地的，负返还供役地的义务；不占有供役地又未建造设施的，自然恢复原状；已经依法建造了设施的，需役人有权取回此类设施，或由供役地权利人作价补偿给需役人，但对于供役地权利人无利益的，供役地权利人有权令需役人拆除设施，恢复原状。

---

① 梁慧星、陈华彬：《物权法》，4 版，296 页。

② 谢在全：《民法物权论》（中册），修订 2 版，234 页；王利明、尹飞、程啸：《中国物权法教程》，416 页。

③ 薛军：《地役权与居住权问题》，载《中外法学》，2006（1），95 页。

④ 谢在全：《民法物权论》（中册），修订 2 版，236 页；王泽鉴：《民法物权・用益物权・占有》（总第 2 册），94 页；梁慧星、陈华彬：《物权法》，4 版，296 页；王利明、尹飞、程啸：《中国物权法教程》，416 页。

第十六章　准物权

第一节　准物权总论

一、准物权的概念

准物权（quasi-property）不是属性相同的单一权利的称谓，而是一组性质有别的权利的总称。按照通说，它由矿业权（mineral rights）、取水权（water rights）、渔业权（fishing rights）和狩猎权（hunting rights）等组成。也有学者认为，权利抵押权和权利质权为准物权。[①] 从定义的角度描述，准物权是与典型物权有所不同的物权，而非物权以外的权利。

既有理论在说明矿业权等属于准物权时，其衡量标准是客体具有不特定性。[②] 的确，就绝大多数准物权而言，主要是在其客体具有特殊性方面同典型物权区别开来。不过，凡事不得绝对，如果把客体的不特定性作为构成准物权的唯一标准，那么因养殖权、航运水权、以特定池塘里的水作为客体的取水权等在客体方面具有特定性，就得把它们排除在准物权的范围之外。因渔业权以特定水域为客体，渔业资源在法律上并非独立之物，只是水域的构成部分[③]，在不考虑水质、水深、水温和水量等因素的情况下，可以说具有特定性，所以它也不算作准物权。狩猎权的客体为一定的野生动物与其活动其中的狩猎场所，在舍去生态环境因素的背景下，应该说具有特定性。尽管如此，通说仍然把它们作为准物权。本书作者赞成把视野放宽的思考模式，客体是否具有特定性、权利构成是否具有复合性、权利是否具有排他性、权利的追及力如何、权利的优先性是否具有特色等因素，均为判断某种权利是否属于准物权的标准。当然，客体是否具有不特定性居于非常重要的位置。循此思路，对矿业权、取水权、渔业权、狩猎权的特殊性简要考察如下：

1. 在客体的特定性方面，有的准物权不具备，例如，在探矿权、取水权等场合；有些准物权要求不严格，例如，在以水面面积、取水期界定取水权客体场合。在渔业权的情况下，舍去水质、水深、水温和水量的因素，仅仅考虑水域的面积来界定渔业权的客体；在狩猎权场合，略去生态环境因素，只看到了有形的场地，都呈现出对准物权客体的特定性要求不严格。[④]

---

① 王泽鉴：《民法物权·通则·所有权》（总第1册），增补版，6页，台北，三民书局，1992。

② ［日］我妻荣、丰岛升：《矿业法》，18页，东京，有斐阁，1958。

③ 欧庆贤、陈美宇：《渔业权制度》，载《中国水产》，第487期，1993年7月，48页。

④ 详细阐述，见崔建远：《准物权研究》，33～38页，北京，法律出版社，2003。

2. 在权利构成方面，矿业权、渔业权和狩猎权具有复合性。以渔业权中的养殖权为例，第一方面的权利为占有一定水域并养殖、捕捞水生动植物之权，第二方面的权利为水体的使用权。再如矿业权，一方面的权利为在特定矿区或工作区内勘探、开采矿产资源之权，另一方面的权利则为特定矿区或工作区内的地下使用权。[①]

3. 在排他性或优先性方面，取水权具有优先性，原则上无排他性。[②] 养殖权具有排他性而无优先性，在同时并存于同一水域内的数个捕捞权相互之间无排他性，在对非捕捞权人的权利方面具有排他性。矿业权具有排他性，也有优先性。[③]

4. 在权利是否具有公权色彩方面，矿业权、取水权一般都被认定为具有公权性[④]，而日本的渔业法却认为渔业权为私权[⑤]，在中国台湾地区，新主体说主张渔业权属于私权，并成为有力说。[⑥]

5. 在权利取得方面，大多需要行政许可或特许。

6. 在追及效力方面，矿业权、取水权、渔业权和狩猎权都表现出特殊性。

7. 在一物一权主义方面，捕捞权有时无从体现，养殖权的一物一权主义体现在特定水域上。在狭义的取水权场合，因客体未从水资源所有权的客体中独立出来，难谓奉行一物一权主义。航运水权也往往因数艘船舶航行于相同的航线，不宜说成贯彻了一物一权主义。

8. 在不可分性方面，矿业权因其客体构成部分的矿区或工作区（地下部分）范围可以被分割、缩减、扩张等而呈现出可分性。

正因矿业权、取水权、渔业权和狩猎权等具有如此多的特性，同典型物权相比，存在着差距，但在总体上又呈现着相当的共性，为了比较准确地揭示出这种关系，人们用准物权的概念来概括矿业权、取水权、渔业权、狩猎权等权利。在矿业权等准物权与典型物权之间的类比关系上，两类权利所具有的共性相较于差异处于更加重要的地位，更应当受到评价者的重视，因而，准物权是与典型物权有所不同的物权，而非物权以外的权利。

在境外一些立法例及其理论上，所有权、抵押权等典型物权由民法规定，而准物权被放置于矿业法、渔业法、水法等单行法之中，被视为物权，从而形成准物权作为民法物权体系之外的财产权的理念、思路和格局。准物权与典型物权分属于两个阵营。与此有别，在中国《物权法》上，准物权就是物权，而非异于物权的他种权利，准物权与典型物权成为物权体系内部的一对类型。

从历史上看，物权的外延处于变化之中，不要说他物权的类型在不同的历史时期有增有减，就是所谓准物权与典型物权之间的关系也并非一成不变。权利抵押权和权利质权在相当长的历史时期均为准物权，即使在今天，有学说依然如此认为。由于它们与典型抵押权和质权的差别主要表现在标的物为权利抑或有体物上，基本属性和效力方面难谓存在着不同，以至于相当的学者已经将它们作为典型物权看待。我们可以把这种现象命名为第一次的准物权

---

① 崔建远、晓坤：《矿业权基本问题探讨》，载《法学研究》，1998（4），83页。

② 详见崔建远：《水权与民法理论及物权法典的制定》，载《法学研究》，2002（3），52页。

③ 详见崔建远、晓坤：《矿业权基本问题探讨》，载《法学研究》，1998（4），89～90页。

④ ［日］我妻荣、丰岛升：《矿业法》，17页。

⑤ ［日］浜本幸生：《渔业权是什么?》，载《渔业法的世界》，水产出版社，34页。转引自许剑英：《论渔业权》，载《法学丛刊》，第36卷第1期（总第141期），1991年1月，109～111页。

⑥ 许剑英：《论渔业权》，载《法学丛刊》，第36卷第1期（总第141期），1991年1月，111页。

回归物权体系之中。相应地，可将《物权法》在用益物权编规定探矿权、采矿权、取水权、养殖权、捕捞权，作为第二次的准物权回归物权体系之中。

上述个性表明了准物权根本就不是物权，还是只反映出准物权为一类具有特殊性的物权？赞成第一种观点的有之，所谓渔业权原本就不是物权[①]，即其例证。本书作者则持第二种观点，认为准物权的上述个性只是在符合物权基本属性前提下的特殊性，矿业权、取水权、渔业权、狩猎权与典型物权的共性处于更为重要的地位，该共性更应受到法律的重视和评价。例如，它们都具有绝对性（尽管程度不同）、支配力、对抗效力、物权请求权，都实行法定主义等。所以，准物权仍然属于物权范畴。它之于物权，不同于准合同之于合同，因为准合同根本就不是合同；相反，犹如准侵权行为之于侵权行为，仿佛德国法的准物权行为之于物权行为，因为准侵权行为就是侵权行为的一类，准物权行为属于物权行为。强调这一点，旨在显现它们的法律效果往往相同或相近，在渔业法、水法、矿产资源法、野生动物保护法等无相应的具体规定时，适用物权法乃至民法的规定[②]；在渔业权、取水权、矿业权、狩猎权是否存在或其归属发生争议、它们遭受不法侵害等场合，依然适用民事诉讼法规定的程序，存在着确认之诉、给付之诉等。同时不漠视其差别点，旨在宣示物权法须为矿业权、取水权、渔业权和狩猎权等准物权留足成长的空间，但不宜详细规定，包揽一切；每种准物权及围绕它生成的“大树”宜由单行法加以规范；对于行政许可或特许存在异议时，可适用行政诉讼法的规定。

［引申］

本书作者感觉，在准物权是否为物权的问题上，意见分歧严重的根本原因，似乎主要不在于物权的界定本身，因为绝大多数的论者都承认物权为直接支配一定的物并享有利益的权利，而渔业权、矿业权等准物权符合这种界定，就此不易否认它们的物权性；而在于论者所确定的参照系不同，即，论者心目中的物权包括哪些权利是不同的。

如果论者只是把典型物权作为物权，如将德国民法上的所有权、地上权、役权、土地负担、抵押权和质权作为物权，将瑞士民法上的所有权、地役权、用益权、地上权、土地负担、抵押权等作为物权，把日本民法上的所有权、地上权、永小作权、入会权、抵押权、质权、留置权作为物权，把中国台湾地区“民法”上的所有权、地上权、农育权、地役权、典权、抵押权、质权、留置权作为物权[③]，将中国大陆民法上的所有权、建设用地使用权、宅基地使用权、土地承包经营权、抵押权、质权和留置权作为物权，除此而外的权利，即使具有直接支配并享有利益的实质，也不作为物权看待，那么，准物权自然不是民法上的物权，恐怕连海域使用权也不是民法物权。

如果论者坚持科学的发展观，把上述权利看成是民法发展到一定阶段的产物，物权为其概括的称谓，是那个阶段民法学对物权的概括和总结的表现，并不否认物权的体系是开放的，物权法定主义不是僵化的教条，随着社会的发展，会出现新型的“物权”，民法及特别法将成熟的“物权”确认为物权时，物权的种类就会相应增加，那么，对于物权的认定和把握，就不会再单纯地局限于既有的几种物权，而是重在把握直接支配其客体并享有利益这个

① 欧庆贤、陈美宇：《渔业权制度》，载《中国水产》，第487期，1993年7月，48页。

② 王利明：《物权法研究》，611页；陈华彬：《物权法原理》，81页。

③ 王泽鉴：《民法物权·用益物权·占有》（总第2册），4～5页。

物权的实质，考察民法及特别法是否已经明确规定了它。依此思路，可知探矿权、采矿权、取水权等准物权具有直接支配其客体并享有利益这个物权的实质，它们已经被相应的法律明确规定，即具备了物权法定这个要件，就没有过硬的理由否认它们为物权。渔业权虽然尚未被《渔业法》明确规定，但其具有直接支配其客体并享有利益这个物权的实质，渔业经营者已经实际享有，属于习惯上的物权，《物权法》于第 123 条予以承认，已经成为法律上的物权，准物权与所有权等典型物权变为物权体系内部的两种类型。

二、准物权的类型

《物权法》规定了探矿权、采矿权、取水权、养殖权、捕捞权等准物权。其中，探矿权和采矿权合称为矿业权。养殖权和捕捞权合称为渔业权。对此，本章将分节讨论。

三、准物权与用益物权

有观点认为，准物权乃视为物权，而不是物权，所以准物权不可能是他物权。① 本书作者认为，在民法的视野里，一切直接支配物并排除他人干涉的权利，取名为物权，渔业权作为权利人直接支配特定水域并排除他人干涉的权利，矿业权作为权利人直接支配特定工作区或矿区并排除他人干涉的权利，航运水权、竹木流放水权等作为权利人直接支配特定水域并排除他人干涉的权利，都符合物权的规格，所以应是一类物权（狭义的取水权在这方面稍差一些）。这不仅有学说的阐明，而且《物权法》也是如此规定的（第 123 条）。基于物权是存在于自己的财产上还是存在于他人的财产上，物权分为自物权和他物权。准物权是权利人在他人所有的自然资源上成立的物权，故它不会是自物权，只能是他物权。把准物权定性和定位于他物权，是站在自物权和他物权两分的立场上观察的结果。准物权含有使用、收益的内容，符合用益物权的规格。如同事物都可以从多层次透视一样，准物权也可以从不同的角度观察。在民法的思维里，基于物权的客体是否具有特定性、权利的构成是否具有复合性、排他效力的有无或强弱、行政许可或特许对权利取得的作用、追及效力的表现形式等综合标准，可以把全部的物权分为典型物权和准物权（不典型物权），财产所有权、宅基地使用权、建设用地使用权、土地承包经营权、抵押权、质权等，其客体具有特定性、其效力具有优先性、排他性和追及性等，人们称之为典型物权。因人们一提到物权，脑海里浮现的就是它们，于是习惯上将它们径称为物权，以至于权利抵押权、权利质权、矿业权、取水权、渔业权、狩猎权等物权不在普通人的物权概念之内了。准物权确实具有特色，有的客体无特定性的要求，有的权利构成具有复合性，有的无排他效力或较弱，有的优先效力极为特殊，大多在追及效力上表现特殊，大多需要基于行政许可或特许方可产生，总之，同典型物权相比，有一定差距，按照“准”字可以反映有一定差距的特点，有些学者习惯上把权利抵押权、权利质权、矿业权、取水权、渔业权、狩猎权等叫作准物权，也有人称之为特许物权，或特别法上的物权等。当我们往准物权身上贴标签时，它们就有了多种称谓，用益物权、他物权、准物权、特许物权、特别法上的物权，等等。其中，准物权为用益物权的界定是着眼于它们含有使用、收益的内容，准物权为他物权的定位是基于准物权系以他人的财产为客体的事实，探矿权等为准物权的定性和定位，乃源于探矿权等与典型物权之间的强烈的对比关系。

---

① 参见肖国兴、肖乾刚：《自然资源法》，323～324 页，北京，法律出版社，1999。

［拓展］

其实，这种现象比比皆是。例如，我们这样的“人”，就有能制造工具并运用它进行劳动的动物之说，社会关系的总和之论，民事主体的一类等命名。再如，甲理发师给乙顾客理发，不小心把乙的耳朵刺伤。从合同关系中看，甲是违约方；从侵权关系方面观察，甲是侵权行为人，于是你把甲叫作违约方或者侵权行为人，都是正确的。还如，张三在夫妻关系上是丈夫，在与儿子的关系中是父亲，在课堂上是教师，在与清华大学的关系上是职工，在科研梯队里是合作者，在菜市场里是顾客。于是，你把张三定位在教师、职工、顾客、合作者，均无不可。

四、准物权的取得

（一）准物权取得概述

准物权的取得，有的基于准物权转让合同，属于移转继受取得；多数情况下基于行政主管部门的行政许可或特许，即通过申请—审批—登记发证的程序取得准物权，属于创设继受取得。

基于行政许可或特许而取得准物权，主要涉及准物权产生的母权、准物权由行政许可或特许“催生”“准生”与确认，以及准物权取得的公示与公信问题。

所谓准物权由行政许可或特许“催生”“准生”与确认，涉及行政机关及其行为与物权变动之间的关系问题，也反映出准物权的取得不同于典型物权取得之处。两者的不同，有些学者说得非常形象，也具有启发性：物权是只要具备自己的条件就存在，登记只是不动产物权公示的一种方法，不是行政表明，也不是行政确认，行政权力不可以创设一个物权。[①] 而准物权的设立，除极个别的情形如家庭生活用水权、娱乐渔业权以外，恰恰必须经行政许可或特许的“催生”“准生”与确认，准物权的母权与行政许可的共同作用才产生出准物权。没有行政许可或特许，就没有准物权。[②]

应该指出，对所谓物权不需要行政机关的确认，亦不需要行政机关的许可或特许，只要具备自己的条件就存在，需要具体分析。下述分析以登记机关为行政机关作为前提。(1) 行政划拨的建设用地使用权，在设立上全赖于行政机关的行政命令。宅基地使用权的设立同样全赖于行政决定。[③] (2) 在采用登记对抗主义的立法例上，仅就物权变动的质而言，如物权产生了，物权变更了，物权移转了，的确不受行政机关及其行为的左右；但物权的效力范围，对抗力的强弱，却受制于登记，就是说，登记与否虽不决定物权的本体，但影响到物权的效力范围。在奉行登记成立要件主义的立法例上，在不动产物权非基于法律行为而取得场合，登记与否不决定不动产物权的本体，只影响到不动产物权的效力范围；在不动产物权基于法律行为取得的情况下，登记系不动产物权变动的成立要件，不登记，不动产物权的变动不发生。在后者情况下，不动产物权的变动确实由登记决定，至少是决定因素之一，可以说

① 在由中国土地学会、中国法学会组织，于2002年10月31日在友谊宾馆贵宾楼召开的“物权与不动产登记制度研讨会”上，尹田教授提出了这种观点，刘凯湘教授、李永军教授持同样的见解。

② 崔建远：《准物权的理论问题》，载《中国法学》，2003（3），82页。

③ 行政划拨建设用地使用权、宅基地使用权的设立必须基于行政行为的观点，系戴孟勇博士于2011年8月20日在纪念民法沙龙举办十周年暨《母权—子权结构的理论及其价值》报告与评论的会议上指出的。

此类物权的取得和移转要由登记机关确认。

《物权法》设计的登记为物权变动的生效要件模式，应用到准物权的设立上，就类似于母权和行政许可或特许共同作用创设准物权。

（二）准物权产生于母权

按照物权法原理，他物权必然产生于自物权，自物权是他物权的母权；无母权则无他物权。在整个物权体系中，准物权属于他物权的系列，也应该从其母权中派生出来。那么，准物权的母权如何寻觅？仍然离不开物权法原理。众所周知，所有权与他物权之所以两立，他物权之所以从所有权中派生，是因为所有权人、他人都要使用、收益同一个所有物，二人的利益又不相同。法律解决这个冲突的办法是，使所有权人依其意思“让出”其所有权中的若干权能，准确地说，是让他人分享所有权的若干权能，该他人对分享的这部分利益具有法律上之力。该项法律上之力名叫他物权或称定限物权。这给我们以启示，他物权与其母权（所有权）要分享同一个物上的利益，法律解决问题的办法是使二权并存于该物之上，换言之，二权的客体是同一个物。从二权之间的关系角度表达这种现象，就形成这样一个命题：他物权客体上竖立的所有权就是他物权的母权。循此思路，我们寻觅准物权的母权，应该首先确定准物权的客体，然后考察该客体上竖立的所有权，至此，可以锁定该所有权就是准物权的母权。取水权的客体是水资源，准确地说，是局部的水资源。按照《水法》规定，水资源所有权为一独立的所有权类型（第 3 条），因而，水资源所有权为取水权的母权。狩猎权的客体为一定的狩猎场所与其承载的局部的野生动物资源。[①] 关于狩猎权的母权，戴孟勇博士持双母权说，即狩猎权的母权是土地/水资源所有权和野生动物资源所有权。[②] 不过，本书作者感到，两个母亲共同生出一个孩子，逻辑上有些问题，如有其他路径，最好不采“双母权说”。我们不妨区分构成客体元素的轻重，在确定母权的问题上，合理地舍去一个元素。保留谁舍去谁，既取决于是狩猎场所吸收野生动物资源还是野生动物资源吸收狩猎场所，又取决于狩猎权分享哪个所有权的权能。若认定狩猎场所吸收野生动物资源，则可将狩猎权的母权确定为狩猎场所的土地所有权；若认定野生动物资源吸收狩猎场所，则可将狩猎权的母权确定为野生动物资源所有权。本书作者初步认为：从狩猎权的最终目的看，狩猎权和野生动物所有权要分享野生动物资源这个物上的利益，狩猎场所这宗土地的利益在这个问题上仅仅体现在“被利用”一下。就此看来，可将狩猎权的母权确定为野生动物资源所有权。按照渔业权属于水权的观点，取水权从水资源所有权中派生而出，那么，渔业权自然系分离水资源所有权的部分权能而形成的他物权，水资源所有权为其母权。但是渔业权不同于取水权，它多了一个渔业因素。这个差别是否影响到确定渔业权的母权呢？答案是否定的，因为作为渔业权客体的特定水域包括水生动植物资源，水生动植物只是水域的组成部分，不是独立之物，因而按照他物权客体上竖立的所有权就是他物权的母权原理，水域所有权即水资源所有权是渔业权的母权。不但存在于中国内水领域和中国领海海域的渔业权如此，就是存在于毗连区、专属经济区、大陆架海域、公海海域、他国海域、暂定措施海域、过渡海域、共同管理渔区的渔业权，其母权也均为中国国内法的海域所有权。[③]

---

① 崔建远：《准物权的理论问题》，载《中国法学》，2003（3），81 页以下。

② 戴孟勇：《狩猎权的法律构造——从准物权的视角出发》，载《清华法学》，2010（6）。

③ 详细阐释，见崔建远：《论争中的渔业权》，219～226 页，北京，北京大学出版社，2006。

（三）准物权由行政许可或特许“催生”“准生”与确认

1. 准物权所需行政许可或特许概述

所谓许可，简单地说，是指解除特定人的不作为义务，使其回复本来的自由。比较全面地说，是指这样的现象：原本禁止一般人所为的特定行为，但对于特定人或关于特定事件则解除禁止，允许特定人实施此类特定行为。[①] 自然地，行政许可，是指行政机关对法律规定的一般禁止行为，在特定场合，对特定人解除禁止的行政行为。[②] 行政许可，对于相应的行政主体而言是一项重要的行政权力；对于申请人来说，则为其特定资格确立或权利产生的要件。

［拓展］

按照传统，除了许可，还有特许。所谓特许，是为特定人设定权利能力或特定权利的行为。特许，大多基于相对人的申请而作出，原因在于，许可仅仅解除对于自然自由的拘束，对其自然自由，并无所附加；而特许则系赋予相对人超出其自然自由范围的新权利，也就是国家将其某些事业的独占经营权授予相对人，使其拥有从事该项事业的独占经营的资格。[③] 行政法学者的表述为，特许与许可最大不同的地方是，许可只是将人民原本就拥有，只为方便官署事前审查而暂时遭到限制的自由权利，“还给”人民，故就人民的立场言之，许可并未增加其权利，他只是取回原本就拥有的权利而已；反之，特许则是将人民原本就不拥有的权利于特殊例外情形给予人民，也就是将法律所一般性禁止的行为例外许可人民为之，故就人民立场言之，特许可谓增加、扩大了其自由活动的范围，因而他得到原本并不拥有的东西。区分许可和特许的实益，学说一般认为，许可涉及人民权益，故是否许可，应经对申请人的私益与其他法益（即第三人利益以及公益）的均衡考量，于要件具备，亦即私益优先时，人民原则上拥有核发许可的请求权；在特许的场合，是否例外解除禁令，无关私益的维护，纯粹是基于不同公益间的竞争与考量，但凭官署定夺，人民对此并无法律上的请求权，官署亦无特许的义务，从而请求特许遭拒，亦不得以权利受侵害为由诉请救济。[④]

这种观点已经受到批评：学说之所以区分许可和特许，谅系认为这类特许的行为非有害于社会，就是与社会一般期待不符，故自始就不应在人民基本权利保护的范围之列，也由于不承认它是基本权的行使，故即便申请特许遭拒，亦无关权利受害，充其量只是反射利益受到影响，如此当然就无诉请法院救济之理。唯特许果真无关人民基本权利，涉及在基本权利构成要件的解释上，是否承认有基本权内在界限的立场问题。由于承认基本权有所谓内在界限，将使众多行为在“与社会期待不符”的这类抽象、不确定概念的桎梏下，毋庸议会的介入（因无法律保留原则的适用）就可任由行政机关禁止，甚至不许有诉请法院救济机会，就结果而言显不利人权保障，不可取。是在此立场上，我们应当从传统的许可概念范畴另行划分特许出来，似无必要，也无实益。何况即便是认为许可与特许有别的学者，最近也不否认一般、抽象禁令的例外解除，有时也是出于维护个案正义的需要，或基于平等或比例原则的

① 何世全：《公害对渔业权造成侵害之民事救济》，台湾海洋大学海洋法律研究所硕士学位论文（1991），50页。

② 参见张正钊、韩大元主编：《中外许可证制度的理论与实务》，305页，北京，中国人民大学出版社，1994。

③ 何世全：《公害对渔业权造成侵害之民事救济》，台湾海洋大学海洋法律研究所硕士学位论文（1991），50页。

④ 翁岳生编：《行政法》（上册），666页，北京，中国法制出版社，2004。

要求，不能说与私益，即人民的基本权利全然无关。[①]

由于矿产资源、水资源、渔业资源、野生动物资源的重要性和稀缺性，国家对于它们的开发利用或猎取严格控制管理，实行行政许可管理，有的甚至是特许许可规制。由于准物权正是有关矿产资源、水资源、渔业资源、野生动物资源方面的权利，其产生大多需要行政许可或特许这个要件。

各类准物权的产生所需要的行政许可或特许具有共性。其一，其法律性质，都是一种依申请而为的具体行政行为，没有自然人、法人或其他组织的申请，行政主管部门是不能主动赋予其许可的[②]；均为一种采用颁发许可证的要式行政行为。其二，作出行政许可或特许的主体一律为行政主管部门。其三，行政许可或特许是一种经依法审查的行政行为。其四，行政许可或特许是一种授益性行政行为。[③] 其五，行政许可或特许都要经过申请、受理、审查、作出决定诸阶段。

2. 准物权设立的程序

（1）申请。申请人的某种准物权的行政许可或特许的申请要获得批准，首先要向行政主管部门递交申请书，并附送相关的说明材料。该申请书应载明以下内容：申请人的基本情况：姓名（名称）、住所和其他基本情况，法人住址、法定代表人姓名等内容；申请的具体事项；提出申请的理由和法律根据；其他应当具备的材料。这主要根据具体的申请事项而定。

（2）受理。所谓受理，是指行政主管部门对申请人的某种准物权的许可或特许的申请进行形式审查后表示接受。行政主管部门在对申请人的某种准物权的行政许可或特许的申请进行形式审查时，并不意味着申请人的该申请已经被行政主管部门受理。行政主管部门主要审查许可或特许的申请是否为书面形式，申请许可或特许的意思表示是否清楚，申请人的自身条件叙述得是否清楚，是否提供了相应的证明材料等。如果申请材料不齐全或不符合法定形式，行政主管部门应当一次性书面告知申请人需要补正的全部内容。申请人按照书面告知要求补正后，行政主管部门应当予以受理。

（3）审查。行政主管部门在受理申请后，应当根据法定条件和程序对申请材料的实质内容进行审查、核实，需要实地核查后才能作出是否准予行政许可或特许的决定的，行政主管部门应当指派两名以上工作人员实地核查。对情况复杂的或重大的行政许可或特许，行政主管部门应当集体讨论决定。审查的具体内容包括：审查申请人是否具备取得某种准物权的行政许可或特许的条件；征询相关方面的意见；考核申请人；核实申请内容。

（4）作出决定。对符合条件的，作出向申请人颁发行政许可证书或特许证书的决定；对不符合的，作出不予许可或特许的决定，并向申请人说明理由。申请人对此不服的，可以申请行政复议或直接提起行政诉讼。如果行政主管部门在法定的行政许可或特许期限内既未给予申请人行政许可或特许的决定，也未给予不予许可或特许的决定，申请人可以依法申请行政复议或直接提起行政诉讼，请求复议机关或人民法院责令行政主管部门履行其法定职责。

---

① 翁岳生编：《行政法》（上册），666～667页。

② 参见任顺平、张松、薛建民：《水法学概论》，89页，郑州，黄河水利出版社，1999。

③ 乔晓阳主编：《中华人民共和国行政许可法释义》，57页，北京，中国物价出版社，2003；李飞主编：《中华人民共和国行政许可法释解》，26页，北京，群众出版社，2003；马怀德主编：《中华人民共和国行政许可法释解》，12页，北京，中国法制出版社，2003。

（5）听证。有时行政主管部门在作出是否准予行政许可或特许的决定前，可以举行听证会。

由于准物权内部差异较大，每种准物权在行政许可或特许方面各具特色。其一，行政主管部门不同。授予探矿权许可证、采矿权许可证的行政主管部门是矿业行政主管部门。授予取水许可证的主管部门为流域管理机构和水资源行政主管部门，流域管理机构在现行法上只是水利部的派出机构，尚未成为一级行政机关。授予养殖证、捕捞许可证的行政主管部门是渔业行政主管部门。授予狩猎许可证的行政主管部门分为林业行政主管部门和渔业行政主管部门，前者主管陆生野生动物的狩猎许可证，后者主管水生野生动物的狩猎许可证。其二，行政许可的类型、级别不同。准物权产生涉及的行政许可或特许，既有普通许可，也有特许。属于前者的，诸如取水许可、养殖许可、内水捕捞许可、近海捕捞许可、猎捕证等。属于后者的，例如，特许猎捕证等。其三，程序不同，这将在下文按每个具体的准物权部分介绍。

［引申］

母权、行政许可或特许对准物权的产生各起什么作用？

母权起“遗传作用”与“分娩作用”，母权把它自己的占有、使用、收益等若干权能让给准物权人分享。没有母权的“遗传”与“分娩”，准物权就不会含有占有、使用、收益等权能，就不会是支配权，因为行政许可或特许、行政权没有上述基因，不具有上述内容。所以，仅仅有行政许可或特许、行政权产生不出准物权来，如同石头生不出小鸡来一样。对此，一位普通法的专家学者表达了值得赞同的意见：政府颁发的近海或大洋捕捞许可证源于行政法，类似于养狗许可证或建筑许可证，没有所有权的管理权、收益权和处分权。其中的一个原因是政府并不“拥有”近海渔业资源，不可能通过许可证赋予近海捕捞渔民有关所有权的权能，因为政府自己也不拥有这些权能。① 在无所有权这个母权的背景下，行政许可或特许的作用下所产生的权利，不是准物权，而是他种类型的权利。例如，工商行政管理部门给予某公司营业许可，该公司就有了经营权；给予蔬菜零售商许可，该零售商就取得了贩卖蔬菜的权利。何以如此？仍然是“遗传”的机理，这里的母权是经营管理权，而非所有权。

相反，只有所有权这个母权，而无行政许可或特许，在准物权制度中，在绝大多数情况下，行为人就只在事实上占有、使用等，但不是权利及其行使，而是违法行为。其所得属于非法所得，要被没收，他还可能受到罚款等处罚。行政许可或特许起“催生”“准生”与确认的作用，赋予行为人以法律上之力，使其占有、使用等状态名实相符，即享有准物权。有人说得好，成功的制度必须清晰地陈述许可证规则创设财产权利。②

（四）准物权取得的公示与公信

1. 准物权取得的公示

准物权分为基于行政许可或特许而取得的和非基于行政许可或特许而取得的两种。对于前者，取得的时间应以登记簿记载之时为准；对于后者，应以“权利人”实际享有事实上的

---

① ［加拿大］A. Scott：《渔业管理中的财产权》，载农业部渔业局编：《国外渔业权制度研究资料》（一），12、13页，2003。

② ［美］C. Jensen：《基于权利的制度：主权与财产》，载农业部渔业局编：《国外渔业权制度研究资料》（一），48页，2003。

准物权时为准。

基于行政许可或特许而取得的准物权，其公示方法自然是登记。非基于行政许可或特许而取得的准物权，其公示方法为某种事实，如基于河岸权原则而取得的取水权，河岸权本身就是公示，标志着河岸权人享有毗邻河岸之水的取水权。

2. 准物权取得的公信

准物权登记是否具有公信力？从《矿产资源法》《渔业法》《水法》及《取水许可管理办法》的规定尚看不出来，而《物权法》就建设用地使用权、房屋所有权、不动产抵押权等物权变动要求登记，并赋予了登记公信力（第16条第1款等）。在中国，同典型物权相比较，准物权的数量不算太多，即使考虑到未来需要颁发的行政许可证或特许证数量，登记部门也有能力做到实质性审核，所以中国有关法律赋予准物权登记以公信力完全有条件。如果赋予了准物权登记以公信力，就会非常有利于准物权交易的安全。这样，也同《物权法》赋予不动产物权登记以公信力的模式相一致。

五、准物权的物权效力

（一）准物权的排他效力与优先效力

1. 准物权的排他效力

学说认为，渔业权具有排他效力，即在同一水域不能同时存在两个或两个以上性质不相容的同种或异种的渔业权。[①] 矿业权当然也有排他性。[②] 绝大多数的取水权无排他的效力。同一特定水域存在着租赁权，当该水域成为渔业权的客体时，该租赁权终止。在严格的意义上，这是渔业权排他性的表现。

2. 准物权的优先效力

在对准物权的优先效力内涵和外延的认定方面，时常有学说误把准物权的排他效力归入其中，例如，一种意见认为，渔业权的优先性，是指在同一水域中存在两个或两个以上内容或效力相冲突的渔业权时，先成立的渔业权较后成立的渔业权优先。[③] 在不单提准物权的排他效力，将它融入优先效力的前提下，这种观点无可厚非，但在明确地把准物权的排他效力与优先效力并列的法制及其理论下，这种观点就值得商榷，因为在同一水域中存在两个或两个以上内容或效力相冲突的渔业权时，所谓先成立的渔业权较后成立的渔业权优先，实际是先成立的渔业权继续存在，而后成立的渔业权不存在或曰消失，这正是排他效力的表现。例如，日本《渔业法》所谓定置渔业许可的优先顺序（第15～16条）、中国台湾地区“渔业法”所规定的定置及区划渔业权的核准优先顺序（第18条），大多不是渔业权相互之间的优先顺序，而是哪个渔业申请人处于优先位置，取得渔业权，其他渔业申请人得不到渔业权。换言之，它们大多是渔业权排他效力的表现。对于此类现象，本书作者认为应该这样描述：就申请人所处的地位和渔业行政主管机关确定授予哪个申请人渔业权而言，它们规定了优先顺序；从渔业权的成立和存续来讲，其规定反映的是渔业权的排他效力。

准物权的优先效力，应该指数个准物权同时并存于同一标的物（基本上是指特定水域），

---

① 欧庆贤、陈美宇：《渔业权制度》，载《中国水产》，第487期，1993年7月，48页。

② 崔建远、晓坤：《矿业权基本问题探讨》，载《法学研究》，1998（4），89页。

③ 欧庆贤、陈美宇：《渔业权制度》，载《中国水产》，第487期，1993年7月，48页。

它们按照一定标准排列出位序，处于第一位序的准物权在效力上优先于后位序的准物权，第二位序的准物权在效力上优先于第三位序及其以后位序的准物权。例如，有时渔业权与取水权虽然可以并存于同一水域，但渔业权优先受到保护。例如，任何单位和个人，在鱼、虾、蟹、贝幼苗的重点产区直接引水、用水的，应当采取避开幼苗的密集期、密集区，或设置网栅等保护措施（《渔业法实施细则》第26条）。

（二）准物权的请求权

1. 消除危险请求权应用的机会增多

在侵害对象为典型物权、人格权、知识产权场合，如果构成侵权行为，原则上要求有损害后果，加害行为与损害后果通常紧密相连，所谓“危险”，并不在其中。在所谓“危险”未达到确有可能损害他人的合法权益的威胁时，不以侵权行为论，权利人不得主张停止侵害、赔偿损失；只有具备采用消除危险这一救济方法的要件时，危险才被视为侵权行为。可见，“危险”大多不构成对典型物权、人格权、知识产权的侵权行为。与此不同，侵害取水权、渔业权场合，侵权行为的实施与损害后果之间时常有一个时间差，有时间隔得还比较长，在取水权的客体为江河径流之水、渔业权的客体为江河中某一水域场合尤为明显。待取水权、渔业权遭受损害时才主张停止侵害、消除危险、赔偿损失，效果往往不佳：可能未能将损失止于最小状态。而在“危险”一出现时即允许水权人、渔业权人主张停止侵害、消除危险、赔偿损失，局面就会改观。可以这样说，“危险”是侵害取水权、渔业权的常见形态；与此相适应，受损害的水权人、渔业权人主张消除危险请求权的机会便增多。

2. 物权的追及效力较少应用

在准物权的情况下，物权的追及效力若系指准物权对其客体的追及效力，那么，当诸如特定的水域、狩猎场所、矿区或工作区被非法转让，第三人因此占据上述客体时，准物权人对该第三人主张其准物权，就可以解释为物权的追及效力在发挥作用。此时的物权的追及效力，就既表现为物的返还请求权，又表现为排除妨碍请求权。在准物权人对其矿产品、渔获物、猎物请求无权占有人返还的情况下，这些就不是准物权追及效力的表现。

例如，在矿业权的情况下，探矿权人通过勘探获得的地质资料、矿石标本等被他人非法掠取，请求返还系基于探矿权人的地质资料所有权、矿石标本的所有权，而非探矿权的追及效力。采矿权人开采出的矿产品被盗，采矿权人是基于其矿产品所有权，而非采矿权，请求无权占有人返还。

六、准物权的消灭

（一）准物权消灭概述

准物权的消灭，是指准物权本身失去其存在的现象。物权的消灭有相对消灭和绝对消灭之分。准物权让与他人，准物权虽有移转，但并非准物权的绝对消灭。如此，取水权的转让、采矿权的转让，都不属于准物权的绝对消灭。而狩猎证、捕捞证被吊销，则属于准物权的绝对消灭。他人因取得时效而获得取水权，原取水权归于消灭。

准物权属于物权，故物权消灭的原因基本上适用于准物权。例如，抛弃准物权、存续期间届满、他人基于取得时效而取得准物权、他人受让准物权等。同时，由于准物权的特殊性，某些物权消灭的原因不适用于准物权。例如，同一物上的所有权和他物权归属于同一主体时，他物权原则上归于消灭（混同），只有抵押权等少数情况下除外。但在准物权场合，如取水权、矿业权、狩猎权、近海捕捞权、公海捕捞权、他国海域捕捞权等，所有权和准物权的混同不会发生。再如，标的物灭失在准物权场合非常罕见。最后，中国现行法尚未承认取得时效制度，故准物权在中国目前不会因取得时效制度而消灭。

（二）准物权的抛弃

准物权的抛弃，系准物权人的单方行为。非基于行政许可或特许而取得的准物权，例如，零星散养的畜禽饮用的水权，其抛弃无须对特定人为意思表示，通过特定的现象，如停止取水，表示出抛弃的意思即可。与此不同，基于行政许可或特许而取得的准物权，其抛弃必须由准物权人向原登记、发许可证的行政机关为抛弃的意思表示，并申请注销登记，于注销登记完毕后，才发生抛弃的效力。[①]

（三）准物权的存续期间届满

准物权大多有存续期间，存续期间届满，准物权消灭。例如，油气探矿权的最长存续期间为 7 年，其他类型的探矿权的最长存续期间为 3 年，探矿权人逾期不办理延续登记手续的，勘查许可证自行废止（《矿产资源勘查区块登记管理办法》［国务院令第 240 号，2014 年修订］第 10 条第 1、2 款），即探矿权消灭。矿山建设规模为大型以上的，其采矿权的最长存续期间为 30 年；矿山建设规模为中型的，其采矿权的最长存续期间为 20 年；矿山建设规模为小型的，其采矿权的最长存续期间为 10 年。采矿权人逾期不办理延续登记手续的，采矿许可证自行废止（《矿产资源开采登记管理办法》第 7 条），即采矿权消灭。石油、天然气滚动勘探开发的采矿许可证有效期最长为 15 年（《矿产资源勘查区块登记管理办法》第 10 条第3 款）。

（四）准物权不行使超过法定期间

在典型物权的情况下，物权人不行使其物权大多不影响物权的存续，但在准物权场合，比较多的准物权类型，如果持续不行使超过法定期间，具有可归责于准物权人的原因的，便归于消灭。例如，《渔业法》规定，使用全民所有的水域、滩涂从事养殖生产，无正当理由使水域、滩涂荒芜满 1 年的，由发放养殖证的机关责令限期开发利用；逾期未开发利用的，吊销养殖证，可以并处 1 万元以下的罚款（第 40 条第 1 款）。《取水许可管理办法》规定，连续停止取水满 2 年的，由原取水审批机关注销其取水许可证。由于不可抗力或进行重大技术改造等造成连续停止取水满 2 年且取水许可证有效期尚未届满的，经原取水审批机关同意，可以保留取水许可证（第 30 条）。

（五）准物权的违法行使

准物权人违法行使准物权达到严重程度，其准物权归于消灭。例如，《矿产资源法》规定，超越批准的矿区范围采矿，拒不退回本矿区范围内开采，造成矿产资源破坏的，吊销采矿许可证（第 40 条）。违反《矿产资源法》的规定，采取破坏性的开采方法开采矿产资源的，处以罚款，可以吊销采矿许可证（第 44 条）。《渔业法》规定，使用炸鱼、毒鱼、电鱼等破坏渔业资源方法进行捕捞的，违反关于禁渔期、禁渔区的规定进行捕捞的，或使用禁用的渔具、捕捞方法和小于最小网目尺寸的网具进行捕捞或渔获物中幼鱼超过规定比例，情节

① 参见陈华彬：《物权法原理》，182 页。

严重的，没收渔具，吊销捕捞许可证（第 38 条第 1 款）。违反捕捞许可证关于作业类型、场所、时限和渔具数量的规定进行捕捞，情节严重的，可以没收渔具，吊销捕捞许可证（第 42 条）。《水法》规定，未依照批准的取水许可规定的条件取水，情节严重的，吊销取水许可证（第 69 条）。《野生动物保护法》规定，违反该法规定，未按狩猎证规定猎捕野生动物的，由野生动物行政主管部门没收猎获物和违法所得，处以罚款，并可以没收猎捕工具，吊销狩猎证（第 33 条第 1 款）。

（六）征收

基于社会公共利益、国家利益的需要，对于某些准物权可以依法征收，因征收而消灭原准物权。

第二节　矿业权

一、矿业权的概念

矿业权，简称为矿权，是一束权利的总称，指探采人依法在已经登记的特定矿区或工作区内勘查、开采一定的矿产资源，取得矿石标本、地质资料及其他信息，或矿产品，并排除他人干涉的权利。由于《矿产资源法》规定矿产资源属于国家所有（第 3 条第 1 款），勘查、开采矿产资源的主体主要为国有矿山企业，其次为集体矿山企业，以及个体采矿者，还有少量的外资企业、中外合作经营企业、中外合资经营企业，因而矿业权可以被定义为：国有矿山企业、集体矿山企业以及个体采矿者等主体，依照法定程序在已经登记的特定矿区或工作区内勘探、开采一定的国有矿产资源，取得矿产品，并排除他人干涉的权利。其中，勘探一定的国有矿产资源，取得矿石标本、地质资料及其他信息的权利，叫作探矿权；开采一定的国有矿产资源，取得矿产品之权，称为采矿权。它们具有如下法律性质：

1. 矿业权是准物权。

除有些优先权以外，典型物权具有特定性，含有客体特定性之义。但矿业权的客体是特定矿区或工作区的地下部分及赋存其中的未特定的矿产资源，而矿产资源具有隐蔽性，“在矿业权的标的物是存在于矿区内的未具体特定的矿物这点上，与普通的物权不同”[①]。矿业权客体的未特定性，其一表现在，在探矿权场合，（局部的）矿产资源在登记的矿区或工作区可能并不存在，正所谓试掘权[②]并非像采掘权[③]那样以矿物的存在为前提，矿物的存在通常是预想的[④]；其二表现在，勘探工作进行到一定阶段时，矿区或工作区的面积应随着缩减，把未勘探的矿产资源的权利归还给国家，使有勘探能力者获得这些归还部分的勘探权。

正因为矿业权在客体方面存在着与典型物权不同的上述特点，故将矿业权称为准物权或视为物权。从日本的旧矿业法把“矿业权作为物权”（第 5 条）到新矿业法将“矿业权，视为物权，除法律有特别规定外，准用关于不动产的规定”（第 12 条），可以发现客体未特定

---

① ［日］我妻荣、丰岛升：《矿业法》，18 页。

② 日本矿业法规定的试掘权相当于中国矿业法规定的探矿权。

③ 日本矿业法规定的采掘权相当于中国矿业法规定的采矿权。

④ ［日］我妻荣、丰岛升：《矿业法》，23 页。

这一性质所起的巨大作用。[①]

这里的“准用关于不动产的规定”，是广义的，即只要不违反矿业法的规定，不与矿业权的本质相冲突，不仅准用民法的规定，而且准用商法、民事诉讼法等关于不动产的规定。[②]

2. 矿业权的客体具有复合性。

除财团抵押权等极个别的物权以外，典型物权的客体以单一性为原则，但矿业权的客体却是复合型的，即特定矿区或工作区内的地下部分与赋存其中的矿产资源。在探矿权场合，客体以特定矿区或工作区内的地下土壤为主，（局部的）矿产资源不明，或存在，或不存在。这丝毫不意味着（局部的）矿产资源不重要，探明矿产资源的情况是探矿权人所追求的目标。这从一个侧面表明物权的客体和物权的目的是两个不同的概念。在采矿权的情况下，客体由特定矿区内的地下土壤与赋存其中的（局部的）矿产资源结合而成，（局部的）矿产资源居于最有价值的地位。

3. 矿业权在权利构成上具有复合性。

典型的物权构成，均以占有、使用、收益等权能作为要素，而矿业权的构成，一方面以在特定矿区或工作区内勘探、开采矿产资源的权利为要素，另一方面又存在着特定矿区或工作区内的地下部分的使用权，即地下使用权。[③] 正如有学者所言，矿区内的地下使用权构成了矿业权的内容。[④] 在设立了矿业权的土地上，土地所有权人就地下的使用受到了矿业法的限制，在其界限内，或负担着不作为的义务，或承受着容忍义务。[⑤] 特定矿区或工作区内的地下使用权随着探矿权、采矿权的取得而当然拥有，并为探矿权、采矿权服务，为这二权而存在，而有积极的意义。

4. 矿业权是具有公权性质的私权。

矿业权的设立需要行政许可，其内核有矿业权人向矿产资源行政主管部门要求探矿或采矿的利益的元素，受公法色彩浓厚的矿产资源法调整，矿业权纠纷多由行政方式解决，使得矿业权具有公权性。但由于矿业权的私权性更浓，宜将它定性和定位在具有公权性质的私权更为妥当。

5. 同典型物权相比，矿业权还具有一些不同点：因矿业权往往事关国家战略利益、国计民生，故在主体方面限定严格，权利转让方面也附有种种条件乃至禁止。

二、矿业权的客体

矿业权的客体不仅仅是矿产资源，因为在探矿权场合，（局部的）矿产资源可能并不存在，若将探矿权的客体界定为一定的矿产资源，在确实不存在该特定的矿产资源时，就无法解释探矿权无客体何以照样存续的现象。此其一。其二，矿业权所支配的，亦即其作用的，绝不是单纯的（局部的）矿产资源，必定有特定的矿区或工作区内的地下部分；在矿产资源埋藏于地下时，矿业权所支配的，首先是特定的矿区或工作区内的地下部分，而后才会接触

---

① ［日］我妻荣、丰岛升：《矿业法》，18页。

② ［日］浅野语，转引自［日］我妻荣、丰岛升：《矿业法》，19页。

③ 崔建远、晓坤：《矿业权基本问题探讨》，载《法学研究》，1998（4），83页。

④ ［日］我妻荣、丰岛升：《矿业法》，10页。

⑤ 大判1941年9月16日新闻4732号，5页。

到（局部的）矿产资源；在探矿权场合，若（局部的）矿产资源不存在，探矿权所支配的仅仅是特定的矿区或工作区内的地下部分。正因如此，矿业权的客体应是特定的矿区或工作区内的地下土壤与其中所赋存的矿产资源，是两者的组合体。有学者称之为特定矿区内的矿物。[①] 其中的矿产资源不是抽象意义上的全国范围的整个矿产资源，而是作为具体矿业权作用的局部的矿产资源。此处所谓特定矿区或工作区内的地下土壤，在不包含土地所有权和矿地使用权的意义上，可以用特定矿区或工作区的概念代替。

观察和界定矿业权的客体，应该采取多视角模式，即不仅从矿区或工作区的地表、水平方向着眼，而且注重矿区或工作区的垂直方向。所谓着眼于矿区或工作区的地表、水平方向，是指确定矿区或工作区的面积、四至和形状。在探矿权场合，对矿区或工作区按标准区块进行划分和登记管理，任何一个矿区或工作区均由标准区块组合而成。[②]

所谓注重矿区或工作区的垂直方向，是指将一个矿区或工作区的沉积层划分为若干个地层段或地层区，每个含有（局部的）矿产资源的地层段或地层区可以单独地成为矿业权的客体。如此，就出现了区分矿业权，又叫纵向矿业权。在中国，国务院于 1987 年 12 月 16 日批准，原石油工业部于 1987 年 12 月 24 日发布的原《石油及天然气勘查、开采登记管理暂行办法》规定，存在两个或两个以上企业开采同一地区不同埋深油气藏的，应当根据双方协议和各自开采的不同油气藏属性及范围分别核（划）定矿区范围（第 18 条第 2 款）。对此，国务院于 1998 年 2 月 12 日发布的《矿产资源勘查区块登记管理办法》（国务院令第 240 号）虽然未明文延续，但也没有否定，属于明知漏洞，留待矿产资源勘查、开采的实务发展和理论探讨去解决。《物权法》承认了区分建设用地使用权（第 136 条），给区分矿业权提供了支持。

当然，如果仅有一个地层段赋存着（局部的）矿产资源，或因技术等原因难以划分各个地层段，或因经济原因无力或无必要采取区分矿业权的制度，就采纳单视角模式，观察和界定矿业权的客体，将一个矿区或工作区作为一个矿业权的客体的组成部分。在中国，近几年虽然倡导区分矿业权，但在相当数量的矿区或工作区，因在技术上暂时难以精确地划分不同的地层段，从而不易妥当地分配不同矿业权人的应得利益，故仍把该矿区或工作区作为单层段看待，仅仅允许存在着一个矿业权。[③]

还有，作为矿业权客体组成部分的特定矿区或工作区内的地下部分，在法律上并非凝固静止，而是适时变动着的。在水平方向，随着勘探工作进行到一定阶段，矿区或工作区的面积应随着缩减，国家要收回一定面积。这是例行的面积缩减。此外，还有惩罚性的面积撤销：如果矿业权人不按照许可证核准的矿区或工作区、任务、工作性质、规划期限作业，视情节轻重，可能核减矿区或工作区的范围，甚至撤销全部矿区面积，吊销许可证。在垂直方面，随着勘探、开采作业的进展，有的地层段应归还给国家。所有这些，都表明矿业权客体具有未特定的属性。

应予指出，并非任何区域都可以成为矿区，相应地，有些区域内的矿产资源也就不得作

---

① ［日］我妻荣、丰岛升：《矿业法》，12 页。

② 查全衡：《保护资源保护环境再创辉煌》，载《中国石油天然气总公司 1995 年油气资源管理工作会议文件选编》，8 页，1995。

③ 崔建远、晓坤：《矿业权基本问题探讨》，载《法学研究》，1998（4），85 页。

为矿业权的客体。按照《矿产资源法》的规定，非经国务院授权的有关主管部门同意，下述区域不得成为矿区：港口、机场、国防工程设施圈定的地区；重要工业区、大型水利工程设施、城镇市政工程设施附近一定距离以内的区域；铁路、重要公路两侧一定距离以内的区域；重要河流、堤坝两侧一定距离以内的区域；国家划定的自然保护区、重要风景区，国家重点保护的不能移动的历史文物和名胜古迹所在地；国家规定不得开采矿产资源的其他地区（第20条）。

三、矿业权的主体

成为矿业权的主体，需要具备法律要求的资质条件。按照《矿产资源法》第15条规定，设立矿山企业，必须符合国家规定的资质条件，并依照法律和国家有关规定，由审批机关对其矿区范围、矿山设计或开采方案、生产技术条件、安全措施和环境保护措施等进行审查；对合格者方予批准。

矿产资源具有隐蔽性、分布不均匀性，油气矿产资源还具有油气水“三相共生”、埋藏深、油气层高温高压、油气易燃易爆等属性，决定了采矿业受地质、埋藏条件的约束大，并且影响安全的因素多。大部分矿山为地下开采，井下作业场所狭小、阴暗、潮湿多变，生产环节多，过程复杂，导致灾害的因素多[①]，使得勘查、开采矿产资源成为高投入、高风险、技术程度要求高的行业，因而对矿山企业的资质要求远比对一般民事主体的要求高，法律特设资质条件的要求，而一般民事主体则无此条件限制。此其一。

其二，为适应不同矿种、不同规模的矿产资源对勘查者、开采者不同的资质要求，中国法律对不同的矿业权主体设置了不尽相同的资质条件。按照《矿产资源法实施细则》的规定，开办国有矿山企业，应当具备下列条件：（1）有供矿山建设使用的矿产勘查报告；（2）有矿山建设项目的可行性研究报告（含资源利用方案和矿山环境影响报告）；（3）有确定的矿区范围和开采范围；（4）有矿山设计；（5）有相应的生产技术条件（第11条）。

其三，应当指出，有些资质条件，是任何矿业权主体均须具备的。例如，（1）供矿山建设使用的矿产勘查报告（勘查资料），是载有矿种、储量规模等基本情况，决定矿山企业的规模、矿山设计、生产技术条件等事项的基本因素，因而欲成为矿业权的主体必须具备该项条件。（2）矿区范围和开采范围，是勘查、开采矿产资源作业的领域，是矿业权主体与他人划分利益的标准之一，也是处理相邻关系的依据，故应为一切矿业权主体所必备的条件。（3）矿山设计或开采方案，是矿业权人有目的、有计划、速度相宜、效益较高地建设矿山，顺利地展开勘查、开采作业的前提条件，不可缺少。（4）相应的生产技术条件、必要的安全措施，同样是必备条件之一。这是由勘查、开采矿产资源系高投入、高风险、技术程度要求高的行业所决定的。（5）人类生活、社会发展需要良好的自然环境。而勘查、开采矿产资源往往污染环境，这就要求矿业权主体必须具有符合要求的环境保护方案，采取必要的环境保护措施，以提高而不是降低人们的环境生活品质。

其四，矿业权主体之间的法律地位不平等。现行法对国有矿山企业给予了诸多方面的优惠保护，国有矿山企业处于主导、核心的地位，国家规划矿区和对国民经济具有重要价值的矿区内的矿产资源、矿产储量规模在大型以上的矿产资源等，几乎都由国有矿山企业开采。

---

① 李书蕙：《矿山企业的设立》，载《法制日报》，1997-11-01，7版。

在确定矿区范围上，国有矿山企业也受到了优惠保护：在国有矿山企业和其他所有制采矿者共同采矿的地区，国有矿山企业的矿区被核定或者划定之前，不得先行划定其他所有制采矿者的开采范围；先于国有矿山企业建设开办的，在补偿其损失、妥善安置群众生活的前提下，可令其关闭或搬迁，由国有矿山企业取而代之；或者是国有矿山企业与其他所有制矿山企业联合经营；或者是划出矿区范围内的边缘资源，安排其他所有制采矿者易地开采。(《矿产资源法》第4条第1款、第35条等)。

如此区分，原因之一是有些矿产资源关系到国计民生、国家安全和战略需要，国家要加以控制。

股份有限公司已经普遍化，矿山企业至少是部分矿山企业股份化成为必然。这样，矿业权主体应有股份有限公司。

按照《合伙企业法》的规定，合伙已成为独立于自然人、法人的民事主体。当它依法勘探、开采矿产资源时，也就成为了矿业权的主体。

在合作开采海洋石油资源、合作开采陆上石油资源、合资或合作开采煤炭资源等情况下，中外合作经营企业、中外合资经营企业可以成为矿业权的主体。

矿业是属于井下危险性大的作业，为安全有效起见，有关部门对开办矿山企业实行严格的审批和登记制度。

设立矿山企业，必须依照法律和国家有关规定，由审批机关对其矿区范围、矿山设计或开采方案、生产技术条件、安全措施和环境保护措施等进行审查，然后进行登记和颁发采矿许可证。通过审查把关，确保矿业权主体的资质合格，达到立法目的。在这方面，需要明确各行政部门之间的权限，防止渎职、越权、权力滥用、权力的冲突和掣肘。依法保证审查登记机关在法定范围和按法定程序进行审批和登记，防止行政无效率、违法行政、行政侵权行为的发生。

四、探矿权的内容

1. 探矿权人的权利

(1) 探矿权人的排他性占有权

探矿权人的排他性占有权是探矿权的首要权能，是探矿权人实施勘查作业的必备前提。探矿权的标的物是存在于特定工作区内的未特定的矿物。由此决定，探矿权人占有的对象为已登记的特定工作区和赋存其中的（局部的）矿产资源。当然，在矿产资源不存在的情况下，占有的对象仅为特定的工作区；在矿产资源不明的情况下，对该矿产资源的占有仅具有抽象的象征的意义，只是通过占有工作区来体现。

探矿权人的占有多为单独占有，但也存在共同占有的情况。

当两个以上的探矿权人分别占有各自的地层段或地层区时，便出现了区分占有探矿权客体的现象。

(2) 按照勘查许可证规定的区域、期限、工作对象进行勘查

勘查许可证规定的区块，是探矿权客体的组成部分——矿产资源勘查工作区。勘查许可证规定的期限，是探矿权存续的期间。勘查许可证规定的工作对象，是探矿权客体的另一组成部分，即局部的矿产资源。勘查，主要是探明该矿产资源的矿种、矿床及其储量、内外部特征、加工性能、社会经济地理状况等。欲达到探矿权的目的，探矿权人必须享有按照勘查

许可证规定的区域、期限、工作对象进行勘查的权利（《矿产资源法实施细则》第 16 条第 1 款第 1 项）。

（3）根据工程需要临时使用土地

矿业权仅含有地下使用权，并不包括地表的使用权，但探矿权的行使又必然使用土地。解决这一矛盾，需要探矿权人取得临时使用土地权（《矿产资源法实施细则》第 16 条第 1 款第 4 项）。该权的取得需要经过国土资源管理部门的审批，发给临时使用土地证。

（4）在工作区及相邻区域通行

在工作区通行为行使探矿权所必需，是探矿权人取得临时土地使用权后的一项当然的权能。在相邻区域通行一般属于相邻权的范畴，探矿权人享有法定的通行权，无须征得相邻区域的所有权人或使用权人的同意，但应选择给他们造成损失最小的路线（《矿产资源法实施细则》第 16 条第 1 款第 3 项）。此外，若探矿权人欲享有超过法定范围的权利，则需要同有关所有权人或者使用权人签订合同，取得地役权。

（5）在工作区及相邻区域架设供电、供水、通讯的管线

在工作区架设供电、供水、通讯的管线亦为行使探矿权所必需，仍为探矿权人取得临时土地使用权后所当然享有的一项权利，只是不得影响或损害原有的供电、供水的设施和通讯的管线（《矿产资源法实施细则》第 16 条第 1 款第 2 项）。

在相邻区域架设供电、供水、通讯的管线，在选择了给相邻他方造成损失最小的路线场合，其权利属于相邻权范畴，为探矿权人的一项法定权利，不以相邻区域的所有权人或使用权人的同意为必要。只是该相邻管线设置权的行使不得影响或损害原有的供电、供水的设施和通讯管线。但若架设供电、供水、通讯的管线给相邻他方加予的负担超出了法定的最低标准，就不再属于相邻权制度的范畴，探矿权人必须与相邻区域的所有权人或使用权人签订地役权合同，地役权产生，方可作业。不然，就构成侵权行为，承担民事责任。

（6）优先取得工作区内新发现矿种的探矿权

《矿产资源法实施细则》第 16 条第 1 款第 5 项规定，探矿权人优先取得勘查作业区内新发现矿种的探矿权。就是说，在探矿权人就其工作区内的新发现矿种申请采矿权，他人亦就同一事项提出申请的情况下，前者优先取得探矿权。这是因为探矿权人经过普查、详查、勘探的工作，对该工作区及其新矿种的情况比较了解，掌握的实际资料较多，研究程度比较深入，并且继续作业方便，故理应优先取得勘探区内新发现矿种的探矿权，只是必须办理探矿权取得的手续。

（7）优先取得工作区内矿产资源的采矿权

《矿产资源法实施细则》第 16 条第 1 款第 6 项规定，探矿权人优先取得勘查作业区内矿产资源的采矿权。其理由与优先取得新发现矿种的采矿权的相同，不再赘言。

（8）取得和销售勘查中按照批准的工程设计施工回收的矿产品

勘查中按照批准的工程设计施工回收的矿产品，系探矿权行使的一个结果。探矿权人直接取得该矿产品的所有权，是矿业权效力的当然表现，是探矿权人的一项权利。

（9）申请保留探矿权

探矿权人在勘查许可证有效期内探明可供开采的矿体后，经登记管理机关批准，可以停止相应区块的最低勘查投入，并可以在勘查许可证有效期届满的 30 日前，申请保留探矿权。但是，国家为了公共利益或因技术条件暂时难以利用等情况，需要延期开采的除外。保留探

矿权的期限，最长不得超过 2 年，需要延长保留期的，可以延长 2 次，每次不得超过 2 年（《矿产资源勘查区块登记管理办法》第 21 条第 1 款、第 2 款前段）。

（10）依法转让探矿权

探矿权人在完成规定的最低勘查投入后，经依法批准可以将探矿权转让他人（《矿产资源法》第 6 条第 1 款）。这为最有效益地探明矿产资源所必需。

2. 探矿权人的义务

（1）依法缴纳探矿权使用费

国家实行探矿权有偿取得的制度。探矿权使用费以勘查年度计算，逐年缴纳。探矿权使用费标准：第一个勘查年度至第三个勘查年度，每平方公里每年缴纳 100 元；从第四个勘查年度起，每平方公里每年增加 100 元，但是最高不得超过每平方公里 500 元（《矿产资源勘查区块登记管理办法》第 12 条）。

申请国家出资勘查并已经探明矿产地的区块的探矿权的，除缴纳上述费用以外，还应当缴纳经评估确认的国家出资勘查形成的探矿权价款；探矿权价款按照国家有关规定，可以一次缴纳，也可以分期缴纳（《矿产资源勘查区块登记管理办法》第 13 条第 1 款）。

（2）在规定的期限内开始施工，并在勘查许可证规定的期限内完成勘查工作

探矿权是有期准物权，这是效益原则所要求的，亦为有能力探矿人取代无能力者或能力不足者所必需，还是达到矿产资源勘查规划目的所必要的。因此，探矿权人有义务在规定的期限内开始施工，并在勘查许可证规定的期限内完成勘查任务。

（3）向勘查登记管理部门报告开工等情况，以便使有关部门监督管理

《矿产资源勘查区块登记管理办法》第 25 条第 1 款规定，登记管理机关需要调查勘查投入、勘查工作进展情况，探矿权人应当如实报告并提供有关资料，不得虚报、瞒报，不得拒绝检查。否则，依据该办法第 29 条规定，由县级以上人民政府负责地质矿产管理工作的部门按照国务院地质矿产主管部门规定的权限，责令限期改正；逾期不改正的，处 5 万元以下的罚款；情节严重的，原发证机关可以吊销勘查许可证。

（4）严格按照工程设计规划施工，不得以探矿为名擅自进行以营利为目的的采矿活动

如果矿产类型符合边探边采要求的，探矿权人必须向管理部门提交边探边采的论证材料，经审核批准，并依法办理采矿登记手续后，方可进行开采。未经批准，擅自进行滚动勘探开发、边探边采或试采的，由县级以上人民政府负责地质矿产管理工作的部门按照国务院地质矿产主管部门规定的权限，责令停止违法行为，予以警告，没收违法所得，可以并处 10 万元以下的罚款（《矿产资源勘查区块登记管理办法》第 27 条）。

（5）在查明主要矿种的同时，对共生、伴生的矿产资源进行综合勘查、综合评价

（6）编写矿产资源勘查报告，提交有关部门审批

（7）按照国务院有关规定汇交矿产资源勘查成果档案资料

（8）支付出让金

探矿权人取得临时使用土地的权利需要交付土地使用权出让金的，应支付该出让金。

（9）承担补偿责任

探矿权人取得临时土地使用权后，在勘查过程中给他人造成损失的，应予补偿（《矿产资源法实施细则》第 21 条）。

（10）不作为义务及生态保护义务

勘查作业不得阻碍或损害航运、灌溉、防洪等活动或设施，勘查作业结束后应当采取措施，防止水土流失，保护生态环境。

五、采矿权的内容

1. 采矿权人的权利

（1）矿地占有权

矿产资源赋存于地下，故采矿权人从事采矿活动必须占有特定矿区。所谓矿区，既包含地下部分，也包括地表。在法律上，采矿权的取得同时便获得了地下占有权和地下使用权。地表的占有权尚需另行取得。一种观点认为，采矿权人取得一定矿区的采矿权的同时就自然地取得该区域的占有权和使用权。[①] 这不符合矿产资源法的精神和实务操作的状况。

（2）建设用地使用权

采矿权人实施开采矿产资源的作业，必然要使用矿地，但因采矿权中仅含有地下使用权，并不必然包括地表的使用权，故欲合法地使用矿地就得再取得以地表为客体的建设用地使用权。其权利取得有如下特点：矿区位于国有土地上时，采矿权人向国土资源管理部门申请办理建设用地使用权出让及登记手续，领取建设用地使用权证，取得建设用地使用权。如果该宗土地为荒漠等非耕地，采矿权人又是国有矿山企业，建设用地使用权通过行政划拨方式产生。如果该宗国有土地为耕地，建设用地使用权通过出让方式取得，采矿权人须支付出让金。勘探区位于集体所有的土地上时，土地征收主管机关首先将该宗土地征为国有，然后由国土资源管理部门将该建设用地使用权出让给采矿权人，并自采矿权人处取得出让金。采矿权人取得建设用地使用权后，便可占有、使用该宗土地。

（3）开采权

开采权，是指采矿权人按照采矿许可证允许的特定矿区和矿种从事开采矿产资源的权能。所谓开采矿产资源，固然是指采矿许可证批准开采的矿产资源（《矿产资源法实施细则》第 30 条第 1 款第 1 项），但在个别情况下，为矿山生产和发展的考虑而需要开采其他矿种，亦可包括在内，而不宜视为违法活动。

开采权不仅仅指采矿权人自身的采掘活动，而且包括经采矿权人同意的他人的开采活动，不过，该他人的活动并非意味着采矿权的转移。

采矿权为有期准物权，这决定了在采矿许可证规定的期限内从事开采活动，方为采矿权的行使（《矿产资源法实施细则》第 30 条第 1 款第 1 项）；逾期开采则构成违法行为，产生法律责任。

（4）取得和销售矿产品的权利

通过开采活动使矿产与土地及矿床相分离，形成矿产品。该产品系采矿权行使的结果，归采矿权人享有。采矿权人直接取得该矿产品的所有权，是矿业权法律效力的当然表现。这是最佳的效力配置。

采矿权人销售该矿产品，是他行使矿产品所有权的表现，原则上应由他自己决定，但国务院规定由指定单位统一收购的矿产品除外。

---

① 江平主编：《中国矿业权法律制度研究》，286 页，北京，中国政法大学出版社，1991。

(5) 矿山建筑权和辅助建筑权

进行开采活动需要相应的设施，因而需要进行相应的建筑活动，包括建筑井架、修建开采用建筑物，以及进行辅助建筑的权利。所谓辅助建筑权，是指采矿权人在其矿地范围以外的区域建造地下设施的权利。此处的设施必须是同采矿权人的采矿活动有关的，特别是用于水的处理或气候的调节，如用于通风、排水和调节井巷内的气候环境的工程设施。此类行为不得损害其他矿业权人的合法权益。因这些权利的行使超出了矿区范围，故须由有关部门审批。①

(6) 依法转让采矿权

2. 采矿权人的义务

(1) 在批准的期限内进行矿山建设或开采。

采矿权是有期准物权，加上在批准的期限内进行矿山建设或开采矿产资源，系落实矿业发展规划，满足国民经济发展的需要，取得较佳或最佳的经济效益的需要，因而采矿权人在采矿许可证规定的期限内进行矿山建设或采矿，是其应尽的义务。在这方面，许多国家的矿业法有量化的规定，要求于此期间须有资金的投入、设备的投入和劳务的投入。

(2) 有效保护，合理开采，综合利用矿产资源。

矿产资源是社会发展的物质基础，是经济增长和发展的前提，是国家主权安全的保证，但它又呈现有限性、可枯竭性以及需求的无限性，开采、利用它往往造成环境污染。由此决定，有效保护、合理开采、综合利用矿产资源，势必成为采矿权人的重要义务。履行该项义务，需做到在技术上对矿区进行合理安排，以达充分开采；对各种矿种进行综合开采，避免已经开采过的区域仍存留矿产，又因安全等方面的原因而不能再开采，导致资源浪费。

(3) 国务院有矿产品必须销售给特定单位的指定时，采矿权人必须将该矿产品销售给该特定单位。

国务院于1991年1月15日发布《关于将钨锡锑离子型稀土矿产列为国家实行保护性开采特定矿种的通知》(国发［1991］5号)规定，钨、锡、锑矿产品及其冶炼产品(指钨精矿、低度钨、钨酸、仲钨酸铵、钨酸钠、钨粉、钨铁、三氧化钨、碳化钨、蓝钨、锡精矿、精锡、焊锡、锑精矿、硫化锑、精锑、氧化锑及其他锑品)和离子型稀土矿产品，分别由中国有色金属工业总公司、国务院稀土领导小组会同国家工商行政管理总局指定收购单位，实行统一收购，严禁自由买卖。开采其他矿产资源为主的矿山企业，对共生、伴生的钨、锡、锑、离子型稀土矿产要综合开采，合理利用，其矿产品应向指定的收购单位销售(第5条)。

(4) 依法缴纳采矿权使用费和采矿权价款。

《矿产资源开采登记管理办法》规定，国家实行采矿权有偿取得的制度。采矿权使用费，按照矿区范围的面积逐年缴纳，标准为每平方公里每年1 000元(第9条)。申请国家出资勘查并已经探明矿产地的采矿权的，此外再缴纳经评估确认的国家出资勘查形成的采矿权价款；该价款按照国家有关规定，可以一次缴纳，也可以分期缴纳(第10条第1款)。不过，有下列情形之一的，由采矿权人提出申请，经省级以上人民政府登记管理机关按照国务院地质矿产主管部门会同国务院财政部门制定的采矿权使用费和采矿权价款的减免办法审查批准，可以减缴、免缴采矿权使用费和采矿权价款：1) 开采边远贫困地区的矿产资源的；

① 江平主编：《中国矿业权法律制度研究》，286页，北京，中国政法大学出版社，288～289页。

2）开采国家紧缺的矿种的；3）因自然灾害等不可抗力的原因，造成矿山企业严重亏损或停产的；4）国务院地质矿产主管部门和国务院财政部门规定的其他情形（第 12 条）。

（5）遵守国家有关劳动安全、水土保持、土地复垦和环境保护的法律、法规。

（6）接受有关部门的监督管理，按照规定填报矿产储量表和矿产资源开发利用情况统计报告。

（7）取得矿地使用权时依法交纳矿地使用权出让金。

六、矿业权的转让

1. 矿业权转让的概述

《矿产资源法》（2009 年修正）第 5 条规定，国家实行探矿权、采矿权有偿取得的制度；第 6 条明确规定，探矿权、采矿权在下列情况下可以转让：（1）探矿权人有权在划定的勘查作业区内进行规定的勘查作业，有权优先取得勘查作业区内矿产资源的采矿权。探矿权人在完成规定的最低勘查投入后，经依法批准，可以将探矿权转让他人。（2）已取得采矿权的矿山企业，因企业合并、分立，与他人合资、合作经营，或者因企业资产出售以及有其他变更企业资产产权的情形而需要变更采矿权主体的，经依法批准可以将采矿权转让他人。

随着社会主义市场经济体制的完善，采矿权转让的自由度应该更大，因为这符合效益原则的要求，但仍须设有一定的条件，还须规定有明确的程序，否则，会破坏正常的矿业法律秩序。有鉴于此，国务院于 1998 年 2 月 12 日颁布了《探矿权采矿权转让管理办法》（国务院令第 242 号，2014 年修订），比较系统地规定了探矿权、采矿权转让的法律依据、受让人的资格、条件、程序、效力。

2. 探矿权转让的条件

探矿权转让的条件包括：（1）自颁发勘查许可证之日起满 2 年，或在勘查作业区内发现可供进一步勘查或开采的矿产资源；（2）完成规定的最低勘查投入；（3）探矿权属无争议；（4）按照国家有关规定，已经缴纳探矿权使用费、探矿权价款；（5）国务院地质矿产主管部门规定的其他条件（《探矿权采矿权转让管理办法》第 5 条）。

3. 采矿权转让的条件

（1）矿山企业投入采矿生产满 1 年；（2）采矿权属无争议；（3）按照国家有关规定已经缴纳采矿权使用费、采矿权价款、矿产资源补偿费和资源税；（4）国务院地质矿产主管部门规定的其他条件。国有矿山企业在申请转让采矿权前，应当征得矿山企业主管部门的同意（《探矿权采矿权转让管理办法》第 6 条）。

4. 矿业权转让的程序

矿业权转让的程序包括：（1）矿业权人向审批管理机关提交有关资料；（2）评估矿业权；（3）审批。

5. 矿业权转让的法律效力

探矿权、采矿权转让后，探矿权人、采矿权人的权利、义务随之转移（《探矿权采矿权转让管理办法》第 11 条）。勘查许可证、采矿许可证的有效期限，为原勘查许可证、采矿许可证的有效期减去已经进行勘查、采矿的年限的剩余期限（《探矿权采矿权转让管理办法》第 13 条）。

第三节　取水权

一、取水权的概念

取水权，为水权（water rights）的一类，是指权利人依法从地表水或地下水引取（divert）定量之水的权利。在一些立法例上，水权，除了汲水权、引水权等类型的取水权，还有水力水权、航运水权、竹木流放水权、排水权等类型。与此有所不同，中国的《取水许可和水资源费征收管理条例》将水力水权、航运水权、排水权纳入取水权之中（第4条第1款第3项、第5条第1款、第12条第7项、第20条第1款第4项、第24条第1款第5项、第32条第2款、第41条第1款第2项、第52条第3项）。《取水许可管理办法》予以贯彻（第6、7条、第10条第5项、第14条、第20条第3项以下、第21条第1款第2项和第6项、第23条第1款第6项和第7项、第29条第3项和第4项、第39条第2款、第41条第2款、第43条、第44条第2款、第50条第3项）。有鉴于此，我们不妨把境外立法例及其理论所说的取水权叫作狭义的取水权，而将中国《取水许可和水资源费征收管理条例》及《取水许可管理办法》上的取水权称为广义的取水权。

水自身为"动产"，但取水权却是不动产权益。[①] 取水权派生于水资源所有权，故属于他物权；它是权利人使用水并获得利益，而不是为担保债权的实现，故为用益物权（usufruct），即为特定的用途从特定的源流而引取、使用水的权利（《物权法》第123条）。[②] 但同一般的用益物权相比，取水权具有以下自身的特点，于是人们称其为准物权。

1. 取水权的客体及其特殊性

取水权的客体是水，包括地表水和地下水。[③] 它存在于河流、湖泊、池塘、地下径流、地下土壤之中。对于取水权的客体，有的以一定的水量界定，有的以特定的水域面积界定，有的单纯地以特定地域面积界定（以地下水做客体场合即如此），有的以一定期限的用水界定。如此，以特定池塘之水为取水权客体的场合，取水权的客体具有严格意义上的特定性，其他场合的取水权，其客体大多不具有特定性。

取水权不要求其客体具有特定性，与其权利性质及功能有关。取水权类似于物权取得权[④]，它开始运行，便使水体的所有权从水资源所有权中分离，转归取水权人享有。取水权犹如一道水所有权转让的开关或者说是水所有权主体的转换器，一旦运行就使得水的所有权不断地自水资源所有权人处移转到取水权人之手。[⑤] 既然是取得水所有权的权利，自然就主要关心结果及其根据，即，有多少水所有权已经或将要归属于取水权人；无须考虑远隔的水与水资源之间的关系，即，不重视将要获取水资源中的哪部分水，于是，不要求客体具有特

① KAN. STAN. ANN. ? 82a—701 (g) (1997).

② See John C. Peck, Assessing the Quality of a Water Right, Journal of the Kansas Bar Association (May, 2001).

③ 林柏璋：《台湾水权及其法律性质之探讨——公水之特许使用》，98～100页；崔建远：《水权与民法理论及物权法典的制定》，载《法学研究》，2002 (3)，39页。

④ ［德］卡尔·拉伦茨：《德国民法通论》（上册），王晓晔、邵建东、程建英、徐国建、谢怀栻译，谢怀栻校，292～293页。

⑤ 崔建远：《准物权研究》，263页。

定性便顺理成章。

2. 取水权在占有权能方面具有特殊性

取水权不含有占有的权能。这既是它们所具有的以使用为重心的性质（“use－based” nature）的反映，也是由取水权的客体和水资源所有权的客体融合一体的特点决定的，还是为保护其他用水人能够利用同一水资源所必需的。

3. 取水权原则上无排他性

所有权和用益物权均具有排他性，排他原则解决了这些物权之间的效力冲突。取水权作为用益物权却不尽相同，在特定区域的水资源上可同时存在着数个取水权，排他原则对取水权之间的效力冲突时常无能为力。至于取水权人之间的利益冲突，则通过优先权规则加以协调。先取得取水权者优先以有益目的而用水，待其获得满足后，后取得取水权者才可用水；若水资源不足，后取得取水权者的用量即被削减，甚至其取水权的目的落空。① 这与担保物权的位序规则类似。

取水权的这一性质既与取水权的客体和水资源所有权的客体融为一体有关，又进而与取水权不含有占有权相呼应。因取水权不以占用水资源为必要，就为数个取水权并存提供了可能；因取水权的客体和水资源所有权的客体融为一体，就为数个取水权的实现奠定了物质保障。

关于排他性与优先权之间关系的认识，可有宽严之别。从宽解释，具有优先权的取水权优先得到实现，后位序的取水权不得越位。这同样体现出了排他性。还有，在河岸权原则为唯一的取水权取得原则的法律制度下，依河岸权原则取得的取水权暗含着排他性。

4. “用水则有取水权，反之则失取水权”

在先占用原则制度下，奉行“用水则有取水权，反之则失取水权”（use it or lose it）的原则，闲置的取水权将被废止，就是说，取水权人不利用水资源（达到一定期间）便不再享有取水权。② 不过，基于河岸权原则取得的取水权则不因权利的不行使而归于消灭。中国的《取水许可管理办法》规定，连续停止取水满 2 年的，由原取水审批机关注销其取水许可证（第 30 条前段）。这符合效益原则，是合理分配有限的水资源的良策，在水资源短缺的今天，更具有合理性。

［辨析］

取水权·水资源所有权·水所有权·经营权·水合同债权

1. 取水权、水资源所有权和水所有权系常用的概念。按照通说，水资源所有权属于特殊主体所享有的权利，在我国归国家享有。水资源及其所有权不作为交易的对象。水所有权，或称水体所有权，已归普通的民事主体享有，早已成为交易的客体。业已引入企业等市场主体的储水设施、家庭水容器中的水，不再是水资源所有权的客体，而是水所有权的客体。取水权，系从水资源所有权中派生，分享了后者中的使用权与收益权而形成的物权，准确地说，为准物权。取水权人行使取水权，便得到水所有权。

① Jan G. Laitos, Water Rights, Clean Water Act Section 404 Permitting, and the Takings Clause, University of Colorado Law Review (1989).

② Janet C. Neuman and Keith Hirokawa, *How Good Is An Old Water Right? The Application of Forfeiture Provisions to Pre-Code Water Rights*, University of Denver Water Review (Fall 2000).

2. 本来，取水权是独立于水资源所有权的一种权利，也是一项法律制度。[①] 但在中国，却有相当的专家、学者主张，取水权制度就是水资源所有权和各种取水权利与义务的行为准则和规则，它通常包括水资源所有权、开发使用权、经营权以及与水有关的其他权益。[②] 这种观点值得商榷，理由如下：

(1) 这违反了财产权体系内部的位阶关系。取水权属于财产权。[③] 而在财产权体系中，水资源所有权的上位权利是财产所有权，再上位权利是物权，不会是取水权。取水权概念若有存在的必要，逻辑上只能是水资源所有权的下位概念。所以，“取水权包括水资源所有权、开发使用权”说是把取水权作为了水资源所有权的上位概念，这不符合民法逻辑。正如有人所说，取水权不是对水的占有权、所有权，取水权人不享有受法律保护的水所有权上的利益(interest in the ownership of the water itself)，受保护的权利只是取水权。[④]

(2) 如果一个人既对水资源享有所有权，又自己利用该水资源，那么，在法律上只设置水资源所有权制度便足矣，没有取水权制度存在的必要。只有在非所有权人为自己的利益而需要使用水资源时，为清楚地划分他与所有人之间的利益，也为了对抗其他人，才有设置取水权制度的必要。在这种背景下存在的取水权，恐怕它只会从水资源所有权中派生，系分离该所有权中的使用、收益诸权能而形成的他物权。由此可见“取水权包括水资源所有权、开发使用权”说犯了本末倒置的错误。

(3) 水资源所有权具有排他性，而取水权原则上无排他性。在民事权利理论上，从来不存在一种权利内部含有性质差异如此巨大的两部分内容的现象。在物权制度及其理论上，一个物权若具有排他性，是整个物权具有排他性；若不具有排他性，也是整个物权不具有排他性，不会是一个物权的内部一部分内容具有排他性，另一部分内容具有相容性。而取水权包含水资源所有权说恰恰违反物权的这个性质。

(4) 在中国，它不符合《水法》的立法原意以及具体规定。《水法》区分了水资源所有权和使用权，强调水资源属于国家所有，农村集体经济组织的水塘和农村集体经济组织修建管理的水库中的水，归各该农村集体经济组织使用（第3条）。直接从江河、湖泊或地下取用水资源的单位和个人，应当按照国家取水许可制度和水资源有偿使用制度的规定，向水资源行政主管部门或流域管理机构申请领取取水许可证，并缴纳水资源费，取得取水权（第48条）。上述农村集体经济组织使用水的权利、单位和个人享有的取水权，都属于我们所说的取水权。水资源所有权和取水权是各自独立的。前者不得易其主体，而后者则可以转让。

(5) 从比较分析的角度观察，会发现至少通说都主张取水权不含有水资源所有权。在美国西部，大多数水法都宣称公有权（public ownership）存在于水资源之上，采用先占用原

---

① 裴丽萍：《水权制度初论》，载《中国法学》，2001（2），90～99页。

② 冯尚友：《水资源持续利用与管理导论》，189页，北京，科学出版社，2000；肖国兴、肖乾刚：《自然资源法》，246页；汪恕诚：《水权与水市场》，载水利部政策法规司编：《水权与水市场》（资料选编之一），9页，2001。

③ John C. Peck & Kent Weatherby, Condemnation of Water and Water Rights in Kansas, University of Kansas Law Review. (Summer, 1994).

④ Jan G. Laitos, Water Rights, Clean Water Act Section 404 Permitting, and the Taking Clause, University of Colorado Law Review (1989).

则规律取水权，用水人从州的水资源管理部门获得许可证时，该取水权就是水权（water rights）。[①] 在日本，学说认为取水权是利用水的权利，而非对水享有所有权。[②] 中国台湾地区“水利法”规定，取水权是依法对于地面水或地下水取得使用或收益的权利（第 15 条），可归团体公司或人民取得，而水资源所有权则只归“国家”享有（第 2 条）。可见取水权不含有水资源所有权。所谓渔业权是水域的利用权，而非所有权[③]，也佐证出取水权不含有水资源所有权说的合理性。道理在于，按照渔业权属于取水权中的一类的观点，该说直接在反驳着取水权包含水资源所有权说；依据渔业权系与取水权并列的一类准物权的理论，只要我们遵循相似的问题相同处理的公平原则，仍会得出取水权乃水资源的使用权，而非水资源所有权的结论。由此可知，“取水权包括水资源所有权、开发使用权”说显然忽视了水资源所有权和取水权之间的性质差别。

其实，持取水权含有水资源所有权说的专家、学者，都一方面承认取水权的转让，另一方面坚持宪法所规定水资源所有权归国家享有的原则，否认水资源所有权的转让。这使他们陷入自相矛盾之中。为避免如此尴尬局面，只好多费笔墨，特意指出水权中的取水权等可以转让，水资源所有权不得转让。这是自找麻烦，不遵循民法思维的结果。在民法的视野里，取水权系从水资源所有权中派生出来的用益物权。这十分清晰、简单。如此，就非常容易表述水资源所有权不得转让而取水权可以转让的精神。

我们界定一个特定的事物，所采用的概念必须准确地揭示该事物的本质属性，这是起码的要求；其次是受此领域前见的制约，符合此领域大家都遵循的界定概念的规则要求；再次是所用概念在使用上要方便，如果所采用的概念在使用时常常要作许多限定，作若干辅助说明，则所用概念难谓妥当。取水权这个概念，中国的使用者最想用它描述的，正是用水人使用水并获得利益的现象，而非水资源归国家享有的事实；最想用它解决的问题，正是国家这个水资源所有者把用水利益如何妥当地分配给各种各类用水人，如何配置用水资格最有效益，最能使国家可持续发展。如果是这样，把取水权界定为使用水并获得收益的权利，而非对水资源所有的权利，就最能达到上述目的。如此界定，才符合法学尤其是民法学既有的权利位阶体系理论，即受制于先见，才遵循了“财产权—物权—用益物权—取水权”的逻辑结构。如此界定，使用取水权概念时才最便利，在谈论取水权转让等现象时无须再作限定说明。[④]

3. 鉴于中国实务界、若干经济学家至今仍然认为，取水权含有取水权人输水系统内所存储水的所有权[⑤]，需要对于取水权与水所有权两个概念及制度详加辨析。为显现取水权含

---

① 1Wells A. Hutchins, Water Rights Law in the Nineteen Western States. 298—306（1971）. See Janet C. Neuman and Keith Hirokawa, How Good Is An Old Water Right? The Application of Statutory Forfeiture Provision to Pre-Code Water Rights, University of Denver Water Law Review（Fall, 2000）.

② ［日］金泽良雄：《水法》，载园部敏、田中二郎、金泽良雄：《交通通信法·土地法·水法》，81 页，东京，有斐阁，1968。

③ 陈俊佑：《我国专用渔业权管理制度之研究》，台湾海洋大学海洋法律研究所硕士学位论文（1994 年），47 页。陈俊佑先生在文章及文章题目中提及的“我国”，是专指“中国台湾地区”。为了方便读者查询以及对陈俊佑先生的尊重，本书作者未作任何修改，特此说明。——作者注

④ 崔建远：《水权转让的法律分析》，载《清华大学学报》（哲学社会科学版），第 17 卷第 5 期，2002 年 10 月，42～43 页。

⑤ 董文虎：《浅析水资源水权与水利工程供水权》，载水利部政策法规司编：《水权与水市场》（资料选编之一），66 页，2001。

有水所有权这一观点的不可取，先作如下描述：

在水力水权、航运水权、竹木流放水权、排水权等情况下，用水人基于有关部门的行政许可，通过分离水资源所有权中的使用权、收益权诸权能而取得取水权。由此类水权的性质和功能决定，该用水人（取水权人）不需要对其所使用的水面乃至水体享有所有权，故不存在水所有权，只存在水资源所有权和取水权。前者由国家所有，后者归用水人享有。对此，以葛洲坝水力发电厂取得水权为例加以说明。奔流于长江中的水资源属于国家所有，按《水法》规定，永远也不会归葛洲坝水力发电厂所有。该电厂要利用长江水发电，须向长江水利委员会申请水权，获得批准并得到许可证后，便取得水权。此外，该电厂不再需要对于流过水坝的水享有所有权。总之，此类水权不会含有水的所有权，所谓水权含有水的所有权之说，不符合此类水权的实际情形。

与上述水权有所不同的是，在狭义的取水权的情况下，用水人基于其河岸等土地的所有权、土地承包经营权，当然地分离水资源所有权中的使用权、收益权，取得取水权。其取水权的运行，使水资源里的部分水进入到用水人的输水系统乃至储水设施。用水人（取水权人）取得这部分水的所有权。自水进入到取水权人的输水系统乃至储水设施之时起，取水权就功成身退，继续固守在取水口、汲水口处发挥取水权的效力，输水系统及其后阶段的输水、用水等工作让位于水所有权制度。取水权人对这部分水的权利义务关系，不再是取水权关系，而是水所有权关系。对此，以郑州市自来水公司取得取水权为例加以说明。黄河水资源属于国家所有，按《水法》规定，永远不会归郑州市自来水公司所有。该公司要获取黄河水，须向黄河水利委员会申请取水许可证，待获得批准并取得取水许可证后，便取得取水权。该公司基于该取水权引取黄河水，就不是侵权行为，而是合法行为，会受到黄河水利委员会的承认与保护。黄河水一经进入郑州市自来水公司的输水系统，所产生的法律关系就不再是取水权法律关系，而是水所有权关系。他人从该输水系统盗水、污染水质、毁坏输水系统等，不构成侵害取水权，而按侵害水所有权、输水设施所有权论处。

当然，当其中的部分水回流入江河湖海或渗入地下，同水资源整体融汇一起时，这部分水又不再是水所有权的客体，而是连同整体水资源成为水资源所有权的客体。

本书作者之所以坚持取水权和水所有权系两种独立的权利类型，反对取水权含有取水权人输水系统内所存储水的所有权之说，还因为存在下述理由的支撑：其一，如果认为取水权含有取水权人输水系统内所存储水的所有权，那么，因为当取水权终止时，其客体便不复为取水权的客体，自然地不再归取水权人支配，而是重新成为水资源的一部分，成为国家水资源所有权的客体，所以，此时存留于取水权人输水系统内的水也就重新成为水资源的组成部分，再次归国家所有权。这显然不符合事实，损害了用水人的合法权益。实际上，不论取水权存续与否，取水权人输水系统内所存储的水都归取水权人所有，而不是归国家享有。只有取水权和水所有权各自独立的理论，才能合理地解释上述现象。其二，汲水权、引水权等类型的取水权不含有占有权能[①]，而水所有权包含占有权能。取水权含有取水权人输水系统内所存储水的所有权之说，显然无法消除这一矛盾，而取水权与水所有权各自独立之说则可以完满地解释这一现象。其三，取水权的客体大多不是独立于而是融汇于水资源之中，即所谓

① David C. Hallford, Environmental Regulations as Water Rights Takings, Natural Resources and Environment (Summer, 1991).

至少某些类型的取水权的客体不特定；而水所有权的客体则是脱离于水资源的独立存在之物。取水权含有取水权人输水系统内所存储水的所有权之说在这方面会陷于自相矛盾中，而取水权与水所有权各自独立的观点则能自圆其说。其四，汲水权、引水权等类型的取水权系水所有权从国家移转到取水权人之手的转换器，属于取得水所有权之权，而水所有权则不是取得物权或与物权具有同等价值之权的权利，只是取得孳息、创造使用价值、设定债权债务之权。两权的功能如此不同，硬把它合而为一，显然不明智。其五，基于取水许可而生的取水权，其转让须办理过户登记手续，否则，转让不生效力；而水所有权的转让不需要办理登记手续。认为取水权含有取水权人输水系统内所存储水的所有权，会造成同一个权利内部包含着性质不同的两部分权利，不合民事权利的一般要求。

综上所述，取水权含有水所有权之说，混淆了性质不同的两类权利，不合理地扩张了取水权的外延，使得界定取水权困难，取水权流转麻烦，实在不足取。水资源所有权、取水权、水所有权三者各有其存在的根据、法律性质、权利内容、取得方式与功能，不得任意合并。

4. 本书作者也不赞成取水权含有经营权说，更不同意取水权是经营权的观点。因为经营权是一动态的概念，它属于取水权人利用水进行经营乃至生产的过程的权力，就取水权人自身而言，经营权描述的重点是取水权人的内部活动；就取水权人通过行政许可取得取水权来说，经营权“并没有授予你财产使用的权利”“经营权的不同在于经营所得不完全归经营者，经营者还有上交经营所得的任务”①。而取水权重在解决取水权人的用水资格问题，标示的重心在于取水权人与非权利人之间的关系，也有取水权人与取水权授予部门之间的关系，取水权在说明着下述事实：用水人使用、收益水是合法的，而非侵权行为，应受到法律的保护。由此可见，把取水权等同于经营权的观点不足取。

在民法的分析框架中，只要把取水权界定为用益物权，或再准确点，取水权为准物权，那么，使用水之权、转让取水权之权、获得利益之权等就都是取水权的内容，或者说它们属于取水权的效力范畴。所以，将取水权说成使用权、转让权、交易权等，是混淆了总体与部分之间的关系，误把取水权的效力作为了取水权本体，违反逻辑。

本书作者之所以主张以民法的思维界定取水权，是因为取水权在总体上属于民事权利，尽管它较一般民事权利具有更浓厚的公权性质。取水权是以民事权利的基本属性出现在水法当中的，水法是以这种民事权利为基础构建起属于民事法律规范体系部分，再进而建构其庞大的行政法律规范这个主干体系，同时配置有经济法、刑法等法律规范体系的。正因为取水权是水法这栋大厦的基础，所以，我们对其界定一定要准确，不然，水法的大厦可能会倾斜；正因为取水权的基本属性是民事权利，所以我们应按民法思维界定取水权，否则，会使许多水法制度走样，衔接不佳，运作起来笨拙不堪。② 就本书作者所掌握的国外的文献看，它们绝大多数都是遵循着民法思维界定取水权的。中国的一些学者也是如此。③

5. 取水权与水合同债权。

对于普通的市场主体来说，其用水根据至少有两类：一是取水权，二是水合同（water

---

① 魏耀荣：《在水权制度建设研讨会上的讲话》，载水利部政策法规司编：《水权与水市场》（资料选编之二），236页，2001。

② 崔建远：《水权转让的法律分析》，载《清华大学学报》（哲学社会科学版），第17卷第5期，2002年10月，43页。

③ 见裴丽萍：《水权制度初论》，载《中国法学》，2001（2），90～99页。

contract）及其债权。在中国，许多人认为使用水者必享有取水权。这是不区分取水权与水合同债权的典型表现。取水权属于物权，水合同债权虽是用水人使用水的权利，但它不具物权的性质及效力，仅为债权。前者具有绝对性、优先效力、对抗效力，后者则否；前者既可以基于河岸权、行政许可产生，也可以因合同获得，后者只能来源于合同。就是说，取水权的真实含义窄于其定义的字面意义，仅指具有（准）物权性质及效力的用水资格。

上述区别在理论上是十分清楚的。问题在于，在实务上如何分辨用水人享有的权利的类型？其一，要看用水人取得用水资格时是如何规定的。例如，如果用水人系基于合同而取得用水资格，那么该合同会明确规定该用水人取得的是准物权抑或债权。其二，要看水管部门在其登记簿上对取水权利是如何登记的。因取水权为准物权，并属于不动产权益，具有绝对效力，基于交易安全的要求，必须予以登记。初始分配取水权，须有初始登记；取水权转让，则有过户登记。水合同债权，因其不具有对抗第三人的效力，所以不必登记。其三，根据有关法律的规定分辨。按照《水法》第7条规定，农村集体经济组织及其成员使用集体经济组织的水塘、水库中的水，《水法》第48条第1款后段规定，家庭生活和零星散养、圈养畜禽饮用等少量取水的，《取水许可和水资源费征收管理条例》第4条规定，为农业灌溉少量用水的，用人力、畜力或其他方法少量用水的，为农业抗旱应急必须取水的，为保障矿井等地下工程施工安全和生产安全必须取水的，为防御和消除对公共安全或公共利益的危害必须取水的，若直接取自江、河、湖或地下，用水人享有的取水权利是取水权，而非水合同债权，尽管他们无取水许可证。除此而外，凡无取水许可证而合法用水的，享有的权利为水合同债权，而非取水权。家庭从自来水系统取水，所享有的用取水权在目前一律为水合同债权。一个特定的公司，它从自来水系统取水的权利属于水合同债权，它自建汲水设施从地下取水，获得水资源管理部门批准的，其所享取水的权利，则为取水权。①

本来，民法对主体依法占有、使用、收益乃至处分标的物的状态，一般要确认为物权；并区分这类状态内部的细微差异，分别赋予主体以所有权、用益物权或担保物权，呈现着支配状态——物权—物权人的对应配置现象。只有在不动产租赁权（中国法未将动产租赁排除，不妥当）与法律未来得及承认为物权等极少数情况下例外。若循此逻辑，主体依法较长时期地用水场合，他应享有取水权，方为正常。但事实上，某些主体合法用水却不享有取水权，倒不在少数。例如，处在市区并依赖市政供水系统的家庭，在中国，其用水根据并非取水权。在美国的一些州，这样的家庭，有些是基于取水权而用水，有的虽然用水却不享有取水权；诸如商场、工厂或高尔夫球场等工商业的公司亦时常不享有取水权。如何解决它们用水又不构成侵权这一问题？美国的一些州通过合同制度达到目的，即用水的家庭、商场、工厂等主体与水资源的所有者或水资源管理部门签订水合同，他（它）们凭借合同权利而用水。② 应该承认，舍去物权制度而用债权制度使主体利用物，并非水法所独有，消费借贷、土地租赁、中国的国有土地使用权的租赁等即为著例。在日本，土地所有人总是要利用其事实上强有力的地位及法律上的绝对自由，尽可能强化其支配地位，于是利用土地极少设定用

---

① 崔建远：《水权转让的法律分析》，载《清华大学学报》（哲学社会科学版），第17卷第5期，2002年10月，41页。

② KAN. STAT. ANN. ? 82a－1305（1989）.；John C. Peck & Kent Weatherby，*Condemnation of Water and Water Rights in Kansas*，University of Kansas Law Review（Summer，1994）.

益物权，大部分是设定租赁契约。① 但不容置疑的是，在水法领域，用水人不是基于取水权而是根据合同债权用水，更为突出、更加普遍。在取水权制度不发达的中国，尤其如此。探求造成这一现象的深层原因会有积极的意义。

民法将具有物权之实的权利确立为物权，赋予其物权的效力，比仅认其为债权更有利于权利人，除非法律为强化债权而为其配置了若干附加的制度。据此推论，用水人基于具有物权效力的取水权而非依靠债权用水，受法律保护的力度更强。但为什么还有那么多人选择债权作为其用水的依据？最根本的原因在于，对于取水权利的保护，国家不仅设有民法保护方法，更提供了除此而外的社会政策、社会制度、管理部门及相应的救济方法等。后者的保护效果不亚于、其实强于物权保护方法。例如，基于确保生存权的要求，家庭用水必须优先保障。为达此目的，国家已经建成或正在建设完善的设施，组成健全的管理组织，提供有效的行政、刑事的制裁手段和民事的救济方式。一旦供水不足，凡有效措施都及时采取，问题便迅速地得到解决，远比单纯依赖物权请求权有效率。在这种背景下，物权与债权之间的差别在解决用水的效果方面显现不出来，或表现得微乎其微，于是，用水人选择取水权抑或债权作为用水的正当根据，显然无关紧要。就是说，在水资源所有与水的使用领域，取水权制度以外的制度大量存在，它们并非先转化为取水权制度而后规范水的使用关系，也不是透过水法的原则、制度和规范来发挥作用，而是直接地调整着水资源所有权人、用水人、水管部门之间的相互关系并发挥着有效的作用，使得相当数量的用水人选择了用水状态——债权—用水人的配置模式。这一事例告诫我们：其一，完善取水权制度，制定物权法，我们应把视野放宽一些，注意相关法律部门之间的衔接配合，甚至扩大到所有的社会制度的协调。换言之，“综合调整”的效果不可漠视。其二，在大环境良好的前提下，应尽可能地将社会政策、立法政策具体化为水法的原则、制度和规范，尽可能地具体化为取水权制度，来规范用水关系。反之，一味地倒向依赖取水权制度以外的制度、政策直接解决用水问题，易使行政权力泛滥，使政策替代法律，弱化法治。在中国，这方面的教训是深刻的，不得不察，必须得改。其三，即使在公法色彩浓厚的水法领域，意思自治仍有发挥作用的余地，立法者不得漠视。法律应同时提供取水权与债权两类用水的法律依据，供用水人选择。用水人作为一理性人，有能力综合考虑案情、成本、便捷程度、保护强弱等各种因素，趋利避害，选择适当的正当权源。②

二、取水权的主体

市的水务公司取得取水许可，成为取水权的主体。有的单位或部门取得取水许可，获准抽取地下水，亦为取水权的主体。

在中国，目前大多为灌区取水口拥有取水许可证，其区域内的农户则无取水许可证；个别区域则为流域水管机构的下属职能单位拥有取水许可证，例如，黄河机构管理的引黄闸取得取水许可证。③ 从取水权的角度分析，就是灌区取水口享有取水权，其区域内的农户无取

① ［日］我妻荣：《债权在近代法上的优越地位》，王书江、张雷译，12 页，北京，中国大百科全书出版社，1999。

② 崔建远：《水权与民法理论及物权法典的制定》，载《法学研究》，2002（3），42 页。

③ 李吉庆、李庆伟、王霞：《试论黄河水资源管理中存在的问题及对策》，载孙广生、孙寿松、陈连军主编：《黄河水资源管理研究论文集》，42 页，郑州，黄河水利出版社，2002。

水权。至于流域水管机构的下属职能单位拥有取水许可证，则属既当运动员又做裁判员，应予改正。在这里，下述意见值得重视：应主要通过建立用水者协会，把现有灌区改造成为法人，使之成为取水权主体。它们作为灌溉供水服务机构与特许经营者向农户供水。针对个别地区的特殊情况，只要有利于水资源管理，必要时，拥有较大面积灌溉农田的农户也可以成为取水权主体。①

在非灌溉区，沿河或湖泊的农户自河流、湖泊中取水，大多适用河岸权原则，自然享有取水权；也有的适用先占用原则，获得取水许可后，享有取水权。

《取水许可和水资源费征收管理条例》规定，下列情形不需要申请领取取水许可证：农村集体经济组织及其成员使用本集体经济组织的水塘、水库中的水的；家庭生活和零星散养、圈养畜禽饮用等少量取水的；为保障矿井等地下工程施工安全和生产安全必须进行临时应急取（排）水的；为消除对公共安全或者公共利益的危害临时应急取水的；为农业抗旱和维护生态与环境必须临时应急取水的（第 4 条第 1 款）。其他情形均应申请领取取水许可证，并缴纳水资源费（第 2 条第 2 款），方可有资格取水。从取水权的角度观察，取得该项资格，就是取得取水权。

水工程、利用机械提水设施的主办者，须申请取水许可。对此，《取水许可和水资源费征收管理条例》第 23 条规定，取水工程或设施竣工后，申请人应当按照国务院水行政主管部门的规定，向取水审批机关报送取水工程或设施试运行情况等相关材料；经验收合格的，由审批机关核发取水许可证（第 1 款）。直接利用已有的取水工程或设施取水的，经审批机关审查合格，发给取水许可证（第 2 款）。

[辨析与引申]

由于自然界的相互作用及与自然环境的相互联系发生在水文循环中，水和相关土地资源的管理必须以流域为基础。② 一个流域的概念可以这样界定：由流域界限确定的水系包括地表水和地下水的一个地理区域，区域内的水流向一个共同的终点。在流域内，地表水和地下水之间，水量和水质之间，以及上游和下游之间，都存在着密切的关系。这些相互关系把流域由一个地理区域变成一个统一的体系。③ 于是，在取水权制度中，流域及其管理机构就处在重要地位。《水法》明确赋予流域管理机构重要的权限，规定它们在其所管辖的范围内行使法律、行政法规规定的和国务院水资源行政主管部门授予的水资源管理和监督职责（第 12 条第 3 款），跨省、自治区、直辖市的其他江河、湖泊的流域综合规划和区域综合规划，由有关流域管理机构会同江河、湖泊所在地的省、自治区、直辖市人民政府水资源行政主管部门和有关部门编制，分别经有关省、自治区、直辖市人民政府审查提出意见后，报国务院水资源行政主管部门审核；国务院水资源行政主管部门征求有关部门意见后，报国务院或其授权的部门批准（第 17 条第 1 款后段）。应该看到，流域及其管理机构的确定具有相对性，各流域管理机构之间需要相互配合。是人类的决定创造了自然界不存在的各集水区之间的分

---

① 刘斌：《我国水权制度探析》，清华大学法学院第二学位论文（2002 年），26 页。

② ［埃及］杰瑞米·伯考夫妇：《水与可持续发展》，载水利部政策法规司编：《水管理理论与实践》（国内外资料选编），129 页，2001。

③ ［联合国］莫斯塔特、范贝克、鲍曼、海伊、萨文尼杰、西森：《流域管理与规划》，载水利部政策法规司编：《水管理理论与实践》，96～97 页，2001。

离。当需求超过一定集水区的能力，或当流域内发展起聚落，因而从一个集水区供水而向别的集水区排放废水时，就发生了流域间的转换。在这种情况下，合适的管理单元不再按纯粹的自然意义来限定，而必须承认人类居住的空间分布。①

流域管理机构既然如此重要，应否拥有取水权？有专家学者主张，中国存在七大流域区，每个流域的管理机构都应拥有取水权，即流域取水权。② 也有专家学者设想，每个省份都应享有区域取水权。③

这种观点值得商榷，理由如下：其一，供水服务虽然可以以流域为单元，但大多是以行政区域为单元的④，如此，赋予流域管理机构取水权会给取水权管理工作带来许多麻烦。其二，赋予流域管理机构、省取水权的目的何在？如果是它们自己用水，如此设计尚可，但连设计者也无此意图，因为它们不需要如此巨大水量的取水权。如果是为了使这些主体把取水权转让给实际的用水人，那么会产生严重的后果：一是它们既当裁判员又做运动员，难以公正。把水管理与提供水服务方面的职能分别交给不同的实体，利益冲突可降至最低。⑤ 英格兰水务局（1973—1988）的解体，部分归因于下述事实，即它是所有水资源管理模式中承担经营任务最大的一个。其任务不仅包括抗洪、排涝、水库运作，而且包含供水、废水处理以及发放污水处理执照，等等。这种既是经营者又是管理者，或者说既是"看守人"又是"狩猎人"，导致了人们对它越来越失去信心。⑥ 对于这个教训，中国要引以为戒。在取水权制度中，各级政府一般不应成为取水权的主体。⑦ 二是转让合同属于民事法律行为，须遵循民法规则，因其强调平等、自愿，于是，在水资源不能满足用水人需求的区域，会不利于急需取水权但资力不足的用水人。三是难以说清水资源管理部门作为转让方何以具有管理、罚款、吊销取水许可等权限，而行政授权说则能圆满地解释这些现象。

最为合理的思路是，流域管理机构、省、市均不享有取水权，只充任水的管理者。它们获得了代为行使水资源所有权的授权，具有许可用水人使用、收益水的行政权限，理所当然地有权将取水权授予实际用水人，根本不需要通过转让取水权的方式达到这一结果。

在实务中，各级政府之间常常就水量分配等问题进行协商，有时甚至由上级政府部门主持签订特定的分水文件，例如，《黄河可供水量分配方案》，其实质是地方政府之间统一管理水资源前提下的取水权管理权限划分，属于公共事务管理行为，而非拥有及行使取水权的表现。⑧ 对此，《水法》予以确认和明确。《水法》规定，国务院发展计划主管部门和国务院水资源行政主管部门负责全国水资源的宏观调配。全国的和跨省、自治区、直辖市的水中长期

---

① ［英］朱迪·丽丝：《自然资源：分配、经济学与政策》，蔡运龙、杨友孝、秦建新等译，486页，北京，商务印书馆，2002。

② 王亚华、胡鞍钢：《我国水权制度的变迁》，载水利部政策法规司编：《水权与水市场》（资料选编之二），352～353页，2001。

③ 王亚华、胡鞍钢：《我国水权制度的变迁》，载水利部政策法规司编：《水权与水市场》（资料选编之二），353页。

④ 王亚华、胡鞍钢：《我国水权制度的变迁》，载水利部政策法规司编：《水权与水市场》（资料选编之二），352～353页。

⑤ ［埃及］杰瑞米·伯考夫妇：《水与可持续发展》，载水利部政策法规司编：《水管理理论与实践》（国内外资料选编），132页，2001。

⑥ ［联合国］G. J. 阿拉厄茨：《外部支持机构（国际捐助者）在发展合作中的作用》，载水利部政策法规司编：《水管理理论与实践》（国内外资料选编），177、175页，2001。

⑦ 刘斌：《我国水权制度探析》，清华大学法学院第二学位论文（2002年），25页。

⑧ 刘斌：《我国水权制度探析》，清华大学法学院第二学位论文（2002年），25页。

供求规划，由国务院水资源行政主管部门会同有关部门制订，经国务院发展计划主管部门审查批准后执行。地方的水中长期供求规划，由县级以上地方人民政府水资源行政主管部门会同同级有关部门依据水中长期供求规划和本地区的实际情况制订，经本级人民政府发展计划主管部门审查批准后执行。水中长期供求规划应当依据水的供求现状、国民经济和社会发展规划、流域规划、区域规划，按照水资源供需协调、综合平衡、保护生态、厉行节约、合理开源的原则制定（第 44 条）。调蓄径流和分配水量，应当依据流域规划和水中长期供求规划，以流域为单元制订水量分配预案。跨省、自治区、直辖市的水量分配方案和旱情紧急情况下的水量调度方案，由流域管理机构商有关省、自治区、直辖市人民政府制订，报国务院或其授权的部门批准后执行。其他跨行政区的水量分配方案和旱情紧急情况下的水量调度预案，由共同的上一级人民政府水资源行政主管部门商有关地方人民政府制订，报人民政府批准后执行。水量分配方案和旱情紧急情况下的水量调度预案经批准后，有关地方人民政府必须执行。在不同行政区域之间的边界河流上建设水资源开发、利用项目，应当符合该流域经批准的水量分配方案，由有关县级以上地方人民政府报共同上一级人民政府水资源行政主管部门或有关流域管理机构批准（第 45 条）。县级以上地方人民政府水资源行政主管部门或流域管理机构应当根据批准的水量分配方案和年度预测来水量，制订年度水量分配方案和调度计划，实施水量统一调度；有关地方人民政府必须服从（第 46 条第 1 款）。从上述规定看出，流域管理机构也好，各级人民政府的水资源行政主管部门也罢，都是在依其权限分配水量，而非在转让取水权。

环境及生态取水权虽然涉及公共利益，为避免出现政府既管水又用水，酿成不公正的结果，其主体亦不应是政府，可通过授权成立特定的法人充任取水权人。①

三、取水权的设立

所谓取水权的设立，也是取水权的初始配置，是指水资源所有权的主体或其管理者分离水资源所有权的部分权能给用水人，使其取得取水权。

按照理想的模式，中国未来的水法应该承认取水权设立的三种方式：一是土地的所有权人或使用权人基于其地权直接取得取水权，无须任何行政程序。《水法》第 48 条第 1 款规定的为家庭生活和零星散养、圈养畜禽饮用等少量取水而获得取水权，属于这种方式。二是基于行政许可而取得取水权。《水法》以及《取水许可和水资源费征收管理条例》《取水许可管理办法》规定的取水许可制度，在引入取水权概念的情况下，便属此类方式。三是基于取得时效而取得取水权。如果中国未来的民法典承认了取得时效，那么当用水人公然地、平和地、持续地用水达到法定期间时，可以自动地取得取水权。

按照《取水许可和水资源费征收管理条例》《取水许可管理办法》规定，取水权取得的具体程序包括申请、受理、审查、决定。按照行政许可法的设计，必要时还可以举行听证会。

四、取水权的优先权

因为优先权是取水权的两大要素之一，在取水权制度中处于非常重要的地位，故单提出

---

① 刘斌：《我国水权制度探析》，清华大学法学院第二学位论文（2002 年），26 页。

来专门讨论。剖析取水权制度中的优先权，会发现它有三个功能：一是决定取水权是否产生，在某些情况下（如依河岸权原则）甚至是排他地确定取水权的取得；二是确定数个取水权之间的先后顺序，协调取水权人之间的利益冲突；三是确定取水权优先于其他权利。称前者为取水权的产生依据，称后两者为取水权的优先位序，更为准确。为方便起见，同时照顾到用法习惯，本书在不同的场合使用相应的称谓。

因确定标准不同，取水权所处的场合不同，确定优先权的原则及规则便呈现出差异，以下分门别类予以介绍，并尽可能地作出评论。

1. 以地表水为客体场合，确定取水权取得的优先权类型。

（1）河岸权原则（riparian principles）。准确地说，河岸权原则应该叫作依河岸地所有权或使用权确定取水权归属的原则。它指取水权附属于相邻于水的土地[①]，换言之，土地所有权人对与其土地相毗邻的河流当然地享有取水权。其性质有四：其一，它适用于河流与土地毗邻场合取得取水权。依该原则取得取水权，仅需要存在着河流的天然径流、土地所有人对毗邻的河岸享有所有权两项条件，至于当时该河流中是否蓄存着水，水量大或小，则在所不问。其二，依该原则取得取水权系当然的与自动的，无须经人为的程序来授予。其三，依该原则取得的取水权具有永续性，同权利人利用水资源与否无关。该取水权既不会因权利人不利用水资源而丧失，也不会因利用的时间先后而产生优先权。[②] 其四，此类取水权受制于其他河岸所有人同样的合理使用的平等权利。[③]

［辨析］

河岸权原则同中国法上的相邻用水排水权类似，但两者具有本质的不同：其一，相邻用水排水权，是不动产权利人用水排水，牺牲毗邻不动产的权利人的利益的法律根据，反映的是这种利益彼增此消的关系，其主体是相互毗邻不动产的所有权人或使用权人，水资源所有权人及其利益不在其中。河岸权原则解决的恰恰是不动产权利人从水资源所有权人处取得用水的权源问题，有时是不动产权利人从其他取水权人处获得取水权的问题，总之不是相邻不动产权利人之间的问题。其二，在无偿用水的时代，或在土地与水相结合同为土地所有权客体的制度中，不动产权利人即使无取水权也可基于相邻用水排水权而自然享有用水的权利，一些国家或地区的民法确实是如此规定的，中国民法的通说也是这样主张的。但这确实是无故地牺牲了水资源所有权人的利益，是不当的利益分配；也同水法的原则相冲突，容易使人产生相邻用水权中当然含有取水权的错觉。在水资源所有权独立于土地所有权并归国家享有，又实行有偿用水制度的背景下，必须修正上述规定及其学说，确立下述规则：相邻用水排水权中无取水权这一成分，亦非确定取水权取得的基准；而河岸权原则恰恰是取得取水权的依据。《水法》第 20 条关于“开发、利用水资源，应当坚持兴利与除害相结合，兼顾上下游、左右岸和有关地区之间的利益，充分发挥水资源的综合效益”的规定，可以解释为取水权行使时存在着相邻关系，是取水权与相邻权并存，而非相邻权取代取水权。其三，在建筑

---

① David H. Getches，Water Law in a Nutshell，77（2d. 1990）.

② John R. Teerink & Masahiro Nakashima：《美国　日本　水权　水价　水分配》，刘斌、高建恩、王仰仁译，王志民审阅，32～33 页，天津，天津科学技术出版社，2000。

③ Bannister，Interstate Rights in Interstate Streams in the Arid West，Harv. L. R.，Vol. 36，p. 960. 转引自［美］本杰明·内森·卡多佐：《法律的生长》，刘培峰、刘骁军译，冯克利校，65 页，贵阳，贵州人民出版社，2003。

物排水场合，相邻用水排水权与河岸权原则不搭界。在与河流毗邻的土地需用水排水场合，若无取水权存在，亦不会有相邻用水排水权，只有在已取得了取水权之后，才会产生上下游的土地所有权人或使用权人之间在用水排水方面存在的问题，才会有相邻用水排水权的运用。其四，河岸权原则解决的是，取水权从无到有的问题；相邻用水排水权解决的是，有了取水权以后，取水权运用过程中发生的利益冲突问题。

（2）先占用原则（prior appropriation principles）。它是指按占用水资源的时间先后来确定取水权的取得以及取水权之间的优先位序的原则。有人将它表述为，先占用水资源者，优先取得取水权，或其取水权居于优先位序（first in time，first in right）。其产生和存在的必要性首先表现在，非毗邻水资源的土地同样需要用水，可是按河岸权原则却达不到目的，而依据先占用原则就能如愿以偿。它包括三项基本规则：其一，水的利用仅可以是直接的、实际的和有益的。其二，首次有益用水者相对于其后的用水者取得优先权（paramountright）。其三，该权为继续的权利（continuedright），以继续而有益地用水而非浪费为存续条件。[①] 其中，第一项规则包含着对取水权的三项限制：首先，取水权是用益权，仅仅在于用水。其次，由有益用水决定的水量确定着取水权的范围[②]，取水权人不享有超出其实际有益用水量的权利。再次，起初将有益用水的类型限制为，矿业用水、灌溉用水和畜牧用水。[③] 法院与立法机构将有益用水的类型扩张到娱乐用水、环境用水和回流河道用水。[④] 第二项规则赋予了首先的或最早的有益用水者处于优先位序的取水权。该权整体地优先于随后的用水人的取水权。该取水权的优先日期溯及至用水人首次引取水的时间。[⑤] 其例外有，当居民申请家庭用水时，水资源管理部门可以不顾时间的先后而承认他优先于其他申请者。一旦该申请被批准，水资源管理部门签发取水权许可，那么该取水权便处于优先位序。[⑥] 第三项规则要求取水权人继续用水以保持其取水权。只要有益用水在继续，取水权便存续[⑦]；不用水或浪费地用水便导致取水权丧失。[⑧] 该规则使停止有益用水的取水权人无权阻止后位序的取水权人有益用水，也就是说，该规则使因纯粹猜想的目的而不行使取水权者不能继续享有取水权。[⑨]

［引申］

1. 先占用原则与河岸权原则的不同十分明显：其一，它不以水资源毗邻土地为取得的

---

① Krista Koehl，Partial Forfeiture of Water Rights：Oregon Compromises Traditional Principles to Achieve Flexibility，28 Envtl. L. 1140－41（1998）.

② 1Wells A. Hutchins，Water Rights Laws in the Ninetine Western States，440（1971）.

③ Charles F. Wilkinson，Crossing the Next Meridian：Land，Water，and the Future of the West，234（1992）.

④ Steven J. Shupe，Water in Western Water Law：A Blueprint for Change，61 Or. L. Rev. 483，488（1982）.

⑤ National Water Commn，A Summary-Digest of State Water Laws 5（Richard L. Dewsnup & Dallin W. Jensen eds.，1973）.

⑥ John R. Teerink and Masahiro Nakashima：《美国　日本　水权　水价　水分配》，刘斌、高建恩、王仰仁译，王志民审阅，50页。

⑦ Janet C. Neuman，Beneficial Use，Waste，and Forfeiture：The Inefficient Search for Efficiency in Western Water Use，28 Envtl. L.，920（1998）.

⑧ David H. Getches，Water Law in a Nutshell，76（2d ed. 1990）.

⑨ Darryl V. Wareham，Washingt on Water Rights Based on Actual Use or on Delivery System Capacity? Department of Ecology v. Theodoratus，Seattle University Law Review（Summer 2000）.

条件。其二，时间因素是取水权取得以及优先位序的决定性因素。其三，就毗邻土地的特定水域而言，河岸权原则暗含着排他性，土地所有人或使用权人享有了该水域的取水权，他人就不能再享有该水域的取水权，于此场合，本不具有排他性的取水权因以河岸权为基础反倒呈现出排他性。先占用原则无此功能，正因如此，先占用原则具有确定取水权的优先位序的功能。应予指出，因河岸权而取得的取水权暗含的排他性，仅在法律只承认河岸权原则而否定先占用原则的背景下存在，在这两个原则并立的情况下，便极其弱化乃至消失。其四，依河岸权原则取得取水权，不以实际用水为要件；而基于先占用原则取得取水权，必须具备实际有益用水这一条件。其五，除美国西部早期基于先占用即获取水权的习惯不需登记以外，现行法要求，依先占用原则而取得取水权均须登记，获得取水权许可，否则，难于确定哪一取水权优先及其位序，也无公示标志。基于同样道理，加上用水管理的需要，《水法》规定原则上实行取水许可制度，例外不多（第 48 条第 1 款）。与此相反，河岸本身即为公示标志，基于河岸权而取得的取水权自身既昭示着取水权的存在，又确定着取水权的位序。故即使基于河岸权原则取得的取水权不为登记，只要土地的所有权或者使用权予以登记，取水权问题便随之获得解决。当然，按照《取水许可和水资源费征收管理条例》规定，大量的灌溉用水、工业用水，即使其用水人拥有河岸权，他取得取水权也需要办理登记手续，获得取水许可证（第 2 条第 2 款）。尽管如此，不予登记的取水权总是存在的。① 如果这一观点是正确的话，那么，所谓“取水权的取得必须进行登记”② 的观点就至少是犯了绝对化的错误。

2. 在这里，一个回避不了的问题是，中国法是仅确立先占用原则（当然，应与取水许可制度相统一），还是同时承认两个原则？对此问题可有两个思路加以解决：一是避开麻烦之路，仅承认先占用原则，河岸权仅是授予取水权时优先考虑的一个因素；二是承认两个原则并立，但须确立优先位序规则，以解决取水权之间的效力冲突问题。前者解决问题简单，但在中国采用则属无视几十年间形成的习惯，产生新的纠纷，可能得不偿失。采纳第二个思路则必须先确立取水权之间的优先位序规则。本书作者赞成后一方案，优先位序规则在下文讨论。

应该指出，《水法》及《取水许可和水资源费征收管理条例》《取水许可管理办法》规定的非基于取水许可证而获得的取水权，同基于河岸权原则取得的取水权并不完全对应；《水法》和《取水许可和水资源费征收管理条例》《取水许可管理办法》规定的基于取水许可证而获得的取水权，同基于先占用原则取得的取水权也不完全吻合。具体些说，基于取水许可证而获得的取水权，既有远离河岸地的用水人取得的取水权，也有河岸地的所有权人、土地承包经营权人取得的取水权。不需要取水许可证而获得的取水权，有的归河岸地的所有权人、土地承包经营权人享有，有的则归远离河岸地的用水人享有。如何处理这些问题？在目前，一方面继续坚持《取水许可和水资源费征收管理条例》《取水许可管理办法》规定的取水权取得制度，另一方面，对不符合《取水许可和水资源费征收管理条例》第 4 条规定的用水，若属于河岸地的权利人用水，就承认他们已经基于河岸权原则取得了取水权；若属于远离河岸地的权利人用水，又符合取得取水许可证的条件者，就尽快给他们补办取水许可证，反之，则认定他们用水为非法，责令他们停止用水。在未来，一律严格按照《取水许可和水

① 崔建远：《水权与民法理论及物权法典的制定》，载《法学研究》，2002（3），52～53 页。

② 裴丽萍：《水权制度初论》，载《中国法学》，2001（2），90～99 页。

资源费征收管理条例》《取水许可管理办法》规定的条件与程序办理，但河岸地的权利人具有优先权。

2. 以地下水为客体场合，确定取水权取得的优先权规则。

地下水大致分为地面入渗水和地下径流。后者是指流动于一条“确定、已知、可探查”的地下水道中的水流。当地表河流入渗并在该河床下继续流动时，以地下径流论。根据《水法》第48条第1款的规定，可推知：宅基地使用权人有权不经审批程序而径直抽取其宅基地下之水来满足其生活需要。与此不同，土地所有权人须经水资源主管部门审批并签发取水许可方有权抽取、使用其地下之水，土地承包经营权人亦应如此，建设用地使用权人须经批准方有权抽取、使用其地下之水。水资源行政主管部门审核、批准取水许可，应按申请时间的先后确定取水权的取得以及位序。就此说来，中国法实行的是先占用原则。

中国以往鲜有取水权人抽取、使用异地的地下水的现象，所以基于先占用原则取得异地地下水的取水权尚不多见。就是说，在地下水的取水权取得方面，先占用原则的适用范围较窄。随着市场经济的发展，若取水权人抽取、使用异地的地下水的需要增强，事例增多，那么先占用原则的适用范围会拓宽。

3. 在以地表水为客体的情况下，数个取水权并存于同一水资源场合，确定取水权的优先位序（优先权）的规则。

《水法》第21条确立了如下位序表：家庭用水、农业用水（灌溉用水）、工业用水、生态环境用水以及航运用水等。其中关于“在干旱和半干旱地区开发、利用水资源，应当充分考虑生态环境用水需要”的规定，意味着环境取水权的地位更高。这可谓是巨大的进步。

4. 在以地下水为客体的情况下，数个取水权并存于同一水资源场合，确定取水权的优先位序（优先权）的规则。

适用先占用原则取得地下水的取水权，同样会产生数个取水权的效力冲突问题，解决的规则基本上按地表水的取水权取得的时间顺序确定位序①，但也有特殊之处，即土地所有权人对其土地下之水享有的取水权绝对优先于从该地下抽取水并向异地输送的取水权。② 这实际上否定了依用水目的确定取水权位序的规则，带有绝对所有权原则的影子。对于中国法来说，在吸收该规则时应设有例外，方案可有二：一是依用水目的确定取水权的位序，二是通过征用的方式满足非土地权利人的取水权需要。

五、取水权的转让

1. 取水权转让概述

所谓取水权转让，是指基于一定的事由，取水权脱离取水权人而归他人享有的现象。此处所谓事由，大量的应是取水权转让合同。中国舆论呼唤的取水权转让，所指即为基于转让合同而发生的取水权转让。

承认取水权的转让具有重要意义。因为在法律规定水资源归国家所有，又实行市场经济体制的背景下，面对水资源短缺的局面，解决市场主体的用水问题，有效益的途径是配置给

---

① Department of Ecology v. Theodoratus，135 Wash. 2d 582，590，957 P. 2d 1241，1245，1246 (1998).

② John R. Teerink and Masahiro Nakashima：《美国　日本　水权　水价　水分配》，刘斌、高建恩、王仰仁译，王志民审阅，37页。

市场主体取水权，或使其获得水合同债权，并根据每个市场主体对水需求的数量变化，允许通过市场主体协商而非行政强制使取水权或水合同债权移转。其中，取水权在不同市场主体之间的移转就是取水权的转让。

在这里，需要辨明取水权转让和取水权转让合同的区别与联系。取水权转让，是指取水权自其主体处移转到受让人之手的过程，是取水权变动的一种形态，在不承认物权行为制度及理论的法制下，它属于事实行为。同时，取水权转让也是一种结果，即取水权归属于受让人的现象。而取水权转让合同则为引起取水权转让的一种法律事实，并且，因其以当事人的意思表示为要素，故它属于一种法律行为；因其在转让人和受让人之间产生了许多债权债务，故它属于债权行为。当然，在不区分物权行为和债权行为的中国现行法上，可径称为法律行为，免得产生误会。

2. 取水权转让与水合同债权转让

取水权与水合同债权都可能转让，但各有特色，不得混淆。其一，取水权转让，系取水权的运动。若以转让合同作为引起取水权转让的法律事实，那么，该合同的标的物是取水权，它以取水权的存在为必要前提。在取水权属于他人的情况下，如果受让人知道或应当知道此情，则取水权转让合同的效力待定（准用《合同法》第132条第1款，适用第51条），但若依据法释［2009］5号第15条关于“出卖人就同一标的物订立多重买卖合同，合同均不具有合同法第五十二条规定的无效情形，买受人因不能按照合同约定取得标的物所有权，请求追究出卖人违约责任的，人民法院应予支持”的规定，取水权转让合同仍然有效；如果受让人不知此情且无重大过失，则取水权转让合同有效，转让人承担权利瑕疵担保责任（准用《合同法》第150条）。在根本无取水权，且在转让合同签订时便已如此的场合，取水权转让合同无效（准用《合同法》第132条及其解释。在《德国民法典》旧债法上，只有在客观不能转让取水权场合，转让合同才无效；在主观不能转让取水权场合，转让合同照样有效），转让人有过失时承担缔约过失责任。如果取水权在转让合同订立时存在，但于转让合同成立后化为乌有，那么，构成嗣后不能，转让人对此有过失时承担违约责任（准用《合同法》第107条等）。而水合同债权转让，系债权的移转，若由让与合同引起的话，那么，该合同的标的物是债权，它不以取水权的存在为前提，只要转让人具有水合同债权就足够了。在实务中，转让人可能享有取水权，也可能不拥有取水权，只具有水合同债权。在水合同债权属于他人场合，如果受让人不知此情且无重大过失，水合同债权让与合同有效，转让人承担权利瑕疵担保责任；如果受让人知道或应当知道所转让的债权属于他人，则债权让与合同的效力待定（适用《合同法》第51条），但若依据法释［2009］5号第15条的规定，合同的效力不因此而受影响。在根本无水合同债权，在债权让与合同订立时已经如此的情况下，债权让与合同无效（适用《合同法》第132条及其解释）；在债权让与合同订立时存在着水合同债权，但水合同债权在其后来消失了，构成嗣后不能，形成违约行为，由对此具有过失的转让人承担违约责任（准用《合同法》第107条等）。其二，因取水权为准物权，并属于不动产权益，具有绝对效力，基于交易安全的要求，取水权转让以到水资源主管部门办理完过户登记手续为生效条件，但不应该是取水权转让合同的生效要件，取水权转让合同自转让人和受让人协商一致时成立。初始分配取水权，须有初始登记；取水权转让，则有过户登记。而水合同债权转让属于债权让与，因债权无公示方法，于是该转让也就不强求公示。至于水合同债权转让合同，按照《合同法》的规定，自转让人与受让人在转让合同上签字盖章时起生效；对于债务人而言，他得到转让通知为其受该转让约束的条件（第80条），登记至多为对抗要件。其三，取水权转让分为全部转让与部分转让。前者场合，原取水权人丧失取水权，其取水许可证应被注销，受让人取得取水权，应办妥取水权过户登记手续，取得取水许可证；后者场合，转让人与受让人均享有取水权，转让人的取水许可证所载用水量应减少，受让人需新取得取水许可证。与此不同，在水合同债权转让的情况下，转让人若为取水权人，那么，他不因该转让行为而失去取水权，其取水许可证上所载用水量不发生变化；转让人若只是水合同债权人，而不享有取水权，那么在全部转让场合，他自转让生效之时脱离原水合同关系，受让人成为新的水合同债权人，在部分转让场合，他不脱离水合同关系，与受让人一起成为水合同债权人。无论如何，受让人都不会因此转让行为而获得取水权。①

3. 取水权转让与水的买卖

在水表现为装在瓶或桶中的矿泉水、纯净水的情况下，这种瓶装或桶装的矿泉水、纯净水的买卖不同于取水权转让，恐怕无人持有异议。但在水存蓄于水库、池塘乃至河流、湖泊中或地下的情况下，此类水的买卖就容易被误认为取水权的转让。例如，许多专家学者认为，浙江省的东阳市与义乌市于2000年11月24日签订的有偿转让横锦水库部分用取水权的协议，转让了取水权。② 对此，本书作者持有异议。由于东阳市当时并不享有取水权，所以它不可能进行取水权的转让；因东阳市更不拥有水资源所有权，所以更不是水资源所有权的转让。在该案型，就只剩下水的买卖。该买卖合同的履行，即特定量之水的交付，构成水所有权的转让。它作为水的买卖合同履行的结果，是水所有权从转让人移转到受让人之手，是水所有权的运动，而不是取水权或水合同债权的转让。那么，能否如有些专家学者所言，这是用水权或曰水资源使用权的转让？③ 回答是否定的，因为用水权就是取水权的一种④，用水权转让说仍然属于取水权转让说，不符合事实。至于水资源使用权，它要么属于取水权的一种，要么属于水资源所有权的一项权能。按取水权看待这一现象的不足，上文已述。若采纳水资源所有权的权能说，因东阳市不是水资源所有权人，又未得到授权，故它无权转让。何况在不形成他物权或租赁权等债权的情况下，单独转让所有权的一项权能在法律上不可思议。

在水的买卖合同场合，出卖人可能是取水权人，也可能是水合同债权人，不论他居于何种身份，都不丧失用水根据，他所丧失的，是属于其财产的水体及其所有权。与此不同，取水权转让，不是水体及其所有权的转让，因为此时取水权人尚不享有水的所有权，作为取水权客体的水并未从水资源中分离出来，归取水权人所有，而是仍与水资源融为一体，归国家

---

① 崔建远：《水权转让的法律分析》，载《清华大学学报》，2002（5），41页。

② 刘文、黄秋红、王春元：《关于浙江“东阳—义乌”水权转让的调研报告》，载水利部政策法规司编：《水权与水市场》（资料选编之一），136～148页，2001；王磊：《两亿元买清水》，载《人民日报》（华东版），2001-02-20；零河：《用市场优化配置水资源》，载《人民日报》，2001-03-07；胡鞍钢、王亚华：《转型期水资源的优化配置》，载水利部政策法规司编：《水权与水市场》（资料选编之二），91～97页，2001。

③ 浙江省水利厅：《关于东阳市向义乌市转让横锦水库部分用水权的调查报告》，载水利部政策法规司编：《水权与水市场》（资料选编之二），127～135页，2001；胡鞍钢、王亚华：《转型期水资源的优化配置》，载水利部政策法规司编：《水权与水市场》（资料选编之二），91～97页，2001。

④ 详见崔建远：《水权与民法理论及物权法典的制定》，载《法学研究》，2002（3），39页。

所有。一旦水从水资源中分离出来，进入到取水权人的输水系统或储水系统中，该水就不再是取水权的客体，而是水所有权的客体。这种水所有权的移转，便是水的买卖，而非取水权的转让。正因如此，所谓“这里所说的取水权交易，不是指黄河水资源的所有权和使用权，而是指已经取得黄河水资源使用权的用水主体所分配到的配水量权”[①]，就是混淆了取水权转让与水的买卖之间的区别。[②]

第四节　渔业权

一、渔业权的概念

渔业权是个集合概念，指自然人、法人或其他组织依照法律规定，在一定水域从事养殖或捕捞水生动植物的权利，或游客在一定水域从事渔业娱乐的权利。其中，自然人、法人或其他组织依照法律规定，在一定水域从事养殖水生动植物的权利，叫作养殖权。自然人、法人或其他组织依照法律规定，在一定水域从事捕捞水生动物的权利，称为捕捞权。游客在一定水域从事渔业娱乐的权利，叫作娱乐渔业权。

2004 年 8 月 28 日，第十届全国人民代表大会常务委员会第十一次会议修改通过的《渔业法》明确规定了养殖业（第二章）及养殖证（第 11 条、第 12 条等）、捕捞业（第三章）及捕捞许可证（第 23～25 条），《渔业法实施细则》还规定了定置渔业（第 23 条）和娱乐性游钓（第 18 条），未出现渔业权以及养殖权或捕捞权的字样。《物权法》第 123 条采用的表述是“使用水域、滩涂从事养殖、捕捞的权利”，实质上即为养殖权、捕捞权。

［知识］

在世界的范围内，渔业权（fishing rights）有不同的表现形式。在新西兰、冰岛、澳大利亚、加拿大等国家，渔业权表现为渔民从行政主管机关获得的捕捞配额，尤其是新西兰和冰岛两国实施了完全的个体可转让配额制度（individual transferable quotas，ITQ，ITQs）[③]，阿拉斯加也采纳了个体可转让配额制度[④]，有的国家实施的是可转让的捕捞配额（IFQs），有的国家运用的是可转让的渔船配额（IVQs）[⑤]，挪威实施的是个体可转让的入渔权制度（entry rights）。[⑥] 与此不同，在日本、韩国以及中国台湾地区，渔业权以另外的形式存在。中国大陆的渔业权基本上属于后一种模式，但有些特色。

个体可转让配额关涉的因素有：（1）渔业行政管理机构依据渔区内各鱼种的适当生产

① 常云昆：《黄河断流与黄河水权制度研究》，125 页，北京，中国社会科学出版社，2001。

② 崔建远：《水权转让的法律分析》，载《清华大学学报》，2002（5），41～42 页。

③ ［冰岛］Ragnar Arnason：《财产权利——一种经济组织方法》，刘新山译，载农业部渔业局编：《国外渔业权制度研究资料》（一），39 页，2003。

④ ［加拿大］A. Scott：《渔业管理中的财产权》，黄硕琳等译，载农业部渔业局编：《国外渔业权制度研究资料》（一），14 页。

⑤ ［澳］R. Connor：《个体可转让配额是财产权吗？——定义、学科和分析语段》，刘新山译，载农业部渔业局编：《国外渔业权制度研究资料》（一），136 页。

⑥ ［挪威］J. H. Williams and S. Hammer：《挪威渔业：使未加管理的公共渔业资源向配额、禁渔和产业使用权制度过渡》，黄硕琳等译，载农业部渔业局编：《国外渔业权制度研究资料》（一），112 页。

量，决定其总可捕捞量（TAC）。该总可捕量称为总配额。[①]（2）渔业行政管理机构依据一定标准，将总配额分配给渔业经营者，使之拥有某一特定渔业、鱼种和渔区中一定比例的可捕捞量。（3）渔业经营者欲取得该配额，必须向渔业行政主管机关申请，经批准取得该配额，持有背注的捕捞执照，有权在配额范围内从事捕捞活动。（4）执照和配额有时是独立的，并且配额可以被分割。[②]（5）配额持有人有权将该配额出卖、出租，也可以采取其他转让方式，故称为“个体可转让配额”[③]。个体可转让配额具有这种让与性，使效益好的渔业经营者具有了从效益差的配额持有人处购买个体可转让配额的选择权，有助于退出渔业和减少过度投资。[④]

个体可转让配额具有以下性质：（1）专属性（exclusivity），只有配额持有人才有权捕捞该配额范围内的鱼种。（2）持续性（duration），个体可转让配额的存续期间大多是长期的。[⑤]（3）让与性（transferability），该配额持有人可以通过买卖、租赁等方式自由转让该配额。这使配额持有人对渔获量或渔藏量享有利益，配额成为一种私有财产权。[⑥]（4）个体可转让配额是渔业经营者捕鱼的权利，而不是鱼类自身。

与此有所不同，日本等国家和地区的渔业权呈现出另外的面貌，兹简介如下：

日本于2004年6月9日修正完成的《渔业法》（法律第84号）[⑦] 分别规定了渔业权（第6条等）和入渔权（第7条等），组成了广义的渔业权。其中，日本《渔业法》第6条等规定的渔业权，为狭义的渔业权，入渔权不在其中。此处所谓狭义的渔业权，分为定置渔业权、区划渔业权与共同渔业权（第6条第2项等）。

所谓定置渔业权，指经营定置渔业的权利（第6条第2项）。所谓定置渔业，指如下经营定置渔具的渔业：身网设置场所最深部在最高潮时需在水深27米（冲绳县为15米）以上。但在濑户内海（第109条第2项规定的海面）的楪网渔业与陆粤湾（青森县烧山崎至同县明神崎灯台的直线与陆岸所包围的海面）的落网渔业与楪网渔业，不在此限（第6条第3项第1款）。北海道的主要渔获物为鲑鱼（第6条第3项第2款）。

所谓区划渔业权，指经营区划渔业的权利（第6条第2项）。区划渔业包括三种渔业。第一种区划渔业，指在一定区域内经营敷设石瓦、竹、木等的渔业（第6条第4项第1款）。第二种区划渔业，指在土、石、竹、木等围成的一定区域内经营养殖业（第6条第4项第2款）。第三种区划渔业，指在一定区域内经营除前两种以外的养殖业（第6条第4项第3款）。

---

① R. Q. Grafton，Individual Transferable Quotas and the Groundfish Fisheries of Atlantic Canada，Minister of Supply and services Canada (1993). 转引自陈俊佑：《我国专用渔业权管理制度之研究》，台湾海洋大学海洋法律研究所硕士学位论文（1994），106页。陈俊佑先生在文章及文章题目中提及的“我国”，是专指“中国台湾地区”。为了方便读者查询以及对陈俊佑先生的尊重，本书作者未作任何修改，特此说明。——作者注

② ［澳］R. Connor：《个体可转让配额是财产权吗——定义、学科和分析语段》，刘新山译，载农业部渔业局编：《国外渔业权制度研究资料》（一），140页。

③ 何世全：《公害对渔业权造成侵害之民事救济》，台湾海洋大学海洋法律研究所硕士学位论文（1991），64页。

④ ［新西兰］M. Harte and R. Bess：《财产权在新西兰海洋水产养殖业发展中的作用》，刘新山译，载农业部渔业局编：《国外渔业权制度研究资料》（一），182页。

⑤ 何世全：《公害对渔业权造成侵害之民事救济》，台湾海洋大学海洋法律研究所硕士学位论文（1991），64页。

⑥ 何世全：《公害对渔业权造成侵害之民事救济》，台湾海洋大学海洋法律研究所硕士学位论文（1991），65页。

⑦ 本书所援引的日本《渔业法》（法律第84号），系由台湾海洋大学环境与渔业科学系的欧庆贤教授及王启铭、林志勋、庐坤宏、邹立群、李如杰诸专家学者所翻译的文本。

所谓共同渔业权，指经营共同渔业的权利（第6条第2项）。所谓共同渔业，指下列五种共同利用一定水面而经营的渔业。第一种共同渔业，指以藻类、贝类或农林水产大臣所指定的定着性水产动物为对象的渔业（第6条第5项第1款）。第二种共同渔业，指敷设不会移动的网具（含筑矶、设栅类），经营定置渔业和本条项第5款所规定以外的渔业（第6条第5项第2款）。第三种共同渔业，指拖网渔业、拖船网渔业、饲付渔业（撒饵钓鱼业）或筑矶渔业等本条项第5款所规定以外的渔业。其中的拖船网渔业，不包括使用1950年《渔船法》第2条第2项规定的动力渔船从事作业的渔业。筑矶渔业不包括本条项第1款所规定的渔业，也不包含利用渔礁所从事的钓鱼业（第6条第5项第3款）。第四种共同渔业，指寄鱼渔业（在特定自然与渔场所从事的钓鱼业）或鸟付拖钓渔业（以鸟付鱼群为对象的钓鱼业）等次款所规定以外的渔业（第6条第5项第4款）。第五种共同渔业，指在内水水面（农林水产大臣指定的湖沼除外）或农林水产大臣所指定的湖沼经营本条项第1款所规定以外的渔业（第6条第5项第5款）。

所谓入渔权，指根据设定行为，在他人的共同渔业权或立杆养殖业、藻类养殖业、珍珠母贝养殖业、网箱养殖业（使用网箱及其他鱼塭，从事水产动物的养殖业）、牡蛎养殖业或第三种区划渔业的贝类养殖业为主的区划渔业权（特定区划渔业权）所称的渔场内，经营该渔业权的全部或部分的权利（第7条）。渔会的会员（限于渔业人或渔业从业人）符合该渔会或以渔会为会员的渔会联合会所拥有的各特定区划渔业权、共同渔业权或各入渔权行使规则规定的资格的，有经营该渔会或渔会联合会所拥有的特定区划渔业权或共同渔业权或入渔权范围内的渔业的权利（第8条第1项）。此处所谓渔业权行使规则或入渔权行使规则，除关于有经营同项规定的渔业权利者资格的事项外，有关该渔业权或入渔权的渔业，需规定应经营渔业的区域和期间、渔业方法及其他有经营该渔业权利者在经营该渔业时应遵守的事项（第8条第2项）。

应当注意，在日本渔业法上，取得农林水产大臣或都道府县知事许可经营的“许可渔业”，无须这种许可的“自由渔业”，虽然不是渔业权，但是属于渔业法上未规定的“其他渔业有关之权利”。这两种渔业“成熟到视为权利”时，就相当于“渔业权等”[1]。取得指定渔业许可时，可取得一种营业权的财产的地位，原本不是实定法上的权利，但是由许可受限以及许可渔业会产生超额利润来看，此种地位事实上可作为一种财产权处理，实际交易时称为“渔权”[2]。即使是遵循“选择职业自由”和“公共用物”可自由使用海的原则而存在的“自由渔业”，只要渔民常年靠其谋生就“拥有权利”或“经营该渔业的地位受到法律的保护”，尽管这些“权利”并非“渔业法上规定的渔业权”，而是“广义的渔业权”[3]。

在中国台湾地区，狭义的渔业权，包括定置渔业权、区划渔业权和专用渔业权。广义的

---

① 欧庆贤主持：《日本渔业法制（规）与我国渔业法制（规）之比较研究（含渔业权渔业及渔船管理实务与建议）》，台湾海洋大学环境生物与渔业科学系，50页，2005。欧庆贤先生在文章及文章题目中提及的“我国渔业法制（规）”，是专指“中国台湾地区的”。为了方便读者查询以及对欧庆贤先生的尊重，本书作者未作任何修改，特此说明。——作者注

② 欧庆贤主持：《日本渔业法制（规）与我国渔业法制（规）之比较研究（含渔业权渔业及渔船管理实务与建议）》，台湾海洋大学环境生物与渔业科学系，96～97页，2005。

③ 农业部渔业局编：《台湾渔业权与渔业立法研究》，94页，2001。

渔业权，除了含有狭义的渔业权以外，还包括特定渔业权和入渔权[①]、娱乐渔业经营权。[②]所谓定置渔业权，系指在一定水域，筑矶、设栅或设置渔具，以经营采捕水产动物之权。所谓区划渔业权，系指区划一定水域，以经营养殖水产动植物之权。所谓专用渔业权，相当于日本法上的共同渔业权，系指利用一定水域，形成渔场，供入渔权人入渔，以经营采捕水产动植物的渔业、养殖水产动植物的渔业、以固定渔具在水深25米以内采捕水产动物的渔业之权（第15条）。所谓入渔权，系指在专用渔业权的范围内经营渔业的权利（第16条）。所谓娱乐渔业，是通过提供渔船供游客休闲、垂钓，收取佣金或获得报酬，从而获得利益，而非直接以取得渔获物或其交换价值来营利。[③]享有从事娱乐渔业的权利可被称为娱乐渔业权。

二、渔业权的性质

1. 渔业权是财产权

渔业权目的之利益为经济利益，因此，渔业权是一种财产权。[④]渔业权是以水产动植物捕捞或养殖的经济事业为其权利内容的，其目的利益在于经济利益，故为财产权。[⑤]

2. 渔业权为物权

养殖权是使用特定水体而获取利益的权利，捕捞权是使用特定渔场而取得渔获物的权利，它们都具有直接支配其客体并享有利益这个物权的实质，所以说渔业权是物权。

3. 渔业权是准物权

渔业权的特殊之处主要表现在如下几点：（1）在客体的特定性方面，就一般意义而言，渔业权具有特定性；从极为严格的意义上讲，渔业权在水体因素的变化方面具有不特定性。（2）在权利构成方面，渔业权具有复合性。（3）在排他性或优先性方面，养殖权具有排他性而无优先性，在同时并存于同一水域内的数个捕捞权相互之间无排他性，在对非捕捞权人的权利方面具有排他性。（4）在权利是否具有公权色彩方面，渔业权是具有公权色彩的私权。（5）在权利取得方面，大多渔业权需要行政许可。（6）在追及效力方面，渔业权仅仅在他人不法占据捕捞许可证、养殖证所划定的特定水域时，才有追及效力；对于被他人盗捕的水生动植物，在养殖权场合是基于水生动植物所有权请求返还，在捕捞权场合，既不能基于水生动植物所有权主张返还，因捕捞权人无此所有权，也不能基于捕捞权请求返还，因水生动植物脱离于捕捞许可证所划定的特定水域，就不再是捕捞权的效力范围。在符合侵权行为的构成要件时，捕捞权人可以基于侵权行为主张损害赔偿。（7）在一物一权主义方面，捕捞权一般无从体现，养殖权的一物一权主义体现在特定水域上。正因渔业权具有如此多的特性，所

---

① 黄异：《论渔业经营之管理制度及渔业征收与补偿》，载《政大法学评论》，第38期，1988，267页；许剑英：《论渔业权》，载《法学丛刊》，第36卷第1期（总第141期），1991年1月，108页；陈俊佑：《我国专用渔业权管理制度之研究》，台湾海洋大学海洋法律研究所硕士学位论文（1994），42页。陈俊佑先生在文章及文章题目中提及的“我国”，是专指“中国台湾地区”。为了方便读者查询以及对陈俊佑先生的尊重，本书作者未作任何修改，特此说明。——作者注

② 何世全：《公害对渔业权造成侵害之民事救济》，台湾海洋大学海洋法律研究所硕士学位论文（1991），68～69页。

③ 何世全：《公害对渔业权造成侵害之民事救济》，台湾海洋大学海洋法律研究所硕士学位论文（1991），12页。

④ 欧庆贤、郑天明：《日本渔业补偿的法律性质》，载《渔业推广》，第161期，2000年2月，44页。

⑤ 陈俊佑：《我国专用渔业权管理制度之研究》，台湾海洋大学海洋法律研究所硕士学位论文（1994），48页。陈俊佑先生在文章及文章题目中提及的“我国”，是专指“中国台湾地区”。为了方便读者查询以及对陈俊佑先生的尊重，本书作者未作任何修改，特此说明。——作者注

以我们称它为准物权。

［拓展］

拉伦茨教授将狩猎人的取得权、捕鱼人的取得权、在矿山所有权中的矿产权利人的取得权等划归为物权取得权。他将物权取得权界定为，对无主物取得物权的权利，也就是说，对没有所有人的物可以允许权利人通过司法程序将此物收为己有。[①] 关于物权取得权的性质，多数人把这种物权取得权归于形成权。[②] 沃尔夫教授和赖泽尔教授主张，物权取得权是一种对无主物的特有的物权。[③] 韦斯特曼教授认为，物权取得权是一种与物权很相近的权利。这种权利并未完全使无主物归于权利人，因为此时无主物还是很不确定的，还不能完全受到支配。即使如此，权利人仍然享有一个绝对有效的权利，即排除所有其他的人对该物的权利。[④] 拉伦茨教授认为，物权取得权的功能不在于，它能使权利人单方面形成一种针对他人的法律关系。根据类型学的观点，物权取得权可以既不属于形成权，也不属于对物的支配权，而是权利人取得无主物的权利，并且其他人都被排除在外。[⑤]

尽管上述思想很有启发性，但仍不太适合描述中国的捕捞权、养殖权。首先，按照现行法的规定，国家享有水资源所有权、海域所有权。按照水生动植物属于水域的组成部分的观点，至少不宜说内陆水域里的水生动植物属于无主物，而应当认为它们属于国家所有。如果说海洋渔业资源具有流动性，洄游鱼类尤其明显，将它们认定为归特定国家所有，不见得允当。但在非确定它们的所有权不可的情况下，也可以按照它们在特定时间所处的特定海域来界定其归属。这样，称海洋渔业资源为无主物，未必符合 1982 年《联合国海洋法公约》关于国家对其专属经济区内的生物资源享有主权权利的规定（第 56 条第 1 款［a］），以及第 61 条、第 62 条、第 63 条的规定，未必适合现今各国的需要。其次，在养殖权场合，放养于养殖证指定水域里的水生动物本来就属于养殖权人，养殖权的作用在于养殖权人有资格使这些水生动物在该水域成长。换句话说，养殖权人不是基于养殖权取得放养的水生动物的所有权。由此看来，用物权取得权描述养殖权不合适。再次，用“这种权利并未完全使无主物归于权利人，因为此时无主物还是很不确定的，还不能完全受到支配”来描述中国的养殖权不适当，十分明显，就是用来定性捕捞权也不恰当，因为捕捞权行使的结果确定地使渔获物归属于捕捞权人，处于捕捞权人的完全支配之下；在捕捞权尚未行使之时，渔场内的水生动物确定地完全不归属于捕捞权人，不宜使用“并未完全”“不能完全”等术语概括。最后，养殖权行使的结果没有改变养殖权人与其他人之间的法律关系，采用形成权定性养殖权不妥。捕捞权行使的结果虽然就渔获物的归属而言，意味着改变了捕捞权人与其他人之间的法律关系，就此而言，捕捞权具有形成权的属性。但是，对此不宜看得过重，因为用形成权定

---

① ［德］卡尔·拉伦茨：《德国民法通论》（上册），王晓晔、邵建东、程建英、徐国建、谢怀栻译，谢怀栻校，292 页。

② ［德］冯·图尔：《德国民法总论》，第 1 卷，第 8 章第 1 节；恩/尼，第 73 章第 1 节第 3a 和第 79 章第 2 节；沃尔夫、赖泽尔：《物权法》，第 2 章第 3 节第 3a。转引自［德］卡尔·拉伦茨：《德国民法通论》（上册），王晓晔、邵建东、程建英、徐国建、谢怀栻译，谢怀栻校，292 页。

③ ［德］沃尔夫、赖泽尔：《物权法》，第 79 章第 2 节第 2。转引自［德］卡尔·拉伦茨：《德国民法通论》（上册），王晓晔、邵建东、程建英、徐国建、谢怀栻译，谢怀栻校，292 页。

④ ［德］韦斯特曼：《物权法》，第 58 章第 3 节第 2。转引自［德］卡尔·拉伦茨：《德国民法通论》（上册），王晓晔、邵建东、程建英、徐国建、谢怀栻译，谢怀栻校，293 页。

⑤ ［德］卡尔·拉伦茨：《德国民法通论》（上册），王晓晔、邵建东、程建英、徐国建、谢怀栻译，谢怀栻校，293 页。

性捕捞权，只是注意到了捕捞权的一个方面的属性，没有反映出渔业主管部门与捕捞权人之间的许可和被许可、管理和被管理、捕捞资格及其尊重等性质，也未反映出捕捞权人与其他人之间排他性、优先性、不可侵害性的有无、强弱等属性。

4. 渔业权具有期限性

无论养殖证还是捕捞许可证都是有期限的，相应的，养殖权和捕捞权也均为有期的权利。《水域滩涂养殖发证登记办法》第 18 条第 1 款前段关于“水域滩涂养殖权期限届满”的规定，表明了水域滩涂养殖权的期限性。《渔业捕捞许可管理规定》第 32 条关于“海洋渔业捕捞许可证和内陆渔业捕捞许可证的使用期限为 5 年。其他种类渔业捕捞许可证的使用期限根据实际需要确定，但最高不超过 3 年”的规定，明确了海洋渔业捕捞权和内陆渔业捕捞权的存续期限为 5 年，其他类型的捕捞权的存续期限最长不超过 3 年。

［引申］

财产权的存续期限短可导致昂贵的或不确定的续期，存续期限长久对权利人很有价值，因为这降低了延期的成本和减少了不确定性，并且能够激发长期的投资。[①] 就此看来，渔业权的存续期限长最佳。但联系总可捕量与渔民人数之间的比例关系，政府与渔民之间的利用分配关系，渔民缴纳税费的数额，以及其他相关因素，渔业权的存续期限不一定很长。究竟如何，取决于立法政策。各国和地区的立法政策不同，渔业权的存续期限就有长有短。

5. 渔业权的客体具有特殊性

（1）渔业权的客体是一定的水域

渔业权是以水域为标的物，该水域包括水体与此水域下的土地，水产生物资源为水域的一部分。[②] 在中国，作为捕捞权的客体，首先被限定于特定的渔场，其次才在该渔场内实际地占有一定水域。每个捕捞许可证都指定持有人在特定的渔场从事捕捞作业，否则，所谓捕捞行为被认定为违法。

（2）渔业权在其客体是否具有特定性方面呈现出特色

捕捞权的客体为一定的水域，在一般情况下有个大致范围，可以说具有特定性。但就操作性而言，事情就不如此简单，现在以在海洋作业的捕捞权为例加以说明。由于在海洋中无法有效地设置永久性的标志物，只能利用经纬度坐标连线作为判别的依据，这带来了复杂的查证手续，不仅成本增高，而且困难重重。事实上，一个渔场的范围是不定的，会随着海洋环境、鱼群的聚集程度、鱼类习性的变化而改变，有时会涵盖到不同的渔业权人管辖的水域。[③] 这表明，如果按照严格的标准，在海洋作业的捕捞权的客体呈现出不确定性。

之所以强调渔业权的客体具有特定性，是因为这有利于确权，划清渔业权人与他人之间

---

① ［新西兰］M. Harte and R. Bess：《财产权在新西兰海洋水产养殖业发展中的作用》，刘新山译，载农业部渔业局编：《国外渔业权制度研究资料》（一），182 页。

② 陈俊佑：《我国专用渔业权管理制度之研究》，台湾海洋大学海洋法律研究所硕士学位论文（1994），46 页。陈俊佑先生在文章及文章题目中提及的“我国”，是专指“中国台湾地区”。为了方便读者查询以及对陈俊佑先生的尊重，本书作者未作任何修改，特此说明。——作者注

③ 陈俊佑：《我国专用渔业权管理制度之研究》，台湾海洋大学海洋法律研究所硕士学位论文（1994），95 页。陈俊佑先生在文章及文章题目中提及的“我国”，是专指“中国台湾地区”。为了方便读者查询以及对陈俊佑先生的尊重，本书作者未作任何修改，特此说明。——作者注

的权利义务的边界，渔业权人对于特定的水域具有相对意义的排他性占有、捕捞的权利。之所以指出渔业权客体具有不特定性的一面，是因为这有利于解决如下问题：当水域的因素受自然力作用而发生重大变化，致使渔业权的目的部分或全部落空时，渔业权人应有权请求变更乃至解除合同，不负违约责任；当水域的因素因他人实施污染等不法行为的影响而发生重大变化，致使渔业权的目的部分或全部落空时，渔业权人有权请求侵权行为人停止侵害、消除污染、恢复原状，若有损失，还有权请求赔偿。

6. 渔业权在构成上具有复合性

养殖权的构成包括两方面的权利：其一是权利人占有一定水域并养殖水生动植物的权利；其二是该水体的使用权。这两方面的权利共同构成一个完整的养殖权。两种权利在民法上都有相应的权利类型，属于用益权。

[引申]

对于此类特性，有学者向本书作者提出诘问：典型物权包含占有权、使用权、收益权乃至处分权，其权利构成具有复合性；债权含有请求权、给付受领权、自力救济权和抵销等处分权，其权利构成也显现出复合性。因而，称渔业权的权利构成具有复合性为渔业权的特色，不能成立。对此，本书作者的回答是，占有权、使用权、收益权乃至处分权，在典型物权中只是权能，并非独立的民事权利；请求权、给付受领权、自力救济权和处分权能，在债权中也仅仅是权能，同样不是独立的民事权利。与此不同，养殖权的场合，权利人占有一定水域并养殖水生动植物的权利则为一种独立的用益权，其自身即含有占有、使用和收益三项权能，类似于土地承包经营权；水体使用权也是一种独立的民事权利，其本身也含有占有、使用和收益三项权能，相当于矿业权中的地下使用权。可见，养殖权至少由两种独立的民事权利构成，不同于由权能构成的典型物权等民事权利。

捕捞权人对于仍然生活在水域里的水生动植物没有所有权，仅仅对于渔获物享有所有权，可以说，捕捞权系取得未来渔获物的所有权的权利，类似于取水权系取得水所有权的资格。捕捞权含有占有一定水域捕捞鱼类的权利，一定水域的使用权。这两种权利共同构成一个完整的捕捞权。

对于捕捞权构成上的复合性，如同养殖权构成上的复合性，同样有学者提出了诘问。本书作者仍然回应为，占有权、使用权、收益权乃至处分权，在典型物权中只是权能，并非独立的民事权利；请求权、给付受领权、自力救济权和处分权能，在债权中也仅仅是权能，同样不是独立的民事权利。与此不同，捕捞权的场合，权利人占有特定渔场从事捕捞作业的权利则为一种独立的用益权，其自身即含有占有、使用和收益三项权能，类似于土地承包经营权；水体使用权也是一种独立的民事权利，其本身也含有占有、使用和收益三项权能，相当于矿业权中的地下使用权。可见，捕捞权至少由两种独立的民事权利构成，不同于由权能构成的典型物权等民事权利。

虽然矿业权与渔业权在权利构成上都具有复合性，但在其构成因素方面有所不同。在矿业权场合，存在着两方面的权利：(1) 占有特定矿区或工作区，勘探（探矿权场合）、开采（采矿权场合）矿产资源；(2) 特定矿区或工作区的地下使用权。[1]

---

① 崔建远、晓坤：《矿业权基本问题探讨》，载《法学研究》，1998 (4)，84 页。

7. 渔业权是具有公权色彩的私权

现行法上的渔业权，没有入渔权，只有养殖权和捕捞权，还可以承认娱乐渔业权，从其取得的角度观察确实有行政因素，其内核有渔业权人向渔业资源主管部门要求在特定水域从事养殖或捕捞的利益的元素，渔业权纠纷多由行政方式解决，就此可以说养殖权、捕捞权和娱乐渔业权具有公权的色彩；但是，养殖权、捕捞权、娱乐渔业权的基本面是权利人利用特定的水域从事渔业活动，并享有所产生的利益，以及就此形成的渔业权人与非渔业权人之间的关系，确实表现出私权的属性，且处于核心和主导的地位。

三、渔业权的主体

1. 养殖权的主体

关于养殖权的主体，在中国可以是全民所有制单位、集体所有制单位，也可以是个人（《渔业法》第 10 条、第 11 条）。按照民法原理，物权的主体分为自然人、法人、合伙企业，所有制性质在物权关系中不表现出来。把《渔业法》第 10 条和第 11 条所使用的称谓转换成民法术语，就是养殖权的主体可以是自然人、法人，也可以是合伙企业。

在自然人、法人、合伙企业均就同一水域（含滩涂）向渔业行政主管机关申请养殖证，而该水域不能并存着这么多的养殖权的情况下，县级以上地方人民政府在核发养殖证时，应当优先安排当地的渔业生产者（《渔业法》第 12 条）。

养殖权的主体可以和承包经营权的主体重合，《渔业法》规定，集体所有的或全民所有由农业集体经济组织使用的水域、滩涂，可以由个人或集体承包，从事养殖生产（《渔业法》第 11 条第 2 款）。

2. 捕捞权的主体

关于捕捞权的主体，按照《渔业法》第 25 条的规定，可以是单位，也可以是个人，转换成民法的术语，就是自然人、法人、合伙企业均可为捕捞权的主体。准确些说，自然人、法人、合伙企业欲成为捕捞权的主体，首先必须具有行为能力，还需具有渔业船舶检验证书、渔业船舶登记证书，并符合国务院渔业行政主管机关规定的其他条件（《渔业法》第 24 条第 1 款）。县级以上地方人民政府渔业行政主管机关批准发放捕捞许可证，应当与上级人民政府渔业行政主管机关下达的捕捞限额指标相适应（《渔业法》第 24 条第 2 款）。

《渔业法》第 8 条规定："外国人、外国渔业船舶进入中华人民共和国管辖水域，从事渔业生产或者渔业资源调查活动，必须经国务院有关主管部门批准，并遵守本法和中华人民共和国其他有关法律、法规的规定；同中华人民共和国订有条约、协定的，按照条约、协定办理"（第 1 款）；"国家渔政渔港监督管理机构对外行使渔政渔港监督管理权"（第 2 款）。《渔业捕捞许可管理规定》规定，中华人民共和国的公民、法人和其他组织从事渔业捕捞活动，以及外国人在中华人民共和国管辖水域从事渔业捕捞活动，应当遵守本规定。中华人民共和国缔结的条约、协定另有规定的，按条约、协定执行（第 2 条）。外国渔船捕捞许可证，适用于许可外国船舶、外国人在中国管辖水域的捕捞作业（第 17 条第 6 项）。这表明，外国人可以是中国渔业法上的捕捞权人。

四、渔业权的取得

渔业权的取得有原始取得和继受取得之分。其中，继受取得包括基于渔业权转让合同而取得和以渔业行政主管机关许可设立渔业权（通过申请—审批—登记发证的程序取得渔业权）两种形态。按照《行政许可法》第12条第2项关于“有限自然资源开发利用、公共资源配置以及直接关系公共利益的特定行业的市场准入等，需要赋予特定权利的事项”的规定，依据《渔业法》第11条、第23条等条款的规定，养殖权、捕捞权这些渔业权的原始取得以获得行政许可为必要。

在养殖用海使用权的设定上，按照《海域使用管理法》第16条至第20条的规定，养殖用海使用权的设立，通过申请—审批—登记发证的程序固然可以，通过招标、拍卖的方式也予允许。

五、渔业权的内容

（一）养殖权的内容

渔业权中的养殖权和捕捞权在内容上有所不同，为清楚起见，分别讨论。

1. 占有权

由使用特定水域养殖水生动植物这个养殖权的本质所决定，养殖权人占有特定水域、滩涂就成为养殖权必不可少的内容。在一般情况下，该占有是排他的，即养殖证所划定的特定水域全部归权利人占有，他人无权占有。但在养殖证授权数个渔业经营者在同一特定水域放养不同习性、吃不同食物的水生动植物的情况下，其占有就成为共同占有，每个养殖权人所拥有的占有便无排他性。在养殖证把该特定水域纵向分割成若干层面，不同层面的水域成为不同养殖权的客体的情况下，就水面而言，是数个养殖权并存于同一特定水面，此类占有就不是排他的；就水体而言，在绝大多数时间内，每个养殖权人占有的水体部位不同，甲养殖权人占有的是水体的上层，乙养殖权人占有的是水体的底层，甲养殖权人无权占有水体的底层，乙养殖权人无权占有水体的上层，可以说此类占有仍具有排他性。[①]

2. 使用特定水域的权利

水生动植物一定生活在水域之中，故养殖权的行使自然表现为养殖权人使用特定的水域。在这里，所谓使用特定水域，要求具备若干因素：(1) 生活其中的水生动植物须符合法律的要求；(2) 使用特定水域的方式必须符合法律的要求；(3) 使用须有时间上的连续性，停止使用达法定期限，则养殖权终止。

3. 捕捞权

此处所谓捕捞权只是养殖权中的一项权能，不同于作为一种独立权利的捕捞权。(1) 因为该捕捞权只是一项权能，不是独立的权利，所以它随养殖权的产生而自然具有，无须单独申请、登记。(2) 因为该捕捞权能只是养殖权的一项权能，所以，其作业方式不受《渔业法》关于捕捞权行使方式的规定的制约，可以由养殖权人自己决定，只要不恶化水质，影响他人的合法权益。(3) 该捕捞权作为养殖权的一项权能，自然不得单独转让，只能依法随同养殖权一同转让。倘若是他人有权捕捞养殖权人所有的水生动物，要么是他已经受让了整个养殖权，要么是基于他与养殖权人签订的买卖该水域、滩涂所养水生动物的合同，捕捞本属于他所有的水生动物。

---

① 崔建远：《准物权研究》，413～414页。

4. 转让养殖权的权利

《渔业法》未明文禁止养殖权的转让，实务中因养殖权人承包的水面（含滩涂）转让、养殖权人转换职业、养殖权人丧失从事养殖业的能力等原因，需要转让养殖权，法律没有必要加以禁止。因为转让养殖权较终止养殖权而闲置水面、渔业行政主管机关收回养殖权再授予他人，更有效益。[①] 有鉴于此，《水域滩涂养殖发证登记办法》（农业部令 2010 年第 9 号）明确规定了养殖权可以转让，只是必须符合条件和程序（第 9 条、第 13 条）。

5. 养殖权人的义务

《渔业法》规定，养殖权人使用进口的水产苗种，须由国务院渔业行政主管机关或者省、自治区、直辖市人民政府渔业行政主管机关审批（第 16 条第 2 款）。养殖权人生产水产苗种，除非自用，应当由县级以上人民政府渔业行政主管机关审批（第 16 条第 3 款）。不得使用含有毒有害物质的饵料、饲料（第 19 条）。应当保护水域生态环境，科学确定养殖密度，合理投饵、施肥、使用药物，不得造成水域污染（第 20 条）。

各种经济藻类和淡水食用水生植物，应当待其长成后方得采收，并注意留种、留株，合理轮采（《水产资源繁殖保护条例》第 5 条第 2 款）。

养殖权人负有继续性养殖的义务，无正当理由使水域（含滩涂）荒芜满 1 年的，又违反发放养殖证的机关关于限期开发利用水域从事养殖业的指令，逾期未开发利用的，会被吊销养殖证，即养殖权消灭；同时可能承担 10 000 元以下的罚款（《渔业法》第 40 条第 1 款）。

（二）捕捞权的内容

1. 占有权

从事捕捞作业，必须占有一定水域。当然，该水域必须是捕捞许可证上指定渔场的水域。

2. 在特定渔场从事捕捞作业的权利

捕捞权的核心在于权利人在捕捞许可证上指定的渔场从事捕捞作业。只要捕捞权人按照捕捞许可证上关于作业类型、场所、时限、渔具数量和捕捞限额的规定进行作业，就受到法律的完全保护。

从事捕捞作业而有渔获物，并取得其所有权。该所有权的取得根据，从形式上看是渔业权人的捕捞行为，但实质根据在于捕捞权，就是说，捕捞权是以取得渔获物所有权为内容的权利。不这样理解，就难以解释产品系工人制造的，但该产品所有权却不归他们享有；渔获物系渔业权人所雇用的人捕捞的，但渔获物的所有权却归渔业权人享有。[②]

3. 对抗他人的权利

捕捞权为准物权，具有对世的效力，故捕捞权人对于他人的一切不法干预，例如无根据地禁止正常的捕捞活动、妨碍捕捞作业等，均有对抗的权利。

4. 请求损害赔偿的权利

他人不法侵害捕捞权人的人身、财产并造成损害的，捕捞权人都有权请求损害赔偿。

5. 捕捞权人的义务

从事捕捞作业，必须按照捕捞许可证关于作业类型、场所、时限、渔具数量和捕捞限额的规定进行，并遵守国家有关保护渔业资源的规定，大中型渔船应当填写捕捞日志（《渔业

---

① 崔建远：《准物权研究》，415 页。

② 同上书，416 页。

法》第 25 条）。违反此类义务的，会被没收渔获物和违法所得，并可被处以 50 000 元以下罚款；情节严重的，还可被没收渔具，被吊销捕捞许可证（《渔业法》第 42 条）。[①]

其中，超过捕捞许可证上规定的限额进行捕捞，若无限制地继续下去，就构成超额捕捞或曰滥捕（overfishing）。对于其他任何一位捕捞权人而言，超额捕捞就意味着将降低其每单位劳力期待的渔获利益；对于整个渔业资源来说，可能导致某些特定鱼种消失殆尽。所以，超额捕捞者应承担相应的法律责任。[②]

水生动物的可捕标准，应当以达到性成熟为原则。对各种捕捞对象应当规定具体的可捕标准（长度或重量）和渔获物中小于可捕标准部分的最大比重。捕捞时应当保留足够数量的亲体，使资源能够稳定增长（《水产资源繁殖保护条例》第 5 条第 1 款）。

不得使用炸鱼、毒鱼、电鱼等破坏渔业资源的方法进行捕捞。不得在禁渔期、禁渔区进行捕捞。不得使用小于最小网目尺寸的网具进行捕捞。捕捞的渔获物中幼鱼不得超过规定的比例（《渔业法》第 30 条）。

不得捕捞有重要经济价值的水生动物苗种（《渔业法》第 31 条）。不得捕杀国家重点保护的水生野生动物（《渔业法》第 37 条）。

不得买卖、出租和以其他形式转让捕捞许可证，不得涂改、伪造、变造（《渔业法》第 23 条第 3 款）。

对于跨界鱼类和高度洄游鱼类需要保护，现在已经通过了《联合国跨界鱼类和高度洄游鱼类养护和管理公约》，捕捞权人必须遵守。依据该公约规定，捕捞权人若使用了禁用渔具，在禁渔区和禁渔期从事捕捞作业，属于严重违规（serious violation），任何国家均可登船检查，予以处分。[③]

六、渔业权的物权效力

渔业权作为准物权，具有物权效力符合逻辑，同时又表现出特殊性。

（一）渔业权的排他效力

所谓渔业权的排他效力，包含两方面的内容：一是指在同一特定水域不得同时存在两个以上的渔业权；二是指在同一特定水域只能存在一个渔业权，不得同时存在水权等用益物权。

1. 在同一特定水域不得同时存在两个以上的渔业权

基于养殖的自然物理性质，数个养殖权不得同时并存于同一特定水域，除非实行区分养殖权制度，或养殖证授权数个渔业经营者在同一特定水域放养不同习性、吃不同食物的水生动植物。捕捞权的情况比较复杂，需要具体分析。在中国，由于不存在专用渔业权、特定区划渔业权或共同渔业权作为中间环节，在近海、公海乃至他国水域捕捞，可以允许数个捕捞权同时存在于同一渔场，这些捕捞权之间不具有排他性。在这点上，捕捞权确实不同于典型的用益物权。例如，在中国管辖的北部湾渔场，就既有广西壮族自治区、广东省的渔船从事捕捞作业，又有海南省的渔船从事捕捞活动。每条渔船的作业海域可能重叠，在这些渔业权

---

① 崔建远：《准物权研究》，417 页。

② 陈荔彤：《国际渔业法律制度之研究》，载《中兴法学》，第 43 卷，1997 年 12 月，233 页。

③ 陈荔彤：《国际渔业法律制度之研究》，载《中兴法学》，第 43 卷，1997 年 12 月，280 页。

之间的关系上，不宜用排他性予以描述。但这些捕捞权与存在于其他渔场的渔业权之间，则是相互排斥的。

2. 在同一特定水域只能存在一个渔业权，不得并存着水权等用益物权

划定航道，涉及水产养殖区的，航道主管部门应当征求渔业行政主管机关的意见（《内河交通安全管理条例》第27条第2款前段）。如果渔业行政主管机关基于正当理由不同意，就表明渔业权排斥航运水权。

在渔业权与排污权之间的关系上，原则上排污不得侵害渔业权。例如，海洋石油钻井船、钻井平台和采油平台不得向海域处置含油的工业垃圾。处置其他工业垃圾不得对渔业水域造成污染（《海洋环境保护法》第52条）。在水产养殖场不得新建排污口，既有的排污口不符合国家排放标准的，应当限期治理（《海洋环境保护法》第12条）。向海域排放含热废水，应当采取措施，保证邻近的渔业水域的水温符合国家水质标准，避免热污染对水资源的危害（《海洋环境保护法》第36条）。《水污染防治法》也规定了排污不得侵害渔业权的内容（第68条、第83条）。

（二）渔业权的优先效力

1. 渔业权在法律效力上优先于债权

某特定水域本来存在着租赁权，当该水域成为渔业权的客体时，该渔业权的效力优先于租赁权。如果租赁权因此而归于消灭，在采取物权的排他效力、物权的优先效力、物权的追及效力和物权请求权的所谓物权的“四效力说”的背景下，从严格的意义上可以说，这是渔业权排他效力的体现。[①]

2. 渔业权在法律效力上优先于水资源所有权

水资源所有权虽然是渔业权产生的母权，但在特定水域的利用方面，渔业权优先于水资源所有权，水资源所有权人不得妨碍渔业权的行使；在取得所捕捞的水生动物所有权方面，属于捕捞权的效力，水资源所有权不发挥作用。否则，渔业权就没有存在的价值。

3. 渔业权在法律效力上优先于其他用益物权

有时渔业权与水权虽然可以并存于同一水域，但渔业权优先受到保护。例如，任何单位和个人在鱼、虾、蟹、贝幼苗的重点产区直接引水、用水的，应当采取避开幼苗的密集期、密集区，或者设置网栅等保护措施（《渔业法实施细则》第26条）。

4. 渔业权相互之间的优先效力

此处所谓渔业权相互之间的优先效力，仅指并存于同一特定水域的数个渔业权之间的效力顺序，不包括数个渔业经营者申请某一特定水域的渔业权，渔业主管部门只批准其中一人取得渔业权的类型。因为在采取“四效力说”的背景下，从严格的意义上，按照物权排他性的一般原理，这种情况属于渔业权排他性的范畴。但在采取物权的优先效力和物权请求权的所谓物权“二效力说”的背景下，将上述现象归入优先效力之中，也有其道理。据此，所谓渔业权的优先性，指在同一水域上存有两种以上的渔业权时，先成立的渔业权较后成立的渔业权为优先，所以渔政主管机关应撤销后成立渔业权的核准[②]，只有在采纳“二效力说”场

---

① 崔建远：《准物权研究》，420页。

② 欧庆贤、陈美宇：《渔业权制度》（一），载《中国水产》，第487期，1993年7月，48页；陈俊佑：《我国专用渔业权管理制度之研究》，台湾海洋大学海洋法律研究所硕士学位论文（1994），47页。陈俊佑先生在文章及文章题目中提及的“我国”，是专指“中国台湾地区”。为了方便读者查询以及对陈俊佑先生的尊重，本书作者未作任何修改，特此说明。——作者注

合才能成立，在采纳“四效力说”的情况下，则值得商榷。

（三）渔业权的追及效力

关于物权的追及效力与物权请求权之间的关系，见仁见智。本书作者持两者均有独立存在的价值，虽然相互有交叉，但并非完全重合的观点；赞同在渔业权场合，物权的追及效力基本上不表现为渔业权返还请求权的观点，但不同意妨害预防请求权（消除危险请求权）为渔业权追及效力的一种表现的意见，因为这种情况不符合物权追及效力的定义。较为详细些说，由于渔业权不是对水生动植物的所有权，渔业权所作用的水域被他人不法占用，渔业权人请求该侵权行为人离开该水域，消除该人对渔业权行使的妨害，属于渔业权的追及效力范畴；但如果是该水域中的水生动植物被他人侵占，则无渔业权追及效力发挥作用的余地。这若发生在养殖权场合，渔业经营者系基于其水生动植物的所有权，而非渔业权，请求侵占水生动植物者予以返还。这若发生在捕捞权场合，水生动植物不属于渔业权人所有，在它们被盗捕之后，因其脱离开捕捞权所作用的水域，它们不再是渔业权的客体，渔业权的效力不及于它们。渔业权的效力所及，只是当他人不法侵占渔业权所作用的水域时，渔业权人有权将不法侵占人驱逐出该特定水域。从物上请求权的角度观察，这类权利属于停止侵害请求权、排除妨碍请求权及其行使；在物权的追及效力的层面衡量，则为追及效力的表现。对此，有学者基于“准物权为水域之‘利用权’而非为水域之‘直接支配权’”的观点，加以论证：“由于渔业权不具有物的直接支配权利，所以就不必去考虑物的返还请求权，因此实质上渔业权在物上请求权上，仅有妨害排除请求权及妨害预防请求权而已。”① 这在总体上同本书的观点殊途同归，但其中的妨害预防请求权不宜被归入物权的追及效力的范畴，因为妨害预防请求权（消除危险请求权）针对的是可能在将来损害物权及准物权的“危险”，其行使与追及效力的含义不符。②

（四）渔业权的请求权

1. 物的返还请求权

渔业权不是对水生动植物的所有权，所以，渔业权所作用水域中的水生动植物被他人侵占，无渔业权返还请求权发挥作用的余地。在养殖权场合，渔业经营者系基于其水生动植物的所有权，而非渔业权，请求侵占水生动植物者予以返还。在捕捞权场合，水生动植物不属于渔业权人所有，在它们被盗捕之后，因其脱离开捕捞权所作用的水域，它们不再是渔业权的客体，渔业权的效力不及于它们。渔业权的效力所及，只是当他人不法侵占渔业权所作用的水域时，渔业权人有权主张其渔业权，将不法侵占人驱逐出该特定水域。但这种权利与其说是物的返还请求权，倒不如认为属于停止侵害请求权、排除妨碍请求权，更为贴切。③

2. 停止侵害请求权

渔业权被他人不法侵害时，渔业权人有权请求停止侵害。该物权请求权主要适用于他人擅自进入养殖证、捕捞许可证所划定的水域，擅自捕捞该水域里的水生动植物等场合。

3. 排除妨碍请求权

当存有妨碍渔业权行使的障碍时，渔业权人可以直接主张也可以通过诉讼主张，请求不

---

① 欧庆贤、陈美宇：《渔业权制度》，载《中国水产》，第487期，1993年7月，48～49页。

② 崔建远：《准物权研究》，173～174、421～422页。

③ 同上书，422页。

法妨碍渔业权行使之人将该妨碍排除。该物权请求权主要适用于他人不法在养殖证、捕捞许可证所划定的水域及其周围设置障碍物，影响乃至阻止渔业权人从事养殖或捕捞作业等场合。[①]

4. 消除危险请求权

当存有污染水域、堤坝将要决口等致渔业权损害的现实危险时，渔业权人可以直接也可以通过诉讼向危险责任者主张消除该危险。该物权请求权主要适用于水域污染将导致水生动植物死亡或不正常生长、堤坝行将决口会导致所养水生动物逃逸、水下爆破等作业致使水生动物死亡或逃逸等，最终使渔业权遭受损害的场合。[②]

当渔业权人从事养殖或捕捞的设施遭受不法损害时，渔业权人可以直接或通过诉讼请求侵权行为人予以修复。

① 崔建远：《准物权研究》，422页。

② 同上书，422～423页。

第十七章　担保物权总论

第一节　担保物权概述

一、担保物权的概念

担保物权，是以债务人或其他人的特定财产作为清偿债务的标的，在债务人不履行其债务时，债权人可以将该财产换价，并从中优先受清偿，使其债权得以实现的定限物权（《物权法》第170条）。其方式主要有抵押权、质权、留置权及优先权。这里所说的财产，叫作担保物，或称担保财产，为特定的物或特定的权利。担保物的特定，大多在担保物权设立之时即有此要求，但在浮动抵押权场合是抵押权实行时将抵押物特定化。此处所谓债权人，为担保权人。以其财产作为清偿债务的标的之人，无论是债务人还是第三人，都叫作担保人。

担保物权除了具有物权的一般属性外，还具有以下法律特征：

1. 担保物权以确保债权的实现为目的

担保物权是以确实优先支配担保物的交换价值为内容，以确保债权实现为目的的定限物权。学说称之为价值权。担保物权不重在对担保物的直接支配，而重在对担保物的交换价值的直接支配。[①] 这是它与用益物权的重要区别之一。

2. 担保物权具有从属性

这里的从属性，是指担保物权从属于债权而存在，以债权的存在或将来存在为前提，随着债权的消灭而消灭，一般也随着债权的变更而变更，优先受偿的范围以担保权实现时存在的担保债权为限。对此《物权法》第172条规定："设立担保物权，应当依照本法和其他法律的规定订立担保合同。担保合同是主债权债务合同的从合同。主债权债务合同无效，担保合同无效，但法律另有规定的除外。"

德国现行法上的土地债务具有独立性而无从属性[②]，与此有别，中国现行法上的担保物权一律具有从属性。

《物权法》第172条所谓的担保合同，是在狭义上使用的，专指设立担保物权的合同，不包括保证合同、定金合同、押金合同及保证金合同等。

《物权法》第172条所规定的"法律另有规定的除外"，其含义是指，法律特别规定了担保合同不因主债权债务合同的无效而归于无效的情形，应当适用该特别规定，而不再按照

---

① 参见［德］鲍尔、施蒂尔纳：《德国物权法》（下册），申卫星、王洪亮译，6页；谢在全：《民法物权论》（中册），修订2版，343、345页。

② 参见［德］鲍尔、施蒂尔纳：《德国物权法》（下册），申卫星、王洪亮译，28、40页等。

《物权法》第172条第1款关于“主债权债务合同无效，担保合同无效”的规定处理。例如，最高额抵押权所担保的，是一定期间内将要连续发生的债权，最高额抵押权并不是从属于其中某个债权的担保物权，如果某个债权因产生它的法律行为无效而不复存在，最高额抵押权并不因此归于消灭。

《物权法》第172条规定的但书，给未来修改法律或制定新法，以满足实际生活需要而例外地承认担保物权不因主债权债务合同的无效而无效，提供了空间，值得肯定。

《物权法》第172条第1款虽然未设主债权债务合同被撤销时担保合同无效的明文，但从担保合同作为主债权债务合同的从合同方面考虑，担保合同应当消灭。

需要注意，主债权债务合同被解除，担保合同是作为被解除之前的主债权债务合同的从合同而存在的，在该担保合同符合有效要件、主债权债务合同也是合法有效的前提下，担保合同不因主债权债务合同被解除而归于无效，在主债权债务合同的解除不溯及既往地消灭的情况下尤其如此。由于合同解除不影响当事人要求赔偿损失的权利（《合同法》第97条、法释［2000］44号第10条），由于担保物权具有物上代位性（《物权法》第174条、法释［2000］44号第80条），担保物权存在于主债权债务转化成的损害赔偿金债权债务或违约金债权债务之上。

［引申］

应该看到，对从属性的理解和要求，存在着严格和宽松之分。中国以往关于担保的著述严格要求先有主债存在，后有担保产生。绝对贯彻这一观点，就排斥了为将来存在的债权设定担保的情况。《担保法》已经明确规定了最高额抵押（第59条至第62条），《物权法》（第203条至第207条）亦然，允许为将来存在的债权预先设定保证或抵押权，这显然是从宽把握担保物权的从属性的。在这方面，相当的立法例均持宽松的态度，如《德国民法典》第1113条第2项规定，被担保债权可以是将来债权或附条件债权。

3. 担保物权具有不可分性

被担保债权于债务履行期届满时未受全部清偿的场合，担保权人可以就担保物的全部行使权利。这体现出了担保物权的不可分性。申言之，被担保债权即使经过分割、部分清偿或消灭，担保物权仍为了担保各部分债权或剩余债权而存在；担保物即使经过分割或一部灭失，各部分或余存的担保物仍为担保全部债权而存在。[①] 对此，《物权法》虽无明文，但法释［2000］44号则作出了明确的规定：“主债权未受全部清偿的，抵押权人可以就抵押物的全部行使其抵押权”（第71条第1款）。“抵押物被分割或者部分转让的，抵押权人可以就分割或者转让后的抵押物行使抵押权”（第71条第2款）。“主债权被分割或者部分转让的，各债权人可以就其享有的债权份额行使抵押权”（第72条第1款）。“主债务被分割或者部分转让的，抵押人仍以其抵押物担保数个债务人履行债务。但是，第三人提供抵押的，债权人许可债务人转让债务未经抵押人书面同意的，抵押人对未经其同意转让的债务，不再承担担保责任”（第72条第2款）。

4. 担保物权具有物上代位性

担保物因灭失、毁损而获得赔偿金、补偿金或保险金的，该赔偿金、补偿金或保险金成

---

① 谢在全：《民法物权论》（中册），修订2版，357页。

为担保物的代替物，担保物权依然存在于其上，债权人有权就该代替物行使担保物权。这是担保物权的物上代位性。之所以如此，是因为担保物权乃在对于标的物的交换价值的直接支配，不关注标的物的占有、使用，于是，这种交换价值现实化时，无论其原因如何，均应为担保物权的效力所及。[①] 对此，《物权法》设有明文："担保期间，担保财产毁损、灭失或者被征收等，担保物权人可以就获得的保险金、赔偿金或者补偿金等优先受偿。被担保债权的履行期未届满的，也可以提存该保险金、赔偿金或者补偿金等"（第 174 条）。法释［2000］44 号第 80 条也设有类似的规定。

应当指出，留置权是把留置物的占有作为效力的本体的，在留置物灭失而转换为赔偿金请求权、保险金请求权时，留置权归于消灭，没有物上代位的可能。[②]

5. 担保物权具有追及效力

所谓担保物权的追及效力，是指不论担保物辗转流入何人之手，担保物权人均可追及至该担保物之所在，主张其担保物权。对此，《担保法》《物权法》设计的制度均无体现，但法释［2000］44 号则予以承认（第 67 条、第 68 条），值得肯定。[③]

不过，需要注意，留置权因其以占有留置物为成立要件和存续要件，占有丧失，留置权本身消灭，只要留置权人没有借助于占有制度恢复对留置物的占有，留置权即不存在，故无追及效力可言。[④]

6. 担保物权具有补充性

这里的补充性，是指担保物权一经成立，就在债的关系的基础上补充了担保物权关系，如抵押权法律关系、质权法律关系等。这些补充的担保物权关系的存在，使债权人就担保物享有了优先权，从而大大增加了促使债务人适当履行其债务的压力，极大地增强了保障债权得以实现的可能性。当然，在债的关系因适当履行而正常终止时，补充的义务并不实际履行；只有在债务不履行，并且担保人又无抗辩事由时，补充的义务才履行，使债权得以实现。

应当承认，补充性非担保物权所独有，保证关系、定金关系、某些保证金关系也具备。

二、担保物权与人的担保

人的担保，是指在债务人的全部财产之外，又附加了其他有关人的一般财产作债权实现的总担保。其形式主要有保证、连带债务、并存的债务承担。保证，是指基于保证人和债权人的约定，当债务人不履行其债务时，由保证人按照约定代债务人履行债务或承担民事责任。在现行法上分为一般保证和连带责任保证。连带债务，是在多数债务人场合下，每个债务人都有义务向债权人清偿全部债务的现象。并存的债务承担，也叫附加的债务承担或重叠的债务承担，是指第三人加入债的关系，与原债务人共同承担同一责任的现象。新加入的债务人不是从债务人，其债务没有补充性，因而无先诉抗辩权。债权人可直接向他主张债权，从而增加了债权实现的可能性。

---

① 参见谢在全：《民法物权论》（中册），修订 2 版，357～358 页。

② ［日］近江幸治：《担保物权法》，祝娅、王卫军、房兆融译，沈国明、李康民审校，16 页。

③ 详细论述，见崔建远：《土地上的权利群研究》，249～254 页。

④ ［日］近江幸治：《担保物权法》，祝娅、王卫军、房兆融译，沈国明、李康民审校，16 页。

就对债权实现的保障而言，人的担保是通过扩张一般担保的财产数量，即不但把债务人的全部财产作为责任财产，也把保证人、连带债务人或并存的债务承担人的全部财产纳入可以履行债务的范畴或列入可以承担责任的系列，从而大大增强了债权实现的可能性。不过，“因仍系以个人信用为担保，所负责任与债务人并无不同，故债务不能完全履行之危险依旧存在。而物的担保，债权人因有特定物直接供担保之用，独占地取得特定物或财产之支配价值，以优先清偿担保债权，不仅可以排除债务人主观愿否清偿之危险及责任财产可能减少之不安定性，同时在债务不能清偿时，因对担保标的物具有直接变价之权，就所得价金复有优先于其他债权人而受清偿之权能，因之，亦排除债权平等原则之适用，于是债务之确实清偿遂得以充分保障。可见，物的担保系债权经由与物权之结合，债权之权利因而扩充（权利扩充性），债权亦因有物权增强其效果而取得优越地位（债权优越化），是以担保物权实为债权之最佳担保制度”[①]。

三、担保物权与金钱担保

金钱担保，是在债务以外又交付一定数额的金钱，该特定数额的金钱的得丧与债务履行与否联系在一起，使当事人双方产生心理压力，从而促其积极履行债务，保障债权实现的制度。其主要方式有定金、押金及某些保证金。

就对债权实现的保障而言，金钱担保是通过特定数额的金钱得丧的规则效力使当事人产生心理压力，为避免自己的金钱损失而积极履行债务，保障债权实现。应当看到，这类担保方式在保障双方当事人的债权实现方面，有厚此薄彼之嫌。就是说，对于受领定金、押金或保证金的一方当事人较为有利，即，在交付定金、押金或保证金的一方当事人不履行债务时，无论其责任财产的状况如何，受领定金、押金或保证金的一方当事人的债权至少能在其预先受领金钱数额的范围内得到实现；但对交付定金、押金或保证金的一方当事人不尽有利，即，受领定金、押金或保证金的一方当事人若不履行债务，且其责任财产不足以清偿数个并存的债权时，交付定金、押金或保证金的一方当事人就难以使其债权获得完全清偿，甚至根本不能获得清偿。换言之，金钱担保对于交付金钱的一方当事人来说，与民事责任对其债权的保障程度难分高下。

与此不同，担保物权是通过使被担保债权就债务人或第三人的特定财产具有优先受偿效力的形式，来保障此类债权实现的，不受或少受债务人财产状况的影响。就保障债权实现而言，担保物权优于金钱担保。在市场主体的资金都相对紧缺的常态下，金钱担保运用的机会相对较少，高额债权的担保场合尤其如此，而担保物权恰恰具有这方面的优势。不过，从成本的方面观察，担保物权实现的成本较高，而金钱担保的成本要低得多。

四、担保物权与所有权保留

所谓所有权保留，是指标的物虽然交付了，但其所有权仍然保留在出让人之手，待一定的条件成就时该所有权才转移给受让人的制度。它在分期付款买卖中运用得最为广泛。在分期付款买卖合同中约定有所有权保留的条款的情况下，买卖物的所有权不因交付发生变动，而是待买受人付清全部价款时才转移。这样，会促使买受人积极支付价款，保障出卖人获得

---

① 谢在全：《民法物权论》（中册），修订2版，346～347页。

全部价款。《合同法》已经规定了这种担保方式（第134条），值得肯定，因为市场经济是信用经济，信用经济必定产生分期付款买卖方式。在分期付款买卖日益增多的形势下，所有权保留是买受人于价款付清前可以先占有、使用标的物，同时能保障出卖人的价款债权得以实现的较为理想的担保方式。还有，现行法虽然从整体上规定了抵押权，但证券抵押尚付阙如。而证券抵押恰恰是以担保方式作为投资手段的重要方式，在高度发达的市场经济中起着重要作用，中国立法亦应予以确认。应当指出，所有权保留还存在着其他的类型，例如日本有所谓的“延长的所有权保留”和“扩大的所有权保留”，前者指在生产、流通过程中，原材料供应商为了担保价金债权而在原材料及其加工物上保留所有权。由于这种供应商的所有权保留与融资者的让与担保权在加工物上会发生冲突，在日本这种所有权保留很少使用。[①]所谓“扩大的所有权保留”，是指在继续性买卖关系中，基于全部买卖商品与全部价金债权的牵连关系，为担保全部债权而保留全部买卖商品的所有权。它也被日本学者称为“根所有权保留”[②] 或“无限所有权保留”[③]。

在所有权保留的情况下，是通过在买受人全部付清价款之前不移转标的物所有权来促使买受人积极支付全部价款；即使买受人不付清价款，出卖人也能基于所有物返还请求权取回标的物，从而免受损害。在金钱担保的情况下是通过特定数额的金钱得丧的规则效力使当事人产生心理压力，为避免自己的金钱损失而积极履行债务，保障债权实现。

所有权保留和担保物权都属于广义的物的担保，由此可见两者在保障债权实现方面具有很强的共性。当然，它们也有差异。其一，所有权保留的成立需要当事人约定，而留置权、法定抵押权则直接基于法律的规定产生。其二，所有权保留制度适用的领域有限，而担保物权制度适用的范围非常宽广。其三，所有权保留的运用成本较低，而担保物权的运用成本较高。

五、担保物权的社会作用

1. 担保物权的设立迫使债务人积极履行债务，保障债权实现，是担保物权的消极社会作用。[④] 当然，消极作用中也透着积极的社会作用，因为假如没有担保物权制度作为基础支撑信贷业，可能导致信贷成本的上升和整个信贷业的萎缩。这反过来又将影响到全民就业和经济增长。因此，可以说担保物权也是整个国民经济的重要支柱。[⑤]

2. 担保物权作为社会融资的法律手段，诱导债权的发生，间接促成经济的繁荣是担保物权的积极社会作用。其道理在于，企业经营者筹集资金的便捷方式，是向金融部门融资。而获取融资的最佳手段，系以企业的财产设立担保物权。以担保物权为手段获取融资后，债务人因其清偿责任加重，责任感加强，便积极地将融资转为投资，购置设备，兢兢业业于企业的经营以赚取利润，用以清偿债务，或可用再添设备。增添的设备不仅可以使用、收益，

---

① ［日］近江幸治：《担保物权法》，祝娅、王卫军、房兆融译，沈国明、李康民审校，270页。

② ［日］高木多喜男：《担保物权法》，348～350页，东京，有斐阁，1981。转引自梁慧星：《日本现代担保法制及其对我国制定担保法的启示》，载梁慧星主编：《民商法论丛》（第3卷），186页，北京，法律出版社，1995。

③ ［日］米仓明：《所有权保留的实证研究》，115页。转引自［日］近江幸治：《担保物权法》，祝娅、王卫军、房兆融译，271页，注释1。

④ 谢在全：《民法物权论》（中册），修订2版，347页。

⑤ ［德］曼弗雷德·沃尔夫：《物权法》，吴越、李大雪译，329页。

创造利润，又可用于融资，再次形成从事经济活动所需的资本，于是相互循环，资本日增，企业因而壮大。再者，金融部门为使授予的融资易于收回，除设立担保物权作为最后护身符之外，无不先行调查企业的信用状况，就其经营方式、计划和结构作精密的企业诊断，企业愈健全愈有清偿能力，自然更易于获得融资，无形中更可促使企业的健康发展。另外，融资既系自动偿还，则金融部门的融资乃能于社会中流通顺畅，利润源源而生，企业和金融部门相辅相成，经由担保物权的融资手段，共同带动经济的繁荣。①

3. 刺激消费，高效地满足人们日益增长的消费需求。

现代社会是一个消费型社会，大量前所未有的物质产品和精神产品被创造出来供人们消费。然而在面对一些高额消费品（如汽车、住宅等）之时，许多人可能因财力不支而只能望而却步，此时采取担保物权即可有效地解决这些问题。当某个消费者希望能够住上一套公寓房或开上一辆汽车的时候，他或她可以进行房屋抵押贷款或汽车抵押贷款，消费者只需要付出这些消费品售价的一小部分（甚至一分钱不支付），其他的部分由银行支付，消费者与银行之间形成借贷关系，贷款的数额分期偿还，同时以房屋或汽车向银行设定抵押权担保银行债权的实现。在人们能够通过支付很少的一部分金钱就能提前消费许多高额消费品的情形下，消费欲望得到了空前的刺激，人们的消费需要也极大地得到了满足。而消费的增长又进一步带动了生产、销售等各个环节的顺畅进行。因此，在看到担保物权保障债权安全实现，刺激信用的创造这两项功能的同时，也绝不能忽视其刺激消费，高效地满足人们消费需求的作用。②

六、担保物权的类型

（一）法定担保物权与意定担保物权

1. 区分标准

担保物权以其发生原因的不同，可以分为法定担保物权和意定担保物权。

2. 界定

法定担保物权，是指直接基于法律规定而当然发生的担保物权。《物权法》《担保法》规定的法定担保物权有留置权。《合同法》第 286 条规定的建设工程价款优先受偿权、《海商法》第 21 条以下规定的船舶优先权、《民用航空法》第 18 条以下规定的民用航空器优先权等，均为法定担保物权。意定担保物权，是指基于当事人的约定产生的担保物权。这类担保物权较为常见，抵押权、质权往往是意定产生的。

3. 分类的法律意义

这种分类的法律意义在于，担保物权成立的要件不同，意思自治原则发挥作用的领域有别。

（二）留置性担保物权与优先清偿性担保物权

1. 区分标准

担保物权以其主要效力为标准，可分为留置性担保物权和优先清偿性担保物权。

2. 界定

留置性担保物权，是以留置担保物，迫使债务人清偿为其主要效力的担保物权。留置

---

① 谢在全：《民法物权论》（中册），修订 2 版，347 页。

② 王利明、尹飞、程啸：《中国物权法教程》，423 页。

权、当铺中的当铺质为其典型。优先清偿性担保物权，是以支配担保物的交换价值，使得担保债权优先获得清偿为其主要效力的担保物权。抵押权为其代表。动产质权也同时具有这两种效力。

3. 分类的法律意义

这种分类的法律意义在于，留置性担保物权通常是人们为了满足生活上的临时需要而存在的，但因必须将担保物的占有移转给债权人，致担保人（债务人或第三人）无法对它为使用、收益，企业经营者运用它的情况较少。反之，清偿性担保物权场合，担保人可继续使用并收益担保物，物尽其用，也免去了债权人的保管之累，最符合企业的经营理念，故为企业经营者所乐于采用。这种担保物权在现代生活中居于主导地位。[①]

（三）动产担保物权、不动产担保物权、权利担保物权与非特定财产担保物权

1. 区分标准

担保物权依其标的物的不同，可分为动产担保物权、不动产担保物权、权利担保物权和非特定财产担保物权。

2. 界定

动产担保物权，是指以动产为担保物而设立的担保物权。动产质权及动产抵押权为其例证。不动产担保物权，是指以不动产为担保物而设立的担保物权。不动产抵押权为其代表。权利担保物权，是指以权利为担保物而设立的担保物权。权利质权、权利抵押权为其典型。非特定财产担保物权，是指担保物权设立时不要求拟为担保的财产特定化，在担保物权实行前拟为担保的财产可以变动，但在担保物权实行时，担保物必须确定的担保物权。浮动抵押权为其代表。[②]

3. 分类的法律意义

这种分类的法律意义在于：(1) 担保物权成立的要件不尽一致，如不动产担保物权以登记为生效要件，浮动抵押权则否，而动产担保物权需要区分类型而定。(2) 不同领域对担保物权类型的需求有别。如企业经营领域，不动产抵押权、浮动抵押权、某些权利质权被经常运用，而在日常生活领域则对动产质权的需求较大。

（四）占有担保物权与非占有担保物权

1. 区分标准

担保物权以是否移转担保物的占有为标准，可分为占有担保物权和非占有担保物权。

2. 界定

占有担保物权，是指将担保物移转给债权人占有为成立要件和存续要件的担保物权。留置权、动产质权为其代表。非占有担保物权，是指无须将担保物移转给债权人占有的担保物权。抵押权为其典型。[③]

3. 分类的法律意义

这种分类的法律意义在于，两者的成立要件不同：占有担保物权以移转担保物的占有为成立要件，非占有担保物权则否。

---

① 谢在全：《民法物权论》（中册），修订 2 版，349 页。

② 谢在全：《民法物权论》（中册），修订 2 版，350 页；梁慧星、陈华彬：《物权法》，4 版，303 页。

③ 谢在全：《民法物权论》（中册），修订 2 版，351 页；梁慧星、陈华彬：《物权法》，4 版，304 页。

（五）典型担保与非典型担保

1. 区分的标准

担保物权以其是否属于法律所规定的为标准，可分为典型担保和非典型担保。

2. 界定

典型担保，是指法律所明文规定的，以担保债权实现为直接目的的担保形式。抵押权、质权和留置权均为典型担保。非典型担保又有广义的和狭义的之分。狭义的非典型担保，是指在交易实务中自发产生，尔后为判例、学说所承认的担保债权实现的担保形式。让与担保为其代表。① 广义的非典型担保，又叫变态担保或不规则担保，是指法律未将其放置于债权担保体系内，甚至于法律对其未加规定，但内在地具有或兼具担保债权的功能，社会交易上将之用于债权担保的制度。典权、让与担保、附条件买卖、买回、代理受领、抵销、融资租赁等均属此类。②

所谓让与担保，是指债务人或第三人为担保债务人履行其债务，将担保物的权利移转于债权人，待债权获得清偿时，担保物的权利复归于债务人或第三人，在债务不履行时，债权人可以就该担保物受偿的非典型担保。以标的物是动产抑或不动产为标准，它分为动产让与担保和不动产让与担保。关于动产让与担保，现行法尚未规定，仅仅设置了动产抵押权制度。关于不动产让与担保，实务中盛行的按揭属于此类。

3. 分类的法律意义

这种分类的法律意义在于：(1) 典型担保的构成和效力均由法律明文规定，而非典型担保的情形较为复杂，务必先定性和定位，方能适当地适用法律。(2) 通过对典型担保和非典型担保的梳理，可建立债的保障体系，完善民法理论。

（六）本担保与反担保

1. 区分标准

担保物权以其是否属于为担保人所承担的担保责任而设立的担保形式为标准，可分为本担保和反担保。

2. 界定

本担保，是固有意义上的担保，也就是人们通常所说的担保，指债务人或第三人以其特定财产或一般财产，为担保债权人基于买卖等合同产生的债权，或基于单方允诺产生的债权，或不当得利债权，或无因管理债权，或基于侵权行为产生的债权等债权的实现，而设立的担保形式。

所谓反担保是与本担保或曰原担保对应的概念，又称作“求偿担保”，是指在商品贸易、工程承包和资金借贷等经济往来中，有时为了换取担保人提供保证、抵押或质押等担保方式，由债务人或第三人向该担保人新设担保，以担保该担保人承担了担保责任后易于实现其追偿权的制度。该新设担保相对于原担保而言被称为反担保。《担保法》第 4 条第 1 款、《物权法》第 171 条第 2 款对此均予承认。

抵押权、质权等可以是本担保的形式，也可以是反担保的形式，究竟属于何者，须看具体的法律关系及其结构。

---

① 梁慧星、陈华彬：《物权法》，4 版，304 页。

② 谢在全：《民法物权论》（中册），修订 2 版，351～352 页。

3. 分类的法律意义

这种分类的法律意义在于：(1) 关于本担保的形式，现行法已经明确，抵押权、质权和留置权诸担保物权，保证等人的担保形式，以及定金等金钱担保形式，均属此类。至于反担保的形式，现行法尚未言明，需要学说和判决整理。本书作者认为，首先，留置权不能为反担保方式。因为按《担保法》第 4 条第 1 款和《物权法》第 171 条第 2 款规定，反担保产生于约定，而留置权却发生于法定。留置权在现行法上一律以动产为客体，价值相对较小，在主债额和原担保额均为巨大的场合，以留置权作为反担保实在不足以保护原担保人的合法权益。其次，定金虽然在理论上可以作为反担保的方式，但因为支付定金会进一步削弱债务人向债权人支付价款或酬金的能力，加之往往形成原担保和反担保不成比例的局面，所以在实践中极少采用。在实践中运用较多的反担保形式是保证、抵押权，然后是质权。不过，在债务人亲自向原担保人提供反担保的场合，保证就不得作为反担保方式。因为这会形成债务人既向原担保人负偿付因履行原担保而生之必要费用的义务，又向原担保人承担保证债务，债务人和保证人合二而一，起不到反担保的作用。只有债务人以其特定财产设立抵押权、质权，作为反担保方式，才会实际地起到保护原担保人的合法权益的作用。至于实际采用何种反担保方式，取决于债务人和原担保人之间的约定。在第三人充任反担保人的场合，抵押权、质权、保证均可采用，究竟采取何者，取决于该第三人（反担保人）和原担保人之间的约定。(2) 设立反担保的行为是法律行为，必须符合《民法通则》第 55 条规定的有效条件。而每种反担保方式又各有其特定的成立要件，因此尚需符合《担保法》和《物权法》于相应条款规定的特定成立要件。例如，《担保法》第 38 条和第 39 条规定，抵押权设立须有抵押合同并须具有书面形式与相应条款；第 41 条规定以土地使用权、地上房屋等设立抵押时，应当办理登记手续。反担保若采抵押权方式，亦然。(3) 依反担保设立的目的要求，反担保的实行，应于原担保实行之后。而原担保的实行则无此前提。(4) 关于本担保设立者的范围，《担保法》和《物权法》等有关法律、法规均有明文，可以是债务人，有时也可以是第三人。关于反担保提供者的范围，《担保法》第 4 条第 1 款和《物权法》第 171 条第 2 款仅仅规定债务人为反担保的提供者，忽视了债务人委托第三人向原担保人提供反担保的情形。按本条侧重保护原担保人的合法权益、换取原担保人立保的立法目的和基本思想衡量，法条文义涵盖的反担保提供者的范围过狭，不足以贯彻其立法目的，构成一法律漏洞。对该漏洞的弥补应采取目的性扩张方式，将第三人提供反担保的情形纳入本条的适用范围。法释［2000］44 号第 2 条第 1 款已经作了这样的解释，值得肯定。①

第二节　担保物权的担保范围

一、概述

《物权法》第 173 条规定："担保物权的担保范围包括主债权及其利息、违约金、损害赔偿金、保管担保财产和实现担保物权的费用。当事人另有约定的，按照约定。"总结该条规

① 崔建远主编：《合同法》（修订本），139～140 页，北京，法律出版社，2000；崔建远主编：《合同法》，3 版，127～128 页，北京，法律出版社，2003；崔建远主编：《合同法》，4 版，161～162 页，北京，法律出版社，2007。

定，可以说，对于担保物权的担保范围，当事人有约定的，依其约定；无约定的，依照《物权法》第173条的规定，担保范围包括主债权及其利息、违约金、损害赔偿金、保管担保财产和实现担保物权的费用。

二、主债权

主债权，又称原本债权，是相对于利息债权及其他附随债权而言的称谓。它可以是合同债权、基于单方允诺产生的债权，也可以是不当得利返还请求权、无因管理产生的债权、基于侵权行为产生的债权等；可以是原本就是以支付金钱为内容的债权，也可以是最后可转化为以金钱给付为内容的债权，如交付货物的债权、提供劳务的债权，只要当事人约定该担保是在为将来转化成的以金钱给付为内容的债权而设即可；主债权大多为现实存在的债权，也可以是某些未来成立的债权和附条件债权。

担保物权的存在就是为了确保主债权的实现，因此主债权为担保物权所担保的主要对象。

三、利息

利息，是由作为主债权的金钱债权而产生的法定孳息。利息可分为作为狭义的利息（即作为本金孳生物的利息）和逾期利息（迟延利息）。作为狭义的利息的计算标准的利率既可以是约定的（即当事人在法律规定的范围内作出的约定），也可以是法定利率。所谓逾期利息，是指在债务人履行金钱债务迟延时，应当向债权人给付的利息。具体来说，就是指除应支付合同约定的贷款期间的利息以外，还应支付逾期部分的利息，即应支付未还款之前的实际借款期间的利息。逾期利息的计算标准也可以是当事人约定的或法定的利率。[①] 不过，此时借款人向贷款人支付的利息在法律性质上属于因金钱之债被侵害所产生的法定违约金。由于《物权法》第173条已经单独规定了违约金，这里的“利息”不应包括作为法定违约金的逾期利息，而仅指作为本金孳生物的利息。

利息作为担保物权所担保的范围，应有一定的从外部识别的标志。例如，本金债权的当事人若为金融机构，则以法定的利率为准计算；若为普通的当事人，应举证证明关于利息的约定，否则，视为无利息约定，担保物权的效力不及于利息。

[论争]

有观点认为，逾期利息亦为担保物权所担保的范围。[②]

四、违约金

尽管《物权法》第173条在字面上将违约金作为担保物权所担保的范围之一，但实际上并不确切。作为担保物权所担保的范围的违约金，并非指债务不履行发生前的当事人约定的或法律规定的违约金，而是债务不履行之时及其后产生的违约金责任。

违约金责任分为赔偿性违约金和惩罚性违约金。前者属于主债务因其未被履行而转化成的第二性债务，从权利的角度观察即为主债权因债务人不履行而转化成的救济权，就是说，

---

① 王利明、尹飞、程啸：《中国物权法教程》，430页。

② 黄松有主编：《〈中华人民共和国物权法〉条文理解与适用》，508页。

赔偿性违约金和主债务之间具有同一性，或者说赔偿性违约金债权和主债权之间具有同一性。既然主债权为担保物权所担保的法定的范围，赔偿性违约金自然应为担保物权所担保的法定的范围。

惩罚性违约金并非主债务因未被履行而转化成的第二性债务，二者之间无同一性。有鉴于此，它是否为担保物权所担保的范围，可有两种思路：（1）简单地按《物权法》第173条的字面规定予以解释和适用，认定惩罚性违约金为担保物权所担保的法定的范围。（2）限缩《物权法》第173条关于违约金为担保物权所担保范围的文义，将惩罚性违约金排除在担保物权所担保的范围之外，除非当事人明确约定担保范围包括惩罚性违约金。有赞同第一种思路的。[①] 但本书作者认为，从法理上讲，第二种思路更为合理。首先，它尊重当事人的自由意志。其次，在无当事人约定的情况下，担保物权的目的及功能在于促使债务人履行债务、保障债权实现。而惩罚性违约金超出了债权实现的范围和程度，属于额外的负担，且属于较为严厉的惩罚性措施。在强调等价、补偿性的民法领域，若无特别理由，对惩罚性的措施轻易不予鼓励。不加条件限制地使担保物权的担保范围扩张至惩罚性违约金，已经脱离了担保物权的目的及功能，过分偏向于债权人了，而对其他债权人过于苛刻。其不合理性在债务人于其不履行债务方面并无可归责之处、债务人的责任财产不足以清偿数个并存的债权场合，表现得尤为突出。因而，第二种思路较为可取。当然，如果通过援用《合同法》第114条第2款的规定，将惩罚性违约金的数额降低，使违约金、赔偿金等负担之和达到与债权人的损失额（所受损害和所失利益之和）相当的程度，即已经把惩罚性违约金在实际运作中变成了赔偿性违约金的，担保物权所担保的范围则应当包括它。

五、损害赔偿金

损害赔偿金为主债务因未被履行而转化成的第二性债务，从权利的角度描述，就是主债权因主债务不履行而转化成的救济权。既然主债权为担保物权所担保的法定的范围，损害赔偿金自然应为担保物权所担保的法定的范围。

六、保管担保财产的费用

由于抵押权并不移转抵押物的占有，不发生抵押权人因保管担保物而支出费用的问题。与此有别，动产质权和留置权存在着保管担保物的费用。在动产质权场合，动产质权的设立必须移转质物的占有（《物权法》第212条），质权人对质物负有妥善保管的义务（《物权法》第215条第1款前段），由此可产生保管费用。在留置权场合，留置权人必须占有留置物，留置权人负有妥善保管留置财产的义务（《物权法》第234条前段），可能支出保管费用。[②] 为保管担保物而支出费用，是有利于担保权人、债务人或其他债权人之举，由担保人负担是合理的。不然，不利于担保活动的进行，也不利于确保债权的实现。所以，该项费用应纳入担保物权所担保的范围。[③]

---

① 黄松有主编：《〈中华人民共和国物权法〉条文理解与适用》，509页。

② 王利明、尹飞、程啸：《中国物权法教程》，431页；黄松有主编：《〈中华人民共和国物权法〉条文理解与适用》，509页。

③ 胡康生主编：《中华人民共和国物权法释义》，374～375页；谢在全：《民法物权论》（中册），修订2版，423页。

七、实现担保物权的费用

所谓实现担保物权的费用，是指担保物权人因实现担保物权而支出的费用，包括拍卖、变卖担保物所支付的费用，以及其他的必要费用。当然，当事人对此有约定的，依其约定。

第三节　担保物权与人的担保的并存

一、概述

同一债权既有保证又有担保物权的，如何处理？《担保法》规定，保证人对物的担保以外的债权承担保证责任（第 28 条第 1 款）。债权人放弃物的担保时，保证人在债权人放弃权利的范围内免除保证责任（第 28 条第 2 款）。法释［2000］44 号对此有所修改：同一债权既有保证又有第三人提供物的担保的，债权人可以请求保证人或物的担保人承担担保责任。当事人对保证担保的范围或物的担保的范围没有约定或约定不明的，承担了担保责任的担保人，可以向债务人追偿，也可以要求其他担保人清偿其应当分担的份额（第 38 条第 1 款）。同一债权既有保证又有物的担保的，物的担保合同被确认为无效或被撤销，保证人仍应当按合同的约定或法律的规定承担保证责任（第 38 条第 2 款）。债权人在主合同履行期届满后怠于行使担保物权，致使担保物的价值减少或毁损、灭失的，视为债权人放弃部分或全部物的担保。保证人在债权人放弃权利的范围内减轻或免除保证责任（第 38 条第 3 款）。这些规定有利有弊，《物权法》吸收其利而规定："被担保的债权既有物的担保又有人的担保的，债务人不履行到期债务或者发生当事人约定的实现担保物权的情形，债权人应当按照约定实现债权；没有约定或者约定不明确，债务人自己提供物的担保的，债权人应当先就该物的担保实现债权；第三人提供物的担保的，债权人可以就物的担保实现债权，也可以要求保证人承担保证责任。提供担保的第三人承担担保责任后，有权向债务人追偿"（第 176 条）。显然，三部法律的规定存在着矛盾，需要解决。

二、解决方案

1. 就《物权法》和《担保法》之间的关系而言，由于《担保法》第 28 条的规定弊大于利，《物权法》第 176 条的规定较为合理，若依特别法优先于普通法解决矛盾，则难以消除《担保法》第 28 条的弊端，于是，应当按照《物权法》第 178 条关于"担保法与本法的规定不一致的，适用本法"的规定，使《物权法》第 176 条优先于《担保法》第 28 条而适用。

2. 就《物权法》和法释［2000］44 号之间的关系而论，前者的位阶高于司法解释的位阶，按照下位阶规范不得抵触上位阶规范的原则，《物权法》的规定优先适用，只有《物权法》无规定之处才适用法释［2000］44 号第 38 条的规定。

3.《物权法》第 176 条中段关于"没有约定或者约定不明确，债务人自己提供物的担保的，债权人应当先就该物的担保实现债权"的规定，具有合理性，值得肯定。因为债务本应由债务人履行，首先就债务人提供的物的担保实现债权，符合这个机理。此其一。担保责任并非终局的责任，只是过渡性质的债务，最终的责任由主债务人承担。假若首先就人的担保实现债权，保证人或连带债务人承担了人的担保责任后再向主债务人追偿，使得法律关系复杂化，徒增成本。对此，回想一下连带债务场合的内部关系都是按份处理，而不再按连带处理，就会明白。此其二。相较于债权人请求保证人或连带债务人承担人的担保责任，行使物的担保的确增大了成本，但由于该项成本由担保物的变价负担（《物权法》第 173 条、第 195 条），加上该变价不足以清偿债权时，债权人仍有权请求保证人或连带债务人承担人的担保责任，债权人不会遭受不利。此其三。

4.《物权法》第 176 条中段关于“没有约定或者约定不明确……第三人提供物的担保的，债权人可以就物的担保实现债权，也可以要求保证人承担保证责任”的规定，同样合理，值得肯定。其道理在于，多个担保方式共同担保同一个债权，在性质和功能上没有按份担保的天然要求，而是各自承担着担保全部债权的责任。此其一。在当事人没有约定先就何种担保实现债权，或约定不明确的情况下，债权人就何种担保实现其债权自由决定，符合权利的本质，也符合趋利避害的经济人的本性。此其二。

5.《物权法》第 176 条前段关于“被担保的债权既有物的担保又有人的担保的……债权人应当按照约定实现债权”的规定，把当事人关于债权人首先行使哪种担保方式的约定置于优先地位，符合意思自治原则和案情实际，较《担保法》和法释［2000］44 号的规定先进，应予肯定。不过，约定担保责任的承担顺序，情形复杂，需要区别对待。

（1）如果物上保证人和债权人约定由保证人先履行保证责任，保证人有权主张，该约定对自己这个第三人不发生拘束力，根据在于合同的相对性原则；保证人也可以援用《合同法》第 52 条第 2 项的规定，主张此类约定属于物上保证人和债权人恶意串通损害第三人的合法权益而无效。

至于保证人同意该约定，意味着保证人默认自己是唯一的担保人，没有寄希望于他人加入到担保人的行列之中；保证人愿意受其单方允诺的约束，必须先承担保证责任。对于此项约定，还可以解释为保证人和债权人重新签订了一份合同，变更了原来的保证合同，保证人同意先承担保证责任。

（2）在保证合同已经明确约定，债权人不得放弃行使担保物权，否则，保证人有权拒绝承担保证责任的情况下，债权人违反该项约定，而与物上保证人约定在保证人不能代偿债务时债权人才能行使担保物权，保证人获得救济的途径如下：可以援用保证合同关于“债权人不得放弃行使担保物权，否则，保证人有权拒绝承担保证责任”的约定，对抗债权人请求保证人承担保证责任的行为，并追究债权人的违约责任；或援用《合同法》第 52 条第 2 项的规定，主张该约定属于他们恶意串通损害第三人的合法权益而无效。

（3）如果保证人和债权人约定先就物的担保实现债权，物上保证人若为债务人，就无权对抗此类约定，原因在于《物权法》第 176 条的规定，以及尽量简化法律关系及降低成本的要求；若为第三人，则可以主张该项约定对自己没有法律约束力，根据在于合同的相对性原则。

至于物上保证人同意该约定，这意味着物上保证人默认自己是唯一的担保人，没有寄希望于他人加入到担保人的行列之中；物上保证人愿意受其单方允诺的约束，必须先承担物上保证责任。

结合程序处理上述问题，应适用法释［2000］44 号第 128 条第 2 款关于“同一债权既有保证又有物的担保的，当事人发生纠纷提起诉讼的，债务人与保证人、抵押人或者出质人可以作为共同被告参加诉讼”的规定，以便快捷、经济。

6. 法释［2000］44号未一律贯彻债权人自主选择行使担保方式的思想，而是引入了过失思想，于第38条第3款规定了减轻或免除保证责任的事由。在物的担保由债务人自己提供的情况下，由于债权人怠于行使担保物权，致使担保物的价值减少或毁损、灭失，意味着增大了保证人承担保证责任的可能性，甚至使保证人实际履行保证债务。这种因债权人的过失导致的后果不宜由保证人承受，而应由债权人自食其果。所以，法释［2000］44号的这个设计具有合理性，《物权法》第176条的规定忽视了过失思想，应当反思。至于物的担保由第三人提供的场合，原则上应采取上文“4”的分析，不将债权人怠于行使担保物权认定为过失，不产生减轻或免除保证责任的后果，除非如此处理违反诚实信用原则。如此看来，法释［2000］44号第38条第3款的规定需要目的性限缩，将第三人提供物的担保排除在外。

7. 法释［2000］44号第38条第1款后段关于“当事人对保证担保的范围或者物的担保的范围没有约定或者约定不明的，承担了担保责任的担保人，可以向债务人追偿，也可以要求其他担保人清偿其应当分担的份额”的规定，显然是承认了各个担保人对于抵押权人负有连带责任，准用了连带债务的规定；在各个担保人之间确定了按份责任。这种制度设计有利有弊。其利在于，就共同保证来说，只要各个共同保证人没有约定按份承担保证责任，就一律使其负连带责任，并赋予承担了保证责任的保证人向其他共同保证人追偿的权利，符合共同保证之债的机理。此其一。该规定使各个担保人均会承担担保责任，分散了负担。此其二。该规定也有助于避免下述现象：抵押人乙和抵押权人甲恶意串通，私下确定变卖或拍卖抵押人丙所有的抵押物，或使保证人丁承担保证责任，使被担保债权获得清偿，从而使抵押人乙所有的抵押物免于变卖或拍卖。此其三。同时，该款规定也存在着明显的弊端：(1) 在每位担保人均不知尚有其他担保人存在的情况下，其意思表示即为使自己的抵押物承担全部担保责任，或自己承担全部的保证责任，本无连带负责及向其他担保人追偿的意思，却硬性地令每位担保人连带负责，实际承担担保责任后再向其他担保人追偿，不符合意思自治原则。(2) 债权人甲的债权先有保证人乙作保，后有抵押人丙以其A房地产提供抵押的情况下，抵押人丙声称抵押权人（债权人）甲会先请求保证人乙承担保证责任，A房地产不会被债权人甲变卖或拍卖，甚至出示了书面协议，致使债权人丁同意以其B房地产置换A房地产，且先将B房地产过户登记在抵押人丙的名下。在这种背景下，如果不承认担保人之间互有追偿权，则在保证人乙承担了保证责任并使债权人甲的债权获得清偿的情况下，抵押人丙的清偿能力未受影响，债权人丁处于较为有利的地位；反之，保证人乙承担保证责任后，向抵押人丙追偿，致使A房地产被抵给保证人乙，债权人丁就处于不利的境地。(3) 各个担保人负有担保责任的法律行为不同，或者说并非基于同一原因，却使其承担连带责任，除非法律设有明文，在法理上并无当然的结论。特别是，除了共同抵押外，就担保物权的本质和效力关系而言，完全不同于连带之债的关系，各个担保物权之间本无连带或按份的效力，谈不上物上保证人之间的追偿问题。至于各个物上保证人、债权人共同约定，由物上保证人连带负责，以及物上保证人之间可以追偿，那是当事人从外界硬加上去的，法律只是尊重意思自治才予以认可的。(4)“从程序上讲费时费力、不经济。”(5)“向其他担保人追偿可操作性很差。向其他担保人追偿，首先面临的一个问题就是如何计算追偿份额。在保证与担保物权并存的情况下确定份额是很难的”[1]。有鉴于此，《物权法》没有规定担保人之间相互追偿。

但须注意，物权法，就其固有的目的及功能而言，仅仅规制物权的问题，而物权之间的确不存在相互连带及追偿的属性和效力，只有共同抵押除外。就此说来，《物权法》未规定物上担保人之间相互追偿，诚为安分守己。同时，也正因为物权法不管债的事情，债法自然按照自身的规律设置债的规则，包括共同保证人之间的连带责任及追偿的规定，《物权法》对此予以尊重，不作相反的规定，就是尊重的表现。由此可知，《物权法》没有规定担保人之间相互追偿，并不意味着否定了《担保法》第 12 条及法释〔2000〕44 号第 19 条、第 20 条关于共同保证人负连带保证责任场合享有追偿权的规定。在这个问题上，不存在《物权法》第 178 条规定的“担保法与本法的规定不一致的，适用本法”的情况。就是说，承担了全部保证责任的保证人仍有权向没有承担责任的其他保证人追偿。

第四节　担保物权的消灭

一、担保物权消灭的事由

物权消灭的事由，如标的物灭失且无代位物等，当然是担保物权消灭的事由。此外，《物权法》第 177 条还规定了担保物权消灭的特别事由，包括主债权消灭、担保物权实现、债权人放弃担保物权、法律规定担保物权消灭的其他情形。

1. 主债权消灭

由于担保物权是从属于主债权的从权利，主债权消灭时，担保物权也归于消灭。但须注意，主债权若因主债权债务合同解除而归于消灭时，主债权债务转化为损害赔偿金债权债务或违约金债权债务的，担保物权继续存在于该转化的债权债务之上，并不消灭。除非担保合同另有约定（法释〔2000〕44 号第 10 条）。

2. 担保物权实现

担保物权实现，使命完成，应当寿终正寝。被担保债权因此获得完全清偿，固然如此；即使是尚未获得全部清偿，也只能作为无担保物权担保的普通债权存在，无法再求助于担保物权，换句话说，担保物权不会因此而继续存在。

3. 债权人放弃担保物权

债权人放弃担保物权，又叫债权人抛弃担保物权，担保物权因此而不复存在。但须注意，担保已经登记的，应当及时将担保物权的登记注销；若未注销，虽然对于“担保物权”人来说，担保物权业已消灭，但对于第三人而言，“担保物权”人不得以担保物权已经消灭为由予以对抗。

4. 法律规定担保物权消灭的其他情形

所谓法律规定担保物权消灭的其他情形，包括现行法规定的担保物权消灭的其他事由，也包括未来的立法新增设的担保物权消灭的事由。就现行法的规定看，《物权法》第 240 条规定的留置权人丧失对留置物的占有或接受债务人另行提供担保的，留置权消灭，属于这种情况。

---

[1] 胡康生主编：《中华人民共和国物权法释义》，381～382 页。

二、担保物权消灭的法律后果

1. 担保物权因主债权消灭、自身实现的事由而消灭，一般不会出现复杂的问题，不产生民事责任。

2. 在债权人放弃的是债务人提供的担保物权的情况下，依据《物权法》第 194 条第 2 款、第 218 条后段的规定，其他担保人在担保物权人丧失优先受偿权益的范围内免除担保责任，除非其他担保人承诺仍然提供担保。

第十八章　抵押权

第一节　抵押权概述

一、抵押权的界定

抵押权，是指对于债务人或第三人不转移占有而提供担保的财产，在债务人不履行到期债务或发生当事人约定的实现抵押权的情形时，债权人依法享有就该项财产的变价使其债权优先受偿的担保物权（《物权法》第 179 条第 1 款）。提供担保财产的债务人或第三人叫作抵押人，而享有抵押权的债权人称为抵押权人，抵押人提供的担保财产称作抵押财产（《物权法》第 179 条第 2 款），或曰抵押物。

二、抵押权的性质

1. 抵押权为一种担保物权

抵押权，是债权人支配债务人或第三人提供的抵押物的交换价值，使其债权优先于普通债权获得清偿的权利，故属于担保物权的一种。

2. 抵押权是不移转抵押物占有的物权

抵押权的成立和存续不以移转抵押物的占有为必要，为非占有担保物权，此与质权、留置权等占有担保物权不同。抵押权的行使无须占有抵押物，此与建设用地使用权、土地承保经营权等用益物权有别。之所以如此，是因为抵押权为价值权而非用益权。①

3. 抵押权是就抵押物的变价使被担保债权优先受偿的物权

抵押权作为物权，为支配权，具有优先效力，但无受领债务人清偿的内容、效力。债权才具有受领债务人清偿的内容、效力，但无优先的效力，除非法律采取有关措施使其发生性质的变化，或立法政策赋予某类或某些债权优先效力。人们通常所说的抵押权系就抵押物的变价而优先受偿的权利，并非意味着抵押权自身为优先受债务人清偿的权利，而应理解为抵押权与被担保债权相结合时，或者说是抵押权附着在债权上，因此种结合或曰附着，抵押权的优先性传递给债权，使被担保债权发生性质和效力的变化，由原来的平等性转化为优先性，债权固有的受清偿的效力继续保持，这类似于两种物质结合发生化学反应，使物质的性质改变。优先性体现在债权上，不是该债权的存在就排斥其他债权继续存在，而是该属性债权在顺位上名列前茅，顺位在先者先实现，债权的实现就是获得清偿，于是，债权的优先性

---

① 谢在全：《民法物权论》（中册），修订 2 版，363～364 页。

就是优先受偿性。[①]

4. 抵押权具有特定性

抵押权具有特定性，一是表现在它是在债务人或第三人的特定财产上所设立的物权。这里的财产，即抵押物，在现行法上包括不动产、动产、不动产物权，以及它们集合所形成的集合物（《物权法》第180条、第181条等）。只有抵押物特定，才能在抵押权实行时将抵押物变价。不过，这里的特定，大多是在抵押权设立之时抵押物即已特定了，如以A车作为抵押物为他人债权设立抵押权，以B房及其基地的建设用地使用权作为抵押物为他人债权设立抵押权等（严格意义上的特定性）；有时也可以是抵押物在抵押权设立时尚未确定，待抵押权实行时方予特定，如《物权法》第181条规定的企业等以其现有的及将有的生产设备、原材料、半成品、产品作为抵押物设立抵押权（放宽解释所承认的特定性）。

抵押权具有特定性，还表现在抵押权所担保的债权是特定的。这是由现行法上的抵押权为保全担保物权的基本属性所决定的。同样，被担保债权的特定，既可以是抵押权设立时即有特定的债权，如不动产抵押权、汽车抵押权等；有时也可以抵押权设立时仅仅预估一个在一定期间发生的债权总额，至于在该总额内实际上有多少个债权，以及每个债权在预订的期间内何时成立，法律均不干预，如《物权法》第203条以下规定的最高额抵押权。

5. 抵押权具有从属性

所谓抵押权的从属性，是指抵押权的成立、移转和消灭，均应从属于债权，以及被担保债权优先受偿的范围以抵押权实现时存在的债权为限的现象。分解开来，有如下几方面的表现：

（1）成立上的从属性

所谓抵押权成立上的从属性，是指抵押权的成立以被担保债权的存在为前提，该债权若不存在，抵押权就不成立。这是因为现行法上的抵押权系保全担保物权，不具有独立性，被担保债权不存在，抵押权即无存在的价值，故抵押权具有成立上的从属性，系属当然。

不过，对于成立上的从属性，应从宽把握，即抵押权成立时被担保债权已经存在，固然是抵押权在成立上具有从属性的表现，抵押权成立时被担保债权尚未产生，在抵押权实行时被担保债权业已存在的，亦不违反抵押权成立上的从属性。《物权法》第203条关于最高额抵押权与被担保债权之间关系的规定，体现了这种精神。

从宽把握的另一表现是，在某些情况下，主债权债务合同归于无效，业已办理了抵押登记的抵押权不因此而归于消灭。[②] 在这方面，日本的一则判例给我们以启示。该案的案情是，B从A劳动金库贷款时，因其没有会员资格而设立了一个自己作为代表人的P组合，然后以P组合的名义贷款，并以自己的不动产设立抵押权（实质上是会员外贷款）。因其不能还款，该抵押权被实行，C通过拍卖取得了该不动产，并办理了所有权登记。在这里，B（原告）主张上述贷款行为和抵押权的设定无效，请求C（被告）撤销该不动产的所有权登记，并将该不动产归还自己。[③] 日本的判例适用诚实信用原则，否定了B的请求，认为即使

---

① 崔建远：《土地上的权利群研究》，247～248页。

② 在不少情况下，主债权债务合同无效，抵押权应当消灭。例如，主债权债务合同违反公序良俗原则而无效时，抵押权应当消灭。

③ 转引自［日］近江幸治：《担保物权法》，祝娅、王卫军、房兆融译，沈国明、李康民审校，107页。

“贷款行为无效，B也有义务返还A因其不当得利而得到的上述‘贷款金’，因此债务没有发生变化。而且，本件抵押权，从其设定宗旨开始，在经济上视为债权人A所具有对上述债权的担保意义，B不偿还以上的债务，并以以上的贷款行为无效作为理由，主张本件抵押权或其实行手续的无效，在诚实信用原则上是不允许的”①。对其法律构成，四宫和夫教授、高木多喜男教授提出债权同一性说，认为无效贷款债权转化成不当得利的返还请求权，两者在法律上没有同一性，但在经济实质上有同一性，因此抵押权成立并有效。所以，按照这种学说，抵押权所担保的债权成为不当得利返还的债权。②

抵押权虽然已经成立，但被担保债权实际上不成立的，因违反成立上的从属性，该抵押权应归消灭。纵使已经办理了抵押登记，也是如此，抵押人有权行使排除妨害请求权而请求注销该抵押权登记。③

（2）内容上的从属性

所谓抵押权内容上的从属性，包含两层意思：1）除非法律另有规定，抵押权成立之后，当事人对所担保的范围已有明确约定的，则未经抵押人的同意，债权人和债务人不得加重抵押人的负担，否则，超过的部分不属于抵押权担保的范围。简言之，债权人只能在其债权范围内享有抵押权（《物权法》第173条后段、《担保法》第46条后段）。当事人对所担保的债权范围没有约定的，则当债权数额增加或减少时，抵押权也会发生相应的变动。2）只有当抵押权所担保的债权到期之后，抵押权才相应地到期，抵押权人才能行使抵押权，除非当事人约定了不同的实现抵押权的条件（《物权法》第170条、《担保法》第53条第1款）。④

（3）移转（或处分）上的从属性

所谓抵押权移转上（或处分上）的从属性，是指抵押权需附随于所担保的债权，才能转让或成为其他债权的担保，抵押权不得与债权分离而单独转让或作为其他债权的担保。《物权法》第192条关于“抵押权不得与债权分离而单独转让或者作为其他债权的担保。债权转让的，担保该债权的抵押权一并转让，但法律另有规定或者当事人另有约定的除外”的规定，《担保法》第50条关于“抵押权不得与债权分离而单独转让或者作为其他债权的担保”的规定，明确承认了抵押权的这种属性。这是由抵押权为保全担保物权的性质和作用决定的。

[探微]

（1）《物权法》第192条前段所谓“抵押权不得与债权分离而单独转让”，包括下列三种情形：

A. 抵押权人不得将抵押权单独转让给他人，而自己保留债权。否则，该转让因违反《物权法》第192条和《担保法》第50条的禁止性规定而无效，受让人不能因此而取得抵押权。

于此场合，抵押权转让合同是否当然无效，存有疑问。德国民法、中国台湾地区的“民

---

① ［日］最判1969.7.4民集23卷8号1347页·千种秀夫“百选Ⅰ”178页。转引自［日］近江幸治：《担保物权法》，祝娅、王卫军、房兆融译，沈国明、李康民审校，107页。

② ［日］四宫和夫：《法学协会杂志》第87卷9＝10号，第988页以下；［日］高木多喜男：《担保物权法》，102页。转引自［日］近江幸治：《担保物权法》，祝娅、王卫军、房兆融译，沈国明、李康民审校，107页。

③ 谢在全：《民法物权论》（中册），修订2版，379页。

④ 王利明、尹飞、程啸：《中国物权法教程》，442页。

法”及其理论区分债权行为和物权行为，抵押权转让合同为债权行为，抵押权让与是物权行为，所谓单独让与抵押权无效，指的是物权行为无效。中国《物权法》未承认物权行为，抵押权转让合同不是物权行为，抵押权让与为事实行为，或者说抵押权转让合同生效及履行的结果。虽然事实行为难谓无效，尽管《物权法》区分了物权变动与其原因行为（第 15 条），但探究《物权法》第 192 条和《担保法》第 50 条的禁止性规定的规范意旨，可知单独转让抵押权而自己保留债权的，法律不赋予抵押权转让的效果。鉴于抵押权转让合同也违反了禁止性规定，考虑到假如使抵押权转让合同有效，会出现受让人有权请求转让人转让抵押权的结果，从而致使《物权法》第 192 条和《担保法》第 50 条的立法目的落空，应当令抵押权转让合同归于无效。

B. 抵押权人不得将债权单独转让给他人，而自己保留抵押权。无论当事人有无关于抵押权随着被担保债权的让与而转让的约定，抵押权原则上都随同债权一并移转给受让人，且无须征得抵押人的同意（《合同法》第 81 条前段）。而且在动产抵押、浮动抵押的场合无须办理移转登记手续。但是，在不动产抵押权的场合，按照《不动产登记暂行条例实施细则》第 27 条第 8 项、第 69 条的规定，需要办理不动产抵押权的转移登记。

债权人（抵押权人）和受让人明确约定仅让与债权，抵押权不随之转让，不损害抵押人的利益，亦未增加债务人的负担，应予允许。不过，此时的抵押权没有所担保的债权存在，由其保全担保物权的性质决定，已经失去存续的价值，应归消灭，抵押人可主张注销抵押登记。

C. 抵押权人不得将债权和抵押权分别转让给不同的主体。抵押权人若将被担保债权和抵押权分别转让给不同的主体，就债权的让与而言，因抵押权人将抵押权另转让给他人，可知当事人间的真实意思表示仅仅是让与债权，受让人取得的仅为无抵押权担保的普通债权；就抵押权的转让而言，不发生抵押权转让的效果（抵押权转让合同也归于无效），抵押权仍存留于抵押权人手中。但此种抵押权已成为无债权的抵押权，违反抵押权成立上的从属性，应归于消灭。[①]

(2)《物权法》第 192 条前段所谓“抵押权不得与债权分离而作为其他债权的担保”，换句话表述，是说抵押权仅仅可以与被担保债权一起为其他债权设立债权质权。该债权质权仍以债权为质物，但该债权（质物）附有抵押权的担保。于是：

A. 抵押权人仅以抵押权供担保，自己保留债权的，不仅违反《物权法》第 192 条和《担保法》第 50 条的规定，也违反物权法定主义，属于创设以抵押权作为担保物的抵押权或质权的情形，法律不承认此类“抵押权”或“质权”，令其无效。

B. 抵押权人仅以债权设质，而自己保留抵押权。此项情形不违反抵押权处分上的从属性或其他的从属性，因为抵押权人既未仅单独处分其抵押权，而仅以其债权出质后，该债权仍然存在于抵押权人（债权人）之手，不发生无债权存在的问题，所以抵押权人有权仅以债权出质，成立无担保的债权质权。至于该债权质权的效力是否及于抵押权，虽然存在着反对说，但依据抵押权从属于被担保债权的法理和《合同法》第 81 条前段的规定，应作肯定的回答。

C. 抵押权人分别将债权和抵押权为他人提供担保的，就债权而言，属于抵押权人以债

① 参见谢在全：《民法物权论》（中册），修订 2 版，382 页。

权为标的物单独为他人设立质权，合法有效，只不过属于无附随抵押权担保的债权质权；就抵押权来说，属于债权人单独以抵押权为他人设立质权，违反物权法定主义，法律不承认此类“质权”，令其无效。[①]

（3）相关问题

A. 当事人就抵押权的设立，如特别约定债权让与时抵押权不随同移转的，该项特约在当事人之间可视为抵押权的约定消灭事由。如果此后有债权让与的情事时，则构成抵押权消灭的原因，抵押人可请求注销该抵押权的登记。只是当该特约若未办理登记，债权的受让人或质权人不知该特约而取得该抵押权时，应受到登记的公信力的保护。

B. 当事人欲以抵押权作为担保权的标的物的，必须将该抵押权附随于被担保债权一并为之，成立附随抵押权的债权质权。通说认为，于此场合，应办理抵押权随同被担保债权出质的登记。[②]

（4）消灭上的从属性

所谓抵押权消灭上的从属性，是指抵押权所担保的债权若因清偿、提存、免除、混同、抵销等原因而全部消灭时，抵押权也随之而消灭。《物权法》第177条第1项关于主债权消灭的，担保物权消灭的规定，及《担保法》第52条关于“抵押权与其担保的债权同时存在，债权消灭的，抵押权也消灭”的规定，明确承认了抵押权的这种属性。

在抵押权全部消灭的情况下，抵押权人负有注销抵押登记的义务，不仅抵押人享有注销登记请求权，债务人（由第三人提供抵押物场合）亦然（《不动产登记暂行条例实施细则》第70条）。

［拓展］[③]

（1）抵押权所担保的债权一部分消灭的，抵押权也一部分消灭，抵押物的全部仍须担保剩余的债权。不过这已涉及抵押权不可分性的问题。

抵押权一部消灭的，可请求就消灭部分办理抵押权的变更登记。即使没有办理该项变更登记，抵押权的效力也当然缩减至该剩余债权的范围。

（2）债权和债务混同时，债的关系原则上归于消灭，但该债权若为他人权利的标的物的，如债权人以该债权为他人设立债权质权，债权并不消灭（《合同法》第106条但书）。于此场合，抵押权若随同被担保债权为他人设立担保的，那么也不消灭。

（3）在债务由第三人承担的场合，若为并存的债务承担，则原债务人的债务仍然存在，对抵押权不发生影响；若为免责的债务承担，则债务由承担人（第三人）承受，那么，原债务人脱离债的关系，于此场合抵押权的效果因抵押物由何人提供而有不同：若由原债务人提供的，那么，抵押权不因债务的承担而受妨碍，亦即抵押权仍为该项债务的担保；若由第三人提供的，则抵押权因债务的承担而归于消灭，除非该第三人对于债务的承担已经表示承认。

（5）抵押权实现上的从属性

所谓抵押权实现上的从属性，是指被担保债权基于抵押权所得优先受偿的范围，以抵押

---

① 谢在全：《民法物权论》（中册），修订2版，382～383页。

② 同上书，383页。

③ 这部分内容，见谢在全：《民法物权论》（中册），修订2版，384～385页。

权实行时存在的被担保债权（包括债权数额）为限。例如，在普通抵押权（一般抵押权）的情况下，预估价值 3 000 万元的 A 楼担保债权 2 000 万元，借款人已经偿还了 1 000 万元，该抵押权实行时，抵押权人只得从 A 楼的变价 3 000 万元中优先受偿 1 000 万元，使其债权获得清偿，而非受偿 2 000 万元。再如，在最高额抵押权的情况下，预估价值 3 000 万元的 A 楼担保最高限额为 2 000 万元的债权，借款人随借随还 1 000 万元，该最高额抵押权实行时，确定的抵押债权有两笔，共计 1 500 万元，抵押权人只得从 A 楼的变价 3 000 万元中优先受偿 1 500 万元，使其债权获得清偿。

应当注意，如今的判例和学说多将抵押权成立上的从属性和权利实现上的从属性合而为一地予以观察。[①]

债权人甲与受让人乙签订债权 A 的转让合同，该债权 A 附有房地产抵押权。由于乙不是金融机构，实务操作中不给予抵押权登记（包括抵押权变更登记），抵押权在外观上仍归债权人甲享有。此时，债务人丙偿债困难，丙的数个债权人都向丙主张债权。于此场合，乙有无优先受偿的权利？

对此，应区分内部关系与外部关系。在内部关系即债权人甲与受让人乙之间的关系上，乙享有抵押权。在外部关系上，乙的抵押权对抗不了债务人丙的其他债权人。有鉴于此，乙保护自己的权益，可有若干路径供其选择：（1）乙向丙主张债权时，代位行使甲名义上对于丙所享有的抵押权；（2）甲授权乙行使抵押权。[②]

6. 抵押权具有不可分性

对于抵押权的不可分性，《担保法》的立法计划中可能未加考虑，但其关于抵押权保全的规定中，却有一句反映了抵押权不可分性的部分内容，这就是第 51 条第 2 款后段规定的“抵押物价值未减少的部分，仍作为债权的担保”。不过，这只是抵押权的不可分性的部分内容，属于所谓“抵押物的各个部分担保债权的全部”。抵押权的不可分性的内容，还包括所谓“抵押物的全部担保债权的各个部分”，这在《担保法》上没有踪影。《物权法》同样没有规定抵押权的不可分性。值得提出的是，法释［2000］44 号第 71 条关于“主债权未受全部清偿的，抵押权人可以就抵押物的全部行使其抵押权”（第 1 款），“抵押物被分割或者部分转让的，抵押权人可以就分割或者转让后的抵押物行使抵押权”（第 2 款）的规定，以及第 72 条第 2 款前段关于“主债务被分割或者部分转让的，抵押人仍以其抵押物担保数个债务人履行债务”的规定，是就“抵押物的全部担保债权的各个部分”的角度立论的，填补了《担保法》和《物权法》的漏洞。

其实，抵押权的不可分性，可有不同角度的表达。除了就抵押物与被担保债权之间的关系立论的行文外，还可以就抵押权和被担保债权之间的关系立论，抵押权的不可分性因之而表述为“被担保的债权分，抵押权不分”[③]。法释［2000］44 号第 72 条第 1 款关于“主债权被分割或者部分转让的，各债权人可以就其享有的债权份额行使抵押权”的规定，以及第 72 条第 2 款前段关于“主债务被分割或者部分转让的，抵押人仍以其抵押物担保数个债务人履行债务”的规定，属于从“被担保的债权分，抵押权不分”的角度所作的表述，只不过

---

① 谢在全：《民法物权论》（下册），修订 2 版，56 页。

② 路径之二系中国政法大学的李永军教授所提，特此感谢！

③ 郑玉波：《论抵押权之不可分性》，载郑玉波主编：《民法物权论文选辑》（下），608 页。

第 72 条第 2 款的规定是以债权的反面——债务——为基点罢了。

［拓展］

必须指出，《物权法》第 175 条关于“第三人提供担保，未经其书面同意，债权人允许债务人转移全部或者部分债务的，担保人不再承担相应的担保责任”的规定，以及法释［2000］44 号第 72 条第 2 款后段关于“第三人提供抵押的，债权人许可债务人转让债务未经抵押人书面同意的，抵押人对未经其同意转让的债务，不再承担担保责任”的规定，是对抵押权的不可分性的排除。对此，本书作者表示赞同。其道理在于，(1) 抵押权的不可分性并非抵押权的本质要求所必须具有的性质，只是法律为加强抵押权的担保作用而特别赋予的，其法律规范不是强行性规定，当事人可以特约予以排除。[①] 这在法国已经著有判例[②]，在日本也有持赞同意见的学说。[③] 既然法律确认抵押权的不可分性系基于周到保护抵押权人的立法政策所致，对抵押人的合法权益应当予以适当的照顾，就属于立法政策的题中应有之义。如此衡平的结果便是，在若干场合，需要有条件地排除抵押权的不可分性。(2) 债务承担人的责任财产可能少于原债务人的责任财产，并由此导致债务承担人不能全部或全部不能清偿抵押权人的债权，抵押权人选择行使抵押权的路径来实现其债权，抵押人因此而丧失抵押物的所有权，至少受到抵押物的使用价值的损失，属于暂时的损害。尤其在原债务人的责任财产不足以清偿数个并存的债权时，抵押人的追偿权也部分或全部地失去实际效用，遭受终局性的损失。在抵押人不同意债务承担的情况下，令抵押人承受此类的损失，是不合理的，一部良法应当给这样的抵押人必要的保护。法释［2000］44 号第 72 条第 2 款后段的规定，符合这个精神，值得肯定。

法释［2000］44 号第 72 条第 2 款后段的排除虽然必要，但还不足够。在这点上，物权法没有必要否认意思自治原则的作用，应当比较广泛地承认当事人以约定排除抵押权的不可分性。

总之，抵押权的不可分性有利于债权的保障殊多，对于抵押权制度的推广发展上具有决定性的作用[④]，因而，《担保法》忽视抵押权的不可分性，需要反思。法释［2000］44 号第 71 条和第 72 条规定了抵押权的不可分性，值得肯定。[⑤]

7. 抵押权具有物上代位性

所谓抵押权的物上代位性，是指抵押物灭失、毁损，其价值转化为他种形态时，抵押权的效力仍然及于该他种形态之物上的法律属性。[⑥] 所谓他种形态之物，包括抵押物的变形物和代位物（代偿物）。例如，甲以其已投保的 A 车抵押给乙，以担保丙向乙还本付息的债务履行。一天，A 车被撞毁，只剩下四只轮胎可继续使用。保险公司理赔 90 万元人民币。其中，四只轮胎叫作变形物，90 万元人民币（请求权）称为代位物（代偿物）。抵押权继续存

---

① 郑玉波：《论抵押权之不可分性》，载郑玉波主编《民法物权论文选辑》（下），612 页。

② ［日］神户大学外国法研究会编译：《法兰西民法》（V），245 页。转引自郑玉波：《论抵押权之不可分性》，载郑玉波主编：《民法物权论文选辑》（下），612 页。

③ ［日］柚木馨：《担保物权法》，197 页；［日］我妻荣：《担保物权法》，92 页。转引自郑玉波：《论抵押权之不可分性》，载郑玉波主编：《民法物权论文选辑》（下），612 页。

④ 郑玉波：《论抵押权之不可分性》，载郑玉波主编：《民法物权论文选辑》（下），612 页。

⑤ 崔建远：《土地上的权利群研究》，254～256 页。

⑥ 郑玉波：《民法物权》，修订 12 版，232 页。

在于该四只轮胎和90万元人民币（请求权）之上。

抵押权之所以具有物上代位性，是因为抵押权不以利用抵押物的实体为目的，而是以取得标的物的交换价值为内容，属于价值权。正因如此，抵押物即使改变其原有形态或性质，但只要还维持着交换价值，就不会影响抵押权的实行。换言之，抵押物的变形物或代位物在实质上仍是抵押权的客体，抵押权的效力仍然及于此类变形物或代位物上，除非立法政策反其道而行之。现行法没有逆行，而是承认了抵押权的上述性质和效力，即承认了抵押权的物上代位性（《物权法》第174条、《担保法》第58条、法释［2000］44号第80条第1款、第49条第3款）。

［引申］

（1）关于代位物的范围

现行法对抵押权的物上代位的规定，使用的表述为在抵押物灭失、毁损或被征收/征用的情况下，抵押权人可以就该抵押物的保险金、赔偿金或补偿金优先受偿（《物权法》第174条、《担保法》第58条、法释［2000］44号第80条第1款）。这遗漏了抵押物的另外的变形物类型，如抵押物为房屋，而该房屋被毁，变成一堆砖、瓦、门、窗、椽等。由于砖、瓦、门、窗、椽是各个动产而非不动产，亦非不动产的一部分，所以，抵押权的效力及于它们的根据，不是抵押权对抵押物本身的作用力，也不是抵押权的效力及于抵押物的一部分，还不是抵押权对抵押物的保险金、赔偿金或补偿金的优先效力，只能是抵押权物上代位效力及于抵押物的变形物的原理。有鉴于此，未来修改《物权法》或制定民法典时，若采取列举的方式规定代位物的范围，就要全面且清晰；若采取概括式规定代位物的范围，就直接使用代位物和变形物的术语。

（2）关于物上代位的法律构成

同样由于现行法对抵押权的物上代位的规定，使用的表述为在抵押物灭失、毁损或被征收/征用的情况下，抵押权人可以就该抵押物的保险金、赔偿金或补偿金优先受偿（《物权法》第174条、《担保法》第58条、法释［2000］44号第80条第1款），可知采用了物上代位于变形物或代位物本身上的法律构成论。这同德国等国家或地区的民法及其理论奉行的法定债权质的法律构成论不一致。未来修改《物权法》或制定民法典时，究竟选择哪种法律构成论，是现在就必须决定的事项。为了使选择建立在理性的基础之上，下文对有代表性的立法例及其学说作一简要的考察，然后得出自己的结论。①

《德国民法典》规定，要求定期给付的权利与土地所有权相结合的，抵押权的效力扩及于此项定期给付的请求权（第1126条前段）。为土地所有权人或者土地自主占有人的利益而将属于抵押权的标的物付诸保险的，抵押权的效力扩及于因保险契约而发生的对保险人的债权（第1127条第1项）。将房屋付诸保险的，保险人或被保险人如曾向抵押权人通知损害的发生，并且自收到通知之时起经过一个月的期间，则保险人向被保险人所为保险金额的支付，即可对抵押权人发生效力。抵押权人，在上述期间内，得对保险人的支付保险金额，声明异议（第1128条第1项前段）。其他情形，适用关于债权质权之规定；但保险人，就土地登记簿中所应知道之抵押权，不得主张其不知（第1128条第2项）。瑞士民法“关于抵押

① 崔建远：《土地上的权利群研究》，257页。

权，就租金请求权、保险金请求权、公用征收补偿金请求权上，承认有物上代位”[①]，采取法定债权质的法律构成。

抵押权存在于抵押物的变形物——保险金请求权、赔偿金请求权、补偿金请求权——之上，若采取债权质说，那么按照现行法的架构，要么是抵押人和抵押权人双方达成了在保险金请求权、赔偿金请求权、补偿金请求权上设立质权的协议，要么是法律直接规定在保险金请求权、赔偿金请求权、补偿金请求权上当然产生质权。但事实并非如此，现行法直接规定抵押权的效力存在于保险金、赔偿金、补偿金上，而不是质权存在于它们之上，亦非质权存在于保险金请求权、赔偿金请求权、补偿金请求权上。由此可知，对于抵押权的物上代位，在其法律构成上，现行法未采取法定债权质说。[②]

未来修改《物权法》或制定民法典时，有无必要采取法定债权质说？本书作者初步认为，因以保险金请求权、赔偿金请求权、补偿金请求权为标的物的担保物权属于债权质，故债权质说比较符合逻辑。但基于抵押权为价值权，抵押权的效力当然追及于抵押物的价值变形物上[③]，当然追及于作为抵押物的变形物的保险金请求权、赔偿金请求权、补偿金请求权上，更为简洁。所以，两种方案均有其道理，立法者可以选择其中之一，倘若选择法定债权质的方案，则必须法律设置明文。[④]

至于是物上代位于赔偿金、保险金、补偿金“现物本身”，还是物上代位于保险金请求权、赔偿金请求权、补偿金请求权上，本书作者曾经赞同前者[⑤]，但因对于赔偿金、保险金等“现物本身”的效力，不是物上代位问题，而是担保权的直接效力的问题，即，是担保权的追及效力问题[⑥]，故现在修正以往的意见，改为抵押权物上代位于保险金请求权、赔偿金请求权、补偿金请求权上的观点。

既然是抵押权物上代位于保险金请求权、赔偿金请求权、补偿金请求权上，那么，为了减少迂回曲折，为了降低风险，法律应当规定抵押权人有通知义务，即，抵押权人应当将抵押权存在的事实及时地通知有关保险公司、赔偿义务人、补偿义务人，以便这些义务人知晓并实际向抵押权人支付保险金、赔偿金、补偿金；若怠于通知，这些义务人不负任何民事责任，抵押权人向抵押人主张抵押权的追及效力。[⑦]

［探讨］

关于以出让的建设用地使用权、“四荒”土地承包经营权等作为抵押物场合抵押权的母权问题

以出让的建设用地使用权、“四荒”土地承包经营权等作为抵押物场合，抵押权的母权如何寻觅？解决此类问题，同样可有两种思路。其一，抵押权所分享的权能，依然是土地所有权含有的收益、处分权能；抵押权所分享的对象，依然是土地所有权的交换价值。建设用地使用权人、土地承包经营权人之所以能使建设用地或承包地的所有权中的权能由抵押权人

---

① ［日］柚木馨：《注释民法（9）·物权（4）》，51页，东京，有斐阁，1982。
② 崔建远：《土地上的权利群研究》，258页。
③ ［日］近江幸治：《担保物权法》，祝娅、王卫军、房兆融译，沈国明、李康民审校，40页。
④ 崔建远：《土地上的权利群研究》，258页。
⑤ 王利明、崔建远：《合同法新论·总则》，551页，北京，中国政法大学出版社，1996。
⑥ ［日］近江幸治：《担保物权法》，祝娅、王卫军、房兆融译，沈国明、李康民审校，41页。
⑦ 崔建远：《土地上的权利群研究》，258页。

分享，是因为它们在其权利设立时法律已经将处分权直接授予他（它）们了。其二，在出让的建设用地使用权、“四荒”土地承包经营权等作为抵押物的场合，将建设用地使用权、土地承包经营权等视为民法上的“物”，其上存在着“所有权”，因建设用地使用权、土地承包经营权含有收益、处分的权能，该“所有权”自然含有这些权能，抵押权系分享其中的权能而形成。

第二节　抵押权的取得

一、抵押权取得概述

（一）原始取得与继受取得

抵押权的取得，同样分为原始取得和继受取得。所谓抵押权的原始取得，是指非基于他人既有的权利而独立取得抵押权的现象。抵押权的善意取得，为其表现。所谓抵押权的继受取得，是指依据他人既有的权利而取得抵押权的现象。它又分为移转继受取得和创设继受取得。所谓抵押权的移转继受取得，是就原抵押权人既有的抵押权，不变更其性质而予以取得的现象。例如，通过一并转让债权及其抵押权、一并继承债权及其抵押权而取得抵押权。所谓抵押权的创设继受取得，是就他人的所有权或某些用益物权创设抵押权而予以取得的现象。例如，在他人的建设用地使用权与地上房屋上设立抵押权。于此场合，抵押权人所取得的抵押权与抵押人所享有的建设用地使用权和地上房屋所有权相比较，性质各异，但因抵押权人的抵押权乃系基于抵押人的建设用地使用权与地上房屋所有权而取得的，故亦不失为继受取得。

（二）基于法律行为取得与非基于法律行为取得

1. 基于法律行为而取得抵押权

基于法律行为而取得抵押权，包括通过设立而取得抵押权和通过转让而取得抵押权两种。前者是指债权人和抵押人签订抵押合同（《物权法》第 185 条）或抵押人立遗嘱而设立抵押权的现象。基于抵押合同而设立抵押权，在实务中最为常见。后者是指抵押权人（债权人）将其债权及抵押权一并转让给受让人，受让人取得该抵押权的现象（《物权法》第 192 条）。这种情况也不鲜见。基于法律行为而取得的抵押权，学说上称为约定抵押权或意定抵押权。

基于法律行为而取得抵押权，如果抵押权的设立以登记为生效要件，则受让人非经登记不能当然取得抵押权。[①]《不动产登记暂行条例实施细则》第 65 条第 1 款规定：对下列财产进行抵押的，可以申请办理不动产抵押登记：（1）建设用地使用权；（2）建筑物和其他土地附着物；（3）海域使用权；（4）以招标、拍卖、公开协商等方式取得的荒地等土地承包经营权；（5）正在建造的建筑物；（6）法律、行政法规未禁止抵押的其他不动产。

2. 非基于法律行为而取得抵押权

在现行法上，基于法律的直接规定而取得抵押权，依据善意取得制度而取得抵押权，通过继承而取得抵押权，都属于非基于法律行为而取得抵押权。

---

① 姚瑞光：《民法物权论》，207 页，自版，2000；中国大陆《物权法》第 187 条及其准用。

（1）基于法律的直接规定而取得抵押权

基于法律的直接规定而取得抵押权，如《物权法》第182条规定："以建筑物抵押的，该建筑物占用范围内的建设用地使用权一并抵押。以建设用地使用权抵押的，该土地上的建筑物一并抵押"（第1款）。"抵押人未依照前款规定一并抵押的，未抵押的财产视为一并抵押"（第2款）。视为，属于不可举反证推翻的拟制。据此可知，《物权法》第182条的规定表达了这样的意思：在以建筑物抵押的，无论当事人是否同意以该建筑物占用范围内的建设用地使用权提供抵押，该建设用地使用权自然一并抵押；在以该建筑物占用范围内的建设用地使用权抵押的，无论当事人是否同意以该建筑物提供抵押，该建筑物当然一并抵押。由于即使当事人仅仅约定以建筑物提供抵押，甚至于明确地将该建筑物占有范围内的建设用地使用权排除于抵押物的范围，但依据《物权法》第182条的规定，该建筑物占用范围内的建设用地使用权也视为一并抵押；由于在现行法上建筑物和该建筑物占有范围内的建设用地使用权分别为各自独立的两个物，就内部关系而言，每个物上各存在着一个抵押权，所以，该建设用地使用权上存在的抵押权，是基于法律的直接规定而成立的，属于法定抵押权。

至于《合同法》第286条规定的建设工程承包人的工程价款优先受偿权，存在着留置权说[①]、法定抵押权说[②]和优先权说[③]的分歧。留置权说不符合现行法关于留置物为动产的限制，故不可采。法定抵押权说和优先权说各有所据，后者较为主动。

（2）基于善意取得制度而取得抵押权

《物权法》规定，不动产抵押权的设立以登记作为生效要件（第187条），其转让亦应如此（《物权法》第187条的准用）；该登记具有公信力（第16条第1款）。按照通说，在法律赋予公示以公信力的情况下，受让人已经占有了标的物（动产场合）或标的物已被登记在受让人名下（不动产及某些权利场合），可发生善意取得。因而，在甲将本属于乙但登记在自己名下的不动产A向丙提供抵押的情况下，丙对此不知情，且无重大过失，只要业已办理抵押登记，便符合《物权法》第106条第1款和第3款的规定，丙应善意取得该抵押权。或者，甲把本属于乙但登记在自己名下的B抵押权连同被担保债权C一并转让给丙的情况下，丙对此不知情，且无重大过失，只要约定的价格合理，已经办理完毕抵押权的移转登记（变更登记），便符合《物权法》第106条第1款和第3款的规定，丙应善意取得该不动产抵押权。[④]

动产抵押权以登记为对抗要件（《物权法》第188条），即使个案中已经办理了抵押登记，按照通说，该登记也不具有公信力，善意取得须受让人占有标的物（动产场合）或标的

---

① 江平主编：《中华人民共和国合同法精解》，223页，北京，中国政法大学出版社，1999。

② 梁慧星：《是优先权还是抵押权——合同法第286条的权利性质及其使用》，载《人民法院报》，2000-12-01；王全兴、刘建强、洪彬主编：《新合同法原理与案例评析》，385页，广州，暨南大学出版社，1999；梁慧星、陈华彬：《物权法》，4版，311页。

③ 崔建远主编：《合同法》（修订本），436页；崔建远主编：《合同法》，3版，405页；崔建远主编：《合同法》，4版，444页。

④ 参见王利明、尹飞、程啸：《中国物权法教程》，452页。关于德国民法承认不动产物权善意取得，可见［德］鲍尔、施蒂尔纳：《德国物权法》（上册），张双根译，64、488页以下；［德］鲍尔、施蒂尔纳：《德国物权法》（下册），申卫星、王洪亮译，94页以下。关于中国台湾地区的学说有承认不动产物权善意取得的动向，参见王泽鉴：《民法物权·通则·所有权》（总第1册），增补版，122页以下。

物已被登记在受让人名下（不动产及某些权利场合），否则，不发生善意取得的效力。既然如此，动产抵押权不会发生善意取得。

［论争］

其实，就动产抵押权能否发生善意取得，存在着不同意见。否定说认为，既然抵押权不以占有为内容，且善意取得以交付为要件，因此动产抵押权不能善意取得。[①] 肯定说主张，善意取得制度建立在占有的公示力基础上，即占有具有推定占有人为动产的所有人的效力，那么第三人因信赖占有人为动产的所有人而与之订立动产抵押权的设定合同，自然能够善意取得该动产抵押权。[②] 法释［2000］44 号第 54 条第 2 款采取了肯定说，于第 54 条第 2 款规定："共同共有人以其共有财产设定抵押，未经其他共有人的同意，抵押无效。但是，其他共有人知道或者应当知道而未提出异议的视为同意，抵押有效"。另有学者认为，动产抵押权能否善意取得，关键在于是否办理登记。因为《物权法》第 106 条第 3 款规定："当事人善意取得其他物权的，参照前两款规定。"而该条第 1 款在规定动产或不动产所有权的善意取得时明确提出了三项要件的要求，其中第 3 项是"转让的不动产或者动产依照法律规定应当登记的已经登记，不需要登记的已经交付给受让人"。由于动产抵押权不以交付作为生效要件，而是以登记作为对抗要件，因此只有在善意第三人办理了抵押权登记之后才可能符合善意取得的构成要件。[③]

（3）通过继承而取得抵押权

被继承人一经死亡，继承人即取得作为遗产的抵押权与其担保的债权（《继承法》第 2 条、《物权法》第 29 条）。

二、抵押权的设立

（一）抵押合同

1. 抵押合同及其形式

抵押权的设立，需要债权人和债务人或第三人签订抵押合同。其中，债权人是抵押权人；债务人以其财产提供抵押的，该债务人是抵押人；第三人以其财产提供抵押的，该第三人是抵押人。

抵押合同为要式合同，应当采取书面形式（《物权法》第 185 条第 1 款、《担保法》第 38 条、《关于民法通则的意见》第 112 条前段）。抵押合同可以是单独订立的书面合同，也可以是主合同中的抵押条款（《担保法》第 93 条、《关于民法通则的意见》第 112 条前段）。

2. 抵押合同的条款

抵押合同的条款，按照《物权法》第 185 条第 2 款的规定，一般包括下列几项：（1）被担保债权的种类和数额；（2）债务人履行债务的期限；（3）抵押财产的名称、数量、质量、状况、所在地、所有权归属或使用权归属；（4）担保的范围。未再保留《担保法》第 39 条第 1 款规定的"当事人认为需要约定的其他事项"，及第 39 条第 2 款规定的"抵押合同不完

---

① 李建华、傅穹：《论占有与善意取得》，载《法制与社会发展》，1998（3），28 页。

② 李国光、奚晓明、金剑峰、曹士兵：《最高人民法院关于适用〈中华人民共和国担保法〉若干问题的解释理解与适用》，211～212 页。

③ 王利明、尹飞、程啸：《中国物权法教程》，452 页。

全具备前款规定内容的，可以补正”。对此，简要解释如下：

（1）被担保债权的种类和数额，是被担保债权特定化的要求，是作为保全性担保物权的抵押权所必备的，因而被担保债权的种类和数额的条款属于抵押合同的必备条款。欠缺它，抵押合同不成立。法释［2000］44号第56条第1款关于“抵押合同对被担保的主债权种类……没有约定或者约定不明，根据主合同和抵押合同不能补正或者无法推定的，抵押不成立”的规定，反映了这种法理。

（2）债务人履行债务的期限，是衡量债务人是否违约的标准之一，是抵押权实行的条件之一，因而应该明确规定。它有两种情形：一为期日，二为期间。不过，由于抵押合同未规定债务人履行债务的期限，按照《合同法》第61条和第62条的规定也能确定，该条款不属于必备条款。

［辨析］

《物权法》第185条第2款关于“抵押合同一般包括下列条款”的表述，重在提示当事人签订抵押合同时最好写明有关条款，一旦没有写上债务人履行期限等条款，也不要紧，裁判人员可以依据法律的任意性规定，结合具体案情，填补欠缺的条款。这较《担保法》第39条第1款关于“抵押合同应当包括以下内容”的表述更为合理，因为“应当包括”容易使人产生法律所列举的条款都是必备条款的认识，而这不符合事实和法理，有害无益。

（3）抵押财产的名称、数量、质量、状况、所在地、所有权归属或使用权归属，是抵押物特定化的要求，同样是作为保全性担保物权的抵押权所必备的，因而该项条款属于抵押合同的必备条款。欠缺它，抵押合同不成立。法释［2000］44号第56条第1款关于“抵押合同对……抵押财产没有约定或者约定不明，根据主合同和抵押合同不能补正或者无法推定的，抵押不成立”的规定，反映了这种法理。

在现行法上，并非任何财产均可作抵押物。《物权法》规定，债务人或第三人有权处分的下列财产可以抵押：1）建筑物和其他土地附着物；2）建设用地使用权；3）以招标、拍卖、公开协商等方式取得的荒地等土地承包经营权；4）生产设备、原材料、半成品、产品；5）正在建造的建筑物、船舶、航空器；6）交通运输工具；7）法律、行政法规未禁止抵押的其他财产（第180条第1款）。抵押人可以将前款所列财产一并抵押（第180条第2款）。经当事人书面协议，企业、个体工商户、农业生产经营者可以将现有的以及将有的生产设备、原材料、半成品、产品抵押，债务人不履行到期债务或发生当事人约定的实现抵押权的情形，债权人有权就实现抵押权时的动产优先受偿（第181条）。

《物权法》规定，下列财产不得抵押：1）土地所有权；2）耕地、宅基地、自留地、自留山等集体所有的土地使用权，但法律规定可以抵押的除外；3）学校、幼儿园、医院等以公益为目的的事业单位、社会团体的教育设施、医疗卫生设施和其他社会公益设施；4）所有权、使用权不明或争议的财产；5）依法被查封、扣押、监管的财产；6）法律、行政法规规定不得抵押的其他财产（第184条）。乡镇、村企业的建设用地使用权不得单独抵押。以乡镇、村企业的厂房等建筑物抵押的，其占用范围内的建设用地使用权一并抵押（第183条）。

（4）担保范围。

担保范围条款的价值在于，当事人约定了该项条款，抵押权实行时，被担保债权依该范围优先受偿（《物权法》第173条后段）；若未约定该项条款，则依据《物权法》第173条前段关于“担保物权的担保范围包括主债权及其利息、违约金、损害赔偿金、保管担保财产和实现担保物权的费用”的规定，确定担保范围。据此可知，担保范围条款亦非抵押合同的必备条款，欠缺它，抵押合同照样成立，甚至生效。

（5）其他条款。

在个案中，抵押合同的条款可能多于上述条款。在这个意义上，《担保法》第 39 条第 1 款关于抵押合同可有“当事人认为需要约定的其他事项”的规定，及第 39 条第 2 款关于“抵押合同不完全具备前款规定内容的，可以补正”的规定，符合实际。《物权法》未再复述它们，并不意味着排斥它们，而应这样理解：1）当事人在抵押合同中约定他们认为需要约定的其他事项，乃合同自由的题中应有之义，无须赘言。只要约定不违反法律、行政法规的强制性规定，不违背公序良俗原则，即为有效。2）《担保法》第 39 条第 2 款规定的“抵押合同不完全具备前款规定内容的，可以补正”，既赋予当事人各方事后补充抵押条款的权利，符合合同自由原则的要求；又授权裁判人员，在不违反合同自由原则的前提下，可以依据公平正义原则，根据个案案情，填补抵押合同的某些条款。

［辨析］

就抵押合同是否为物权合同，存在着不同的看法。有持肯定说的[①]，但本书作者坚持否定说。在不采纳物权行为理论的中国现行法上，抵押合同不是物权合同，乃当然的结论。即使是在承认物权行为的立法例及其理论上，也区分抵押合同和抵押权设定（设立），其中，抵押合同（抵押约定）为债权行为，抵押权设定（设立）为物权行为。正所谓“设定抵押权之‘约定’，与抵押权之‘设定’（或设定抵押权），在概念上应严予区别，前者为债权契约（负担行为），后者为物权契约（物权行为，处分行为）”[②]。这符合德国民法理论细腻的风格，即使在德国民法法制及其理论上，也是可取的。那种不区分抵押约定与抵押权设定（设立），将它们均叫作物权合同的观点，违背了物权行为无须履行行为、物权行为引发物权变动需要公示的基本精神。在德国民法上，抵押合同生效，产生抵押登记等项义务，当事人履行完毕这些义务，抵押权才设定（设立）。由此可见，抵押合同需要履行行为，与物权行为的理念不符。

3. 抵押合同的生效

《担保法》规定，设立动产抵押权的抵押合同自签订之日起生效（第 43 条第 1 款），抵押登记只是对抗第三人的要件（第 43 条第 2 款前段）。设立其他类型抵押权的抵押合同，自登记之日起生效（第 41 条及第 42 条）。

《物权法》未再复述《担保法》第 41 条的规定，但也没有直接规定抵押合同自成立起生效，亦无抵押登记不是抵押合同的生效要件的字样。依其立法计划和立法目的，抵押合同是自成立时生效。我们结合《物权法》第 15 条关于“当事人之间订立有关设立、变更、转让和消灭不动产物权的合同，除法律另有规定或者合同另有约定外，自合同成立时生效；未办理物权登记的，不影响合同效力”的规定，以及《物权法》第 187 条关于“以本法第一百八十条第一款第一项至第三项规定的财产或者第五项规定的正在建造的建筑物抵押的，应当办理抵押登记。抵押权自登记时设立”的规定分析，可以得出这个结论。

---

① 梁慧星、陈华彬：《物权法》，4 版，310 页。

② 王泽鉴：《民法学说与判例研究》（第 5 册），116 页，北京，中国政法大学出版社，1998。

对于这两部法律规定的不一致，不是按照特别法优先于普通法的规则解决，而是适用《物权法》第 178 条关于“担保法与本法的规定不一致的，适用本法”的规定，以《物权法》的规定为准。

［评论］

根据《担保法》第 41 条及第 42 条的规定，办理抵押登记手续只是签订抵押合同所应做的工作，而不是履行合同义务。这种模式的最大缺点在于，当事人未办理抵押登记手续，抵押合同即不存在，产生不了合同债权和合同债务，在抵押人无正当理由地拒绝办理抵押登记手续时，债权人没有法律依据请求抵押人办理抵押登记手续和取得抵押权，只有请求抵押人承担缔约过失责任。而在抵押合同不成立或无效的情况下，债权人因此所受到的损失究竟多少，难以确定和证明。如果物权法将抵押登记作为抵押权的生效要件，而非抵押合同的生效要件，不办理抵押登记，只是抵押权不产生，抵押合同的效力不因此而受影响，那么，在抵押人无正当理由地拒绝办理抵押登记手续时，债权人可以依据已经生效的抵押合同请求抵押人履行办理抵押登记的债务，甚至诉请人民法院强制抵押人履行，那么，抵押权照样产生，债权人的债权因有抵押权的担保而易于实现，债权人免遭损失。有鉴于此，《物权法》不再沿袭《担保法》第 41 条的规定，而是区分抵押合同的生效和抵押权的设立，把抵押登记作为绝大多数抵押权设立的生效要件，而不再作为抵押合同的生效要件（参见《物权法》第 15 条、第 187 条）。[①]

［拓展与引申］

（1）在《物权法》制定之前，有的学者虽然反对抵押登记作为抵押合同的生效要件，却不赞同抵押登记为不动产抵押权的生效要件，而主张登记为对抗要件。[②] 本书作者认为，基于《海商法》等特别法的规定，船舶等抵押登记为抵押权的对抗要件，从国际惯例、法解释学的规则等方面讲，情有可原，暂不发表意见。但对于不动产抵押权，若采取抵押登记为对抗要件的模式，则非上策。第一，为了弄清这一问题，我们简要地考察一下对抗要件主义和成立要件主义（生效要件主义）的由来和依据。德国民法理论区分物权行为和债权行为，认为物权变动除有当事人的意思表示之外，尚须履行一定形式，如不动产登记和动产的交付，才发生效力。抵押权设立这种物权变动，既需要当事人之间有抵押权设立的合意（物权行为），又需要将设定抵押权的事实予以登记，否则，设定抵押权的行为无效。可见，它是把登记作为抵押权设立的成立要件，也可以说生效要件，其优点是非常有利于交易安全。与此不同，法国民法不承认物权行为的独立性，认为设定抵押权的约定（合同）不但能发生债权关系，同时能发生抵押权设立的效果。抵押权设立只是债之效力的表现，并非物权合同的效力所致。又由于法国民法特别强调当事人意思的地位和作用，甚至认为当事人的意思在他们之间相当于法律，因而规定抵押权设立只需要当事人之间的合同即可完成，无须登记等形式。只是为防第三人受不测之损害，为保障交易安全，才规定非经登记不得对抗第三人。于是，登记成了抵押权设立的对抗要件。换言之，法国民法把登记作为对抗要件，是对过分强

---

① 参见崔建远：《土地上的权利群研究》，244～245 页。

② 王海南：《对土地使用权抵押设定与实现的思考》，载《法学与实践》，1993（1）；郭明瑞：《担保法原理与实务》，150～151 页，北京，中国方正出版社，1995。

调当事人意思的地位及作用所产生的不利于交易安全的弊端的一种补正。但这种补正能否达到目的，不无疑问。例如，对同一抵押物设立两个抵押权，先设立的未经登记，但在当事人之间仍然有效；后设立者办理了抵押登记，不但在当事人之间有效，而且对任何人均可主张抵押权的效果。按照法国民法的观点，后一个抵押权人完全享有抵押权，对前一个抵押权人也可主张，否认其抵押权的效力，先一个抵押权人无权抗辩。同样，依据法国民法的规定，先一个抵押权人也享有抵押权，但无权对后一个抵押权人主张。这种冲突的存在，难以合理地解决，保障交易安全便大打折扣，因为先一个抵押权人在许多情况下也属于善意第三人。中国实行社会主义市场经济，理应更重视经济秩序的稳定，显然应把交易安全放在重要位置。既然对抗要件主义难以很好地胜任之，那么就没有充分的理由沿袭它。[①] 第二，正因为在对抗要件主义下，未办理登记手续的抵押权基本上是对于抵押人、知情第三人来说具有抵押权的效力，善意第三人可以不承认它为抵押权，否认其物权效力，即，未登记的抵押权在善意第三人面前只有类似于债权的效果。就是说，对抗要件主义在一定意义上模糊了物权和债权的界限。这种情况一定要尽量避免。

公示对抗主义并非完美，反对者亦不在少数。对其批评，主要来源于这一制度法理上的不足。首先是未正确区分物权与债权，使物权和债权在本质上变得模糊。根据不公示即不得对抗的法理，已经完成物权变动的，若不公示就不能拒绝第三人的介入，从而使物权失去排他性效力。这样一来，失去排他性效力的物权无法与债权区别开来，因而意思主义法制下对抗机制的采行削弱了物权的对世意义，破坏了物权制度赖以建立的基础，使得物权与债权的区分变得不明晰。而实际上既然谈及物权变动，关键是必须将其与债权的不同之处予以彰显。如物权涉及相对人利益时，权利人个人的意思如何以客观公正的标准认定，个人意思又如何发生物权排他性效果，这些都是按照对抗主义理解问题时在法律上的难题。其次，批评者认为该主义过分关注主体的自由意思而对交易安全重视不足，交易安全的社会价值被掩映在个人价值之下。在意思主义法体系中，物权变动全然委诸当事人的意思，存在于纯粹的观念里，社会无法认识当事人之间物权变动之细节，交易安全难免有受害之虞。虽然采取对抗主义，可以在一定程度上起到对交易安全及第三人的保护，但其公示作用并不充分。总之，它对主体本身的过度保护与对交易安全的相对冷漠，特别是对现今信息高度发达之资讯时代人们的权利义务关系的调整保护，均不很有利。另外，意思主义法制为克服在交易安全上的严重不足，安排了公示对抗主义，借对抗利益促使当事人完成公示。其规定，在物权变动中如果不登记，就不能对抗第三人。于是在二重让与的场合，假使两个受让人均不登记，按照日本民法的规定，他们之间相互不能对抗，则物权便无确定的归属，倘使以发生的时间先后决定，则又无法达成公示对抗主义法制借对抗利益促成当事人完成公示的立法目标。[②]

（2）以案说法。

甲系乙的长兄，假冒乙的名义向丁借款 240 万元。由甲和丁于 2007 年 12 月 26 日起草并签署的借款合同书、房地产抵押合同书中，借款人、抵押人栏填写的均为乙的姓名，系甲伪造签名；经办人或代理人栏为空白。与该借款合同同日草拟和签署的还有借据、收到条，

① 崔建远：《抵押权若干问题之我见》，载《法律科学》，1991（5），55 页；王利明、崔建远：《合同法新论·总则》，567～568 页。

② 崔建远：《土地上的权利群研究》，245～246 页。

其“借款人”“收到人”栏均由甲伪造乙的签名。涉案抵押物为乙与其妻丙共有的房地产A，但房屋所有权证载明的所有权人为乙，土地使用权证载明的使用权人亦为乙。2007年12月26日，丙出具《财产共有人声明书》，称“我与乙系夫妻关系，对房地产A享有共同所有权，现就我的丈夫乙向丁借款240万元人民币，同意以之向丁提供抵押担保，以保证到期履行债务。若到期不能偿还借款，我自愿将我们的共同所有的抵押财产依法处置，确保到期债务清偿。特此声明”。声明人栏填写的是丙的姓名，系由丙亲笔签署。对此签名，丙予以承认，但声称系甲诱骗的结果，并不知实情。2008年1月28日，乙和丙出具《承诺书》，内容包括乙和丙于2007年12月26日向丁借款240万元（即上笔款项），以房地产A设立了抵押权，现因无力偿还借款而自愿将房地产A作价240万元充抵借款，委托戊全权办理此事。其中，乙的签名系甲伪造的，丙的签名系丙亲自所为。甲利用代乙办理房地产A的过户登记握有乙的身份证和房地产A的房屋所有权证、土地使用权证的便利，办理了房地产A的抵押登记。

发生纠纷后，一审法院认定，丁在借款过程中已经尽到了充分的注意义务，进行的审查也是积极、审慎的，办理借款抵押也属于善意；而且，丙以及其所主张的借款具体行为人甲向丁提供了乙的身份证，足以让丁相信真正的借款人为乙和丙，从而提供了借款，甲的行为构成了表见代理，甲以乙的名义实施的民事法律行为，应当由乙承担民事责任。

本书作者认为，该法院的认定谬之千里，理由如下：1）涉案借款合同、房地产抵押合同均非乙的意思表示，只是甲和丁的意思表示，对乙而言自然不成立，不发生法律效力。2）表见代理的构成，在法律文件上须出现三方当事人，即被代理人、（无权）代理人、相对人。涉案借款合同、房地产抵押权合同仅仅出现了两方当事人，即相对人丁、所谓的被代理人乙，没有出现（无权）代理人甲。不符合表见代理的法律结构，却认定构成表见代理，根据何在？退一步说，即使求助《合同法》第402条、第403条规定的外贸代理（隐名代理），也无济于事，因为《合同法》第402条、第403条规定的外贸代理（隐名代理），在法律文件上出现的当事人为相对人和外贸（隐名）代理人，不出现被代理人。而涉案借款合同、房地产抵押合同文件上出现的恰恰是相对人和所谓的被代理人。3）按照《合同法》第49条关于表见代理的规定，构成表见代理需要相对人为善意，可涉案合同的相对人丁却为恶意。之所以说丁为恶意，是因为证据显示，甲和乙的相貌有别，以通常的审阅方式即可发现。此其一。借款合同书上的借款人为乙一个人，而《承诺书》上的借款人却增加了丙，如此重大差异，丁却熟视无睹、听之任之，未表现出疑义，与理性人应有的判断力不符。此其二。

系争案件完全是民事欺诈、刑事诈骗的案件，与代理及表见代理毫无关系。

应当承认，房地产抵押合同的签订，丙出具了《财产共有人声明书》《承诺书》，无有利证据证明系被骗所为，她对此行为至少具有重大过失。但即使如此，也不能导致涉案房地产抵押合同有效，其道理在于：1）《承诺书》的核心在于以抵押物抵偿乙的所谓借款，且签署在涉案抵押合同签订、抵押登记完毕之后，不影响涉案抵押合同、抵押权的效力，暂且不考虑它。《财产共有人声明书》为丙授权其夫乙以二人共有的房地产A设立抵押权的法律文件，表明了丙授予乙代理她设立抵押权。显然，授予代理权的行为不同于签订房地产抵押合同（含代理行为，以下简称为代理行为）的行为，其地位及作用在于：在共有人之一的乙已经签订了房地产抵押合同（代理行为）的情况下，若该合同（代理行为）除了欠缺代理权一项要件外，其他的有效要件均已具备，则另一共有人丙实施了授予代理权的行为，涉案房地产抵押合同（代理行为）就确定地有效，乙无权否认；在乙没有签订涉案房地产抵押合同（代理行为），甲假冒乙之名签署的情况下，由于该抵押合同（代理行为）不是乙的意思表示，对乙而言不成立，不发生法律效力，丙授予代理权的行为即使自身有效，也仅仅是发生了乙取得了代理权的效果，并不会越俎代庖，催生涉案房地产抵押合同（代理行为）生效。2）涉案房地产抵押合同是涉案借款合同的从合同，涉案借款合同无效，作为从合同的涉案房地产抵押合同也随之无效。

4. 禁止流押

所谓流押，又叫流押合同，流押契约，或流押条款，是指债权人和抵押人在订立抵押合同时约定，债务人不履行债务时抵押物归抵押权人所有。

［拓展］

有专家学者认为，在实践中，下列约定被认为属于流押合同：(1) 借款合同中载有偿款期限届至而借款人不还款的，贷款人可以将抵押物自行变卖的特别约定。(2) 抵押权人在债权清偿期限届满后与债务人另订有延期清偿的合同，其中附有这样的条件：延期届满债务人仍未清偿的，抵押物交给债权人经营。(3) 债务人以所负担的债务额作为某项不动产的出售价，与债权人订立一个不动产买卖合同，但并不移转该不动产的占有，只是约定在一定的期限内清偿债务以赎回该财产。此种合同虽然形式上是买卖，实际上是就原有债务设定的抵押权，只是以回赎期间作为清偿期间罢了。[①]

对于流押，《担保法》明文禁止："订立抵押合同时，抵押权人和抵押人在合同中不得约定在债务履行期届满抵押权人未受清偿时，抵押物的所有权转移为债权人所有"（第 40 条）。在中国物权立法的过程中，对是否保留该条规定曾经产生争论[②]，最终，《物权法》延续了《担保法》的思想，于第 186 条规定："抵押权人在债务履行期届满前，不得与抵押人约定债务人不履行到期债务时抵押财产归债权人所有。"由于该条为禁止性规定，当事人违反该条规定而订立流押合同或流押条款，按照《合同法》第 52 条第 5 项的规定，该流押合同或流押条款无效。

［论争］

反对《担保法》第 40 条规定的意见认为：(1) 禁止流押的规定违背当事人意思自治原则。流押合同仅涉及抵押人和抵押权人，如果抵押权人和抵押人在没有欺诈、胁迫或其他违法事由的情况下，自愿达成流押合同，没有什么不可以。(2) 流押合同的订立并非都对抵押人不公平。抵押财产的价值并非一成不变，有可能出现设立抵押时抵押财产的价值远远大于所担保的债权额，而实现抵押权时抵押财产的价值却一落千丈，反而远远小于所担保的债权额。尤其在中国市场经济尚不成熟时，政府对社会经济生活进行广泛的干预和管制，政府的许多政策常常在很大程度上决定了许多抵押财产的价格，而政府的决定往往变化不定，因此，抵押财产的价值大涨大落的情形并非停留在学者的理论上。如果抵押权人就这些抵押财产与抵押人作了流押的约定，那么当抵押权实现时抵押财产的价值跌落，债权人反而深受其害。(3) 订立流押合同或流押条款，可以使实现抵押权的成本最小化。[③] 赞同《物权法》继

---

① 王利明、尹飞、程啸：《中国物权法教程》，454 页。

② 参见胡康生主编：《中华人民共和国物权法释义》，408～409 页。

③ 转引自上书，408 页。

续规定禁止流押的理由如下：（1）抵押权人和抵押人签订流押合同，从形式上看好像是自愿，但实际上是迫于压力还是自愿所为，很难判断。就像消费者与某些垄断地位的生产者、经营者签订的合同，形式上消费者都是自愿接受的，但他不接受又能如何呢？真正公平的意思自治必须通过制度保障。[①]（2）禁止流押合同有利于保护抵押人的利益，避免使抵押人因一时的急迫而蒙受重大的不利。在中国，由于禁止企业之间相互借贷，企业在发展过程中的融资只能向有权从事贷款业务的金融机构借款。假如允许流押合同，金融机构尤其是银行可能会在企业特别是中小企业迫切需要资金的时候，强迫订立流押合同，以价值非常大的抵押物担保小额的债权，并于债务人届期不能清偿债务时获得该抵押物的所有权，牟取暴利。如此，抵押人将遭受重大的损失，也严重违背了公平、等价有偿的原则。有鉴于此，为了保护抵押人的利益，必须对流押合同加以禁止。（3）禁止流押合同也可以有效地保护国有财产。在中国国有经济占主导地位的情形下，市场经济活动的主体中，国有企业占据相当大的比例，以国有资产抵押的情形极为普遍。假如赋予流押合同法律效力，则只要债务人不能清偿债务，抵押物所有权就归属于债权人，对抵押物不需要进行任何评估，这会使一些人尤其是那些国企的领导人利用流押合同逃避国有资产管理部门对国有资产的监管，从而造成国有资产的大量流失。有鉴于此，必须禁止流押。[②]

［拓展］

2006年3月23日法国部长会议讨论并通过了由司法部长Pascal Clement提交的《第2006—346号关于担保的法令》[③]，3月25日该法令生效。[④] 至此，在立法层面，法国完成了担保物权制度的改革。此次改革，对法国法在两个方面产生了深刻的影响：在内容上，它对过去的担保物权制度进行了深刻的变革；在形式上，它部分地改变了《法国民法典》的传统结构。[⑤]

改革前，《法国民法典》只是明文（原第2078条和第2088条）禁止了流质协议的订立，没有涉及流抵押协议的订立；法国法院判例曾表明的倾向是：《法国民法典》没有禁止流抵押协议，禁止流质的规定也不被类推适用到抵押领域。[⑥] 通过本次改革，《法国民法典》承

① 参见胡康生主编：《中华人民共和国物权法释义》，409页。

② 王利明、尹飞、程啸：《中国物权法教程》，454页。

③ 法文全名为"Ordonnance n°2006－346 du 23 mars 2006 relative aux sûretés"。在法国只有议会有权制定"法律"(loi)，但是，根据法国《宪法》第38条的规定，议会可以授权政府就与"法律"有关的事项采取措施，此即授权立法。政府要在议会限定的目标和期间内行使权限、制定"法令"(ordonnance)；"法令"的制定还必须以行政法院的意见为目标，并要提交部长会议讨论（法国《宪法》第13条）。此次法国政府制定有关担保制度改革的"法令"的法律依据是《2005年7月26日第2005—842号为经济现代化和信心的法律》。

④ 该法令对《法国民法典》的修订也于同日发生法律效力。但是有关"机动交通工具质押"的三个条文是例外：由于该项制度改革的施行还需要配给警察局修改后的信息文档，《民法典》第2351条到第2353条的生效日期有待新的指令另行规定，但最迟不会晚于2008年7月1日（法令，第58条）。同样的，由于附抵押的终身金贷款的运作还需要对1955年有关不动产公示的指令进行修改，这一制度的运行也要等待另一指令的颁布（消费法典，第L.314—20条）。参见Vincent Toussant，*L'ordonnance réformant le droit des sûretés présentée en conseil des ministres*，*JCP*（*N*），n°12，24 mars 2006，pp.575－577。

⑤ 李世刚：《关于法国担保制度的改革》，载《政治与法律》，2007（3），166页。

⑥ 法国最高法院的典型判决有1957年3月25日作出的（Cass. 1er *civ.*，25 mars 1957，*Bull. civ.* I，n°149）和1961年12月26日作出的（Cass. 1er *civ.*，26 déc. 1961，*Bull. civ.* I，n°622，D.1962，381，note VOIRIN）。这种倾向曾遭到权威学者的批判，比如，Philippe Simler & Philippe Delebecque，*Droit civil：les sûretés，la publicité foncière*，4e éd.，Dalloz，2004，p.412。

认了流质、流抵押协议都具有有效性（第 2348 条第 1 款、第 2459 条）。但是，为了保护债务人利益，对于流质、流抵押条款的订立，新条文要求担保财产的价值应当由专业人士评估（第 2348 条第 2 款、第 2460 条第 1 款）；如果不动产是债务人主要的居住地，当事人则不能订立此类条款（第 2459 条和第 2388 条第 2 款）。[①]

（二）抵押登记

1. 抵押登记的概念

抵押登记，是指基于抵押权人和抵押人的申请，登记部门将抵押合同约定的有关事项在不动产登记簿及不动产权利证书等载体上加以记载，并向抵押权人颁发他项权利证明书的现象。

［辨析］

《担保法》（第三章第二节的标题、第 41 条以下）及法释［2000］44 号（第 49 条第 2 款等）使用的称谓是抵押物登记，不够全面准确，因为抵押登记所记载的内容不限于抵押物的状态，还包括抵押权的内容，如抵押权的担保范围等。《物权法》改称抵押登记，比较合适。[②]

2. 抵押登记的地位和作用

在《担保法》上，抵押合同生效，抵押权设立，抵押物是否为动产，在所不问（第 41 条、第 43 条第 1 款）。《物权法》区分抵押物而决定抵押权产生的条件。在动产抵押权、浮动抵押权的情况下，抵押合同生效，抵押权设立，抵押登记只是对抗善意第三人的要件（《物权法》第 188 条、第 189 条第 1 款）。在其他类型的抵押权的场合，抵押合同生效，加上办理完毕抵押登记，抵押权才设立（《物权法》第 187 条），就是说，抵押登记是抵押权设立的生效要件。

抵押登记为抵押权设立的生效要件，其原则叫作登记生效要件主义，简称为登记生效主义。其优点是抵押权设立的时间点十分清晰，抵押权具有绝对性，抵押权人对任何人都可主张其抵押权。

抵押登记为抵押权对抗善意第三人的要件，其原则称为登记对抗要件主义，简称为登记对抗主义。按照该项原则，抵押登记与否，不影响抵押权的成立，但关系到抵押权能否对抗善意第三人。

所谓业已登记的抵押权能够对抗善意第三人，只是对第三人主张的要件，并不妨碍第三人承认未办理抵押登记的抵押权设立的效力。例如，甲以其 A 船向乙设立抵押权，双方签订了 A 船抵押合同，但未办理登记。其后，甲将 A 船出卖与丙，丙将 A 船用于运输货物的营业之中。在甲无法向乙履行债务的情况下，乙实行该抵押权，委托拍卖 A 船。对此，丙予认可。法律没有必要否认乙对 A 船的抵押权。

登记为抵押权设立的对抗要件场合，最难的问题是，未经登记的抵押权不得对抗第三人，此处所谓第三人的范围如何？首先，分析未经登记不得对抗的第三人的范围。

（1）未经登记，不得对抗就同一抵押物而享有业已登记的抵押权的人。该抵押权人是否

① 李世刚：《关于法国担保制度的改革》，载《政治与法律》，2007（3），170 页。

② 参见程啸：《物权法·担保物权》，148 页，北京，中国法制出版社，2005。

为善意，在所不问。其法律依据为《物权法》第 199 条第 2 项。这样，需要对《物权法》第 188 条后段和第 189 条第 1 款后段关于“不得对抗善意第三人”的规定予以目的性扩张的解释。

（2）未经登记，不得对抗就同一抵押物也享有抵押权的人。其法律依据为《物权法》第 199 条第 3 项。不过，后设立抵押权的人应为善意。其法律依据为《物权法》第 188 条后段和第 189 条后段、《民法通则》第 4 条规定的诚实信用原则。

（3）未经登记，不得对抗就该抵押物享有质权的人。该质权人是否为善意，在所不问。

（4）未经登记，不得对抗就该抵押物享有留置权的人。该留置权人是否为善意，在所不问。

（5）动产抵押权的场合，未经登记，不得对抗受让该抵押物所有权的人。该受让人（新所有权人）必须为善意。其法律依据为《民法通则》第 4 条规定的诚实信用原则、《物权法》第 188 条后段。

（6）浮动抵押权的场合，未经登记，不得对抗正常经营活动中已付合理价款并取得抵押物所有权的人。该所有权人是否善意，在所不问。其法律依据是《物权法》第 189 条第 2 款。

（7）未经登记，不得对抗就该抵押物享有租赁权、借用权等权利的债权人。此类债权人必须为善意。其法律依据为《民法通则》第 4 条规定的诚实信用原则。

（8）未经登记，可否对抗一般债权人？日本通说认为，可以对抗，不然，抵押权就失去了存在的积极价值。本书作者认为，抵押权即使没有登记，也是物权。按照物权优先于债权的原则，抵押权能够对抗一般债权人。

［反思］

通过上述分析考察可知，《物权法》第 188 条和第 189 条采取“未经登记，不得对抗善意第三人”的表述，未能反映出“未经登记，也不得对抗恶意第三人”的情形，存在着缺点。但假如采取“未经登记，不得对抗第三人”的表述，删除“善意”一词，也有问题，即诸如设立在后亦未办理抵押登记的抵押权人明知同一抵押物上已经存在着抵押权、买受抵押物的人明知该物上存在着抵押权、承租或借用抵押物的人明知该物上存在着抵押权等场合，（先设立的）抵押权即使尚未登记，（先设立的）抵押权人也能向他们主张其抵押权，换句话说，未经登记也能对抗这些恶意第三人。而“未经登记，不得对抗第三人”的表述显然没有涵盖这些情形。由此看来，必须借助于法解释的方法，才能适当地适用《物权法》第 188 条和第 189 条的规定。

其次，分析和考察抵押权未经登记也可对抗的第三人的范围。

（1）以不公正的手段妨碍抵押权人获得登记的人，或负有协助登记义务而不履行的人，以及主张欠缺登记为理由明显违背诚实信用的人。抵押权人有权对抗他们，即使抵押权尚未登记，也是如此。

（2）对抵押物没有任何真实权利的人，一般被称为实质上无权利之人。例如，甲就 A 物享有抵押权，但尚未登记。乙就 A 物不享有物权，也不享有债权。于是，乙无权否认甲对 A 物的抵押权。

（3）未经登记，抵押权人也能对抗侵权行为人。在第三人侵害抵押权的情况下，抵押权人有权请求侵权行为人承担侵权责任。

抵押登记具有重要的意义，它可以实现社会活动中的“动的安全”即交易安全。通过登记簿展现抵押物上的权利状态及其内容，便于第三人和抵押人进行与抵押物有关的法律交易时，作出合理的预期，避免遭受突如其来的损害，同时也极大地节省了交易成本，能够有效地实现鼓励交易、融通资金的市场经济目标。此其一。抵押登记能够强化抵押权的担保效力。在抵押权经过登记而成立的情况下，法律就推定第三人已经知晓抵押权的存在。此其二。抵押登记能够预防纠纷。通过抵押权登记能够合理地规范同一抵押物上多项抵押权以及抵押权与其他权利之间的关系，减少纠纷，并在纠纷发生之后能够提供强有力的证据。[①] 此其三。

3. 抵押登记的部门

依据《物权法》第 187 条至第 189 条，《担保法》以及《不动产登记暂行条例》及其实施细则的相关规定，需要办理登记的抵押权应当分别在以下部门办理：

(1) 以建设用地使用权、建筑物和其他土地附着物、海域使用权、以招标、拍卖、公开协商等方式取得的荒地等土地承包经营权、正在建造的建筑物、法律、行政法规未禁止抵押的其他不动产抵押的，登记部门为国土资源行政主管部门机关负责指导、监督的不动产登记机构（《土地管理法》第 5 条、《不动产登记暂行条例》第 5、6、7 条及《不动产登记暂行条例实施细则》第 65 条第 1 款）。以建设用地使用权、海域使用权抵押的，该土地、海域上的建筑物、构筑物一并抵押；以建筑物、构筑物抵押的，该建筑物、构筑物占用范围内的建设用地使用权、海域使用权一并抵押，登记部门依然是不动产登记机构（《不动产登记暂行条例实施细则》第 65 条第 2 款）。

(2) 企业、个体工商户、农业生产经营者以现有的以及将有的生产设备、原材料、半成品、产品抵押的，登记部门为抵押人住所地的县级工商行政管理部门（《物权法》第 189 条第 1 款前段，《动产抵押登记办法》第 2 条）。一般民事主体以动产设立抵押的，亦然（《动产抵押登记办法》第 2 条）。

(3) 以机动车辆抵押的，登记部门为机动车所在行政辖区的车辆管理所（《机动车登记规定》第 2 条第 2 款、第 22 条、第 23 条）；以船舶抵押的，登记部门为船籍港港务监督机构（《船舶登记条例》第 8 条、第 20 条以下）；以民用航空器抵押的，登记部门为国务院民用航空主管部门（《民用航空法》第 16 条，《民用航空器权利登记条例》第 3 条、第 4 条、第 7 条以下）。

第三节 抵押权的效力（I）

一、概述

抵押权的效力，包括抵押权所担保债权的范围、抵押权效力所及的标的物的范围、抵押人的权利、抵押权人的权利、抵押权的实行、第三人的求偿权和代位权。其中，抵押权所担保债权的范围，没有不同于担保物权所担保债权的范围之处，应遵从本书第十七章“担保物权总论”第二节“担保物权的担保范围”所讨论的规则，此处不赘。抵押权的效力所及的标

---

① 程啸：《物权法·担保物权》，148 页。

的物的范围，本书第十八章“抵押权”第二节“抵押权的取得”中“抵押合同的条款”部分，简要讨论了抵押权的效力所及的抵押物本体，抵押权的效力所及的抵押物的从物、从权利、孳息，则完全没有论及，至于抵押权的效力所及的抵押物的代位物，也只是在抵押权的法律性质中简要地讨论过，此处有必要深入研讨。

二、抵押权的效力所及的标的物的范围

（一）概述

抵押权的效力所及的标的物的范围，是指抵押权人实行抵押权时有权依法予以变价的抵押财产的范围。抵押权系支配抵押物的交换价值，以确保被担保债权实现的价值权，故其标的物的范围与所有权的标的物的范围应属同一。换句话说，在抵押物与其权利之间的关系方面，所有权的标的物就是抵押权的标的物。但是，一直到抵押权实行之前，抵押权人都不直接占有抵押物，且抵押权自其设立至实行，期间大多历时较久，抵押物本体不仅难免有所增减，抵押权所及之物也常有更替，为维护抵押权所支配的交换价值与其标的物的经济效用，以及兼顾当事人、利害关系人的利益，法律对抵押权的效力所及的标的物范围设置明文，超出了抵押物的本体（《物权法》第165条、第174条、第197条，《担保法》第58条，法释[2000] 44号第62条、第63条前段、第80条第1款）。当然，法律有关抵押权的效力所及标的物范围的规定，并非强制性规定，旨在补充当事人意思的不足，当事人有权以特约予以变更或限制。[①]

［辨析］

这里所说的当事人得以特约变更或限制抵押权的效力所及标的物的范围，指的是抵押权人和抵押人之间得约定抵押权的效力所及标的物的范围，非指抵押人和其他人在买卖、租赁等合同中约定抵押权的效力所及标的物的范围。后者的约定，按照合同相对性原则，无法约束抵押权人。对此，通过一案例加以阐明。某《房屋租赁合同》第16.1.3条规定：“本房屋[租赁物——本书作者注]如设立抵押，则抵押物只包括本房屋的全部或部分，而不包括其他任何承租人所有的资产。”这里所说的承租人所有的资产，按照该合同第9.1条关于“租赁期间内，承租人以建设、装修、安装、购置、更换等各种形式投资形成的装修、设备、设施、不动产及其他附属物、附着物等各种形式的资产的所有权属于承租人”的规定，包括已经添附到作为租赁物的房屋之上的财产。本来，动产被附合于不动产场合，依据添附规则和物的重要成分的理论，动产的所有权因被不动产的所有权吸收而不复独立存在，承租人已经丧失了这些动产的所有权。按照《物权法》《担保法》等关于抵押权的效力所及标的物范围的规定，抵押权的效力当然及于这些“动产”。该《房屋租赁合同》第16.1.3条的约定，不能约束抵押权人，除非抵押权人接受该项约定。不过，抵押权人接受该项约定已经属于另一合同或单方允诺的法律效力范畴了。

（二）附合物、混合物、加工物

1. 附合物

所谓附合物，是从属于不动产的附合之物。虽然《担保法》和《物权法》未规定抵押权

---

① 谢在全：《民法物权论》（中册），修订2版，429页。

的效力是否及于附合物，但法释〔2000〕44号填补了这一漏洞，明确规定抵押物因附合使其所有权归第三人所有的，抵押权的效力及于补偿金；抵押物所有人为附合物的所有人的，抵押权的效力及于附合物；第三人与抵押物所有人为附合物的共有人的，抵押权的效力及于抵押人对共有物享有的份额（第62条）。

［知识］

附合物，日本民法及其学说称为附属物，是从属于不动产的附合之物（《日本民法典》第242条）。附属物是因为附属失去独立的存在，而且被不动产的所有权吸收[①]；并认为，附属物被《日本民法典》第370条规定的附加物所包含，至于是否与附加物的外延相同，则存在两种对立的学说。经济一体说认为，《日本民法典》第370条所说的“附加后成为一体”具有经济一体性的意思，所以，附加物不只是《日本民法典》第242条规定的附属物，也包含《日本民法典》第87条规定的从物的意思。[②] 构成部分说则主张，“附加后成一体的物”仅仅是指“附属物”，作为物的具有独立性的“从物”不包含在其中。[③] 近江幸治教授赞同前者。从附加物和附属物的中文文义来看，两者似乎相同，尤其是附属物系失去独立存在之物，它已经被不动产的所有权所吸收，而从物是独立于不动产之物，所以，假如中国民法使用附属物的概念，那么本书作者赞同附属物和附加物的外延相同，都不包括从物的观点。

由于附合物与抵押物的所有权合而为一，抵押权不因对抵押物的附合而消灭，所以，只有抵押权的效力及于附合物，在附合物就是抵押物且归抵押人和第三人共有时，抵押权的效力及于抵押人的共有份额，才符合法理。所以，法释〔2000〕44号第62条的规定值得肯定。[④]

［探讨］

在“四荒”土地承包经营权、建设用地使用权作为抵押物的情况下，有无抵押权的效力是否及于附合物或曰附属物的问题？如果附合物为树苗、农作物种子、花草等，它们被栽种于土地之中时，是与“四荒”土地承包经营权或建设用地使用权附合吗？本书作者认为，它们是与“四荒”土地承包经营权或建设用地使用权所作用的土地附合，那么它们成为土地的组成部分，具有“四荒”土地承包经营权或建设用地使用权的客体的地位。如果从价值的角度看，“四荒”土地承包经营权、建设用地使用权的客体的价值提高，“四荒”土地承包经营权、建设用地使用权本身的价值很可能也随之增加，似乎可以说抵押权的效力及于这些树苗等附合物。但另一方面，树苗等与土地附合，成为“四荒”土地承包经营权或建设用地使用权的客体的组成部分，在民法的构成上，毕竟不是成为“四荒”土地承包经营权或建设用地使用权本身的成分，加之作为“四荒”土地承包经营权或建设用地使用权的客体的土地新添

---

① 〔日〕近江幸治：《担保物权法》，祝娅、王卫军、房兆融译，沈国明、李康民审校，113页。

② 〔日〕我妻荣：《新订担保物权法》，258、270页，东京，岩波书店，1971；〔日〕於保不二雄：《附加物以及从物和抵押权》，载《民商法杂志》，第29卷第5号，20页以下；〔日〕林良平：《抵押权的效力》，载《新版·民法演习2》，184页以下；〔日〕铃木禄弥：《物权法讲义》，3版，168页，东京，创文社，1985。转引自〔日〕近江幸治：《担保物权法》，祝娅、王卫军、房兆融译，沈国明、李康民审校，113页。

③ 〔日〕柚木馨、高木多喜男：《担保物权法》，3版，248页，东京，有斐阁，1982；〔日〕高木多喜男：《担保物权法》，112页。转引自〔日〕近江幸治：《担保物权法》，祝娅、王卫军、房兆融译，沈国明、李康民审校，113页。

④ 崔建远：《土地上的权利群研究》，262页。

了附合物，“四荒”土地承包经营权、建设用地使用权的交换价值未必因此而提高，所以，为慎重起见，不宜把“四荒”土地承包经营权或建设用地使用权的客体的附合物作为“四荒”土地承包经营权或建设用地使用权抵押权的效力所及的对象。[①]

具有独立使用价值、可以作为独立交易客体的房屋等建筑物，在中国法律上不是土地的成分，而是独立于土地的不动产。一种意见认为，它们是与建设用地使用权“附合”[②]。不过，这只是形象的说法，有助于理解建筑物因建设用地使用权的存在而不属于土地的成分。实际上，建筑物是独立之物，既独立于土地，也独立于建设用地使用权，不是建设用地使用权的成分。这样，建设用地使用权抵押权的效力不当然及于它。[③]

2. 混合物

《担保法》和《物权法》未涉及抵押权的效力是否及于混合物，法释［2000］44 号填补了这一漏洞，明确规定抵押物因混合使其所有权归第三人所有的，抵押权的效力及于补偿金；抵押物所有人为混合物的所有人的，抵押权的效力及于混合物；第三人与抵押物所有人为混合物的共有人的，抵押权的效力及于抵押人对共有物享有的份额（第 62 条）。

抵押物发生混合，抵押物的所有权覆盖于混合物全部，抵押权不因抵押物有混合现象而消灭，所以，只有抵押权的效力及于混合物，在混合物就是抵押物且归抵押人和第三人共有时，抵押权的效力及于抵押人的共有份额，才符合法理。所以，法释［2000］44 号第 62 条的规定值得肯定。[④]

［探讨］

抵押物系“四荒”土地承包经营权、建设用地使用权时，存在着混合物的问题吗？从混合发生于动产之间的概念可知，无论是“四荒”土地承包经营权、建设用地使用权本身，还是“四荒”土地承包经营权、建设用地使用权的客体——土地，都不发生混合现象，所以，“四荒”土地承包经营权、建设用地使用权抵押场合，不存在抵押权的效力及于混合物的问题。

3. 加工物

《担保法》和《物权法》欠缺抵押权的效力是否及于加工物的规定，法释［2000］44 号填补了这一漏洞，明确规定抵押物因加工使其所有权归第三人所有的，抵押权的效力及于补偿金；抵押物所有人为加工物的所有人的，抵押权的效力及于加工物；第三人与抵押物所有人为加工物的共有人的，抵押权的效力及于抵押人对共有物享有的份额（第 62 条）。

首先说明，第三人和抵押人对加工物共有，如果加工物与抵押物以外的物合而为一，抵押权的效力不及于加工物，除非法律另有规定或当事人另有约定。只有加工物与抵押物合而为一时，抵押权的效力才及于抵押人对该共有物享有的份额。

其次，加工物与抵押物的所有权合而为一，抵押权不因对抵押物的加工而消灭，所以，只有抵押权的效力及于加工物，在加工物就是抵押物且归抵押人和第三人共有时，抵押权的效力及于抵押人的共有份额，才符合法理。

---

① 崔建远：《土地上的权利群研究》，262 页。

② 参考谢在全：《民法物权论》（中册），修订 2 版，56 页；苏永钦：《走入新世纪的私法自治》，257 页。

③ 崔建远：《土地上的权利群研究》，262～263 页。

④ 同上书，263 页。

［探讨］

抵押物系“四荒”土地承包经营权、建设用地使用权时，存在着加工物的问题吗？从加工的对象限于动产的要求看，无论是对“四荒”土地承包经营权、建设用地使用权本身，还是对“四荒”土地承包经营权、建设用地使用权的客体——土地，都不存在加工现象，所以，在“四荒”土地承包经营权、建设用地使用权抵押的情况下，不存在抵押权的效力及于加工物的问题。

（三）从物

抵押权的效力是否及于从物，《担保法》和《物权法》未加规定，法释［2000］44号明确规定：“抵押权设定前为抵押物的从物的，抵押权的效力及于抵押物的从物。但是，抵押物与其从物为两个以上的人分别所有时，抵押权的效力不及于抵押物的从物”（第63条）。在抵押权设立之前，抵押物的从物已经存在，由从物帮助抵押物发挥效用，两物之间具有的依存关系（《物权法》第115条）所决定，抵押权的效力应当及于该从物。①

抵押权设立后新产生从物，抵押权的效力是否也及于该从物呢？现行法没有规定，有法律专家持否定观点。② 本书作者认为，这样的意见更有说服力：抵押权设立后出现的从物是否为抵押权的效力所及，涉及抵押权人和一般债权人之间的利益平衡。在这种情况下，涉及两个利益：一是抵押权人的利益。从经济目的看，从物辅助抵押物这个主物发挥效能，抵押物与其从物之间具有依存关系，如果不让抵押权的效力及于从物，就意味着抵押权实行时不得一并拍卖抵押物与其从物，势必减损抵押物的价值，影响抵押权人的利益。二是一般债权人的利益。抵押权设立后增加的从物，若为抵押权的效力所及，抵押权人就从物的变价优先受偿，等于从抵押人的一般担保财产中划出一部分，归于抵押物中，共同担保因而减少，一般债权人难免蒙受损失。为兼顾各方当事人的利益，原则上应认为抵押权的效力及于抵押权设立后增加的从物，若因此而影响到一般债权人的共同担保时，则抵押权人于实行抵押权时，虽然可以把抵押物与从物一同拍卖，但就该从物无优先受偿权。一般债权人主张抵押权人无优先受偿权的应负举证责任。③

［知识］

对抵押权的效力是否及于抵押权设立后增加的从物，简要考察若干立法例及其理论，可能有助于深化理解。

在法国，民法典把有交易能力的不动产的附属物视为不动产（第2118条第2项），规定抵押权的效力及于对作为抵押物的不动产的所有改良（第2133条）。在这种背景下，具有“根据性质区分的不动产”和“根据用途区分的不动产”的严格区别的理论，从物属于“根据用途区分的不动产”范畴，被包含在“对不动产的所有改良”之中，抵押权的效力及于作为抵押物的不动产，也及于已被不动产化了的从物（第2133条）。

在德国民法上，采用“构成部分”（“附加于主物的物，已经和主物一体化了”）和“从物”严格区别的理论，认为从物保持着独立性，故抵押权的效力不当然及于从物。在这里，从抵押权的特殊性考虑，从物从属于主物，是依照处分主物之人的意思，写入了特别规定之

① 崔建远：《土地上的权利群研究》，264页。

② 李国光、奚晓明、金剑锋、曹士兵：《关于适用〈中华人民共和国担保法〉若干问题的解释理解与适用》，248页。

③ 王泽鉴：《民法学说与判例研究》（第3册），366～369页，北京，中国政法大学出版社，1998。

中（第1120条）。这种规定也包括设定抵押权后的从物。

日本旧民法担保篇模仿《法国民法典》，规定抵押权的效力及于对不动产的增加或改良（第200条）。像《法国民法典》那样，从物被包含在“对不动产的增加或改良”中，抵押权的效力及于这样的从物，即使此类从物产生于抵押权设定之后。但是，《日本民法典》在设置第370条时，对日本旧民法债权担保篇第200条的规定作了文字修改。同时，其第87条又模仿《德国民法典》第一草案，接受了“构成部分”和“从物”严格区分的理论，割裂了与日本旧民法债权担保篇第200条的同一性，造成《日本民法典》内部的矛盾。对此，我妻荣教授等主张按照《德国民法典》第1120条的处置方法，在不动产存在分离物的情况下，遵循“经济一体说”，抵押权的效力及于从物，且不问从物产生于抵押权的前后。① 但也有学者认为，《日本民法典》第370条所说的附加物只有附属物的意思，不包含作为独立之物的从物，但是第87条第2项所谓“从物随从主物的处分”，是指抵押权设定后到抵押权实行时止期间内，抵押权的效力及于附加的从物。② 有的判例也持这种立场。③

但是，在现代社会，抵押权的效力全部及于作为抵押物的不动产上，不一定产生适当的结果。与其为了从物的财产价值得到很大提高，倒不如提出割裂抵押权效力的一般性的社会经济的要求。况且，从当事人的意思观察，即使是抵押人也没有预见到有关的从物当然地成为抵押物的情形。不过，判例尚未认可割裂抵押权的效力。④

［引申］

以区分所有的建筑物抵押时，停车位、停车库、地下室、锅炉房、会所等是否为抵押物的从物，是否为抵押权的效力所及？首先需要确定它们是否为独立之物，是否有独立的产权证。它们若不是独立之物、无独立的产权证，则一定是区分所有的建筑物的组成部分，从而为抵押权的效力所及；若为独立之物、有独立的产权证，则需要区分两种情况：其一，它们不是区分所有的建筑物的从物，而是抵押人以外之人的财产，抵押权的效力不及于它们；其二，它们是区分所有的建筑物的从物，抵押权的效力及于它们。

（四）从权利

所谓从权利，是指为辅助主权利的效力而存在的权利。从权利和主权利之间的关系，类似于主物和从物之间的关系，因而，以主权利或其所附丽的标的物设立抵押权时，该抵押权的效力及于从权利。⑤

［引申］

“四荒”土地承包经营权、建设用地使用权的从权利，包括相邻通行权、相邻排水权、地役权等。在中国台湾地区的“民法”上，其学说认为，为保全抵押物的经济效用，对抵押物的从权利从宽解释，不仅本质上的从权利，其本质上虽非从权利，但抵押物存在上所必需

① ［日］近江幸治：《担保物权法》，祝娅、王卫军、房兆融译，沈国明、李康民审校，116页。

② ［日］柚木馨、高木多喜男：《担保物权法》，3版，255～256页。转引自［日］近江幸治：《担保物权法》，祝娅、王卫军、房兆融译，沈国明、李康民审校，117页。

③ 东京高判1978.12.26，案时383号第109页；［日］近江幸治：《担保物权法》，祝娅、王卫军、房兆融译，沈国明、李康民审校，117页。

④ ［日］近江幸治：《担保物权法》，祝娅、王卫军、房兆融译，沈国明、李康民审校，117页。

⑤ 谢在全：《民法物权论》（中册），修订2版，435页；梁慧星、陈华彬：《物权法》，4版，314页；王利明、尹飞、程啸：《中国物权法教程》，466页。

的权利亦包括在内，例如以建筑物抵押时，建筑物对基地的利用权，如建设用地使用权、租赁权、借贷权等，亦应认为系从权利，而为抵押权的效力所及。[①] 至该项权利是否具有让与性亦非所问。[②] 盖土地与建筑物虽为各别独立的不动产，但建筑物的使用，既不能脱离土地而存在，则于建筑物就基地有利用权时，自应予以维护，始无害于社会经济。[③] 再如，以农地抵押时，其灌溉用水之权，亦可解释为农地的从权利。[④] 对抵押物的从权利从宽解释，显然使抵押物的经济效用达到最大化，抵押权的效力因而得到了强化，抵押权实行之后，抵押物的受让人就不会因他人享有抵押物的从权利而受到种种牵制、妨害，从而顺畅地利用抵押物，使效益最大化。在这种背景下，应当持有这种立场。所以，本书作者认为，中国大陆民法应当对抵押物的从权利从宽解释，“四荒”土地承包经营权、建设用地使用权作抵押物时亦应如此。[⑤]

正因“四荒”土地承包经营权、建设用地使用权的从权利能使其效用彰显和强化，所以，只要立法者坚持权利本位的思想，拟使抵押权保持完整权利的状态，那么，“四荒”土地承包经营权、建设用地使用权抵押权的效力及于土地使用权的从权利，就是当然的结论。[⑥]

在中国台湾地区的“民法”上，从权利在抵押权设立时登记与否，不影响它们为抵押权的效力所及。[⑦] 由于从权利与抵押物的不动产物权之间天然地存在着主从关系，这也是一种公示的表现，只要法律明确规定抵押权的效力及于抵押物的从权利，就意味着已经公示了，所以，即使从权利在抵押权设定时未登记，也不存在损害善意之人的问题。[⑧]

（五）孳息

孳息分为天然孳息和法定孳息。抵押权的效力是否及于它们，应当区分二者及是否已经与抵押物分离的情况而讨论。

1. 抵押权的效力与天然孳息

天然孳息未与抵押物分离时，系抵押物的组成部分，当然为抵押权的效力所及。在它同抵押物相分离而成为独立之物时，是否仍一律如此呢？答案是否定的。抵押权设立后、实行之前，抵押物的占有、使用、收益之权归抵押人享有，由此决定，天然孳息应由抵押人收取，抵押权的效力不应及于它们。但是若绝对贯彻这一原则，又会出现下述弊端：抵押物所有人故意拖延抵押物被扣押的时间，以便更多地收取天然孳息。有鉴于此，《担保法》第47条第1款前段规定：“债务履行期届满，债务人不履行债务致使抵押物被人民法院依法扣押的，自扣押之日起抵押权人有权收取由抵押物分离的天然孳息以及抵押人就抵押物可以收取的法定孳息。”《物权法》第197条第1款基本上复述了该条款。这告诉我们，抵押物被依法

---

① 谢在全：《民法物权论》（中册），修订2版，436页。

② 郑玉波：《论抵押权标的物之范围》，载郑玉波：《民商法问题研究》（二），136页；姚瑞光：《民法物权论》，217页，自版，1980。转引自谢在全：《民法物权论》（中册），修订2版，458页。

③ 中国台湾地区“最高法院”1959年度台上字第1457号判决；中国台湾地区“最高法院”1959年度台上字第227号判决。

④ 谢在全：《民法物权论》（中册），修订2版，436页。

⑤ 崔建远：《土地上的权利群研究》，267页。

⑥ 崔建远：《土地上的权利群研究》，268页。

⑦ 谢在全：《民法物权论》（中册），修订2版，435～436页。

⑧ 崔建远：《土地上的权利群研究》，268页。

扣押前，抵押权的效力不及于抵押物的天然孳息；被扣押后，抵押权的效力及于抵押物的天然孳息。即使在抵押权设立之后，抵押物被人民法院扣押之前，抵押物上又成立了租赁权等权利的，基于抵押权设立在先效力亦优先的规则及原理，也是抵押权人有权自扣押抵押物时起收取与抵押物分离的天然孳息。

2. 抵押权的效力与法定孳息

按照《担保法》第 47 条第 1 款和《物权法》第 197 条第 1 款的规定，抵押物被人民法院依法扣押之前，抵押物所产生的法定孳息由抵押人收取，抵押权的效力不及于它；自被依法扣押时起，并且抵押权人已将扣押抵押物的事实通知了应当清偿法定孳息的义务人的，抵押权的效力自扣押之日起及于法定孳息。

可见，抵押权的效力若及于法定孳息，较抵押权的效力及于天然孳息，多出一个要件，即抵押权人将依法扣押抵押物的事实通知应当清偿法定孳息的义务人。何以如此？原来，与天然孳息系直接收取于抵押物不同，法定孳息系由第三人给付而来，若不将扣押抵押物的事实通知该第三人，会造成不必要的麻烦乃至损失。[①] 有鉴于此，《担保法》和《物权法》都设置了但书，抵押权人未将扣押抵押物的事实通知应当清偿法定孳息的义务人的，抵押权的效力不及于该孳息（《担保法》第 47 条第 1 款后段，《物权法》第 197 条第 1 款后段）。

（六）代位物

抵押物的代位物，为抵押物的变形物，对于作为价值权的抵押权来说，抵押物与其代位物的意义相同，基于抵押权的物上代位性，抵押权的效力当然及于它们。对此，《担保法》第 58 条、《物权法》第 174 条、法释［2000］44 号第 80 条第 1 款均予承认。

（七）抵押权设立后新增的建筑物

关于抵押权设立后新增的建筑物，是否为抵押权的效力所及的范围，《物权法》第 200 条明确规定："建设用地使用权抵押后，该土地上新增的建筑物不属于抵押财产。该建设用地使用权实现抵押权时，应当将该土地上新增的建筑物与建设用地使用权一并处分，但新增建筑物所得的价款，抵押权人无权优先受偿。"这值得肯定，其理由在于：建设用地使用权抵押后，抵押权人在实现抵押权时不能将抵押权设立后新增的建筑物一并处分，那么就会产生两种不适当的后果：(1) 在房地产抵押权实行时，尤其是拍卖抵押房地产时，可能出现建设用地使用权与房屋异其主体的现象。这显然违反了《物权法》第 142 条正文所确立的房地权属的主体相一致的原则。(2) 受新增房屋必定需要占用一定范围的建设用地的影响，抵押的建设用地使用权在拍卖或变卖时价格极有可能有所降低，甚至无人受让，抵押权人的合法权益会受到不利影响。为避免此种后果，必须将新增的房屋连同被抵押的建设用地使用权一同拍卖，只是对新增房屋的变价无权优先受偿。[②]

第四节　抵押权的效力（Ⅱ）

抵押权的效力，还包括抵押人的权利，本节专门讨论这个问题。抵押权为价值权，于其设立之后，无须移转抵押物的占有，抵押人对抵押物仍然享有占有、使用、收益和处分的权

① 崔建远：《我国担保法的解释与适用初探》，载《吉林大学社会科学学报》，1996 (2)，27～28 页。

② 参见崔建远、孙佑海、王宛生：《中国房地产法研究》，130～131 页。

利。据此，抵押人就抵押物享有如下权利：

一、在同一抵押物上设立多个抵押权的权利

《担保法》第35条规定："抵押人所担保的债权不得超出其抵押物的价值。财产抵押后，该财产的价值大于所担保债权的余额部分，可以再次抵押，但不得超出其余额部分。"《物权法》未再重复《担保法》对超额抵押的禁止性规定，但也没有明确允许抵押物的价值额可低于被担保债权的价值额。对此，有截然相反的两种理解：一种观点认为，《物权法》规定"担保法与本法的规定不一致的，适用本法"（第178条），未设明文被担保债权的价值额可以高于抵押物的价值额，亦未明文废止《担保法》第35条的规定，难谓《物权法》和《担保法》的规定不一致，因而《担保法》第35条的规定依然有效。另一种观点则认为，《担保法》第35条的规定不应继续适用。

本书作者赞同后者，理由如下：(1)《担保法》第35条的规定弊端较多：1）未考虑到抵押物的价值额会不断变化的情形，可能弄巧成拙。在有的情况下，抵押物的价值在抵押合同订立时可能高于被担保债权的数额，但待抵押权实行时，则因市场供求关系的变动而下跌至被担保债权的数额之下。反之，在另一些情况下，在订立抵押合同时，抵押物的价值可能明显低于被担保债权的数额，但待抵押权实行时，其价值额变得高于被担保债权的数额。在后者情况下，《担保法》第35条的规定显然使抵押人丧失了融通资金的机会，而债权人也可能失去一次成交并获利的良机，很可能在社会范围内效率不高，岂不可惜！2）《担保法》的立法者过分地关注了病态交易乃至经济的情形，总是在抵押权实际实行的假设情境中来设计抵押权制度，未注意到或者说有所忽视这样的状况：在一个良性发展的社会及经济形态中，抵押权等担保权只是备而不用或少用的法律手段，债务被适当履行，债权因此而实现，抵押权等担保手段随之消失，成本低廉。在这样的环境中，抵押物的价值额多或少，还有什么关系呢？退一步说，假使债权人果真实际行使抵押权，因抵押物的价值额低致使其债权部分无法实现，也还有债务人的责任财产以一般担保的方式作为债权人实现其债权的物质基础。3）《担保法》第35条的规定不符合意思自治原则的地位及功能。本来，债权人为一理性人，他有能力审时度势，权衡利弊得失，拍板同意抵押人以价值额较小的抵押物担保价值额较大的债权，自有其道理。即使是无可奈何的决定，也无必要以强制性规定影响其法律效力。所以，《担保法》不惜违反意思自治原则而设置第35条的规定，有失权衡。法释［2000］44号第51条已经修正了《担保法》的这个规定，指出"抵押人所担保的债权超出其抵押物价值的，超出的部分不具有优先受偿的效力"。对此，原则上可资赞同。需要申明的是，判断债权额是否超出抵押物的价值额，不应当以抵押权设定时的比例关系为准，而应当以抵押权实行时的为准。[①] (2)在物权立法的过程中，对于《物权法》是否承继《担保法》第35条的规定，存在着不同意见，2002年12月17日的《中华人民共和国民法（草案）》采取了肯定的态度，于第242条第1款规定："抵押人所担保的债权不得超出其抵押物的价值。"其后各物权法草案则删除了该条规定，体现了不赞同《担保法》第35条规定的精神，《物权法》亦然。至于这些物权法草案和《物权法》为何不直接规定抵押物的价值可以低于抵押债权的价值，是因为草拟和研讨物权法草案的工作者们考虑到，法律条文直接规定

① 崔建远：《土地上的权利群研究》，246～247页。

抵押物的价值额可以低于被担保债权额，亦非理想的方案；特别是认可抵押物的价值几何，乃债权人的自由选择事项，法律不宜干涉，也无须直接言明。既然如此，按照法意解释，应当认为《物权法》允许抵押物的价值额低于抵押债权的价值。(3) 在物权立法的过程中，对于整个《担保法》和《物权法》之间的关系，有两种不同的意见，一种保留《担保法》，《物权法》不规定担保物权；另一种意见是废止《担保法》，对于《担保法》中反映了社会生活的要求、符合法理的规范，由《物权法》承继，对于《担保法》中不尽妥当的规范，《物权法》当然不予沿袭。后一种意见虽被立法者部分采纳，但物权法草案和《物权法》没有设置明文废止《担保法》，而是采用了诸如《物权法》第 178 条那样的表述，致使《物权法》未能准确地反映出废止《担保法》第 35 条规定的立法意图。有鉴于此，我们解释法律不应以文害义，不应阻碍法律的发展和社会的进步。

需要注意，同一不动产上设立多个抵押权的，不动产登记机构应当按照受理时间的先后顺序依次办理登记，并记载于不动产登记簿。当然，当事人对抵押权顺位另有约定的，依据意思自治原则，从其规定办理登记（《不动产登记暂行条例实施细则》第 67 条）。

二、在抵押物上设立用益物权的权利

在德国、法国、日本民法和中国台湾地区的“民法”上，抵押物中最为重要的是土地，抵押人以作为抵押物的土地设立地上权、地役权等用益物权，不成问题。与此有别，中国现行法禁止土地和海域作为抵押物，允许建筑物抵押，故抵押人就抵押物不可能设立建设用地使用权、宅基地使用权、土地承包经营权、海域使用权等用益物权，但可以设立以建筑物为供役地或需役地的地役权。[①]

三、出租、出借抵押物的权利

抵押人出租抵押物，《物权法》予以承认，同时明确该租赁关系不得对抗已登记的抵押权（第 190 条后段）。至于尚未登记的抵押权，按照《物权法》第 188 条和第 189 条第 1 款的规定，租赁关系能够对抗。所谓租赁关系不得对抗已登记的抵押权，是指在因租赁关系的存在致使于抵押权实行时无人应买抵押物，或出价降低导致不足以清偿抵押债权等情况下，抵押权人有权主张租赁终止。在这方面，《日本民法典》第 395 条关于“不超过第 602 条规定期间的租赁，虽在抵押权登记后为登记，亦得以之对抗抵押权人。但其租赁对抵押权人发生损害时，法院得因抵押权人的请求，命令其解除”的规定，值得我们借鉴，即当抵押权人请求解除租赁合同时，人民法院应当支持。换个角度说，于此场合抵押权人享有解除权，但该解除权的行使宜采取诉讼的方式。[②]

当然，如果存有租赁权负担的抵押物的变价额足以清偿抵押债权，表明租赁关系对抵押权没有损害，则适用《合同法》第 229 条的规定，租赁关系仍可存续，由抵押物的受让人承受。还有，如果存有租赁权负担的抵押物的变价额虽不足以清偿抵押债权，但除去该租赁权后，抵押物的变价与不消除租赁权负担时的变价额相等或降低时，就表明租赁关系的存在对

① 参见王利明、尹飞、程啸：《中国物权法教程》，476～477 页。
② 崔建远、孙佑海、王宛生：《中国房地产法研究》，582～583 页。

抵押权并无损害。因此，在抵押权实行时仍可将抵押物连同租赁权负担一并移转给受让人。[①]

[引申]

抵押权实行，自此时起抵押物的交换价值成为抵押权的内容，比较妥当。于是，抵押权设立后，抵押人将抵押物出租与第三人，若对抵押权没有影响，抵押物被人民法院依法扣押后，承租人应付的租金，固为抵押权的效力所及，不容置疑。现在的问题是，此项租赁权的存在对抵押权有影响时，对于抵押权人就不发生效力，承租人应付的租金是否亦为扣押的效力所及？若认为扣押的效力所及，则抵押权人对于有害抵押权的租赁合同，能否再为对之不发生效力的主张？即有疑问。由于此类租赁合同是法律所允许的，租赁权对抵押权人原则上有效，只是在该租赁权害及抵押权时才不发生效力。而是否害及的判断应以拍卖抵押物的时间点，而非以租赁合同签订之时，加以判断。所以，拍卖时因有租赁权的存在，无人应买，或出价不足清偿抵押债权，法院即得除去该项负担，重新估价拍卖。如除去负担拍卖的结果，变价款与未除去该项负担拍卖的结果相等或反而减少的，足以证明负担的存在并未影响抵押权，此项负担仍应由拍定人承受。因此，自抵押物被扣押后至拍卖止，承租人对于抵押物的使用收益的权利虽已丧失，但租赁或其他用益权亦仅影响抵押权时，对抵押权人不发生效力，抵押人和承租人之间的租赁关系并不受其影响，抵押人于抵押物扣押后所有权丧失前，基于合同关系，对承租人收取法定孳息，应认为扣押的效力所及。[②] 这种意见也符合《物权法》的情况，应予借鉴。

举重以明轻，抵押人出借抵押物，亦应如此处理。

至于抵押权设立前抵押物已经出租的，租赁关系不应受抵押权的影响（《物权法》第190条前段，《担保法》第48条），符合法理，不成问题。

[提示]

《担保法》第48条的全文为“抵押人将已出租的财产抵押的，应当书面告知承租人，原租赁合同继续有效。”其中的“应当书面告知承租人”之语，容易使人误认抵押人将抵押事实“书面告知承租人”系租赁关系不受抵押权影响的要件，《物权法》第190条前段未再保留它，是正确的，因为成立在前的租赁关系不受设立在后的抵押权的影响，乃法律秩序的当然要求，与抵押人是否通知承租人没有关系。

由于抵押人将租赁物抵押给他人可能影响到承租人的利益，抵押人有必要将该抵押事实通知承租人，以免不测，尤其是保护承租人的优先购买权。[③] 可见，抵押人将租赁物抵押给他人的事实告知承租人，系抵押人（出租人）向承租人所负的告知义务，属于租赁关系的内容，由《合同法》调整，没有必要在抵押权和租赁关系之处提及它。

举重以明轻，抵押人出借抵押物，亦应如此处理。

四、转让抵押物的权利

抵押人将抵押物转让给他人，包括将抵押物出卖、赠与、互易给他人。对于抵押人的该

---

① 参见杨与龄：《抵押权对抵押标的物用益权之影响》，载郑玉波主编：《民法物权论文选辑》（下），644～645页。

② 杨与龄：《抵押权对抵押标的物用益权之影响》，载郑玉波主编：《民法物权论文选辑》（下），645～646页。

③ 黄松有主编：《〈中华人民共和国物权法〉条文理解与适用》，569页。

项权利，不同的立法例及其理论所持立场有所差异。中国台湾地区“民法”、判决和学说持完全开放的态度，不限制抵押人的所有权自由。至于抵押权人的利益，借助抵押权的追及效力制度予以保护。[①] 而中国大陆的立法一直处于变化之中。最高人民法院《关于民法通则的意见》第115条第1款规定：“抵押物如由抵押人自己占有并负责保管，在抵押期间，非经债权人同意，抵押人将同一抵押物转让他人，或者就抵押物价值已设置抵押部分再作抵押的，其行为无效。”我们可称之为“债权人不同意则转让无效制度”。《担保法》第49条第1款则规定：“抵押期间，抵押人转让已办理登记的抵押物的，应当通知抵押权人并告知受让人转让物已经抵押的情况；抵押人未通知抵押权人或者未告知受让人的，转让行为无效。”这可被分解为三项制度，其一，抵押人转让已经办理了抵押登记的抵押物时，抵押人通知抵押权人或者告知受让人系转让抵押物行为的有效要件，抵押人未履行通知义务或者告知义务人的，转让行为无效（第49条第1款）。这可简称为“不通知或告知则转让无效制度”。其二，转让抵押物的价款明显低于其价值的，抵押权人可以要求抵押人提供相应的担保；抵押人不提供的，不得转让抵押物（第49条第2款）。我们可将其简称为“提供相应的担保制度”。其三，抵押人转让抵押物所得价款，应当向抵押权人提前清偿所担保的债权或者向与抵押权人约定的第三人提存（第49条第3款前段）。这就是“提前清偿或提存制度”。法释［2000］44号回避了这些制度，另辟蹊径，以抵押权的追及效力和抵押物取得人的涤除权两项制度解决抵押物的转让出现的相应问题（第67条、第68条）。《物权法》第191条规定：“抵押期间，抵押人经抵押权人同意转让抵押财产的，应当将转让所得的价款向抵押权人提前清偿债务或者提存。转让的价款超过债权数额的部分归抵押人所有，不足部分由债务人清偿”（第1款）。“抵押期间，抵押人未经抵押权人同意，不得转让抵押财产，但受让人代为清偿债务消灭抵押权的除外”（第2款）。又回归到了《关于民法通则的意见》第115条第1款规定的“债权人不同意则转让无效制度”，只采纳了抵押物取得人的涤除权一项，依然不采纳抵押权的追及效力的规定。如此设计的理由在于：“第一，财产抵押实际是以物的交换价值担保，抵押物转让，交换价值已经实现。以交换所得的价款偿还债务，消灭抵押权，可以减少抵押物流转过程中的风险，避免抵押人利用制度设计的漏洞取得不当利益，更好地保护抵押权人和买受人的合法权益。第二，担保法规定转让抵押财产的应当通知抵押权人并告知受让人，也就是说，只要是通知了抵押权人并告知了受让人，抵押权人就不能阻止抵押人的转让行为，而只能在转让抵押物的价款明显低于债权的价值时，要求抵押人提供相应的担保。但抵押财产的价值是随着市场价格波动的，抵押财产的价值是否明显低于债权难以做准确判断，与其为抵押权的实现留下不确定因素，不如在转让抵押财产时，就将转让所得的价款向抵押权人提前清偿或提存。第三，现实中往往是在实现抵押权时才发现未通知抵押权人或未告知受让人已转让了抵押财产的情况，此时即使宣告转让合同无效，转让的财产可能也已无法追回。而转让抵押财产前就取得抵押权人同意，可防止以后出现的一系列麻烦，节省经济运行的成本，减少纠纷。一般来说，抵押人转让抵押财产的所得的价款不可能完全与其担保的债权数额一致，当抵押财产价款超过债权数额时，超过的部分，应当归抵押人所有；不足的部分由债务人清偿。”[②]

---

① 中国台湾地区“民法”第867条；谢在全：《民法物权论》（中册），修订2版，481～482页。

② 胡康生主编：《中华人民共和国物权法释义》，418～419页。

［反思］

1. 前述为《物权法》第 191 条第 1 款规定辩护的理由，系针对《担保法》第 49 条的规定而言的，若针对抵押权的追及效力，则不成立，其中的第二和第三两点理由即属此类。其中的第一点理由，过分偏向了抵押权人，抵押债权尚未届期，就赋予抵押权人（债权人）就其债权提前受偿，牺牲了债务人的期限利益，也使抵押人承受了不利。该不利的第一点表现为，使抵押人实际履行了物上担保义务，而按照正常的债务履行，债务人届时有能力且实际清偿了债权，抵押人本可不实际承担物上担保义务的；第二点表现为，使抵押人过早地履行了物上担保义务，也丧失了期限利益。这在抵押权人（债权人）、抵押人和债务人之间的利益衡量上，是有失公正的。

2. 鉴于上述为《物权法》第 191 条第 1 款辩护的理由系针对《担保法》第 49 条规定的，有必要再分析《担保法》第 49 条规定，从中发现其不足，再看出《物权法》第 191 条纠正不适当的法律规定而设计的制度，更加不适当。

《物权法》第 191 条第 1 款后段规定："转让的价款超过债权数额的部分归抵押人所有，不足部分由债务人清偿。"符合抵押权的目的及功能，及债权债务关系的规则。因为抵押物转让的价款若已由受让人支付，则在法律上归抵押人所有，只不过抵押权人（债权人）就该笔款项享有优先受偿权；既然抵押债权已从转让的价款中获得全部清偿，便归于消灭，作为从权利的抵押权也随之消失；超过债权额的抵押物转让的价款自然继续归抵押人所有。至于"不足部分由债务人清偿"，乃因为抵押物转让的价款没有使抵押债权获得全部清偿，未获清偿部分的债权继续存在，债务人的该部分债务尚未消失，自然由债务人继续清偿。不过，于此场合，抵押权因抵押物及其变形物已经不复存在而归于消灭，未获清偿部分的债权变为无担保债权，不再有优先受偿的效力。

《物权法》第 191 条第 2 款前段关于"抵押期间，抵押人未经抵押权人同意，不得转让抵押财产"，其意思如何？如果将之解释为转让抵押物的合同无效，便会产生下述弊端：不利于受让人，有碍交易安全，障碍财产流通。如果根据情形的不同而分别采取下列对策，效果较佳：（1）贯彻《物权法》第 15 条关于区分物权变动与其原因行为的规定及精神，将《物权法》第 191 条第 2 款规定的"不得转让抵押财产"解释为，抵押人未经抵押权人同意而转让抵押财产的，意指不发生抵押物所有权移转给受让人的效力，至于转让抵押物的合同的效力，适用《合同法》的有关规定。（2）可将《物权法》第 191 条第 2 款关于"抵押期间，抵押人未经抵押权人同意，不得转让抵押财产"的规定，解释为管理性的强制性规定[①]，而非效力性的强制性规定，使之尽可能地不影响转让抵押物合同的效力。（3）在符合《合同法》第 74 条和第 75 条规定及法释［1999］19 号第 23 条至第 25 条规定的条件情况下，准许抵押权人行使债权人的撤销权，以保护抵押权人的利益。（4）转让抵押物的合同处于效力未定的状态，抵押权人若同意，转让合同有效；反之，转让合同无效。采取该项对策的困难不少：现行法的依据何在？可以把它解释为符合《合同法》第 51 条规定的情形吗？运用该项对策增加了转让行为归于消灭的概率，不利于受让人，有碍交易安全，障碍财产流通。可喜的是，最高人民法院于 2016 年 11 月 30 日通过了《第八次全国法院民事商事审判工作会议（民事部分）纪要》采纳了上述方案之二，于第 14 条前段规定："物权法第一百九十一

① 中国人民大学法学院的王轶教授将其解释为倡导性规范。

条第二款并非针对抵押财产转让合同的效力性强制性规定，当事人仅以转让抵押房地产未经抵押权人同意为由，请求确认转让合同无效的，不予支持。”至于在物权变动方面，则于第14条后段规定：“受让人在抵押登记未涂销时要求办理过户登记的，不予支持。”

［拓展］

需要注意，现行法上多次出现“不得转让”“不得抵押”等规定，例如，《城市房地产管理法》第38条规定“下列房地产，不得转让”；《城镇国有土地使用权出让和转让暂行条例》第19条第2款规定“未按土地使用权出让合同规定的期限和条件投资开发、利用土地的，土地使用权不得转让”，第44条规定“划拨土地使用权，除本条例第四十五条规定的情况外，不得转让、出租、抵押”；《物权法》第164条规定“地役权不得单独转让”，第165条规定“不得单独抵押”，第183条规定“乡镇、村企业的建设用地使用权不得单独抵押”，第184条规定“下列财产不得抵押”，第191条第2款规定“不得转让抵押财产”，第204条规定“最高额抵押担保的债权确定前，部分债权转让的，最高额抵押权不得转让”……其含义如何，涉及诸多问题，有必要检讨。

首先，就立法本意来讲，上述“不得……”的含义不尽相同，有的是指不发生物权变动的效果，有的则指转让合同、抵押合同不发生效力或无效。例如，从《城镇国有土地使用权出让和转让暂行条例》第19条第1款关于“土地使用权转让是指土地使用者将土地使用权再转移的行为，包括出售、交换和赠与”的规定可知，该条例上所规定的土地使用权转让，首先不是土地使用权由转让人之手移转到受让人之处的物权变动，更非物权行为，而是出售、交换和赠与土地使用权等合同。

在此，有必要辨析《城市房地产管理法》第37条关于“房地产转让，是指房地产权利人通过买卖、赠与或者其他合法方式将其房地产转移给他人的行为”等规定中“房地产转让”的含义。房地产转让，既可指房地产物权的变动，也可指房地产转让的合同，如建设用地使用权转让合同、房屋买卖合同等。在《城市房地产管理法》等法律、法规制定当时，更多的是在后者的意义上使用房地产转让这个概念。在《合同法》的立法方案设计、草案的草拟和讨论过程中，谢怀栻先生特别强调，中国大陆的合同法设计的买卖合同，不学中国台湾地区“民法”将有体物的买卖合同、权利的转让合同都作为买卖合同的模式，而是借鉴德国民法典将买卖合同的标的物仅限于有体物的模式，而将权利的转让留给单行法规定，并贯彻特别法优先于普通法的适用规则。谢怀栻老师在这里所说的权利的转让，指的是权利的买卖，是法律行为，而非权利变动本身。

需要辨析的还有，《城市房地产管理法》第38条的规定。实际上，该条所设计的房地产转让制度，与德国法关于须就一个标的物作成一个物权行为或准物权行为（一物一权原则）的模式不同。其原因在于，在中国现行法上，土地和房屋是两个不同的不动产，是两个物。假如按照德国法及其理论的路径，《城市房地产管理法》第38条涉及的房地产转让，即房地产转让合同，应当是两个法律行为——处分行为/物权行为，一个是土地使用权转让的处分行为/物权行为，另一个是房屋所有权移转的处分行为/物权行为。但这不尽符合我国现行法的规定、实务和大多数理论的认识。例如，《城镇国有土地使用权出让和转让暂行条例》第19条第1款明确规定：“土地使用权转让是指土地使用者将土地使用权再转移的行为，包括出售、交换和赠与。”如同上文所述，其中所谓转让不是指物权变动，不是如同德国民法所说的处分行为，而是指物权变动的原因行为，相当于德国民法所说的负担行为。实务和大多数理论（物权行为论除外）都认为房地产转让合同是一个法律行为，而非两个法律行为。房地产转让合同适当履行完毕，发生两个物权变动的后果，一个是土地使用权转让（由转让方处移转到受让方之手），该物权变动以移转登记为必要；另一个是房屋所有权移转（由转让方处移转到受让方之手），该物权变动亦以移转登记为必要。

客观地说，由于中国改革开放二十多年来，实践中和法律规定上没有区分过物权合同和债权合同，包括1999年制定的合同法[①]；由于《土地管理法》《城市房地产管理法》《农村土地承包法》《担保法》《城镇国有土地使用权出让和转让暂行条例》等法律、法规制定时没有区分物权变动与其原因行为的立法计划和立法目的，所用“转让……”，首先指的是转让合同；所谓“不得转让”“不得抵押”，首先指的是转让合同、抵押合同的效力受影响。

《物权法》开区分物权变动与其原因行为的先河（第15条等），自此，“转让……”才可被解释为物权变动。

有些专家、学者不顾中国立法的发展史，硬性地将现行法上的“转让……”解释为仅指物权行为，把“不得转让”解释为仅指物权行为无效，债权行为的效力不受影响，会使有些规定无法自圆其说，使有些规定之间发生抵触，造成法律内部的不和谐。

［辨析］

《物权法》第191条第2款关于“抵押期间，抵押人未经抵押权人同意，不得转让抵押财产，但受让人代为清偿债务消灭抵押权的除外”的规定，是否与本章第二节“抵押权的取得”中关于“动产抵押权的场合，未经登记，不得对抗受让抵押物所有权的人”的观点抵触？亦即是否与《物权法》第180条和第188条后段、《担保法》第43条的规定相矛盾？本书作者认为，我们应当作不矛盾的解释，展开说明如下：(1)《物权法》第191条第2款的规定适用于一切类型的抵押权，除了动产抵押权外，更包括不动产抵押权，以及在建工程抵押权。在不动产抵押权、在建工程抵押权的领域，无此类疑问产生的余地。(2) 更为根本的是，未登记的动产抵押权场合，抵押人未经抵押权人同意而转让抵押物，其法律效果的确定，按照特别法优先于普通法的规则处理，即将《物权法》第191条第2款的规定作为普通法，将《物权法》第188条后段的规定作为特别法；首先适用《物权法》第188条后段关于“未经登记，不得对抗善意第三人”的规定，侧重于保护善意第三人：当第三人不知所受让的标的物为抵押物时，不但受让有效，而且抵押权的负担在该物上不复存在。(3) 不宜将《物权法》第191条第2款的规定理解为，未经抵押权人同意的抵押物转让合同无效，受让人不能受让该物，而应根据情况的不同而分别解释为“在符合《合同法》第74条和第75条规定及法释［1999］19号第23条至第25条规定的条件情况下，准许抵押权人行使债权人的撤销权”；或者“转让抵押物的合同处于效力未定的状态，抵押权人若同意，转让合同有效；反之，转让合同无效”。如此，就会减少《物权法》第191条第2款与第188条后段在后果上的不一致。

《物权法》第191条第2款后段关于“但受让人代为清偿债务消灭抵押权的除外”的规

① 王胜明：《物权法制定过程中的几个重要问题》，载《法学杂志》，2006 (1)，37页；王胜明：《关于物权法若干问题的思考》，载中国法学会民法学研究会、中国人民大学法学院、广东省律师协会编：《中国物权法疑难问题研讨会论文集》，21页，2005。

定，承认了涤除权。

第五节 抵押权的效力（Ⅲ）

抵押权人的权利，包括抵押权的顺位权、抵押权的处分权、抵押权的保全权、抵押权人的物权请求权、抵押权人的侵权损害赔偿请求权和抵押权人实行抵押权的权利，均为抵押权效力的题中应有之义，本节专门讨论它们。

一、抵押权的顺位权

（一）抵押权顺位的概念

抵押权的顺位，又称抵押权的顺序，或抵押权的次序，是指数个抵押权并存于同一抵押物之上时，各抵押权存在着优先的顺序，也就是抵押权之间的相互关系。先顺位的抵押权所担保的债权较后顺位的抵押权所担保的债权可以优先受偿。可见，这种顺位是一种利益，甚至是一种权利，一般称之为顺位权。

（二）抵押权顺位的决定标准

《物权法》第199条规定，同一财产向两个以上债权人抵押的，拍卖、变卖抵押财产所得的价款依照下列规定清偿：（1）抵押权已登记的，按照登记的先后顺序清偿；顺序相同的，按照债权比例清偿；（2）抵押权已登记的先于未登记的受偿；（3）抵押权未登记的，按照债权比例清偿。据此可知，抵押登记是确定抵押权顺位的首要标准，登记在先的，抵押权的顺位在先。但考虑到动产抵押权、浮动抵押权的设立不以登记为生效要件，此类抵押权若并存于同一抵押物之上，均未办理抵押登记的，就无法以抵押登记及登记的时间作为确定抵押权顺位的标准，只能另辟蹊径，即视两个以上的抵押权的顺位相同（《物权法》第199条第3项）。当然，如果有的抵押权办理了抵押登记，则办理抵押登记的抵押权的顺位在先（《物权法》第199条第2项），仍然奉行抵押登记为确定抵押权顺位的标准的原则。

上述确定抵押权顺位的标准是法定的，并且，当事人不得以其意思表示将之排除或改变。就是说，即使当事人约定了抵押权的顺位，在此类约定与上述法定规则相抵触时，仍然以法定的为准。

［论争］

一种观点认为，当事人订立抵押合同后，可以先按照《物权法》第20条第1款的规定办理抵押权的预告登记，以确保其顺位在先。因为预告登记具有顺位效力（Rangwirkung）。所谓预告登记的顺位效力是指，由于预告登记已经表明了被担保的请求权经过履行后将要产生某种不动产物权，因而将来该物权一旦产生后就会取得预告登记所具有的顺位。赋予预告登记顺位效力的原因在于：预告登记毕竟是暂行性的，其要么转为本登记，要么丧失效力，当其能够成功地转为本登记的时候，其所具有的顺位自然应当转归为本登记，只有这样才能更有效地保障债权人的合法权益。因此，只要抵押权的预告登记的顺位是第一顺位，那么在转为作为本登记的他项权利登记时，该抵押权的顺位仍然是第一顺位，依此类推。①

① 王利明、尹飞、程啸：《中国物权法教程》，469页。

本书作者则认为，由于《物权法》第20条没有规定物权变动于办理本登记后依预告登记的时间点确定物权变动的时间，第14条却明定“不动产物权的设立、变更、转让和消灭，依照法律规定应当登记的，自记载于不动产登记簿时发生效力”，未设但书，表明物权变动的时间点以本登记的时间点为准，就是说，在《物权法》上，预告登记不具有顺位效力。如此，抵押权的预告登记不是确定抵押权顺位的根据。

（三）抵押权的顺位固定主义与顺位升进主义

先顺位的抵押权因实行抵押权以外的原因而消灭时，后顺位的抵押权是否依次序升进？德国、瑞士的民法规定，抵押权的顺位不升进，采取了抵押权的顺位固定主义。法国、日本的民法规定，抵押权的顺位升进，奉行的是抵押权的顺位升进主义。

所谓抵押权的顺位固定主义，是指先顺位的抵押权所担保的债权因实行抵押权以外的原因而消灭时，该抵押权并不随之消灭，而是依然存在，致使后顺位的抵押权依然处于原有的顺位上，即抵押权的顺位固定不变。所谓抵押权的顺位升进主义，是指先顺位的抵押权所担保的债权因实行抵押权以外的原因而消灭时，该抵押权也消灭，后顺位的抵押权在顺位上相应地晋升。

这两种原则的法律效果不尽相同。例如，甲以其所有的土地为乙设定200万元的抵押权，其后再为丙设定100万元的第二顺位的抵押权，倘若土地拍卖换得价款250万元，则乙的债权可以全部受偿，丙仅能受偿50万元。倘若抵押物在拍卖前，乙的抵押权已经因清偿或其他原因而消灭，依顺位固定主义，丙的抵押权仍然属于第二顺位，抵押人可以就该宗土地向丁设定第一顺位的抵押权，获得有利的融资。倘若在拍卖抵押物时，第一顺位抵押权尚属空白，则仍应先扣除第一顺位200万元的债权额，丙所受偿的债权额仍然仅为50万元，至于该200万元则归抵押人所有，而由其一般债权人受偿。但是，如果采取顺位升进主义，则丙的抵押权当然升进为第一顺位，其债权获得全部清偿，而其他一般债权人的受偿机会相对减少；故顺位在先的抵押权已经消灭而未涂销时，后顺位的抵押权人可以请求涂销之，以保护其权利。[①]

[论争]

有学者评论到，顺位升进主义对于一般债权人的保护不周，并且，后顺位抵押权人原能获得担保，本即以该顺位所能获得者为限，现在却因先顺位抵押权的消灭竟然获得全部清偿，实有不当得利之嫌。[②] 对此，有专家回应说：上述批评固非无据，然而究竟采取何种原则为宜，实与国家或地区的实际情况有关，中国台湾的金融交易与抵押权的实务运作，已经习惯于顺位升进主义，后顺位抵押权的设定带有可以升进的期待，抵押物以后顺位抵押权获取融资遂有相当的可能。故似未闻实务界或社会有应改采顺位固定主义的异声。其实，顺位固定主义也有缺点，即，使得后顺位抵押权融资之途因而受阻，其金融界均有后顺位抵押权应予升进的强烈需求，驯至实务操作的结果，后顺位抵押权亦可生顺位升进的效果。[③]

《物权法》和《担保法》采取了抵押权的顺位升进主义，根据在于：（1）《物权法》第177条规定，当主债权消灭或债权人放弃担保物权时，担保物权消灭。《担保法》第52条规

---

① 谢在全：《民法物权论》（中册），修订2版，495～496页。

② 姚瑞光：《民法物权论》，223页，自版，1990；史尚宽：《物权法论》，279页。

③ 谢在全：《民法物权论》（中册），修订2版，496页。

定，抵押权与其担保的债权同时存在，债权消灭的，抵押权也消灭。加上《物权法》和《担保法》尚无关于所有人抵押权等规定，可以认为它们采取的是抵押权顺位的升进主义。(2)《物权法》第 194 条第 2 款规定，抵押权人放弃债务人提供的抵押权的顺位的，其他担保人在抵押权人丧失优先受偿权益的范围内免除担保责任，除非其他担保人承诺仍然提供担保。该款规定只有按照抵押权的顺位升进主义才能解释得通。[①]

（四）抵押权顺位的让与、放弃与变更

顺位权是抵押权的优先效力的一种形态，以抵押权的存在为前提，不能离开抵押权而独立，但法律也有条件地允许抵押权人让与、放弃或变更抵押权的顺位。[②]

1. 抵押权顺位的让与

抵押权顺位的让与，又叫抵押权顺位的转让，是指为同一债务人的后顺位担保权人的利益，仅将抵押权的顺位转让给后顺位担保权人的现象。

抵押权顺位的让与，一是需要让与人和受让人（受益人）均为并存于同一抵押物上的抵押权的主体；二是需要让与人和受让人（受益人）之间签订顺位让与合同。在日本民法上，该合同的生效无须债务人、抵押人、其他抵押权人的同意，亦不以办理登记手续为要件。不过，确定让与的抵押权顺位，则以两个抵押权登记上办理附记登记为准（第 375 条第 2 项），在同第三人的关系方面，如果不将抵押权顺位让与的事实通知于主债务人，或未得到该主债务人承诺的话，不得以抵押权的顺位已经让与来对抗主债务人、保证人、抵押人（第 376 条第 1 项）。在中国台湾地区“民法”上，因其物权行为系采取登记为生效要件主义，不为登记，物权的变动不发生效力，顺位权的让与也是物权行为之一种，所以，除经当事人的合意和抵押人的同意以外，非经办理两抵押权登记的附记登记，不生效力。[③]

对于抵押权顺位的让与，中国大陆的现行法未加规定。因抵押权及其顺位权为非专属性的财产权，故法律应承认抵押权顺位的让与。抵押权顺位的让与，需要让与人和受让人签订让与合同。至于登记的地位和作用，应当与《物权法》设计的物权变动模式相一致，不宜照抄照搬日本民法和中国台湾地区“民法”的模式。动产抵押权、浮动抵押权的顺位的让与，应当自顺位让与合同生效时发生效力，在抵押登记页上办理附记登记为对抗要件（《物权法》第 24 条、第 188 条、第 189 条等）。不动产抵押权等以登记为生效要件的抵押权，其顺位的让与，若发生法律效力，不但需要让与人和受让人成立让与合同，且已经生效，而且需要在不动产登记簿的抵押登记页上办理附记登记（《物权法》第 9 条第 1 款、第 187 条等）。[④]

关于抵押权顺位让与的法律效果，学说上存在着分歧。顺位交换说认为，受让人取得让与人的顺位，而让与人取得受让人的顺位。发生两个抵押权顺位的交换。[⑤] 唯顺位的让与，由当事人之间的顺位让与合同确定，并不影响第三人的合法权益，受让人的被担保债权超过

---

① 王利明、尹飞、程啸：《中国物权法教程》，470 页。

② 郑玉波：《民法物权》，修订 12 版，242 页。

③ 史尚宽：《物权法论》，279 页；郑玉波：《民法物权》，修订 12 版，242～243 页。

④ 崔建远：《土地上的权利群研究》，270～271 页。

⑤ ［日］末弘严太郎：《现代法学全集》第 8 卷，228 页；最判 1963 年 3 月 1 日，民集 17・2・269；大阪控判，大正 4 年（1915）2 月 15 日，法律新闻 1002・23。转引自林廷瑞：《抵押权之让与・抛弃与抵押权顺位之让与・抛弃》，载郑玉波主编：《民法物权论文选辑》（下），805 页。［日］近江幸治：《担保物权法》，祝娅、王卫军、房兆融译，沈国明、李康民审校，183 页。

让与人的债权额时，若无中间抵押权存在，就在各个被担保债权额的范围内发生转换。[①] 但也有人认为，顺位的让与，仅于让与人的被担保债权额的范围内发生顺位转换，对于受让人的债权额超过让与人的债权额部分，与让与人处于同一顺位，由受让人本应受分配的数额，按比例受清偿。[②] 顺位变更说则认为，顺位让与系受让人取得让与人的顺位，而让与人处于受让人的下位，乃发生当事人之间的顺位变更，并非发生顺位的交换。[③] 依现在的通说，对于抵押权顺位让与的效果，认为对于双方当事人依本来的抵押权可以取得的分配金的合计额，让与人和受让人之间就被担保债权的金额发生顺位的变更。受让人优先于让与人，从上述的分配金合计额中受清偿。就是说，受让人就其被担保的债权金额从分配金合计额中优先受偿，若有剩余额时由让与人受偿。[④] 本书作者以前赞同顺位变更说，现在变为赞成通说，原因在于通说不仅达到了让与人和受让人关于顺位让与的目的，在他们之间形成的利益分配没有违反其意思，而且没有变动其他相关当事人的权益地位和状况，就是说，各方面的利益都得到了兼顾。[⑤]

抵押权顺位的让与，乃作为抵押权内容的顺位权的处分，所以发生物权的效果，抵押权顺位的让与属于物权变动的一种。如此，如果已经在抵押登记中办理了附记登记，并且通知了债务人或得到了债务人的同意，那么，受让人可以其受让的顺位权对抗第三人（后顺位的抵押权人、抵押不动产的第三取得人）的主张。[⑥]

顺位的受让人，只有在其被担保债权和让与人的被担保债权均已届清偿期时，才可以实行抵押权，使其被担保债权按照受让的抵押权顺位优先受偿。之所以强调届期才可实行抵押权，是因为受让人仅仅受让了顺位，未改变被担保债权的清偿期，所以被担保的债权未届清偿期时，当然不得实行抵押权。如果允许在让与人的被担保债权的清偿期届至前就实行抵押权，并依受让的抵押权顺位使被担保债权优先获得清偿，就侵害了抵押物所有权人的合法权益。[⑦] 还有，在被担保债权的清偿期届满债务人未履行债务时才允许实行抵押权，债务人具有清偿债务的能力的情况下，本来通过债务人适当履行债务的方式消灭债的关系，抵押权也随之消灭，抵押人和债务人之间便不产生追偿关系，简洁、清晰，但若允许在让与人的被担保债权的清偿期届至前就实行抵押权，则会人为地导致法律关系复杂化，增加一层抵押人向债务人追偿的关系。这显然不可取。

---

① ［日］大阪诉院判决，大正4年（1915）2月15日，法律新闻1002·23。转引自林廷瑞：《抵押权之让与·抛弃与抵押权顺位之让与·抛弃》，载郑玉波主编：《民法物权论文选辑》（下），806页。

② ［日］三潴信三：《全订担保物权法》，536页以下。转引自林廷瑞：《抵押权之让与·抛弃与抵押权顺位之让与·抛弃》，载郑玉波主编：《民法物权论文选辑》（下），806页。

③ ［日］石田文次郎：《全订担保物权法》（上），208页。转引自林廷瑞：《抵押权之让与·抛弃与抵押权顺位之让与·抛弃》，载郑玉波主编：《民法物权论文选辑》（下），806页。

④ ［日］我妻荣：《担保物权法》，191页；末弘严太郎：《现代法学全集》第8卷，228页；最判1963年3月1日，民集17·2·269；大阪控判，大正4年（1915）2月15日，法律新闻1002·23。转引自林廷瑞：《抵押权之让与·抛弃与抵押权顺位之让与·抛弃》，载郑玉波主编：《民法物权论文选辑》（下），806页。

⑤ 王利明、崔建远：《合同法新论·总则》，590页。

⑥ 参见林廷瑞：《抵押权之让与·抛弃与抵押权顺位之让与·抛弃》，载郑玉波主编：《民法物权论文选辑》（下），807页。

⑦ 参见林廷瑞：《抵押权之让与·抛弃与抵押权顺位之让与·抛弃》，载郑玉波主编：《民法物权论文选辑》（下），807页。

［拓展］

顺位的让与人在让与其抵押权的顺位之后，若其被担保债权尚有优先获得清偿的分配额时，只要该被担保债权的清偿期届满时债务人未履行其债务，即可实行其抵押权，使其被担保债权在上述分配额内优先获得清偿，而不问受让人的被担保债权的清偿期是否届至。其道理在于，纵为顺位的让与，对于让与人的被担保债权的清偿期也无影响，它不扩张让与人的被担保债权的优先清偿的范围，所以，不损害抵押物所有权人的合法权益。在这种情况下，受让人的被担保债权尚未届期，必须把受让人应当受分配的数额提存。这种方案兼顾了各方当事人的利益，可资赞同。

抵押权顺位让与的结果，使得让与人在没有受优先清偿的分配额时，让与人即使实行抵押权也不会使其被担保债权优先获得清偿。在这种情况下，让与人的被担保债权虽然已届清偿期，也不得实行抵押权。①

让与人的被担保债权消灭的，受让人所取得的抵押权顺位让与的效果是否也归于消灭？依抵押权的从属性而言，顺位让与人的被担保债权消灭的，让与人本来所具有的抵押权也当然归于消灭，从而顺位受让人所取得的顺位让与的效果也归于消灭。② 但如果受让的顺位已经在抵押登记中进行了附记登记，且已经通知了债务人或得到了债务人的同意，发生了物权效果的情况下，仍然坚持受让的顺位因让与人的抵押权的消灭而消灭，就与物权的要求不尽一致，对受让人不利。此其一。其二，在受让抵押权顺位的情况下，无论是坚持让与人的抵押权移转给受让人的绝对效力说③，还是认为受让的顺位已经与受让人的抵押权结合在一起，都阻碍着所谓从属性说的无条件适用，如此，再坚持受让的顺位随让与人的抵押权的消灭而消灭，是不妥当的。因而，中国未来的立法应当有条件地承认受让的顺位不受让与人的抵押权消灭的影响。

2. 抵押权顺位的放弃

抵押权顺位的放弃，也叫抵押权顺位的抛弃，分为相对的放弃和绝对的放弃。

抵押权顺位相对的放弃，是指先顺位的抵押权人为同一债务人的特定后顺位的抵押权人的利益，而放弃其顺位权的现象。放弃的方法，依放弃人的意思表示为之，并办理附记登记。④ 放弃的效果，与一般权利的放弃不同，仅仅对于受放弃利益的人失去其优先权，也就是放弃人和受放弃利益人为同一顺位，对于其他抵押权人并无影响。因而，放弃人原顺位上应当分得的分配额，由受放弃利益人与放弃人按被担保债权额的比例受偿。⑤

抵押权顺位的相对放弃与抵押权顺位的让与相类似，但仍有所不同：相对放弃场合，由放弃人和受放弃利益人按被担保债权比例受偿；抵押权顺位转让场合，转让人的债权可能完全不能获得清偿。

抵押权顺位绝对的放弃，是指先顺位的抵押权人并非专为同一债务人的某一特定后顺位

① 参见林廷瑞：《抵押权之让与·抛弃与抵押权顺位之让与·抛弃》，载郑玉波主编：《民法物权论文选辑》（下），807页。

② 林廷瑞：《抵押权之让与·抛弃与抵押权顺位之让与·抛弃》，载郑玉波主编：《民法物权论文选辑》（下），808页。

③ ［日］近江幸治：《担保物权法》，祝娅、王卫军、房兆融译，沈国明、李康民审校，184页。

④ 郑玉波：《民法物权》，修订12版，244页。

⑤ 郑玉波：《民法物权》，修订12版，245页；［日］近江幸治：《担保物权法》，祝娅、王卫军、房兆融译，沈国明、李康民审校，184页。

抵押权人的利益而放弃其顺位权的现象。绝对放弃的方法与相对放弃的相同，但放弃的效果不同：在绝对放弃的情况下，其他抵押权人可以各依次升进其顺位，而放弃人退居最后的地位。不过，放弃后新成立的抵押权仍不能优先于该放弃顺位的抵押权。[①]

《物权法》第 194 条第 2 款规定，抵押权人放弃债务人提供的抵押权的顺位的，其他担保人在抵押权人丧失优先受偿权益的范围内免除担保责任，除非其他担保人承诺仍然提供担保。由此认可了抵押权顺位的绝对放弃。

动产抵押权顺位的放弃，自抵押权人作出放弃的意思表示时发生法律效力，在抵押登记页上办理附记登记为对抗要件（《物权法》第 24 条等）。不动产抵押权等以登记为生效要件的抵押权，其顺位的放弃，若发生法律效力，不但需要抵押权人作出放弃的意思表示，而且需要在登记簿的不动产抵押登记页上办理附记登记（《物权法》第 9 条第 1 款等）。

3. 抵押权顺位的变更

抵押权顺位的变更，是指同一抵押人的数个抵押权人将其抵押权顺位互相交换的现象。例如，债务人甲在其抵押物上分别存在着乙的第一顺位的抵押权、丙的第二顺位的抵押权、丁的第三顺位的抵押权，这些抵押权担保的债权额依次为 100 万元、200 万元和 300 万元。现在乙、丙和丁约定，乙、丁的抵押权的顺位互换，因之变成为丁、丙、乙分别享有第一顺位 300 万元、第二顺位 200 万元、第三顺位 100 万元的抵押权的格局。[②]

对于抵押权顺位的变更，《物权法》第 194 条第 1 款予以承认，但同时设有限制："抵押权人与抵押人可以协议变更抵押权顺位以及被担保的债权数额等内容，但抵押权的变更，未经其他抵押权人书面同意，不得对其他抵押权人产生不利影响。"这里所说的"未经其他抵押权人书面同意，不得对其他抵押权人产生不利影响"，是指抵押权顺位的变更若未经其他抵押权人的书面同意，则该变更不发生绝对的效力，仅在变更顺位的各抵押权人之间发生效力，其他抵押权人不受其约束。这相当于抵押权顺位的相对抛弃。[③] 只有经过其他抵押权人的书面同意，抵押权顺位的变更才发生绝对的效力，约束全体抵押权人。在上述例子中，假如乙、丁的抵押权的顺位互换未经丙的书面同意，拍卖债务人甲的抵押物时仅仅获得 300 万元的变价，则丙有权拒绝丁就 300 万元的变价优先受偿，只同意他就 100 万元的变价优先受偿，丙自己可就 200 万元优先受偿。反之，如果该顺位互换已经征得了丙的同意，则丁有权就 300 万元的变价优先受偿，丙的抵押权因抵押物的代位物不复存在而消失，其债权不再具有优先受偿的效力。

[论争]

有学者认为，抵押权顺位的变更具有绝对的效力。[④] 本书作者认为，这不符合《物权法》的有关规定（第 194 条等），坚持做类型化的分析。

需要指出，抵押权顺位的变更，为抵押权人处分其利益的一种表现，应由参与变更的抵押权人之间达成合意。《物权法》第 194 条第 1 款后段规定由抵押权人和抵押人协议变更抵押权的顺位，未规定抵押权人之间协议变更抵押权的顺位，不尽妥当。宜按照抵押权顺位变更的规

---

① 郑玉波：《民法物权》，修订 12 版，245 页。

② 谢在全：《民法物权论》（中册），修订 2 版，504 页。

③ 王利明、尹飞、程啸：《中国物权法教程》，472 页。

④ 梁慧星、陈华彬：《物权法》，4 版，322 页。

范意旨，对该条款予以目的性扩张，补充各抵押权人之间成立顺位变更的合同这个要件。

动产抵押权顺位的变更，自各抵押权人之间成立顺位变更的合同时发生法律效力，在抵押登记页上办理附记登记为对抗要件（《物权法》第24条、第188条、第189条等）。不动产抵押权等以登记为生效要件的抵押权，其顺位的变更，若发生法律效力，不但需要各抵押权人成立顺位变更的合同，而且需要在不动产登记簿的抵押登记页上办理附记登记（《物权法》第9条第1款、第187条等）。

应予强调的是，《物权法》第194条第2款规定，债务人以其财产设立抵押，抵押权人变更抵押权的顺位的，其他担保人在抵押权人丧失优先受偿权益的范围内免除担保责任，除非其他担保人承诺仍然提供担保。此处所谓其他担保人，包括为该抵押债权的实现而成立的保证、连带责任或设立的质权（限抵押物为动产场合），或另外的抵押权等场合的担保人，如保证人、连带责任人、出质人或抵押人等。

抵押权顺位变更的，当事人应当持不动产权属证书、不动产登记证明、抵押权变更等必要材料，申请抵押权变更登记（《不动产登记暂行条例实施细则》第68条第1款第4项）。因抵押权顺位发生变更申请抵押权变更登记时，如果该抵押权的变更将对其他抵押权人产生不利影响的，还应当提交其他抵押权人书面同意的材料与身份证或户口簿等材料（《不动产登记暂行条例实施细则》第68条第2款）。

二、抵押权的处分

上述抵押权顺位的转让、放弃、变更，也属于抵押权的处分。这是广义上的抵押权的处分。抵押权自身的转让、放弃、供作担保，属于狭义上的抵押权的处分。下文专门讨论后者。

（一）抵押权的转让

抵押权的转让，又叫抵押权的让与，是指抵押权人将其抵押权转让给他人的现象。抵押权在现行法上是从属于抵押债权的权利，故不得与债权分离而单独转让，只能随同抵押债权一并转让（《物权法》第192条、《担保法》第50条）。这在本书第十八章“抵押权”第一节“抵押权概述”中的“抵押权具有从属性”部分已经讨论过，此处仅说明如下之点：

1. 因主债权转让导致抵押权转让的，当事人可以持不动产权属证书、不动产登记证明、被担保主债权的转让协议、债权人已经通知债务人的材料等相关材料，申请抵押权的转移登记（《不动产登记暂行条例实施细则》第26条第5项、第69条）

2. 抵押权顺位的让与，不以抵押债权的转让为前提；而抵押权的转让在现行法上必须随同债权的让与而转让，不得违反债权让与的规则。除此而外，如果当事人双方约定，抵押权的转让以登记为生效要件，那么，只有办理变更登记才发生抵押权转让的效力；若以登记为对抗要件，则未办理变更登记的，善意第三人有权不承认该抵押权的转让。但是，一方面，抵押权的转让在实际上并未依当事人的约定办理移转登记手续的，则该抵押权因违反抵押权的从属性而归于消灭；另一方面，“抵押权虽已办毕移转登记，倘其债权之移转不具备生效要件时，受让人仍不能实行其抵押权。债务人倘不知债权已为让与而向让与人清偿时，仍足使抵押权消灭。”①

---

① 谢在全：《民法物权论》（中册），三民书局2003年7月修订2版，第512页。

（二）将抵押权供作担保

抵押权人可以将其抵押权与其所担保的债权一并为他人的债权设立担保，成立附抵押权的债权质权（《物权法》第192条、《担保法》第50条）。这在本书第十八章“抵押权”第一节“抵押权概述”中的“抵押权具有从属性”部分也已经讨论过，此处不赘。

（三）抵押权的放弃

抵押权的放弃，又叫抵押权的抛弃，是指抵押权人放弃可以优先受偿的担保利益，分为抵押权的相对放弃和绝对放弃。①

抵押权的相对放弃，是指抵押权人为抵押人的特定无担保债权人的利益，放弃其优先受偿的利益的现象。例如，在甲抵押人的300万元的抵押物上，乙、丙各有100万元、200万元的第一顺位、第二顺位的抵押权，丁则为甲的无担保债权人（债权额为300万元）。乙为丁的利益而放弃其抵押权。②

抵押权相对放弃的当事人为抵押权人和特定的无担保债权人，且该无担保债权人的债务人和抵押权人的抵押人必须是同一个人。学说认为，抵押权的相对放弃仅在抵押权放弃人和受放弃利益的特定无担保债权人之间发生相对效力。就优先受偿的范围而言，抵押权放弃人就抵押物卖得的价金所能获得分配的金额，由放弃人和受放弃利益的债权人，按两者合计的债权额的比例受偿。③

抵押权的绝对放弃，也就是通常所说的抵押权的抛弃，是指抵押权人向抵押人为消灭抵押权的意思，放弃其抵押权的现象（《物权法》第177条第3项）。以登记为生效要件的抵押权，被放弃需要办理注销登记，才发生抵押权消灭的效力（《不动产登记暂行条例实施细则》第28条第1款第2项）。一般而言，抵押权人可任意放弃抵押权，除非放弃会害及第三人的利益，如已经设立了附抵押权的债权质权。④

分析《物权法》第194条第2款关于“债务人以自己的财产设定抵押，抵押权人放弃该抵押权、抵押权顺位或者变更抵押权的，其他担保人在抵押权人丧失优先受偿权益的范围内免除担保责任，但其他担保人承诺仍然提供担保的除外”的规定，可知若抵押权顺位的变更未经其他抵押权人的同意，则该变更不会约束不同意变更的其他抵押权人，仅仅在变更的抵押权人之间发生效力，相当于抵押权顺位的相对放弃。⑤

三、抵押权的保全

抵押权遭受侵害时，需要法律提供救济手段，如物权请求权、侵权损害赔偿请求权和抵押权的保全权。后者在《物权法》上表现为抵押物价值减少的防止权、恢复抵押物的价值请求权、增加担保的请求权（第193条）。此处讨论抵押权的保全权，前两类救济手段将在下文介绍。

---

① 梁慧星、陈华彬：《物权法》，4版，323页。

② 谢在全：《民法物权论》（中册），修订2版，514页；梁慧星、陈华彬：《物权法》，4版，323页。

③ 谢在全：《民法物权论》（中册），修订2版，514页。

④ 梁慧星、陈华彬：《物权法》，4版，324页。

⑤ 王利明、尹飞、程啸：《中国物权法教程》，472页。

（一）抵押物价值减少的防止权

抵押人占有抵押物并使用收益的同时，即负有维持抵押物的价值的义务。抵押人按照通常使用方法使用收益抵押物，导致抵押物的价值减少，乃抵押人行使其权利所必需的成本，抵押权人必须容忍。除此而外，抵押人不得实施减少抵押物价值的行为。否则，抵押权人享有并可行使抵押物价值减少的防止权（《物权法》第193条前段）。该权表现为抵押权人请求抵押人停止其行为。抵押权人行使抵押物价值减少的防止权，需要注意以下几点：

1. 抵押人的行为必须足以使抵押物的价值减少。所谓足以使抵押物的价值减少，是指有使抵押物的价值减少的较大甚至巨大的危险。至于是否发生了实际减少的后果，在所不问。抵押权人请求抵押人停止其行为时，只须证明抵押人有足以使抵押物价值减少的行为（如挖土制砖、屋漏不修）即可，无须就抵押物价值减少负举证责任。但因抵押权为价值权，抵押物的占有、使用、收益的权能归抵押人享有，所以，抵押人对抵押物为正当的占有、使用、收益（如按照抵押物的固有用途和经济目的而使用、收取孳息）而导致抵押物的价值减少的，抵押权人便无抵押物价值减少的防止权。①

2. 足以使抵押物的价值减少的行为，必须是抵押人的行为，假如是抵押权人的行为、不可抗力、通常事变足以使抵押物的价值减少，或市场因素致使抵押物的价值下跌，都不成立抵押物价值减少的防止权。抵押人的行为，是否因过错所为，作为抑或不作为，在所不问。②

至于抵押人之外的第三人的行为足以使抵押物的价值减少，抵押权人不得行使抵押物价值减少的防止权，但可行使物权请求权。

3. 抵押权人原则上只可请求抵押人停止其行为，仅在情况急迫而不能依通常方法请求其停止时，才可为必要的保全处分。

《物权法》第193条前段赋予抵押权人"要求抵押人停止其行为"的权利。所谓"停止其行为"，在作为场合，是指禁止抵押人继续实施足以使抵押物价值减少的行为，如停止拆毁作为抵押物的建筑物；在不作为场合，是指使抵押人实施积极的行为，如修缮作为抵押物的建筑物等。这些请求，既可以直接向抵押人提出，也可以通过诉讼的方式。在抵押人置抵押权人的请求于不顾，继续实施足以使抵押物价值减少的行为场合，抵押权人有必要请求人民法院强制抵押人停止其行为。③

在情况急迫而不能依通常方法请求抵押人停止其行为的场合，抵押权人可否自己为必要的保全处分？《物权法》未设明文，学说持肯定说。在作为抵押物的建筑物漏雨严重，风暴豪雨将至，若不立即修补，必遭风雨摧毁；将倾的大厦若不加以支撑必遭损毁等，抵押权人便可自为必要的修补或支撑行为。④

（二）恢复抵押物的价值请求权、增加担保的请求权

抵押物价值减少的防止请求权制度系针对抵押物的价值尚未减少的情况而设的，在抵押

---

① 谢在全：《民法物权论》（中册），修订2版，517页；梁慧星、陈华彬：《物权法》，4版，324～325页。

② 谢在全：《民法物权论》（中册），修订2版，517页；梁慧星、陈华彬：《物权法》，4版，325页；王利明、尹飞、程啸：《中国物权法教程》，473页。

③ 梁慧星、陈华彬：《物权法》，4版，325页。

④ 王利明、尹飞、程啸：《中国物权法教程》，474页；梁慧星、陈华彬：《物权法》，4版，325页。

人的行为已经造成了抵押物价值的减少时，需要另外的救济制度，《物权法》第 193 条中段设置了恢复抵押物的价值请求权、提供与减少的价值相应的担保的请求权。

所谓恢复抵押物的价值，是指将遭受侵害的抵押物在价值上恢复到侵害行为没有发生时的状态。把抵押物自身修复如初，为恢复抵押物价值的通常做法。例如，抵押人拆毁了作为抵押物的 A 栋房屋的屋顶，抵押权人请求他把该屋顶重新盖好。不仅如此，本书作者还认为，即使对遭受侵害的抵押物未能在物理上修复如初，但通过某些办法使抵押物的价值增加，在价值的层面达到了侵害行为没有发生时的状态，也属于恢复抵押物的价值。例如，作为抵押物的 A 栋房屋，原有的屋顶是茅草的，被抵押人擅自掀掉。抵押权人请求抵押人恢复抵押物的价值时，抵押人用钢筋水泥盖好屋顶，盖房屋的价值高于侵害行为发生之前的价值，仍然属于恢复抵押物的价值。

所谓提供与减少的价值相应的担保，简称为增加担保，或增担保，或代担保，是指抵押人的行为造成了抵押物的价值减少场合，抵押人提供物的担保或人的担保，在担保债权的数额方面发挥着与既有抵押权相当的作用。

［引申］

(1) 提供与减少的价值相应的担保，是否包括金钱担保？在理论上没有理由禁止提供金钱担保。但实际运作上较为罕见，一是流动资金一般都较为紧缺，二是究竟是以该笔金钱直接清偿抵押债权，还是另设担保，有个权衡问题。

(2) 人的担保存在着弱点，一是保证人、连带债务人的财产状况可能于设立担保后恶化，从而难以保障债权（全部或部分地）顺利实现；二是人的担保无法使债权具有优先受偿的效力，也不利于实现债权。有鉴于此，只有抵押权人（债权人）同意，抵押人提供人的担保，才算满足了《物权法》第 193 条后段的要求。

(3) 究竟是恢复抵押物的价值还是提供与减少的价值相应的担保，《物权法》第 193 条没有把这两种救济措施强制排序，因而，固然允许抵押权人请求其中之一，但最终应由抵押人决定，除非抵押人决定的恢复抵押物的价值在实际上不能，或决定的增加担保在实际上无法匹敌既有的抵押权。

(4) 抵押物的价值减少，由不可归责于抵押人的事由引起的场合，有学说认为，抵押权人只能在抵押人可以受到损害赔偿的范围内请求提供担保，因为抵押权属于物权，抵押物毁损灭失的风险，自应由作为权利人的抵押权人负担。[①]《担保法》采纳了这种方案，于第 51 条第 2 款规定："抵押人对抵押物价值减少无过错的，抵押权人只能在抵押人因损害而得到的赔偿范围内要求提供担保。抵押物价值未减少的部分，仍作为债权的担保。"于此场合，抵押权人可以借助于抵押权的物上代位性等制度保护自己，《物权法》提供了这种机会（第 174 条）。

抵押物的价值减少，可能是有形的毁损，也可能是其他形式的，例如，作为抵押物的"四荒"土地承包经营权，原有水源存在，却因抵押人怠于疏通水渠致使承包地成为旱田，造成承包地的价值降低。[②]

抵押权人行使恢复抵押物的价值请求权，或提供与减少的价值相应的担保的请求权，可

---

① 谢在全：《民法物权论》（中册），修订 2 版，521 页。

② 参见谢在全：《民法物权论》（中册），修订 2 版，521 页；王利明、尹飞、程啸：《中国物权法教程》，475 页。

以通过诉讼的方式，也可以直接向抵押人主张。

抵押权人行使上述请求权，《物权法》虽未规定期限，但由抵押权的目的和功能决定，抵押权人应当在抵押权实行完毕之前。

抵押人应当在抵押权人指定的合理期间内恢复抵押物的价值，或提供与减少价值相应的担保，若有违反，在抵押人不是债务人的情况下，抵押权人应另订合理期间，请求债务人提供与减少价值相应的担保，逾期不提供时，抵押权人应有权请求债务人清偿债权；抵押人是债务人时，抵押权人应有权径直请求债务人清偿债权。[①]《物权法》原则上采纳了这种观点，规定抵押人拒绝恢复抵押物的价值或提供与减少的价值相应的担保的，抵押权人有权要求债务人提前清偿债务（第 193 条后段）。

四、物权请求权

抵押权为非占有担保物权，抵押权设立后，抵押权人所支配的，仅为抵押物的交换价值，抵押物仍由抵押人占有，因而，抵押人或其用益权人对抵押物的占有，抵押权人无权干涉；即使是抵押物被第三人无权占有，抵押权人也无权过问。依此思路，在抵押权场合，似乎不存在抵押物受占有妨害的问题，于是也就没有物权请求权的产生及行使。但是，构成抵押权受到妨害，只需要抵押物的价值因抵押人或第三人的妨害行为而减少或有可能减少即可，至于抵押物的价值是否足以清偿抵押债权，则非所问。[其原因在于，基于抵押权的不可分性，抵押物的任何部分（包括其价值），都是抵押债权的担保。] 如此，抵押人或第三人若未经抵押权人的同意，或未依抵押物的性能和使用方法而分离抵押物，如将抵押的房地产上的林木砍伐、运走等，把抵押的汽车拆卸，取走发动机等，都构成了对抵押权的妨害。于此场合，抵押权人有权行使抵押权妨害除去请求权（排除妨害请求权）。若存在着上述妨害之虞时，抵押权人有权行使抵押权妨害预防请求权（消除危险请求权）。日本、中国台湾地区的通说承认这两种权利，但不认可抵押物返还请求权。[②]

[论争]

抵押权有无物权请求权？对此存在着针锋相对的意见。肯定说认为，抵押权为物权的一种，依物权请求权理论，抵押权人自有物权请求权。具体而言，当抵押物被第三人非法侵占时，抵押权人可以行使抵押物返还请求权；当抵押权的圆满状态受到妨害时，抵押权人可以行使妨害除去请求权；当抵押权的圆满状态有受到妨害之虞时，抵押权人可以行使妨害预防请求权。[③] 否定说则主张，抵押权人不享有任何物权请求权。[④] 本书采取折中立场，认为抵押权具有排除妨害请求权、消除危险请求权，在第三人不法侵占抵押物的情况下，抵押权人可代位行使抵押人对于该第三人的抵押物返还请求权。

日本近来有学说认为，抵押物被第三人不法占有本身确实造成了抵押物的变价降低的，例如，抵押物若为暴力团体不法占有，买受人通常都不愿购买。这些情况应被认为构成了对抵押权的妨害。就是说，在抵押物被第三人不法占有，且其继续状态明显的场合，应认为具

---

① 谢在全：《民法物权论》（中册），修订 2 版，522 页。

② 同上书，525～526 页。

③ 梁慧星、陈华彬：《物权法》，4 版，326 页。

④ 王利明、尹飞、程啸：《中国物权法教程》，476 页。

有妨害抵押权的客观盖然性，抵押权人应可基于抵押权的抵押物返还请求权，请求不法占有抵押物的第三人（向抵押人）交付抵押物。[①] 日本最高法院于 1991 年改变以前的见解，认为因第三人不法占有抵押不动产，有害拍卖程序的进行，而存在着抵押物拍卖价格低于适当价格之虞，造成抵押不动产交换价值的实现受到妨害，抵押权人优先清偿权的行使遭遇困难的状态时，抵押权人为矫正上述状态，对于抵押不动产的所有权人具有请求其妥当维持或保存抵押物的权利，抵押权人为保全此项请求权，可代位行使所有权人对不法占有人的排除妨害请求权。[②] 这确有道理，值得借鉴。

［引申］

在一般情况下，第三人应将抵押物返还给抵押人，但在抵押权人行使代位权时[③]，既可请求将抵押物交付于自己占有，则于其行使抵押权排除妨害请求权以排除第三人不法占有的状态时，为确保自己对抵押物享有的变价权，似应认为抵押权人可请求该第三人把抵押物交付给自己占有。何况代位行使抵押人的权利时，抵押权人可请求把抵押物交付于自己占有，乃代位权的应有之义。[④]

这里的不法，大多数情况下表现为无权占有；在少数情况下，虽为有权占有，但占有的权源不能对抗抵押权人时，仍为不法。

抵押人的行为足以减少抵押物的价值，构成妨害抵押权，可产生排除妨害请求权。在抵押人的行为有减少抵押物价值的较为可能且较大的危险时，抵押权人可行使消除危险请求权（妨害预防请求权）。

［引申］

抵押权的保全权（恢复抵押物的价值请求权、增加担保的请求权）与物权请求权形成较为复杂的关系，有时是狭义的竞合关系，抵押权人可选择其一而主张，如消除危险请求权行使之后，抵押物的价值得以维持，抵押权恢复至圆满状态，恢复抵押物的价值请求权或增加担保的请求权无行使余地；有时是聚合关系，抵押权人可一并主张，如排除妨害请求权的行使，仍不能使抵押物的价值恢复至侵害行为未发生时的状态，有必要再主张增加担保。

五、侵权损害赔偿请求权

不法侵害抵押物，例如，对抵押物的毁损、灭失致使交换价值减少，抵押债权无法完全受偿，构成侵权损害赔偿责任。抵押权人可依据《侵权责任法》第 6 条和《物权法》第 37 条的规定，行使侵权损害赔偿请求权。

需要注意，抵押物的价值虽然减少，但抵押物的残值仍足以使抵押债权实现，或抵押物的代位物（如保险金或赔偿金）足以保障抵押债权完全受偿，则因无损害可言而不成立侵权

---

① ［日］近江幸治：《担保物权法》，祝娅、王卫军、房兆融译，沈国明、李康民审校，146～147 页；［日］高木多喜男：《担保物权法》，新版，147 页，东京，有斐阁，1998；铃木禄弥：《物的担保制度分化》，779 页，东京，创文社，1992。

② 最判 1991、11、24 民集 53、8、1898。判决评释，见最高裁判判例解说（法曹时报 52 卷 9 号第 2796 页）。转引自谢在全：《民法物权论》（中册），修订 2 版，527 页。

③ 我国《合同法》将债权人代位权的标的限于到期债权（第 73 条），过于狭窄，应予目的性扩张，解释为包括物权。

④ 谢在全：《民法物权论》（中册），修订 2 版，530 页。

损害赔偿责任。

还有，抵押人已经使抵押物的价值恢复到侵害行为未发生时的状态，或已另设立了担保，对于抵押权人亦无损害可言，也不发生侵权损害赔偿责任。不过，在抵押人尚未采取抵押权的保全措施的情况下，形成抵押权保全请求权和侵权损害赔偿请求权的竞合。

还需指出的是，抵押权人的物权请求权和侵权损害赔偿请求权也可能竞合或聚合。

六、抵押权的实行

（一）概述

抵押权的实行，是指抵押权人于其债权已届清偿期却未获清偿时，可处分抵押物，以使其债权优先受偿的行为（《物权法》第195条）。

抵押权的实行，为抵押权的主要效力，是抵押权人的权利，而非抵押权人的义务。因此，抵押权人如要求债务人依约定清偿债务，债务人不得以应先就抵押物变价优先受偿，加以抗辩；也不得强行要求以抵押物抵债，以防抵押物的价值额低于抵押债权额时损害抵押权人的合法权益。还有，物上保证人或抵押物的第三取得人，有无一般保证人的先诉抗辩权？基于抵押权既以担保债权的清偿为目的，则债权附有抵押权担保的，理论上应先就抵押物变价，不得如保证人那样行使先诉抗辩权而拒绝抵押权人实现抵押权。[①] 不过，抵押人有权援用债务人对于债权人的履行抗辩权、时效完成的抗辩权。

［论争］

抵押权人在债务履行期限届满可以行使抵押权时，不行使抵押权却要求就债务人的其他财产受偿，是否允许？一种观点认为，抵押权人是否实现抵押权乃其权利，因此其当然有权不实行抵押权而先就债务人的其他财产取偿，不足的部分再实行抵押权，即便抵押物的价值足以清偿债权，也是如此。[②] 另一种观点认为，担保物权既然是以担保债权的清偿为目的，那么当债权有担保物权加以担保时，应当先就担保物变价受偿，不足的部分再就债务人的其他财产取偿。因为当债务人有多个债权人，且其全部财产不足以清偿债权而抵押物的价值又不足以清偿抵押权人的债权之时，如果抵押权人的全部债权能够就债务人的其他财产与一般债权人的债权那样平均受偿，再就抵押物卖得价金优先受偿，将侵害一般债权人的合法权益，无法保证公平。[③]《物权法》第198条规定："抵押财产折价或者拍卖、变卖后，其价款超过债权数额的部分归抵押人所有，不足部分由债务人清偿。"从这一规定来看，采取的似乎是第二种观点，即抵押权人应先就抵押物受偿，不足部分才能通过强制执行就债务人的其他财产受偿。[④]

（二）抵押权行使的条件

抵押权的实行，《物权法》第195条第1款前段规定了两种条件，一是债务人不履行到

---

① 谢在全：《民法物权论》（中册），修订2版，550页。

② 史尚宽：《物权法论》，294页；曹士兵：《中国担保法诸问题的解决与展望——基于担保法及其司法解释》，225页，北京，中国法制出版社，2001。

③ 杨与龄：《民法物权》，197～198页，台北，五南图书出版公司，1981；曹杰：《中国民法物权论》，211页；姚瑞光：《民法物权论》，252页，自版，1990。

④ 王利明、尹飞、程啸：《中国物权法教程》，482页。

期债务，二是发生了当事人约定的实现抵押权的情形。满足了上述任何一项条件，抵押权人就可以与抵押人协议以抵押财产折价或者以拍卖、变卖该抵押财产所得的价款优先受偿。

1. 债务人不履行到期债务

该项条件包含以下三项要素：

（1）存在着有效的抵押权

存在着有效的抵押权，是抵押权行使的必备条件，如无有效的抵押权，自然谈不上实行抵押权。所谓存在着有效的抵押权，在基于合同设立动产抵押权、浮动抵押权的情况下，是指抵押合同成立并生效；在基于抵押合同设立其他抵押权的场合，是指抵押合同生效，并办理了抵押登记；在基于法律规定直接取得抵押权的情况下，是指具备了法定的取得抵押权的条件。

（2）债务人不履行到期债务

所谓债务人不履行到期债务，是指债务人于债务履行期限届满而不履行债务的现象。它可以是债务人完全没有履行，也可以是部分没有履行。在履行期为期日的情况下，它表现为债务人于该期日届满（也可以说是届至）时未履行债务。在履行期为期间的情况下，它表现为债务人于该期间届满时未履行债务。

［思考］

这里的债务，在中国台湾地区“民法”上，仅指本金债务，而非利息债务。在中国大陆，鉴于《物权法》已经明文规定抵押权的效力及于利息（第 173 条），而未明文把不履行到期的利息债务排除于行使抵押权的条件；鉴于利息债务有时数额巨大，债务人和抵押人的责任财产均不足以清偿数个并存的债权，需要区分情况而定，有时债务人不履行到期的利息债务，抵押权人可以行使抵押权；有时则否。

债务人不履行到期的利息债务，抵押权人可以行使抵押权，应当具备下述条件：(1) 当事人约定了利息债务，且未以特约排除《物权法》第 173 条关于抵押权的效力及于利息的规定；(2) 利息债务数额较大乃至巨大，所占债务比重较大；(3) 到期的本金债务业已清偿完毕，抵押权人无法以债务人不履行到期的本金债务为由行使抵押权。

在下述情况下，债务人不履行到期的利息债务，抵押权人不可行使抵押权：到期的本金债务业已清偿完毕，到期的利息债务所占债务数额的比例较低，行使抵押权会使目的和手段不匹配；或抵押人已经提供了其他担保方式或代债务人清偿。

在本金债务和利息债务均届履行期且均未清偿的情况下，由于利息债务的履行期滞后于本金债务的履行期，债务人不履行到期的利息债务，同时构成不履行到期的本金债务，抵押权人即使以债务人不履行到期的利息债务为由行使抵押权，实质上可视为以不履行到期的本金债务为由主张，不会发生不适当的结果。

在债务人不履行到期债务的情况下，抵押权人可以直接实现抵押权，除非债务人又与抵押权人达成了延期履行协议。

［辨析］

在中国台湾地区的“民法”上，债权只须已届债权人得请求清偿时而未受清偿者，抵押权人即可实行抵押权。[①] 这与中国大陆《物权法》第 195 条第 1 款前段规定的债务人不履行

① 谢在全：《民法物权论》（中册），修订 2 版，551 页。

到期债务，在履行期为期日的情况下差别不大；但在履行期为期间的场合则不同。对此举例说明，履行期为2008年1月1日至2008年2月20日，自2008年1月1日开始，债权人即得请求债务人清偿债务，按照中国台湾地区的“民法”，抵押权人（债权人）即可行使抵押权，但在2008年2月20日之前，按照中国大陆现行法的规定，债务人未履行债务尚不构成债务不履行，在合同场合即为不构成违约行为，抵押权人无权行使抵押权，抵押权人若行使抵押权，抵押人有权抗辩。

［拓展］

债务人不履行到期债务，若系可归责于债权人的原因引起的，债务人享有一些权利，诸如履行抗辩权、提存的权利等，债务人行使此类权利，不应承担违约责任，债权人（抵押权人）无权行使抵押权。假如债权人（抵押权人）行使抵押权，抵押人有权援用债务人对债权人（抵押权人）的抗辩，拒绝或暂时拒绝抵押权的行使。

（3）不存在法律禁止实行抵押权的情形

抵押权的实行必须没有法律上的特别限制，如有限制，则抵押权人不得当然实行抵押权。例如，《破产法》第75条第1款规定：“在重整期间，对债务人的特定财产享有的担保权暂停行使。但是，担保物有损坏或者价值明显减少的可能，足以危害担保权人权利的，担保权人可以向人民法院请求恢复行使担保权。”抵押权显然属于其中的担保权。①

2. 发生了当事人约定的实现抵押权的情形

此处所谓当事人，在抵押人为第三人的情况下，应为抵押合同的当事人；在抵押人为债务人的场合，可指主合同的当事人。

所谓“当事人约定的实现抵押权的情形”，是指债务人不履行债务以外的，当事人特别约定的实现抵押权的情形。例如，抵押合同约定，抵押人的股东发生变更、高管出现变动，抵押权人即可实行抵押权。

《物权法》允许当事人约定抵押权实行的条件，具有积极的意义。例如，浮动抵押期间，抵押人在正常经营范围内可以自由处分其动产，债务人到期不履行债务的，抵押权人是以实现抵押权时的动产优先受偿。如果只允许抵押权人在债务人到期不履行债务时才能实现抵押权，可能会由于抵押人在经营过程中的非正常经营行为或恶意的行为，甚至是正常的经营行为，造成抵押物的价值大大减少，不足以清偿抵押债权，损害抵押权人的合法权益。允许抵押权人和抵押人约定提前实现抵押权的条件，抵押权人就可以在抵押合同中对抵押人的某些行为进行约束，一旦抵押人违反约定从事了这些行为，满足了约定的抵押权实现的条件，抵押权人就可以提前实现抵押权，以使抵押债权获得清偿。②

［辨析］

有学说认为，《物权法》第195条规定的当事人约定的实现抵押权的情形，其中的当事人是指主合同的当事人，也可以是抵押合同的当事人。前者如，债权人与债务人约定在债务人没有按时缴纳利息达到一定时间后，即可以解除合同，要求债务人承担违约责任。此时，抵押权人自然可以实现抵押权。后者如，抵押人与抵押权人可以在抵押合同中约定抵押人必

① 王利明、尹飞、程啸：《中国物权法教程》，483页。

② 胡康生主编：《中华人民共和国物权法释义》，425～426页。

须对抵押物进行保险，否则抵押权人即可实现抵押权。[①] 本书作者认为，在抵押人为第三人的情况下，根据合同的相对性原则，主合同的约定不得约束抵押人，除非抵押人同意。至于所谓抵押人不对抵押物进行投保，则属于债务人（抵押人）不履行到期债务，在实质上仍属于法定的实行抵押权的条件。

应当看到，允许当事人约定实行抵押权的条件，也会带来消极的结果。抵押权人和抵押人约定的实现抵押权的情形，若被执行，则损害其他债权人利益的，其他债权人可以在知道或应当知道撤销事由之日起1年内请求人民法院撤销该协议（《物权法》第195条第1款后段）。

此类约定损害其他债权人利益的情形，例如，按照协议，对抵押物折价过低；或依约定，使抵押权行使的时间点大大提前，使原本清偿期在先的其他债权在实质上后于抵押债权接受清偿，而责任财产又不足以清偿此类债权。

（三）抵押权的行使方式

关于抵押权实行的方式，《物权法》规定了以下三种方式：

1. 折价方式

折价方式，是指抵押权人和抵押人协议，以抵押财产折价，清偿抵押债权的方式（《物权法》第195条第1款）。它是抵押权人和抵押人协议，参照市场价格确定一定的价款，将抵押物的所有权转移给抵押权人，以实现债权。[②]

这不同于流押合同，而是属于代物清偿。在抵押权的行使阶段，抵押人不会有必须屈服于抵押权人、接受低估抵押物价值的压力，不会出现不当的结果。

2. 拍卖方式

抵押权人和抵押人未就抵押权实现方式达成协议的，抵押权人可以请求人民法院拍卖抵押物（《物权法》第195条第2款）。

拍卖是指以公开竞价的形式，将特定的拍卖物转让给最高应价者的买卖方式（《拍卖法》第3条）。拍卖具有公开、公平竞争等特点，对抵押财产通过公平竞价的方式公开进行拍卖，有利于杜绝暗箱操作，实现价格的最大化。

3. 变卖方式

变卖方式，是指以一般的买卖形式出卖抵押物，以其变价清偿抵押债权的方式。变卖和拍卖虽然都属于买卖，但前者为一对一的洽商方式，无须严格程序，无竞价机制，其优点在于成本较低、效率高，其缺点在于透明度和公开性不高，程序较为随意，容易造成暗箱操作，损害被执行人或其他债权人的利益。因此，法律上要严格限制变卖的适用范围。这些限制措施包括：(1) 除非债权人或债务人申请，不采取变卖的方式；(2) 变卖方式原则上只能适用于动产、有价证券和一些特殊的情形；(3) 变卖必须参照市场价格（《物权法》第195条第3款）。[③]

《民事诉讼法》对于变卖的适用范围问题未予规定，《执行规定》第46条第2款规定："财产无法委托拍卖、不适于拍卖或当事人双方同意不需要拍卖的，人民法院可以交由有关单位变卖或自行组织变卖。"最高人民法院《关于人民法院民事执行中拍卖、变卖财产的规

① 王利明、尹飞、程啸：《中国物权法教程》，483页。

② 胡康生主编：《中华人民共和国物权法释义》，426页。

③ 王利明、尹飞、程啸：《中国物权法教程》，486页。

定》予以了进一步补充，其第 34 条第 1 款规定："对查封、扣押、冻结的财产，当事人双方及有关权利人同意变卖的，可以变卖。"第 2 款规定："金银及其制品、当地市场有公开交易价格的动产、易腐烂变质的物品、季节性商品、保管困难或者保管费用过高的物品，人民法院可以决定变卖。"

（四）抵押物变价款的分配

抵押物被拍卖或变卖后，所得价款的具体分配顺序如下：

1. 执行费用

拍卖、变卖所得价款应首先用于支付强制执行的费用（《执行规定》第 49 条第 2 款前段），其中包括委托拍卖、组织变卖被执行人财产等发生的费用。之所以要优先清偿执行费用，主要是因为这些费用的支出对于全体债权人都具有利益，属于共益性费用，应当优先支付。

2. 建设用地使用权出让金

《担保法》第 56 条规定："拍卖划拨的国有土地使用权所得的价款，在依法缴纳相当于应缴纳的土地使用权出让金的款额后，抵押权人有优先受偿权。"《城市房地产管理法》第 51 条规定："设定房地产抵押权的土地使用权是以划拨方式取得的，依法拍卖该房地产后，应当从拍卖所得的价款中缴纳相当于应缴纳的土地使用权出让金的款额后，抵押权人方可优先受偿。"

［讨论］

上述规定似乎与《城镇国有土地使用权出让和转让暂行条例》存在着矛盾，因为依据该条例第 45 条第 1 款的规定，以划拨方式取得的国有土地使用权只有依照《城镇国有土地使用权出让和转让暂行条例》关于土地使用权出让的规定，签订土地使用权出让合同并向当地市、县人民政府补交土地使用权出让金或以抵押所获收益抵交土地使用权出让金后，才能设立抵押权。而按照该条例第 16 条的规定，土地使用者应当在签订土地使用权出让合同后 60 日内支付全部土地使用权出让金。如此一来，当抵押权设立之时就意味着该划拨的国有土地使用权已经变为出让的土地使用权，且已经缴清了全部的出让金，那么拍卖划拨的国有土地使用权时应当说已经不存在缴纳出让金的问题了。从实践来看，《担保法》第 56 条和《城市房地产管理法》第 51 条的规定主要是针对那些一次缴清全部出让金的情形。申言之，国土资源行政主管部门在享有划拨土地使用权的主体尚未缴纳全部出让金之时，就为其办理了国有土地使用权证并允许设立抵押，因此在抵押权实现时必须要从拍卖划拨的国有土地使用权所得的价款中扣除尚未缴纳的出让金。但是，由于抵押权人可能并不清楚抵押人是否缴纳完毕出让金，这样又会给抵押权人带来一些不测损害。[①]

3. 抵押权所担保的债权

抵押物拍卖、变卖的价金用于清偿前述强制执行费用、建设用地使用权出让金之后，按照抵押权的顺位依次清偿各抵押权所担保的债权，顺位相同的，则按照债权比例受偿（《物权法》第 199 条、《担保法》第 54 条）。法释［2000］44 号第 74 条规定："抵押物折价或者拍卖、变卖所得的价款，当事人没有约定的，按下列顺序清偿：（一）实现抵押权的费用；（二）主债权的利息；（三）主债权。"

① 王利明、尹飞、程啸：《中国物权法教程》，487～488 页。

[辨析]

《物权法》第199条规定："同一财产向两个以上债权人抵押的，拍卖、变卖抵押财产所得的价款依照下列规定清偿：（一）抵押权已登记的，按照登记的先后顺序清偿；顺序相同的，按照债权比例清偿；（二）抵押权已登记的先于未登记的受偿；（三）抵押权未登记的，按照债权比例清偿。"其中，第一项所谓"抵押权已登记的，按照登记的先后顺序清偿"，指的是按照抵押权的顺位清偿。之所以如此解释，是因为《物权法》第14条规定物权变动自记载于不动产登记簿时发生效力，而不是自登记机构收到申请书时或其他时间点发生效力。就是说，抵押登记的时间点即为记载于不动产登记簿的时间点，即为抵押权设立等变动的时间点。第二项所谓"未登记的"抵押权，限于不以抵押登记为生效要件的动产抵押权、浮动抵押权，因为其他类型的抵押权均以登记为生效要件，未办理抵押登记，抵押权不存在。第三项所谓"抵押权未登记的"，应作同样的解释。

抵押物拍卖、变卖后所得的价款清偿了抵押权担保的债权之后仍剩余的，归抵押人所有，不足部分由债务人负责清偿，此时剩余的债权与债务人的普通债权人的债权处于平等受偿地位（《物权法》第198条、《担保法》第53条第2款）。

[辨析]

建设用地使用权抵押后，该土地上新增的建筑物不属于抵押财产。该建设用地使用权的抵押权实现时，虽然将该土地上新增的建筑物与建设用地使用权一并处分，但新增建筑物所得的价款，抵押权人无权优先受偿（《物权法》第200条）。从另一个角度观察，该新增建筑物的变价不属于抵押物的变价，不在抵押债权分配抵押物变价的范围之内。

[提示]

在抵押物为建设工程的场合，建设工程价款优先受偿权优先于抵押债权（《合同法》第286条，法释［2002］16号第1条），此时建设工程的变价款，承包人从中优先于抵押权人获得工程价款。

[讨论]

法释［2002］16号第2条规定，消费者交付购买商品房的全部或大部分款项后，承包人就该商品房享有的工程款优先受偿权不得对抗买受人。能否由此得出消费者请求开发商（出卖人）交付商品房并移转所有权的债权优先于抵押权的结论，或消费者对于商品房的所有权可对抗抵押权的结论？就法释［2002］16号优惠保护消费者的解释意旨考虑，可以得出这些结论。至于消费者的权利、承包人的工程款优先受偿权均无公示方法，应否赋予它们如此强大的效力，则属于立法政策层面的问题，由未来的立法或修法解决。

第六节 抵押权的消灭

一、抵押权消灭的事由

1. 主债权消灭

主债权消灭，基于抵押权的从属性，抵押权随之消灭。这里的主债权消灭，应指主债权的全部消灭；若部分消灭，则抵押权因其不可分性仍继续存在。

2. 抵押物灭失

抵押物灭失，抵押权无所附丽，失去存在的意义，归于消灭。此处所谓抵押物灭失，包括法律上的消灭和事实上的消灭。前者如抵押物被征收，后者如抵押房屋被焚毁。但须注意，因抵押物灭失而受有补偿金、赔偿金或保险金时，抵押权因其物上代位性而不消灭（《物权法》第174条）。

3. 抵押权的抛弃

抵押权人抛弃抵押权，抵押权归于消灭。

4. 抵押权的实行

抵押权于其实行时，无论抵押债权是否因此而全部受偿，均归消灭。

抵押权的实行，不仅指抵押权人依法律规定的实行方法实行抵押权，而且包括抵押权人申请参与分配。另外，先顺位的抵押权人实行抵押权时，后顺位的抵押权无论是否实行抵押权（包括申请参与分配），或抵押债权是否已经获得清偿，均归消灭。①

［引申］

法释［2000］44号第12条第2款规定："担保物权所担保的债权的诉讼时效结束后，担保权人在诉讼时效结束后的二年内行使担保物权的，人民法院应当予以支持。"这承认了抵押权因诉讼时效期间再加2年期间的届满而消灭。但它存在着弊端，对此本书在第十章"用益物权总论"第三节"用益物权与相关权利"中已经做过剖析，此处不赘。在此特意指出的是，《物权法》第202条关于"抵押权人应当在主债权诉讼时效期间行使抵押权；未行使的，人民法院不予保护"的规定，取消了法释［2000］44号第12条第2款的规定，采纳了抵押权不因抵押债权罹于诉讼时效而消灭的观点，抵押债权罹于诉讼时效之后，抵押人可以援用主债务人对债权人（抵押权人）的时效完成抗辩权，拒绝抵押权人将抵押物变价或折价；也可以自愿承受抵押权人行使抵押权、变卖抵押物的结果。

二、抵押权消灭的效果

无须登记的抵押权消灭，在抵押权人和抵押人及债务人之间，在抵押权人和第三人之间，都发生抵押权消灭的结果。

登记的抵押权，其消灭时应予注销登记（《不动产登记暂行条例实施细则》第70条）；若未办理注销登记，抵押权在抵押权人和抵押人之间归于消灭，但对于善意第三人，抵押人、抵押权人均无权主张抵押权消灭。

第七节　特殊抵押权

一、共同抵押权

（一）共同抵押权的概念

共同抵押权，又称为总括抵押权或聚合抵押权，是指为担保同一债权而在数项不动产、

① 谢在全：《民法物权论》（中册），修订2版，638页；梁慧星、陈华彬：《物权法》，4版，330页。

动产或权利上设立的抵押权。例如，债务人甲为担保所借债权人乙的 3 000 万元人民币，提供房地产 A 和房地产 B 各值 1 500 万元人民币设立抵押权。该抵押权即为共同抵押权。其法律性质如下：

1. 担保的是同一债权。所谓同一债权，是指债权发生的原因相同，债权人和债务人同一，给付内容也相同。不过，抵押物担保的债权额可不必相同。例如，债务人甲为担保所借债权人乙的 3 000 万元人民币，提供价值为 2 200 万元人民币的房地产 A 和价值 1 000 万元人民币的房地产 B 设立抵押权，应被允许。

2. 抵押物为复数。共同抵押权的标的物是两项以上的财产，以此区别于普通抵押权。此处所谓财产，可以是不动产，如房屋；也可以是动产，如船舶；还可以是某些权利，如建设用地使用权。这些抵押物可以同属于一人，也可以分属于几个人。

3. 共同抵押权人限定各个抵押物所负担的抵押债权的数额场合，抵押权实行时，共同抵押权人只能按照该限定的数额受偿各个抵押物变卖的价款。严格地说，这已经不是真正的共同抵押权。[①] 如果未对各个抵押物所担保的债权份额作出约定或约定不明，则抵押权人有权就其中任一或各个抵押物所卖得的价金，满足其债权的全部或一部分（法释［2000］44 号第 75 条第 2 款）。换个角度描述，任何一个抵押物都就抵押债权的全部承担责任。[②] 这是真正的共同抵押权的性质，它来自抵押权的不可分性。

［辨析］

境外学说认为，在当事人未对各个抵押物所担保的债权份额作出约定或约定不明的情况下，数个抵押物对于所担保的债权各负全部的担保责任，酷似连带债务，学者遂将共同抵押称为连带抵押或物上连带担保。但连带债务为人的连带，属于债的关系，而共同抵押权则为物的连带，属于物权关系；连带债务中负连带责任的人都是债务人，而共同抵押权中负连带责任的物，不必限于债务人所有，第三人所有的物也可以作为共同抵押权的标的物。因此，共同抵押权与连带债务存在明显的差别，不得准用连带债务的规定。[③]

中国的《物权法》和《担保法》对此未设明文，法释［2000］44 号第 75 条第 3 款则规定："抵押人承担担保责任后，可以向债务人追偿，也可以要求其他抵押人清偿其应当承担的份额。"这显然是承认了各个抵押人对于抵押权人负有连带责任，准用了连带债务的规定；在各个抵押人之间确定了按份责任。这种制度设计有利有弊，其利在于使各个抵押人均会承担物上担保责任，分散了负担，也有助于避免下述现象：抵押人乙和抵押权人甲恶意串通，私下确定变卖或拍卖其他抵押人所有的抵押物，使被担保债权获得清偿，从而使抵押人乙所有的抵押物免于变卖或拍卖。同时，该款规定也存在着明显的弊端：(1) 在每位抵押人均不知尚有其他抵押人存在的情况下，其意思表示即为使自己的抵押物承担全部担保责任，本无连带负责及向其他抵押人追偿的意思，却硬性地令每位抵押人就其抵押物连带负责，实际承担担保责任后再向其他抵押人追偿，不符合意思自治原则。(2) 债权人甲的债权先有抵押人乙以其所有的 A 房地产抵押，后有抵押人丙以其 B 房地产提供抵押的情况下，抵押人丙声称抵押权人（债权人）甲会先就抵押人所有的 A 房地产的变价受偿，B 房地产不会被债权

---

① 郑玉波：《民法物权》，修订 12 版，278 页。

② ［德］鲍尔、施蒂尔纳：《德国物权法》（下册），申卫星、王洪亮译，209 页。

③ 郑玉波：《民法物权》，修订 12 版，277 页；谢在全：《民法物权论》（下册），修订 2 版，191 页。

人甲变卖或拍卖，甚至出示了书面协议，致使债权人丁同意以其C房地产置换B房地产，且先将C房地产过户登记在抵押人丙的名下。在这种背景下，如果不承认担保人之间互有追偿权，则在抵押人乙承担了担保责任并使债权人甲的债权获得清偿的情况下，抵押人丙的清偿能力未受影响，债权人丁处于较为有利的地位；反之，抵押人乙承担担保责任后，向抵押人丙追偿，致使B房地产被抵给抵押人乙，债权人丁就处于不利的境地。（3）各个抵押人负有担保责任的法律行为不同，或者说并非基于同一原因，却使其承担连带责任，除非法律设有明文，在法理上并无当然的结论。（4）各个抵押人之间相互追偿，人为地导致了法律关系复杂、曲折，耗时费力，社会的经济效益不佳。

［引申］

鉴于共同抵押权场合存在数个抵押物，学说对共同抵押权究竟是单一抵押权还是数个抵押权存在着分歧。第一种观点认为，考虑到一物一权乃物权法的基本原则，作为共同抵押的标的物是各自独立的数项财产，因而只能是每个抵押物上各成立一个抵押权，于是出现了多个抵押权。[①] 赞同该说的学者论证道："如果采取单一抵押权说，不仅与一物一权原则相违背，而且无法说明共同抵押权中的一些复杂情形，例如，不同抵押物上不同顺位的抵押权担保同一债权时，如果说共同抵押权为一个抵押权，那么这个抵押权的顺位究竟是什么？再如，共同抵押权人可以抛弃或者让与在某一抵押物上的抵押权的顺位，但是对于其他抵押物上抵押权的顺位不发生影响，显然这一点共同抵押权也难以说明。因此，共同抵押权的性质是在数项财产上成立的数个抵押权。"[②] 第二种观点则坚持，尽管共同抵押权的标的物是数项独立的财产，但是抵押权却只有一个，这是一物一权原则的例外。[③] 第三种观点主张，共同抵押权可以是以数个不动产一并设立的单一抵押权，如同土地与其上的建筑物同属一人所有之时，以它们作为抵押物而设定的抵押权为单一抵押权一样。[④] 在抵押物和抵押权之间的关系上，一个抵押物对应着一个抵押权，换个角度描述，在抵押人和抵押权人之间的关系上，同时存在着数个抵押权。但在抵押权人和第三人之间的关系上，则只存在着一个不动产抵押权。[⑤]

比较而言，第二种观点面临着较多的诘问，且难以作出圆满的回答。例如，承认一物一权主义例外的法理是什么？何以允许当事人约定共同抵押权人限定各个抵押物所负担的抵押债权的数额？何以允许约定每个抵押物被拍卖或变卖的顺位？第一种观点和第三种观点则能够合乎法理地予以解释。不过，第一种观点与《担保法》第36条和《物权法》第182条规定的建设用地使用权和地上建筑物一并抵押的规定未尽吻合，因为这些法律没有把此类抵押权作为两个抵押权看待，而是作为一个抵押权设计的。第三种观点因其在抵押权人和第三人

---

① 史尚宽：《物权法论》，318页；谢在全：《民法物权论》（下册），修订2版，190页；陈重见：《共同抵押法制修正评析》，载《月旦法学杂志》，第95期，2003年4月；郭明瑞：《担保法》，2版，146页，北京，法律出版社，2004；梁慧星、陈华彬：《物权法》，4版，336页。

② 王利明、尹飞、程啸：《中国物权法教程》，492页。

③ 黄右昌：《民法诠解·物权编》（下册），28页以下，上海，商务印书馆，1947；曹杰：《中国民法物权论》，210页；王利明主编：《中国民法案例与学理研究·物权篇》（修订本），344页，北京，法律出版社，2003；舒正本：《共同担保之研究——主要是对于共同抵押制度之研究》，"中国文化大学"法律学研究所硕士论文（1993），52页。

④ 郑玉波：《共同抵押之研究》，载郑玉波：《民商法问题研究》（第4册），126页，自版，1991。

⑤ 崔建远：《土地上的权利群研究》，279页。

之间的关系上视为一个抵押权，符合现行法的设计。此其一。至于共同抵押权人限定各个抵押物所负担的抵押债权的数额、约定每个抵押物被拍卖或变卖的顺位等问题，第一种观点能够满足，第三种观点同样如此。此其二。

（二）共同抵押权的社会作用

共同抵押权制度能够聚集多数标的物的交换价值，以确保抵押债权获得清偿，能够克服单一抵押物的交换价值无法满足抵押债权的局限。此其一。退一步说，即使各个抵押物的价值虽然能够满足抵押债权的清偿，但各个抵押物的市场价格变化无常，且时有毁损、灭失或其他因素导致其价值减少，可能无法满足抵押债权的受偿。为避免此类危险，有必要以多数抵押物共同担保同一债权，以分散上述危险。① 共同抵押权，对于债权人来讲是太好了；对于所有权人（甚或多个所有权人）而言，则是太不好了；对后顺位的抵押权人来说，又太危险了。因为债权人可以“任意地”从每个抵押物的（变价）全部或一部获得清偿。他也可以先将债权的金额分摊到单个的抵押物上，再获得清偿。② 此其二。

（三）共同抵押权的设立

共同抵押权的设立，在现行法上，有根据法律的直接规定设立的，如《物权法》第 182 条规定的，以建筑物抵押的，该建筑物占用范围内的建设用地使用权一并抵押。以建设用地使用权抵押的，该土地上的建筑物一并抵押。抵押人未一并抵押的，未抵押的财产视为一并抵押。由于建设用地使用权和建筑物分别为独立的不动产（权利），在它们共同担保同一债权时，成立共同抵押权。

共同抵押权，大多通过签订抵押合同而设立，在这点上与普通抵押权的设立相同。在各个抵押物均为动产场合，抵押合同成立并生效，共同抵押权设立。在数项不动产或不动产权利作为抵押物场合，抵押合同成立并生效，且办理了抵押登记时，共同抵押权设立。

在 A 建设用地使用权上设立抵押权之后，A 建设用地被分割为数宗建设用地，该数宗建设用地使用权共同承担着物上责任时，形成共同抵押权。或者抵押权先以 A 建设用地使用权为抵押物而设立，后来又扩及 B 建设用地使用权和 C 建筑物，扩及的 B 建设用地使用权和 C 建筑物也共同承担物上责任时，也形成共同抵押权。这两种情况下共同抵押权的设立，叫作追加的共同抵押权设立。共同抵押权就其成立要件而言，与普通抵押权的没有多大的差别。③

（四）共同抵押权的效力

共同抵押权的效力，一般而言，与普通抵押权的大致相同，但也有特殊之处：数个抵押物担保同一债权，各个抵押物就被担保债权应负担的金额如何，不得不解决。法释［2000］44 号第 75 条第 2 款规定：“同一债权有两个以上抵押人的，当事人对其提供的抵押财产所担保的债权份额或者顺序没有约定或者约定不明的，抵押权人可以就其中任一或者各个财产行使抵押权。”所采取的是自由选择权保障主义。据此，说明其效力如下：

---

① 谢在全：《民法物权论》（下册），修订 2 版，191～192 页；［德］鲍尔、施蒂尔纳：《德国物权法》（下册），申卫星、王洪亮译，209 页。

② ［德］鲍尔、施蒂尔纳：《德国物权法》（下册），申卫星、王洪亮译，210 页。

③ ［德］鲍尔、施蒂尔纳：《德国物权法》（下册），申卫星、王洪亮译，212 页；王利明、尹飞、程啸：《中国物权法教程》，493 页。

1. 当事人明确约定了各个抵押物所负担的金额时

如果当事人就各个抵押物应负担的金额已有明确的约定，且未超过被担保债权的额度，那么，应当按照各个抵押物应负担的金额，负其担保责任。

如果当事人就各个抵押物应负担的金额已有明确的约定，但已经超过了被担保债权的额度，那么，应当按照各个抵押物应负担的金额，并依比例降低相应的金额，负其担保责任。

2. 当事人未限定各个抵押物负担的金额时

如果当事人没有限定各个抵押物应负担的金额，则抵押权人可以就其中任一或各个抵押物行使抵押权，即抵押权人既可以将抵押物全部拍卖或变卖，就卖得的价金使其债权优先受偿，也可以拍卖或变卖其中的一个或几个抵押物，就卖得的价金使其债权优先受偿。

不难发现，当事人未限定各个抵押物负担的金额时，共同抵押权对抵押权人极为有利。但在抵押人不是同一个人的情况下，各个抵押人相互之间的利益可能会失衡，在抵押权人专就某个抵押物行使抵押权时尤为明显；在各个抵押物上存在的抵押权有先后顺位之分时，更可能发生不公正的结果。为了避免出现上述结果，《日本民法典》第 392 条第 1 项、《大韩民国民法典》第 368 条第 1 项采取分担主义，这值得中国的最高人民法院解释《物权法》时借鉴。

二、财团抵押权

（一）财团抵押权的概念

所谓财团抵押权，是以企业的财团为抵押物的抵押权。所谓财团，是指由企业的建设用地使用权、地上建筑物及其附属设施、设备、知识产权等财产组成的一种集合的财产。财团既不是单纯的不动产，也不是单纯的动产，而是企业所有的不动产、动产及权利综合为一体，法律上视为一项独立的财产，于其上设立一个抵押权。这与普通抵押权的标的物为一个单一物不同，与共同抵押权的标的物为数个物或权利也有差异。

［延伸］

在日本，特别法规定了财团抵押权制度，将一个企业的财产的集合体作成一个财产目录的“财团”(Inventar)。该“财团”的构成方法，可有两种。一种是以不动产为中心构成的方法，将机械、器具等动产与不动产作成一体化，形成“不动产财团”。该“不动产”的组成采取任意选择主义，当事人以在财团目录中记载的物构成财团。另一种是以企业设施全体作为一个“物”看待，形成“物财团”，作为抵押权的客体。因企业全体作为一个“物”，所以，物财团的组成不是当事人的任意选择，而是采用以构成企业全体一体性的财团的当然归属主义。[①] 中国《物权法》第 180 条第 2 款规定的财团类似于日本的“不动产财团”，其组成采取任意选择主义，即当事人选取企业的特定的不动产、动产及权利作为一个抵押权的标的物。

《物权法》第 180 条第 2 款规定，抵押人可以将建筑物和其他土地附着物，建设用地使用权，“四荒”土地承包经营权，生产设备、原材料、半成品、产品，正在建造的建筑物、船舶、航空器，交通运输工具，以及法律、行政法规未禁止抵押的其他财产，一并抵押。这

① ［日］近江幸治：《担保物权法》，祝娅、王卫军、房兆融译，沈国明、李康民审校，214～215 页。

种抵押权就属于财团抵押权。

（二）财团抵押权制度的社会作用

财团抵押权之所以存在，主要是因为企业所有的不动产、动产及权利多为有机地配合着，其使用价值或交换价值都比单个地使用或交换要高。如果僵硬地固守一物一权主义，把上述财产分解为一个一个的不动产、动产或权利，一一设立抵押权或其他担保权，不仅会减损其价值，而且过于烦琐，既不经济又不能充分发挥融资的作用。财团抵押权正可克服普通抵押权在这方面的不足，起到积极的作用。①

（三）财团抵押权的设立

包括《不动产登记暂行条例》及《不动产登记暂行条例实施细则》在内的现行法尚无财团抵押权直接基于法律规定而设立的规定，从《物权法》第180条第2款关于“抵押人可以将前款所列财产一并抵押”的规定看，财团抵押权需要通过抵押合同设立，且应以抵押登记为财团抵押权的生效要件。

在实务上，中国至今尚未开展把财团作为一个抵押物办理抵押登记的业务，当企业以其所有的不动产、动产及权利一并设立抵押权时，实际操作是就建设用地使用权抵押、建筑物及其附属设施抵押、动产抵押、知识产权抵押等分别办理抵押登记，由此形成的抵押权难谓真正的财团抵押权，亟待修正。

（四）财团抵押权的效力

财团抵押权的效力及于构成财团的各个不动产、动产及权利。不过，构成财团的物并非一成不变，因经营上的必要，有时旧机器、工具应予换成新的或增加全新之物。财团抵押权的效力及于这些新的或增加的物，但为对抗第三人，应为财团的财产目录的变更登记。②

三、浮动抵押权

（一）浮动抵押权的概念

所谓浮动抵押权，是指为担保企业、个体工商户、农业生产经营者的债务而以其现有的及将有的生产设备、原材料、半成品、产品作为抵押物，经当事人书面协议而设立的抵押权（《物权法》第181条）。其法律性质如下：

1. 抵押人限于企业、个体工商户、农业生产经营者

普通抵押权场合的抵押人可以是自然人、法人或其他组织，而浮动抵押场合的抵押人只能是企业、个体工商户、农业生产经营者（《物权法》第181条）。

[比较]

在英国，设立浮动抵押的只能是公司，自然人和合伙组织无设立浮动抵押的资格。这是英国《抵押证券法》（1972—1982年）和《破产法》（1914年）作用的结果。③ 日本《企业担保法》（1958年）将设立浮动抵押的抵押人限定在有限责任公司。香港《公司条例》规

① 郑玉波：《民法物权》，修订12版，275页。

② 史尚宽：《物权法论》，299页。

③ 任清：《论英国法上的浮动抵押》，见http：//www.civillaw.com.cn/Article/default.asp?id=8376.转引自周自如：《我国浮动抵押制度探析》，清华大学法学院硕士学位论文（2008），7页。

定，有限责任公司能设立浮动抵押，自然人不得于其个人企业或合伙组织中设立浮动抵押。究其原因，浮动抵押权的标的物为流动性较强的财产，抵押权实现前，抵押人可自由处分它们，容易导致抵押权无法真正实现。与自然人、合伙相比，公司具有较规范的运作机制，且公司财产受资本三原则的限制，其财产具有一定的稳定性，公司能够以此独立承担民事责任。这在一定程度上利于浮动抵押权的实现。而自然人、合伙组织的运作不很透明，容易产生欺诈抵押权人的情形。[①]

与此不同，美国和加拿大未限制设立浮动抵押之人的资格。

中国《物权法》之所以将抵押人的范围放宽至个体工商户、农业生产经营者，是因为利用浮动抵押制度解决中小企业和农民贷款难的问题，以促进经济发展[②]；中国允许作为浮动抵押权标的物的限于企业的动产，窄于英国法、香港地区法允许的范围，浮动抵押权的实现不一定导致抵押人进入破产程序，负面作用较小。[③]

2. 抵押物为企业、个体工商户、农业生产经营者的时时变动不居的动产

普通抵押权以不动产、动产或权利等财产作为抵押物，而浮动抵押权的标的物在《物权法》上仅限于抵押人现有的及将有的生产设备、原材料、半成品、产品（第 181 条）。这些财产集合起来作为抵押物，表现出集合性。

［比较］

浮动抵押制度滥觞于英国 19 世纪后半叶的判例法。在英国法上，浮动抵押权的标的物，可以是企业一部财产，也可以是企业的全部财产，原材料、成品、商品、应收账款、商誉等无形资产均可成为浮动抵押权的标的物。在美国，可以作为美式浮动抵押权担保物的有：(1) 货物，包括各种担保权益成立时一切能动之物；(2) 半无形动产，包括代表货物所有权的单证、各种票据、动产文书；(3) 完全无形动产，包括应收账款、知识产权和商誉等一般无形财产、收入。[④] 德国的让与担保制度、日本的企业担保制度与浮动抵押制度类似。

普通抵押权仅以现有的财产作为抵押物，而浮动抵押权的标的物，既包括抵押人现有的动产，也包括抵押人将有的动产（《物权法》第 181 条）。

需要强调指出的是，浮动抵押权对其标的物不是从静态把握的，而是允许企业、个体工商户、农业生产经营者的财产在浮动抵押权实行前正常流动，由企业、个体工商户、农业生产经营者向外流出的财产自动从浮动抵押权的效力范围中解脱，由外部流入企业、个体工商户、农业生产经营者的财产当然为浮动抵押权的效力所及。这就是浮动抵押权的标的物所具有的流动性。

3. 抵押人于抵押期间可以处分供抵押的动产

在普通抵押权场合，抵押人于抵押期间未经抵押权人的同意，不得转让抵押物，除非受让人代为清偿债务而消灭抵押权（《物权法》第 191 条第 2 款）。但在浮动抵押权场合，抵押期间，抵押人可以处分供抵押的动产（《物权法》第 189 条第 2 款）。只是在实行抵押权时，

---

① 胡康生主编：《中华人民共和国物权法释义》，398 页；周自如：《我国浮动抵押制度探析》，清华大学法学院硕士学位论文（2008），7 页。

② 胡康生主编：《中华人民共和国物权法释义》，398 页。

③ 齐恩平、王明河：《论我国动产浮动抵押制度的理解和适用》，见 http：//www.civillaw.com.cn/wangkan/content.asp?id34812&types. 转引自周自如：《我国浮动抵押制度探析》，清华大学法学院硕士学位论文（2008），8 页。

④ 吴光兴：《美国统一商法典概要》，53 页，广州，华南理工大学出版社，1997。

这些动产才被特定化，抵押人自此时无权处分它们，除非经过抵押权人的同意。

4. 浮动抵押权因实行而转化为固定抵押权

债务人不履行到期债务成为事实，或发生了当事人约定的实现抵押权的情形，抵押权人有权行使抵押权。自此时，浮动抵押权的标的物得以确定，浮动抵押权转化为固定抵押权。[①] 这表现出抵押物在性质上的可转化性。

（二）浮动抵押权与固定抵押权的比较

所谓固定抵押，系相对于浮动抵押而存在的概念，是指抵押权于其设立时便附着于特定的财产上，该财产的特定性在抵押权的存续期间一直不变的抵押。其典型特征是，抵押物的范围被清晰、准确地界定出来，一般用附录等形式尽量地逐项记明作为抵押权标的物的全部财产；抵押权人对作为抵押权标的物的财产能有效控制，抵押人与他人交易抵押物，必须征得抵押权人的同意。[②]

关于浮动抵押的特征，Romer L. J 大法官在 Re Yorkshire Woolcombers Association 案的判决中概括为：（1）以公司现在或未来的某个类别的资产抵押；（2）该类别的资产在公司正常的业务运作期间会不断变化；（3）在对抵押拥有权益的人或其代表采取某些法律措施前，公司可以利用该类别的资产继续运作。[③] Slade. J 法官在 Re Bond Worth Ltd 案的判决中指出，并不是一定要包含 Romer 法官所提出的三项特征的抵押才是浮动抵押。相似地，Lord Millett 勋爵在 Re Agnew 案中提及 Romer 法官所描述的那三项特征时说，那三项特征只是对浮动抵押制度的一种描述，而非定义。前两项特征虽是浮动抵押的典型特征，但却不能因此推出有关担保必然为浮动抵押的结论，而第三项特征（自主经营权）才是浮动抵押制度的标志性特征。[④]

总之，固定抵押的本质在于抵押权人能够充分掌握和控制抵押物（的交换价值），而浮动抵押的本质在于抵押人利用抵押物从事生产和经营的自主经营权。一个抵押权人不得一方面宣称其抵押权为固定抵押权，另一方面又允许抵押人如同没有抵押权那样处分抵押的财产。[⑤]

抵押财产的性质和种类直接关系到抵押权人对抵押财产的控制程度和抵押人对抵押财产处分的自由度，进而关系到抵押权的性质和种类。通常而言，固定抵押不会以企业的存货或原材料等来设立抵押权，即使抵押合同等文件明示设立在这些财产上的抵押权为固定抵押权，也可能被法院解释为浮动抵押权。因为这些资产组合具有高度的变动性，在抵押人的日常业务中会不可避免地被消耗掉。假如当事人主张这些财产为固定抵押权的效力所及，可能会导致抵押人的整个业务瘫痪。[⑥]

---

① 梁慧星、陈华彬：《物权法》，4 版，338 页。

② 高燕红：《谈英国判例法对浮动担保与固定担保的识别》，见 http://ckrd.cnki.net/grid20/detail.aspx?QueryID=18&CurRec=1. 转引自周自如：《我国浮动抵押制度探析》，清华大学法学院硕士学位论文（2008），26 页。

③ Roy Goode，Legal Problems of Credit and Security，Sweet & Maxwell，Third Edition，2003，p. 114. 转引自周自如：《我国浮动抵押制度探析》，清华大学法学院硕士学位论文（2008），26 页。

④ Roy Goode，Legal Problems of Credit and Security，Sweet & Maxwell，Third Edition，2003，p. 115. 转引自周自如：《我国浮动抵押制度探析》，清华大学法学院硕士学位论文（2008），26 页。

⑤ 周自如：《我国浮动抵押制度探析》，清华大学法学院硕士学位论文（2008），26～27 页。

⑥ 同上文，27 页。

（三）浮动抵押权与财团抵押权的比较

财团抵押权是把企业的全部财产视为一个物而设立一个抵押权，该抵押权一经设立，这些财产即为抵押权的效力所及，抵押人（企业）不得擅自处分。而浮动抵押权是以时时变动不居的企业财产为标的物而设立的一个抵押权，在抵押权实行之前，抵押人（企业）可以处分其财产。

浮动抵押权制度，是为克服财团抵押权制度的缺陷并使企业可以获得巨大的融资而发展起来的。从保护企业发展的角度看，浮动抵押权较财团抵押权为优，但从保护抵押权人的侧面观察，则正好相反。详言之，设立浮动抵押权后，企业仍然可以对企业的财产自由处分，企业的生产经营活动不受抵押权设立的影响；但另一方面，如企业因经营不善致财产大量减少，便会影响抵押权人的债权实现。而财团抵押权场合，企业不得对作成了财团目录的财产任意处分，对企业的生产经营活动显然不利，但因抵押财产固定，有利于抵押权人的债权实现。

（四）浮动抵押权制度的社会作用

在现代市场经济条件下，企业担负着社会的生产和流通的重要经济职能，事关国计民生，影响十分深远。因此，维持企业的存在并在此基础上振兴、发展，也就成为现代民法的一项重要理念。为此便需要借助法律而采取各种手段和措施，包括使企业获得融资而采取的担保措施。①

一个企业要想存立，需要由下列要素为了一个目的统一结合成一个组织体：第一，是企业设施、加工材料、生产用具、商品仓库等无数的物的要素；第二，是与顾客间产生的赊销价金及其他继续供给的债权关系，与行纪或原材料供给者的信用关系，与受雇人、土地主人或房屋主人之间产生的雇佣关系或租赁关系等无数的法律关系；第三，是基于商标、商号、专利等所谓无体财产权的特殊利益；第四，是企业特有的技能或熟练技术与据此产生的商誉等事实上的利益。在近现代，企业是一个通过企业组织结合起来的上述权利、法律关系及事实关系的统一体，有着超越各个要素的价值的总和而形成的整体价值。该价值不是与特定主体的人格不可分离地结合在一起的，而是有其客观存在的。假如从中单单抽取某些要素，即使被概括处理，也会使这些财产所保有特殊价值的法律上和事实上的无形的要素消失，影响其担保价值。② 就是说，若固守一物一权主义，将各个不动产、动产或权利分开，单独设立抵押权等担保权，就不能充分发挥企业的担保价值，设立手续也不胜其烦。还有，单个的物供作担保，容易导致担保物的变价，犹如各个击破，酿成企业解体的危险。这显然有悖于维持、发展企业的现代商事的法理念。相反，若把企业的不动产、动产、权利等财产，作为一个整体而设立浮动抵押权，则不但可以发挥企业的整体担保价值，而且可以避免单独设立担保权的繁累，节省大量的人力、物力。③《物权法》规定的浮动抵押权，虽然把不动产排除于抵押物的范围之外，但仍能表现出上述价值。

（五）浮动抵押权的设立

现行法尚无关于浮动抵押权直接依据法律规定而设立的规定，仅仅规定了当事人签订书面抵押合同设立浮动抵押权（《物权法》第181条）。

---

① 梁慧星、陈华彬：《物权法》，4版，339页。

② ［日］我妻荣：《债权在近代法上的优越地位》，王书江、张雷译，谢怀栻校，104～106页。

③ 梁慧星、陈华彬：《物权法》，4版，338页。

抵押合同成立并生效，浮动抵押权便设立，但未经抵押人住所地的工商行政管理部门登记，不得对抗善意第三人（《物权法》第189条第1款）。换句话说，抵押登记为浮动抵押权的对抗要件。

浮动抵押的登记，适用国家工商行政管理总局于2007年10月12日颁行的《动产抵押登记办法》（2016年修订）。该办法规定，当事人办理动产抵押登记，应当向动产抵押登记机关提交下列文件：（1）经抵押合同双方当事人签字或盖章的《动产抵押登记书》；（2）抵押合同双方当事人主体资格证明或自然人身份证明文件。委托代理人办理动产抵押登记的，还应提交代理人身份证明文件和授权委托书（第4条）。《动产抵押登记书》应当载明下列内容：（1）抵押人及抵押权人名称（姓名）、住所地；（2）代理人名称（姓名）；（3）被担保债权的种类和数额；（4）担保的范围；（5）债务人履行债务的期限；（6）抵押财产的名称、数量、质量、状况、所在地、所有权归属或使用权归属；（7）抵押人、抵押权人签字或盖章（第5条）。动产抵押登记机关受理登记申请文件后，应当当场在《动产抵押登记书》上加盖动产抵押登记专用章并注明盖章日期（第8条第1款）。

《物权法》第189条第1款规定的善意第三人，其范围已在本书第十八章“抵押权”第二节“抵押权的取得”二“抵押权的设立”中阐述过，此处不赘。

需要注意，与动产抵押权一经登记便可对抗任何第三人不同，《物权法》第189条第2款规定，浮动抵押权即便已经登记完毕，也不得对抗正常经营活动中已支付合理价款并取得抵押财产的买受人。这是由浮动抵押权制度的天性所决定的，是法律为克服财团抵押权、工厂抵押权等场合抵押人无权处分抵押财产的缺陷而特意设置浮动抵押权制度的目的之一。详细些说，“如果法律规定浮动抵押权在办理登记之后，发生绝对的对抗第三人的效力，那就意味着抵押权具有追及的效力。即便抵押财产的所有权发生转移，该财产上的权利负担——抵押权——仍不消灭。当债务人届期不履行债务或者发生当事人约定的实现抵押权的事由时，抵押权人就有权将第三人已经取得所有权的抵押财产加以拍卖或者变卖，而买受人只能通过买卖合同追究出卖人（抵押人）的权利瑕疵担保责任。风险就被因此转嫁到买受人的头上。买受人为了防止此种风险，要么支出大量的费用去逐一查证标的物是否被抵押了，要么不与设定了浮动抵押权的抵押人从事交易，该抵押人的正常生产经营活动事实上就无法开展，于是设立浮动抵押权的立法目的之一——有利于提供浮动抵押的民事主体从事正常的经营管理活动——也将落空。所以，《物权法》第189条第2款特别对办理了登记的动产浮动抵押权的对抗效力作出了进一步的限制。当然，为了防止抵押人与他人合谋欺诈抵押权人，《物权法》将不能对抗的第三人的范围作出了限制，亦即该第三人必须符合以下两个条件：其一，必须是正常经营活动中已支付了合理价款的买受人。如果买受人仅仅与抵押人订立了买卖合同，但是尚未支付价款或者支付的是极少的价款，那么没有保护这些买受人的必要；其二，买受人必须已经取得了抵押财产，即抵押人已经将抵押财产交付给了买受人。依据《物权法》第23条，‘动产物权的设立和转让，自交付时发生效力，但法律另有规定的除外。’如果抵押人没有将抵押财产交付给买受人，那么买受人就没有取得该抵押财产的所有权，即便买受人已经支付了全部的价款，在法律地位上仍然只是债权人。作为担保物权人的浮动抵押权人，无论其抵押权是否登记，都可以对抗此种普通债权的权利人”[①]。

---

① 王利明、尹飞、程啸：《中国物权法教程》，489～490页。

（六）抵押财产的确定

浮动抵押权要实行，需要确定浮动抵押的财产。所谓确定浮动抵押的财产，又叫结晶或封押，是指浮动抵押权因抵押财产的确定而成为固定抵押权（一般抵押权），抵押人处置抵押财产的权利终止，抵押权人有权就抵押财产变价所得价款优先受偿。

确定浮动抵押财产，需要出现法定事由。对此，《物权法》第 196 条规定，发生下列情形之一的，浮动抵押财产确定：（1）债务履行期届满，债权未实现；（2）抵押人被宣告破产或被撤销；（3）当事人约定的实现抵押权的情形；（4）严重影响债权实现的其他情形。

所谓严重影响债权实现的其他情形，需要结合其他法律的规定并通过司法实践不断细化。例如，抵押人因经营管理不善而导致经营状况恶化或严重亏损，或抵押人为了逃避债务而故意低价转让财产或隐匿、转移财产等。①

（七）浮动抵押权的效力

1. 浮动抵押权所担保债权的范围

浮动抵押权所担保债权的范围，当事人有约定时，依其约定；无约定时，包括被担保的主债权及其利息、违约金、损害赔偿金和实现抵押权的费用等（《物权法》第 173 条）。

2. 浮动抵押权的效力及于标的物的范围

抵押人现有的及将有的生产设备、原材料、半成品、产品都是浮动抵押权的效力所及的范围（《物权法》第 181 条）。特别是浮动抵押权设立之后在生产、经营过程中新取得的财产，将自动归入浮动抵押权的效力所及的范围。同时，凡来自抵押物的一切所得（应存入抵押权人指定的专用账户，但在实际操作中难以掌握），包括抵押物出售所得的钱款，抵押物毁损、灭失、被征收/征用等所获得保险金、赔偿金、补偿金（的请求权），以及抵押物毁损后的残留物，还有抵押物的孳息等，亦为浮动抵押权的效力所及。

不动产、知识产权和债权原则上不为浮动抵押权的效力所及。交通运输工具一般也不在浮动抵押权的标的物范围之内，除非当事人另有约定。

3. 抵押权人的权利义务

浮动抵押权场合，抵押权人的权利义务，基本上相同于普通抵押权场合的权利义务。对于相同的，此处不再赘述，需要指出的是，对于抵押人正常经营活动中，将某特定的抵押物出售与他人，浮动抵押权人无权阻止，并且，该他人（买受人）已支付合理价款并取得抵押物时，浮动抵押权人于实行抵押权时无权将该抵押物折价或变价。

（八）浮动抵押权的实行

浮动抵押权，作为一种特殊的抵押权，其实行必须适用《物权法》第 196 条关于浮动抵押财产确定的规定；作为抵押权的一种，也适用《物权法》关于普通抵押权实行的规定（第 195 条等）。

在司法实务中，除抵押权人和抵押人协商一致实行抵押权以外，还有两种常见的方式执行浮动抵押物：一种是在经过诉讼程序确认抵押权人对浮动抵押财产的抵押权后，进入执行程序执行浮动抵押财产；另一种是抵押权人未经诉讼程序，在他案执行抵押人的其他资产

① 王利明、尹飞、程啸：《中国物权法教程》，491 页。

时，对浮动抵押的财产一并采取查封、扣押等措施（《执行规定》第40条前段）。[①]

四、最高额抵押权

（一）最高额抵押权的概念

最高额抵押权，又称最高限额抵押，是指在预定的债权的最高额限度内，为担保将来一定期间内连续发生的债权，由债务人或第三人提供抵押物而设立的特殊抵押权。债务人不履行到期债务或发生当事人约定的实现抵押权的情形，抵押权人有权在最高债权额限度内就该抵押物的变价优先受偿（《物权法》第203条）。例如，甲制药厂和乙银行于2000年12月1日签订抵押合同，约定了如下内容：对于甲制药厂在2001年一年内所需要的流动资金约1亿元人民币，乙银行同意分六期贷与甲制药厂，甲制药厂以其约2亿元人民币的房地产设立抵押权。该抵押权即为最高额抵押权。其法律性质如下：

1. 最高额抵押权担保不特定债权

所谓不特定债权，是指抵押债权自该抵押权设立时起至确定时止不断地发生或消灭，处于变动状态，具有流动性、替代性。[②] 这是最高额抵押权不同于普通抵押权的一个方面。

由上述可知，所谓不特定债权，是指所担保的债权系一定期间内和最高额限度内（一定范围内）所发生的生生不息的债权，非指在一定期间内和最高额限度内（一定范围内）发生的某债权本身不特定。举例来说，在一定期间内和最高额限度内（一定范围内）发生的甲债权，固为最高额抵押权担保的债权；如有乙债权产生，同样为其担保的债权；而且，即使甲乙债权因受清偿而消灭，日后有丙债权在一定期间内和最高额限度内（一定范围内）成立，它仍为最高额抵押权担保的对象。其中的甲、乙、丙各债权本身都是特定的，而非不特定。[③]

[论争]

最高额抵押权担保的债权为不特定债权，是否含有抵押债权在数额上不特定之义，对此存在着分歧。肯定说认为，最高额抵押权所担保的，是基于当事人之间连续性交易关系而于将来可能发生的不特定债权，而且债权的数额在最高额抵押权设立时也不确定，仅仅预定一个最高限额。[④] 否定说则主张，所谓不特定债权，非指债权本身尚未特定，且与担保债权的债权数额是否确定无关。[⑤] 不特定债权常常是全额不特定的或未曾发生的债权（即将来债权），但并非所有全额不特定的债权或将来的债权就是不特定债权。作为最高额抵押权担保对象的不特定债权具有特殊含义，是指债权本身具有变动性。[⑥] 准确地说，是在一定期间内且有最高限额（一定范围内）各个债权像走马灯似地发生、消灭，具有变动性、代替性，某债权本身具有特定性。在本书作者看来，这两种见解各有所据，只要坚持同一律，采取任何一种，都说得过去。本书暂时采取第二种观点。

---

① 彭长林：《浮动抵押制度在执行冲突中的协调》，载《人民法院报》，2008-06-13，6版。

② 谢在全：《民法物权论》（下册），修订2版，50页。

③ 同上书，51页。

④ 梁慧星、陈华彬：《物权法》，4版，331页；郑玉波：《民法物权》，修订12版，286页。

⑤ 谢在全：《民法物权论》（下册），修订2版，51页。

⑥ 王利明、尹飞、程啸：《中国物权法教程》，495～496页。

同时，也应看到，最高额抵押权所担保的不特定债权，是相对而言的，并不绝对排斥担保最高额抵押权设立前已经存在的债权。对此，《物权法》第 203 条第 2 款规定，最高额抵押权设立之前已经存在的债权只要经过当事人同意，可以转入最高额抵押所担保的债权范围。其法理依据，有专家解释为最高额抵押权所担保的不特定债权，并非债权本身不特定。[①] 既然如此，业已存在的债权虽然具有特定性，经当事人同意而成为最高额抵押权担保的对象，与最高额抵押权的属性并不抵触。但须注意，当事人将最高额抵押权设立前已存在债权转入最高额抵押担保的债权范围，应当办理登记手续。

还有，将来的不特定债权是否以具有发生的可能性为必要？中国台湾地区的判例基于最高额抵押权乃抵押权的一种，仍应具有从属性的立场，似采肯定的见解。[②] 但中国台湾地区的民法学说则有所不同，对最高额抵押权已经采取尽可能地缓和从属性的立场，应认为不特定债权有无发生的可能性并非所问，即使没有发生的可能性，也是属于被担保债权的确定问题。[③] 该学说的见解更有说服力，值得中国大陆的物权法及其理论借鉴。

2. 最高额抵押权担保一定期间内和最高额限度内（一定范围内）的债权

所谓一定期间内和最高额限度内（一定范围内）的债权，是指债权人和债务人之间一定法律关系中的债权，或基于票据所发生的权利。最高额抵押权所担保的不特定债权，必须限于在该期间内和最高额限度内（一定范围内）发生的不特定债权。[④] 所以，这里的一定期间，不仅指债权发生的期间，更是指抵押权担保的期间。[⑤] 只有在该期间内发生的债权，且未超出最高额限度的债权，才是最高额抵押权担保的债权。

这里的一定法律关系，在《担保法》上被限定为借款合同关系、债权人和债务人就某项商品在一定期间内连续发生交易而签订的合同关系（第 60 条）。随着市场经济的不断发展，经济往来日益频繁，经济交往形式日益多样，在现实经济生活中，不仅当事人之间的借贷关系、商品交易关系可以利用最高额抵押的形式，其他交易形式也可能需要以最高额抵押权作担保，如票据关系、商业服务关系。有鉴于此，《物权法》不再对最高额抵押权制度的适用范围作《担保法》第 60 条那样的限制，为实践发展留出空间。[⑥]

［探讨］

应当看到，对于最高额抵押权所担保的债权，《物权法》并未明文限于一定期间内的交易关系所产生的债权，采用的是“一定期间内将要连续发生的债权”的表述（第 203 条第 1 款）。就其文义观察，侵权行为引发的债权、不当得利债权等也被涵盖其中。假如完全如此，不加限定，则意味着《物权法》承认了概括最高额抵押权；如果按照全国人大法制工作委员会所著《中华人民共和国物权法释义》对《物权法》第 203 条的解释，则认为《物权法》尚未承认概括最高额抵押权。为有助于得出适当的结论，有必要简要考察有关判例、学说对概括最高额抵押权的态度。

所谓概括最高额抵押权，是指就抵押权人（债权人）对债务人的一切债权，在最高额限

---

① 参见胡康生主编：《中华人民共和国物权法释义》，443 页；谢在全：《民法物权论》（下册），修订 2 版，51 页。

② 中国台湾地区“最高法院”1973 年台上字第 776 号判例。

③ 谢在全：《民法物权论》（下册），修订 2 版，51～52 页。

④ 参见谢在全：《民法物权论》（下册），修订 2 版，52 页。

⑤ 胡康生主编：《中华人民共和国物权法释义》，442 页。

⑥ 同上书，443 页。

度内均予担保的最高额抵押权。此处所谓一切债权，又叫概括债权，包括基于交易行为所产生的债权、基于侵权行为所产生的债权、不当得利返还的债权等。日本、中国台湾地区的判例和学说对此态度不一。赞同概括最高额抵押权的判例和学说认为，概括最高额抵押权虽然可能阻塞抵押人就抵押物再次获取融资的途径，但它为抵押人原来所选择的方法，基于合同自由原则，不存在主张概括最高额抵押权无效的理由。何况最高限额已有登记，最高额抵押权的效力及其限度业已确定且已公示，对第三人不至发生损害。加上在解释上应认为最高额抵押权所担保的债权，并非无限的债权，而是限于直接或间接因交易关系所生的债权，而非及于所有的侵权行为产生的损害赔偿请求权等债权。所以，日本下级审裁判实务一向认定概括最高额抵押权为有效。[①] 否定概括最高额抵押的判例和学说则主张，概括最高额抵押权系就抵押权人和债务人之间所发生的一切债权，如侵权损害赔偿请求权、不当得利返还请求权等偶然发生的债权，均列入担保的范围，会使抵押人负担不可预期的债务，对抵押人来说是不公正的。并且因担保债权未划定一定范围，抵押物在最高限额范围内受无限制的拘束，尤其在对最高限额约定过高的情况下，将使实际担保债权额与最高额之间的抵押物的交换价值陷于窒息状态，导致妨害其交换价值的有效利用，有违物尽其用的宗旨。再者，一般最高额抵押所担保的债权因有一定范围的限制，后顺位抵押权人、一般债权人对抵押物负担的担保程度可以作出一定的预测，以决定是否同意抵押人就其财产设立抵押权，是否再成立债的关系。但在概括最高额抵押权的情况下，因该抵押未划定担保债权的范围，不仅偶然发生的债权可以进入担保范围，甚至抵押权人得以不当方法把本无担保的债权、票据债权等列入担保范围，使后顺位抵押权人、一般债权人难以预料，面临较大的风险。还有，概括最高额抵押权的设立，常常是经济上处于优势地位的金融机构、大企业以格式条款的形式，使经济上处于劣势地位的弱者被迫接受，抵押权人然后利用对抵押物交换价值的独占，处于优越于其他债权人的地位，使抵押人在经济上屈服于自己的控制之下，形成压迫经济上弱者的不公平结果，有悖于社会公平正义的理念。[②] 最后，概括最高额抵押权所担保的不特定债权因无一定的基础法律关系作为发生原因，该抵押权已无一定的法律关系可资从属，已经违反了抵押权的从属性，故不应承认其效力。[③]

以上两种见解各有所据，但权衡利弊，否定说的理由更充分些。具体到中国大陆的现行法，由于《担保法》第60条将最高额抵押权制度的使用范围限定为借款合同关系、债权人和债务人就某项商品在一定期间内连续发生交易而签订的合同关系场合，《物权法》虽然将其适用范围有所扩张，如票据关系、商业服务关系等领域亦可成立最高额抵押权，但其规范意旨也没有超出交易关系的领域[④]，所以，宜得出《物权法》没有承认概括最高额抵押权的结论。当然，即使不承认概括最高额抵押权，立法政策上也可考虑对某些特殊的侵权损害赔偿请求权——如工厂排放废气引发的侵权损害赔偿请求权——允许设立最高额抵押权予以担保。

---

① 日本东京高判1957年7月17日，载高民集第10卷第5号，292页。转引自谢在全：《民法物权论》（下册），修订2版，71页。

② 谢在全：《民法物权论》（下册），修订2版，70～71页。

③ 陈石狮：《有关最高限额抵押之几个问题》，载《民商事裁判研究专集》，1985，317页。转引自谢在全：《民法物权论》（下册），修订2版，71页。

④ 胡康生主编：《中华人民共和国物权法释义》，443页。

上述所谓一定期间和最高额限度（一定范围），需要当事人在抵押合同中明确约定，办理抵押登记时亦应记载。

3. 最高额抵押权系在最高额限度内为担保

所谓最高额限度，简称为最高限额，是指抵押权人基于最高额抵押权所得优先受偿债权的最高数额。最高额抵押权所担保的不特定债权，其优先受偿的金额范围必须在最高额限度之内（《物权法》第 203 条第 1 款后段）。

最高额限度，是当事人在签订抵押合同时预估的最高额抵押权能够担保的债权的限额，不一定是最高额抵押权实际担保的债权的数额，或者说，不一定是债务人实际清偿的债权额。抵押权人实现最高额抵押权时，实际存在的债权额等于最高限额的，最高限额的债权优先受偿；实际存在的债权额大于最高限额的，以最高限额为限优先受偿，超过最高限额的债权额无优先受偿的效力；实际存在的债权额小于最高限额的，以实际存在的债权额为限优先受偿（法释［2000］44 号第 83 条第 2 款）。

4. 最高额抵押权的从属性已被最大限度地缓和

最高额抵押权设立在先，被担保债权发生于后（即使将已经存在的债权纳入最高额抵押权担保的范围，该种债权所占比重也很小）；尤其是待最高额抵押权实行时，有的债权已经消灭，于是引发了这样的疑问：设立的最高额抵押权究竟从属于哪个或哪些债权？若无法确定，或确定最高额抵押权所从属的债权于抵押权实行时均已消灭，能谓最高额抵押权从属于它们吗？局限于最高额抵押权设立时的情境，如此思考问题，容易得出最高额抵押权丧失了从属性的结论。

但是，由于从属性是保全抵押权的本质属性，如今的判例和学说多将抵押权成立上的从属性和权利实现上的从属性合二为一地予以观察，对最高额抵押权有无从属性更应依此路径思考。其结论是，最高额抵押权作为保全抵押权的一种，于其实现时可使业已确定的债权优先受偿，从而显现出从属性。[①]

［辨析］

有判例和学说认为，最高额抵押权所担保的债权是将来发生的债权，故最高额抵押权并不从属于某特定的债权，而是从属于当事人之间存在的具有将来应为信用授受的基本合同，或曰一定范围的基础法律关系。该基础法律关系所产生债权即便在一定的期间内连续发生，最高额抵押权也不受影响。这样一来，即使基础法律关系发生的债权因清偿、抵销等原因，一度归于消灭，实际的债权额为零，由于最高额抵押权是为担保将来可能发生的不特定债权而存在的，所以它并不消灭。这也是它与普通抵押权在消灭上的从属性的差别。[②]

通说坚持，抵押权所从属的是被担保债权，只不过最高额抵押权所从属的是由债权人和债务人间一定的法律关系所产生的不特定债权，或基于票据所生的权利，而非某特定债权，亦非产生债权的基本合同，尤其在最高额抵押权担保基于票据所生的权利时，可能不存在基

---

① 谢在全：《民法物权论》（下册），修订 2 版，56 页。

② 中国台湾地区“最高法院”1997 年台上字 2114 号判例；吴光明：《最高限额抵押权所担保债权之研究》，载《固有法制与当代民事法学》，251 页，台北，三民书局，1997；郑冠宇：《论最高限额抵押权之法定化》，载《月旦法学杂志》第 67 期，2000 年 12 月，142 页；王利明、尹飞、程啸：《中国物权法教程》，496 页。

本的法律关系。[①] 本书遵从通说。

诚然，最高额抵押权的从属性毕竟特殊：其一，在成立的从属性方面，最高额抵押权设立在先，被担保债权生成于后，成立上的从属性推移至被担保债权确定后。[②] 其二，在移转的从属性方面，最高额抵押权在被担保债权确定前不得单独转让，被担保的部分债权（大多是某个或某些债权）转让的，最高额抵押权也不得转让，除非当事人另有约定（《物权法》第 204 条）。在中国台湾地区，“民法”第 881 条之 6 第 2 项规定，被担保债务由第三人为债务人免责地承担的，脱离被担保债权的范围，抵押权人就该承担的部分不得行使最高额抵押权。[③] 被担保债权确定后，最高额抵押权随着被担保债权的让与而转让。其三，在消灭的从属性方面，最高额抵押权系担保生生不息的不特定债权，在确定之前，被担保债权如因清偿、抵销、免除等原因而全部消灭，实际债权额为零时，最高额抵押权仍为担保将来可能发生的不特定债权而继续存在，并不消灭，因此就具体的各个债权而言，最高额抵押权没有消灭上的从属性。[④]

5. 最高额抵押权无独立性

日本有学者基于否定最高额抵押权的从属性、最高额抵押权可以与被担保债权分离而让与等原因，认为最高额抵押权具有独立性，亦即最高额抵押权与被担保债权分离而独立地为价值支配权。[⑤] 中国有的专家亦有类似的议论。[⑥] 但是，海峡两岸的民法及其通说均承认最高额抵押权仍具有从属性，未设最高额抵押权可以独立让与的规定，否认概括最高额抵押权，最高额抵押权必须是担保一定范围内（一定期间内和最高额限度内）的不特定债权，该一定范围又以一定法律关系或基于票据所产生的权利为限；并且，一定法律关系一旦结束，或因其他事由不再发生不特定债权时，最高额抵押权即归于确定，从属性得以复归，开始普通抵押权化，待被担保债权额结算后，绝大多数情况下还得在完成变更登记后，成为真正的普通抵押权。所有这些，都表明最高额抵押权无法完全脱离被担保债权的影响，尚不独立。[⑦]

6. 最高额抵押权在特定性上仅有抵押物的特定性

抵押权的特定性，表现为抵押物的特定和抵押权所担保债权的特定。最高额抵押权场合，抵押物的特定性显而易见；被担保债权的特定性似乎欠缺，因为最高额抵押权所担保的

---

① ［日］川井健：《担保物权法》，153 页，东京，青林书院，1987；［日］远藤浩、川井健、高原重义、广中俊雄、水本浩、北本进一编集：《民法（3）担保物权》，210 页，东京，有斐阁，1999；［日］小林资郎：《根抵当》，载［日］星野英一汇编：《民法讲座》（3），217 页，东京，有斐阁，1990；［日］清水诚：《根抵当权における被担保债权の不特性について》，载《手形研究》，第 418 号，1988，282 页；［日］铃木禄弥：《根抵当法概说》，67、101 页，名古屋，新日本法规出版株式会社，平成 10 年（1998 年）；蔡明诚：《论最高额法定抵押权之法定化》，载《月旦法学杂志》，第 67 期，2000 年 12 月，121 页。转引自谢在全：《民法物权论》（下册），修订 2 版，57 页。

② 谢在全：《民法物权论》（下册），修订 2 版，57 页；黄松有主编：《〈中华人民共和国物权法〉条文理解与适用》，605 页；［日］近江幸治：《担保物权法》，祝娅、王卫军、房兆融译，沈国明、李康民审校，194 页。

③ 谢在全：《民法物权论》（下册），修订 2 版，57 页。

④ 谢在全：《民法物权论》（下册），修订 2 版，58 页；王利明、尹飞、程啸：《中国物权法教程》，497 页；梁慧星、陈华彬：《物权法》，4 版，331 页；［日］近江幸治：《担保物权法》，祝娅、王卫军、房兆融译，沈国明、李康民审校，194 页。

⑤ ［日］近江幸治：《担保物权法》，祝娅、王卫军、房兆融译，沈国明、李康民审校，194 页。

⑥ 黄松有主编：《〈中华人民共和国物权法〉条文理解与适用》，609 页。

⑦ 谢在全：《民法物权论》（下册），修订 2 版，58 页；王利明、尹飞、程啸：《中国物权法教程》，498 页。

是生生不息的不特定债权，一旦被担保债权确定（特定），最高额抵押权马上普通抵押权化。此时被担保债权虽然具有特定性，但该抵押权不再是真正的最高额抵押权。所以，最高额抵押权的特定性仅仅表现在抵押物的特定性上。

［论争］

有学者否认最高额抵押权的特定性，理由在于最高额抵押权所担保的是不特定债权。[1]有专家承认最高额抵押权的特定性，根据在于无论最高额抵押权所担保的债权如何变动，都要受到最高额的限制。最高额抵押权以最高额为限对债权提供价值担保，这就是其特定性的特殊之处。[2]

（二）最高额抵押权制度的社会作用

在现代市场经济条件下，银行和客户之间的资本信用关系，经销商、制造商或批发商和零售商之间的商业信用关系，以及消费者和经销商之间的消费信用关系等，仅有一次便寿终正寝的，实属罕见，相反，大都为循环往复、生生不息的连续性交易关系。此类连续交易关系将不断产生债权。对于这些不断发生的债权，如通过设立普通抵押权加以担保，会不胜其烦，徒增劳费，也不符合追求交易便捷和安全的现代市场经济的本旨。最高额抵押权正好能克服普通抵押权的这一缺陷和不足。依此制度，当事人只需设立一个抵押权便可担保在一定期间内连续发生的一定的权利义务，其结果不仅使债权担保的设立十分方便，也必将节省大量的费用和劳力。[3]

最高额抵押权制度也有缺陷和不足，学说称之为最高额抵押权的危险[4]，即债权人为了担保其债权的实现，常常超过交易上的必要范围，设立巨额的最高额抵押权，独占抵押物的交换价值，使抵押人无剩余价值可资利用，从而妨害抵押物担保价值的发挥。更有甚者，债权人在取得超额的最高额抵押权之后，常常任意不予贷款或不与债务人进行正常的交易，结果是，不仅使抵押物的价值受不当拘束，而且严重地束缚和影响了债务人的正常经济活动。还有，由于最高额抵押权所担保的交易关系具有长期性、继续性，银行或大企业往往通过设立最高额抵押权来达到支配债务人的经济活动，进而左右其存亡的目的。[5]

（三）最高额抵押权的设立

最高额抵押权的设立，需要债权人和抵押人签订抵押合同，加上抵押登记。需要特别指出的，有以下问题：

1. 被担保债权范围

由于最高额抵押权设立时通常尚无债权存在，而且被担保债权不特定，当事人应当约定被担保债权的范围。由于被担保债权的范围是限定最高额抵押权人支配抵押物交换价值的范围的重要基准，属于最高额抵押权的效力之一，因而特别重要。一般认为，被担保债权限于

---

① 王利明、尹飞、程啸：《中国物权法教程》，498页。

② 黄松有主编：《〈中华人民共和国物权法〉条文理解与适用》，605页。

③ ［日］三和一博、平井一雄：《物权法要说》，237页，东京，青林书院，1989；谢在全：《民法物权论》（下册），修订2版，58～59页；梁慧星、陈华彬：《物权法》，4版，332页。

④ ［日］吉田真澄：《最高额抵押的机能、作用与理论》，载［日］椿寿夫编：《担保法理的现状与课题》，198页以下。转引自梁慧星、陈华彬：《物权法》，4版，332页。

⑤ 谢在全：《民法物权论》（下册），修订2版，59～60页；梁慧星、陈华彬：《物权法》，4版，332～333页。

如下类型：

（1）债权人和债务人之间特定的继续性交易所产生的债权。这里所说的继续性交易关系，包括批发商和零售商之间的继续性买卖合同关系、透支合同关系、票据贴现合同关系及交互计算合同关系所产生的债权。[①]

（2）债权人和债务人为一定种类的交易所产生的债权。例如，债权人和债务人之间签订普通的买卖合同、承揽合同等所产生的债权，可由最高额抵押权担保。[②]

（3）基于债权人和债务人之间交易行为以外的特定原因，债权人和债务人之间继续发生的债权。例如，甲工厂排放气体或液体，可能使乙的财产受到损害，乙基于甲的该项侵权行为所引起的损害赔偿请求权，可设立最高额抵押权予以担保。[③]

（4）基于票据所产生的权利。

2. 最高额限度

所谓最高额限度，简称为最高额，即抵押权人基于最高额抵押权所得优先受偿债权的最高数额，包括债权本金、利息、违约金、赔偿金等。

3. 债权确定期间

债权确定期间（《物权法》第 206 条），又叫确定期日，是使得最高额抵押权所担保的不特定债权得以确定的日期。

有的债权确定期间由抵押合同约定。当事人没有约定债权确定期间或约定不明确，抵押权人或抵押人自最高额抵押权设立之日起满 2 年后请求确定债权的，抵押权人的债权确定（《物权法》第 206 条第 2 项）。

无论通过什么方式确定，一旦债权确定期间届至，都发生最高额抵押权所担保的债权归于确定的效果。[④]

4. 最高额抵押权的登记

尽管最高额抵押权所担保的是在一定期间内生生不息的债权，但无须每个新生的债权都要到登记部门办理抵押登记，只需办理一次抵押登记即可。

《不动产登记暂行条例实施细则》对于最高额抵押权的登记规定得比较简单：设立最高额抵押权的，当事人应当持不动产权属证书、最高额抵押合同与一定期间内将要连续发生的债权的合同或者其他登记原因材料等必要材料，申请最高额抵押权首次登记（第 71 条第 1 款）。当事人申请最高额抵押权首次登记时，同意将最高额抵押权设立前已经存在的债权转入最高额抵押担保的债权范围的，还应当提交已存在债权的合同以及当事人同意将该债权纳入最高额抵押权担保范围的书面材料（第 71 条第 2 款）。

（四）最高额抵押权的变更

最高额抵押担保的债权确定前，抵押权人和抵押人可以通过协议变更债权确定的期间、

---

① 谢在全：《民法物权论》（下册），修订 2 版，79 页；[日] 近江幸治：《担保物权法》，祝娅、王卫军、房兆融译，沈国明、李康民审校，195 页；梁慧星、陈华彬：《物权法》，4 版，333 页。

② 谢在全：《民法物权论》（下册），修订 2 版，80 页；[日] 近江幸治：《担保物权法》，祝娅、王卫军、房兆融译，沈国明、李康民审校，195 页；梁慧星、陈华彬：《物权法》，4 版，333 页。

③ 谢在全：《民法物权论》（下册），修订 2 版，79～80 页；[日] 近江幸治：《担保物权法》，祝娅、王卫军、房兆融译，沈国明、李康民审校，195 页；梁慧星、陈华彬：《物权法》，4 版，333 页。

④ 谢在全：《民法物权论》（下册），修订 2 版，95 页；梁慧星、陈华彬：《物权法》，4 版，333 页；王利明、尹飞、程啸：《中国物权法教程》，499 页。

债权范围以及最高债权额，但变更的内容不得对其他抵押权人产生不利影响（《物权法》第205条）。分解开来说，有三种变更。

1. 债权确定期间的变更

抵押人和抵押权人协议变更债权确定期间，可有三种情形：（1）将债权确定期间缩短，或表现为将该期间的始期延后，或表现为将该期间的终期提前。（2）将债权确定期间延长，表现为该期间的始期不变，终期延后。（3）将债权确定期间废止。在最高额抵押权场合，如果允许顺位在先的抵押权人可以与抵押人随意变更债权确定期间，由此产生的风险由顺位在后的抵押权人承受，无疑是不公正的。有鉴于此，《物权法》第205条规定，变更债权确定期间不得对其他抵押权人产生不利影响。① 债权确定期间已经登记的，应为变更登记，否则，不得对抗善意第三人。②

2. 被担保债权范围的变更

抵押人和抵押权人协议变更被担保债权范围，可有三种形态：（1）取代型，例如，原来约定担保因经销电器产品的合同所产生的债权，现在变更为因经销橡胶制品的合同所产生的债权。（2）追加型，例如，在原来约定担保因经销电器产品的合同所产生的债权之外，另追加担保因经销橡胶制品的合同所产生的债权。（3）缩减型，例如，原来约定担保因委托合同所产生的债权和因票据关系所生产的债权，变更为仅担保因票据关系所产生的债权。③ 必须注意，变更被担保债权范围不得对其他抵押权人产生不利影响（《物权法》第205条）。

［比较］

在日本民法上，被担保债权范围的变更不需要得到后顺位的抵押权人及其他第三人的承诺（《日本民法典》第398条之4第2项）。只是，本金确定前没有进行变更登记的话，视为没有变更（《日本民法典》第398条之4第3项）。所以，变更登记是生效要件。④

3. 最高债权额的变更

最高额抵押权人和抵押人协议变更最高债权额限度，也有两种情形：将最高债权额限度提高或将最高债权额限度降低。毫无疑问，最高额抵押权将最高债权额限度降低，对同一抵押财产上后顺位抵押权人和普通债权人有益无害，法律没有禁止的理由。但若提高最高债权额限度，则必将对后顺位抵押权人甚至抵押人的普通债权人的利益造成损害。有鉴于此，《物权法》第205条规定，变更被担保债权范围不得对其他抵押权人产生不利影响。⑤

最高额抵押权发生变更时，《不动产登记暂行条例实施细则》要求办理变更登记：有下列情形之一的，当事人应当持不动产登记证明、最高额抵押权发生变更的材料等必要材料，申请最高额抵押权变更登记：（1）抵押人、抵押权人的姓名或者名称变更的；（2）债权范围变更的；（3）最高债权额变更的；（4）债权确定的期间变更的；（5）抵押权顺位变更的；（6）法律、行政法规规定的其他情形（第72条第1款）。因最高债权额、债权范围、债务履

① 参见王利明、尹飞、程啸：《中国物权法教程》，500页；谢在全：《民法物权论》（下册），修订2版，116页。

② 黄松有主编：《〈中华人民共和国物权法〉条文理解与适用》，611页。

③ 谢在全：《民法物权论》（下册），修订2版，113页。

④ ［日］我妻荣：《新订担保物权法》，496页；［日］铃木禄弥：《最高额抵押法概说》，266页，名古屋，新日本法规出版株式会社，1973；［日］高木多喜男：《担保物权法》，新版，243页；［日］近江幸治：《担保物权法》，祝娅、王卫军、房兆融译，沈国明、李康民审校，197页。

⑤ 王利明、尹飞、程啸：《中国物权法教程》，500页；谢在全：《民法物权论》（下册），修订2版，117页。

行期限、债权确定的期间发生变更申请最高额抵押权变更登记时，如果该变更将对其他抵押权人产生不利影响的，当事人还应当提交其他抵押权人的书面同意文件与身份证或者户口簿等（第72条第2款）。

（五）最高额抵押权的转让

《物权法》第204条规定："最高额抵押担保的债权确定前，部分债权转让的，最高额抵押权不得转让，但当事人另有约定的除外。"对此规定，应把握如下几点：

1. 此处所谓部分债权转让，往往不是指某特定债权被分割成若干部分债权，其中的部分债权的转让，如不是2 000万元的债权仅仅转让1 000万元的债权，大多是指抵押合同约定的一定期间内发生的某个或某些债权的转让。这不同于《合同法》第79条规定的，合同权利部分转让仅限于某特定权利被分割成若干部分权利，其中的部分权利的转让。

2. 因为最高额抵押权担保的是生生不息的不特定债权，而非聚焦在或曰从属于某个或某些债权，所以，最高额抵押担保的债权确定前，部分债权（某个或某些债权）转让的，最高额抵押权不随之转让。不过，当事人约定部分债权（某个或某些债权）转让、最高额抵押权也随之转让的，法律没有必要干预。

3. 依当事人约定，最高额抵押权随着部分债权（某个或某些债权）的让与而转让场合，由于转让的部分债权（某个或某些债权）实际上为特定债权，此时的最高额抵押权因其从属于特定债权，使从属性得以复归，开始普通抵押权化，待被担保债权额结算和完成变更登记后，成为真正的普通抵押权。就是说，随部分债权（实际上为特定债权）转让的，不再是最高额抵押权，而是普通抵押权化的抵押权，或真正的普通抵押权。

4. 最高额抵押权所担保的债权确定后，最高额抵押权的从属性得以复归，开始普通抵押权化，待被担保债权额结算和完成变更登记后，成为真正的普通抵押权。就是说，随确定后的债权转让的，不再是最高额抵押权，而是普通抵押权化的抵押权，或真正的普通抵押权。而普通抵押权化的抵押权、真正的普通抵押权可以随同被担保债权的让与而转让（《物权法》第192条），所以，此时的"最高额抵押权"随同被担保债权的让与而转让（《物权法》第207条等），除非当事人之间存在着相反的约定。[①]

［延伸］

2001年4月3日，最高人民法院审判委员会第1167次会议通过了法释［2001］12号，其第8条规定："人民法院对最高额抵押所担保的不特定债权特定后，原债权银行转让主债权的，可以认定转让债权的行为有效。"第9条规定："金融资产管理公司受让有抵押担保的债权后，可以依法取得对债权的抵押权，原抵押权登记继续有效。"这是关于最高额抵押权所担保债权确定后最高额抵押权转让的规定，准确地说是关于普通抵押权化的最高额抵押权转让的规定。待被担保债权额结算和变更抵押登记后，是真正的普通抵押权的转让。[②]

5. 最高额抵押权担保的债权确定前，债权人转让部分债权的，除当事人另有约定外，不动产登记机构不得办理最高额抵押权转移登记（《不动产登记暂行条例实施细则》第74条第3款）。

---

① 参见王利明、尹飞、程啸：《中国物权法教程》，501页。

② 崔建远：《抵押权探微》，载《法学》，2004（4），80页。

债权人转让部分债权，当事人约定最高额抵押权随同部分债权的转让而转移的，应当分别申请下列登记：（1）当事人约定原抵押权人与受让人共同享有最高额抵押权的，应当申请最高额抵押权的转移登记；（2）当事人约定受让人享有一般抵押权、原抵押权人就扣减已转移的债权数额后继续享有最高额抵押权的，应当申请一般抵押权的首次登记以及最高额抵押权的变更登记；（3）当事人约定原抵押权人不再享有最高额抵押权的，应当一并申请最高额抵押权确定登记以及一般抵押权转移登记（《不动产登记暂行条例实施细则》第 74 条第 2 款）。

（六）最高额抵押权所担保债权的确定

1. 确定的概念

最高额抵押权所担保债权的确定[①]，简称为原债权的确定，或径称为确定，是指最高额抵押权所担保的一定范围内的不特定债权，因一定事由的发生而归于具体特定。最高额抵押权所担保债权确定后，具有如下性质：（1）最高额抵押权所担保的不特定债权的特性消失。最高额抵押权所担保的债权一经确定，无论其原因如何，被担保债权的流动性随之消失，不特定债权变为特定债权，也就是抵押权的从属性回复。仅就此而言，确定后，最高额抵押权在性质上与普通抵押权相同。[②] 确实如此，值得赞同。（2）最高额继续存在。确定后，由原债权所产生的利息、违约金、损害赔偿金等仍继续为抵押权所担保（《物权法》第 173 条、第 207 条等），但与原债权合计不得超过最高额限度，就是说被担保债权优先受偿的金额应受最高额限度的限制。就此看来，确定后，最高额抵押权在性质上与普通抵押权又不尽相同。因而，通说认为，确定后，最高额抵押权仍属最高额抵押权之一种，可称之为确定最高额抵押权，而不可说已径直变更为普通抵押权。[③] 这有道理，值得中国民法学说借鉴。

[辨析]

法释［2000］44 号第 83 条第 1 款规定，最高额抵押权所担保的债权特定后，债权已届清偿期的，最高额抵押权人可以根据普通抵押权的规定行使其抵押权。《不动产登记暂行条例实施细则》第 73 条规定："当发生导致最高额抵押权担保的债权被确定的事由，从而使最高额抵押权转变为一般抵押权时……"；民法通说也认为，被担保债权确定，最高额抵押权变为普通抵押权。[④] 这种界定不够周延，不如称为普通抵押权化更为确切。

总之，被担保债权的确定，使最高额抵押权所担保的债权由不特定债权变为特定债权，致使最高额抵押权性质上发生变更，从属性得以复归，开始普通抵押权化，待被担保债权额结算和完成变更登记后，成为真正的普通抵押权。学说着眼于该项效果，称之为最高额抵押

① 我国有专家学者将最高额抵押权所担保债权的确定，叫作最高额抵押权所担保债权的决算。参见曹士兵：《中国担保诸问题的解决与展望》，266 页；黄松有主编：《〈中华人民共和国物权法〉条文理解与适用》，610、613 页。

② 谢在全：《民法物权论》（下册），修订 2 版，147 页。

③ ［日］我妻荣：《民法讲义Ⅱ·新订物权法》，有泉亨补订，542 页，东京，岩波书店，1984；［日］高木多喜男：《担保物权法》，新版，273 页；［日］川井健：《担保物权法》，168 页；［日］道垣内：《担保物权法》，206 页，三省堂，1997；［日］贞家克己、清水湛：《新根抵当法》，255 页，金融财政事情研究会，1973；［日］伊藤进：《根抵当》，载［日］椿寿夫编：《担保物权法》，145 页，京都，法律文化社，1996；谢在全：《民法物权论》（下册），修订 2 版，142 页。

④ 李国光、奚晓明、金剑锋、曹士兵：《关于适用〈中华人民共和国担保法〉若干问题的解释理解与适用》，307 页；曹士兵：《中国担保诸问题的解决与展望》，272 页；胡康生主编：《中华人民共和国物权法释义》，451 页；王利明、尹飞、程啸：《中国物权法教程》，501 页。

权的确定。[①]

2. 确定的事由

使最高额抵押权所担保债权确定的事由，《物权法》第 206 条称之为情形，有如下几种：

（1）约定的债权确定期间届满

约定的债权确定期间[②]届满，如约定债权确定期间为 2005 年 4 月 20 日，于 2005 年 4 月 21 日 0：01，最高额抵押权所担保的债权确定。此后产生的债权不再被最高额抵押权所担保。如果该期间已被变更的，如被变更为 2005 年 6 月 6 日，则 2005 年 6 月 7 日 0：01，最高额抵押权所担保的债权确定。

［辨析］

债权确定期间，我国有专家学者称之为决算期，不同于债权清偿期，因为债权清偿期是债务人履行债务的期间（债务履行期），而债权确定期间（决算期）届至，债务履行期未必届至。最高额抵押合同的当事人可以在债权确定期间（决算期）外另行约定债权清偿期（债务履行期）。[③]

债权确定期间也不同于最高额抵押权的存续期间，前者是用于确定最高额抵押权所担保债权额的时间，后者是最高额抵押权担保债权的期间。[④]

（2）没有约定债权确定期间或约定不明确，抵押权人或抵押人自最高额抵押权设立之日起满 2 年后请求确定债权

当事人没有约定债权确定期间或约定不明确，假如任凭最高额抵押权存续下去，就意味着只要债务人仍继续从债权人处得到融资，作为抵押人的第三人就不能摆脱担保责任，处于极为不利的境地，而这是不公正的，需要法律为抵押人提供保护措施。《物权法》第 206 条第 2 项规定的措施即属此类。依据该项规定，如果当事人没有约定债权确定期间或约定不明确，则抵押权人或抵押人自最高额抵押权设立之日起满 2 年后请求确定债权时，债权将被确定。[⑤]

该确定请求制度是为保护抵押人的利益而设置的，故不允许当事人以特约加以排除。若有排除的特约，应为无效，不影响确认请求权的存在。[⑥]

需要注意的是，该 2 年是个固定期间，不存在中止、中断的问题，其起算点是最高额抵押权设立之日。[⑦]

（3）新的债权不可能发生

所谓新的债权不可能发生，是指产生被担保债权的基础法律关系已经消灭，不可能发生

---

① 谢在全：《民法物权论》（下册），修订 2 版，116 页。

② 最高额抵押权所担保债权的确定期间，我国有专家学者称之为最高额抵押权所担保债权的决算期。参见李国光、奚晓明、金剑锋、曹士兵：《关于适用〈中华人民共和国担保法〉若干问题的解释理解与适用》，308 页；曹士兵：《中国担保诸问题的解决与展望》，266 页；黄松有主编：《〈中华人民共和国物权法〉条文理解与适用》，610、613 页；王利明、尹飞、程啸：《中国物权法教程》，500 页。

③ 曹士兵：《中国担保诸问题的解决与展望》，266 页；黄松有主编：《〈中华人民共和国物权法〉条文理解与适用》，613 页；胡康生主编：《中华人民共和国物权法释义》，448 页。

④ 胡康生主编：《中华人民共和国物权法释义》，448 页。

⑤ 王利明、尹飞、程啸：《中国物权法教程》，501 页。

⑥ 黄松有主编：《〈中华人民共和国物权法〉条文理解与适用》，613 页。

⑦ 胡康生主编：《中华人民共和国物权法释义》，449 页；王利明、尹飞、程啸：《中国物权法教程》，501 页。

属于最高额抵押权担保范围的新债权。例如，甲制药厂和乙银行于 2000 年 12 月 1 日签订抵押合同，约定了如下内容：对于甲制药厂在 2001 年 1 年内所需要的流动资金约 1 亿元人民币，乙银行同意分六期贷与甲制药厂，甲制药厂以其约 2 亿元人民币的房地产设立抵押权。截至 2001 年 10 月 2 日，乙银行共贷与甲制药厂 7 000 万元人民币，此时该借款合同被解除，新贷款债权不再产生。

新的债权不可能发生，最高额抵押权所担保的债权即告确定。

（4）抵押财产被查封、扣押

抵押物因财产保全或执行程序而被查封、扣押时，最高额抵押权所担保的债权特定。其原因在于：首先，因财产保全而查封、扣押抵押物的根本目的就是防止被申请人转移、隐匿或毁损财产导致将来判决难以执行情况的出现。若允许抵押物被查封、扣押后被担保债权仍可不特定，抵押人和最高额抵押权人就可能恶意串通，在抵押物被查封、扣押后连续制造虚假的债权。由于这些债权连同抵押物被查封、扣押之前产生的债权都可以从抵押物拍卖、变卖所得价款中优先受偿，财产保全的目的就落空了。所以，当抵押物因财产保全而被查封、扣押时，最高额抵押权所担保的债权应当被特定。其次，抵押物因执行程序而被查封、扣押时债权特定的原因在于：查封、扣押的目的是保证对财产的顺利换价，实现债权的清偿。它是一种临时性的措施，是为了进一步的拍卖或变卖做准备。而且查封、扣押不仅是强制执行程序的实质性开始，通过将被查封、扣押的财产与被执行人的其他财产分开，揭示社会公众不要就查封、扣押之物进行交易，查封、扣押也具有维护交易安全的作用。《执行规定》第 39 条规定："查封、扣押财产的价值应当与被执行人履行债务的价值相当。"第 40 条规定："人民法院对被执行人所有的其他人享有抵押权、质押权或留置权的财产，可以采取查封、扣押措施。财产拍卖、变卖后所得价款，应当在抵押权人、质押权人或留置权人优先受偿后，其余额部分用于清偿申请执行人的财产。"法释[2000] 44 号第 55 条规定："已经设定抵押的财产被采取查封、扣押等财产保全或者执行措施的，不影响抵押权的效力。"既然在抵押物被查封、扣押时，抵押权人的优先受偿权不受影响，那么就必须明确最高额抵押权人优先受偿的范围，假如该范围不明确，则执行申请的债权就无法获得清偿。[①]

［反思］

就《物权法》第 206 条的文义观察，抵押物被查封、扣押使最高额抵押权所担保的债权确定的时间点，应为抵押财产被实际查封、扣押之时。自此时既有的债权及某些将来发生的债权属于被担保债权的范围，其他将来发生的债权不再属于担保范围。倘若最高额抵押权人没有接到法院关于查封、扣押的裁定，也没有通过其他途径知悉查封、扣押的事实，继续放贷或与债务人成立其他债权，却无担保，加大了不能实现其债权的风险。而最高额抵押权人若知悉抵押物被查封、扣押，则不再放贷或与债务人成立其他债权，会降低风险。这告诉我们，把抵押物被查封、扣押使最高额抵押权所担保的债权确定的时间点，定在最高额抵押权人知悉抵押物被查封、扣押之时，比较合理。中国台湾地区的"民法"及其理论即持这样的立场，并对知悉查封、扣押事实的原因，不予考虑。[②]

---

① 王利明、尹飞、程啸：《中国物权法教程》，502 页。

② 谢在全：《民法物权论》（下册），修订 2 版，142 页。

(5) 债务人、抵押人被宣告破产或被撤销

债务人被宣告破产，人民法院受理破产申请时对债务人享有的债权称为破产债权（《破产法》第 107 条第 2 款）。于此场合，最高额抵押权所担保的债权若不确定，依然变动，必然损害其他破产债权人的合法权益。债务人被撤销时，依法应当清算，所以最高额抵押权所担保的债权也必须特定。至于抵押人被宣告破产，被宣告破产的抵押人为破产人，其财产称为破产财产（《破产法》第 107 条第 2 款），最高额抵押权人虽然针对抵押财产享有别除权，但是如果任由债权继续增加，将会损害其他破产债权人的合法权益，因此也必须确定。抵押人被撤销时，最高额抵押权担保的债权必须确定的理由也是一样的。①

(6) 法律规定债权确定的其他情形

除上述五种债权确定的事由以外，还有法律规定的事由。例如，根据《物权法》第 203 条的规定，发生当事人约定的实现最高额抵押权的事由时，最高额抵押权人有权在最高额限度内就担保财产优先受偿。而最高额抵押权人行使最高额抵押权的基础就是被担保债权额的确定。所以，出现当事人约定的实现最高额抵押权的事由就意味着被担保债权额的确定。②再如，最高额抵押权存续期间，抵押物被强制拍卖，必须先使最高额抵押权确定。因此，抵押物的强制拍卖亦为被担保债权确定的事由。③

3. 确定后的效果

关于确定后的效果，《物权法》未作规定，学说论述不多，有必要借鉴境外的立法例及其学说，形成我们的观点。

(1) 被担保债权确定

最高额抵押权所担保的原债权确定时已经存在的、并且符合约定的被担保债权范围标准的债权，才属于最高额抵押权担保的债权。就时间点而言，最高额抵押权担保的原债权范围，在确定时发生截断的作用，截断前的债权被最高额抵押权担保，截断后的债权则否。需要注意的是，确定时存在的原债权不以当时已经发生的（已经特定和已经发生的债权）为限，当时尚未发生的附条件债权④、将来债权或其他发生原因事实已经存在的债权（已经特定、尚未发生），可以包括在内。⑤

[辨析]

*有专家学者认为，最高额抵押权所担保的债权确定，就是该债权额的确定。*⑥

确定时存在且已经具有担保资格的债权，其利息、违约金、损害赔偿金等在确定时已经发生的，若与原债权合计没有超过最高额限度，当然属于被担保的债权；在确定后发生的债权，假如没有超过最高额限度，亦为最高额抵押权的效力所及。更有甚者，确定时存在的被担保债权因清偿等原因而消灭，导致最高额未达满额，其他确定时存在的债权于其嗣后发生

① 王利明、尹飞、程啸：《中国物权法教程》，502～503 页。

② 胡康生主编：《中华人民共和国物权法释义》，451 页。

③ 黄松有主编：《〈中华人民共和国物权法〉条文理解与适用》，615 页。

④ 就本书作者个人的观点而言，附停止条件债权仍为真正的债权，只是效力不齐备。至于附解除条件的债权，应为完全债权，是效力齐备的债权。

⑤ 谢在全：《民法物权论》（下册），修订 2 版，148～149 页。

⑥ 曹士兵：《中国担保诸问题的解决与展望》，266 页；黄松有主编：《〈中华人民共和国物权法〉条文理解与适用》，613 页。

的利息，也属于被担保债权的范围。之所以如此，是因为利息等债权在最高额抵押权确定时已经存在着发生的原因事实，本质上应属于将来债权的一种。正因确定时存在的债权于其嗣后发生的利息债权仍然属于被担保债权，所以通说仍然坚持最高额抵押权的特性继续存在，尚未完全变成普通债权。[①]

当发生导致最高额抵押权担保的债权被确定的事由，从而使最高额抵押权转变为一般抵押权时，当事人应当持不动产登记证明、最高额抵押权担保的债权已确定的材料等必要材料，申请办理确定最高额抵押权的登记（《不动产登记暂行条例实施细则》第 73 条）。经依法登记的最高额抵押权担保的债权确定，不登记不得对抗善意第三人。

［探讨］

通说认为，最高额抵押权所担保债权的范围，应当包括主债权（原本）及其利息、违约金、损害赔偿金。但应注意，实现抵押权的费用不得算入最高额，而应在抵押物的拍卖、变卖所得价金中扣除。这是保护抵押权人的利益所必需的。因为实现抵押权的费用系基于抵押关系产生的，自应列入抵押权所担保的债权范围之内。但如果将此费用算入最高额，就会增加抵押权所担保的债权额，而一旦该债权额超过最高额，就会损害抵押权人的利益。[②] 这确有道理，值得赞同。

确定时的被担保债权，如其债权总额已经超过了最高额限度，可以列入最高额限度内的债权种类或顺序，按照债权清偿的抵充顺序加以确定。这时，它与普通抵押权的一部抵押权相同。基于抵押权的不可分性，债务人必须在清偿全部被担保债权之后，才能使最高额抵押权消灭。这是因为确定最高额抵押权所担保的并非仅仅是按照抵充顺序列入的债权，而是确定时存在的全部债权，何况此类债权若因清偿原因而消灭时，其后抵充顺序的被担保债权仍然可以填补所剩余的空额，从而成为优先受偿的债权。[③]

（2）法律关系的变化

确定后，当事人不得再实施下列行为：变更被担保债权的范围、变更债务人、变更债权确定期日、行使原债权确定请求权、约定原债权的特别确定事由等。

确定后，最高额抵押权的从属性得以回复，于是，可以适用法律关于普通抵押权的从属性的规定。例如，被担保债权发生让与、代位清偿等，都要适用法律关于抵押权处分上的从属性的规定。

确定后，发生被担保债权额的结算请求权和最高额抵押权的注销请求权。

（七）最高额抵押权的实行

最高额抵押权的实行，除与普通抵押权相同的以外，尚需说明如下几点：

1. 债务人不履行到期债务，被担保债权尚未实现，固为最高额抵押权实行的条件之一，只是因最高额抵押权所担保的债权为不断发生的不特定债权，因而该项实行条件通常仅以被担保债权中有一个已届清偿期而未受偿，就算满足了实行的条件。其道理在于，被担保的不

① 谢在全：《民法物权论》（下册），修订 2 版，149 页。

② 李国光、奚晓明、金剑锋、曹士兵：《关于适用〈中华人民共和国担保法〉若干问题的解释理解与适用》，308 页；黄松有主编：《〈中华人民共和国物权法〉条文理解与适用》，608、613 页。

③ 谢在全：《民法物权论》（下册），修订 2 版，150 页。

特定债权系分别发生的，每个债权的清偿期不尽相同，只得按照每个债权的实际情况判定。[①]

2. 最高额抵押权设立之时，可能暂不存在被担保债权，甚至一直没有债权发生；或者即使发生了，但又消灭了。有鉴于此，最高额抵押权实行时，最高额抵押权人必须证明存在着被担保债权。[②]

3. 如果有第三人申请查封抵押物，致使最高额抵押权归于确定的，只要被担保债权符合最高额抵押权所担保债权的资格，且于确定时存在，即可在强制执行程序中列入分配，至于是否已届清偿期，则非所问。此类债权确有未届清偿期的，当事人预先约定有于此场合债务人丧失期限利益的，最高额抵押权人可径直优先受偿；若无此类约定的，就最高额抵押权人所能优先受偿的数额，债务人可以提存的方式履行债务。[③]

4. 最高额抵押权所担保的不特定债权，在特定及结算后，债权已届清偿期的，最高额抵押权人可以根据普通抵押权的规定行使其抵押权（法释［2000］44号第83条第1款）。抵押权人实现最高额抵押权时，如果实际发生的债权余额高于最高限额的，以最高限额为限，超过部分不具有优先受偿的效力；如果实际发生的债权余额低于最高限额的，以实际发生的债权余额为限对抵押物优先受偿（法释［2000］44号第83条第2款）。

（八）最高额抵押权的消灭

最高额抵押权因被担保债权实现、抵押权人抛弃、抵押物灭失且无变形物和代位物等事由而消灭。最高额抵押权消灭，应当办理注销登记（《不动产登记暂行条例实施细则》第70条等）。

五、所有人抵押权

（一）所有人抵押权的概念

所谓所有人抵押权，是指所有权人在自己所有的财产上存在抵押权的现象。它与普通抵押权最主要的不同之处在于，普通抵押权只能存在于抵押权人以外的人所拥有的财产上。

所有人抵押权分为两种：（1）所有权人在自己所有的财产上为自己设立的抵押权。这种抵押权自始即为所有权人享有，因而被称为原有的所有人抵押权，或原始的所有人抵押权。这种抵押权是为尚未存在的债权而设立，因所有权人的设立而存在，于是又叫作设立的所有人抵押权。（2）原为他人所成立的抵押权，其后基于法定原因（如混同）而归于抵押物所有权人取得的抵押权。此类抵押权是在抵押权成立后才发生的，所以叫作后有的所有人抵押权或后发的所有人抵押权。由于此类抵押权是因法定原因而产生的，因而又称为法定的所有人抵押权。[④]

（二）所有人抵押权的社会作用

原有的所有人抵押权，在《德国民法典》上表现为土地债务（第1196条之1），是土地所有权人预先以自己名义在自己的土地上设立的，不具有债权的所有人土地债务。其主要功

---

① 谢在全：《民法物权论》（下册），修订2版，178页。

② 同上书，179页。

③ 同上书，180页。

④ 同上书，228页。

能在于保留先次序（顺位），以便将之让与他人或设立抵押权（土地债务和抵押权可互相转换），以获取有利的融资。[①]

后发的所有人抵押权，是抵押权所担保的债权消灭后，抵押权不消灭而归属于所有人的抵押权（《德国民法典》第1163条之1），以及物上保证人代债务人清偿债务时，为确保其求偿权，担保债权和抵押权共同移转于所有权人（物上保证人）的抵押权（《德国民法典》第1143条之1、第1153条参照）。这种抵押权乃运用抵押权次序（顺位）固定原则，一方面使先次序（顺位）的抵押权不因清偿等原因而消灭，以阻止后次序（顺位）的抵押权升进，所有人抵押权遂有成立的空间；另一方面，使所有权人可以据此保留所有物的交换价值，作为获取有利融资的积极手段。可见，其社会作用主要在于排除混同原则与抵押权从属性原则的适用，以促进不动产融资的发达，便利抵押权的流通。[②]

凡事有一利即有一弊。所有人抵押权在实际运作中，造成了不动产所有权人获取融资的阻碍，原因在于，所有权人于设立后次序（顺位）抵押权以获取融资时，常常因后次序（顺位）抵押权的次序（顺位）不能升进，而遭到拒绝。为解决这个问题，并为适应金融交易的实际需求，德国遂于1977年将《德国民法典》第1179条予以修正，并增订第1179a条、第1179b条和第1196条第3项。按照上述修正规定，先次序（顺位）或同次序（顺位）的抵押权在发生所有人抵押权时，后次序（顺位）或同次序（顺位）抵押权的主体对该抵押权即有涂销（注销）登记请求权。该项请求权在办理抵押登记时，可办理预告登记，使该涂销（注销）登记请求权具有相同的保全效力（《德国民法典》第1179a条）。并且，即使不存在先次序（顺位）或同次序（顺位）的抵押权，抵押权人于其后成立所有人抵押权时，也当然被赋予涂销（注销）登记请求权，并通过预告登记取得相同的效力（《德国民法典》第1179b条）。[③]

（三）所有人抵押权在中国

法释［2000］44号第77条规定："同一财产向两个以上债权人抵押的，顺序在先的抵押权与该财产的所有权归属于一人时，该财产的所有权人可以以其抵押权对抗顺序在后的抵押权。"这是否承认了所有人抵押权，存在着肯定说[④]和否定说[⑤]的分歧。

本书作者赞同肯定说，理由如下：(1) 中国法是否确立所有人抵押权制度，在很大程度上与采取抵押权顺位固定原则还是奉行顺位升进原则有关。如果采取抵押权顺位升进原则，抵押物所有权人无因清偿债务而自己取得先顺位抵押权的余地，牺牲了该抵押物的担保价值，对抵押物的所有权人不利。如果承认所有人抵押权制度，则可以弥补这些不足。因为在抵押物所有人清偿先顺位抵押权所担保的债权时，该抵押权即移转给抵押物所有权人，或抵押权人因购买、继承等原因而取得抵押物所有权时，则所有权人可以将该项先顺位抵押权再

① 谢在全：《民法物权论》（下册），修订2版，228页；［德］鲍尔、施蒂尔纳：《德国物权法》（下册），申卫星、王洪亮译，45页以下。

② 谢在全：《民法物权论》（下册），修订2版，228～229页；［德］鲍尔、施蒂尔纳：《德国物权法》（下册），申卫星、王洪亮译，45页。

③ 谢在全：《民法物权论》（下册），修订2版，229页。

④ 李国光、奚晓明、金剑锋、曹士兵：《关于适用〈中华人民共和国担保法〉若干问题的解释理解与适用》，280～282页；曹士兵：《中国担保诸问题的解决与展望》，226～227页。

⑤ 王利明、尹飞、程啸：《中国物权法教程》，470页。

用作其他债权的担保，融通资金，实现更大的利益；同时也可以抵御后顺位抵押权人实行其抵押权，保全住抵押物的所有权。有鉴于此，应当承认所有人抵押权制度。《物权法》对所有人抵押权未设明文，法释〔2000〕44号第77条的规定可作补充，将其解释为承认了所有人抵押权，顺理成章。(2)〔2000〕44号第77条规定确实具有阻止后顺位抵押权升进的效力，符合后发的所有人抵押权的性质和效力。(3) 李国光、奚晓明、金剑锋、曹士兵诸先生均为参与草拟和研讨法释〔2000〕44号的法官，他们将〔2000〕44号第77条的规定解释为承认了所有人抵押权①，在中国现行体制不公布立法理由书、司法解释理由书的背景下，可以认为他们的解释反映了〔2000〕44号第77条的规范意旨。(4) 按照《立法法》的分工，最高人民法院没有立法权；按照严格的物权法定主义，司法解释无权创设物权类型。据此可否认〔2000〕44号第77条的效力。但是，由于〔2000〕44号第77条确实满足了社会生活的实际需要，由于所有人抵押权依然为抵押权，其法律效力（包括担保债权的范围、及于标的物的范围等方面的效力）与普通抵押权的相同，只是抵押权存在于抵押权人自己的所有物上这点不同于普通抵押权，宽松地理解物权法定主义，可以说它没有违反该项原则。

---

① 李国光、奚晓明、金剑锋、曹士兵：《关于适用〈中华人民共和国担保法〉若干问题的解释理解与适用》，280～282页；曹士兵：《中国担保诸问题的解决与展望》，226～227页。

第十九章　质　权

第一节　质权概述

一、质权的概念

质权，是指为担保债权的实现，债权人依法占有债务人或第三人的动产，或控制债务人或第三人的可转让的财产权，债务人不履行到期债务或发生了当事人约定的实现质权的情形时，债权人就该动产或财产权的变价使被担保债权优先受偿的物权（《物权法》第 208 条第 1 款、第 223 条）。其中，提供动产或财产权设立质权的债务人或第三人叫作出质人；债权人称作质权人；供设立质权的财产称为质押财产或质物（《物权法》第 208 条第 2 款）。

由上述界定可知，质权支配标的物的交换价值，以确保债权的实现为目的，属于价值权，与抵押权同属担保物权。质权具有从属性、不可分性和物上代位性，这些也与抵押权相同。与抵押权不同的，有如下几个方面：(1) 在标的物方面，质权不以不动产为质物（日本民法则承认不动产质权），而抵押权大多以不动产为抵押物；不动产物权只能作为抵押物，而不得成为质物；债权、股权、知识产权等只能作为质物，却不得成为抵押物。(2) 在生效要件方面，除动产抵押权、浮动抵押权自抵押合同生效时设立以外，其他的抵押权均以登记为生效要件；动产质权则以质权人占有质物为生效要件，有些权利质权以登记为生效要件，有些权利质权以占有权利凭证为生效要件，有些权利质权以背书为生效要件。(3) 在担保作用方面，动产质权和某些权利质权不但具有使被担保债权优先受偿的效力，而且具有留置的效力；抵押权只有使被担保债权优先受偿的效力，没有留置的效力。

二、质权的类型

（一）动产质权、不动产质权与权利质权

1. 区分标准

质权以质物的形态不同为区分标准，可以分为动产质权、不动产质权和权利质权。

2. 界定

以动产作为标的物的质权是动产质权，以不动产作为质物的质权为不动产质权，以权利出质而设立的质权叫作权利质权。

3. 立法例的态度

日本民法上存在着上述三种类型的质权，德国民法仅承认动产质权、权利质权以及船舶质权，不承认不动产质权。中国《物权法》承认动产质权（第 208 条以下）和权利质权（第

223条以下)。

4. 分类的法律意义

这种分类的法律意义在于，动产质权和权利质权的成立要件不尽相同，适用的法律有一定区别。

(二) 占有质权、用益质权与归属质权

1. 区分标准

质权以其内容作为区分标准，可以分为占有质权、用益质权和归属质权。

2. 界定

占有质权，又称占有质，是指质权人对于质物仅有权占有，原则上不得使用、收益的质权。动产质权大体属于此类质权。这是近现代民法上的常态质权。

用益质权，是指质权人对于质物具有占有、使用、收益诸项权能的质权。这种质权可进一步区分为销偿质权和利息质权。所谓销偿质权，又称期限质权，是指以质物的收益抵充债权原本，质权可能因债权被抵充完毕而消灭的质权。利息质权，又叫永久质权，是指以收益抵充债权的利息，质权不可能因债权被抵充完毕而消灭的质权。归属质权，又称流质，是指质权人可以取得质物所有权以抵充被担保债权的质权。①

3. 立法例的态度

法国民法上的不动产质权属于销偿质权。日本民法上的不动产质权属于利息质权。中国台湾地区“民法”不承认不动产质权和归属质权。中国大陆《物权法》承认占有质权(第208条以下)，禁止归属质权(第211条)，虽然允许质权人收取质物的孳息(第213条第1款前段)，似乎承认了销偿质权，但原则上禁止质权人使用质物，又与销偿质权不尽相符。至于利息质权，在《物权法》上没有踪影。

4. 分类的法律意义

这种分类的法律意义在于，各种质权的法律效力不同，在立法例上的命运有别。

(三) 民事质权、商事质权与营业质权

1. 区分标准

质权以其所适用的法律的不同作为标准，可以分为民事质权、商事质权和营业质权。

2. 界定

民事质权，是指适用民法规定的质权。商事质权，是适用商事法律规定的质权。营业质权，是指适用当铺业法的当铺业质权。

3. 立法例的态度

在德国、日本等国家，因采取民商分立主义，民法典和商法典并存，故而产生了民事质权和商事质权之分。商法基于商业活动的特殊性(效率、安全、灵活)，而对民事质权的某些法律规定作出了一些改变，形成了商事质权制度。例如，《德国民法典》在民事质权的实现方面设有较为严格的规定，要求质权人在拍卖质物之前必须向质物的所有人提出警告，并表明出售的金额，同时在警告之后还必须有1个月的等待期，这一期间内不得变卖质物(第1234条)。但是，依据《德国商法典》第368条的规定，质权人要拍卖质物，从警告到出售

① 谢在全:《民法物权论》(下册)，修订2版，240页；梁慧星、陈华彬:《物权法》，4版，335页。

的等待期间仅为1周。这一差别的原因在于：商事活动中的交易的标的物数量往往非常巨大，缩短等待的期间有利于节省质物的保管费用，体现了商事活动注重交易效率的精神。[①] 再如，依据《日本民法典》第349条，民事质权中当事人之间不能订立流质契约，否则无效。但是《日本商法典》第515条却允许在因商行为而产生的为债权提供担保被设定的质权中存在流质契约的特别约定。[②]

在海峡两岸，采取了民商合一的立法模式，相应的，没有民事质权和商事质权的分类。不过，存在着民事质权和商事质权分类的学说。[③]

营业质权，存在于中国自古以来的当铺业之中，是人们将其动产（当物）交给当铺，获得一定数额的借款，于约定期间内回赎该物的，向当铺给付利息即可终止双方的关系；于约定期间届满没有回赎的，便成死当，当物由当铺自由处置。[④] 需要注意，2005年4月1日起施行的《典当管理办法》将当和典统一调整，将典当界定为："当户将其动产、财产权利作为当物质押或者将其房地产作为当物抵押给典当行，交付一定比例费用，取得当金，并在约定期限内支付当金利息、偿还当金、赎回当物的行为"（第3条第1款）。

4. 分类的法律意义

它们的法律效力不同，适用的法律不同。

（四）意定质权与法定质权

1. 区分标准

质权以其成立的原因不同作为区分标准，可以分为意定质权和法定质权。

2. 界定

意定质权，是指当事人以法律行为设立的质权。法定质权，是指依据法律的规定直接发生的质权。

3. 分类的法律意义

这种分类的法律意义在于，质权的成立要件不同。

（五）典型质权与特殊质权

如同抵押权有典型抵押权和特殊抵押权之分，质权也存在着典型质权和特殊质权的现象。特殊质权中，《物权法》于第222条规定了最高额质权：允许出质人和质权人协议设立最高额质权，除适用动产质权的规定以外，参照最高额抵押权的规定。既然如此，本书已经较为详细地阐释了最高额抵押权，下文将较为系统地讨论动产质权，故不再专设章节介绍最高额质权，以免重复。

三、质权的社会作用

质权在法制史上早于抵押权。动产质权在消费性融资领域内，乃消费性融资的主要手段，自古至今，一直占有王者的地位实非无因。不过，中国因有典当业的存在，已经提供部

---

① 范健：《德国商法》，224页，北京，中国大百科全书出版社，1993；王利明、尹飞、程啸：《中国物权法教程》，505页。

② 王利明、尹飞、程啸：《中国物权法教程》，505页。

③ 谢在全：《民法物权论》（下册），修订2版，241页；梁慧星、陈华彬：《物权法》，4版，336页；王利明、尹飞、程啸：《中国物权法教程》，506页。

④ 江平、王家福主编：《民商法学大辞书》，132～133页。

分融资渠道，加上银行等金融机构开办信用卡等业务，提供了相当规模的信用贷款，使得以质权作为消费性融资手段的社会作用似有式微的趋势。

在动产质权方面，由于质权的成立和存续均以质权人占有质物为要件，剥夺了出质人对于质物的利用权，因而，商人对其供为销售的商品、制造商等对其用作制造产品的设备及工具，自然都不适宜设立质权。在这方面，抵押权作为融资的手段更具优势。①

权利质权既不需要所有权的转移，也不需要对物的实体予以支配，其权利的本质在于对标的物的价值的支配。② 它避免了动产质权的局限，保留了使被担保债权优先受偿的担保功能，更符合担保物权直接支配标的物交换价值的本质，而与抵押权的社会作用类似。况且作为质权标的物的财产权的交换价值相对容易取得，债务人不履行债务时，质权的实行比较便捷，因而权利质权日渐盛行。尤其是主要的财产权证券化的趋势十分明显，以证券为权利质权的标的物，无论于设立方式还是质权的实行上，都非常符合社会投资担保手段的需求，在现代金融界足与抵押权相媲美，而与之一争短长。③ 在中国，法律允许公路、桥梁等收费权质押，稳定可靠，更受金融界的欢迎。

第二节　动产质权

一、动产质权的概念

动产质权，是指为担保债权的实现，债权人占有债务人或第三人的动产，于债务人不履行到期债务或发生当事人约定的实现质权的情形时，有权就该动产的变价使被担保债权优先受偿的担保权利（《物权法》第 208 条第 1 款）。其法律性质如下：

1. 动产质权以他人所有的动产为标的物

动产质权的标的物为动产，且必须属于债务人或第三人所有，并具有让与性（《物权法》第 209 条的反面推论）。质物之所以必须归债务人或第三人所有，是动产质权具有留置效力的要求。质物之所以必须具有让与性，是因为动产质权在实现时需要将质物拍卖、变卖或折价，从而发生所有权人的变化。

2. 动产质权以质权人占有质物为生效要件和存续要件

动产质权以质权人占有债务人或第三人的动产为生效要件，是由动产物权的变动以占有为公示方式和生效要件的立法模式所决定的。动产质权以质权人占有质物为存续要件，是由动产质权以留置效力实现其担保功能的性质决定的。但质物的交付，亦即质物占有的移转，不以现实交付为限，简易交付、指示交付也为法律所认可（《物权法》第 25 条、第 26 条），但占有改定不在其中，这是由质权须有留置效力所要求的。

3. 动产质权是就质物的变价使被担保债权优先受偿的权利

《物权法》规定，在债务人不履行到期债务或发生当事人约定的实现质权的情形时，质权人可以与出质人协议以质押财产折价，也可以就拍卖、变卖质押财产所得的价款，使被担

---

① 谢在全：《民法物权论》（下册），修订 2 版，137 页。

② 胡开忠：《权利质权制度研究》，59 页，北京，中国政法大学出版社，2004。

③ 谢在全：《民法物权论》（下册），修订 2 版，310～311 页。

保债权优先受偿（《物权法》第208条第1款、第219条第2款）。

4. 动产质权属于担保物权

上述性质表明动产质权为担保物权。

二、动产质权的取得

（一）概述

动产质权的取得，有的是基于法律行为，也有的是基于法律行为以外的原因。基于法律行为而取得动产质权，包括动产质权的设立和动产质权的转让。基于法律行为以外的原因而取得动产质权，表现为善意取得动产质权、通过继承取得动产质权和基于法律的规定直接取得动产质权（法定动产质权）。

现行法没有承认取得时效，故动产质权不会因取得时效而取得。《继承法》没有将动产质权排除于遗产之列，所以，在动产质权人死亡时，按照《物权法》的规定，动产质权移转给继承人（第29条）。关于动产质权的善意取得，许多立法例及其理论均予承认[①]，中国《物权法》第106条关于善意取得的规定，适用于动产质权的善意取得。动产质权的转让，属于动产质权的效力，将在下文讨论。关于法定质权，现行法上尚付阙如，此处不予讨论。以下集中研讨动产质权的设立。

（二）动产质权的设立

1. 设立行为

动产质权的设立，在理论上不排除依遗嘱设立，但最为常见的是质权人和出质人签订质押合同（《担保法》第64条等），或曰质权合同（《物权法》第210条等）。

质权合同在外形上可以是独立于主债权合同的质权合同，也可以是主债权合同中的质押条款（《担保法》第93条）。质权合同应当采取书面形式（《物权法》第210条、《担保法》第64条第1款）。

《物权法》第210条第2款规定，质权合同一般包括以下条款：（1）被担保债权的种类和数额。该条款旨在将被担保债权特定化，满足质权特定性的要求。被担保债权的种类是质权合同的主要条款。（2）债务人履行债务的期限。（3）质押财产的名称、数量、质量、状况。该条款旨在将质物特定化，满足质权特定性的要求。它是质权合同的主要条款。（4）担保的范围。（5）质押财产交付的时间。该时间决定着动产质权的设立及其时间点（《物权法》第212条）。《物权法》未再保留《担保法》第65条第1款规定的“当事人认为需要约定的其他事项”，以及第65条第2款规定的“质押合同不完全具备前款规定内容的，可以补正”。

[引申]

1. 金钱可否作为质物

金钱通过包封等方式特定化时成为“独立物”，可作为质物。否则，金钱自交付与质权人时，其所有权也转归质权人，不符合动产质权的性质，因而不得作为质物。[②] 对此，法释

---

① 参见《德国民法典》第1207条，《瑞士民法典》第884条第2款，中国台湾地区“民法”第886条。

② 谢在全：《民法物权论》（下册），修订2版，254页；梁慧星、陈华彬：《物权法》，4版，348页；黄松有主编：《〈中华人民共和国物权法〉条文理解与适用》，620页。

［2000］44号第85条规定："债务人或者第三人将其金钱以特户、封金、保证金等形式特定化后，移交债权人占有作为债权的担保，债务人不履行债务时，债权人可以以该金钱优先受偿。"

2. 动产的份额（应有部分）可否为质物

由于动产质权的设立以质权人占有动产为生效要件，出质人（共有人）应使质权人与该动产的其他共有人共同占有该动产，才会使动产质权设立于该动产的份额（应有部分）之上。①

上述第（1）中的被担保债权的数额条款，及（2）、（4）和（5）各条款，即使当事人未在质权合同中约定，或约定不明，可依据有关法律规定补充。例如，当事人对于被担保债权的数额没有约定的，应按照《物权法》第173条前段关于"担保物权的担保范围包括主债权及其利息、违约金、损害赔偿金、保管担保财产和实现担保物权的费用"的规定确定。再如，当事人对于质物交付的时间没有约定或约定不明的，可依据《民法通则》第88条第2款第2项、《合同法》第62条第4项的规定，债权人有权随时要求出质人交付质物，出质人也可以随时向债权人交付质物，但都必须给对方必要的准备时间。② 还如，当事人对于担保范围没有约定或约定不明的，可依据《物权法》第213条、第174条等规定，以及法释［2000］44号第91条、第96条及第62条等规定补充。

［引申］

在个案中，质权合同的条款可能多于上述条款。在这个意义上，《担保法》第65条第1款关于抵押合同可有"当事人认为需要约定的其他事项"的规定，及第65条第2款关于"质押合同不完全具备前款规定内容的，可以补正"的规定，符合实际。《物权法》未再复述它们，并不意味着排斥它们，而应这样理解：（1）当事人在质押合同中约定他们认为需要约定的其他事项，乃合同自由的题中应有之义，无须赘言。只要约定不违反法律、行政法规的强制性规定，不违背公序良俗原则，即为有效。（2）《担保法》第65条第2款规定的"质押合同不完全具备前款规定内容的，可以补正"，既赋予当事人各方事后补充质押条款的权利，符合合同自由原则的要求；又授权裁判人员在不违反合同自由原则的前提下，可以依据公平正义原则，根据个案案情，填补质押合同的某些条款。

2. 质物的交付

《担保法》奉行质押合同生效时动产质权设立的思想，将质物移交于质权人占有作为质押合同的生效要件（第64条第2款）。其缺点如同把抵押登记作为抵押合同的生效要件一样，此处不再赘述。《物权法》为克服该缺点，规定动产质权自出质人交付质押财产时设立（第212条），质押财产的交付不再影响质权合同的效力（第15条）。

三、动产质权的效力

（一）动产质权所担保的债权的范围

动产质权所担保的债权范围可由当事人约定，若无约定，则包括主债权及利息、违约金、

① 谢在全：《民法物权论》（下册），修订2版，256页；梁慧星、陈华彬：《物权法》，4版，348页。

② 王利明、尹飞、程啸：《中国物权法教程》，510页。

损害赔偿金、质物保管费用和实现质权的费用（《物权法》第173条、《担保法》第67条）。

与抵押权所担保的债权的范围相比，动产质权所担保的债权的范围具有特殊之处：（1）动产质权因其不存在登记的问题，所担保的债权的范围不能如同抵押权所担保的那样依登记而公示。[①]（2）动产质权场合，质权人占有质物，负有妥善保管的义务，加上动产质权具有留置的效力，因而，保管质物所产生的费用，应当纳入质权担保的债权的范围。[②] 对此，《物权法》第173条和《担保法》第67条前段均有明确的规定。但保管费用是否限于必要费用，如修缮费或其他必要的保管费等，却无明文，应持肯定说，至于单纯的保管费，如把质物放置于仓库所需要的租金，则应由质权人自己负担。[③]（3）抵押权的设立无移转标的物占有的问题，故无保管抵押物所生费用被纳入担保范围之说。而动产质权的设立必须移转标的物的占有，当质物具有隐蔽的瑕疵并致质权人遭受损害时，出质人应当承担赔偿责任。该赔偿责任虽与原债权无关，但与质物有密切的关系，通常也纳入质权所担保的债权的范围中（参见《日本民法典》第346条、中国台湾地区“民法”第887条）。对此，最高人民法院所作法释［2000］44号设有明文：“质物有隐蔽瑕疵造成质权人其他财产损害的，应由出质人承担赔偿责任。但是，质权人在质物移交时明知质物有瑕疵而予以接受的除外”（第90条）。《物权法》第173条中的损害赔偿金，在解释上应当包括因质物的隐蔽瑕疵而给质权人造成损害时的赔偿金。[④] 该损害赔偿责任被纳入质权的担保范围，需要具备以下条件：1）质物确有瑕疵；2）该瑕疵必须为隐蔽瑕疵，就是通常的注意所难以发现的，若为质权人所明知的瑕疵，则质权人纵因该瑕疵遭受了损害并可请求赔偿，也属于普通债权，而不在质权担保的债权范围之内；3）该瑕疵和损害之间存在因果关系。[⑤]

（二）动产质权标的物的范围

动产质权和抵押权在标的物的范围上大体相同，均以标的物所有权的范围为担保权的效力范围，但动产质权因以占有质物为生效要件和存续要件，与抵押权不同，在标的物的范围方面也就有些差异。兹分别说明如下：

1. 从物

就质物的从物是否为质权的效力所及，理论上有不同的见解。一种观点认为，主物的处分及于从物，因而质权的效力及于从物，无论从物是否交由质权人占有。[⑥] 另一种观点认为，质权的效力并非当然及于从物，只有当从物移交给质权人占有时，才为质权的效力所及。[⑦] 这为多数说，且符合质权的生效要件，值得赞同。法释［2000］44号采取了该说，于第91条规定：“动产质权的效力及于质物的从物。但是，从物未随同质物移交质权人占有

---

① 王利明、尹飞、程啸：《中国物权法教程》，511页。

② 郑玉波：《民法物权》，修订12版，306页；黄右昌：《民法物权诠解》，310页；倪江表：《民法物权论》，343页；谢在全：《民法物权论》（下册），修订2版，262页；王利明、尹飞、程啸：《中国物权法教程》，511页；梁慧星、陈华彬：《物权法》，4版，350页。

③ 参见李肇伟：《民法物权》，468页；中国台湾地区“民法”第887条第2项；谢在全：《民法物权论》（下册），修订2版，262页。

④ 王利明、尹飞、程啸：《中国物权法教程》，511页；梁慧星、陈华彬：《物权法》，4版，349～350页。

⑤ 谢在全：《民法物权论》（下册），修订2版，262页；梁慧星、陈华彬：《物权法》，4版，349～350页。

⑥ 倪江表：《民法物权论》，344页；余棨昌：《民法要论·物权》，127页。

⑦ 史尚宽：《物权法论》，358页；姚瑞光：《民法物权论》，289页，自版，1990；谢在全：《民法物权论》（下册），修订2版，264页；梁慧星、陈华彬：《物权法》，4版，350～351页；王利明、尹飞、程啸：《中国物权法教程》，511页。

的，质权的效力不及于从物。”

2. 孳息

动产质权场合，质权人占有质物，由他来收取质物的孳息最为方便、最为经济，因而《物权法》第 213 条第 1 款规定：“质权人有权收取质押财产的孳息，但合同另有约定的除外。”

孳息本有天然孳息和法定孳息之分，《物权法》第 213 条第 1 款未将任何一类孳息从质权的效力范围中排除，从质权的目的及功能方面考虑，宜解释为它们均为质权的效力所及，除非当事人有相反的约定。

依照质物的性能和使用方法收取孳息，对出质人及其全部债权人都有利，由此决定，因收取孳息而发生的费用属于为了出质人的全部债权人而形成的共益费用，出质人就此负担的债务属于共益债务，按照共益债务优先清偿的规则（《破产法》第 42 条、第 43 条），质权人有权优先受偿。所以，《物权法》第 213 条第 2 款规定，孳息应当先充抵收取孳息的费用。[①]

由于《物权法》第 213 条第 2 款规定上述孳息应当先充抵收取孳息的费用，表明质权人不是无偿收取孳息，因而，充抵收取孳息的费用后尚有剩余的，应作为清偿被担保债权的财产，依次充抵原债权的利息、原债权。在被担保债权及其利息已届清偿期时，即刻清偿；在被担保债权及其利息尚未届期时，或提前清偿，或先行提存，待届期时再予清偿。假如清偿被担保债权及其利息之后，仍有剩余，应返还给出质人。

3. 代位物

动产质权具有物上代位性，《物权法》第 174 条关于“担保期间，担保财产毁损、灭失或者被征收等，担保物权人可以就获得的保险金、赔偿金或者补偿金等优先受偿。被担保债权的履行期未届满的，也可以提存该保险金、赔偿金或者补偿金等”的规定，及《担保法》第 73 条关于质物“因灭失所得的赔偿金，应当作为出质财产”的规定，自有其适用余地。

能够成为质权的物上代位物的，必须具备如下条件：(1) 质物系因事实上或法律上的原因而绝对灭失、毁损的，在解释上也可包含其中；(2) 质物因灭失而产生保险金、赔偿金或补偿金；(3) 这些保险金、赔偿金或补偿金必须是出质人有权获得的，假如出质人无权获得，如出质人出质前已将质物投保并指定第三人甲为受益人，则保险事故发生时，享有保险金请求权的为甲，于是质权人对该保险金请求权没有物上代位权。[②]

4. 添附物

质物因附合、混合或加工使质物的所有权为第三人所有的，质权的效力及于补偿金；质物所有人为附合物、混合物或加工物的所有人的，质权的效力及于附合物、混合物或加工物；第三人与质物所有人为附合物、混合物或加工物的共有人的，质权的效力及于出质人对共有物享有的份额（应有部分）（法释〔2000〕44 号第 96 条）。

（三）出质人的权利

1. 质物收益权

从《物权法》第 213 条第 1 款关于“质权人有权收取质押财产的孳息，但合同另有约定的除外”的规定可知，在质权合同约定出质人享有质物的收益权时，依其约定。

---

① 王利明、尹飞、程啸：《中国物权法教程》，512 页。

② 谢在全：《民法物权论》（下册），修订 2 版，265 页；梁慧星、陈华彬：《物权法》，4 版，351 页。

2. 质物处分权

动产质权的设立，并未使出质人丧失对质物的所有权，出质人仍可将质物出卖或赠与他人，亦可以质物与他人的物品互易；对于质物的交付采取简易交付或指示交付的方式，出质人可将质物的所有权让与，也可以将质物再次设立质权，或设立动产抵押权，既有的质权不因此而受影响。这些担保物权的顺位按照成立的先后加以确定。至于事实上的处分，出质人因已经丧失对质物的占有而无法实施，加上此种处分也将有害于质权人的利益，故解释上不允许出质人享有及行使。①

3. 对债务人的追偿权和代位权

在出质人是债务人之外的第三人时，出质人在代债务人清偿债务之后或因质权的实现而丧失质物的所有权时，对债务人享有追偿权（《担保法》第 72 条）。

至于出质人的代位权，即出质人向质权人承担物上保证责任后，可以取代债权人的地位，行使其债权的权利，现行法尚无明文，但解释上似无理由不予承认。

4. 保全质物的权利

质权人负有妥善保管质押财产的义务，因保管不善导致质押财产毁损、灭失的，按照《物权法》第 215 条第 1 款的规定，质权人应当承担赔偿责任。但这毕竟属于消极的事后救济，在质物对于出质人特别重要时，此类救济难以使出质人回复到未受侵害时的利益状态，再联系到社会成本的考量，实在有必要赋予出质人更为积极的法律手段，以便保全质物。现行法确实给出质人配置了保全质物的权利。《物权法》第 215 条第 2 款规定："质权人的行为可能使质押财产毁损、灭失的，出质人可以要求质权人将质押财产提存，或者要求提前清偿债务并返还质押财产。"法释［2000］44 号第 92 条规定，质权人不能妥善保管质物可能致使其毁损或灭失的，出质人可以要求质权人将质物提存，或者要求提前清偿债务而返还质物。由此，产生的提存费用应由质权人负担；如果出质人提前清偿债务的，则应当扣除未到期部分的利息。②

（四）出质人的义务

1. 损害赔偿的义务

质物有隐蔽瑕疵造成质权人其他财产损害的，应由出质人承担赔偿责任。但是，质权人在质物移交时明知质物有瑕疵而予以接受的除外（法释［2000］44 号第 90 条）。

［论争］

质物因明显瑕疵等原因给质权人造成损害时，出质人是否也承担损害赔偿责任？法无明文，学说上存在着分歧。既有否定说③，也有肯定说。④ 谢在全先生阐释道，唯就中国台湾地区"民法"第 887 条第 1 项关于"质权所担保者为原债权、利息、迟延利息、违约金、保存质物之费用、实行质权之费用及因质物隐有瑕疵而生之损害赔偿。但契约另有约定者，不在此限"的规范意旨，仅系在当事人间未约定质权所担保债权的范围时，限定其担保范

---

① 谢在全：《民法物权论》（下册），修订 2 版，267～268 页；梁慧星、陈华彬：《物权法》，4 版，351～352 页；王利明、尹飞、程啸：《中国物权法教程》，513 页。

② 王利明、尹飞、程啸：《中国物权法教程》，513 页。

③ 李肇伟：《民法物权》，471 页。

④ 姚瑞光：《民法物权论》，287 页，自版，1990。

围，而非在限定质权人所得行使损害赔偿的范围，故质权人如因质物的瑕疵而受损害时，纵其损害非属隐有者，于得依其他法律关系请求损害赔偿时（例如符合侵权行为要件），出质人仍应负损害赔偿责任。[①] 诚哉斯言！尽管中国大陆法释［2000］44号第90条的规定，未如中国台湾地区“民法”第887条第1项那样明定质物隐蔽瑕疵致害所生损害赔偿债权属于质权担保的范围，但鉴于它乃质权担保方面的规定，而非纯粹的侵权责任、违约责任的构成要件的规范，系借鉴中国台湾地区“民法”第887条第1项的结果[②]，对它亦应如谢在全先生那样的解释。[③] 同时，需要注意，考虑到法释［2000］44号第90条的文义、在担保法及其司法解释体系中所处的位置，可知质物的明显瑕疵致使质权人遭受损害时，质权人请求出质人承担损害赔偿的权利属于普通债权，不在质权担保的债权的范围。[④]

2. 偿还必要费用的义务

质权人保管质物的费用属于质权担保的范围，除非当事人另有约定（《担保法》第67条，《物权法》第173条）。表明出质人有义务向质权人偿付该项费用，在解释上限于必要费用。

［论争］

对于保管质物支出的有益费用，出质人是否有义务偿还，学说存在着争论。有力说认为，出质人通常为经济上的弱者，为使出质人清偿债务后，不致发生偿还有益费用的困难，对于质权人非经出质人同意而支出的有益费用，出质人不负偿还义务。[⑤] 这符合中国立法的一贯精神，值得赞同。

（五）质权人的权利

1. 质物的留置权

法释［2000］44号第95条第1款规定：“债务履行期届满质权人未受清偿的，质权人可以继续留置质物，并以质物的全部行使权利。出质人清偿所担保的债权后，质权人应当返还质物。”承认了质权人对质物的留置权。

2. 质物的孳息收取权

质权人对其占有的质物有收取孳息的权利，除非质权合同另有约定（《物权法》第213条、《担保法》第68条第2款）。质权人收取质物的孳息，不是无偿取得，而是首先用于充抵收取孳息的费用，其次充抵原债权的利息，最后充抵原债权。

3. 优先权

债务人不履行到期债务时，质权人有权依法以作为质物的动产折价或以拍卖、变卖该动产的价款使被担保债权优先受偿（《物权法》第208条第1款、《担保法》第63条第1款）。这表明质权人享有优先权，即使其质押债权优先于一般债权获得清偿的权利。

---

① 谢在全：《民法物权论》（下册），修订2版，268页。

② 李国光、奚晓明、金剑锋、曹士兵：《关于适用〈中华人民共和国担保法〉若干问题的解释理解与适用》，321～323页。

③ 王利明、尹飞、程啸：《中国物权法教程》，513～514页。

④ 王利明、尹飞、程啸：《中国物权法教程》，514页；梁慧星、陈华彬：《物权法》，4版，352页。

⑤ 谢在全：《民法物权论》（下册），修订2版，269页。

4. 转质权

（1）概述

转质，是指质权人在质权存续期间，为了担保自己的或他人的债务，将质物移交给第三人，在该质物上设立新质权的行为。例如，甲为了担保欠乙的100万元债务，而将新奔驰车一辆为乙设立质权。其后，质权人乙为了担保欠丙的90万元债务，又以该车为丙设立质权。在这里，就原质权而言，甲为出质人，乙为质权人；就转质来说，乙为转质人，丙为转质权人。

转质有责任转质和承诺转质之分。所谓责任转质，是指质权人于质权存续期间，无须经出质人的同意，而以自己的责任将质物为第三人设立质权。所谓承诺转质，又称同意转质，是指质权人在征得出质人的同意后，为了担保自己或他人的债务而以质物向第三人设立质权。

对于转质，《物权法》仅于第217条规定了这样的内容："质权人在质权存续期间，未经出质人同意转质，造成质押财产毁损、灭失的，应当向出质人承担赔偿责任。"它是否承认了转质，解释上未尽统一。有学者认为，这是关于责任转质的规定，《物权法》没有规定承诺转质。[①] 另有学者则干脆利落地断言，《物权法》既承认了责任转质，也承认了承诺转质。[②] 有专家的态度较为缓和，认为《物权法》第217条规定了责任转质，未明确规定承诺转质，但在解释上自应认为它认可承诺转质。法释［2000］44号第94条第1款规定了承诺转质："质权人在质权存续期间，为担保自己的债务，经出质人同意，以其所占有的质物为第三人设定质权的，应当在原质权所担保的债权范围之内，超过的部分不具有优先受偿的效力。转质权的效力优于原质权。"[③] 还有专家认为，《物权法》不提倡转质，也没有禁止转质。为了保护出质人的利益，《物权法》特设第217条，采取的原则是，未经出质人同意，不允许转质，质权人转质的要承担赔偿责任。[④] 归纳起来就是，多数说坚持现行法及其解释，认可了责任转质和承诺转质。

（2）责任转质

关于责任转质的性质，虽有不同意见，但宜采取质物再度出质说，即新质权设立说：转质系质权人为了担保自己或第三人的债务，在质物上再设立新质权的行为。换句话说，转质是质权人就质物所得直接支配的交换价值赋予转质权人，故转质权人取得的乃质权人所得支配交换价值内的另一优先支配权。[⑤]

责任转质的构成要件包括：1）转质必须在质权存续期间设立，转质所担保债权的清偿期间不得超过原质权所担保债权的清偿期间；2）转质权所担保的债权额必须在质权所担保债权的数额范围内；3）质权人以自己的责任转质，即质物因转质所发生的一切责任，包括

① 梁慧星、陈华彬：《物权法》，4版，353页。

② 王利明、尹飞、程啸：《中国物权法教程》，515页。

③ 黄松有主编：《〈中华人民共和国物权法〉条文理解与适用》，641页。

④ 胡康生主编：《中华人民共和国物权法释义》，467页。

⑤ ［日］我妻荣：《民法讲义Ⅲ·新订担保物权法》，149页，东京，岩波书局，1983；［日］松坂佐一：《民法提要·物权法》，增订4版，273页，东京，有斐阁，1996；［日］星野英一：《民法概论Ⅱ·物权·担保物权》，231页；［日］川井健：《担保物权法》，239页。转引自谢在全：《民法物权论》（下册），修订2版，273页。

不可抗力造成的损失，均由转质人负责；4）必须具备质权的一般成立要件（生效要件）。[①]

责任转质对于出质人具有如下效力：1）在转质情况下，出质人欲清偿债务，取回质物，应先向转质权人为之，如果清偿转质权所担保的债务尚有余额，应再向质权人清偿。否则，出质人的清偿对转质权人不发生效力。2）质权所担保债权关系中的债务人即使不是出质人，也是质权关系的一环，在质权人将质物转质时，转质权对于该债务人也有效力。因而，该债务人若未经转质权人同意，而向质权人清偿时，也不得以此拒绝转质权人请求他履行债务。不过，在质权人或转质权人未将转质的事实通知给债务人的，不在此限。[②]

责任转质对于质权人具有如下效力：1）转质后，转质人（质权人）对于质物因不可抗力或通常事变所遭受的损失，也应负责。这是因为质权人未经出质人的同意而以自己的责任转质，应当加重其责任。2）质权人应受转质的拘束，负有不得消灭其支配质物交换价值的义务，所以，不得抛弃其质权，不得免除质权所担保的债权，不得受领债务人对该债权的清偿，不得接受债务人将该债权抵销。原质权所担保的债权额超过转质权所担保的债权额时，就超过范围的差额，亦同。[③]

责任转质对于转质权人具有如下效力：1）转质权人对于质物取得新质权，享有一般质权人所享有的权利，同时负有一般质权人所负担的义务。2）在转质权所担保的债权和原质权所担保的债权均已届清偿期，转质权人的债权未获清偿时，转质权人可对质物行使变价权。3）转质权人就质物所卖得的价金享有使其债权优先受偿的权利。[④]

责任转质权因其本身的消灭原因或所担保债权的消灭而消灭，因原质权的消灭而消灭。

（3）承诺转质

承诺转质的性质与责任转质的，原则上相同，只是承诺转质系经出质人的同意而成立，所以，质权人所能赋予转质权人的交换价值自然不受原债权人所能支配交换价值的拘束，致使转质权已经脱离原质权而存在了。

承诺转质的构成要件，除与责任转质的第四项构成要件相同以外，可以超过原债权所担保债权的金额和清偿期，或者说不受原质权的拘束。[⑤]

承诺转质的法律效力如下：1）转质权实行的条件专以转质权确定，原质权是否已经具备实行的条件，在所不问。2）质权人如何实行其质权，原则上按照转质权合同的约定，但通常可理解为质权人已经放弃其实行权。3）质权人对于质物因不可抗力或通常事变所造成的损失，不再承担责任，仅仅承担过错责任。4）由于转质权已经独立于原质权，原质权人有权受领其债务人的清偿，该债务人也有向原质权人（债权人）清偿的自由。只是该结果不得对抗转质权人，亦即转质权不因此而消灭，仅使质权人负有返还质物的义务；出质人为达到返还质物的目的，有权以利害关系人的身份，代质权人向转质权人清偿，然后以因此而取得的债权与原质权所担保的债权相互抵销，从而消灭质权和转质权。[⑥]

---

① 谢在全：《民法物权论》（下册），修订 2 版，273～274 页。

② 同上书，275 页。

③ 同上书，276 页。

④ 同上书，277 页。

⑤ 同上书，278～279 页。

⑥ 同上书，279 页。

5. 质物的变价权

质物的变价权，又叫预行拍卖质物权，按照《物权法》第 216 条的规定，指这样的权利：因不能归责于质权人的事由可能使质押物毁损或价值明显减少，足以危害质权人权利的，质权人有权要求出质人提供相应的担保；出质人不提供的，质权人可以拍卖、变卖质物，并与出质人通过协议将拍卖、变卖所得的价款提前清偿债务或提存。

分析该条规定，可知质物变价权的行使必须具备如下要件：1）因不能归责于质权人的事由可能使质物毁损或价值明显减少，足以危害质权人的权利。如果是由于质权人的事由（如保管不善）导致质物毁损或价值明显减少，质权人不仅无权要求出质人提供担保，还得就此损失向出质人承担赔偿责任（《物权法》第 215 条第 1 款）。2）质权人要求出质人提供相应的担保。3）出质人拒不提供相应的担保。

质权人要求出质人提供相应担保，必须具备如下要件：1）因不能归责于质权人的事由可能使质物毁损或价值明显减少。2）质物毁损或价值明显减少的可能或事实，已经足以危害质权人的权利。

质物变价权的行使，或出质人以变价款提前清偿被担保债权，或将变价款代充质物，予以提存。所谓代充质物，是指质权移存于该项价款之上，而非指以该笔价款直接满足债权。由于出质人提前清偿会牺牲其期限利益，代充质物并予提存的在实务中较为常见。

6. 质权的保护权

（1）质权人对于质物被他人无权侵占或实施其他妨害时，质权人可行使物权请求权（《物权法》第 34 条、第 35 条），也可以基于占有而行使物上请求权（《物权法》第 245 条第 1 款）。

（2）因不能归责于质权人的事由可能使质物毁损或价值明显减少，足以危害质权人权利的，质权人有权要求出质人提供相应的担保（《物权法》第 216 条前段），即享有增加担保权。

（3）质权受到他人不法侵害，遭受损失时，质权人可向侵权行为人请求损害赔偿（《物权法》第 37 条、《民法通则》第 117 条等）。

（六）质权人的义务

1. 妥善保管质物

质权人负有妥善保管质物的义务；因保管不善致使质物毁损、灭失的，应当承担赔偿责任（《物权法》第 215 条第 1 款）。

2. 不得擅自使用、处分质物

质权人在质权存续期间，不得擅自使用质物，未经出质人的同意，擅自使用、处分质物，给出质人造成损害的，应当承担赔偿责任（《物权法》第 214 条）。

3. 以自己的注意收取质物的孳息，并为出质人的利益着想

对于质物的孳息，质权人应以自己的注意予以收取，并为出质人的利益着想。例如，质物为乳牛时，质权人每日获取乳汁之量，应当保证乳牛的健康，如同该牛为自己所有的那样饲养和取奶。否则，给出质人造成损害时，应当承担损害赔偿责任。①

---

① 姚瑞光：《民法物权论》，304 页，台北，海宇文化事业有限公司，1995；梁慧星、陈华彬：《物权法》，4 版，354 页。

4. 赔偿因转质造成的损失

质权人在质权存续期间，未经出质人同意转质，造成质物毁损、灭失的，应当向出质人承担赔偿责任（《物权法》第 217 条）。

5. 赔偿因怠于行使质权造成的损失

出质人请求质权人及时行使质权，因质权人怠于行使权利造成损害的，由质权人承担赔偿责任（《物权法》第 220 条第 2 款）。所谓怠于行使权利，是指质权人因可归责于自己的原因而不及时行使权利。例如，质权人明知作为质物的某电子产品的升级产品即将上市，若在新产品上市后再变卖质物所获价款将明显降低，但却基于质物的变价款减少也足以使其债权获得清偿的考虑，而没有及时将质物变卖。[①]

6. 返还质物

债务人履行债务或出质人提前清偿所担保的债权的，质权人应当返还质物（《物权法》第 219 条第 1 款）。

四、动产质权的实行

所谓动产质权的实行，是指债务人不履行到期债务或发生当事人约定的实现质权的情形，质权人与出质人协议以质物折价，也可以将质物拍卖或变卖，并就拍卖、变卖质物所得的价款优先受偿的行为。它是变价权和优先受偿权的总称。

依据《物权法》第 219 条第 2 款及《担保法》第 71 条第 2 款的规定，动产质权的实行，一般需要具备两项要件：一是动产质权有效存在；二是债权于清偿期届满而未受清偿，可以是全部未获清偿，也可以是部分未获清偿。

[辨析]

在中国台湾地区的“民法”上，债权只须已届债权人得请求清偿时而未受清偿者，质权人即可实行质权。[②] 这与中国大陆《物权法》第 208 条第 1 款前段、第 220 条第 1 款规定的债务人不履行到期债务，在履行期为期日的情况下差别不大；但在履行期为期间的场合则不同。对此举例说明，履行期为 2008 年 1 月 1 日至 2008 年 2 月 20 日，自 2008 年 1 月 1 日开始，债权人即得请求债务人清偿债务，按照中国台湾地区的“民法”，质权人（债权人）即可行使质权，但在 2008 年 2 月 20 日之前，按照中国大陆的现行法的规定，债务人未履行债务尚不构成债务不履行，在合同场合即为不构成违约行为，质权人无权行使质权，质权人若行使，出质人有权抗辩。

依据《物权法》第 219 条第 2 款及《担保法》第 71 条第 2 款的规定，动产质权实行的方式包括折价、拍卖和变卖三种，与抵押权实行的方式相同，此处不赘。

五、动产质权的消灭

1. 担保债权消灭

动产质权所担保的债权消灭，从属于该债权的动产质权随之消灭。

---

① 王利明、尹飞、程啸：《中国物权法教程》，517～518 页。

② 谢在全：《民法物权论》（下册），修订 2 版，287～288 页。

2. 质物的返还

质权人占有质物为动产质权的成立要件（生效要件）和存续要件，且质权人不得以占有改定的方法设立动产质权，因此，质权人将质物返还出质人，多数说认为动产质权归于消灭。[①]

3. 丧失对质物的占有

质物因遗失、被盗、被侵夺或其他原因，致使质权人事实上丧失了对质物的占有，且不能请求返还时，动产质权消灭。

4. 质物灭失

质物灭失，又无代位物或代偿物时，动产质权消灭。

5. 动产质权的抛弃

质权人抛弃动产质权，动产质权自然归于消灭。

6. 动产质权的实行

动产质权的实行，无论被担保债权是否获得全部清偿，动产质权均告消灭。

第三节　权利质权

一、权利质权概述

（一）权利质权的概念

权利质权，是指以所有权以外的可让与的财产权为标的物而设立的质权。其法律性质如下：

1. 权利质权为质权

质权原本是以有体物为基础发展起来的担保制度，而权利质权却以权利为标的物，加上以权利为客体的物权学说多称之为准物权，于是，权利质权是否为质权，则并非无疑。然而质权制度的本意在于以标的物的交换价值担保债权的实现，并以该价值优先受偿，由此点出发，将质权的标的物严格限制为有体物并无必要，毕竟，能以某种财产性权利的交换价值而使被担保债权得以优先受偿与成为质权的标的物并无实质性的抵触。[②] 何况动产质权实质上是以动产所有权为标的物，也可以说是以权利为客体。就此看来，称权利质权为质权，应不成问题。

[引申]

就权利质权是否为物权，存在着分歧。按照附停止条件的权利让与主义、并存性权利让与主义，债权质权在性质上为债权。[③] 在限制性权利让与主义看来，权利质权存在物权性和债权性两种不同的特性。[④] 依据设定性权利让与主义，好像有其父必有其子那样，母权是物

---

① ［日］铃木禄弥：《物权法讲义》，269页，东京，创文社，1994；［日］本城武雄等：《民法物权论》（下），317页，京都，嵯峨野书院，1984；梁慧星、陈华彬：《物权法》，4版，356页。

② ［日］林良平编：《注释民法（8）·物权（3）》，327页，东京，有斐阁，1983。

③ ［日］冈松参太郎：《权利质权的性质》，载《京都法学协会杂志》，第1卷，第7号，5页。转引自刘银春：《债权质权的理论与实践》，清华大学法学院博士学位论文（2005），13页。

④ ［日］神户寅次郎：《权利质的性质》，载《法学协会》，第28卷，第10号，总2122页。转引自刘银春：《债权质权的理论与实践》，清华大学法学院博士学位论文（2005），14页。

权，子权也当然是物权；母权是债权，子权也只能是债权。权利质权的性质与出质的权利的性质相一致，出质的权利是物权的，其质权也是物权；出质的权利为债权的，其质权就是债权。[①] 采取权利标的主义的学者，对以物权作为标的物的权利质权看作物权这点，很少有异议；但对以债权为标的物的债权质权如何定性却争议较大：有的看作物权，有的认为物权是建立在有体物基础上的权利，权利质权不是以有体物为客体的，所以不得称其为物权，但它在某种程度上具有绝对权的效力，具有物权的效力。[②] 日本法学家神户寅次郎教授认为，权利质权不是纯粹的物权。物上质权以物为标的，权利质权以权利为标的，二者在形式上是相同的。但权利质权虽以物权为标的，却未必是物权。质权人可以直接干涉作为标的的权利，据此可认为权利质权又非纯粹的债权。另外，权利的绝对性和物权性之间是有区别的。权利质权不是物权，也不是债权，而是一种特别的权利，日本法中在必要的范围内应赋予其物权性；还有的将权利质权视为债权。[③] 在中国《物权法》上，权利质权被安排在担保物权编（第四编），具有绝对性、排他性和优先性，应为物权。

2. 权利质权的标的物是具有让与性的所有权以外的财产权

与动产质权的标的物为动产不同，权利质权的标的物是权利。这里的权利，限于财产权，人格权和身份权不在其中。这是因为质权支配标的物的交换价值，而人格权和身份权本身无直接的经济价值。此处所谓财产权，必须具有让与性，这是由质权实行时需要变卖或拍卖标的物所决定的。性质上不得让与的债权、禁止扣押的债权、特别法规定不得让与、扣押或供作担保的债权，不得成为权利质权的标的物。依当事人约定不得让与的债权，在现行法上不得作为权利质权的标的物，在境外的某些法律上可以。

出让的建设用地使用权、“四荒”土地承包经营权、探矿权、采矿权，在现行法上可以转让，或有条件地允许转让，可以作为担保物。不过，按照法律关于担保权体系的分工，它们可成为抵押权的标的物，不得作为权利质权的客体。“这样有利于法律体系的合理化，也便于准确适用法律规定。”[④] 由于这些权利、建筑物作为抵押物而设立的抵押权以登记为生效要件，而基金份额、股权、应收账款、注册商标专用权、专利权、著作权等知识产权作为质物而设立的权利质权也以登记为生效要件，使得抵押权和权利质权的界限趋于模糊。

养殖权、捕捞权在现行法上禁止转让，不得成为权利质权的标的物。即使未来的法律允许它们转让，也不得入质，可以抵押。

抵押权、动产质权、留置权在现行法上均为保全性担保物权，不得与其担保的债权相分离，故不得单独成为权利质权的标的物。不过，于其担保的债权出质给他人时，抵押权、动产质权或留置权可随之出质。

按照物权法的权利配置体系，权利的归属权不叫所有权，有体物的归属权才叫所有权。换句话说，所有权的标的物，不是权利，而是有体物。所以，以所有权设立担保，不动产所

---

① ［日］神户寅次郎：《权利质的性质》，载《法学协会》，第 28 卷，第 10 号，总 2144 页。转引自刘银春：《债权质权的理论与实践》，清华大学法学院博士学位论文（2005），14 页。

② 刘银春：《债权质权的理论与实践》，清华大学法学院博士学位论文（2005），21 页。

③ ［日］神户寅次郎：《权利质的性质》，载《法学协会》，第 28 卷，第 10 号，总 2145、2157 页。转引自刘银春：《债权质权的理论与实践》，清华大学法学院博士学位论文（2005），21～22 页。

④ 胡开忠：《权利质权制度研究》，148 页。

有权场合成立抵押权，动产场合产生动产质权，不会出现权利质权。“按照以物的归属表示所有权的习惯，当质权针对的是所有权时，人们说质权是针对物的；当质权针对的是其他权利时，则说质权是针对权利的。”①

总的说来，基于质权实行时需要将标的物变价的要求，权利作为质权的标的物，必须具有让与性。法释［2000］44号第5条第1款关于“以法律、法规禁止流通的财产或者不可转让的财产设定担保的，担保合同无效”的规定，表明了这种思想。分解开说，下列权利不得出质：(1) 法律禁止转让的权利不得出质。例如，《公司法》第142条第4款规定：“公司不得接受本公司的股票作为质押权的标的。”再如，《收费公路管理条例》第22条规定：“有下列情形之一的，收费公路权益中的收费权不得转让：(一) 长度小于1 000米的二车道独立桥梁和隧道；(二) 二级公路；(三) 收费时间已超过批准收费期限2/3。”因此，此类收费公路的收费权不得设立应收账款质权。(2) 基于特定的人身关系而专属于特定人的债权，如基于扶养关系、抚养关系、赡养关系、继承关系产生的给付请求权和劳动报酬、退休金、养老金、抚恤金、安置费、人寿保险、人身伤害赔偿请求权等权利（法释［1999］19号第12条）。(3) 基于特殊信任关系而产生的债权，如委托合同中委托人对受托人的处理委托事务的请求权，雇佣合同中雇主对雇员的劳务请求权，租赁合同中承租人所享有的债权等。不过，如果经过当事人同意，可以转让，也应允许出质。(4) 按照当事人的约定不得转让的权利，在现行法上具有阻止权利转让的效力（《合同法》第79条第2项），因而不得出质；一旦出质，不得对抗善意第三人。值得注意的是，境外的一些法律文件已经允许当事人约定禁止转让的债权发生转让的效力。②

《物权法》从正面规定了可以入质的权利：(1) 汇票、支票、本票；(2) 债券、存款单；(3) 仓单、提单；(4) 可以转让的基金份额、股权；(5) 可以转让的注册商标专用权、专利权、著作权等知识产权中的财产权；(6) 应收账款；(7) 法律、行政法规规定可以出质的其他财产权利（第223条）。

3. 权利质权的设立分别以登记、背书或交付权利凭证为要件

与动产质权的设立以动产的交付为生效要件不同，权利质权的设立，有的以登记为生效要件，有的以背书为生效要件，有的以交付权利凭证为生效要件。

［辨析］

汇票、支票、本票、债券、仓单、提单等有价证券，既是权利凭证，又是权利本身，是权利质权的标的物。而应收账款场合的借据、欠条、公证书等仅仅是债权证书，不是应收账款请求权本身。至于存款单，《物权法》（第223条以下）将之与债券规定于同一项，联系将汇票、支票、本票规定于同一项，将仓单、提单规定于同一项的模式，似乎有将债券和存款单两者等量齐观之意。如此考虑问题，存款单亦为有价证券。不过，《物权法》也同时把存款单与票据、仓单、提单、股权、应收账款等并列规定于同一条（第223条），而应收账款欠条、借据等显然不是有价证券。就此看来，又难下存款单为有价证券的结论。究竟如何定

---

① ［意］彼德罗·彭梵得：《罗马法教科书》，黄风译，345页。

② 参见《澳门商法典》第872条；《俄罗斯联邦民法典》第828条；《国际保理公约》第6条第1款、第18条；《美国统一商法典》（2001年修订）第9—406（d）条；《联合国国际贸易应收款转让公约》第9条。

性，需要探讨。学说有认为它只是债权证书的[①]，也有主张其为证券债权的。[②]

[探讨]

在中国台湾地区的“法律”上，普通债权质权设立所需要的交付权利证书，不是作为质权设立的公示方法，因而其交付可以是现实交付，也可以是观念交付，占有改定的交付方式不在禁止之列。[③] 与此不同，无记名有价证券出质，当事人之间有设立质权的合意，加上有价证券的交付，发生质权设立的效力。但此处的交付不包括占有改定的方式，可以是现实交付、简易交付或让与返还请求权的方式。[④] 中国大陆的法律采取何种态度，值得研究。

[探讨]

关于以股权、知识产权等权利为客体场合质权的母权问题

权利质权的场合，作为质物的权利多种多样，其策源地的情形十分复杂。并非任何一种权利，如债权，都有母权。退一步说，即使质物的权利有母权，每种权利的母权也极不统一，难有权利质权同一的母权。与其逐一地考察每种权利的标的物，再锁定每种物的所有权，从而确定权利质权的母权，不如放弃这种思路，另觅坦途。

本书作者注意到，日本民法及其理论将无记名债权（如无记名支票、公司债券、商品券、入场券、车票等）视为动产。尽管如此处理重在确定，民法关于动产适用消灭时效、善意取得（即时取得）、公示对抗、遗失物拾得、共有物管理、所持份额的放弃等规定，适用于无记名债权[⑤]，尚无承认无记名债权之上存在着所有权之意，但为了社会生活发展的需要，不妨进一步扩张其“视为动产”的功用，升华到无记名债权之上竖立着另类的“所有权”这样的理念。

如此，我们可将作为质物的权利视为民法上的“物”，该“物”之上存在着“所有权”，该所有权即为权利质权的母权。

（二）权利质权的本质

权利质权的本质如何，在法学上一直是最有争议的问题之一，存在着权利让与主义（Zessionstheorien）和权利标的主义（Theorie des Rechts am Rechte）的对立。

权利让与主义，又称权利让渡主义，认为权利质权实质上是为了担保而为的权利让与，是出质人将出质的权利让与质权人，以担保债权的实现。其要点如下：首先，质权人就入质权利取得的权利并非新的权利，而仅系受让入质或让与的权利。权利的入质即为权利的让与；其次，质权人的权利标的物必然是出质人入质权利的标的物，而非出质的权利本身；再次，既然权利的入质即为权利的让与，则质权人取得与出质人同种的权利；最后，该权利的

---

① 谢在全：《民法物权论》（下册），修订2版，317页；黄松有主编：《〈中华人民共和国物权法〉条文理解与适用》，656页；曹士兵：《中国担保诸问题的解决与展望》，303页。

② 李国光、奚晓明、金剑锋、曹士兵：《最高人民法院关于适用〈中华人民共和国担保法〉若干问题的解释理解与适用》，355页。

③ 中国台湾地区“民法”第946条第2项、第761条；中华民国最高法院1937年上字第823号判决；谢在全：《民法物权论》（下册），修订2版，317页。

④ 中国台湾地区“民法”第946条、第761条、第885条第2项；谢在全：《民法物权论》（下册），修订2版，321～322页。

⑤ ［日］四宫和夫：《日本民法总则》，唐晖、钱孟姗译，朱柏松校订，136页，台北，五南图书出版公司，1995。

让与并非一般意义上的纯粹的权利移转，而系以设质目的为限的移转。受让人（质权人）受让权利的边界仅以达到债权担保的必要目的为限，只有在债务人不清偿债务时才可行使该权利。该主义认为不可能成立所谓的债权质权。①

权利让与主义内部又分出很多支派，例如，将债务不履行作为停止条件的设质债权让与说，即附停止条件的权利让与说；以债务履行为解除条件的设质债权让与说，即附解除条件的权利让与说；以担保目的为限的权利内容限制让与说；作为“母权”的权能之一部的“子权”的让与说，即设立的让与说；等等。②

［引申］

各种权利让与主义存在着如下共同的缺点：(1) 债权让与和债权质权，原本目的就不同。前者是债权从一个人之手转至他人之手，后者是担保被担保债权实现。(2) 因为要用让与的观念来解释出质，或力图排除出质和债权让与所生结果中那些不相容的要素，所以只能容忍二者必出其一的结局，一个是很难令人感到这么做的必要所在，另一个是对出质性质的违反。而前者只能以不成功而告终，后者一定也只能得出不正当的结果。(3) 权利让与主义的各种学说，都认为债权质权是与出质人的权利相同的权利，出质债权的，权利质权也是债权。于是产生许多不便：首先，无法解释当一个权利上设立多个质权时，某质权优先于其他质权的根据所在。其次，当出质债权发生债权人（出质人）和债务人混同时，质权就得消灭，而这是不符合事实的。若按照权利标的主义，则质权不消灭，不过是相当于在自己的债权上拥有质权，这在理论上是正当的。③

权利标的主义认为，权利质权是在权利上设立质权，入质的权利仍存在于出质人（主债务人）之手，质权人取得的权利与入质权利不同。其要点如下：首先，入质权利作为质权支配的对象与有体物作为质权支配的对象具有同样的意义。当然，所谓同样的意义，是指在担保的目的和支配标的物的交换价值上系为同样的作用，并非说权利作为质权标的物与有体物作为质权标的物完全一致。其次，权利质权的效力及于入质权利所指向的物或义务人，这由权利质权自身的效力和入质权利的“媒介作用”而引起。因此，权利质权的效力及其实现的方法与动产质权的多少存有差异。④

权利标的主义分为新旧两派学说，观点不尽相同。旧派认为，权利质与物上质权具有同样意义，只是在权利上设立质权。新派则主张，以权利入质，就是给予质权人一种权利，质权人依据这一权利，在必要的范围内（这一范围由法律或合同而定），为了达到担保自己债权的目的，可以获得行使其入质权利的权能。因此，所谓的权利质权是直接将入质权利作为标的物，依据质权的效力得以行使作为质权标的物的权利。当作为权利质权标的物的权利为物权时，质权人有取得该物权的物的权利，当作为权利质权标的物的权利为相对性权利特别

① ［日］冈松参太郎：《权利质权的性质》，载《京都法学协会杂志》，第1卷，第7号，2页。转引自刘银春：《债权质权的理论与实践》，清华大学法学院博士学位论文（2005），15～16页。

② ［日］冈松参太郎：《权利质权的性质》，载《京都法学协会杂志》，第1卷，第7号，5～8页。转引自刘银春：《债权质权的理论与实践》，清华大学法学院博士学位论文（2005），13～17页。

③ ［日］冈松参太郎：《权利质权的性质》，载《京都法学协会杂志》，第1卷，第7号，4～6页。转引自刘银春：《债权质权的理论与实践》，清华大学法学院博士学位论文（2005），16～17页。

④ ［日］冈松参太郎：《权利质权的性质》，载《京都法学协会杂志》，第1卷，第7号，4页。转引自刘银春：《债权质权的理论与实践》，清华大学法学院博士学位论文（2005），18～19页。

是债权时，质权人对该入质权利义务人取得权利。[①]

［引申］

依据权利标的主义，权利质权就是设立在权利上的权利。对此，持批评意见的不在少数。有的认为，权利是一种意思效力（意志力）的体现，不可能承认在一个人的意思效力上又有别人的意思效力存在，因而在既有的权利之上不可以再成立新的权利。有的认为，权利是一种观念性的东西，“权利上的权利”在观念上是不可能的。有的认为，退一步讲，假设“权利上的权利”在观念上是可能的，“权利上的权利”也不是上位权支配下位权的关系，不过是支配下位权的标的罢了，因此下位权不是权利的标的。[②] 甚至有更为激进的观点认为，采用权利标的主义的人必须要能证明在某种意思效力之上又能够存在着其他人的意思效力，而实际上能够明确解释这一点的人根本没有。权利一词本身就包含着混合而且抽象的元素，“权利上的权利”就变得更为复杂，它不包含任何实体的元素，只不过是一个苍白的影像而已，没有任何实际意义。[③]

赞同权利标的主义的人认为，如果不考虑客观层面的关系，仅仅从主观层面出发，对权利问题的把握也许是有些否定性的认识。但是，如果真的这么仅仅从一个层面考虑，非但权利质权问题无法解释，甚至连最起码的财产性权利应具有让与性这个基本特点也都被否定。所以，上述否定意见并不能解决问题，索性不如把这些抽象性认识的讨论交由法哲学去研究，作为对部门法的研究，我们将注意力更多地放到关注事物的客观表现带给我们的影响。[④] 虽然不能说物作为权利的标的和权利作为权利的标的有同样的意义，但是，因为本来权利标的这个观念就不是固定、一成不变的东西，所以在某种意义上，承认权利是权利的标的，并非不可以。[⑤] 另外，从实际情况看，以“权利的权利”或“权利以其他权利作为标的”这样的字样出现在法典上的也不少，如《德国民法典》第876条、《日本民法典》第362条，等等。这说明在现实社会生活中，支持权利标的主义的，还是占据了上风。[⑥]

权利标的主义能够概括说明各种具体类型的权利质权，而权利让与主义除了某种个别见解之外，应当说只是就债权质权进行研究并作出其结论的。如今，权利标的主义为多数说。

由于《担保法》和《物权法》把权利质权作为担保物权，没有依质权标的物为债权、不动产收益权、股权、知识产权而将权利质权依次定性和定位为债权、不动产收益权、股权、知识产权，表明采取的是权利标的主义。不过，《担保法》第78条第3款关于“以有限责任公司的股份出质的，适用公司法股份转让的有关规定。质押合同自股份出质记载于股东名册之日起生效”的规定，法释［2000］44号第103条第1款关于“以股份有限公司的股份出

① ［日］冈松参太郎：《权利质权的性质》，载《京都法学协会杂志》，第1卷，第7号，2～3页。转引自刘银春：《债权质权的理论与实践》，清华大学法学院博士学位论文（2005），19页。

② ［日］冈松参太郎：《权利质权的性质》，载《京都法学协会杂志》，第1卷，第7号，6页。转引自刘银春：《债权质权的理论与实践》，清华大学法学院博士学位论文（2005），20页。

③ ［日］神户寅次郎：《权利质的性质》，载《法学协会》，第28卷，第10号，总2134页。转引自刘银春：《债权质权的理论与实践》，清华大学法学院博士学位论文（2005），20页。

④ ［日］神户寅次郎：《权利质的性质》，载《法学协会》，第28卷，第10号，总2135页。转引自刘银春：《债权质权的理论与实践》，清华大学法学院博士学位论文（2005），20页。

⑤ ［日］冈松参太郎：《权利质权的性质》，载《京都法学协会杂志》，第1卷，第7号，6页。转引自刘银春：《债权质权的理论与实践》，清华大学法学院博士学位论文（2005），20～21页。

⑥ 刘银春：《债权质权的理论与实践》，清华大学法学院博士学位论文（2005），21页。

质的，适用《中华人民共和国公司法》有关股份转让的规定”的规定，又采纳了权利让与主义。鉴于权利标的主义优点更多，鉴于《物权法》没有表现出权利让与主义，本书赞同权利标的主义。

（三）权利质权的类型

在《物权法》上，权利质权包括票据质权、债券质权、存款单质权、基金份额质权、股权质权、知识产权质权、应收账款质权等（第223条）。

它们按照一定标准可有若干分类。以质权的标的物是否为债权，权利质权可分为债权质权和非债权质权。票据质权、债券质权、存款单质权属于债权质权，应收账款质权除了不动产收益权外亦为债权质权。基金份额质权、股权质权和知识产权质权则为非债权质权。以标的物是否为有价证券所表彰或衍生之物为标准，权利质权可分为有价证券质权和非有价证券质权。票据质权、债券质权、股票质权、仓单质权、提单质权等均为有价证券质权。应收账款质权等为非有价证券质权。

鉴于这些权利质权在设立要件和法律效力方面不尽相同，与其按照债权质权、有价证券质权等传统的叙述方式介绍，仍需在其内部分别讨论每种质权，莫不如一开始即逐一讨论各个权利质权，更加清楚简洁。以下按照《物权法》及有关法律、法规及规章规定的票据质权、债券质权、存款单质权、仓单质权、提单质权、基金份额质权、股权质权、知识产权质权、应收账款质权及法律、行政法规规定可以出质的其他财产权质权的顺序讨论。

二、票据质权

（一）票据质权的概念

票据质权，是指为了担保主债权的实现，作为持票人的债务人或第三人将其票据作为质物而设立的质权。

所谓票据，是指发票人依据法律的规定发行的，由自己无条件支付或委托他人无条件支付一定金额的有价证券。[①]《票据法》所称票据，是指汇票、本票和支票（第2条第2款）。

关于票据质权的法律性质，需要指出的至少有如下几点：

1. 票据质权为有价证券质权

票据属于有价证券，票据质权属于有价证券质权。对其首先适用法律关于票据及其质权的特别规定，在欠缺这些特别规定或特别规定不明确的场合，还需要适用法律关于有价证券及其质权的一般规定。

2. 票据质权为债权质权

票据为以请求支付金钱为债权内容的金钱证券，票据上体现的法律关系是一种债权债务关系[②]，故票据质权也属于债权质权。

3. 票据质权的标的物必须具有让与性

票据本来以流通性著称，具有让与性乃其天性。在这个意义上说，所有种类的票据均可出质。不过，《票据法》第27条规定，出票人在汇票上记载“不得转让”字样的，汇票不得

① 谢怀栻：《票据法概论》，增订版，16页，北京，法律出版社，2006；杨建华：《票据法要论》，1页，台北，汉林出版社，1979。

② 谢怀栻：《票据法概论》，增订版，36页。

转让。法释［2000］32号第53条进而明确："出票人在票据上记载'不得转让'字样，其后手以此票据进行贴现、质押的，通过贴现、质押取得票据的持票人主张票据权利的，人民法院不予支持。"第54条也规定："依照票据法第三十四条和第三十五条的规定，背书人在票据上记载'不得转让'字样，其后手以此票据贴现、质押的，原背书人对后手的被背书人不承担票据责任。"因此，以注明"不得转让"的票据质押的，质押无效，当事人不能取得质权。[①]

［论争］

在中国投资银行天津分行诉天津市轻工公司对外贸易公司确认记载"不得转让"字样汇票质权效力案中，主审法院判决设立于记载"不得转让"字样的汇票上的质权有效。[②] 有专家学者也主张，记载"不得转让"字样的汇票出质，并非票据权利的转让，有效与否，应区别情况而定。如果票据记载"不得转让"的本意并非全然否定票据的流通性，只是附有期限等限制的，可认定该质权有效设立。[③]

4. 票据质押行为具有连带性

票据质押的质权人享有的票据权利，既包括付款请求权，也包括追索权。当质权人作为持票人行使付款请求权遭到拒绝后，可以对票据的出票人及其所有前手行使追索权。票据的出票人、背书人、承兑人、保证人等所有在票据上签章的人对持票人承担连带担保付款的责任。持票人可以不依照签章的顺序而自由选择追索的对象，被追索人对持票人受到拒绝承兑或拒绝付款承担无条件给付票据全部金额的责任。[④]

［探讨］

票据质押行为是否具有无因性

（1）一种观点主张，票据质押行为具有独立性和无因性。票据质押行为和其他票据行为体现在同一张票据上，但是各个票据行为都各自独立产生效力，不受其他票据行为的影响。票据质押行为的有效性不受前面票据行为的影响，即使前面有的票据行为存在瑕疵或无效，如票据上签章的伪造，也只会导致该行为不具有法律上的效力，并不影响所有票据行为的效力，更不会波及票据质押行为的效力，同时票据质押行为的效力也不影响其他票据行为的效力。一般而言，票据质押行为只要具备了法定要件就生效，无论当事人之间设立票据质权的基础合同的效力怎样，也不论双方对质权的担保范围等有何约定，均不影响票据质押行为的效力。质权人实现质权而向付款人请求付款或向前手追索时，付款人和被追索人不得以票据质押的原因关系或质押的主债务无效而抗辩票据债务的承担。但是，出质人若为付款人或被追索人的，得以票据质押的原因关系或质押的主债务无效而抗辩票据债务的承担。[⑤]

本书作者认为，必须区分票据质押行为和票据质权两个概念，票据质押行为是设立票据

① 李国光、奚晓明、金剑锋、曹士兵：《最高人民法院关于适用〈中华人民共和国担保法〉若干问题的解释理解与适用》，352页；曹士兵：《中国担保诸问题的解决与展望》，316页；胡开忠：《权利质权制度研究》，164～165页。

② 资料来源：最高人民法院内部局域网。转引自刘银春：《债权质权的理论与实践》，清华大学法学院博士学位论文（2005），47～48页。

③ 刘银春：《债权质权的理论与实践》，清华大学法学院博士学位论文（2005），53页。

④ 李国光、奚晓明、金剑锋、曹士兵：《最高人民法院关于适用〈中华人民共和国担保法〉若干问题的解释理解与适用》，347～348页。

⑤ 熊伟、罗平：《票据质押若干问题研究》，载《法学评论》，1999（6），102页以下。

质权的行为，在承认物权行为的立法例及其理论上，是指票据质权的设立，为准物权行为；设立票据质权的约定则为债权行为，该债权行为是票据质权设立的原因行为。在德国民法上，设立票据质权的约定有效与否，均不影响票据质权的设立，就是说德国民法及其理论对票据质权的设立采取无因性原则，也可以说票据质押行为具有无因性。

在不承认物权行为的中国《物权法》和《担保法》及其理论上，票据质权的设立为物权变动，但非物权行为，票据质权由票据质押合同加上交付票据设立而成，票据质押合同相当于德国民法理论所谓的债权行为。按照《物权法》和《担保法》及其司法解释，票据质押合同无效或被撤销，票据质权随后要归于消灭，而非不受票据质押合同的效力的影响。在这个层面上，难谓票据质权设立具有无因性。

（2）另一种观点认为，票据质押行为具有文义性。票据质押的意思表示只能以票据上记载的内容为准，无论当事人之间有无其他约定，也无论主债权情况怎样，出质人与质权人之间的权利义务只能依照票据上的文字记载认定，不允许以票据以外的其他方式证明。即使当事人由于疏忽而作了错误记载仍按照错误记载发生法律上的效力，所以当事人不得以票据没有记载的内容主张权利或抗辩票据权利。① 本书作者认为，这个结论符合经背书质押票据的情况，但对于未经背书的票据质权则有所不当，因为后一种票据质权要由质押合同及交付的票据来证明，票据质权的若干内容也要由质押合同的条款确定。如此，笼统地主张票据质押行为一律具有文义性，颇有以偏概全之嫌。

（二）票据质权的取得

1. 概述

票据质权，可以随同其担保债权一同转让，使受让人取得票据质权。票据质权，也可以因继承、赠与而随同被担保债权而由继承人或受赠人取得（《票据法》第 11 条之参照）。由于《物权法》将权利凭证的交付作为票据质权设立的生效要件（第 224 条后段），此项权利凭证的交付具有公信力（第 23 条之参照），票据质权可以善意取得（第 106 条）。当然，最为常见的还是设立取得。以下专门讨论票据质权的设立。

2. 票据质权的设立

票据质权的设立，依据《物权法》第 224 条和《担保法》第 76 条的规定，需要当事人订立书面的质押合同，并且需要出质人将票据（权利凭证）交付给债权人。

[辨析]

1. 欠缺书面形式的质押合同有无法律效力

票据质押合同为书面合同，属于要式合同，这是现行法的明文规定，未见有反对意见。有争议的，可能在于《物权法》使用的是“应当订立书面合同”的表述，质押合同未采取书面形式的，究为无效抑或效力不受影响。本书作者赞同《物权法》第 224 条非强制性规定而为倡导性规定的观点，不宜仅凭质押合同未采取书面形式即认定其无效，只要当事人都认可质押合同，或有其他证据证明质押合同存在，且不违反法律、行政法规的强制性规定，即承认质押合同的效力。

① 熊伟、罗平：《票据质押若干问题研究》，载《法学评论》，1999（6），102 页以下。

2. 票据质押合同是实践合同还是诺成合同

关于票据质押合同为诺成合同还是实践合同（要物合同），存在着分歧。《担保法》采取了实践合同说（第 64 条第 2 款），有学者据此解释。[①] 对于质押合同为实践合同，有学者论证其合理性：质物的移交是质押合同中最为关键的因素，是质押合同最重要的外在体现，是其他权利义务产生的前提和必要条件，如无质物的移交，则该合同的一切权利义务都将成为空谈。从实践来看，多数权利质押合同在本质上均具有实践合同的特征，如债权质权在设立时要交付债权证书，票据在设质时需要将背书设质后的票据交付给债权人。不过，与动产质权相比，权利质押合同的“要物性”已经很弱，因为在债权质押中，出质人移交的债权证书仅是债权的凭证，债权人即使无该证书也可能接受债务人的清偿，这与动产质押中质权人对质物的绝对的物理上的控制力相比要弱得多，甚至我们可以说这种“要物性”往往是象征性的，只是在有价证券质押中，其“要物性”才体现得比较强烈。[②] 反对说则主张，质押合同在质物移转前并非不发生效力，《担保法》第 64 条第 2 款关于“质押合同自质物移交于质权人占有时生效”的规定，显然将质押合同的生效与质权的设立混为一谈了。[③]

本书作者认为，《担保法》上的质押合同的确为实践合同，但《物权法》上的则不然。按照《物权法》第 224 条的文义及规范意旨，以及第 15 条区分物权变动与其原因行为的规定，应当承认质押合同为诺成合同。至于质物的交付或票据等权利凭证的交付，属于质权设立（物权变动）的生效要件，不再是质押合同（物权变动的原因行为）的成立要件和生效要件。质押登记亦然。《物权法》将质押合同定性和定位于诺成合同具有如下优点：(1) 明确区分了质权设立和引发质权产生的法律事实——质押合同，划清了物权法和债法各自管辖的领域，体系上更为严密，理论上更为清晰，法律效果更为理想。(2) 质押一经成立，一般即发生法律约束力，出质人违反诚实信用原则，拒不交付质物或票据等权利凭证，债权人可以基于有效的质押合同请求出质人履行交付质物或票据等权利凭证的义务，最终使质权设立；反之，若采取质押合同为实践合同说，把交付质物或票据等权利凭证作为质押合同的成立要件或生效要件，一旦出质人拒不交付质物或票据等权利凭证，或拒不配合办理质押登记，质押合同即未告成立或不具有法律效力，债权人无法依据质押合同请求出质人履行交付质物或票据等权利凭证的义务，也就难以使质权设立。将质押登记作为权利质权设立的生效要件，而非质押合同的成立要件和生效要件，其优点也是如此。(3) 把质押合同定性和定位在诺成合同，在出质人拒不交付质物或票据等权利凭证时，构成违约，而非合同不成立或不生效，有利于债权人（质权人）追究出质人的违约责任。把质押登记作为权利质权设立的生效要件的优点同样如此。反之，而按照实践合同说，在出质人拒不交付质物或票据等权利凭证，质押合同不成立或不具有法律效力，债权人无法基于质押合同请求出质人继续履行移交质物或交付票据等权利凭证的义务，只好追究出质人的缔约过失责任。而缔约过失责任场合，债权人无法主张违约金条款，赔偿范围不会是履行利益的损失。

还应看到，德国、中国台湾地区的立法及其学说主张质押合同为要物合同，日本有学者如此沿袭，与其区分物权行为和债权行为密切相关，特别是坚持质押合同作为物权行为的学

---

① 郭明瑞、杨立新：《担保法新论》，204 页，长春，吉林人民出版社，1996。

② 胡开忠：《权利质权制度研究》，209、211 页。

③ 梁慧星主编：《中国物权法草案建议稿：条文、说明、理由与参考立法例》，706～707 页。

说，把质押合同定性为要物合同，更是顺理成章。当然，在区分质押合同和质权设立的学说中，把质押合同认定为要物合同仍有疑问。在中国现行法上，没有物权行为制度，但承认物权变动，《物权法》把质物的交付或票据等权利凭证的交付作为物权变动的生效要件了，质押合同自双方合意成立，一般情况下同时生效。如此，质押合同应为诺成合同无疑。

3. 票据质权设立所需要的票据交付形式

《票据法》既不承认无记名汇票，又不承认空白背书票据，因此，不准许以单纯交付的方式转让汇票，只承认记名汇票，于是，汇票转让在现行法上只能采取背书交付的方式。对于本票，也只承认记名本票，所以，本票亦只能通过背书交付的方式而转让。[①] 由于票据质权的设立相似于票据权利的转让，票据质权设立所需要的票据交付，在汇票质权、本票质权的设立场合目前似应采取背书交付的方式。在这种背景下，《物权法》仍然规定票据质权的设立以权利凭证的交付为生效要件，没有刻意排除单纯的票据交付方式，可理解为给《票据法》修订时放宽到承认不记名汇票和不记名本票预留空间。

实务中，票据质权的设立多要背书记载“质押”字样。对于该背书的地位及作用，法释［2000］44 号第 98 条规定：“以汇票、支票、本票出质，出质人与质权人没有背书记载‘质押’字样，以票据出质对抗善意第三人的，人民法院不予支持。”由此可见，背书并非票据质权设立的生效要件，而是对抗要件。没有背书但已经交付了票据（权利凭证）的，票据质权照样设立，只是不得以该质权对抗善意第三人。该项司法解释与《物权法》第 224 条的规定不矛盾。其实，按照《担保法》及其司法解释的规定，记名汇票、记名本票作为标的物设立质权，票据的交付实际上是背书交付，记名汇票质权和记名本票质权成立了，不但约束着当事人各方，同时具有对抗第三人的效力。依据《票据法》及其司法解释的规定，记名汇票、记名本票必须背书交付，记名汇票质权和记名本票质权才设立，一经设立，不但约束着当事人各方，同时具有对抗第三人的效力。如此解释的理由将在下文［探讨］中陈述。

［探讨］

需要注意，关于票据质权的设立，《票据法》第 35 条第 2 款规定：“汇票可以设定质押；质押时应当以背书记载‘质押’字样。被背书人依法实现其质权时，可以行使汇票权利。”就其文义观察，背书为汇票质权设立的生效要件。法释［2000］32 号贯彻并细化了《票据法》的前述规定：“依照票据法第三十五第二款的规定，以汇票设定质权时，出质人在汇票上只记载了‘质押’字样未在票据上签章的，或者出质人未在汇票、粘单上记载‘质押’字样而另行签订质押合同、质押条款的，不构成票据质押。”（第 55 条）

至此可知，票据法将背书作为汇票质权设立的生效要件，而物权法则把背书作为票据质权对抗第三人的要件，两个领域的法律态度不一。如何解决，观点不一。有主张以对抗要件主义为准的，理由有二：(1) 法释［2000］32 号第 55 条的规定与《担保法》第 76 条的规定不符。《担保法》未规定质押背书为权利质权的取得要件，《票据法》也未规定未作“质押背书”的质押无效，因此，仅凭未作质押背书认定债权人不能取得质权无法律依据，也就是将质押背书作为票据质权设立要件没有法律根据。法释［2000］44 号第 98 条将质押背书作为票据质权的对抗要件，不违反《担保法》第 76 条后段关于“质押合同自权利凭证交付之

① 谢怀栻：《票据法概论》，增订版，76 页。

日起生效”的规定，也不违反《票据法》关于质押背书的规定，已经照顾到《票据法》对背书质押的要求。(2) 根据《票据法》的规定，背书并非取得票据权利的唯一方式，不能仅凭无背书即否定票据权利。票据既可以因背书转让而取得（第 27 条），也可以因继承、赠与、税收取得（第 11 条第 1 款），甚至在没有背书的时候，权利人也可以依法证明自己的票据权利（第 31 条第 1 款）。因此，仅凭无背书即否定票据权利的认识，也不符合《票据法》的规定。①

在出质人以出质为目的将票据直接交付给质权人，但未背书，票据质权虽然成立，但因其不符合《票据法》关于设质背书的要求，故不能产生票据法上的效力。质权人行使票据权利时，票据上除出质人以外的所有当事人都可以依背书不连续、持票人无法证明其权利来源合法为由抗辩持票人（即质权人）的付款或追索请求。由于法律规定得不明确，于此场合容易引起出质双方关于质权如何实现的纠纷。一般而言，质权人无法自己兑现票据、取得票款并优先偿付自己的债权，票据质权的实现有赖于出质人的协助，即要求出质人依票据法兑现票据，并将票款交付给质权人。然而在司法实践中，这种法律上的要求并不能保证每个出质人都能自觉地协助质权人，如果不设计一种外力救济途径，质权可能落空。有鉴于此，在出质人拒绝协助质权人实现其质权的情况下，应当赋予质权人基于质押合同向法院起诉的权利。法院审查质押合同的内容，以及票据转移占有的事实，如确认票据质权合法无误，则应判决质权人代行出质人的票据权利。质权人凭票据和人民法院的判决书向票据债务人行使付款或追索权时，该债务人应再无权抗辩。由于这种未背书的票据质押不能产生票据法上的效力，因而就无所谓票据原因关系与票据关系的划分。②

在本书作者看来，由于《票据法》仅承认记名汇票、记名本票，而记名汇票和记名本票的转让都必须采取背书交付的方式，记名汇票质权和记名本票质权的设立就均为背书交付权利凭证。在这个领域内，《物权法》《担保法》及其司法解释与《票据法》及其司法解释关于背书在票据质权设立中的地位及作用实质上亦无差异。详细些说，按照《担保法》及其司法解释的规定，记名汇票、记名本票作为标的物设立质权，票据的交付实际上是背书交付，记名汇票质权和记名本票质权成立了，不但约束着当事人各方，同时具有对抗第三人的效力。依据《票据法》及其司法解释的规定，记名汇票、记名本票必须背书交付，记名汇票质权和记名本票质权才设立，一经设立，不但约束着当事人各方，同时具有对抗第三人的效力。

（三）票据质权的效力

1. 票据质权所担保的债权范围

票据质权的担保范围，包括主债权及利息、违约金、损害赔偿金和实现质权的费用，除非质押合同另有约定（《物权法》第 173 条，《担保法》第 81 条、第 67 条）。一般地说，票据质权不存在保管质物的问题，也就没有票据质权的效力及于质物的保管费用、因质物隐蔽瑕疵造成的损害赔偿金的问题，但是，质权人若把入质的票据委托给他人保管，需要支付必要的保管费用，该费用应包含在票据质权担保的范围之内。

2. 票据质权效力所及的标的物范围

票据质权的效力及于票据权利，不成问题。票据权利的内容就是到期由票据债务人支付

---

① 曹士兵：《中国担保诸问题的解决与展望》，316 页。

② 熊伟、罗平：《票据质押若干问题研究》，载《法学评论》，1999 (6)，102 页以下。

票据所记载的金额，不存在类似一般民事债权的利息、股票持有人的新股优先认购权等孳息，所以，无所谓票据质权的效力及于票据孳息可言。

3. 出质人的权利义务

（1）处分权受到限制。票据质权的设立不同于票据权利的转让，出质人的权利主体资格并未被剥夺，对入质的票据权利，出质人依然享有处分权。只不过为了质权人的利益，需要限制此类处分权，表现在如下方面：1）由于票据是完全有价证券，权利随票据，只要质权人持有票据，出质人就不能依法律行为消灭质权。2）票据是文义证券，票据权利的变更只能通过更改票据上的文字来实现，质权人虽然现实地持有票据但却不具备更改权，有更改权的票据债务人却未持有票据，因此，未经质权人的同意，也不可能变更票据权利。3）由于质权人持有票据，未获其同意，票据质权的出质人不可能转让票据权利。而以股权、知识产权供作质押的，则出质人完全具有不经质权人同意而径直处分入质权利的可能性。票据质权的出质人的处分权在实践中是不可能实现的。在这个意义上，《担保法》第 78 条、第 80 条对股权质权、知识产权质权诸关系中的出质人的处分权作出限制规定，而未设相应条文对票据质权关系中的出质人作出限制，有其道理。[①]

（2）如果出质的票据到期日先于被担保债权的清偿期届至，质权人可以将票据兑现，使该被担保债权提前受偿或向与出质人约定的第三人提存（《物权法》第 225 条，《担保法》第 77 条）。

如果被担保债权的数额小于票据的金额，则以被担保债权额为限受偿，至于票据的一部付款的手续，按照惯例处理。如果被担保债权非金钱债权，质权人仍可如此收取给付，待被担保债权因债务不履行转化为金钱债权时，再按照动产质权的实行方法优先受偿。[②]

（3）被担保债权已届清偿期，债务人已经适当清偿了债务，被担保债权消灭，质权随之消灭，出质人有请求质权人返还票据的权利（《担保法》第 81 条，第 71 条第 1 款）。

（4）被担保债权已届清偿期，债务人不履行债务，质权人依法行使质权，若票据金额超过了被担保债权的数额，出质人对于多余的票款有返还请求权（《担保法》第 81 条，第 71 条第 3 款）。

4. 质权人的权利义务

（1）概述

票据权利的内容就是到期由票据债务人支付票据所记载的金额，不存在类似一般民事债权的利息、股票持有人的新股优先认购权等孳息，所以，票据质权人没有收取所谓票据孳息的权利。

（2）票据的留置权

票据质权人占有出质的票据，在主债务人不履行到期债务之前，质权人有权留置该票据。

（3）转质权

票据质权场合，质权人享有转质权，其理由在于：1）质权设立后，票据从出质人转移至质权人，如果不允许质权人转质，无疑使入质的票据权利无法再流转，必然阻碍效率的实

① 于莹、高一寒：《论票据质押的效力》，载《人民法院报》，2007－11－18，6 版。

② 谢在全：《民法物权论》（下册），修订 2 版，367、368 页。

现；2）转质的效果是转质权人取得了较质权人对入质的权利更优先的支配力，实际上等于限制了质权人的权利，对出质人的利益并无大的影响，更何况立法在规定转质权的同时都规定了质权人对质物因转质发生损害的赔偿责任，所以，转质并不会损害出质人的利益。承诺转质，因获得了出质人的同意更应该被承认。[①]

（4）票据质权的保全权

在基于质押合同设立质权的场合，质权人只能通过质押合同以及主债权到期未获清偿的事实证明自己的权利，而非通过背书连续能够在形式上证明自己为票据权利的票据权利人，于是，在票据质权实行的条件尚未具备的情况下，质权人并不当然地有权行使票据权利，也就不可能行使追索权。在出质人的行为足以造成入质权利的价值减少而危及质权人的权益的场合，为保全入质的票据权利，只能请求出质人另行提供担保，或请求出质人行使期前追索权，并将出质人获得的追索金额提存或用以提前清偿。当然，在质权实现的条件具备而票据仍未到期时，质权人因其有权行使票据权利，就可以行使期前追索权。[②]

（5）物权请求权

在票据被他人无权占有、票据质权受到妨害或有妨害之虞时，票据质权人有权行使物权请求权。

（6）行使票据权利

票据质权人的权利，按照权利让与主义，就是票据权利本身，出质人于设立票据质权时已经把票据权利移转给质权人了；依据权利标的主义，票据质权的设立并未移转票据权利，只是在质权实行时，质权人可以行使票据权利。《票据法》第 35 条第 2 款后段规定："被背书人依法实现其质权时，可以行使汇票权利。"由此表明采取的是权利标的主义，票据质权人是以自己的名义为自己的利益而行使票据权利。对此，本书予以遵循。

［引申］

票据质权人行使票据权利，究竟是作为出质人的代理人行使，还是类似《合同法》第 73 条规定的债权人代位权那样，以自己的名义代位行使出质人的票据权利，法无明文，需要探讨。由于前者需要适用代理的规定，意味着质权人行使票据质权须在不少方面受制于出质人，显然不利于质权人，也不符合实务运作的情况，本书采取代位行使说。

（7）对抗票据债务人抗辩

票据质权人（被背书人）有权对抗票据债务人援用其对背书人（出质人）的抗辩，除非票据质权人（被背书人）在取得票据时存在着有害于背书人的故意。这在票据法理论上称为切断人的抗辩。设质背书的被背书人（票据质权人）是以自己的名义为自己的利益行使票据权利，背书人（出质人）和被背书人（票据质权人）是在票据法上人格与利益分离的两个独立的主体，票据债务人不能像委任取款背书一样以对背书人的抗辩事由来对抗被背书人。如日内瓦《统一汇票本票法》第 19 条第 2 款规定："汇票债务人不得以自己与背书人个人之间所存在之抗辩事由，对抗执票人"。其理由在于，设质背书的目的是以票据权利的安全性和信用性作为设质债务的担保，如果允许以对背书人的抗辩对抗被背书人，使其妨碍质权的行使，就破坏了票据作为权利证券的安全性和作为流通证券的信用性，与票据行为的独立性原

---

① 于莹、高一寒：《论票据质押的效力》，载《人民法院报》，2007－11－18，6 版。

② 于莹、高一寒：《论票据质押的效力》，载《人民法院报》，2007－11－18，6 版。

则不相吻合，票据作为设质标的就失去其特有的意义了。①

（四）票据质权的实现

票据质权的实现，以主债务人不履行到期债务致使票据质权人（主债权人）的被担保债权未获清偿为条件，或以当事人约定的实现票据质权实现的情形为条件。一般而言，当以上条件成就时，票据质押权人实现质权的方式主要有如下几种：

1. 向付款人请求付款，并以所得款项优先满足自己的债权。当主债务已届清偿期、票据也到期时，票据质权人作为主债权人，即可以依背书的连续性证明自己权利的存在，持票据提示付款人付款。如果该票据已经付款人、第三人承兑或保付，承兑人、保付人则成为票据主债务人，负有绝对保证票据兑付的义务，其余债务人则退居其次而成为第二债务人。若票据主债务人拒绝付款，票据质权人可以直接向法院起诉，要求其履行票据义务，而不必马上行使追索权。如果付款人、承兑人或保付人将票款支付给票据质权人，在票据法上，票据质权关系便已结束。当然，票据质权人只能获得与其主债权相等的金额，其余的则须退还给出质人。②

2. 行使票据追索权，并以所得款项优先满足自己的债权。当票据到期未获付款，或在到期日前不获承兑，或有其他法定原因时，票据质权人在进行了行使或保全票据权利的行为后，可以向其前手追索，请求偿还票据金额及其他法定款项。由于票据关系人发行、转让、质押票据所连带的担保责任其实只是对内的一种连带关系，相对于付款人、承兑人来说则只是一种补充担保，所以只有当票据付款请求权不能实现或无法得到满足时，持票人才能行使追索权，使其前手连带承担担保责任。正因为如此，可以认为，追索权是付款请求权的一种补充或保障性权利，为第二次请求权，它有效地起到了保障票据债权安全流通、票据制度规范运行的作用。倘若票据质权人能够通过行使追索权而获得票款，则可优先满足自己的债权，即使是对出质人行使追索权时也是如此。追索的标的是票据所载的全部票款，而不是主债权的数额，因此票据债务人不能以主债权数额小于票面金额予以抗辩。不过在所有的被追索对象中，只有出质人可以依票据原因关系的瑕疵而抗辩质权人的票据追索权。③

（五）票据质权的消灭

票据质权所担保的债权消灭、票据权利消灭、质权人将票据返还与出质人、质权人抛弃票据质权等事由出现，票据质权归于消灭。

三、债券质权

（一）债券质权的概念

债券质权，是指以债券为标的物而设立的质权。

债券是指由政府、金融机构或企业为了筹措资金而依照法定程序向社会发行的，约定在

① 姜建初：《票据原理与票据法比较》，103～104页，北京，法律出版社，1994；王小能：《票据法教程》，226页，北京，北京大学出版社，1994；谢怀栻：《票据法概论》，增订版，161页；熊伟、罗平：《票据质押若干问题研究》，载《法学评论》，1999（6），107页。

② 熊伟、罗平：《票据质押若干问题研究》，载《法学评论》，1999（6），107～108页。

③ 王小能：《票据法教程》，225页；谢怀栻：《票据法概论》（增订版），161页；熊伟、罗平：《票据质押若干问题研究》，载《法学评论》，1999（6），108页。

一定期限内还本付息的有价证券。它包括政府债券、金融债券和企业债券。政府债券在中国又称国库券，即由政府为筹措资金而向投资者发行的一种债券。金融债券是由金融机构发行的债券。企业债券是由企业发行的债券。[①]

债券，表示着一定的债权，因而，债券质权属于债权质权。债券，为有价证券的一种，所以，债券质权属于有价证券质权。

（二）债券质权的取得

1. 概述

债券质权，可以随同其担保债权一同转让，使受让人取得债券质权。债券质权，也可以因继承、赠与而随同被担保债权而由继承人或受赠人取得（《票据法》第 11 条之参照）。由于《物权法》将权利凭证的交付作为债券质权设立的生效要件（第 224 条后段），此项权利凭证的交付具有公信力（第 23 条之参照），债券质权可以善意取得（第 106 条）。当然，最为常见的还是设立取得。以下专门讨论债券质权的设立。

2. 债券质权的设立

债券质权的设立，依据《物权法》第 224 条和《担保法》第 76 条的规定，需要当事人订立书面的质押合同，并且需要出质人将债券（权利凭证）交付给债权人（质权人），债券质权自债券（权利凭证）交付债权人（质权人）时设立。

诸如记账式国库券、在证券交易所上市交易的公司债券等债券均因实现无纸化而没有权利凭证，它们出质，依据《物权法》第 224 条后段的规定，需要到有关部门进行出质登记，债券质权自该登记部门办理出质登记时设立。由于《物权法》第 14 条规定物权变动自记载于不动产登记簿时发生效力，债券质权自登记部门将债券质押的信息记载于登记簿时设立。

这里的有关部门，包括中央国债登记结算有限责任公司、中央证券登记结算有限责任公司等。例如，记账式国库券[②]必须到中央国债登记结算有限责任公司[③]办理出质登记，而在证券交易所上市交易的公司债券则须到中央证券登记结算有限责任公司办理出质登记。[④]

需要指出，《公司法》（2013 年修订）规定："公司债券在证券交易所上市交易的，按照证券交易所的交易规则转让"（第 159 条第 2 款）。"记名公司债券，由债券持有人以背书方式或者法律、行政法规规定的其他方式转让；转让后由公司将受让人的姓名或者名称及住所记载于公司债券存根簿"（第 160 条第 1 款）。"无记名公司债券的转让，由债券持有人将该债券交付给受让人后即发生转让的效力"（第 160 条第 2 款）。第 160 条的规范意旨，在于保护第三人不因公司债券的转让而受不测的损害，以维护交易安全。按照权利标的主义，债券

---

① 胡康生主编：《中华人民共和国物权法释义》，478 页。

② 记账式国债不需印制券面及凭证，而是以记账形式记录债权，利用账户通过电脑系统完成国债发行、交易及兑付的全过程。投资者进行记账式证券买卖，必须在证券交易所设立账户，它可以记名、挂失。——程啸博士的说明

③ 中央国债登记结算有限责任公司是为全国债券市场提供国债、金融债券、企业债券和其他固定收益证券的登记、托管、交易结算等服务的国有独资金融机构，是财政部唯一授权主持建立、运营全国国债托管系统的机构，是中国人民银行指定的全国银行间债券市场债券登记、托管、结算机构和商业银行柜台记账式国债交易一级托管人。目前，在中央结算公司开户的结算成员有 3 000 多家，基本涵盖国内商业银行、农村和城市信用社、保险公司、证券公司、证券投资基金、财务公司、信托投资公司、金融租赁公司以及外资银行在华分行等金融机构。——程啸博士的说明

④ 王利明、尹飞、程啸：《中国物权法教程》，524 页。

质权的设立虽然与债券转让有所区别，但具有类似性，应当类推适用债券转让的有关规定。在公司债券出质的问题上，《物权法》第 224 条后段的规定为普通法，《公司法》（2013 年修订）第 160 条的规定为特别法，应当优先适用。[①] 其中，记名公司债券质权的设立，不但需要签订质押合同，而且需要出质人在公司债券上记载“质押”字样或履行法律、行政法规规定的其他方式，还要将质权人的姓名或名称记载于公司债券存根簿。出质人和质权人没有背书记载“质押”字样，以债券出质对抗公司及其他第三人的，人民法院不予支持（法释[2000] 44 号第 99 条）。

还需说明，将债券出质的事实通知第三债务人，不是债券质权设立的生效要件，而是债券质权拘束债务人的要件，换句话说，若不为设立债券质权的通知，第三债务人可以拒绝质权人关于清偿被担保债权的请求。

（三）债券质权的效力

1. 债券质权所担保的债权范围

关于债券质权所担保的债权范围，质押合同有约定的，依其约定；没有约定的，包括主债权及利息、违约金、损害赔偿金（《物权法》第 173 条，《担保法》第 81 条、第 67 条），以及由他人有偿保管债券时产生的必要费用。

2. 债券质权的效力所及的标的物范围

债券债权本身及其利息，债券债权遭受侵害所产生的损害赔偿金，应属于债券质权的效力所及的标的物范围。如果债券附有从证券且在出质时交付债权人了，此类从证券亦为债券质权的效力所及。

3. 质权人的权利

（1）债券的留置权

在出质人已将出质债券交付债权人（质权人）、被担保债权尚未获得清偿的情况下，质权人有权留置该债券。

（2）利息的收取权

债券产生的利息，质权人享有利息收取权（《物权法》第 229 条、第 213 条）。

（3）转质权

质权人有权准用《物权法》第 217 条的规定，将债券转质。

（4）入质债券的保全权

出质人的行为造成入质债券的价值明显减少，足以危害质权人权利的，可准用《物权法》第 216 条的规定，质权人有权要求出质人提供相应担保；出质人不提供的，质权人有权与出质人协议将入质债券提存。

（5）物权请求权

在入质债券被他人无权占有、债券质权受到妨害或有妨害之虞时，债券质权人有权行使物权请求权。

（6）提前受偿或提存权

在入质债券的兑现日期先于主债务的清偿期限场合，债券债权人届期受偿，会使入质债

① 参见黄松有主编：《〈中华人民共和国物权法〉条文理解与适用》，660～661 页。

券消灭，债券质权因其标的物消失而难以存续。为了保护质权人的合法权益，在债券债权人愿意放弃期限利益而提前向质权人为清偿时，应当允许；债券债权人若不愿放弃期限利益，有义务将第三债务人（付款人，债券债权人的债务人，下同）的付款提存于第三人处，质权人有权请求债券债权人为此类提存行为（《物权法》第 225 条）。

（7）享有债券的担保利益

入质债券附有质权或保证时，债券债权为主权利，质权、请求保证人承担保证责任的权利等为从权利。根据担保权的效力及于担保物的从权利的原理，债券质权的效力及于这些担保利益。如此，在入质债券的兑现日期届满后，第三债务人拒不付款，债券质权人有权代入质债券债权人之位而行使附带于债券上的担保权，可以直接请求债券债权的保证人予以清偿，或就担保债券债权的质物的变价，使其债权优先受偿。

（8）别除权（涤除权）

在债券债权人进入破产程序时，债券质权人可以就已经入质的债券主张行使别除权（涤除权），要求不将该部分财产权利列入破产财产范围。

（9）债券质权的实行权

在主债务人不履行到期债务致使被担保债权未获清偿时，债券质权人有权实行质权，就入质债券为处分：入质债券的兑现日期先于被担保债权的，质权人有权请求债券债权人提前清偿或予以提存，已如上述，此处不赘；债券债权已届兑现期的，质权人有权直接请求第三债务人付款，并就此享有优先于债券债权人和一般第三人受偿的权利。

债券的金额超过被担保债权的部分归出质人所有，不足部分由主债务人清偿（《物权法》第 229 条、第 221 条）。

4. 债券质权人的义务

（1）保管义务

债券质权人对其占有的入质债券应尽善良管理人的注意予以保管。

（2）通知义务

债券质权的实现，取决于第三债务人的清偿，因而应当将债券质押的事实通知第三债务人，若未通知，则不具有对抗该第三债务人的效力，该第三债务人仍然可以向债券债权人付款，无须对债券质权人负担任何责任。只有这样，才能较为公正地平衡各方当事人的利益关系。由此导出债券质权人负有将债券质押的事实通知给第三债务人的义务。质权人怠于通知，第三债务人有权向债券债权人付款，除非能够证明该第三债务人为恶意。

需要注意，由于债券质权自债券交付或有关部门办理出质登记时设立，表明质权人将债券出质的事实通知第三债务人不是质权的生效要件，只是质权设立后于质权实行时请求第三债务人付款的条件。从第三债务人的角度观察，在质权人怠于通知时，第三债务人得以此向质权人为有关的抗辩，如在第三债务人已经向债券债权人付款时，其债务消灭，可以对抗质权人关于付款的请求。

债券质权人对第三债务人还负有另一通知义务，即，在主债务人不履行到期债务致使担保债权未获清偿时，债券质权人有义务通知第三债务人向自己付款。

（3）消除对债券债权的限制

在主债务人适当清偿担保债务、质权人放弃债券质权等事由导致质权消灭的情况下，质权人应当消除对债券债权的限制，如及时返还债券或及时办理注销登记等。

（4）赔偿损失

债券质权人对债券债权人承担损害赔偿责任的情况有如下两种：

1）在债券质权存续期间，未经出质人同意却转质，给债券债权人（出质人）造成损失的，债券质权人应当赔偿其损失（《物权法》第229条、第217条）。

2）债券质权人怠于行使质权，给债券债权人（出质人）造成损失的，应当赔偿其损失（《物权法》第229条、第220条第2款）。

（5）不当得利返还

债券质权的行使，超过了被担保债权的范围，就该超出部分构成不当得利，债券质权人应予返还。

（四）债券质权的消灭

债券质权所担保的债权消灭、债券债权消灭、质权人将债券返还与出质人、质权人抛弃债券质权等事由出现，债券质权归于消灭。

四、存款单质权

（一）概述

存款单，简称为存单，是指存款人在银行等储蓄机构存了一定数额的款项后，由该银行等储蓄机构开具的到期还本付息的债权凭证。[①]

［扩展］

存折不宜质押，因为活期储蓄可以随时支取，满足存款人的需要。[②]

存单为债权凭证，反映着一定的还本付息请求权，因而存单质权为债权质权。存单是一种证券，所以存单质权同时为证券质权。

［辨析］

存款单质权不同于实务中存在着的账户质权。所谓账户质权，不得望文生义地将之界定为以账户为标的物而设立的质权，因为账户是一个会计概念，属于经济学范畴，其作用是为企业等提供一个资金往来的载体，便于国家对企业和相关人员进行税收等必要的管理；账户本身不具有交换价值，不属于可以流通的财产性资源，不代表财产性权利。还有，从实际情况看，一个企业的账户数目也并无严格限制，而且申请开立账户亦决非难事，由此使得账户本身不具有价值和交换价值。所谓账户质权，指的是这样的质权：借款人或第三人以未来预期可能获得的收入（一般是较为稳定的收费收入等）作担保，在贷款银行开立唯一的收费等经济往来账户，由贷款银行对该账户进行日常监管，一旦出现债务人不能按期还款的情况，贷款银行有权直接从该收费账户中扣划资金。可见，账户质权，实际上不是真正地用特定账户来担保债权的实现，而是以特定账户中的资金作为质物，担保债权实现的质权。[③]

在界定了特定账户里的资金数额并为特定债权提供担保的情况下，此类账户质权实际上

① 胡开忠：《权利质权制度研究》，171页；胡康生主编：《中华人民共和国物权法释义》，478页。

② 胡开忠：《权利质权制度研究》，172页。

③ 刘银春：《债权质权的理论与实践》，清华大学法学院博士学位论文（2005），126～127页。

是以一定数量的资金为标的物的金钱质权（法释［2000］44号第85条）。[①]

在质押合同仅仅规定以某账户质押，并未特定其中的资金，则由于账户资金是流动的，在出质人为企业、个体工商户、农业生产经营者的情况下，可依据《物权法》第181条和第189条的规定，以浮动抵押权论处。

在其他情况下，所谓的账户质权可按照债权对待。

（二）存款单质权的取得

存款单质权可因继承、赠与、与被担保债权一同转让、设立等方式取得。后一种方式最为常见。

《物权法》第224条规定，以存款单出质的，出质人和债权人（质权人）应当订立书面的质押合同，存款单质权自出质人将存款单交付债权人（质权人）时设立。

在实务操作中，以存款单出质的，依次进行如下作业：出质人和债权人（质权人）签订质押合同，出质人在存款单上背书，债权人（质权人）进行核押，甚至进行登记。[②]

所谓存款单核押，是指债权人（质权人）将存款单质押的情况告知开具存款单的储蓄金融机构，并就存款单的真实性向储蓄金融机构咨询，储蓄金融机构对存款单的真实性予以确认，并在存款单上签章或以其他方式签章的行为。其法律意义在于，开具存款单的储蓄金融机构对存款单的真实性进行确认，并且，一经确认，无论出质人实际存款的情况如何，均应推定存款单为具有完全权利内容的权利凭证，可以成为合法的质权标的物。存款单出质核押也是在向开具存款单的储蓄金融机构为质权设立的通知，储蓄金融机构被告知存款单出质的事实之后，存款人就成为“虚有权利人”，开具存款单的储蓄金融机构就不得再向存款人支付存款单载明的款项，更不允许挂失该存款单。如果开具存款单的储蓄金融机构核押后又受理挂失并造成存款流失的，应当承担民事责任（法释［2000］44号第100条）。[③]

［探讨］

1. 以虚开的存款单质押，以伪造、变造的虚假存款单质押的效力

所谓伪造、变造的虚假存款单，是指确属储蓄金融机构出具的但无实际存款内容的或与实际存款不符的真实存款单。无实际存款内容的存款单，即空存单。与实际存款内容不符的存款单，即套取的存款单。

对于此类存款单，法释［1997］8号第8条规定，存单持有人以伪造、变造的虚假存单质押的，质押合同无效。接受虚假存单质押的当事人如以该存单质押为由起诉金融机构，要求兑付存款优先受偿的，人民法院应当判决驳回其诉讼请求，并告知其可另案起诉出质人（第1款）。存单持有人以金融机构开具的、未有实际存款或与实际存款不符的存单进行质押，以骗取或占有他人财产的，该质押关系无效。接受存单质押的人起诉的，该存单持有人与开具存单的金融机构为共同被告。利用存单骗取或占用他人财产的存单持有人对侵犯他人财产权承担赔偿责任，开具存单的金融机构因其过错致他人财产权受损，对所造成的损失承担连带赔偿责任。接受存单质押的人在审查存单的真实性上有重大过失的，开具存单的金融

① 曹士兵：《中国担保法诸问题的解决与展望》，312页。

② 李国光、奚晓明、金剑锋、曹士兵：《最高人民法院关于适用〈中华人民共和国担保法〉若干问题的解释理解与适用》，355页。

③ 曹士兵：《中国担保诸问题的解决与展望》，307页。

机构仅对所造成的损失承担补充赔偿责任。明知存单虚假而接受存单质押的，开具存单的金融机构不承担民事责任（第 2 款）。以金融机构核押的存单出质的，即便存单系伪造、变造、虚开，质押合同均为有效，金融机构应当依法向质权人兑付存单所记载的款项（第 3 项）。

2. 以借用的存款单质押的效力

借用他人的存款单，以该他人的名义出质的，应当视构成要件而后决定适用代理或无权代理或表见代理的规定，来确定质押合同的效力，进而确定质权是否设立。

借用他人的存款单，以自己的名义出质，且存款单的所有权人与出质人（存款单的持有人）的姓名不一致的，出质人出示了对该存款单享有处分权的确凿证明，质押合同不因此而无效；出质人不能出示对该存款单享有处分权的确凿证明，应当类推适用《合同法》第 51 条的规定，认定质押合同的效力待定。

（三）存款单质权的效力

存款单质权的效力与前述债券质权的效力大体相当，不再赘述。需要指出的是，存款单到期后予以转期，而换发定期存款单的存款债权，仍为存款单质权的效力所及。[①]

（四）存款单质权的实现

主债务人不履行到期债务致使被担保债权未获清偿，或当事人约定的实现存款单质权的条件成就，质权人可行使质权，直接向存款单债务人——开具存款单的储蓄金融机构——请求兑付，使其被担保债权就存款单兑付的款项优先获得清偿。假如该储蓄金融机构拒绝兑付存款单，质权人可向该储蓄金融机构提起给付之诉。[②] 法释［2000］44 号第 106 条规定：“质权人向出质人、出质债权的债务人行使质权时，出质人、出质债权的债务人拒绝的，质权人可以起诉出质人和出质债权的债务人，也可以单独起诉出质债权的债务人。”

存款单的金额超过被担保债权的部分归出质人所有，不足部分由债务人清偿（《物权法》第 229 条、第 221 条）。

（五）存款单质权的消灭

存款单质权所担保的债权消灭、存款单债权消灭、质权人将存款单返还与出质人、质权人抛弃存款单质权、质权人依其意思丧失对存款单的占有又不能依法请求返还等事由出现，存款单质权归于消灭。

五、仓单质权

（一）仓单质权的概念

仓单质权，是指以仓单为标的物而设立的质权。

仓单，是指仓库的保管人应寄托人（存货人）的请求所填发的证明寄托人（存货人）所寄存物品的一种有价证券。仓单一般记载如下内容：寄托人的姓名及住址，保管场所，寄存物品的种类、名称、数量、质量，仓单填发地及填发时间，保管期限，保管状况，保管费用等。仓单是一种有价证券，要行使仓单上的权利，必须持有仓单。[③]

---

① 谢在全：《民法物权论》（下册），修订 2 版，342 页。

② 曹士兵：《中国担保诸问题的解决与展望》，311 页。

③ 黄松有主编：《〈中华人民共和国物权法〉条文理解与适用》，656 页。

关于仓单质权的性质，素有争论。有主张仓单质权为动产质权的，理由在于，仓单为表示所代表的物品的有价证券，占有证券与占有物品有同一效力，故仓单质权为动产质权。[①] 也有认为仓单质权为权利质权的，理由在于，仓单等有价证券所表示的物品仅得依其证券来行使权利，况民法将有价证券出质一概归于权利质权，故仓单质权应为权利质权。[②] 有学者进一步论证道，以仓单出质实际上是以仓单上所附载的对保管人的请求权出质，因为寄托人有权请求保管人履行对货物的保管义务并在合同到期后将货物交付寄托人，所以仓单所代表的权利可视为一种债权。以仓单出质实际上属于证券债权质权。[③]《担保法》（第75条以下）和《物权法》（第223条以下）都将仓单质权放在权利质权中规定，可见采取了权利质权说。

（二）仓单质权的取得

仓单质权可以基于继承、与被担保债权转让等方式取得，也可以善意取得，不过最为常见的是设立取得。依据《物权法》第224条的规定，以仓单为标的物设立质权时，出质人和质权人应当订立书面质押合同，出质人将仓单（权利凭证）交付质权人，仓单质权设立。

[讨论]

《合同法》规定，仓单是提取仓储物的凭证。存货人或仓单持有人在仓单上背书并经保管人签字或盖章的，可以转让提取仓储物的权利（第387条）。否则，不发生转让的效力。权利质权的设立应当遵循权利让与的规则，所以，以仓单出质的，除当事人之间的出质合意、背书和交付外，还需要以保管人的签字或盖章为必要条件。[④]

本书作者认为，从交易安全、有价证券流通的通例等方面考虑，这种意见确有道理，但依据《物权法》及其理论，却难获赞同。其原因在于：(1) 权利标的主义而非权利让与主义为今日通说，如此，仓单转让和仓单出质存在着区别，仓单出质并非仓单（权利）的转让。因而，仓单出质并非当然地适用《合同法》第387条的规定。(2)《物权法》（第224条）及《担保法》（第76条）为仓单质权设立要件的权威性条文，均未把背书、保管人的签字或盖章作为仓单质权设立的必要条件。上述观点违反了《物权法》及《担保法》的强制性规定。当然，站在立法论的立场，在仓单上记载"质押"字样，作为质权设立的生效要件，较为可取。

不过，应当注意，《物权法》第224条及《担保法》第76条的规定没有区分无记名证券、记名证券和指示证券，一律以交付有价证券为质权设立的生效要件，不尽合理。仓单出质，背书为妥；未经背书，不得对抗第三人。[⑤] 这种意见值得重视。

---

① 中国台湾地区"最高法院"1965年台上字第1057号判决；倪江表：《民法物权论》，360页；黄右昌：《民法物权诠解》，338页，台北，商务印书馆，1965；曹杰：《中国民法物权论》，258页；施智谋：《海商法专题研究》，184页，台北，三民书局，1992。

② 杨仁寿：《最新海商法论》，401页，自版，1999；中国台湾地区"最高法院"1984年台上字第984号判决；谢在全：《民法物权论》（下册），修订2版，326页。

③ 房绍坤、赵志毅：《论仓单质押》，载《法制与社会发展》，2001（4）；胡开忠：《权利质权制度研究》，168页。

④ 黄松有主编：《〈中华人民共和国物权法〉条文理解与适用》，661页。

⑤ 李国光、奚晓明、金剑锋、曹士兵：《最高人民法院关于适用〈中华人民共和国担保法〉若干问题的解释理解与适用》，357页；房绍坤、赵志毅：《论仓单质押》，载《法制与社会发展》，2001（4）。

（三）仓单质权的效力

1. 仓单质权所担保债权的范围

仓单质权所担保债权的范围，当事人之间有约定的，依其约定；无约定的，按照《物权法》第173条的规定确定，包括主债权及其利息、违约金、损害赔偿金。如果质权人将仓单委托他人（如委托银行等）保管而需要支出一定费用的，此类必要费用属于仓单质权所担保的债权范围。

2. 仓单质权的效力所及标的物的范围

仓单质权的效力及于出质的仓单，实际上是该仓单所载明的财产权。这是因为仓单与记载其上的财产权利是合为一体，不可分割的。另外，依《合同法》第390条的规定，仓储物的保管人对入库仓储物发现有变质或其他损坏，危及其他仓储物的安全和正常保管的，除催告存货人或仓单持有人作出必要的处置外，在紧急情况下，保管人可以作出必要的处置。保管人对仓储物的处置多为将其变价，从而保管仓储物的代位物。由此若该仓单已经出质，则该权利质权仍存在于该代位物上；如果仓储期间届满存货人或仓单持有人没有提取仓储物，则保管人有权将仓储物依法提存，于此情况下，仓单质权的效力仍存在于该提存物上。质言之，如果仓储物有代位物或提存物的，则仓单质权的效力仍及于该代位物或提存物。同时，如果仓储物生有孳息的，则仓单质权的效力也及于该孳息。

3. 质权人的权利义务

（1）仓单的留置权

仓单出质后，出质人应将仓单交付给质权人占有，实务中多为背书交付。债务人未为全部清偿以前，质权人有留置仓单而拒绝返还之权。

（2）转质权

按照《物权法》第229条、第217条的规定，质权人在出质人同意等条件下可以转质。

（3）仓单质权的保全权

仓单出质后，因出质人的原因而使仓储物有所损失时，会危及质权人质权的实现。于此情形下，质权人有保全仓单质权的权利（《物权法》第229条、第216条），有权依照《合同法》第388条和第389条的规定，向仓储物的保管人请求检验仓储物或提取仓储物的样品，保管人不得拒绝，并且无须征得出质人的同意。质权人在检验仓储物或提取仓储物的样品后，发现仓储物有毁损或灭失之虞而将害及质权的，质权人得与出质人协商由出质人另行提供足额担保，或由质权人提前实现质权，或向第三人提存，以此来保全自己的质权。①

（4）仓单质权的物权请求权

仓单被他人无权占有、仓单质权被妨害或有妨害之虞时，仓单质权人有权行使物权请求权。

（5）仓单质权的实行权

在主债务人不履行到期债务致使被担保债权未获清偿，或当事人约定的实行仓单质权的情形出现的情况下，质权人有权实行仓单质权。

（6）妥善保管仓单的义务

仓单出质后，出质人要将仓单交付给质权人占有。由于采取权利标的主义，仓单所载明

---

① 房绍坤、赵志毅：《论仓单质押》，载《法制与社会发展》，2001（4）。

的财产权并未移转给质权人，继续由出质人享有。如果仓单丢失或被第三人善意取得，就会使出质人受到损害。为了保护出质人的合法权益，质权人负有妥善保管仓单的义务。

（7）返还仓单的义务

在主债务人履行了到期债务使被担保债权获得清偿，或其他原因致使仓单质权消灭的情况下，质权人负有返还仓单的义务。

4. 出质人的权利义务

出质人对仓储物处分权受有限制。仓单是提取仓储物的权利凭证，取得仓单意味着取得了仓储物的所有权。但仓单一经出质，质权人即占有出质人交付的仓单，此时质权人取得的并不是仓储物的所有权而仅为质权；对于出质人，因其暂时丧失了对仓单的占有，尽管对仓储物依然享有所有权，但若想处分该仓储物，则势必会受到限制。出质人若想对仓储物进行处分，应当向质权人另行提供相应的担保，或经质权人同意而取回仓单，从而实现自己对仓储物的处分权。在前者，表现为仓单质权消灭；在后者，表明质权人对债务人的信用持信任态度而自愿放弃自己债权的担保，法律自无强制的必要。如果此项处分权不受任何限制，则质权人势必陷入无从对质押担保标的物的交换价值进行支配的境地，从而该项权利质权的担保机能便因此而丧失殆尽。

5. 仓单质权对仓储物的保管人的效力

仓单质权对仓储物的保管人是否发生效力，因现行法上没有明确规定，所以不无疑义。质权对人的效力一般仅限于质押合同的当事人，但在仓单质权似有不同。我们认为，仓单质权对仓储物的保管人亦发生效力，只是不如其对质权人和出质人那么强而已。仓单质权对保管人的效力主要表现在如下两个方面：

（1）保管人负有见单即交付仓储物的义务

仓单是提取仓储物的凭证，仓单持有人可以凭借所持有的仓单向保管人请求交付仓储物，而保管人负有交付仓储物的义务。因而，在仓单质权中，当质权人的债权到期不能获清偿时，质权人便可以向保管人提示仓单请求提取仓储物从而实现仓单质押担保。从这个意义上讲，仓单质权的效力及于保管人。

（2）保管人享有救济权

依合同法原理，仓单持有人提前提取仓储物的，保管人不减收仓储费。因此，质权人在实现质权时，尽管仓储期间尚未届满，保管人也不得拒绝交付仓储物。但是，如果出于质权人提前提取仓储物而尚有未支付的仓储费的，保管人得请求质权人支付未支付的仓储费。当然，质权人因此而为的支出应当在仓储物的变价之中扣除，由债务人最后负责。若质权实行时，仓储期间业已届满，保管人亦享有同样的救济权，由质权人先支付逾期仓储费，债务人最后予以补偿。

（四）仓单质权的实行[①]

仓单质权的实行应当依法进行。依据《担保法》第 71 条的规定，债务履行期届满质权人未受清偿的，可以与出质人协议以质物折价，也可以依法拍卖、变卖质物；质物折价或拍卖、变卖后，其价款超过债权数额的部分归出质人所有，不足部分由债务人清偿。可见，仓

① 房绍坤、赵志毅：《论仓单质押》，载《法制与社会发展》，2001（4）。

单质权的实行方法也包括折价、拍卖、变卖三种方式。

仓单作为提货凭证，一般会有仓储期间记载其上。仓单出质后，仓单质权所担保的债权会有一个清偿期，从而，两个期间的届至会有先后，当然也不排除同时届至的可能性。因此，在仓单质权实行时会因仓单上所记载的提货日期先于、后于或同时与仓单质押担保的债权的清偿期届至而有所不同。因此，在仓单质权场合，质权人实行质权时须区分以下三种情况：

1. 仓单所记载的提货日期先于质押所担保的债权的清偿期届至的，依《担保法》第77条的规定，质权人可以在债权清偿期届满前提取仓储物，并与出质人协议将提取的仓储物用于提前清偿所担保的债权，或向与出质人约定的第三人提存，质权的效力仍然及于该提存物上。在此情况下，仓单质权变为动产质权。如果在此种情况下，债务人另行提供了担保，则不发生质权人提取仓储物这一后果，而为质权人返还仓单给出质人，从而使仓单质权消灭。至于质权人返还仓单后出质人是否提取已届期的仓储物，则不属于仓单质权问题。

值得讨论的是，在上述情况下，如果质权人与出质人不能达成协议的，应如何处理？对此，现行法上并无明确的规定。我们认为，于此情况下，质权人只能将所提取的仓储物予以提存，而不能用于提前清偿所担保的债权。因为若用于提前清偿所担保的债权，则势必会损害债务人所享有的期限利益。尽管法律在制度的设计上多考虑权利人的利益如何能够得到有效的保障和实现，但随着现代债法的发展和完善并由债的平等性决定了法律在保障权利人的利益的同时更应注意保障义务人的利益。在有期限的债的关系中，债务人即享有在债务履行期届至之前有拒绝履行未到期债务的权利，这种权利所体现就是一种期限利益。既然不能提前清偿所担保的债权，因而只能向第三人提存。质权人将提取的仓储物提存之后，质权仍存在于该提存物上，这样债权人的债权依然能够得到有效的保障；同时债务人于履行期届满时依法履行了债务后，即可以向提存人请求提取提存物，从而取回属于自己的物品。

2. 仓单所记载的提货日期后于质押所担保的债权的清偿期届至的，质权人能否直接向债务人请求给付，法释［2000］44号第102条规定："以载明兑现或者提货日期的汇票、支票、本票、债券、存款单、仓单、提单出质的，其兑现或者提货日期后于债务履行期的，质权人只能在兑现或者提货日期届满时兑现款项或者提取货物。"

［论争］

有学者认为，这种解释对于仓单质权似有不妥。根据《合同法》第392条的规定，法律允许存货人或仓单持有人提前提取仓储物，而不减收仓储费。仓单持有人有权提前提取存储物，而保管人不减收仓储费，对于双方当事人均无害处。因此，质权人在仓单所记载的提货日期后于质押所担保的债权的清偿期届至时，质权人提前提取仓储物，于法并无不可，且对保管人也无危害。当然，如前所述，如果由于质权人提前提取仓储物而造成保管人仓储费损失的，保管人享有救济权。[①] 中国台湾的谢在全先生认为，在质权人的担保债权清偿期届至时，不待证券清偿期届至，质权人可依动产质权的实行方法实行其质权。此时对于出质人与依证券而负给付义务的人均属无害，且对质权人及出质人有利，当无不许之理。[②]

与此不同，有持有与法释［2000］44号第102条规定相同意见的。仓单所记载的提货

---

① 房绍坤、赵志毅：《论仓单质押》，载《法制与社会发展》，2001（4）。

② 谢在全：《民法物权论》（下册），修订2版，368～369页。

日期后于质押所担保的债权的清偿期届至的，如果允许质权人提前取货，一方面，在事实上常常难以做到；另一方面，质权人在质押关系设定时，知道证券上的清偿期后于债务履行期，而仍然同意以此证券设定质押，表明其已自愿承担了在被担保的债权到期后，不能立即行使质权的后果。在此情况下，质权人只能等到证券所记载的清偿期到来后才能行使质权。[①]

3. 仓单所载提货日期与质押所担保的债权的清偿期同时届至的，因为在所担保的债权清偿期届至时，债务人未为债务的清偿，故而，质权人自可依法实现质权。在仓单质权场合，质权人实现质权时，以向仓储物的保管人提示仓单为必要。质权人向保管人提示仓单请求提取仓储物，保管人不得拒绝交付仓储物。质权人可依法处分所提取的仓储物，从而优先清偿其到期债权。[②]

（五）仓单质权的消灭

仓单质权所担保的债权消灭、仓单所载权利绝对消灭、质权人抛弃仓单质权等事由出现，仓单质权归于消灭。

六、提单质权

提单质权，是指以提单为标的物而设立的质权。

提单，是指用以证明海上货物运输合同和货物已经由承运人接收或者装船，以及承运人保证据以交付货物的单证（《海商法》第 71 条）。

提单中载明的向记名人交付货物，或按照指示人的指示交付货物，或向提单持有人交付货物的条款，构成承运人据以交付货物的保证。货物由承运人接收或装船后，应托运人的要求，承运人应当签发提单。提单可以由承运人授权的人签发。提单由载货船舶的船长签发的，视为代表承运人签发。《海商法》第 79 条规定，记名提单不得转让；指示提单经过记名背书或空白背书转让；不记名提单，无须背书，即可转让。因此，能够作为权利质权标的物的提单只能是指示提单和不记名提单两种。[③]

依据《物权法》第 224 条的规定，以提单为标的物设立质权时，出质人和质权人应当订立书面质权合同，质权自提单（权利凭证）交付之日起设立。

[讨论]

提单出质，同样面临着背书质押的地位及作用问题。鉴于《物权法》未将背书作为提单质权设立的生效要件，不妨采纳未经背书质押的提单质权不得对抗第三人的意见。[④]

提单质权的效力与仓单质权的大体相当，不再赘述。

七、股权质权

（一）股权质权的概念

股权质权，是指以股权为标的物而设立的质权。

---

① 王利明：《物权法论》，766 页，北京，中国政法大学出版社，1998。

② 房绍坤、赵志毅：《论仓单质押》，载《法制与社会发展》，2001（4）。

③ 胡康生主编：《中华人民共和国物权法释义》，478 页；王利明、尹飞、程啸：《中国物权法教程》，525～526 页。

④ 李国光、奚晓明、金剑锋、曹士兵：《最高人民法院关于适用〈中华人民共和国担保法〉若干问题的解释理解与适用》，358 页。

股权，股东权利的简称，是指股东依其股东身份和地位而享有从公司获取经济利益和参与公司经营管理的权利。在中国，公司包括有限责任公司和股份有限公司。在有限责任公司，股权的标的（物）是出资，其外在形式是出资证明书。在股份有限公司，股权的标的（物）是股份，其外在形式是股票。[①] 出资证明书，是指证明投资人已经依法履行缴付出资义务，成为有限责任公司股东的法律文件。[②] 按照《公司法》（2013 年修订）的规定，出资证明书应当载明下列事项：（1）公司名称；（2）公司成立日期；（3）公司注册资本；（4）股东的姓名或名称、缴纳的出资额和出资日期；（5）出资证明书的编号和核发日期（第 31 条第 2 款）。出资证明书由公司盖章（第 31 条第 3 款）。这表明出资证明书是记名的。股票是公司签发的证明股东所持股份的凭证（第 125 条第 2 款后段）。公司发行的股票，可以为记名股票，也可以为无记名股票（第 129 条第 1 款）。公司向发起人、法人发行的股票，应当为记名股票，并应当记载该发起人、法人的名称或姓名，不得另立户名或以代表人姓名记名（第 129 条第 2 款）。

［辨析］

有学者认为，股权质权的标的物是股权。在股份有限公司，股权的标的是股份，其外在形式是股票。在有限责任公司，股权的标的是出资，其外在形式是出资证明书。由此可将股权质权区分为股份质权和出资质权两种类型。《担保法》的一个缺陷是术语使用不规范。譬如，《担保法》将“股份、股票”并列使用（第 75 条第 2 项），实为不当；又如《担保法》没有按照《公司法》（1993 年）的规定区分“股份”与“出资”，也是读者需要注意的地方。《担保法》在《公司法》（1993 年）之后颁布，这些不规范的用法实属不该。至于说《公司法》本身是否应该进行这样的区分，则另当别论。

股权质押须依法进行。股权出质，首先应当满足《物权法》和《担保法》的要求；其次还应当满足《公司法》的要求。例如，《公司法》（2013 年修订）除了第 142 条第 4 款规定：“公司不得接受本公司的股票作为质押权的标的。”此外，法释［2000］44 号第 103 条第 1 款规定，以股份有限公司的股份出质的，适用《公司法》有关股份转让的规定。[③] 因而，《公司法》（2013 年修订）第 141 条关于“发起人持有的本公司股份，自公司成立之日起一年内不得转让。公司公开发行股份前已发行的股份，自公司股票在证券交易所上市交易之日起一年内不得转让。公司董事、监事、高级管理人员应当向公司申报所持有的本公司的股份及其变动情况，在任职期间每年转让的股份不得超过其所持有本公司股份总数的百分之二十五；所持本公司股份自公司股票上市交易之日起一年内不得转让。上述人员离职后半年内，不得转让其所持有的本公司股份。公司章程可以对公司董事、监事、高级管理人员转让其所持有的本公司股份作出其他限制性规定”的规定，适用于股权出质。

需要注意，现行法关于股权能否出质的一些特别规定。例如，《证券公司股票质押贷款管理办法》（2004 年）第 12 条规定，用于质押贷款的股票应业绩优良、流通股本规模适度、流动性较好。贷款人不得接受以下几种股票作为质物：（1）上一年度亏损的上市公司股票；（2）前 6 个月内股票价格的波动幅度（最高价/最低价）超过 200%的股票；（3）可流通股

---

① 施天涛：《公司法论》，2 版，237、271 页，北京，法律出版社，2006。

② 胡康生主编：《中华人民共和国物权法释义》，479 页。

③ 施天涛：《公司法论》，2 版，271 页。

股份过度集中的股票；(4) 证券交易所停牌或除牌的股票；(5) 证券交易所特别处理的股票；(6) 证券公司持有一家上市公司已发行股份的5%以上的，该证券公司不得以该种股票质押；但是，证券公司因包销购入售后剩余股票而持有5%以上股份的，不受此限。第23条规定，一家商业银行及其分支机构接受的用于质押的一家上市公司股票，不得高于该上市公司全部流通股票的10%。一家证券公司用于质押的一家上市公司股票，不得高于该上市公司全部流通股票的10%，并且不得高于该上市公司已发行股份的5%。被质押的一家上市公司股票不得高于该上市公司全部流通股票的20%。上述比率由证券登记结算机构负责监控，对超过规定比率的股票，证券登记结算机构不得进行出质登记。中国人民银行和中国银行业监督管理委员会可根据需要适时调整上述比率。

[论争]

1. 公司不得接受本公司的股票作为质押权的标的，是否合理？

《公司法》(2013年修订) 第142条第4款关于"公司不得接受本公司的股票作为质押权的标的"的限制，是否合理，对此存在着争论。通说认为，如果公司接受自己本公司的股票作为质权标的，无异于用自己的财产担保自己的债权。有的著作进一步阐述到，当公司的债务人无力清偿到期债务而公司拍卖抵押物又无人应买时，公司自然就成为抵押股票的所有人，从而违背公司不得拥有自身股份的一般原则。①

反对说则认为，(1) "公司不得接受本公司股票作为质权标的"，针对的应是在公司作为债权人而由本公司股东作为出质人的情形。股东的股权属于股东可处分的财产，为何不能出质呢？(2) 当债务人不能清偿债务时，公司作为质权人（债权人）有权依法拍卖该出质股份，并从拍卖该股份所获得的价款中优先受偿。这里，公司所获得的拍卖价款是股东股份的价值，又如何能说是公司用自己的财产担保自己的债权呢？(3) 在公司拍卖股份无人应买时，"公司就自然成为抵押股票的所有人"说，也难以成立。拍卖而无人应买是不可能的，无人应买只是价格问题，如价格适当怎么会无人应买呢？至于说价格低到不能体现股份质权所担保的债权价值，则另当别论。这是质权人应当承担的风险，因为股权质押本身就具有价值的不确定性，为什么其他质权人能承担这种风险，公司作为质权人就不能承担这种风险呢？何况所质押的股权没有价值在很大程度上是由于公司自己经营管理不善造成的。进而言之，即使是因无人应买而由公司取得该股份的所有权，又有何不可呢？应当注意，现代法律允许公司取得自己股份的情形越来越扩大，在实现股权质权取得自己股份应为法律所允许。②

2. 法释［2000］44号第103条第1款关于以股份有限公司的股份出质的，适用《公司法》(2013年修订) 有关股份转让的规定，是否适当？

该规定显然采取了权利让与主义，与作为通说的权利标的主义不合，在个案中也可能导致不适当的结果。例如，股权出质也适用《公司法》(2013年修订) 第141条的规定，公司于2014年2月2日成立，发起人以其持有的本公司股份20万股于2014年5月5日出质，担保履行期为2018年2月2日至6月2日的债权，应予允许，因为在实质上与《公司法》(2013年修订) 第141条规定的立法目的并不抵触。但由于法释［2000］44号第103条第1

① 赵旭东：《公司法学》，317页，北京，高等教育出版社，2003。

② 施天涛：《公司法论》，2版，272页。

款规定，股权出质适用《公司法》(2013 年修订）关于股权转让的规定，而该法第 141 条明文规定发起人持有的本公司股份，自公司成立之日起 1 年内不得转让；公司公开发行股份前已发行的股份，自公司股票在证券交易所上市交易之日起 1 年内不得转让；公司董事、监事、高级管理人员所持本公司股份自公司股票上市交易之日起 1 年内不得转让，上例的股权质权不得发生法律效力。这显然是不适当的。

（二）股权质权的取得

1. 概述

股权质权可以基于继承、赠与、与被担保债权一同转让、设立等方式取得。通过设立而取得股权质权最为常见。至于可否善意取得股权质权，则存在着争论。

2. 股权质权的设立

《物权法》第 226 条第 1 款规定，以股权出质的，当事人应当订立书面合同。以证券登记结算机构登记的股权出质的，质权自证券登记结算机构办理出质登记时设立；以其他股权出质的，质权自工商行政管理部门办理出质登记时设立。分解开来解释如下：

（1）以证券登记结算机构登记的股权出质的，质权自证券登记结算机构办理出质登记时设立。

所谓证券登记结算机构，是指为证券交易提供集中登记、存管和结算服务，不以营利为目的的法人。中国的证券登记结算机构就是中国证券登记结算有限责任公司，其下设深圳分公司与上海分公司。所谓依法应当在证券登记结算机构登记的股权，包括上市公司的股权、公开发行股份的公司的股权、非公开发行但股东在 200 人以上的公司的股权等。这些股权的表现形式均为股票。[①]《证券法》规定，证券持有人持有的证券，在上市交易时，应当全部存管于证券登记结算机构（第 159 条）。证券登记结算机构负责证券账户、结算账户的设立；证券的存管和过户；证券持有人名册登记；证券交易所上市证券交易的清算和交收等职能（第 157 条）。同时，证券登记结算机构的结算采取全国集中统一的电子化运营方式，既方便当事人和第三人登记、查询，也节省登记成本。因此，以上述股权出质的，最合适的登记机构就是证券登记结算机构，质权自该机构办理完毕出质登记时设立。以在上海证券交易所上市的股份出质的，应当在中国证券登记结算公司上海分公司办理出质登记。而以在深圳证券交易所上市的股份出质的，应当在中国证券登记结算公司深圳分公司办理出质登记。目前股权质押登记的实际做法是，流通股的质押登记一般在证券公司的营业部办理，然后营业部将该质押登记资料报证券登记结算机构备案。而有限售条件的流通股和非流通股的质权登记，基本上是直接到证券登记结算机构办理出质登记。[②]

贷款人（股权质权人）有权向证券登记结算机构核实出质股权的真实性、合法性，证券登记结算机构应根据贷款人的要求，及时真实地提供有关情况［《证券公司股票质押贷款管理办法》(2004 年）第 24 条］。

（2）以其他股权出质的，质权自工商行政管理部门办理出质登记时设立。

所谓其他股权，指不在证券登记结算机构登记的股权，包括有限责任公司的股权、非公

① 胡康生主编：《中华人民共和国物权法释义》，485 页。

② 胡康生主编：《中华人民共和国物权法释义》，485～486 页；王利明、尹飞、程啸：《中国物权法教程》，527～528 页。

开发行的股东在200人以下的股份有限公司的股权等。关于这类股权出质时的登记问题,《担保法》第78条的规定是记载于股东名册。但是,从实践来看,该规定具有很大的不合理性。因为在股东名册上的记载,不具有明显的公开性,公示效果不强,不便于第三人查询。此外,也容易出现伪造和篡改登记的问题。有鉴于此,《物权法》第226条第1款后段规定,以其他股权出质的,质权自工商行政管理部门办理出质登记时设立。之所以确定工商行政管理部门为登记机关,主要是考虑到依据《公司法》(2013年修订)及《公司登记管理条例》的规定,所有依法设立的公司都必须在工商行政管理部门办理登记,且公司变更登记事项时应当向原公司登记机关申请变更登记。同时,公众可以向公司登记机关申请查询公司登记事项,公司登记机关应当提供查询服务。因此,将其他股权出质的登记机关确定为工商行政管理部门,可以很好地贯彻物权的公示公信原则,能够让第三人迅速、便捷、清楚地了解到股权上存在的负担。①

应当指出,《公司法》(2013年修订)第71条第2款前段规定,有限责任公司的股东向股东以外的人转让股份时,必须经其他股东过半数同意。这意味着有限责任公司的股东将其出资设立质权时,必须事先征得其他股东过半数同意。

在此有必要简要介绍合伙人以其在合伙关系中的财产份额出质的问题。由于合伙人在合伙关系中的财产份额类似于股东在公司中的股份,合伙人以其在合伙关系中的财产份额出质类似于股东以其在公司中的股份出质,准用股份出质的规则避免不了。同时,也要注意,合伙人以其在合伙关系中的财产份额出质的特殊规则。例如,《合伙企业法》第25条规定:"合伙人以其在合伙企业中的财产份额出质的,须经其他合伙人一致同意;未经其他合伙人一致同意,其行为无效,由此给善意第三人造成损失的,由行为人依法承担赔偿责任。"

(三)股权质权的效力

1. 股权质权所担保的债权范围

股权质权所担保的债权范围,当事人有约定时,依其约定;无约定时,适用《物权法》第173条关于主债权及其利息、违约金、损害赔偿金和实现股权质权的费用的规定,予以确定。有学者主张,质权人为了防止出质的股票大幅度缩水而紧急抛售股票来保值所支付的费用,也应列入所担保债权的范围。②

2. 股权质权的效力所及标的物的范围

股权质权的效力及于出质股权自身,以及股权出质后产生的法定孳息(法释[2000]44号第104条),包括现金红利、股息、红股、转增股等。③ 如果公司以发行新股的方式分配股利的一部或全部,质权人对新股同样有收取权。④ 在这方面,《证券公司股票质押贷款管理办法》(2004年)第35条规定:"质物在质押期间所产生的孳息(包括送股、分红、派息等)随质物一起质押。质物在质押期间发生配股时,出质人应当购买并随质物一起质押。出质人不购买而出现质物价值缺口的,出质人应当及时补足。"按照意思自治原则,对于股权

---

① 王利明、尹飞、程啸:《中国物权法教程》,528页;胡康生主编:《中华人民共和国物权法释义》,486页。

② 胡开忠:《权利质权制度研究》,275页。

③ 谢在全:《民法物权论》(下册),修订2版,340页;中国台湾地区"最高法院"1974年度第三次民事庭会议决议(二);王利明、尹飞、程啸:《中国物权法教程》,531页。

④ 施天涛:《公司法论》,2版,275页。

的法定孳息，质押合同约定不在股权质权的效力范围之内的，依其约定（《物权法》第 229 条、第 213 条第 1 款）。

在公司清算而有剩余财产可分配于股东时，股权质权人有权收取该剩余财产。①

出质的股权因公司的合并或创设分立而失去效力，因此配发新股或现金，属于股权的代位物。例如，甲股份有限公司的股票出质后，甲公司和乙公司合并，依合并合同，甲公司终止而乙公司存续，此时甲公司的股票应当失去效力，唯因此可向乙公司请求配发新股或现金。此类新股或现金为股权质权的代位物，应为股权质权的效力所及。至于若为配合股票公开上市，由大面额股票换发为小面额股票，或可转换的公司债券经转换为股份后的股票，或股票经除权判决宣告无效后换发的新股票等，虽然不是因权利质权消灭所获得的损害赔偿金，但这些新股票和原股票应被视为同一物，该新股票相对于原股票的代位物而言，更应为股权质权的效力所及。②

3. 质权人的权利

（1）股票、出资证明书的留置权

在出质人将出质的股票、出质股权的出资证明书交付给质权人的情况下，只要主债务人不履行到期债务致使被担保债权未获清偿，质权人均有权留置入质的股票、交付的出资证明书。

（2）对股权法定孳息的收取权

股权的法定孳息为股权质权的效力所及，已如上述，质权人自然有权收取，除非质押合同另有约定（《物权法》第 229 条、第 213 条）。

（3）转质权

在能否转质的问题上，现行法对各种权利质权一视同仁，股权质权与票据质权、债券质权等在转质方面应被同等对待，此处不赘。

（4）物上代位的权利

股权质权与票据质权、债券质权等在物上代位的方面应当被同样对待，此处不赘。

（5）股权质权的保全权

股权质权与票据质权、债券质权等在保全上有相同的一面，也有特殊之处。例如，《证券公司股票质押贷款管理办法》（2004 年）第 33 条规定："用于质押股票的市值处于本办法第二十七条规定的平仓线以下（含平仓线）的，贷款人有权无条件处分该质押股票，所得的价款直接用于清偿所担保的贷款人债权。"此处所指第 27 条的内容为："为控制因股票价格波动带来的风险，特设立警戒线和平仓线。警戒线比例（质押股票市值/贷款本金×100％）最低为 135％，平仓线比例（质押股票市值/贷款本金×100％）最低为 120％。在质押股票市值与贷款本金之比降至警戒线时，贷款人应要求借款人即时补足因证券价格下跌造成的质押价值缺口。在质押股票市值与贷款本金之比降至平仓线时，贷款人应及时出售质押股票，所得款项用于还本付息，余款清退给借款人，不足部分由借款人清偿。"

（6）股权质权的物权请求权

入质的股票被他人无权占有、股权质权被不法妨害或有妨害之虞的，股权质权人有权行

① 柯芳枝：《公司法论》，195 页，北京，中国政法大学出版社，2004；施天涛：《公司法论》，2 版，275 页。

② 中国台湾地区"公司法"第 317 条之一第 1 项③④；谢在全：《民法物权论》（下册），修订 2 版，341 页；王利明、尹飞、程啸：《中国物权法教程》，532 页。

使物权请求权。

(7) 股权质权的实行权

在主债务人不履行到期债务致使被担保债权未获清偿，或当事人约定的实现股权质权的情形出现时，质权人有权行使其质权，就出质股权的价值使被担保债权优先受偿。

按照《物权法》第229条、第221条的规定，股权质权实行的方法可以是拍卖、变卖出质的股权，也可经出质人和质权人协商将出质股权折价，使被担保债权优先受偿。变价款超过被担保债权的部分归出质人所有，不足部分由债务人清偿。

(8) 保管义务

在出质的股权有股票或出资证明书交付与质权人的情况下，质权人有保管此类股票、出资证明书的义务。在这方面，《证券公司股票质押贷款管理办法》(2004年) 第19条规定，贷款人（股权质权人）在发放股票质押贷款前，应在证券交易所开设股票质押贷款业务特别席位，专门保管和处分作为质物的股票。贷款人应在贷款发放后，将股票质押贷款的有关信息及时录入信贷登记咨询系统。

(9) 返还义务

在股权质权消灭后，质权人有义务将保管的股票或出资证明书返还与出质人。

4. 出质人的权利义务

(1) 处分权受到限制

股权出质后，出质人对于股权不得以法律行为使其消灭或变更，除非经过质权人的同意。例如，这里所谓的消灭，指的是绝对消灭；至于相对消灭，如股权转让，《物权法》没有绝对禁止：股权出质后，不得转让，但经出质人和质权人协商同意的除外（第226条第2款前段）。

(2) 提前清偿或提存的义务

《物权法》第226条第2款后段规定，经协商同意而转让股权的，出质人应当将该转让款向质权人提前清偿或提存。

(3) 继续享有和行使在公司中的表决权

由于采取权利标的主义，股权的出质，并未剥夺出质人的股权，只是基于股权所享有的若干权能受到限制，而另外的权能则未受限制。未受限制的权能中包括表决权。出质人于股权出质后，有权继续出席股东大会，并对股东大会的决议进行表决。①

(4) 股利的收取权

记名股票的股东仍然享有收取股利的权利，但应将之向质权人提前清偿或提存。无记名股票出质场合，股东已经不能证明自己的股东身份，无从依据股票行使权利，故无权取得股利。②

（四）股权质权的消灭

股权质权所担保的债权消灭、股份有限公司或有限责任公司终止导致股权失效、质权人抛弃股权质权等事由出现，股权质权归于消灭。

---

① 谢在全：《民法物权论》（下册），修订2版，346～347页；施天涛：《公司法论》，2版，275页。

② 谢在全：《民法物权论》（下册），修订2版，347页。

八、基金份额质权

（一）基金份额质权的概念

基金份额质权，是指以基金份额为标的物而设立的质权。

基金份额，是指向投资者公开发行的，表示持有人按其所持份额对基金财产享有收益分配权、清算后剩余财产取得权和其他相关权利，并承担义务的凭证。[①] 这里所称基金，仅指《证券投资基金法》调整的证券投资基金，即通过公开发售基金份额募集证券投资基金，由基金管理人管理，基金托管人托管，为基金份额持有人的利益，以资产组合方式进行证券投资活动的信托契约型基金，包括投资于不同对象的信托契约型基金、采用不同运作方式的信托契约型基金和选择不同投资收益与风险的信托契约型基金等，但不包括私募基金和公司型基金。[②]

（二）基金份额质权的取得

基金份额质权可以基于继承、与被担保债权转让等方式取得，也可以善意取得，最为常见的是基于设立而取得。依据《物权法》第 226 条的规定，以基金份额为标的物设立质权时，出质人和质权人应当订立书面质押合同，证券登记结算机构办理完毕基金份额出质登记，基金份额质权设立。

证券登记结算机构，是指为证券交易提供集中登记、存管和结算服务，不以营利为目的的法人。[③]

封闭式基金的基金份额在证券交易所上市交易，以之设立权利质权时，依据《物权法》第 226 条第 1 款后段的规定，质权自证券登记结算机构办理出质登记时设立。依据《证券投资基金法》第 51 条的规定，开放式基金的基金份额的申购、赎回和登记，由基金管理人负责办理；基金管理人可以委托经国务院证券监督管理机构认定的其他机构（如商业银行、中央证券登记结算公司等）代为办理。从实践来看，中国目前的开放式基金大部分是通过商业银行来进行申购、赎回和登记，如果以开放式基金的基金份额设立质权，无法按照《物权法》第 226 条的规定到中央证券登记结算公司进行出质登记，需要变通处理。[④]

（三）基金份额质权的效力

基金份额质权的效力与股权质权的大体相当，不再赘述。

九、知识产权质权

（一）知识产权质权的概念

知识产权质权，是指以知识产权为标的物而设立的质权。

知识产权，是指人们对于自己的创造性智力活动成果和经营管理中的标记所依法享有的权利，主要包括注册商标专用权、专利权和著作权等。

注册商标专用权，简称为商标权，是法律赋予商标所有人对其注册商标（包括商品商

---

① 胡康生主编：《中华人民共和国物权法释义》，478 页。

② 李飞主编：《中华人民共和国证券投资基金法释义》，6 页，北京，法律出版社，2003。

③ 胡康生主编：《中华人民共和国物权法释义》，485 页。

④ 王利明、尹飞、程啸：《中国物权法教程》，526～527 页。

标、服务商标和集体商标、证明商标）依法享有的独占使用权。商标权是一种纯粹的财产权利，不包含人身权利在内，因此按照《商标法》第42条的规定，原则上可以转让；依据《物权法》第223条第5项的规定，可以出质。

专利权，是指国家专利主管机关依法授予专利申请人或其继受人在一定期限内实施其发明创造的独占性权利，分为发明专利权、实用新型专利权与外观设计专利权。专利权含有人身权和财产权两部分内容。按照《专利法》的规定，其中的人身权指发明人、设计人的署名权（第17条），而财产权包括专利许可权、专利转让权等。专利权中的财产权可以转让（第10条），也可以出质（《物权法》第223条第5项）。

著作权，又叫版权，是指文学、艺术和科学作品的创作者对其创作完成的作品依法享有的权利。著作权含有人身权和财产权两部分内容。按照《著作权法》的规定，其中的人身权包括发表权、署名权、修改权、保护作品完整权，而财产权包括复制权、发行权、出租权、展览权、表演权、放映权、广播权、信息网络传播权、摄制权、改编权、翻译权、汇编权，以及应当由著作权人享有的其他权利（第10条第1款）。著作权人可以将财产权全部或部分地转让，并依照约定或本法有关规定获得报酬（《著作权法》第10条第3款），也可以出质（《物权法》第223条第5项）。

（二）知识产权质权的取得

知识产权质权可因继承、赠与、与被担保债权一同转让、设立等方式取得。专利权质权和注册商标专用权质权，也可以善意取得。通过签订质押合同而设立取得知识产权质权，最为常见。

［论争］

有学者认为，知识产权质权不能适用善意取得制度，因为知识产权的取得常常要履行一定的手续。[①] 对此，本书作者回应如下：《专利法》第10条第3款规定："转让专利申请权或者专利权的，当事人应当订立书面合同，并向国务院专利行政部门登记，由国务院专利行政部门予以公告。专利申请权或者专利权的转让自登记之日起生效。"《商标法》第42条第4款规定："转让注册商标经核准后，予以公告。受让人自公告之日起享有商标专用权。"这表明专利权、商标专用权的转让都采取了公示为生效要件的模式，比照《物权法》赋予公示以公信力的精神，可认为《专利法》《商标法》上的知识产权转让所需的公示也具有公信力。加上《物权法》规定知识产权出质以登记为生效要件，可认为专利权质权和注册商标专用权质权，也能够善意取得。

《物权法》第227条第1款规定："以注册商标专用权、专利权、著作权等知识产权中的财产权出质的，当事人应当订立书面合同。质权自有关主管部门办理出质登记时设立。"以依法可以转让的注册商标专用权出质的，登记主管部门是国家工商行政管理总局（《商标法》第2条，《商标专用权质押登记程序》第2条）。以依法可以转让的专利权出质的，登记主管部门是国家知识产权局和省、自治区、直辖市人民政府管理专利的部门（《专利法》第3条）。以依法可以转让的著作权中的财产权出质的，登记主管部门是国家版权局和省、自治区、直辖市人民政府的著作权管理部门（《著作权法》第7条）。

---

① 胡开忠：《权利质权制度研究》，272～273页。

［论争］

有学者认为，《专利法》第 10 条第 2 款规定，中国单位和个人向外国人转让专利申请权或专利权的，必须经国务院有关主管部门批准。为此，如果中国单位或个人向外国人出质专利申请权或专利权，必须经国务院有关主管部门批准。[①] 鉴于现行法禁止流押合同，通说采取权利标的主义，专利权质权设立时专利权依然归出质人拥有，即使质权人为外国人，也不违反《专利法》第 10 条的规范意旨，没有必要令向外国人出质专利权的合同无效，可以承认此类专利权质权。当然，在此类专利权质权实现时不得由外国人受让作为质物的专利权，除非经过国务院有关主管部门的批准。

（三）知识产权质权的效力

1. 知识产权质权所担保的债权范围

知识产权质权所担保的债权范围，当事人有约定时，依其约定；无约定时，适用《物权法》第 173 条关于主债权及其利息、违约金、损害赔偿金和实现知识产权质权的费用的规定，予以确定。

2. 知识产权质权的效力所及标的物的范围

知识产权质权的效力及于出质知识产权自身，以及出质的知识产权转让时产生的转让费、许可他人使用时产生的许可费。当然，对于知识产权的前述收益，质押合同有相反约定的，按照意思自治原则，依其约定。

3. 出质人的权利义务

（1）出质人继续使用知识产权

以注册商标专用权、专利权和著作权等知识产权中的财产权设立质权后，质权人实际上是无法控制出质人自己使用知识产权的，从效益的原则出发，法律也没有必要禁止出质人自己使用。

（2）出质人不得转让或者许可他人使用出质的知识产权，除非经过质权人的同意

如果出质人可以在未经质权人同意的情况下将出质的知识产权转让、（有偿或无偿地）许可他人使用，就会有害于质权人的合法权益。因为一方面转让的对价和许可他人使用的对价都要归属于出质人，另一方面出质人无限制地转让其注册商标专用权、专利权、著作权等知识产权中的财产权，必然导致其价值降低。为了保护知识产权质权人的合法权益，《物权法》第 227 条第 2 款规定：“知识产权中的财产权出质后，出质人不得转让或者许可他人使用，但经出质人与质权人协商同意的除外。出质人转让或者许可他人使用出质的知识产权中的财产权所得的价款，应当向质权人提前清偿债务或者提存。”[②]

4. 质权人的权利义务

（1）转让费、许可费的收取权

从《物权法》第 227 条第 2 款后段的规定推论，质权人有权收取出质知识产权转让时产生的转让费、许可他人使用时产生的许可费。当然，不是无偿收取，而是用以清偿被担保债权。

（2）转质权

质权人可按照《物权法》第 229 条、第 217 条的规定，将知识产权转质。

---

① 胡开忠：《权利质权制度研究》，267 页。

② 胡康生主编：《中华人民共和国物权法释义》，488 页；王利明、尹飞、程啸：《中国物权法教程》，533 页。

(3) 知识产权质权的保全权

质权人可按照《物权法》第 229 条、第 216 条的规定，保全知识产权质权。

(4) 知识产权质权的物权请求权

知识产权质权被妨害或有妨害之虞的，知识产权质权人有权行使物权请求权。

(5) 知识产权质权的实行权

在主债务人不履行到期债务致使被担保债权未获实现，或当事人约定实行质权的情形出现的情况下，质权人有权实行知识产权质权。

按照《物权法》第 229 条、第 221 条的规定，知识产权质权实行的方法可以是拍卖、变卖出质的知识产权，也可经出质人和质权人协商将出质知识产权折价，使被担保债权优先受偿。变价款超过被担保债权的部分归出质人所有，不足部分由债务人清偿。

（四）知识产权质权的消灭

知识产权质权因被担保债权消灭、出质的知识产权消灭、质权人抛弃知识产权质权等事由出现而归于消灭。

十、应收账款质权

（一）应收账款质权的概念

应收账款质权，简单地说，是以应收账款（请求权）为标的物而设立的质权。所谓应收账款（account receivables; book debt），在境外及国际的法律文件上，指未被证券化的（不以流通中票据或债券为代表的）、具有金钱给付内容的、现在或未来的债权。但在中国《物权法》上不限于此类债权，尽管主要指它，还包括公路、桥梁等收费权。[①] 按照《应收账款质押登记办法》第 4 条的规定，应收账款是指权利人因提供一定的货物、服务或设施而获得的要求义务人付款的权利，包括现有的和未来的金钱债权及其产生的收益，但不包括因票据或其他有价证券而产生的付款请求权（第 1 款）。它包括下列权利：(1) 销售产生的债权，包括销售货物所产生的债权，供应水、电、气、暖所产生的债权，知识产权的许可使用等所产生的债权；(2) 出租产生的债权，包括出租动产或不动产所产生的债权；(3) 提供服务产生的债权；(4) 公路、桥梁、隧道、渡口等不动产收费权；(5) 提供贷款或其他信用产生的债权（第 2 款）。

［辨析］

《物权法》及《应收账款质押登记办法》将公路、桥梁等不动产收费权（以下简称为不动产收费权）纳入应收账款之中，意味着把它们作为债权看待了。但实际上它们不同于典型债权。(1) 典型债权分为一时性债权和继续性债权，前者为债务人一次适当给付即告消灭的债权，后者乃债务人持续地或重复地给付相同内容的债权。不动产收费权非义务人一次付费即告消灭的权利，明显不同于一时性债权。虽然在不动产收费权有整体权利和个别成分之分，以及持续实现这些方面类似于继续性债权，但在义务人等方面却存在着差异。(2) 典型

① 《全国人大法律委员会关于〈中华人民共和国物权法（草案）〉修改情况的汇报》（2006 年 12 月 24 日十届全国人大常委会第二十五次会议），载全国人民代表大会常务委员会法制工作委员会民法室编著：《物权法立法背景与观点全集》，73 页；胡康生主编：《中华人民共和国物权法释义》，483 页。

债权的当事人均为特定之人，而不动产收费权的义务人不宜用特定来描述，因为不动产收费权实现之前，义务人不特定，只有在某个时间点的个别成分实现之时才特定，其他个别成分尚未实现，整体的不动产收费权继续存在。就是说，其他个别成分的法律关系中，义务人依然不特定，也可以说整体的不动产收费权关系中，义务人不特定。(3) 典型债权基于当事人之间的意思表示或法律规定而成立，约束当事人各方。不动产收费权基于合同和行政审批而成立，不但约束合同当事人，而且约束合同当事人以外的将要通过收费站的车辆驾驶员，不符合债的相对性原则。尽管如此，由于《物权法》及《应收账款质押登记办法》将不动产收费权纳入应收账款之中，本书从之，从权利的角度统一命名为应收账款请求权。

汇票、支票、本票、债券、存款单所代表的权利为债权，合法持有人具有在条件成就、期限届至的情况下，持这些凭证向凭证上记载的债务人请求支付一定款项的权利。这些债权与普通应收账款债权的区别在于，前者由于有一定的书面凭证作为记载而被表征化和固定化了，而应收账款则无此特征，即使有些具有借款协议或欠条等书面凭证，也仅仅是债权存在的证据，不具备证券化载体的无因性。这些差异在质权制度中也有反映，如普通应收账款质权在实现过程中，质权人仍然会面临较大风险。有鉴于此，应当将有价证券质权和应收账款质权予以区别，如此，宜将应收账款质权界定为一种以未被证券化的或不能以流通中票据或债券为载体的、具有金钱给付内容的普通债权或某些不动产收费权为标的物的质权。①

在应收账款质权关系中，应收账款请求权人为出质人，绝大多数情况下就是主债务人，主债务人的债权人为质权人，向应收账款请求权人负清偿义务的当事人为第三债务人。

应收账款质权的法律性质如下：

1. 应收账款质权的标的物是未被证券化的以金钱给付为内容的权利

以未被证券化的、以金钱给付为内容的权利作为权利质权的标的物，是应收账款质权不同于其他权利质权的重要之点。

在应收账款质权场合，应收账款请求权中的普通（典型）债权，绝大多数情况下是现实债权，也允许附始期的债权、附停止（生效）条件的债权、合伙人的剩余财产分配请求权等将来债权出质。② 应收账款请求权中的不动产收费权，就权利整体而言，为现实的权利；就其实现来说，属于未来的持续性实现。

2. 应收账款质权的设立不以交付权利凭证为要件

应收账款是一种未被证券化的、具有金钱内容的请求权，无证券载体，因此，在设立应收账款质权时无须转移权利凭证。当然，根据当事人意思自治原则，质权人可以要求出质人在订立应收账款质押合同时转移合同书或其他凭证，增加其私下转让、处置应收账款的难度，尽可能维护质权的效能。

3. 应收账款质权的实现受制于应收账款义务人的清偿能力

应收账款质权实质上是一种以一种请求权担保另一种请求权的担保方式，与其他已经证券化的权利质权相比，其实现更加依赖应收账款债务人的信用程度和履行能力，受制因素明显多于票据质权，故其担保功能相对有限，在质权得不到实现时的交易成本更高，商业银行

---

① 杜国辉：《应收账款质押若干法律问题分析》，清华大学法学院硕士学位论文（2008），6 页。

② 谢在全：《民法物权论》（下册），修订 2 版，315 页。

在办理此项业务时面临的风险更大。[①]

[辨析]

(1) 应收账款质权与债权转让

尽管有学者将应收账款质权与债权转让相提并论，但二者存在着区别：1) 二者的性质不同。应收账款请求权一经转让，原权利人便彻底退出，受让人以新请求权人的身份收取账款，性质上为一种权利的“买卖”，具有融资的功效却无担保的机能；而以应收账款出质，应收账款请求权人的身份并未发生变化，只是在第三债务人（付款人）到期未付款时，银行才可以就入质的应收账款优先受偿，性质上为一种债的担保。2) 二者的运作方式不同。应收账款请求权转让后，受让人能否向第三债务人收回账款及收回多少，概与原应收账款请求权人无关；而应收账款质权则不同，即使第三债务人（付款人）到期不付款，质权人也有权请求应收账款请求权人履行，并就所收账款优先受偿。质权人行使质权后，若所收账款大于被担保的债权额，须将余额退还给出质人；相反，如有不足，则质权人有权继续向出质人（应收账款请求权人）请求偿还不足部分。3) 二者的风险不同。应收账款请求权转让后，应由受让人独自承担应收账款未获清偿的风险，亦即受让人对应收账款承担坏账担保的责任；而应收账款的质权人毕竟还保有对应收账款请求权人（出质人）的请求权，风险分散于出质人和第三债务人两方，相对较小。[②] 4) 二者的收益不同。根据风险与收益相一致的原则，应收账款的受让人可能获得的利益通常要高于质权人的。前者往往以较低的“贴现率”受让应收账款，若账款最终能够全部回收，其赚取的差价较大；而应收账款质押中的质权人贷款之后可能获得的只是利息收入，而不能得到大于债权本息的偿付。[③]

当然，尽管应收账款转让与应收账款质权在理论架构上可说是泾渭分明，唯在实践操作中，两者的界限却有模糊的趋势。特别是银行为了降低风险，往往只开展有追索权的应收账款转让业务，即出让人须对第三债务人的清偿能力作出保证，一旦第三债务人无力清偿，银行仍有权向出让人追索。此种方式名为转让，其实质仍为应收账款担保贷款，只不过由第三债务人承担第一还款义务而已。但此种变异方式的出现，并不足以动摇应收账款转让和应收账款质权区分的基础。此外，《国际保理通则》第 12 条第 1 款、《联合国国际贸易应收账款转让公约》第 2 条 a 款，都提到以应收账款提供担保的，可视为应收账款的转让。因此两个公约实际上也是区分转让和质押的，只不过由于质押具有附条件转让的特点，准用转让的规定而已。质押和转让是两种不同的债权利用方式，债权人可以根据自身需要作出相应选择，肯定不能因此抹杀应收账款质押的独立价值。[④]

(2) 应收账款质权与保理

应收账款包括许多类型，其中重要的一类存在于保理制度之中。保理制度是一项以应收账款的转让为核心，并兼具管理、收款、坏账担保等多种功能的综合性制度。它是为赊销方式出售商品或提供服务的贸易提供销售账务管理、应收账款收取、信用风险担保和资金融通

---

① 杜国辉：《应收账款质押若干法律问题分析》，清华大学法学院硕士学位论文（2008），7 页。

② 杜国辉：《应收账款质押若干法律问题分析》，清华大学法学院硕士学位论文（2008），9 页。

③ 刘保玉、孙超：《应收账款质押的法律解读——兼评我国物权法草案的相关规定》，见北大法律信息网（www.chinalawinfo.com），2007 年 8 月 10 日访问。转引自杜国辉：《应收账款质押若干法律问题分析》，清华大学法学院硕士学位论文（2008），9 页。

④ 杜国辉：《应收账款质押若干法律问题分析》，清华大学法学院硕士学位论文（2008），9 页。

便利中一项或多项服务的综合性金融业务。[1] 在普通法国家里，国际保理业务的融资功能与其操作和债权质权确实比较相近[2]，确有一定的相似性。尤其是保理业务中经常发生保理商向出口商的融资，容易使人理解为出口商是以应收账款债权作质押而获取了一笔融资。在德国，有追索权保理甚至被认为实际上是债权质押借贷。[3]《国际保理通则》甚至也允许将应收账款提供担保权纳入保理的范畴（第 12 条）。但应收账款质权和保理毕竟不同，现以无追索权保理为例，加以说明：1）在应收账款质权中，虽然债权凭证移交给质权人，但在主债权人处分和实现质权前，出质人还是债权人；而国际保理业务中，保理商和供应商签订保理合同后，不论有无融资，保理商而非出口商即以应收账款债权人的身份向债务人催收款项。2）在应收账款质权中，首先由第三债务人清偿债务，待第三债务人不能清偿时，质权人方才处分入质的应收账款债权，向第三债务人收取应收账款来清偿主债务的本息；而在国际保理业务中，保理商向供应商支付预付融资款后，是直接以债权人身份向债务人收回的应收账款来得到偿付的。只有当应收账款出现商务争议时，才向出口商进行追索。3）在应收账款质权中，出质人必须向质权人清偿融资本息，出质人对出质应收账款债权变现仍不足以清偿的部分仍负责清偿；而在保理业务中，由于保理商作出了坏账担保，只要非发生商务纠纷及争议，保理商能向债务人收回多少及是否能够收回，概与出口商无关。4）在应收账款质权中，出质人获得融资后，要纳入其资产负债表的负债科目；而在保理业务中，出口商获得的预付融资款被视为其提前收回的应收账款，而在资产负债表中列入其流动资产科目。5）在应收账款质权中，出质人在清偿款项后，有赎回应收账款的权利；而保理业务中，出口商显然无这一权利，当然，在出现保理商追索（反转让）时出口商又买回了其应收账款债权，但是，这时发起的主体是保理商而非出口商。[4]

（二）应收账款质权的取得

1. 概述

应收账款质权连同其担保债权一同转让，受让人取得应收账款质权。由于《物权法》规定应收账款质权自信贷征信机构办理出质登记时设立（第 228 条第 1 款），出质登记为应收账款质权的生效要件，由于《物权法》赋予此类登记具有公信力（第 16 条第 1 款），规定了物权的善意取得（第 106 条），应收账款质权可发生善意取得。最为常见的应收账款质权的取得，首推应收账款质权的设立，即应收账款请求权人与其债权人（质权人）签订质押合同，并到信贷征信机构办理出质登记，由该债权人取得应收账款质权。以下专门讨论应收账款质权的设立。

2. 质押合同

以应收账款出质的，出质人和质权人应当订立书面合同。质权自信贷征信机构办理出质登记时设立（《物权法》第 228 条第 1 款）。

[探讨]

当事人未以书面签订质押合同，合同是否有效？观点不尽相同。有专家学者主张，中国

---

① 黄斌：《国际保理——金融创新及法律实务》，3 页，北京，法律出版社，2006。

② ［英］费瑞迪·萨林格：《保理法律与实务》，刘园、叶志壮译，124 页，北京，对外经济贸易大学出版社，1995。

③ 同上书，11 页。

④ 黄斌：《国际保理——金融创新及法律实务》，21 页。

法律只承认和保护以书面形式订立的质押合同，不承认和保护以口头、录音等方式订立的质押合同。同时，从保证银行质权清晰明确的角度出发，也应当订立书面的质押合同，并在合同中对应收账款质押的有关要素作详细的约定。[①] 本书作者认为，将《物权法》第 228 条关于要式合同的规定视为强制性规定利少弊多，莫不如作为倡导性规定，质押合同虽然未作书面形式，但当事人均予承认，或有证据证明质押合同存在，法律应予承认。

3. 质押登记

质押合同生效，再加上登记，应收账款质权才设立。质权自信贷征信机构办理出质登记时设立（《物权法》第 228 条第 1 款后段）。

按照《应收账款质押登记办法》的规定，中国现阶段的信贷征信机构是人民银行的征信中心（第 2 条）。应收账款质押登记由质权人办理，质权人也可以委托他人办理登记（第 7 条）。质权人办理应收账款质押登记时，应注册为登记公示系统的用户（第 9 条）。登记内容包括质权人和出质人的基本信息、应收账款的描述、登记期限。质权人应将其与出质人于办理质押登记前签订的协议（包括双方已经签订的质押合同、由质权人办理质押登记诸项内容）作为登记附件提交登记公示系统（第 10 条第 1 款）。出质人或质权人为单位的，应填写单位的法定注册名称、注册地址、法定代表人或负责人姓名、组织机构代码或金融机构代码、工商注册码等（第 10 条第 2 款）。出质人或质权人为个人的，应填写有效身份证件号码、有效身份证件载明的地址等信息（第 10 条第 3 款）。质权人可以与出质人约定将主债权金额等项目作为登记内容（第 10 条第 4 款）。质权人应将填写完毕的登记内容提交登记公示系统。登记公示系统记录提交时间并分配登记编号，生成应收账款质押登记初始登记证明和修改码提供给质权人（第 11 条）。

（三）应收账款质权人的权利

1. 应收账款凭证的留置权

应收账款存在权利凭证的，在主债务人不履行到期债务致使被担保债权未获清偿前，应收账款质权人有权留置此类权利凭证。

2. 孳息的收取权

应收账款产生孳息的，质权人享有孳息收取权（《物权法》第 229 条、第 213 条）。

3. 入质应收账款的保全权

应收账款作为一种普通债权或不动产收益权，绝大多数没有一定的书面凭证可以将其权利固定化和表征化，质权人不占有此类入质债权的凭证，导致该权利随时可能被出质人恶意放弃、减免、向第三人转让、第三债务人主动向出质人提前清偿等情形所冲击，损害质权人的质权。为了保护应收账款质权，一旦有上述情况之一发生，质权人有权要求停止不当行为，或请求人民法院撤销出质人放弃出质应收账款请求权和减免出质应收账款请求权的行为。[②]

需要注意，只有应收账款质押合同而未办理质押登记，则应收账款质权尚未设立，于是，当出质人为放弃、减免、向第三人转让将出质的应收账款时，质权人无权请求人民法院撤销这些行为，只能要求出质人承担违反质押合同的责任。

---

① 杜国辉：《应收账款质押若干法律问题分析》，清华大学法学院硕士学位论文（2008），15 页。

② 同上文，19～20 页。

4. 应收账款质权的处分权

《物权法》于权利质权一节没有规定质权人的转质权、放弃权，但于第 229 条规定："权利质权除适用本节规定外，适用本章第一节动产质权的规定。"由于《物权法》在动产质权一节规定了质权人的转质权（第 217 条）、放弃权（第 218 条前段），应收账款质权人应有将应收账款转质、放弃应收账款质权的权利。

5. 提前受偿或提存的权利

在出质应收账款的付款期限先于主债务的清偿期限场合，应收账款请求权人（出质人）届期受偿，会使出质的应收账款请求权消灭，应收账款质权因其标的物消失而难以存续。为了保护质权人的合法权益，在应收账款请求权人（出质人）愿意放弃期限利益而提前向质权人为清偿时，应当允许；应收账款请求权人（出质人）若不愿放弃期限利益，有义务将第三债务人（付款人）的付款提存于第三人处，质权人有权请求应收账款请求权人（出质人）为此类提存行为（《担保法》第 77 条之准用）。

应收账款出质后，经质权人同意，出质人转让应收账款请求权，所得转让款，应用于向质权人提前清偿债务；应收账款请求权人（出质人）若不愿放弃期限利益，则有义务将第三债务人（付款人）的付款提存于第三人处，质权人有权请求应收账款请求权人（出质人）为此类提存行为（《物权法》第 228 条第 2 款）。

6. 享有应收账款请求权的担保利益

出质应收账款请求权附有抵押权、质权或保证时，应收账款请求权为主权利，抵押权、质权、请求保证人承担保证责任的权利等为从权利。根据担保权的效力及于担保物的从权利的原理，应收账款质权的效力及于这些担保利益。如此，在入质应收账款请求权的清偿期届满后，第三债务人（付款人）拒不付款，应收账款质权人有权代入质应收账款请求权人之位而行使附带于应收账款请求权上的担保权，可以直接请求应收账款请求权的保证人予以清偿，或就担保应收账款请求权的抵押物或质物的变价，使其债权优先受偿。[①]

7. 别除权

在应收账款请求权人（出质人）进入破产程序时，应收账款质权人可以就已经入质的应收账款主张行使别除权，要求不将该部分财产权利列入破产财产范围。[②]

8. 应收账款质权的实行权

在主债务人不履行到期债务致使被担保债权未获清偿时，应收账款质权人有权实行质权，就入质的应收账款请求权为处分：应收账款请求权的清偿期先于被担保债权的，质权人有权请求应收账款请求权人提前清偿或予以提存，已如上述，此处不赘；应收账款请求权已届清偿期的，质权人有权直接请求第三债务人清偿，并就此享有优先于应收账款请求权人和一般第三人受偿的权利；应收账款请求权的清偿期后于被担保债权的清偿期的，质权人需要等待应收账款请求权的清偿期届至，才可请求第三债务人为清偿。

（四）应收账款质权人的义务

1. 保管义务

应收账款质权人若占有着应收账款合同书或其他凭证，则应尽善良管理人的注意，保管

---

① 李开国：《民法学》（专题讲座），464～466 页，西南政法大学，1995；梁慧星、陈华彬：《物权法》，4 版，361 页；杜国辉：《应收账款质押若干法律问题分析》，清华大学法学院硕士学位论文（2008），20 页。

② 杜国辉：《应收账款质押若干法律问题分析》，清华大学法学院硕士学位论文（2008），20 页。

好这些文件。

2. 通知义务

应收账款质权的实现，取决于第三债务人（应收账款请求权人的债务人）的清偿，因而应当将设质的事实通知第三债务人，若未通知，则不具有对抗该第三债务人的效力，该第三债务人仍然可以向应收账款请求权人清偿，无须对应收账款质权人负担任何责任。只有这样，才能较为公正地平衡各方当事人的利益关系。由此导出应收账款质权人负有将应收账款质押事实通知给第三债务人的义务。质权人怠于通知，第三债务人有权向应收账款请求权人清偿，除非能够证明该第三债务人为恶意。

需要注意，由于应收账款质权自信贷征信机构办理出质登记时设立，表明质权人将应收账款出质的事实通知第三债务人不是质权的生效要件，只是质权设立后于质权实行时请求第三债务人为清偿的条件。从第三债务人的角度观察，在质权人怠于通知时，第三债务人可以此向质权人为有关的抗辩，如在第三债务人已经向应收账款请求权人为清偿时，其债务消灭，可以对抗质权人关于清偿的请求。

应收账款质权人对第三债务人还负有另一通知义务，即，在主债务人不履行到期债务致使担保债权未获清偿时，应收账款质权人有义务通知第三债务人向自己清偿。

3. 消除对应收账款请求权的限制

在主债务人适当清偿担保债务、质权人放弃应收账款质权等事由导致质权消灭的情况下，质权人应当消除对应收账款请求权的限制，如及时办理注销登记等（《应收账款质押登记办法》第 17 条）。

4. 赔偿损失

应收账款质权人对应收账款请求权人承担损害赔偿责任的情况有如下两种：

（1）在应收账款质权存续期间，未经出质人同意却转质，给应收账款请求权人（出质人）造成损失的，应收账款质权人应当赔偿其损失（《物权法》第 229 条、第 217 条）。

（2）应收账款质权人怠于行使质权，给应收账款请求权人（出质人）造成损失的，应当赔偿其损失（《物权法》第 229 条、第 220 条第 2 款）。

5. 不当得利返还

应收账款质权的行使，超过了被担保债权的范围，就该超出部分构成不当得利，应收账款质权人应予返还。

[引申]

应收账款请求权人（出质人）的权利义务

应收账款请求权人（出质人）的权利和义务，一般都对应着应收账款质权人的权利义务，不再重复。所需要强调的，是如下义务：

（1）应收账款处分权受限制

应收账款出质后，应收账款请求权受到限制，例如，对第三债务人请求清偿的权利、对债务人为破产申请的权利等均不得行使，不得擅自转让、放弃应收账款请求权等。[①] 但这仍不足以排除应收账款请求权人（出质人）对应收账款质权的侵害。为了保护质权人的合法权

① 谢在全：《民法物权论》（下册），修订 2 版，346 页。

益，在签订应收账款质押合同时，应收账款质权人可请求设置如下条款：1）出质人向质权人交付基础合同文本或其他相关材料原件，以期减少出质人侵害质权行为发生的可能性。2）在应收账款请求权人（出质人）擅自以不合理的低价转让应收账款请求权，或放弃应收账款请求权的场合，若受让人或第三债务人为恶意，符合《合同法》第74条第1款规定的条件的，则应收账款质权人（债权人）有权诉请人民法院撤销该转让行为或放弃行为；若符合《合同法》第52条第2项规定的原因的，则该转让行为或放弃行为无效；如为善意，则转让或放弃为附条件行为，仅在质权人返还质押物价值范围内才成就（有效）。为实现该等义务，就有必要规定应收账款出质的，应通知其债务人，且通知一经到达，该等义务便形成。①

（2）保障出质应收账款请求权不发生时效瑕疵

应收账款出质后，应收账款请求权人应当及时向其债务人（第三债务人）主张权利，以中断诉讼时效，确保出质的应收账款请求权受到法律保障。不动产收费权中的绝大多数权利有较浓的行政批准色彩，出质人往往难以左右。因此，其承担的此项责任相对要轻。②

（五）应收账款质权的消灭

在被担保的主债权消灭、应收账款质权实现、质权人放弃登记载明的应收账款之上的全部质权及其他导致所登记质权消灭等事由出现的情况下，应收账款质权消灭。质权人应自该情形产生之日起10个工作日内办理注销登记（《应收账款质押登记办法》第17条）。

［反思］

《应收账款质押登记办法》第12条规定："质权人自行确定登记期限，登记期限以年计算，最长不得超过5年。登记期限届满，质押登记失效。"这不符合担保物权的从属性、担保物权直至被担保债权消灭才归于消灭的原理。按照法释［2000］44号第12条第1款关于"当事人约定的或者登记部门要求登记的担保期间，对担保物权的存续不具有法律约束力"的规定，《应收账款质押登记办法》第12条的规定不具有法律约束力。

［探讨］

中国台湾地区"民法"及其理论认为，由于债权证书可以占有改定的方式交付，债权证书的返还不能理解为债权质权当然消灭，质权人仍得基于质权设立合同请求交付。③

十一、其他财产权的质押

《物权法》第223条第7项规定，法律、行政法规规定可以出质的其他财产权利亦可作为质物，表明权利质权的体系不是封闭的。不过，该项规定较为严格，限于法律、行政法规规定的财产权，是否适于实际经济生活的需求，需要研究。

---

① 杜国辉：《应收账款质押若干法律问题分析》，清华大学法学院硕士学位论文（2008），21页。

② 杜国辉：《应收账款质押若干法律问题分析》，清华大学法学院硕士学位论文（2008），21页。

③ 姚瑞光：《民法物权论》，313页，自版，1990；郑玉波：《民法物权》，修订12版，370页；［日］柚木馨、高木多喜男：《担保物权法》，3版，145页；［日］我妻荣：《民法讲义Ⅲ·新订担保物权法》，183页；［日］高木多喜男等：《民法讲义3·担保物权》，改订版，93、98页，东京，有斐阁，1983；［日］高木多喜男：《担保物权法》，新版，84页。

第二十章　留置权

第一节　留置权概述

一、留置权的概念

留置权，是指债权人合法占有债务人的动产时，债务人不履行到期债务，债权人依法享有留置该动产，并可以该动产折价或以拍卖、变卖该财产的价款使其债权优先受偿的权利（《物权法》第230条第1款）。该动产叫作留置物，一般属于债务人所有，但有些场合则属于第三人所有。该债权人为留置权人。留置权的法律性质如下：

1. 留置权以他人的动产为标的物

留置权的标的物为他人的动产（《物权法》第230条），不动产、权利在现行法上均不得作为留置权的客体。[①] 该动产属于债务人所有的，成为留置权的标的物，容易理解；属于债务人以外的人所有的，可否成为留置权的客体，则存在争议。[②] 驾驶他人之车时途中抛锚，请求修理厂修理，待修理完毕后却拒付修理费，应当成立留置权。所以，至少在一定条件下，得承认债务人以外之人的动产可成立留置权。

2. 留置权为担保物权

在符合法定要件的情况下，留置权人有权留置他人的动产，并在债务人于法定期间仍不履行债务时可将留置物变价，使其债权优先受偿（《物权法》第230条以下）。可见，留置权符合物权、担保物权的规格，为担保物权。

［扩展］

留置权源于罗马法上的恶意抗辩（exception doi）以及诈欺的拒绝给付权。在罗马法上，债权人如对债务人负有债务，债权人未清偿其债务，却请求债务人履行其债务，构成违反诚实信用原则时，债务人可行使抗辩权，拒绝履行其债务。此种以公平理念为基础的拒绝给付权，仅系一种人的抗辩，乃对人的权利，且系分散规定，而无统一的制度。后世民法在继受的过程中，未尽一致。《法国民法典》最接近罗马法的传统，仅有债务人的各种拒绝给付权的规定（第545、555、570、867、1612、1613、1653、1673、1749、1948、2082、2280条），而未设留置权专章。不过，学说整理出留置权的理论。《德国民法典》也继受了

---

① 《日本民法典》承认不动产留置权（第295条）。

② 谢在全：《民法物权论》（下册），修订2版，380页。

罗马法的恶意抗辩的理论，把留置权规定于债编总则中（第 273 条、第 274 条），以基于同一债的关系所生两对立债权之间的拒绝给付权予以构成，属于对人的抗辩权，具有债的品格。《德国商法典》设有商人留置权制度（第 369 条、第 370 条、第 371 条、第 372 条参照）。《瑞士民法典》进一步将留置权与质权并列（第 895～898 条参照），性质上与动产质权无异，具有留置权能和优先受偿权能。《瑞士债务法》规定同时履行抗辩权（第 82 条），作为双务合同的效力。留置权的担保物权性质至此遂告完成。《日本民法典》设有留置权专章（第 295 条以下），并作为一种担保物权，不过只赋予了留置的效力，而未规定优先受偿权。中国台湾地区“民法”把留置权作为担保物权，具有留置的效力和优先受偿权（第 928 条以下）。[①]

3. 留置权依法律的直接规定而成立

与抵押权、质权大多基于当事人的约定而设立不同，留置权于法律直接规定的要件具备时当然成立。所以，留置权为法定担保物权。

4. 留置权具有从属性

留置权从属于被担保的债权，若不存在被担保债权，就不成立留置权。

5. 留置权具有不可分性

留置权的不可分性，是指留置权担保债权的全部，而非部分；留置权的效力及于留置物的全部，而非部分。考虑到留置物的价值远远超过被担保债权时仍固守不可分性，对留置物的所有权人过于苛刻，在一定条件下缓和留置权的不可分性也有必要，《物权法》特设第 233 条，规定“留置财产为可分物的，留置财产的价值应当相当于债务的金额”。

6. 留置权在物上代位性方面特殊

留置权是否具有物上代位性，对此存在着分歧。肯定说依逻辑主张，因留置权为担保物权，自具有从属性、不可分性和物上代位性。[②] 否定说则认为，留置权是把物的留置（占有）作为效力的本体，故不得承认它有物上代位性。[③] 在本书作者看来，留置物若完全变形为他种性质之物，如汽车被毁灭，转换成保险金，则留置权因留置物的占有彻底消失而归于消灭，物上代位性无从谈起；不过，留置物若只是遭受了些许损坏仍为同种之物，变形物产生，如投保的汽车被他人刺破轮胎、捣毁拖斗，保险金产生，留置权并未消灭，同时其效力及于保险金（请求权）上，表现出物上代位性。

7. 留置权不具有追及效力

留置权人对留置物的占有被侵夺，留置权人只能基于《物权法》第 245 条关于占有保护的规定请求无权占有人返还留置物，而不得基于留置权请求返还，表明留置权无追及效力。[④]

二、留置权与动产质权的区别

1. 标的物所有权人的范围不尽相同

留置权和动产质权虽然都以动产为标的物，在《物权法》上均可归第三人所有，但动产

---

① 谢在全：《民法物权论》（下册），修订 2 版，381～382 页；［日］近江幸治：《担保物权法》，祝娅、王卫军、房兆融译，沈国明、李康民审校，17 页。

② 谢在全：《民法物权论》（下册），修订 2 版，383 页；王利明、尹飞、程啸：《中国物权法教程》，535 页。

③ ［日］近江幸治：《担保物权法》，祝娅、王卫军、房兆融译，沈国明、李康民审校，16 页。

④ ［日］近江幸治：《担保物权法》，祝娅、王卫军、房兆融译，沈国明、李康民审校，29 页；郑玉波：《民法物权》，修订 12 版，358～359 页。

质权场合对第三人的范围不加限制，而留置权场合的动产则必须是与债权属于同一法律关系的动产（《物权法》第231条），因而留置物的所有权人不会是泛泛的任何第三人，只有在个别情况下才会是第三人。

2. 发生的原因、功能不同

留置权因法律的规定而发生，为法定担保物权，其作用仅在确保债权的实现。动产质权原则上通过当事人的意思表示设立，为意定担保物权，其作用既确保债权清偿，又媒介融资。①

3. 成立的要件不同

留置权不仅以债务人不履行到期债务为成立要件，而且必须是被担保债权与动产属于同一法律关系，除非是企业之间的留置（《物权法》第231条）。动产质权的成立则无此要求。

4. 标的物移转占有的时间不同

留置权成立前，债权人已经占有留置物；动产质权设立前鲜有债权人占有质物的现象。

5. 将标的物折价或变价的条件不同

留置权人将留置物折价或变价，必须在债权人留置标的物后的一定期间（如2个月）届满之时（《物权法》第236条）。动产质权人将质物折价或变价，以债务人不履行到期债务为条件，或发生了当事人约定的实现质权的情形（《物权法》第208条第1款）。

6. 消灭的原因不同

留置权因占有的丧失、债务人另行提供担保而消灭（《物权法》第240条）。动产质权人丧失对质物的占有，可基于质权请求无权占有人返还质物，质权继续存在（《物权法》第34条），只有待不能请求返还质物时质权才归于消灭。出质人提供相应担保不是动产质权消灭的原因（《物权法》第216条）。

三、留置权与同时履行抗辩权的关系

（一）留置权与同时履行抗辩权的联系与区别

留置权和同时履行抗辩权虽然都源于罗马法的拒绝履行制度，均依公平原则而设置，在历史发展上有密切的关联，但两者嗣后各有不同的演进方向，故有如下不同：

1. 法律性质不同

留置权在法国、日本、海峡两岸的民法上是物权，以直接支配标的物为内容，对任何人均可主张。同时履行抗辩权乃双务合同的一种效力，为债权性质，以拒绝相对人的给付请求为内容，只能对相对人主张。②

2. 所得拒绝的给付不同

留置权所得拒绝的给付，以与被担保债权属于同一法律关系的动产之交付为限，只有企业之间的留置权无此限制；同时履行抗辩权所得拒绝的给付，在种类上没有限制。③

---

① 谢在全：《民法物权论》（下册），修订2版，384页。

② ［日］近江幸治：《担保物权法》，祝娅、王卫军、房兆融译，沈国明、李康民审校，17页；谢在全：《民法物权论》（下册），修订2版，385页；王利明、尹飞、程啸：《中国物权法教程》，537页；胡康生主编：《中华人民共和国物权法释义》，496页。

③ 谢在全：《民法物权论》（下册），修订2版，385页；胡康生主编：《中华人民共和国物权法释义》，496页。

3. 所保护的债权不同

留置权所保护的债权，应为与动产属于同一法律关系的债权，至于该债权发生的具体原因，时常不予过问；更有甚者，企业之间的留置权所保护的债权可以不与动产属于同一法律关系。同时履行抗辩权所保护的两个债权，系同一双务合同所生，且相互间原则上立于对价关系。[①]

4. 有无不可分性不同

留置权为从物权，与其担保的债权具有不可分性，只是有所缓和（《物权法》第233条）。同时履行抗辩权无不可分性。

5. 实行的方式不同

留置权于其实行条件具备时，权利人可以作为的方式留置动产，待一定期间届满时可将留置物变价。同时履行抗辩权只能消极地阻止相对人的给付请求，并无积极实现自己债权的手段。其原因在于，前者为担保物权，后者仅为债务人的单纯的给付拒绝权能，不具有独立的权利地位。

6. 消灭的原因不同

留置权为担保债权而成立，于债务人另行提供担保时归于消灭。同时履行抗辩权以促使给付的交换履行为目的，所以，不因相对人另行提供担保而消灭。其原因在于，两者虽然都基于公平原则而设置，但各个公平理念所追求的目的各有不同。[②]

（二）留置权与同时履行抗辩权的竞合

留置权与同时履行抗辩权发生竞合的情况时而有之，例如，在买卖合同中，价款尚未支付，买受人请求出卖人移转买卖物的所有权，出卖人拒绝买受人的该项请求，可有同时履行抗辩权和留置权的考虑。于此场合，是认可出卖人得行使任何一项权利，还是仅仅允许行使一项权利，不无疑问。

在日本，多数说为两种权利竞合。[③] 在竞合说内部，看法不尽一致。有学说认为，两种权利不管何方均可行使。[④] 也有学者主张，在对价的债务关系以外的情况下认可两种权利竞合。[⑤]

非竞合说则认为，一般来说，物权关系，属于二人之间无特殊关系情况下的一般法的问题，若存在合同关系这个特殊关系，应当考虑适用合同法，排除物权法的适用。[⑥] 在理论上，有具备相同机能的两种权利的情况下，应当认为物权被包括在合同权利之中。所以，上述例子中，出卖人只能根据同时履行抗辩权拒绝移转买卖物的所有权。[⑦]

四、留置权与抵销权的区别

留置权和抵销权都源于罗马法上的恶意的抗辩权，同为维护公平而设置，但有下列

---

① 参考谢在全：《民法物权论》（下册），修订2版，385页。

② 谢在全：《民法物权论》（下册），修订2版，386页。

③ ［日］近江幸治：《担保物权法》，祝娅、王卫军、房兆融译，沈国明、李康民审校，18页。

④ ［日］川井健：《担保物权》，284页；［日］高木多喜男：《担保物权法》，16页；东京高判1949.7.14高民集2卷2号124页。

⑤ 参见［日］近江幸治：《担保物权法》，祝娅、王卫军、房兆融译，沈国明、李康民审校，18页。

⑥ ［日］川岛武宜：《民法理解学的诸问题》，126页；［日］铃木禄弥：《物权法讲义》，3版，15页以下；［日］近江幸治：《民法讲义Ⅱ·物权法》，39页，东京，成文堂，1990。

⑦ ［日］近江幸治：《担保物权法》，祝娅、王卫军、房兆融译，沈国明、李康民审校，18页。

区别：

1. 性质不同

留置权以对物的直接支配为内容，属于担保物权。抵销权虽然也间接地担保了债权的实现，但其本身并非担保权，而是为使双方当事人的债务在等额的范围内消灭的形成权。[①]

2. 成立方面的关注点不同

留置权所担保的债权与留置的动产属于同一法律关系，至于留置权人所享有的债权和债务人所享有的债权是否同种类，在所不问。企业之间的留置权连被担保债权与动产属于同一法律关系也不要求。抵销权的着眼点不在这些方面，而是要求二人所负债务在种类方面相同且相互对立。

3. 标的物不同

留置权的标的物限于动产。抵销权的标的物是给付种类相同且相互对立的债务（债权）。[②]

4. 目的不同

留置权的目的在于担保债权的实现。抵销权虽然间接地起到了担保债权实现的作用，但其主要目的在于避免无益的给付交换。

5. 效力不同

留置权的效力，一是暂时留置特定的动产，二是待一定期间届满时将该动产折价或变价。抵销权的行使，使债权债务确定地归于消灭。

6. 实行方式不同

留置权的实行，主要表现为将留置物折价或变价。抵销权的行使，以意思表示向相对人为之即可。

7. 消灭的原因不同

留置权可因债务人另行提供担保而消灭。抵销权则不因债务人提供担保而消灭。[③]

五、留置权的分类

大陆法系把留置权分为民事留置权和商事留置权。前者适用民法（主要是民法典）的规定，而后者适用商事法的规定。二者具有如下区别：

1. 主体不同

商事留置权适用于商人之间因双方的商行为所生债的关系，其主体均为商人，而民事留置权无此要求（参见《德国商法典》第369条第1款前段，《日本商法典》第521条）。

2. 成立要件上不同

民事留置权的要件之一是，债权与债权人占有的动产之间具有牵连关系，而商事留置权一般不作此要求。在后者场合，商人之间因营业关系而占有的动产及其因营业关系所产生的债权，无论实际上是否存在牵连关系，只要该动产是债权人因其商行为而占有的，都成立留置权。之所以如此，是因为商人相互间的交易非常频繁且常常维持相当长的一段时间，此间

---

① 谢在全：《民法物权论》（下册），修订2版，386页。

② 同上书，387页。

③ 同上书，386页。

各种债权债务关系不断发生消灭，如果按照民事留置权的要求，债权人必须精确地且逐一地证明每次交易所发生的债权与其所占有的动产之间存在着个别牵连关系，非常烦琐，有时也特别困难。为了加强商业交易中的信用，确保交易的效率，故而不以动产与债权具有牵连关系为必要。[①]

3. 效力不同

在一些立法例上，商事留置权的效力强于民事留置权。例如，在日本法上，民事留置权仅具有留置效力而无优先受偿效力，故而于债务人破产时留置权不具有别除效力，而商事留置权却被作为特别的先取特权看待（《日本破产法》第 93 条），具有很强的效力。

中国没有商法典，通说主张民商合一，因此在《物权法》颁布之前，一般意义上的商事留置权并不存在，只有《海商法》上确立了一种独特的商事留置权即船舶留置权（第 25 条第 2 款前段）。《物权法》第 231 条关于“债权人留置的动产，应当与债权属于同一法律关系，但企业之间留置的除外”的规定，显然承认了商事留置权。因为按照这一规定，如果是企业与企业之间发生债权债务关系，那么作为债权人的企业占有作为债务人的企业的动产时，无须该动产与债权具有同一关系。这种规定，明显符合上述商事留置权和民事留置权区别的第一项和第二项。[②] 以下所论的留置权，除非特别指出是商事留置权（企业之间的留置权），均为民事留置权。

第二节　留置权的取得

一、概述

留置权的取得，有的是基于法律行为，有的是非基于法律行为，包括基于法律的直接规定和基于继承事实。所谓基于法律行为而取得留置权，不是基于当事人签订留置权合同而取得，而是指留置权随着被担保债权的让与而由受让人取得。鉴于最为常见的留置权取得方式为基于法律的直接规定，以下专就此种方式加以介绍。

传统民法通常都将法律关于留置权的产生条件划分为积极条件和消极条件。所谓积极条件，是指留置权产生所必须具备的条件。所谓消极条件，是对留置权成立的限制条件，只有这些限制条件不存在时，留置权才能成立。

二、留置权成立的积极要件

（一）债权人合法占有他人的动产

留置权为担保物权，具有从属性，所以留置权人必须为债权人，而留置权的义务人则必须为被担保债权的债务人，与抵押权、质权等可以第三人为担保物的提供人不同。[③]

该债务人的动产为留置物，比较顺理成章。第三人的动产可否为留置物，则有争论。[④]

---

① 王利明、尹飞、程啸：《中国物权法》，535 页。

② 同上书，536 页。

③ 谢在全：《民法物权论》（下册），修订 2 版，391 页。

④ 同上书，391～392 页。

鉴于动产物权的善意取得制度适用于留置权，被担保债权与第三人所有的动产发生牵连关系的事例并非鲜见，《物权法》第 230 条和第 106 条的适用应予统筹考虑，应当有条件地承认第三人的动产可作为留置物。如前述修理他人汽车而成立的留置权，属于留置权成立于债务人以外的第三人的动产之上的例子。如此，也符合法释［2000］44 号第 108 条关于“债权人合法占有债务人交付的动产时，不知债务人无处分该动产的权利，债权人可以按照担保法第八十二条的规定行使留置权”的明确解释。

抵押权、质权等担保物权要求其标的物具有让与性，留置权因其主要作用在于留置标的物，以迫使债务人清偿债务，就留置物变价受偿仅为次要作用，故在留置物的让与性方面要求不太严格。①

由于留置权以占有标的物为其成立要件和存续要件，必须是债权人已经占有了他人的动产，才能成立留置权。至于占有的方式，直接占有、间接占有、利用占有辅助人而为占有、与第三人共同占有，均无不可。②

［以案说法］

1. 基本案情及涉案法律关系

乙公司长期为丙公司提供码头集装箱的作业、堆存、保管。截止到 2006 年 8 月 18 日乙公司发出留置通知时，丙公司累计拖欠乙公司各类欠款 485.342 万元人民币，其中仅港口作业费就高达 181.8 万元，因此产生的滞纳金 14.2 万元，总计近 200 万元人民币欠款。

在本案中具有特别重要意义的是，截止到 2009 年 3 月，丙公司拖欠的集装箱的堆存费达 100 万元人民币。

乙公司多次催要上述欠款，未果，于是在 2006 年 8 月 18 日，向丙公司发出了留置通知，并留置了丙公司在乙公司处作业的集装箱。其中包括集装箱抬头为“××××”的 100 个集装箱。

在乙公司向丙公司发出留置权通知的一个多月之后，甲公司于其“要求交付甲公司集装箱的函”中声称：甲公司与丙公司有租箱协议，因丙公司拖欠其租金，因此解除了与丙公司的租箱协议，在获知他们抬头为“××××”的集装箱在乙公司处时，致函乙公司要求放箱。自此，乙公司方知甲公司与丙公司之间存在着集装箱租赁合同关系，租赁物即为涉案的集装箱。

2. 本案的争议焦点

本案的争议焦点是，乙公司对不属于债务人所有的涉案集装箱是否享有留置权。

3. 分析

（1）乙公司对涉案集装箱享有留置权

本书作者根据《物权法》第 230 条、《担保法》第 82 条和第 84 条、《合同法》第 380 条等条款、法释［2000］44 号第 108 条等条款的规定，乙公司对涉案集装箱享有留置权。其理由如下：

1）截止到 2009 年 3 月，丙公司拖欠乙公司的集装箱的堆存费已达 100 万元人民币，且早就应当偿付。这符合上述现行法及其理论所要求的构成留置权的一项要件：双方当事人存

① 谢在全：《民法物权论》（下册），修订 2 版，394 页。

② 谢在全：《民法物权论》（下册），修订 2 版，394 页；梁慧星、陈华彬：《物权法》，4 版，372 页。

在着债的关系，且债权已届清偿期。

2）乙公司至今占有着涉案的集装箱，包括抬头为“××××”的集装箱100个。乙公司对丙公司所享有的100万元人民币的到期债权，系这些集装箱的堆存费。换句话说，该100万元人民币的到期债权与该100个集装箱属于同一法律关系，也可以说具有牵连关系。这符合上述现行法及其理论所要求的构成留置权的另一项要件：债权与被留置的动产属于同一法律关系，或曰牵连关系。

3）乙公司至今占有着涉案的集装箱，包括抬头为“××××”的集装箱100个。这符合上述中国现行法所要求的构成留置权的第三项要件：债权人合法占有他人的动产，具体到本案，就是债权人乙公司合法占有着债务人丙公司的集装箱，占有着甲公司租赁给丙公司的100个集装箱。

债权人占有与其债权属于同一法律关系的动产，这在留置权的构成要件里处于非常重要的地位，因为《物权法》第23条规定动产物权的设立和转让自动产交付时发生效力，强调了占有（交付）的公示和公信的法律效力；《物权法》第106条第1款第3项规定动产物权的善意取得必须由取得人占有动产，贯彻了动产占有的公信力。

按照《合同法》第380条等规定，以及法释［2000］44号第109条等的规定，债权人只要占有与其债权属于同一法律关系（或曰牵连关系）的动产即可，并不刻意强调占有的动产必须属于债务人所有。就此看来，本案中，乙公司占有着债务人丙公司的集装箱，占有着甲公司租赁给丙公司的100个集装箱，应为有权占有，亦为合法占有，符合留置权成立的第三项要件。

诚然，《物权法》第230条、《担保法》第82条关于留置权构成的规定，在字面表述上采用的是债权人合法占有债务人的动产，而乙公司占有的抬头为“××××”的100个集装箱不属于债务人丙公司所有，而是属于甲公司所有。这是否意味着乙公司对抬头为“××××”的100个集装箱不享有留置权？答案恰恰相反，乙公司对抬头为“××××”的100个集装箱享有留置权。其根据在于《物权法》第106条、法释［2000］44号第108条规定的善意取得。因其较为复杂，非三言两语所能说清，在下文专门作为一个问题加以阐述。

4）乙公司占有抬头为“××××”的100个集装箱，系基于乙公司为丙公司提供码头集装箱作业、堆存、保管的法律关系，属于有权占有，亦为合法占有，而非通过侵权行为而占有，也不与乙公司对丙公司承担的义务相抵触，还不违反公序良俗，当事人之间没有不得留置的约定。这些都符合留置权成立所需要的消极要件。

总之，乙公司对其合法占有的抬头为“××××”的100个集装箱完全享有留置权。

(2) 留置权的善意取得

在这里，需要讨论的还有，乙公司善意取得涉案集装箱的留置权，有无法律及法理依据。

按照《物权法》第230条的规定成立留置权，是留置权取得的常态。除此而外，《物权法》第106条等规定，以及法释［2000］44号第108条等规定，也承认善意取得物权，包括善意取得留置权。

1）乙公司长期为丙公司有偿地提供码头集装箱作业等服务。这符合现行法及其理论所要求的构成动产物权善意取得的第一项要件：双方当事人之间存在着交易行为。

2）乙公司已经占有了抬头为“××××”的100个集装箱。这符合现行法及其理论所要求的构成动产善意取得的另一项要件：一方当事人已经占有了对方当事人的动产。

3）乙公司与丙公司有多年的码头作业关系，丙公司在乙公司作业的集装箱从来都是由丙公司支付集装箱码头作业款项，从未涉及任何租箱公司来支付款项的情况。乙公司只知道在其作业的丙公司的集装箱，根本不知道还有任何第三方的集装箱。这些集装箱的箱号抬头有很多不同的字母组成，根本无从辨别该集装箱的所属，按照行业惯例和交易习惯，乙公司也没有义务去辨别这些集装箱的抬头。乙公司是于2006年8月18日向丙公司发出留置权通知的，在2006年11月27日，乙公司通过某海事法院执行庭的通知，才被告知上述“××××”抬头的集装箱属于甲公司。这符合现行法及其理论所要求的构成动产善意取得的第三项要件：占有动产时为善意。

4）需要说明，由于《物权法》第106条第3款规定的是，“当事人善意取得其他物权的，参照前两款规定”，而非必须完全对应《物权法》第106条第1款规定的三项构成要件，可以根据作为善意取得对象的物权的具体情况，有所变通个别要件。例如，质权的善意取得，就不要求“价格合理”这项构成要件。因此，留置权的善意取得，在构成要件方面自然允许有所变通。

总之，按照《物权法》第106条第3款关于“当事人善意取得其他物权的，参照前两款规定”的规定，特别是法释［2000］44号第108条关于“债权人合法占有债务人交付的动产时，不知债务人无处分该动产的权利，债权人可以按照担保法第八十二条的规定行使留置权”的明确规定，可以肯定地得出结论：乙公司对其已经占有的抬头为“××××”的100个集装箱，完全享有留置权。

尚须申明，由于《物权法》第106条承认了物权的善意取得，表明《物权法》第230条关于留置权的成立需要“合法占有债务人的动产”的要件，并非在任何案件里总是依其字面意思那样限于“归债务人所有的动产”，只要债权人占有与其到期债权属于同一法律关系的动产时不知该动产非属债务人所有，仍可成立留置权。这告诉我们，法释［2000］44号第108条关于善意取得留置权的明确规定，与《物权法》第106条和第230条等规定是一致的。既然如此，按照《物权法》第178条关于“担保法与本法的规定不一致的，适用本法”的规定，乙公司对其已经占有的抬头为“××××”的100个集装箱享有留置权无疑。

（3）关于涉案留置权的行使

在《海商法》等特别法没有关于留置权实行的特别规定的情况下，涉案留置权的行使，应适用《物权法》第236条第1款关于“留置权人与债务人应当约定留置财产后的债务履行期间；没有约定或者约定不明确的，留置权人应当给债务人两个月以上履行债务的期间，但鲜活易腐等不易保管的动产除外。债务人逾期未履行的，留置权人可以与债务人协议以留置财产折价，也可以就拍卖、变卖留置财产所得的价款优先受偿”的规定。

乙公司于2006年8月18日向丙公司发出了留置通知，并留置了丙公司在乙公司处作业的集装箱，为涉案留置权行使的第一次效力。由于当事人各方未就债务履行问题达成协议，自2006年8月18日的次日起算满两个月，即截至2006年10月19日，丙公司仍未履行其债务，乙公司可以与甲公司、丙公司协议以抬头为“××××”的100个集装箱折价，也可以就拍卖、变卖抬头为“××××”的100个集装箱所得的价款优先受偿。至今未果，乙公司有权申请拍卖或变卖抬头为“××××”的100个集装箱，并就所得价款优先受偿。

（二）债权与该动产属于同一法律关系

一项优秀的法律制度需要兼顾各方利益，力求衡平，具体到留置权制度，一方面通过留置债务人或有关第三人的动产，迫使债务人清偿其债务，确保债权实现；另一方面也要考虑到债务人或有关第三人生产、生活的秩序化、计划化，再就是债务人或有关第三人的债权人（有时同时为担保权人）的合法权益。假如允许债权人任意留置债务人所有却与债权的发生无直接法律关系的动产，很可能破坏债务人生产或生活的预先安排，带来较为严重的损害，甚至牺牲了债务人或有关第三人的债权人（有时同时为担保权人）的合法权益，从整个社会的层面考虑，缺乏效率，甚至有失公正。有鉴于此，德国民法及其继受者将留置权的成立限定在债权的发生与将被留置的动产有牵连关系的场合。

在中国，《担保法》规定，因保管合同、运输合同、加工承揽合同发生的债权，债务人不履行债务的，债权人有留置权（第 84 条第 1 款）。法律规定可能留置的其他合同，适用前款规定（第 84 条第 2 款）。留置权一律发生在债权人按照合同约定占有债务人的动产场合（第 82 条）。这显然过于狭窄，债权人欲使其债权具有优先受偿的效力，必须在合同中约定其他的担保方式。这对于法律修养不高或经济实力不济的当事人来说，往往没有或不能约定其他担保方式，其结果，不是增加交易成本，就是债权缺乏担保权的加固。《合同法》对此有所补救，但受其目的及功能的限制，仅仅扩张到行纪合同关系，规定行纪人对委托物可有留置权（第 422 条）。法释［2000］44 号大踏步前进，规定债权人对动产的占有与其债权的发生有牵连关系，债权人可以留置其所占有的动产（第 109 条），拓宽了留置权制度的适用范围。《物权法》没有使用牵连关系的术语，而是采用了“债权人留置的动产，应当与债权属于同一法律关系”（第 231 条）的表述，较《担保法》规定的适用范围明显扩张了。由于《物权法》第 178 条明确规定“担保法与本法的规定不一致的，适用本法”，可以肯定地说留置权的成立应以《物权法》的规定为准。

至于同一法律关系和牵连关系是否同义，则见解不一致。有学说认为它们二者具有相同的意思[①]，也有专家主张同一法律关系只能是合同关系，不包括不当得利、无因管理、侵权行为等发生的债的关系。[②] 在本书作者看来，牵连关系较同一法律关系在外延方面为宽，两者的关系大体表现为如下情形：(1) 牵连关系包括同一法律关系。例如，甲的汽车交由乙修理，乙的修理费或报酬请求权与其应将汽车交还甲的义务，系基于同一法律关系。(2) 牵连关系包括同一事实关系，而同一法律关系显然不是同一事实关系。所谓同一事实关系，又叫同一生活关系，是指无法律关系存在，仅有事实关系的现象。例如，同在一处聚餐，分手后，甲、乙二人无意地错骑对方的自行车。于此场合发生的甲对其自行车的返还请求权与对乙的自行车的返还义务，系基于同一事实关系而发生的，应承认有牵连关系。(3) 牵连关系包括债权系因该动产本身而产生的两种情形。此类债权大多基于不当得利、无因管理、侵权行为等合同关系以外的关系而产生。其一，对标的物支出费用所产生的费用偿还请求权，与该物之间有牵连关系。例如，甲占有乙的汽车，就该车的养护所支出的必要费用享有偿付请求权，该债权与该汽车之间有牵连关系。其二，因标的物所产生的损害赔偿请求权，与该物之间有牵连关系。例如，踢球越过围墙，撞毁了邻居庭院里的花草，成立损害赔偿请求权，

---

① 梁慧星、陈华彬：《物权法》，4 版，372 页；王利明、尹飞、程啸：《中国物权法教程》，539 页。

② 李国光、奚晓明、金剑锋、曹士兵：《关于适用〈中华人民共和国担保法〉若干问题的解释理解与适用》，383 页。

邻居对该球有留置权。[①] 在债权基于不当得利、无因管理、侵权行为等关系而产生的情形，有些属于同一法律关系，如管理人因管理动产所产生的必要费用请求权，与该动产应属同一法律关系；有些则不属于同一法律关系，如买受人基于买卖奶牛合同的履行而受领了奶牛，一直喂养到 2006 年 8 月 10 日，支出必要费用 2 000 元人民币。2006 年 8 月 11 日该买卖合同被撤销，买受人以出卖人拒不偿付喂养该奶牛的 2 000 元必要费用为由留置该奶牛。

［探讨］

实际上，债权的发生与占有的动产之间在什么情况下才算有牵连关系，存在着单一标准说和两项标准说（间接原因说）之争，各说内部也有不同的派别。单一标准说认为，留置权的标的物与债权的发生有无牵连关系，依统一的、单一的标准判定。两项标准说主张，债权与该动产间的牵连关系不以标的物的动产为债权发生的直接原因为限，倘若为债权的间接原因，也可认为有牵连关系。[②]

以上所述的同一法律关系，不适用于企业之间的留置权（《物权法》第 231 条的但书）。所谓企业之间的留置权，属于商事留置权，因营业关系而占有的动产，及其因营业关系所生的债权，无论实际上是否属于同一法律关系，均可成立留置权。这主要是因为企业相互间的交易频繁，如果必须证明每次交易所发生的债权与所占有的标的物属于同一法律关系，不仅烦琐，而且有时困难，从加强商业信用、确保交易便捷和安全的立场出发，在企业之间的留置权领域，适当放宽些要求，具有积极的意义。[③]

（三）债权已届清偿期

债权已届清偿期通常为担保物权的实行要件，然而留置权却以之为成立要件，乃因留置权制度系为维护公平而设置，假如允许债权人在债权未届清偿期前可留置他人的动产，属于迫使债务人期前清偿债务，既不符合债的履行期的意义，也违反了留置权制度的立法目的。因此，留置权的发生不仅需要债权已经存在，而且必须已届清偿期。[④]

［辨析］

在境外，所谓债权已届清偿期，在定有期限的债务场合，为其期限届至之时，未定期限的债务场合，则为债务债权人请求之时。债务人是否陷于迟延，在所不问。[⑤] 在中国大陆的现行法上，作为抵押权、质权实行要件的债务人不履行到期债务在定有期限的债务场合，应指该期限届满；在未定期限的债务场合，需要债权人先为催告，债务人于催告所指定的宽限期届满时仍不履行债务的，抵押权人或质权人可行使抵押权或质权。但在留置权场合则有所不同，在定有期限的债务场合应为该期限届至，留置权成立；在未定期限的债务场合，需要债权人先为催告，该催告所指定的宽限期届至，留置权成立。之所以如此，是因为若将留置权成立的时间点定在债务的清偿期届满，则会出现这样的局面：在债务的履行期届至但未届

---

① 谢在全：《民法物权论》（下册），修订 2 版，396～398 页；梁慧星、陈华彬：《物权法》，4 版，373 页；［日］近江幸治：《担保物权法》，祝娅、王卫军、房兆融译，沈国明、李康民审校，19 页以下。

② 详见谢在全：《民法物权论》（下册），修订 2 版，394～399 页；梁慧星、陈华彬：《物权法》，4 版，372～374 页。

③ 参见谢在全：《民法物权论》（下册），修订 2 版，398 页。

④ 谢在全：《民法物权论》（下册），修订 2 版，399 页；梁慧星、陈华彬：《物权法》，4 版，374～375 页；胡康生主编：《中华人民共和国物权法释义》，498 页；［日］近江幸治：《担保物权法》，祝娅、王卫军、房兆融译，沈国明、李康民审校，23 页。

⑤ 谢在全：《民法物权论》（下册），修订 2 版，399～400 页。

满时，债权人虽有权请求债务人履行债务，但债务人拒绝履行其债务并不构成违约，若此时债务人请求债权人交付动产，债权人无权拒绝；待债权人将动产交付给债务人后，于债务履行期届满时请求债务人清偿却遭到不法拒绝时，债权人缺乏有效的救济手段，而把债权已届清偿期作为留置权成立的要件，则会避免上述现象。

需要注意，债权人如受领迟延，则不得主张留置权，这是公平原则的要求。[①] 对此，《物权法》虽然未设明文，应当作此解释。

还有，在债务人无支付能力时，即使债权未届清偿期，债权人也可主张留置权。该留置权叫作紧急留置权。所谓无支付能力，是指债务人的财产状况，包括信用能力，已经无力清偿债务的现象。于此场合，如果仍要求债权人必须于其债权已届清偿期才可主张留置权，则救济滞后，缺乏效率，债权人甚至遭受损害。[②] 有鉴于此，法释［2000］44 号第 112 条规定："债权人的债权未届清偿期，其交付占有标的物的义务已届履行期的，不能行使留置权。但是债权人能够证明债务人无支付能力的除外。"《物权法》虽然未明文肯定法释［2000］44 号第 112 条的规定，但也不宜得出否定该规定的结论，因为紧急留置权确有存在的道理。

三、留置权成立的消极要件

《物权法》第 232 条规定："法律规定或者当事人约定不得留置的动产，不得留置。"这表明留置权的成立还得有消极要件。留置权成立的消极要件，即阻止留置权成立的情形或因素。

所谓法律规定不得留置动产，在现行法上包括以下情形：其一，债权人通过侵权行为而占有动产。由于《物权法》第 230 条只允许债权人"留置已经合法占有的债务人的动产"，通过侵权行为而占有的动产是非法的，自然不属于合法占有，不得留置。其二，动产的留置，与债权人承担的义务相抵触。法释［2000］44 号第 111 条规定，债权人行使留置权与其承担的义务相抵触的，人民法院不予支持。所谓与债权人承担的义务相抵触，是指债权人如留置其所占有的动产，就与其所负担的义务的本旨相违背。例如，承揽人主张定作人没有按照约定先付三分之一的报酬，而将定作人交付的材料加以留置，拒绝完成工作成果。此种行为本身就与承揽人依据合同负有的完成工作成果的义务相抵触，承揽人应当在按照合同要求完成工作成果之后，如果定作人未按约定支付报酬，则可就已完成的工作成果享有留置权。其三，动产的留置，违反了公序良俗原则。《物权法》规定："物权的取得和行使，应当遵守法律，尊重社会公德，不得损害公共利益和他人合法权益"（第 7 条），留置权的成立也应如此。动产的留置，若损害了社会的安全和公共利益，则应当认为此种留置违反了公序良俗。[③] 例如，在四川汶川大地震发生后，承运人因托运人未支付运费而留置运往汶川的抗震救灾的急需物品，就违反了公序良俗原则。

当事人约定不得留置的动产，不得留置。这不仅有《物权法》上的依据，而且有《合同法》及司法解释上的根据。《合同法》第 264 条规定："定作人未向承揽人支付报酬或者材料

---

① 谢在全：《民法物权论》（下册），修订 2 版，400 页；梁慧星、陈华彬：《物权法》，4 版，375 页。

② 谢在全：《民法物权论》（下册），修订 2 版，400 页；王利明、尹飞、程啸：《中国物权法教程》，540 页；梁慧星、陈华彬：《物权法》，4 版，375 页。

③ 王利明、尹飞、程啸：《中国物权法教程》，541～542 页。

费等价款的，承揽人对完成的工作成果享有留置权，但当事人另有约定的除外。”再如，法释［2000］44 号第 107 条规定：“当事人在合同中约定排除留置权，债务履行期届满，债权人行使留置权的，人民法院不予支持。”法律之所以允许当事人通过约定加以排除，根本原因在于：法律设立留置权的目的不过是基于公平的观念而保护债权人的利益，并未涉及公共利益或第三人的利益，因此当事人的意思自治不应受到限制。[①]

所谓当事人约定不得留置动产，包括在特定条件下暂时地不得留置动产和终局地不得留置动产。前者的例子，如债务人将汽车交由债权人修理，双方约定汽车修复后必须交给债务人试用 5 日，债权人于修复该车后即以债务人未给付修理费为由留置该车，就违反了《物权法》第 232 条的规定。后者的例证，如甲请乙清除情书上的污渍，约定清除后务必将该情书返还自己。乙于清除后以甲未付报酬为由留置该情书，属于违反了当事人关于不得留置动产的约定，也违反了善良风俗。

第三节　留置权的效力

一、留置权所担保债权的范围

确定留置权所担保债权的范围，相较于确定抵押权、质权所担保债权的范围，有两点特殊之处：一是不得依据当事人的约定，二是债权必须与留置物属于同一法律关系。[②] 在此前提下，适用《物权法》第 173 条前段关于“担保物权的担保范围包括主债权及其利息、违约金、损害赔偿金、保管担保财产和实现担保物权的费用”的规定。

二、留置权的效力所及于标的物的范围

留置权的效力及于留置物自身，不成问题。除此而外，法律及学说认为，留置权的效力还应及于留置物的从物、孳息（《物权法》第 235 条）、代位物（《物权法》第 174 条）等。[③]

三、留置权人的权利义务

（一）留置权人的权利

1. 留置物的占有权

留置权人于其债权未获清偿时，享有留置他人的动产的权利（《物权法》第 230 条、第 237 条前段）。并且，留置物为不可分的，留置权人于其债权未获清偿时，可就留置物的全部行使留置权（法释［2000］44 号第 110 条）。这是留置权不可分性的体现。留置物为可分物的，留置物的价值应当相当于债务的金额（《物权法》第 233 条，《担保法》第 85 条），这是对留置权不可分性的限制。

---

① 王利明、尹飞、程啸：《中国物权法教程》，541～542 页。

② 参见谢在全：《民法物权论》（下册），修订 2 版，416 页；梁慧星、陈华彬：《物权法》，4 版，376 页。

③ 谢在全：《民法物权论》（下册），修订 2 版，416～417 页；梁慧星、陈华彬：《物权法》，4 版，376 页；王利明、尹飞、程啸：《中国物权法教程》，542 页。

留置权人占有留置物的权利基于留置权为物权的本质，不仅可以对抗债务人，也可以对抗第三人，除非第三人享有的权利顺位在留置权之前。[①]

2. 必要费用的求偿权

留置权人占有留置物，负有妥善保管的义务（《物权法》第234条前段）。留置权人因保管留置物所支出的必要费用，有权请求留置物的所有权人予以偿还。按照《物权法》第173条的规定，该项费用为留置权的效力所及，属于留置权担保的债权范围。

3. 留置物所生孳息的收取权

《物权法》及法释［2000］44号均承认留置权人收取留置物所生孳息的权利，只是在收取孳息的时间点上不尽一致。按照法释［2000］44号第114条并第64条第1项的规定，债务履行期届满，债务人不履行债务致使留置物被人民法院依法扣押的，自扣押之日起留置权人有权收取由留置物分离的天然孳息和法定孳息。《物权法》第235条第1款关于"留置权人有权收取留置财产的孳息"的规定，显然没有将留置物所生孳息的收取时间点限定在自扣押留置物时。依其文义，应当解释为留置权人于其留置权成立之时即有权收取留置物的孳息，只不过不是无偿收取，按照《物权法》第235条第2款的规定，该孳息先充抵收取孳息的费用。

《物权法》第235条的规定更为可取，因为留置权人占有留置物，收取孳息最为方便，最有效益。否则，不仅对债权人不利，对于财产被留置的债务人也没有好处。[②] 由于《物权法》第178条明确规定："担保法与本法的规定不一致的，适用本法"，留置权人收取留置物所生孳息的时间点为留置权成立之时。

4. 保管留置物所必需的使用权

一般说来，留置权人无权使用留置物，原因在于留置权为担保物权，而非用益物权。不过，保管留置物所必需的使用也被剥夺的话，对留置物所有权人却有害无益。例如，对留置的自行车，适当地利用，会阻止锈蚀；留置的赛马被适当地骑乘，有助于保持其最佳的状态。[③]《日本民法典》明文允许此类使用权（第298条第2项但书），中国现行法虽然未设明文，应为同样的解释。

5. 损害赔偿请求权

留置权受不法侵害，致使留置物的交换价值不足清偿被担保债权的，如第三人故意毁灭留置物，留置权人有权请求该第三人承担侵权损害赔偿责任。[④]

6. 物上请求权

留置物被侵夺时，留置权人可依据《物权法》第245条关于占有保护的规定，请求不法侵夺人返还留置物。

留置物被妨害或有妨害之虞的，留置权人可基于《物权法》第35条的规定，行使物权请求权，也可以按照《物权法》第245条关于占有保护的规定，请求排除妨害或消除危险。

---

① 谢在全：《民法物权论》（下册），修订2版，418页；王利明、尹飞、程啸：《中国物权法教程》，543页。

② 王利明、尹飞、程啸：《中国物权法教程》，543页。

③ 谢在全：《民法物权论》（下册），修订2版，423页；梁慧星、陈华彬：《物权法》，4版，377页。

④ 谢在全：《民法物权论》（下册），修订2版，423页。

7. 实现留置权的权利

当债务履行期限届满而债务人仍不履行债务时，留置权人在符合法定条件下有权将留置物变价并就所得价款优先受偿。

（二）留置权人的义务

1. 妥善保管留置物的义务

留置权人负有妥善保管留置物的义务，因保管不善致使留置物毁损、灭失的，应当承担赔偿责任（《物权法》第 234 条）。留置权人在留置权存续期间，未经留置物所有权人的同意，擅自使用、出租、处分留置物，因此给留置物所有权人造成损失的，留置权人应当承担赔偿责任（法释［2000］44 号第 93 条、第 114 条）。所谓妥善保管，是指以善良管理人的注意予以保管。[①]

2. 返还留置物的义务

留置权因债务人清偿被担保债权而消灭时，或因债务人另行提供相应的担保并被债权人接受而消灭时，留置权人负有将留置物返还给留置物所有权人的义务。

四、留置物所有权人的权利义务

（一）留置物所有权人的权利

1. 损害赔偿请求权

在留置权人未尽善良管理人的注意义务导致留置物毁损、灭失的情况下，留置物所有权人有权请求留置权人承担赔偿责任（《物权法》第 234 条）。

2. 留置物返还请求权

在留置权消灭时，留置物所有权人有权基于物权请求留置权人返还留置物（《物权法》第 34 条），也有权基于占有请求留置权人返还该物（《物权法》第 245 条）。

3. 留置物的处分权

留置物的所有权人可将其留置物转让给他人，甚至把留置物出质给他人。于此场合，受让人的地位是担保物的第三取得人，虽然有基于利害关系人的身份代债务人清偿债务的权利，但无清偿的义务。[②]

4. 留置权的消灭请求权

留置物的所有人有提供相应的担保以消灭留置权的权利。[③]

5. 请求行使留置权的权利

在留置物的所有权人就是债务人的情况下，他（它）可以请求留置权人在债务履行期届满后行使留置权；留置权人不行使的，他（它）可以请求人民法院拍卖、变卖留置财产（《物权法》第 237 条）。

（二）留置物所有权人的义务

1. 返还保管费用的义务

留置权人因保管留置物而支付了必要费用的，留置物所有权人负有偿付该费用的义务。

---

① 王利明、尹飞、程啸：《中国物权法教程》，543 页；梁慧星、陈华彬：《物权法》，4 版，378 页。

② 谢在全：《民法物权论》（下册），修订 2 版，426 页。

③ 谢在全：《民法物权论》（下册），修订 2 版，438 页；王利明、尹飞、程啸：《中国物权法教程》，544 页。

2. 损害赔偿义务

留置物因隐有瑕疵而给留置权人造成损害的，留置物所有权人应当负责赔偿。该损害赔偿债权的发生若与留置物属于同一法律关系，则属于留置权所担保债权的范围。[①]

五、留置权与动产抵押权、质权的竞存

《物权法》第 239 条规定："同一动产上已设立抵押权或者质权，该动产又被留置的，留置权人优先受偿。"此外，《海商法》第 25 条规定："船舶优先权先于船舶留置权受偿，船舶抵押权后于船舶留置权受偿。前款所称船舶留置权，是指造船人、修船人在合同另一方未履行合同时，可以留置所占有的船舶，以保证造船费用或者修船费用得以偿还的权利。"法释[2000] 44 号第 79 条第 2 款规定："同一财产抵押权与留置权并存时，留置权人优先于抵押权人受偿。"观察这些规定的文义，没有区分留置权成立于动产抵押权、质权之前还是之后，一律赋予留置权优先的效力。

现行法之所以赋予留置权如此强大的效力，道理大概有如下几点：(1) 留置权是法定担保物权，动产抵押权、质权是约定担保物权，如果允许动产抵押权、质权优先于留置权，就等于鼓励定作人、托运人、存货人等以其定作物、托运物、保管物、仓储物等为客体设立动产抵押权、质权，排斥留置权的运用，导致留置权制度的功能减弱乃至丧失，使承揽人、承运人、保管人、仓储人、行纪人等处于十分不利的境地，会影响他们（它们）从事承揽、货物运输、保管、仓储、行纪等业务的积极性。有鉴于此，赋予留置权优先的效力，非常合适。至于由此可能给动产抵押权人、质权人带来的不利，是可以化解的：动产抵押权、质权设立时可以约定，在抵押物、质物被留置时，抵押人或出质人另行提供相应的担保，甚至直接在其他特定物上设立。[②] (2) 留置物中一般都凝结了留置权人的劳动价值，或由留置权人提供的材料而成，在一定意义上，可认为留置物有"共有物"（归留置权人和留置物所有权人共有）的意味。在这种背景下，如果赋予动产抵押权、质权优先于留置权的效力，并且就留置物的全部价值优先受偿，就意味着留置权人代留置物所有权人向抵押权人或质权人承担了物上责任。这显然是不合理的。而赋予留置权优先于动产抵押权、质权的效力，就不会出现这种局面。[③]

六、留置权的实行

（一）概述

与抵押权、质权相比，留置权在效力方面的一个显著特点是，存在着第一次效力和第二次效力。所谓第一次效力，是指留置权人留置与被担保债权属于同一法律关系中的他人动产的效力。该效力以债务人不履行到期债务致使被担保债权未获清偿为发生条件。所谓第二次效力，是指自留置效力发生后的一定期间届满债务人仍不履行其债务致使被担保债权未获清

---

① 谢在全：《民法物权论》（下册），修订 2 版，436 页。

② 崔建远、宋延军：《关于抵押权的探讨》，载《吉林大学社会科学学报》，1990 (3)，74 页；崔建远：《抵押权若干问题之我见》，载《法律科学》，1991 (5)，56 页。

③ 崔建远、宋延军：《关于抵押权的探讨》，载《吉林大学社会科学学报》，1990 (3)，74 页；崔建远：《抵押权若干问题之我见》，载《法律科学》，1991 (5)，56 页；许明月：《抵押权制度研究》，304 页，北京，法律出版社，1998。

偿时，留置权人可将留置物折价或变价并使其债权优先受偿的效力。该效力以自留置效力发生后的一定期间届满债务人仍不履行其债务，致使被担保债权未获清偿为发生条件。

就担保物权实行的法律意义来讲，留置权发生留置的效力，留置权人拒绝返还与被担保债权属于同一法律关系的他人的动产，可以叫作留置权的实行。不过，人们通常所谓的留置权实行，非指留置他人的动产，而是留置权人将留置物变价并使被担保债权优先受偿。如此，所谓留置权实行的条件，指的是留置权人将留置物折价或变价并使其债权优先受偿的条件。本书亦在这个意义上讨论留置权的实行及其条件。

（二）留置权实行的条件

留置权实行的条件，在特别法有特别规定时，优先适用其规定；在特别法无特别规定时，适用《物权法》第236条第1款关于“留置权人与债务人应当约定留置财产后的债务履行期间；没有约定或者约定不明确的，留置权人应当给债务人两个月以上履行债务的期间，但鲜活易腐等不易保管的动产除外。债务人逾期未履行的，留置权人可以与债务人协议以留置财产折价，也可以就拍卖、变卖留置财产所得的价款优先受偿”的规定，加以确定。据此，可得出如下几点结论：

1. 留置权人与债务人已经约定了留置他人动产后的债务人履行其债务的期间的，该期间届满，债务人仍不履行其债务的，留置权人可以与债务人协议以留置物折价，也可以就拍卖、变卖留置物所得的价款优先受偿。之所以如此，是因为被债权人留置的动产可能对其所有权人具有特别的用途和意义，应当尽可能地将该动产留在所有权人之手。倘若债务人稍微迟延履行债务债权人就可径直将留置物折价或变价，带给留置物的所有权人的损害则较重。如果在保障债权人合法权益的前提下，能够避免这种结果，法律应予努力，给债务人纠正其“错误”提供一个机会。允许债权人和债务人再约定一个债务履行的宽限期，债务人于此期间适当地履行其债务，使债权实现，留置权人就把留置物返还，各得其所；假如债务人不珍惜这个机会，仍不履行其债务，即不再迁就，赋予留置权人将留置物折价或变价的权利，使其债权获得清偿。这应当是个较好的方案。[①]

2. 留置权人和债务人没有约定自留置他人的动产后债务人履行债务的宽限期的，或约定不明确的，便依《物权法》第236条中段的规定，债务人确定地拥有自留置效力发生之日起算2个月以上的履行其债务的宽限期。其后，留置权人和债务人若就该期间达成了协议，如自留置效力发生之日起算3个月的宽限期，依其约定；自留置效力发生之日起算短于2个月的，该约定无效，以2个月的期间为准。待该期间届满时债务人仍不履行其债务的，债权人可将留置物折价或变价并使其债权优先受偿。

3. 被留置的动产是鲜活易腐等不易保管之物的，无法保管到留置权人和债务人约定的期间届满，也无法保管到自留置效力发生之日起算2个月的期间届满，则为了避免或减少损耗，留置权人可不受前述约定期间、2个月期间的限制，根据鲜活易腐等不易保管的动产自身的要求，于适当时机将之变价，并使其债权优先受偿。

（三）留置权的实行方法

按照《物权法》第236条等规定，留置权的实行方法有留置权人和债务人协议以留置物

---

① 王利明、尹飞、程啸：《中国物权法教程》，546页。

折价，或留置权人将留置物拍卖、变卖，就所得价款使其债权优先受偿。这些方法在本书第十八章“抵押权”中已经介绍过，此处不赘。需要指出的是，协议将留置物折价的当事人，在留置物属于债务人以外的第三人所有的情况下，应当是留置权人和该第三人，而不再是留置权人和债务人。

七、留置权的消灭

担保物权消灭的事由，如标的物的灭失、被征收、物权的抛弃、被担保债权消灭、担保物权的实行等，也是留置权消灭的事由，不再赘述。以下只介绍另行提供了相应的担保、丧失了对留置物的占有、债务履行期已经延缓三项事由。

1. 另行提供了相应的担保

留置权的作用在于确保债权实现，债务人或第三人（留置物的所有权人）若已另行提供了相应的担保，所起作用与留置权的相同，不仅对留置权人没有损害，而且可避免债务人或第三人（留置物的所有权人）因突然不能使用、收益其物所遭受的损失，法律应予允许。何况留置权的发生乃基于法律的直接规定，大多不是债务人或第三人（留置物的所有权人）的本意。[①]《物权法》采纳了这种意见，于第 240 条规定，留置权人接受债务人另行提供担保的，留置权消灭。

所谓相应的担保，意指所提出的担保与留置物在价值额方面相当。是否相当，首先由留置权人认定，留置权人认为相当的，便以相当论处；若留置权人与提供担保者的意见相左，再按照客观的社会观念加以决定。所谓另行提供了担保，是指已经为担保债权人的债权设立了担保物权，或保证人已经与债权人签订了保证合同。[②]

2. 丧失了对留置物的占有

留置权以权利人对留置物的占有为成立要件和存续要件，该占有丧失，留置权归于消灭。对此，《物权法》于第 240 条明文规定。

不过，此处所谓留置权人丧失对留置物的占有，没有字面所昭示的意思宽泛，应予限缩《物权法》第 240 条关于留置权人对留置物丧失占有规定的适用范围。详细些说，（1）留置权人有意放弃对留置物的占有的，无权再基于《物权法》第 245 条关于占有保护的规定请求他人返还留置物，留置权因占有的丧失而归于消灭。（2）留置权人对留置物的占有被侵夺，留置权人只是一时地丧失对留置物的控制力，基于《物权法》第 245 条关于占有保护的规定请求无权占有人返还留置物，能够重新回复对留置物的占有的，不作为占有丧失对待，留置权不因此消灭。[③]（3）留置权人将留置物交由保管人等占有媒介人占有，自己变为间接占有，仍属于对留置物的继续占有，留置权不消灭。[④]

［论争］

在这一点上，存在反对说。在该说看来，留置权人对留置物的占有丧失，留置权当然消灭。纵使留置权人可依占有保护的规定如行使占有返还请求权，重新获得了对留置物的占

---

① 谢在全：《民法物权论》（下册），修订 2 版，438 页；梁慧星、陈华彬：《物权法》，4 版，379 页。

② 谢在全：《民法物权论》（下册），修订 2 版，438～439 页；梁慧星、陈华彬：《物权法》，4 版，380 页。

③ 参见谢在全：《民法物权》（下册），修订 2 版，440～441 页；梁慧星、陈华彬：《物权法》，4 版，380 页。

④ 史尚宽：《物权法论》，470 页；郑玉波：《民法物权》，修订 12 版，358 页。

有，也只是留置权的再生，而非原留置权的存续。留置权无追及效力，占有被侵夺时，只能根据占有保护的规定请求无权占有人返还占有物。试问，假如留置权在占有物能够请求返还时尚不消灭，何以不得基于留置权而请求返还留置物，而只能依占有保护的规定请求返还?①

3. 债务履行期已经延缓

留置权的成立，以债务人不履行到期债务致使被担保债权未获清偿为条件，于是，债权人同意延缓债务的履行期，留置权成立和存续的要件不复存在，留置权已无存在的余地，应归消灭。不过，留置权消灭后，债务人没有请求返还留置物，延缓的债务履行期又届满时，仍未履行债务，债权人可主张成立新的留置权。②

---

① ［日］近江幸治:《担保物权法》，祝娅、王卫军、房兆融译，沈国明、李康民审校，29页；郑玉波:《民法物权》，修订12版，358～359页；史尚宽:《物权法论》，520页。

② 史尚宽:《物权法论》，471页；谢在全:《民法物权论》(下册)，修订2版，441页。

物权法参考书

一、海峡两岸学者的物权法著作

1. 崔建远，申卫星，王洪亮，程啸．物权法．北京：清华大学出版社，2008

2. 申卫星．物权法原理．北京：中国人民大学出版社，2008

3. 孙宪忠．论物权．修订版．北京：法律出版社，2008

4. 梁慧星，陈华彬．物权法．4 版．北京：法律出版社，2007

5. 王利明．物权法研究．修订版．北京：中国人民大学出版社，2007

6. 王利明，尹飞，程啸．中国物权法教程．北京：人民法院出版社，2007

7. 胡康生主编．中华人民共和国物权法释义．北京：法律出版社，2007

8. 全国人大常委会法制工作委员会民法室编．中华人民共和国物权法条文说明、立法理由及相关规定．北京：北京大学出版社，2007

9. 全国人民代表大会常务委员会法制工作委员会民法室编著．物权法立法背景与观点全集．北京：法律出版社，2007

10. 全国人民代表大会常务委员会法制工作委员会民法室编著．物权法及其相关规定对照手册．北京：法律出版社，2007

11. 黄松有主编．《中华人民共和国物权法》条文理解与适用．北京：人民法院出版社，2007

12. 陈华彬．建筑物区分所有权研究．北京：法律出版社，2007

13. 谢哲胜．民法物权．台北：三民书局，2007

14. 刘智慧．占有制度原理．北京：中国人民大学出版社，2007

15. 高圣平．物权法：原理·规则·案例．北京：清华大学出版社，2007

16. 崔建远．论争中的渔业权．北京：北京大学出版社，2006

17. 房绍坤．用益物权基本问题研究．北京：北京大学出版社，2006

18. 申卫星．期待权基本理论研究．北京：中国人民大学出版社，2006

19. 于海涌．绝对物权行为理论与物权法律制度研究．北京：北京大学出版社，2006

20. 郑云瑞．民法物权论．北京：北京大学出版社，2006

21. 崔建远主编．我国物权立法难点问题研究．北京：清华大学出版社，2005

22. 李昊，常鹏翱，叶金强，高润恒．不动产登记程序的制度建构．北京：北京大学出版社，2005

23. 尹飞．物权法·用益物权．北京：中国法制出版社，2005

24. 程啸．物权法·担保物权．北京：中国法制出版社，2005

25. 崔建远．土地上的权利群研究．北京：法律出版社，2004

26. 郭明瑞，仲相，司艳丽．优先权制度研究．北京：北京大学出版社，2004
27. 尹田主编．中国海域物权制度研究．北京：中国法制出版社，2004
28. 陈小君等．农村土地法律制度研究．北京：中国政法大学出版社，2004
29. 叶金强．公信力的法律构造．北京：北京大学出版社，2004
30. 胡开忠．权利质权制度研究．北京：中国政法大学出版社，2004
31. 王泽鉴．民法物权·通则·所有权．总第1册．增补版．台北：三民书局，2003
32. 谢在全．民法物权论．上册．修订2版．台北：三民书局，2003
33. 谢在全．民法物权论．中册．修订2版．台北：三民书局，2003
34. 谢在全．民法物权论．下册．修订2版．台北：三民书局，2003
35. 崔建远．准物权研究．北京：法律出版社，2003
36. 孙宪忠．中国物权法总论．北京：法律出版社，2003
37. 苏永钦．走入新世纪的私法自治．北京：中国政法大学出版社，2002
38. 王卫国，王广华主编．中国土地权利的法制建设．北京：中国政法大学出版社，2002
39. 田士永．物权行为理论研究．北京：中国政法大学出版社，2002
40. 王泽鉴．民法物权·用益物权·占有．总第2册．北京：中国政法大学出版社，2001
41. 王利明主编．中国物权法草案建议稿及说明．北京：中国法制出版社，2001
42. 王轶．物权变动论．北京：中国人民大学出版社，2001
43. 曹士兵．中国担保诸问题的解决与展望．北京：中国法制出版社，2001
44. 常云昆．黄河断流与黄河水权制度研究．北京：中国社会科学出版社，2001
45. 梁慧星主编．中国物权法草案建议稿：条文、说明、理由与参考立法例．北京：社会科学文献出版社，2000
46. 李国光，奚晓明，金剑锋，曹士兵．最高人民法院关于适用《中华人民共和国担保法》若干问题的解释理解与适用．长春：吉林人民出版社，2000
47. 王泽鉴．民法学说与判例研究．1～8册．北京：中国政法大学出版社，1998
48. 梁慧星主编．中国物权法研究．上、下．北京：法律出版社，1998
49. 卞耀武，李元主编．中华人民共和国土地管理法释义．北京：法律出版社，1998
50. 陈华彬．物权法原理．北京：国家行政学院出版社，1998
51. 尹田．法国物权法．北京：法律出版社，1998
52. 孙宪忠．德国当代物权法．北京：法律出版社，1997
53. 郭明瑞，杨立新．担保法新论．长春：吉林人民出版社，1996
54. 姚瑞光．民法物权论．台北：海宇文化事业有限公司，1995
55. 郭明瑞．担保法原理与实务．北京：中国方正出版社，1995
56. 崔建远，孙佑海，王宛生．中国房地产法研究．北京：中国法制出版社，1995
57. 江平主编．中国矿业权法律制度研究．北京：中国政法大学出版社，1991
58. 南路明，肖志岳．中华人民共和国地产法律制度．北京：中国法制出版社，1991
59. 周岩，金心．土地转让中的法律问题．北京：中国政法大学出版社，1990
60. 郑玉波．民法物权．修订12版．台北：三民书局，1988

61. 苏永钦．民法经济法论文集．第1册．自版，1988
62. 郑玉波主编．民法物权论文选辑．上、下．台北：五南图书出版公司，1984
63. 倪江表．民法物权论．台北：正中书局，1981
64. 杨与龄．民法物权．台北：五南图书出版公司，1981
65. 刘得宽．民法诸问题与新展望．台北：三民书局，1980
66. 史尚宽．物权法论．台北：荣泰印书馆股份有限公司，1979
67. 张龙文．民法物权实务研究．台北：汉林出版社，1977
68. 张企泰．民法物权论．自版，1970
69. 黄右昌．民法物权诠解．自版（黄宏建版），1965

二、德国学者的物权法著作

1. ［德］迪特尔·施瓦布．民法导论．郑冲译．北京：法律出版社，2006
2. ［德］鲍尔，施蒂尔纳．德国物权法．上册．张双根译．北京：法律出版社，2004
3. ［德］鲍尔，施蒂尔纳．德国物权法．下册．申卫星，王洪亮译．北京：法律出版社，2006
4. ［德］卡尔·拉伦茨．德国民法通论．上、下．王晓晔，邵建东，程建英，徐国建，谢怀栻译．谢怀栻校．北京：法律出版社，2003
5. ［德］曼弗雷德·沃尔夫．物权法．吴越，李大雪译．北京：法律出版社，2002

三、日本学者的物权法著作

1. ［日］田山辉明．物权法．增订本．陆庆胜译．齐乃宽，李康民审校．北京：法律出版社，2001
2. ［日］近江幸治．担保物权法．祝娅，王卫军，房兆融译．沈国明，李康民审校．北京：法律出版社，2000
3. ［日］柚木馨．注释民法（9）·物权（4）．东京：有斐阁，1982
4. ［日］柚木馨，高木多喜男．担保物权法．3版．东京：有斐阁，1982
5. ［日］我妻荣．日本物权法．有泉亨修订．李宜芬校订．台北：五南图书出版公司，1999
6. ［日］我妻荣．债权在近代法上的优越地位．王书江，张雷译．谢怀栻校．北京：中国大百科全书出版社，1999
7. ［日］铃木禄弥．物权的变动与对抗．渠涛译．北京：社会科学文献出版社，1999
8. ［日］远藤浩，川井健，高原重义，广中俊雄，水本浩，北本进一编集．民法（3）担保物权．东京：有斐阁，1999
9. ［日］丸山英气．区分所有权法．东京：大成出版社，1998
10. ［日］鹰巢信孝．物权变动论的法理的检讨．福冈：九州大学出版会，1994
11. ［日］铃木禄弥．物权法讲义．东京：创文社，1994
12. ［日］小沼进一．建筑物区分所有之法理．京都：法律文化社，1992
13. ［日］广中俊雄．物权法．2版．东京：青林书院，1989
14. ［日］川井健．担保物权法．东京：青林书院，1987

15. ［日］林良平．物权法．东京：青林书院，1986

16. ［日］玉田弘毅．公寓的法律纷争．东京：有斐阁，1984

17. ［日］高木多喜男．担保物权法．东京：有斐阁，1981

18. ［日］原岛重义等．民法讲义·2·物权．东京：有斐阁，1979

19. ［日］舟桥纯一．物权法．东京：有斐阁，1979

20. ［日］星野英一．民法概论Ⅱ·物权·担保物权．东京：良书普及会，平成6年（1994）

21. ［日］我妻荣，丰岛升．矿业法．东京：有斐阁，1958

图书在版编目（CIP）数据

物权法/崔建远著．—4版．—北京：中国人民大学出版社，2017.9
21世纪高等院校法学系列精品教材　“十二五”普通高等教育本科国家级规划教材
ISBN 978-7-300-24496-9

Ⅰ.①物…　Ⅱ.①崔…　Ⅲ.①物权法-中国-高等学校-教材　Ⅳ.①D923.2

中国版本图书馆CIP数据核字（2017）第120683号

“十二五”普通高等教育本科国家级规划教材
21世纪高等院校法学系列精品教材
物权法（第四版）
崔建远　著
Wuquanfa

出版发行	中国人民大学出版社		
社　址	北京中关村大街31号	邮政编码	100080
电　话	010－62511242（总编室）		010－62511770（质管部）
	010－82501766（邮购部）		010－62514148（门市部）
	010－62515195（发行公司）		010－62515275（盗版举报）
网　址	http://www.crup.com.cn		
	http://www.ttrnet.com(人大教研网)		
经　销	新华书店		
印　刷	北京七色印务有限公司	版　次	2009年7月第1版
规　格	185mm×260mm　16开本		2017年9月第4版
印　张	39.25 插页2	印　次	2020年8月第5次印刷
字　数	956 000	定　价	68.00元

《　　　　　　》※任课教师调查问卷

为了能更好地为您提供优秀的教材及良好的服务，也为了进一步提高我社法学教材出版的质量，希望您能协助我们完成本次小问卷，完成后您可以在我社网站中选择与您教学相关的1本教材作为今后的备选教材，我们会及时为您邮寄送达！如果您不方便邮寄，也可以申请加入我社的**法学教师QQ群：83961183（申请时请注明法学教师）**，然后下载本问卷填写，并发往我们指定的邮箱（cruplaw@163.com）。

邮寄地址：北京市海淀区中关村大街31号中国人民大学出版社411室收

邮　　编：100080

再次感谢您在百忙中抽出时间为我们填写这份调查问卷，您的举手之劳，将使我们获益匪浅！

基本信息及联系方式：※

姓名：________ 性别：________ 课程：________

任教学校：________ 院系（所）：________

邮寄地址：________ 邮编：________

电话（办公）：________ 手机：________ 电子邮件：________

调查问卷：※

1. 您认为图书的哪类特性对您使用教材最有影响力？（　　）（可多选，按重要性排序）
   A. 各级规划教材、获奖教材　　B. 知名作者教材
   C. 完善的配套资源　　D. 自编教材
   E. 行政命令
2. 在教材配套资源中，您最需要哪些？（　　）（可多选，按重要性排序）
   A. 电子教案　　B. 教学案例
   C. 教学视频　　D. 配套习题、模拟试卷
3. 您对于本书的评价如何？（　　）
   A. 该书目前仍符合教学要求，表现不错将继续采用。
   B. 该书的配套资源需要改进，才会继续使用。
   C. 该书需要在内容或实例更新再版后才能满足我的教学，才会继续使用。
   D. 该书与同类教材差距很大，不准备继续采用了。
4. 从您的教学出发，谈谈对本书的改进建议：________

____

____

选题征集：如果您有好的选题或出版需求，欢迎您联系我们：

联系人：黄　强　联系电话：010-62515955

索取样书：书名：________

书号：________

备注：※为必填项。